八閩文庫

福建文獻集成

吴格 主編

續編 集部 一六

八閩文庫
文獻集成
340

海峡出版發行集團
THE STRAITS PUBLISHING & DISTRIBUTING GROUP
福建人民出版社

本册目次

松莊文集五卷

［明］晉江蔡元偉撰

上海圖書館藏明嘉靖間刻本

松莊文集五卷，明蔡元偉撰。元偉字伯瞻，號松莊，晉江人。據本書卷二與黄葵峯尚書「今高壽耳順，與生同庚」，知與黄光升俱生於正德元年（一五〇六）。嘉靖十年（一五三一）舉人，二十二年（一五四三）授羅田教諭，擢德安知縣，升杭州通判，晉撫州同知。晚年移居建寧，林居終老，卒於萬曆初。撰有易經聚正十卷。傳見明何喬遠名山藏、萬斯同明史稿。

此書首有嘉靖四十四年（一五六五）自序，署「嘉靖乙丑春之孟温陵松莊主人蔡元偉伯瞻甫書于建之脩然樓」；次目録；次正文。卷一詩，其歸隱時所作分體附後；卷二書五十餘通；卷三書二十餘通；卷四序二十餘篇；卷五祭文、墓銘、行狀、傳等二十餘篇，記七篇則有目無文。按元偉學尚程朱而重躬行，勇於自治。居常服膺朱子之言，以爲世間事須臾變滅，皆不足置胸懷，惟有窮理修身爲究竟法，賴天之靈，幸有所知。好學性生，至老彌篤。是書卷二與吴九山别駕曾自敘所學云：「讀二程、張、朱之書，發明精當，開示懇切，絶無虚語，中間雖亦有未瑩欠妥處，然其要歸不謬於聖人。如晦翁所集近思録，蓋愈玩而愈耐咀嚼也。及觀近世陽明之學，則已疑信相半。其後講陽明之學者，天資筆力既不能及，故其所講，多昧旨歸、巧詞説，辯乎其不足辯，疑乎其不足疑，日用鍼砭身心規切過失之功，皆在所緩，而特提倡新語，别立奇字，將聖賢之言拗入己意，增添手脚，自誤誤人。」又尤精易學，卷四易經聚正序云：「自惟歷宦二十載，周游天下，於易書未嘗去手，雖不敢謂知易，而中間備嘗險阻，幸免憂患，得力於易者實多，故嘗私裒是集，以自觀省。」又云：「乃以本義爲主，蒙引爲宗，復會衆説而折其衷，前布講章，後列緒論，間竊附以己見。」具見其用力之所向、治學之旨歸。

（向　輝）

日先生八十
之誕余安
以文為

原書缺

費心力終不能傳故絶意不為而唯篤志於古人之學以治其心淑其身謂聖賢行業為可希而及荏苒至今不見有成道之與文兩無一得深切自愧而猶有是集者非敢言文也盖疇昔耿耿必期聞道之志不得不托之於言以攄其衷與夫上下通問贈别之情友朋切磋論辯之盖以及感慨時事評論古今皆不容已於言者求以適情達意而已而何計其文之工拙哉一生

敝帚不忍終棄姑存之以識終身之履歷以備遺忘便觀覽不審亦有一言之幾於道而庶幾不負天所以與我之意否初學之士儻有取焉不以文章之體製相律則沙礫之中或有黄金者出猶萬一可免於覆醬瓿之誚而不待借資於後世之楊子雲否

嘉靖乙丑春之孟温陵松莊主人蔡元偉伯瞻甫書于建之脩𢤱樓

松莊文集目録

卷之一

詩

七言律詩

卷之二

書

卷之三

書

原書缺

原書缺

卷之四

序

卷之五

記

松莊文集卷之一

温陵　蔡元偉　撰

詩

秋過建寧過滕古松飲酒

羨此清溪久行行喜更過山城飛霧靄岸圃落花多滿目悲還笑逢人病且歌孤舟浮我老得醉欲揮戈

過水口

溪色蕭蕭曉孤舟與不群驚辭灘險絕喜見水平分鳥散輕雲霧山空半入雲浮生侵日暮幾得出塵氛

望夜建陽泊舟有感

月圓曲苑此經過况復澄江興若何漁火吹笙招得句
菊籬傾酒足高歌無端客處花間起虛閣浮生水上多
半百須臾成不早大才遥愧馬伏波

下第

弱齒窮經三十秋年年回自帝鄉遊文章事業雙蓬鬢
生理人情一葉舟壯志欲收經窟兎成心已付没波鷗
石槃有相能穿透青紫何誇漢夏侯

挽周蹟山

抗疏危
明主孤臣報　國心如何身北首轉作日西沉仗馬寒

生骨壯夫淚滿襟精靈歸故里猶繞禁鑾深

護蹟山歸櫬

生死追隨後送君復遠行低枝號宿鳥孤燭映飛螢地
拽綱常夀天垂道德星北山光萬丈丘上草新青

寄贈榕亭外翁 四首

榕亭心遠早知歸鳥未棲時亦掩扉蓬户枕衾鷄犬暗
仙家棊局馬車稀和光市隱知音少樂意天遊生事微
非我無懷牽俗去低頭還爇老萊衣
己知高義薄雲飛况復婕姻逼少微竹院夜敲深磬響
松筠晝鎖落花稀可憐遠志兼葭倚暫絆浮名玉樹違

寄語山靈留半屋消埃差效的遄歸

飄飄毛骨掃風埃老去思登雲雨臺啼鳥數聲眠不醒
飛花滿地醉曾開金丹未吸朱顏在玉露將承紫氣來
數語武夷風景好尋真定入不知回

每見龐公拜下牀修容不獨丈人行浩歌玉戛千詩壁
爽氣雲封滿院香夕夕憑翁開眼齒時時笑我倒衣裳
封侯覽鏡知非骨下上牀間日又長

江湖旅情

秋暮適旋燕冀北冬殘更泛湖江濱千山骨肉相攜客
萬里官僮共患人風景不殊心轉拆鄉關日夢醒猶真

此身未遂茅茨計夜看天河淚滿巾

贈江沂溪老

逆旅相逢喜老成班荆拍掌迭歌聲時張怨調腸堪斷間發高吟慮轉清髮種不妨聞蟻鬪心雄猶自聽鷄鳴忘言愛我知音者共話殘更看客星

雨雪停舟

凌寒放棹赴江門極目蕭條不耐聞霧捲天通迷水際風飈地撼亂漁村翻盆一注商催淚飛絮半空旅動魂冬盡此身悲浪迹典衣沽酒醉黄昏

過鄱陽湖

病濕淹留喜復晴渾涵湖色揷天清群魚抱日金波動
列鴈凌空綠影橫廟見匡山增慷慨祠瞻廬嶽起高明
春光忽報停舟楫待瀉洪流一吸行

夜行舟 二首

羈身煙渚外發興海雲間水落侵平岸天開見遠山霞
迎孤月出風送一舟閑不覺長歌嘯遊魚時往還
霞晩臨江岸雲深不見星烏棲沙篆暗山遠暮鐘鳴燃
火移村色號風蒲渡聲船篷迷漏鼓獨坐向天明

九江送甯鷺沙郡守

湖碧天空送客來好懷還向九江開金章入幕先春色

白鷺飛沙映岸苔刖足虛迷藏燕石濟川佇看策雲臺
黃州落菊餐應近望對高堂勸酒盃

途中即事示歐周二子

炙背思暄日濃陰久未分牛還知暮景犬吠別鄉村野
色當山見砧聲隔戶聞荒亭銷客興賴有兩生存

臘月八日謁黃州郡守正月一日回縣

黃州臘月揖清輝落雨如絲苦亂飛身送寒光隨濕去
馬迎晴色帶春歸桃李不言香氣動棠陰無限僻山違
茅齋木榻時揮拭未許塵埃上得衣

早起

在昔躭饒睡如今慣早醒倒衣羞看鳥奔馬逐流螢屈折憑雙膝辛勤負一經羽毛焉敢鎩忽奮鳳凰翎

除夜宿報恩寺

古寺天涯夜懸燈檢數書老僧時送酒賢尹況添魚燭入三更盡年周數晷余放蕪催不寐百慮倚窗虛

正月一日途中寄示舍弟

新歲荆山寺望雲拜老親勤生頻送膳憐我未歸人腸斷三冬路魂飄萬里身家書金抵價不是傍風塵

漫成

攜劍湖山傍竹居窮經回首十年餘苦緣俗病恒資藥

恨汝學窮始愛書春去忽驚新華髮客來却憶舊荒廬
此君共守明珠在猶勝門迎長者車

四月八日聞西泉饋黑黍

獨睡山城落日遲春光冉冉鏡中絲白雲繞舍傷桑梓
黑黍臨門感歲時何事喧聲傳浴佛有懷覓紙起題詩
橫琴妙在無弦處不必知音憶子期

獨步

獨步高軒一眺餘滿天風月共琴書夜深俗客無相問
唯有蛙聲到竹居

夜坐

臥穩孤亭半掩扉天公乞得水山圖捲簾倒照千蒼畫

踏足遥凌白練暉欸乃歌催魚渚鱍吾伊聲透鳥雲飛

年來身世渾忘却一睡從容當馬肥

坐竹樓

從來慣誦竹樓記此日登臨喜見樓面背還同今漢水

風煙已失古黄州憑軒對像心仍壯把酒臨江淚欲流

塵世僅遺風格在不妨便道一淹留

巴浦和朱別駕韻

馬度春深徑路斜按鞭一酌笑桃花登臺捫腹懷諸葛

落帽衝風愧孟嘉惡客來頻虛設榻山陰興盡故回車

丈夫落魄無呼擁憐我春光滿路遮

送史侍御不及

獨馬孤城日欲斜月侵野色樹迷花直追驄步鞭先着
坐向江頭數鴈沙

次洪桂林韻

出門薄暮落花飛老向人間萬事違咨爾頓知眞味永
松風一榻枕柴扉

又

行行且止幾陰晴懶性元非耐世情知命不從眞信得
風吹草動也湏驚

題宦海恩波 胡葵亭公諱思忠守瀘州有人負學官及其妻子之喪道經境上公甚惻然爲之捐俸曲爲賻助并移文前途喪乃得歸瀘人高其行作宦海恩波集以贈

木落風號萬壑哀傷心月夜鳥徘徊誰將旅夢歸鄉破唯有瀘波送骨來寃債已知還客盡義門今始仗君開寒氈我亦啣恩者詩罷雙垂淚滴杯

又

愁絶三巴路身灰數卷書旅魂今已返高誼古何如舟楫風濤靜首丘馬鬣居親朋鄉井滿無計活枯魚

過楓山驛宿翠雲亭

苦鬱炎蒸道欣然見此亭松風迎晚翠月色動微明秀

入心神爽光通夜氣清凭欄尋樂處嗒爾長行旌

宿金城寺

觸熱廬江過飛來古寺清茶煙升鉢馥鳩語和鐘鳴山掩諸天閣雲深百樹城高僧窺我咲行嘯兩三聲

宿冶父寺

暮入招提境敲僧遍啓扉琴樽開月白竹院受風微行語如侵衲坐忘欲拂衣寒巖秋氣迫仰看紫雲飛

含山行臺看荷池

有恤幽臺署緑荷雨後清分香揮歛袖素淡拂塵纓魚噴觀池沫蛙吹聽坎聲文旌留不住偏繫此山城

過烏江謁項王廟

壯氣當年在靈光終古浮寒鴉號落木野鶴唳孤洲叱咤風雷夜悲歌草樹秋英雄空浩嘆成敗付東流

遊赤壁

晚凉疎雨過江邊風景依然水接天孤閣雲横丹鶴住雙僧歌起白鷗眠誰知賓主歡娛地可是英雄鏖戰年兩賦文章千古在周曹勝敗總堪憐

登党家山和梁厚村韻

興來策馬上高峰喜極忘歸撞夜鐘有物懷中孤對月無塵鏡裏任翻風學窮謾足三冬癖癡絶全輸一藝工

却羨厚翁官得地武夷山色逐行踪

贈厚村覲回并次其韻

拱極南來過古峯山僧不語自鳴鐘休驚杜甫衝泥雨偏愛叅軍落帽風口吸瀟湘揺地脉身銜綸綍織天工昔聞今楚都如寄去後應知憶令蹤

慰厚村禱雨

九土如焦意自憐更殘假寐復驚眠多方覓魃頻抽劒無計通神可泣天每見愁顔添白髮强扶病足俯高巔休疑正直乖寘感方寸饒耕萬頃田

喜厚村鞭龍得雨

又向天公丐我憐于今稍稍帖簟眠非因秘訣能通水只爲中孚乃應天喧鼓聲摇百仞窟伏龍氣潑九山巔不羞破屋頻持傘忽報農夫醉滿田

憐我蒼生生我憐昏無酒入眼無眠馬鬃不滴瓶中水蛇蟄難開洞裏天欲喚龍神飜翠浪故携虎骨寘青巔火官忽道崑崙禁雲在中空水在田

答錢緒山王龍溪送祭先師陽明胙

他鄉憐二妙白馬哭孤墳身世浮塵滅風流遠代尊壇空猶點瑟雪花獨程門我亦霑餘瀝悲凄送斷雲

途中次厚村韻

獨騎瘦馬出山城寂寞江天作楚聲無意逢開青白眼
幾迴低過短長亭經霜老樹凋仍壯傍客饑烏病欲鳴
身外浮沉君莫問暫携濁酒對花汀

德安縣居詩十首

日高開戶起幽事頗相關雀啄前窻曙鐘敲近寺寒携
書憑竹几搔首看花欄且盡今朝樂終當返故山

其二

獨坐深秋夜明河没遠天蟲鳴千影靜花落萬光玄客
鬢添新雪鄉心倍舊年猶愁明早起俗事急相牽

其三

紛紛行役者無事日侵尋乍見翻疑迹相知各論心挑燈殘對酒撫枕靜聞琴逸翮誰高舉孤猨空故林

其四

客處傷春懶心閒境未偏聞鷄呼帶檢倚馬掛書眠逐隊慚高鳥歸家倦撫絃何時忙裏了上計是歸田

其五

緩步荒郊外杖藜看耨鋤簑衣裳短褐野飯摘殘蔬雨過苗花濕雲深草樹疎敲門無犬吠何處覓樵漁

其六

一病簿書歇終朝藥餌親焚香蓀靜性咬菜適清神落

燕巢低屋饑烏桀近人覓仙難換骨貧瘦得吾眞

其七

青春不可再白髮兩三莖得句非詩史爲官愧福星愁多憑酒散老至逐人行開卷無相似長吁負此生

其八

輕車行數里野望興悠然柳細和風嫩山青帶雨鮮雲霞侵夕徑蘆阜積秋煙夜入上方裏幽棲意近禪

其九

早官還不惡疎懶正相宜野客鶯眠早家人笑起遲詩成尋草處酒醉數花時姸醜從描畫行藏總自知

其十

據案三年久齋居覺訟清書於堂上讀人聽縣中行寂坐禽相問空堦草自青蕭條成吏隱惟厭馬車聲

附紀遊詩四首

其一 遊開先寺望廬山

聞道廬山勝今朝始見山鶴鳴雙劍動龍噴紫霄寒臺去人空古墨灰沼未乾紫陽招不作五老共誰看

其二 坐龍池觀瀑布泉

一上危峰獨桅流匡山爽氣爲君收泉飛直下三千丈池噴奔分數百洲淨練銀河輝映閣煙凝碧樹吐成樓

先師巨筆懸崖石文物風光度幾秋

其三遊白鹿洞

古洞雲封山正陰攀藤負石此登臨雙峰削劍雄中外五老當頭壯古今入室顒瞻先聖像登臺慙負昔年心十年夢寐今方見終老生涯只處尋

其四同前

洞天杳杳白雲低古木叢陰路欲迷晝永並無人跡混夜深惟有鳥聲啼雨昏草色寒侵院風入松聲響亂溪隔宿尋幽心未愜馬回山下日將西

門生徐公遴諫議憐予令德安七年不遷自以

意干吏部得轉判杭州歸養過杭言其故詩以謝之

漢文爲吏長兒孫乂任郎官到處尊嵓有秘書通政府過勤高誼厚師門樓臺南澗春風坐官喜西湖夏日曛給舍辭歸兼善養榮親數我不如君

同唐初泉寅長赭山估寨

同官伐木喜丁丁誰信多艱共此經煙火聯綿山谷赭旗旌掩映海天青經營禦寇資籌策俯仰臨流飲血腥何日太平歸戍者漸愁白髮又添莖

舟中遣懷

獨酌舟中酒避喧數掩扉卑棲成底懶多病苦思歸春色催年老煙光入暮微客愁誰爲減停棹看花飛

夜訪鄭顛山

山路縱横峻雲窩屈曲高揮樽眠几竹挾燭映仙桃蓬跣仍冠屨刀圭失羽毛空嗟眞寶在錯被此生勞

春朝雨雪訪傅虛压都諫不遇

去歲相過挹羽儀今春此日憶君時衝泥啓户曙煙動踏雪登臺畫影垂寄語黄門休塞徑謾教青竹乞題詩看雲歸去還回首不厭踈狂更與期

叨貳撫郡欣逢李山寅長

平生知己淺晚喜見君深比德溫如玉同心利斷金詩篇頻啓篋謀議輙披襟共苦樊籠繫相期麋豕尋

聞倭寇尚遽永春愁作一律

干戈猶不息愁極轉生悲塗地千家血逃生百命絲深冤空拭淚孤憤強裁詩何日昇平見廓清應有期

季山寅長邀徃餘干送鄭侍御

欝欝簿書繫蕭蕭伴侶來風高連暮靄雨漂滴秋苔屬子終沉世賈生誰惜才同遊知不俗宿抱向君開

廣西回兵作賊戕殺守備

忽傳流賊迫新城共說玆流是廣兵守將謀疎悲壯節

撫臣策失恨遺勍旌麾冉冉空壁戎馬嘶嘶故繞營

土著虚懸馳逺慕幾時高桄見清平

集卷之一

十三

五言絶句

淨几晴窻旦氣清雲山掩映轉虛明此心空洞無些滓坐聽幽禽三兩聲

天下無如聞道樂人間唯有養心高煙花過眼須臾滅明德馨香萬古牢

挺挺世間眞男子軒軒物表大丈夫王侯列第誇青紫有我這般人也無

古惜英豪愛此身惺惺不息逐昏晨門前坦道無通塞莫向迷途枉問津

寤寐前修相感深一中衣鉢此傳心丁寧莫問如來界

本體工夫在這尋
何思何慮只寂然由來習靜類修禪蓬萊一去無多路
直啓玄關叩洞天
野花幽草滿庭除生意綿綿接太虛獨坐空齋無一事
呼童三徑樂教鋤
景物熙熙一片春花間酌酒且瞧人群芳鬭妍東君笑
莫遣離披落水濱
此身終老太平年何事修眞顛倒顛但得開顔無日不
醉眠花下也神仙
大道充盈宇宙間磋磨切琢用工難聖賢垂訓昭如許

誰信良知徑路寬

老年隨分做工夫黄卷靜披世味無倦枕池邊春睡足

凭闌遥看鳥相呼

一雨秋凉爽氣新秋聲栗栗轉傷神根株半載培多少

倏忽流光不待人

撫躬辭家二十秋紛華惹絆未知休而今始識歸來路

覆簣爲山已白頭

硬着脊梁休放肩肩挑重負路漫延生前氣力無停歇

一息奄奄尚向前

大禹聖人惜寸陰嗟我悠悠老來侵七年病蓄三年艾

猶勝龍鍾轉陸沉

心遠不妨車馬過地偏漸聽月風來參差竹木皆清景

唯有梅枝手自裁

觀雲聽雨逐番新清晝綠陰更可人滿眼箇中無限趣

當窻憩久樂天眞

刋刪理障覔天根心體昭昭會一原歲暮更宜深燕養

莫埋書册動風旛

逆境湏同順境寛熟仁堅志這中觀英雄何限經坷坎

一片精光本自完

遊梨山詩一絕

折梅寄楊天游

獨卧高軒嘆離群舉眼誰能靜世紛相思半夜梅花發

蚤折一枝寄贈君

五言古風

自述

抽簪恨不早白髮乃丘山弱冠起道心悠悠四十年追思一幻夢俛仰恒慨然古人弗可作高風增企焉良朋復乖違濁滓誰與湔所以披黃卷尚友訂吾頑明訓非不勤無柰氣習偏堅苦深磨鍊依稀寡舊愆逆途屢摧挫俗物蕪牽纏排剪去還積長倚片心堅卜築名儒里幽棲有餘閑師保凜面命庸駑強策鞭大路何漫漫力綿幾放肩冥蒼賴默相平地將升巔衰頹難長進獨愳萬峯前

梅東集卷之一

七言律詩

和鵝湖三先生韻以後皆歸隱時作

朱陸豪雄夙所欽本仁祖義渾同心高明頓足先登岸
邃密爲山漸到岑易簡支離爭詣切禪關俗學互浮沉
撐眉弩眼來葱嶺公論昭明在古今

夜嘆

不寐中宵發嘆歌無聞見惡竟如何堪嗟歲月蹉跎久
却悔塵寰錯誤多事業分明早曾晏源流直上接丘軻
衰顔皓髮雄心在蓄艾從今起宿痾

掩扉

院靜秋深晝掩扉倦遊園圃坐忘歸休驚白髮催顏瘦
且看黃鸝繞樹飛翠竹受風生遠韻碧梧竟夕含清暉
此間標格誰能會唯有孤星入少微

夜坐

露冷風高天氣清中秋月色更分明捫懷永夜心同照
抱膝孤燈與自傾漏盡欣無塵客坐鍾鳴恍有老仙迎
歸來最愛天機靜莫遣紛紛混世情

遊棃山廟

乘興御風遺世紛幽心高入萬峯雲肴輿野色瀟瀟變
古廟泉聲滴滴分已喜青山留白髮更歡夜雨坐黃昏

歸與獨抱孤清志逆旅踈慵誰與群

登高

九日登高廟閣陰山間犬吠白雲深清秋空谷寒侵夜繞屋幽林翠藹岑佳景隨開陶令興雅懷猶負遠公心年來名利都抛却唯有遊觀到處尋

松莊文集卷之二

書

與會友莊方塘行人

自離左右南來無任渴思前有書附寄同安揚進士不審達否別後已經新歲伏唯君子履端多納福祐偉學德不前無足言者加以索居寡徒無能長善規過徒閉門讀聖賢書竊一二以自淑而已然私欲纏繞屢遣不去未知何以復見吾兄也又質駁而志高力弱而任重每觀古人言行卓卓輒用自愧然徒私懷慙愧之心而未能决然措諸日用之實所以終無進地便中千萬有

以教我也邇者家累添十二三口別無人可治生者動輙齟齬不能無憂然古之君子其窮有甚焉者而能超然自得必其用心有異於子者矣以故束手無何不得不俯就舉業少紓目前之急然看書則心悠然而喜作文則甚非其本意而不得不爲之者因此見舉業奪志之言深爲有驗多少英雄往往墮此坑塹中而不得出甚可惜也平居切不自量每常有懷若得俯仰無累衣食纔足不待假貸於人即欲謝去科名高隱深山以求聖賢之大致暇則行吟田野間或望雲覩月一觴一咏足以開豁胸懷擺脫門戶或有餘力則挾策裹糧不遠

千里歷覽名山大川徧交當世名士庶幾進修不負可了一生不猶愈營營逐逐於簪組之末仰慚俯愧老死而不知悔哉實有此志懷之已久但恨有所牽制不得自遂故不敢以聞於人亦以吾兄知我愛我而以聞之也前年接兄有一種議論謂士者當以功業爲事不專重於學以格致誠正爲迂濶之談亦已作書深辯其非未審能過聽否暇時可速觀書史取其有補於身心政事者不可徒以爲弄文作詩之資至於博局遊戲之事不惟有妨於正而不可爲亦恐有所急而不暇爲宜一切屛去歲月日迫大義未明深可悼懼凡學者用功必

於三十之前而考德必於四十之際故先王之制亦必四十而後仕而夫子言無聞之不足畏見惡之其終亦至此年而定孟子之賢亦至四十不動心蓋進退之機於此决也犬馬之齒已二十八兄長二齡其之四十也易矣雖識見英敏科名早達有過於生而究其所得亦恐未足以窺聖賢之大全而未免有隨世以就功名之態即其所造亦頗有異於齷齪狡獪之徒而未可自附於豪傑之士則亦與生無甚人品高下之判而豈可不深以爲憂哉昔程明道自少年及第出去做官一向長進而朱晦翁亦以學終其身永康事功深所不取必有

說也而況不進其德未見其功晏然虛度歲月將何以
立於世此生之所以終日隱憂中夜不寐而無可控告
者故頗與同志共勉之不識高明以爲何如

與潘生龍舉人

始僕在鄉中見子文章竊有異焉其後繼見乃决子異
之不妄又愛子性靜中潛每指告輒解爲文駸駸湧進
語超而思深大契拙匠法門輒喜譽不置時俗耳庸目
見子家逾窘名逾卑容貌衣服不能動人私論洶洶咸
相訾笑既乃兩薦首於主司繼拔魁於藩省始信僕爲
知人然鄙心所以慕子非特其時文蓋其性資沉厚愼

然有可進於道者一别二年去冬復得見吾子意必曄光日新殊勝曩時竊窺其動作意嚮反不類焉方喜賀而遽有憂也夫人習安於豢養慣見乎歡忻快心適情其志易蕩故幸獲小進多縱恣不檢自壞身名然亦有數焉若親經轗軻困躓之後備嘗險阻艱難之餘則其得志必能堅忍刻勵從善若奔其反是者必其品之最下者矣吾子志氣絶塵如軒鶴之離雞群顧日篤於學以充宏識毋以貴人自期毋以解元自滿君子之所貴者不在是也古人見二千石不如一縫掖以齊王之頭不及一處士之壟况區區伸尺寸者哉吾子破天荒爲

一鄉之望則其所以瞻仰責備者異於他人故其砥礪
宜尤謹毫髮有疵纇則人便指爲丘山矣向時欲面及
之因行色倉卒未能獲竟然間亦微露其端不知解否
前輩云朝而爲盜跖暮而爲伯夷聖人不棄也一念有
差便是一念盜跖一事有差便是一事盜跖一日有差
便是一日盜跖一月有差便是一月盜跖豈必穿窬而
後爲眞盜哉晦翁論不敬之害至於三綱淪九法斁如
是則與眞盜何殊夷跖之分敬肆之間耳其幾甚微而
其歸甚遠可無惕乎余稟賦最駁過失日生嘗以此痛
警私立程課食蘗而羨故欲與老友分之相愛之深不

覺覼縷幸毋以狂言爲過乃鄙拙去就已別具在价夫東中并可取一觀未審朽株撓腐衆所不顧猶能蒸出芝菌否也別時不得送甚歉因風幸毋悋珠玉以慰我思不宣

與劉生維藩舉人

寻在夏津相與不下半百獨於子爲深交以子之愛我有眞情也以我之語子肯篤信而深念之也苟其情不至其相信不深雖有千金之贈能感之而不能契也吾子其以僕爲易與也哉人情踈薄世路險巇勢利之交隨時向背吾知之久矣唯願子之無諂之也自從鄙門

別後思情日新人生聚散有如飛鴻未審執手何特復
尋舊約每中夜感觸幾於輾轉不寐豈伊無人之故特
念子實多耳男兒不能再壯日月馳迫速於飄風唯願
乘此強健之年節止沉酣游思竹素專專兀兀使暉光
漸著異日當儘有受用處不致老大悲傷也僕樗櫟之
材班匠不顧無足爲子言者然平生頗用力於知命之
學其於得失不甚爲之芥蔕行當取一官以代躬耕之
勞盡棄疇昔之所習以求至於古人之所汲汲者安知
吾之退未始不爲進也數年於靜中觀書史或一有小
得輒取筆劄記所草四書易說二部未成頭緒不敢出

以示人今當致精專力補葺前業以冀一言之幾於道雖即死亦庶無憾矣先輩云早知窮達有命恨不十年讀書僕正以是抱悔耳都下了事只在六月之初第允早畢常漕河湮塞饑殍滿途盜賊晝刼大於行客不便未知將來作何變計來書道回時墜馬傷手覺之愴然以驚計今必已全復比日隆暑唯順時調攝自愛不宣

與苑生紱秀才

踈違二載去冬幸再遘顏面情誼肫肫倍踰徃昔知子之厚我不忘朝趨暮侍執經請益欲盡傾囷廩以出子之用心亦懇矣顧予薄積一取輒罄無以塞子之求如

何自別數時遽移寒暑寤想風味輒託諸夢以通情怨瑶音一來驚喜吾子之爲見諄諄若寺中語且寬譬温柔摧膓頓減知子之愛我多也古語云力田不如逢年雖誠有之亦當薦蓘致功以待苟一因歲之不易遂惰農從康必廢有秋之穫矣故予之治田雖積饑累荒而不悔其所以力耒者愈勤凡於豐凶一置不問目今拙計亦如謝玄暉所謂既懽懷禄情復協滄洲趣耳吾子其毋謂我徒悒悒也來書喻進學甚慰以子之志肯特加灌溉當穰穰盈倉切不宜先着自足之心又其下種多雜茶蓼當以漸芟去松勁枝寡竹勁中虛以此二言

味之自知有進步處矣俟磨礱數年倘獲會晤更尚有深於是者與吾子言之

與友人張月洲

自都下得吾兄所遺令弟書錄及不肖辭旨惻惻讀之令人嗟唏月洲志大才高投之所向無不如志猶未爲宰物者所識區區苦李擲置道側又何足憐束書挾劍訪諸舊遊紵素所鬱積以兄之不樂知生之悲也如君之雅音不賞於時行之天下皆將爭趨而競取之猶懼弗至於其門也況於狎服而習喜者哉月洲乎其又何悲元偉萬里途窮進退唯谷未知所歸上有老親低首

就禄譬墜崖之馬雖足傷氣喘殆將踣斃尚爾勤企遲轉欲一躍追風知己者其毋以不復前進輒相鄙夷也然昔之進以位今之進以道頗有不同者耳兄種學績文叩之鏗然有聲無事時與之評詩論賦諵諵不絕暫雖寥落譬蜃之沉海吞吐樓臺終不久淹人下幸無以一折自傷尚當勉卒所業以圖大就因風附此奉訊幸數遺金玉以慰遐思不宣

與蕭外弟雲麓

三月十一日聞我岳翁訃音不勝悲悼晨夕昏惘猶恐是夢中語已節次致書奉慰審已闋徹歲序更新倏爾

一載伏唯感時追慕何以爲懷即日暑氣蒸鬱神相孝履體力支勝第恨僕銜恩深厚水遠山長無能奮飛一慟舒瀉愴惻每中夜感觸未嘗不攬衣起坐落淚潺湲也勉俟微官度日如年兼江北一帶久旱炎毒異常獰飈飛塵天地頓撼喉燥中乾瀉淚纏繞雖日以理義澆灌亦難濯滌酸腸日慕鄉關時詠登樓之賦悲聲泠泠慷慨餘哀古人所謂都眊矂者僕咸備之矣計季夏之初必得離脫南下走哭翁靈不期四月五夜九廟同災積數年民功灰於一旦　聖心危懼百執驚惶大臣陳辭　准免者數未敢謀及我輩世道亦大有

可爲潦室之憂者誠得薄田數頃僅足無求即當棄去歸隱深山也僕行色極遲亦不待秋初矣門戶之寄搆堂之任全在吾弟此身唯節哀自愛副兹禱懇再拜

奉林榕亭岳丈

在都下鄖次附書奉候安否計已徹覽比日炎熱伏唯遠心清勝尊體輕安無任忻慰世俗囂譁冠帶相索爭笑失所之人而翁獨早棄舉子業逍遙物外避喧居寂白日掩扉掃地焚香門無俗客靜坐之久輒取古人冲淡閒適之詩手書粘壁短詠長歌終日怡愉未曾見其戃慌之色興則撫琴倦即就枕雜夢不到骨冷神清每

心口相念時有天台武夷之思欲嫁娶粗畢採藥其上於諸子賢愚若弗經意亦不別治生以求羸餘人或勸之曰吾有心田一頃與兒耕足矣年未四十藏壙咸具自謂即死無憂其於貧富貴賤死生之際皆能達觀如此則其他瑣瑣又何足掛懷抱耶但翁養晦寡合不求賞識故世鮮復得其爲人幸偉辱婚門下迴旋日久區區識察自謂比於子期之知音有家無食驅我入閩欲歸未能輒思而頌之亦使翁以偉爲知己也自慙黯黮終負眼青酸醎賤嗜豈敢貴獻第偉之出處非全無意翁當自知固不甘碌碌求作貴人而已也從少鈍騃不

適時事唯酷愛丘山嘗讀詩即喜淵明集手之不釋特以生逢明時又不能自遂故俯就舉業幾二十年今甲科不就直欲絕世念歸隱村莊尋真守樸猿鶴與棲久復自思家累浩大既無薄田又不能躬耕恐生計微拙亦足亂佳況姑從仕數年小行其志差積微祿聊足買田自給即棄人間事携妻子入山耳翁毋以偉只為俗濁中人不足與語傾時進而滌之勿使清風倒射回幸甚

與易愧虛京推

兩承枉顧未及趨酬遲慢之咎已積丘山即日溽暑伏唯寧心有相尊候萬福偉失意後復增瀉疾憊困殊甚

連日風颯飛揚沙塵撲面愁殺人腸加以炎熱濕鬱眞如坐深甑中復遭蒸炊益敗佳況顧相違咫尺注視無異商參不能常候起居甚歎然此情此念未嘗不一日數迴府中也苦被家累羈紲至此譬彼牛馬飲水求芻使幽人達士撫掌掀笑安得策高足奮長翮追風凌漢倏忽絕塵付身世於無何有耶思之旣不可得徒日誦四愁之詩詠五噫之歌而已念先生晚節黄花香味不改當冠蓋巖終滿朝而以舊德遂良老其間定應牀下之拜矣自度顱領受恩不能即報唯祝相好無時衰而已

與同年鄭東梧博士

累承枉駕未獲趨謝罪萬罪萬自從夏來亢旱炎曦不審起居佳勝何似諒君子作法於凉心清神爽多納福佑爲慰生孤坐窮辰地偏跡少親書之暇每對綦局恨如陽春寡和思唯吾兄乃當勍敵欲往從之又苦病懶暑蒸踟躕回首相隔蕭墻遥遥牛女可人嘉會相逢能有幾時也私念浮生將半百事無成日復一日老色漸增精神頓減正當投簪濯足結宇窮岡與青雲白石同幽齊趣以樂天年而乃爲生計所驅馳逐伊始如籠中之鳥每一舉翮即觸四隅未知脫此囚拘當遲何載耳老兄磊砢奇寶久晦於時晚遇龍光見燭薦之清廟日

覺嗟蔑漸佳亦曾思同舟食蓼之際否乎交道近喪世路多虞枯枝之上飛鳥不棲諒唯吾兄可以免此因數時形影相離輒有所思故託之遺音以慰饑渴老兄其以爲何如

別同年張星湖

庚子之秋余自漳還將北征患苦無侶居忽忽不樂時年友張子厚甫亦用此爲憂坐閒偶思及予拊掌曰是眞可同者披披數里南來余方假寐忽聞敲戶聲響亮清徹異之即倒屣揖入相顧齊笑戒行外不復出一語七月十九日發朝趨莫宿驅蛩不離弦韋交告互有裨

益遂循三山泂建溪望雲谷瞻武夷憩釣臺泛西湖登虎丘遊金山諸所名勝景不憚一至焉猶以未循九曲爲恨維冬之孟舟次清源余從迂道之夏津訪舊遊張子直抵　皇都不見者二月一如隔歲春初迺聚首于朱家連牀夜語戒曉不寐自是九三進棘院徃返必偕落第後復遷于次憂慰其同其後余以親老就官張子以訊仕弗協南下將別送之於東門之外執手踟躕各悽然出涕霑衣因追思余與君昔同里閈又同年今同舟又同寓其平生所經苦辛又同徃君值章灘之險余觸呂梁之驚又大同其嘐嘐意氣霏霏論議欲追古人

而從之者又無不同不可以無紀以爲後觀欲援筆作賦困無宋玉長卿之才書數行憖弗類古人而止因粗掇其槩屬張子舟中賦之俟予三年後學幾成賡賦之

與會友王遵巖叅政

承兩度枉書誨諭諄至兼辱厚貺盎增珍悚吾子以通敏兼人之資弱冠立取貴當乃不自張施惴惴若有所負翱翔書史篤專窮年大篇短章寂寥橫肆海內人士莫不拜望下風况如區區有不嗟嘆而推許者哉顧位望日崇聲稱逼迫實爲貴勢所見深忌預知其有公輔之望而先譏之以不美之名以去其爲計亦忍矣然以

君之覥覆非其自取必不以是戚戚於懷也及接來翰

乃知遠心違識果如所料且示以歸時事業頼友人夾

持其修身俟命虛中求益之意時輩又孰有能及之伏

讀欣慰何可云喻竊謂吾邑士風頽壞殊極曩嘗與君

議論到此不覺長嘆其齷齪者固不足道亦有素負壯

志口談性命時於見用能有所建明然或遭貶黜旋足

未幾不能耐惡衣淡食乃狥俗營營雖刀至使高人達

士弗復比數思之甚爲悼惜以吾兄之强懷勇力决不

至墮此坑塹然相愛之至亦當過慮而逆隄之夫士得

志則行於天下不得志則行於其家與鄉昔邵堯夫司

馬君實在家居人相戒毋爲不義唯恐聞知如君之隱
德僕未暇接膝細觀唯驗之家鄉百不失一萬萬堅志
是所深望村莊草徑茅山古刹之濵葛巾野服芒鞋羽
扇日尋修竹老松婆娑其間勿令得求田問舍之徒窺
蹤聒耳厭則取陶謝韋陳之詩屈宋賈陸之賦相對而
客和之金石擊撞宫商協諧必有候氣之鍾知音之賞
和而鳴者其於出處大節顧不磊磊軒天地者哉僕庸
材朽質無能洗湔遭命奇薄坎坷偃蹇如巢中微鷇羽
不盈尺永絶騰軒之望計已量力宿蔭低枝與燕雀爲
伍大爲知已羞然鄙志顧有不敢自外者位不可得則

將求得於學日修羽毛以俟長大他日垂天之鵬或有可冀今雖語之吾兄必不見信聊亦大言之安知爨下之餘不無賞音者耶唯良友無我鄙外數寄聲相問時察弱念提而張之其於所助不細俟官都下秋初方回必得見顏日領清誨伏唯致和爲道自愛不宣

與易愧虛

連日依違未別計將有待不期先生役於王事以出生迫於同侶不能強立斯須萬里之行弗會面遽去令人愁思日新恨恨行色昔爲驅蛩今也胡秦夜雨對牀之景當何時再見也行人難久留各言長相思又云恩愛

苟不虧在遠分日親唯我二人深念此詩則雖迈路日長心神咫尺較之晨夕接膝而不相知者亦大遠矣承喻繽紛之苦匪唯執事爲然昨聞勇退之舉只決一二年間倘得遂所請採藥深山殘花滿地望雲不慚高鳥臨水不愧游魚此時此景其樂何極如生筮仕方始日衝塵埃主静之學未固動定之地難言恐三百六旬之中只長擾擾度日營營過時而已因常照管此心恒虞放失然時如奔駟東之不留加以做官奪志之害立之不堅岌岌乎小人之歸是懼先生其何以教我也昔方遜志教授漢中風土既惡人物且稀言之而無聽倡之

而無和但仰觀霄漢默默悟遺然猶能平其心進其德不爲瑣瑣侵亂矧羅田乃在中土其人材可與語者尚多於此而自棄不與諸生磨礱淬礪以冀一善之稱於世豈徒得罪方子抑亦貽執事之羞便中幸無靳教音攻熨其受病之處是所深願過辱贐儀意將返璧又慮高明不察以爲相外勉強領受無任銘縷不旣所欲言元偉頓首

與鄭東梧博士許栗齋中書

一別經月屢形夢寐勝遊佳會無復曩時偶輒興思屢發長嘆途中黯黯度日善莫寻長過莫寻匡朝夕私自

點檢其於小失固未易去猶幸庶幾無大愆咎而已每
遇風恬日出柳陰連岸不覺神思踈爽披襟洒然然值
多貴氣處殊敗好况矧左右於有喪者之側時聞哭聲
二公知予心能樂乎否也計回日即欲之官意將勉住
斯須偷歡膝下寸陰尺璧乃遲遲逆旅感物興懷心腸
俱碎然忝冊家癡頑窮窘事隨日生夜宿驚虞嚴督防
禦各處催夫沉滯士夫應接往復非生一來勢實艱阻
猶幸此舉得爲蹟山之助非泛泛伴搭者於義得少慰
耳若漫無輕重既不成自爲又不能爲人胥失之矣仲
秋之朔乃遇浯溪於臨清得分其勞此時欲委以去又

原書缺

原書缺

此如蛾之溺于火魚之陷于餌豈其本心有所蔽而不自覺耳靜言思之良可哀悼有介於其側者苟非其素所讐疾之人尚當孚號盡氣出死力以拯之之不暇况余與子有師弟之義父子之恩忍坐視其沉没以斃而不之恤哉夫吾子以天資之高學力之敏爲惡固易其爲善亦不難能奮然自訟若無所容視昔所爲若將浼焉則遷善之門反手可闢朝桀而暮堯夫誰曰不可將見父母踴躍昆弟歡騰族屬姻婭鄉閭友朋莫不稱慶愛慕喜就樂親下至臧獲負販之賤亦皆咨嗟駭異不圖其勇之至於斯也則豈不爲家之孝子鄉之善士哉

詩曰無念爾祖聿修厥德子之爲善無容他求亦念爾祖而已又不云夙興夜寐無忝爾所生子學詩者讀小宛之章能不惻然與二人之懷乎自子之别也無日而不望子之再見也壹者之來我心寫兮乃屢遲而不至問之人則曰有羞見之心焉是心也乃天機之萌復禮之端希賢希聖之路也擴而充之在我而已吾自今以始與子立法子其速來吾與維新如又仍前遂非視吾言如弁髦則真下愚不移豈唯乃祖乃父之憂抑亦予與諸士子之羞則有國之憲典在當申之於當道以聽處分其毋悔

與許栗齋

始僕初到京師，獨吾兄拳拳枉顧，不厭頻勞。其後被黜於主司，就官於末位，志鬱道窮，爲衆嗤笑，而執事之禮有隆無替，連牀夜語，每至夜分，令人忘其卑賤之辱，而安於聚會之樂，其於受益亦已多矣。别後家歸，愈切瞻企，不能奮飛。一見已有書寄王東臺价人，轉致曾徹覽否？生去冬臘月到羅田，幸其風土與閩中不甚異，又僻處山城，節省迎送，正踈懶之所宜居者。但人士每以憂饑寒亂心，鮮肯篤專於學，姑得以科舉程課誘掖纚束之，多見喜從。其中默寓作人之教，使於德行文藝知所輕重固未敢顯言作聖希賢工夫恐益以爲迂而不信玩而不復來也俟先勞之久必有知嚮方者乃徐與之言未晚固不可速心棘效耳自愧數年爲功名奔走旅途中荒蕪殊甚今教而知困方知悔恨欲追補往闕而精力衰耗不能久親檠火所讀過掩卷輙遺忘分將脂韋汩没生慚死愧無復有長進之路矣然猶如跛鼈病駒匍匐求前不知其步能幾何也尊丈年富志堅計德學精進决不可量前承示諸作已駸駸古人風致當是國手但未免有模倣竄竊之病須積久融會自成一家乃爲佳耳韓宗孟而文自韓歐宗韓而文自歐如點鐵

鎔金不見痕迹今讀君之文者知其爲學漢也似與古名家不類伏唯更加充養以俟其化幸甚蹟山後事不知有司處之如何此地非要衝絶人來往有書莫致甚覺濶情因風附此布悃便中幸不吝示及所未聞至仰

與張玉泉憲副

某在都下咨海内縉紳之賢若得王泉先生焉私識之不敢忘及就官貴邑輙色喜得師尋知其聽政紹興無因縁相見至之日索家乘觀之僅見報德録貳冊乃先生少遭家難陳訴之詞及與定齋先生係　詔獄倡酬之作也豈唯其文章風神氣格逼迫古人而臨難從容

有演易授書之風忽作而嘆曰先生之聞道有自哉資禀旣高而磨礪又至宜其養充守固學成化昭固宜登之木天之塲代制　德音光垂信史成一家言而顧困之簿書淹之州郡豈所以堅其志而老其材者猶未極歟抑欲其敷張實政潤澤生人猶愈矻矻於筆硯間耶天之意未可知也近又得詩經發蒙全集讀之其理達其思深不墮科舉之習而眞足以發明風雅之大致令人目舒心朗如盲者之復見日月歡欣愛護手書無斁雖未獲執鞭左右而其命我則已多矣獨其所謂綱目解者聞尤平生精力所萃欲見之心劇於饑渴貧之令

郎謂幾成未就親執以行未審的否倘不以學鹵分畀求深交淺棄之而以屋烏之及遠終惠焉則照乘之珍當預作窖櫝以待固不敢彊執市人之禍而使觀之也羅田志只仍二三友舊槀畧所更定潤色尚踈去取未協謹附一部奉覽唯不吝開示至仰至仰未同而言哲人深戒但索居寡侶心動神馳臨楮縈漬不自知其僭越也元偉頓首

與梁厚村縣尹

憶昔在府中接芳鄰侍杯酒乘興肩輿足馬遊定惠院登赤壁亭觀海棠之遺跡想羽化之高蹤賦詩浩歌懷

抱昭曠令人眷眷忘歸乃聚歡未久倏爾生有浙東之行冬初言旋復爾相左赴省以回僅獲接先生於途中素悰未傾匆匆分袂兼太夫人返駕弗獲遠將而家君拜别亦無能勉俟以去聚散浮萍歲月飄風回思往時忽如一夢故古人秉燭夜遊而二蘇兄弟所以屢感傷風雨對牀之句也不意息肩未幾内人遽溘暴疾晨發夕殞沉憂眞愁情如剱傷不能自禁虧莊生之趣乏孟敏之識出戶而徬徨入室復嗟唏盖先妻徽德有足動念匪徒以哭吾私而已比得北來人道高車同蒲圻大尹偕行至河南其鄉執事蚤入隘門幸無事蒲圻尹遲

斯湏不得入宿於外被賊攻刼如罄未知果否信然誠可憫惜而亦大爲執事慶矣臨紙無任馳仰伏唯爲國珍嗇自愛不備

與熊石東學諭

昔寓古黄送兄有事山西弟隨復往浙離合倏忽星處參商默計旋歸必獲聚首布歡紓瀉情素而步蹇來徐無能追蹤欷歔移時悵惘如失欲乘興泛舟訪戴適心動復返不四日遂遭内子之喪神傷膈裂乃月餘襁褓之兒隨繼以逝雖釋迦老子處此亦不能不動情也自惟不肖乆辱泥塗靡復比數索居山城號咷以倡絶迹

和音徒日靠古今澆灌求免對鏡不憎面目然年紀長大精力憊耗所讀過扵衾輒遺忘雖顚顚矻矻誾誾啾啾竟如絡緯空負織作之名而絲縷不就亦奚益矣念吾兄植學績功日久一擊黄鐘於曠涓之側當無不擊節者乃竟混禿缶足凡幾刖如弟碩鄙又可咎聽者之不聰哉昨見古風數首依稀漢魏私自斂衽無便樞趨探作者之心求專門之訣已分高明不屑指教而顧遠辱使人先之華牘寵以多儀豈以枯池之魚猶能奮鱗蕩薄也耶嘗謂古人得志則行其道於天下不得志猶以其平生所欲自見者而筆之於書韓子所謂其行道

其爲書其化令其傳後必有在矣今進不能有施退不能有明日縻廩禄玩愒以生死亦何異於身犯罪戾而幸免嬰木索受笞箠者哉中夜起思脊背爲之寒慄而同志者少寡昧之資孤立難成敢因知己者私布之天風良便唯時寄珠玉受賜無量

與汪生周鳳秀才

其嘗謂近世學者事愈勤而德學不加非以其勤之未至也闃覷一室不出户限埋頭故紙意象匆匆如逐失追亡雖日亦有所獲而趣味短矣昔司馬子長大肆篇章其蹤跡已半乎天下而邵堯夫成一部皇極亦在於

歷名都鉅邑之後蘇子由於山見終南太華之高於水見黃河之大且深於人見歐陽公而猶以未見韓太尉爲恨豈不知歸求之爲捷徑而必泛觀愽取之不憚煩也以爲不如是經歷縱放游息則無以增其智慧豁其情思爲筆端之助崇德廣業之資故有所張弛而不辭今吾子生長山阿自厭離索慨然裹糧擔簦縱觀　金陵之鉅麗此其立志已足嘉尚而又得黃泰泉老先生爲之宗師取正有道日益聞所未聞區區當大刮目以待復承來喻有超凡希聖之期而不滿於口清心濁之輩足徵高識比舊時伎倆大別雖然前輩云今之學者

能言眞如鸚鵡蓋言之非艱躬之難逮故聖人屢屢以訥言敏行爲戒又於聽言觀行爲宰予懲之進銳退速之規烏頭力去之喻皆不可不思也今味來書似以進道若易易然又罵倒他人蒲假已見而無知非覺是自訟自悔之辭恐用力而實得者不如此其言又華而不根且失作書體製行文法度若於道未見并其舉業文章而廢之則兩敗矣唯吾子思之區區少年不揣志大言高亦是如此意見近更閱世故已深乃悔其爲狂妄耳今望吾子且勿輕言默默着己用功并於舉業並進程子謂不患妨功唯患奪志子志已定則由此以進立

身行道顯親揚名皆是聖賢作用固於學道不妨也君不以予言爲然而以僕爲不相知不相信則且留此書俟後五六年取觀而試驗之彼時識見又增一倍必曰今後乃知吾師之爲藥石語也愛我厚我而欲納我於聖賢之域也越三年覺其言之無用然後取而棄之

與周憲周珙童蒙吉三生往書院

薄軀失於將護爲造化小兒所苦逾月餘矣久踈黄卷少領青衿闃闃晝居窔奥中與妻兒爲侣徒自傷耳病每念少時玩愒虚擲迄今勞生强半百不一成稍差間取漢書一閱觀魁壘瓌奇諸名流叱咤馳騁輒俛首踈

髮撫膺灑汗空負男兒慘慘如不欲生蕪屯蹶洛鯤下
群燕雀外無皮鮑之知中無金張之援況淪山阿和光
俗客第仰觀霄漢俯瞰汗青默默悞遺其孰識予之悲
也二三子見拔當道幸脫童觀得鄒師爲院長遴群邑
之特苕藪其中日與磨礱鏃礪濯故滋新當月移而歲
易木升而川湧虛往實歸不肖亦得襲滕馥沐清波爲
快然猶有終言焉人之聚也學雖同趨德難合執盍勤
恪以自將虛降以相下樂掇其長而陰芟其短勿衒能
勿妬工勿以黴纇而詬勿以雷附而私乃其自樹之志
則雖耶如聊城而公輸不能下也如茲則區區宜刮目

倒屣臥之上牀不敢復吳下阿蒙相待二三子行矣勉之且試以斯言質之鄒先生以爲何如

奉鄭環浦大參

某吏德安已知有當道之賢大夫如環浦公者舊矣而以勢分隔越避足羞近諛之嫌不敢輕有所附麗而時傳聞其風采之振揚節槩之高尚則私心嚮慕爲不可及思欲一見之而無繇也先年冬明公以覲抵京師道經德安不意誤先有所聞踰常禮知遇有下堂執手之愛與之坐而論者移時某亦自忘其身之賤而請益不倦既而公還自京師而某亦以給由歸抵省參謁公又

携之後署接引不衰直欲進之於成人之域今年秋公
轉藩于蜀復經敝治優遇殊常知信益深手書重疊譊
巽滋甚惠之以克無欲穿窬之心之說申之以敬義之
訓示之以詠上帝臨女之章遺之以立齋原教録之集
其所以開迪愚昧者諄切備至捧讀數四慙赧益增懲
創益切矢心不負以圖再見於明公然高車云邁索居
猶昨烏頭力去之喻尤不敢不深切警省也自媿憒昏
無寸長可採不足以備醫師藥籠之末而敗鼓之皮公
亦拾之篋櫝過褒而謬許者再三是心也即聞一善言
見一善行沛然若決江河莫之能禦之心也即好善優

於天下則四海之内皆將輕千里而來告之以善者也恨其非其人焉恐有以傷知人之明若古人所謂不以人廢者如孟子録陽虎之言則於明公固無損焉耳今兹行又得吾鄉葵峯黄先生爲之僚友其所以相觀而切劘者當月異歲長老而彌芳如蘧伯玉衛武公者必不專美於前退食之暇其亦憐某之落莫昏塞無可與語而便中特寄德音以啓發瞶瞶令不終玷門下則備也受賜多矣邵堯夫云請看風急天寒夜誰是當門定脚人敢以爲公賀韓魏公詠梅詩云不羞老圃秋雲淡且看黄花晚節香復以附贈行之末忭冗荒落言無倫

次伏賜垂察臨楮不勝馳戀恭頓首頓首

與陳南塘貳守

近世學者功利之心日熾苟得一官日求進高爵重祿至老病而不知止往往被竄逐之禍甚至首領不保者上之人亦以此輕天下之士其進退呼斥如奴隷而無恭敬之心蓋自周衰以降士之自賤由秦始不可獨歸咎於上之人而今爲甚自公卿以及百執事非報罷不歸間有矯飾告去以要名或不得已而求退者則家居日乘車舁輿至公門翹首望薦剡修書問時通於有力者之側以圖起廢豈眞有恬淡寂寞屢起不赴翛然遠

遯潛避聲迹之人哉其令江西六稔乃見有鄭環浦公自省憲副轉蜀參政浩然以歸又見九江陳南塘先生年方及知命自嘉興別駕擢金華貳守竟不就職此二人而已環浦公左右日久已熟知其高尚之節而先生尚未識面今亦幸得見其人雖官有崇卑與歷任淺深各異而高見勇決不累於物則一也此其心固無媿於古人其行可矜式於士類於爲鄉邦之光風化之助豈其微哉吾又聞先生教子不汲汲以科名爲事訓令作好人能卓然不墮於流俗如此晚年可庶幾於無悔咎者矣豈但以一去爲高蚤退爲榮哉僕亦素有歸與之

志猶困於俯仰之累未能自脫如禽鳥在樊籠之中日望奮飛得見有其類高舉於九霄之上不覺展翅投足此區區所以傾企先生之至情亦期將來必無負於先生也聊試言之如何便中幸毋靳一二字見及以祛俗吏之塵思至仰

與吴九山别駕

觀冬夏二記所叙遊蹤光景只類裝點鋪排以求美觀孔子周流四方從流之士無慮百數以後程朱友朋徒黨追隨越歷相問難切劘載在書册亦不聞如此裝點鋪排也况其所自任先覺者亦多行不掩言其所言亦

不類語孟正脉驟讀之似若可喜久則覺其可厭盖弟每讀孔曾思孟四子之書但見其句句着實意味深長更無破除更無疑碍次讀周子太極圖通書亦喜其明白純粹不意千載之後有此人又次讀二程張朱之書發明精當開示懇切絶無虚語中間雖亦有未瑩欠妥處然其要歸不謬於聖人如晦翁所集近思録盖愈玩而愈耐咀嚼也及觀近世陽明之學則已疑信相半其後講陽明之學者天資筆力既不能及故其所講多眛旨歸巧詞説辯乎其不足辯疑乎其不足疑日用鍼砭身心規切過失之功皆在所緩而特倡新語别立竒字

將聖賢之言拗入己意增添手脚自誤誤人虛心玩之皆無所當中間有志之士亦不免混於其中閑生議論空聚浪遊枉費光陰絶不類宋儒昔時風味則亦只成一塲話說而於人品之高下心術之邪正皆寘之而不之察此所以不能服有識者之心而反啓無志者之嗤笑而益果於自棄也如今與兄亦不必遠有所慕道理只在心目之間今已粗曉其義只媿志之不堅行之不勇耳豈待過求所貴良師好友樂於相聚相觀乃爲有益此古人所以重朋來之樂貴親炙之功君慕名而遠覓一見而遽歸跋涉於山川以附川上之趣遊覽於都

邑以形道體之妙則恐道未得而形先疲說雖長而實無補此豈爲口而不爲目者所嗜哉如何如何幸再指

教

又與吳九山

理學得有宋諸儒講切已明今不必閑講虛費光陰只是着實躬行所貴汲汲求友之助欲相觀而善互相夾持以圖日新耳生此主意直是顛樸不破然亦自以爲是而不敢狥人之言也昨晚與諸兄辯論以弟所掇聖賢之言謂只是聞見上用功非有實得吾輩讀聖賢書不守聖賢之言而自生議論欲求勝之可乎不可乎所

謂新得者亦只將聖賢言語體認力行至於用力之深自月異而歲不同所謂崇德也豈有捨聖賢成說而自生議論以爲心得乎如以克己之克即克明峻德克明德之克以克己爲能己以非禮四句皆謂非禮在心而非觸於物視聽言動專在心而非應物以居處恭之居乃心之居執事敬之執乃允執厥中之執又謂居處不必在恭上用功謂曾子之學與孔子不同動容貌斯遠暴慢等句非可以爲的謂程朱不足法此等講學弟能忍之而不爲之辯乎况觀一夜氣象自是非學者家數初無嚴憚之盎弟之所失者特以初會未熟不宜攻擊

太過殊欠渾厚從容之意耳若指弟佩誦前言謂只是聞見上用功而吾兄亦不覺以其言爲然則尚未心服也堯舜授受不外一中人心唯危三言益明切矣今之講三鼓四更能有過於此四言乎夫子克復之訓博約之訓大學之格致誠正中庸戒懼謹獨亦不外精一執中之意耳學者志道志此而已據德依仁據此依此而已而兄謂此學未見下落又欲再講又欲發明亦似幾人看場隨人而說其妍媸矣今不務日用點檢身心規改過失而只欲講說以討下落金人所謂待汝家議論定時虜已渡河矣望兄只如前共奮幸勿致疑所見未

逼不吝褊砭絡緯之詩望兄記之

與胡龍江縣尹

都下獲接珍翰具悉愛念篤情至久不衰官之相繼無縣無之而二人同心前後共濟如吾兄與不肖者絶少其在兄爲尤難蓋人之常情多自賢而妬人之能自用而揚人之短聞兄之代不棄葑菲凡舊政有小善必問而依行之粥粥若無若虛而每謬稱弟之美人有毀弟於其側則艴然形於色詞而必與之辯民過情欲爲立碑則賛决而且爲之倡或遇上人有問及則章其善而諱其惡徐察其心則又非阿私其所好蓋蔽於愛而不

知其不可若眞以爲可取而必欲濟美以惠德安之民者充是心也使其居大臣之位其休休有容開誠布公知人舉善以保國家利黎民其有既哉今聞新政日章休光懋著上下交揚其功績加於生數等當遠拜其下風然兄豈有求勝之心哉志切於愛民而才略過之自應有爾生甚媿莫爲之前而大喜兄之爲之後也不然豈唯德安之民不被休澤而弟亦不能成其名矣聞近來有一二更張皆一念精誠爲民造福以身任怨而不爲之動此益見兄之不可及而不苟於同乃所以爲同也年來夫馬更繁民貧日甚知兄甚苦然民不得兄以

爲父母當轉之溝壑者衆矣萬唯寧耐討給由在即還擢有期如民無怙恃何弟親老况無子以省城奔走勞頓不堪兼兵戈擾攘已决歸計告之銓曹蒙番放矣忽承冲翁之命語之考功執留不放甚無聊賴恃愛附聞今亦在此給由也餘情種種言不能盡

與李株山縣尹

老兄特立獨行不囿流俗挺然自期於聖賢之學誠生之所斂衽而敬慕者節聆至教深切服膺自唯不肖竊有志焉而未知所入乃過辱推奬其何以當蓋欲進弟於上達之域姑先予之而後示其方耳然竊思弟之鄙

見似與高明有未合者意謂吾輩爲學多年於學不可謂無所知於用功之要在孔孟之説昭如亦不可謂不識路脉矣弟患於日用着實下工夫如所謂精一執中博文約禮克己復禮主敬行恕戒懼謹獨格致誠正立言雖殊而指歸則一於此未能實用其力耳其工夫切要只在飲食男女動靜語默辭受取予出處進退造次顛沛之間而所以驗其能立與否又在於貧富窮達毁譽得喪利害禍福死生之際故必須常有卓然求爲聖人之志心常存而不放功常用而無間稍有頽惰即便提撕而又汲汲於樂多賢友之助德業相勸過失相規

聚會之間言論氣象坐作進退觀感切磋皆有得益虛往實歸不尚虛文則日進無疆矣吾兄似於論孟學庸之書不曾十分虛心體認切已體察而程朱所示入德之方亦謂有差而不肯細求至於陽明致良知之旨雖得其似而亦未察其立意用功之的故未能於平地着實上做工夫反慮識見未眞恐差路脉是亦私憂而過計矣兄謂道有至微之處最是緊關最是入聖超凡眞路頭不知所謂至微之處乃何所指若周子之所謂幾者近則公私邪正遠則廢興存亡胥此焉决能審幾即能慎獨入聖超凡皆於此乎在矣書之道心唯微則專

指理義之心微妙難見正易所謂復小而辯於物者故與危爲對欲人精之而不雜守之而不失中庸知微之顯則指人心之公私邪正而言誠中形外自不可掩周子無不通生於通微則言通入精微要妙之處如易謂精義入神耳三微字所指各有不同虛心而求其文義則得矣不覩不聞則謂己所未覩未聞之處而戒懼乃其工夫無聲無臭乃至德篤恭之妙聖而不可知之神之地此二項又與前三微之旨不同兄皆合以爲言深所未喻而味其意象似於日用緊要平實親切工夫皆未見有歸着此其所以倀倀於求友而未得其眞於下

手處皆有牴牾也望於四子之書再加玩索涵養勿誤由徑路恐枉一生幸甚言之有偏幸詳以見示勿以謂不相入而不與語也

與胡力菴州守

自京師靈濟宮一會始獲識兄之貌然稠衆中泛泛相聚未能深知回過滄州貴治承兄記憶一見如故情傾意渥維縶相留爲之停舟者永一朝夕夫子云樂多賢友之益今僅得一二猶勝於獨立無朋者惜聚不久耳兄嘉惠屢辱又勤使人緇衣之好誠爲隆篤但以施於不肖媿非其人不足以承之如何接弘論及見佳集知

兄好善孳孳見賢如渴格言必録多識畜德此豈特優於一州而已而待人無貴賤小大皆施愛敬而率歸於厚又似得敬恕之學者觀其用心處杭州徒夫一節尤可見其愛物之周拯危救難不侮鰥寡柔遠如此能邇可知竊窺兄必爲君子之志已自勁植不仆更願日進無疆以求其至如弟亦當矢志堅力期復見吾兄承差人令趕及前册計旣先一日難以復追不欲空勞之故遣中返兄若奮力向前一日千里弟追亦不能及矣然行之不患不至人回附此布謝

與友人書

乂飫芳聞仰止唯勤何幸都下得承顔接辭深償夙願一見之後情誼日親過辱誘進益切銜戢但初聚論議覺不相符蓋入門各別道則同歸行期促迫未能連牀越宿以求至當在舟中乃知悔恨夫學者之於道雖其入門各隨其資之所近而不能以相一然無非宗孔孟之正脉而要其指歸則固不容以毫髮僭差者周程得孔孟之傳而朱子又得之周程而發明昌大之者其平生主敬慎獨之學反身克己之功眞切懇到固無媿於古人而註釋講究會諸說之異同而折其衷又有以一學者之視聽雖其說之前後不同中間或有未瑩之處

而其大端大本無非欲人從事於治心之要以求底於聖賢之域今其書具在焉可誣也近世見科舉之學末流之弊支離可厭遂以爲朱子言之太詳析之太精有以致之甚至詆之爲異端爲邪說斥之爲楊墨比之爲告子之義外而自擬於孟子闢先聖之功豈不過甚矣哉羅整庵曰自昔有志於道學者罔不尊信程朱近時以道學明者則太然自處於程朱之上矣然考其所得乃程朱早嘗學焉而竟棄之者也夫勤一生以求道乃拾先賢所棄以自珍反從而議其後不亦誤耶整庵此論切中今日講學之弊而今之學者又深惡其說不可

不深思也前在言中接兄議論其說皆新奇高遠自出機軸而威儀灑脫雜以戲謔又以遠暴慢居處恭之功謂不足為者以故一見即相齟齬以相知未深乃不敢竟其說然其盤旋亦幾一月久處而不告其過非忠也則又不敢以不忠自處者竊謂吾兄先有不信先哲之心横於胸中而自負已見高明要妙謂前輩之所不能及故雖欲强讀其書俯就其教而不入然弟之過愛以為兄負重望為衆所推若不及今亟反其自誤誤人之非以歸於純正無疵之地則終為具眼識破夫道不外人倫日用之間無事遠求家鄉之中父母兄弟妻子宗

族姻婭朋舊而慈孝友恭儀刑之道忠信篤敬之理無不可行者明師良友近未能得則誦詩讀書尚友古人亦足自老乃跋涉舟車擾動官府資芻米僕賃以希道妙亦非求道之正也若病其孤陋欲求友四方則間或一行可矣而常常馳騁於外捨所親而不事不友但欲聯天下之疎以為親道固如是乎又况假此以釣聲市利乎哉恃愛直書不覺累幅唯不怒而深察之幸甚

奉范東明方伯

其久暌道範詹遡之私與日俱積計節序更新孝思彌切體力支勝無任遠慰承賜珍翰深感篤情不遺卑賤

憶昔叨附末屬荷厚恩無能酬報萬一徒切銘衷今春在都下告休已蒙俞允忽被堂上阻留回任復爾正值多艱綿力病軀不堪軍旅不耐繁劇徒自苦耳竊唯浙中事體只當上下僇力同心眞有誓不與此賊俱生之志勿以賊勢稍緩而弛而大權歸一分布得宜自兩司以至府縣都司以至鎮撫總旗各有專責而時考其成客兵已是不可恃而鄉兵除府縣衛掌印官外佐貳屯操首領各派兵數若干責之訓練激之忠義倡之勇敢器械技藝各分頭項列上中下三等而日課其進每月朔望兩司類試各官所練之兵考其優劣而為之賞罰

殿最如其優也雖卑官必獎否則雖非卑官必懲如果兵識將意將識士情即將所教之兵使之應敵人自為戰城市城外鄉村各畏將而不畏敵怯於私鬭而勇於公戰親上死長愛護身家復讐洩忿之志為之勃勃總督撫按每月類試而大振作之務求實效不尚虛文如迎送作揖一切繁儀皆從減省一日要有一日之功則敵之來也有備而無患矣客兵日減鄉兵日增不假於外而我自有餘竊謂今日急務莫切於此承問不揣以告亦不勝憤憤之心莫覺其言之悖謬也伏唯賜教忙甚未及專人附此少布下情尚容嗣申不備

與友人書

臨行不及再別令人出門鬱悒長嘆江山千里迢迢去路未卜後會何日柰何承贈佳章昨倉卒見稿似覺理勝於辭近得詳玩乃知妥帖整嚴眞名作也舟中悵悶無聊忽接來翰捧而讀之如以天淵濯熱神慮俱清但其中疑有未安者既辱愛厚不敢不盡其愚來書云須自家見得本體徹上徹下無古無今又云須提醒此志勿使墜息自與天行同體不已不息無二無三久之自然順利自然率性自然行所無事而一切作爲助長之害皆可免矣其下語覺太快似非近裏着己切問近思

工夫夫君子之學當由近以及遠自卑而升高如望九層之臺涉千仞之淵必歷許多階級經許多坎險乃可幸而至焉如何合下便見得本體徹上徹下無古無今耶夫徹上徹下無古無今即一貫之道今之學者豈不能言之但非隨事精察力行之後而虛言其妙亦如指銅槃爲日之類耳乃若與天行同體不已不息無二無三此乃至誠無息之聖人天道之極致也而提醒此志何能遽然到此雖提醒之云中含有意思在然於力行之功未及明盡終不若擇善固執若致曲有誠以漸至於能化者乃謂體驗眞切允當無弊耳且與天行同體

不已不息無二無三已極至矣又云久之自然順利自然率性自然行所無事而一切作爲助長之害皆可免矣則豈有人旣能與天行同體不已不息無二無三而乃未順利未率性未行所無事猶有作爲助長之害必待久而後去耶凡玆數語皆輕快率易不覺墮於太高譬之膏粱子弟習安豢養之餘快心適意無欲不遂自謂人人皆當如我見有饑寒困踣摧挫抑鬱不勝其憂者輒譏誚之指誨之以爲何不學我快活也使嘗溫飽亦未見害萬一所遭之窮未習動心忍性之力輒不可支矣不唯誤人亦且自誤高賢當深察之縱兒以英邁

之資自驗已至亦非可施之人人然嘗詳味細觀聖賢傳授之心法儒先垂後之格言皆無有此等直截寬闊快便說話令人無下手處唯陸子靜初年之言若相髣髴然亦未至此弊也又憶前夕所講人心本體虛明瑩淨見有可玩者如聲色貨利之類自當過而不留若觀雲物之佳聞鳥聲之妙其時未嘗不愛去而不復念也愚以爲此乃夫子絕四之地雖顏子亦未易能人心本體初豈不是如此而私欲氣禀之累有甚難以克去者故曾氏深言有所之病教人先正其心而子思言廣大必曰致言高明必曰極言故必曰溫言厚必曰敦者皆深有見

於此如兄所云似以爲本體自是高明廣大人亦當如是高明廣大而於極致之功皆未及也時亦微覺其非即有所辯兄以爲聖賢與我原自不異不可畏之太甚望之太高斯言甚當足以激人之懦而鼓其趨然畏之不可太甚獨可視之太輕乎望之不可太高同之獨可太驟乎救那一邊又倒這一邊恐非中正切當之論疑實用功者其立言意味自别也又以義理之性氣質之性分而爲二其論爲未然夫斯言質之孔孟而不悖驗之人身而不疑更之多賢之手而無異議垂之千載之久而無貶辭皆其艱難辛苦體驗之效所爲説者兄顧

未嘗虛心涵泳切已考求即任己見而非之非唯義理未至四亭八當竊謂此等習氣輕議前輩私立異論亦非所以爲進德之資也生庸朽蠢陋百無所知但嘗喜先民數語云孔孟之門豈皆賢哲固多衆人然皆不信己而信其師兄顔敏蓋世士論推服肯遜志下心循古人用功之序而行之眞積之久則所謂見得徹上徹下與天行同體者庶幾一旦或有望焉不及則亦不失於令名若徒爲高論以聖賢爲蹴爾可至則反己之學踈矣狂繆之言無所顧忌宜爲兄所恠怒然道者天下之公當各盡所見以求其是如果不合於道毋惜反復相

正生所仰企而樂聞者路頭不差乃可進步勿以爲瀆昧而不之告也秋氣向清唯爲道自愛

又與友人書

僕賦質庸昏聞道不早獨自少粗有作人之志玩愒至今無能長進每深咎立志之不篤力行之不勇而亦以良友之輔仁者踈也幸得吾兄不以爲鄙陋欲進而偕之大道之軌舟中接來諭疊承指教感兄之念我不忘輙不自量有所可否兄復以書相正必尋到是處此其切磨箴規之益豈與世交唯諾相諛者比知兄之相愛者深相期者至也第鄙意猶有未聕合者不能終默聊

復爲一言之夫心體之妙虛靈瑩淨廣大高明講學有年蓋亦粗知其旨念吾人爲氣駁欲昏之後已失其初今欲復之須用刻苦工夫其用功之要不必須自立說只如戒懼謹獨克己復禮居敬行恕類語率而由之自覺有進今僕體驗所患非是其見不到只不篤不勇不能用人一己百人十己千之功以故不能及人今兄所爲生告者不此之責但云須見得本體徹上徹下無古無今又云須提醒此志勿怠自與天行同體覺得下語太快中伏病根與聖哲法門不類以故妄有所言今復書云須自信得有此方有着落下手工夫夫心體之妙

生豈不知自信尚疑有塵垢夾雜間隔其中耶但聖狂之分在於着落下手處久暫與廢耳孔曰操心曾曰正心孟曰存心曰求其放心玩其立言皆自緊切下學而上達篤近而舉遠窮鄉晚進有志於學而無師友之助循之而行皆可不至有差至於貫通妙悟之境則須積久乃可幾焉今兄通篇始終意思即欲人先見得到信得及直叅上乘工夫提此覺路勿使墜息自能常明常覺與天無間其下語意味殊類禪家宗旨空虛危殆無所依據至云不容以言語而名想像而得則幾於大言矣若聖賢之學只曰信得此心只曰提醒此志便了此

外更無餘事則夫子之告哀公亦安用分許多等級費許多言語其所謂五弗措者又何若是其辛苦其至於必明必強者又何若是其艱難耶盖生之病痛心所自知治病之方亦已暗曉特護疾忌服藥者有能旁引曲譬誘掖開喻勸之服藥則善矣如兄所攻正如醫者未識其受病之處而誤投湯劑反惟病人之不服又指其無病之處以爲病故雖心敬其爲良醫而於此一方終遲疑未之敢試也若兄之病竊謂於四子之書未嘗着意體認切己力行只任自家聰明信自家意見自謂一種道理可以頓悟而超入者其於書中所云次第功程

皆以爲煩勞瑣碎而不之用如此入門竊恐其流之弊或至於認欲爲理指鐵爲金凡行有差失皆以爲良知良能順利率性行所無事而不知其與大中之矩背而馳也果是此證不可不亟治而速療之末段又病儒先孔孟之門不信已而信其師之言爲未然謂諸子不信已而信其師甚夫子之所不喜此言似尤未當夫子路以仕輒爲是以正名爲迂以見南子見佛肸爲非而不悅皆自信之過者聖人每深責而明示焉子游之治武城用學道愛人之說夫子爲之喜而是之其稱彥子曰無所不悅曰不違如愚曰語之不惰皆嘉其篤信而力

行之也今乃以信師爲夫子所不喜不唯自誣且誣聖人矣然須實見本心乃能領會聖言而發之於私自是至論若程子所謂信已者乃是果於自是而非實見之云也要之顔子之所以獨得心學卓越諸子者正是用力於博約請事於克復以治此心非徒守此空見識得本體而已如兄所云則資之高明者恐長其浮薄之氣而妄謂有得資之庸下者必失其憑籍之方而無所發明竊意有所未安也生於學無他技能獨於虛心下問一節自謂微長又深喜吾兄意氣相合方擬斷金之利乃於其言論扞格不憚反復若好勝者蓋不苟於同乃

所以爲同也若皆執己見未能相一則各尊所聞各行所知俟三年五年之後當復正之然其相勉以向上之意則不可以遠而忘其有所得處便中幸以相告亦不可以懇而棄也草草布悃不覺縣多伏唯亮察

與胡龍江

遠承誨言備悉雅意盖同非雷同之謂唯求其是處乃君子之和而不同也其節用愛人之心則固後先一轍而所以振作而昌大撫摩而噢咻之者則兄光前裕後之功自卓乎其不可及耳且如催粮不事鞭笞而刻期可完支應申定封包而悍差莫肆卽此二端乃仁政之

大者弟媿不及多矣杭中賊勢大非昔比人多船廣膽粗計譎自相聯絡居海尚方舟以濟登陸遂分道而侵直入内地如履無人之境江南北浙東西皆被殘霆慘酷眞不知其所終也楊州無錫殺戮尤甚仙居慈谿二縣皆爲攻破而松江之圍至今未觧府佐縣令之被殺者數數然則今視德安猶爲樂土其借冦亦不久矣弟多病蒻資委署錢塘勞劇之極辭無可代者然庶得施其澤於民恍乎德安之遺以玆少慰耳溽暑揮汗草此不盡所欲言諒之幸甚外唯珍䘚以膺純嘏是禱

與傅虛巖給事

祝氏鈐已領在此抄之皇極數在南都書坊中幸買得一部印板者十二册對之皆同謹此奉返此數邵堯夫謂相從林下二十年胸中軒豁無一物乃可相授今既無堯夫可口傳又無林下二十年工夫又無胸中軒豁無一物之妙而於義理緊關去處猶未能洞然想不暇究心於此也先生以爲非十年純一之功不足以優入其域則又減了十年矣何如

又奉鄭環浦

某因公務往九江適聞陳南岡公示及明公遠遜高致仙舟已抵南康計將差人追趕必不能及欽服翹望者

乂之當門定脚至是益徵覩今之學者能言眞如鸚鵡相去遠矣後回縣復承差人賜教之辱乃知明公惓惓玉成之意有隆不衰雖至親篤友之愛無能有踰持書三復不忍釋手乃不獲策鞭追隨望舄履於門下以圖請益自當得不韙之誅然其心固未始一日不在左右也無何復遇南康任節推道公至饒州有公子因舟中失足而溺卒不能救時已十有九歲聞之不覺撫膺大慟此亦一時厄會命運使然然以吉人而罹此凶禍固理數之不可曉言遂葬於其地不載柩以歸達人之見自是如此蓋有吳季子之風焉明公此行獨斷于心不

諆於人自此縱橫九霄擺脫物外出世網而高蹈偕造化而爲徒遇風則與之俱清遇月則與之俱明遇魚鳥則與之川泳而雲飛遇山水則與之並峙而同流其心囂囂然不知天之有盖地之有輿也但未識有同志偕樂者如古人耆英之會否若無可與偕不知有獨樂園可以居否某企慕高風曷勝仰止計必有訪戴之日期遂倚玉之願姑識之於此以圖不負我公外唯萬萬若時珍攝不具

又奉鄭環浦

前聞老先生勇退信息不及追別已附書舍弟上問後

乃知謂道府離省尚八十里書竟未達致微悰莫展悵恨如何江南藩臬諸公每坐談言及我翁輒齊聲嘆服謂誠不可及其時於鄉先生處竊聞之敝鄉陳紫峯公謂居今之世而論人物必其明進退大節透名利兩關言峻而行不誇貌古而心無俗乃是眞人品每常以此四語竊觀天下士媿未識面者甚多其熟識可承當無歉者僅見紫峯與公二人若公眞所謂豪傑之士也與哉杭郡勞瘁十倍德安甚拂素心老親在上未敢自遂已志必脱此魔障方可直意向上今且當隨時點檢不敢姑待來日也晦菴有言人多謂爲事所奪有妨講學

此謂不能使船嫵溪曲者也遇富貴就富貴上做工夫遇貧賤就貧賤上做工夫以此觀之則居官酬應亦儘有用力處但終不如閑靜之爲佳耳雲山阻隔參侍無由我思悠悠何以舒寫念歸田日當迂道登龍門御車下以畢宿願幸不棄絶而終教之使得厠君子之末席恩當如何報也謹專遣小价并前書馳上臨風無任悃欵伏惟萬萬日邵令德以膺壽豈某不勝惓惓

與同僚曲思門貳守

弟自來嚴州比之在杭身頗暇逸而心亦覺清寧但久離兄矩誨不免索居鮮與長善捄失以是仰念不置猶

幸吾鄉趙特峯兄來此聚首數日接其議論頗有警發人處陰喜有益因憶昔與兄書深道舉酒作戲之害以兄近署印數月儘可革去乃是豪傑作用兄未見聽信非其心不以爲然亦未免有隨世以就功名之態以爲如此則取怪於時然古之人固有唯義所在雖舉世非之而不顧者豈可槩待今之士夫皆欲觀戲一拂所欲便能生謗哉況兄素特立不以世之毀譽而動其心易其守獨此一舉未肯退聽豈以爲之自我則我之善若從人遽易則善歸於人矣然舜自耕稼陶漁以至爲帝無非取諸人者芻蕘之言聖人擇焉取人之善即己之

善也何分於人己哉而凡之宅心廣大又似不出此也無亦以事之無甚害於義者從俗可也之意歟然生以爲此舉害義最甚嘗承喻以爲近日所爲眞能無媿似此一事誠有可媿者狂瞽之言幸賜採納吾輩幸甚杭之民幸甚

與徐子文沔主事

僕取友於四方多矣如尊翁南澗公與賢弟父子之愛海内一人而已昨作祭文一通無一句虛飾皆歷叙情素舉筆數次不覺淚滴紙中拭淚復書頃刻成帙盖因接都撫在舟中作者如省城忙冗則必不能成也言雖

無文而情意實深雖嫶於以師道自居妄自尊大而尊翁相與之眞則有不容沒者諒賢弟與公遴讀之必不以僕爲狂妄也此文久就因海寇猖獗城中戒嚴上下下恟恟軍務孔多未及專致今幸地方稍靖復遣原差齎奠章牲醴再申哀悰比日節序更新緬惟孝子痛慕何以堪處望節哀自愛不宣

與德安諸舊遊書

僕無似在任七年媿無寸補於士民去後節承眷念累行文問安復移書示及自惟何修可以得此足徵諸賢支深誼篤情媿感媿感聞龍江父母日嚴考校時覯講

論惠愛重疊僕不逮多矣良慰良慰書院中不知尚有一二友在彼聚會否大抵學問之道先以收放心爲本而親師取友以先後之但要知此學是終身事業非關於遇不遇埋頭向裏觀古人之所用心而切己體察不徒爲取科第之資則窮亦樂通亦樂終身受用不窮若必待得第而後快則唯日戚戚終無舒眼開眉之日矣此意僕常於明倫堂提撕之恐久而或忘也故申言之僕比來賴天之靈幸益知非改過少暇觀書史多有一得之愚恨不及與諸賢共商之信知人不可以不學而少壯尤當及時努力老來更當補漏用功切切不可悠悠

自棄枉過一生也朱子曰有一分心向裏得一分力有兩分心向裏得兩分力試驗一日之間果能收其放心一味潛心於學則此日自覺有益但要工夫接續勿間斷當月異而歲不同矣諸君其以爲何如

奉督學宗師金一所

某年二十三歲在庠時聞憲副棠陵方公求易師於泉鄉先生司徒新山顧公方伯朋山留公二公以某應命直至其鄉所謂開化縣者講解一朞今徐子文沔公遴即昔所從遊者也是年冬歸宗師校士至安溪追補試於門下一見其文謬加稱賞禮踰而情過安溪諸士皆

目而異之後棠陵公移書宗師求再假館一年而某以親在不赴宗師又延之道南書院而某以家貧爲養亦不能趨召至今以爲遺憾後雖隨叨鄉薦而屢北禮闈乃爲親老就禄嘉靖癸卯秋濫典試事于浙得與中式令子相會乃知宗師起居今年甲寅秋又得會吏部令子於杭州冬又得會刑部兵部二令子於金陵侍教數十日綢繆益親猶宗師之爲見喜不自勝伏唯宗師學邃行修養深積厚身教已孚於吾閩而急流勇退久處山林靜而閱天下之義理者多其培養新得乃來無疆反身之樂必有人不及知而獨覺者計别春風不知閱

幾寒暑矣恒以一官絆繫無能摳趨老大無聞終羞門
下但日提醒此心唯恐放失非有疾病事故不廢書冊
内外夾持以求寡過而私欲竊發降伏復生雖顯然悔
尤庶幾或免而胸中終未有瑩淨脫灑之日又嘆一生
相逢朋友俱以講學爲諱未見有如晦翁一時所遭之
盛但得一好書即如拾金獲璧當作明師良友今幸於
刑部令子處得宗師道南録台學源流二書持歸而讀
之清夜孤燈明窓淨几有會心處拍掌擊節至觀王石
潭衍心之字義明白透徹深有切於治心之助尤前輩
所未發及讀宗師荅黃孟偉書論晦翁三變之説有以

發此老至公至大之心於千載之下足破舊說之謬開後學之疑而定其指歸盖於二書當寶之以終身焉平生甚篤信方遜志之學其書常寘座右觀省但其中許多字皆墨塗不辯此公幸生宗師之鄉不知更有板本可以補入否少時每慕天台鴈蕩之勝欲寄足於其麓而力未能至倏罷官後拜師門而弃縱觀未審能酬宿債否也斗山在邇臨風佇望伏候教音某頓首頓首

與婿王忠甫

承示村莊讀書養鋒蓄鋭以圖大舉甚善大槩要大其胸襟廣其規模寬其程課戒其貪多欲速之病日於經

傳逐章玩味浹洽務求自得以爲身心性情之助家國天下之資察理既精涵養既熟發而爲文必皆寫胸中之所蘊理趣悠遠格局恢宏主司必驚心動目自與世之掇拾剽竊記誦時套以僥倖於一得及登第而遂棄之者家數逈然不同則其作官亦必能以其所學施之於用大有建明而非徒鹵莽以從事饕餮以自殖者矣

松楸蓊鬱草樹茂密田畔水濱嘯風步月虫鳴哇鼓魚泳鳥飛亦足以增助筆端開豁懷抱盖有志於學則無往而非進修之地至於遭拂意之事遇逆境之臨世情之所咿嚘咄喒無聊不平者自吾輩處之亦可以爲動

心忍性崇德廣業之資區區之所以終身受用而不窮
者正在於此故欲與吾子告之也節承懇示居官不必
著書恐妨職業唯勤為政以及民此非骨肉深愛肯出
此言深用感佩第吾子尚有不知余心者夫古人之學
孜孜汲汲斃而後已至於忘食忘勞者豈性與人殊哉
蓋深知義理之可以養心吾人之所以安身立命而不
可頃刻離焉者義理日漬則聰明日開德性日益而恐
其時有所塞而月有所忘也則每筆之於書子厚之所
以精思力踐至於夜有妙契猶必命童子執燭以書而
不待旦者以此余氣質偏駁物欲昏擾如敗葉浮埃蔓

掃復積賴天之靈道理常在心目之間不能舍去而又深荷父母罔極之恩毓以嗜學之天性雖造次顛沛而有不忘者特恨少時無師友教以希聖門戶而徒以舉業束縛馳驟不得開心明目乃至於四十五年來讀聖賢書而漸有所悟於是所以理身所以接人所以處家所以治民者雖過咎叢生累於氣禀物欲之蔽拘者未能以頓脫而其良心之萌頻失頻復廢幾少遠於禽獸者則皆學之力為多夫仕而優則學至於為政則政亦學也豈可捨政以從事於學置民事於不理而唯著書哉如此則上司文移之不稽閭閻疾苦之不究譽未得

而誇即隨之乃所以速禍也而豈能宜於官哉吾子毋爲僕過慮及此也若謂老年眼目昏花當畜精神則可耳程子曰知見最是一大事學堯行事無堯許多聰明睿知安得似他動容周旋中禮故聖人講學繼於修德之後而聖而不知謂如水母之無蝦亦將何所到也年來深恨向時醉夢失學雖在杭相見時猶在醉夢中行今覺一年乃勝似一年但世無知己言而莫聽倡而莫和每自嘆所遭之窮以爲程朱數君子不唯其天資之高邁學力之堅苦非後學所及而其一時家庭之授受師友之淵源相與朝磨夕礲左推右挽者今亦不能得

其分毫則安得不抑鬱而自傷也生今之世而欲爲豪傑實難况余之所值又其最難者父母之不能承其歡兄弟之不能化吾訓夫婦之不幸處其變明師良友之不吾值則雖有一點靈靈明明之志不唯輔翼之不可幾而且摧拆之日以甚自非卓然有所樹立而不僵者其能不因之而少變乎故父母之不能承其歡吾唯盡吾孝而已矣兄弟之不能化吾訓吾唯盡吾友而已矣夫婦之不能當其常吾唯如古人之處變而已矣明師良友之不吾值吾唯尚友千古而已矣良工心獨苦吾子其知我哀乎否也吾之於學真所謂饑食渴飲三公

不與易者識見日進則過失亦可日漸以寡今行之不力總是知之未眞故猶未免爲鄉人然其心則未敢一日怠也此唯天知我耳吾幸老而知悔猶愈於没世而不知者亦望子之蚤而知悟毋如余之老而後悔也舟次草草言無倫次幸亮之

奉桂近庵侍御

兩度經貴鄉得再接道範深慶遭逢尊師在臺端縉紳挹其風釆在鄉邦士民仰其儀刑老而不倦久而益章捧誦佳集粹然道德仁義之語而皆由衷曲根情性所發信乎有德者必有言也小子辱叨薦剡不能奮揚深

負所知茲以官守所羈不能左右請誨但私淑受益亦既多矣區區筆舌不足以爲謝也

與詹毅齋教授

令郎來接珍翰下及備知道履康適進修不倦程子曰人不學則老而衰老而好學生在撫幸於先生僅見甚慰甚慰大學謂知止而後有定故學莫先於知止朱晦翁之學萬世無弊其近日講學之説當時皆已深知灼破而明辯其非非今日而始有能發文公之所未及也顧學者未之深考耳先生謂傳習録率多自爲一說如曰致知格物則以良知爲主而所以格物亦唯隨事隨

物精察此心之天理以致其本然之良知而已稍涉安排即指之爲義外如曰謹獨則以不睹不聞爲良知之體而戒愼恐懼即所以修道即所以致知凡所謂博學審問五者皆戒懼之功也稍涉睹聞即指之爲支離玩其語氣似以陽明爲未安矣而又曰循其說而究之誠所謂言近而指遠守約而施愽至易至簡而天下之理得則又以其說爲精當者又曰然由文公之傳注觀之則不免有毫釐之差是中心揺揺尚未知適主也夫趨向未定則何所據以爲進修之的不若隨其資之所近見之所到毅然而必行之則千蹊萬徑皆可以適國也

鄙意以爲程朱今人以爲後儒固不之信然歷觀孔曾思孟之教人曾有如近世不睹不聞無聲無臭不落意見不涉安排不落窠臼不入格式等語令人馳心玄妙無處下手否今學者不信孔曾思孟程朱之言而樂一種簡徑之說以自便其無忌憚之私然則今之儒者其見欲超軼程朱矣亦能過於孔曾思孟者耶唯先生速擇而守之勿遲疑誤過一生也匆匆不能詳幸亮之

與徐子文沔

往歲北上幸得面會數次稍慰傾渴亦良緣也第恐此會難再耳遠承來諭及佳作見示知吾子之念我不忘

銘刻銘刻塵囂中能篤志於學發而爲文章近世亦指不多屈況其事業聲名卓卓如許者乎憶昨在都下見示一篇乃印刻者比此諸作更勝亦有數文字也已爲人借去無還便中幸再惠尨仰行之乎仁義之途游之乎詩書之源植根以茂末沃膏以華光賢弟所優爲者更加充養當追古名家無疑矣邇來佳況何似貴眷令公子俱諒無恙恨不及知其起居之詳僕碌碌無足爲道嗣續亦杳無消息甚覺無聊只賴於進修不敢懈幸以義理養定其心今年六月該給由特爲老親封典未遂未知得來否去人索書附此布懷統惟炤察不備

與薛南塘太守

老兄於南都之名甚重誠所謂闇然日章者非襲取也撫州别後計登任數月嘉政方新得以行其學道愛人之志勿問元吉第未知彼中事體難易風俗淳澆何如而吾兄之所以籌畫措置於其間果能純皆天理用事而無血氣之雜功利之擾委曲遷就之私質諸聖賢而無疑驗之良知而無媿否到此方是實學弟雖有志焉而實未之逮也弟每日兢兢點檢其於言行之過亦漸以寡以是知存心之功不可須刻少懈耳便中幸每𨶒教言以祛愚昧弟固不敢負知己貽友朋羞也茲因肖

簡兄之便附此奉布鄙衷尚容嗣布不悉

與同年楊天游

自都下别教之後至今企想不忘昔承手書遠念埀誨令人志氣益增恨不獲左右朝夕時領德音以爲長善規過之助自嘆孤立寡侶疵纇頻生日切修治未能淨盡吾斯未能信而輕於從仕故其道未能大光如兄素輕功名久脱塵網不恤非笑獨嚌道妙眞豪傑之有立者居今之世鮮與倫比從是而更加察言觀色慮以下人之功則德孚於人而行無不得在家無怨在邦無怨尤可以驗德之益進矣

又與楊天游

弟閱人多矣必求一知己同志而不可得豈俗眼庸目不能識人耶何相求之殷而相遇之艱也每聞一高人姓名即望風趨謁其在遠者則慕之然一見間或議論不合趨向不類以去或觀其緒論頗相契私幸有遭而觀由察安往往是僞則不能終交而罷或其人負重望掠虛聲而其心全在俗套中出没甚至假講學之名欺世射利以自封殖則又聖門之所必麾者亦不敢狥衆以入社或其人品格向上眞志篤行可與適道而學識未融宗旨各别則雖與締交終不能以相懽以故自壯

至老每嘆生不逢時上不產於孔曾思孟之世中又不產於周程張朱之時而下又不能以豪傑自待其身故志道雖切而知德未能同年中久別吾兄在都下扣其所蘊而得其書以爲空谷足音聽其言眞切而懇至觀其趨向篤信程朱而不移於俗尚知其非世之僞學者比以爲近於古之狂者故欲定交焉而累蒙下問誘而進之則又鄙心之所甚幸也平生酷慕武夷風景又建寧乃大儒之邦敝泉經倭寇之變六七年未靖雖無俟師聖衞胡文定先幾之見弟亦必移居貴地況有兄在可以相觀切摩致政之後當卜接芳鄰無疑矣不知兄

亦信之否弟北部之擢是虛報者當今之世以弟迂拙自守無一書通問於達官貴人敢望此乎餘容嗣布不悉

奉鄭環浦

海内人品如翁者指不多屈誠中流之砥柱烈火之眞金也官居華要而能勇退家食甘貧處困衣結履穿與一二從徒講學於佳山名水之間絕口不言官事絕迹不至公庭而時値兵荒離亂又能出籌畫策以身爲倡抗論於當道之前不忍徒自緘黙爲全身遠害之計此非見眞守固養定氣充者不能也其竊祿日久以老親封典未遂甘旨不充且未有命不敢告休視翁鴻飛鵬

舉深自慙靦然鬱鬱居此實違素心而一日居位一日
業官庶幾少有補於民則出處雖殊途要皆不敢負翁
之教也但時事可憂之極誠老杜所謂感時花濺淚恨
別鳥驚心者進退無據今將給由不久亦當拂衣以從
唯翁勿終棄之都撫王方湖已去而廣兵尚未遣歸今
以無盤纏爲名一路肆刼攻破泰寧直至江西新城之
下迫近撫州殺傷官兵中外戒嚴而守備被戮百户被
執咎將誰諉可嘆如何長樂得翁爲長城而戴尹承翁
之教又能調度撫綏寇至所恃以無恐視翁獎文肯頌
而繼之以規戴君必當佩服也適值正理兵事倥傯因

貴鄉人回敬附小疏奉候起居不悉

與同僚任谷暘别駕

昨有文書來意欲兄丈造冊完乃行盖上人之意無他只恐是兄經手且高才巧思綜理必密繼之者想不能及徒棄前功耳兄之所以得求知於上而造福於下者皆在此一舉豈忍以一朝之陞不能忍耐數日之勞以荅下人之望以無負當道惓惓注望之意乎大槩當有一念眞實懇惻爲民之心而無一毫自私自便之意則雖上之人許兄之行而兄亦當有戀戀不忍棄其成之意必欲終其行而後去也况上人責望如此其重下人

仰求如此其切而兄顧憚驅馳之勞而必享安逸之樂
以負上下之望哉來書謂緣分薄而又薄此非至論也
舉人官三十七歲而陞貳守亦不可謂不遇乃以隔別
室家數日苦不禁覺必墮淚此如韓子所謂出門惘惘
有可憐之色顧兒子語剌剌不能休者異日欲命出使
萬里外或如蘇子卿十九年在匈奴劉元城既竄廣東
又竄廣西又必寘之死當如何墮淚也兄處順境如此
逆境不可堪如何大槩學者要處常處變處逆處順無
施不可不以動其心此雖甚難然不可不勉曉山兄一
時不能無疑今已釋然甘於行矣君子只求無愧於心

縱有之亦舉其賢非謗之也何必深辯君子不以人之譽已而喜不以人之謗已而怒不以人之疑已而沮只自知自信耳萬望更加充養以膺大受至望

與周八勉老儒

憶昔在杭及南都舟中往返日承指教裨益甚多先生於性理之學可謂深邃而律呂新書易學啓蒙皇極經世三書尤其獨得者雖屢蒙開示媿生昏昧尚不足以承之如何窺律佳編駁元聲之謬發西山之精皆出自心悟已許爲作序梓之以傳然三四閱尚未能深洞其妙恐作序未能得先生之肯綮故亦未敢輕作而撫州有

一鄉教官黄積慶者亦作有律吕書其論明白疏暢又以元聲為是以西山爲非生於此學未能深究尚未知適從故佳編亦未敢遽刻也先生年高今亦只是静坐澄心以養天眞不可埋頭書冊及較勘文義觀朱子晚年之論謂唯恐其盲廢之不早及忘已逐物貪内忘外之戒誠吾輩老年之所宜知也此中無一宿學可與語者時常仰念又力不能遠屈柰何因風附此問候不悉

與本省金存庵督學

去歲修問反辱惠荅兼承指教聦聦不能忘擦知高車北回便道抵貴宅上壽尊翁一所宗師并哭克庵令弟

孝友之誼藹然此行近聞已至嶰省步尊翁踵武施教一邦深以爲慰某自南都一會别又四載每覺今是而昨非志恒汲汲而德不加修終日欽欽如渡獨木橋履危階幾墮而幸免者數矣念吾兄不棄希時賜鞭策以張之至望至望晉齋充庵相繼云亡甚爲吾黨興嗟南塘肖若宦各西東未知邇來進德何似惺庵令兄聞欲養病今不知在家否良朋聚首之難而死生分袂之易古人惜陰以俟死有以也一所宗師養深積厚德壽並高恨不及再扣門下徒增馳仰其公委東鄉適値憲副午渠余公經臨附此少布問候之私時事多艱不能盡

言統惟炤察是荷

與本省金松澗少叅

自江西德安一別無由再晤詹遡殊深追昔公兩司邑牧惠政去思繼按南都風采振揚每私識于心以爲快而徐君諱學詩者又以直聲聞於天下陰慶房中待人頗多今睽違年久不期復得與公會于大儒之里雖臺政忙劇行色匆遽而情誼繾綣不休知公之存厚不遺故舊爲忠孝人也璧川公蒞建學以道義之雅盻盻分垂愛情文優洽今戒行北上言代之者公也方期承誨不遠乃重辱使人遠教兼惠家録賻儀其何以堪方今春

譽不聞閩土安輯多公之力也元偉陰沐休庇感何可言家録捧誦間因觸先父母之思不覺下淚嘗聞孝子之慕其親每洩之詩歌圖之繪畫垂之冊卷以寄其思者有之矣然徃徃多文而少情實未有若公凡尊翁志意居處笑語樂嗜之所寓皆形於思而筆之於書以圖永朝夕觀省者也然則仁人孝子之用心可謂懇至矣宜其移孝爲忠而愼選平賦禦賊救荒屯政薦舉諸疏惻然天下國家之念能揚名顯親如此也尊翁雖隱居不仕而言論侃然行誼卓然蓋縉紳之所不能及者非得公爲之表揚幾泯没而不章公之爲是舉較之榮封

顯贈孝道爲更隆矣其無似德劣位卑有聞道之志而
功未就有行道之心而施不流不能致親光顯罪已莫
贖愬見公之能孝益悲咽不自勝然因是重有感焉位
已不求進矣而求進於道之心終老不敢懈以期無忝
以期全歸未知天遂吾願否也日録二冊奉塵覽觀亦
庶知微志之所存餘當於見時盡之不宣

與楊天游

弟數年前每得讀兄文章見其奇峭雄壯自成一家以
爲可追古之作者其言道特因文見道只欲登文章之
録耳邇來乃知兄鋭志於道其文章特神志所發而然

尤深聳企夫一命之寄時俗之津津注矚者見當功到
薰爍之中三十年不䮂榮祿嘐嘐然以古人自負
己踰志氣愈奮不僵動以天自視自信此誠世之
有弟卜居貴郡幸接芳鄰每見間令人激昂踴躍
深承忠告切偲之教而陰受益亦既多矣晚又得
源流一書時寘座右即如明師良友滿前中間參
段每有警語其趨見甚正識見最精皆平生玩味
之效非虛套勸說者唯弟知之特深耳連日鈌會真
三秋近作何工夫著書固是老年實曆日子吾人安身
立命却不在此小德出入皆當致謹畢公克勤小物德

松莊文集卷之三

書

與林龍江

生在建中幸會高徒吴子得見所爲三教會編要旨醒心夏語諸書深異閩中有此人物蓋不唯其獨見超詣不襲故常足以諫聞悦衆而學問之高文章之妙絶煙火氣脱功利習於今世之所希有者既而嘆曰有斯人也而又有斯偏也何眞儒間氣不鍾於其身而天之限人錮人如此也夫道者天下之公通古今闗賢聖而無有二焉者也使二氏而可以同於吾儒之道也則孔子

亦無異端之攻孟子亦無楊墨之闢而先哲名賢亦不待深攻極辯不遺餘力正人心息邪說而附於聖賢之徒矣兄之序曰余豈不知竊附儒流誹毀二氏以聲稱於當年唯有見於三教合一之理實不敢強附以狥人雖天下非之而有所不恤也夫爲人而至於孔孟程朱亦止矣學而止於孔孟程朱亦無以加矣兄乃敢侈然居於其上戰天下之公論而不疑而猶懼人之非也乃合異端正道以爲一以自附於堯舜周公孔子之類虛設衆生問荅以售一已之偏而又刻書籍圖畫像布四方假却病之術以誑惑一切市井愚憒之徒以行其道

而不知其爲有識者之所笑也夫凡欲合二氏之道以爲一似矣其會編所引儒家之說殊與二氏不相關涉而要旨醒心夏語所論又皆空虛長生之旨竊二氏之緒餘與論孟格言全不相通而特區區斷棄人倫之辯以爲老釋皆屬綱常殊非離世而於疾病之本原但可以獨善其身而不可以治天下國家與彌近理而大亂眞者皆寘之不論是書一出似當與左道亂政者同科其害不細以兄之資之學已大過人肯奮然焚其書示其徒亟反之以歸於正則聖賢之域一蹴可至而濟濟青衿藹藹士類摳衣鼓篋遊於門墻引而進之豈不大

爲吾道之光而永有聞於後乃甘得罪名教徒取悦市人以爲親戚友朋之棄乎但兄自任已高自信已篤以爲聖人復起不易吾言如生區區雖有鄉曲之情年家之誼而無一日之雅驟聞斯言必鄙其如醉如夢反欲喚醒人而使之寤以爲不知量之尤者然生之用心實不忍見人將墜於深淵而不之拯也況兄於要旨中云遠望盡言相正庶不使一偏之學復誤天下萬世也嗚呼是心也即反正之機歸儒之路也夫欲挽二氏而歸之儒則難知尊孔氏矣而復雜於老佛其反之則易且觀其詩與文誠可與進於道者又安知其服義之勇不

如由江河之决不如舜哉生之所以深憂過計雖以得罪於兄而不辭也兄尚見罪於天下而不顧生亦何憚得罪於兄之一人而不以言哉唯兄更思之

與楊天游

承喻死敬活敬真敬假敬之論甚切中學者之病第克己當於偏處先克如心地敬而容貌詞氣欠敬則當於容貌詞氣上致力不可以心學自誑如容貌敬而心地欠敬則當於心地上加功不可如陸棠欺人大槩有諸中必驗諸外有瑟僩之恂慄必有赫喧之威儀未有箕踞而心不慢者亦未有心常惺惺而威儀都懶慢不檢

者此内外交相養之道大學或問聚諸儒之説便可得其用力之方矣若以居處處人接物應事件件合理爲敬似未襯貼不如云敬則自然件件合理然件件合理豈容易言耶今吾於容貌詞氣未能敬而但曰吾件件合理足矣譏堯步舜趨者爲象恭爲作僞則必懶慢不檢乃爲眞敬耶即此氣象懶慢便不合理矣惡得謂敬今不能於敬字實在用功使表裏如一 如宋諸儒氣象而但以檢束者爲死敬以端嚴者爲假敬毋乃開自恕之端耶君子正其衣冠尊其瞻視儼然人望而畏之亦謂之假敬死敬耶程子曰學者須恭敬但不可令拘迫

拘迫則難久此爲至論若活敬死敬之論一出恐啓後生樂放縱而憚拘檢者之心其害不細兄再思之如何旣曰敬則是眞敬矣豈有假而得謂之敬耶敬有眞敬假敬則誠亦有眞誠假誠耶古先聖賢論敬多矣無有眞假之說如後世褒衣博帶繩趨尺步色取仁而行違以欺人者在聖門必麾之列與五霸之假仁尚有尊周攘夷之功者不同又安得以假敬許之耶

與王忠甫

來書覺與向時大别知吾子之進於道也安貧自立古人之磊落軒天地者在此而獨懇懇爲子言之非相愛

之厚者不然而子今乃知之至於怨恨俱忘由是充之
不怨天不尤人亦如是而已同志之會義重聚樂誠亦
可嘉但恐未能脫功名富貴之習心而高談性命之學
反生僞學之誚也夫子謂三年學不志於穀不易得也
聖人猶以爲難而可易言哉承示讀書適興興盡而休
不作安排障此其見尤高一步其文當益工異於終日
呻吟繼晷者遠矣其設問一通無大關鍵而意味亦未
耐咀嚼更深之如何劄記重刪改未刻實欲優游厭飫
以待新得第慮年不吾與虛棄前功承喻當再遲之矣
六十歲著書非早特愧予非其人耳人之一心出入造

化彌綸宇宙窮深極遠無所不通豈可謂一人之心胸聞見不能窺測聖賢一室之間而不能窮天地之大耶况天下遊歷亦幾半九嘉言有助於四子之書者寸長必採非敢果於自用第今世眞儒不間出所見聞亦未有的見道妙精義入神者則又不如靜觀潛玩之為有得也龜山謂均亡羊者謂其發策决科耳若絶意仕進不求人知淡然於紛華盛麗之習而顓顓於古人之所用心正存羊者謂于死生關已破而名利關未破未敢自信其必然也世豈有已透死生關而猶未透名利關者乎著書豈能得名天下未有不信實行而信言者求

名於書是求魚於木也黄叔度陳太丘管幼安郭有道徐孺子之流未嘗一言以垂於後而高標逸致至今聳慕李延平先生亦不著書頹然如田夫野老名豈在空言哉余知之審矣所以垂老而不廢書者蓋深戒無所用心之不可而於理味日甘如饑食渴飲之不忍暫離理既得於心則修其辭不敢效佛氏之坐禪入定枯木死灰耳予懼我年高恐思索太過耗精弊神愛我誠厚矣然老年觀書亦隨意所適量力所能厭則嘯咏於雲山水竹之間倦則就枕軒睡固不敢如少年時也人年五十不稱夭予今越九歲矣朝聞雖夕死可也若安佚

以終日雖百歲亦醉生耳人各有能有不能朝夕飲酒彈琴戛絲吹竹以爲樂人之所能也予得良友講學則欣然忘食口不待粱肉而濡心不待絲竹而暢若閑談謾語無關理道雖親舊聚集酣歌顔亦無歡歸反不樂蓋天性使然非意之也歲月如馳浮光可惜故孔子晚而學易韋編三絶程朱一生窮經至老不懈晦老晚年得句云履薄臨深諒無幾且將餘日了殘編亦豈不知酣醲飽鮮燕歌趙舞之爲娛而故爲此矻矻拘拘哉蓋吾儒作用道固當如是耳勢交利合隆則賓朋滿座替則雀羅可設從古以然于今爲甚予歸家深有慨焉此

嵇康所以著絕交之書劉孝標所以廣絕交之論而陶公亦有息交絕遊之辭甚者屈原不忍以皓皓之白蒙世俗之塵埃至於沉江而不化也吾亦欲棄妻子卜築武夷猿鶴與棲以終餘齒恨勢未能耳吾子不許我聖賢之爲侶而引我談說時事之爲道是欲出幽女而使之搔首於通衢也昔胡文定本居籍溪侯師聖謂世亂將作令遷衡嶽下後果免於難文定深德之以識特知幾薦侯予奔喪到建正值攻泉之急不知所終故欲見幾遷居攜一繼子以延宗祀今幸底寧而悔不可追矣子乃滌非以爲不可昔延陵季子適齊於其反也其長

子死遂葬於嬴愽之間周濂溪道州人也知南康軍力不能返故居結屋廬山之麓卒遂葬於江州東坡遷宜興晦翁遷建寧歐陽永叔吉人也乃寓隨卒於潁二親墓在吉末年始克隴岡一表先塋祀事皆託之西陽宮此皆平居無寇亂之時也而達人大觀每如此較之出門惘惘有可憐之色顧兒子語刺刺不能休者其氣象何如也今建之與泉地同本鄉相離伊邇來往日通吾死不在武夷必反葬焉秦人千金之喻其見之尤左矣自古聖賢豪傑不幸處人倫之變者不可勝數而況於子乎以舜爲兒而有象以禹爲子而有鯀晉獻之狂惑

無玷中生之賢管蔡之悖逆何損周公之聖衛莊之昏迷而姜氏之淑德固自若也予之薄劣固萬萬非倫而志欲竊附於君子之林愈摧抑愈奮勵愈挫折愈精明蓋屈不久則伸不大謗不極則行不高蓮花生於淤泥而英光晶彩燁然可翫青天白日亦不爲雲霧而掩其光吾孳孳爲善乃遭此譴必有獲罪於天者然終孳孳不敢怠吾心無愧吾行無疚安知天之不我佑人之不我諒神之不我相哉旅次寂寥無可告語非吾子無以發我之情思幸屢屢以教我和而不同乃君子之和雖翁婿不避也不悉

又與揚天游

朱子云程子謂既得後須放開此亦非謂須要放開但謂既有所得自然意思廣大規模開廓若未能如此便是未有所得只是守爾蓋以放開與否爲得與未得之驗若謂有意須放開則大害事矣上蔡論周恭叔放開忒早此語亦有病也按明道言語最含蓄意思深遠非朱子不能解此說於程語體認最精此須字與看其氣象便須心廣體胖之須字同想是洛中方言口氣如此非如今人說須字着力也胡敬齋未得其旨乃以爲得後放開雖似涉安排然病痛尚小夫朱子既謂程子之

意是說自然放開豈涉安排豈有小病痛其論恭叔但
云此語亦有病意謂恭叔只是放肆尚不得謂之放開
放開要自得後乃自然能之何得謂之放開太早耶非
謂恭叔眞放開太早乃流於異端也兄似亦未得其說
謂死而後已亦豈有放開時耶不知朱子旣謂放開是
意思廣大規模開廓則人之爲學不能自得一生尚無
意思廣大規模開廓之時尚得謂之學耶蓋皆認程朱
之意錯了故有此病又閱兄前段有云須緊守得始放
開得不能把持則便不能充擴似皆未安夫程子謂旣
得後須放開未得只是守則開與守乃已得與未得之

驗既得後則能放開緊守尚只是把持未到得處豈能放開耶若謂未得只是守至於工夫純熟到既得時則自然放開如此立言乃無病耳兄亦含有此意但言之未瑩幷附指教

又與楊天游

程子之言晦翁亦多有不從其說者但放開數語拙見以爲解得最精兄每不以爲然累承開喻反覆於理學之義誠究心矣但鄙意終未甚豁然復再申其說兄欲於得字放開字尋討箇模樣前書已言未到其地不敢妄言朱子解顏子樂處亦云不敢強爲之說只於博約

上加功尋求弟敢強言其模樣乎如兄之體貼躬行實見親切則可言矣弟實不敢自欺也兄以立與充實爲得以權與化爲放開似與程朱之旨大戾而兄深駁其說夫權非聖人不能用必耳順從心之域乃能之大而化之之聖與聖不可知之神一也顏孟之賢尚未敢以語此學者而可易言乎故晦翁以放開謂意思廣大規模開廓實得其旨亦與門人學者言之使知塗轍似不可測之太深也兄以爲到有立處行得穩當處身處事處家處官利欲不迷風波不動又行得此道理到充實而大處方是得固是此理然竊謂看書當虛心涵泳隨

文體察如以此數句觧得字似未襯貼晦翁觧自得亦
只云默識心通自然而有得於己此意須實用功後乃
自知之可以心悟而不可以言傳非可以翻空推衍指
出模様也不違如愚吾言無所不悦夫子只以許子淵
雖以子貢頴悟尚未能如曾子之唯得可輕言乎其
云求進放開一步要通貫要推衍皆非自然道理不可
以強探力索放開一步豈可要豈可求又謂旣得夫仁
矣則須將此仁道理放開莫拘執求至於仁熟處如孟
子言仁不可勝用方是仁全功不然所得仁亦淺矣云
云一段似皆非放開本旨不如依朱子自然之說爲允

譬如鷄之抱卵必待日至之時方能出卵若未至而強出之便壞其卵矣夫既得夫仁自然能親親而仁民仁民而愛物豈有湏將此仁放闗莫拘執求至于仁熟處如此費心着力耶必求仁期至仁熟必仁熟方謂得仁方能放開豈有得仁後又求仁熟耶況既得則道理渾融通貫無微不徹豈有既得夫仁又得夫義逐件推衍耶又謂不可以化爲聖人地位難能雖處晦員活而不失其節如此可與權如此求至于化方是放開實地似言放開太深權化太淺矣孟子二中四下較量等級不差尺寸乃以化爲不難可乎聞曰俟其自化矣未聞曰

求至于化也化豈可求耶雖欲從之末由也已過此以往未之或知與夫幾非在我化不可爲大段着力不得等語皆非耶千古聖賢無二塗轍言道之一也然大賢以下見各不同則其言各不能以相一不然何朱陸之辯紛紛而周程張邵之言亦人人殊耶兄最宗晦翁未滿象山者然其立論太快如所謂即此是樂即此便是可與權即此便是化即此便是聖神參天地贊化育境界此乃近世宗陽明之學一種説話兄帖實近裏做工夫立論多平正乃亦有此語耶兢業翼翼發憤戒懼只是憂勤惕勵之意非苦惱之謂也唯楊子有顔苦孔之

卓之語尚未着惱字佛家乃有此語四子六經中皆無之孟子苦其心志等語只謂在貧賤憂戚之中動心忍性非以爲學當苦惱也聖賢胸中無一時不樂雖憂世之志與樂天之誠並行不悖發憤忘食與樂以忘憂循環無窮學者未至聖賢亦惟當戒懼上用力豈可言苦惱耶今兄於戒愼恐懼之下又添苦惱二字以附於聖賢之經豈以子思之意爲未盡耶而來書每言苦惱不置弟亦心每不以爲然也兄既謂四十年不憂不慍不動心則已是放開矣而又言苦惱夫苦惱非學問之正也或易苦惱字爲勤苦字則庶幾耳兄胸中雖有眞樂

而此苦惱氣味尚未能脫則以認兢業爲苦惱生此錯
耳其云堯兢兢樂即在兢兢矣舜業業樂即在業業矣
幾句最當但程朱之意謂既得後須放開未得前只是
守有盈科後進成章後達之意兄謂苦中自有樂處合
而爲一故其旨各異樂可謂之放開不可以苦爲得也
又謂人心奮發時便自有開廓時警惕時便自有廣大
時此言皆切當之論但此則學者皆可能又與前言權
化之旨不類是自相矛盾矣且以此意解程子之言又
未安耳兄非貴耳賤目者但粗淺之見終未能合於高
明大體既同此處似不必枉費辯論俟學頗有得復以

就正

與金松澗

元偉與公癸卯場中一會之後宦各西東德安兩晤斯須言别無由得悉公之平生迨治邑政譽宣昭留都風紀振揚聲流入耳僅傳影響今夏幸公分守于建先得見留臺疏議觀之乃知經濟遠猷爲國家畫久安長治之策惜以忤時見忌外遷兹嵊尹所纂又得漳南紀畧益諳公文武全才所至以茂德宣威爲己任剪殲劇賊方畧素定撫綏疲民歡若更生弛張闔闢動中矩度一令一言皆可垂戒其旨深慮遠竭忠盡瘁至於年未艾

髮垂白而志不衰嗚呼使柄政中外皆若公焉天下之治指日可冀也然非侍公左右如此之久亦安能知公之深哉顧區區無意世用木石與居得所之人所計筭而輕侮者而公又不忘一日之舊謂其資之可進於道誤以爲賢而尊禮之亟問亟餽盡削邊幅由衷而發至久不渝偉雖落莫棲遲亦當不避近謏之嫌望餘光而佐下風也文旌回省再臨未期不勝愴然入秋暑氣正濃伏唯爲國節宣自愛不備

與張月洲星湖伯仲

弟與二兄居同里閈少時不通諸事獨有志於嗜學每

辱尊翁南溪公與令堂太夫人之愛謂此子必能有成者命二兄與之交其冠也翁為之賓字之曰伯瞻而月洲兄贊禮於其旁令姐夫徐浯溪先生又爲之字說自是講道論文契誼日篤月洲以宿學屢蹟場屋而星湖兄與不肖僅得同舉於鄉後各移居故里會晤有時而相與之志不違咫尺星湖偕試春官同舟共寓備嘗險艱先後就禄宦各西東而月洲又挾鋏出遊寄聲於盧阜之麓聚首於臨安之署憶昔聞令堂奄逝傷悼累日時正忙冗疲倦不及作一奠章至今遺恨復三遇星湖於京都一遇於古杭竟以調官勇退不就而月洲數奇

垂老禄仕遠方不久掛冠以歸皆人所難者方斯遄隱
林下冀覲規誨不意奔喪至建正值倭寇攻泉危急道
梗不通過慮復隍寄居建溪避難粗置薄業以給家衆
輕身間道回籍復得星湖時臨哀聯挽章令人益增悲
慟出葬之日又枉高車躬詣墓所未幾月洲復自廣回
相寬慰如平生乃以大事已襄之後况值寇寧復往建
溪變業隨返故鄉廢以長領教益而價苦不售羈縶不
能行每遇節序忌誕寒食拜掃輒興祠堂先壠之思涕
泣交頤年欲一歸省視而旅中無主僮僕亦稀繼兒年
少不好紙筆蕪老景衰病日侵飲食減少不堪跋涉前

去光陰諒亦無幾死生之關近已照破不足掛慮念二兄顧養完固自當壽耇無疆相與日久不知弟之弗類每逢人過譽輒私慶愛厚之深然因是益以自媿恐負相期之志一旦溘死於外無能執手長别故先以書奉布衷曲預為訣辭竊唯弟年二十四時應憲副棠陵方公之聘遊開化授經得見程端禮家塾日程一書皆宗朱子教人讀書之法心契慕之自是慨然乃知於科舉之外復有所謂聖賢之學遂徃來于心不置以為孔子固顔學而未能矣如顔孟程朱下猶可師也然躬行未副不敢開口告人唯默默自知自考頼二兄每見問以

古人之學相期勉於是益以自信然困於親老家貧之故義理未明遽爾從仕陷入於聲利者二十年雖道理常在心目之間不敢遺忘而中間無師友之助論而無荅倡而無和疑而無觧過而無規幾成而復僨者數矣賴作人之志植立其中不僵而性癖躭書閑處不移雖屢遭家難摧折益奮勵精明而局於氣質之偏私欲横發痛加刮磨苦不能盡恐終陷於小人之歸所幸退隱之後深居陋巷遠近市之喧時常展卷潛玩日有所獲而月有所進世情俗態一切消除性偏難克極力懲艾兾以追補前愆日新厥德求造於聖賢之域而以其餘

力修輯舊業期著一書以垂於後第近世功利溺人已深雖有英雄多困場屋未暇有一味潛心於道者可與朝夕論辯相觀濯磨彼以其志之不相合也亦遠而不親雖有一二之來既不承問亦不先發坐揖一茶而退且其平日未嘗經用窮理精義工夫雖與之語亦不能入其在仕途者非以公事民務經心則未免墮於紛華盛麗之習而無有味於衆人之所不味者可與語道德性命之微以故聞見日孤幸義理細繹已深去取已定非徒勦陳言拾成說與求奇好異以爲高而已後世無楊子雲亦皆不恤況望求知於當世乎夫人之相知貴

相知心以魏舒之賢負公輔之器而季父又有知人之
明日相接不離且終身不之知使之守碓又何怪趙清
獻之不知茂叔孔文仲之不識伊川乎豪傑之士非恒
人所知唯智者能識之然弟非豪傑者無惑乎世人之
不我知也年侵耳順見惡無聞甞詬受汚不相鄙夷亦
幸矣而敢責其我知乎然世之知不知不足道唯望仰
不媿天俯不媿地中不媿聖賢乃慊于心耳丈夫生斯
世上不能得位致君堯舜澤民維熙次又不能窮理脩
身顯親揚名徒闇闇昧昧與草木同腐豈不空負七尺
之軀哉二兒其知我悲乎否也年來痛少壯之失學恨

後日之無多雖幸知桑榆之收而一月之間疾病居半其無病之日又蚤眠晏起居其半目昏不敢久覗書冊冥心靜坐收攝精神觀雲聽雨洗竹灌花又居其半大義何由而明乎然藏修息遊無往非道一日未死一日要是當啓手足之後則聽之矣平生師晦庵深感罔極之恩其嘗開發處甚多乃得至有今日拜瞻遺像歔欷起敬恨道阻不得與二兄面論之凡人多進德於晚年亦每虧功於末路要之以學為貴老而不學則志衰而氣不輔必犯在得之戒此衛武畢公之所以夕猶惕若也未嘗邇來工夫次第精進何如遠不及知幸以垂示

毋金玉爾音而有遐心弟於左右日常企憶來建時已
有書兩次奉候便中幸時賜鑴誨至望今之朋友只相
諛以為愛一言其過則艴然怒否則含怒于心弟決不
如此第離群索居過積而不自知垢濁而無與語雖日
搜尋磨刮終有縫罅病敗之處不知將來如何結裹也
日來山水之興甚濃而出無驢馬又鮮同志動履唯艱
武夷雲谷之宿債猶未獲酬當俟良朋偕遊一二月以
豁心目然後與二兄歸宿於清源紫帽之巔以終餘年
所恨家門坎坷百不如意第賴此心常存傾不為事物
所勝猶庶幾有立脚之地耳面會伊邇不任馳情

與何小洛憲副

憶昔與兄同游徐泗涯先生之門時尚總角已知兄為偉器其後兄蚤登科第得時行志而弟方碌碌淹滯下僚不能自振兄雖無相臨之分而每辱延譽於當道之前至今感刻不忘王巽齋來又辱惠書謬稱不肖實心古意粹德淵學吾泉第一流人品今之士黨亦鮮見其儔匹者又屢弟之不信復申之曰不才涉仕途二十餘年閱歷頗多較論實定非敢為公佞也及登先君之喪所惠祭文一篇又過譽惠政所至去思之績與致養致哀之孝嗚呼今之愛弟者孰有踰於吾兄者乎然自思

愛之過矣而言非其實特溺於相愛之深抵見其美而不知其惡抑欲引而進之推而高之期有所試以徵於後而不知不肖之不足以承也一閱筆跡慚愧彌日記存於心無以為報唯退休之後勵志於古人之學庶幾有所成立使昔之奬譽不為虛言乃為報賜之萬一耳念兒忠信篤厚愷悌慈祥居官及民之政固難紀録而凡遇鄉曲故舊貧窮患難之過於其門者莫不委曲周旋毋致失所人人自以為得所天居鄉正當發難凶歉窘乏之時而親故困急之求亦克己以賙之行人所難尤不可及使得居高位酬宿志則置廣厦千萬間盡庇

天下寒士俱歡顏信不難矣感兄之愛思兄之心無時或忘而嬾作書疏迹涉疎外唯情亮之聞古之君子譽其人之為愛不若規其過而責其有成之為愛之深也今年已老衰而德不加進詬咎日至離索尤深行拂亂于其外而志抑鬱于其中但痛自策勵恐有傷知人之明則實孜孜不敢怠唯望督其惰而振其所不及則其愛我尤甚於前又當如何以為報也佇候教言伏深仰企

與陳陛峯

生在山林中聞喬擢臨江郡守不勝喜躍繼知蒞任未

幾而氷蘖之聲布滿人耳蓋貴治多有遊商於建郡者詢及起居咸稱頌清政言人人同而同鄉一二亦語相符合不覺贊嘆不已每慨世之人多有自窮寠發迹倘嘗苦辛而一旦得志輒美衣食侈僕御作富貴相罔知民事之艱難而淫刑以逞卒至敗名喪節自取貶黜及擾州縣者此其人品視兄何啻玉石薰蕕之判哉然廉乃居官當然如女子守身不足為異只此根本不立雖有高才奇功亦不能贖王曾之志不在溫飽乃其相業能卓卓如許聞府中屏去僕從儉素如儒生其志趣不凡必大有為於異日至於晚節又望兄之始終不渝以

為鄉邦之式也恐生老死不及見之矣區區愧道未聞悔少壯失學今恨來日無多而作人之志不衰惟修身以俟命而已曾友乃尊師也積學窮困又遭家變鬱鬱不得伸今幸吾兄延之教子且共其乏此亦厚德高誼之一也均感均感

奉馬鍾陽侍郎

憶昔元偉令德安時邑小路衝役繁費重逋負數多支撑不前賴明公教誨調護寬以文法乃得稍行其志又辱推挽於當道諸公之前自愧庸駑何以克堪及貳撫州復荷褒獎過當益深暫懼感刻知己之恩無以為報

恭惟明公以道自任以古人自期學足以成身而德足以及物其宦于外立于朝居于鄉皆章章可紀者未老告休見幾明哲未幾年當國諸老翁嘆惜其去復起用之公以清明之世復欣然肯來小子幸得侍於建溪承念故人之誼殷勤指誨時愚戇無所知識竊意此來為不然者謂於名利之關尚未透破既而思之用則行有道則見聖人初無意必於其間吾輩行止以聖人為師自當如此雖未能如聖人之無意必而其迹固可循也其疑乃釋然林下之樂耆英之會亦不可少計明公出處自有定見如霽行潦止固非常情所能窺也元儒學

不加脩行無足取自分無用於當時唯知信道以終老顧念位卑而名不立志鬱道窮為俗眼庸目之所侮笑非有大人君子振而張之恐終汨沒古人公之求士甚於士之求公而藥籠有儲材館有錄故士皆輕千里而來告之以善德日以崇而業日以光近世風俗日卑上忘乎下下忘乎上故豪俊多不偶而奔競者得倖進上無資於得士之力而士亦無感於知己之遇明公飲人以和不施詧戟溫其如玉即之可親接引後進恭儉不懈必有抱才懷德之士樂往來於門下者况偉辱素知倘獲候左右諒不拒絕第年雖未耄而禀氣素薄多病

日生精力頓衰不堪奔走加之義理未明心知未徹六經四子之書粗識大義而未能究其精微大德雖戾幾或不踰閑而細行出入過咎頗復莽乎其無所入閔閔焉其自傷故親終之後不敢再出冀收桑榆而獨學寡徒無以發胸中之疑匡氣習之偏恐終不能及聖賢之門戶每一念及如不欲生明公學博而見高積深而養厚必有所自得於心者倘不靳鞭策苟有寸進其曷敢忘一二年前曾見尊作中庸解皆由中體貼格言最多鄙意有數段未安者無便質正每以為恨近別數載其高識宏議當益精進又不能摳趨以領至誨伏唯忘分

而下教之幸甚外唯為國珍重以膺遐祉不宣

與黃葵峯尚書

憶昔少時與公同試儒士於郡守葛公其坐次相連交相問荅庠序中亦相會談及公登第位日益尊名日益重元偉薄宦不得附驥末屬只兩得侍於京師而已然公所至氷蘗有聲凜凜風節與秋霜烈日爭嚴屬官得一言之褒不啻黃鍾大呂之重眞邦家之光閭里之榮為吾泉立赤幟也以是嘗默識于心不忘貴宅與小婿王國輔密邇時會令郎得知尊作有四書說不肯輕以示人盖欲年求月考其所未至亦如伊川作易傳自量

精力未衰凱有少進之意耳此意甚善偉亦深有志於此書者先已在宦中粗就玆歸復改竄一番乞人謄正今丁艱服闋仕念已灰欲擔簦裹糧直往都下以求高論而困於無資心神常馳倘忘其勢分之尊念其聚首之難遠寄示焉則更當自知愼重珍藏亦不敢輕以示人也昔晦翁作註疏與其師友門徒往復論辯反覆參訂至於一言未妥一字未安亦辯之弗明弗措然尚有遺憾後儒且置喙於其間公位高責重無朋友講習之暇而自家鑽研獨任己見人亦無從質其是非恐亦未能一一精當無毫髮之疵也公一生精力既在此書則

其傳之也必遠自當好問好察要於其當如荷不棄則
農馬智專亦必有一得之愚可少裨涓埃之萬一不可
謂全無所知而已抑又竊有獻焉昔向敏中遷僕射門
前寂然絕無賀客眞宗嘆羨以為大耐官職公歸家寂
靜無車馬之喧不讓於敏中矣今之世所希見者張忠
定公初及第時以詩遺逸人傳霖云當年失足下漁磯
苦戀明時未得歸寄語巢由莫相笑此身不是愛輕肥
後果未老告歸錢若水之急流勇退至今以為美談今
高壽耳順與生同庚去從心無幾生精力浸衰前途不
遠凶事已預只待屬纊之期而公為造物所獨厚必壽

登期願可卜也但人生亦當優游林下二十年方亨眞
樂而四時之序成功者去蔡澤猶能言之近者福州有
鄭環浦公公知友也平生耿介自將由江西憲副陞蜀
叅政遂掛冠家食安貧自適鄉里稱嘆皆以謂豪傑之
士環浦曾道及公每稱贊不已然其仕止久速之迹似
有異者易曰或出或處或默或語二人同心其利斷金
則心之同者固不必泥其迹之異也古人七十而致政
禮道則然聞公精力强健不減壯年一日居大臣之位
則一日有益於
國家而

朝廷眷注方殷又非可以言去之時則公雖欲休退而不可得者王荊公云丈夫出處非無意猿鶴元來總不知公之深意豈易測識鄉慕之深不自知其僭越耳某碌碌山林無足為道但日求新得以益舊聞日攻今惡以贖前愆修身俟死別無外念茲因洪方洲之便附此少致區區餘唯樹德策勳為

廟堂柱石以膺純嘏是禱

與洪方洲少卿

蒙公識面日久黙相期許者舊矣而萍蹤各別聚會有數未能備悉其進修之詳然神交心領固不以位之崇

畢顯晦而閒歲月之久近參差而忘也曩時幸得接見於古杭去夏復會晤於建溪皆以古人相朂今秋車駕北上又獲侍左右者三日款曲綢繆相信益深情趣意狀大異衆人每嘆平生無一知己乃今於公親見之不覺喜溢顏面末又拳拳勉以再出勿負明時且以名譽不聞為己責而有心於推轂雖自知歲不我延分當止足而其愛我之意則已多矣夫士之能顯令名於今而垂休聲於後者固其卓然能自樹立致然然非有達者引之於前賢者揚之於後則往往埋没而不章故蘇子得歐陽公以為之前而歐陽公亦得蘇子以為之後其

交相贊以成其美也如此雖然彼二公猶以文自命耳吾則以聖賢之道相期者聖賢之道上之欲推所得以及於人下之欲明斯道以淑其身而開來世其為任甚重其為道甚遠非脫然於聲利之外而毅然有朝聞夕死之志者則雖慕其華而不能茹其實悅於目而不能飽於腹也此豈可以襲取而外飾哉必如孔子所謂知德子思所謂知味而後可幾也非唯不肖之未能窺其門墻亦願公日求其所未至而勿以已能者自足唯以德之未崇為可憂而勿以位之得失遲速為足慮孳孳汲汲斃而後已庶於聖賢之堂可升而室亦可入矣永

叔以係辭傳非聖人所作疑河圖洛書為不足信象山病無極之言近於老氏至今為知道者不滿公亦似有此失竊所未安文章末技藉使苦心極力以為之可與班馬韓歐頡頏世亦只以文士相目況力不能逮乎聞素有工文之癖今未知曾脫去否可惜費了精神也方今

朝廷清明俊乂師師伏惟勉竭忠藎以圖事功便中無靳數字以慰傾向是懇

與趙特峯太守

文章雖末技然觀眉山出三蘇而眉山遂枯則亦天地

之精英所鍾不可易視古今操觚之士無慮數百家然其傳於後者亦有數焉宋景濂作文原謂文天生之地載之聖人宣之正三綱而齊六紀類萬物而周八極又謂文之量得之天文之天文之所得之地文之峻得之山文之深得之海文之變化得之風雲雨露鬼神文之隨物賦形得之洪纖高下飛潛動植人能養氣而為文則可配亭三靈管攝萬彙與天地同功則文豈止辭翰而已哉六經之文尚矣後世之所謂文者雖不能盡如宋子所云然如司馬遷班固賈誼陸贄韓愈柳宗元歐陽脩蘇洵蘇軾曾鞏之流亦非尋常之文也至於樂毅報燕王

書董仲舒天人三策諸葛亮出師表李密陳情表韓愈佛骨表陶淵明歸去來辭胡銓上高宗封事又不可以文論者周程張朱之文列於道統渢渢乎六經四子之音矣其餘應世之文隨作隨没不足以化今傳後徒弊精刓神為木紙之災其善者則僅傳之一二世而止然相繼作之而不絕者非人人望其必傳也椿松之壽菌芝之促鵬鷃之高鷄鶩之卑各適其適而已僕自知自道已無復意於文亦知文之必不能以有傳故不敢費心力於無用之地甘於退讓自棄夙聞吾兄素有志於此者昔叨署篆嚴州辱高車經臨信宿公署承示佳集

一部持而讀之紆餘曲折有作者風媿學識淺踈雖知其美而未覩其深也往歲守制于家屢承枉駕垂問時在衰疚之中不敢以請來建適臨行忙冗不及借觀至今遺恨然以兄之清脩恬淡不染世紛篤專於學至老不倦其志豈專在於文哉人品之低昂固有定論而文章之高下亦自有定價文非載道不足以言文文工而行實不副雖幸有傳而不愛古之聖賢唯其深於道德不得已而形之於言筆之於書故其片言隻字皆可以為天下後世法兄敦篤虛靜造道有基願常勉乎其所未至而勿自足乎其所已能日將四子之書潛玩而體

察之朝斯夕斯造次不離竊聖賢之自淑者以治其心則發而為文必皆寫胸中之所得而不為空言彼遷固輩猶在其下風耳違別已久不勝馳情因風附此奉問進脩之緒凡有所得便中幸寄示以開茅塞亦當有以復之不敢虛也

與本道何鳳野僉憲

吾泉經倭寇之亂者十餘年斯民罹於兵革之禍極矣憯酷而又重遭疾疫之災其流血成川積屍成丘悽愴悲哀呻吟哭泣之狀有耳者之不忍聞此皆明公之未曾經見者而人寡田荒村落之墟烟火不接則至今瘡

痍尚未盡復也然幸大難旣解民稍安枕而又得明公以執法之司通時變之宜身帥恭儉悉除煩苛為之樽節愛養撫摩而休息之措倒懸於衽席之上而民始知有更生之樂而又待士夫以禮而不苟徇御屬官以嚴而莫敢阿以私不唯諸士赴禮闈者禮遇之過優而庠生貧窶或遇諸途或觸諸目即愴然捐背助之不少靳凡自泉來建過於敝廬者無問貴賤皆由衷口出稱譽翕然同聲益信其言之不謬竊謂明公有節用愛人之效皆得於學道之功其出之有本而達之有源非徒粉飾於外以求寡過者比故凡所施設每不畔於道如此

哉近代道學不明居官者則以法律為事以簿書期會為要而不知有明德新民之學為士者則以文詞為工以發策決科為急而不知有窮經致用之實以故人才日壞風俗日衰而隆古之治終不可復見也明 公篤志古學振拔流俗其規為氣象自有以異於人在昔臨建一趨謁之間即謬辱稱許不待之以庸衆之流心竊以自媿而亦陰以自喜過辱枉駕其禮恭其色和其言懇惻而有條理令人戀戀然不忍釋別後仰企高風虛懸馳想恨在建中未得脫歸邦有大夫之賢而不能事雖竊私淑之益終不如親炙之得益為多耳茲因濡便敬

脩寸牘奉候左右冒犯威嚴伏祈鑒照

與康松陽舉人

方今功利之習淪肌浹髓有志之士多移入其中而不自覺以故窮而學達而仕皆不能追及於古人世變之日趨於下無惑也吾兄獨能蟬蛻污濁之中超脫塵埃之外登名薦書猶夫婦同翻水灌園甘於貧窶自食其力伯氏盤峯公爵秩尊榮縉紳名流尚不受其餽他可知已居喪執禮跬步不踰寢苫枕塊疏食三年幾於成疾乜人所難者春闈落第過其兄之任同舟命官夫代之扯縴數里少寬僕從之力猶以非分所當得堅速之

歸取予之義可謂一介不苟矣邇來又欲辭功名不仕甘於家食雖未合出處之正計其胸中必有定見非軒冕所能嬰懷視世之營營逐逐老死而不知止者其於為人賢不肖何如也區區所聞僅此而已其平生隱德懿行不愧屋漏人不及知者何限然此亦足以知松陽之大矣泉中人物如吾松陽誠中流之砥柱足為鄉邦之式私心嘆慕為不能及如偉碌碌無足齒數徃歲薄宦西江叨厠令兄末屬過辱吹嘘而代巡徐五台公又謬譽不肖於令兄之側謂江西屬官第一兒得聞知乃延譽諸人人不置自惴庸劣聲聞過情惶汗累日而吾

兄好善無已之心則固仁人君子之行也憶昔北覲京師正逢應試彼此相訪俱不獲面無任馳神茲因許石亭周杜林二丈之便附此少伸企仰之悰伏惟益懋進脩崇德廣業則夫子所謂中行之士可至不徒狷者之流矣臨楮不勝惓惓便中幸有以教我毋靳

與劉躍泉吏部

章表弟自北回知喬轉甚慰後高車經臨建溪方遺僕候問而文旌已行矣憶少時受業令毋舅之門而寄食其家感荷令堂太夫人為之撮髻為之提飯心常不忘愧未有以報也今乃得躍泉大振家聲以慰老親於地

下孝莫大焉雖然世俗孝子之所以顯其親者生唯以科第爵秩爲親榮死唯以厚葬且侈封域求聞人作墓誌爲親光而已而立身行道揚名後世爲孝之終者則鮮有聞也賢弟正當銓部清要之官而北覲之年百官來會有親有舊又人情之欲相見者乃念親之切俱不遑恤歸葬一疏諸縉紳莫不稱仰而轍跡所至屏絶饋遺入門府縣常禮亦不之受似過潔者然其志節高邁已不可及而又少經貧窶困頓之後一旦得志乃能視利若怯嗜義若飴爲碩儒之觀此其所就豈可量哉僕之所以側聽下風擊節嘆賞而不能自禁者也不然官

賦近諛豈敢輕於媢人以為悅哉古人以無書抵政府為高以兩及相門為薄已今則反是僕在官適當諸鄉先生相繼掌銓曹之時其方入也曾無一書致賀其父也亦無一書通問以故淹滯不遷今已不在官矣故慕賢弟之高誼而喜於一言且念令堂之恩而不忍忘念令母舅之教而不忍背故不容終默而已也繼是不敢復有言矣然論定必於盖棺之後賢弟年力方強志氣方銳必思所以保其終者唯永言配命是祝

與陳龍谿州守

承示佳集捧誦數四不勝欽慕拙録奉教謬辱過褒益

增懋悚先生一官滇南六載予讀其詩自家鄉抵任以及迴旋經歷崎嶇跋涉險阻遐荒之遊殆徧夷獷之俗周知至其艱難辛苦之狀哀悼憯傷之懷尤常情不能堪而吾輩不忍聞者亦信乎其命之窮已然前輩謂非詩能窮人唯窮乃能工使翁官在樂土順適一生無勞苦饑餓空乏拂亂之困無荒陬絕域山川氣候風土之觀則安能思深識廓成學廣才發於聲詩若是其憂憤而悲壯慷慨而悠揚也耶觀其委任所至無一念不在於民王事多艱不遑寧處檢閱兵器勘處夷情丈量職田皆有成績而直道難容不獲乎上落職以歸囊槖蕭

然親朋無歡貧窶日甚以業文爲活亦足悲矣而怡怡
陶陶有安貧守道之節作爲文章辯説不依傍前人每
高見特出務求至當居鄉感慨時事有所陳言咸中肯
綮多見施行而天性孝友交誼隆篤尤其大者年過古
稀之八載猶聰明強健搆思伸紙細書成行造物忌多
予嗇其禄者固將以豐其壽也晦翁嘗謂中年以後常
須愛養精神不是記故事時節翁孳孳好學不倦正與
不學則老而衰者相反但年已高邁亦當保嗇不可日
觀書作文恐勞思費神於道體或有所妨耳拙見如斯
未審先生以爲何如

與許賜山行人

世間有意氣能講學者多而求其平實妥貼旨歸不背於聖人者百無一二甚矣知道之難也大抵讀書要虛心平氣從容涵泳徐觀聖賢用心所在章章體察句句研磨庶能有得今學者無居敬持志循序致精工夫各恃聰明任意見自以爲是而居之不疑其於四子六經不曾字求其訓句索其義以俟其融會貫通而但厭之爲訓詁支離之學只提掇明德新民止至善格物致知論仁論心論性數大段杜撰立說陰負其獨得之見及觀其論著百孔千瘡鮮有是處如此學問只是說得自

家快活其誰信而傳之區區拙說自知不足傳信然一以晦翁為宗雖不蹈襲前人語言然亦不敢求為高奇可喜之論第學識未精病痛所在幸切指教聞公居憂讀禮之暇於四書甚有所發明必皆虛心平氣所得者傳道書坊已求梓矣完日萬寄一部見示注仰注仰

與本省姜鳳阿督學

元偉無似於海內明公特深嚮慕久企高山茲幸司教吾閩不敢自外通姓名於大人長者之門頻辱高誼珍翰寵及詞氣溫醇惇切降體神交謙光彌亮始信有道者之方規格度自然迥別令人喜就而樂親之復聞明

公在書院中接引諸生若家人父子耳提面命唯恐不及糲飯菜羹亦與之共此非識見高明樂道忘勢以立人達人為巳責者乎至其狷介之行恬淡之資清素儉約有寒士之所不堪者某平生亦頗以儉嗇自將尚深嘆明公之不可及也前輩謂非淡泊無以明志謂人須是一切世味淡薄方好不要有富貴相又謂人能咬得菜根則百事可做公皆無歉於斯矣歷觀吾輩有志於道而往往無成者多以聲色嗜欲之為累其於本源未能澄徹世情習染未能爬梳而口談性命欲以欺人卒於墮坑落塹而罔覺明公能一切放下視紛華盛麗皆

廿一

不足以動其中御跟已豎立不敖倒其進於道也孰禦自惟庸陋竊有志於身心之學亦嘗痛加窒慾之功尚葛藤不斷幸於晩年頗能剷淨而歳已莫矣旅中僻居北隅獨立寡侶正當摳趨門墻執鞭左右以求匡正而旅寓孤單未能遠離當俟道駕臨建時奉謁領教也

與蕭子敬吾惠安縣尹

昔叨教羅田時賢友之學無有知者僕一見文章即識其非凡每奬譽不置俗眼皆以為笑既而子屢試輙偃蹇人之笑僕也益甚而僕之信子也益深及子登薦書始嘆僕為知人然僕之譽子也豈惟其時文蓋其賦性

恬默沉潛淡然於勢利有近道之資與之語輒辭不相齟齬有助我起予之益故愛予特隆至每落第春官則命也然僕在都下得相面二次察其言皆有終焉不仕之意懼功利沉溺汨沒不以入於其心僕諄諄每以行義達道之義勸之前科又落第竟就選尹泉之惠安僕泉人也偶寄居在建子訪知焉特造於敝廬私心喜幸以為良緣但徐觀其詞色亦終有不樂仕之心鬱鬱于胸而必欲充其狷介之行施其卓異之政以不負所學而布利於民聽之不覺色喜盖吾泉適遭倭寇連年刼戮之慘而惠安邑小民貧其被虐窮困滋甚前任有司

未聞有實心實政肯為民造福者往往不克令終以去今幸得賢友以絜清不汚之操節用愛人之心撫學而整齊之精神意氣自當煥然改觀區區之所以深慰而不能釋也然嘗聞之君子之學當廓然大公物來順應而智者行其所無事用行舍藏聖賢家法行已恭事上敬夫子亦稱子産為君子之道若持一不愛錢不惜官之念稍不合便拂衣以去其為政又必欲以皎皎之行聞於人則恐矯枉過正終近於賢者之過均不得謂中庸也昔嘗以此義規子子應之曰某非敢矯情立異但既不狗俗不得不異於人此語却正計吾子胸中自有

權度不待予贅特恃愛為過防耳玆因鴻便附此少布衷曲餘容嗣達不備

與張月洲

昔承來教已悉小婿書復道與遊清源連話通宵齒録不肖媿感交并承喻萬里之行只是所守至老不移不肯一開口問人求乞故至此棄官而歸以秋丁祭祀無所不忍以衣冠野祭非倖倖也此其出處自有定見志氣卓然誠可嘉尚聞其歸忍貧充然若自得諸公贈言連篇累帙其知兄者亦多矣未復以弟膂力未衰勸其再出似自為者重而為人者輕也大義未明鹵莽從仕

特為親屈耳今親已歿矣方將溫習舊聞追補前功猶懼來日之無多也而精力憊倦血氣虛弱不堪勞頓若使自投文書再奔走於銓曹之門則寧飯蔬飲水之為安耳學問是終身事業雖老不可廢蓋道理無窮非拚生至死理會終不能貫通而讀書窮理非特為廣聞見之資尤可以為收心理性之助豈容休息兒以為暮景懷抱直須脫灑視此事如糠粃糟粕者方免玩物喪志之譏日用行事却要常認仁體成己成物處處俾有所濟此眞實學問工夫人不及知而已知之也其言誠刋去枝葉直尋本根為切要之論然在兒能之自言之則

可耳近見世之學者老便懶惰只飽食酣醉遊玩度日以求灑落多以此藉口不知孔子所謂不知老之將至者是何物也夫立己立人達己達人乃仁之體能近取譬乃爲仁之方非禮勿視聽言動乃為仁之功而學問之道無他求其放心正所以求仁也此乃眞實學問工夫能如此身體而力行之則自能脫灑若謂暮景懷抱直須脫灑則其脫灑者恐非實落只放曠擺脫以求適意非由學問自得中來則其樂也外必不能久倘有拂意不堪處則鬱悶隨之矣體認仁體恐不如是也程子曰人不學則老而衰顏子所以度越諸子者以其好學

也晦庵一日不講學則以為憂而四子六經終其身研窮不厭恐未可以糠粃糟粕視之學專用心於內則與玩物喪志者自不侔也拙見如斯想有未合幸再教

與曾子景默進士

僕昔叨貳貴郡署篆年餘課試諸生見賢友文章有竒氣心異焉屢試屢異之自謂吾子之知已莫予若也及竊忝外簾又幸得閱子之卷其筆力精采尤勝芸牕時恍如金玉之音瑚璉之器知其必有大用於世去歲復見登第之録慶子得早遂幼學壯行之願為之懽懌者數日今秋貴同年程西麓回得子所寄書大慰且謙虛

原書缺

原書缺

尃使齋書幣遠招為吾泉斯文盟主過承來教諄諄懇懇如眞以先覺見歸者感媿交集若無所容誠所謂不虞之譽過情之恥也夫必立己乃能立人必達己乃能達人某於一箇身心尚七凸八凹未有安頓方自檢不暇豈能作人恐付託不效以傷知人之明異日進退反成狼狽為世觀笑萬相見間善為代達鄙衷方今功利之學淪肌浹髓習以成風而勢分拘牽負其位不肯顧其下者比比皆然姜公獨能超出常調禮下忘勢以作興士類求之當世鮮與倫比惜某非其人也抑所謂致士先從隗始者則竊附於斯義耳使人遠來不能奉教

多罪多罪伏賜憐察昔因奔喪避難卜居于建今寇賊稍靖桑梓丘壠之思日切在懷第住屋當時價買頗貴兼僻遠苦不能售故未得歸鬱鬱於此實違素心想領教亦不久矣承惠厚幣羊酒謹附完璧并希檢入尤荷

與陳春臺縣尹

蓋聞窮經將以致用學古而後入官古之聖賢其平居未遇之時而道德性命之微綱常倫理之懿輔世長民之術興衰撥亂之方莫不精講而熟究之及出而建諸用則如富家者之用財唯出其家中之所有優優有餘而非有所假索於其外故進各能其官仕各稱其職而

無有乎希高慕外之心治隆俗美有由然矣後世科目之興專以文取士士多鹵莽滅裂圖僥倖以應有司之求然而豪傑亦往往特出於其間蓋於聖賢所以作經之意猶或知所用心者未有如今日之弊之甚也聖賢之經傳皆寘不觀儒先之註釋亦棄而不省徒摘括題目取科第有名者之時文晝夜類聚黜綴而成誦之以為進取之捷徑及幸而得一第授之以民社之寄則唯其血氣之所使資稟之所及漫然為之而不知有致用之實僕誠病之而望輕分微不能為之倡近得吾鄉後進二三君子卓然有志於道欲挽回頹風而復之古聞

之不覺擊節嘆賞兹又得之東臺環山月洲諸兄歷稱吾兄之政績不一而足益喜吾泉氣運之漸復不獨文運之隆而已今之為官者去之日多有去思碑記而探其所由每出於親厚者私意之為不足憑據而大參鳳峯沈公之為兄碑記鑿鑿無一字虛語核之見聞皆以為信蓋其講之有素故其發之眞其中之有主故其用之裕非摘題目背窓稿者之所能也又聞兄居憂深以學未優登仕為歉日杜門省應接究心於當世之務温習乎其所已能而充拓乎其所未至此其一出將轟然如雷霆之震沛然如江河之决聲之所撼聞數百里豈

能測其涯哉環山携書劒遠遊於建尋與僕相知最深又兄之篤友也故於其行也附之以書達其所欲言使中幸毋惜見復是望

松莊集卷之四

序

屠大夫移守南陽繪圖贈之序 諱倬泉郡守

屠東厓大夫守于泉之二年未幾以東洲長公轄閩得請移守南陽六月二十九日其戒行也民之丐留者偃聲鼓喧於是省祭郭春王眷葦咸沐大夫之休澤迹其狀繪圖獻焉冠服者肅而前立鄉之民皤髪衝暑杖趨有跪而涕零者有以身橫截于道者有前尼車者有曳後者有相向而嘆者畫之皆曲極其妙旣訖工懇松莊蔡子為之序蔡子乃號於衆曰世之所謂賤丈夫者非

農若樵乎至其晝地而議長吏之否臧若辯夜晝雖宅
近市居傍署者弗之及何則邇私而遠公私者蔽而公
者明也夫今之爲官者夫苟能巧飾善宦卑卑與時俯
仰則多譽雖從譽之又從而薦之夫苟不能巧飾善宦
卑卑與時俯仰則難免乎今之世官於今者不亦難乎
予嘗挾卷行吟村墅間聞嘖嘖稱郡守屠公之賢者百
不一失焉有老夫謂自髫稚洎于髪種種未經見如斯
守者問諸嵗而冠必非其所憎惡必非其所親愛者出
其言乃公是可以觀世矣夫吏之有聲者不以風力以
聰察以材能乎大夫皆不以此所長著稱然自其治郡

二稔役省庭清鷄犬以寧歲荒而衆不懼徵急而民不驚勞之如歸辱之若榮將其去也權豪歌呼以為幸而百姓相顧吁噫擁轅塞道若求失母而逐亡金曷故哉蓋大夫為政有懇惻心不忍以機彸逆吾民乃又務大體靡苛察訟之登于庭多所勸諭而化其罹于罪也憂形色詞每思所以寬之適豪猾有干者輙寘之法不少貸且不能上官逢迎然善韜晦不明著其迹但見安靜悃愊若無能名意古之所謂循良者非耶乃惠若省分勞若祈雨功若完城若築堤茲皆心與政之余也何足以多大夫然大夫之道宜于民而不宜于上苟無深知

而能免者鮮矣昔漢循吏最黄霸初亦無赫赫聲卒之璽書旌勞用錫之車蓋黄金而名延于今不朽大夫吾知其必有待矣今兹行也有圖久而思也有碑民見碑如見大夫大夫見圖如見泉之民上下之情交相篤也乃今易而治也以其爲泉者爲南陽其將何不濟無何又以其爲南陽者爲内外諸曹長其又何弗宜先而民留既而君留又既而名留皆從兹兆也乎夫贈文若畫工飾不飾必求肖其爲人遂發其所欲言者如此將行復申揖之曰屠大夫而去後遍觀山色水光將無撫景興思留連我清源紫帽之墟乎而之郡爲我問諸父老

申伯之故丘猶有存焉者乎展而祀之其母使申伯得專美於有周

夏津縣志後序

夏津在古爲兖州之域於天文當虛危之次其俗樸直好禮敦龐約嗇有古風烈廼易公愧虛以南人來吏兹土始下車未遑他務先揖學官詢之邑志皆湮缺弗修愀然曰吾何以考民風稽舊政師前哲遺來賢越數日恒於治事之隙網羅總統搜揚攟摭元偉時幸及見之輒賀斯志之有傳而事未竣辛丑之春公擢京尹余試于春官聿覩厥成謬屬序諸末簡予謂公之志其修之

乃若是其徐而成之又若是其不易非才不足以速効而力不能以蕆資致然也蓋公之宰夏津適當頹壞罅漏之餘而漸圖所以振飭補苴之計其考覈覽記之勤固未易以猝辦而起痿鋤蠹興廢舉墜非積月累歲則凡百不可以成其勞之異於他志者如此公既鑒夫前者之弊而復慮後來繼今者之又如是也故各於分類之下以其艱難辛苦已試之效而參附已見丁寧懇惻以遺乎後之人其忠之異於他志者又如此譬之千金之家構堂弗紹基創乂荒一旦遘宗之克類而嗣之尋契券復侵沒修舊圮改新覩其爲力也勤而慮患必深

於是乎誠之於譜書勗之于孫子故能于前而有光啓後而不墜此予知公之於志固當修之若是其徐而成之若是其不易也夫其成之不易則其傳也必遠是故練達機宜善成治體政理著矣臧否一定獎黜靡爽勸戒昭矣凡例焯然檢校詳允事實核矣後先有條正別不紊位置審矣詩章傳記古迹咸存文獻徵矣釁校城隄增新葺舊規制偉矣志之將成瑞鍾於物古器應矣志之既成瑞鍾於人三雋登矣先時夏津自己酉後科第久荒公至與諸生五日一會講磨經義既又以職事所分復聘元偉專業責成館穀之費咸自官需庚子登薦書者三人其一發解邑人咸頌公功吾是以知愧虛之名當與志同不朽也嗚呼先

覺之苦心如此後之人儻不世守之而靡靡於荒玩以替政璅璅於昧没以取敗則告新之恍隱而繩武之望踈矣吾意豪傑之士必有繼是而昌明拓大之者於以福一方詒來哲先生之風固百世其不斬云先生曰是吾心也命書之以竢

羅田縣志後序

予行天下其所閱歷亦有方矣每見幽奇之觀瓌偉之跡英雄豪傑經綸馳騁之區未嘗不褰裳引領神爽飛越直欲陟其巔拜其壟徘徊數日而後快壬寅之春就官于羅欲以觀風察俗尋幽吊古至之日求志觀之乆

而未能得既而乃知舊典之不修而新帙之未就也居
踰月祝公
欽擢之命下矣一日始出其稿以相示曰玆蔡唯忠輩
二三子之所成外史楊君洪君之所校而余亦嘗是正
者也顧楊君以陞去余方以取行其間綱領粗備而繁
漏未釐子其爲我終厥志焉且并其所以鋟梓之費咸
預以畀予予曰於至哉公爲政之忠也去而不忘其舊
爰披而閱之見其大書分註井井有條搜逖索幽百爾
完具乃嘆曰甚哉二三子之苦心也於羅有助矣予復
何言特即其所分六曹爲之離合更置之重定次第參

附巳見裒繁增遺別為八卷不越月而事畢乃募工板
行僉謂予當序諸末簡予惟在昔韓昌黎過韶州借圖
經朱子官建康首問郡志羅地雖小亦古之建國也而
舊稿破裂邑之故實幾落莫無稽陋也若何今公能以
數百年邑乘之闕而傾舉於數月之間二三子能成公
之志蒐輯抉摘於文逸獻亡之後而予復濫預編摩之
責妄有所易置得附名於圖志之末是書之成亦不可
不謂之遭也巳繼今牧民者能留意而踵修之使從政
有稽觀風有采尚友有徵於以宣
皇麻敷教化豈其微哉乃不量而書于後

賀祝前溪先生之被

欽擢序

北山之木有異材焉巖崖之所都巑岏之所叢其棊至於千尋百圍穿雲蔽日可以巢鵾鶴伏虎貔一遇良工過而異之登丁椓伐唯恐不及驅之以漯巨室之居航洪波之流躋之登於叢臺阿房長樂未央建章昭陽之宮藻麗莊嚴有黄鍾大呂之重君人者之求大才亦若是而已矣今

聖天子興賢籲俊弗遑暇逸　天曹奉宣　德意登明選公允良吏之久任有勲勞經薦剡者卒覈實甄拔之

不遐遺蓋今歲之取凡若干人雖能人人殊皆天下之傑也其遴之亦甚難而其數也亦甚嶄矣而祝侯與焉然則侯之得斯舉也亦不易而其受斯舉也亦不可謂不榮矣侯之宰羅田凡三年歸其家携二僮以居氷蘗自將戴星出入恤冤釋滯鋤奸抑強蘇枯沃乾不遺餘力公輸之外悉捐以予民學舍壇宇有所興葺悉取諸罪贖不以科訟之登于庭勸諭而化者多於所平決哉己亥大饑輒便宜發粟賑救有方賴以全活者甚衆庚子之夏群寇壓境四方繹騷侯率民兵指授方畧一鼓而殲之無遺育故

聖駕之一至　梓宮之再至而民不告勞農不識吏村翁不入城鷄不晝驚犬不夜吠而境内寧一古之所謂循吏者非耶迺其學之所養不動於寵辱不諂瀆於上下之交能之所施經緯結棼若臥而定則又非當世之士所易及者君子曰以斯才也於以梁巨室航洪波猶有餘憾況漂泊於湍沙之間爲樵夫野人之所狎昵而已哉先生行矣歸過其鄉濬發清源吸挹蘭馨將登之叢臺阿房長樂未央建章昭陽之宮與縉紳黼黻揖讓周旋雖欲嘯風飲露於深山而不可得者惜僕爲朽枿不能褰裳以從而姑賀其得良工之知也有感於心不

能以無言於是寅友桂林洪子淇暨弟子員張生濬蔡生雅忠等僉以不敏之言爲然遂書以爲侯賀

送蘭江祝前溪先生之被　欽擢序

蘭谿東南之雄邑也銅山左蟠蘭陰右踞衢婺兩溪之水數百里奔流而會合匯爲巨浸漾爲瀫文蘭茝叢生而秀氣鍾焉縣之北下流數里許水益清蘭益秀香之味益高士生其鄉得山川之氣者往往出爲外官皆好修爲理姱節有聲予每北上試春官過是邑未嘗不停舟與邑之人士留連數日而後去蓋已欽祝侯之芳聞而未入室者去冬就禄之羅田聞侯聽縣之政輙喜其

曰是可以飲其畹中而襲其馥矣至則知侯遠聲色絶麴糵期將及瓜清操彌厲豪富震悚人不敢干以私凡其嗇用裕民芟奸剔蠹保障之功施於平盗撫摩之惠溢於救荒民康而歲稔政成而化洽皆清心潔己之用也則於蘭之山水可謂無負矣顧其國香之質暫植庭階僅爲君子之所紉邑民之所庇君子有遺恫焉乃令芬芳上逮幸擢穎於　金陛將結陰乎玉池不與江蘺蕙圃雜居爲伍侯之行也其有不揚香吐秀傲雪凌霜託孤根以不朽而甘負於其鄉之水與山也耶於是東崖丘子錄龍江彭子仕演聞其言而俞之酌之酒而爲

之歌曰蘭之山兮揚揚其馨蘭之水兮其香孔清擷之佩之兮緑葉紫莖佩之採之兮色映明庭吁嗟蘭兮毋與雲霞爭卷兮蕭艾爭榮

送默齋楊先生之尹盱眙序

古之綜經術工詞章聲政理者匪徒其疲神敝𥉶鋭精簿會而足也其必有達觀殊勝以曠其心棲遲游息以清其慮震撼蕩盪奇怪百出以增其謀哲而袪其蠢庸故能識恢而才宏經明文理而化洽也然天下之雄都巨麗獻於前而屬於目者鱗次相望非如珍禽異獸明月夜光之出没隱見不可以恒有而縱睹也迺其取益

之弘多若端爲我輩設者則以啓塞之衷異崇卑之慮
懸歟西廣楊君黙齋自少有聲于庠壯而舉于鄉携書
劒北上于春官其川陸之所經昭曠之所矚汪洋閎肆
魁梧奇特爛熳莫紀是宜其藻思之溢發如泉涌而山
出也乃竟不快於一夫之目就禄東廣之瓊山非數奇
歟然其自謂泛巨海之横流景東坡之遺跡慷慨聳踊
其志甚南歸之壯焉禄仕之所不能挫也既而奔制于
家闋而續宦于黄州之羅田則又渡洞庭過武昌觀赤
壁之戰塲悲歌起舞其志勝南海之雄焉阪山之所不
能荒也居無何其馨香上逺于

天庭天曹才之爲鳳陽盱眙尹予之來也適丁其未去往賀焉目其貌熙熙乎其舒也耳其言怡怡乎其諧也嘲之曰一尹耳何志之揚若是默齋子曰蔡君知予哉夫荊楚我

皇上潛德之邸而　龍飛之所加惠也　聖化濯磨士皆蒸蒸思奮故予喜教之易施中都我

太祖龍興之地而盱眙其屬邑也　湛恩汪濊錫我庶民以無疆徽故予喜政之易行夫學與政通

聖祖與　神孫之化一也吾亦樂其所以心於士者舉而加之民而已松莊子憮然曰有是哉哲人之猶遠也

予小子其安敢知子行矣吞滄海之波吸湖湘之水而吐之於龍盤虎踞之陵吾知盱眙之民之有瘳也遂賦隰桑於是桂林洪子其寅也賦有客之二章諸子賦采葛揚子賦木瓜斗酒既傾書以贈别

送黄郡守竹坡任公陞江西憲副序代王御史作任公諱徹四川巴縣人

江西當吳楚閩粤之交民雜居多黠而善訟雖微事亦竟年無了期權貴之撓法者又數數然蕪擾上流諸郡濵臨巨浸哨兇藪盜會汀漳雄韶諸山之險以爲奸其鄰長沙湘潭之墟則又難于逋逃之譏察而竊邇諸藩

王府之衝者復病于供億之繁冗費之患民易貧而難
市則多流散以求生故
朝廷簡臬尤難於他鎮今年冬任公以黄州郡守受江
西憲副之命人謂民牧宣和風憲執法廣狹殊統仁義
異施君子於公有遺慮矣王子曰不然夫馬之稱良也
非以其能千里乎設僅唯舊路是諳而其疾驅遠騁不
越彼舊路往返之外也則安在其與駘駑駢騄别也豪
曹湛盧之利天下之共寳也儻陸能剸犀兕而水不可
斷蛟蟒於爲器亦不足珍矣故曰抱真者百試而不拆
任重者致遠而愈力言貴豫也任公以名進士擢守許

州聲許州既而取受京察遂聲京察出試大理郡復聲大理仍補黄輒聲于黄則令不聲于江右之副乎于官南都廉公爲政最久而知之最深大率潛默以惇德温恭以和行介潔以養威簡静以鎮擾寬惠以蘇困嚴明以鋤奸不尚察察赫赫之譽而治行於諸郡稱最焉斯其爲超材利器也大矣而又何施之弗宜夫副使固按察之貳而訊鞫糾擿詰禁防禦咸司焉者也則於布德宣惠之意若已後矣抑豈知仁義之道勢若離而實則相成有藥石而無粱肉人其有不坐斃乎寓撫綏於擊斷濟震曜以涵育固從政之達軌而與理之本務也孰

謂執法之司絶與治郡大致相逺哉率是道也進而之名卿又進而之名相茂不濟矣於江右乎何有公將行縣令梁君走幣來請言於予予視公爲祖父母且重公之賢而慶江右之民之得良有司也遂爲之序以歸之

賀羅田尹梁厚村先生旌奬序

縣令之職比古大國諸侯兼邦賦邦禮邦禁邦政邦土之責而邦賦一司於民利害關屬最切凡五司皆賴焉蓋簿職之專而令統之兼者也然而天下丁力之奸欺田賦之詭獘如蝟毛之不可數黷黠胥利而百姓蒙其辜深負我

國家均國足民之意者厥有繇矣令賢矣而簿非良無以和其衷簿良矣而令掣之肘弗能紓其素令若簿濟美矣乃上之人莫之知知而不以勞且加挫衂焉則爲善者怠而觀者靡所沮勸以圖功如是而求釐宿弊而導其利源以體國而弘化者猶之制水之患而决其坊也夫守道莫如守官任已莫如任人故同寅協恭惴惴如弗及者良吏之所以成名布公録善皇皇惟恐失者觀風之所以章教立政之體異而殉國之忠同也羅尹厚村梁公下車未幾冊事方嚴問叅僚丘子爲之條對甚悉每嘖嘖稱善曰簿哉簿哉凡百經理悉以委焉公

唯餙規畫嚴防範戒期限程功能中源委之倫執簡煩之幾心運而手應勞半而功倍事之竣爲黄郡諸邑先乃以其狀上之府府又以狀上之藩臬臺察巡撫

巡撫陸公會諸道嘉其能無幾而旌獎之令下焉聞古之聖人見人有一善不終朝而賞及之今公及丘子之同獎也吾知上之人亦猶行古之道也梁公得丘子以爲僚而丘子之志不沮是上能成下之美也巡撫得梁公以爲屬而梁公之善克彰是下能荷上之知也上成下之美則協恭而事易成下荷上之知則有親而志易行以若所爲而生不蕃賦不均德意不宣恩澤不流者

未之有也君子欲觀公之政者觀於斯亦可得其端矣公諱翹字元表廣之南海人先典學甌寧為教得衆士心去之日士思而碑之學之有碑自公始迨涖政于羅介潔而敏樂易以靜視羅之民眞猶家之稺赤也居無何而頌聲作獎譽綏豈易及哉然吾嘗聞公恒於壁間書有銘戒朝夕觀省矢心以圖不負其自力如此監司之獎而舉之者將未艾也元偉雖不文敢執筆以俟

賀少尹東厓丘君榮獎序

余嘗嘆近世資格之限人而求才之路不廣也雖
聖天子明詔屢申用人不問其類唯其賢而積獎已久

難以猝挽秉銓執衡於一堂之上日呼簿吏閱資次序遷例進未有能稱上意者是以格下秩卑之官其賢者則安於摧抑而不變而無有乎歡欣踴躍之心其不肖者則逆知其進之不能增尺寸而退之可以歲月計也則甘於冒没以待黜而不顧風之所以日漓而不返者殆謂是歟然吾又嘆天下之士號讀書知理道而又年少登甲科食大縣朝夕可待遷者多有没於利以自斃而不以此途進日逢迎是知簿書是核一旦擢以民社之寄乃能顓顓以

國家之事爲急而不計其私此其人品君子乃不進之

儒者之列而顧以非途斥之豈春秋與人忠恕王者立
賢無方之誼哉余在天下閲人多矣見黄郡羅邑之鑴
曰東厓丘子者先以吏滿擢東廣蓬州叅軍介潔之操
勤慎之風九載如一日當道交獎盈冊旣擢爲今官侵
三載矣其風操凛凛益勵日以職事自勉凡户口之升
降賦役之重輕唯平克允出納奇羸之數勾稽會計之
法雖巧於筭者不能及一切隱漏詭射之奸毫髮無所
遁焉其見一定執之不移不以勢奪不以毁沮受怨忍
詬以成
國家之事雖犯疾幾殆而憂民之志耿耿不衰便民倉

壞輒指貲以葺之躬董其役旬日而奏功冊籍諸所貲恥以科諸民甚不能給欲啓齒試民以資什一遽面發赤色噤而止此其天性眞前輩所謂惻隱之心者其避利若怯嗜義若甘豈儒生闒闒啾啾章句者所能及設進而見用縱未敢與蕭曹埒勳角能使出於幕下豈盡無所補哉然則巡撫陸公之奬之也不可不謂知人矣乃若人而僅爲簿謂非資格妨賢之路不可也吾又聞君昔在蓬州招撫群盜權府捕獲賊黨若干人獻馘于公莫不稱異則又非獨治事之才已也夫吏而能儒則有文吏而能兵則有武文武若而人而僅爲簿君不負

簿而簿負君哉故余於陸公之奬丘子方喜賀而遽以慨也

賀黃我山公母太夫人壽八十有七序

嘉靖癸卯臈月朔後五日爲黃郡侯我山公母大夫人初度之辰公以親老迎不能致肆遥祝稱觴焉維時僚屬暨郡之縉紳人士感公望雲之思慶公一樂之半僉有頌言爲賀其屬下吏也且其居得隣公之鄉厥祖忠惠公襄與公同郡公於其筆硯友莊方塘君釆王遵巖道思蔡可泉道卿爲同年論議之隙每譽及公故雖未獲識公而先知公爲特深一日問公母大夫人壽於其

鄉之人鄉之人頓喜而作頌之曰之人之壽吾不知其他其静德之致乎夫膏煎則涸燭風則淚故凝定而形不勞者心逸而神祕神都則其天全而守固夫人當公未生時一日與公先君言吾夜得異夢焉弗敢泄曰出於君之口入於子之耳庸何傷曰謂

成化晏駕　新君登極改元曰弘治時

憲廟未升遐也私識之已而果然里閈莫不驚異夫以婦人而能先知國家之事非其心之虛靜之極明安從生吾固知夫人之壽不偶矣繼又有作而頌之曰君知其一未知其二夫多藏者必厚亡能嗇謂之重積德運

積德可以長久蛾徎以貪自斃虎豹之文來田不嗇之
以也吾稔知夫人在家抱樸守素攻苦茹淡知足而戒
盈少私而寡嗜尺帛斗粟非其可施不以妄費我山公
服其教清節益礪自始仕至今官家猶索爾也顧欣然
自以爲有餘非知嗇者耶夫人之能壽也宜哉既又有
作而頌之曰赤子終日號而嗌不嗄上古之民蚩蚩猶
是矣故得上壽醉人墜車而神不傷中古之民皞皞猶
是矣故得中壽何者和與安難老之本也夫人當公未
第時以善養于于煦煦雖百窘不憂既第後祿養兼之
陶陶怡怡益充以潤癸巳歲有安人之封丙申復加宜

人之封恩光寵被子孫行行爾游爾休無灾無害吾是以知夫人之能壽不出是矣元偉進而徧拜之曰旨哉三子之言夫靜者定諸心者也儉者節諸性者也樂者通乎道者也非靜無以成儉非儉無以養靜非靜與儉無以成樂三者合其妙而共貞懿德者也徽子之言吾幾不知夫人之所以壽遂次第其語成文爲序以賀我公

賀桂林洪先生旌奬序

余竊謂天下盛衰係官吏賢否官吏之賢不肖豈其登仕而後習皆自幼學而施師儒者典學之職也所以成賢臣否致盛扶衰者也不已重乎顧於今乃有大謬不

然者其下則日唯廪禄是稽餽遺腆畜是課而無仰高
希遠之心其次於天下士有意焉欲以成其材而爲資
格之限秩給之卑舉業之習用沮其志倘志不以卑移
心不以利塞孜孜唯古之道爲倡則又苦於權太輕勢
難行而不尊不信故教易隳而才日壞官吏之所以多
無良風之不返而之古者無惑也是意也予每以語之
同寅桂林洪君云君徵之歙人也司教于羅侵五載然
吾觀其事親無違待族屬姻婭有恩處僚友以和其行
篤矣少治春秋黌校有聲予徃就之質問疑義條理剥
解如指諸掌其學明矣與諸生講論娩直有章色親易

入其教數矣商談古今揚搉政理鋸屑霏霏千辯萬索弛張不窮其才達矣然僅爲資秩之拘未得施遐舉大以舒所蓄積或時教尼弗如志歸食輒嘆吒投筯曰吾甚負吾職非吾前所云權太輕而勢不行之病歟乃今得柱史柱公之知而獎之也僉以爲君賀予謂一獎何足以盡君也言未既有進揖於予曰古有居鄉乃訟者望廬而還居晉之鄙薰德而化者人無慮數千彼皆有待而後立歟松莊子聞斯言慙恧讋慴咄咄如不能語良乂顧謂洪子暨靜庵黄子願相勗以毋忘古之義于時秋深氣冽酒闌歌罷闔學人士來賀者咸岑立髮聳

私相耳語欲一心并力以無負吾師之教於是環觀稱嘆友朋咸喜曰茲古之道也無權而尊不勢而信者也是可以賀矣

羅田二尹任君旌獎序

任子之丞于羅也自使會同遷也衆竊虞其弗效未朞年政成績登獲獎於柱史近庵桂公僉莫喻也予訊焉謂子之虞任子也非以其旣宦遊於京師識弘志恢則不可復欝於一邑乎曰否夫據附之爲仰而嚇鵠者視小而謀大也以牛刀割鷄雖非宜無慮鈌拆矣曰若然則子之宜之也而幾虞焉何曰吾以其昔治夷之人而

令治華其事殊也吾以其心志耳目旣已移用於夷而復反而之華其術踈也松莊子囅然而笑曰有是哉子之虞其難者乃子之深慶以爲易也夫任子華人也而使之治夷其語言情嚮服食與居不我族類非達變而誠求曲防而善御則不能制其悍而柔其心故其勢為逆乃今反而之華是旅人之久羈積困於外而一旦歸勞于家也其勢順逆順之勢昭難易之情見矣夫夷辟之狠若虎然華之民其剛而難馭者馬也其順而易制者牛也有人焉能狎狠而馴虎矣復爲牛馬所蹄躅則子信之乎任子之使會同也防禦綜密撫綏和輯夷至

如歸告去咸喜能柔遠矣其丞于羅也不哦松而趣不偪嫌而謹署事半朞綸理區分而市落按堵移岡數月栽冗植枯而迴竄咸復能能邇矣然予則曰明於柔遠之道者其於能邇其如示諸掌乎於是衆咸怳然自失曰微子言吾幾失任君吾幾不知丞之不負乃自使會同之力也乃今聞教矣

送巡撫歐陽公移鎮南畿序 代王督學作

兵也刑也食也國家之重務而宰相則統之兼而巡撫則責之專者也蓋聖王能使天下無刑而不可一日去兵能使兵有時而不用而不能使兵一日而無食能使

國足于兵兵足于食而不得不任之以人專之以官盖職專則政一而易理人良則勞半而倍功政理勞功則刑措兵修而食給也此所謂聖王之治也夫巡撫者古三監之任三事之寄而振風紀之重官也非有兼才鮮克以濟約齋歐陽公外和而內剛有威而能懷其藩于浙也公無闕科私無讟言乃

天子才之撫治鄖陽未及瓜又才之撫治南畿鄖陽居四方要害之衝賊寇之出没易以生變非無食也而兵刑爲急南畿當國家咽喉之地糧儲之逋負難以徵運非無兵也而食爲重

天子之遷公也夫非輕兵而重食之謂夫固謂在南畿則天下均其賜偏一邦則施而不能遐也夫天下未有食裕而兵不修刑不措者矧根本重地如京師也哉顧今東南民力益竭而患苦重賦莫蘇松爲甚財兢窮而歛不休課日輸而帑屢告匱其憂思勞憊之積蓋奚啻十倍于鄖陽而謂公樂乎哉君子曰出入無常者王臣之體也夷險一節者忠臣之義也古之撫者召之陝以東異之關以西則公之鄖陽可紹也今之撫者周文襄公鎮南畿二十有三載民追祀至于今不衰則公之今官可紹也詩云唯其有之是以似之公之謂乎于時公

將行其輩愧羇官守無能沾餞觴之餘瀝也於是遥致之書幣而重之以辭

送大郡伯尚里張公歸省叙

元偉少時讀漢書至章帝下詔旌異劉方謂安靜之吏悃愊無華日計不足月計有餘始未深信迨長嘗歷世故每見能吏有風力赫赫著稱剡薦交章崇陛不次知不知咸頌其賢至詢所治地耄弱率怒且怨匪唯弗沐休庇且陰受其毒乃嘆章帝之識為不易及嘉靖丙午春叨牧江州德安承庇末屬幾二稔熟諳我公之治郡於劉方最為近之傳云其政悶悶其民醇醇公悶悶者

乎醇醇者乎大都干名之士匪爲國家之計而速化是圖是故務愚其民以媚於上反是者其取名也廉而民之實受其庇也深故公有所棄而弗爲也夫江州者史所謂吳楚之地水陸通衢之衝也其屬邑小民貧政繁役重雜貲孔多而俗尚嚚隘復喜健訟爲守者日剸理剥觧之不暇而又僕僕跨車馬送迎無虛期故古號稱難治乃公自御史臺擢爲今官日敦仁累厚求民所疲困撫摩而噢咻之嚴而弗苛寬而弗縱直而弗激明而弗察潔而弗矯惠而弗私敏而弗銳斷而弗愎利不十不興害不甚不革乃又薫育俊髦陶鎔教化綏輯軍士

誘掖百司漸底厥績是故訟之登于庭咸稱平而退無後言有所強禦不震不畏自思以悛無撓法甲辰大歉多賴所全活無莩野越歲稍豐囂囂然寧厥生奠厥居無隳業黌校介冑之士霑沐訓惠貧謳吟戴慕無慝心僚屬相觀則儆欽承無佻政當路之觀風廉職無問知深淺率優異稱躂無殿詞縉紳暴使之過於是邦其至如歸其饋得衷無民傷無旅困不謂古之安靜之吏也與哉方今

聖明在上公論宣昭旌別不爽乃召之京將擢用之而公以親老復動歸省之思闔郡百執群庶咸歔欷憤恍

涕泗交頤挽車遮道雖公亦愴然悲泫然淚也夫公之行出也憂國入也娛親唯意所如無不可者顧公爲父毋忍抱乳以去不以哺五邑之士民元偉輩其能以爲情哉公行矣民將申之祠祀播之聲詩以引碩德於無窮偉雖不敏敢附下風

賀郡憲伯雲亭李公陟貳吉安序

李雲亭公之陟吉安也元偉問諸其邦之人曰人情謂何曰君子喜之小人則否曰何故曰其君子憤公之久抑而傷其道之不顯庸於時也今也幸少以伸卿相勳業之階將於是乎在則喜其小人方痛尚里翁之去而

幸賴有公者在也乃又爲吉之人奪之越浹旬之間而兩失其所怙身之不能恤喜於何有然則奚宜曰否之者私也其喜之者亦非夫公於吉安之陟已後矣且視內臺之遷猶左也此奚足以賀公元偉曰嘻如子之言則皆私也夫公固有道人也有道者之於窮通也若寄於貴賤也若遺於榮辱利害之不足介其胸臆也若大海之遇風飛鳥之穿雲來而不爲動去而不復顧也而況於區區爵秩崇卑陟降小得失之間哉吾觀公之筮仕東齊也日訊鞫是任不揉其遷其晋擢內臺也唯糾劾是司不矜其膴既而以詿誤謫廣照磨則藩領是稱

不厭其卑未幾移陟江州郡憲不踰年而復貳吉安閫
又以實惠未敷於民遽去爲羞諸所供費咸以自輸不
施其驟蓋其心方齊寵辱忘得喪與太虛者遊而爾輩
方嘵嘵然喜之否之又非其喜又非其否是殆未見善
者機也或以三家之言告李公公曰君子之喜吾不知
其所喜小人之否吾不知其所否或非其喜或非其否
吾不知其所以是所以非或非其非吾不知其所以非
非吾任吾眞率吾性而已謂我齊寵辱忘得喪而吾安
能齊之而吾安能忘之元偉聞斯言而益信公之爲有
道也於是乎君子不悲公之屈而幸其遷小人不私已

之情而嗟其去自是邦之人無弗賀者

序望雲遥祝卷後

黄赤岡子望雲遥祝之卷索予言者數矣而卒未有以應也意若有所斬然而索之再三予謂子之望雲以祝親壽也今毋氏不禄矣卷之名盍易諸黄子潸然出涕曰吾何易哉吾何易哉事死如事生焉斯已矣夫親有存殁也而雲有存殁哉自吾遠離父毋之邦而之京師之遂安今而復之潯陽也已三易地矣而吾思親之心一也顧可以寄吾思者唯雲耳雲之遊於太虛東西南北無適不值親在而見親之舍此雲也親殁而見親之

藏亦此雲也無往而非雲之見則無往而不可以寄親之思以其取之也無盡而寓吾之思也不窮非若彼岵彼屺之有時而陟羊棗之有時而食石之有時而踐父書杯棬之有時而讀而執其思猶可以暫已也故吾於文惠公之言深有味焉以爲離而可以寄思者莫雲若也文惠偶發之於親存之日而吾兼體之於親歿之後故望雲遥祝之卷常執之而不忍易也予曰嘻有是哉善學文惠者莫如赤岡子矣夫離鄉國則思其親此人子之必情也狄公獨能發之於望雲之間以作人子思親之式赤岡子又能善發狄公之心以並施於其親存

歿之際而不泥其迹由是後之有離憂者無間於親之存歿而皆可望雲以致其思以永其思則赤岡子倡之也雖然後世之思親者不獨一狄公也而望雲之言獨傳豈非以公之道德忠孝膾炙古今得其一言者如奇珍異寶爭愛之以爲重故雖偶出於一時而卒不朽於後世黄子毋亦思其遠且大者以顯親而貽令名於無窮勿徒以一言之善爲法則庶可以上契文惠之心於千載之上於以爲孝也不旣多乎故予又推赤岡之所以祝親者以爲赤岡祝

易經聚正序

易之始也其於古初乎圖書呈瑞神物效靈天開伏羲以無文之畫而淳龐之風至于今獨盛乃至中古之興其辭文矣復嘆其爲衰世之意蓋傷忘言之治不可復也韋編三絶十翼繼作其得於易者深乎然而聖人之情亦可見矣大道渙而六藝章漢以後流分派别各專門名家其所著書無慮萬餘言然得不償失卒流弊爲讖緯之學王弼始刊落象數釋以清談其旨寖乖宋諸儒輩出相繼而闡明之抽關啓鑰始自濂溪程傳主理經世主數晦翁會二家之旨作為本義啓蒙二書四聖之精蘊為之盡發而易遂大興於當時胡元不綱外陽

内陰易之厄也滋甚天啓
皇明易宗朱義士識吉歸既而虛齋蔡先生出焉作蒙引以發晦翁之藴易道復興人士彬彬知向顧條項浩博觀者憚於細閱則多有會虛齋之意而約為講說者噫說益詳而道益晦矣雖謂易之衰可也聖人立象以盡意知者觀彖辭則思過半豈意諸說之蔓衍以亂學者之視聽如是哉然前輩謂讀書當先曉其文義未有文義不得而見意者易傳序亦謂得於辭不達其意者有矣未有不得於辭而能通其意者則講說亦讀易者之筌蹄不可廢也顧書坊雜刻繁多衆言淆亂初學莫

知適從余竊病焉乃以本義為主蒙引為宗復會衆說而折其衷前布講章後列緒論間竊附以已見盖幸生於諸賢苦心之後而萃厥成故此書之說頗為簡便噫說亦未易哉夫羨麗藻者乏冲雅之風務省約者少明暢之旨尚傅採者昧歸一之見崇新異者乖中正之則歆義理者遺象數之原泥卜筮者寡精微之趣兼之而無失者豈非難哉斯說也不知其庶幾可免於戾乎否也雖然其文義則明矣學者苟由是書得於辭而能通其意焉勿徒以舉業視之則身心之所宅也上下之所居也約樂之所處也順逆之所感也死生之所遭也皆

無往而不宜進而上之志氣如神有開必先擬議酬酢之間而神明之用又在我矣豈以易為天地鬼神之奥不切於民生之日用而駭之為高深玄遠而不敢學哉自惟歷宦二十載周游天下於易書未嘗去手雖不敢謂知易而中間備嘗險阻幸免憂患得力於易者實多故嘗私裒是集以自觀省不期為書肆翻刻譌亂失真乃重加改竄取便覽閱壬戌之夏因家難行槖携之建安吾友李君培冲翁之賢胤也方偕其師張君裒講易於家一見而喜欲即為捐資壽梓相與考訂以廣其傳予以易道無窮自得未深固辭弗獲然幸已脫樊籠復

迺自然倘二豎未娶得棲名山古刹之巔沉潛數載使胸中軒豁親見伏羲之來則必有深於是者可與四方同志之士商之

考德録序

考德録者何松莊子自其身之所履從壯至老逐年登識以為考德之資也松莊子少不自揣量輒有志於古人非聖賢之書不觀非孝弟之志不存非天地古今之運化英雄豪傑之作用無以入吾思也而氣拘物蔽鞭策不前加之以悠悠作祟故心恒出入日知月亡隱憂而負媿者累月於是有考德録之作考德有二一則於

子氣質之偏物欲之蔽時常省克而志有強弱功有作輟每時識之自稽其理欲分數之多少以為德學進退之徵一則隨其學之有得心之有開即便劄記或論政或論學或感慨時事或議評古今以驗其器識之高下淺深以為進德之助蓋所謂考德者如此而已或曰君子先行而後言故言必顧其行如子之言其淺近者固切於學者之日用矣其成德者則聖賢之能事也而子亦言之不幾於大言之不怍乎曰言學便以道為志言人便以聖為志若曰我何人斯豈敢學顏孟哉則不可以語上矣予少有志於是而未能則不得不托諸空言

以寄顧學之意恒寘之座右以時觀省求無陷於小人之歸固非敢自謂已之已能以自欺而欺世也前輩如宋呂東萊真西山有讀書記我朝吳康齋有日記薛敬軒胡敬齋有讀書録居業録余心慕而竊效焉每愛晦翁先生之言以為世間事須臾變滅皆不足寘胸中惟有窮理修身為究竟法耳嘗佩服斯言以此兩端定立程課雖苦於氣質局定終未能救其偏而爭其欲而賴天之靈幸有所知好學性生至老彌篤紛華盛麗不以入於其中故歷官雖久日不離功利窠窟而此心淡然不存中間屢遭家難倫嘗變故

不唯輔翼之不可幾而且摧折之日益甚每自嘆其所遭之窮而此志終顛撲不破堅強不衰則斯録之助為多晚年丁艱之後絶意仕進閒靜之中道腴咀嚼益旨於味行之以不息之功加之以未死之年務開卷之相似期至道之有聞不有得於今必有得於古不有合於人必有合於天則所謂人不知而不愠之地或可以庶幾其萬一焉嗚呼吾恃此以畢餘生焉已矣猶未知其啓乎足之時何如也姑識之以竢

温陵蔡氏續脩族譜序

事有行於一家而其機可以運乎天下者睦族是也天

下至大矣豈一家之機所能運而不知天下者一家之積也正家之道莫大於睦族巍巍乎其有成功平章百姓協和萬邦矣亦自克明峻德以親九族始而親族之道莫大於明譜牒明譜牒必先於別世系使其枝知所本而不亂泒沂其源而不差地相南北世相先後渙乎其不一也披圖而觀焉恍乎若聚於一堂之上相與告語酬酢藹然若一時家人父子兄弟之親則修譜之効也有賢子孫焉觀是譜而動其一本之思以倡其族之人相勉以禮義相維以家法相聯以恩愛相導以詩書文物由是相賙以貧窮相恤以患難相助以力役相賻

以死喪相禁以慆淫匪彝以一族之人心而推廣之天下之族之人心皆如是焉天下其有不平者乎故修譜以睦族行之家而可以運於天下者此也吾宗始於用元而大顯於端明學士忠惠公自是代有聞人簪纓不絶

本朝苗裔衰微特甚先君愛泉公自少業儒数奇不遂追思祖武而悒嘆前譜之不修恐遂湮沒乃奮然纂續大率依舊體參用廬陵歐陽氏年表法眉山蘇氏大小宗法以朱筆牽畫世系作為冊葉躬自楷書既成矣予慮其篇帙重大易於遺失而難於分授且覿前人編著

名例往往鋪張閥閱侈耀尊顯而於勸賢崇德敦睦息爭之意反略焉乃繼先君之志不辭僭妄之罪重加攷竄尊德隆功以垂勸勉其於名位則但據實以書初不假是為觀美也譜凡二十二世斷自唐司空始祖用元而下分為四公其名姓遷葬嗣續職銜及其行實皆載焉而蔡莊之蔡氏則十二公之流派也譜既成乃捐貲而梓之以分散諸族以便覽觀嗚呼此特其故事陳迹耳譜可終恃乎所望以綱維是譜者必立宗法宋莫氏謂立祠堂置祭田立義塾置義田為所以立宗之實勿軒熊氏則謂宗法自繼別以下皆以長而長又未必皆

賢且不常盛也故必立為家相以輔之然立宗法必須立宗子田使大宗之後有所依籍而不至於頹靡欲立家相亦必須立家相田使輔翼之舉有所專一而不間乎親疎而宗子家相必行修言道足為儀表有肫肫惻怛之心而深篤乎木本水源之義歲時為酒食以合其歡月朔會族讀譜而書其行如前所云相勉以禮義數者共舉而行之以維持是譜於不墜則所謂行於家而其機可運於天下者亦自此推之而已不然雖其一家父子兄弟之親尚不免有秦越之視至於族人若風馬牛之不相及抜一毛利之而不為甚者相矜相軋相戕

相劘皆攘臂以爭先其富顯者則飾裘馬華室閭侈僕御以自娛棄族貧如溝中瘠雖有譜安用哉故脩譜以睦族其效固大宗子家相之不立所以倡導之者無人徒恃其譜而家藏之猶無譜也嗚呼世變愈降人心交騖於利益深吾遊天下閱人多矣世家名族莫不有譜錦軸牙籤寶若拱璧而敦睦之風蕩然無聞况能如古人合族數百口同居共爨庭無間言者乎衣冠詩禮之族降爲甿隸而書香已斷不但寫弄麞改金根而已况能迪厥德允厥宗以紹前人之緒而濟美於不匱者乎吾爲此懼每欲行古之道以變今之俗慙於德薄而不

能化欲立宗法置宗子家相田以睦族之人而窘於無力弗克自遂自思宦於外者若干年不得朝夕與族明恩義篤本源唯歲捐俸金少許以周其乏及奔先君子之喪以歸適值家鄉倭寇之變喪葬襄事畢避難卜居建溪又不克會族朔望讀譜少酬宿願徒修此譜以貽後嗣亦足羞矣後之賢而有力者能繼是而行之則不必高官大爵然後可以伸其志一介之士布衣之流砥德勵行飭其宗人雖謂自我作古可也先民有言子孫才族將大允若茲於以昌蔡氏之門而推之天下也其利不亦溥哉

四書折衷序

道果倚於言乎道不以有言明不以無言晦而衆人昧於著察使斯道不明不行聖賢有憂焉不得已以言覺天下故有六經四子之書而四子者又六經之階梯也自七十子喪而大義乖子夏之後流為莊周荀卿以思軻亂天下之說為倡李斯師之悉焚其籍至魯共王壞孔子宅於壁中得所藏古文及傳論語孝經皆科斗文字學庸二書雜之禮記無能甄別僅有董仲舒知尊孔氏有儒者氣象唐韓愈叙堯舜以來相傳統緒至軻焉止庶幾灼見道原然猶列軻於臧孫辰荀卿之閒而孔

墨必相為用與性有三品之說猶與道相出入其餘無稱矣宋二程夫子出乃於百家淆亂之中剔出四子之書而表章之斯道始晦而復明絕而復續厥功懋哉然於訓釋猶未敢輕易伊川作中庸解尚不自滿意而焚之宜溫公為明道所咲也其後程門諸說互有同異而多淫老佛天生晦翁為萬世開太平分更分漏蠒絲牛毛參互考訂必求至當於是四子之道益昌明光大於世而異端邪說不能惑論者謂其功不在孟子之下嗣是門徒更加推演多有發明然中間繁複破碎不免疊牀架屋之譏使經文之本旨反障隔掩蔽則不善學者

之過也我
朝設科取士一宗朱說而大全之集權非一手去取未
精故純雜相半自是習舉業者學無心得故不知新窮
年卒歲蛆蠹於文字之間穿紐磨括以為媒青紫之具
而於收心理性經綸參賛之宏綱反略焉則悔翁之意
荒矣豈非斯文之一厄哉間有厭科舉之業而興求道
之志者則又資禀各殊意見難一勝心習氣先錮於其
中而門戸標榜虛張於其外徃徃拗聖言以就己意甚
至操戈入室援佛觧儒而斯道益晦其害尤甚於舉業
之說予竊病焉乃於宦途政務之暇取四子之書伏而

讀之尋繹年久頗有論著因録之以就正於四方旣而丁艱之後祥禫旣終歸隱一室取舊説再閲乃覺其舛謬叢積如丘追削無及始信道理深微非麄心浮氣之可襲取也於是重加攺竄採集衆説而折其衷求便觀覽不能一一識别而鄙見之參會者為多無非申明晦翁之旨以求得聖賢之所用心使人不惑於似是亂眞之説以正人心端士習不失

國家崇正之意而已不然豈不知儒先剖析已明而妄增浮詞以亂觀聽耶書成欲再質諸君子而繕寫唯艱賴當道一二公樂觀厥成捐俸以鋟諸梓亦不可不謂

之遺也已或謂子之言以明道也而世方舉業之尚瑟雖工其如王之不好何曰舉業與道學豈有二哉玩繹聖賢之書而有得焉發而為文必理到詞昌有資世用非徒榮身肥家之畜而已昔蔡兹即晦翁三篇策而知其為非常人吕東萊於千萬人文字中得一卷超絕而知其為江西陸子靜也舉業豈出於道學之外哉是書雖非由舉業而設而無一字一句不切於舉業唯善觀者自得之耳若束書與註不觀而唯熟時義倫篇數以求捷徑雖亦足以僥倖於一時如無源之水涸可立待一得人爵遂并其糟粕而盡棄之矣欲望其有所建明

其可得哉是故學舉業之業不可不心四子之心而讀書又其第二義也否則辯析愈明議論愈精而德業事功之實愈無以逮乎古人則雖空言之不詭於道將安攸用此固區區所以自訟之意而望天下同志者之共勗之也故不量而妄為之序

贈司理吳季源先生被　召赴闕序

今之為士者操觚牘工詞章殫精竭思求以自奮而一旦獲薦于有司授之以民社之寄則每遲鈍偃蹇自嘆其才之難噫非才之難也其人之難也平居庸庸碌碌不能逾人特以其無用之文幸快於一夫之目其出

而無所建明也固宜一有魁梧奇偉之士出於其間則其規爲弛張絶倫特出自與尋常規規守尺寸者迥别葢其思深而不露其謀訏而不疎本之以鎮定而發之以從容原之以仁恕而作之以明威研之以周詳而行之以敏決可以戢寧區宇安定家邦而非若世之見事風生搏擊礫裂有赫赫可喜之譽而無關於安危理亂之數而亦謂之才者也我　國家養士數百年其才亦不數如劉忠宣楊邃庵胡端敏王陽明諸公皆其傑然者才豈易得哉季源吴公孕毓天目鍾淸淑靈異之氣聞自纫已超脱不群家學傳授簪纓世澤以盛年掇巍

科釋褐後即出司理建州予寄居其郡受公之知觀其器度疏朗坦夷令人樂親及聽其緒論言寡而中恂恂若不出諸口而徐探其作用則有淵乎不可窺著方下車之初適遭山海巨寇充斥羽檄交馳軍需旁午公佐郡長經略素定動中機宜井井不亂識者已壯公之為人及治獄剪豪猾刑怙終不少貸然於詿誤多所全活獄無滯囚人皆稱平其清廷津三山汀南諸郡發奸剔蠹案無留牘而大致率歸於寬厚不刻深以取名其視邑篆攝郡符衆務畢舉百廢具興坐理於旬月之間而澤自流於郊墟數百里之外見諸鄉先生之贊述班班可

紀而又以其餘力與賓客徜徉於山水杯酒之歡暇則進上之聰敏有志者於庭與之講學論文如未官時蓋才浮乎其職而職不足以伸其才故其所可見者竟止於是方今

聖天子孳孳圖治側席求賢舉天下魁梧奇偉之士將以備風憲之司兩臺之知公也深特疏其名於　朝入闈之被召者只二人而公與焉亦可謂得人矣公既荷當宁之知入而為臺諫為銓衡又進而公卿輔弼任益大責益深其才之運也益關於安危理亂之數願毋足其所已能而日勉其所未至養深積厚必有訏謨遠猷

佐
聖明廣運無疆之化與前數公相頡頏上下不特襄一
郡惠一方如今日所能而已也公行矣自是涉大江泛
西湖躡虎丘登金山沿黃河之深覽太山之高翱翔天
衢目舒心朗其亦留連我建溪武夷雲谷諸山川之勝
追思昔日壺觴嘯詠之遺蹤耶其亦獻靖憝之長策使
閩邦海宇永永寧謐衣冠老穉得享止戈業農之樂耶
某雖不敏當歌舞下風

松莊文集卷之五

祭文

祭戶部主政周蹟山先生文

嘉靖二十年戶部主政周蹟山先生以諫獲罪斃獄中越三日乃得舁其尸以殯都下士大夫知與不知皆爲掩涕賻其喪者無慮數百人其邑人蔡元偉以酒一杯香一炷生芻一束哭於先生之靈曰嗚呼先生少時無一廛之土一畝之宅待求而歡僦屋以居殺衣糲食以遺父母隱饑忍凍以讓諸昆轗軻備極堅厲彌篤鄉閭中已稱其爲偉器矣及舉鄉薦連登甲科擢官戶曹不

汲汲送窮以思方愈自祇懼日究心當世之務平居嘗
口拱手悉鋤去陵谷若無能人然凝重潛深簡易和粹
容止疾徐默有矩度凜不可犯及至遇深知促席陳利
害劒鋒差差聽者毛聳乃知其眞欲任國家之事者先
時鎭守之罷士民歡歌以計遽復中外惕息公即草疏
欲上言辭剴切會未幾復罷乃不果其後邑從
車駕典司倉儲先生在德州司倉政績卓異先是任者平沙林子廷琛雙山陳子元珂二君皆練達精敏循私相數服自以爲弗及舉止施設咸卓有可稱揚侍御之獄
舉朝哽咽無首論救獨先生以羸瘠抱病之身奮然倡
聲抗疏絕毫芒顧慮朋友不與見妻子不得聞其端叅

章已上衆心爲之震悸而公談笑如常及 命下拘囚
從容就刑無咄唶之狀識者莫不交驚互瞻擊節稱嘆
豈以先生眞能婞直亡身犯
聖主之所深怒之死靡悔徇身後之名之爲烈哉此由
天植忠赤積於衷而時發於外平生足取信而言論中
幾宜也楊之疏在仲春望以前公之疏在仲夏朔以後
天豈不欲即援之而後朝食乃姑徐徐云爾者方以待
掖臺之言而不侵其羡且以仰天威之霽而不亟其禍
低頭隱忍搔首延佇欲寬一人之死以勸千萬人之忠
者未始不一日數迴於中腸也及長望而救聲寂

頒宥而揚名非刻逢
廟災適承求言之　詔斯而緘默則爲貪位以負
君故先生之言匪舒匪棘舒吐積誠以幾萬一於有濟
其所以不可及者正以其忠而不驟也嗚呼今之士秉
觚牘焦思慮充棟列肆與身俱殁而公之不朽獨抗疏
之一章言若拘行若制積功累行幾成復僨而公之不
亡獨孤忠之一死少而懵壯而肆將老而瘠窮力盡氣
未能庶幾以斃而公之有俶令終乃在於三十有一之
齡歸乎蹟山其又何悲然以公之學使假之年則其文
之格君而垂世者又可以多啓我後生以公之忠使未

即死則其功之植國而鳩民者又可以永熙於鴻號以公之質懿而夙成使其壽如衛武公蘧伯玉則其德之日升川至吾不知其何所底也而遽止於茲胡能以無慟乎某與君方擬蘭契生也得執之手以訣歿也獨得撫其尸九原如可作也吾其與徜徉而委蛇嗚呼哀哉

尚饗

代作祭文一通

維昔君之未遇誠湮阨而漂揺寧冬衣之掩骼乃朝食之不饒幸逸翮之高舉聊取給乎簞瓢時弱冠以歸娶人不謂我士也驕貌粥粥而無畦志耿耿以昂霄迨北

征於都邑獲託足乎 京寮日温飽之靡圖思臣辟於
黄姚學專精而無斁政經綸而有條乃長卿之多病將
告退而和調怨楊御之抗疏逢
聖怒之方𦣞譬翔鳳之嬰于籠檻虞生身之或凋時延
佇于恩宥閔閔焉如良農之望苗閔時序之更易感論
救之寂寥承
朝變以求言肆予音之嘵嘵匪一夫之足惜傷吉人之
道消嗟聲急之逆耳遂絶絃以自焦豈予躬之靡顧其
智反下乎鶌鶋誠不忍肉食以負 國又何知乎身死
而名標卓哉兹舉可以羞怯夫之顏可以並二楊之鑣

路人爲之雨泣天意爲之風颷彼娼議而竊笑夫奚異乎蚊與鴉嗚呼先生往矣故鄉鬱鬱長路漫漫先生歸矣古丘纍纍白楊蕭蕭尋前靈之逸迹與之逶迤而逍遥或在江之湄或在山之嶢汗青遺馥壽固金石較之尸生世上厭厭如九泉下人者孰促而孰遼其等揖高誼而歛袵託遺音以來招靈如有知其尚無忘於聖朝嗚呼哀哉尚享

祭蕭岳翁文

嗚呼吾少嗜學名微有知唯年十四葛守是奇翁曰卓哉玉潤勿疑維時憂窘僦屋以居飽食有數僉謂徐徐

翁佯曰諾遄逡乃事偉聞而吁趙孟非耦實耻黄緣志
大如斗父命子前意厚難否來召于門一見遂歡呼彼
群兒朝夕其旋蘇枯沃乾旣豐迺繁纏綿甲申名竟在
泮頋飢躓跂弗怨且勸三舉乃獲資錢萬貫失手南下
不見室人父夫孰親孚號以憐面我實數足我斯頻呑
聲復戰唯翁取資再戰再北亦不棄予曰爲後圖必酬
恩私辛丑之春數奇復然余力不任禄以息肩俟官于
京忽耳訃言將怖將遻如夢如眞久之則信佇立傷神
爲位一慟宛宛其身殁不撫尸斂不磨棺致齋三日有
負九原唯公行誼必狀以傳嗚呼震風凌雨知屋之漏

痛定思痛乃念公功在古張負誰云弗同成我如生未償棄去竊禄以歸窮途涕泗呼號至門有隕如注昔唐韓公受嫂育鞠迨其死矣報服以朞余竊斯義大功是宜敬卜辰日具清酌之奠辭以爲侑以寫我悲靈其有知來其歆我誠意嗚呼哀哉尚享

祭胡公甫進士文 代史代巡作

唯公英敏蓋世詞藝絶倫肆覃思於理數日切劘以夜分擬璣衡之遺制恍古轍之猶存取皇極律吕二書協詩衍圖發新知於前聞幸巍科之蚤掇期丕闡夫經綸忝長途之方騁俄大命之云淪其情忝年誼聞訃如焚

越辱臨于玆土見二子之踵門乃慰乃問哀動暮雲爰陳薄奠用伸掛劍之義來招宿草之魂靈如有知其尚降鑒于斯文

祭黃生可大文

嗚呼可大而止斯耶年方踰乎弱冠而志已雄夫萬夫劬書味道期克成立負笈從師載罹寒暑累勞沉疾齎志以殞豈伊人之無祿實吾黨之興嗟

祭程生荆文

子之家儲無儋石子之質尩羸骨立子之學疲蚤莫而靡輟其隙窮益堅其志勞益深其瘠欲矻矻以成孝之

終曾念親故之當惜吾已悲黃生之不諫詎意子而相襲豈修短之有定匪困學之能卮我今來思非徒妥子之靈抑以寬若翁而婦之慼慼

祭妻林氏文

維我生之不辰罹酷禍之荐臻昔室于蕭歸我食貧賴氷清之繼餽殆溝壑之無塡幸一枝以寄止嗟乎遂喪其室人哀哉文以弔之愁綿綿而未伸嗣昏也林克紹前聞方聚首以三月被漳檄而袂分忽竣事以歸覲遂促裝而北奔顧竽瑟之不合策匹馬以言旋逢郇尹之眷眷繫我求作于斯文紛窮年而後返見有家之倚門

聚短別長憂心如焚稍伸齊眉之誼聊獻琴瑟之樽承
陳御之走幣復長路以馳驅秋徂夏而方畢偷靜好于
須臾友人邀我以書劄仍轉親乎僕奴四折肱而倦遊
甘槽櫪於駘駑爰携君袂涉歷嶮巇湖之廣矣不云數
奇僅如賓於踰載乃應聘而校于浙詩歸別父以趨省
返旆未幾而君疷早逆知其有是胡忍離汝一日而他
之嗚呼君之德兮和柔以衷君之量兮待前人之產也
無戎循循默默若不見磔裂兮家政井井其何訂曷而
無祿曷而勿思乃呱呱之遺𠃺兮復相尋以去也乃精
爽之不爲厲兮蒐不知其所之也嗚呼我入寢宮兮履

聲微出戸兮歔以欷蕙帳空兮山鬼哭旅櫬懸兮烏雛悲嗟爾生之不復行踽踽其焉歸有肉盈俎有酒盈卮靈知我哀兮來臭孔時

祭祝生遠宗文

吁嗟祝生自尋之官三載未盈始哭黄可大復哭程荆嗟良士之不淑方悼心之未平豈期今玆踵哭生靈乃祖母之無禄憶爾家之一至仍祖父之繼殁東生爲以後旣方倚予類于先不匱偈訃音之遽及忽潺湲以下淚昔試黄州予病在牀尋往視之憂心如狂會言差止汔可小康詎大難之靡贖竟爾躬之不祥吁嗟祝生行

悳以虔學敏以專如蟻循穴如蜋捕蟬得于一字實之如玭亦或匡汝永言以鐫豈伊文之足揚冀德音之能宣令者之亡寧不使我失聲而長號將去而回旋三師偕來薄奠爾酒子之未絕恨不執手死而不忍相負也其來降而來臭

戶部主事謝北山先生祭文 代黄州太守黄我山公作

維嘉靖二十三年歲在甲辰某月甲子南京戶部主政北山先生謝公卒其年友某某以香幣之儀遥奠而致辭曰嗚呼北山而今遽死乎眞乎非乎竟止此乎昔孔子嘗嘆未見君子不得善人吾於北山其不謂之君子

善人非耶今之士腊韋汩没諱道如禁有志罔樹者卒
墮焉莫之救以起間有憤世獨立之夫據今執古則又
底盖咸方鄙木忤時不適於用乃若正而不迂通而不
詭圓外方中無施不可者其先生乎先生素好禮篤學
高誼爲鄉邦子弟宗依迨登仕歷貴溪黄陂桐陵楊州
之間皆所至有聲班班可紀乃其挺特剛介之志慷慨
悲歌之氣磊落方正之論托孤死友之節又凜凜在吾
黨耳目間而今不可得矣莆之交哭其朋貴溪之士痛
其師黄陂桐陵二邑之民撫碑而墮淚南都之縉紳聞
訃而興嗟楊州商人之來往者莫不愴焉戚恍焉而如

失也刕予輩與君鄉情年雅契誼論心嗟鄙吝之莫祛
憫斯文之大厄哀悼中結何日而忘嗚呼先生之英爽
不散必有憑日月麗雲星盤繞六合之間洞遊八極之
表不知亦肯游衍來思尋甘棠之遺蹤揖湖湘之先哲
而并以默相吾黨之衷也耶某等苦覊官守奔赴無由
寄聲一慟遥淚難收尚享

祭江西督學胡青巖乃翁止齋先生文

唯公嚴毅正性恭恪賢聲晚登宦籍有美德聲藩王敬
重邦國儀刑篤生三雋蘭芝瑶瓊唯公仲子方承
欽命督西江之文衡髦士烝烝以思奮百司是度而是

程元偉北歸至邑方息擔之未寧聞仲子試事于南康遽摳趨而過庭即其貌如玉之温聽其言如衡之平知襟度之無際慶此日之識荆方諏筮以親炙豈期公之不少待而大傷孝子之情公令終而有後夫何憾於九京嗟我生之不辰幸得哲人兮遽奔訃以去悲斯道之無與明生芻一束遠哭公靈靈其鑒之尚饗

祭開化徐南澗學正先生文

余幼學之未有知誤虛名之外騁辱幣招于棠陵挾書劒以遠征唯翁之子曰文沔婚棠陵公之妹也喜師資之有托命北面而執經獨坐洞光之樓謝却往來之賓

偕令子以周旋日濯舊以來新年方總角儼若成人余陰異此子之能有立郎亦慕余之可事而可親余時讀書五鼓燈檠郎囑其童必先夙興或自我後嘆宅靡寧翁年晚僅一子弗節厥勞而俯順其情郎信我如耆龜翁愛我同肉骨出夫人以下拜意綢繆而真率肆家人之不誠亦欣欣如走卒復有姪兮公遴其名公獨異之邀同門庭文章疑義互相考訂每觀余之黠竄復呼姪與兒而申明媲余迂拙而不通於時念翁簡素而專習乎靜幸傾蓋之莫逆復知心而久敬時當漏鼓攜酒登樓談論今古寤寐孔周或短詠以適興或長歌以消憂

非法不語唯道是求余視翁爲君子之交而翁亦望余以古人之流迨己丑之歲莫棘懷親以言歸翁戀戀而維縶許來春以追隨携夫人而拜送涕霖霖其雨霏爰歧足以延佇幾壹者之能來思遠遊之不可再竟阻志而弗諧仰過庭之嚴訓徵進修之懋哉喜兩闈之繼拔慶榮養之未涯聞姪遴之騰翼服識鑒之善猜姪司諫於 朝端郎花封於甌宰闔邑頌其休聲百僚憚其風采豈天功之可貪翁固歸美而不觧憶昔爲令之日正翁就養之時辱千里之不棄躬詩翰以來詒盥捧誦而如見欬重晤之有期越遷秩於古杭迺道經於常山念

鄉關之咫尺欲疋馬以承顏計令子之　北覲虞酬應之孔艱乃寄聲於舊故復瞻企於江干嗟訃音之忽及淚兩行以潺潺曩者夫人之殁既不能走一使以奠今行邇其鄉又不克親見訣別余之負翁其何可言其何可言令子乞　疏終養已蒙

欽允而竟不及與翁一訣兒之長恨其何時忘其何時忘嗚呼翁之心惇實而坦平翁之行端謹而愿朴翁之言簡而有章翁與人交久而不厭其官于沔陽于綿也士有去思已傳于志其居鄉也無弗愛且敬焉必祀于鄉則余之所以哭翁者豈徒夙昔情好之私而已茲陳

薄奠聊瀉一哀俾令子長號於柩前靈如有知其尚鑒
余之衷也耶嗚呼哀哉

祭海神文代两司作

肆我明興四方攸同洸洸全浙旣寧乃豐承平于兹漸迷聲教惷彼倭戎敢肆鷙鷔侵掠海徼延及近郊患生不侔鳥焚其巢卓哉中丞震奮虓武藩臬和衷竭力扞禦爰督其屬有嘉有杭繕兹巨艦乃殷乃良卜日浮江振揚甲兵凡我專責來觀厥成惟兹海若夙享明禋値兹觀兵禡祭載申永祈助順海道肅清神機電發小醜悉平嗚呼休哉尚饗

祭曾南豐先生文

嗚呼先生之生含英毓秀鍾山川之靈先生之學會文切理探經傳之精自幼警敏不傳而明累千言而一覽輙記試陸論乃援筆而成其爲文詞嚴理正而實本原乎六經制内數篇雜之誥命而無媿信口所談無非三代之典刑與蘇王齊驅而並駕而醇正典雅獨爲諸老之所稱實命世之宏材無所待而後興信乎起末學之衰而擅百代之名者也某生也晚無能爲役兹以政務臨先生之故鄉具特羊以獻奠通仰止之微誠靈其鑒之尚饗

祭二尚書何公文

大江之西軍峯盱水含靈蓄秀篤生二公唯公文懿冰玉之姿松栢之質剖符牧守春陽其溫持斧憲臺霜威其慄晚登廟堂忠厚正直輔皇儲而以道自尊選庶官而需賢是急宜乎資

九重之眷襄副六卿之諧弼唯公文肅氣正而完德毅以方歷官所至政譽輝煌雄文追古藝苑傳芳弼教明刑執法以匡行孤謗起蜚聲益崇著述滿家贈謚愈光唯公父子柱石明朝燁燁名臣式我百僚其在髫年夙聞芳譽恨不同時爲公之御尚友有懷私心徒秉幸遇

公鄉慰兹引領再拜公堂如公在上對越洋洋益嚴趨向況復雲仍賢科繼武綿綿公休世難斯伍乃薦特牲告兹景仰俎豆非馨唯神鑒饗

祭陸象山先生文

嗚呼先生卓卓不群之資矯矯凌空之識浩浩然於萬物之表堂堂然於天地之間學以求放心爲主而工夫不離乎人情物理事變之常教以超悟爲宗而課程不出乎學問思辨行之外胸中有六經之富而不事著述讀書至夜分之勤而專務自得雖其與晦翁之有異同或致似禪之譏而志同師於孔孟行同比於金玉則渾

乎無彼此之議某少誦先生之文而仰其高風今幸得官於其鄉拜於其廟瞻祠宇而起敬潔牲醴以告虔靈如有知盍其相予濯予之塵襟而使得與先生神遊於八極之表也耶

祭吳康齋先生文

先生之心尚友古人先生之學克己求仁力除閑氣固守清貧逆境順處備歷苦辛點檢匪懈日新又新夢寐不忘咀嚼道真清趣悠然舞雩同春榮膺聘召求作臣鄰辭官不就獨善其身偉少誦日記左右昏晨茲官公卿得拜公神神其相我期步後塵

徐子澗濵哀辭

徐子文沔浙之開化人徐於開化為鉅族簪纓世繼父南澗翁者沔陽州學正族兄諱文溥為給事中方余在泮時應聘於予之家也翁延坐一樓樓名洞光時子年方十四以聰頴不群每與講解輒心解觀予所作文字悉心模倣務期其至余讀書常起五鼓囑僮必先之其相信之意甚篤而禮甚虔已心知其非凡人嘉靖辛卯余叨鄉薦子僅隔一科丁未乃登第天性至孝念親老不得歸養乞差他部因獲罪謫丞建陽旋轉令甌寧迎親以居竟遂初志除令德安家中人來往必經治地承

餽遇之禮最隆聞入
覲道過南都儀曹主政即乞疏終養而翁已仙矣余判
杭州始聞翁訃乃走使致奠章及子釋服復除北禮部
尋遷儀制郎中戊午冬余應　朝在京師尋造門來訪
者數戒之曰子要做好入慎勿出權貴門下面赤應聲
曰决不敢負師門未幾為當朝元老所知遂進銓部稽
勲聲名藉甚中外覓文者踵至而本部凡贈送之言僉
曰必歸澗濵子亦直任之不辭終日既應酬煩勞且竭
思疲神於文章積瘁内傷以致速斃毋亦近名之過歟
余轉貳撫郡侵五載而子之訃忽至不覺失聲長號左

右驚愕莫知所謂嗚呼泉漳粤越湖湘江右之都其從余遊者衆矣中間克自成立爲臺諫藩臬守令者亦有數人其死生之異感凉厚之異情固難強一求其交誼惇切終始不渝則唯吾子其次則公遴令姪二人雖然余之哭子豈特情好之私而已子筮仕之初牛刀小試嘉聞四揚而又奮然篤專於學問文章旁搜博覽闡幽極微窮年不休求追作者卒能成一家言而經濟實才又可充國家棟梁之用今死矣其芳聲流於當時雄文傳於後世雖不究大施亦可無憾也况有子二人克紹厥家余羈官守不能躬哭於其廬遥寄哀辭以瀉予悲

云　而生也晚兮賴親永年而沒不壽兮親名則宣善祿兼養兮子職罔愆摛詞華國兮僅存遺編死生常理兮所責者賢海内英游兮弔哭比肩有美如子兮吁誰弗憐

祭見源林岳翁文先號榕亭後改見源

嗚呼我翁遽棄我而去耶翁之風度瀟灑崢嶸山空月冷竹秀松青其群然和光不皦皦以傲世者野老爭席之形不與衆俱汨而御風舒嘯飄飄然翺翔於區外者夙抱之英昔作賓於翁家見其寂寂掩扉仙詩盈壁每遇淡煙疎雨開口而笑問之不應者憒然不知其何情

及翁攜觴出遊幸兩遇於車蓋之間又見其童顏皓齒氣爽神閑匪鉛匪汞有類乎嬰兒之聲迫奔喪襄事侍食翁側方訂我以武夷之約而不意其遂蟬蛻於九京嗚呼悲哉翁今反其眞獲歸于帝方將與青鸞白鶴雲飛而上下隨幽禽寒鳥哀猿泣兔盤旋馳逐而縱橫而俯方偃僂闤闠之塲桎梏形骸之圄望翁之遐舉而不及一訣者又不覺涕淚之如傾吁嗟我翁今其已矣後死者毋相忘其携我於紫虛之洞而進之於華胥之庭嗚呼翁乎翁乎聞乎不聞

祭朱晦翁先生文

先生之心海闊天高先生之行精金美玉先生之道泰山喬嶽先生之學蠒絲牛毛四子之書註釋表章復有發明二程周張江西頓悟永康事功若不加辨孰別異同天不生仲尼萬古如長夜天不生仲晦千載孰啓蒙彼紛紛而竊議其能掩人心之公某從少師資至老不弛感罔極之深恩乃卜居於大儒之里焚炷香而拜謁儼遺像之如生幸英靈其相我使斯道之能有明

祭楊天游文

維嘉靖四十四年歲次乙丑十月甲子朔越十四日丁丑年生蔡元儒謹具清酌時羞奠于故友年兄天游楊

先生之靈曰嗚呼天游而止此耶唯秋辛卯同登薦書鳴鶴交和久如厥初志同師爭孔孟門共入于程朱數聚首於都下獲質疑於斯須乃仕止之各異唯趨嚮之靡殊癸亥之夏卜築建溪慶芳鄰之密邇仗矩誨之提撕或我之所是而兄以為非或兄之早悟而我猶終迷雖議論意見之未能以相一而源流宗旨則翕然如符節之無睽唯兄豪邁凌空至老而崛強猶昔顧予氣衰力弱羽毛幾奮而拆翮賴策鞭之時勵庶柔懦之少革方冀扶植以終老詎意先我而返于真宅唯兄器度自少倜儻不倫長益閎廓河海吐吞所至振曜名動縉紳

挺然自任晦翁後塵文章滿家逼迫古人試屢擯而屢奮肆聞見之日新理無幽而不燭仁無遠而不親煥書院之重建參賢聖於昏晨以寡欲為本根以不媿天為歸的朝虀暮鹽持身約嗇遭百毀而不移唯委天以自敕悼斯道不得行於當時將修一經為爾類之錫困學有録道源有集懷群書之未就志不懈於瞬息而今已矣嗚呼悲夫人誰不死唯凡之神則昭昭而升于天其不朽而存者自可俎豆於先賢生近從心亦云永年有碩儒以為之後孰云盛而弗傳念我交情匪愛而徧傷道之微涕淚潺湲思典刑之曷從誦遺言而勉旃病得

伸執手之悲沒得展撫棺之慟嗟我與兄天作良緣兄
既棄我而先逝吾亦故鄉以言旋想英光之不泯願陰
相我以無愆炙鷄絮酒跪奠靈前哀不能自已而復申
以茲言尚饗

原書缺

原書缺

俗遺一女壻王國輔噫其行之淑而命之窮如此哉

誌銘

洪母方氏墓誌銘

方氏者予僚友洪某妻也嘉靖戊戌春洪君貢于京未抵家越冬而其妻卒己亥授司訓于羅侵三年蔡子方至言及之未始不凄然淚數行下也曰微吾妻吾不復有今日以君之哀踰而情愴知厥配之賢一日偶訊其子三人乃三子又未始不汪汪然淚數行下也未幾遂退書行狀號泣再拜稽顙來請銘蔡子蔡子以僚友之誼曷可辭按狀方氏歙之巖鎮人曾祖顯三祖賜父福

孫皆以隱德儒毋潘氏方之歸于洪也逮事姑孝敬隆篤姑嘗病痱痾艱動履每夙興侍簀側扶杖餧粥調藥摩搔如是者五載孜孜匪懈洪君素多病左右防護皆人所難復患痢自甲戌秋越春乃差晨夕惶怖製藥進粥無虛日人以為不讓奉乃姑之苦也亦孜孜匪懈至其身感微恙輒隱忍詰之謂恐貽丈夫憂家凢百務躬自綜理無靳力然必諮而後事事洪君節病其太瑣曰吾必躬親者慮分君子之志其無攸遂事道則然君或有觸犯未能平輒溫語寬譬稍解則自度其可否之議而請行之乃已所聞冗俗語禁不輕傳道姑廉得其情

陰用自慶寵愛異於諸婦家政悉委焉初于歸時叔母
殷寡傷無子有產遺惑族人誘嗾大與槃忤獨見方不
敢犯其處娣姒御疆亢以禮飲惠柔以和人人自以爲
當意訓約諸子尤嚴入學之洒掃出戒之成敗禁諸遊
玩毋令蕩厥心有細過必前呼申勑而後聞於父於戚
獲咸加善遇未聞有罵詈箠楚聲或逢人窘急色慘慘
然即捐割所有以分人於是洪君得優游書史寬內顧
少過舉遠災禍省恚養和厥相助之力實多君子曰賢
哉然吾又遡聞在童時姚娩專寂不輕與諸女群八歲
家延回祿盡取銅錫諸具投之河追定告母指其處曰

其器也在其器也遺卒如其言則秉德之懿盖天植之矣顧君沉疴方釋而幸得一官謂可相携偕老以相酬也而僅坐姑喪夫疾積憂累勞感血枯之證以斃弗獲執手與訣隆之德者嗇其祉乎方氏生弘治丙辰二月二十有八日卒之年是爲嘉靖戊戌十一月二十九日享年四十有二云云於乎賢有如而人者烏可不表而著之銘曰爾生靡樂爾終允臧矣爾齡弗永厥徹孔艮矣爾坎而封將穴是安矣

行狀

處士蕭府君行狀

公諱銘姓蕭氏別號雪松宋給事中存誠公之後也因恥仕元自浙嘉興徙閩莆之黃石曾祖三七郎徙居于泉泉之有蕭氏自某祖始公曾祖某曾祖妣某氏祖某祖妣某氏考某妣某氏生男五人公爲長生之五年有相者大奇之曰是儒風骨異常非爲青雲客必作陶朱翁自髫齔時不喜爲群以嬉常若有所思念計畫迨長善治生儉而無伎智而能應父知其非蠢蠢如恒人年若干爲郡椽與人經事必度理可乃許否縱啗厚貲不

爲動未幾二年悔僕僕即棄去復乃喜浮屠言事三觀
佛歲旦夕焚香誦經齋宿累月家無玩好置爲善陰隲
孝順事實三國志等書忠孝節義等圖暇時摘發得見
感應有恒之理忠良摧抑之志興衰治亂之故輒爲欣
慕咨嗟俟諸子中遇其至者即出示之以爲則爲戒又
共素有行誼僧來往凢僧等困官輸用粟質錢契券明
徵弗市多息諸僧聞僉樂與交正德某年大疫人死相
枕籍公施棺數十某年饑公運米至佛國作糜粥月餘
活百人有奇嘉靖丁酉復大饑公出薪粟以賑郡守嘉
其行命往洛橋親施事城橋廟宇洞室間有圮壞時捐

數十金不祈丙申中公應里役官司督請開墾田土及
查外郡逃名圖中里社科銀贈公公正色以卻饋者愧
去復帖諭村民即就里社領歸素剛直於賤貧不已若
及村落小毗有横狠背毁若罔聞或恃權俠欲壓服攘
取弗肯爲下必與競每每取噬靡悔曰我男兒安能受
豎子折辱乞重然諾期人至其所遺其物即如言其持
身綦約平生衣服有敝未至垢弗易百爾器具咸尚樸
延賓友戒預諸玩戲具恐蕩兒輩志常徃返山中日步
百里不爲疲或止之曰吾無食福既以病子若孫浸耄
老弗任迺顧小兜猶惴人指摘勅諸子雖盛暑出毋張

盖凡家中斛用細者權用輕者性至孝少壯時侍親側聞聲少厲即驚怖委曲和柔得觧乃已或遇乏窘懼貽憂皇皇營運有微獲走致無毫合以私没後哭泣幾絶復甦齋十旬足不履房闥葬日致客無慮數百人每值忌必躬治具俯頓垂涕不止觀者咸歔欷於諸仲友愛彌篤三弟某家在南衢凡谷米貨貝器物俱委貯無猜弟殁撫其孤孤又殁少子尚幼慮業荒落令五弟綱紀之京縛弗勝用生大舋不得已與之訟竟得直其事或者疑公友于之意從是少衰而撫愛五弟於情尤篤族戚凡喪不能舉貧無以娶困僦屋資取給者數十家婿

蔡元偉氏先年窶甚衆咸厄其事不可延至門久飲食
之復虞內顧歲月有所遺自遊泮至鄉薦資用咸公取
足不幸女夭待如初脫薄俗意氣其亦難矣族妹夫許
瑄先嘗沉歿未振公異其不凡寘舍中與諸子處有加
禮後果嶄然出頭角今舉進士爲中書君其四婿鄭思
修外甥吳希望皆力學未逢屢共其乏見輒令淬礪不
以晦赫致異有習舉子業困於無資地者即假館歲時
餽遺最爲人所稱常恒念曰我有飽食惟祀無田我有
安宅唯祀無廟死有遺恨嫁娶粗畢立蒸嘗營祠堂落
成之日喜曰吾死足矣越一年遂以疾終果竟厥志云

云云謹狀

先妻蕭氏行狀

先妻蕭雪松翁銘之女也予少最貧未成童郡守葛公試儒士四篇大加驚異翁家温奇之以女妻焉年共其之二十一歲先妣蘇疾篤促娶婦蕭于歸驟見屢空如平時痛公私債迫悉撤裝奩以還不靳外氏或饋飲食輙先獻諸姑每給芻米周匱絕德色歲歸寧無隻語及夫家苦狀目擊翁財貨充溢若無覩然蓋天性自然也予少年頗圭角稍拂意輙怒詈噤無應聲常以出門舌耕致養弗克相聚為恨辛卯幸登薦書越三年而妻歿

原書缺

原書缺

傳

先母蘇孺人傳

嗚呼吾母之賢有丈夫之所不能及者母之亡吾忍文吾母耶然非偉莫能爲詳也自母歸吾已父時年方十六我祖父母皆無恙而家產故乏其居在田庄之間非耕耨無可事事者母性至孝恪共婦道鷄鳴盥櫛親操井臼具饋食奉舅姑者勤矣而田間饁餉之需皆取給焉拮据憔悴以佐朝夕之急如是者孳孳匪懈適大父之任唯姑在側承奉顏色浣滌衣服未食不先昏定乃休而退以爲常力不能備甘旨每市肉斤兩奉姑姑惜偉

特甚見則呼分與食毋紿偉他所嬔避之姑嘗嬰疾侍湯藥晨夕必處雖疾久不懈治外内事瞿瞿慄慄必躬必親宗人亟稱之謂群女婦不能幾及也迨舅姑没哀毀踰禮歲時薦奠人聞哭聲爲之墮淚先君子性剛嚴少遊黌宮數奇弗就遂棄去舉子習日課兒爲事爲人倜儻不事生産喜延賓雖窶每曲意承順有家事拂意聲稍厲輒和柔以寬之其待族屬姻婭雖襩襏藍縷之微視之如貴戚其於妯娌尤致隆厚諸勞必先不以冢婦自恕欸欸壹不失其歡先君子以偉出就外傅之故遷居城之賣菓巷與鄰婦王氏最相善復移居涂山鄰

鄉先生南溪張公之宅張夫人最賢謂與母相比十餘年未嘗聞一笑詈聲時二兒尚少唯偉長每夜讀執女紅以課勤不輟寒暑蚕育雞食豕手針線不釋得微利積置簪珥遇窘即脫以質錢不少靳終其身衣被常補綴然非澣極潔不服每歲侵祖糲不繼頻忍饑以飽其夫與子略無怨嗟形於顏面人以為難身感嗽疾踰月幸稍瘳矣為偉擣衣送山庵讀書而嗽復作竟坐是疾枯瘠以斃時嘉靖丙戌三月十三日也年僅四十有三身沒之後雖道途販婦識面者咸悲傷下淚如喪至親先君最剛腸每言及輒泣下至耄不變嗚呼天乎何好

惡與人異心如此辛卯之秋幸叨鄉薦而毋不及見矣生不得享一日之養而没又不得其壽偉之罪其忍言哉其忍言哉偉歷宦於外者多載每獲美衣美食輙不忍嗜不忍服其居處亦不敢求安也忌日則終日悲痛仰天長號思其罪之莫贖也嗚呼痛哉石可爛泉可涸山可頹而此恨其可忘乎九原不可作矣聊以示後昆以紓予哀

周子弼集不分卷

〔明〕晋江周天佐撰

中國國家圖書館藏明抄本

周子弼集不分卷，明周天佐撰。天佐（一五一一—一五四一），字子弼，號磧山，晉江人。嘉靖十四年（一五三五）進士。授户部廣東清吏司主事，屢分司倉場，以清操聞。御史楊爵以彈劾夏言、嚴嵩下獄，天佐疏救觸上怒，杖六十下獄，體弱不勝捶楚，獄吏絶其飲食，不三日即死於獄中。萬曆中追贈光禄寺少卿，天啓初追謚「忠愍」。撰有周忠愍先生文集二卷。

周氏不以詩文名，因抗疏以救諍臣，直言敢諫而身死，著稱後世。其著述之可知者，明孫能傳内閣藏書目録卷三著録「蹟山周先生遺稿二册全」；明祁承㸁澹生堂藏書目著録周磧山疏稿一卷；清黄虞稷千頃堂書目卷二三著録磧山遺稿十卷，卷三〇著録磧山疏稿一卷；清范邦甸天一閣書目卷四著録「周蹟山詩文三卷，藍絲闌鈔本，司馬公題籤」，疑俱係傳抄之本，今皆不傳。至清嘉慶二十年（一八一五），始有其十三世從孫周學曾掇拾遺文詩稿，併贈謚賜爵、志傳資料而授之梓，刊爲周忠愍先生文集二卷。

此明抄本不分卷，每半葉九行，行二十四至二十七字不等，藍格，白口，四周雙邊。凡五七言詩一百三首，詞一首，歌四首，賦一首，奏疏三篇，敘頌七篇，祭文一篇。前後無序跋，不詳何時所抄。首末亦無書名、題署，疑有闕佚。民國間曾經天津劉明陽研理樓收藏，劉氏爲之補寫目録，並冠以題識數篇。書名亦劉氏所擬，初欲題爲「周忠愍集」，而明代又有周璽字天章、周起元字仲先者，皆謚「忠愍」，爲避混淆，擬定今名。又劉氏曾有意將明楊爵

（謚「忠介」）斛山遺稿與此集合刻，名雙忠合集或兩山合集，因故未果。

取周刻本與此明抄本相較，周刻本收詩僅四十八首，十之八九與此本重複，此本所載之奏疏、敘頌則不見於周刻本，可知此本保存佚文頗多。合觀兩本，方可得周氏立身行事、凜凜氣節之全貌。（樊長遠）

周子弼先生集不分卷 明周天佐 明抄藍格鈔本

是書余編目時原題爲周忠愍集，惟查明謚忠愍者

今先生凡三人，一爲周璽，字天章，弘治進士，爲劉瑾

所陷死；一爲周起元，字仲先，萬曆進士，以忤魏忠

賢繫詔死（後改謚忠惠），俱有周忠愍集行世，

此集世罕傳本，諸家書目亦鮮著錄，誤作以

忠愍名集，似涉混淆，爰改題今名，以醒耳目。

先生以救楊斛山致罹慘死，斛山以劾夏言、郭

勛被罪，此文與斛山各疏，實爲天地間有數文

字。斛山集疏全文年前予手鈔珍藏，暇擬與合

研理樓書鈔

刊佈存紅坤正氣要諸冊之一段因緣 戊寅十月十四日晨

周天佐字子弼晉江人嘉靖十四年進士授戶部廣東清吏司主事屢分司倉塲以清操聞後以上書救御史楊爵千上怒杖六十下獄公體素弱不任搒楚獄吏絕其飲食不三日即死年甫三十一比及出獄暴日中雷忽震人皆失色穆宗立贈光祿少卿天啟初謚忠愍

鏡海堂

一

按千頃堂書目有周天佐蠙山遺稿十卷惟未見
傳本諸書言本書與之相合柳氏本即爲蠙山遺
稿嘯餘録雜題所同有蠙山遺稿楊有斛山集遺稿又
周謚忠愍楊謚忠介將來合刊擬名藎忠合集
或名蠙斛山合集此願縈迴胸中已十餘年未審何
方能了此願也今年曾以擬目名爲楊忠介公
集明刊本惟傳本亦稀
壬辰六月初度日[illegible]記於研理樓
今年七月一病幾殆幸[illegible]痊[illegible]得[illegible]先此自封於
忠[illegible]文字擬並[illegible]時年彙合集刊以存吾[illegible]間正氣

研理樓書鈔

同日靜遠又記

楊忠節公最后諫世宗好神仙用方士言，諭令廷臣以太子監國，詔獄重杖死。楊忠介公爵以諫世宗日夕齋醮，經年不視朝，任用夏言、郭勛等，而下詔獄。天佐以諫誤用郭勛，後諫止令東宮監國，且疏救楊爵而死。種種責而出家，所謂忠之獨絕。天佐竟得不被杖詔獄，絕其飲食而死，與忠介公之所死也，宜哉。壬辰十月初八日復讀之過，偶記於此。靜遠

丙申收得吾閩同時死事者有浦御史鋐，字□之，文登人，正德進士，文集未見明刻本。

明周忠愍集目

劉明陽 編（向佇整理）

詩

與吳東峰諸君石井第一湖思遠周五反體 五言

遇故人 五言

送春曲 五言

步韋白馬上吟 七言

運糧船 七言

嘲仙不夢 七言

題尹氏齋葉春卷 七言

研理樓書鈔

舟中睡起　七言

竹樓睡起　七言

乾岳初秋詠　七言

弔岳墳　七言

試詠白頭鳥　七言

登董子讀書臺　七言

送吳東屋赴西安令　五言

清河夜宿　五言

金焦二寺　五言

游閩中諸山次韻　五言

舟行即景 五言

渝州余玉初府 五言

次韻李丘壺峰 五言

題屋錦蘆深二泉水次韻 五言

送周安華居林秦信之京 五言

送戴果山園乃子丙年少峰清源家歸 五言

榕溪道中口誦别許西浦 五言

端陽前日蔡嶺驛次秋屋兄韻 五言

杯山次唐人韻 五言

葉芝田招飲岳祠晚泛舟至錢塘門 五言

研理樓書鈔

病起東園 五言
舟行即事 五言
又 五言
謝年兄陪暨四姪飲龍池 五言
又 五言
次流河 五言
書白鹿川驛樓 五言
晚到滸墅池亭 五言
花馬池憶曹正郎 五言
河次謝任梧計閑歸 五言

研理樓書鈔

研理樓書鈔

送司寇郎劉比部歸養 七言

送教諭蔡承宗之處州淛江 七言

送劉沂東奉使之西蕃 七言

咏鯉 五言

秋山晚眺 五言

羈旅秋思 五言

送林蕭溪袁州别駕 五言

過村埠水口別悵半老 五言

送梁信庵 五言

逢漁 五言

研理樓書鈔

登岳山望雲思親圖五言

度仙霞關五言

訪上谷岳山人五言

上谷還守州任歷五言

還皇民從鐵城作五言

哭畢信慶弟子五言

閩龍鄉舉主試入院五言

沸泉石五言

懷同志寄李一五言

女簪花序二首五言

詞

歌

研理樓書鈔

種麥歎

大梅山館序壽劉南谿程學政仕樣畫懷詩西湖舟見

賦

賦丁少山閩海奇遊錄

奏疏

陳請新橋學疏

乞罷鈔字疏

請廢監國之議疏

叙頌

送呂齋中大夫復職泉州叙

讀鹽鐵論叙

縱山閣壽朋先生學稼秋官叙

雜賢叙

烔幼篇

送林依崖之台州

送陳炳章之令嘉乳源序

祭文

祭俞母文

戊寅四十六歲初度日炳記

研理樓書鈔

與丘未峰坐石第一湖邉用五仄韻

落葉滿石榻折竹掃已去與子一坐嘯共誌拂石處

思故人

庭户葉正鳴梧桐雨初歇故人在長安此夜共明月

送春曲

送春今夜盡未必明日非多事傷春者殊情一片飛

出京口馬上吟

疋馬馳驅出帝城江湖廊廟摠為情居人已問長安事始信居門遠萬程

遇糧舡

俄聞過櫓急如飛漕運河淮官已催傳語舟人莫争道邉方待哺歎思歸

嘲仙不夢

数声[illegible]寒磬閑山扉獨有蓬壺人未歸尺疏不通雲外路青燈空照九仙衣

（壺）

題尹艮齋荣孝卷

一官食德寘袁遠萬里馳書雨露深不是憑君發幽隱誰人知道緑槐陰

春疑當作秦

舟中睡起

一枕溪風入夢凉小舟窓外過緑楊正欲題書到鄉國不堪搖曳櫓声帆

竹楼睡起

半窓山色晋留残照一枕竹陰護晝眠抖擻覺來神意定何労方外問神仙

觀岳祠題咏

岳公祠下已多詩却訝詩人太欲奇和議主張明是媢當時難道不相知

有咏春擒云若教似我當鈞軸未必相知岳少師

下疑當作不

吊岳墳

未言地下逢丘首忽憶當年鮮背袍誰來重讀班師詔惹得平湖起怒涛

戲咏白首烏

由來白髮稱公道誰地更生白首烏昨向貴人頭上看于今白髮也糊塗

登董子讀書臺

公昔讀書三對策我今問難一登臺同時取相淄川客不是讀書應詔來

蕉當作集

送吳東崖赴西安尹

客路向三衢新膺百里符鳴琴一水靜問俗衆山殊文學輝青綬絃歌起綠蕪未愁越道遠天際望雙鳧

清河夜宿

終日逐征棹夜來暫停橈有懷應夢短何事獨心勞久客秋多病寒濤晚更高還須看長劍莫愧舊儒袍

金蕉二寺

江心双古寺天外一歸舟目極應無際身閑暫得遊山光藏復見靄氣聚還收此日登臨興不覺已深秋

望閩中諸山次韵

驅車閩南道四望入蒼冥徑轉夕陽斷峰層去鳥停石當雲外
白樹映水中青人世如醉夢樂山心獨醒

舟行即景

歸棹歎蕪程多思夢不成青山凝夜影碧水起秋声寂寞嗟今夕
踈慵愧此生浩然發長嘆擊楫到天明

滄州會王知府

滄瀛野水濱泊舟遇故人為言皆鹵地可惜此疲民疏導思禹力
纔和望堯仁予聞重嘆息不覺淚沾巾

次韵奉丘臺峰

湖海相逢慣羡君經濟才當年忻識面此日好開懷松含生春色
花封近玉堦幾迴忽相憶明月滿天台

懸厓觀簾瀑二泉次韵

聞説桃蹊路問津偶得源閑雲依鶴岫碧水出龍門絶壁抛珠
下睛天作雪翻梳流非誤語得意自忘言

送同安葉后林奏績之京

濱海繁劇邑誠君經濟才勤劳三載績上奏九天臺官况月重
離情酒一盃已去猶懸望亟書來不來

送戴梁崗乃子石峰山峰清源咏歸

南國两鳳毛翔風千里程紫雲多佳氣半載聚文星談易窺天地論交騁豪英梅花踈影外歸咏春風生

榕溪道中口誦别許西浦

榕溪分手處山色翠相迎後會因長話今朝不盡情多君努力語許我作心銘此道頻回首德星正南明

端陽前日蒜嶺驛次秋崖兄韵

一徑入芳草諸峰護短亭驛舍逢人舊江花上鬢青端午其偕俱帶江青花云北星明佩劒南吹度濯纓宿宿真逆旅未須念遠征

孤山次唐人韵

虚亭對遠岑坐此空人心漁艇過蓮渚桑田近竹陰半松鶴迹古一雨晩凉深今日孤山飲疑非處士吟

黄芝田招飲岳祠晩泛舟至錢塘門

相逢一咲間移席汎暮閑歌吟吹中流發漁樵雜徑還王堤新桃李吳地舊湖山燈火錢塘夜萍蹤幾聚歡

藕庄别墅

出郭二三里沿湖八九家鐘聲山寺晩盃酒藕庄花愛竹頻孤倚憐漁欲共槎辭歸下高閣月在萬松厓

鍾當作鐘兩疑雨漁父疑大漁

泊京口次閔午塘内史韻

久客愁散成山鍾兩夜声樓舡隨汐落漁父過江明蔭國非無夢中原却有情仙舟憐指點深喜近玉京午塘詩云借問連檣者何時到玉京故云

江行望金山用前韻録呈閔午塘

勝遊擬未成一棹過潮声帆影風初動沙痕水正明登樓妨有恨倚杖咲無情極目江山外天然壯帝京

送王少山提舉廣東

百粵多流寓天涯此別離十年獨步客三月同官師河内雖親賦潮東也問飢曾聞宣室召為憶渼流時

贈特峰教袁州

知予陳情日三公不與移黑頭師道重白鹿秘書遺此別歲云暮相看春欲燃夜來袁州夢重拂李公碑

挽盧宗哲年九尊翁

平生重意氣懶作利名人華國文章子拜恩齒德身忽聞歌薤露何處問垂綸風木無窮恨阜陽雨露春

贈閩清陳太學

鑾駕初南議書生憂更先一封危伏闕三命四賜歸田所學談仁孝何心念棄捐猶疑江漢外重警到鷗眠

送黄静山任樂安

一官將王命策馬向南國擘荔亦故鄉折梅多春色對君閭里歡若即文章伯相見在天涯此别意何極

出湾道中

炎熱多塵土逃之高樹陰下有長流水生風拂素襟南去河梁暮北望西山岑偶此鮮煩渴忽聽滄浪吟

苦熱

舟中苦炎熱深夜不能寐推戶望凉風月明乘虚至角巾雙蓬鬓顧影一傲吏臨水久徘徊東南生雨意

病起東園

寒瘮十日病春草一園青隨杖野中屐攬衣池上亭煖煙緫白柳初日半入城却怪文魁子催花猶未生

舟行即事

古驛依河澨荒城背邑郊沙洲新落漲野屋舊升茅日暮人爭渡風高鳥避巢客懷對樽酒獨薦水中茭

又

滄波杳難渡秋思正蕭蕭野色晨觀雨河聲夜聽潮趨時人事拙抱病客身遥静坐得吾性何須學觧嘲 嘲

析疑當作柝

謝年兄陳雙山招飲龍池

苦熱因抱病乘凉此濯纓高城明返照芳樹媚新晴臨水閑觀草滌盃更倚檻深談不覺夜戶外星河橫

又

昨日龍池飲相逢共破顏歸來煙樹外夢到水雲間西院槐方午廣州詩已删多君憐病客又與一日閑

次流河

夜泊長流下西風拂岸初瀟瀟他樹雨落落此村居析報山更遠窓涵海月虛農談萑葦裏秋事竟何如

春日廣川驛楼

訪客廣川道登楼逢暮春青城上壕潤白日飛路塵舟檝人家外耕桑河水濱紛紛過冠蓋誰是問津人

晚到濯纓池亭

偶因幽興發日夕此登亭水緑雨初霽天空月欲明高歌散林鳥遠想薄塵纓懶向東風裏隨人嘆落英

花馬池憶高正郎

客自邊塞來道經花馬池嗟嗟舊防戍惻惻新度支官水橋深鎖胡沙地不犁况聞賢揔制重憶郎官羈

河次訪任檢討閑歸

昔見廊廟姿今親雲壑顏春船依柳泊晏户向人關給諫方持戟詞官有此閑未能問肝膈何似暫來還

春夜懷泉濱故人

一與故人別年〻是客蹤春愁千里夢花雨五更鍾(鐘)誰是同心結為彈太古桐山中豈無友泉石與孤松

曉發緷元州

啣命將邊餉閩雞理旆旌寒風悲遠塞踈柳拂残星短褐千山夢長河一夜氷獨憐避地客半月此登城

宿渡口寺

渡口高秋夜征車兩度來寒潮將雨急暮角向東哀寺古深紅葉城荒長碧苔紛紛漢諸將誰上單于臺

関上別顧懷東給諫

往慨南遷賈嗟君復北編一封青瑣疏萬里黄沙田邂逅逢茲土辛酸問昔年西風出関去何日慰生還

雪後望西山

清曉明残雪登樓西見山雲飛天漢外日出瓊瑶間輦路生新碧陵峰映霽班翻思休沐宴不似唐官閑

上元賜假

節序三陽泰歡忻萬國騰臣旁明主念温語百官承此日沾休沐何年諫㴻燈聖朝多美事還欲息黎蒸春色滿長安流光入帝顔瑶殘鳷鵲雪恩放承明班暫輟千官務同忻十日閑遥看龍鳳燭長照六鼇山

哭楊太僕

識公今已死考德恨無由一疏遺孜闕孤標障百流風高三峽壯氣結五雲秋易得唐生淚川江欲盡頭

徐州懷古

數十年間王氣微楚山泗水出兵機太公俎上天未定亞父城西事已危氣力儘驅秦鹿走山川隨向楚歌非早知劉項原非敵何必踦嶇嘆逝騅

奉謝呂梁洪主政張玉湖中秋留晋飲

一年世路長為客兩度中秋不在家邂逅司空情何重踈狂刺史氣亦奢觀物軒中頻勸酒扶元亭下更觀花乘月歸來清興發玉湖秋色滿天涯

閔閔感興次韵

四面青山懸絶壁一天冥雨暗重関獨憐凿草生深澗未遣仙花入眹顔遶石長流應到海振衣健步欲登山他年整頓乾坤了車

輜重勞此地還

九鯉次韵

跨鯉仙人去何時今我披雲一問之空聞鉄笛閑吹石老盡松花自採芝山迥固知天無地丹成何用坎與離從今醒却邯鄲夢得失関頭摠不疑

送簡齋胡先生榮行

廟堂有意問蒼生特詔先生萬里行蔀屋何人嗟甪雀緑陰去路聽啼鶯當年青眼誇知己此日東流寄别情極目仙舟應有分春風依舊醉都城

開疑聞謠

開報得

皇儲志喜 一首

龍飛三五祀禋郊儲副憂深幾旰宵紫氣近瞻生殿闕歡歌遥動適漁樵曾遊玄德乾坤大又見重明雨露饒憶昔狂章懇過計十年對言及建儲故云更圖預養荅清朝

觀鄉約有感次韻

霖雨曾隨五馬麾良章更與作雍熙一心此日無多術三代斯民豈異時惡草不須憂延蔓甘棠何幸重（長）新枝于今當守思前席應與泉州一問規

和郡守王方南出賑有作

為憐憔悴已難禁忽報東風煖藹萌後樂郡公悲獨泣恒飢稚子咲相迎膏沾菜色雲初望人坐棠陰日未沉我願圖將持作獻無勞夜半問蒼生

餞雲江顧橫山二年兄晚邀平遠臺

晚來平遠荷清遊散步先登頂上頭客先到也長話酒盃頻到口多君別意正登樓故人此夜山城月旅路他時闗塞秋邂逅江山原有分廟堂還擬共良籌

奉謝沈鶴泉群公晚邀玄妙觀

邂逅司空念客居天開圖畫約肩輿觀中扁也對君心事真如舊待月

酒盃不厭徐席傍泉声初過竹移席庭中有澇竹引泉故云也橋分燈影欲驚魚道經橋送歸灯甚多故云也朝來移棹水西去安劒南佳氣望躊躇

謝沈鶴泉遠貺誌書絲布岩茶香菰四事一首

踈庸自分咲非才高義使君重寄梅古覽刻可能收勝覽布衣何幸試新裁嘗教借閱茶中破更有菰香饌裏來世路逢人幾青眼好懷端的為君開

建寧西山竹樓用扁韻

尋幽偶上竹間樓竹影當窗曉未收野鳥不鳴忘客况青山相

廊疑當作郎

對點吟頭輕雲散結孤城雨炎暑新逢五月秋乘興黃昏猶扶屢

数声漁笛到沙洲

送魏及齋年兄恤刑閩中 有序

及齋之先大夫昔爲吾閩方伯閩中乃及齋公子舊遊去今二十餘載方伯公遺愛在人未爲資(遺兹)及齋復以大理奉命恤八閩之刑是行也惟帝好生因親廣孝閩人且獲見遺愛之後寔一幸遇云

九重丹詔祥三尺五載平星映八閩上國春風吹海瘴西江世澤入溪津共聞徵省廊星舊又見雲司使節新却憶當年漢廷尉

爲何摠道于公民

送司寇郎劉北華歸養

愛日郎官迹戀夕暉白雲遥傍楚天飛立身已慰懸弧望養志寧堪作宦官遠家佳氣歡承春酒滿恩光新映彩衣歸他時孝理思賢佐徵幣應臨萊子扉

送敎蒙泉年兄恤刑淛江

玉河柳色出長安憲節啣恩映御翰潮入淛江水春滿星臨郎署劍光寒休風獨下祥鸞采紫氣相將故國歡樽酒芳隣當日事思君何處更親蘭

送劉沂東奉使之西藩

聖典鴻恩親玉牒仙郎使節下金臺每懷夙夜觀風草休道馳驅獻賦才聯居共對建章柳分袂相看灞陵酒灞陵盃酒不醉人西望思君蘭作交

咏蝗

比来過揚州嘆息淚雖收晩稲正欲熟蝗虫遍田坵飛時天欲暗宿處草不留天地非不仁此物來何由應上御史疏也屢君王憂微虫曷足云民命當為謀惻哭有故事上下宜交脩遴選循良吏勿重老農愁

函疑函論

秋山晩眺

夕陽明霽色最是好登山况復值秋氣木石露真顔村火生烟碧江楓凝露丹飛鳥雲邊盡野僧竹外還主人有樽酒邀我乘餘閑明月露天際疎鐘出禅関丹青若能畫付我年〻看

四松秋思

西風入高樹颼〻作秋声更有無端處寒虫深夜鳴虚堂不能寐獨自遶堦行仰首視河漢飛雲陰霰生抱琴欲自弾忽〻壮心驚浮生寄天地看劍愧豪英况吟今古事床頭索短檠讀罷歐陽賦狂歌酒未醒

送林莆溪袁州别駕

昔讀袁州表賦稅稱及時迩來吴楚閒生民長苦飢袁山不可田單餉不自支上憂且缺乏下憂復瘡痍念君當别駕行矣慰我思秋風發㣲凉握手臨長岐相知日已舊相見日已遲懷此未能釋何以贈别離願君崇令德玆命非公𦶜綠

題特峰水口别恨手卷

古来重識别何况父與子生别已爲恨况復隔生死恨此無情水胡分南北流北去與南歸相遠路有幾白雲望中疑暮閭哭

後倚幾回傷心地鳴咽不能語百里西北溪灘声泣石齒千里

東南江流恨去無已終天惟此水何處更陟屺

送梁儉庵

六載尚書績青天見懷抱肉食不能丼披衣待晨早計國若家貧為惜民間耗天子念獨勞賜閑身未老雖無二疏金而有松菊好

逢漁

月明清溪上理鈎逢溪漁問我何所餌琅竿百尺餘直鈎隨流水適意豈在魚所事既異趣鼓枻入長潴吾獨愛空碧一葦縱所如

明妃詞

一辭貽陽春萬里飛黄塵漢寵非敢望胡歡行且新何如漢宮死猶為匣中琊（珍）回首悲長路羽翼不借人妾生非獨乖漢策原有妲

大風篇

昨日東園去徧觀春正妍衆禽相和語百花同忻瞻白日未西頹明月亦在天一氣倏变化只今非昨然飄風當晝怒晦塞失山川暮色不可辨飛鳥迷所近閉户垂長帷無塵成獨眠世事亦如此何能憂百年

感閭左戍代送閭左一首

尔先非有籍，及尔亦何辜。托處偶在左，夜徵北備胡。倉皇捐親愛，逼迫去犁鋤。萬里一朝别，柰何此共閭。曾聞長城下，白骨成丘墟。何日可歸來，過門便相呼。

代寄閭右一首

一從開邊多，但見點行數。昔嵗行及我，秋氷填戰壑。晨炊不待食，胡騎朝獵畜。乜宿非無憐，不如生處樂。善為兒孫計，休築左邊屋。臨叢有殷勤，情詞俱戚蹙。成書不及右，妻子尚可托。

元日喜雪

璽符新節序淑氣動年華人統寅為正天祥雪作花彤雲金闕擁瑶樹漢宫遮映日飛飛出迎風點點斜絲簪荆楚燕白帶昭陽鴉端慶浮緑醑晴光照碧紗半空紛落絮上下茁萌芽豊年勤聖祷此日應休嘉會憶晨遊處同忻進紫霞

招鶴圖

峃巖百丈泉絶澗千尺松耿耿懸明月時時生好風飛来及白鶴鳴和碧天空飢食松花落渴飲泉水東羽翼莫輕舉去此皆樊籠

過田家

五月過田家割麥方暮歸徵租公府吏督責喧荆扉舍擔營雑

黍向吏語依〻非敢後官税命弃田事微晩場穫無穀婦織不

上机機此月幸有死麥欲救眼前飢送吏行出門莫知真與非千村

多飽吏不見一農肥行〻過村去嘆息淚滿衣

壽年家陳志槐封居

瑞星明南極偏照江東客問客何所事布衣人不識自同花社醉還擬

北窓息鳳詔日邊來蟠桃天上食頤将九霞觴奏以南飛笛為喜

素心人高年常滿百

雲州道中

驅馬雲州道逢人塞外歸問之何為者逃虜相因依憶昔七月中劄

禾南山陂胡來將我去一去歷三時晝牧多辛苦夜逃寒且飢自云各有家未識存者誰百愴勿復道得生且來歸

登土木城 有序

己巳之變議者有云使獨石馬營不棄則王師何以陷土木逮予登土木城得野老之言謂當時有不記名弄權太監乃胡種初為虜有誘駕至土木時宣府楊揔兵領三千騎護駕虜人終不敢近迺詐旨使楊揔兵歸守本鎮虜遂入驅至此六師遂覆云不復及馬營事者予意野老傳聞必自有見痛恨而述之

傷心度雞鳴含涕步登城西望十里原白日黯冥冥豈乏謀臣

班疑當作斑

者如何勤遠征野老向予前欷歔已吞声羯奴原無賴豈鎮散歸兵六師睢長道虜騎遂横行一戰遺白骨黄塵千里驚愴惻將百載徒憐棄馬营

題丘止山望雲思親圖

渺渺天漢涯悠悠飛雲白依依故里閭望望情何極為言有老親勉勉事行役一從奉檄來歲暮羈王國非無彩衣班無由奉顔色予亦望雲者路遠不可即願言且相慰無為徒惻惻生我已懸弧所期在努力更聞素心人高年常滿百

庚居庸関

昔險稱九塞茲關據一雄捫叅掛絶壁趁井懸孤衝立馬正秋草
出關多悲風遅迴共八達道周覽意不窮苟得一夫力何須旁萬
戎

訪上谷岳山人

以我南州客訪君上谷廬入門滿秋菊下榻閑暮鋤能將使為酒復
愛琴與居不見吊湘賦空傳諌獵書高名久所慕良晤後應疎
感嘆如君者流淪竟何如

上谷遇漳州經歷

故鄉在何處乃在天之南極北到上谷王事無停驂固云一月歸已覺遠

胸疑胸謞

遊憐薄宦猶逢汝故鄉來共談寒暄未及竟黍酒亦可酣揔是四方事從古屬兒男君贈双白梨十月當紅拌

遇邊民徙鎮城作

寒路去跎〻黄塵飛浩〻行見此邊民扶携幼與老落日関山昏望〻不住堡莫知尓所適何事勞遠道昔歲徃東川天驕常牧草改築依羊河飲馬胡兵搗逃窠年復年数口幸相保閑道鎮州城中將軍命獨好遠徙誠亦勞猶勝塗肝腦予聞氣滿胸直欲叫蒼昊長恨漢飛將出兵若不早告

哭梁僉菴尚書

哲人不常有百歲如逝波況復不滿百直道空蹉跎緬思祥符老用意非有他曠世徧相感苦心良獨多起廢蒼生望披閑四海痌沒身着令德耿耿輝蒼穹寧俟蓋棺日青史定如何

聞趙特峰主試入洛

平生趙廣文相憶良獨勤樹蕙涉江渚采蘭遊洛濆遥望中嵩岳秋高天無雲嘉賓從嶽降張樂何紛紛古瑟五十絃知音幸有君

望夫石

平日不出門出門若千里望夫登高山莫知夫所止望望不歸來茫茫風雨裏將云望可見豈意化石死他山亦有石落落徒為尔爾

懷同志寄書

同心念昔居燈火南軒餘一別八千里年能幾度書殷勤謝遠意春日寄双魚款報相思札情源復躊躇

文冠花寓言

未識文冠種問花說是紅今年花時候初見白滿叢顏色猶可見未親却為蒙今時苟信耳何但文冠紅

征婦吟

良人昔從征結髮未三月一去萬里餘年光度奄忽夢中妾與君覺後胡與越長得夜來夢未須問存溭（没）

感菊英不落

開門雪滿庭猶見秋時菊亦有東園樹枯華寒不裂貴此不貴彼
固惟凡與稜立身苦不堅辨節當在夙

挽學士蔡鶴江先生

岳氣東南散淮流日夜波名公不百歲捐世其柰何講讀承恩渥
文章得士多秘閣收遺草典刑空巍峩

甕城道中

薄暮甕城道寒雲秋正陰龍蛇千壑轉劍戟萬峰森飲馬此山
水愁予行路心欲為塞下曲嗚咽不能吟

捷疑捷譌

送莊壁崖宰鄱陽

德星昨夜西方明今日送君鄱陽行鄱陽湖水連芝城舊是鄱群君百里庭逕歲災傷遍吾吴楚况聞弄兵入澹浦最憐生業失漁樵可念拜官須卓魯金臺朔雪封銅章君去縣花春正香從今遥望雲間舃慰我相思鄱水長

三邊捷

烽火八月照臨洮兩羽書夜擊玉門鼕胡人鐵箭大如刀驕馬群嘶山不高揔制兵威明鉞掩將軍殺氣盛戎袍天誅此虜雨連濠有騎萬馳弓莫操甲士長驅怒且鏖擒王斬將鼓声豪黄塵遠絶陰

詩餘一首當移寫詩末賦前

山高漢月靜臨清海濤露布朝飛砂錫褒君王不負西征勞更

聞卹典勝投醪切切陣上傷爾曹幃帷重恩復不吻舞干昔賴益

與皐邊兵飽飯馬騰槽何用築堡空掘壕

送戴石峰少峰清源歸咏

清漳南地有龍崗拔秀一種間氣層見疊出二峰復毓天付與謝

家室樹仍琢重芳隣為靚向清源東梧門下時時問叩 把易書

相授受復與始俱說遙長劍對短檠趣新凉又過了立雪時候

半載春風坐紫雲一途梅月映歸袖深追想昔賢見周茂叔後

右帝臺春調

採桑高歌

日出下朱樓採桑臨淄道春風吹緑枝荏苒桑正好遵循父母命恐

恐畏蠶飢千乘萬騎過君王道傍觀者隨相追隨手攬柔條不肯

輟君王崇重非所知當時亦有丈夫者民裾朝暮于秦楚徇人奔走

太身輕曾似採桑陌上女

池上桑

天地不生桑誰人更着繰家家盡養蠶何處桑有枝池上凿人念桑

折闌來坐愛緑陰閨中少婦思罷綺夜半挑灯畏蠶飢二物俱在

春風中自是人情各有私但得布衣長不厭條桑池上任離離

黍疑當作麥

種黍歌

典裘顛無氷種黍（麥）思大熟但麥（麥）得熟時已非衣裘鬻為討兩蹄躇寒飢誰太切三冬容易邁一歲難絕蠹古來天地無全功高人長咲為生拙嚴霜残月隴頭耕黃浪東風聽啼鴂

大輪山歌奉寄劉南郭提學致仕歸兼懷許西浦年兄

大輪山〻高不可攀烟（煙）霞谷口媚泉石山中閑予昔從之披蒙嘗（茸）上有達夫高蹈蹤世遠不能詳姓字別來寤寐幾春冬大輪山人玉堂仙春日方舟涉廣川寄我舟中倦遊吟知君已結達夫緣泛〻乘波入洞庭薄言採芳掇（掇）其英華省文章振荊楚滄州意氣壓

蓬瀛楚中遺事屈與賈善君不是傷心者高風獨上黃鶴楼亭
数七貴與五候（侯）笑下瀟湘秋葉飛歸來匣玉故山輝避客著書壓
錦字有時把釣綠荷衣海上高人許由子向為辭榮去洗耳一丘一
壑須（須）時儔侶報贈木蘭與芳芷何日訪君酒新熟與君一醉歌
盤谷

贈丁少山閩海音遊賦

有若人兮鍾繡毬之紫氣毓蕙茝之芳馨固灵脩之不纖亦豪
氣之崢嶸得山告予曰是丁南靖之器來菲泉之英川沉會海
兮淵源足徵雲漢為章兮擲地金声歲在乙未天高氣清驅

車而遠邁伏劍而南征航楫大江杈金焦之勝歷覽分水跨吴越之形道温陵之舊轍問南靖之前程匪敎遊之不極望白雲而爲情奉晨夕於宦署聞詩禮於鯉庭稟定居於邵氏叩父秘之閟扃訪雲谷謁考亭跡前脩起感興春水生兮艨衝巨艦一毛輕秋波清兮雲影天光萬里明觀海有得兮恥溝澮之皆盈中流自在兮信望洋之不驚奇哉閩海遊江南江北兩垂名予嘗觀夫道與物凝山川之融結萬品之流形惟得道者得其精思七賢於竹林惜沉酣之未醒慨衆人於塵宇若魴魚之尾赬茲爲鷃斥終不脱夫蓬篠或爲窺觀斯乃利于女貞惟達人之豪邁若雷震

而雲横點爾何如含瑟而鏗家宇宙於寥廓忘物我於寰瀛
幸斯人之復見得邂逅于鄉〻昔乘秋而南翔如瑞世之神鵬覧
德輝而下之人快覩而争迎茲追風而北上如騰踏之良駒含戀
筴於不羈指天衢而大行蕭〻風草悠〻旆旌人傑奮南地之英
劍氣射斗牛之星欲擊揖而往從之兮讓道岸之先登短目力
於風帆兮忽惆悵而奚勝布草〻以為贈誌會晤以神京

户部廣東清吏司主事周天佐奏為奉
旨陳言乞
宥諫臣以光
聖德以回
天意事近該河南道御史党承賜等題為荅天戒嚴交脩以隆
聖治事皇奉
聖旨是宗廟灾變朕心震驚所宜痛加脩省以實事天兩京文武大臣
都着自陳時政闕失着各該衙門條奏務切民瘼國躰不許
虚應故事泛濫彌文欽此仰見

皇上畏
天之誠求言之切治道更新之會轉災為祥之機也大小臣工誰不感
惕思效其愚迺今闕政忠言未盡聞者此何故歟
聖明采納之度未宣群下畏望之心未免也蓋求言之道示人以言未若示人
以政
明旨云時政闕失着各該衙門條奏此示人以言耳御史楊爵之獄未釋是
未示人以政也臣即時欲昌昧上陳但聞
詔書且下意其曠蕩之恩必首及楊爵今復不蒙
陛下恩宥臣展轉思之甚不能安况

明旨許條奏苟有所見寧忍終默夫國家置言官以言為職揚爵

言之是非莫逃

睿鑑惟以過直犯怒誠可矜察古者帝王求諫至立毀謗之木毀謗

非臣事君之義矣帝王且不避以命天下亦恐言者有不直居

民上不幸不聞過耳漢至文帝駸駸治安賈誼方痛哭流涕長

太息以進言誼豈好為是不祥哉憂治世危明主忠愛之不能

已也承平之久

天子之尊威福之重所少者不在於唯諾稱頌之滿庭正在於憂治世

危明主之一士在廷之臣不負此義者獨一楊爵而逮獄已經

數月且

聖怒之下一則曰小人一則曰囚犯夫以盡言極諫爲小人則爲緘默逢迎之

君子不難也以奉職納忠爲囚犯又孰不能爲容悅寡過之

臣式言行君子之所以動天地人君一喜一怒上帝臨之

陛下誠一思焉其所以怒爵而罪之者果合天心否也昔人謂雷霆之所

摧折折萬鈞之所覆壓爵既遭之矣身非木石命且不測萬一

先朝露而殞是使諍臣飲恨直士寒心揚爵一身之利害

不足深恤所關係

聖德損益不細也方今

陛下恭默思道畏災勤政

聖心洞然臣願察爵之既原爵之心勅下鎮撫司早賜寬釋仍乞

明旨嘉納不吝采行旌爵忠讜以來天下之直則

聖德如天地之廣日月之明由此而天意不回未之有也臣學術短淺

不敢汎濫彌文旁論讀。瀆听區區愚悃先以釋楊爵之獄為

庶幾求言彌。弭災之義伏惟

皇上垂察爵幸甚臣幸甚緣係奉

旨陳言乞宥諫臣以光丅

聖德以回天意事理未敢擅便為此具本謹具奏

聞

奉。

謹題爲乞

睿斷昭國是罷鎮守成命以光

聖德保安生民事近該兵科給事中朱隆禧等題爲乞申

前旨寢新議以昭

聖斷以慰人心事奉

聖旨你每說的也是但朕自有處置欽此臣切惟

陛下既以朱隆禧等所言爲是則必以鎮守之復爲非矣中外神臣民仰望

德音明示寢革者有如飢渴繼伏覩

聖諭不開舉主不好責人云

陛下蓋已洞察此議為出於宦官營求結托之師私而不敢以端人

君子望之矣昨又該司禮監題奉

聖旨是依擬差用中欽此外人心洶〻駭愕咸謂

陛下近者憂天小旱即躬禱

郊雩聞飢民踣斃即

命賜賑濟此其愛民之心雖古帝王無以加矣而愛民之政乃不取法

於古而獨踵先朝之弊甚為

陛下惜之蓋先朝因宦者用事故內蔽外横日醞月釀以至于極弊

大壞臣時尚幼伏在學草莽然而鎮守府之毒孽威勢

所過騷然臣至今猶能追思其情狀而竊嘆之自
陛下登極以來首詔裁革天下之人歡呼稱頌曰使一
朝廷下減租養老之
詔不過一時之惠有限之利耳豈若今之除鎮守而實惠無窮
也此誠
陛下之比迹二帝三王而度越前代可爲
聖子神孫萬世法守者今一旦無故復之豈其以撫按監司守令諸臣
皆不足任而欲爲
陛下宣德和民者必鎮守内臣而後可乎臣愚謂

陛下有以知其不然矣今之諸邊鎮守之設如故也有能盡心畫策

調度兵食紓

陛下邊顧之憂者誰乎

陛下豈以其數年裁抑懲創之下或者可用與臣愚恐積習所染革

心從化者少而包羞蓄憤恨不得一旦洩發於民者多今

兹一遣其勢如飢虎出押望形追噬無所不至矣

陛下抑以其各該開舉主謂其勢之相制雖欲為非有所不敢與

臣愚竊謂

陛下信之過矣蓋彼之為今日計覬不得一遣耳既遣之後彼之所

以互相調護以為彌縫者無所不用其術雖有暴横

陛下豈得聞乎縱有聞而責之其禍加於百姓亦已深矣是何足以償

之耶且使內監選舉果得其人真能仰躰

聖意皇奉公守職其在地方所理之事亦不過撫按三司等官所

圖理者而已乃多一衙門之供應取辦無非擾諸民者十羊

九牧何利於羊故臣愚為鎮守之設不惟不可復而亦不

必復矣邇者臣之里人自本省来謂福興漳泉數郡歲大

荒旱草根木皮俱已食盡而仰給買糴于廣始也梗于

海寇今則廣又告飢矣流離載道餓殍横野徐邳之間白

日行坰冢平苛郡耗哺京師死于道路者亦既徹

陛下之耳目矣夫遭霜之葉不可以風以今天下飢饉疲斃之極使復

重以鎮守之擾臣恐民不堪用命從茲瓦解未可知也是

陛下數年維持國家之良法美意今一旦而反壞之數年休養天下之

精神命脉今一旦而盡戕之矣

陛下又何愛於是也外議咸謂

陛下所以欲復此者有由矣蓋因郭勛以取鑛之說誤

陛下故致使并復鎮守耳臣聞鑛課之貽民害亦不細矣今者縱

以大工緊急不得已為一時權宜濟用之術則亦如該部所

議只申督各處撫按及分巡等官督令該府州縣官同附

近居民相視鑛脉採取濟用則亦見上不張皇而利可資

下不騷擾而課易辦矣為勛所議蓋徒知為

陛下求錙銖之利而不知為

陛下歛無涯之怨也臣愚謂着內臣取鑛之命亦可追罷也勛之議

添鎮守其言以爲數年來百姓不安因

陛下無心腹耳目之人在於天下此勛之敢於欺

陛下之家大且着者也以

陛下英明歷觀自古帝王果有以宦官為心腹耳目者乎果有托心

為疑當作謂

腹耳目於宦官而無敗者乎自勛之爲此言傳咲千古已足爲
聖朝之羞况又從而行之天下後世其爲
陛下何原勛之為此議非能爲國忠謀也不過自為封殖之計耳蓋彼
亦自知冐
恩宠寵之極逢迎喜怒竊威福之過為縉紳朝臣及天下之人所不與
也獨計以爲宦官乃
陛下左右近習欲乘此結爲心腹依阿献諛以固其宠寵布爲爪爪牙俟
時觀釁以肆其逆耳惟
陛下熟察之臣以布衣微賤知年蒙

聖恩賜臣進士本年二月間蒙撥前戎感恩踰分圖報無能獨抱

孤憤深激愚衷不自知其出位倡狂之罪伏望俯垂

睿覽勿以先入之言為主將臣奏下之廷議而

陛下又加以睿思獨斷如各處鎮守内臣之設果有利於生民有益於

國家則臣此奏是為沮壞德意雖殺臣以謝天下臣有餘罪

矣如各處鎮守内臣之設果無利於生民無益於國家

則臣此奏猶為芹曝微忱惟

陛下速賜施行追罷

成旨則天下幸甚臣雖殺身以謝

陛下所不悔也臣斋栗謹奏

臣謹惟監國之義始自堯老舜攝我

朝典章有

東宮監國其事在

成祖朝時因邊夷未靖

成祖北征而晋都根本不可暫虚如我

皇上去歲為親廵幸承天亦以

東宮監國此皆在廷大小臣工下及衆庶咸安之而無異議

者他如唐高祖在御傳國太宗則因於内難玄宗在御傳

國肅宗則廹於西行宋徽宗在御傳國欽宗則激於

東宰方今內寧外輯
皇上富於春秋
東宮尚在幼齡遽有監國之議臣甚駭之深惟
聖諭所憂在災變屢生財用匱民不安生者臣愚以此乃燮理之
臣修省未至不急之務侵耗未節承宣之官奉職無狀遂貽
皇上宵旰之憂有妨頤養元神之理大小臣工罪當萬々死々
皇上一身上天之命
宗廟社稷之靈兆民之心將萬歲是眷是依安得輕天下若是也
皇上爲天下愛身則亦慎起居之宜養性情之正明易簡之道

二

辯忠邪之分使喜怒哀樂發皆中節舉措緩急得序
賢不肖各得其所高拱穆清之上化行海宇之外真貴人
所云無逸乃逸者堯雖耄期倦勤者二十八歲然在位七十
二年舜未嘗倦于勤在位六十二年彼其先天立政其勞
可知然皆享年百有餘歲故從古聖人貴無逸戒宴安
此其於愛身亦必有道矣臣竊意聖人聰明睿知獨全
於天其精神氣血天必亦得畀之惟淬勵全安之則日見其
有餘作爲鑿擾之則日見其不足
皇上十三年以前雖暑寒雨雪早朝不廢其勵精若彼十三年

以後誠如

聖諭早朝不修

祀典多遣代不爲不逸矣乃精神氣血視昔何如

皇上誠反觀而静思之則知爲天下愛身固不必以

東宫監國而後可也

東宫雖聖性夙成上天昭監有道之長固由於斯但方今五齡

耳所宜親近師保涵育聰明端作聖之功固寿命之原

乃今日事也

祖宗貽謀有出閣講孝之典未及舉行而遽命監國縱左右輔導

亦不免損知勞神甚非所以作哲保命也恐
皇上燕翼之心從此反加廑矣且居父在御而遂負扆南面宰制
萬機有君之尊恐
東宮聖孝亦所不安也事關
朝廷無輕重大小皆關天下以既
東宮監國重大乃奏請則夫違
宸斷者固有数矣一日二日萬機
皇太子睿質冲幼所断未親必出左右大臣或輔弼非人措置
少年貽害及於天下且政躰不一易開讒搆之門或長壅

是以句似有落字

蔽之漸此其禍之所終尤不可不慮

皇上畏天命重

宗社慈愛

東宮憂憫黎元監國一舉是數者皆失

皇上聖明豈不知以五齡監國大計未安臣愚謂此或非

聖意也必有奸人思竊威柄憚

皇上英明利

東宮幼冲假靜養之說浸潤以入即

皇上未能自覺是以多為遄廷此臣之所爲日夜寒心不敢藏欺出詐

輙陳愚悃上干

天聽惟

皇上裁察爲天下神慎此舉動臣不勝幸甚天下幸甚

送良齋尹大夫復貳泉州叙

漢寇恂撫河内有惠愛河内人懷之當遷之日相與請於上曰願借寇君一年漢天子竟以與之此獨其時上下之間休戚相關未甚殊阻迺亦其地近其情易達故耳泉州闽海之陬去京師八千餘里山海小民非徵遣輸將之役則白首不識帝畿又焉能自達闕下請所欲也良齋尹公往乙未歲以餘杭令奏績遷今大夫即以是歲入泉州貳守戎專清戎異時清戎者無論他弊只追呼之擾至使數口之家不得時未抒大夫獨省從親行所部邑循循奉戎農民不廢業而戎籍畢清當 多所推委亭及他務皆事事不負其

心以求百姓之便且終始一廉視古懸魚卻金真不愧云先年巡察者牟
大夫才宜遷繁泉人莫不懷望蓋以遷繁非待廉能最科且恐其言
卒行則遂奪所欲而惠徵於他郡矣既得不遷泉之人迺安之大夫亦
一意惠吾泉人為政三年無得罪於百姓今年夏奏績上都適予治廣
川廣川當冠蓋之衝凡今時吏胥得悉覩記每以吏事入京師者蓋自
藩臬暨郡邑長貳水浮陸走舟車侈盛大夫獨稅民間小舟僅可
容息行李蕭然予察大夫之意無悔也今世在外欲與斯民造
福幾古循良之治在內欲裨益雅俗使人人重自愛砥礪廉靖則
如良斋其人豈可少哉逮予自廣川報命復與大夫相見

京師間時則大夫治行已隱然奏最矣吾泉人所欲於大夫而願借之心盖人人有之但不能自達既而果以大夫復貳泉州泉人士欣欣然樂得舊父母大夫亦欣欣然不憾其再治泉曰他日復見百姓當無媿色耳泉州今父母蒲山俞公素峰葉公自下車至于今以予所聞無間言真長者行事吾民有天矣茲復以大夫往貳之翕然子愛相聚一堂　天子明見萬里重恤吾泉人所欲與聚逌如此夫且今廟謨問罪南夷泉適當州接壤或傳議者欲於閩泉募海兵糴粮以隨夫泉州齊民率無饒積歲稍飢即仰哺廣船之粟又濱海者只能捕魚為業間有弄兵往來海上類非土著人若果於泉募兵糴

粮盖亦難矣此惟大夫在泉獨久且閩廣之間民情土俗相去爲近冣詳知之大夫每聞此則悲惋驚嘆與泉人士同憂且云當爲白利害以塞其議茲往也吾泉人其所賴於大夫又特重云

讀塩鐵論叙

塩鐵起於漢漢大夫謂必可行漢文學謂必不可行廷論爭是非累數萬言汝南桓寬撰次而成書也夫論治尚三代論文自三代而下漢又近之今讀其書豈惟文近哉其世風亦未甚遠云漢以下塩鐵不復爭矣其間非無賢良文學如漢者蓋亦安於漢大夫之議至宋熙寧之爭則青苗諸法漢言臣之利未之及者嗟

乎義利之辯始於孟子惠王宋牼一言及利孟子爭之仁義數言而止余觀漢文學之論其雄辯持正蓋學孟子而漢大夫所云視惠王宋牼又亦敝且下矣蓋漢去戰國已數世也太史公曰利誠亂之始夫子罕言利常防其源也夫以其數言爭之也以累數萬言爭之也或安之而不爭也皆世使然耳噫俎豆之世不必言汙尊杯飲英蔓之世不必言蕢桴土鼓今去漢蓋千百年矣豈必其論哉然而猶存其意焉不亦可乎余以督儲出廣川不得如同官議論之盛爰其書於錢穀戎業有相發者常取而讀之從而爲之叙

贈簡齋胡先生榮擢秋官叙

秋官刑官也今天下觀化者於刑為深而用仁者亦刑為最顯故

謂刑罰德教不相為用而廣恩施惠莫備於刑者俗士之論也

先生初仕刑明於泉州其始至日禮之所行去之所設也凡政事議論

每先禮而後刑又重之以忠信而明慈愛重之而能斷諸大獄訟之士先生

之庭俱釋以去其後百姓相告語曰毋深情恐得罪于胡大夫泉俗雖

近頗多訟而先生理之亦庭甚清閑焉當道謂先生之才優於治刑

則或使稽賦先生剔弊灼姦業食之家無匿詐云則或使明君實于

諸郡間先生每按行而軍政肅然數月之内檄書下者再三來奏

績而譽命上逮方

天子明慎用刑思忠厚正直之士為天下司命適秋官缺難其人遂以
詔先生先生始聞命而惧曰吾方哀矜懲創于泉州茲又使是非生
殺乎天下其若之何既而曰盡心而往雖所是非所生殺者愈大惟明
與仁足矣戒圖書將行晋江尹鮑子丞林子言於佐曰不穀忝父
母于茲敢謂我民之皆得其所平刑罰之皆得其中乎亦幸上之有
簡斋先生在也今其去也如何佐曰茲天子之召也意以先生能平
泉州故置之為天下之平能仁泉州故使之仁天下先生茲行也視
平天下仁天下者必無負於泉州日也他日贊
天子尚德緩刑待天下以君子長者亦之道者必先生也則先生雖

辯疑當作辨

去泉州而我泉之民固陰受其賜矣鮑子曰然誠足以語先生於大者 佐 既辱先生之知又重鮑子之請因書以贈

旌賢敘

天子憐憫下土念於民最親者惟令既遴才而命之又歲寄之耳目于御史大夫凡以獎能激惰紀過錄功而上之朝廷者于令尤謹是以吏治綜覈百工俱奮蓋惟重民故令不得不重云晉江去京師八千餘里邇來歲飢賦廣民生之財力日入于薄所賴得達利病蒙綏惠皆自縣令造福云歲丙申予同年臨安鏡石鮑公拜晉江命以行前令相繼以明作爲能邑之務既辯以餙矣公至勇於簡靜鎮之

飭

民未習見者或病焉公弗改度而政日就理民亦安之未年而代巡按
白公廉其能旌之夫君子爲善如水必寒如火必熱不以人譽不
以人沮鏡石固不以此喜而余與晋之人士竊喜之大率士方窮時讀
古書見古循良傳感慨發憤曰他日辱有一命於斯民求必無負茲一
旦委質天子之庭應宿出宰百務紛集上之人且各以其意相求一不
得稍致挫抑其見道守志不惑者無幾往往有并其初心壞之竟
弗以善後故世謂令之難恒自初政言之也茲鏡石公之初政可
以觀矣余向在長安獲年家上下議論間有欲得一令自效者謂牽
一令而天下之政備矣且一日得行其政則一日得行其志其視令若甚

樂者鏡石公自蒞任每謂予云厥職紛務叢責素賦蹈嬾自蒞茲
土未嘗敢一日暇逸其視令丈若甚惧者予退而思之由前所聞寤
寐不忘百姓樂澤浮施之心也鏡石公云云者一日居乎其位則業乎
其官之心也固亦百姓之為念也特是心也是宜有今日之旌哉
則公之賢當道已知之矣今其役文於予者文邑文學陽山沈子敬
所黄子霍塘劉子諸先生則清議之所在又信之矣予忝年家惟何贅
然竊謂公既能勉之於其初為當道者所旌則必能善之於其後
以不負不媿矣當道者於鏡石初政既知其賢而旌之矣繼是
政適績著又豈容蔽其美者此予與晋之人士所以喜也陽山

此疑衍文

諸先生以爲然書之亦以識喜云

頌功篇

泉郡之惠安邑之齊民所以爲生者大分有四其居利蕃孳者依畜爲生其居利魚鹽者依海爲生其有田者歲食其田之所入以爲生農者歲食其力之有餘以爲生古今皆稱農爲本業而有田者爲常產之家歲可以次不患飢者此尤爲足時逐年天時地利之適變兼有人事之弗脩春夏則病雨至秋冬之際則病旱頻仍二三載間雨病弗淺旱病弗瀦有田弗收也而賦定力不得食也而上下之人不知其窮告病此二民者尤甚焉歲乙未貴溪臺

峰丘公父母其邑老成惻怛有古仁人用心其於興利捍害之牽文
惓惓焉一年政通民信邑之六都有西洋埧上承龍田夏芦芦摟三
溪之水下灌數百餘畝之田其間水旱之為民病者舊矣而皆
循習弗救至是埧長黃潛甫率衆以其事請於公公聞之憫憫焉
如一家之利病然於是舉行丘有熊如鄭朝儀薰任其事相水道
之行間有險者命石之為陂兩旁夾以岸其下有大塘命濬之為壑
又命為之圳以通之又命為之斗門以節之使三溪之水由埧而入
塘由塘而入圳由圳而入田其為斯民久遠計皆出於公之所用
心經畫其劾勞督理不以苟且應事則黃潛甫輩實体公之心

利茲云云似有譌歟

翼似有重文

者上下胥協踰月而功成是舉也有田者以貴農者以工便也自是以後有田者歲歲食其登農者歲歲食其力利茲宜斯民之不忘於公也公於民之所欲與之聚之非獨一事也但好義知恩之民潛甫葦以其事告功請言於余者惟此耳故獨詳之因以耆民之言約其辭四章以便民間之誦曰西洋之埧水不為夏伊誰其功丘公之猷西洋之埧旱不為災伊誰其始丘公既來西洋之陂經理翼誰其建之丘公之力西洋之田弘濟斯民誰其遺之丘公之仁

送林次崖知欽州

嘉靖歲乙未大理丞林次崖公以論遼東事觸忌諱謫官出于廣

但泉下似奪國字

之欽州時吾泉士大夫秩于京者惟次崖為尊及其出也或相與語曰
吾泉其衰乎獨一次崖顧九卿之列亦且不能容於其朝矣予曰然也
夫人才盛衰誠不于其秩之崇卑與夫人仕之疏與戚也吾泉仕者
與朝廷疏遠　天子寵光所不及天下之所知也至其為国家忠謀不
為爵祿牽係而直言以報
天子者乃於泉得一人焉亦天下之所知也且予聞次崖公奏議方上
維中官輩有願一見而相語者曰不識林公何狀夫人如中官且知
慕次崖則天下之仰慕次崖公者當何如也然則泉其盛乎但泉而
朝廷之棄可惜也或默而退乎乃戒從策焉造次崖之盧廬而謁焉

公適點檢行裝古書浩瀚一見而戲予曰書其能誤人耶予曰不然惟次崖能多讀古人書故能為今日事次崖今其不負於書書其不誤次崖矣公然而嘆曰乃告予以必知之意曰吾平生所學為何使今為默默居棘寺指日可得大中丞吾本心幾壞盡矣予不肯旁由秀才被舉到都下居數月見士風與時勢相趨波蕩風靡鮮有存其動志者則嘗竊嘆曰今世之官壞人心術之具也不如吾秀才才輩其好惡與人相近也者幾希聞次崖言甚喜次崖公能不以官壞其心也古所謂国事有道不變塞焉強哉矯次崖公其人與公卜日啟行祖道郊門者皆賢公卿大夫名士行色甚壯予亦蒙

天子恩賜歸娶方與公同歸是歸也即欲効次崖公之多讀古書他日即欲効次崖公之敢為直言不懷者本心茲予志也述以請教次崖公非敢言贈也次崖以為何如

送陳草亭分教乳源序

草亭陳子與予同業學予嘗慕其人木訥不事華飾其為文章鑿鑿依理道謂於今欲求見古之學學者草亭子近之時樸溪潘公督吾閩學予翕然而為正學宗草亭子首受知云繼督學至援以貢于　朝先是天下凡歲貢士　朝廷例以超擢待之或史掌州邑之學政至是用輔臣議謂官職不漸非所以課才勵績乃

欲疑當作敢下同

督學之援以責者僅得分教諸州縣耳草亭子曰分也吾欲薄分教乎哉既授任得廣之乳源人謂乳源於廣之文獻或少讓草亭子曰分也吾欲輕乳源乎哉予聞之曰草亭子之言然分教非薄也乳源非輕也草亭之所以身厚與其所以重乳源者於其言下之矣夫乳源韶邑也韶故名邦士多愿慤可與進於道蓋有張文獻公余襄公之遺風然謂乳源之不足與廣商文獻者然以其徒守愿慤而不知所以進乎草亭子由愿慤進者是故朝廷爲乳源擇草亭非爲草亭擇乳源草亭之教與乳源遇而乳源之學於草亭者吾知其必有進也南山有棣自直極而羽

之鏃而礪之則其入之也深茲其栝羽鏃礪於乳源是在草亭
矣於其行也故書以贈亦因以告乳源諸君子也他日草亭
子倘過相江書院則其所以追思而景行者之有出於栝羽鏃
礪之外矣

祭俞母文

嘉靖春二月俞母太夫人周氏卒于家七月訃至京師維八月辛
丑朔越十有一日辛亥年家生吴某等謹占香帛臨風瞻拜而侑
以詞曰嗚呼太夫人遽止此耶去歲之冬令子以計偕遠離太夫人
時以病瘧固謂此疾之常可旦夕和以湯藥詎意竟以瘧逝計

夫人逝之二月而後令子舉進士之報至令子舉進士方五月而太夫人
之訃至嗟乎以太夫人辛勤教育之功而不及享一日之養以令子
顯親楊（揚）名之孝而不得身親視殯之哀母子天親而於死生之際固
有所奪其情者造物其容以無憾乎意者留太夫人不報之德將
以為俞母之門益綿衍其澤乎太夫人亦知令子之有必今日故
不歆盡此造物所希之福於其身乎是皆不可知也所可知者有令
子瑰奇特達大所樹立而太夫人之貿已新他日　恩光追錫不可不
榮令名不朽亦不為不壽冥冥之中其有慰乎
尚饗

八閩文庫

文獻集成
341

福建文獻集成

續編 集部 一七

吴格 主編

海峽出版發行集團
THE STRAITS PUBLISHING & DISTRIBUTING GROUP
福建人民出版社

本册目次

遊梁集一卷

[明]閩縣陳全之撰

中國國家圖書館藏明嘉靖三十四年周藩刻本

遊梁集一卷，明陳全之撰。全之字粹中，號津南，晚號夢宜耘叟，閩縣人。嘉靖二十三年（一五四四）進士。歷禮部主客清吏司主事、員外郎，官至山西右參政。撰有輟耰述四卷、蓬窗日録八卷等。

嘉靖三十三年春三月，全之以禮部員外郎奉使至河南，中夏而返，集輯期間所撰詩文而成是書。據萬斯同明史稿之著録，「陳全之夢宜集、蘆滄集、巴黔集、莅荆集、遊梁集共十卷」，其餘各種，俱已不存。

此明嘉靖三十四年周藩刻本。按明朝諸藩優遊文史，黼黻太平，所刻書稱藩府本。周藩自定王橚已下，多好藏書刻書者。其五世孫睦㮮，喜藏書，築萬卷堂以儲之。勤烒則六世孫也，號一樓子，封鎮國中尉，好文學，與全之相善，爲刻是書。首有嘉靖三十四年乙卯端陽日河南左參議曹忭敘，次勤烒敘，次是歲秋重九日自敘。天一閣書目著録之「遊梁集一册，刊本。明嘉靖甲寅閩中陳全之奉使至梁，周藩一樓朱勤烒梓其所著詩文，並邀御史南紀曹忭爲之序」，即此也。所收文四篇：一樓記、齊壽篇、水本清傳及明宣議郎樂山孫公墓志銘，詩張平山見遺津南圖喜而歌之、題省庵圖等十三首。其文如一樓記「居是樓也，夷儀而簡規，逸神而照曠。冥薄欻忽，四序推移，雲煙吐納，二能斂散。秋菊春蘭，華景物也；廣川大谷，極奇觀也。孤鶩落霞，神思之流溢；飛花好鳥，大塊之文章。日攬歲結，何有終窮。怡志悦心，從蘇門山「一望蘇門眼便開，不妨衝雨蹋蒼苔。涼分午月生冰雪，景逼人天接島萊」，俱超然物外、邃通玄旨者，故爲宗室勤炘所好如此。

此本爲清人徐時棟舊藏，書前有徐氏「煙嶼樓藏書約：勿捲腦，勿折角，勿唾揭，勿爪傷，勿夾別紙，勿作枕頭，勿巧式裝潢，勿率意塗抹，勿出賑俗子，勿久假他人」之竹簡式藏書木記。原書第三至六葉、第十二葉文字殘破，今據清華大學圖書館藏本配補。（向　輝）

烟嶼樓藏書約

勿捲腦勿折角勿唾揭勿爪傷勿夾別紙勿作枕頭勿巧式裝潢勿率意塗抹勿出眎俗子勿久假他人

游梁集敘

大梁賢宗一樓子嗜學而文清標玉暎雅思金輝余與之遊焉一日出津南陳子遊梁集一帙示余謂同好也且告余以夙諸邀余敘之津南子遊梁時歲甲寅三月也淑景明鮮河山增麗興隨意到情與境偕或即事而賦詩或因文以表尚譬之黄鍾既設不可遏以宫商五采既陳自然施之藻繢取諸懷抱無籍于外者也雖然渥洼之駒不遇伯樂將蹶足于虞坂嶧陽之桐不遇伯喈將焦爨于吳竈遊梁集不遇一樓亦不過數十張故紙耳此

帝滔所以致嘆于士源也津南子文自成家遂通玄音詩不師古獨運匠心方當建赤幟于藝塲搤靈珠于騷圃嗣是而往名集詎可量哉此其遇之一耳

歲乙卯端陽之吉

賜進士出身河南左叅議前御史吉士南紀山人曽忭書于紫薇垣之玩易齋

遊梁集敘

古者觸物形聲，舒情表事，感之陟沉，關之危治。秦漢而下，風雅之聲流於建安，自祚移江左，則建安之風不競，運返南朝，則江左之致益靡矣。諸唐振風，昭昭載編。比及明時，作之於高、楊、張、徐，繼之於李、何、徐、鄭，當是時，鳳鳴朝陽，而龍躍於正上，彬彬乎匪可儔也。氣運彌隆，作者牣區，余弗暇於數，知今得於津南陳公，其一也。當祀甲寅三月，花飛林樾，鳥啼古原，興騷人之感，動握月之情。時公受命北闕，駐節河陽，物專而移，秉興逖而啓意，情諧而擿言匪詭以俚其正匪媟以挹其質匪麗以炳其詞文擬子長之徵詩陟少陵之奥渢渢雝雝風之流耶余舄弁足芳轍結社藝圃其覩雲漢而聆韶鈞效鳴方調若膚擬郢里之歌跛踵邯鄲之步雕蟲匪律而匍匐罔移也公馭梁經候田滋六都及杞寄余以遊梁集歷閱既帙余唯其梓以傳也辟江皐弄桓伊之笛而雲表鳴子晉之笙聲徹九衢而曲薄六合人所聆而不昧覩而不厭者也今方振藻宇內驪珠先獲遊梁繼鄒枚長卿之躅焜燿堯園詎不一殊遇耶余知晉昺則淳風又不自茲而

一復振哉檇櫟匪頑謏揄簡端恐刻畫無鹽唐突西子寧不自慚耶

周藩中尉一樓勤𤈦書于白雲深處

敘遊梁集

甲寅之歲暮春三月水津陳子以使事至梁中夏而返客過曰子遊梁有集乎余曰無客曰今茅塞子之心矣余曰梁多君子余應君子之不及其何云集夫君子一言為可述也述可記者而記之可傳頌者而傳頌之歌以發其心情詠以暢其雅逸標酬以抒其沉鬱觸而應之心而手之鄙陋遂忘不自知也集則吾奚事客曰是可次第集矣前言戲之也集以觀我然後見君子墨卿曰客之問主人之對可併述也吾以職書之于先為遊梁集敘

是歲秋重九日水津滸之子陳全之書于吉營之瑞錦窠

遊梁集

文

詩

侍御霍思齋年兄邀酌敷教堂

用璧韻謝別霍思齋桂史年兄

題一樓畫

酌一樓樂善所用周復齋韻二首

五月七日宴金明池次韻

題仲齋冊葉

諸公設清平宴余不赴賀以詩

雨中遊蘇門登嘯臺謁安樂窩酌仁知亭輝

趙君索題

李滄溟別余清風樓走筆謝之

遊梁集

一樓記

居虛公抱一主人遇於黃河之上吟吹臺眺夷門倘徉殊軌談吐古初居虛公曰吾聞僊人好樓居其樓居也心乎樓也心乎樓有樓也亦無樓也其有樓也適有也未能使之有其無樓也迥無也未能使之無且其為有無也庸詎知之卒於有無耶天地之大何物非我出入變化相為不窮失不求之得不辭之忽然而往洞然而來僂云樓云空中之栖象寄止之幽渺云爾抱一主人曰居是樓也

夷儀而簡規逸神而照曠冥薄欻忽四序推移雲
煙吐納二能斂散秋菊春蘭華景物也廣川大谷
極奇觀也孤鶩落霞神思之流溢飛花好鳥大塊
之文章日攬歲結何有終窮怡志忆心從吾所適
樓之取也二子伸其論勿之取裁焉相向而訊曰
有竹巢先生者旅次于梁曷往質諸竹巢先生曰
吾方視乎冥冥聽乎無聲彷徨乎塵垢之外烏得
以譊譊者告子雲天之表高冠長裾飄飄然泠泠
然非一樓子乎試問之一樓子曰嘻有是哉嘻有
是哉居虛之言言乎其理也抱一之言言乎其物

也理妙也物感也知感知妙是謂玄竅予方觀物於太極之府潛心於衆妙之門學焉而未得也請書斯言以記一樓何如俄有青衣童子来報群仙觀遺珠于赤水之北竹巢先生曰吾欲覯旃於是偕居虛公抱一主人一樓子相揖遂行是為嘉靖三十三年歲在閼逢攝提格月在井日在望閩中陳全之時以春官尚書郎奉使梁寓書于樓之東壁

齊壽篇

叔孫穆子曰太上立德其次立功其次立言全之

嘗謂士君子得時行道則雲龍風虎際機會而敷謀猷德功與言足用彰顯苟時之未遭則豹隱鱗潛積醇厚而蓄昌大天必畀賢哲之子以發洩之敷施之傳曰屯固比入其必蕃昌蘇長公云修德於身取必於後如持左契交手相付間嘗以是考論古今評驗人物無有不然蓋如梧岡霍文林翁及其配郭孺人迺又益知理之昭昭可准者梧岡翁汾陽之篤行君子也孺人以德伉儷共悅河山之勝而偕隱焉寤寐郭林宗清風勁節慨仰于推餘韻而徜徉其舊隱之丘日以聖賢忠孝課教吾

思齋侍御公於鳩車馬竹之間耦耕相敬龐公冀缺之夫婦也安善循理伯鸞孟光之並賢也且質直而惇行愿而恪心裕而安夫直德之幹也愿德之閫也裕德之度也非立德之可覘歟有子顯融執冲葆光自奉甚約責報甚薄樂閒曠而寡營念曰言曰功則故豹隱鱗潛而未之見也昔所謂積醇厚而蓄大者邪侍御公服膺訓教拾其緒餘施於有政擴翁與孺人未張之德而彰顯其功能發揚其論議在海之滦溟見弼教之典任浙之東西見詰戎之方若夫兩河之拨則尤有難者甫及下

車而盜賊昌熾歲且大侵丁時之詘遭勢之逆未有如此之甚侍御公曰吾父母生平教我者正在今日剛毅以率寮威斷以訓武倡勇敢急芟夷撫流亡日夜焦勞誓力竭心以殄滅為朗卒弭亂持危出民水火之中而寘於清冷之域潛消默運其功德及人山為輕而淵為淺者他如馬政之疏通運之請歲糧之議酌時宜而全國體不但沭人賴為永規觸類而施諸四方無不宜之其言世則也矧立乎哉君子曰木之本也水之源也侍御公之風裁也梧岡翁與孺人之波及也天啓之也非發

洩敷施之請歟侍御公初以進士推佐永平三年底積而貤封褒崇尋擢為臺臣又三年底積侍御公以內外殊華而官階並秩疏陳于朝請給令銜天子嘉而予之為人父母並膺封典而復更京階若翁與孺人固鮮有其比為人子請以臺官易外秩榮顯其親者寔自吾侍御公始也豈非移孝教忠為臣子者世法歟豸冠金緋魚軒霞帔怡怡然于于然歡聚於一堂之上氣舒而娛神暢而逸心適而康耄耋期頤日方升而川方至天所贊也明年春正月十一日為翁懸弧之辰秋八月二十一日

孺人設帨之旦孺人花甲初週翁則添一籌焉侍御公今冬瓜期得代捧觴稱壽適當其會全之年家子也敢以叔孫穆子所云為翁與孺人壽又以明德顯功昭言為侍御侑觴壽若夫松蒼栢翠桂子桐孫朔之桃期之棗皆翁與孺人壽筵之物小子非敢以此而稱頌也

水本清傳

水本清懷慶衛舍人師尚詔之亂兩河震恐群不逞之徒從亂若括五河之戰颶風揚沙師大振而賊不支真若土崩瓦解王千斤逃河北獲焉師尚

詔與其弟尚清王保李通小童匿影莫詰李憲僉巡河北選于衆得水本清喜曰是夫也可以覘賊給符遣行九月晦日至山東莘縣宿北關李梅店火矣而五客呼門内一客右眼角箭瘢與符言合清心疑而問焉詔曰我周府令牌校尉朱月也因目清曰勇士乎奚自清曰我順德府亡命人劉福也苦無朋尚詔曰四海之内皆兄弟咫尺得朋矣清心知其為詔詔故負豪氣識名馬善歌詞遂共酒若宿契請各歌以言志詔歌曰虎狼心豈似獐狍蝦蠏類怎比鯨鰲鴻鵠志焉同燕雀得水蛙鳴

到把俺潛龍鬧世事歪斜風俗敗倒無智思失散
這夥英雄很殺我了到幾時再會重招本清蓋知
是詔乃賡歌云收拾下戰馬征袍安排下衣甲鎗
鑼騎着匹好馬拏上口好刀殺幾箇讐人與呈英
豪詔謝曰此鎖南枝曲惟大刀李三門下人唱清
詒云詞舊出我家大刀流傳耳大刀山東渠盜李
邦珍故云詔益喜委心納交焉侵晨乃十月朔計
華尹必謁先師清走廟白焉尹狐疑清曰鎖清作
奸細餌詔認之彼負新交必来此獨夫可立擒也
尹遣陰陽官劉棟如清策誘之於鄞門擒之於縣

階始終皆不出清成算設稍有不容殺一清矣烏能執五賊如馬牛耶余至梁聞輿人言水本清水本清云返駕牧野清伏馬首余曰功人也清曰天意亡賊詔無所逃督府嚴明巡臺警斷清何力焉余曰言功乎清曰焉用言之小人竊有耻也不敢請矣余又聞王廷用手運一刀重二十七斤善用劊批四五百人莫敢嬰者其困猶赤手殺人妻孫氏手乳兒單刀殪人馳馬橫行陣中

國家開武局募民兵意恐野有伏孽如廷用在蒐羅之外豈天生此厲雪自焚其身哉殊不可曉也王

廷用即王千斤云

蒼莨山人陳子曰余初遊梁聞人頌水本清不知其何如人牧野之墟清伏道左言辯而條氣毅而壯詞直而婉其遇賊也設策密而執機定其獲賊也原天意而表上賢於言歌而覘亂首清智勇人也彼劉棟一碌碌矣因人成事魯人以為能酬以盈賞而清乃人不登姓名事不紀本末是何魯人過於報倖功而梁人後於酬僞績哉方今有司嚴翼群策並用如清老死山巔水涯萬一有萑符之警則人戒清之無報鏟光而不用喰清之不伐㧡

彩而競鳴豪傑之士鮮體盜賊之所以縱橫也故
奮藝獻技智勇使畢其能醲賞醞利用權者當妙
其運樹下不言君子羨之沙中偶語識者憂焉余
羨清之功而嘆其無聞故慷慨為之立傳

明宣義郎樂山孫公墓誌銘

嘉靖癸丑春三月初十日丙戌宣義郎樂山孫公
以疾卒於正寢越十二月朔遺孤述祖自興濟走
京師跪泣曰先君子已矣不肖幸存殘喘無以報
先德惟是理幽之銘先生大人裁焉予雅慕樂山
久知其為篤行好義君子辛亥之冬臥病舟航未

遂展謁今可無一言以申之且述祖考情懇至又烏敢以不文辭敘曰公諱伯壽字德夫別號樂山世籍山西潞州人入國朝曾大父旺大父讓始遷于河間之興濟縣父能以長子伯義貴封鴻臚寺左寺丞母李氏封安人樂山兄弟三人長兄即鴻臚君官至左少卿仲兄伯福義官公居季授宣義郎自幼體貌凝重神采異常里中長老皆謂子孫才族將大孫氏斯兒也夫封寺丞君春秋高以長子京宦次子外貿委公總家政公承順封君志而不敢遺因輟所治業而經理之豐儉有法綱紀有

條早作夜息寒暑如一日視顔色瞷動止極得之歡心故封君終日融融然陶陶然忘其年之高也長兄先逝二子光祖榮祖亦卒遺襁褓子芝蕃蓁公嘗提抱泣云兄清苦官鴻臚三十年今惟汝矣仲兄逝尤早二子懋祖法祖方在乳哺公撫之教之擇名家婚之俱以例入胄監後因異産公惟取田疇之荒鹵者房屋之敝壞者器物之損窳者人人嘆服公四十年力家而無一毫私積世所難也其篤行大都如此性好施與戚族中待而舉火者因而立家者咸數十家婚不克就喪不能舉者皆

周給以成之下至於道路凍餒者見則衣食之不少恡丙午之歲邑庠傾圮公曰黌宮儒舍鞠為茂草吾之恥也建先師殿及兩廡櫺星門餘塾次第修葺王艮齋撫臺公時以侍御董學政命立扁于門以旌其賢庚戌歲大侵出粟數百石賑濟四方賴以存活者甚衆太守尹朔野公親書尚義二字褒勵之嗚呼其慷慨好義如此非但今人不能雖古人亦未多見也闢名園數區暇則合親朋會聚其中言笑歡洽未嘗及人過伐已勞時召瞽史講解書傳間正訛謬暗合古人所發明蓋資性通敏

自幼至老則然也生弘治庚戌二月十四日距今卒之年六十四元室崔氏同邑永嘉判簿崔儀女生弘治戊申正月十六日卒嘉靖己丑三月初十日享年四十二淑德貞靜克配君子云繼室王氏天津王孺女男二長即述祖國子生崔出娶滄州張氏戶部尚書前副都御史縉之孫兵部司務夏之女次述祖王出娶青縣劉氏平涼大尹錡之孫戶部員外郎賛襄之女男孫一尚幼女孫一許聘陳侍御松之子兇述祖輩卜以甲寅四月十六日奉公柩祔塋于本縣東北頭庄祖塋之次禮也敬

為之銘曰

學則謀身志則順親敷仁圍族廣惠善隣斯仁斯惠實本性成煒煒黌宮采采頖芹士遊庠射民忘疲癃古稱不朽令譽永終後千百禩視此銘文

遊梁集

張平山見遺津南圖喜而歌之

平山畫圖愛者衆聲價端與古人重往来公卿欲見之閉門謝客稱腕痛暮春我入大梁城報我尋山採石精豈知神交在平昔遺我壹幅擲金聲呼童拂壁具洗盥粘掛高堂列屏案千層崒嵂翠雲騰萬派汪洋碧峰亂落霞雙鶩影相連玉樹瓊花香不斷就中有客坐繩床口談古始心陶唐窓含海氣琴書潤門納潮音枕簟涼遶檻溪流石齒齒風送書聲播人耳石橋罷釣来村漁野渡爭喧歸

老稚草庵鎮日人蹟稀天外摇摇棹者誰云是鱸蓴動興之張公季膺又曰蝦菜忘歸之鴟夷子皮何事抱琴有意或因載酒問奇雲淡風輕景物水光山色熹微我別津南三五載文峯義水依然在披圖彷彿若眼前墨妙移来更神采丈夫大端出與處蓬泛萍棲渺何許且斟美酒酬斯圖謾向天公問晴雨

題省庵圖

道人夙抱幽栖志獨搆茅亭傍碧山放鶴每依梁水曲採芝時向紫雲間探玄窟寝搯園綺入妙優

潛見孔顏自嘆一生幾枉過秋風吹落鬢毛班

鄒一山都憲留酌靜觀亭

中土河山淨韜戈樂太平且尋投轄賞言念望鄉
情德業齊前哲文章引後生神閑心意適遁機謝寵
榮輕運略三籌勝謀成八表清時康懋用武論定
不言兵日映汾陽宅風飄充國營轅門問將帥臺
館列賢英亭靜岩花舞園幽澗鳥鳴醉歸珠玉重
何以報瑤瓊

侍御霍思齋年兄邀酌敷教堂

入夏覺炎暑尋涼憩綠篁追隨驄馬客來上鱔鱣

堂興逸煙霞境言探道義場斷金心共利攻玉意何長座引簪裾影花飄蘭麝香笙簧叶鳥韻歌吹遶山光飲德心逾醉論交志益揚昔人歸管鮑君也續其芳

用壁間韻謝別霍思齋桂史年兄

四月清和景物清芸香柳色拂天晴春風數載江邉客夏日同登水上城媿我興非徐穉子知君才合馬長卿相逢又作臨岐別何地重来敘舊盟

題一樓畫

千千桂林中幽人臥其處風吹讀書聲引入煙雲

去

酌一樓樂善所用周復齋韻

帝子園林勝名花逞妙姿羲皇存寤寐禮樂繫心思魚鳥供題筆江山入品詩相看各努力心也是嚴師

又

有美天潢子清新玉樹姿襟懷同李白高雅見陳思攬秀梁園土留賓招隱詩如君那可及溫抑是吾師

五月七日宴金明池次韻

後樂池亭避暑開將軍載酒共徘徊風飄畫角縈河曲日轉歌舡出水隈黄鶴白雲崔老句江湖廊廟范公懷憐予五月梁園客媿乏當筵作賦才

題仲齋冊葉

偶矣清修士逍遥河上居風光生户牖草色遍庭除為善知真樂存心賴古書悠然如有得秋月映長渠

諸公設清平宴余不赴賀以詩

紫薇堂上集群英匯武昭文舉大烹弄甲潢池瑳赤子運籌帷帳羨書生論兵並數嫖姚畧勝算同

稱諸葛名媿我南宮鷄舌吏也逢梁苑樂清平

雨中遊蘇門山登嘯臺謁安樂窩酌仁知亭輝

尹趙君索題

一望蘇門眼便開不妨衝雨躡蒼苔涼分午月生氷雪景逼人天接島萊雲谷似留餘嘯在泉流常帶浩歌迴平生不倦登臨興為語山靈許再來 七言律

命駕出西郭愛此百泉流臺嘯乾坤古窩吟天地秋鳥飛雲外度魚在鏡中遊擬結重來賞源頭弄小舟 五言律

李滄溟酌余清風樓走筆謝之

清風樓閣倚雲顛太守邀賓坐玳筵三伏納涼承
雨露九天談妙見魚鳶南迎爽氣浮河洛北望晴
光接岱燕此際別君無限意恍疑身到斗牛邊

櫟寄集四卷續刻一卷

〔明〕閩縣林懋和撰

日本内閣文庫藏明萬曆十七年刻本

櫟寄集四卷續刻一卷，明林懋和撰。懋和（一五一八—一五九七），字惟介，閩縣人。少好讀書，獨與寡母相依，志不阻寒餒。嘉靖二十年（一五四一）舉進士，選庶吉士。改禮部郎，有廉能聲。出督楚學，名能得士。歷廣東左布政，乞歸，年四十耳。家藏書數萬卷，閉户讀之，三教九流，曆數醫卜之學，罔不窮究。每與客譚，墳索外無他及也。撰有林雙臺先生詩選九卷。傳見何喬遠閩書、弘治八閩通志、萬曆福州府志、乾隆福建通志等。

是書題「櫟寄」，據林氏櫟寄集引自云「社之可寄于木，而不知予之木爲櫟，而不足以爲寄也」，或與晁補之鷄肋集賀許左丞啓所謂「同形骸於樗櫟、寄蹤跡於萍蓬」同其意也。前有耿定向序，乃耿氏文集所未收者，略謂「吾楚柄文使者，稱明敏則曰關中三石喬先生，稱秉公則曰四明沖宇顔先生。兼之者則我雙臺林先生也」。三先生皆明嘉萬間督學湖廣而有聲譽者。正集四卷，卷一序，卷二記考議，卷三書，卷四奏疏碑志。續刻一卷，收孔子年壽考、世説新語補序、祭側室曾氏文、明思明貳守冶山王公墓志銘等四文。林氏於春秋之學素所究心，觀集中春秋春王正月周正考、春王正月考跋可知；與陽明後學過從甚密，觀集中心性論、寄耿楚侗中丞書可見。而其詩文，則稱秀整典則。

其正集四卷，明萬曆十七年（一五八九）陳文燭刊刻。續刻字體與本集四卷有異，仍當刻於萬曆間。文燭字玉叔，號五嶽山人，湖廣沔陽（今屬湖北）人。嘉靖四十四年進士，歷官大理寺評事、寺副、寺正，淮安知府，四川提學副使，山東左參政，南京大理寺卿。素以刻書著稱，多達數十種。文燭爲林氏拔擢於鄉試中，有師生之誼。萬曆十三年，文燭曾編刊林雙臺先生詩選，校訂者爲王應鍾、王湛，刻書者爲江甫、楊細。此櫟寄集校勘者仍有王湛，刻書者除江甫外，尚有江旭。兩書乃同出一手，故版刻風格一致。

此集流傳頗罕，分裝四册，以春、夏、秋、冬分標。原爲日本江户幕府紅葉山文庫舊藏，後入日本内閣文庫。（向　輝）

櫟寄集

春

共四冊

雙壺林先生櫟寄集序

吾楚柄文使者稱明敏則曰關中三石喬先生稱秉公則曰四明冲宇顏先生兼之者則我雙壺林先生也乃其章程矩矱整而不奇肅而不峻弛抨擲後夏楚即有儇佻亦

且以禮法自格蓋余為諸生時身親見之耳及余叨役南畿準繩規矩南中士至今稱焉不知寔述先生之遺也先生又叅守湖北屬湄潭苗蠢余里中子有給事幕府者為余言幕府淂先生在軍中所

纖蠟書畫兵事輙嗟嘆曰林君貌不踰中人乃善料敵勇算若此異材乎足借箸矣未幾幕府功成來威三省用寧先生寘左右之既而右轄中州余計偕取道其部耳郡邑吏民籍籍頌不容口謂嘗

江旭刊

視篆纖檠必釐幽隱畢達旬
宣之政不特惇大云爾夫其
歷試之材絶人若此乃先生
方自闇然且無何歸矣方余
在南都時與華亭相君語合
因及先生相君曰吾備位秩
宗時知此公為國士矣乃不

能重用之是余過也又後數
年余承乏撫閩建業二三子
從得先生之文若詩誦習之
謂余曰今宇内以此名家者
或未之先也乃余固陋毋能
為先生贊一詞者邇郢中陳
玉叔入閩始裒集先生之文

若詩捧而傳之評其詩如逸
窪任風閒鷗忘海材情在王
劉潘陸間評其文則曰是楊
子雲之儔也余得而觀焉因
嘆玉叔之知言章師門之有
卜子也雖然此特先生之文
章可得而聞者耳固未知先

生之於大道尤邃也蓋余家兄弟早不自揆妄意古人之學具師資而友切者幾半天下往從函丈聆先生一二緒言爽然失劃然解充然若飲河而不知厭曰叩先生所得之由先生言自仕儀部時從

事於斯久矣蓋自外生中淂
澈性原非若世〻磨〻行〻
剽拾於洛誦聶許間者余退
而時〻嘆嗟謂世之知先生
者何尠也然世之知不知於
先生何病要其重積好脩而
不外諜必其中有以自樂者

未易涯測也蓋嘗讀漢書見
當時諸儒有所表建自致通
顯則日宣于朝曰臣師某教
臣如是力辭封拜懇請尊顯
其師乃已使係先生門者得
一若而人先生道且光大矣
然先生之所自期與其所以

朋人殆不止此憶先生嘗緘
書示向中述孔曾授受之妙
且曰得力醍醐祇在傳習余
捧讀而廩廩兢兢矣終身不
敢失墜也嘗觸而引之以語
二三子曰昔顏子負竆天極
地之見一反而約之視聽言

動之間曾子初唯至一不二之宗便貫之家國天下之遠悟高玄者得意而存契微妙者舉足斯在古先聖賢師友授受之妙如此先生所謂得力醍醐非耶今學者深言之則捕風捉影而雜語踐實淺

言之則拘形滯器而礙於通徹是則先生之所謂不著不察者也向爲此心良苦矣尊先生振此一策異日者倘以先生之教得二三英俊相與遵聞行知俾孔氏之道寖明寖昌則先生之所以期於向

而向之所以得習於先生者視漢諸儒何如哉蓋百世可知也先生集凡若干卷志先生者求於斯集庶幾得其一二云萬曆己丑夏日楚黄門人耿定向譔

櫟寄集序

漢楊雄最好古者其言昔人之辭迺玉迺金歐陽脩謂文章如精金美玉自有定價蘇軾亦謂黄庭堅如金玉不即人而人即之將逃名而名隨之因其文以求其爲人必輕

外物而自重者今觀雙臺林
先生之文又何驗也先生少
年登第讀書翰林業已夢吐
白鳳呑丹篆與紫文鸞鷟矣
至典禮于蘭省秉憲于湖湘
旬宣于河洛歸老于閩山凡
應制彰教送遠銘幽形于記

敘碑表者若千篇自名曰櫟寄集屬燭校而敘之因卒業焉大都茹古涵今絶去畦徑宗丘明之簡潔而骫骳其體漱柳州之工緻而雋永其辭廉而不穢醖潤而栗其真荆南之熊羆崑崙之琬琰雖千

仭之土難秘其光百仞之水難掩其輝者邪乃先生平生不以言狥物不以色假人在朝言朝在野言野其内外輕重之辨較然矣郎取金玉可以比先生萬一不獨文章似之者俟後世有子雲與兩文

忠公而已燭豈知言者哉亦豈阿私所好者哉先生詩篇爾雅與文稱燭曾選而梓之其遇以國士媿無以國士報之詳在詩序中不論而論文之大旨如此

萬曆丁亥冬日浯陽門人陳

文燭王叔撰

櫟寄集引

予友沔陽陳王叔氏旬宣江右三以東來促文草予緘致就正既乃敍以歸予貽俸助梓且朂速成予感其意遂致傭焉竣刻命之曰櫟寄集因爲之引曰櫟與樗伯仲也無所取裁于世夫

人知之習矣然屏之幽曠而不
還列之叢薈而自理萬竅怒號
喁于而和其枵然虛者其砉然
自得者也其頹然放者其晏然
自餙者也孰窺其際耶乃無幸
曲轅之社即而寄諸伊人始得
目而指之曰是社之寄宜爾耶

詩有之曰山有嘉卉惟栗莊周曰受命於地維松柏獨也是故度其楨足以隆棟宇薦其實足以登籩贄皆其材之美者也寄而社之是之宜矣爰若彼櫟果何爲者詰屈而魁瘣輪囷而厓癭離婁無所措其繩墨般輸無

所議其規矩筐籠非需栝棬無
取不材甚矣豈降觀九州禍福
在予者所憑耶乃予於文猶櫟
也微之不足以窺性命之原顯
之不足以舉事物之賾正之不
足以攷典常奇之不足以動觀
聽冲之則非太羮玄酒朱絃疏

越之遺也麗之則乏朝華夕秀娱人忘歸之適也乃王叔輙爲予序且裨梓焉是殆知社之可寄于木而不知予木之爲櫟而不足以爲寄也盜不爲世之貴社者辱耶雖然古今之櫟亦衆矣磨檝楷散其榴其翳蕩以原

燒汩以泥沙若滅若沒若存若亡者何限乃曲轅之櫟至今稱焉豈不社故之以耶斯亦幸已則夫茲集他日見者或如市而觀或不顧遂行或相物以散或覺夢而診或以趣取置疵或以密若明寄皆不失爲知我者也

作櫟寄集引

萬曆戊子孟秋吉旦閩中雙臺林懋和惟介書于衆芳所之歸雲軒

雙臺林先生櫟寄集後序

孔子曰文莫吾猶人也又曰辭達而已矣然及門三千逮肖七十乃檀文學之科者獨稱游夏觀其檀弓禮運舉述仲尼之微四詩小序直闡風人之旨以絃歌爲政以竭力

致身爲學則聖門之所謂文與辭者可得而稽巳我雙臺林先生抱質冲粹居業淵潛身若不勝衣言若不出口弱齡策名强仕耕野聲利不入其心行達安於所寓庸德之行有足徵者異時憲學楚臬

余屬弟子員見其遵四教以式士敦百行以厚倫綜五制以程材區六品以作聰鑪錘之施流光厥聲江漢羣材濯其潔矣然巧倕不斲素工爰先閒有藻繢必發之以性情酌之以時義參之以百氏而

裁之以聖賢經術之度然後
肆而極焉至若雌黃逐衆而
和聲悲喜觀場而易感則不
屑爲已今觀集中若家語異
同有纂心性有論春秋周正
有攷河清祥異有辨表節有
議馬肝有喻全鼎一臠味可

知已蓋其義出於旁通故詳
而不亂理得於深造故奧而
有倫上足以羽翼聖經張皇
帝制而下足剖千古不決之
疑肇来學日新之益不謂之
有德之言不可也昔董生正
誼以明仁昌黎原道以闢異

李翶復性以擊蒙子厚封建以權勢明道定性以舉統横渠西銘以樹誨儒者至今稱之殆以宇宙爲寄者也先生玆集後之視今將不猶今之視昔乎櫟寄自名謙乎云爾余躍冶緇笠至於是邦伏謁

門墻觀兹富美譬諸羈人乍
反鄉邑神明瞻視頓還舊觀
然慈航方駕舍筏未能紬繹
伏膺望洋興歎倘彼岸可臻
則揭厲斯廢故至而同軌則
發軔之塗不必均也極於歸
墟則就下之派不必一也中

庸曰其爲物不二將文乎辭乎抑亦道與俱乎先生於余則既命之矣敬綴其說附之簡末云萬曆丁亥季冬之吉

楚門下方外釋水月淨虛識

序終

櫟寄集目録

卷之一

序類

卷之三
書類

卷之四

櫟寄集目録終

櫟寄集卷之一

閩中　林懋和　著
沔陽門人陳文燭　編
候官友人王　湛　校
姪鍾岳同校

孔子家語記纂異序

昔夫子設教洙泗束脩以上未嘗無誨至于是邦必聞其政乃其言論行事門人服膺謹書備錄以為家語博學多能之方進退存亡之道始

終條理燦然足觀矣去聖日邈傳習就荒漢史藝文志孔子家語凡二十七卷唐顔師古註云非今所有家語則知已有二本又隋志二十一卷唐志十卷三代卷帙各增損不同又隋唐二本俱云王肅所註不知何以又有二十一卷及十卷之别豈取數多者入秦之舊文而取數少者孔安國之撰次者乎今漢本及隋唐王肅註本俱不得見唯宋馬臨端氏文獻通考載肅註後序一首我

類正德間郴陽何侍郎孟春氏指爲肅代安國
所作竊意未然觀其言謂荀卿入秦挈孔子家
語及諸國事七十子辭以遺昭王秦亡入漢竊
歸呂氏呂氏敗散入民間孝景末年募求遺書
民以送官家語事辭妄相錯雜不可得知以付
掌書與曲禮衆篇亂簡合而藏之秘府元封之
時吾仕京師私以人事募求畫得其副乃以事
類相次撰集爲四十四篇有曾子問禮一篇以
其別屬曾子問其諸弟子書稱引孔子之言以

其本不存乎家語故皆不取是於此書流傳源委詮次取舍之旨周悉詳實殊非後人鑿空所及又載博士孔衍上言一首云臣祖安國仕武帝時與吾仕元封之言相合則前序當為臨淮之作無疑又云撰次畢訖值巫蠱事起遂閣不行然其典雅正實與世相傳者不同即此而推則知漢志二十七卷即是荀卿遺秦舊文入漢散失後雖送官而民間流傳已久故孔衍謂為世之相傳而唐顏師古註謂非今所有家語者

也唐志王肅所註即是安國撰次四十四篇當時廢閣不行迨後始顯乃孔衍指為典雅正實與師古所謂今之家語者也其孔衍又云戴聖雜取孔子家語子思孟軻荀卿之言以裨益禮記今人見其在禮記者便除家語本篇是謂滅源存末臣愚以為宜如此為例皆記錄別見今攷世本家語亦多與曲禮之言相出入又前序明言有曾子問禮一篇以其別屬曾子問故不錄今見禮記然則衍之所謂滅源存末意或指

此但考安國之序只云孔子家語與諸國事七十子辭相雜幷與曲禮亂簡合藏秘府固未嘗謂家語與曲禮相雜則孔衍謂今人見在禮記者便除家語本篇又不知何所指也衍又云奏上天子許之屬帝崩向亡遂不果立據此則衍言之上應與劉向同時今按衍乃孔子二十二世孫卒東晉元帝大興三年晉史儒林有傳去漢成之世三百餘年豈有三百年後之人而上言于三百年前之理又其言謂記出孔壁與安

國之序源委不同然則此疏謂為衍所上者妄

也又宋晁氏云序註四十四篇劉向校定二十

七篇意者挨源存末衍固指向言之耶乃晁氏

兹説亦不知安所受之也晁氏又云王肅得此

本於孔子二十四世孫猛陳氏則云孔子二十

二世孫猛受學于肅肅從猛得此書今按闕里

志猛實孔子二十二世孫晁謂二十四世者誤

也但不知肅當時所受之本其安國撰次之本

乎抑亦向所校定之本也今皆不可攷矣惜哉

今世所傳家語只有勝國王廣謀註本共四十四篇釐為三卷何氏譏其鄙陋荒昧無所發明又使正文漏畧不滿人意今本不同於唐未必非廣謀妄有所刪改而致然何氏亦自云未見肅本則其疵王本之漏畧正文有異唐本者直臆決之耳非兩造俱備之聽也乃何氏又云今取他書有明著家語云云而王本缺畧者則為補而綴之王本不少槩見不知舊屬何篇則不敢以入總四十四篇分為八卷梓之滇中冠以

王肅孔衍二序臚于首俻爲詁釋考論於後其用心是書亦可謂勤且篤者矣然而未察孔衍之非漢人抑又何也豈又别有一衍耶間嘗竊取二本合而參之何本視王頗詳但惜其所謂補綴缺畧者不復識别于下使後學無所考知即使他日獲見漢唐之舊亦無以正其是非審其真僞大非夫子信而好古及史闕文之旨爰以己意即其同異纂而一之仍以王本爲定從先進也何氏增補各附王本本條之下備多識

也王本楷錄何本篆書防淆亂也其有二本序次先後不同者則具詳於先見篇第之下至于助語同異非大義所關者不復識別纂成援筆寫其大畧如此極知麤贅無能發明要之後人欲觀孔室之遺編窺素王之實錄有以得其大都者則亦未必無小補云若夫二家訓釋亦並姑置盖精義妙道非註所詮名物器數畧舉難悉均俟學者之自得云耳

重刻費文通公集序

夫長孺少戇淮南寢謀伯夷直清羣后讓德嘉
樂君子邦家之光若費文通公者其殆玆人之
徒歟方　武皇季御奄尹當煬藩庶包藏請復
戎衛公從兄文憲公爰秉國鈞戒豫氷履申訓
遏絕奪其距牙周旋襄贊公實力焉兇狡銷沮
營營中傷謂天蓋高聯組賜罷身雖躄詘道則
伸矣　世廟中興衆正茹進文憲公密勿再登
公仍華舊秩自是史館留都盤桓積考褎然難
進簡在　帝東宮保秩宗眷錫隆渥公精白承

休正色率屬上贊玄禋下修縟典禮樂明備輿盖清寍嘉瑞希祥郡邑歲列太平貞符公遘其盛矣時余備員子部閒以起艸之暇公進與語曰子學文乎爾雅渾噩三代之英也學詩乎溫厚和平六義之奧也余狂不自禁曰諸子百家可盡屏乎公曰然也子將左山龍華蟲而右刺文組黼乎將後黃鍾大呂而薦鄭衛伊涼乎余唯唯而退即今獲覩公集則知公之所以教余者盖出門合轍矣本原經術而裁之以體要經

緯情性而態之以色澤皇皇乎黼黻之華標鏗鏗乎天球之逸響者矣藝林瓌麗于是乎在詎止昔人所謂存篋之青氊傳家之囊笏者儷耶全集凡若干卷今摘爲若干卷校而次之者王君汝存甫也品裁取舍精鑒存焉鋟而梓之者公之季子副運受吾君也丕闡先緒克世其家仁孝寓焉余不文名以舊屬也太傅西州羊曇愴華屋山丘之懷魏公幕府荆舒起少年白髮之感授簡猥承幾託不朽情有所至是之取爾

又烏乎論工拙哉

冶山拙稿序

言者心之聲也詩與文又言之成聲而最精者也孔子曰有德者必有言易曰修詞立其誠夫誠者成也未有成于已而不成于言者也德者得也未有得于已而不得于言者也易書三百篇春秋禮記尚矣然豈相貌哉自秦漢而下作者可覩也出其所自成自得者言之豈相貌哉譬之金鏐珠玉為耀不同其足寶則同也杞梓

楩楠爲理不同其可材則同也或曰不有淺深純駁者乎樵下玄同漆園恣睢荀性惡而禮僞三閭深于怨也長卿靡于淫也選非古杜訾于修李鄙于安石郊寒島瘦而元白俗也韋柳韓歐蘇王曾黄詎無遺喙哉然而至今不廢也非其所自得而成者有以大過于人者耶夫人之于業非樂安而習據之則未有能持之終身而不廢且厭者而况于百世之遠乎彼數子不惟持之終身也而且能使其言至于今且不廢也

則其所自得自成者誠有以大過于人者矣世之論立言者必曰古之人古之人舍規矩不可以為方圓固矣古之始又何始也其畫虎乎其刻鵠乎肖矣無論庬鶩然求其嘯谷風舉霄漢又可異哉人各有能有不能不可強也驥不可使耕鳳不可使鷙毛嬙西施不可使備紹介之任循其質率其能為逸足為文明之瑞為後宮下陳之御天下之美莫加焉故立言者莫若自成自得之為貴余友冶山王子少有奇質特操

居里閈中聊以文章行誼伏一時迨壯而服官屐釆于四方也北極燕南盡吳會東歷齊魯之墟而西窮蠶叢魚鳧之境足迹所及殆狹司馬子長而視之矣盖其所見日宏以曠所蓄日博以邃故其出而為言莫不雄渾典實辭簡嚴而意深遠雖不規規于古人法度之似而于法度自無不似焉則其所自成自得盖卓乎有可觀者矣暇日出以示余且命曰是余之拙稿也其為我序之噫嘻余豈知言者乎哉治山子之言

其亦果拙者乎哉使夫人之為言者而皆能如其拙焉則亦何取于巧矣大羹不和大璞不琢其治山子之所謂拙者乎若余則固請從而後者也而又奚足以知之哉

仙石逍遥圖序

夫遊而謂之逍遥者言乎其樂之自得也鵾鵬運而圖南白駒縱而空谷蒙莊志之詩人歌之皆是之耶焉爾耳閩城中之南界是為九僊烏石二山東西峙焉巖谷幽邃林樾密茂地不遠

闤闠而絶市廛諠湫之撓步不踰莽蒼而擅高深閒遠之趣昔人所稱三十六奇于是乎在凡吾鄉人當風日之清美時歲之和豫則咸相往以遊而遊又未有不自以為樂者然余之少也衣食之是勤而呻吟呫嗶之是業雖跬步玆山其奚暇以遊及其長也脱褐而仕有常職矣中外之經營殆二十年蹤迹玆山日以益遠又奚從以遊歲旅實沈之明祀始以人言罷歸于是乃得以其身自放于寬閒寂寞之外于時有若

雙山陳子少蘗劉子野橋林子石洲洪子雲竹王子木巖陳子冶山王子沙汀鄭子皆先後來歸盖咸懷舍藏之美抱仁智之樂而與余諧其嗜好者也遂以其暇約為二山之遊約曰凡從玆遊者毋彌文毋侈味二簋可羞折簡必集無恒期興至乃命駕于是凡遊必吾九人者俱至則蔭長林藉豐草漱飛泉以濯心緬平原而流矚琴尊壺奕各耦其敵行吟坐嘯惟情所適雲光浮于几席林香襲乎杖屨松篁交風竽籟徐

發禽鳥友聲浩倡自和盖信乎其足樂也意有
所極則又踐莓苔躡嶔崟坐鄰霄之崇臺撫鼇
峯之危巔遠嶂浮青郊圻錯繡引領西北巍然
帝居羣龍滿朝將雨天下矣道之悠遠云誰之
思也武夷雲谷在我邦域煙嵐蔽虧若滅若没
大江東走碧崖中開玉虹萬尋奔飲于海雲濤
無際樓船蔽空乘長風以破巨浪于焉有人我
心則降矣而湯谷在望九陽可晞乃歌遠遊于
靈均接終喬于壙垠心曠形寂殆將舍此而入

無窮之門也爰有竺士翩翩其裳趨而進曰諸公之遊樂乎合氣于漠遊心于和與物逶迤不拒不藏儵然其來往度幾逍遥哉其諸異乎人之遊之樂也乎乃其登高以遠望其容肅其情虞喪佃閔默若有遺思抑又何也余九人者相顧而笑曰是足與知予遊之所謂逍遥者耶遂揖而退既他日衆思為圖以紀之又八年為隆慶丁卯圖乃成系以同遊之詩合二山之名命曰仙石逍遥圖因為之序云

重修南湖鄭氏族譜序

鄭之得氏自周公子友始歷春秋戰國迄于秦漢唐宋我　明綿綿隆隆光於四方其在吾閩則居南湖者為望若莆若泉皆其別也族大以蕃不有譜系則離合同異莫所徵證然非數修屢省則遺忌淆亂勢不能免後之考者求諸指掌亦未易也吾友鄭君志古人之學而厚本原之思盖嘗以倭冦之擾獨抱其先世遺譜遁跡于鳳冠山中撫而歎曰吾祖宗千百年功德文

獻之懿且在是矣吾懼也夫吾懼也夫既而幸免諸難則又亟取而續修之蓋自其家少谷子筆削之後未續者且若干年茲則登其新肄而增其所未備俾後之子孫得有考焉彼且以仁為心於凡物猶愛之而況其先世文獻統緒之傳乎彼且以繩武作求為後人永思錫類之訓而忍使自吾身忽之乎鄭君茲舉可謂有仁孝之心也已鄭君常扼于倭酋之繫貲賄可捐妻孥可後獨以其身殉厥譜牒其危身尊祖如此

則凡後之為子若孫居安履順善繼善述者知勉也已鄭君癯然儒者也無羸帛餘粟足以望族人之腹而且思用其材力之所能為以為宗黨無窮之貽知此則後之為子若孫掇巍躋膴擁雄據羨力足以致孝于宗祏者知勉也已是殆不足書以勸且勵乎然則南湖可實藤山可夷鄭氏斯譜有緝無斁吾且預識之矣

書王生詩小序

王生汝存氏自業舉子時即知學唐吟愛之者

謂非所售欲其解去恐妨功也迂之者謂是成名難泣鬼神者且自嘲萬言不直一杯水耳烏用是為生囂然塞耳也不數年生詩聲乃籍籍朋友間矣繼又籍籍庠序縉紳間矣今乃籍籍海内凡海内稱豪吟者罔不知有生皆願結交希相為引重也王生有志哉一日携是帙示余且曰玆刻不已鮮乎余曰玉苟連城雖鉤玦環珩不失其為珍也金而無麗雖盃盂笄珥不害其為寶也物而麟鳳雖單毛片甲不失其為瑞

也子謂盈罔溢諸聯翼接踵者之足侈乎生曰噫有是哉盖漫梓斯矣非以鮮為貴也余亦曰有是哉老人多誤語子其母異揖而歸之爰載筆云

王懋宣文賦序

吾友靜軒王子美材而茂殖深於經術為古文詞甚工晚且未售於有司視其志意益曠如也靈均之言曰予幼好此奇服兮年既老而不衰是殆為王子道耶間嘗慨近世之談藝者率好

明自廣因奮為文賦二首企凌雲之清塵嗣平原之遺則旨趣與衍開塞有途足聳聽聞矣然不輕以示人日則懷而謁予且曰我張吾三軍而被吾甲兵以臨文壘子與我周旋久曷援桴焉予謂之曰昔唐有李華遐叔者其人文質彬彬人也嘗為含元殿賦以示其友蕭穎士蕭品之曰景福之上靈光之下蓋謂其在文考平叔間也夫有蕭之絕鑒而後足以判李之綿麗顧予何人足辱命乎譬彼窶夫乍窺陶與璀璨震

其營魂晶熒蕩其旰矚心雖明其爲希珍瓌寶而咋口縮舌終莫能一舉其名産況敢議其價値什百千萬耶吾有同年曰雲竹翁者君家子雲而今人推之爲士安茂先者也夫赤水玄珠因象罔而生色豐城寶鋏借雷生而吐華物固有之文亦宜然子持是往請予殆見子振天台之金聲高洛陽之繼素滋不難矣昌姑舍我王子曰予之言實然然亦無然第姑識之吾且將併以質諸伯氏予不能奪也遂爲次其語如此

云

月潭贈言集序

余性慵緩深居杜門即處闤闠不啻山林幾不復知有人間事者乃有山人曰柯月潭氏者踵門請曰自余之來閩也凡諸縉紳先生未有不得見者也而惟執事者之未見也今且歸思于執事者之不可無見也敢以請且手其帙甚鉅作曰是羣公之贈言也先生其為我序之余惟卜筮時日堪輿之術古人所以通神明之德類

吉凶之情辨方正位澠川靈岳異之竅以盡仁
人孝子繼述燕翼之心而精其用者也京嚴陶
郭李袁楊曾尚矣然其全書不可得而見也師
承日遠支蔓紛然余嘗得而考之蓋疑難壅胸
焉夫五十有五天地之全數也衍不以蓍減五
而虛一其故何耶龜灼之法今且無傳矣雨霽
蒙驛克之兆烏從而窺也五行金木水火土有
定位成名專氣矣玆乃曰八卦焉洪範焉化氣
納音焉雙山玄空焉違方易性雖有三奇四吉

八門三十六禽諸術㫖是之憑以効其召吉之用乎天圓而動十干象焉以氣用者也地方而靜十二支効焉以形用者也故曰向干以定穴支以卜不易之道也今而八干輔于四正乾坤艮巽補于四隅戊已無列坎離震兌不設于用何其補湊而决裂也抑又異焉圭分中外針別正縫解之曰天之動也殊不知外壬天矣內之壬屬之天乎屬之地乎地果有壬乎此一隅之舉也夫運而不積天之所以為天也乃欲于半

字進退之間而求以象之抑末矣夫葬者乘生
氣也得水為上藏風次之如斯而已矣今而有
星法焉有巒法焉巒之美者星法未必協也星
之純者巒法未必善也將安取衷耶又且龍有
六十七十二之殊其名針有一百二十三百六
十分金之異其用騎刑截蕩挨金剪火開孤取
水仰掌側掌仙宮鈎提之異其裁書不盡言言
不盡意矣將何以會其全也夫天地山川鬼神
造化之理微妙玄通未易測識惟脱畧聲利玩

心虛明者庶幾得之吾聞山人挾是術遊縉紳間口不商貨賄言不涉關請其所揆卜雖灼有徵驗恒吶然若無所與又善為詩歌于羣公恒倡而和焉得所贈言則愛之重之集之梓之不啻拱璧駟馬之遺也則其志意視世之所謂術者果何如哉蓋嘗著蓍筴日抄催官理氣等書于古術多有發明然則山人其脫畧聲利者與其玩心虛明者與則于余心之所謂疑者尚亦有瞭然于中者與行矣山人無容易談他日下

芝城之棹訪余山中極論細繹嘗必有以取我者若夫揄揚稱述郭乎楊乎曾乎廖乎則諸作備矣余固不俟于贅也

雲海淵源詩序

夫堪輿家者所以宅生竄逝食川嶽之精而善人之道始終之寄者也古先至人仰觀俯察知流峙異情剛柔殊性相比而和相配而化相得而用相淩而滅肇興神術以幸萬世乘生據會冲陰和陽乃宅乃封聖功生焉鬼福植焉宗廟子

孫饗之保之于是乎在是以瀍澗卜周而過曆
楚丘遷衛而後傾稽山窆禹象鳥來馴闕里葬
丘泗流旋郤載籍所稱斯明徵已秦滅百家疇
術放失金匱地形僅存班志名可得而聞義不
可得而悉也已李郭先覺實開我人楊曾以還
學且墜地鄙俚恠談縉紳先生蓋未暇焉迨夫
有事經營取裁莫曉盡委俗庸恣其胸臆五患
四凶蔑知屏遠三吉六秀匪克靈承盲瞽相投
良可歎息其或以聖作豈徒大材不器攄龍擢

脉不倦披尋金篆青囊咸歸誦數探索偶協便
極表章憤悱未能輒興駁議沉冥糟粕終乏師
承獨是莫知獨非莫正遽命鋟青匪思尚白玩
辭則枝葉扶踈致用則風影同幻通人之敝斯
害也已夫五氣形地精通于天斗運中央日周
辰次東西逆順臨制四方八卦甲子神機鬼藏
用從則吉用違則凶不可不察也若夫天星卦
例邃古攸崇後代刻舟率歸鑿枘然神州鉅省
流峙多符豈五石之瓠難以小用者乎洪範宗

廟義隱難窺述用至今俱稱未謬神不可致思存焉可也至于五巒四獸簡易貞觀盡掃荒蕪歸之中正吾儒之學舍此安從然形氣相爲首尾亦有有氣無形亦有有形無氣此精微之獨異者也譬諸仲尼過宋不失所享優孟像敖豈堪授咢悟在象先妙存視表而欲并包支壟括以五形揆之造化不亦狹乎余息學山中斯未能信何君汝楫言至是邦原本野雲箕裘溢海精蘊襲自家承成法得于已試諸公爭致令聞

翁如懷刺踵門劇談彌月與獲我心相説以解引而不發曷以起予茲其覽眺殆周買舟西邁桃花春水一瞬千里諸君厚者詩以聲之音雅志和倂工驪倡余禮讀始間援琴未調興思丘壟繫君成勞是用憮然不辭援筆序以為引弁述所懷申以訊之云爾

仙石逍遥會後序

仙石逍遥會予既圖而序之矣然無恒期故或以旬或以月或以時衆謂䟽數之未衷也則有

言者曰吾聞諸夫子謂晏平仲善與人交久而敬之玆而會或踈焉或數焉數近瀆踈近忘或者他日難以久乎曷訂諸則又有言者曰吾聞康節氏之居洛也有四不出焉大風不出大雨不出大寒不出大暑不出吾儕壯而從于人今幸退而且老將謀逸焉風雨寒暑之或罹吾懼其未堪也曷謹諸于是乃僉議謂歲以月紀十二而週其日躔于鶉首鶉火星紀之次則大寒暑之所會也謂宜少休餘九月月各人以當之

足矣且維月之義也月之期初旬似先末旬似後初末之中夜多明月可觴可詠可以步歸為會最便不可舍是節則從節不以其旬先期肅賓旦而風雨主不治具賓不造門各安其處以俟再期議已衆屬予籍之以告諸在會者予聞諸禮少之事長有命則承有勞則服會九人予于齒為最後則承而籍之固亦少事長者之義也

烏臺崇獎序

侍御樊公以上命來按于閩居再期代且至矣迺旌顯循良崇獎廉淑以風勸于有位遵舊典也于時東廣王侯實令玉田公察其材且賢也以殊禮禮焉于是其邑之縉紳先生暨諸文學以及坊耆里艾胥吏輿臺罔不讙然謂公之禮異于侯也為知人而侯之政績之卓也為足以承其所異之禮而無怍乃其邑博黎君不遠數舍遣其弟子秦相曾良卿董屬文于余將以張大詡揚之且諗言曰惟玉田邑在萬山中道僻

且遠凡持斧之使者與藩臬之大夫無幸而至
馬其有至者率以取道過匆匆食傳舍畢仰視
日晷中昃即上馬馳去無暇出一語及民瘼彈
治事以故政教弛而弗張案牘紛而莫理弊也
久矣玆從吾侯之至也絃誦之聲溢于其庠催
科之擾絶于其鄉雀鼠之訟閧于其庭桎梏之
囚鮮于其犴城隍之守固于其疆盖未期月其
彬彬之績可觀如是矣先生其亦稔知之否乎
余應之曰噫山有木工則度之鼓鐘于宮聲聞

于外侯政之著余奚不知也哉盖今為政之患三一曰材之滯二曰見之窒三曰心之怠而三者怠之患為尤甚夫以不在民之志而湛于宴安豢養之樂固所以啟滯而致窒也茲聆于吾子之所言參于余之耳目所聞知以徵于侯之政月未逾期百廢具舉其材識明達者與悃愊無華不事外飾其志行勤誠者與夫明以立政則無滯矣達以應變則無窒矣勤誠以蒞民則有孚惠心矣三患竝祛名實無茂則夫觀風使

肴之致禮于侯也抑後矣剏侯載入仕彀其器
遠其行修雖古人所云龐張趙于往圖駕卓魯
于前籙者侯且優為之又奚有于是也余以樗
拙見屛于時夙聞玉田山川鬱盤風氣朴茂庻
幾漢陰之遺方將買田築室寶溪之上耕讀其
間以自老焉而又得侯以為之師帥夫豈不樂
也吾子歸矣持兹言以復于而師且為余致訊
于侯謂他日闒吏有報客有衣褐踵門願為侯
氓者侯其肯與之處而且倒屣迎我否乎

送憲僉李公督學山東序

嘉靖戊申雙峪李子以客部員外郎擢山東憲僉視學政行有日矣其僚瀫溪徐子輩十五人咸賦詩以贈而屬序于余余惟山東孔孟之舊邦而泰嶧諸山秦碑在焉夫秦之君臣其得罪名教滋甚是其樂石之刻後世宜無稱焉今乃巋然獨存不與阿房咸陽俱為焦土抑何幸也意者天醜其德故特章其穢于尼山闕里之地以甚其百世之詬使太後人知吾道之大如日

月之麗天江河之行地貫徹古今自不可廢彼
雖欲自絶者亦無所用其力耶不然則三代之
故物澌泯而不足徵者亦衆矣而胡兹石之獨
壽也且余亦嘗得其泰嶧諸山之刻而盡讀之
矣其詞采爛然甚有可觀誠博雅君子之所取
也向使祖龍能舍其私自賢聖之心而遵三五
之軌削焚坑誅黥之慘而重弓旌之招則其頌
德之詞雖不足以方駕典謨其視先公悔過之
誓車轔駟鐵之歌尚亦有耀矣而乃騁其强捷

之材以遂矜愎之欲卒使躬隕厥閭而繼世子孫曾不得托足于金城千里之固使後人指而言曰是固掃藏詩書之效也亦足哀矣然史記秦之制海內客卿斯之功為多夫斯學荀况者也荀况明王道而斯以其術亂秦之天下于以見師弟之授受亦不可以不慎矣李子行矣齊魯諸生待子之授而受也亦衆矣文行忠信以為教詩書執禮以為言俾齊魯之間濟濟如也彬彬如也則　聖天子有得賢之慶而子亦擅

造士之功矣亦不足樂矣乎抑余又聞之風胡之治或有羅金崑山之墟亦有厖礫多賢之邦未必無奇譎之士也子退而省其私如有為客卿之學者則施以不屑之教誨焉是亦教誨之而已然後以暇日上岱宗陟嶧陽躡之罘求秦人之碑而誦之且為余酹酒而弔其石曰汝奚不為泗濵之磬雲窓之鐫岐陽之鼓而久辱于兹頌也

送憲長吴公入覲序

在昔有虞五載巡狩羣后四朝敷奏以言明試以功車服以庸三載考績三考絀陟幽明文武作周維六年王乃時巡諸侯各朝于方嶽大明絀陟三歲則大計羣吏之治而誅賞之　國家酌古準今罷巡狩之典寢方嶽之禮令天下藩臬郡縣之長咸以三載朝于　王畿上厥治行以俟幽顯上無逸豫之遊下無後至之懼愚無髙位之竊賢無下僚之滯監于二代茲為善矣然京師地廣人衆縉紳先生三年而至焉有閭

里姻戚之歡有握手傾盖之故有先達名公大
人之望皆禮之宜交者也于是轅軫逼于交衢
紹介疲于將命羔雉竭于筐篚牲牢糜于餽享
乃入覲之吏則裒物宜載圖籍以待厥需行之
日矚其後乘纍纍如也若夫嗃矢公費撲滿私
槖借南金以重華名託琳琅以滅詬醜動而不
括出而有獲亦不謂無賢焉寵賂日章官欽失
列部民有銅臭之譏舍館有壞垣之擾而尊主
敬上之忱程材察勞之典反爲厲民之政矣由

是臺諫奮其清議　天子勤其詔告申飭覲臣毋征求于民毋乘傳于道路毋內交于京師之素常往來者思以澄汰污濫敦尚廉潔然羿合出于人情交際本之名教生民以來莫之有廢也而欲人之輟而不修棄而不講自非介若巢許狷侔隨光未見其能刻意而獨立絕羣而離類矣竊嘗妄意方今天下吏治之不清其患不在于法制禁令之未詳而患在于待之者太薄而甚之以不知自好蓋天之生材知愚不移者

十一可導而上下者十九故待以君子彼將君子自為也待以不肖彼將不肖自為也是故欲人之去貪莫若以君子長者之道風天下以興起其是非羞惡之心使其知所自憙歆人之為廉吏莫若尊顯靖退無欲之士使人知所趨慕而有所不屑為是以虞廷考績百僚師師湯舉伊尹不仁者遠好名之人能讓千乘之國匹夫慕義何所不勉焉今乃嚴指摘而畧甄别舍教化而專激揚目仕列如闒闒茸縉紳如商賈使

牛驥同皁鸞鷟比翼芳潔者無以自明溷穢者喜于槩及此志士仁人之所以疾首叩心而中材之倫所以回視而易聽也豈不惜哉余懷是說于心久矣而不敢以告人懼人之無同且將以為妄也廼者以視學之役得事吳公于楚眡其持己和而有辨外雖不為崖岸難犯之色而中確然有不可易之守其馭吏則刑其不可告語者姑教其所可告語者未嘗遽棄人于不肖之行若與余說有同也則以是請于公公盱衡

抵掌謂余言為然即今以入覲行復見其載無兼乘從無累騎笥惟公文舟唯輕舸其廉靜簡約視世之云云者何如哉余有感焉乃于其行也爰申前說以為贈云

送副憲張公自楚移鎮揚州海防序

倭夷蠢動海上且數年矣有司者罔豫戒也越歲甲寅乃大猘弗禁陷城郭戕吏民焚蕩室廬刼掠積藏雷熖灼于吴越几環之而郡邑者率相顧懍懍而維揚居厥上流當淮海之交南北

之會四方舟車輻輳之地去之最近形勢視他郡最重　聖天子南顧而慮焉爰採廷議慎柬憲臣之材者畀以璽書往鎮其地凡以思患豫防之也而天官氏以明厓張公應命誠知公懷抱利器久鬱厥施故于盤錯寄焉盖所以章明其材志而將遠大其所受者也乃有衆聞命罔不色喜嗟夫倭之患于吳越也自嘉靖甲辰以迄今玆殆逾十稔每東南風便溟波未有安流者則其所由來亦漸矣使當時之人有能懷厝

薪之憂嚴震隣之戒而且持以十年經營之力則必可以無今日之患縱有患亦不若是之烈也而為其上者方且束于簿書期會之末不暇以為否則又酣于湖山宮宇遊觀歌舞之盛以玩愒歲月為其民者亦惟習為聲容儀物藻繢組織雕鏤刻畫之技以便朝夕耳目之娛無復折衝敵愾之志以故城池不修兵革不繕積貯不備士民不訓一旦猝遇震撼非委而去之則坐以待斃耳蓋其患生于不戒而知勇困于所

溺也是以桑土綢繆憂深思遠君子有取焉維
楊畦町吳會風聲氣習無大相遼沉于晏安而
窳適于禍機識者已不能無慮矣余固喜其令
日之有公也居之以憂勤之心察之以精密之
智而係之以苞桑深固之計則其所以起玩愒
慆滛之習而為憂深思遠之風不難也嗟夫使
人人而有深遠之思則計慮精專意氣翕合將
解帶而城覆盂而池列草木而兵以守則固以
戰則克矣而況夫據億丈之高臨不測之深食

以積粟奮以精甲且重以公者哉則叢爾之倭
雖翦此朝食可也謂復有其患吾不信矣傳曰
山有猛獸藜藿為之不採殆是之謂與秋孟之
月天地始肅鷙鳥乃擊利用侵伐公卜自楚移
節于揚樓船蔽空玄甲耀日鐃吹交作江流不
驚羣公出餞冠蓋飛揚籩豆有楚獻酬既洽抗
手言別屬余序之余愧孱弱不能左執鞭弭右
屬櫜鞬以佐公周旋然當數公之至日執訊獲
醜報命　天子紓南顧之憂以承師中之吉尚

能為公舐筆濡墨詡揚而張大以繼出車之詠當不啻然遂已也

送副憲陳公兵備山西鴈門序

聖天子中興鋭意禮樂之治制作大備頌聲四達彬彬乎太平鉅觀矣惟醜虜罔馴于德歲輒深入邉境之氓禾黍菽麥不暇得耕麻縷絲絮不暇得績弱子稚妻號係朔野者不可為數也乃嘉靖戊午志愈大逞合圍右衛幸染指焉城中計粒而饔破柱而爨膚剥極矣邉臣莫之敢

攖也乃臺諫以聞　天子赫然震怒逮治制鎮
放斥債帥視諸所乘塞阨險之吏有不勝任者
謹易置之爰以璽書超拜河南僉憲芝巘陳君
為山西臬副兵備鴈門諸關蓋誠灼知其賢而
宅以不次之寵者也或則謂余曰方今虜氛孔
熾控弦十萬新羈千羣而又重以亡命之徒以
佐其謀參以中國長技以便其用吾貯峙乏絕
營伍踈脆不足以戰陳君信材且能然固未易
也余曰不然夫乘之所貴于駃騠者謂能陟險

騁危移晷千里也苟康莊徐步竟日一舍則駑馬任之無取于良矣器之所貴于鏌鋣干將者謂能排擊盤錯迎刃而解也苟齒堅則剡入厚則拒乃鉛刀堪之無取于利矣士之所貴于材力知謀者亦猶是矣陳君實先司馬公冢嗣秉節抱奇夙有令譽往嘗居武選于邊事最為明習乙卯之秋又嘗督梁宋之兵躬援白羊虜騎壓壘君堅陣以待卒走其衆即其所籌畫敷施蓋誠鎖鑰干城之良而國家奔走禦侮之選也

思昔玁狁侵鎬及方至于涇陽勢亦棘矣而吉甫于征遂播膚功之咏李牧之守鴈門也養威畜銳厚遇戰士示怯數載卒以一戰之威滅襜襤破東胡擊殺匈奴十餘萬騎趙之邊城無復嗚吠之警由此以視無競維人豈不信哉行矣陳君希蹤古人勉卒功業上以答　聖天子之寵靈下以纘弓裘之烈緒內以休士民之心而外以奪氈裘之鬼令人望大原鴈門嘖嘖而嘆曰壯哉虎臣國之寶也吉甫李牧千載之下今

再見矣豈不休乎若夫樽俎折衝之方帷帳制勝之畧則記有之曰微乎微乎至于無形神乎神乎至于無聲非惟若余冐昧不知所言雖在君胸中耿耿要亦莫能豫言也是爲序

中丞劉公鄖陽撫治序

鄖臺撫治中丞奉璽書兼制千里之地自藩臬閫帥而下暨于郡邑之守令丞倅戎衛之指鎮千百什伍之長與夫庾獄筦庫津梁關市郵傳之吏罔不奔走受命有勤而能與惰而汚墨不

職者得以舉刺易置之錢穀出納之數兵乘簡閱之令城池保障之防學校愷悌之教奸宄式遏之方有弛而不備及備而未盡善美者得以葺補整飭之遐陬僻壤窮簷蔀屋之民有疲癃殘疾饑寒困苦與夫含冤茹毒幽抑壅遏赴愬無所者得以昭雪煦育之是其道易行而志易達也雖然其亦有難爲者乎當梁宋之衝塞關陝之口而覆全楚之首是形勢之重天下莫加也而山川阻深失業亡命之民多遁而食焉值

存于凍餓苟免于刑戮視其身若不甚惜治之
緩則狗鼠攘竊縱逸于法度急則麇鹿決驟操
兵走險以自保且環列五城分隸三省各司其
局卒有緩急幸已無事好惡休戚無有同利而
共力者吾見其撫治之難也已故其選視他鎮
尤慎非才德譽望卓然衆所信服者不輕畀以
授之也嘉靖甲寅湖廣左方伯羅湖劉公實恭
是命以往公寅清而文明慈惠而果斷往為儀
部郎屬　聖天子中興銳意禮樂一時制作凡

公所更定裁決罔不脗合經誼會通時順精深醇正足垂典則其賦政滇南昆流壅閼民用胥戚踊鑿之議奪于神隆公躬總其役不眩不沮卒臻厥成此其楙樹立之章明較著者也其他如閩如蜀如越如楚宦轍所經咸有名實可以稱述是其才德譽望洽于衆心所由來者舊矣而豈一朝夕舉措之間而已哉則夫茲行其所以統治牧馭之方經畧威附之術在公固若乘輕車策良驥御以王良造父而騁于康莊四

達之衢也而何難之云在昔畢公保釐東土中畫郊圻慎固封守四海以康召公布政南國蔽芾甘棠勿剪勿伐維公所治北極宛洛南臨江漢二公遺烈耿然猶存皇華原隰周爰咨度得無穆然思悄然感惕然願見其人欲從而與之友者乎是則在公矣詩曰我思古人實獲我心又曰既見君子我心則夷殆見列郡之民將飫公之休澤而且頌畢召之繼見已

送右丞魏公擢任山東左方伯序

今之仕于外者惟左右方伯之位為最尊然勢鈞而體敵各思用其權以伸其志由是左有撓我之嫌右有軋己之惴操之者恒急而抗之者或至于過高且剛柔異材奇正異尚德化刑政異施先後緩急異用若南北燕越焉不相為謀而挾之以共事故指意多不能相通而其勢益至于齟齬而不可合夫天下之事雖不屑于苟同亦不貴于立異苟同則徇立異則激故孔子曰君子矜而不爭羣而不黨而史臣稱述虞庭

命官之美則曰百僚師師也同寅協恭也其故亦足推矣誠使為左者虛其受不私其權而曰兹王事也吾當善其謀為右者素其位不疑其厭亦曰兹王事也吾當効其誠相靡以信而相説以義交爭而不疑異于已而不非如是則雖迹不能以無異要之其心亦不失其為同惟夫操之太急而抗之過高彼此不得其平而各持其是非之説以求勝此其所以相遇雖殷而恒苦于相成之難也此齋魏公之為右方伯于楚

也其左實少室楊公魏公方介直諒恒能以善而効于楊公而楊之惇大寬裕足以取魏之善間雖少有同異而終無所拂逆所謂相靡以信而相說以義者二公蓋庶幾焉是以君子兩賢之兹者魏公以　天子之命進而為左方伯于山東夫以山東而視楚地固殊矣然為左者必思有以善其謀為右者必思有以効其誠其心則一而已魏公既能以善而助人必能取人之善以自助則夫絀世俗齟齬之私以昭同寅協

恭之誼弘虛受之量以踵古人相讓之美者在魏公將必有道矣詩曰靖共爾位好是正直敢以是為魏公贈若夫詫其顯榮而譽其盛德忘切偲之義而徒務遜志之言以為媚茲固魏公之所厭聞而在余亦無取焉

贈大叅楊公擢任荆南分守序

兼荆岳二郡而制之者湖之上荆南道也其地壯負襄峴東控鄂渚西距巴峽之口南俯長沙之背洞庭彭蠡蟠其胸脇山谷綿邈川澤深阻

民習于輕剽喜于訟奪故于治為難嘉靖庚戌東橋楊公以臬副來巡其地載下車即崇寬大去苛慝善其教令以風導之踰年而政平訟理桴鼓鮮鳴犴狴寡繫民用大和又踰年為壬子客有自京師來者宣于衆謂公當遷秩遷則必之他省迺屬吏聞其言咸憮然曰自公之來也吾屬始免于東濕摶沙之困庶幾夙夜殫其不肖之材力以祈免怨惡于上下今公有新命將且去我吾屬當奚恃乃百姓聞其言亦咸憮然

曰自公之來也吾民始免于秦越肥瘠之視稍
得蕃吾生安吾性以長育其子孫今公有新命
將且去我吾民將奚安遂相與作歌曰維公之
惠兮以日以年曷不我處兮有命自天既而遷
秩之命至則即拜公叅湖藩之政仍分守其地
視客之言得失蓋半焉于是其為吏者則既喜
公之遷而幸其未即去我猶得為其屬也莫不
懽忭鼓舞奔走而相慶其為民也則亦喜公之
遷而幸其未即去我猶得為其民也又莫不懽

忭鼓舞奔走而相慶復從而歌之曰章甫繡裳兮不易其方兮維余之望兮繡裳章甫兮處于其所兮維民之父母兮藩臬諸公聞其然咸異之以為今世之俗上之臨下下之事上惟務以勢分相維繫平居頤指氣使傴僂俯仰若甚親附即一旦勢異分移往往汗漫涣散無復一毫綿纏固結之意甚則屬吏之迹不出于郊行李之役不供于途至若去之以為戚留之以為喜寄之詠歌以宣其情而致其思如楊公之所以

得此于荆南吏民者世亦豈多見哉乃相率載酒陳俎絜薇之堂獻于公以為賀且命雙臺林子序焉

贈唐君赴任河南都司正斷事序

夫元戎握奇長子授律必有沉鷙魁詭之士為之主斷於内知難而豫圖慮勝而捷赴故能以談笑而當衷甲指顧而戢烽燧其所從來舊矣國家區宰寓内為都指揮使司凡十有三以綜戎衛厥幕屬必擇通經術諳曉世務者處之意

蓋取此然熙洽方隆興召希闊擇人擇官者率
以閒局視而豈知廷立之初其恃託之重若此
哉萬曆辛巳余友唐君以閩閫副斷事遷河南
都司正斷事蓋余始識君於楚見其學充而行
修材敏而氣毅謂其異日固清廟器也乃後二
十年方以拔貢官弟子博士最僅得一令又以
道遠後期改秩今兹擢謂足騁逸足乎未也竊
意君於是不能無少望者而君充之乎其容曠
之乎其懷若不知涉濟之有要津而蹄轍之有

捷徑者間以語余則以許為天下樞山川形勝之所走集古今賢豪之所出處於是乎在生平嚮往盖願遊焉茲幸以職事之間方將遡夷門之英風探博沙深井之烈槩周爰咨諏有複向時之鼓刀借箸者儔乎幾幸遇之以俟司閽者干城腹心之求則鄙人之百舍重趼將不為費步而日請公便庶幾升斗之縻慙亦少釋矣余聞其言甚愧而壯之盖余嘗長藩臬於中州若縉紳之耆碩山林之茂異尚未暇深知其人而

有所尊禮而況虚左豪俊於閭閻廝役刀錐之列乎乃君慨然有意於是其志豈不遠哉昔晋阮嗣宗求為校尉而步兵厨更稱名曹孟嘉不辭桓宣武之辟而州司馬遂擅聲方外此則官之軒輊在人不在位也唐君行矣用君之言畢君之志余見人將以君故指兹司之為清曹而為其闔長者亦且詑我之得賢幕也

贈鄭城驛丞陳君序

高下無定形榮辱無定在賢不肖無定遇及仍

之木附扵巖嶅則枝撓雲蜺隂翳日月然一辭丘陵結根樊圃雖籬落垣墉能隱之矣謂物之高下有定形可耶西國之帛文彩煥發天下皆知其美也然製為章甫則加貴焉以製綦屨則踐泥塗踏氷雪敝而棄之矣謂物之榮辱有定在可耶當世之士材高行美不能保其必進能薄類鄙不能保其必退是以展禽賢公子也不知扵文仲而三絀乎士師子之庸士也見是乎子噲而權尊扵管晏謂人之賢不肖有恒遇可

耶然則窮達者顯晦者貴賤者貧富者其天地之以是爲生人桎梏者耶尹氏役夫晝則灌園夜則夢爲國君方其灌園則自不勝其勞也及夢爲國君則又自不勝其逸也夫古之達人純白既備不以外嬰内不以利累形物來附己無所於軒焉物去離己無所於輕焉是以處王侯而不驕位抱關而不憂功成名立而不矜沒世無稱而不怍則吾又烏知乎灌園之不爲逸而國君之不爲勞也則吾又烏知乎灌園之未始

有勞而國君之未始有逸也若是者謂天地之能桎梏之否耶鄭有兀者申徒嘉與子產同師於伯昏瞀人出則并輿坐則聯席而子產不以爲陋者以有不兀者存也夫全道於心者雖形骸盡廢猶不足以爲身累況外是區區者耶陳君三山人也居于林子屋壁之東少常佔俾學爲儒既而習法令將爲吏又既而志在四方惟銜命藩臬得馳騁萬里可以自適也遂托足焉然常與人稱述其上世衣冠榮幸事輒爽然自

失也豈亦銓之未忘者耶嘉靖閼逢執徐之如月以年勞有鄭城之任謁別於余且索言焉余廼為是說以贈之蓋將廣其志知所自勝也

賀方伯五嶽陳公五十壽序

其壬子歲奉　世宗肅皇帝璽書視楚學政楚大多材又　肅皇帝湯沐地也流峙蟠紆貞元翁會于名世士蓋幾遇之乃于漢上得一人焉曰陳五嶽公今為吾閩省使舞象之年五行俱下黃童不足奇文舉難為慧者也今且雍容揖

讓于著作之林若羣羽之有鳴陽北海若之東面于河伯者矣余竊自幸謂足以藉手報　天子逭瘝曠也丙戌之歲夏孟八日為公誕辰余聞諸釋氏謂西方有聖人曰釋迦文者乃以是日生也又是月十有四日余聞諸黄冠氏謂為唐進士仙人呂嵓客誕而余適以茲日降何余二人偶遘此奇勝哉先是年公為余言七十壽末也期余以陟昇真宴虹橋仍羽人于丹丘留不死之福庭余于世無所可用久矣丘中艸木

讀之翩翩然不覺起雲霞想乃公誕余將以西方之美人爲祝耶即公聲方殷殷隆隆爲世所共顧彼瞿曇氏苦行獨善又何以稱也然梵譯釋迦者猶華言能仁又言覺也夫能仁而覺固吾儒之道也豈天玆日之誕公也固將以斯寄畀之耶公今年僅艾矣往嘗評廷尉守淮陽視學西川督餉江上乃今總七閩之邦憲作八郡之屏翰罔不分華胄漢揚光紫微誠所謂輝山媚淵聲實無茂者也行且爲出入均勞爲帷幄

倚毗為番番黃髮之老以上弼　當宁下躋民康是能仁而覺公不躬優之耶夫仁之為德體則靜矣覺之為德用則動矣動則陰翕之始也靜則陽闢之終也翕闢煦育冲陰和陽常有天命固公壽之道也詩有之曰如日之升如月之恒如川之方至又曰君子萬年福祿綏之其斯之謂與

總督中丞劉公壽序

君子能以其身持斯民之危則必有以履天下

之安能洒斯民之辱則必有以居天下之榮能
底斯民之生則必有以高天下之壽兹古今感
應之理天人合發之機一定而不可易者吾閩
自倭猾以來民之既辱且危而不得其所以生
者亦衆矣　聖天子南顧般憂背再易重臣以
靖之而石畫未虔溟波愈沸己未之歲鯨鯢在
野八郡震動于時帶川劉公始奉　帝簡來視
我師開府之日投袂而奮騎出于廐士出于郊
慎柬羣帥授以方畧批亢擣虚分道追討預戒

舟師過其走穴遊魂奔島覆之海上親發僕姑顛其大首氛祲廓清天開日朗功成貽貽矣乃公惻然歎曰民勞止矣其曷少休于是易增斂之絃鑒調兵之轍節省浮徭斥絕賄贈異留膏潤以蘇呻吟而後列郡之民始克卬首伸眉滌垢即安以僅完其饘粥室家之奉即今萬衆罔不戴孔邇之思切更生之感家誦日祝歸壽于公者余嘗謂古之名臣英佐其垂勛樹績雖本于天之篤生以昌大國家之緒要其所以能享

福艾于當時流慶澤于苗裔者亦必自其一念
憂勤惻怛之誠篤棐精恭之節乃克承之惟公
躬擐甲冑蒙觸霧露蹈危履險執訊獲醜上以
保國家金甌之固下以貽閩海烝民之安豈非
忠愛之誠出于天植者哉是其所以宏履順之
基而豫受禄之源者固已厚且遠矣則夫他日
之勳勤鼎彝佐隆台鉉多歷年所爲國蓍龜固
理勢之所必至者在昔漢唐鄧高密汎掃赤眉
名冠雲臺之列裴晉公功成淮蔡身係安危之

寄以公視之將無同然乎哉茲歲孟春既望六日為公誕辰郡守吳侯詢諸寮寀謀所以壽公者乃命侯官陳令懷安唐令造廬徵言于余余惟公之所以覆露于吾閩者其功甚鉅雖無所請猶將勸而入之矧寵以諸君之命其又敢辭既乃都運吳君聞之亦曰諸君茲舉是吾心也併以屬余遂掇其實拜手書之用以為慶云

賀定泉吳侯壽序

余嘗誦習詩書汎濫史傳見其論申甫之生則

本之維嶽之降紀胥靡之相則謂其為帝賚之
良列星之精未甞不穆然改容曰天之仁愛斯
民何其至也欲致其安全保乂之勤則必為之
篤生哲人畀以不器之材而授以有赫之位使
得以極其心思智慮之所欲為與夫權力之所
能為者措之猷謀而章之勛烈以大造于有衆
盖其有以篤于兹人者乃其所以篤于斯民者
也吾閩自昔稱為樂土閭閻田野之氓惟知日
用飲食以蕃其生老子長孫以若其性者亦已

久矣豈復知有所謂兵革戰鬬之危傷掠滛燹之事者哉自海防告弛倭醜蝟興巳未之春氛祲彌熾噬濘搏泉咆吼福安吮血莆陽舐舌福州壘于近郊環郡之民鳥駭魚散罔有自堅其命者而吾郡侯定泉吴公適奉　帝簡來守是邦公于是奮果毅之容宣優渥之惠訓兵齊衆則人懷敵愾之心振廩捐金則民忘中澤之歎曾未浹辰寇以遠迹維時幕府上功輿人詠德亦有膏露零瀼在庭而公謙抑罔居憂勤彌厲

雖在嚮晦宴息之時無忘桑土衣袽之戒由是城無增而不高池無浚而不深庚有峙糧士有餘勇威稜遠震羣醜奪心玆雖春汛方嚴夷舟焱發載窺鄰壤罔不震驚而吾四境之内父子家人飲食笑語晏如平時自非天之陰騭我閩擇公以授則曷有是哉仲夏之月生魄明日實公誕期其寅張公孫公馮公暨鹺司諸大夫來謁于余謀所以壽公者余聞之詩曰愷悌君子神所勞矣言得天也又曰俾爾昌而大俾爾耆

而艾言得人也惟公仁聲馨烈洽于遠邇而播于上下是以天鑒其德則膏露湛于崇庭　帝懋其勛則南金頒于御府人效其情則清風播于輿頌斯信順之休徵而天人交贊之極致也則夫公之所以朋三壽而綏百祿紹周翰之英而揚商佐之懿者將不在玆乎于是羣公咸曰典哉子之言也可以壽公矣遂再拜稽首書以爲慶云

賀澹軒吳封君壽敘

上章涒灘之歲玄月既望為我郡侯吴公乃翁澹軒公之誕辰先期其寅别駕孫公司理馮公將馳文稱慶相率過余而授簡焉余惟今世之所貴夫聰明皎厲之士者我知之矣抒其經緯則於難成之事而可以有成縱其揣摩則於難知之情而足以可知其精神才力一時之所鼓舞建立非不燁有可觀也然神外用則易疲機太設則難繼故其成也虧也益也損也轉轂相尋而不可已也惟夫有道之士則不然察其躬

則僾然若不勝衣聽其言則吶然若不能出諸其口安常處順闇闇默默舉若無足以可人意者迨其畜久而通則見其高朗昭融行與吉俱而動與福會雖在聰明皎厲之士有殫其平生智慮心思巧羅曲致不可必得者莫不畢萃於躬安坐而備享之豈非忠厚正直自足以來百順之宗而刻核機械人巳所忌雖在神理亦所未全與者與余嘗執此以觀於世蓋有莫能余違者以今徵於澹軒吳翁盜不益信矣夫翁之

先浙人也裔于延陵望于嘉禾中徙永昌載歷
三世流光遠矣而翁孟務滋其德厚以閎大其
慶緒躬抱至行與物無忤樂善好施不矜不倦
子有丈夫三式穀其教仲遊上庠季領鄉薦伯
登甲科即定泉公今典吾郡翁生於　孝皇帝
紀元之歲今坐閱春秋四百四十甲子矣耳目
聰明步履強健以伯子貴　天子封翁如其官
歲時伏臘飲射讀法冠帶佩服與長吏相爲揖
讓周旋登降雍容委蛇觀者咸嘖嘖焉是其樹

德之滋而食報之厚如此豈幾所謂有道之士
畜極而通吉福攸萃者也昔漢樊君雲氏性溫
厚有法度恩加鄉閭陳仲弓氏平心率物衆無
怨惡率皆躬擅令名優游遐算厥子若孫宏儁
紀羣後先濟美為國令臣史氏述之迄于今茲
有遐慕焉廼觀於翁其斯人之徒與則其異日
之允升期頤享有康裕詩書纓組振振繩繩較
之二氏吾又不知當孰為先後也方今載筆能
言之士充塞省闥敘述巖棲之良發揮幽隱之

德應有身任其責者安知不以翁事紀於金匱石室之秘以光華圖牒風厲名教俾後之視今如今之視昔者哉是未可知矣然獨念余嘗以郡倅張公之命既以文為壽於侯兹以羣公之請復以文為壽於翁乙族而再頌焉觀者得無以我為諂乎然古人固有以得交名賢父子間為幸者則余於兹不惟有樂於心抑亦有以自解矣

壽曾母太孺人八十又九序

雙溪曹子僉憲事于楚臬盖其母太孺人劉未之從也嘉靖乙卯太孺人再閱甲子周天又十之五矣三月望日是為誕期雙溪子自楚馳使祝焉乃藩臬大夫聞之咸嘖曰美哉母之壽也則以幣交于雙溪子俾為太孺人歡又顧林子曰披華撰德吾子責也曷頌諸余辱與雙溪子官同臺又辱與其姪魯原氏年同進也其奚以辭且雙溪子常有以詔余矣其言曰曩辛亥歲漢以南曹郎擢今職因家拜母堂下畢長跽請

曰漢不肖幸賴大人慈訓爰有今日兹將入楚
維晨昏踈違顧得奉軒輿以行楚道此不遠西
北走宜春即十日可到幸大人哀憐而許之母
謂漢曰自爾父及爾不家食吾周旋於荆楊吳
楚之墟者殆且三紀今幸佚焉維土物愛且諸
孫及婦皆善事我者我自樂此不能千里外從
若遊也漢因頓首固以請母曰嘻母用强我爲
也禮曰大孝尊親其次不辱其下能養又曰君
子之所謂孝者先意承志汝獨不見而父宦

于四方砥礪名行不使有不善焉加於其身以為吾舅姑之憂汝又不見而陽明師乎其道德文章功業日麗天而水行地至今凡有心知耳目者咸曰幸哉有子若此汝其可忘之耶夫備甘旨侍晨夕以求歡於其親者閭閻之行也立身行道揚名於世以顯父母者君子之守也今玆楚臬汝其往矣恪守彝憲毋貳爾心奉承父師之明訓以光宣　天子之寵命則吾居玆雖汲泉而啜之若飴而甘也采毛而茹之若膏而

旨也奉翟冠象服而御之若山之有玉川之有珠而益增其輝且媚也雖遠於汝吾之志樂矣苟官列之不修先訓之不廸寵光之不宣則雖日侍吾左右候晨昏具滫瀡適以為迕非吾所願矣蓋余所聞太孺人之賢於雙溪子者其詳如此嗟夫以余觀於今世人子之所以事親與親之所以期其子者何其與孺人曾子所趨之志異也上焉者豔珪組之華侈綸綍之渥詡晝錦之樂誇閥閱之盛以為鄉人榮下焉者即思

厚其貨殖財賄多市美田宅器用飲食裘馬之
具以為便安計間有稱能讀書知談義利之辨
者尚或冐焉居之而不疑而况閨壼婉娩之姿
陰柔吝嗇之性者乎乃太孺人獨能蟬蛻世俗
富貴利養之態舉父師之懿以督勵其子豐溪
子亦能祗承厥志不懈于位以光昭母孺人之
令德其所以樹慈孝之防以勵頹靡之俗者其
義甚偉廓而大之雖勒金石垂不朽可也是故
不足以壽乎曦之五福曰攸好德易曰受茲介

福于其王母孺人有焉詩曰是用作歌將母來諗又曰夙夜匪懈無忝爾所生雙溪子之謂也余不佞敢以是爲壽觴之侑

擬御史三年考滿賀序　館課

天下之以身殉職者孰艱哉臺臣是已人然而已不然莫可遂然也已然而人未然莫由自然也近則持其身以餌一人之喜怒遠則持其名以餌百世之榮辱蓋日與外物鬭者也楚人豫且漁於江潭三年得白龍焉方其牽之而怒也

逆之則不能止縱之則勢屢反當是時百川沸騰天宇冐昧驚波駭浪屋峙而山立雷電交繞於跬也其於覆溺殆比鄰矣非夫死生禍福不悖於心傾軋震撼不變於觀未始有獲也今夫臺臣之爲嗷嗷者人將以其剖槩之也之爲恂恂者人將以其柔槩之也嗷嗷則有鬬捷之患恂恂則有繞指之患上成而下比內方而外不劌行仍於道者其進於此乎洛陽少年之勇其辯也訾之者以其激也而與者亦以其激也陽

大夫之有待也訾之者以其緩也而與者亦以其緩也故曰君子之道或默或語知柔知剛其君之初為令也化孚于岷懸衡而衆不越當路以其能十薦剡而五剡光及焉　天子知之習也即擢為御史以羆其身之耳目為寄也視而不明厥諦曰矇聽而不聰厥諦曰聾非夫人所司也唯君能以時調護之正議而不譁微諫而不怒緩激視乎宜不尸其利是故有期於以貫生陽子為是者莫君是非也期於以貫生陽子

為非者莫君是非也居於其位且三年矣考績于天官氏猶白龍之獲也戶外賀者肩相摩履相擊矣余因賀君者也願於君有效也昔者孝已愛其親也夫人咸欲得其為子也子胥忠乎君也夫人咸欲得其為臣也彼於忠孝沒身而已烏乎滿君之善於御史固　天子之所欲得者也願君之勿自滿也白龍將繼此有獲焉詩曰愷悌君子干祿不回敢藉之以効于從者

櫟寄集卷之一終

櫟寄集

叟

櫟寄集卷之二

閬中　林懋和　著

沔陽門人陳文燭　編

僚官友人王　湛　校

姪鍾岳同校

湖廣按察司續題名記

嘉靖甲寅恒陽王公按察楚臬秉憲執物正色率下風聲所暨江漢之流若澄而清焉乃以暇月稽文獻蒐放逸知臬舊有題名石歲久而盈

嗣者罔紀也嘆曰章往攷來存典刑以示風厲
厥石不為無助矣其庸可後乎即購珉于大別
之麓礱而瑩之彙次諸前名氏之未登者鐫于
上且虛左方竢之無窮復謂余曰子以文役者
也其能為我識歲月乎余聞人之恒言曰為政
之道先其所重後其所輕先其所大後其所小
似矣未善也不曰重者輕之致而大者小之成
乎輕小而有遺斯重大之弗極而況未必輕且
小者乎蓋嘗竊計玆石其致之也程不必逾舍

需不必一金役不必無旬宜舉之特易易耳而自壬子迄甲寅念之者無慮數人竟弗果續豈非視其為輕且小而無足為者乎夫受大者勤小圖遠者慮近昔諸葛武侯以區區巴蜀抗衡吴魏宜於細務有所不暇今攷其國内之政則雖輿梁道路之屬莫不除治陶長沙公都督八州夙夜之所經營綜理視竹頭木屑豈無先者然且有所不廢古人趨事赴功其心之憂勤惕厲固如此也矧夫兹石遠之足以垂百代文獻

之傳近之足以為吾人鑒觀之助者哉而固可後乎是故觀公於茲石之建以推其率作興事之衷則凡自一石而上者可得而知矣居赫赫之位而持之以乾乾之圖負優優之材而綜之以亹亹之知公之心其古人之心哉雖然茲名之石因公以續吾儕之名因石以傳盛矣然余有懼也則嘗即前石之所紀列者而備考之其功業施于時聲稱垂于後至今烈烈然與楚之衡岳洞庭相為高深者余固幸得知其人而景

慕咨嗟之然亦有惟名之存而求其流風餘韻
不復槩見者又未嘗不遲回踧踖媿余之孤陋
粗跡無能盡識當代文獻之盛以知其人之詳
以釋其疑於余心嗟夫人之所欲傳者名也既
傳矣而又不得其所以傳如此則寧不足懼矣
夫書之祥刑論哲人降典析民其道惟曰敬忌
罔有擇言在身惟克天德而其功用之極至於
自作元命克配在下以有無疆之辭廼兹臬
或者余之所懼庶其免夫是又王公所以立石

之意也爰書以為記

壽硯亭記

陳子玉叔搆亭于沔水之陽名之曰壽硯攬黃蓬帶滄浪山川夷曠林巒清邃盖其讀書㝡勝處也丙戌歲以行省右丞旬宣吾閩屬余記之余惟亭謂壽硯者乃硯者壽耶壽夫硯者壽耶亭固壽夫硯者耶抑非耶彼其為硯金聲而玉質磨涅不能使之污燥濕不能使之變固自有其壽者也而奚亭之為意者玉叔之誦習於是

也見古人之蹈仁迪義居安資深動容周旋蓋
袞元吉則知君子有立德之壽見古人之焦心
勞體以勤生民保大集勳以殿邦國則知君子
有立功之壽見古人之聖作明述經緯宣朗典
訓彝章憲于世世則知君子有立言之壽而思
有寄焉以為最維兹硯之恒德庶幾於不朽有
合也乃作是亭而畀之名其意良亦深遠乎哉
或者乃曰天下之物固有相得而名相持而壽
者蘭亭以脩禊而高襄樓以文選而勝玄堂峙

蜀雄之貽也絳帳標秦融之烈也湯湯漢汚壽硯有亭則實陳子之以矣後之視今猶今視昔亭與硯與相得相持以名以壽殆未可量也已余曰子之言誠然宜併書之以諗來者

王氏宗述記

夫人之保姓受氏昌甞不本於神明之冑賢哲之裔哉年祀曠邈榦肄屢分譜牒易荒同異未考仁孝之士每深慨焉永安州守斗坡王君奉厥考秋菴公類姓遺籍自　祖　公始下沿當

君之身暨子若孫載歷七世世世率單承乃今孫
枝日始蕃碩纂為宗述以貽後昆本始章明倫
序攸秩七世而上見聞未逮謹而闕之以俟蒐
輯乃若合異為同續短為永株摭華腴侈燿觀
聽則不為焉可謂卓識也已夫不能紀遠而紀
於近固亦古之道也謂君為仁孝之士非耶帙
成奉之以示其友林惟介氏畀為記之盖余薰
沐而後敢閱為有尊也帙首貌偉丈夫一異時
史斗亥為王君作者也亢顙而峻顴踈髯而隆

準冠巍履方手白羽而服逢掖肅乎其儀若有臨而須也專乎其容若有揆而營也面挹滄流而背負喬木淵哉王君之旨其示後人以先本源之思者乎又且遺像有列嚴著存也丘隴有體表形勝也地有約劑界有封樹判有公牘謹犬牙杜侵競也燕翼之謀遠矣乃余則尤韙其積陰德之說焉蓋有應而非私有作而非利闇然無章而充然自得者陰德之謂也無心之感與天為徒玄通之機神理必察是以君子貴之

維君初祖襟度夷曠與物無忤造適填詞而衡門歌鳳怡情筆陣而墨沼飛魚典刑雖遠流風尚存教授公纘緒繩武昌我家學成材企乎蘇湖相藩跡乎董賈縉紳先生咸有述焉始基篤矣斗坡君敬承義方成器利用郡邑敷施須留勿剪　帝庭懋績綸貫幽阡兆足以行遽卷而懷明雖未融耀且將遠盛德之所宜也乃尤惓惓以茲為訓可謂知所永貽者哉且余嘗觀古之名家鉅族其勳業樹於當時福澤被於苗裔

雖緣先慶亦藉後賢是以孫叔掩蛇躬柄楚政
啟宇寢丘綿祀十世楊公擭雀吉兆玉環四世
三公作楹漢室是雖天之祐善如取如携要之
子馮遂掩震賜秉彪忠勤清白濟美象賢有重
積云耳不然豈無他夫閉門拒詔者未覯賞延
躬除三害者卒蹈行陣豈其皇孫之重劣於一
禽虺螫之妖慘於蛟虎哉此又理之不推者也
是以君子致力於常善冥心於降福為可繼已
乃若朝宗江漢發自濫觴結駟隱藾擢自拱把

有本者如是斗坡君則既本之矣殖而沃之俾日新潛而行之俾無止以極其大且遠若其望固有屬也詩不云乎夙興夜寐無忝爾所生文曰無念爾祖聿脩厥德王之後人其克念玆詎維孫揚雖千百十祀可也

重建邵武府治記

邵武為閩西戶屏楚控越蓋雄郡也府治剙自洪武戊申歷載二百土木之精質楛然竭矣萬曆丁丑江陵岳侯以冬曹郎來綰郡符入而視

其堂支拒森如苴葺鱗如液漏沐如寢如堂廨廡如寢門祠庫犴如廨廡殆益甚焉恩有以亟易之未暇也既明年政平訟清列邑乎惠乃下令議撤而新之詢于庶民庶民奮興咨于寅寀寅寀協恭請于監司上于兩臺咸賛厥可經始于萬曆七年二月初九日迄工于本年六月廿二日尋尺當材餼廩稱事斲削圬墁維能維工無虛傭無濫費堂寢廨廡門祠庫犴殖殖井井而府治之大觀備矣乃遣使屬余記之祉余掌

有政於四方見所過公宇多圮廢弗繕詠其故
大約有二爲名高者則曰吾圖民康之未遑而
遑求安乎哉務自寬者則曰興作則煩民裒斂
則近利官謗將遘吾不堪也姑待能者故往往
裕蠱而留費抵於極敝而後已彼以遽廬傳舍
視之者又毋論矣夫若考作室厥子乃弗肯堂
弗肯搆則必不象克家之譽臣之事君猶子事
父也吾君之俾有盜宇以臨其人民乃坐視其
翹翹而休焉一室滋弗治而曰吾勤民勤民其

猶以怨讟為解也不曰義以使之而謂勞乎節以用之而謂費乎是蓋牽於習俗虛拘之論而不篤於自信者之過也惟侯茲役其始之議也上下無異詞其既之作也板築無譁聲其終之成也遠邇有賢頌華當而行有嘉躬休而下彌附其視夫墊隘苦形以斬名高因循苟且以幸無事者其相去何如也由是觀之則侯之為政可知矣夫風雨攸除鳥鼠攸去君子攸芋攸躋攸寧古人之所以歌作室也維是新署高明以

居視聽以遠心志以夷以出政令以敷教化毋亦思廣風人之義爲薰風爲時雨以披拂吾民之生爲豺貁貆爲後鷹鸇以敺吾民之害匪特爲漂揺之不驚牙角之勿擾則固侯今日興事意也文中子曰安我所以安天下道豈遠乎哉敢藉貞珉爰告來者典役有位則具碑陰兹不贅云

新建分守河北道題名記

中天下而畫壤是爲河南布政使司司分四道

河北其一也撫郡三州縣十有大北枕邯鄲南面濁河東割大名之脇而西履大行之尾地險民儉素號難治云乃嘉靖丁巳客城陰君爰以亞參居守其地屏貪殘詢疾苦躬田野而拊循之晝郊圻而鎮守之吏有具瞻民有怙恃奸宄不作政乃大和始以暇日鏡覽往牒得名公鉅卿之常賦政是部者凡若而人裒輯其名氏邑里次其先後將登諸石而表之虛其左方俟諸無窮且謂其同年林子曰其為我記之余惟不

[illegible]之名繫于思不窮之思本于政政而宜其民則無心之感沒世弗諼是以甘棠之詠章甫之歌皇矣美哉不可尚已而奚石之足云是故登名于石以為不朽非君子意也然而為政者不廢何哉凡以著教云耳夫自封建之制壞典籍之官日失其守所見異辭所聞異辭所傳聞異辭其在朝廷之上英君誼辟一時經綸損益之制與夫公卿大夫士所以朝夕造膝犯顏之言猶有不能謹書而備錄之者而況乎方岳牧伯

旬宣於百千萬里之外者哉教令不出於疆惠
澤靡竟于世而欲得其悃愊之詳於蘭臺石室
之上亦已難矣是故吳公治平天下第一也攷
其行事不少槩見則其他希闊者可知已由是
勤官者無所於師而玩愒日月者亦將失其所
以感憤興起之助有識之士所為太息也則為
之志邑志州志郡志省以盡其凡而又於大小
百執事臨蒞之邦表著之位伐石而樹之登名
而紀之以徵文獻貽久遠俾來者有所考據得

以論其世焉賢賢而能能白白而黑黑與之以名雖使其人復生莫敢辭且諱也是其所以為有位之儆者其義甚嚴余故曰九以著教云耳乃陰君今日之意豈不謂是哉嗟夫甘棠懋召伯思峴首登叔子顯彼二賢其亦何心然其流風餘韻至使千百世之下履其地想其人徘徊嚮躅歎慕嗟咨若將見之且思欲從之遊而不可得何其盛也而世固有席之未煖而令已違轄之方脂桑陰未移而人已思改紀其政者抑

又何也豈今古之人果不相及乎抑從政者可以思矣如其不然而徒曰石者所以為堅也名者所以為永也是之謂不朽則余雖愚也其又豈敢

擬呂梁洪修建閘壩記 館課

嘉靖庚子黄河決南皮寨裂野雞岡奪汶泗諸泉入于淮徐州呂梁洪流斷絕漕舟抵其下經月不得上憲臣以其事聞天子曰吁積儲為天下大命漕粟不至太倉則虛朕大夫士三軍其

何食咨爾卿其克公克敏久簡朕心其宜往爰
究爰圖勿亟勿濡以紓國虞無俾先臣瑄之遺
烈廢而不嗣公稽首受命載秣其駒載脂其輿
載疾其驅以極于徐審地形詢故實集衆議知
國初漕運匪藉河流唯櫃水導泉策冣便後弘
治時黄河決入運道水驟溢總漕政者苟目前
忽遠慮踈櫃之法漸廢以底有今日乃督其屬
道七十二泉以沛其流引汶泗諸水以會其源
仍出新意建閘一於洪之北廣凡若干尺緩彼

建瓴之勢建壩一於洪之南廣亦若干尺用全盈坎之功謀畫既定畚鍤俱舉礱石佐堅葦壤增厚凡幾閱月而功告成猶是蓄洩以時啓閉有節浸不稽天亢不坼地蒙衝巨艦輻輳並進揚帆中流直趨通惠天府之粟如丘如山矣衆咸謂公之能不辱命也功有成也乃屬予記之嗟夫事無難濟唯賢乃乂方河之南竄由庚子歷壬寅主議者非一人董役者非一士唯公出則利興害除人亦有言千羊之皮不如一狐之

腹亶其然哉昔西門豹治鄴晉國興歌白公衆渠史籍美之彼皆惠被一方利窮越邑而猶爲後人咨嗟頌説而公功成於朞月利盡天下飛輓息肩運海罷議回視二子功斯蔑矣余不敏僭而記之使人知國家善治河者前有恭襄後有某公于古有光不亦休哉若夫纘繼丕烈以永補漕政無俾失墜唯後公者念之某記

擬京城新建帝王廟碑記　館課

皇帝即位覃仁布惠民用乂康物無怪戾天昭

其文地闡其珎人效其情裨海內外罔不底于寍謐乃議弘規制攷百代禮樂參上世文質觀其會通憲于世世於是大臣小工合辭進曰蓋聞崇德報功帝王之盛典國家之大事不可廢也至治之世神不乏享民罔黷祀以故生祥下瑞菑害不興先聖之所以求揚烈光擅厥休譽者率由茲理臣竊觀元始之世玄黃載分人物紛揉罔適攸居三辰五紀六府九疇未甚明白修舉迨于叔季天吏不

作豪傑雲興奸雄飈起四海鼎沸萬姓瓦散于時實賴三皇五帝三王漢高祖光武唐太宗宋太祖元世祖及其臣風后力牧皐夔伊呂蕭張房杜曹岳伯顏等同德戮力繼天出治或以道化或以德教或以功勸或以武定禍亂或以文綏太平或股肱王室或藩宣四方載在圖籍足可稱數者十有六聖君三十七良輔要業被當時功施到今不容闇沒者也夫德厚者流光功鉅者思遠故祭法曰法

施於民則祀死而勤事則祀以勞定國則祀能捍災患則祀歷代帝王功臣允稱斯典是以我

太祖即位首建廟於雞鳴山以時致祭重其事也

成祖纘緒據九鼎按圖籍以燕雲為天府之國營而都之一時草創斯廟未暇更卜奕代相承遂為曠典今賴

皇帝神聖中興屢和體信制禮作樂正郊丘之

儀考明堂之位嚴宗祀之禮至德馨香百神
受職道配於天地業隆於繼述巍巍蕩蕩不
可尚已維是帝王之廟未覩厥新缺神人之
歡墮恤祀之義非所以美中興廣
聖孝舉斯世於熙皞之隆也臣愚以為大禮不
宜久荒明德不容無報宜勅有司協時諏日
度地飭材别建新廟續累世之墜典備我
明之盛制豈不韙哉
天子聞議穆然改容曰俞乎可乎於是羣臣咸

稽厥首稱
皇帝明德恤祀振古無有刻于金石以著悠久

襍文類

春秋春王正月周正攷

周正建子改時與月孔子作春秋首書曰春王正月者從周制也當時傳春秋者三家見而知之則左丘明也或見或聞而知之則子夏門人公羊高穀梁赤也其後三家再傳漢則胡毋生董仲舒孔安國鄭康成何邵公賈景伯服子慎

晉則杜元凱范武子隋則劉光伯唐則孔穎達啖叔佐趙伯循陸元沖皆專門師授有所傳聞而知之者也踰數百年不聞異說迨至宋儒始出胸臆以為周正建子者非改時與月也惟是元年之紀自子月始夫子作春秋志行夏時乃以魯史子月年始書於夏正建寅之月埀法萬世其在周人則初未嘗改仲冬為春目十一月為正月也此一說也或者又以周正建子即正月也其改月明矣惟時仍為仲冬未嘗改也夫

子志行夏時故加春於王者以夏時冠周月假天時以立義示後世之可行也曰王正月者以周正紀魯事示無位不敢自專也此又一說也嗣後諸家各伸其喙網羅易書詩禮月令之文與夫春秋二百四十二年災異之紀凡可以為吾夫子行夏時之徵者罔不獵微剔隱不憚牽合至於經傳齟齬物時差互不能曲通者則直指以為左氏之誣漢儒之謬槩舉而盡廢之其主於不改時與月者則必因文緣飾以成其編

年寅月之說殊不知改正紀元帝王大典身[illegible]
周臣文紀夏正是改物也繫纓以朝子猶靳之
況元朔之易乎夫子雖有其德亦必不爾為也
此則大義之不可通者也主於改月不改時者
則必因文緣飾以成其夏時冠周月之說殊不
察周未改時則魯史四時固得天之常矣乃夫
子書春以冠之是四氣之常遞遷其序者反自
夫子始矣乃以為假天時以立義也不亦異乎
此又其說之不可通者也羣咻衆難填腹塞臆

絲泣蒼黃岐惑南北雖以考亭文公多識稽古亦以是為千古不決之疑蓋嘗因是深攷當時經傳之文旁及遷固二史所載秦漢行事之實與夫律歷天文志命筭推步上求往古晦朔分至之故稽其日月詳其先後訂其辰次有以知周人之必改時與月左氏公穀漢晉隋唐諸儒之說遠有端緒而後宋諸人紛紜異議非惟泥於為邦之告尊信太過抑亦不精不詳而尋聲附響之失也請試言之均是月也而子丑寅之

獨得迭為正月何也堯之命舜曰天之歴數在爾躬言帝王受命本諸歷數歷有三統天開於子斗建玄枵天統正月也地闢於丑斗建星紀地統正月也人生自寅斗建析木人統正月也三王代興各據其統迭以其月以為正月明其受命于天也義盖是之取爾夫既以其月為統之正月矣則其他時月安得不改其數易其序以從之而尚仍前王之正乎此必無之理也漢興去古未遠典籍煨燼之所餘師儒誦習之所

自猶僅有存者故陳寵傳云天正建子周以爲
春地正建丑商以爲春人正建寅夏以爲春豈
其創語耶夫固有所受之也今爲宋儒之言曰
前夫周者以丑爲正其書始即位曰惟元祀十
有二月則知月不易也按困史太初歷志上推
太甲即位元年得十二月乙丑朔旦冬至而引
書序伊訓以證之曰惟太甲元年十有二月乙
丑朔伊尹祀于先王誕兹有牧方明謂以冬至
越茀祀先王以配上帝據此則知商書所稱十

有二月乙丑朔者即夏時之子月其稱越[illegible]
先王以配上帝者即以其月朔旦冬至郊祀上
帝與汲冢周書謂三代雖改正異械以垂三統
至於巡狩祭享猶自夏焉者其說不約而同宋
儒殊未深究乃謂商書惟元祀十有二月指為
建丑以為不易月之證義亦踈矣然考之今書
無文但漢書歷志所引當時必有所據今則盡
逸之不可攷矣又曰後乎周者以亥為正其書
始建國曰元年冬十月則知時不易也按史記

始皇二十六年始并天下改年始朝賀皆自十
月又後十一年乃崩沙丘迄無元年冬十月之
文至二世三年子嬰立漢高帝入咸陽始書曰
漢元年十月沛公兵遂先諸侯至霸上不書冬
也固史則書曰漢元年冬十月五星聚于東井
沛公兵至霸上天文志亦同但下又云五星聚
于東井以歷推之從歲星也此高皇帝受命之
符也宋劉攽註云按歷太白辰星去日率不能
一兩次今十月而從歲星非也乃是秦之十月

今七月日在鶉尾故太白辰星得從歳星也初
議茫然細攷乃得其說盖謂秦改年始朝賀皆
自十月謂以十月為正月也設不改月而仍夏
正則十月是娵訾之次其月日躔應次析木太
白辰星附日而行遠不能一兩次當在壽星大
火之間今日在析木距東井一百二十餘度是
太白辰星二星法不得遠日如是以同鎮星熒
惑從歳星聚東井也惟是亥為正月則順數至
申得秦冬十月乃今之七月也其月日躔當在

鶉尾距東井三十餘度故太白辰星得從歲星也是知五星以秦之冬十月聚東井耳非夏時建亥之十月也張耳客曰五星從歲星其下之國當以義取天下東井秦分也沛公兵扶義而西先諸侯至是得天也故曰此高皇帝受命之符也即此而推則知秦改亥月為正月明矣故史記歷志云正以十月是其證也諸儒此之未察而遽指以為時不易之證又何扸然此特質之二史云爾伐柯睨視猶以為遠能近取譬固

不若直據經傳互相考證研厥真實至當歸一使是是非非不可復諱之尤爲深切著明者也

謹按春秋左傳僖公五年紀曰春王正月日南至夫曰日南至者謂日行南陸短景至是極耳其在夏時是爲仲冬建子月也今傳書曰春則時改矣又書曰王正月則月改矣固未嘗行夏之時而目爲十一月也茲其明徵一也難者曰子言據傳是則然矣然於經無見也盍知傳之非謬乎則將應之曰按是年左傳紀晉人滅虢

卜偃推之曰丙子旦日在尾月在策鶉火中取
號旂其九月十月之交乎[illegible]之[illegible]月令孟冬之月
日在尾也月在策者辰所合也鶉火中朱鳥之
星中南方也九月建戌十月建亥丙子旦十月
朔之始而九月晦之終也故曰其九月十月之
交乎今傳書曰十二月丙子朔則是亥月也是
周之改月又明矣此其明徵二也難者曰子之
言似又然矣然攷諸經書冬晉人執虞公未正
目其月也且謂之冬安知非夏正之孟冬而必

為周正之季冬乎則又應之曰按成公十年傳
紀六月丙午晋侯欲麥於夏時四月而登乃今
六月又奚食新爲也惟周六月乃夏四月故傳
紀晋侯欲麥也今經書丙午晋侯獳卒是經與
傳協矣此其明徵三也難者又曰經書丙午晋
侯獳卒係於五月伐鄭之後安知六月非左氏
五月之誤乎似又未足據也則又將應之曰按
傳定公元年冬十月隕霜殺菽夫隕霜於夏時
建亥之月常也非異也且殺亥月爲萁久矣又

烏從殺之惟爲周人建酉之十月也則霜未應
隕而隕菽方實而殺虐則甚矣此其所以爲紀
異也今經既書曰冬又曰十月則周之改時與
月曒然明白甚矣然則夫子之作春秋未嘗行
夏之時未嘗書元年於建寅之月未嘗加春於
王而假天時以立義也而又何惑乎難者又曰
古人折獄必明清于單辭今子於周正改時改
月僅得此一證差確矣單辭無比恐未足以決
千古之疑而闢衆説之喙也且將柰何則又將

應之曰按傳昭公十七年經書夏六月甲戌朔
日有食之左傳紀太史云日過分而未至此月
朔之謂也當夏四月是謂孟夏其說謂日過分
者已過春分夏時之卯月也未至者未及夏至
夏時之午月也玆月實夏時之四月也故曰當
夏四月是爲孟夏今經書曰夏又曰六月甲戌
朔日有食之子將以爲夏正建未之六月得乎
圜不可以單辭無比爲難也且不特此證也經
於是年又書曰冬有星孛于大辰大辰爲心心

為大火火出於辰中於未流於申下於酉故傳紀申須之言曰彗除於火火出必布焉梓慎曰宋衛陳鄭其有災乎火之房也火出於夏為三月商為四月據此亦與漢律歷志所引商書十有二月乙丑朔旦冬至祀于先王的為子月之證周為五月若作其以壬午丙子乎明年經書夏五月壬午宋衛陳鄭災其月斗建則壽星之次也是經傳之文又協也且夫子生于襄公二十一年己酉歷昭公至定公元年年已四十餘矣其書日食四國災隕霜殺菽蓋所見之

世也無容謬誤矣又按全經書秋九月大雩者
七誠爲戌月則百穀已登旱且不害又安用雩
爲也此則可以理推者也即此數端合而觀之
則知夫子元年春王正月之書實爲周正而諸
儒所說謂之行夏之時謂之假天時以立義謂
之紀元年於寅月謂之周人未嘗改時與月者
皆不待攻而自破者也難者又曰必子之言固
信然矣然則諸儒所引易書詩禮之文與夏時
相出入者果皆盡非乎又將何解也則又將應

之曰是不難知也蓋易書詩禮聖人垂訓之旨非專為三統正朔發也垂訓則義廣故兼綜條貫弁包帝王或創制以憲今或述事以章往意有所指不妨異同是以商書享帝日則南至月稱季冬周禮立言既云正月復云正歲夫子亦曰周監二代郁郁乎文今用之吾從周此其徵也又諸儒取證義多斷章驟而視之似足發明細繹指歸率多馳背如所引周書君牙之若涉春冰何以必其不為周之季春寅月東風解凍

而懼涉也易臨卦之八月有凶何以必其不為商之八月於卦為否三陰已盛二陽盡消而有凶也知然者文王演易在紂之世舍商正而用夏時非順也借曰時正令善則周統既集又何用改子正為也金縢之秋大熟未穫月建在申為周季秋宜禾之大熟而未穫也迨建酉戌穫斯盡矣豳風七月流火固夏時矣又云七月鳴鵙鵙鳴夏至是周正也乃一詩之中且相矛盾矣可盡據乎若夫月令所記則又可得畧談君

以王稱正則寅朔紹帝而王始自文命意者夏
后氏典則之遺貽厥孫子而呂不韋懸金咸市
廣集諸儒博采舊章雜以時制以成厥典后戴
之徒因其詳雅勦入其說記之於禮者乎觀其
王之車服宮室飲食必以四時之色王制玉藻
不談也大尉之贊俊遂賢周官之分職位事無
列也麗而未純亦可知已若夫夫子春秋之作
其垂訓之旨與四經則同而立言之體與四經
則異蓋其事則齊桓晉文其文則史其權則天

子之事守也以道名分以定是非以明成敗以
正褒貶惇典庸禮命德討罪以尊周室不容毫
髮僭差者也乃於屬詞之首即遵異代之正是
何異執規矩準繩以律人而已反先踰於方圓
平直之外智者且不為而謂聖人為之乎此又
必無之理也然而偏辭飾說牽合以致踰數百
年牢不可破侮聖誣經疑誤學士長臆議之階
啓專僭之漸害可言哉今故歷舉經傳時月之
義以明夏周正朔之實參伍極夫天人錯綜徵

之文獻若紛繇之有緒而經緯可尋若完璞之既攻而瑕瑜畢覩疑必窮乎衆難不諱晦以蓄疑說必希乎大通不支離而曲說俾建寅建子指掌可知為冬為春披籍如見將使師心任意者捫舌而廢談疑傳倍經者更端而失據我且直之敢謂當仁慎言其餘盍辭率爾雖微詞奥旨無得於聖經筆削之精而明分正言或亦足發於仲尼從周之志也已

春王正月考跋

春王正月吾儒治春秋者開卷第一義也其是否行夏之時尋常只據胡氏傳義領畧而已萬曆壬午吾閩舉以策士所刋之文雖援引宏富至極其指歸卒無定論私心竊以為傳之與經形聲影響也故經非傳無所用其筆削傳非經無以質其是非今經之書春王正月其為周正夏時與否其在左傳二百四十二年所紀當時文獻之傳豈無一二的然足以為證者乃諸儒舍而不談而猥引他經之文以成夏時之說是

猶聽訟者不考敵應兩造及當時知見比援之真者究其曲直以蔽其情而遽取道聽之流言巷談之偶及者據以為定未有能得其情而無失者也故間嘗竊取經傳之文有涉於周正夏正之辨者得數十條反覆考訂然後有以見夫子所書之春的為從周之正證之經傳瞭然足徵者不一而足故為攷詳之于篇以俟後之窮經者正焉

附耿楚侗刑侍柬

最後得師書弁春秋周正攷此自王文成唐荆川近高新鄭其辯論大槩意指雖與師同然皆第以己意懸斷未有考據如此之精核明悉者假令宣尼有作必數首頷宋儒即欲執見無容喙矣剖此亙古不決之疑豈不快哉

門生耿定向謹啓

曆法章蔀紀元氣朔攷

古曆以章蔀紀元治年月日時刻各有其事百

芒為毫百毫為渺百渺為分分即刻也二十五刻而為三時八三分之而贏其一竒數不盡是以太陽行度率八刻有畸而移一次者是一時之數也自東徂西始子迄亥一週晝夜得一百分者是一日之數也太陰為月日行十三度十九分度之七始終三旬朓朒盈虛闇以小盡爰與日會者是一月之數也積月日時而成寒暑三百五十四日日月合辟于星紀玄枵之次是謂一年雖曰成歲然積日之畸與月之餘每歲

[illegible]餘十日又八十八刻三歲餘三十二日又六十四刻而置閏受二十九日又五十三刻尚餘三百又十一刻通十九年計之共餘二百六日有七十二刻凡置七閏受二百六日又七十二刻乃無餘分其第七閏必在冬至之前謂之一章章者日月餘分盡也四章為蔀七十六年二十八閏謂之一蔀積二十蔀一千五百二十年五百六十閏謂之一紀三紀為元四千五百六十年一千六百八十閏謂之一元當章之歲至

朔合於一時當蔀之歲至朔合於子時當紀之歲至朔合於甲子日子時當元之歲至朔合於甲子月日子時一元之首太陽在子二元之首太陽在卯三元在午四元在酉凡一萬八千二百四十年六千七百二十閏為一大周天則太陽還元冬至在子日月合璧五星聯珠而年月日時皆子矣此治曆一定之法而命筭之大畧也四者之中章歲要矣蔀則次之盖其歷年不多易於推步當章之歲前必七閏其冬至必在

十一月朔日當部之歲前必二十八星其十一月冬至必在朔日子時苟值其位或氣朔不齊或閏有盈縮即推步踈闊可按而知也宋史紀臧元震言曆法以章歲為重令咸淳六年庚午歲曆乃以前十一月三十日冬至後月即閏十一月莫知其故漢元和初曆差亦是十九年不得七閏曆雖已頒亦已改正朝廷下其言有司攝太史局官置對太史詞窮各降謫有差先是嘉靖四十五年丙寅十一月初二日冬至心疑

其失暇日因以章部之法上下沿泝求之上求十九年得嘉靖丁未其年十一月初一日冬至又上求十九年得嘉靖戊子其年十一月朔冬至又上求十九年得正德己巳其年十一月初一日冬至又上求十九年得弘治三年庚戌其年十一月朔旦冬至且在子時是曆法一部之歲也又上十九年得成化七年辛卯係是章歲氣朔應合同日而冬至乃在十一月二日巳時此章法差失之始也向上再求舊曆不存無可

考者仍自辛卯下求得成化十五年己亥僅得九年不合章歲而冬至乃在十一月朔日氣朔未應合而合是章法之再失也從此又通後十年為弘治三年庚戌通前辛卯數得十九年其年冬至在十一月朔日子時雖於蔀法偶合矣然從庚戌歲下推十二年至戊午亦得九年其年十一月小盡冬至在二十九日即以次月置閏十一月正與宋藏元震所言咸淳六年曆法之差正等當時竟莫有覺其非者此章法之三

失也繼此又下歷至巳巳通前庚戌為十九年又為章歲戊子丁未二章歲皆氣朔同日合乎章法今丙寅歲繼于丁未三章之後為蔀法應朔旦冬至仍在子時而其歲冬至乃在十一月初二日巳時是其蔀法再有差失與成化辛卯歲之曆一同也乙酉又繼丙寅之後為章其冬至仍在十一月初二日子時是章法又再屢失也則其推步之術回視成化旋失旋正者抑又踈闊甚矣夫周天三百六十度者成數易知也

五日四分之一者奇數不盡也日月運行太少
微密筭命難求是以古之神術立為歲差以盡
其變虞喜以五十年何承天以百年劉焯以七
十五年一行以八十一年各差天一度初行似
密久則輒差至元郭守敬復以六十六年有奇
為差古今稱為冣密今行之三百餘年矣求之
章蔀氣朔不合則於天度不能無失也前正德
戊寅十三年五月朔旦日食禮部舉奏欽天監
官推步起復甚既時刻不合數多議改曆元詔

以在告給事中樂濩等與司曆者共典其事講求古術精研九章與改定曆元以正其失屬肅宗纘緒郊廟追尊鴻儀縟典藻繢中興司禮樂者日不暇給儀鳳在庭牛喘安問彼重此輕亦勢然也迄今又且五六十年矣司存者守株而乏變通山林草野之士畏文而不敢議縉紳先生復以小道致遠恐泥有不屑也年月浸淫寒暑潜易殆恐宣父興失閏之譏乎手抱靈憲之歎謬於聖王欽天授時之典非小失也故輒

述見聞著之於攷以俟治曆君子時或有取焉

六甲納音五行攷

六甲納音五行守在司天系于朔曆頒之天下然致用希闊指趣未詳術家者流或以爲出於大衍或以爲出於河圖或以爲出於先天或以爲出於律呂聽測支離義不經見又其六十支干甲子甲年中分厥數五行之叙莫不對待相符竊意古義殆必有以稽前諸說都無發明心爲憤悱積有歲年近觀京氏風角遺書始知昔

人斯文所以紀之曆書通之天下者專為歲月日時占風而設候其所起以審八方以別六情以察五音以考庶證初非苟作其曰納甲者分十干十二支納于八卦即今卜人所用渾天甲子是也其法甲壬納乾子午配焉父之道也一索得震是為長男三日出庚陽氣始萌故震納六庚如坤始交乾一索之象也乙癸納坤丑未配焉母之道也一索得巽是為長女二八受辛陰鬼始凝故巽納六辛如乾始交坤一索之象

也乾而再索是為中男則寅申配坎而納六戊坤而再索是為中女則卯酉配離而納六己三索而陽則六丙辰戌納配少男艮也三索而陰則六丁巳亥納配少女兌也天地定位山澤通氣雷風相薄水火不相射八卦支干互相對待各有定位先天一定之體也其曰納音者乾坤二老亢而勿用子午丑未併歸震巽長男代父長女代母之義也六甲之支視其配卦守位不移干則不居周流六卦以六十甲子配支之干

求八卦納干之支而得其屬乃命筭求干視所得數以別五音一數屬土為宮為君三數屬火為徵為事五數屬水為羽為物七數屬金為商為臣九數屬木為角為民後天納音流行之用也假如子午二支原配乾卦乾老不用長男代父併歸於震震納六庚故九甲丙戊壬四干配支子午者皆納震卦之庚從甲至庚筭得七數故甲子甲午為金從丙至庚筭得五數故丙子丙午為水從戊至庚筭得三數故戊子戊午為火從庚至庚筭得一數故庚子庚午為土從壬至庚筭得九數故壬子壬午為木舉此一卦餘卦可知干卦互配中分甲午五行之敘較若畫一乃知余前所疑互相對

待殆必有以者初非虛語而前諸家所解或以爲出於大衍之五十河圖之生成先天之甲巳子午九等律呂之隔八相生豈不遐乎邈哉風馬牛之不相及也語不云乎君子於其所不知蓋闕如也有味哉有味哉或者又曰予之所云納音之旨固有古義足徵矣然均一金也而有海中劒鋒沙中白蠟金箔之異均一火也而有爐中山頭覆燈天上霹靂之異推而至於木水土莫不皆然則又何也按卜筮全書渾天甲子

論初不知何人所作其於納音亦不知有京氏之書支離附會絕無可取但其中有引理愚歌云自婁景以前未聞金在海中之論則知厥文出自近代殆巧術隱括刻識以便矇瞽遊市指掌寞推祿命者之用如日鈐蹇離七箕亥之類荒陋決裂無與造化神明樞機之奧殆亦不足深究也已

命婦旌節議

從一而終之謂貞義不重行之謂節婦之恒德

斯其盛已陰教既衰女哲多僻禮義之防或危
於欲感之私事變之窮或奪其胖合之正其有
之死靡他臨命不渝詩書所稱亦僅覯矣聖王
以人情為田而知厥節之未易也乃彤管以揚
之宅里以表之俾賢淑知勸荏弱知勉蕩不自
禁者知恥夙露戒行靦恍無感庶幾有勵焉乃
令吏議謂旌節之典隔於命婦心竊惑之以為
國家著令何其與先王之制異也乃求其故於
禮部司儀氏而不得爲求其故於　大明令而

不得焉又求之吏部司封氏有文曰凡婦人因夫子得封者不許改嫁違者追奪離異始喟然嘆曰噫茲命婦不旌之説所由起也彼法吏之意謂守志改嫁勢不竝行受封者嫁既有禁則因而守節者旌亦應停殊不知令式之文是謂成法筆削謹嚴禁取密察顯沒詳畧各有精意難任胸臆按令文之所顯而禁者命婦改嫁也若其不嫁應旌者則令文之所沒而勿之禁者也孝子順孫義夫節婦均之旌表者文之所詳

而取者也若謂命婦民妻旌否有異者則固文之所畧而未之取者也今乃探情辭表創説令外禁所不禁而取所非取是以文害意之過非國家成法昭示之極也且婦人有先命後節者從夫貴者也恩之所被衆所同也先節後命者從子貴者也稱未亡人乃所獨也彼豈逆知其子他日之能榮我以命而節耶盖不然之理也今乃以衆被之恩而掩其獨行之操使没齒閭閻蕭艾同瘁雖幽蘭不采無失其芳然職在司

旌其所以奉揚　國典以為風化之勵者亦少吝矣或者曰命且旌重典也兼以畀之懼其濫也故有司慎焉慎之誠是也然孝順義節事同一揆在彼三者不以有位廢旌何獨至於命婦而靳之可謂求其說而不得者矣且其節也有先旌而後命者則謂之可至其先命後旌者則曰懼其濫也謂之不可唯之與阿相去幾何是以二五非十也不亦惑乎昔者共姜衛世子之妻魯叔姬紀侯之娣若以匹於命婦固不啻其

貴也乃栢舟之詩録於國風于鄘之歸記于魯
史仲尼修經俱存弗削蓋悲其志高其行不以
貴故而掩其賢示勸云爾夫守法不渝者有司
之奉也引經正誼者儒士之任也今命婦不旌
之説稽之於　國故則無文可奉折之以經術
則於詩春秋之義有所未協則夫洗泥文之見
破循襲之謬觀其會通以行典禮後之君子苟
有同予之同者將不于兹有取乎故不揣狂斐
著其説于篇俟折衷焉

馬肝喻

善夫莊生之言曰六合之外聖人存而不論六合之内聖人論而不議春秋經世先王之志聖人議而不辯辯非不辯也義有順逆時有夷險彼此更相非也則多傷矣故莫若釋之而不推今世之士多好揚天台之故言之高美足聽聞矣夫誰知其為知好善而不知好學之過哉彼生今之世履后土而戴皇天　文皇帝覆幬持載之仁其有極乎無極也樂樂利利尊尊親親萬

古一日固當也彼革除君臣禮隔異世平侯之騎不佚則清蹕之塵幾駭順逆夷險情理相違言者既異人心頓更故存而勿論允其所宜今乃欲洗濯以新之容飾以進之上偪者固無嫌乎何其好已名高而昧於大較也昔者武王大聖人也周旦呂尚亦聖人也變伐之後散財發粟式閭表墓汲汲焉先下車為之至於叩馬之士扶而去之而已未聞禮而顯之也然天下後世不以是疵三聖人乃孤竹之一節亦不以未之

尊異而徹滅於千載之後或人問魯昭公知禮
乎孔子曰知禮謂武盡美矣未盡善也聖人立
極率物旁行獨立之徹權如此漢儒黃生與轅
固爭景帝前謂湯武為殺非受命固曰然則高
帝非耶景帝解之曰食肉不食馬肝未為不知
味言學者毋言湯武受命事未為愚也包弁渾
淪不可涯涘臧否得失聽其自耿抑何廣也昔
挑應問舜為天子皋陶為士瞽瞍殺人使當時
而能漢景寄理於比類之外存談於默識之表

即何怨之酬而知其不為衛君也即躬稱之所
而知其志在尚德也相説以解豈待言哉今乃
謂父天子者果至於殺人而不忌臣天子者又
果於執天子之父而不忌尊為天子者又以父
之殺人無以自説於羣臣百姓乃効匹夫之行
竊之逃之夫天下可忘也海濱可處也士師而
在則殺人之辜固不以竊之逃之而得解于天
也又且為之羣臣百姓者亦坐視其上捐黄屋
甘扉屨漠然弁毛土梗之如無復平時一毫共

主受戴之念是綱淪法斁大亂之道也其可乎哉或曰應之設問蓋欲觀聖賢用心之所極耳予云然是愚人之前固難語夢也夫所貴夫智者謂能知夢之為夢也今乃於夢之中又占其夢焉不亦重惑矣乎意者好事之說而非孟氏之旨耶何以明其然也昔者咸丘蒙問舜南面而立堯帥諸侯北面而朝之瞽瞍亦北面而朝之孟氏直折之曰此非君子之言齊東野人之語也桃應之問亦是類耳書曰祗載見瞽瞍夔

夔齊栗瞽瞍亦允若又曰烝烝乂不格姦烏在
其殺人也有庳之封吏治其國愛弟且然而况
於事父乎乃舍此不談惑彼曲說從而為之辭
耶必不然矣故曰是非孟氏之言而好事者勦
入之說也夫君子之道或默或語知微知彰故
志晦所以存義咸輔所以明禮吾黨之所謂直
也方今識時之士竭知而攄忠經術之賢稽古
以納誨豈無他奇奚必即此急無關於成敗緩
罔追於既往昧以俟之義乖春秋之旨是猶食

前方丈蕙蒸蘭藉不知下七而務求馬肝而食之斯過也已

釋訛

漢時人有云丁公鑿井得一人衆咸鬨然謂其井中信得一人也王充仲任氏解之曰非然也丁氏之井日以出汲失一人之力鑿井之後日得出汲一人之力故世謂丁公鑿井得一人耳而余之事適有類是者余素羸多疢飯非陳米則膜脹家人頻儲畜以須歸來既久瓶甕陳陳

貞十餘年積粟耳然不過儋石之羸而已先年
因與客飯偶語及之時值江西醫官黃大德幷
徽郡攝骨瞽相許姓者在坐黃云兹米飯最宜
和枳朮丸又云凡霍亂吐瀉噤口痢傷寒欬逆
胃氣將絶者得倂藥同煮時有起死奇効啻是
親知稍稍求乞合勺以資藥餌不虞三數年間
旁言流布遂謂余家有二十年積穀月來好事
愈盛無稽且謂穀堆上有樹拱把矣中孕蛇虺
穀食斃人矣達之上下咸以為然夫樹長拱把

則迹非幽隱也穀毒斃人且積二十年則物宜狼籍不售也今姑未論蛇樹即謂穀堆果安所耶穀堆無所則人言所謂二十年積者果安所據耶豈余别有神術藏之鉢中託置梵天之上使衆不見耶吁斯可怪也先是有客謂余曰諸公相語咸謂予多儲粟曷自明之余應之曰子以為予果有耶庚公有穀八百堆衆知其在江陵也今烏在為余江陵也以為予果無耶嚴君平塵漠百錢自以為至足矣雖富人輩畀不願

也故謂余飯有十餘年之粟則可謂余粟積有二十年之羨則不可言非無因傳者失實此涑水迂叟所以深駭於劉蒙五十萬貫之求而軻氏之於武成不免秪取二三策也且流言止于知者余又何明焉客笑而去未幾省中穀價忽爾騰湧孽言噂沓曾莫之懲乃知昔客之語我誠愛我厚我者也夫彼婦之口仲尼出走負芻構難沈猶毀家履虎弗咥余殆幾哉因讀論衡有感於鑿井得人之誤爰作釋謗用解塗豕車

鬼之感云爾

心性論

性者何也天之所命於人虛靈各正以生其身者也心者何也人所受命於天靈覺成德以宰其身者也故自所賦而言則謂之性自所受而言則謂之心其實一而已矣然而古之聖賢立言垂訓或謂之性或謂之心抑又何也曰謂之性者自其虛而無感者言也謂之心者自其靈而有覺者言也虛而無感則天載於穆心之寂

而為性也靈而有覺則莫見莫顯性之通而為
心也寂則渾然在中無聲無臭可以中名而不
得以善名也通則不疾而速不戒而孚可以覺
言而不可以情言也夫謂性之不可以善名者
非謂性之無善也謂善不足以盡之也正猶子
貢之以博施濟衆為仁而夫子以為何事於仁
者也夫謂心之覺未可以情言者非謂情之有
外於心也心緣覺而起知知交物而發慮攻取
既肆嗜欲乃行流蕩撿約理欲異趨然非始覺

之所及也故譬之五穀性者種也心則其種之萌芽也四端七情好惡善惡則其苗秀實適乎天時地利人事之不齊者也種則渾渾然爾耳萌則茁茁爾耳若夫美與不美熟與不熟非苗秀實則莫之覩故愚謂遂通之心可以覺言而未可以情言者殆謂此耳或曰心性之難言而且多言也久矣今子以天命之賦於人靜則爲性動則爲心亦有說乎余曰唯唯記有之曰人生而靜天之性也是以生之靜言性也易之復

曰復其見天地之心乎是以陽之動言心也心動而性靜天地且不違而況於人乎與稽諸古有言心而不及性者則虞書之人心道心大學之在正其心是也有言性而不及心者則湯誥之若有恒性中庸之至誠盡性是也彼為言者固後世之所謂大聖大賢人也豈於心性之與容有未融舉一而遺一耶毋亦以其體用一源輻輳而輪轉無俟於竝舉之贅云爾自夫人之以善言性而其有惡者終莫之諱也於是有善

惡之說有善惡混之說有三品之說有氣質義理之說有形體郛郭之說要皆自其苗與秀實者窺之而其本體則莫予云覯耳此所以析之愈精而愈支言之彌辯而彌晦也嗚呼後之學者苟能即諸儒之說以會通於吾之說意得而默識之則於心性情善惡之故其本則同其末則異而於不覩不聞之真戒慎恐懼亦臨亦保之學皆庶乎亦足以發矣

魏相論　館課

世稱魏相為漢廷中興賢佐可謂譽過其情非篤論矣夫大臣賢於君則輔君以所不能為之事不及其君則拾遺補過左右贊助之而已是以太甲成王藉伊周以弘勳業高祖孝惠無蕭曹平勃以隆治功斯往哲之遐軌事君之龜鑑不可不察也彼宣帝興自尚冠習知民事持雜伯之心行總核之政賞不遺踈逖罰不貸恩倖不明不斷豈其所患急期會者啓刻薄之風務明作者乏惇大之裕臣子宜有以濟之也況時繼

武皇虛耗之后孝昭短世惠澤未究法網尚密苛賦猶存明主鎮之以静尚懼捏抗不安即可以文法擾之耶為相者宜推明三代仁厚之政以廣上心銷慘覈之風庶幾文景遺澤渙然復流上可以希伊周中可以陵蕭曹失此不為乃以嚴毅總領衆職稱帝意任法之吏日進尚德之意愈微是謂以水濟水誰能食之且帝之爵王成族霍氏任恭顯誅趙廣漢剄盖寬饒忠臣志士所為拊心長歎者也相在高位嘿不出一

語其白去副封諫伐匈奴二事差可究厥顛末一則因許史進一則曰請下平恩侯議要皆因人成功乘便徼名無足多取議者徒見神爵五鳳之間吏稱民安遂與其功而不知勵精圖治有如宣者雖無魏相能無理哉而以此蒙譽可謂有隕自天矣是以君子之為相也以仁義致其君以德化與其民貴廉恥之俗退申韓之術故能上下相安社稷衍慶今相上則使其君嘗薄功臣殺材士右奄尹之詬下則致其民視國

之教令若太阿出匣莫攖其鋒習於苟且無復纏綿固護不忍渙散之意昔子產鑄刑書而鄭衰商鞅變法而秦蔑以漢宣中興之盛僅一再傳亂若掇焉謂非魏相嚴毅之過吾不信也

黃河清祥異辯　館課

凡黃河天下太平則清聖人肇生則清諸侯將起而為民正則清是說似而非然也天下之物有世所罕覯而必為祥異者若景星慶雲欃槍彗孛之類是已有世所恒覯而必為祥異者若

時和歲豐日月薄蝕之類是已有世雖罕覯而莫適為祥異者黄河之清是已何以明其然也河為水清濁者水之本體也水雖至濁澄之必清使水本未有清也如火之不能寒也金之不能飛也而為寒為飛則雖欲不以為祥異不可得也而水本可濁也又可清也則河之濁而為清又烏在其為祥且異也且水之濁而清也澄之可也懸流千仞深不可測激不可捍孰使之澄哉玆未覯于大塊之化者也今夫日朝則曈

曈然昇于東海也暮則晻晻然入于西海也及旦則復曈曈昇于東海也是孰使之然耶天下之㝡可駭者莫甚於玆矣而舉世莫有異議者習也使日之升降或間一見焉夫人不以為鉅祥必以為極異矣且夫天下之物孰有不出于氣者乎不入于氣者乎黄河源于星宿滙于崑崙與析木之津相為經緯六一真氣之凝也山川脉絡之系也能毋壅乎能不息乎進退盈虛或將或迎或激或平乃濁而清適然之故也又

烏在其爲祥且異也且必爲天下太平而清乎宜莫若唐虞三代時也則有河出圖洛出書矣未聞有是也必以爲聖人肇生而清乎宜莫若神農黄帝時也則有電繞樞渚流虹矣未聞有是也必以爲諸侯將起爲民正而清乎宜莫若舜禹之禪讓湯武之放伐時也則有龍負舟火流屋者矣未聞有是也夫治至於唐虞亦可謂極矣聖至於神農黄帝舜禹湯武亦可謂盛矣事至於禪受放伐亦可謂大矣彼河者曾不能

效祥異於其時而季世之君乃屢見焉是河能靈於三代之下而不能靈於三代之上也是漢唐宋之治將隆於唐虞三代而桓靈玄德徽欽之德將浮於神農黃帝舜禹湯武也是戰爭攻伐之兵潛謀默運之舉將侈於揖遜放伐之事也茲所謂大惑也且河自開闢以來即有之詩曰俟河之清人壽幾何則當時亦已有矣記事之書莫信於春秋莫備於史記由秦漢而上其禎祥妖孽之迹於今可知也惟於河清無紀焉

其故足推矣使河之清也果為祥果為不祥在上世有博物君子者亦足以知之也不然則古之聖人宜有以知之也使聖人於此而有所未知是不足為聖也是其知將後世之不若也聖人之知豈後世不若哉而於此不論則是河之清不果為祥不果為不祥適然之故也且後世之論河清者其指信詳矣言信辯矣然而無當也佞者則與祥比拘者則以異論莫知適宗譬之拙射者不能屢中也而恍其中也乃大為正

鶻與多為正鶻設于中逵以俟之幸其不失而已嗚呼自非觀於天地之化通於昭曠之道安知乎河清為適然之故不果為祥不果為不祥哉

原政　庶吉士試卷

聖人之立政也何為哉民之生也情偽相感而利害以萌取舍異宜而愛憎斯著不有法制以隄防之則知者出其謀勇者奮其力相角以逞而天下之禍於是乎滋矣唯乎聖人秉明哲之

資流醇厚之化通民物之故觀古今之宜法乎陰陽本之仁義章志貞教懸衡於天下使天下之人晝一而守之其有不率於政者則從而痛之又從而誅罰之必其莫我敢踰而後已夫人情便因循而憚檢束至治𡨚古然而賤多事茲而聖人役精用神立綱陳紀又驅天下之民而從之聖人豈故爲是已甚哉蓋天下之事固有制之而後安而求以順之者未必不拂之也水一日而無隄防則懷山襄陵焉一日而舍銜勒

則泛駕踶齧而不可止天下之民盍可一日無政哉是以古先明王之治天下莫不以政為先務方其未立也則竭心思出謀慮以立之及其既立也則旁求俊乂宣布中外相與戮力而守之是以法令合一經制詳密上下齊心顯號垂於無窮鴻圖貽有永之慶矣是知政也者先王馭世之大權而久安長治之至術也然緩急異俗寬嚴殊宜柔偏矣則惠褻乎威而人褻之人褻則廢剛偏矣則威振於惠而人怨之人怨則

離夫褻與怨敝政也廢與離惡俗也以敝政乘惡俗求天下無危不可得已詩曰不剛不柔敷政優優明於此者則與治致理之原思過半矣

紙銘

山有竹谷有楮桑藤苔秸相與伍蚤灰莨楚烹鬻釜洗髓代形自宗祖王瑩膚肌方中矩朱墨鉛黄狎無迕昭垂人文億千古

筆銘

拔其毫楊朱轂披其筒伶倫恧倚九陛以簪橫

耕六籍而心兎在握徑寸風雨寒燠君子日新
爽靈夜哭

墨銘

猶龍兮守黑若鳳兮尚玄火木合德象帝先坤
坎成形絶且堅無愛斯害子獨賢

硯銘

而方而圓維吾堅匪而之遷乃厚乃薄維吾重
匪乃之閒居靜不騫無盈斯莫時數與偕明述
聖作

天王山壽壙贊

其一

嵬崔天闢德人是宅卜世三千卜歲八百

其二

淑人隧山達化無怛大耋爰登啓此玄闥

其三

嶽麓逶迤有輿維窿魚貫攸從以俟百歲

胡夫人壙贊

四神肅列八將森岑龍瑞中潛席地千金袞甲

憑庚左丙右壬闕以掩玉爰慰我心曰宜爾子
孫綿綿徽音與社弁靈永祀無侵

櫟寄集

秋

櫟寄集卷之三

閩中　林懋和　著
沔陽門人陳文燭　編
候官友人王　湛　校
姪鍾岳同校

擬漢太子請四皓書　館課

漢高祖將以趙王如意易太子呂后懼甚乃劫留侯定計為太子卑辭厚幣以招四皓曰盖聞師士者王友士者霸昔唐堯學于君疇而功成

放勳齊桓親乎夷吾而名光列國愚雖不肖顧謁左右而懼公等之未察也故使使者陳愚意唯公聽之語曰親賢得明紉蘭得芳夫成王之爲太子也召公保之周公傅之太公師之伐其氣血之偏以就中和之德故即位則能制禮作樂掩迹文武爲西周盛王至若太康以逸豫滅德太甲以不惠墜宗宜臼以小弁興辜申生以致胙蒙咎彼四子之性豈成王異耶無德而據其位無實而竊其名不比賢人不近正士是以

雖此患也今余少從皇帝征伐海內涉車下雍樹之戹周旋出入唯馳馬試劒瞋目語難之士其在詩書所稱俎豆之雍容禮樂之醇懿實所未及兹備位東朝賴皇帝時賜教誨間又集羣策次律令申軍法定章程起朝儀以幸萬世然天下大器類非寡昧能勝故區區之心常欲及時求天下忠厚正直之士朝夕相與庶可開擴聰明優游道德以奉承皇帝之休命今公等被褐毳之衣而蒙聖賢之術肥仁義之道天下莫

不知四海莫不聞愚之得師舍公等其誰哉是以不諶父兄不惑衆口馳卑辭之語陳肝鬲之要公若不遠千里惠顧蒙昧以成愚志則迎門擁篲不足以為余恥側席卻行不足以為余敬豈特隆大烹之養假賓師之分而已哉且君子失時則龍蛇得時則鵲起彼秦之無道崇斯鞅之法滅周孔之制慶賞不及文學戮辱遍于非辜生不得盛死不得收神怒人怨不可振救公等避之固其宜矣今海內底安民志已定無有

陳勝吳廣之謀，掃除苛政，無有誅虔黥貫之禍，尊事耆艾，無有坑逐播棄之累。故懷瑾握瑜之士，罔不聞風踵武，叩首伸眉，論列于闕下，以白表異。以愚觀之，斯亦公等屈身伸道之會也。昔伊尹舍桀歸湯，卒為賢相；呂望居于海濱，而作文王師，百姓到今稱之。彼二子之行，非貞始渝終也，然而難進于桀紂，易合于湯文者，誠以求售不如俟時，隱居不如行義也。故去塗炭之朝而立清明之世，舍巖穴之志而建不世之功，公若由此而進則亦漢之阿衡尚父而已夫操化權樹伯跡德被元良而功施社稷俾萬世策功立名之士愛慕咨嗟長為稱首豈非不朽盛事哉茲余之所以深為公等願也公幸毋以余為不肖考三聘之往蹟效幡然之遠圖舍采芝之樂從後車之載使余得專精神奉明教切劘詩書熟數治亂明忠孝之則觀昭曠之道以上承皇帝之洪業安宗社于覆盂是公等一詘其身而名與日月爭明業與天地比大也不亦休哉

若夫抗巢由之峻節守隨光之介行甘于巖穴不一惠教于余使余上無以追成王之遐軌下不免蹈四子之覆轍是則天之厭漢而棄其孤㸿余之大懼也惟公等圖之

上存翁相公書

向脩短啓僭布下情猥蒙憐察而賜之命曰具見定力又曰決不使賢者困于讒口昔韓昌黎氏謂木在山馬在肆過者雖日千萬人而不顧未必為不材與下乘惟匠石過之而不睨伯樂

棄之而不顧然後知其非棟梁之材超逸之足矣以其之不肖與衆違行嗤笑紛至而乃受知于名世大賢之門實人所深願而不可必得者而其竟得之區區之心不惟有以自慶抑且有以自負矣古云成我之恩與生我等其誠庸劣敢忘斯義方今天下民力日以益困而上供邊備之費隨歲而增夫以益困之民而責以歲增之賦其勢必至于潰敗而決裂適者江淮河漢齊梁宋楚閩廣之區時有竊發未必非是之過

雖旋即殲滅要亦漸不可長私憂過計竊以爲
方今急務莫要于使疲敝之民稍得安靜蘇息
以固其安土樂生之心然所謂安靜蘇息之者
非蠲租免稅之謂也非振廩賜帛之謂也惟在
于庶政推行之間寓寧一不擾之意如庶官還
轉地里之必令就近一也錢糧未完經該守令
雖已陞擢不許離任二也一切建議變法者不
得輕徇惟令查照舊典着實舉行三也無益差
遣痛加裁革必不可已者期以三年然後交代

以少紓驛遞供應之困四也解京文冊紙劄工食盤費應付所費實多及至投繳多束高閣徒損民膏無裨實政似應查議不急者盡行裁革緊要者年終類解五也凡此數事視之雖若瑣屑果能舉行實于天下民力不無小補至其轉移之權則大要在于進忠厚正直悃愊無華之吏而後皎厲詭激見事風生之徒嚴貪墨苛酷之誅而薄詿誤中傷之責如此庶幾人多長者政多惇大日計不足月計有餘民心可安元氣

漸固雖有夷狄侵掠之警不足為腹心之毒真若蚊虻驅之而已苟或不務安內惟務攘外誠恐民心稍搖加以虜患杞人之憂誠有不敢盡言者矣伏惟相公專報　主之忠負天下之望開誠布公遠迹古人翕受敷施高謝時哲是以天下懷材抱奇之士莫不思出其尺寸自効門下況如某者素蒙知遇受恩實深偶有見聞又敢以愚賤自外甘于緘默而自同衆人遇我之報哉伏乞恕其狂妄俯賜鈞察干瀆台嚴臨楮

無任戰慄之至

上存翁相公書

即辰朱火流焱融風鼓暑恭惟台候萬福欣慰湖省武黃二府自春正月至于夏四月不雨五種不入民心嗷嗷近旬以來連得大雨高下沾足晚禾可秋蕪以二麥足食衆乃始安第公私困匱未見蘇息綏輯之漸其衣食其土坐視疾蹙罷愧如何前聞山東河南北直隸等處亦甚荒歉京師米價湧貴不識日來何似竊計明冬

又當述職計偕之期南方舉人固有負饑而食者至于覲員所賫多係書籍布帛之物不可以飽京師荒歉之餘何以衣食此數十萬之口恐于物力不無虧耗嘗見先達羅整菴老先生議乞聽藩臬府直隸州正官朝覲餘俱各暫免其跡具載羅氏家集可考當時不知如何題覆不知此策于今亦可一舉行否儻得相公主議行之不疑則京師無此輩坐食之冗一利也各屬道路免供應之煩二利也絶劫掠覬覦之萌三

利也免百姓盤纏土儀科派之擾四利也無權官侵剝之害五利也正佐在任事無停閣六利也但不識于國家典章可得穩便否耳如或可行亦須早賜指揮使天下預知則不才官吏無以售其侵漁之術如或稍遲則已科在官者不復散之于民盡充囊橐于百姓無大益也極知知識迂腐蹤跡疎賤不宜妄有開報緣蒙知遇之厚故不敢有所諱晦伏惟台嚴宥其狂愚而加采擇焉幸甚

上冲翁冢宰書

某自辛亥秋仲拜違撄席未再逾月即聞明公以直己行道蹔輟樞衡于時某方以先人襄事忽遽及役期蹙逼不及籍咫尺之書恭候左右比歲以來伏審明公荷特達之知膺爰立之命朝野縉紳翕然生色罔不褰裳跂足思望履舄以快慶慕之私顧有孱居鄉黨之末任屬吏之役夙蒙德庇如某者而反自後于衆执反觀自省深惟昔日逋慢之咎無以自解是以滋不敢

僭易陳述以干不韙之誅然其心固未甞一日而忘厚德也茲者乃蒙明公不惟矜其愚不錄其罪而且特加汲引焉俾以翰屏之司借以軍門之譽是誠江海包容之量雨露滋育之仁有非常情之所能測度萬一者矣孫株遠迹倏忽生輝某之初望豈其及此此其所以日夜刻鏤肝鬲而未知為報者也伏惟明公正學宗盟人倫師表以廉靜率百官以道德佐　人主兒童走卒咸知姓名學士大夫視為矜式區區之忱

惟願明公一德永肩百辟敷儒俾濟楫鹽梅之
美罔專有商而鐘鼎旂常之動有光閩海使不
肖如某者或得以修職之暇掇拾盛德萬一而
侈揚之以自慰其祝頌之私如斯而已曠企門
墻臨楮無任惶悚之至

畣張明厓憲副書

自秋季三日別兄于鄂泛舟長江抵巴陵登岳
陽之樓周視棟宇蠹液將壓移足凜凜惟先憂
一片石巋然于風雨侵陵中令人黯然乃入長

沙陟岳麓之巔觀神禹奇字讀李北海碑道衡山望祝融七十二峯謂其如芙蓉秀出矣而頑雲苦蔽精誠難開爽然自失乃至衡州會定溪兄于石鼓書院晤一日夜仰觀高山俯察逝川一笑莫逆形骸頓忘因留再二日廼別向祈陽道中見連理木一左栗右櫧離立丈尺各聳身直上及尋有咫合并為一絜之十圍扶疎輪囷誠為希覯惜其生于窮鄉下邑不見稱述人材生世顯晦之迹亦由是木耳不覺喟歎乃入永

州居二日石屏兄方至自衢邀遊朝陽之巖巖
有洞洞有水可濯可觴上多奇石下瞰清流盖
負郭之佳境而昔時元柳二公皆常卷爲巳有
者初欲與石屏兄各作一詩以紀之又見洞穴
中名字有久而磨滅及新而爲人所劃者不可
勝數因輟不爲明日復向祈陽尋昔日連理木
則見或移之左矣遂取寶慶道行四十里見一
山盡石疑有異境焉詢之輿人亦曰或有異境
焉促探之數步則見奇石林立有室呀然高廣

數丈深不可測亟命炬入則有門有堂有臺有室有田有泉百會有竅如五石瓠可納日月光景其石乳垂空柱地如金如璧如珠如玦突者如弁窊者如樽又如游龍翔鸞祥雲瑞芝絳節華蓋擁簇左右揺心眩目空濛雲氣中有四大字曰棲真洞天信乎別有天地非人間也山深日冥不可久留促駕而返回眄之間不知其處令僕又將由此而入辰入沅入常入澧前路之遊勝與不勝觀之奇與不奇皆未可知也因兄

矛翰訊我以登覽之勝援筆陳其大畧以見茲
行雖爲勞頓然亦頗有所獲弆將以嘲凡之深
居簡出奉爲畫衖地

寄陳五岳方伯書

芋原判袂昏鴉在林藍輿獨歸興味黯然因念
謝傅語中年後與親故别輒懷抱作惡淋滛之
涕殆不自禁及界使還拜領華教亦有恍如隔
世之嘆千里明月豈不同情乎𢧵先妣太安人
艱貞沒齒辱賜大筆爲表厥阡高古謹嚴眞金

石刻文體也當與劉中壘列女諸傳爭衡曹娥愍女不論也不肖捧誦既崇不朽之榮復增終身之慕感極且悲愧不知所報也西江俗嗇而好執言嗇則樂于封己好執言則不難于正人行省之任簿書叢委非耳目親歷未易懸斷高材迎刃想不爲勞踰此咫尺坐論之逸矣無倦昭融以光大業鄙人區區之禱也

畬成皐王書

某閩海之鄙人也叨禄中土竊仰光華爲日久

矣玆者誤辱教令侑以幣既開椷則霞映丹鉛
登嘉則雲生筍篋寵慶百倍感奚可言寅惟
殿下道窺玄閫業擅專門河間好禮典刑匪他
陳思善文制作在我誠　帝胄之英才儒林之
哲匠也而猥聽傳言下交謭劣中勤翰諭更索
大書某畫愧雖沙筆慚入木未知肥拙而瘦妍
敢曰東塗而西抹此實衆所共知詎云自謙乎
哉即欲勉强應命恐乏韋仲將凌雲之奇而坐
取羊長史舉止羞澀之誚即欲命人代書則恐

左右侍史當不乏人妄陳野鶩秖益為瀆耳故敢以情辭外拙作數首録呈裁教

寄馬鍾陽司徒書

春暮小僕還閩恭啓馳賀但憲府尊嚴肅僮下隷遥望失錯區區鄙忱固未審得上達與否也近閱僉議舉天下之財麻聚而銖取之可謂不遺一孔矣然大約不過生之者衆為之者疾耳夫尾閭不禁則滄溟可竭皮而既盡毛將安附而舉不慮者何也豈勢固有所難乎唯公切慱

濟之仁鬱匡時之畧久矣調停節縮當有成算美抃兹行特舉而措之耳鄙人之心固不特為吾閩士林赤幟之重慶而且將為天下息肩有日賀也

寄耿楚侗中丞書

執事以道德風吾閩教幾洽矣乃匆匆以讀禮歸不竟厥訓是天于閩士靳大道之要也抑不肖安意于兹頗亦有年然未敢輒以語人非秘之也誠見其克滿拍塞自不容言耳間嘗以是

質之執事誤而許之曰是可與談者不肖得此
愈益自信今執事與我别矣相去遠矣僕雖有
三尺喙又且誰語耶鬱鬱之懷所以至今未釋
也途中孝履得無動止計今執事大事惟宅兆
最急且重安厝之卜載自古昔子孫福利者丘
壟之所恃以永安者也而世儒大言猥以謀後
世福利為非是然則安其先塋以殃咎遺子孫
可耶私計所欲為楚侗助者惟此數言而已其
居先太宜人喪三年不速客不赴召不聽音樂

不為詩文歌爽脣入公門不內饗無故不脫縗
時復內慙者特以衰孱矍矍後計醴酒饔肉不
盡屏奧誠知執事者天性純至且特知我故敢
為誦之非欲衒燕石于連城之側也執事行後
又三日始拜浼令之貺詩其渥也迺之不可謹
以頒諸三族之貧者以侈尊賜且徼執事之仁
我者厚也省下秋田旱理龜拆民且嗸然安得
隨車應禱如執事者繼轍乎臨楮無任企挹從
吉之後得奉教言是所望也

復范東明户侍書

衡門永矢聊得此生世变屢新斧柯故在乃知山中日月與市朝自別也所念齒髮衰頹生意眇忽伏承尊翰自遠詢及仰激高情增我心惻美維公功成身退食厚祉而躋高年天祐明德踰百可期乃令姪鴻臚君來見修雅冲虚令譽孚洽越中名家翹然海内也佳刻拜惠心目開明三墳素履尚俟伏膺商于雅言雖仁恩斬然要其劘切蠹弊衰亂之政恒必由之固未可謂

無徵不信也六蝨指陳豬駁尤甚褒珣之憭确
臺此乎輔嗣易學卓冠諸儒畧例數篇差肩十
翼程朱傳義未出範圍而叢湮于十三經之中
晦于噉耳深禁之誚此鄙人平時所為伏几抱
憤者也兹獲拈出表而章之詎維昔賢抱後世
子雲之感易道且將有賴矣嘉惠南禺所書普
門品筆勢翩翩直逼黃庭樂毅觀自在像毫相
端嚴足稱供養何必長齋在繡佛前也第經云
無眼界乃至無意識界吾人開眼闔眼要皆是

見舉念止念無非是識何得無界耶且其視吾儒盡性至命正心誠意之學又涉何階級也鄙于玆道頗久鑽研感此經文漫舉一訊諒公以是相寄必悟入邃矣不識何以決我疑網乎令姪孫行附此奉候并謝惓惓繼此復不知經幾鴻鱗乃得嗣音也

寄耿楚侗中丞書

久不奉教音憶戀何如逖審大事克襄從吉多暇待叩山中同志鱗集盛甚休甚不肖塊然獨

處衰頹日增風塵汩沒聵耳實繁悠悠搉嗟逝
者如斯矣近來學術尊所聞者多行所知者少
嘐嘐不掩納侮咎咻執事方任斯道之責者可
不蒿目孚號思有以振之耶竺氏秘密在一轉
語不肖謂吾聖門蓋多有之即如曾子入唯一
貫之旨出舉忠恕之答是豈因文生解逐句下
註著儷耶信手拈來心行處絕言語道斷捧喝
機鋒視此猶鈍特學者不著不察耳然得力醍
醐柢在傳習豈俟遠求以此為教以此為學亦

奚不可高賢然乎否乎春來病臂至今未瘳所幸尊臂者在尚足支吾又憶向年揚揮使人行曾附啓候想徹玄覽不致浮沉矣岩崑東山人室俱遐如蒼生何實勞我心臨楮悵企

寄胡玉吾少司寇書

歸來且三十載紛華外念澄汰殆空惟海內知厚時入懷抱若玉吾丈者蓋其一也曩歲拜黃巖書兼辱分俸之渥即附使謝不識已徹覽否後吳直指來載辱寄聲心則邇矣人遠謂何僕

方壯時頗亦有志當世自顧菲薄不甚後人而範我馳驅反溷賤工之詣居嘗深念自求其過而不得也是以棲遲偃蹇殊無怨尤不惟知其責有不在我矧老農老圃無地非學惟孝友于是亦為政古人云所樂非窮通者豈不然哉執事姱節崇望照映九列龍翔鳳炳將社稷生民是賴僕固且日望之屬以萎語輒便乞身夫承倚毗之久者則茹義深荷體貌之隆者則報禮重執事出入禁闥覲光三朝隆且久矣江湖暫

遠豈能遽忘予年之戀乎良玉匪熱焚灼徒勤入惟求舊必復其始自天之命行且至矣若夫蘭蓀紉以思貽上下歷而求女憔悴三閭實深于怨固未暇為左右誦之也辰下山中漸炎伏惟加餐為吾道自愛

畣曾確菴中丞書

西巖公至遠辱聲問舍親壯塘公來復承華教諄諄以寥闊自引吾儕山川之阻修王事之奔走勢有必至又何多訝所貴知厚以無遐心耳

因念往在楚中邂逅高賢即便抗手當時志意自謂雲龍追逐且從兹始詎意三數年中丘夷淵實僕為世詬俛首草莽仰思知已繼見無階乃知途次對面亦太匆匆甚矣此則在僕之深可自訟者也九綵貔虎一鼓廓清紀旂常而銘彝鼎前無古人耳盥誦軍檄悃愊簡嚴乃知執事所以奏膚功而蕩劇寇者蓋自有本要非近世勉强一擲徼幸嘗試者之所及也休甚盛甚所願益崇勳德宅揆持衡以覆露天下方虎之

功保釐之績局而未咸未敢遽為執事者頌也僕齒髮日衰生意寥落無足為道惟老母今年八十有一尚健善飯與僕日高三丈睡正濃但此二事差强人意耳盛貺過厚登嘉之際殊覺慙赧海濱乏物不足為報顛倒敝篋幸有汴雕香帶一束蓋自製者當時物料頗稱良潔敬以奉獻聊申德馨之感而已

寄曾確菴尚書書

山中人年聆時變涅素入緇指方謂圓紛紛籍

籍孰能令臯陶使聽直耶治道去大甚前人奉
祖宗故事振其墜而力持之大過不謂盡無也
均調者可其可不可其不可善矣乃爰舉而盡
輟之不亦惜乎吾人壯而欲行之得効其尺寸
以自媚于　天子雖由此而列爵上公鄧亮四
世不異矣然時有去來不擇事而安之者古人
之忠所以為盛也執事夷剪都蠻盖唐宋之所
不能威者他日史冊勛烈當與蜀中之李文饒
韋忠武爭先伯仲視今人祖征倉皇盤錯不盡

國家之威靈因仍苞納以徼寵利者相遼何啻萬倍以鄙之心竊窺執事者之心必有以自慰定不為遺佚怨且閔也抑公論駃騰 皇澤旁覓羣渙朋亡休復有隕正可謂賀者在閭耳然耶否耶老人識人少又懶病循環一言秪候且獮歲不得便玆幸假五岳使者附此區區執事者惟情我諒我勿以迹之漠爾音之寥爾而過我也乃慰甚休甚矣

寄謝松屏戸侍書

壬子歲邂逅諸賢流聯間忽三十載當時濟濟計今巋然廊廟者惟我松屏楚侗諸公耳翰貺遠承禮優情厚圜棘歌鹿儼若目中老懷戚戚感念何極　聖天子盛治比隆成周賦采薇而歌湛露此吾輩寤寐陳編中光影也乃執事者躬千載之遘曠乎休哉是宜歌之詠之圖之敘之貽不朽矣老人非善鳴者偶以楚侗之命蟋蟀玄蟬竊繼于諸公朝陽鳴鳳之後誠有不自知其不可者矣盤盂幣帛惠我何多山林藍縷

無以為鍾呂黼黻之報第舍此麻枲被兹麗容虛其瓦缶注之金罍沉酣高雅固將與之偕老也不盡

復王稚川司成書

闊别三紀餘不能片詞致候非特癖懶亦乏便使然誰氏之子屬貫秉擅通又多謬誤兄至誠先覺融訶責以為涵貸厚故含垢大人長者固若是耶珍刻遠示窮日捧誦經緯多態劇甚面談華腴芳津沃我焦腑盖爽然以懌也北田諸語

標諸明確標良能之赤幟破良知之虛壘真近學眩瞑劑也不知聞者亦興起否每接談者大率於昭昭靈靈認為本體不知此乃用為善惡之物非真體也實見真體則此昭昭靈靈儼然若有所奉而自不違于善惕然若有所約而自不入于惡洗心退藏亦臨亦保正康誥之顧諟吾夫子之畏天命舜之所謂由仁義行也然非聖人未易及此固不若因材而篤與子言孝與臣言忠與友言信與吏言廉使匹夫匹婦與知

與能中人以上易為速肖拈花倒刹姑待能者不亦可乎不肖陸沉自安不欲世人知有我久矣因覽來錄漫爾饒舌玄蒲之典朝夕及門努力加餐為道自愛不盡

畣陳見吾中丞書

雀門寥閒忽枉瑶華鯉素綢繆更承清貺象箸致加餐之厚犧圖貽寡過之規高誼不遺賤遜非望登嘉戴惠良用瞿然仰惟明公盛德渟涵弘材經緯昔借吾閩式歌棠芾玆釐滇水丕振

天威然施有所而未咸望日崇而罔射秉帝鈞衡窺足可俟敢緣與誦爰布心期僕迂僻鮮通球慵自放雖讀書談道遠愧隋賢而抱甕灌園足希漢叟若夫羲蔡茹草舉盌蜀厭觀象玩占絶韋卒學明教是承敢不祗勉至于飛　皇詔于九閽沛霖雨于宇内異世則不可知今乃更望耶斗山懸戀瞻晤未由艸野蕪詞率爾占對哂而宥之乃所幸也

寄周觀所侍御書

其奉職楚臬最為瘝曠過者不顧維分之宜玆乃誤蒙臺下察之于遲鈍駑緩之中錫之以推轂引重之力非望所及感何可言惟公遠迹前修力追古道憲度嚴明風裁端峻令人所難其雖不敏心醉久矣玆承知遇之厚自知無以為報惟有夙夜思竭其不肖之材力以求無負于傾蓋一言之與如斯而已至于世俗區區貨幣之交知非雅意亦恐反貽不知故人之誚故未敢瀆具焉

寄涂東坪書

滁陽山水自歐曾羣公品題之後若增高深焉涉其境者咸欲冥搜歷覽以豁其耳目之思甚至冒風雪觸霧露迂道而從之亦所不憚苟或知而未暇遊遊而未暇詳者則又未嘗不歉然于懷若有所失蓋其幽勝之趣賢達之蹟足以奪人也如此而吾兄開府其間林霏草色近在几席釀泉芳藪長羅樽俎凡在人之所跋涉想望不可多得者一旦皆卷而有之則亦不可不

謂之樂矣弟夢寐玆山恨不即執盖以從也儻南行有日不識兄能為我拂醉翁之石以飲我否也先此訂約幸至期毋負

與曹進士書

向承鄉書之惠檢閱華名頗懷子皮張禄之疑近得來教方悉厥由愜宏宗祊篤厚本始甚盛甚盛不肖棄置以來游罹兵燹于今五祀未卜息肩林下水邊求作閒人邈不可得逢之不淑夫復何云執事以英年遂養策名清時勳業文

章當日升而川至古云入治朝則德日進非虛語也然今世路頗艱宦程尤甚在識者往往有修家壞庭之歎去彼取此是在高明審之而已邇年塞耳世事青雲故人紛紛朱紫疎逖久矣再領賢書情誼藹然空谷足音深懷喜慰所恨道里遼遠托附甚難心雖甚切而迹則不容于不踈是則執事者諒之也

與邢竹池大尹書

闊遠忽三四年音候邈然諒惟起居佳勝殊為

慰耳吾人宦而達即隨其材力之所及以自表見于世不則卷而懷之杜門自晦掃軌避俗雖不敢希古之高士要之寬閒可耕寂寞宜釣固亦隨寓而自得耳昔者陶朱解其相印扁舟江湖而能以餘術三致千金散之故舊是亦為政耳今世之士孱力務異滑瀆不足以事父母饘粥不足以給妻子蓬蒿不足以隱雖遯況有謂所識窮乏者得我云乎哉雖有區區之志亦已踈矣今執事居大江之濆昔人舊遊或出其地

未可知也風帆縹緲之中鷗波出沒之外毋亦得見若人能彷彿其術者乎幸以告我將從事焉以洗我路旁揶揄之侮漢司馬子長氣蓋一世而崇貨殖羞貧賤識者謂其有激而然耳知我者幸不以我為窮而變志易節將自污商賈而來仲連之誚也幸甚

與伍慎齋太守書

閩中數載過辱顧存憔悴霸陵昌勝浣慰西郊薄祖少展躇躊義馭匪淹驪歌遽發擁朱旆于

雲中斷五馬于天半攀瞻弗及情如之何緬審今只已及畫遊堂開北海之尊榻下南州之彦歡洽葭姻敬敦梓里談新詢故樂當不支矣第恐王程有期人吏久待不宜久淹踟躕也不盡

畣郭悟陽大尹書

碧山佳客日與周旋青雲故人時縈懷抱第出處異途南北殊域心邇迹踈亦勢不容不然也遠承翰及非望所冀華門一啓羣雀盡驚矣貴邑雖鄰府治然使客來往頗稀足稱簡靜蒞以

大材奮六翮于青雲騁長途以逸足何患不遠到耶獲上可以治民信友可以獲上愷悌君子民之父母聖賢格言諒非迂遠是在足下度内耳

與孫參將書

近日屢承公移知新築城堡增易戍兵招徠土民威重隱然不惟竊為地方保障之慶雖至調給饋餉亦荷代處轉達使得據案受成尤見執事有兼人之材實所仰服然在鄙見更有願私

于左右者竊以兵糧事固相因司存各有所重越之則爲侵官舍之則爲曠職令執事之職其重則在兵也生之所職其重則在糧也執事者議兵而并及糧是將遺生以瘝曠之咎而在執事亦且蒙侵官之譏矣殊非彼此之心所安也以後執事凡議官兵錢糧幸希移文見教毋勞代處庶幾事體穩便人已相安況錢糧簿書實爲瑣務生雖駑劣素志亦有不屑于此者特以君子居其位則思勤其官故不敢不勉耳若夫

執事之勳業則又何籍是焉

寄歐陽東田書

暌違數載仰挹彌深柰病冗相仍坐成疎闊盛价來盥誦手教敘述今昔情誼藹然乃知古稱善與人交若晏平仲者未必專美于前也唯兄負拔俗之材畜希古之學雖隋珠和璞閟藏山澤未即見知然其光耀外發自難終掩要當具眼自能識之耳若不肖者材質無以踰人向者執經橋門修詞古寺視一時交遊率皆名勝中

心實切下風是在當時不惟進趨之念不宜諸口亦且不萌諸心令兄乃以不肖為厚培根本杜絶幾微如經冬艸木生意内聚豈非愛我之厚姑即其近似之迹而為是過與耶不肖年來學荒于多病而職曠于因人雖策勵之念未敢謂忘要亦日月一至耳夫與其始必要其終奬其善而責其所不及者兄之事之責也惟有以教我尤望

與林脩吾書

向亭呼飲以鄙梵食特爲蔬設筍剥膚以齏豆迸芽而菾玉蕨珠薦滑乳蠒烹甘于時周顧四筵雖饌玉山崇殽珍浪疊鳳炮雙膺蛟鱠五色且無溢羨而讓美也餘酲稍解臂疢即作出入自廢罄款遂逮踈乃闢從者諏以良日遨遊上京講業齊魯之域切磋賢豪之林鵬溟奮以南圖驥風嘶而北首鄙人巾櫛有妨交臂莫慰遣僕馳刺實出蒼黃我之慢矣罪掇何辭而出祖羣公百壺爰載既不我告復不我過獨爲君子

私心不能無望矣季春熙馰州木騰茂江平若砥鷗鯉爭泳感萬物之得時輕千里而云邁俯洋洋則興知音之懷陟高高則起能賦之感悟言物表曠視無極雄文麗藻當富篋笥矣有華者槐鬱鬱其黃有叢者桂丹丹其芳時乎時乎青紫逼人潛心董帷光宜大業執事事也贊烏獲以拔山美西子以傾國知執事者嫙僕為贅言矣粗箋二柄聊寄逖悰蒲葵陋物得御高握清風被人當更遠也前霜候鴈尚聽佳音茅塞

滿胸更須道沃不盡

畬朱浠桂方伯書

何生來遠辱翰敎著簪不遺蒯緱猶索情何厚也載閱新志繼毀佳茗煩晦既滌枯槁亦濡心目開朗若有加焉良慰良慰人生仕止灼有定數所貴賢者自反無負耳執事以長揖見訝時宰蓋所謂不容奚病者也僕之放縱實亦不知所罪故中心絕無怨尤謂其制有不在我者然未嘗輕以語人諺云同病相憐故不覺拈出彼

汨沒風塵悠悠毀譽受指褱蹤危人自安者足與語此耶因竊自念壬子迄今不啻一世人生幾何堪此烏兎老樹婆娑生意殆盡計霜葯雪栢蒼鬱歲寒要之渥然犂然者定當少異曩時也令郎國器後先競爽付托有人執事可無憂矣努力加餐以永黃髮握手開襟勢定所難所冀彼此風便不惜鴈鴻或各稍慰懷想也

畣王白岳大參書

別後再領翰教兼貽壽尊何生至復辱華問夫

于故而畧者在邇猶遺而况于遠者乎以簡爲
可者一札爲煩况至再三能勿厭者乎執事可
謂身今之人而志古之道者矣乃老人杳然闕
報固畧者也簡者也罷知不免夫當今仕人初
無行而不止之理要視其所以得止者何如乃
聞執事以文字見止是足止乎以是得止殆且
勝于今之非義止人而且罔知其躬他日之所
自止者矣抑志士行巳自有法度入孝出弟是
亦爲政不可謂身退泊無所止也敬惟愛日在

堂蘭芬桂郁溫清多暇天樂洋溢僕固知執事者殆且忘人之我止而方欣我之得所止者矣僕不肖為人之止也久矣然亦竊有以自負謂我之所以得我者尚未見其止也執事在閩往還稔矣以僕為止耶否耶玆何生還復楚遊坐索答音義不容止摽案布謝蕉申慕忱上謁閑緘手披疾讀或且為我發一笑而止也

畣王又池侍御書

憲節按閩不肖辱問者數矣無所往而多來委

溝覘受令人汗怍以踵也海寇易與亙絕其今[illegible]則立餓死壓以巨舟則立溺死攻以大則立燼死然而未覩勝徵者接濟多潛通闖蕃多宴語陡驅導陸之募徒而與從事于風波岀沒之險當事者苦於財匱怯于持久與爭一旦之命以幾萬一蓋徒知効古人之拙速而不知被之所謂拙速者乃成于巧遲之後者也新命載簡仍視我師獨賢勞矣不識輶車徑入廣耶且駐閩耶抑駐中界憑軾觀二省銃士與賊角耶樽俎

前箸將執事者是頼海波無揚老人當旦夕杖目俟矣暑中萬惟道候珍燮

寄劉少麓岡上書

六月六日諸兄集于冶山之宅兄留岡上不來咸謂兄漁樵與談孰與朋儕之素笠釣與狎孰與文字之歡卧北窗聽松風而課禽言孰與綸巾羽扇虛堂高榻縱談懸解玄遠要妙之為勝也爰得華教盛侈山中之樂披閱未竟顧已恍如坐此身于清凉國土直欲捐此市宅往從而

遊然兄言尚之奕耦是豈山中之樂猶有所待耶所俟之談似未足盡信也訪戴當有時請觀天宇同雲溪山一色四望濛鬱䍧在水壺中弟即擊榜且至兄宜速命价領鶴邊江傒拏舟人至亟延而入之毋令及門興盡更返也

與王汝存茂材書

屢辱枉問泥悅良多桑榆知厚毋足下諭矣頗有所懷願陳左右昔孔璋振藻自擬長卿而東阿奮辭癡為畫虎子雲太玄直準周易乃劉歆

逆億謂當覆瓿夫桃李匪言下自成蹊勇於自
譽者樹過詆之標崇以居名者來羣弋之的物
理固然未暇深論矣不肖今世不在能言之列
特以緒襲章縫弱幸通籍濫竽秘館具員禮曹
技係文墨不容自廢雖時彊塗抹亦旋就棄擲
又體質羸困長年抱痾躭寂懷深別成嗜好察
帝則於視聽之近窺天載於聲臭之表見曉聞
和宇定光發融融洩洩憮然自怡乃知榮華其
言者乖理道之精象數可陳者非性命之奥東

海極觀固未易與塪井見者共也去歲友人洒上陳玉叔旬宣來閩亟索鄙言欲為付梓辭未獲命爰輯漫㩲得韻語百十餘首借重鑑鏡去取以塞其意乃其左丞江右芊江執袂復惓惓以文為請日近頻使來促夫玉叔今茲藝圃之具區文壇之宗岱也顧予何人乃辱不鄙毋亦謂走於斯道或有一言之幾若老泉氏所云者乎抑亦以相知之素將噓我枯而借我耀愛而忘其醜者耶是未可知也古人謂文之佳惡各

各自知僕幼背嚴訓壯之師承天與介僻不喜
游揚年僅彊仕忤世見擯久卧山林養志澹湛
全歸餘齡老病荒落無復談是事適因買山住
僧横遭譏搆主者先入力致深文以白司馬因
我紀綱所幸罪本無所神理難誣垢洗而瘢不
存朱研而赤未昧乃知習禮悔於伐木談史危
於㪷閽豈自取哉是以日來神外奪而煩酲氣
中涌而怫懑昏瞀彌增清虚日隔即今遡覽往
作雞肋餘歠羊棗窳實登俎委壤莫適所裁夫

有師曠之聰者而後可以正淫雅有易牙之舌者而後可以別淄澠足下於玉叔聲音臭味固談藝者之牙曠也茲其重索之悬故不揣輯諸存稿溷于清矚願足下為我張目焉訶彈不避淘汰無惜且為次第之將以寄復于玉叔儻理無可覩辭不足采亦希情告而返之鄙將秉彼烈火佐以蕭艾赫之曦之紛埃于天襆以土壤裹以縕玄鑿之空之瘞質于地誓不復出有如皦日足稱相知矣乃若珠礫兼存醇醨咸酌淮

陰與絳灌聯驅雞鶩與鸞鵠比翼無亦好事者有喙三尺曰危耶窾耶駁雜汩亂乃災木爾耶以秦無人為武夷雲谷辱則不肖之辭有所諉矣惟高明留意

櫟寄集卷之三終

櫟寄集

冬 終

櫟寄集卷之四

閩中　林懋和　著
泗陽門人陳文燭　編
候官友人王　湛　校
姪鍾岳同校

恭賀

萬壽聖節表代本部堂上作

伏以

皇穹誕聖赤光騰太紫之宮

元后發祥仙氣擁蓬萊之殿瑶星貫月以聯
輝華渚流虹而表瑞金風動籟諧韶濩以
颺音玉露浮珠湛瓊酥而薦祉人神協慶
夷夏均懽玆盖伏遇
皇帝陛下
道函三極
德配兩儀劑丹藥以壽斯民遠纂軒農之績
垂衣裳而致盛治高齊堯舜之名戎兵克
詰陟禹跡以宣威文命誕敷歙箕疇而錫

福赤文朱字神龜遊德水之津雪毳霜毫
壽鹿來星潢之貢醴泉委潤以朝宗靈黍
垂珠而合穎貞符有象仰窺帝眷之隆聖
壽無疆豫卜瑤圖之固、臣等欣逢
盛事幸際
昌辰
就日稱觴、願効華封之祝、
望雲稽首、敢陳金鏡之篇、伏願
保合太和

緝熙純嘏撫元氣以長存端拱聖人之位握
玄機而得一茂膺軒后之年
賀永禧宮成表 代九卿作
伏以
圜穹朗曜五雲拱
帝座之尊
大内弘基萬國仰
皇居之壯金榜昭回而麗日璇題赫奕以飛霞
神人恊贊不日奏功福祉茂膺自天錫羡

恭惟
皇上
道侔義昊
德配勳華參天地以成能順陰陽而握紀太
平有象祥徵禹甸之禾上瑞難名靈降堯
天之雪宅中圖大家四海以咸寧居重馭
輕冠百王而獨盛爰承寶額飭固仙宮特
勑羣工載崇福地營室騰輝于象緯棟隆
獻吉于龜猷率作如雲識人心之偕樂開

先自

帝知天命之方申萬栱流丹聳金蚪而作鎮千

楹結綺騰彩鳳以承扉

宸居近接於蓬萊時迎協氣

閶闔遥連於紫極日迓玄庥臣等步綴鴛行

情深燕賀颺言金闕載歌考室之詩稽首

王階敢効華封之祝伏願

琛圖有永

寶曆無疆王道日升歛箕疇而錫福

聖躬天保茂周德以居尊

良鄉河橋功成羣臣賀表

伏以

重玄啓命聿弘濟世之功

聖主奉

天肇舉成能之典福地近連於斗極仙橋雄跨

於星津

瓊恩永沛雷騰萬國之歡聲

玉輦遥臨雲擁百靈之真氣動侔永賴事邁

前聞茲蓋伏遇

皇帝陛下

道超大始

德合希夷

承禧金闕綏萬壽以統天

執羿黃庭乘六龍而御極爰從滋澤之區特

建輿梁之便奏膚功於不日真同鍊石之

能敞周道於長川快覩補天之巧烏鵲廻

翔而奮力魚龍踴躍以承基

仙宮麗日移來蓬島之山寶堰垂雲直接牽
牛之渚作襟喉於三輔業壯斷鰲通車馬
於萬方勢凌砥柱亶惟
玄德之升聞用致神明之昭示彼推乘輿以濟
黎庶無得而稱而聚息壤以湮洪流於功
何補臣等慶
皇情之悦豫欣熙事之告成
扈聖璇霄跨金蜺而利涉颸言彤陛偃玉蝀
以逍遥倘素書可遇願希佐漢之材如彩

筆留題敢陋乘車之志伏願

景命天申

靈庥時迓

萬年壽考撫元氣以長存

百福熾昌後天地而難老

進大岳碑文表代湖廣撫按作

伏以

乾文日麗穹碑弘億代之規

巽命天頒太岳修

九重之錫茂對明神之景貺丕揚
烈祖之耿光慶洽幽明歡騰江漢仰惟
皇上紹
祖丕基膺
天駿命
中和建極太平延有道之長
敬一傳心至德妙篤恭之化頊以泰和之福
地允爲寰宇之名山仙靈炳燿累朝之秩
祀攸存宫觀巍峩

成祖之規模斯遠顧盪摩於風雨更經歷乎歲
時山川靈異無改前聞丹艧莊嚴漸移舊
貫屬
帝感之玄通期恢張乎丕緒仰
淵衷之昭祐遂潤色於前猷
內帑頒金重臣督役山祇受職瑞霞映晨旭
以飛颺川后効靈神木泛長波而下上公
輸執墨削白玉以成堂太乙臨爐冶黃金
而作像珠宮倚漢琳宇翔空儼

上帝之高居白雲在下誠列仙之真館紫氣長
浮乃復標以鴻名登之樂石玄岳表玆德
之精治世闡
帝慈之懿龜趺萬仞冠鼇峯海上之山
龍札十行飛鳳下雲中之策神物護持臣民快
覩培雍熙於千載蹟陋嶧山聳瞻望於四
方功高雲密臣等幸際
熙朝躬逢
茂典因追琢之告成謹勒模而

上進寶墨凝香頒備石渠之錄赤文煥彩仰
壓
黼座之觀伏願
帝眷彌隆
天庥滋迓日升川至萬年綿
聖壽於無疆坤泰乾清四海鞏
皇圖於有永
擬修
七陵工成羣臣賀表　館課

伏以
銀山鳳翥天開委化之墟
玉嶂龍蟠地設棲神之域鬱雲盤鬱佳氣氤
氳川迴吉壤歷百祀以彌昌石秘玄扃亘
千齡而不拔橋山弓劒軒皇貽龍去之悲
原廟衣冠漢惠愴月遊之感雖聖人厚德
固自流光而天下儉親豈為得禮恭惟
皇帝陛下
至誠盡制

大孝因心望松楸而結慕義切奉
先感雨露之既濡禮隆追遠謂不封不樹固
太上達觀之情而必信必誠實後裔盡思
之敬慨我
列聖音響如存睠彼
諸陵丹青且昧爰命司空鳩工興衆仍咨太史
卜日筮時耕來玄象雲深禹會之山祥見
憑霄珠積舜巡之野規模仍於舊貫制作
煥乎維新高卑中度欒水齧矣豈章王六

之和堅固匪虛防雨零焉奚墮孔丘之淚
雲輿縹緲雖便天上之歡
靈寢巍峩當憶人間之樂彼驪山之魚燈銀
海視此奚稱而虎丘之龍劒金精誠爲長
物臣等幸覩
告成之盛欣逢
善述之朝謹駿奔而効力恭虎拜以颺言伏
願
繩其祖武裕乃後昆

瑶圖永固山增高而水增深
王氣周廻天與長而地與久

代彭城伯襲爵謝表

伏以
帝庭敷命絲綸煥雲漢之章
天府疇勳帶礪重山河之約貂玉幸延於奕世
箕裘遠愧於象賢銜
寵凌兢俯躬跼蹐竊念臣祖奮迹戎行托身
戚里畧地攻城絳灌位元功之次攀鱗附

冀許史居外屬之先赤心自結於
九重白首幸存於百戰
文皇帝功高將將爰分樞府之符
昭皇帝義篤親親載錫彭城之壤鐵券丹書視
公侯而作伯龜文鵲印貽孫子以宜家韜
鈐近日月之光閥閱聳雲霄之望一門何
幸百隕難酬茲盖伏遇
皇帝陛下
紹祖鴻基

膺天駿命
文德誕敷玉帛來萬方之貢
神威丕赫旄頭斂五夜之芒披輿圖而思締
搆之艱聞鼙鼓而切股肱之美常湯續爵
灰已燼而復燃劉鄂嗣封木既顛而再蘖
人惟求舊國與咸休故臣庸劣之資亦荷
生成之造勲侵摩空聿繩祖武簪纓曜日丕
紹家聲顧隕穫以難勝豈捐糜之能報臣
敢不驅馳駑蹇淬厲忠貞昭戎果以致身

讀父書而知變文慕西平之有子氣壯干城

希去病之忘家志期滅虜伏頴

百穀用成

五兵不試

天庥滋至大一統以

居尊

聖德郅隆眷三靈而受祜[illegible]麟[illegible]見之長永御

無疆之曆

請立

東宮疏　任儀制司作屬即外補未上

竊惟天下之本繫于太子太子之位貴于
豫定是以易嚴主器禮重承祧商書載以
貞之文漢臣陳早建之議暨于
列聖繼天出治罔不以茲為首務仰惟
皇上秉上聖之資懋中興之治仁恩配天地
睿知竝日月近自閭閻匹夫匹婦之微遠而
至於四海九州夷狄蠻貊之衆莫不咸歸
覆載普屬照臨豈茲宗社大計乃更有外

睿慈臣雖至愚極陋有以知其必不然矣但今

青宮虛位已迫二年

明旨未頒鴻儀莫舉

聖慮淵深固非臣下凡庸造次所能測識然臣

竊以方今庶民之家有百金之產者亦必

有冢子之重焉以承箕裘以奉澤清矧惟

我

皇上為天地祖宗之所歆眷華夏蠻貊之所依

歸今而

紫極之上未備三朝之儀
青宮之中尚稽當璧之卜此中外臣工之心
所以夙夜瞻依延頸企踵不能自已者也
臣叨任禮儀事關職守較之大義尤不容
默是以不避斧鉞之誅輒敢披瀝爲
陛下一陳之今夫天下之事有不可以行者巳
而勿行可也有可以行可以毋行者詳計
而徐行之可也若夫有天下者建立太子
以上答

天地祖宗儲祥錫羨之心下慰天下臣庶愛戴

尊親之望此天地之常經古今之通誼百

王之大法

列聖之成憲原始要終決不容于不行者也亦惟貴于豫定而獨斷而已矣乃今青陽秉德蒼震發祥時正令善允協昌期伏望

皇上斷自聖志使天不能違人不能窺勑下臣等查例上請舉行則不惟

天人胥慶夷夏均懽

龍樓備尊事之儀鴻業衍繼承之慶而在
皇上數年之間所以周詳慎重軫念宵旰者一
旦得以見諸行事則神知以之而清寧聖
情為之而愷豫太和保合純嘏緝熙益綿
有道之長永御無疆之曆矣

謝

欽賜銀兩疏

嘉靖三十四年十月二十七日該兵部題
為撫處重大苗情以　靖邊患事奉

欽依賞臣銀十兩該禮部主客清吏司順差承
差丁起龍于本年十一月十五日齎到臣
謹即日望
闕叩頭祗領訖臣竊惟播酋搆釁依阻湄潭衆
踰萬人地聯三省玆而革心聽撫稽首求
生還于舊巢渙其醜類功成坐制洗累年
腥穢之區謀出萬全收一旦廓清之烈皆
仰仗
皇上

聖德
神威昭布于
上總鎮諸臣經營奔走肅將于下之所致也如
臣駑怯不過守文墨持論議而已事實出
于因人勞敢言于揆筆而乃荷蒙
明旨
特賚無金貢從九牧奇分
帑之珍價重雙南光溢外僚之羨臣敢不
寶而勿失永肩磨礪之心藏以為榮益懋

堅貞之操亘無任感激屏營之至

水月上人乞米疏

一粒粟中藏世界諸檀施福報歷刼恒存半升鐺内煑山川是衲子夙因今生受用猶獠稚熟肯煩送饌諸天金雞啣來説甚獻花百鳥水月上人者桂林逸幹芹泮遺璣脱生龜筒裂觸蠻之世網作獅子孔據龍象之法筵儘西江水從他一口吸乾奈赤肚皮不免三條篾緊療饑瘡須轉食輪護浮囊全憑分衛敢循梵軌遍叩高

賢興隨喜心升斗釜庾之慨許滿長捨願粳秥
秈穤之咸宜聚滴成流日一至月一至選佛場
頓頓無憂鑿石得泉朝于斯夕于斯給孤園源
源有繼蒿地裏粥鑊上湧出文殊大家聽取偈
言要時間厨堂頭夢見賔盧助我流通教典德
山拓鉢不空回摩詰他方還接取消幾箇字作
福田種僧衹留與子孫耕即刹那間成功德山
彈指頓超佛祖乘利他自利誰不欣然尚一乃
心共成勝事

太中丞馮公平苗宴啓

伏以元老壯顯允之猷懋著奇勛于邊鄙丈人渙征伐之命遂成寧謐乎域中威動百蠻慶貽三省恭惟臺下文以經邦用瞻豹變武足戡亂式奮鷹揚頃因苗醜之怙終乃爾執言而致討功收一戰勢若燎毛算出萬全妙同執券神謀助順筮龜獻大首之占師律克和旗鼓肅元戎之令某等猥承指示均荷帡幪馘獻轅門快覩策功之盛捷聞開府敬修飲至之忱謹候節鉞

之貴臨俯慰士民之歡豫勤勳名于銅柱載錫
龍光洗兵甲于銀河永藏虎橐

賀馮亞門壽旦啓

瑶窮飛鼎作三省之福星喬嶽生申壯　本朝
之柱石桃實薦長生于海上梧桐報清氣于人
間其幸屬照臨逢此佳會宜率先湖北十七郡
縣之民以上致崆峒千二百歲之壽而仰承鈞
檄部督士兵戾止有期奔趨莫遂效岡陵之祝
遥稽首于瓣香懷葑菲之情敢披忱于台覽

祭永康大長公主文代允卿衛門作

維貴主之篤生亶秉靈于坤德儷宵燭于虞庭侶歸妹于商國茂月宇之光儀毓天潢之秀質肆卜鳳以獻祥爰乘龍其追吉嬪君子于令門冠通侯而顯秩跨名甸以疏疆垂金貂而耀日懋勳輔之忠勤贊綍綸于宥密御琴瑟以咸和薦蘋藻而專一秉肅雍以含章蹈柔嘉而靜謐德撝謙以愈光躬履盛而匪溢廸婦職以罔愆貞母儀而可述嗣穠華于國風輝彤管于 天

室宜遐算之永綏作周親于 帝側胡玉露之
載零倏金枝其改色從嫠女以上征追洛妃而
遐陟衣在笥以餘香鏡沉鸞而掩飾雖終始之
有常諒倚伏而難測失典刑于 皇姻結悲悽
于 宸極錫厚隧以展親樹豐碑而寓惻給秘
器于東園敞佳城于玄域備存歿之哀榮亦人
生之難得某等幸通籍于金門仰懿德于雲閣
覲靈几之載陳慨徽音之頓熄偲數奠以陳詞
遡悲風而太息

祭西原馬公文代同部作

維公服仁義之休美兮信好修而匪磷卬前哲以抗步兮紛姱節之嶙峋遵廣路以逞騖兮振大雅之芳塵昭皇猷之赫熙兮燦五色之絲綸曳寶璐以趨蹌兮歷九重之嚴闈憑忠信以昌言兮孰幽阻之足吧人蓋曰謇諤之爲患兮余又宜愛乎此身儼矩矱于玉序兮士踴躍以維新稽古義以納誨兮辭昭晰而有倫載貳秩于宗伯兮久彌慮于惟寅贊中興之禮樂兮又和

恊乎神人年既艾而節彌厲兮位通顯而猶貧
嗟令聞之純粹兮衆咸宜其調元化于洪鈞嗣
此黃扉耿介兮重華有兹令臣胡溘爾以不俟
兮遊茫泱之無垠騎箕尾以遠騁兮叱句芒使
扶輪下視斯世而太息兮行趦趄而邅迍爰遣
巫陽以下招兮魂欻返而迷津惻　宸情之不
忘兮結悲哀于縉紳矧恊恭之高誼兮曰余靚
而相親忽超越而永隔兮衷忱鬱以含辛攬清
涕以獨立兮履嚴霜之逡巡向幽室以延望兮

愫有覩而未真余揆人生之所懷兮倏石火矣
微燐抑聚散之常度兮雖聖賢其亦臻聊采蘭
而羞桂兮庶竭誠于靈輴靈至止兮車轔轔飄
風發兮雲繽繽味我觴兮旨且醇我願靈心兮
籲于昊天閔此下民

祭張淨峯中丞文 代三司作

嗚呼天生賢材固將俾之遇也乃若公者其信
遇耶否耶雲逵振躍天路翱翔皇華將命建禮
含香柬憲造士作牧綏良鄖陽開府流徙忘亡

蒼梧啓鎮重譯來王三苗匪茹稱兵阻疆帝錫
斧鉞天討是皇呼吸巴蜀彈壓荊梁鯨鯢斯剪
委命靡遑前禽勿執稽首于襄三陲袵席萬民
樂康諸難歷試九列高驤握權據重紆紫垂黃
固不可謂之不遇也然而材優經濟膏屯未光
名播中外迹滯江湘福宜昌熾下壽而僵狼胡
跋疐箕舌簸揚或抑而下或舉而張致命遂志
孑立無傍人雖莫測天亦茫茫則夫謂公之遇
者又豈然耶嗚呼公今已矣黿銷鼉徂不可以

復作矣乃其平生不挫之志百鍊之剛斷與將為霆以震疊鑾方乎將為霜雪為雨露以澤被八荒乎將昭回于天以成章乎將為綵綸黼黻以華帝之衣裳乎抑將達觀委順乘雲御風浩然逍遙而歸于故鄉乎維菊有英兮維桂有芳英可餐兮芳可采以為漿繽紛瑤席兮馨香滿堂騎箕來下兮珮珩鏘鏘儼然太息兮為舉余觴

又祭張淨峯中丞文

維岳降神生甫及申聖君之作必有令臣風洌
虎奮雲蒸龍騰於赫中丞應時而升筮仕行人
直聲嶢嶢稱義引裾彌違折檻公于斯時漢室
之黯造士膠庠視學江廣五教敬敷六藝作養
公于斯時蘇湖之長乃牧雄郡乃參大藩民有
樂利物無煩冤公于斯時龔卓同倫撫于鄖陽
鎮于蒼梧吏士親附民夷康愉公于斯時保釐
之模盤瓠肆孽毒矢强弩恃其冥頑大邦是侮
帝用不赦授公鉞斧公威桓桓公計婁婁兵有

超乘糧有峙庚撫其云麼戮其貙貐三省用寧萬姓歌舞公于斯時方叔召虎苗頑于襄獻捷君側方期亟歸詡我聖德遠猷辰告正是四國昊天靡弔降此暴忒仁不必壽培不必息哲人云亡使我心惻酒有兕觥肉有咼鉞臨風陳辭涕淚盈臆公兮有知為我飲食

祭漁石唐老先生文 代費鍾石公作

先生按節江右兮余雲卧于鵞湖載輶軒以來視兮緤驄馬于道隅閔民生之滋艱兮詢輯寧

之良圖謂余有此姱美兮衆何詠以蹇迂託金石以齊契兮投芝蘭以相娛叩九閽以陳辭兮曰玆人之宜需皇覽灼其炳曜兮諒余行之信都寘余白玉之堂兮驂先生而竝驅遊鸞鳳以清飈兮騁騄駬于康衢借陽春于郢律兮煦黍谷于須臾昔鮑叔之進仲兮杳高風其久渝夫何年歲之既邈兮于先生而嗣之彼臧辰之蔽惠兮在仲尼猶以為疑胡檮杌之競毒兮余獨不知其安為固薦賢以報主兮在先生其亦何

私亶一見而傾蓋兮于余心可忘其深知嗟先生之勳業兮爛昭昭其未緇試鸞刀于百里兮民繫今而懷思分虎竹于三陲兮胡遠遁而莫窺佩樞印之纍纍兮暢皇威于六奇秉衡鑒于文昌兮孰妍媸之能欺肆倚毗之方隆兮忽筋力之莫支欲遺榮而不可兮又豈諒先生之遽衰罹憂虞以瞑目兮情沉菀而語誰悵余衷之耿耿兮增余涕之灕灕余朝登金臺之巔兮南望越山之蔽虧懷申椒以盈袖兮豈惟薜芷與

江蘺悼先生之永歸兮雖芬芳其孰詒遙緘辭以致奠兮聊以寫余之哀悲惟先生騎箕之在天兮當僾然而鑒斯

哀洪芳洲文

蛜蟻苦心桂蠹隕實金鑛爍真玉瑕毀質吁嗟吾兄禍流何疾天高默而茫茫安詰嗚呼哀哉有形必盡無暑不寒蟠枝憎繩羣梟制鸞佐窮好盡原踣上官自古而然志士所歎盈虛貞勝達人大觀嗚呼哀哉窣窱清源蕉黃荔丹舊釣

舊遊狎習可安營魂御辯無忘故山不死者知胡以生還

祭先妣太安人卒哭文

嗟夫天乎我實叢咎戾弗當身降割于母奄忽仙遊九旬甫及珩璜杯圈笄履奩笈瞿瞿心目遲母或歸歸兮孰知五內崩摧兒號有聲恨不徹天雖則徹天悠悠曷宣兒啼有淚恨不徹泉雖則徹泉茫茫曷憐曷宣曷憐兒恨悁悁今耶古耶此痛綿綿

祭太安人小祥文

兒不毋見倏爾浹期去歲茲辰毋顏載怡分甘擁膝笑語嘻嘻紀綱鹽粟家政咸宜兒兮有恃進退逶迤今歲茲辰毋竟何之塊有漬涕苫有餘洟晨兮夕兮省定疇施出告反面兒將疇咨有旨孰奉有懷孰遺兒痛何撫兒疾何慈兒心則苦毋寞知之毋恩罔極毋德女師神理何奭竟奪期頤小祥是邇寒暑如馳霜月照慘寒風助悲羹墻心目如夢如癡亦有旨酒與淚盈巵

豈無鮮封痛與徹肌天乎已矣兒生何爲杖淚籲詞寫此痛思

坤山嶺祖塋改葬畢工祭文

昔晉右將軍酹酒先塋誓忘榮進宋趙清獻瞻依先像冀克燕私皆剖肺腑之忱以動冥漠之聽古既有之今胡不然痛惟祖孫本同一氣幽明互感殃慶攸同睠彼舊塋襟抱巘泄萬蟻中嚶木根内侵曩在孫蒙竊抱沉慼稽之典禮謂宜改圖義惟有制斯行未能迨夫伯叔胥諭羣

從角特枝條既判萼跗自踈熟視酷罹殆成遺土地靈既竭陰沴日滋宗緒寖微詩禮時曠五服凶吉併叢我身東拄西撐已逾三紀沃漏危者困激流之勤甘浮梗者積望洋之憤既申內侮亦借外攻靜言思之衷焉如割所賴我祖考妣幽爽猶存祚澤未艾察玆白壁皦皦難為悼彼青蠅營營已甚是用默啓懦心贊以決志陟降殫十年之力筮龜獻習吉之占遂從坤嶺載築新阡恭奉皐真宅玆佳域必誠必信敢云後

喪之踰前喪不騫不崩廢由一祀以延百祀眡牛有慶頤溥及于諸孫白鶴徵祥豈偏祈于仲子惟雙靈之永妥縱十謗以何辭在天道以難誣諒神聽之不濫爰因竣事控此危衷薄具醴肴祇修明薦伏惟尊靈鑒茲對越之忱詞非外餙錫以均平之祜速若郵傳瓜瓞綿綿而啓祚鳳毛翼異以儲英控支誕之願而為惇本之念情無惡于勃興轉鄙倍之心而閱當事之難報不私于偏福廢幾無忝之文不墜聿繩之訓惟

我祖考祖妣其尚鑒之

正室胡夫人成服文

嗚呼今日何日是爲吾夫人舍我而去凶服告成之日也摧肝裂腸痛不可忍柰之何哉維我夫人年甫及笄言歸于余即總家政尊姑順夫逮下訓子撫恤僮僕綢繆戚族賑恵困乏周旋賔饋潔齋祭享一錢寸帛不濫于私勺醯粒粟不委于壤孝敬恭儉朝夕不懈褆身有篤行中外無間言蓋五十年恒如一日吾夫人之柔德

懿行自吾視之在古則不可知於今時亦可謂絕羣拔萃者矣吾年七十有一夫人年六十有六夫人之體質素稱淳龐精神盈溢而余羸資弱稟一歲病常居半方恃夫人左提右挈以相余老克終天年詎料吾夫人反遽先棄我以死耶且其始疾起于肱仆越日視胗厥有生意胡期次日多言而勞更復飡啖瓜橘以沃燥吻脾胃不斡神機遂亡雖更多醫卒不復起含糊長逝不獲一言而訣乃天之毒予與夫

人竟至此耶嗟乎以五十年如賓之情之久而生死之判逢天之毒竟不得一言而訣謂余之痛雖摧肝裂腸將可謂過耶吾自今以後吾食孰為思肯吾衣孰為思溫吾出孰問吾入孰迎吾怒孰解吾愠孰舒吾任孰相吾過孰規吾疾孰為深憂吾健孰為助喜耶吾行踽踽吾言孑孑虛堂空帷形影相弔寒風助我聲悲霜月為我色慘草木凋零為我枯槁鷄犬沉聲為我閔默嗚呼吾之痛孰已耶雖然平無不沒生必有

死人理之常亦復何憾吾今桑榆日暮㙜嵫景
迫然以百年計之大數不過一二十年之羸而
已夫人襄事吾爲經紀必誠必信無少不戒夫
人之親余今視之當更纏綣不敢遐遺夫人識
焉他日同穴視此矢言嗚呼哀矣痛矣復何言
哉

亡室胡夫人發引文

嗚呼哀哉陰陽遞謝天運維章終始合散世閱
之常古今相禪變化汪洋愚㤈併盡孰窺短長

嗟我夫人玉質金相稟詩秉順蕙帶蘭纕溘爾臘始爰及秋商將謀窆穸永貽爾康菊月先晦日吉辰良芻靈該備導子于行去兹華屋適彼郊岡北嶽之麓棲遲夕陽下從先姑逍遥玄鄉夜臺有閟燕孌未央嗟我懷人撫匶彷徨月慘寒栢風悲白楊饑鼯朝嘯螢暉夜煌煢身孑影孰予相將豆肴延望尊醴薦芳一往無復焉知滄桑愁心苦緒鬱結紆傷嗚呼哀哉是亦難忘

胡夫人安葬文

新營告成日月良只營魄載安龍襲休祥只闢之
方中臨天光只靈秀周迴地德常只噓吸清淳
神靖康只倚吡尊嫜不子將只吾老日顏憂多
方只孰予翌襄如子腸只須斯撫膺馳駒翔只
疇躇徬徨焱深藏只幽明弁情永相望只臨壙
奠號悽以傷只魂乎来居永蒸嘗只

勑贈承德郎禮部主事梅亭府君遷葬墓誌

閩之林多祖固始吾家上世有稱十七宣義
者是為遠祖諱號世系歲久譜逸弗詳國初

云自連江來遷于閩縣左一坊之獅橋占籍
居焉高祖諱志曾祖諱貴抱醇履坦鄉推善
人祖素菴公諱文珙字友珷行六通春秋開
門授經屨滿戶外弟子若都御史陳公達陳
公則清侍御史鄭公行倪公組吏部王公希
旦太守葉公溥皆知名當世葉則浙之龍泉
人嘗知福州其九出爲時用者不可一二載
素菴公生三子長炳舉正德已卯鄉試爲會
稽令季燦皇考府君其仲子也諱焯字用明

行三別號梅亭生弘治四年辛亥九月二十
四日未時嘉靖元年壬午正月二十九日寅
時以疾卒于浦城縣監稅公寓得年三十有
二配太安人陳氏庠生竹泉公諱紀之女生
男一即懋和娶胡氏孫男昭錫娶王氏嘉靖
乙巳懋和以通籍于朝值
太廟覃恩有
制贈府君為承德郎禮部主事封母為太安人
府君先以嘉靖辛亥葬于侯官草市都之貴

安山既而患蟻廼卜遷于懷安縣二都崎下山時有恃衆阻成者慫和筮遇益之比占者曰內震而動外巽而伏勿恒或擊來自外者也是將伏矣且利用為大作元吉無咎孟孰大焉遂作之成坐壬向丙萬曆元年癸酉春正月壬午朔二十有六日丁未奉柩葬焉和不幸六歲而孤于皇考府君之訓行無能知識太安人時告之曰自吾之為汝家婦見汝父之事吾姑鄭朝夕左右下氣怡聲甘脆必

薦一錢不私吾雖不逮事吾舅然即此有以徵汝父之善事厥考也奉伯兄恭敬唯諾力任家政有不足不令知之曰欲成其名毋徒亂其意為也鄭愛季子甚汝父視之惟恐有傷與人交言必近義急人之急視其力不敢愛也從事監稅奉憲彌謹私請者輒謝絕之故終身遠恥于公署旁有淫祠靈怪惑衆建議毀撤公暇挾冊哦誦墨加硯砣砣濡染終日治隙地蒔蔬客至則擷而羹之以配脫粟

咸果然歡而退也卒之日鄉人之臨者喪至家親戚故舊之臨者咸哭之哀謂天奪善人之速也和之所聞于太安人如此初和之幼也府君為作描紅握手引之次日製筆欵自書口授孝經一過輒成誦摘示以字雜而不忘府君顧太安人哂曰是兒也教可不煩矣府君之没也受含不瞑母坐其旁慟曰命之折乎寠甚乎子且幼乎吾幸毋死必成而孤可以勿慮撫之再三竟瞑而歛此則和自敘

提僅記憶者也痛惟府君稟性淑茂執德純
固困不覬榮約匪歆泰涉覽竹素誕循庭訓
世故繩束被以勞事慷慨祇役頽齡賚志祐
善匪徵天道昧矣煢煢小子號泣于旻追述
休懿勒之貞石以誌哀思且俾後世得有考
焉辭曰
恂恂府君惟孝友于降志豈狥度憲以居
旻不嗜善弗貽永年菑而勿穫餘慶乃延
帝嘉有臣聿念世德命服斯皇追贈泉域崇丘

載營後冢前昇吉福畀來振振生生勗哉

孫子休懿是式石以銘之永示無極

大明萬曆五年歲次丁丑冬十有一月癸丑朔

越二十有一日癸酉男中奉大夫廣東等處

承宣布政使司左布政使懋和謹誌勒石

明勅封安人亡室夫人胡氏墓誌銘

夫人姓胡氏諱如圭世為福之候官人廣東

等處承宣布政使司左布政使致仕林懋和

之妻也父文舉以禮經魁閩多士嘉靖間為

河南道監察御史母楊氏封孺人祖中丞封監察御史祖妣王氏贈孺人夫人為御史公長女年十七歸于余即總家政不逮事承德君舅矣奉其節姑太安人陳四十年能敬以孝事吾五十年能敬以順逮媵妾仁矣必裁以禮課僮僕力矣恒恤其私余始宦京窶不自給也則堊爨粒炊以贊吾廉繼而放歸素惰不自家也則口瘏手荼以振吾業奉承粢盛必苾以虔饋享羹胾必腆以絜族故之貧者田之廬之婚之嫁之藥之殯之頻而不為

厭久而不為怠也乃其躭躭逐逐盻盻訾訾者余聞疾懲輒為解曰豚魚可孚況與造化為人者耶特其不自聊慮之極耳君無校焉又必為委曲𡍼縫使終優之余感其意輒為釋然性明敏與人言必得其情遇事倉卒輒解終身無惰容綽態盥漱笄珈非甚病不廢衣服環珥不競時麗見有趨者必嘆曰時化物幻未始有極安可以有涯之貲而浪填無益之費哉故其歿也襝以嫁時之衣覆以嫁時之衾加褕翟焉然性頗怯滯平居遇震雷

楮砲鬭狗逸豚輒閉戶掩耳擁衾自環體栗多痰或咳炙炮斥菓胸滿欲嘔必索薑辛強止之余輒深戒之曰子痰欝久於法宜越而去之強抑不已一決而壅殆不可藥恬弗吾是也卒以是終嗚呼痛哉尚忍言哉載稽詩書人倫王化始于閨闈我求懿德有如夫人亦可謂賢者矣生嘉靖壬午五月十四日辰時卒萬曆丁亥十有二月初九日巳時余仕

登

朝以

太廟覃恩拜 封安人之命享年六十有六殁之日中外族屬之来哭者各極其哀謂天胡不畀以期頤也子男一昭錫閩清縣學增廣生娶福清縣戶部郎中王公一言之孫女恭生女孫二隆適長樂縣兵部郎中陳公時霖之次子郡庠生以公次慶近霑天令茲萬曆十有六年歲次戊子十月辛巳朔越十有七日丁酉午時將奉夫人之柩葬于原懷安縣今併為侯官縣三十都八啚天王山之原坐甲向庚祔于先姑太安人之塋百步而邇禮

圯墓宜有誌銘然婦無外事雖有善不出閨門乃若夫人之懿傳頌於中外者之爲詳不若知之自余朝夕唱隨之爲尤詳也外托重諸能文者銘之以爲禮不若言物行常銘之自我者之尤爲禮也且夫人常知讀吾文矣輒曰君之文必以情吾雖不能別其美惡然知其不夸誕也則余之銘夫人固亦以爲能而宜者也遂誌而銘之銘曰

攸順固植罔忒其儀節約自躬匪嗇其施

豆登几筵烝祀祁祁家則肅雍繩準矩規

壽愷榮只胡不期頤采采椒聊遠條維枝
有碩者果龜維先知我儀圖之豫善以基
引衍来祉爰慰爾思流峙炳靈徽兹銘辭

大明萬曆十有六年歲次戊子冬十月吉旦前
進士正奉大夫正治卿廣東等處承宣布政
使司左布政使致仕夫閩縣林懋和撰

宜人袁氏墓誌銘

宜人是爲徐州守龍津鄭君之配姓袁氏行
三靖諱德恭其字也系常州武進迺徙閩著
姓者始祖景清也弘治巳卯登名賢書署

南陵教事者大父昇也抱素潛耀人歸長厚者父成文公也柔明溫惠動必矩度孝經女誡能舉大義者宜人之婉娩姆訓也仲父雲浦公某奇龍津君于旟車竹馬之年議以宜人室之者擇材配也迨吉言歸井臼女紅拮据夙夜者宜人之處約自勤佐龍津君以劬學也晦璞韜珍鳴鐸諸暨者宜人以逮養易龍津君計偕必售之志也肥城製錦循良流聲綰艾徐州力抗奄尹者龍津君劉毅自樹

抑宜人以靖恭慎恪朝夕為誦之贊也滸求淑媛樛屈逮下者宜人思懋螽斯之慶也郎叔女姑財賄田廬惟舅姑命數而不厭外父母家有所餽遺必請乃與若宜人之以順為正不欲自為政也自成婦至屬纊歷三紀而餘尊嫜愛之夫子宜之姻族悅之妾媵臧獲戴而安之者宜人之孝敬有恒柔嘉維則也稱宜人者以秩從龍津君之貴也龍津君嘗語人曰自吾衷宜人之逝也而後吾知有宜

人之為佚也此則龍津君之思也子一樸太
學生娶馬氏戶部尚書公森之女也女二長
適雲南按察使王公應時子德渾庠生林
出也次　許兩淮都運使林公應雷子璜王
出也正德己卯八月廿九日宜人載夙辰也
萬曆丙子八月廿二日宜人考終辰也歷甲
子三百四十有奇者宜人所享年也侯官縣
四十都蓮花峯之原吉頭山者宜人葬所且
祔于姑禮也萬曆十一年癸未某月某日眘

宜人葬年月日也宜人之懿詳而狀之以請
銘者龍津君也得按狀論次而爲之銘者君
之友閩縣林懋和也銘曰
在中無遂柔德允諧休兹宜人美孰與儕
蓮峯北巍青繚碧滙靈粹蒸成食祉匪涯
石斯銘斯維後人之永懷

安人陳母林氏墓誌銘

封安人林氏予同年饒州太守龍峯陳公配也
公以嘉靖壬子考刑曹郎最而安人受封故

云世家長樂之六都先尚書廷選公從弟徽
仕郎廷美公季女諱玉葉生而端慧六七齡
嘗倅遇長者廡下衆皆避匿獨歛容為禮家
人異之笄嬪于陳舅司訓復齋公虞安人出
自華胄或未悉約素安人顧恭儉視他有加
乃甚賢之龍峯公領辛卯鄉薦乙未就祿養
會昌學諭教學不厭每誦習困以指叩案自
警或為之傷安人慰且請曰以木代警且不
傷如何公領之辛丑公舉進士授官刑曹安

人從恒以衰矜惻怛爲相追公守饒州安人
逾三時乃抵官舍偶閲篋笥所積京甚公
曰俸只此矣而欲附益多藏吾以敲朴斂可
乎安人愀然曰吾不堪此也寧以清白遺子
孫哉先復齋公將有大搆以聚羣從子姪而
物力未克安人贊龍峯公出青氊俸金及其
平日躬織紡資成之又爲公置側室吴氏以
廣嗣續異日視吴出猶已出也及公解官歸
安人經理家政祭祀賓客釜秉權度盈縮豐

敘咸當公亡避倭省城從依親鄰舉賑恤之
見鬻田者寠甚即捐其年田中所穫畀之饒
州公屬纊安人哀毀如禮願與偕逝疾革先
日召諸子侍命曰吾承事先公五十餘年壽
齊偕老更復何憾第憶汝父以砥礪守官常
以辛勤精經術所願汝曹官一命者無攺汝
父之操攻詩書者無替汝父之業及謹禮庶
母和合兄弟吾志畢耳既又以饒州公從兄
夫婦之柩貧不能葬從姪負金殁不能償命

捐資襄事迓質緩責且令鞠其遺孤一詰旦乃冠帔端坐而歿生弘治乙丑五月廿五日巳酉午時卒萬曆庚辰十一月二十日巳亥酉時享年七十有六卒之辰僅後饒州公七十五日云子男三長江光禄寺監事娶同知鄭錫騏女繼通判林世瑞孫女次洽邑庠生娶知府林大章女次溥娶知縣鄭廷桓女吳出女一順適閩清官圳光禄寺監事孫汝潔男孫八國楨國楫國榘餘俱幼女孫四長琚

適提舉方鎰孫男庠生綸次豆許聘知府莊
惟春孫男一忠二尚幼光禄君卜以萬曆壬
午十二月十八日壬寅奉安人柩從饒州公
合窆于石馬之陽而以信宿持其從兄茂名
尹沙麓君之狀丐銘于予予與饒州公年誼
意氣爭厚得習聞安人之賢今讀其狀乃益
信且其臨歿之辭周行詳示絶無沾沾兒女
態此賢丈夫者所能而謂閨閤婉孌有此哉
是尤懿矣乃為之銘銘曰

儉德居貴惠施則腴耳賄如塗成塵其夫

昭我誨遺永貽世模壽考令終與君子俱

石巽巍巍千載慶餘

封太安人先妣陳氏行狀

先妣姓陳氏諱玉華其先自固始入閩居于丁戊山之仙路俗謂皮坊陳氏是也世抱隱德父竹泉翁諱紀郡庠生篤學淳行訓誨規矩鄉里師之母生七年而母鄭歿事繼母蔡能安其嚴竹泉翁察而知之益加憐焉授以

四書小學列女傳諸書能舉大義既笄嬪于

先考贈禮部府君府君於次為仲伯業儒季

且穉府君家政捋荼母鬻簪珥為養姑鄭孺

人甚宜之先君從事浦城監税以嘉靖元年

壬午正月廿九日寅時卒于廨宇母長號擗

摽殆不欲生周身及棺稱家成禮忍死携孤

千里扶櫬激浪傾舟誓身殉柩天幸僅歸無

所望仁且或撼之母截髮嚙指引義激烈杜

門不出女工自給併日舉火亦無悶焉和時

方六歲九有所事必舉小學以誨間憇于外輒誡曰兒即出毋遠于門視羣兒嬉慎勿與母詈人復則汝辱有悔者直亟避之勿與競和戰兢服膺至今齒髮衰矣葸畏緘默恥校無道蓋母教使然也和甫成童即以春秋命從師授燃薪課誦輒至夜分少有逸惰即賜訶責丙申中和叨弟子員丁酉鄉試中式母聞之曰嘻兒遽及此乎爾毋詡詡毋揚揚循循可也辛丑和第進士改翰林院庶吉士迎母

就養至撫而泣曰吾不自意見汝今日天乎何奪爾父之速也聲嗚嗚不自禁又曰汝劬學乎何瘠甚也又曰取一第易有令名難其夙夜靖共以毋貽先人羞已未大察和以人言東廣事罷歸母謂曰汝尚未之任也此言奚宜至哉汝歸可無辱吾且亦安矣釋然不復更談倭酋逼城薪米踴貴母命振廩食諸守陴者城居鱗次鬱攸時有延灼母輒辨香籲天為衆請弭屬官購道術方技諸書甚急

家笥偶有之緇黄裒百金請錄毋命歸金且
致其籍初和之為儀曹也
親藩封冊例以幣交毋戒閽曰必還其跡毋污
我閾盖自是絕饋焉他日和視學荆楚歷襄
陽
襄王以和昔之未受餉也為饗殿上且迎勞之
謂同饗者曰潔而勿耀林先生有焉非毋教
之寵也何以有此先君之葬也毋視壙哀慟
倏忽碎首流血幾殆忌辰感愴輒若初喪執

綺之衣甘腴之味多卻不御强則泣曰而父之未有是也吾忍安耶如此者盖持以終身焉母弟姊各一人俱禁出弟一女淪躓失所母力援之為歸其宗且擇良配焉妹以篋金貯母所其家莫之知也妹卒母呼其子畀之感愕泣受竹泉翁蒸祀廢奉母時奠墓展未嘗不欷歔流涕也撫諸從子若姪恩意篤至貧者畀其田廬以居以贍婚姻疾葬咸任其費久而不厭也從子中有與鄰人旅於姑蘇

其人溺死家訟之有司將文致之毋瞿然命和為請牒毀於蘇州事乃白毋平居寡言笑子婦媵侍必以禮法為誨馭奴僕嚴而有恩旦日坐堂上區畫家理井臼摯牲紡績鋤治浣濯縫紉疊疊不倦稽綜微密雖勺鹺圭粟不致妄費至于內外賙貸叅稟亦無所吝晚尤尊信竺書蔬茹無旬神氣彌王自謂有冥助云初先君之歿也毋年二十有九於今甲

應旌日和將具疏

上請毋不許曰是恒德也烏用綦爲且有司存

汝其勿遂未幾和以郎曹

太廟覃恩得

勑封母爲太安人

制有東節自立率禮終始之褒母捧誦謂和曰

有

命自

天榮溢褕翟矣汝請幾是乎萬曆乙亥大中丞

凝齋劉公學憲二溪胡公留意風教始採誦

于與人聚實于鄉校禮以金幣大書貞節扁之于門示風勵也且圖具疏而劉公解任嗣掛令典後之賢者當有俟焉母生于弘治七年甲寅三月二十五日戌時卒於萬曆三年乙亥十二月初九日未時享年八十有二考終之日初無所苦長尚進粥一甌稍覺痰眩屬和以舊事在鄉促使弃召家衆環侍神志晏然頃微聞呼曰新婦浴我衣我母間他者和弃蹶歸母已瞑矣嗚呼哀矣痛矣終天之

恨尚忍言乎哉母所出男子二人女一人長即和娶河南道監察御史六華胡公文舉之女胡氏次一子一女皆未及睟夭死孫男一昭錫邑庠生娶戸部郎中約齋王公一言之孫女王氏曽孫女二皆幼和卜將以　年月　日葬于懷安縣二都圵門嵜下之陽塋坐壬向丙從先考之兆也和竊聞之傳曰女子之行於親也孝婦也節母也義而慈止矣痛惟先妣允迪壼彛克閑家則於玆三者實

無有之至其艱貞苦節氷雪非嚴善始令終
鬼神可質明徵
綸綍炳若日星上足以章明我
國家陰教之隆下足以陶淬閭閻放僻之習較
諸竹素所稱其揆一也惟和祇訓弗虔不卒
顯揚廼於慈懿仍復闊略閔默無能稱述而
明著之將使後世之人無聞知則通天之罪
其奚以逭詎特不仁不知為知禮者所恥哉
是用茹荼抆淚敘述不敢誣泛以重不孝伏

祈

立言大君子垂仁採擇羅以銘詞以為罔極

之慰則和也實受其賜雖死且不朽矣

萬曆丁丑十一月　日孤哀男懋和泣血稽

首謹狀

太中大夫雙山陳公行狀

明故太中大夫資治少尹湖廣等處承宣布政

使司右叅政奉

詔致仕陳公諱元珂字仲聲其先光州固始人

也遠祖守約仕唐為左司員外郎避地入閩
家于郡城臺江之南上渡至宋而顯稱江南
陳氏云守約生懷至懷至生顗有篤行十一
傳為復公登我
明永樂甲辰進士終杭州知府高祖外始徙家
入城曾祖宗坦祖聰俱世德而隱父良策邑
庠生以公貴累
封中憲大夫金華府知府母吳氏累封恭人公
娶夫人鄭氏知府克昭公孫女封安人加贈

恭人繼娶劉氏指揮使琮女封恭人側室馮
氏子男五夢梧廪生娶尚書馬公森女夢槐
選貢娶主事王公鏜女繼鄭氏郎中克和公
孫女俱鄭恭人出夢機娶吴氏庠生泮女夢
桂國子生娶曾氏通判廷梅女馮出也夢弼
娶王氏知州時中女繼林氏劉恭人出也機
弼俱庠生女一德鄭恭人出適同知王公鈇
子庠生淑孫男十有四紹伊娶長史林君秋
女紹傳娶林氏紹夔娶鄭氏紹龍娶王氏主

事昺公孫女繼周氏教諭朝仕孫女紹益娶林氏鄭御史廷玉公孫女紹皐娶林氏紹熊娶吳氏紹儀娶吳氏紹旦聘長史曾君孔志女伊傅益皐俱庠生紹愷德義參京俱幼孫女六泰金適大尹張君焯子兵馬元芳明珠適長史劉君鵠翔子庠生應萬龍適庠生林元亨子燀憲金適庠生鄭維藩子傑南金適通判何君偉孫來淑金許適大尹鄭君啓謨孫登明曾孫男大勳猷綸謨相烈申訓美學

典成十有二人曾孫女四人和鸞許鴻臚洪
君嘉善子國子生士偉祥鸞文鸞丙俱幼公
生于弘治乙丑十月初九日子時卒于萬曆
甲申六月初三日戌時享年八十其孫夢梧
等卜以茲乙酉十月三十日申時奉公柩與
鄭恭人合葬于侯官縣草市都五牢嶺之原
禮也公登嘉靖辛卯鄉薦乙未進士授戶部
主事轉員外郎郎中以癸卯陪祀後謫德慶
州同知遷楊州府通判南雄府同知召爲南

京戶部郎中未任擢浙江金華府知府歷廣
東浙江二按察司憲副皆職兵備已未轉湖
廣布政司湖北道分守兼撫苗參政未行而
朝議報罷用不盡其材衆蓋為公惜之也公
生而穎異七歲讀書即知大義稍長學為時
文輒有過人語先達林文安公見而奇之封
中憲公亦以為可教盡以春秋大義授焉為
諸生試輒高等及聞督學臨海高公知行合
一主靜無欲之說即銳然有志于道官京師

時從安成鄒文莊公守益相國徐文貞公階唐
太子中允順之羅殿撰洪先暨海內諸名勝百
數十人聚會海印寺講明王文成公良知之
旨退則與同署郎東平吳公嶽西蜀黃公華
同鄉陳公子文林公廷琛馬公森互相切磋
砥礪期不負所學為的其守金華也則葺四
賢祠麗澤書院折柬于王龍溪唐一菴沈靜
夫傅虛巖戚南山馮覺山來為赤松之會作
一貫說性命說以示諸生使知嚮往司空朱

公衡見其文以為非深造自得者未之能言也盖公之為政雖以奉法檢下為先而尤以風俗教化為務華溪俗多溺女公嚴為厲禁貧不能舉者置月米以贍之俾小民知有天性不可忍之親舉行藍田呂氏鄉約吏民知修睦之誼其與俗之急簿書聚斂以譁世就名者遠矣其備兵廣浙則建狼家營于白沙口而瓊海絕登岸之倭築餘姚城于浙東而士庶賴保障之固至于躬率士卒赴援舟山

卒全危堞此又功之冣奇者也先是南雄有
鐵石寨妖賊陳永富楊天慶據以為害公倅
署郡篆即志在芟薙乃誘天慶來款而偽親
之既狎諭令擒永富自効諾而縱之歸俾縛
以來仍策其必負也陰為之備既而慶果獨
至公坐之庭遽讓之曰富安在乃而獨來何
也麾卒擒之而以兵襲彼不意并永富獲焉
識者以公為畧也徽州王直海上巨寇倭夷
歲入彼道之以衆議必剪此海患乃紓公贊

議幕府乍就袒縛上功爵秩他及公以金幣
懋也或謂公曰衆皆云云而公獨否金秩異
須有自埶公謝曰吾虎士如林輕裘制閫者
比迹也蕞爾島酋竿藁不遠乃以諼磔一王
直何足多也吾方愧之未幾果有言者且併
罷公亦不自明也公質性剛明而行恥近利
為部官再郤羨餘倅郡委監稅力辭不就其
問遺饋贐必視于義是以解組之日貽其五
子田廬僅足無厚積也事中憲公吴恭人生

事葬祭無違禮教其弟郡守君元琰至有成立晚撫其遺孤尤曲盡恩意諸姑伯母暨于外姑寡而且貧咸食于家故人之子若王若林捐廩推宅沒齒不厭江南舊有宗祀歲久荒圮捐金修葺復祭田纂族譜酌斟家禮為四時之祭以享家廟不泛不陋咸可為子姓法杜門卻掃當道踵舊故不妄請謁往庚申歲閩卒釀逆與尚書馬公往諭而平之一時撫臬上下咸嘉賴焉文嘗以有司敦請為諸

生講明良知之旨作十詩以示大抵多徑截超悟之說余嘗謂公曰人皆可以為堯舜孟子之言信乎公曰然余曰今公即以孟子能堯舜可乎公瞿然余曰固不如夫子謂性相近也吾無隱乎爾中人以上可以語上也徹上徹下諸天及人不至驚疑也因相視而笑公又搆一笑亭結九逸詩社時與知己諸公往來倡和于九仙烏石之間蒼髯鶴體頹然自得也性嗜學老而彌篤發為詩文雲湧川

泱有叅神幽思東園三賦琦瑰閎麗含咀屈宋而馳騶班揚粤士見者咸珍誦焉所著述有禮經類序毛詩衍義仕餘稿居婺文錄家居集新寧縣誌皇明三山詩選藏于家以俟知者受而傳焉余荒落久經歲時不任拈筆効作今古人一語玆其孫乃以公遺命屬余狀參萃成行殆萬餘言因憶昔嘗與公同官京師以懶緩癖于公盖屢月不能一二見然心固知有公而公亦不以余迹之疎邈乃余

鄙也己未歲余既與公先後歸里閈容與洗善飲醇日就親好殆三十年方且恃公相翼以老而公乃先余歸此漆園之所以有惠施斲堊之感也而忍以荒落諉哉乃掇公文行之章章在耳目前信而可徵者狀之以俟立言君子采焉

櫟寄集卷之四終

續刻

閩中林懋和著
男玄錫刻

孔子年壽攷

謹按周平王四十九年歲次己未為魯隱公元年孔子作春秋是左氏記事之始也靈王二十年己酉為魯襄公二十一年則孔子始生之歲也敬王三十九年庚申為魯哀公十四年西狩獲麟而春秋絕筆又二年壬戌孔子卒左氏之

傳終焉上下凡二百四十四年此入春秋以來
記年之大數也孔子之生也左氏無紀爾穀梁
之紀則在襄公之二十一年己酉十月庚子也
公羊之紀則在其年之十一月庚子也其史遷
與何孟春家語所紀生月則用公羊而年則在
襄公之二十二年庚戌闕里志所紀亦然其生
月又云即今之八月二十七日也自己酉迄壬
戌據公穀之紀則孔子壽應七十四也自庚戌
迄壬戌據司馬氏闕里志何孟春之紀則孔子

壽七十三也又王廣謀家語則云孔子七十二
歲而終則孔子之生又在魯襄公之二十三年
辛亥比公穀少二歲史遷何孟春少一歲年代
遼邈文獻湮絶不同之故將安稽哉其為史記
索隱之說曰孔子生于魯襄公之二十一年今
史記以為二十二年者蓋周正建子屬之明年
故孔子少一歲也今詳攷之義寔不然何者周
正建子謂正月始於子也魯本周朔其公羊所
紀十一月者寔周正建戌之月在夏為九月繞

于已酉年建子正月之內去庚戌年周正建子之月尚隔亥月一月計日三旬而龐安得謂之周正建子屬之明年故孔子少一歲也蓋緣漢武改行夏時遷史不察見公羊所書十一月遂誤以爲周之正月屬之明年故令孔子少一歲耳是則史遷之謬也自漢以後史記顯行故闕里志何孟春家語承訛襲誤遂謂聖壽爲七十三耳至若王廣謀家語所記爲七十二歲則愈踈闊不可解矣故我　朝宋景濂氏有言曰以

穀二氏業傳春秋專門之學也世有諱師遞相授受且去孔子之時為近必有據依遷固良史後於二氏家語本始西漢吾無徵焉耳孔子生年當從公穀茲確論耳乃其生月在公羊則以為十一月庚子在穀梁則以為十月庚子在闕里志則以今八月二十七日若此不同則久何者謹按春秋曆襄公二十一年夫子於經書曰冬十月庚辰朔日有食之據朔求日則穀庚子在月之二十一日而公羊所記十一月朔於法

不應後有庚子是穀梁之十月為浮而公羊十一月為失也其闕里志又以為今之八月二十七日蓋周正十月乃今之八月愚作春秋春王正月攷謂周正建子改時與月質之經傳灼有明據而先輩洪興祖之云今之八月乃周十月今志之云然足以見文獻足徵之一而愚之所攷改時与月非妄矣然日之與公穀異者豈一之與七傳写訛耶方音異耶要非大義所關擇善而從吾從公穀乎爾然潛漢氏于夫子之年

數雖得之公穀而其生月則失之宋儒其言曰
三代雖異建其月其時未嘗改也說曰殷嘗建
丑矣書曰惟元祀十有二月謂爲不改月之証
而不知其下繼云朔旦乙丑冬冬至伊尹越茀
祀先王於方明以配上帝見于書序者何改也
夫冬至之爲子月也尚矣今謂之十二月則殷
之以建丑爲正月可知矣又曰秦嘗建亥矣史
曰元年冬十月爲不改時之証殊未攷始皇兼
天下未嘗改元二世胡亥史書二年十月不書

冬也惟沛公師至灞上五星聚于東井書曰漢
元年冬十月正義云沛公以已未年七月至灞
上乃秦正建申之冬十月非夏正建寅之冬十
月也又高允駁崔浩魏歷劉攽註班氏漢書皆
指此十月爲夏正之七月者可徵也而后儒猥
謂春秋春王正月爲夫子行夏之時何其橫生
臆見語之不詳若此也又孔子之卒也在於哀
公廿六年壬戌四月己丑宋氏謂其年四月爲
戊申丑十八日爲乙丑己丑乃五月之十二日

已與乙相近故誤書也殊不知左氏所記四月即今之二月茲又宋氏之未及攷者也由是而觀孔子之生實在魯襄公之二十一年十月二十一日庚子在今夏時爲八月其卒也在魯哀公之十六年四月十八日乙丑於今夏時爲二月壽年七十有四而凡史遷所記與何王二氏家語闕里所志或謂之七十二七十三者皆非也嗟夫天生聖人爲古今吾道宗主其所係亦夫矣乃其生卒若微二氏幾於無徵今幸述而

傳爲不謂有功於吾道有功於聖門而爲吾黨之一大快耶抑天之未喪斯文而默有以相之使然耶予因覽諸家所記聖壽益縮之殊竊爲憤悱爰以暇日蒐輯衆籍詳而攷之得其如此爲之論次以俟後之君子訶焉因得以併及三代之功云

世說新語補序

原夫東漢之季清議奮興魏晉江左則崇名理雖時賢鑽仰涯涘各殊要之欣趣均歸自得該

於其亹亹則理疊出于前人之所未申校其日
見則事多出于舊跡之所未踐乃宋臨川王劉
氏義慶握是三昧併摭史遺目為世說新語詞
標玄詣事綜卓越幽微懸行閒尔旁通裁削峻
潔綱格弘方並泰創述後世展卷則視聽爲濯
入思則端倪軒豁謂之新語信非虛矣然隋唐
迄宋風響寥邈乃今司寇瑯琊王公爰纂厥緒
辭義事行取材語林臭味色澤酌之漢晉典刑
區類則仍劉氏雖視舊本頗有益損要之大都

十幾二三乃第太常又為之批釋墨卿告倫合而命之曰世說新語補予友王汝存氏貫綜典墳著稱博雅太常公才之授以斯集屬之訂正汝存間序於予因而縱觀則見古今題識殆且十家蔚蔚彬彬擅聲名藻予謂汝存諸君之說美矣盡矣而謂我又何加焉汝存謝不敏曰非是之謂也吾自受命于吾師王先生也濡首鉛槧畢力讎對久之乃克竣事謂朝夕得藉手報先生而詎知先生之遽爾乘化不吾俟也吾心

悲焉是以欲得先生之爲言也余乃憮然謂之曰夫物無常時無止古今同之矣伊余總角時知奇劍集後失去求之四方逾四紀卒不再覯何獲之難也年來得購其集於肆兹又辱吾子之惠纖帙踵至獲又何易也方太常公之視學吾閩也年僅艾耳猥以年家之好、余自言常入室於曇陽氏其譚蓮臺崑閬宛若譚生柱杖前也曾日月之幾何而謂兹集之成以竟不復覯乎則余之謂物無常而去來有不可知時無

止而大化飄風忽有不足恃豈不然哉使晉魏諸
賢單詞獨行浮藉汗青迄今耿　而三劉之名
各以一時裁成韓什々勤拉垂無朽乃太常茲
刻国将有辭于永世子又奚憾為也第予聞漢
晉清言擅美百代唐宋超悟且尚隅塵是集所
稍雖浮意於欲離欲近之際要各疑杜弘治於
衛庐再識者併顆而觀則夫英傑材用人々異
局文質雅化代々殊風皆可以默識而略覩之
矣

祭側室曾氏文　玄錫生母

嗟ゝ乃曾維予之侍柔淋慈良端莊敬忌逮事吾母左右先志羞旨滌汙勤劳脩至奉我嫡人絶嫌遠娟唯喏無違黄裳自媢予昔疾病衆咸坐視爾卒姉婦醫巫畢致荷天之靈幸以亟甦欲廣予嗣感激自裡夜稽北辰旦祝梵容茹素減膳誓持身終累誠積悃帝鑒玄通誕錫一兒以蕃吾宗維汝之賢今人孰同吾嫡云逝爰賛内政米鹽醯蔬祭享吊慶施恤饋遺克時克敬

家則孔閑僕婢共令維汝之能匪煩吾俞叢挫居諸積勞不任醫巫空徂膏肓日甚永訣之辰神情湛寂謂予衰遲宜慎眠食倦翼思棲鬻晦宜息勿徇輕誘小侮勿馭蚩、孺稚宜存肝膽寒温飢渴勿令失節授予夏楚以識遺訓愛不欲驕教勿繼忿隆師擇友務俾有聞須即九泉顯當毋慍嗚呼哀哉盧扁不逢返魂無術含酸茹辛涕下如猶天命寔然奈之何哉茲辰二七時奠一觴文以告衷懿行用章咸屬咸在助予

恫傷

明思明貳守治山王公墓誌銘

公諱鑛字公范姓王氏治山其號也先世居鳳陽元季有諱寶者以兵從 高皇定天下積多授福州中衛千户世襲入閩鼻祖也寶生良良生智爲公曾祖生五子佐珪瑋珙瓚佐領鄉荐有子騆仕至右都御史卒 贈尚書推恩三世皆如其官中子曰瑋即公祖生旻即教齋公父也母太孺人鄒氏有淑德寔生公卓異凡童數

齋嘗卜宅址故神祠先是居者或難焉公以髫
往視棒人役宅宿夢三神人衣冠甚偉以賓禮
禮公揖而厺之旦以告毅齋公謹曰神許我矣
宅茲其无咎抑大吾門若兒乎既乃從從兄進
士龍江公授春秋謂可與進也悉精蘊以示公
亦益奮不自息克弟子員褎然有聲甲午舉于
鄉上春官再困思禄仕悦也就署永寧學諭庚
子癸卯聘典應天四川文衡如尚書陸公樹聲
中丞塗公澤民御史李公廷春副憲羅公青霄

皆其所取士也尋轉教授贛州先是張文毅公以場屋文自多總試南畿得公所贄業謂於經術為深命梓以式遂為相知及聞是畀駁曰夫夫材也曷不民社寄乎力為言始擢令尹初得石首次松滋皆以讀禮解任末得分水稍遷倅饒州又遷思明貳守秩大夫尊貴矣然思明道險俗陋公然以骯髒郡縣仕不大建風雲之志且倦也遂解組歸公為政悃愊所至皆有聲績如永寧新學宮之敉石首上賑荒之跡松滋固

江漢之隄分水豫儆倭之倫署篆餘干權軍民
兊運金粟輕重之便皆其班班可録者也至若
抵樂工張禄之殺人而覩藩不敢庇其嬖倖縶
陳臘保於亡命而僞尸無所適其羅織下令決
旬暴殄六尪祓禱崇朝甘霔百里雖古之格蒼
頸出迎婢謡美通神市殲暴鼉者又何加焉公
至性孝友事敬齋公愛敬先承恒若不及姊寡
奉之終身弟屢廢業振之不怠積無厚也於中
外姻舊周恤未嘗有所靳歸來杜門惟事典籍

九旁通律曆醫卜禽遁之學溫故知新充然有
以自樂也詩則陶白文範歐韓爾雅和平握作
道之樞奧方強仕之年以施宜人舉男輙不育
也即擇從兄之子曰棊也賢吾子之逮其老也
毋弟有二子公又曰棊也親吾子之親賢並建
孝友克諧庭無間言人咸稱之先世文獻勤戢
其放失祖塋疆界輙謹其封樹獨力以任不族
誘也施宜人先公卒四十五年公親爲銘納諸
今塋盖其母儀媺德有足述者繼請室於高順

續刻　　十二

正迷謬無舉案提甕之懿而蹈擬蜂失翦之累公屏而棄之或者爲解公曰吾惟一嗣立可屢歔其毒乎抑吾亦行古之道也已矣再繼林氏柔順無儀先公十一年卒今從祔焉公生於正德辛未十月二十二日寅時卒于萬曆癸巳十一月十七日亥時享年八十有三嗣子二長嗣立次嗣齊俱庠生立娶鄧氏繼陳氏林氏齊娶林氏女四絢適庠生謝讓亨繡適庠生施昌積縧適廸功郎張鑽彩適庠生林才洲俱施宜人

出孫男三長廷榜敬斂縄武公鍾愛爲娶劉氏次淋果聘劉氏次叔荣孫女四長惇許陳紹高三尚幼曾孫女一立與孫卜以茲歲之十一月十四巳未日寅時將奉〻柩葬於侯官縣之本園山坐乾向巽公所自卜也謂余與公不特里社酒食過從之雅且以臭味合也乃奉公從姪湛之狀泣而稽首請銘丁余湛公家阿咸也材高奇善以詩文鳴公屬尊且戚密適切磋故於公之醇懿浮於言論親炙之及者信而不誣詳

而足証而子也感在昔之為樂歎末契之雖同
衰舊要之總逝悵餘生之倖存一涕之無從者
也故不忍以老病辭援筆而為之誌爲銘曰
於休王公　敬直塞淵　矩方規員　時人
侔天　古道則然　建親樹賢　孝友罔愆
以昌厥傳　巍其斯阡　蒼白朱玄　佳
氣廻旋　不震不騫　維德藏之永延

八閩文庫

福建文獻集成

續編 集部 一八

吴格 主编

八閩文庫

文獻集成

342

福建人民出版社
海峡出版發行集團
THE STRAITS PUBLISHING & DISTRIBUTING GROUP

本册目次

鳳崗存藁十六卷存十五卷

〔明〕惠安張宇撰

上海圖書館藏明萬曆間刻本

鳳崗存藁十六卷，明張宇撰。宇（一五二四—一五八三），字仲矩，號鳳崗，惠安人。嘉靖間貢生。嘉靖三十七年（一五五八），倭寇犯惠安，城幾陷，宇散資享士，與士卒同勞苦，佐知縣林咸、邑人李愷等嚴守，城得全。隆慶初，以選貢授職，萬曆四年（一五七六）任英德知縣，卒於官。

是書爲宇之遺稿，由其孫步瀛、姪孫棨登仝輯。步瀛，字閬仙，雍正八年（一七三〇）參編惠安縣志。棨登，宇兄之孫，康熙間增廣生。書前有郭良序及萬曆十年壬午（一五八二）李伯芳序。次目録。次正文。據目録，卷一至卷五序，凡三十六篇；卷六記，凡四篇；卷七祭文，凡十八篇；卷八志銘、誄及哀辭，凡四篇；卷九已佚；卷十至卷十四書啓，凡九十八篇；卷十五、十六雜著，凡十四篇。卷九外，各卷亦稍有殘闕漫漶處。書中所收諸篇，多關乎地方治理、疆域海防及友朋往來。其涉及惠安一地者，敘述詳盡，足補史闕。如卷四保障奇勳題敘贈朱户侯、保障題敘代贈李大夫，記惠安抗倭事甚詳。卷十五呈寢議割地建縣文，述其時惠安「割地置縣」論爭始末。按明惠安縣屬泉州府，御史林潤之奏乞惠安改屬興化府，興化府申乞楓亭立縣。宇訪之人情，酌之實情，作此「呈文」以駁之，條列割惠安隸興化之六害，與立楓亭縣之八不可。又惠安當山海之衝，斗城孤懸，沿海城戍有崇武千户所與峰尾、黄崎、獺窟、小岞巡檢司，以護内地、備非常。時所城戍如故，而巡檢司則無所事事，幾於冗官，存之以供送迎、備役使，形同撤戍。一旦有警，四司兵廢而崇武且閉城自守，則惠邑危殆。乃作惠邑制險議以論之。他如惠安縣分疆議、惠安海防大略、英德鹽議等，皆關係地方政事、海防、經濟，非空談藝文者可比。置諸明經世文編、天下郡國利病書，亦無遜色也。惜其書流佈不廣，傳本罕覯，未見前人著録，現存者僅見上海圖書館與臺灣「央圖」兩家之藏。此本鈐有「御賜天遊堂」長方印、「南海康氏萬木草堂藏」方印，知爲康有爲舊藏。（凌一鳴）

蘋山朱公少許可試輒置先生高等嘖嘖有金馬許□□先生已顯名諸生間諸生皆謂先生務文名過先生不自矜文名席卑接謙遇士無所敢失赴士困阨不責豈言妾亦不為阿婞之行居嘗抵掌談笑開大事每振纓高論如懸河倒困而時露其峯

人無不悚容甚者戚戍于邑圖之衆
議棄城潰先生身[illegible]欲保伍而盡
散其貲財饗士得拯護邑全且絕口
不言功也已知林御史[illegible]我縣隸
莆陽邑泉東臂也割[illegible]而民疲
先生抗辯六害八不可御史不能奪
議遂格先生雖翺翔文史乎然彬彬

具有其質要非空談不務素者故其
忼慨引議排難辯紛泝特不群類如
此中歲　貢于京交道益廣為文日
益有名適余在司寇郎署中與先生
握手相勞重悲昔人盛年功名扼腕
之間無不志在千里延竟不能慱一
第而屈抑就吏也夫以先生之才且

賢籍今俛仰時好搰搰作今人語即取高第致位通顯何所不至顧先生不以今人語顯顧也然且強抑就吏強抑就吏遷志未究而天竟奪先生去嗟呼今先生今而在無論尸祝于英即勳業卓犖雲蒸海內奚難者而獨以是藁存觀其所存蓋亦多蘊蓄

而未竟矣若論其世濟南諸君子伯
仲之間乎讀其書可考信少保之後
有人哉余是以論而歸之與小山類
藁並傳云
賜進士出身朝列大夫廣東布政使
司左叅議眷生北洲郭良頓首拜
撰

序終

鳳崗張公存稿刻序

余英德故令君魯公余于鳳崗張公殁六年所矣余于興化公之子某奉遺文請予請曰先大夫雅喜古文辭然不喜用文名甫脫藁輒為好事者持去茲殘不傳梓存者幾永感公辱好于先公幸蒞鄰邦敢以

序尋废以公而行於遠乎余劉之
泫然泣下張公宰余邑有惠化邑
人睎其文猶父母之手澤焉盍不
能讀之矣當
世廟初大父令余英民戴其德立廟
南山祀焉又十七年公諸父少保
襄惠公保釐二粵英在袁豰露中公

繩祖武龔襄惠遺芳　　捐館民
用嗟痛祀公于先令君之左時余
以尚書郎在告寔記其事昔召伯
有遺愛芾棠勿翦國風詠焉逮其
孫克篤前烈召公是似張世澤視
召氏不遠重以文采驅駕當時襄
惠公小山叢章灼矣迺公斐然有

作布宇内實粵中漢世西京以來之文蓋未之有睹也夫文不在華藻而貴經濟詞不在浮誇而貴實用余嘗閱公所遺之諸序曰渢渢乎雄哉其班馬之風乎其詞贍而不穢又嘗閱公所遺之書啟曰淵淵乎遠哉其歐蘇之風乎其文詳

而有體又嘗閲公所遺之雜著曰
油油乎思扎其屈宋之風乎其文
簡而直核而當豈非其少負奇才
造詣精粹於書靡所不讀蘊諸中
者邃以弦矣故其肆諸外者如萬
仭湧泉旁溢四出六御奔軼長駕
千里至此也南海龎中丞公持風

節少許可往歲見公文輙擊節稱
賞曁擁符閩中道由英德嘖嘖奇
公握手論天下事遂稱莫逆偉哉
受知乎當道也且其為諸生時抱
奇畧當倭夷入寇累上書籌大計
逮議割恵縣毅肰抗論極陳利害
可否當道者納其策其議遂寢比

出而宰百里咸以經術飾吏治諸所措置禁革蔚然條理議論辭命隱然石畫是公之文經濟實用兼之矣寧可以一書生一縣令薄之耶廼不能傳一第不諱于官英之士民悲慟如喪考妣尸祝南山今閱幾許年矣其英靈神爽凛凛然

與先令君俎豆香煙歲月不啟百
世之下見者猶有生氣即公位通
顯享遐齡其功德與名亦不過此
於乎公之身雖隱而文不朽矣余
於公有孔邇之愛遂因請而為之
序其亦以志感也夫
萬曆歲次壬午季冬之吉

賜進士出身中憲大夫知興化府事

前

兩京刑部尚書郎舊治生李伯芳

頓首拜撰

序終

鳳崗存藁目録

温陵張宇仲矩著

孫步瀛

姪孫榮登仝輯

卷之一

序

卷之二

卷之三

卷之四

卷之五

右序計三十六篇

卷之六

記

右記計四篇

卷之七

祭文

祭薛封君文　祭何氏叟文

祭趙母恭人文二首

祭李恭人文

祭鍾母孺人文

祭陳母恭人文

祭喬恭人文

奠王母恭人文

南山祠先大父春秋二祭并謚日祭文二首

右祭文計一十八首

卷之十

書

擬太子扶蘇請命書

上朱鎮翁尚書書四首

與曾龍山論朱戸侯書

卷之十一

與曾僉憲雙溪書　與陶大叅鏡峰書

上湖廣胡大巡貴州宿大巡書

與黃大叅蔡峰　與陶鏡峰

與蒲南溪　與陳毓台
上朱鎮山先生　送諸君會試
柬黃葵峰公　與余春亭
與陳復峰　為叔父與朱白野
與石總兵　與蕭岐陽幷再與書
與陳橫江　與陳春臺
與郭北洲　與張晉陽
與葉綱齋書十四首
代張肖東上葉令公　與東州

卷之十四

啓

右書啓計九十八篇

題僧如崇結庵募緣簿文

○惠安縣分疆議

○惠安制險議

○惠安崇武倉議

英德鹽議

○惠安海防大略

右雜著計一十四篇

一幸會哉盖氣未至雖帝王不能以易俗氣至而化不洽士非豪傑又孰與成其材此閩之所以獨盛於古也然文固非獨空言而已閩之先正建有楊文敏福有兩林莊敏文安莆有彭惠安林貞肅而泉則蔡祭酒近張襄惠夫彼之數君子或奠社稷或戰疆場或明正學而斥邪誕其行不同而皆有功於國皆所謂天下士也本其始進不異於今三試之文今士於數君子試同其文而行同不同未可知甚於三試收其文而士人修其行仕而體國以宣大猷而立大節

存刊　卷之一　三

退而勵俗以明實學而祗實行尚友鄉國毋愧數君子者而又以友天下友古之人如是行成名立閩士於天下稱最而且以章國運之盛夫子所以稱周之郁郁者此也不然今所試而收者祗為亡用而贅之具而文病矣士以文進其尚有助於斯文

遂初録序

粤故多奇節士何中丞海中丞其在于今最著余先少保峰公嘗言何公之風軌也葉侯講於兩公而心契愛三人皆粤産也則地豈不以人重哉侯今治

平出覈吏牘以急民功入討墳典而趣誦習歲時吏放休沐侯躬搒劇之勞而無斯須宴息之娛屬惠政書行之言傳經義稱先王雖誹不移終年仡仡雖病呻吟不廢客問侯何自苦侯言惠吾桐鄉髮膚雖捐之惠可矣其事具在書中不作今人語時又輒思羅浮和陶歸去來辭列牘以請不可得已更一歲徙守賓州侯則又請已又疏於

闕下請之客謂公固薄賓州乎侯言州古侯國秩稱大夫不薄且薄又孰與縣吾不薄縣而薄州乎陶令

八十曰歸竟之詩顯吾書未就齒盡冉冉至矣歸則奉軀入羅浮頗琢亡能之辭以騁諸子之間自謂葉子有以自娛而成藏之名山瘞為文塚此吾所以歸也羅浮盡其所巳孰與陸沉而汶汶哉侯言歸計盖如此巳請未報侯列所請書疏刻之曰吾必毋忘斯言也録名遂初其定之矣客又諷侯何家侯太息曰吾惟無家吾故能遂果爾則豈不翔千仞而翩翩哉然獨無柰縣人之乞留何臺檄止侯民又赴闕則侯欲遂初何得也三閭廢放厥反初服孫興公

已賦而名顯初亦不遂侯亦慎取名爾而對客稱陶
亦不類陶歸當其禪代之際名又不必在詩侯非其
時辭蓋非所宜和聖門論士思狂思狷而亟思在中
行侯學聖人之道毋必重以奇節自詭疆留毋遽而
録業已行矣序而反之

三朝恩命録序

臣某荷受　恩命誥勑軸有八捧函而珍藏之謹録
其副授兒官生臣某鋟梓以貽且侈　國恩臣謹拜
手稽首言曰臣某愚甚蔑所樹立少事

世宗皇帝已事　穆宗皇帝與我
皇上念臣奔走微勞錫臣父母王父母逮厥妻室爵
位名號畀以制詞拜恩　三朝其以褒榮臣宗甚光
寵矣臣幸甚臣宗幸甚臣念幼習章句臣王父父教
誡臣曰兒學願兒努力勉為君子不願兒習脂韋苟
富貴臣服家教唯謹布衣起家繇縣令郎于天官尚
書已而典選遵職兢兢毋敢毀方以徇貴人忤貴人
意當是時臣幾不免貴人罷去臣以勞敘卿太僕尹
京兆參侍司徒司寇之事戎馬財賦刑名皆國重務

尚書獨秉……

御馬領廿驗詘蓋艱甚矣則以若其輿廢……

諸郎行之蠹穴倖竇往往篙目怛中謹條所職以……

諸郎釐之小或部决大則上聞勞不敢辭然不敢……

日惟隕越是愳

今上聖明察樸忠於毁瘁之中而忘其過守次稍久

上 軆臣之勞而卹其私臣是以膺 渥恩以有兹

錫豈臣愚所得獨蒙哉蓋我 國家之治盛矣

皇聖相繼以撫萬方勵世興化嘉得天下才賢以夙

中外廟廊之上者舊之老上握樞筦日侍
帷幄厥有年勞
今上體貌大臣不撓其職而所以褒嘉之者又甚備
臣竊謂遇主莫踰於今日者大臣法小臣廉精白一心
以承休德亦莫如今日之濟濟蓋其君臣之際如此
可謂盛矣臣列諸臣之中而材最下立　熙洽之朝
覩　仁聖之主獨持先訓以慎所事今均得荷褒寵
之榮以榮其先豈非其遭盛際然與煌煌
聖創三世是秉勤廟揚休晉鍾衛鼎以示有來則臣

靖[illegible]息念　國[illegible]哉臣且老矣猶嫓於國不知其[illegible]
任臣子若孫勉其忠孝守之以百年尤宜思訖其[illegible]
忠也故録貽之文中徽之匪維先德音惟
天子休命求永無斁

大司徒陳菴王公贈行詩冊序

大司徒王公之謁歸也盖以母故
命下公意得也部吏群詣公曰公宜歸矣部吏豪
天子命守部曹事而公寔長臨之公去部吏嚌依之
曰亡柰吾母之念予何吾歸矣吾歸矣吾有五年之

覘在也二三子其善努力矣於是出而屬辭辭成
冊以上人殊其指而大體蓋重於離公公持忠鯁
節結髮登朝繇吏部郎居尚書風裁凛如而公文
古今習國體要任大司徒蓋在隆慶四年時其國
大絀矣而蠹穴頗滿不塞也公拜
上命召吏而屬之毋市私交毋苟眠食公又正身
之惰違有罰人懼無以佐公下風悚然盡力不敢
非以應朞年而部職咸釐矣公顧不苛嚴而易寬
有體徽文細故一切置不急也任人又當其器材

傳者倚之謎辨訥寡辯樸少文者不見謂為無能薰之不湛浮華而絀好修不持寸杇而訶合抱邇不昵遠不疏譴舉必法使在千里外如身堂奧之上毋敢慢令文無畏譏公坐巖廊之上耳目手足一公心思一公而公視聽運動走四海入群情龎紕之故生奸不遺而廩藏有羨財則部吏盡驅身之百職而歸之公也豈非公於部中弛張中度部吏故人附公而身咸樂為公役哉公方遇

王部吏又得公懽上下相承欣然共功而豈尺寸令

其時也公歸部吏違其本計事公歲久當離濡濡難之此所以有今者之冊漢世門吏之誼次於君父蓋從其辟署也東京尤重今公府無辟署之制半級之爵　天子命之吏在外服今日屬明日長長屬不一故誼不必如古部吏足入部中勞久序轉仕九其所分嚴情熟故吏於部中者嚴事其老去為他官及都大官猶稱故吏亡改部老亦曰吾故吏也卒善遇之此猶古之道也夫部吏於公願身自比漢吏沒齒事焉此冊歸公存之他日公還立朝亦願公毋忘故吏

之恩存大誼而識私情具在此冊中矣其故序之若公遺規部吏盖相努力守也

世殊恩録序

世殊恩録者何安成周氏録所疏於朝者藏於家而疏有二一盖先中丞公疏旌其母許又一則其今大理君請歸養母劉之疏疏兩得請又皆不必得者故恩曰殊許劉姑也大理中丞公子故恩曰殊又曰世而録以俟上恩且以訓后則大理君之為之矣然

國家著令至章也孝子順孫義夫貞婦行部使者歲與殿最之書俱上法旌其門而婦節得旌者什九母老而子獨者法歸養則請歸而歸爾周氏殊之何也旌節以年為斷婦死而年不五十者雖節勿旌聞諸著令之意蓋曰五十而不隳也斯不隳矣故五十者旌之不及則否旌以勸終否以防佚孰嚴於王者之制乎而可倖也許太淑人之節死年蓋四十九而鎮得旌則中丞公之為疏也大理君之謁歸甚於令有合矣顧時侍書 文華

上曰命書在
上左右蓋方其内直之殷也謁歸疏上人以允大理
曰此豈若言歸養自逸時耶咸危之矣而大理疏下
竟歸也夫節年不應令此於今所不得旌也而逸養
於君勞之時則時方忌規避尤稱難矣
上兩錫類遺之令不我格時不我嫌而兩母均有榮
施焉此之謂得所不當得則豈不謂之殊恩與而又
皆其父子問也謂之世也亦宜然余又怪夫閻氏兩
疏之易也嘗觀朝廷之上清光咫尺孤憤萬里古今

難此非少也而周氏輒易其所難豈恩獨殊一周氏
哉聞之語曰不知其母視其子傳亦有之賞延于世
又曰故舊不遺母節之不宜旌而旌也
上賢中丞而信其母雖絀法以旌節可也大理以獨
子陳疏以彼其情篤矣疏輒稱臣母劉先臣匹也疏
語云云
上勞大理以體其母而猶不忘中丞之恩則又何疏
而不得矣余故竊識中丞之為烈也然大理者豈易
哉大理侍

上有寵顧坐念每脫蓰去之毋死宜起人趣大理而
大理堅卧陽山不起也夫人孰不沾沾於一命者大
理亨衢税駕而日又未昃也則大理其誠不易哉大
理有子兩貴仕仕不辱先子而猶子復有儁材具稱
中丞家兒盖周氏世息長遠矣顧今巳耶然
恩命被周者非一今皆不稱而第稱此兩疏則此之
兩疏也在周為家乘而一縣之文獻炳焉煥焉抑非
此其孰當之哉是故縣人述之縣令某也衍之敷極
訓言以揚以風盖某長吏事也而不文則某慙其縣

人矣

甘棠贈別詩册序

有持巨卷過余余讀終卷盖縣之為斗野李侯咏也咏有五言古幾首近體五言幾首七言幾首絶句幾首調幾首洋洋乎諸體具備矣咏者名氏抑齋先生倡之瓊泉諸公賡之合春元秀士凡幾人輯而卷之冠者某某童者某某侯所薦龍門弟子也温陵郡在嶺外文獻甲中州異時郡大夫視郡在職而居與被遷而去者其人何限而詩歌繪畵輒不少吾縣以遠

稱獨否侯今一去今聲古調短什長篇蓋既盈帙富
矣門弟子佻闥自喜不嫺於辭勉爲而效其技豈非
絃頌之教親得侯於去歲涖縣之日有不自知其非
工耶然詩甘棠未必能言之君子也田夫埜叟不忘
召伯於去棠伯舍宿交語毋伐而棠於是有咏蓋今
傳者是也求其作者之人杳不見矣且昔率意爲之
非固以詩自命也而詩又厘厘數語爾聖人列之爲
經與雅頌同而後之詠去思者輒祖之豈非詩以人
傳而辭之工不工非所論耶今列于册中者諸君子

雅聲往往而在它縱不必盡工於以晞古風謠義庶有合矣恨今世無採詩之官里巷之謠無繇以備淸廟之什此冊以歸於侯副以藏之淸源之巔而傳不傳又未可知此何足為侯重而諸子勤思若爾哉余獨謂此冊之傳者侯也今世重進士之科侯以進士起家司刑吾郡余嘗卽侯德度金精玉粹經術文雅身兼數器而官又謹素絲之節課侯治理徵侯而內樞筦機密孰非侯所宜居而侯不鶩炫霍不矜聲名此而僅遷金華以去官遷非貴任也然世豈有官如

侯人顧能抑之使後哉侯行矣金華非侯父啓土之欻然而奮翹然而起特侯須臾事爾它日立朝身都大官有或問侯溫陵時事出此示之溫陵物之華谿侯益暢而侯以言於人亦曰此某也溫陵舊蹟赫赫在目無忘也則凡冊中咏者與余序者皆侯亡用而余輩蓋樹尺寸矣孰謂此冊之果不傳哉召伯輔周功大甘棠之存於詩蓋猶其巡南國一時事也

紫厓遺稿序代李思亭

今時集刻盈箱矣余刻紫崖遺稿文序三傳一詩律五言六七言一絶律七言一歌五合凡幾千幾百幾十字少矣世未有集少若是者公名能文而稿止此何也公死金臺傍無丈夫子稿為友人持去不歸而後公者落莫竟不歸稿此公稿之所由佚也然於此猶刻之何也文惟其傳不惟其多公稿雖殘而今其僅存者讀之健氣上凌漢司馬而指歸於節孝仁義有足勸世故可傳而公余族伯父余刻以傳盖所以允公名且使李氏文獻足徵毋廢此家長老所以令

余意也不則將併其少而棄之矣且獨不觀藝文中
書目乎有十卷不止也或多而數十卷義百餘卷豈
不以多為貴乎間而一卷一篇往往有之其多少相
懸何如也竟之彼廢此存亦復不少而李密之陳
則僅僅一篇爾密蓋稱為孝子至今公傳陟岵豈證
哉必謂少而棄之過矣且公選讀中秘都諫垣浮海
而使占城賜服一品泉自開國惟公也而余聞鄉
夫公善歌咏勤著述其封章亹亹十數上而疏領
蓋使占城時事公死疏傳於縉紳間則又無不誦

此疏而肆其得體者則公它作雖佚而疏藏於内府
猶或存特秘而未見爾菊翁條漢故事佐漢中興者
今有如菊翁取秘藏中所言而條上之則公稿雖不
傳於今或傳於後而今刻雖少庸何傷

壽山福海圖序

壽像古有之矣孝子以壽其親臣民以壽其君長[illegible]
王謂出於人情者不可強也故從而為之制以節之
之王帛玄纁之具飲食燕饗之交其於禮已侈矣[illegible]
沿其流復有歌詩繪畫之飾比物聯類窮巧極[illegible]

亦至是不可復加矣而原其意則一以辯等威廣恩
愛而勸天下以親親貴貴之誼也禮之為本固然今
而此圖之作於禮有合矣蓋圖壽我邑侯蒲泉公作
也公以廣東名士受命作牧以撫茲士肆月甲子公
之誕辰值之惠人士戴公休美貿綃募工相與為圖
以獻蓋是圖之所列流者峙者走者飛者盤錯而牙
萌者遠近位置朱碧互映時暇一騁目焉不必登山
之屐齒泛湖之輕舸而岷峨渤澥之觀幽忽變化之
狀蓋具在於指顧間矣然而稱觴拜祝之象無見焉

既繹其意則穹然高者崇山之削立也非謂其丘垤之夷也願公之壽似之淵然深者大海之巨浸也非謂其溝洫之潴也願公之福似之山之隙有泉而泉之濆有蒲生焉取公之號為之蒲可益壽甘泉以供仙藥一點一畫皆所以寓意於公也蒼松古栢參差橫空蒼鹿白鳥爰鳴爰止而皆以附列焉則斯圖之大觀備矣閒而能言之士私以所長作為歌詩言有豐約辭有工拙本其壽公之意則一出於忠敬而非偽也吾惠地故稱瘠民俗相沿椎樸力農以給公上

士亦質素無文不習華縟之觀蓋非一日矣以今此圖觀之歌詩繪畫文采爛然俗異於古遠甚非公其何以有此哉時屬多故公不鄙夷其士進而教之朔望釋奠雍容講論士既得日新其所聞公暇輒假之色笑前無是也陳子某徐子某莊子某侍公色笑辱公知尤是以倡為茲圖康子某李子某而下合若干人佐之某與其事不能詞故直敘其圖意繫于下方以寓仰止若公諸別善政多及人以非作圖大指故不著此著其所以壽公者

鳳崗存藁卷之一終

温陵張宇仲[illegible][illegible]

序

贈大司徒踈菴王公告歸序

尚書王公之守司徒也念毋年高疏請休養不可已而[illegible]告疏病三請廼歸又乘驛歸方疏之得請也朝上[illegible]人言曰[illegible][illegible]體貌耆舊重違其意而優其禮王公未老乞身[illegible][illegible]進退有古大臣風此一舉也體臣為仁退身為

示　明時君臣有此哉余曰固也然公且被徵書
旦夕入矣人曰徵何遽也余曰吾蓋覩公勞伐自公
行所以稱
上意知之夫大臣歸惟無請也請歸而歸耳歸則
上輒置之亡它位高於國無勞
天子所置而不省也少選則年及矣王公顧為國重
公性剛毅有大節居官著材余它亡論第論司徒時
事　國家經費　乘輿共養司徒制其贏絀法相權
也繇嘉靖還廑廑矣倖竇鼠穴權竇狼吻宮府異法

淡職廩藏歲以匱告歲費不給輒問主者
辭職為幸公材疆敏足智善畫司徒五年數條
便宜請著令乾沒浮蠹率屬條其簿書公譔著
之不辭瘁怨不遜謗今其麗太倉者食支六年藏
咸謂百萬老守毋動自公司徒始也問公何能公
謂此皆
陛下仁儉明武之所遺也仁儉則無侈心明武則無
慢瀆
上且是四德者相公成之公職不撓計無還顧賦無

不倍而太倉有餘蓄其有以也然公獨秉國計五年
兢兢徵公則孰稱
上意者則公之勞伐可遑哉
上愈以是重公而難公歸公初請養
上以孝治天下緣
兩宮之奉宜不忍公子母之愛公疏竟報聞罷謁告
再疏始勉歸公聞之人曰歸養法宜終養病歸則否
胛縮無闕
上今意所屬公或此也余故謂公且徵病愈上聞明

詔有司其定之矣公固
上所急也公雖欲長侍母胡得也旦余聞之
坤質宜就則上相不敢退安於私第相公焦思列卿
百辟誼不敢優游而圖佚周公老於成王之側蓋亦
相也召公畢榮旦暮偃伏與公終始不先一日而其
國封元祐之初文呂兩相以載請宜得請也詞臣嘗
制引周陳誼兩公遂斷來章尚書蘇頌引年制亦如
之
上比德於成王元祐不類然頌尚書與公同公年未

及其尚書于隆慶之間
先帝顧命公與二三元老所共拜也元老密勿心膂
公歸獨幸見母快之乎公矣母養而忘國計則公又
奚可也公行矣長安令具車戒徒奉公如
詔公遄其驅群公祖餞公居宰司且十年余與諸同
舍郎守公舊官具以班從同舍郎顧余曰子嚮云云
是其元祐所行制辭者類也子書諷公余謝公曰彼
辭蘇長公也余何能後廼其大義則余蓋稱之矣公
頷余言顧侍子曰籍之

大中丞見臺曾公巡撫貴州序

曾公之開府貴州也蓋自京尹往矣其未尹京也三履卿寺其未卿也郎于尚書之間宰司最久而公足所至輒成名今年三月貴缺撫臣

詔議可者而公遂進中丞開府其地繇公起家翱翔

京國跬步不出都城今出則

天子持節大臣矣豈不以材譾取重哉部上公名

上臨救公以行湖北川東聽公兼制若曰是其西南之邊徼也爾其善撫之矣公拜稽首而出郡國吏領

以方伯分部治民不治則命大臣行部制也顧無文
員今率中丞遷自外服之長　敕遣寺之
上今綜核申儆中外郡國吏日憂其不稱荒服[illegible]
厥有擾邊之患於是以公當貴不愛京兆之臣[illegible]
之以赫業之辭公當如貴拜
命宸旒之前籍而將於西南萬里之外豈[illegible]
夏君臣胥誠胥命彼其四岳十二牧猶與[illegible]
面其訓辭而奉以不惰哉貴古三苗舜終[illegible]
[illegible]博叛以蠻[illegible]侏[illegible]魋結號跳恣睢不[illegible]

自棄於夷而籍版圖以開郡縣我
明之為烈也吐食其毛雜夷錯處吏護其疆與酉並
列聲教雖被獷俗猶存法弛不誡貴苗輒有嘯聚之
變為
國家憂伏莽擾岨不忍凍餓以死則苗變土司互搆
糾苗助力事聞懇誅甚苗起釁而苗倚土酋則又變
且其地也界於湖川之邊綿亘千里東急西匿邊疆
之吏壑鄰逭辜而變逾滋湖苗亂貴而湖人曰作過
貴地貴人任也貴苗宅竄酉陽求保固其含藏之巨

藪矣川湖守吏輒厚庇之權分於三省令不必於土
酋故今天下撫臣貴稱難矣且貴之財力固薄也列
戍之兵缺於棋布武不足以揚威賦入公帑吳越閩
一大郡不如也其歲輸輒給於旁省此苗酋之所以
緣閒而動也嘉靖中年苗詩不戢坐此數者總督視
師邊界聯落而苗始定至今總督今罷而此之邊界
也割以益貴彼為彈丸貴以固圉計無便於此者議
格　上聞申令兼制夫兼制蓋行自昔矣昔不治而
今治無或

天子委任權力殊昔故耶然惟其人之為恃矣而今
制師面命公則以計安乎全貴者豈不厚哉公有文
武長材廉公而威且習邊事樽俎折衝一人賢十萬
之師余見公旆未揩而聲先馳卭僰間也公行矣貴
疆弛柝休
天子之人民男秉耒女服麻興學明教士茂本業悍
夫服義且以易其暴心使無亂紀稱
上干羽之思公優舉矣申畫疆之議以固西南百年
之邊公不尤稱烈哉余文見公

休命之且復也詩出車曰自天子所謂我來矣公今事也其在蒸民肅肅王命仲山甫將之公它日報政如此矣歸而燕喜張仲在焉則采芑又有之余賦待公其誰曰不然哉

代贈項君少溪請南序

少溪項君起進士初選補居刑曹與余共主司事治瀼家言非其好也顧上書請南以便養

上覽君疏不奪其志於是君得儀制司以南官仍其舊號云項君故襄毅公孫行也公仕

先朝典兵中外樹有勞烈於時稱社稷臣去今幾五十年子姓冑屬盛負材美世其閥閱不衰其以甲第列官者先後十數輩項君尤其傑然著者蓋君生稟雋資弱冠傲遊兩都交遍當世名士顯矣君不謂其意得也歸發先世書讀之綜緝經典翺翔執翰天下士口習君文亡論識與不識蓋人人奇君也君又故稱世家子負金馬材明習典故余從君後材能眎君特不類第官與君同舍時時從君君固早早交余不余鄙握手論心振纓吐奇欵欵日夕語不窮余與諸

同舍郎几而聽輒相與眩矚曰嚮特竒君文爾孰謂君固恢慱辯麗若是哉余因愈交驩君恨得君晚君顧日夜請而南余與諸同舍郎誠詞稽君君既决策南嚮不余顧也間而怏不滿望謾謂今時仕重內即鈞一京秩爾注北心輒灑然喜也一聞其當南徙無不咨咨咄咄書空而長吁者亡它軒輊之勢異也君固非人情乎胡為乎棄北而去之獨不顧余二三子為也毋亦輕委利權而顧矜為名高者邪又有以大誼讓君者謂君於國不謂世臣乎孤外縣進之士拂

意不合動引禮義以決去就道固當爾君國世臣共休戚藉口毋養以其身偃然於堂奧是輕去國而忘襄毅公之思也[illegible]或謂君何二三子不欲君南持語紛沓言人人殊君退託而言曰嗟乎嗟乎諸君知吾心乎夫以南為名高是遠勢而就名者也吾不敢爾為也誠若以吾為輕去國則我項氏被國恩非它比且吾方通仕籍豈敢以一日忘

明主哉吾少時學浪以執文得譽然特慱士家語爾學貴聞道吾方欲養吾學而充之也顧北則鼎而禮

耳目心力太半耗於奔走之後雖學力亦不專孰若南簡而靜得以便養又得以專圖吾學之為愈哉二三子絀無以復也余廼起而歎曰遠哉君之志乎君今南矣異日學成道充

上下璽書徵君君又安得不舍南而北乎

贈楊公遷佐蜀臬序

辛未之秋余自粤西移閩藩廼楊公入閩二年矣楊公與余同司官同職余所領進蓋興泉漳三郡而公在莆交於楊公相好也會則輒以職事相規方公

居粵也不習吏職以文史自娛于粵中粵士[illegible]

者而吏治顧非余任也參藩于閩

上不知余無能以士與民屬余治之列城數十分道

而居輒思以佐其伯而撫其民蓋焦思兢兢矣時屬

儆備民罷於兵輸田野呻吟之聲蓋閩半爾楊公所

部迺熙熙安樂如它時余愧之矣楊公又時時嚮余

言治理甚篤余德楊公已時也此而蜀臬副使缺

吏部疏其可者以請而楊公自閩徙居之豈非廷訓

僉謀以稽功望而楊公獨稱

上求哉然追其第進士令吳江之日歲歷三紀深矣而此顧循以序遷也且蜀又西南之僻處非殊褒矣而楊公心靡不樂也報至嚮余問所以治蜀者余謝不敏而既以言之楊公曰今天下民半罷矣秦晉備胡燕隣於胡最近

帝都在焉滇僰邛粤之間菁徑島蛋之備無歲無之河漫為灾歲起卒徒以塞水衝而治漕渠蓋今兖豫之區勞苦最劇而江之南迺古吳越地也而閩居於嶺外今並以蹂於倭倭去而歲當輸以備倭者責民

如故此今天下之大較也而今稱為完國無邊事不畏異災顧惟荆益間爾蜀在益州之分沃野千里古嘗記之矣而民伏在農晦猶輒病亡異於它方公知其然乎蜀去天遠而官於其地者上置不省吏職抵廢撫綏亡狀而甚輒恣睢不灋以為民病非一日也財浚於苛求則墨病體瘠於刑威則罷病誕謾齋問以苟歲月非罷非墨猾胥舞文顧竊姦使其民而豈食之又軟而病蓋今吏治不振民什病而九矣又豈獨蜀云爾也而蜀以遠地獨甚矣

上今討念邊氓遷公於蜀任風紀之司以專彈壓之權蓋所以正官常而飭吏治非漫授也公行矣正身勉力以振百吏而肅惰違吏治師師相期以稱
上意毋忒擾民為上憂此
上所以命公意也而亦豈非全蜀之民之福乎余敢言蜀之故於公私且曉蜀長老使知有明使君之蓋余方官于閩而畏于蜀者也故是以云

贈孫太守之任廣南序

歲丙辰之九月滇欽廣南太守吏部號上鳳岡孫

名
詔下報可蓋君居督府中參謀戎事既積有年勞矣
國家重世官之授卿大夫樹有勞烈例輒得官其子
而勞烈卓異者官不它授又輒以參謀于督府非徒
以苟廩餼充命秩已也督府統京畿兵番休宿衛警
督非常非取世臣之冑不足以寄心膂而備緩急故
大帥以勳舊而諸參謀往往以名卿大夫之世為之
聖謨淵乎遠矣故方其始通籍垂紳振佩煒然於朝
然中其出而總郡章宰地千里專制方面蓋所以褒

揚其先人且示勸也特官於府中者屬時無事宿衛無譏訾之勞簿書雍容無它繁瑣猥冗之務以亂其思環奇恢博之士閑而無以自效雖抱長材負奇智亦卒泯泯默默與庸衆人等爾故秩滿而授郡故事具在當事者疑其材之未見遲回顧慮不即與以名都姑先擇其簡與僻者使試焉然猶試之以簡與僻云爾試之而不稱也磨之礲之而不能成也是固其人之果於自棄也如使其果稱也又豈得以簡與僻者而終限之哉治效顯白薦書交馳固核其實而亟

用之矣今則不然其去而守郡者但見其简與僻不與名都藹便謂上人之故抑之也意輒觖觖不滿望偃蹇傲倪薄視細故治以不稱聞甚而棄義隳名官又以不職罷是吾屬之過也彼持議者口語紛沓益以世官為已足用拜郡率投之於滇僰邛粵之徼則激而過甚矣滇僰邛粵之間列郡數十其尤邊徼稱險惡者非嵐煙毒霧之所侵則苗蠻犵獠之所伏蓋雖名為列郡習俗保聚不足以供租稅而備衣冠獨太守之名號歸焉爾今悉為世官之專缺則非特簡

責備而已夫世官未嘗無材也上之人甄別而用之豈無材且智者出為世用而以副其意乎蓋今孫君其一也君侃侃持辯有高志少傳家學明習典故閑世務而性尤惇大寬厚謹畏雅飭足稱撫綏良牧廣南余不知何如然竊觀君材智廣南無憂其不稱也上令留意邊徼中飭吏治明當大計滇治以廣南核最

上方獎君以風天下且以識其良臣之勸孰敢復請世官之亡足用哉余故以是美君亦竊用君以辭於

爵公誼又試[illegible]公以名進士[illegible]仕[illegible]
是時[illegible]說[illegible]治刑[illegible]又[illegible]公之
為昔公持[illegible]改[illegible]
錯公[illegible]書[illegible]出[illegible]
巨[illegible]影絕響[illegible]斷公[illegible]之[illegible]而[illegible]
[illegible]人公[illegible]走步[illegible]公[illegible]
亢鳩以深文未練人[illegible]
門[illegible]簡得人和始[illegible]人以[illegible]公[illegible]
日[illegible]為[illegible]如公言[illegible]史

護虞衡訟稱以其賦有常供公[illegible]其[illegible]正不屬者
贈不賦又虞官之所急徵之糧又并其分畫界址所
上穫[illegible]之[illegible]六藝詞賦不檜撕而叢書之頌
安其見其說亦以釋其數筆之勞蓋公於彼數者談
足以見[illegible]見物矣間或政暇力閒見句[illegible]孔氏之
能讀[illegible]其堂而詩民間[illegible]時時[illegible]衣若[illegible]文彼
甚[illegible]以群其日稱其技藝雖[illegible]不厭
矣[illegible]可者皆公所不想而公之所尚者也世俗之
[illegible]書者也[illegible]而[illegible]蓋其[illegible]而[illegible]人可[illegible]

於事公豈不謂儒者之治而力又能無於其職者耶
夫吏於士民上者有問之都鄙之民樂事以為君矣
而譽髦思服之化不洽於士則士人嘵嘵之論主於
刺非而時容有薮實之謗問之俎豆之士樂事以為
長矣而哀欲祛惡之情或違民願則民間愁嘆之聲
伏於壟畮不免於野史之所書緜今觀公治縣與縣
之人事公交驩亡間抑何盛也豈公聲音笑貌能強
人哉余輩一二從公德性中衷丰致敨雅接人温然
色笑如金之精如玉之潤而諸所下條教不苟文具

尤以懇惻之意行之公信論篤君子也縣士若民怏
怏樂即公而事之者有以夫

送四明張君知思州府序

太守古侯國也士大夫釋褐通仕籍更年勸什可五
六至焉蓋亦艱矣彼至焉者不可謂不榮遇也迺今
夏四明張君拜思州府 命下張君輒邑邑不樂卧
旅邸中投檄稱病而不即赴者何為也於是有譚者
曰士大夫出領郡符典屬城邑其城邑之令長若丞
奔走於其庭諸搢紳學士逡巡於其賓次賦繇訟牒

符檄簿書棼錯其前惟所決遣而得以盡其才膳羞被服貨賄玩好物產一切承奉邦君惴惴懼不即意如是而為太守誠樂也思州西南邊郡其地亡是數者郡所轄苗獠雜居喜人怒獸甚則輒起盜邊為太守憂故太守其地者居常亡以稱志意而成其尊而歲又苦侵暴蓋邊內之懸遼如此矣張君少仕於朝揖讓勳貴之間屬時方治　玉牒職在宗人君獨以文才見推書且成矣顧徙居外且又邊西南夷宜乎君之邑而不樂也而余以駁其議豈不謂內郡守有

為奔走逡巡統體尊矣出入延接不可以役其身而
自閒簿書程會有足以明材矣下民持諜以紛訴胥
史舞文而通賄監司部使行下符檄以意指麾甲乙
乙楯徃徃以徵文見詆則日以瘁其心而慮不釋其
地名厚賄膏人善趨奉則靡麗眩目中人敗守不則
亦且蒙疑故今之守内郡者心怵於口吻而甚或身
被譴以去盖多然矣思州信亡内地之樂而此數者
之慮亦不及况今以君為之君盖甬川先生之伯子
名儒世修其賦性又敵素恬淡薄於宦情此而至郡

鳳崗存藁卷之三

温陵張宇仲矩著

序

贈媿山吳君遷佐廣郡序

吳君令翁縣之明年余來佐守韶郡職事交儆相好也余又督三華鎮鎮盖翁縣疆內昔無今有簡院議翁縣而遷之未果則選材而屬之督鎮余始拮据經畫吳君盖具有勞烈矣荆棘君翦狐兎君驅荒蕪之野屹然崇墉翼然令居今稱嶺外重鎮以握要會而

控四隅盖亦君之為也余又奉檄它馳不遑厥居吳
君坐在治所詰慝禁宄厭難未形而余籍以無壹余
盖以是厚善君巳又視君之所以治縣者縣隸於南
韶與河源為隣山深谷阻綿遂三百餘里亡命嘯聚
盖時聞於境上為大府憂自君令翕縮首更慝喙息
他界以去無敢始亂以暴吾圉民日和豫則縣人咸
頌君之威俗獷民蠢不習
天子之令風不雅馴訟牒廱愬頑不即訊呼之則[illegible]
几盈敗牘訟猶不觧縣故以此為俗自君之令庠[illegible]

以剖輸情卽退日出視事獄無滯囚吏不簿責輒卧空廨而君敷政日優則縣人咸頌君之明鷙悍之令猛以為威束民如束濕薪獄則為文致不可解之語已邀能譽人陷非辜之網兢先為之而君則上仁恕不根治不蔓引簡節䟽目宥人入井之愚毋從重比以全其軀則縣人咸頌君之仁脂膏易汚朱墨易染閫內不治時有竊鐸之奸手持筐篚而伺户外守輒易敗而君顧嚴自勵也歲時問遺徘徊齋閤之外郤步以退嘗我以故例者輒斥不顧錢微不悔則縣人

咸服公之廉象之焚身厥惟其齒吏墨而賕三尺之所殛也計吏故廉為先然漢諸酷暴吏深賊憯人非必皆不廉者廉矣仁矣猶有憒憒而不辯者明不足也君廉且仁又佐以明則今以治於翁乘亂之後戢奸之萌民樂厥居而亂不生豈惟徒畏其威已哉余知君之綏懷有此具也則君豈不謂通材之士哉第今　郞廟方須材有材如君二臺交疏而馳君又積有年勞則今推次內徵以備風憲粵中令長宜無君含頷徵書報上君名竟　今從人所意君與君所以

自意皆不至是余不識謂何也惟廣粵東會府君今徙官判於其所車書輻湊職徼巡之勞而佐大府之政以慱當年之譽交道四走雖勞譽固易達則余又喜君之得所擬也語有之曰馬不千里不別為驥湛盧不割頑鐵不異君材佐廣其大都類此矣余故書以頌君且訊君以為何如也

贈蒲泉陳令公赴部序

余觀蒲泉陳令公豈非古所稱長者哉公為人恂恂質厚與人交披示情愫無它隱伏而諸治民科條簡

易便民不為繁苛民亦驩呼稱便盖稱其為人牧云
今春天下郡國吏當朝公以護疆有
旨畱無徃余謂公固無徃然其治狀既載公牘去矣
上應知公必下璽書褒奬以風天下之為吏者盖余
意公云爾已而部檄被下公顧以不及赴部調異時
吏治不肅誕謾之政行
上令申飭郡國吏黜陟勸懲則以付之執衡石者採
聽外臺剌舉核而行之示不自用而盡外議則於事
已重矣公縱不得上聞被褒奬其材豈皆出人下哉

而外臺剌舉之書橫以不及坐公蛙聲當耳而黃鍾
奔棄樊纓餙駑而騏驥伏櫪余愚不能解也豈公所
遭之時非耶抑公久知其然信已行志而無悔耶當
公之初下車也閩方苦倭郡國吏飛輓以給軍而臺
大臣典軍有職一切以兵與法持郡國吏蓋亦其勢
然爾故吏之在當時但撫其能敏給幹辦以應上供
則兢指以為材而愛民守職之吏軍輸不急則見謂
為不稱而鈍於事不之喜也
上方以是示標吏欲自為身謀孰不竦然震騷願以

材自効者公獨以民貧故舒其期會毋暴臺檄旁午民繇稅累逋不時入復不能餼廚傳以驩過客公於為民信厚矣而毀言亦寖以上聞公持其意不少變以謂為民蒙罪亡所恨也公之所為蓋若此雖欲無殿其考安可得乎然臺議之殿公止此爾公諸禔身大節亢然守高三年亡壞如一日則雖有善毀者豈能汙公之皎皎哉報至縣人爭走唁公退而檢公行橐衣被蕭然公一嘿然無所較行有日矣民以租輸官者苛急趣辦於是愈苦公去泣送公北郭外余具

民情之嚮公也握公而勞曰公知漢左内史乎内史以民負租殿課免矣民聞恐失内史輸租繈稅纚纚不絕内史繇是更課最而名位亦日以益顯公事與内史相類公故負長者名其操行廉絜亡私累部議顯曰行將最公而用之矣安知公不稱意任職如内史乎古今人不甚相遠公亟行參部爾是日衣冠別公者幾千人具以余言為是而公所試弟子張宿輩在旁語余操筆書之為公左券書畢授公而別

代贈王君之任粵西憲經序

國家之勢猶人之一身然上而朝廷次而畿輔而藩
省遠而邊方遐陬其勢相聯屬無疏戚而民實
國家命脉之所繫故圖惟　國家者設官分職委之
以治民秩有崇卑地有遠近而典選者各因其人材
品與其資格之所宜得而官之要以緣民瘼而壽
國脉不使有動容變色以憂執事而已矣十數年選
柄公壞酷暴風熾
國家汪濊之澤壅閼不通民伏田畝間生計憔悴不
識生之為樂而嶺外去天萬里愁苦呻吟之聲鬱鬱無

所訴其為害尤日熾以烈蓋余嘗即吾閩之故念之
深矣頃
新天子即位肆　詔天下振飭紀綱以與天下更始
而黎萌之戚快上軫
宸衷則以申戒所司之典選者使汰冗蠹革倖濫毋
使貪緣充位以為民病其為德至渥也故其時所選
任體
上德意奉以從事而諸內外百職雖邊方遐陬冗司
閑局亦必慎擇其人毋或輕畀蓋其一時之際如此

吾後槐君當是時縣例參選迺得粵西臬幕捧檄以去君少讀書治舉子業有時名而志欲以材用世中年躓於場屋不得遂黙計士老白首敝敝佔畢而澤曾不一施何論士也於是折節學醫博習岐黃家言通其要眇而業日以有聞蓋持之以活人多矣此而去官于粵臬臬司職顓刑理其於民也頗以捍藥毒石而敢於搏擊攻熨之為烈然學之為儒者其慮存於活人不得已而刑之用猶□當□□□□所可以不必用者以寬吾民俟□毋戕其生而□□國□之命

脉益以培植延續亡也慮蓋古之善醫國者之治也
君既讀書知理道此而為官參謀臬司又適
新天子大霈之時君可以閑幕職自諉而不思為民
命計耶君嘗為余理疾縱談標本緩急虛實強弱之
法而製方以投之消息通融一以中余病原又不急
之捍壽之劑以求速效優游漸磨告余以安攝稍愈
又告余以固本其言云云余始疑其為迂既之而風
邪散病體復而不害於是心始服君而輒以修之人
會君將之粵西就余言政余念君所以醫余者其事

與政通故書此以遺君且以豫告臬中諸大夫俾知物色君而用之蓋安攝固本者其壽在人一身而戢會㬥以全民命者黙以胚胎渾厚之氣實所以壽國脉於不窮也君勉乎哉二三大夫為國醫方謝藥石而進參朮君固其藥籠中之急需也夫

贈抑齋先生賛議築城序

歲在癸丑春二月都御史思質王公開幕閩渕按部至惠安檄惠邊海倭寇出沒不時宜鑒去秋明越殘破諸州縣先請築城以捍備未然既詢之薦紳大夫

及邑人士上下惶駭不信議既定下所司相地度費競謂時幸無事遽不宜内自騷擾巷聚族語囂囂出怨言計幾中撼時惟抑齋李公力是幕府之議而慨然以身當其後覆閱利害終斷不沮故計不輟而城卒築以成然宇嘗竊望吾邑勝勢區區邊徼四當山海孔道緩急有變則錯愕不知所措計而流俗一切之論乃不以置城為便商算短長譁然議令至指公為好奇迂慮固有不可曉者毋亦積安之勢使然歟國家承平久矣人情吏治服習簿書文法之中慮每

狎乎几席階闥之近一大徵後駭疑顧望謂非常所
習見唯恐事之猝然以成而力若費兩不及支以詘
亦其勢然也公處群譁之中方略籌量獨遠拔乎流、
俗之外故當其初議言城可築築之可以必成上下
牖諭廣援博譬卒有以開解其不然之衷而群彼囂
囂之吻聚議相奪終亦不能一語詘公而私有所揄
益然公自初始事衆競尺寸以較基不時定公借少
峰峭若干步之壖縱城所界寂若一無所間人識以
為難及以盛夏徵役役者暴炎蒸亢暵組纆縋斵石

于懸崖峭壁之墅輒為石所迸殺或往往傷重以去
而議又再譁公乃陳辭告神山祇嚮答石不復灾民
用以不震怖而暇且課視東西郊推牛釃酒召犒諸
從役者慰勞鼓舞人人愜其懽心以退民既奔走其
有司之求約而公為鄉搢紳貴且重矣綜量督勸又
陰佐有司之不及故民喜於趨事不知徵召版杵之
勞功遂翕成於俄頃未朞之間公於城役完善心計
卓卓可道說者其大較若此城成之日宇嘗踵公上
下徊眺四望波濤洶湧警報日棘而長長幼幼寢處

門閫相與詩詠以嬉蓋至是知公功之為烈也公以豪傑間値之材論議瓌偉每欲以所長佐 國家立功萬里嘗以材為廷議所推備兵鎮筸而鎮筸椎髻烏語之酋適方跳梁公以威信感悚守邊將吏今且刻公遺條餘教以傳盍余嘗過沅江其士夷親與余言云云公今偃蹇齎志無所用獸盡歛其平生退而老於丘澤巖壑之間悲歌慷慨放意為樂而胷中浩然之氣踴躍錯出時時揣論 國家大計捄世之思不忘則凡志士所共慨嘆謂公材具不盡設施而此

叩公緒餘猶足以綏庇鄉人百世而下登陴而[illegible][illegible]
功其亦足以允公名迹於不窮也夫

贈他山符明府擒賊膺獎序

歲之庚申春正月視海副使邵公致倭于軍門傳至
楓亭逸焉倭凡二十九人夜乘間破杻械殺其監
者以去特有惠兵監護在行者錯愕不知置計疾走
還縣詣他山公請死公曰努力除罪毋怖也諭達幕
張君捘捕之授以畫一云云公又計曰賊窮走且入
海榜沿海民謹備之是日張君挾兵往鬬賊賊果之

峰尾公顧二尹潘君提兵佐之峰尾人先得縣榜皆甲以待賊縁海噬掠舟峰尾人逐之不得舟退據整臺公出家兵督戰兵故嚴公約束張君會兵合三面圍蹙生擒一十二人餘馘以獻於是二十九人無一脫者而公盖稱帷幄伐首云由倭入閩以來執戟荷戈之夫鏃而不發賊竊慢中國久矣此乃俘獲之餘不啻機上肉爾又統以一千戶而彼數十人者涉都越境瞰我虛實特自能以旣柙之兕而逸之千戶夢不能覺此豈鼠竄窮寇比哉以倭之狡黠慧桀有為

[illegible]

[illegible]隱[illegible]府[illegible]歷[illegible]成[illegible]

[illegible]機[illegible]大[illegible]可稱者[illegible]

[illegible]之謀料敵合變折衝[illegible]

[illegible]未嘗於兵數數也[illegible]

[illegible]自[illegible]邊海村公[illegible]

附報可功賞不明而名器亂亂國之[illegible]

[illegible]蜀時寇警幾微之文關國重輕以故晚[illegible]

[illegible]背[illegible]意安獨[illegible]哉必不然[illegible]

[illegible]譏也可[illegible]歲下車賊一再至城下鳴[illegible]

[illegible]中[illegible]城[illegible]無事嘗首鼠以[illegible]

[illegible]公若[illegible]山下月之吉巡海[illegible]

[illegible]布建度奉公命與夫二三[illegible]

[illegible]公所以處[illegible]之意[illegible]其事[illegible]

二三子鑠□□□□嘗官於事二三子□□余宜□□
故從其所聞者□世之治也國論公而士論信而及
其衰道術不明□□相軋則皆有位君子有識大興
□□識而欲毀之者矣公今被毀二三子□□□
□□□校於公何□哉公道□□□□□□
乎□□所以明公之盛德於不朽也

贈張道希擒賊獎序

張□山君□□□□當道檄攝巡□督□□□□
□□從發或歷他山符公長縣六次守□以□□位□

賴[illegible]公稱之曰材既[illegible]
亭之停逸停役吏也君受他山公言發擊擒之極[illegible]
公在中調遣君亟投袂起將兵提戈而行躡賊巢[illegible]
在壤之一於是尾少之郊與峰尾人掎角為之前驅[illegible]
而賊遂以破已亥之冬臘月也去冬賊方猖獗[illegible]
蹂躪數千里皆被其毒十一月行省之吏畫疆以守[illegible]
[illegible]之外刻[illegible]以[illegible]
[illegible]
[illegible]

機便算畫懸合機宜功蓋有足多者而君特一幕職爾奮然率先慷慨赴難竟佐他山公破賊與公俱成功公固帷幄良牧也而如君者豈不謂吏之材而又身勤其職者耶論者不原其然迺謂寇窮無歸不擊走困且死是特其妬功之補辭爾而豈真知賊情者哉以余之耳目揣之海外國名號數十黠莫如倭以倭之黠而逸必於楓亭彼豈無間而動者耶楓亭賊燹之後墟里蕭條而狡夷之往謀踵是焉發當是時楓亭人畏賊膽破不復能謀賊矣而賊豈無為詗而

乘其鑄者乎未可知也急趨峰尾循海掠舟賊似有宿嚮矣安得以竄寇比且彼嘗僅十數人之衆奔馳四蹂莫之誰何走何患苦而能死哉雖其逸潰之餘然其致死一心晝出無俚力尚可有為也又何所畏而遽走哉彼皆其不然之論也其所幸者特以兵追之急力絀不勝而就擒爾此則君之功也君以文法起令官簿書筐篋之間力宜沛然境外多故而君獨以兵破賊為功今時吏所少者而視之於武士戰卒又何如哉是故兵不必於狼虁惟其習將不必於武

胄惟其奮如君是已然尚有慮而未全者兵無三屬之甲倍壽之戟冬官之政不脩而徒疾軀而之戰也古之善戰之徒奔突衝擊恃有此具而今僅僅名數爾羅戈如林發矢如蝱不聞慱賊一級而況陷其陳乎果然雖趫且健而豈能以空拳奮哉余知其必不能也鼂錯氏曰兵不可用以其將予敵也器械不利以其卒予敵也漢計兵事莫善錯而說云然其於余言有合矣君方將兵而此尤其不可略者君其毋曰彼不曉兵臆說也而願因以質于他山公

贈王約齋歸鄉序

約齋豫章贛人也丞錦田惠人與遊狎焉歲時約齋馳馬持刺亟從惠人遊惠人遊舍約齋六七年間不知其身之為官也而約齋胸懷顧左高監司歲巡下郡國遞傳輿馬厨食供帳首是問丞驗功狀約齋宦顧為丞錦田擾驛孔道邇用倭警使軺奔馳符檄旁午視他丞蓋倍劇矣約齋獨以羨力召賔客肆聲歌與供讌樂少泉莊子其賔客中一人也交昆約齋故舍余余素不習約齋少泉與之為介一再至焉豈非

世俗所謂相左者哉而約齋亦強余欵已即其人意趣閑雅風韻灑然而官所居又甚適驛冗司丞散職奔走承奉之餘疾趨亟辦期毋他譴足矣而况胸懷可如約齋乎毋亦才稱於事而後能以其力之羨故放其意以為適邪然才固有如約齋者非少矣不傲其儕則競於權未有能委其才以佚者也而約齋固獨若此豈非豪哉吏所患者墨爾軟爾毫不任爾約齋無是三者於惠厎職中其才豪又復如是丞稱賢矣然今吏部如制奏考約齋猶不免於報罷以去何

也彼司考者論賢不肖以詔廢置而奬之於約齋余
竊為約齋恨而少泉與余言則謂彼殊自得無懊悔
笑啐美壁動色破缶約齋獨非人情乎功名得失之
際坦然居之不侵其懷則又何也噫嘻吾知之矣嚮
約齋為丞時於中國甚豪第其奔走承奉之日逡巡
於霧露列炎之中手板顛倒色沮氣喪當是時身固
以丞縻也而立欲自解去以縱其豪則又不可則亦
徒自悔恨其為而已矣知是孰與今之罷去得長自
佚而無禮者之為解獨何哉西晉士大夫放達相尚

其後風靡流連光景而極意於觴酒聲伎之奉以彼皆士大夫貴且賢矣慕傚寖久故一代之風俗遂成而不可反約齋以丞罷歸風俗無所於繫以居官在職之豪淋漓傾倒於田父野叟之遊前無所牽後無所曳而約齋固所願為且效昔人之為不問士大夫之責約齋之所以輕於歸而毋悔者其不以此與少泉曰然少泉又言約齋為人輕財重義有古俠士風果然則今約齋亦一行義好事之雋尤可喜也余是以因少泉請文而書之

[illegible]

序

贈[illegible]君[illegible]山甫序

君[illegible]年[illegible]平[illegible]秩[illegible]官列[illegible]

[illegible]定其法權官覆如其[illegible]

[illegible]下[illegible]之職[illegible]學者會[illegible]東督學使者秩[illegible]

[illegible]學[illegible]署[illegible]鄉君者於是躋君爲例[illegible]

一親[illegible]學事嘗[illegible]君方爲比[illegible]之

[illegible]職主刑獄專聽斷於時稱為法理之[illegible]

留事者案[illegible]故事[illegible]郡不則以[illegible]

[illegible]以玄益從仕而昇矣[illegible]從北郭[illegible]

[illegible]秋也言非以材選也

[illegible]材以治學校養士[illegible]以科舉[illegible]

[illegible]然備矣士所[illegible]讀以六經[illegible]

[illegible]宗朱氏說盡以正學明示使[illegible]

[illegible]元之帝暨國典群儒緒言子[illegible]

[illegible]

[illegible]

[illegible]義[illegible]

[illegible]春[illegible]精舘以道學[illegible]心附[illegible]

[illegible]其[illegible]信美是[illegible]今[illegible]

[illegible]僞為六十[illegible]學之所以[illegible]以[illegible]

言[illegible]尊而可[illegible]甚無當故[illegible]
而[illegible]畢矣而為[illegible]今[illegible]為[illegible]
[illegible]經義[illegible]辭[illegible]
既[illegible]得而文之辭也安得[illegible]
[illegible]義毋是其八[illegible]
[illegible]使之[illegible]不設一日[illegible]
[illegible]一[illegible]間更[illegible]
[illegible]

經濟者乎蓋謀實學以別真材所得士彬彬
自足為世用此名真舉業也非必盡能講學者也
是而套括焉義理經濟之學廢僞語倖勝中未必有
則何怪乎彼之指謂亡用而薄之也第不別其真贋
槩以視之非矣
上令籍縣英豪新令虔布而齊魯學子以屬君君先
君子東廓先生學稱名儒為國師君謹守其家法而
躬行造次毋悖盡真道學者流也此而又師齊魯士
家學顯矣去此而下條教風厲學子俾各體

上德意兢趨實學毋怠齊魯西近　帝畿且夫子之遺風存焉君一一別得真材持以上報
明主以共治理此真督學使者事也余不能持高論其願謁於君止此君毋謂言士舉業文而大類斷也近或有察士德行者黠士偽行以罔利害不勝言在長慮不得白固願君之慎擇之也而非余之所能任也

壽劉明齋封君序

今世之稱貢士已不能與顧其子經術之[illegible]

甚之矣同異離合之間揣摩畢智雕刻淳續之際者
辭矜巧顧得貴而止耳方竊顧而未得也羨人愧己遜
不汨心及其貴也意快必適而欲畢給又鮮不矜君
子則不然布衣皓首頹然於躬車馳騎驚恬而不願
寵辱驟更不以矜沮滑慮而攖其情而長患令名之
不立無聞而貴彼直浮雲居之無所顧也況以貴為
矜乎先德後祿左貴右賢故身雖貴而修不懈貴有
賢名而闇益長君子所以高於世也兩者之間非知
道之君子孰能辯之盍今安成劉明齋翁其人已交

成故多貴仕翁守學籍三十年潛心經學而藝不讎
貴人隣東西舍奔權乘勢翁漠如也往往從鄒先生
講學陳說卉衣蔬食恢恢而意不倦一畝之宮環堵
之居談經嚅道發憤下帷而味先生之緒以發其學
將于此焉老矣已子起家郎于北部又選御史翁宫
封如其子拜
命於家居稱貴人躬有命數之華餐有祿入之奉而
翁卉蔬顧自若也御史奉使過閭里稱觴上壽[illegible]
樂觀鍾皷備聽翁終不一辭顧御史惶恐謝曰兒[illegible]

所得遺也翁顧謂曰兒以官為乃公貴乎與其貴
公也毋寧以賢勉哉在兒所自處爾御史受誡[illegible]
正行養名揚烈兢兢求所以當翁者翁以申誡御史
又有辭矣成仁而是成名而非正氣而是客氣而非
千里遺書為御史判其所宜向則秋毫而折也豈非
學道而能發其指哉抑何言之辯也御史今在臺方
出按邊鎮尊翁誠言惟謹翼
仁聖之主當昌明之朝祀龍鱗飭憲紀陳謨振職忠
讜懆悃依理而動期必毋失吾仁毋必諜名而傷於

激浩然剛大道義與配期必毋餒吾氣毋必憑氣而傷於戾風生殿陛之間威遠暢於邊塞之外遏奸寢慝藜藿不採精神折衝厭難未形御史於時稱賢矣而御史曰吾守所聞於吾父者以守吾職而已翁决在丘壑間懷玉披褐雖稱賢乎名未振也御史君出人賢御史則孰不賢御史父者而翁所教御史者[illegible]著是父是子翁心所願以賢聞者今[illegible]

[illegible]而祀太孺人[illegible]

[illegible]成[illegible]翁[illegible]

今年某月會翁當壽御史念當翁意不可使[illegible]
道翁所以可樂者如此苟若徒貴而已撫當身之榮不勉百年之聞雖余愚亦薄之則何怪乎翁之一郄視而不樂也

賀賀御史文南考績序

御史居在臺中秩正七立于殿陛之上侍朝司儀糾舉百職振肅媮惰當言建白封駁撥幽剔蠹或聯署或獨陳顯章露疏上裨睹聽法與給諫同職御史出按郡國職尤獨重盖古天子時巡臨敕諸侯視其罪

賞今巡狩罷久矣其職委之御史便宜專決大者驛
奏按畢牘具其所行事還報　命臺大臣考視其牘
有任不任三歲六歲又通考之
今上沖聖申儆有位臺臣當按治者飭約尤嚴故今
居其臺中者嚴
上明令討過兢兢在位雖甚振職而心輒慮其不任
也豈非其職故重而勉稱之難哉盖今余竦然於臺
陵賀公而事之矣賀公居臺且六年同時與公同官
者謫去調去又徙外去賀公內而侍

上出而持斧風裁凛然於時不回顧而又獨持大體
量如海蓄平如川停貞而憲紀又如太山喬嶽屹爾
其形和如陽煦恩如春澤銷奸鋤暴又如秋霜烈日
凄焉而慄往按三晉今按畿輔檢警條奏具應
詔條毋悖
璽書行下朝至而夕飛檄毋或慢令
上重擾民禁吏迎送公約吏如
上指毋輕試法吏慢不信脂車游騎紛馳境外習恬
不改公獨按其甚者三人請從飭罰

詔特斥罷且令主者勞公盡當是時吏治靡靡不誠
矣閭里銖兩之姦賣菜傭耳歲輒按捕致之法苛虎
毒蛇矯虔害治縱橫交於國中置而不省非計也且
吏守職有經迎送有式越式為闊以市恩私本職耗
廢公私煩擾此
明詔之所為禁也吏公違之且居輦轂之下匿而不
按吏轉相倣
詔不諶於四方害治愈甚
上罷此三人者悳意雷厲且風行矣今而後國有必

行之令不格於吏吏安職守之中不讇爲容民伏於
田野間賴
上悳澤以休婦子不畏急暴之吏遨食以嬉皆公一
奏力也公於其年最初考三晉報命之時今又越朞
公盡端公之老衰然具瞻按治畿輔奏事而稱
上意又如此嗟夫使令居臺中者人如公則臺職何
憂不任哉夫任盡追電之驥也不任其蹇足之駑也
任盡太阿之鍔也不任則鉛刀之割也任者考最不
任者殿最考積勞樞筦是居當也殿而陞沉負乘是

詬亦其適也任莫如公六年鼂而樞筦文莫如公余不佞不習臺事周旋從公兢兢不任而詬文莫如余顧余所樂事者公也公得無以所嘗任者教余任乎公初考鼂未有文諸君子曰子於故事宜役余役宜也文惡乎敢既自念曰余樂事公不言則公烏詧余者語曰駑不追驥學步於驥鉛不為阿習割於阿迺余今之事公盡類此矣

贈蕭侯敬吾濟膺院奬序

惠父母蕭公之令吾惠也其至以乙丑秋五年矣縣

患三四十年令不聞有若是久者而公去年滿考則
先白于當塗請得以身上功如故事縣人駭曰公去
矣已而撫按院司亟稱惠令蔗能治在異等顧縣邊
海而時際方急材惠令宜留迺疏薦公留任而公功
狀則令牘上考功於是公得毋去從民願也其年十
二月郡守丁公檄獎公而按院馬公獎如之兩檄列
十數語公善政炳炳在焉大抵名以循良不獨材也
未幾撫院檄至言公完餉如式宜有以勞其勞盡旬
月間三獎矣則豈不謂之異數哉閩地宿兵以當寇

而轉輸以餉兵出自民間寇未衰止兵不可罷而餉亦難遂省勢也倭後遺民流徙蓬蒿目五六年積逋額賦上按籍而徵之民困矣而益以餉則愈大困然兵又不可使饑也於是前撫臺汪公奏課州縣長吏請論餉餉不及格治雖炳炳有效毋得輒遷而甚則論罰降以章其慢

詔下報可而臺檄臨飭州縣稱

詔行之輒云用兵興法諸長吏人人惴恐兢兢為[illegible][illegible]急趣辦矣公性寬仁長者而力精於吏職[illegible][illegible]

材於是臺檄行下公酌丁中裁急舒用一緩二與民
立期會調停其間念顧軫諸癃疾殷殷矣而餉入輒
多於旁邑惠在泉七縣中第下下
國初丈量法行群猾為姦海都人不閑文法緘田穢
地聽以步畝定糧田後頗沒於海塞於沙而地半棄
不治顧糧猶從其籍毋敢變也課餉以糧為斷故縣
雖貧而餉額猶若多蓋有繇矣獨其俗樸魯而謹法
民居田間亡它工賈得羸頗勤田作本業筋力纖治
而俗又戒侈靡一年田畜所出亡它劇費輒先以輸

於官不足則逐漁鹽於海樵炭於山或且傭役雜作捃摭而輸之終歲紛馳矻矻大抵半為官錢不勝苦也即官或徵之急趣以威刑雖其奇戶羸夫畏抵明禁顧寧以傾室尾鬻妻兒不辭也惠之為俗如此而公出其至誠猶足以動人故民一聞催科勉力趨令閒而臺檄加峻公不嚴色疾辭而民輒相戒曰毋以累吾賢使君也則捃摭來輸者繼屬不絕矣夫急辦為功者厲民也緩之餉不時供而治又不云稱公不急餉而餉得完及格豈非其俗謹濾而又心知德公

不肯負公者耶然諸奇户羸夫公終不忍置之毋論
繩也竟之公以材稱而惠殘息遺育竊庶旦暮保聚
不四出而從以殍者又幸以公能寬之也如公豈得
不謂之善政哉但餉之索於民幾纖矣兵坐食以嬉
文為團練實不得其力用即近一大徵役卒起田畝
之民以之從征腰弓刀甲取具臨時而用之古人有
言器不可用以其卒予敵也卒不可用以其將予敵
也今固未曉其所以予敵者何以也而餉則已不貲
耗矣公雖非職所任而亦豈無慨於其中者乎公行

且居内矣策兵策餉力罄胸腹中竒品於

廟堂之上以救此方之民此恵長老所以願公意也

余賤亡用畝畞不忘之思其可以一二釋也夫

保障竒勳題敘贈朱户侯

倭夷纍纍幾年矣往躡明越瞰縱楊南都震動吾閩

獨幸無事今年夏五月御史上書

闕下言倭自其所鑿舟陸行掐福清犯莆陽徘徊漳

泉之交聲勢藉甚余方居易㒸閒聞之廬恵城单無

兵戍念之深也越月御史書再上言賊退狀始知恵

以朱戸侯援兵惠故能獨完其城守於是鄉人稍稍
有至者間語余云時福清報陷惠令以事觧篆警備
不及設郡節推孫兩山入方視縣巡道疾從間道下
檄于兩山所聽以權宜行令兩山按視城櫓刻晝分
布城中丁壯料實不滿千人乃亟會鄉人士問便宜
召侯以獺窟兵入援是時賊自福清分二支一登陸
一泛海期日夾攻惠安城颶風作海上賊未有報者
侯奉兩山符惟謹而城中父兄長老故識侯者亦各
以書為請侯曰事急矣即日下令提兵入援四月二

十有五日也是日偵賊人報言賊衆至楓亭遊騎臨近郊城門晝閉侯率士卒攀城堞西上兩山公會城中人設牛酒犒兵城中人言城西北逼山險害非朱戶侯莫守侯請當之以其夜乘城指揮黎明賊薄城外果瞰西城虛易入悉衆走山擁高下矢石如注鳥銃迭發傷斃十數餘人相顧駭愕小大慟哭而倭奴舁刀飛梯逼城且登城垂陷矣侯曰毋動手斬臨城者首擲賊陣誓衆敵卻之迣明日賊攻益急巡道自前所遣鳥銃兵至縋納城中城中人爭出犒兵錢交

拜士卒慰勞之侯督烏銃兵與戰合力自辰至酉殺
賊數十餘級又越明日御史所遣晉江兵繼至內外
勢合賊知城不能拔遂解圍去方賊自福清突至志
驕氣銳晨不宿炊謂惠城孤直以拆籬取之爾雖城
中人亦自虞城必破而卒能奮死力與賊角用以待
夫鳥銃兵之至者幸先納有侯兵也侯戍海上守城
非專責徒以尺一之符赴危城之急推其志彼肯當
事辭難而溘焉以老哉余之所聞於鄉人者如此往
時侯從余遊學舉子業飄紳襜裾為儒生態不嘗試

為兵者也今嗣祖職為戶侯值方多事用戈戟之時而侯乃遘時立業以成此保障之殊功豈非儒而知誼古之所謂干城之良將與昔侯先君濱海守崇城屢嘗殺寇城外民數十里不畏寇暴豎碑於城西關頌賓海功侯今完守惠城功為烈焉而惠人德侯尤深於是父兄長老抵余書言侯功狀與余前所聞者無異余乃因其錦標題曰保障奇勳次第其聞于下以為侯贈然今承平久矣一旦倭夷發難積兵備屢縣道告勞惠區區以三里之城當其要衝而侯又已

去則一成功豈可常恃鄉諸長老固當有任其責者矣此不蚤計曰施施然競短長較尺寸是豈保障之永圖哉侯見鄉諸長老試以余言往告焉其亦足當恤緯之思也夫

保障題叙代贈李大夫

惠故無城城創以倭也先是吳越之交倭夷釁發閩撫臣奏城邊海縣於是惠安福清長樂三城成或曰惠城始議抑齋李大夫之爲之也歲再朞倭賊果趨閩余憂夫三城者㡬謹備之福清弗戒賊忽浮海猝

至入其郛蹂焉惠獨蕞爾之城當之而卒能守孤城以與賊抗而城卒無事者亦以大夫也方賊之至自福清也乘勝疾馳氣吞惠城而有之城方新創無兵戍而西北山高瞰城不利守於是小大恟懼空城欲去城幾棄矣大夫弗是也顧諸縣官陳便宜言城可必守狀縣官韙其議退又呼鄉之父兄子弟泣諭之不從又劊以徇於是父兄子弟黽勉從大夫言以城屬大夫大夫愈自任之不為避既賊猝至薄城而攻之城民斃于賊者十數人倭奴舞刀飛梯逼城且登

城垂陷矣大夫登陴督戰力卻之賊射大夫幾中中
一從者死焉縣官廼馳急足報郡請援兵會予按漳
適入泉亟令提兵以往城故納有傾寇兵至是予兵
屯城外與內合勢而巡道所遣鳥銃兵亦先一日縋
城中兵大振矣顧兵費無宿計方告困而縣公帑非
奉尺符守者畏莫敢發大夫廼白縣官請發封私又
出數百金持向城上遍拜士卒慰勞之人人讙呼踊
躍戰愈奮殺賊餘數十級其傷捫而去者復稱是賊
自入閩未有也攻戰五日城罷賊且絀大夫間遣所

募壯士緩頰徃說其黨交攜之賊內相咎而城外兵
愈蹙遂援營遁賊攻惠城以堕福清驕也於患一再
失利奪其氣迺不敢別向城而旁近城邑益壯守一
城捍列郡惠之城守之功蓋於是為烈矣區區惠城
爾方可三里生齒保聚丁壯不滿千家而賊又以福
清之餘威撼之當其時大夫豈有職於城寄者哉其
志可謂壯矣而既又獨毀家以完城慷慨任事勇為
不顧豈非古之偉男子之為哉士君子材為世用為
國任事固其分無足多者大夫獨自以丘壑之身起

而當之禦菑捍患竟以與鄉之父兄子弟俱保此城而無憂進有用世之材退有不忘憂天下之慮江湖廊廟其事尤為卓然可喜也賊退余視城櫓城中人籍籍誦大夫而諸博士弟子請余陳狀又言大夫家居杜門屏跡負氣自高類所稱澹臺云云而節槩尤偉余聞忺忺焉慕之亟欲條上其功大夫盛推縣官不自多而或亦謂非大夫意也遲之今迺行縣勞大夫而書所聞附焉盍褒遺功以勸百位御史事也大夫文武材具足當重托而世又方藉材則行固有識

頗牧而物色之者矣而此豈足以盡大夫哉是為序

贈蕭侯膺奬序

令之言吏治者急材矣彊毅之謂材辯察之謂材能剸煩治劇之謂材吏不見謂為材不足以稱其位然崇德讓上愛利約身厲已使人見愛而不見威則古循吏之為而材不與焉遷固之所傳論其人已然余讀遷固史遷傳循吏五人固史不過六人抑何少也周以前侯國棊置百里七十五十里之地視今不能一名縣其所屬而與其里者有卿有大夫而卿大夫

又有家臣為之宰則吏治在當時稱材者衆矣而遷
傳循吏止此豈誠亡其人耶抑自秦火之後經籍散
鈌列國之書不存即有其人而吏佚其傳耶及觀班
史不出西漢間事漢制郡國計書上太史則其吏治
美惡風謠俗尚往往而在矣固去西漢未久也且當
其時金匱石室之藏豈盡放失而吏之得稱為循者
則又止此何也夫漢至文帝天下殷富煙火萬里吏
治蒸蒸盛焉而傳於文帝時獨稱一文翁吳公治行
第一功狀亡一徵且并其名佚之於此知固

者多矣盍時樸質少文民有不能自言之情而田埜
之歌謡不為郡國之所採取計書無所上太史無所
職固何所攄而傳之耶傳者名成於後世其泯不傳
者則雖名姓邑居有不得齒於人而遂落莫者矣豈
非有幸不幸哉夫循吏之難也有其人而不傳墮賢
大夫之業闇而不亮則豈非其時能言之士之責哉
某是以慕邑侯蕭公之政而樂為言也公楚名士今
吾邑適當倭燹之後民新出於兵戈生計索然矣公
以乙丑下車旬旬撫之世吏以材見功政尚操切儉

稍亡聞而諸綱羅施設顧亦有足多者公獨少之八務也循循默默有材不輒盡用政先大體去苛細顧尤獨以愛養樽節為首務治縣四年縣中事卧聽有餘日即事當煩劇力難矣公辯於措顧間不自功治獄拆以片語訟者叩首輸情徃徃稱明使君公獨依於仁恕不能鷙擊以明威也縣當孔道民苦費冗公力為節縮計監司下巡郡國厨傳有常供使軺日旁午至公言民困可哀吾持斗酒隻鷄相勞問足矣歲費不足充以工贖之羨糧耗之餘不輒一錢以累民

而門禁尤嚴為清肅令其衣布皆淡如寒士從人從
至一年遣歸楚解舍中寂寞如僧居關節斷絕公之
操履皎然矣而身蔗正不阿事上官不苟為媚說民
間利害輒毅然陳爭不稍沮公之德剛固如此其不
謂吏之循而可以當史氏之所稱耶惜今世亡如遷
固者會按院馬公書與公邑諸長老謁言於某某少
學執口以視諸長老差能言顧伏於田埜間愚而且
賤不嫌而言為野史庶以塞諸長老之思撫院居公
郡守丁公旌書之後至諸長老同日舉觴則別有為

鳳崗存藁卷之五

温陵張宇仲矩著

序

李隱君偕配雙壽序

楚盖有隱君子曰李翁居於蘄水之濵沉浮里中不求聞厥配齊德比跡鹿門一旦名動長安象服並錫繇次公也海內五嶽衡山在楚洞廷導自岷峨巨浸長浮皆天下所不能加也地靈人傑楚材蓋蜀自古矣今愈以盛

世廟龍飛學士應遷則下　宜幹國之庸而弘其業
不仕而棲於鄉則有質行之夫耆壽之老懷玉巖壑
之間而妻與偕皆所謂楚材也而名有聞不聞間者
其仕而弘其業者也好遁不仕闇沕不耀終老雖甚
好修名聞不越其鄉猶無聞矣豈非其所託之殊哉
慎子語曰應龍乘雲飛虵遊霧豈物有之人亦宜然
是故士樂於有所託迺今觀之李翁允信翁布衣乎
志固矯矯高矣朋伍二參趨時逐會或筴計然而厚
居贏或習機利而骫求取富佚稱意遊敖相矜國俗

什七而翁獨否讀書明其大指質行以孝友聞乎戚
闔內相敬循賓雍雍如也秩秩如也其居邑屋不為
異愉愉如也不狎不譁既貴於人不矜偕配就養戶
扃其樞倦遊歸老偃息故廬以佚其軀而厥配亦與
俱縣長過閭式翁飲必翁賓疑必翁咨而里兒請事
則囁嚅壽七十又三矣養高守獨老不意渝厥配化
翁疏豆練裙户内盍寂如也而壽七十白髮相將偕
樂于于庶門龐公夫婦壽昌今言龐公隱德固在楚
謂翁為古庶門是邪非[illegible][illegible][illegible]使翁生當漢世孝弟

舉三老舉文隱逸舉郡守舉所部以應詔余知巖壑之癯褎然而先於楚材者非它必李翁也古今異時考旌不下於野安車蒲輪軏不結於國外逸材遺德不嫺文墨筆劄之技以高取貴雖壽期頤時應帛肉之令老身沒齒不窺首天子之命秩蓋漢以還而詔既罷行矣龍蛇之材雖美安施故曰士樂於有所託翁隱而壽而今名所繇託不次公耶翁五男子皆材皆厲於學次公材最而學先仕初令以治異等得綸褎徵入御史名振臺中煌煌

聖制兩壽並封則翁不仕而名孰與廉門公哉翁壽
拜　命次公圖所以為壽者諸君子謂余曰友次公者宜壽次公父母而言其所以壽屬之子矣余故論翁所以顯名如此如侈其年而已農之叟里之嫗豈無百年而壽者乎壽不謂貴言雖甚華不足以得翁懽余置之矣

鉅鹿陳母孺人七十一序

鉅鹿陳君之居臺也盍迎厥母太夫人以養母宋姬也而婦于陳封君魯軒邁欲可躬母與合德婉娩以

從子五丈夫或敏而執或愿而慈封君視而訓之咸
當其材而仲獨厲以學封君中殂母撫厥子如封君
之存顧時時語仲曰爾其毋忘爾父之思亢陳氏矣
仲遵母教學愈力而名通於
帝籍輒大振盖陳君也陳君初仕令於夏邑有治劇
材而操尚又蕭潔行能冣高它縣長吏亡如也御史
御史中丞歲巡郡國謹察長吏條上其殿冣夏邑令
獨以異等聞而今徵在臺中為名御史盖臺中人人
材君矣陳君退退不肯居間與余言厥繄母劬先封

君嚴教不卒亡狀子摩朽策駑揖讓於諸君子之間相與為徒則母夫人之不棄吾孤也余今幸母而事之耳嗟夫豈惟陳君盍余亦如是矣顧余材謝陳君母強余即余終不能使母如宋夫人懽則何故哉南中老人不耐其北地索居無俚頓望里中之樂咄咄念歸臺中君子什七余同陳君家在鉅鹿古趙地也趙古與燕為隣今則同在　畿輔之間風氣同習尚同而膳羞誼服則又同自趙至燕不陜險不乗危鳴和鸞清節奏旬月而傳　國都故夫人之來也如出

東阡而就西陌夫人之即而安之也如其堂奥之上
閨閤之中子姓族屬地近更至不負采蕭之恨旦莫
偃伏夫人有以自娛故今夫人京居安受陳君之養
色笑于于夫人年今七十而又一也盖稱陳氏壽毋
高矣已余問厥起居耳聰目明手足矯徤毋盖年雖
尚乎貌不與其年類而朝夕饘飯毋苦也則余愈咨
咨夫人矣而陳君事毋尤稱孝庖人問鮮賈子貿絹
余盖聞之隷人歎哉陳君之供具也而閭長者語余
伯兄有孤陳君與翼弟有三季陳君為植有無與耤

母於子也均愛愛母之愛念不違其母懽則陳君之為也彼隸惡知而用戔戔者誦君哉余聞長者之言則得母陳君之所以娛母者母所以有今者之壽余視陳君媿不如也然念誠跂之矣夫人懸弧之旦余故列而論之夫人百歲吾母亦百歲盖余二人願母固如此

贈胡君遷官興國縣幕序

英舊州治湞陽洽光二縣隸焉　國初州廢今縣湞陽舊治驛蒙湞陽之名盖二粵交馳之道也余於是

歲官是縣人有憂余者曰危哉子之令於英也貴人十至九喜一怒喜不必蒙福怒者攝目且中子矣[illegible]有賀余者曰固也浮屠之塔有鈴繩于絕巔風日鼓焉鈴不得靜而聲鏘然聞者絕巔而負風也安知其非子絕巔之塔乎余性疎簡逢迎節數非其所素[illegible]彊余而授以英念代余憂者愛余也已入鈴聲少[illegible]頗自負視縣四日有持除目至者胡君入報余[illegible]升矣余曰何升曰興國尉余益嘖嘖勞君君退余[illegible]念曰胡君豈不謂之絕巔之鈴而發其聲者哉余過[illegible]

度嶺下曲江則聞湞陽有胡丞者賢丞也官顯能名殿最之書歲上丞輒上考今而丞果升也升又於縣難矣夫今驛於天下可二千丞於其間不少官不一歲又或易歲輒以不稱免冠去鮮得盈考去者況升乎又況於升縣乎而今胡君當之胡君之丞蓋於湞陽水陸之會冠盖所輻湊而馳也胡君在官又屬其事之殷節制大臣被　召而入司馬舟至英而驅車先非有徵令誡期也一夜號集夫輿畢給驛不見謂不辦而縣無譴胡君力也按院行部於韶上書謁告

監司大夫至不日曠舟車十倍於他官錢不共胡君貸子錢於民間應如宿誠大夫過矣則無不人人才君者南韶一道二府衡莫過矣疲莫如矣官劇而瘁又莫如驛君丞三年獨最賢書於南韶百執事之間君有以也今世吏處官卑逆自貶薄不期勉監以暢休問官債而敗不咎已而咎人不曰民謗則曰上怒謗怒盍誠有之然謗豈皆讒吻上官督過豈必不問官箴直苟滛怒已哉觀胡君可知已余盍以是賢君益信鈴聲之言為有徵也顧余胸結亡它奇視驛丞

□稱古豈非□□哉昔時□世如漢□□□□鶡鴠以
□察察余衙循循深文以為功威下以□能短渴影
□之明謂財世吏所尚非此其無以稱職矣余謝不
□一月報政未必盡可人意鈐不發聲雖絕嶺其奈
何余蓋又以愧君雖然余嘗讀循吏傳矣循吏固
甚其後而世譽蓋非所急也九原可作余願遊諸君
子之間君行矣由韶而贛抵君興國有門縣令何若
也其其以所見告之姍我病我趣或余同賞心於我
余不敢知去此餘十數年縣人追數舊令屈指而首

爾則余其庶幾矣書此別君且用為識君益於余不淺者也

壽宋母七十序

京師古冀州地傳記中稱其士風習尚沉樸武勇謂燕士多質少文文學不及齊魯奇氣疎節往往有過人者而閭巷之小民推魯無它不侵然諾間有負氣任俠以身許人而輒不顧其生雖不紬於中道要亦何足之氣誼亦可尚也且又不為軟媚之態與夫機變之事故其俗稱為好義而近戇矣曩余游京師頗習

在焉聲名文物漸滅幾二

豈其山川旺氣萃於宮闕而已

後五百年厲俗汚我夷風今雖漸

復其舊耶不然則或隱於販繒鼓刀

無自發其材氣而卒以落莫而不見

之所疑若如　一日有以宋毋趙氏

余鄉人　　也　居京師間幾世

鳳頹鄉邑[illegible]於鄉之士君子故余

母其欲[illegible]大而[illegible]之述也余叩其母

丁即[illegible]慨余曰此母伯[illegible]

廷[illegible]儒亦既遊於黌宮[illegible]

則名[illegible]表司簽牘而與[illegible]國

[illegible]發世二子幼孤母撫二子[illegible]卹

[illegible]沿其業名進[illegible]

[illegible]夫壽而[illegible]

可知也今京畍坐列市肆商算羸縮與官為市強有
力者竄籍官校名為爪牙之司驕視閭里其大較也
讀書而業儒者少矣即有之而俗亦不之貴其人以
儒名者辛勤佔畢能曉習其大義通屬綴上之人即
擠置於黌宮榮之以巾服而其人亦輒以自雄以彼
之俗止此顧安得有氣誼之士而從之乎余之所謂
異於古者此也雖然余聞官校之中有積勞伐而位
戎帥者矣佔畢之儒有第甲乙而擾通顯者矣彼亦
其京師中人也奇氣踈節雖不盡同於古然豈無一

三遺者宋氏二子勉乎哉聞伯氏博通今古行將以儒起家立功名且兄弟相期於氣誼而庶幾以稱於古之士風則以壽母令名而貽之不窮者又非徒較區區修短之年算已也柯子言母七十健履善飯綜家井井而理精神容髮大不與其年類果然母之福屢因天與之而待二子之顯以垂其名未艾也豈獨七十之壽為可喜哉

贈地理黎君民望序

黎君民望豫章之豐城人也豐城人人號善堪輿而黎

之宗為最盛其出而遊四方者于吳于越于楚稔歲不下數十人而閩粵之荒僻亦有至焉然皆必援其土之人以為之主其至惠而余家主者君也余家邑東南瓯濵海而聚歲辛未君之叔道昇君始自豐城遊至焉為成桐廬公兆蓋今名大淡者是巳其後道昇君歲至挾其子姪與俱而君能獨傳其家學以世其業自是四十年閒君遊愈久而惠人亦日親君君所為術可知也然而名家故族其於余家有連者則往往以主而識君蓋不少矣故君獨於余家尤數數

焉異時吾邑之故習尚古樸人非為儒則力農也跬步不出閭巷皓首以老術藝未有稱者而君之至適當其時人人獨以其術推君固宜其然無足怪者邇其說寖盛矣君顧守其區區之議與俗頡頏俗師每一臨卜輒揣言禍福云云君居其間不能一言一句以為奇譬傳經然彼蓋驟進之士方為辯愽怪奇之說有以驚世而君謹守其家之章句者也雖其所遇有合有不合君不色悔以沮而直以謂吾所聞者如斯而已矣君固挾術以市世者而其用心蓋若此可

謂不善於為容矣而亦豈非其事之近古而是稱者歟余家以是厚善君桐廬而下三世出君黎氏手先少保襄惠公蒙

勑建塋君專職焉蓋至是四世矣別派亦復如之俗師揣言禍福與君異趣蓋多竊笑君者而至跡君所為兆必余張氏兆稱首而諸他為兆者不與焉嘻嘻奇矣其偶會耶其默定耶抑君為術固然而俗有不觧耶余罔測謂何也然私竊謂之有天矣今之人負力與智賊天不忌而後後然溥報於地者惑也不驗

委咎地師之説之不信惑之惑者也天之貽之人之成之氣數參會嚮應符合其理有必至者此固余之家兆之所由成歟反是天不可必而君術且不信則余方與二三子姓勉焉合圖蓋以毋忘先人之訓而驗黎氏之術于他日也君持余言以歸其藏而誌之

贈尹先生擢教儀封序

懐恒尹先生令之有道者也仕於時不在廊廟而在庠序其初至惠安也其徃謁之未知其人何如第就望其容服進揖[illegible]不苟偉然[illegible]者也而心已竊嚮

之矣久而從之遊叩其為人心懷恢廓志意激昂胸中之氣浩然少以文學馳騁于江左傲倪一世鮮所當其意老困場屋隱忍而屈就於此其志既無所用獨盡歛其鋒鋩刻意繩削使就法度間與賓友酣嬉傾倒杯酒笑傲之間豪氣時見而卒亦不失其正也某遊先生門下得其為人者若此其居惠安六七年操行純潔動履剛方課厲諸弟子謹繩約嚴科條與諸弟子為守不屈一介以苟徇異時誕漫苟且之習蓋寖寖乎幾於一變矣而尤力以名節自砥礪蔱蔱

齷齪之夫茍馳騖於聲利蟻羶鼠腐濡首沉酣先生憚於見汚絶口不問廩稾蕭如也其不知先生者或以為迴激或以為近名先生特立其間確然自信而於流俗毁譽一切不顧及去之日幾無以為行資而猶不色悔嘻嘻難矣夫言官冷不得禄厚者莫如學校而今官於是者大率多以暮年謀饑寒就升斗為計即或負氣健者抑首足步揖伏大吏之廷而內又自慙其官故恒以漫廢事先生豪氣人也其所守之卓然如彼不足怪也而居其職益復不苟其庶幾哉

古之所謂狷介獨行之士而又能誦法古昔以力自磨淬而然與惜先生暮宦不逹行能不盡襮於世弟子某輩碌碌備學官籍無能揚扢顧獨謹守師說不敢背而已今先生行矣夫儀封古豫州二程夫子與其門人講業之鄉也先生讀程夫子書今過於其鄉其聲教猶有存者先生方泝源委群諸鄉弟子後進咏詩習禮論業講德於其間洛士信多賢又令先生以爲之師洛中子弟豈無斐然嚮風而出者乎未可知也果爾則所以衍先生之教以傳於世當自洛中

中始矣世有應先生者取以傳儒林傳卓行名先生之姓氏而列之其亦先生之志也夫

贈邑幕鍾君應朝序

上以明年丙辰出坐于外朝按圖受覲於是北塘鍾君應朝于京師邑隸泉於法得自專達其長若幕歲爲當朝之官與郡太守俱入朝而覲費則斂諸民以充邑小賦重徵輸煩苛其所爲當輸覲費之民奔走供億而困尤爲特甚夫

國家覲朝之典一出於綜核功敘辯論官材以明為民置吏之意而吏之當朝者歛民以充費乃盡藉諸物土之所有以為獻私行謁之具上下相承民日益病而法日以益弊豈非世變之所趨而綜核辯論之際名實容有未稱而然與習俗既久學士大夫間不自知其非輒亦有倣而倣之者而鍾北塘於是行則獨不然盖北塘君幕余邑清慎潔已以阿堵為諱中已獨異於齷齪之見及是當偕紀愚齋以朝朝京道里之費與凡百需之所從出邑民率如常歛以待徵

用君剗弊習下令一切除去至有言其舊例之當得者君悉謝卻無所問垂橐而行行李蕭然而愚齋與君同覲以丞攝其長事長僚師師齋用亦為簡儉可數也愚齋為邑丞好與書生講學辯論亹亹其治民肫肫懇惻與為休息噢咻之政而君之所自處則振刷精神飭厲風釆其志銳欲以所能自見而力又足以有為故縣事無小大倚君裁決君不以卑官自沮而民之受事於君者交相告戒胥聽君之約束而不敢犯豈獨君之威力使然哉君自去歲應部紙之役

[illegible]督賦干崇武先後二後權利之所叢君兩以身
其勞尋以集而中無所利其錙銖此皆學士大夫
所難者而君獨能潔已於其間此君所以能服人
故愚齋之為政雅稱長者而君則獨以威力有聲
二君志尚不同而清慎不屑之守則君與愚齋不異
此余所以賢君之素而且以君之是行為能獨異流
俗可喜也適有與余論君者言君近日捕賊中間鈎
其措設之詳口語籍籍多以此事為卓絕而以君之
[illegible]辨為可喜余以督捕盜賊察姦伏為君尉職之常

不足爲君賢而獨深有取於君之廉故於君之當覲也遂因會儒齋諸君之請誦余所知以爲君贈若夫奔走材藝之士使人人知趨事而嚮功則綜核辯論之際君自以才應選又無俟乎余言之喋喋也

鳳岡存藁卷之五

鳳崗存藁卷之六

溫陵張宇仲矩著

記

泗州尊經閣記

學宮制遍天下内以藏書有尊經閣則豈不洽文治而斌斌哉顧閣或有或否或有復廢或今創有其責在郡國吏、吏不得良雖其夫子之宮慢視之矣況閣乎舊無閣今有閣而閣之觀睞他郡國有過無不及焉則吏之作學可知也盖吾泗州是巳泗之學宮如

制無有所謂閣者有文會堂而堂居窪不得善地其
制顧文隘也部使者臨泗泗之人士輒號於部使者
誰能閣吾泗州厲吾學徒使吾泗士毋陋列友邦而
斌斌稱善國乎顧坐力詘縮不為也而今侍御德輿
舒公始檄為之舒公言曰泗蓋
帝鄉泗士其
帝材子弟也泗不為閣則誰而為閣者州太守陳公
任其事於是泗州始閣蓋文會舊所也基築視舊高
[illegible]尺擴幾間則陳公之所為拓矣方閣之未作也

士可數百輩橋首咨嗟若家未堂閣成暈飛鳥革
魏如烟如牙籤錦帙且爛盈閣富矣經蓋獨尊故名
經上閣遊也有不奮趨迅力庶古所謂經明行修之士
而勉毋怠者乎洙泗之間從遊三千七十二賢最著
然彼其材至衆矣夷猶講誦終其身不倦夫子授門
弟子何等也詩書執禮雅言存焉易贊春秋作門弟
子不必盡曉夫子以傳之一人口授其大義人蓋始尊
經矣孔子沒七十子喪而亂經者紛如刑名則亂縱
橫則亂荒唐則又亂秦坑漢媪不惟亂經而且廢經

經孰知所尊者群儒區區補葺扶而守之文訓詁而傳之訓詁學興分文拆字煩言碎辭不必盡得經意謂經不知尊固不可宋儒淵湛其思其說經理旨故邃也繭絲牛毛不極要眇不止經於宋儒愈尊名物數度而漢人蓋詳矣制今從宋註疏廢不以理經文祗挾其一而已經生學子皓首一經守家章句以老如法家言試之它經愕不知所置對註疏不曉謂何語也力殫於專門而慮遺於稽洽豈不謂尊而不該哉樂學闕矣六經五存飭身計國之事備在其中博

學詳說盖所以為用也
國家將筴大計動傳經義不慱習則扆闇不可以應
旨余故謂閣中書士宜兼肄毋囿以益其材世儒高
論輒矜心學而薄聞見求經於經彼謂文義牽制卑
不尊也心有尊經者在何外求經信斯言也必道心
乃可爾顧上智不數也輒以道心懸定天下曰毋學
而經存可乎哉聖人之教無之顏氏喟然之語傳文
先矣好古敏求夫子盖自命云云則斯閣可少哉第
尊以實毋苟矜名又尊以行毋言靡靡浮也斯謂善

尊其在我泗士矣余故以豫告之閣始萬曆丙子之
仲春成以其年孟夏後鉅成速而民不擾太守善體
侍御之意古良吏也書之以風吏在他郡國者謹記

反觀記

余居司封之署署前為堂諸君子所共視事也後為
四廂南北分列公退人居一焉蔽之以墻豈惟身佚
之便禁讙止囂人吏毋輒紛馳通為謾𧔥則墻所為
別也顧余今所居廂墻不數武當前而立余近拓之
扁其上曰反觀盖余之為之矣余今而後退食於是

假休於是署事分職簿書謹治亦於是而扁以遡於
目羨諸君子之長反己愧其不如而黽以求齊則吾
又於是而觀也宰司持天下之衡石低昂龠石操概
均適則奉公之臣也而養交者亂之吾觀以塞吾私
委身効力四體屬公肩鉅任艱不敢以瘁為觧則鞠
躬之臣也而驕佚者苟嬉吾觀以黜吾媮是不毀怵
非不譽徇一意毋撓而強就事則剛中之臣也而弱
植者中撓吾觀以作吾懦吾不能一日而廢觀吾能
一日無藉此扁之為益哉盖聞古之君子思以惕乎

其心則其箴誡徵旨托於其所有事之器而身佩服之節其用亦有以當其義不為苟設是故佩韋佩絃古人用之盤之銘紳之書聖賢猶勤思焉况其他乎文況余之庸庸者乎此余所為扁也諸君子謂余曰觀豈惟子即吾與子有同觀矣何不記而勒之余惟諸君子言過也余盖自所宜觀輒演厥義以揭壁間蓋竊比古人如此矣

總兵都督戚公平倭碑記

嘉靖乙丑夏總戎戚公南征凱旋道出惠安士大夫

詩□□觴公太平之觴公遂巡謝次諸所屬將
入庭謁賀揖如士大夫加遜公謂賊猾諸君未可便
稱太平自娛樂也努力毋怠崇武所官在列聽公電
誡率所部奔奉惟謹而署印指揮闞鍾磨石樹碑以
百戶張文輔雅知余使來請言文輔亹亹述公功謂
閩有倭及今徵兵給餉歲竭全閩之力以虀軍需
甚矣諸將將兵十數輩未有折賊一陣者然以破賊
□賞輒不少公自壬戌入閩破寧德賊再破賊于福
清大破于莆之林墪一月三捷由倭發難亡有也

是賊畏戚兵如虎而戚將軍威震閩中至莆諸林
敦功於偉蓋賊以冬陷莆莆名郡也明春復陷平
衛出屯諸林欑甚諸將奉
賊挺六臨境畏賊衆㜸莫利先攻賊者深溝固
戰相守彌月公部浙兵馳□鼓而破之方公
賊也諸將夜□□中聞鼓聲譁□出壁外觀戰
兵踴躍陷陣殊死鬬賊諸將亦大會兵犄角逐焉
賊遂以此殲兵退諸將人人慙伏而戚兵益雄諸
首推平倭功第一云公功不可無紀余謂公功

[illegible]也第閩他諸城戍星列棋布何限如諸君言將揔閩山之石而碑之也且此復非公意而百戶間語余新謂吾崇非他比蓋城濵跨海東海外夷國錯處與城一水隔爾庚申軍吏不戒倭突入城居焉而吾之一櫓壞甲卒死刀弓不屬倉庾軍輸百年累之一朝蕩之去今蓋四稔矣兵比之後士氣震怖累鼓不能復也繼此衛破郡破全閩震動疆內燃眉急矣崇何以云城也公聞更贏之射鳥乎鳥傷瘡痛驚心未去名之曰孽贏一引弓虛發而下之矣崇在今猶孽也

使以其城捍賊不可謂賊無更嬴也今所以幸完者賊新懾公不暇謀祟故爾夫進而揚公威以懼賊退而勒公碑以揚威蓋所以破賊膽而拆其狂謀也如是則公一碑賢於勝兵千萬人遠矣公在閩勞苦功高何嫌伐一時事不以稱此方吏卒之思耶余覽其議無以絀迺次其語俾歸鐃之公生平學道自許爲將習讀司馬穰苴法尤能得禮外意故毋用兵料敵傅合權變而一一本以仁義至跡公所行事風烈循[illegible][illegible]古儒將優至矣非闕時事余不論余所云云

特平閩寇功爾蓋閩當日非公内外綦師彊事才[illegible]
解也豈獨一區區之所城可慮哉閩今安堵其餘黎
安樂亡恙秋毫皆公力也公其可忘報乎余即是[illegible]
為公頌累土築臺高揭於海岸過舟之所與衆共之
雖崇是為亦所以塞閩人之意乎今元相徐公持
國秉申飭邊備功肅甄白而特杖斧闖外與公聯事
閩中則惟軍門汪公先嘗監軍咸厥功與公同趣[illegible]
推轂公不置公得是兩公者其屢破賊卒能以功名
顯有以也書之鮮公遭際

明聖云爾

四園記

四園者南海盧公棲遯之所也曰四園先生者士君子即公所居取以為公號而公亦自曰四園者從其志也公自早歲為博士弟子讀書業甲科長抱用世材具中無所合而公子星野大夫清材俊識又方嶄嶄起名譽公迺以業屬大夫曰是在吾兒吾將歛而休焉遂於疊巒村構閒隙地數畝南北東西以[illegible]四區區各築而垣之[illegible]其中雜樹果蔬結[illegible]

此焉老也後以大夫起家兩受
恩命為封君貴且重矣公於一切塵囂謝無所問南
北東西杖屨上下與賓侶飲酒睥睨浩歌互答相與
極為四園之樂士君子聞知公者聞公有四園又往
往以園之樂作為詩歌以傳自是四園在南海蓋一
旦愈愈暴顯云自古王公貴人結為名園其中必有
臺榭池沼姿蒼異植而又極其裘馬歌舞之奉必如
是而後稱為名園亦必如是然後居是園者能以饜
其耳目而極夫怪巧偉麗之觀封君四園質之數者

無有也趺墻短籬蕭然四壁其所有池臺果蔬不見怪麗之態盖自長安中名園視之曾不足當其一眄者公方獨樂於其間終身四園至老不厭豈以四園為樂境耶抑内誠足樂樂固不問四園與非四園也夫境一也内有所逐則日之所經營奔走汲汲日見其不足故凡所遇皆不足為吾樂惟有道者優之其身遊閑曠之鄉其心超乎境象之外俯仰逍遥灑然自得斯時也則雖空谷而居割草而茹而吾所為樂者猶在也若公是已况無有公之四園乎公於四園

樂之以終身用世材具老於時無所用獨其未嘗用
者屬之大夫大夫蚤冠第進士歷郎曹今督學于
閩中為國儒臣以文章高伏一世寖寖乎大用則公
已有子矣雖老四園亦非徒為忘世者也某閩人也
受教于大夫獲聞四園風致欣欣徃遊之想力且未
能故私記之如此

鳳岡存藁卷之六

鳳崗存藁卷之七

温陵張宇仲矩著

祭文

代祭傅尚書

士材於世或偶或奇豈人之為天或司之猗與公乎楚材一時濟川舟楫烝徒所維更事三聖羔羊素絲脩蹟倏起公不意移郎于長安不習韋脂明戎克共文考而治有或戲之翼蹋而垂迴翔南署宣察迭司險阻綿更迺擁節麾撫我東土又督

漕規去厥蝖螣拯我瘡痍名聞
當宁曰爾予毗貳于司寇敢利素尸糾姦繩慝含沙
側窺倉場新拜歸而棲遅江河停蓄岀以酒卮公曰
已矣我道固宜衆望未厭下及豎兒有 詔起公
穆皇我知公拜稽首敢忘驅馳
屮聖當陽舊德公思晉長留臺綱紀獨持臺列承式
曰公我師已正部席領南度支 國計均重南公之
遺自公貳卿十年委蛇太阿不手此材得施公勉心
畫計不持疑長安天遠軍課民疲公寬吾民軍不[illegible]

饑敖倉東積根本在茲公忽念歸疏痒以辟堂開綠野扠老於斯一丘一壑觴詠淋漓謂公未老尚有以為守臣疏報公病不醫嗚呼哀哉望七為壽正卿不甲行立名完

上卹其私生榮死哀煌煌　制詞人生可願於公孰虧司紡之署有公遺儀公都大官我輩莫追公曰舊誼顧我而嬉生嘗公即死疇不悲嗚呼哀哉感今念故喪我蔡龜千里一箋慰公襟期尚饗

代祭劉奉常

功如式人曰公材左宜右獲雅搏堅持行〻濟[illegible]
廊須材且正卿席公以痒告歸而棲息人曰公盍
飯自力去冬有言而公捐客嗚呼哀哉有材如公
積戕
王國胡於疆年摧其徤翮種種壽徵又厚厥德天胡
仇公忽身而踣嗚呼哀哉公昔署居余輩公即公長
諸郎恂恂抑抑不矜不隨行惟我則來我後公守公
石畫戓公卿國誰不心惻喜公有子發公駿積公亡
不亡今聞有赫有短而長有失而得太息斯人披戎

情愴尚饗

代祭郭北洲封君文

士生今世至衆矣少而壯壯而老老而死而其人之名跡有傳不傳豈惟行能之足恃哉語有之曰飛龍乘雲騰蛇遊霧况士之貴於所藉也迺余覩郭公益兆矣公少孤貧養母以孝聞母歿折貲以襄事其八生計聊矣公迺力勤本務舉子業坐貧棄不治而讀書輒習其章句通大指時居里中混跡農畝言不[illegible][illegible]然訥而里人輒號為長者老侍公因閫中一言

世使公生直漢世當膺孝弟力田之科□起□
顯世乃重甲乙科第而公以布衣□□□□□
無所藉以成何其約也及予北洲君事
帝輒予公章服為貴人居而北洲君使過家之錫
上壽公又再命而為大夫同時與公居約者何限也
公獨盛名若此豈非
主恩深而公固樂有所秉哉嗟乎人生如公亦幸
矣而公之殁在於踰七之年則又人世所希覯也公
殁何憾哉余交北洲心同姓異齊懽共戚金石之誼

逝公訃聞余方在西比余入閩懷公惻悽公葬已以
公服已除有客余告北洲戒輿迺陳膠蓋爲公像之
何以佐之有辭盈箋

祭王龍溝國子文

冬十二月晦客坐余席有伻入門纍麻而戚余驚問焉
奉書余即開緘疾視棄匕輟食嗚呼公乎不聞其病
卒報以死是耶非耶安得有此初聞未信謂囊語可
月訃覆較公弟余抵余曰然矣天胡不仁呼天天不
聞家人相視而歎有淚沾巾豈伊無從曰公

道巖[illegible]余家少保道衍朱程少保余伯
巖翁公生而翁名世而叔嗣英巖翁請女叔以季行
女室公弟於余呼兄既余婚公如松與藤豈余敢頗
惠徽先靈公諾無迕余兒公甥人曰德耦兩氏駢稱
余謝不類兒惟公型兄公先烈余幸兒憑胡公奄忽
而促其齡嗚呼哀哉謂善則得公行醇備恂恂而恭
孝友天至謂賢宜後公翁是嗣翁書公讀且嫺文藝
胡天我佻報惟斯戾彼顚而很赫赫愉意公胡少隕
卒褱先志襘帷晝昏隻女屬弟元化誰握而降此厲

豈天不省殃慶偶值抑名畏盛造物亦忌嗚呼哀哉
往公驅馳余杭即公諷公還轡宴語從容公規為塡
先銘是圖北歸復裝講業
上都余曰勿亟門戶攸持公往不告生行死歸嗚呼
哀哉公身云徂公神何翔孰持公門孰主公喪叔惟
冏卿弟親且賢遺腹一綫式公之延惟兒婿公公撫
不卒余負此恨寫詞吃吃嗚呼哀哉尚饗

代祭鄭先生文

公不謂古所稱經師其人哉桂古置郡今開西鎮樹

藩國馬戎帥王校驕坐閤右公固以儒起譽明經專門守家章句旁獵百氏恢恢乎博也又淵而有深湛之思專不為固博不為誕粵士經學於公輒內讓伏毋敢公先顧學使竟之先公也學籍需歲絀就南宮之薦公年壯矣公顧謂吾絀乎兒才足恃也束劍楮而北度桂嶺涉河濟北遊

天子之都賢豪長者交半海內當是時公名大振固倦於佔畢則身持檄為國養士高廉之間有公遺矩存焉某以職事如高高人問公輒曰安得如鄭先生

長者里園下惟人士以經術尊公官職學事去而郡國諸生猶誦思公公謂漢之經師是耶非耶志効名成豈必大官兒子而顯庸也則何必託諸巳後愉快哉某髫無識浪就塾師以嬉公於衆中顯拔口授經比某於諸子間某何如公子材顧與公子游學相長大次君計偕某幸與同則公見謂豫識次君宜也而某蓋造之自公矣守官粵東公沒不與廷哭之哀經耳受公學以惰廢無能守公師說以行於世德不公肄傳不公冐某小子之罪也况能如漢弟子事師以

師顯名身榮而名且籍于史不廢者乎誠負公矣雖然小子無能雖慙負其奈何公顧幸有令子在也公不殁哉

孟户侯下窆文

荷與公乎畿内攸居公今誰歸有翩其旟直宅之所南郊之墟體藏其中魂遨太虚達人有言死還吾初生者情牽恨不少須生死長别有泣有歔有紼以執有攀其輿余獨謂公五福咸俱吉祥可願人孰公如富貴或夭壽或賤貧或嗣不世而胄亦湮公世其官

百年虎臣長彼千夫司王徼巡用不盡材老佚其身藏鏹盈室屋稱富人兕壽七十孫子振振武以儒奮競秀並珍公顧而笑老有餘懽較短量長公福獨完嗚呼公乎公即而山狐兎窟穴萬鬼諜頑猶有明神公與往還兩日晦夕嘯歌其間墓門長閉幽路漫漫號公一言生順死安

代祭蔣大巡封君文

嗚呼匡廬之委彭蠡之濱秀不于物而于其人倚我翁蔚為時珍篤生長公如鳳如麟貴仕快意[illegible]

其身閒老以居恥列齊民孰若我翁韜德同塵長公繇之而聞日啟昔翁里中冠蓋翼翼翁塊而處樹德是力如彼稻田種而未食天人參合施公靡忒迺翔藝林迺通

帝籍抗疏陳忠是糾是剔惟

帝念賢曰爾予直予官而父冠袍赫赫翁拜稽首雖死敢易予教事君趣侍

帝側父教子忠子以孝承

帝命按閩乘驄以行事君資父海氛為清謳歌載道

務翁令名等翁誰氏太丘朗陵而父而子允維 國楨兒翁壽豈不壽而榮人曰休哉福善其徵云胡厭垢悲虛而弁嗚呼哀哉某某等典牧海嶠分職而屈仰寃狡令俯首以趨肅我百職振我惰達吏治烝烝惟之我師追公原本錫類自翁臨風寓詞恨靡躬從嗚呼哀哉尚饗

代祭薛封君文

始余下車百年是咨雅揚故老範演稽疑余倣此意求難其人猗公余詰稱余部民公廷萬衆昂鶴衛[illegible]

貌愿而恭，詞辯而文，余心偉公。訊公誰氏，臺人余告。余愈公與，人在陸沉。貴則巍巍，公為封君；頽然布衣，以貧易富。什奢而九，公受予養，恬而不有。十宅縣南，市曹鬬紛，公迹風塵，而畏垢氛。鋤穢種花，手植是力。出入嘯歌，惟意所適。有時卻掃，焚香以居；或時出户，曳裾而趨。怡怡俯仰，快公生平。人為公羨，公願未盈。胡為一疾，倏焉與世。萬里歸兒，而殮不視。嗚呼哀哉！昔貌公容，老成起欽；今拜公像，音聲已竟。肉登于俎，酒注于觴，侑公此文，公亡不亡。

祭何氏叟文

嗚呼公生弘治之初卒以今歲之秋治更五朝甲子八十二易盖稱耄矣謂公其有恨乎世顧有死不壽戓下壽死則公雖死壽已云長亡恨可也謂公直亡恨乎世顧有壽滿百戓壽百餘則公雖壽壽亦云短不為公恨不可也又今

天子霈恩年高而行有聞者予冠帶節次覆報檄行至矣公盖裒然舉首服拜

上恩公湏臾事爾而公卒何遽也得之於耋耄廼鄰

兼兒令不忍馳軍經術印拱[illegible]

珍教成名立兒儒發身弱冠對策如鳳如麟賀登

盈門夫人有子夫人曰否名成則喜汝上發銅節迎

乃理夫人謂兒民爾子視兒政報最轉而臺居夫人

兒從豈以自娛臺臣有職毋愛厥軀夫人申誡兒守

愿渝巍巍師相門徒俯趨兒謝不敏出僉臬符人或

兒尤得毋親瘉夫人顧兒其樂于于師相去國兒位

日崇副憲粵東監我兵戎羅旁箴訊文武奏功兒總

畢畫獨稱功宗 詔且優敘璽書重封人曰休茲夫

人融融胡天不弔一疾告凶豈神忌全抑數或窮嗚

呼哀哉巳流漫漫錦里綿綿喪帷西指白旐翩翩粤

人悳兒哭母倍憐兒余兒友豈不悲咽嗚呼哀哉里

[illegible]稱耋在約彌憔西鄰淑媛貴而蚤彫夫人貴壽身

名徹孰枯孰榮孰久孰戚我祖江干薦以蘋蘩水

望萬里對靈陳言歸藏者魄傲遊者魂往矣夫人即

冊輪

祭趙母恭人文

嗚呼人孰不死死有輕於鴻毛亦有重於太山乃伏

闕之中守無成之誼已而考終哀動群姓而繫其思則死豈不關國之大計哉夫人是已夫人蓋臬公之母也臬公二十而對策三十而飛黄粤盜横跳邊吏臥甲督府上請詔興問罪之師臬公持憲監粤曲事夫人自蜀從公間關萬里不避遠不辭勞而身入粤以至重離憂患臬公又善養志出而提兵深籌避之書躬祭神之禱人紀于舍則力滫髓之供而親省問之勤羅旁郡奏凱殲焚粤民喜於更生誦公不休已問夫人能養際毋頹錫移所以誦公者而誦

夫人豈非樂於有托而願其永綏哉人所歌舞天必從之夫人不百歲壽不已也令也則亡臬公謝牧圉之務退即几筵之奉雖急材亦不敢奪人子之戚強以御旿庶之思樞且發矣粵人喁喁獨柰何乎粵人雖然公名固粵而大振也它日重来持節開府令所經畫之故什而九存粵人豈不忻忻公者毋也[illegible]書[illegible]乃李何乎臬公則公恨有窮哉其[illegible]

[illegible]兵與部吏奉檄將事選銃輸[illegible]

[illegible]公之喜愛公之愛極至韶陽[illegible]

[illegible]
說生祭死哀夫人死不亡於天下而[illegible]哉
[illegible]
[illegible]
[illegible]既歸歟歸而惟我公惜公之言
[illegible]嘉者又歎行不獨[illegible]曰吾內[illegible]
[illegible]屠切論意幼為士所食道抑首俯步
[illegible]其人曰吁[illegible]照且公[illegible]與前記其贈遺
[illegible]有為公後其人同時[illegible]則[illegible]公今身[illegible]

一夢馴扶人相公以金育乎政成

[illegible]恭人相公[illegible]以吾公從詞歸[illegible]

[illegible]之二姬職[illegible]恭人[illegible]公敏性亦峗遊[illegible]

[illegible]乎公志不展[illegible]切[illegible]詩[illegible]

[illegible]之一[illegible]志世[illegible]

[illegible]飯曰宜見丈夫出[illegible]公[illegible]人爾[illegible]

[illegible]浮心入山墾織或時[illegible]

[illegible]家政公時悠吟病莫余和[illegible]

[illegible]意忤恭人愉愉卑承公志[illegible]

有言貧富易意恭人溫慎紡績忘勤豐易入奢儉亦
為固恭人化公食蔬衣布急緩叩公施不德色賓祭
公從籩豆如式椽木音徽千載莫續恭人恩被側出
余奇鑫斯繩繩鳴鳩心一猗與恭人纖鉅靡愜王教
夊湮士失操柄闔內無則胥慢其令赫赫李公獄精
應禱作配恭人齊德以老公修在外檢行惟潔恭人
視公烟轡烈烈爵從公貴壽溢古希子荷公薪亦揭
母輝猗與恭人德祉誰先兩儀含載百無一焉云胡
一疾而不百年子頎未盈公涕漣漣我哭且慰世無

彭籛達人洞視奚以情牽弔客位序公即几筵年縱不百而問日宣我辱公知師公文篇毋視恭人幽縗具傳薦誄抒素有辭盈箋一觴公憂一叩重玄恭人有知宜鑒余衷尚饗

代祭鍾母孺人文

嗟嗟鍾母今其死矣而死其有恨耶無耶今人適百里外期言信宿近矣而念離親濡濡重之當離惘然見色已離而念安否則亟歸離而有可為歸歸而有可以解其離之思故離雖憂而歸是樂豈離念歸歸

不可遽而歸又且復離故歸雖樂而終不足以勝離居之恨蓋今凡仕而離親者皆然況死而長離耶又況子歸而離離日未久母遂死離不歸有如鍾氏子母間耶鍾子御史尤古所稱篤孝人也

穆宗皇帝之初黄門有石君者抗疏陳忠中關雎之義疏語頗犯

上怒杖六十蓋人人而慄矣鍾君有危其辭請與同罪

上容鍾君且命視學南畿於是人頌

天子仁聖不重以言罪下也而鍾君亦稱謂直臣其游於畿輔間名輒大振當是時鍾君守資食頃都大官矣鍾君顧退退不肯居曰吾重離吾親也迺婉其辭謁告以歸歸奉襟裾甚適歲時家慶柔滑在几筵綵在廷鍾君豸綵以嬉而威儀文采甚都也離久而歸其樂蓋如此矣歸之三年

君命臨門而鍾君蹙額不願也母強令出則復離母而離且圖復歸蓋鍾君之志也豈謂令歸而母死耶猧子離母猶有見時今母離子杳無還期已矣鍾母

戚矣鍾君嚮歸何樂今意何曆羲和西馭河水東斜柔滑孰歆笙絲孰聞命服爛然孰為笑欣鍾君離恨又孰而與仲然生而必有死天也數天不違鍾君人也雖恨其若數何而鮮此恨在揚母名蓋鍾君所豎於今稱烈矣通家姻聯始為母恨後述令名又為母喜靈乎有知其亦釋恨於余言哉

代祭陳母恭人文

問之恭人蓋問卿君所後母也問卿某恭人所自出出後某封君而母恭人古之為人後者多矣義與恩

互持而勝莫拆厥中孝子依性而動情深於劬勞而
徵先王之典原本其意國無二統家不二宗共養烝
嘗重在於所後者學士之所以引經而爭也冏卿事
恭人為母恩原所生而於恭人尤不但為義制而已
情尤中篤其恭人沒冏卿侍
肅皇帝徬徨以請幸緑
獻廟之恩退就几筵之奉臺端奏最厥有命數劬勞
之愛抑厭不揚恭人獨當象服稱陳壽母豈非繼體
承宗而令以所後財恩戴而余又與冏卿之於母也

色養二十年間無離憂亦無違志進貳太僕薊門道里恭人不任就道弄孫以嬉冏卿夏忽報予謂余耶爾吾歸矣吾處母病蓋怔怔冲冲中動也討恭人於是時循樂亡恙而安得有此處兩情中感不龜勉兆亡或與齧臂呼兒者類乎余蓋謂異然彼其所生也冏卿異之異矣嗚呼世固有所後子貴而且孝如冏卿者幾人哉生榮死哀恭人亡憾尚饗

祭喬恭人文

嗚呼士修在外操行群指内閫在幽孰别孰美媲喬

恭人嬪喬之里内言不外而譽日起矯矯喬公惟道是止恭人交儆鷄鳴是似公仕而貴絜其操履恭人扃戶相公内理公奉高堂怡怡珍旨恭人體公思媚任姒公祀孔秩從以樽匜公徹未廣薦以美姱宜室宜家克順克比辟彼宫鍾聲聞而駛而余所聞尤曉大義温陵三年半稱病痺公行按部内危恭人恭人自寬毋我戚恢我病未死王事有經迺公行部恭人以傾誰不負恨恭人則否獨泣姑尊吚呱任手嗚呼哀哉公持閩臬分道而居肅我百吏俯首以趨公耆

與喜公憂與憂况共往憨而公知尤冥行忤俗公結心期虞羅巧詆公獨力持我援我拯煽我春風丈夫意氣死生公同惟公悼亡形匿貌隅我涕内零而公謝客肉不登俎酒不在樽含辛寫詞以播幽芬嗚呼哀哉尚饗

奠王母恭人文

奕奕王宗厥有國禎矯矯風裁赫赫名卿登我王國佐我太平誰其開之恭人寔生太公厚德恭人内翼太公中殞種而未食恭人厲皃絶華去飾穆如肅如

梱執不忒兒惟吾師如鳳如麟如金在鑛如璞而△
恭人曰噫兒超世塵驅事経術以儒奮身對策公車
海鹽試仕龍淵割鮮迎手而理恭人曰嘻視民以子
三年政成恭人有喜　璽書于徵臺右是居恭人申
誡毋替厥初兒奉惟謹敢愛其軀是糾是剔
帝曰大人
帝錫直臣曰有母存如綸如綍
王命[illegible]有源靈芝有根豈伊令母不服
國恩侶熊人僕令[illegible]加[illegible]愍既陳情乞歸承顏晝奉

襟裾夕掃寢簟了毋于于日有餘歡云胡變作毋苢之

兒捐循幸兒侍訣毋終天惟忠與孝昔難其全繄天

類錫若默相然況壽而榮形徃聲延兒號且哭恨不

百年嗚呼哀哉其輩不穀吾師焉依按閩計士衡柄

獨持陶我鑄我惟師我知結言恭人曰吾母慈生不

登堂沒不奉帷計言遠即相顧涕洟世無金母襄事

在兒朝須良楝具聘我師哭死慰生千里走辭嗚呼

哀哉是寫吾私

南山祠祭先大父文

公昔長縣晞古循良政先大體絃誦洋洋名刹公剗
直節公揚昌著行水鋤梗植彊綏我士女藝我田桑
虎喙而逸寧我井疆公今云逝公澤不亡存無赫赫
思久愈長宇也不類嗣公舊職南山幽幽式我祖德
童叟讙呼令公有孫偕是僚吏籩豆駿奔或賢其
或親其親明祀百世宜民宜人尚饗

祠歲二祭舊有祝文載在祀典不肖繆爲留
公展私爾繼士者當仍舊文云

先大父諱日祭南山祠文

我祖徃令是縣沒而血食年今五十孫宇不肖

我祖之沒讀祖遺書踰壯無成而今僅得令守祖舊職無能揚祖休烈縣厥壽俊與鄉三老白髮皤皤即守于廷曰吾令公之孫攸攸如也宇以祖故懼然道舊我祖典刑庶幾見之南山祠像縣吏歲祭毋敢不供宇來瞻祠嗣奉香火祭率舊典毋敢不虔半載為令宜有私祀奉職無狀未得人和念不敢以家門之禮勞縣人士闕焉不舉祠且頹而不葺蓋有待也今月令日我祖之諱當之人士不令得聞肅拜祠下我祖魂魄不忘此縣人士亦有凝而未散今以顧宇之

將者乎嗚呼祖孫氣固屬也令之縣又偶同雖遠而
誠有不格哉尚饗

鳳崗存藁卷之八

溫陵張宇仲矩著

誌銘

明故處士西軒王君墓誌銘

隆慶庚午泉士五十餘人試中閩榜永春王君天爵名在榜中快矣王君泣語人曰恨吾父之不及見也父蓋處士公云永春縣山谷間其俗樸其人勤生力嗇稱名故家闢園田廣殖蓄祇富厚愉意止爾士業經學聞見頗固乃持以相教授沾沾自喜謂學如是

足矣故其縣之解額獨以荒閩乃公治生稱其俗有
子就學輒致名士於家不與其俗類而天策果遂以
學奮則豈非公遺哉公諱倫字邦常後倫改鑰嘗以
其都之長受事縣令當令意而令為改初名令重公
也高祖陽輝曾祖環祖明父貞慶世以貲雄于縣縣
第名家甲乙輒言王氏家公於王氏冢兒獨稱材父
性鯁直又子身於是族人忌父又衆搆父父辯不直
意固嘿嘿不自得也公長以直諸族人强者
業稍稍降矣公内欲得父懽顧時時用好語譬父父

靡不樂也一兄二弟歲時事兄惟謹家慶里會兄弟
間雍雍如也秩秩如也已而二弟死賊公病矣哭弟
幾絶而弟之孤顧濡濡倍憐之謂弟死賊吾所哀也
它又無不視與已子等者此非天性然耶而間於治
田又愈力家僮竭作早興晏罷公輒以身先勞無敖
已時公父輒勞苦公公跪謝曰大人有田而兒肯當
又肯穫兒所以幹父也何云勞哉公之家行蓋如此
其長都而當趨縣也縣日以一長司會一縣錢用長
者主之迺它長司會輒多姦數輒偽脹蓋弊甚矣公

獨核其費而籍之它長或持偽數来問公償公又竟
如其數償之不問也夫司會而不染猶庵人主割不
飫也公難矣迺人給公而割已以飫之則視買金當
二公量又奚殊矣縣令之重公有以也而智又善匿
變庚申辛酉之歲呂常四乘倭之鏬托名捍賊招聚
亡命驕不奉法蓋人聚至數萬至横也而常四[illegible]
里豪以自助顧時時使人說公公曰是其人非長者
謝去之築寨以居已而常四恨公謀夜襲公公馳[illegible]
德化城中避之而常四其夕果來襲公先遁矣[illegible]

旋敗死當常四始事叛形未露里中豪一日失計足常四而身卒蒙逆誅其人至衆矣公絶跡於先幾不與其亂何其明也賊方謀乘驟決策以去之又何敏也既去而還室廬不害而家日拓其相之矣公不謂縣一名豪哉惜公身在布衣浮沉里中而行能可稱僅止此悲夫公生某年某月某日卒於某年某月某日年四十三配施氏繼配吳氏子男七人長子云策即名在閩榜者次子臣邑增廣生天佐天濟天天寵天與明敏材茂具稱王氏家見施出者三吳出

者四墓在邑將軍山之麓而狀公請銘者張君問仁
公昔所致之名士也張君言曰狀辭不文而事則核
核蓋然矣遜謂不文非也迺今余誌公如此矣既詳
銘以系之
猗公西軒山城邁跡皎皎好修内行靡愆父曰能子
吾憤以直兄兄弟弟孤在余翼出而長都司會是職
庖人司割孰耻為墨公義不染一錢余藉有張偽數
持以公責或為公告公償之亟惡少鴟張詭辭我即
公手以麾恨不汝殲居以寨固夫不遑席馬戀棧豆

卒殲于賊公去而還身完行得孫子振振猶以類錫
歲在壬午兒以文陟公門日番公聞有赫我追餘澤
匪公誰積將軍之麓固公體魄有隆斯丘有勒斯石
亦有銘詩閟公真宅設詞匪徧而事則核有欲知公
請此考德

明故鄉進士省齋洪君墓誌銘

君諱輔隆字子翰別號省齋姓洪氏洪為吾邑著姓
先居瀨窟始祖有諱鍾者明經起家仕為安溪學博
至知贛縣諱炬始自瀨窟徙縣治今祀以為始遷之

祖洪氏族之在縣者宗之後諸孫子彬彬然寖盛其
仕而衣冠者代不乏人君所分贛縣之派則七品散
官諱賔冠帶諱誥興寧訓導諱孔暘其曾大父大父
父也別派多有顯者至君則尤傑然稱材云君少頴
異善記誦於書靡所不讀十歲許操筆學舉子文輒
成章年十四試為郡太守所賞補弟子員時頗稱竒
而君好學顧益勵從莆周進士講詩君謹守之每講
君聽其一字一句退必録而識之曰吾師之說也[illegible]
無敢變文字肆意疾書不屬草具訖舐以辯博名

[illegible]言則不失其家章句以為常蓋君年甚少而學
董專門顧如此戊子秋試適與邑李抑齋王古泉
[illegible]同中其科以歸是歲
[illegible]命京朝官主試事江午坡氏高自負才方厭時文
淺陋之弊欲一一易濯之君獨能以經義當其意豈不
命之遇合哉君在宗姓中恂恂雅飭稱故家子至是
以科目奮身臂遊諸名士間學藝益進而器識亦復
不凡或謂洪氏之宗益大自君矣迺遂抱疾不能赴
春官試舟泊洪塘即返棹越之三載而君不幸死矣

惜哉其命也夫君卒以嘉靖壬辰歲十一月初十日
子時距生正德戊辰八月廿七日丑時年僅二十五
靈根惟植天既瑞於世矣而忽焉復摧之是固有不
可曉者則徒歸之一慨而已吁悲夫今去君殁廿八
載母連氏鶴髮無恙與君之配陳氏撫君遺孤曰邦
俊者長教之學士大夫共稱陳氏為節婦李抑齋為
立傳而節婦卒以歲之乙卯四月廿六日寅時距生
庚午十月十三日寅時年四十六第未五十不得旌
表如令可恨也邦俊今築幽宮於塗嶺菓葉坑之原

辛巳乙向十以是年臘月二十有三日奉君節婦之柩合而塟之以狀請予丐銘予惟君夭殁材之欲用世者百無一効則今銘君之墓欲搜卓然奇偉之行可震駭人耳目者書之不可得也故所紀而傳者止此然以節婦祔君則固於君為烈矣孤子邦俊娶故州太守陳昇孫女孫男二繼芳繼華邦俊能讀父書有聲稱蓋所以成君志而亢厥宗又方烝烝然未艾云君其可無恨銘曰

孤即我狀蔌蔌然我讀孤辭欵欵然有美君子聲沓

斉然我勒貞珉光鏘鏘然

誄

封文林郎某官峙峰曾公誄

公姓曾氏峙峰其別號也公少穎異負奇氣讀詩治舉子業以材馳騁逡巡校序十數年不得志棄去轉以其業教子第進士為御史公用以御史貴封文林郎嘗公之少為學也時諸老生拘守傳註毋敢變其於篤信之功信有餘矣而間亦病其為固公於傳註淡徹貫穿旁該百氏盡通其大指尤獨能以自得之

然肆于文詞閎閟博偉麗有足喜者第其氣高不拔
肯為尺寸以逐時好故卒齟齬以窮為人真性坦率
嗇惟不施遇人亡少長貴賤權遊忻忻如也睨被冠
服稱封君貴矣悉屏其所挾為與衆混迹丘澤巖壑
間呼朋引侶觴詠談笑資以為樂而已勢利所在瀟
然蟬蛻性尤不喜事諸貴人時一接之氣象傲倪不
降體以屈合其中固多所不屑者而推公始終大較
恢廓跌宕志行皭然蓋古所謂獨行之士哉家大人
少嘗同公習筆硯字愚無識交好公諸子問又辱與

御史婚於公有深敬焉而又深慕焉乃於公沒考[illegible]其平生而為之誄維曾之先出自姒禹之後國號鄫其後國失曾別為宗參氏父子為孔門高第去千百載至宋南豐以文魯公為相同時以名顯天下而曾姓大震曾公世居溫陵遷惠安梁山兜者祖沂也去公八世公子御史立朝風采鬱然負當世之望最重溫陵之曾謂不自公父子發之吾不信也公其可無恨誄曰

曾為之苗鄫始造封去國受氏參亢厥宗後闇千載

宋氏始興魯公相顯肇以文鳴公系温陵曾公派雲
逮于公身六世其延公傳家學奮身以儒豪氣縱橫
恥與凡俱迂儒泥古公脫覊勒公所發攄惟所自得
人譏誚公盍貶少卑蓋世方靡文亦如之公抱遺經
笑而不應走與衆角用鑿不謀柄人又語公其曷可止
公曰老矣吾付吾子讀書講藝公教子守父子之間
自為師友子登
王國迴翔　天路
帝嘉曰材乎官而父公拜稽首臣罔事事冠袍革寫

修矣

上賜人為公貴公不自多幅巾杖屨投老山阿酌我寒泉薦我芳菊一醉灑然嗟彼衆逐彼之逐矣蒸衎未休孰與公多偃仰林丘嘻惟公初學莫與群既貴而封尤擯垢紛終始大較磊落奇偉其志其行有源有委公今不作善人其亡惟公望重而存者長公繄我懷表此風俗薦誄慕幽長歌當哭

哀辭

陳節婦哀辭

節婦陳氏孝廉洪省齋君妻也節婦生十七年歸
廉君幾年孝廉君對公車幾年舉一子邦俊又幾年
而孝廉君病不起矣子邦俊方腹抱中節婦擁邦俊
而泣曰傷哉未亡人忍不從君死哉柰藐諸孤何乃
含哀致毀齏茶茹蓼撫邦俊復以儒興迨歲乙卯節
婦以天年終盖後孝廉君二十四年年四十有六云
方孝廉君之沒也父母春秋高矣孝廉君又繼伯仲
氏以亡堇一五齡孩弟與方腹呱呱之孤在耳人不
謂孤長有成父母洊遭三丈子喪尪僂僂然老傷也

節婦上奉舅姑甘膬下哺孤而長誨之令當户而奉洪氏蒸嘗嗣孝廉君詩書之澤孝廉君父母恍若見子之在也越十許年孝廉君之父捐館舍又一年而季弟文殤節婦益拮据與老姑泣守相依盖自歸孝廉君家其更死生既變多矣愁憊煩寃矣志不衰居常一切斷粉黛屏華飾不御謹持幾歲日揵門守舍中步武趨蹌斬斬自閑於禮梱以外不一闚面咳聲嘗自訟曰未亡人固宜爾也乃歲時交問於諸姒非其人不狎昵而獨雅善子女叔氏女叔嬪洪長公起

於孝廉君為族父長公蚤殀而子女叔寡洪始五甲又無子較節婦尤苦矣女叔困久益烈貞純潔懿焦瘁萬狀毋畜長公諸弱弟如己子節婦私瞷宜覬己撫朧慕之故結袵特厚云宗人輒詑曰張陳雙節盖匹之也以予觀女叔不幸無子矣而老壽節婦幸哉有子矣年不及耆溘焉掩病以死不知天之報施何於節烈輩酷且嗇也悲夫立節豈易易哉衛共姜守義仲尼録之國風紀伯姬全婦道春秋特謹書之嘗謂古昔教化熈洽媍節孀壼宜無難者及觀詩春秋

上下數千祀捨二氏外不少概見何哉豈其孀節之難抑或閭閻兒女之事湮滅者多仲尼無繇睹記歟然以詩二南其味女德捆政瞀然詳矣當時陳詩觀風徃恒採肄於樂官而節烈風軌不存安在為陳勸也豈非難哉繇今觀節婦屹屹千祀下其大較可配姜姬矣慨麟經弛筆逦泯間風謡今不復採以上聞今節婦身名就滅予輒哀之乃臨視屬纉酹酒哭幃而矢以辭曰

宇宙之廓兮古今之長緬閱四方兮覽載籍以上

讀栢舟以自廣兮遐想令女之遺令女方截鬢而刵
劓兮孰與名立而形不虧余獨三歎節婦之烈兮白
璧琢爲肺腑居貞一而不貳兮肯以錦繖自浣於塵
土豈難一死以殉君兮疇爲撫孤以興宗絜茲呱呱
之綫緒兮迺君家蒸嘗以爲托堅大誼以獨斷兮即
忍死以有待步逶闥而結桂繪兮文服玉瑞而佩徛
蘭共伯姜兮歌衛紀伯姬兮尼父僅存以彼風教之
熈洽兮晨星猶寥寥而若淪玉澤迄今千祀而竭兮
寧不藍節婦大節之馨芬吁嗟節婦兮瀾波之楷胡

棄此而奄逝兮長俾兒號來筍之綦烈火莠瑞兮繁
霜摧其蘭芷殊物縣古尠存兮於節婦乎奚疑翩節
婦之姱脩兮羌殉莖爲自得吊空堂而魄杳兮淚衣
顧其何盍睠輓今之頹綱兮佇蕙帷而太息跪酹酒
而噭辭兮亦聊比響乎風詠

鳳崗存藁卷之十

温陵張宇仲矩著

書

擬太子扶蘇請命書

始皇帝幸沙丘病甚賜長子扶蘇書以兵屬蒙恬與喪會咸陽而葬未發帝崩趙高謀少子胡亥丞相李斯矯為書遣胡亥客賜扶蘇蒙恬死使者至上郡扶蘇泣入內舍欲自殺蒙恬止扶蘇曰陛下居外未立太子使臣將三十萬衆守邊公子為監此天下重任

也今使者来即自殺安知其非詐請復請請而後死
未暮也怙為太子書曰奉陛下書罪臣守邊無狀誹
謗怨望為人子不孝其賜劍自裁臣泣捧讀魂飛魄
散不知所依臣惶恐戰慄昧死再拜奉皇帝陛下陛
下德邁三皇功越五帝臣幸為陛下子陛下不以臣
不肖監蒙怙兵待罪之日久内之不能探陛下意幾
微承順棄外奉守北郡陛下卻胡攘地築長城與之
為守憂念焦思計以安存社稷甚厚臣辱明命外文
不能貫師余勇遠暢陛下威靈將師數十萬屯守十

年耗食軍輸士卒不任戰攻於國未有尺寸也又以
勤陛下思念功小罪多載職不稱臣死已後矣獨書
言臣數直言誹謗陛下所為不能罷歸為太子日夜
怨望以是罪臣賜臣死當也然臣誠不知何繇獲此
名故願忍死須臾卒吐一言以與陛下訣堯舜禹之
聖陛下所聞也堯舜禹於天下絓纊塞耳抑且規以
為填不聞罪人以誹謗也陛下以堯舜禹為是邪非
邪且君父闕敗臣子順非不肯諫諫或不力而退獨
以其私毀也如是君父長負不令之名於世世有臣

如是誹謗可必誅也陛下以今度臣有是乎陛下兼
六國并天下定子孫萬世之業欲其長久安寧世世
無絕也德已厚矣功已高矣臣竭愚慮決亦不能有
加于陛下矣臣亦何用為是譊譊者異日臣言陛下
請陛下毋禁詩書殺學士臣愚不職猥以私見忤陛
下臣心亡邪計議未得慮存以振陛下之名益成其
聖陛下不察甚臣以誹謗夫謗於人至無取也況臣
謗君子謗父而顧為臣忍為之邪陛下以數十萬衆
付臣臣為太子海內尊寵今未有二臣者臣庸敢有

他志以怒陛下陛下於臣浮辭不惑嫌忌不開臣頓
陛下威靈方內乂安久佚無所事事獨特從諸將佐
吏卒優游饗燕無功以坐食于邊者十餘年而陛下
不問雖以周公旦之勳勞輔相文武比臣扶蘇未知
孰為貴驕而佚厚也臣尚何怨謂臣不得罷歸為太
子以是謂臣怨臣惟陛下哀憐黜首居不得恬自以
身巡郡國臣守邊不能從衛竊自念曰曷其誕謾耶
食而陛下勞苦如是甚也臣愚夙夜疚心蓋如此矣
陛下明聖群臣之私無不察閭閻休戚苦樂如聽矚

於堂粤畢無道也臣生明聖之朝為父子骨肉至戚情莫與間非有褒姒易儲之勢亦非有驪姬不可免之譖將兵守外誰令妬害臣者加臣謗怨卒使臣抱宜臼申生之冤以死死有重於泰山有輕於鴻毛臣死何惜獨恐百代之後記臣死者斥臣累詩不孝且以臣為陛下子也陛下比德堯舜禹其視周幽晉獻寧足法邪臣為人子為人臣守邊無狀而又重蒙此惡名也矜全不可幾矣然以陛下明聖臣為陛下子無罪猶竊冀陛下之察而赦之是以捧書泣讀未忍

列決特昧死進書旦夕垂絕之人與陛下訣別長離
膝下無由再見天日泣涕哀鳴不知所措唯陛下裁
幸蒙恬書成扶蘇曰父賜子死尚安請為棄其書弗
奏即自殺

上朱鎮翁尚書

宇愚且陋閩陬鄙生也居常輒嚮師門戀慕依依泥
塗之身擯而不齒於時分長棄矣郭林先後京歸宗
師勤勤懇懇猶置齒牙宗師涖閩日夕青衿自皆執
所業求知者餘千萬人其能以業受知者少亦不下

數百人宇愚無所比數宗師獨竒其文而奬之然亦數百人中一人也且去今亦久矣同時諸子一經陶鎔先後奮身以去其以脩諸人人咸曰吾師之弟子也終其身為幸焉宇獨以不才棄旅進旅退無所與發其名羞沮蹴蹜靦顔於諸子宗師猶復云云寄語重沓誨諭諄切豈非猶以昔時張宇見省耶不知聦明意氣視昔什減七八其所與時持強未肯即伏者不甘下人之狂性爾何者盖宇五六歲時頗稱幼慧為鄉長老所知髫齔應[illegible]十[illegible]一試而得之再試[illegible]

竊廪食時年甚少自許甚銳其視同時與己行輩者
材又不皆勝己也故遂恣睢以往不能習為時好與
時低昂家世多蓄古書時取而讀之泛觀博覽有忺
忺焉凌跨當世馳騁今古之意而先伯父浄峰公尤
獨許予可教學責朱程文責歐曾以上功名失得聽
命於天區區舉業弊一生之精力無益也先伯父之
教如此予又復惟以為開關至今公卿將相多矣計
其一時之盛富貴稱心之欲何所不有今皆與世陵
夷惟流名於後為不朽過不自量謂不有得於彼必

有得於此今徒紛紛於富貴者心薄之不足多也故遂閉關絕立果於自信不自知其術之迂矣坐此坎壈以窮今齒又長歲不吾與拊髀興歎無聊之憤生焉取古高人逸士之傳讀之輒忺忺焉有會心者至欲焚棄筆硯探討丘壑習為徜徉之計志未及遂比又沮於賊熾閩海地環數千里為賊蹴蹋之區上下有土之吏嬰樓負以自固跬步不敢出城守經歲於危城意氣局促無從舒嘯忽忽如被囚拘去冬今夏賊七八萬屯城外於是城內丁壯藉以戍城經生學

士競業進取以挑戈戰時事又一變矣字當其時從
平概望頗為太平無聞之人不可得也又何暇汲汲
其他哉六七月賊稍遁遷而北始復收召精神緝理
舊業於是悔前之為間取今場屋制而習之郭林二
友具述所以期與之意甚感甚慙心猶有餘慨焉豈
為區區功名失得之際哉而字非為此也嘗觀古者
師弟子道足以相成而情足以相樂聖門尚矣宋歐
陽公為古文之倡校試得士遇蘇長公而奇之期以
斯文之托長公一遇歐陽謂韓愈氏復出也亦自許

為知己之遇感激輪囷濩才不變今其論議可見也想其當日相與其必有不言而會不歌舞而樂者矣宇雖不肖少每嘗讀其書願見其人今斯文之不講久矣師弟子之誼徒以職位相縻寥寥餘千百載而今廼見宗師起自歐陽公之鄉主張斯文而士乃斌斌然嚮風何其盛也今夏

朝廷大發罷之後非有為之先容非有為之援引孤忠結主眷顧優渥冢卿虛位公望攸屬

聖衷簡在宗師辭謝不獲進司人材黜陟之任將

行道歐陽公得[illegible]收錄門士昔為弟子今為屬吏
更[illegible]棄之[illegible]以效尺寸而頼援者
復從公子[illegible]終日談事誠足樂已
且聞諸[illegible]人公子方器識為[illegible]為時所[illegible]
不[illegible]從遊公子夫以宗師之門英俊滿前
其[illegible]少者非[illegible]也然以宇之私較之負恨寧有窮哉
念此[illegible]不樂[illegible]可以語人者故此姻友曾道長行
略敘曲折況遺鈞聰益宇雖不遇合而壯志浩乎不
衰也伏惟門下覽其詞憐其用心時賜督教以樹萬

里鄙生之思

又

去夏家叔之都下也宇以往辭塵鈞覽旹秋試在望宇愚不肖遂隊而出亟閱禮官行下科場格式叮嚀諄切宇不自量輙沾沾喜謂今旦收選籍矣拙性迂踈不諧時好復以不材被黜念宇少小知學涉獵史籍馳騁今古之間心自許與尚未伏為今之人也今犬馬齒且壯矣三歲一比士天下士登雋籍者歲不下千餘人彼誠人爾材非天材技亦非絕技也宇猶

遜步讓登不得同與選中則於今尚難之何必乃

之敢蹤𢧐退自憤歎此生已矣時取手教及所贈詩

讀之神思飛越殷念百結既而第密寄書言以八月

得補叅樞之缺非使宗師㬎庇未可以歲月俟也凡

言屢辱念字字惟先少保樹立大較雖甚卓然然其

性介不苟合故其平生於人寡所援引脱而持鋮閫

府十年不內召瘁死於邊疆當是時人謂先少保已

矣宗師督學行部採議於鄉校祀于郡庠又專祀于

縣所宗師於先少保非有傾蓋之舊尺素之交一旦

於其死後所以褒揚而光大之者如此其亟豈非盛
其平生憐其孤忠故遂以大義相獎耶先少保洊
令名蓋宗師寔貽之今而第窔參選文適宗師秉銓
之日方今
聖政清明宗師與二三元老協心佐政興太平之理
近所舉錯辯廉貪別忠佞公道皦晢宿弊日釐於是
恔恔望治謂今選法無異嘉靖之初而閩人士[illegible]
除目則私輒相告語謂非他人必吾鎮翁也上下咸
聲翕翕一口莫或有異[illegible]者蓋宗師之立朝至公無

誠其孚格于人人亦既久矣宗師以公道平政豈獨
為先少保私二子哉但嘗聞諸士夫今蔭叙選格低
昻無不視先望之重輕果然則先少保沒十年矣衆衆
或望重而當軸舊交肯慨然以相白者無幾人非宗
師孰知先少保深者如是則宓之選抑不可不謂之
大恩也第宓言宇屢在念誤矣過愛於門士得無傷
門下知人之鑑乎當昔三山辭別與陳獻祉諸子上
下樞侍辱以奇材見許豈知宇至今猶昨耶棲棲於
埸屋間進而還還而復進徘徊偃蹇業債楛桎未有

了期間謀謝去娛情文史二三知友謂今純以科目繩士士不出科舉即使論議如董賈著述如班馬無以爲也抵用覆醬瓿爾况予之么麼哉予懟其言選愞不果文字亦遂不能自見結髮讀書自許云何今以四十之年進不能騰踔於功名退不能垂聲於文字頽然而居充然而食徒與夫茸闒者帚伏於壟畝之間時相與較毫髮之得失嘻嘻男兒生世至此亦足悲矣閒居深念鬱鬱無以自解對人語言志銷氣沮色赧赧然不能禁所僅存者視息爾前次二書累

以此指具陳宗師顧念字不置下懇同列上莘恩紀
言之寧不益重人齒笑耶語曰嘵嘵者易缺皦皦者
易污字今即其人矣強顏忍耻與時絳灌相驅馳便
未忍棄以去平生好議古今評短長班馬史漢時事
少嘗習馬徃徃閎厖奇偉其文采有足動人者故每
讀其書而慕之頗嘗欲效子長極意恣觀蒐討令人
行事纂述其間力雖憊於舉業乎迺志蓋蓄之久矣
遲之數年名復無成竟當不渝斯志期有以自別於
尋常宗師其肯終許而教之乎少年時氣高見諸老

生餼食縣官屈指而數貢期心每笑而耻之今行且及矣既以自笑且還自耻非宇之所願也獨計謂今宗師方操士柄宇以門士辱知尤不啻此展謁門下則願見無日矣宗師望懸朝端宸旒前席公相虛位不旦夕且當入直聖上籌書禁幄宇也草茅賤士即令得侍門墻亦豈能賛揚萬一然於灑掃之餘或時與校文字攷失得上顯門下得士之譽下儌列於知遇之寵此今日願見意也愚慮懇切豈勝瞻戀謹因鴻使顓申下悃

作甫共負夏村晉謁門下辱承誨屬且俾家四護行
慈懸區區僅一附劉志玄上謝後而監事紛馳不得
介之使遂以疏廢旦夕舉首南望徘徊幾事深慙
上慰　宵旰宇特得從門上供灑掃心且幸之入門
嘗言戎功莫甚禹而下更歷二千餘載河凡幾決
漫貢凡幾淤而塞矣言治河者策人人殊先後任
事者起徙後傾帑藏以治河蓋勞費不貲矣然或
浪而為之隄或淤而為之濬隨時救治止紓目前之

無忝終後有長策行之可以久而無憂者也今而新河之成神明默相功成朞月遠近糧運輻輳達于京師而無它虞蓋百世之功也大疏至京讀之喜足寒粟觀者之口又念當即還坐

廟堂上贊　客勿可無疑也既聞

朝議善後經略非吾師翁不可故且遲之冬而潘中丞去統以其職歸屬聞之搢紳益重師翁之擢俾從容展布無它也宇轉迺為之慮今漕河京師一新神給百萬生靈之命安危利害惟漕河之通塞是繫

之人身繇其咽也
國家咽喉之寄徒責師翁一人使之措置任怨者爲
矣且又額設都御史翁以慰體恤無間可[illegible]
也然河性之利害非惟人事盡亦有天數存[illegible]
能必水之不爲決與[illegible]其身[illegible]水[illegible]不畏[illegible]
下亦不憂同列之人[illegible]以行[illegible]
於而無患今於不可必之河性獨以使吾師翁任怨
之利害其當日上下公私且未知禍爲何如[illegible]
之未成也小大洶湧謂必不可成而徒費及[illegible]

人以水道淺小力不能通運艘是明蓋忠於門
[illegible]其無成議[illegible]謂張震惑聽聞不獨一臣[illegible]之議
人[illegible]可根也[illegible]闡之道路
先帝明聖察其[illegible]孫忠讒言漫滛云[illegible]惟[illegible]惑志
[illegible]為[illegible]家大[illegible]不敢輕右左右而[illegible]曾向成
功故遂[illegible]持[illegible]以遏邪說然亦艱矣[illegible]
丞之事萬一[illegible]至[illegible]為害上下[illegible]地濱
河[illegible]而當水衝皆恐不獨一[illegible]而[illegible]可慮[illegible]且新[illegible]
[illegible]求固而運艘之謂[illegible]或煩經[illegible]當斯[illegible]

說也而又有云云者以内外大勢臂指相聯諸老運
臂朝堂外之開府握符權雖重然内外軒輊猶未免
以指随之故任大事擔大責者不可不得諸公之心
今事已非昔倘吾之憂勤勞烈未徹
聖聽元老尺疏往來又得無貌相親而志未盡孚乎
萬一有之則彼之旁伺陰覗將必有乘吾閒而壞吾
功此 國家事所關惟門下熟計之

又

宇不肖上策報罷自以慙負師門出京即覓騎馳至德州遣從陳獻祉借力圖欲從陸疾去已而獻祉人至而宇輒自忖謂吾師翁愛厚宇意無異宇親父兄宇一失意遂不復叩門墻非其子弟謹事父兄之義也念濟河而下師翁經略在焉往來咫尺而不一聘目豈能知師翁籌謨由來而臨以徒

言於人哉於是辭獻祉人徑自臨清附客舟而下至濟上遂讌欵洽訓誨縷縷辨學術之邪正論古今之人材書不足而繼以夜宇因得聞所未聞則又非徒飲食勞來之惠已也次日辭師翁而南舟開行三百餘里宇輒披閱河圖俯仰徘徊自南陽達于留城凡河之曲拆水之紆疾宇畢望而知矣舟中之人有老於涉河者宇訪以今新河比舊利害何若嘖嘖驩呼謂方淤之故道當日勢莫可堤而惟新河稱便宇竊仰歎師翁之壯猷且益恨嚮者媢口為可罪也况今

復培南陽之堤重治馬橋之閘而三河口之當水衝者又方併力疏鑿倍使深廣所以討慮乎漕河者甚悉而它有類是者按是而悉舉之兗水滙為巨浸或為河患以問水瀆之夫別以擘畫而分殺之而諸沿河旁堤則又多穿小渠以時蓄洩旱因得引兗水以入河暴漲時至不專新河以為之委亦以免於衝射潰決之患如是則今新河之成經久無廢可與清河會河並峙而稱而師翁勳其以勤於鐘鼎間者較之陳平江宋尚書諸公奚讓也今時公卿大人喜佚

辭劇皆無有為

國家當大事之意平居高爵秉權示威

國家有大役逡巡逗避跬步不一出　國門而慨然

身任其事者則或笑其為愚或指以為喜功彼為身

家私計誠便矣不知久據尊膴而勳績無聞其寃何

以厭海內之望時去運移身名澌然以盡即位躐公

孤猶之婦人女子奄忽旁闥之中無所見也吾師翁

敭歷中外節操凛然比而河水為災衆方競避特以

其身起而當之至明不惑大勇不怵三年間關險阻

備嘗竟建長策以還襄患而樹永賴之績較當日之私計其劇易亦有等矣而功以宜其位則今海内肅望獨歸師翁而它不與焉蓋勞其身以益於國此皆俗之所難而古大臣之所夙夜急也吾師翁勞勩如彼則今中外大臣其稱勳名並休古昔者不以歸師翁而誰歸耶宇自觀河後之殷人言嘵嘵懼難就緒此而沿河以趨新渠汔濟洪流潛滋漕舟估艘運輓無虞宇且愕且喜功成

内召可頓首拜之差人回奉致謝忱兼附歷覽見聞

上揚功德冄南朔北日遠未卜何時再瞻台顏領教

旨臨楮不勝馳戀之至

與曾龍山論朱戶侯書

日者不佞謁公以朱戶侯為請公達之戚將軍矣戚將軍雅重公言慨諾其語不為靳不佞歡喜亡量即以報之朱君且賀之曰戚將軍知君且拂拭君而用之矣今北有虜南有倭而西南之苗蠻不時盜邊為

國家憂於是開閫制師屬以邊務蓋往往而是然而功勤勞烈威聲訖於四遐則莫若吾閩戚將軍君得

出其麾下幸其之君踊躍讙呼謂今方幽囚無可言者誠蒙戚將軍辯雪得隸行間司鼓旗之後錐甚駑鈍無用願以微軀報知巳死亡恨也不佞實偉而壯之日以待報今再閱月府司閱於文法發遣朱君巳令就戍所矣而戚將軍檄書不即下豈兵事匈匈遽忘之耶抑公陳說不力無能動其聽耶不然戚將軍為人大較素重氣誼不侵然諾今誠未識朱君公為先容寧能諾公而忤之耶戊午之戰島夷以陷福清餘威介馬南馳氣吞吾患而有之惠人小大喪䰟爭

棄城死朱君念吾惠人厚去得反之檄[illegible]

卒能殺退賊兵完吾惠璧於是惠人始信城可[illegible]

相與守之至今老老幼幼眠帖其中然迨念戍千時

者靡不懞然心悸也盖又相與尸祝朱君云今以[illegible]

城坐累謫戍南滇惠人念朱君不置相與趨公門下

乞薦朱君幸朱君稍留毋遷徙既有緒矣而顧尚未

釋也其何以塞此城人之思耶或言戚將軍以督樞

臨鎮貔貅之將超距之旅出戚將軍部下者常獨[illegible]

於他鎮豈少一謫戍之千戸不知古時大將其薦拔

起家往往棄瑕錄取罪役之人而用之輒能盡其材與之共功朱君誠不敢望古然以今所罪負愆願功贖使得効於戚將軍豈無得當於後其以主者拘閡不可專乎則今戚將軍居閩破劇賊立奇勛而任宜行令者數矣肯召朱君特下片楮之辭隨檄應爾孰敢違其令者朱君在難力能脫其阨者今惟戚將軍士大夫之間能以其言得戚將軍者非公又莫可不佞故復以請公平生杜門掃軌嫌於陳託士大夫養痾還家道固當爾然關大誼堅守小嫌依違其意

不即言或言不力聊塞責特鄉黨自好者爾非不[illegible]
望公本意也漢劉勝去官告歸不談時事杜密非[illegible]
謂勝見禮上賓知善不薦隱情惜己耳同寒蟬密[illegible]
劉勝云然故每還家謁守令多所薦達二人撰行[illegible]
反當時士議不謂勝賢於密也公讀古今書夥矣[illegible]
隱二人賢否何如且於己宜何法也又何用[illegible]
謫而惟小嫌之守哉詩有之曰控于大邦誰因誰[illegible]
朱君今日之謂也又有之曰心乎愛矣遐不謂矣[illegible]
夫所以請公[illegible]也有合於詩人之義外[illegible]

閲覽蓋士夫所□□朱君作此公於戊午戰時□居下
與其難讀其文寧無惻然當日之思予亦知惠人所
以忠愛朱君之故言不盡者伏惟垂□□凡於後□

□之十終

鳳岡存藁卷之十一

温陵張宁仲矩著

書

與曾僉憲守溪書

歸惟家伯不幸伏辱台念□篤終始所以慰藉予存沒者甚厚長途窮旅竊庇騶虞屈指當今海內死生交誼士夫如明公者胡可多得也憲節東指聞即馳武邑遂怔忪為千里奔走以不肯欽德不暇又將何言然念家伯平生樹立學問文章與其忠義氣節大

載皆可配古人督兵此方戡暴戢民為
朝廷成大功仰稱任使之意釀賞方頒偃蹇不幸文
正遠在西南數千里外宇竊痛而悲之是以感慨發
憤過輒長號不自知其力菲辭不足信於有道也古
之君子蓋有持其道不合當世而亦卒用其道傳名
於后史且書之以為其人重士大夫持國論公於沒
身而異意之人息古於今其道不異也家伯今日兵
役奔走瘁死邊關道蓋不合已甚顧謀所以傳後環
視徬徨古今之人恐遠不必相及而遂不能求貽以

傳蓄念勤懇覬覦其所私故於明公言之今朝廷於大臣死有祭葬有贈官有賜謚然而祭葬贈官位資及之雖非其人其勢亦不可以靳惟公其道於名謚陰以別天下之君子小人故今朝廷謚典名雖爲虛而其義之所勸實奔走天下賢士大夫老死而不知倦賢士大夫法得令謚廟廊持議攷其實以予之故其論公而史亦因之以爲信然今已不無少異矣持議之臣過牽於法謂今世無聖賢而中亦有逡巡觀望不欲樂成善美之心

褒勸之典不明將以流俗之號何待天下賢士大夫
而士大夫力行樹立死僅得一字倘無以別於流俗
輕重榮辱所以謂終身之定名者果何據也守文忿
也視力求及家伯衍變明公首是劉議許以表章竹
之報賤公知此公論始鬱久不明于天下憑藉
宣揚然暴其聲光其道得以古人以傳此遡所以遠
封死者榮施世世無已也家伯初雖是役明早當於
處上語不肯曰吾言二出斯不幸有他吾可無憾性
乎謚法文忠為極至而制無有格定則正懿貞懿青

字為美稱吾竊慕之夫當受命之初輒發玆語殆知
先靈心事若今有待也追憶遺誨悲悼愈甚又念宋
范歐司馬諸公即家伯平生亦足庶幾而不愧但過
時有幸有不幸是以敢附聞左右轉為表章不肖前
奉遺事言近徂往而意亦在此伏惟仁人君子略其
不及誉其勤懇之意特覽觀其終始不勝幸甚

與陶大參鏡峰

承差逅京報久知時議若此然家伯今不幸而鐫階
如故異日贈謚於近法不無有格生持其道不合死

圖不朽信其名于後世其所望者復止是悲憤懇迫
環視上下又宜莫可披訴不知明公將何以為我謀
也三省數報事會猶可為然而異意之人方秉大軸
其心未可卒降死後交遊誰望附然而力植之天下
賢士大夫不可淺量然亦不可不謂之難已五年奔
走殷憂多難同事寅僚久論議與共苦樂者宜莫若
明公之厚而其力又果可使也不於是時懈鳴存人
覬一指麾之力　國是紛紛其將何所定哉向嘗
戊歲邊役讙議異[illegible]繁[illegible]內外明此以[illegible][illegible][illegible]

與衛溪籍明公之論請晉爵之封詔[illegible]不可奪[illegible]
有以關其口而折其不可測之謀大明公在當日斬
賊虎噬躍孽亦未可量義憤正辭顧其所以為忠計
者若是而況今日邊患已弭伏
廟廊之上論次功勤之臣優錄褒眷家伯不祿獨不
從將吏之例與霑大霈間關奔走身嬰苦事之詞而
很寃繫之夫旁相與熟視而竊笑不肖所尤傷悼哀
懇于左右也仁人君子幸垂憫而終圖之征苗錄序
虛刻倏大文以信諸人又過不揣統冀代請撫按

奏乞殊錄又恐於法無有莫肯破格而先倡之也伏
惟鑒眷愚衷特爲所可爲以僻一念區區不勝悲懷

上湖廣胡大巡貴州宿大巡四川王大巡

伏承專官猥賜家伯文學雅望久已私淑乎山斗齒
牙余論更辱亟賜乎璣珠霜臺糾舉之司國是權衡
所出何幸終始藉庇保全蓋臺下仁先卹憂義樂嘉
善故所借獎獨溢分涯若夫今日士夫之習中間不
無同異之論調劑難適衆口低昂獨在持衡更新曆
愬訪傳衢路盖始之所以征懲頑首招納之易攜而

戍守文非爲長策故應之以不容已之師及經之所以購創首禍稔亂之當殲而介操又不能徇俗故持之以所必得之說兵久徹於先事吾乃納其款降老師費財虧體傷信雖群吻之謬譁巳久幸仁人之培植獨優申甫彌成周宣初無異議韓范經略西夏亦致煩言誠視大節之何如但求此生之無愧以是論事庶幾盡人何意明公廼特念此豪傑不數人材實難敢於覈報之疏乞垂昂語之重功惟疑而從予物已奪而復還庇覆大恩幽明何幸

與黃大參葵峯

家伯任苗役邊徼馳驅戡戰十數年剷患地方民夷不敢搆釁虔奉約束殊勳未褒盡瘁以沒且遠西南數千里外宇竊不勝憤痛是以草敘遺事奉乞表章今家兵道人異論是非好惡兢持私見淆亂名實公於家伯居同桑梓大忠勁節相推重而家伯督兵此方湖蜀貴雲之交在所專制比而

朝旨行下三省功狀責三巡按覆實以聞公知相國之意乎彼三省口語固難卒調而巡按採聽之間風聞一異便足以陰擠其成而媒孽其短渠之心路人闚之矣家伯之自必則曰吾事誠畢而三巡按疏報甲韙乙否吾任之而已輪彈隨子馬牛應呼吾何心哉家伯之抗志於生前者此也今而沒矣相國之氣方張三巡按今亦未知何如其議也而兩川之題報在喻皇吳手中皇吳尺書相報許相暴白而公上下其間贊襄揚攉此宇今日望公意也宇豈苟然以私

其鄉人者私相囑哉家伯平生所樹立學問文章忠義氣節皆可震天下而傳其名於後獨植性不能婘婀以徇流俗之毀譽竟用此積戾時貴老死邊疆此其大較也願公主幟正論彈壓邪吻俾中外曉然諭其爲人之高勳伐之大安知世無忠義之士不爲攘袂奮臂如古史傳之所稱乎天下士大夫不可淺量家伯平生或將籍公以傳而亢名跡於久遠盍沒身公論亢鄉邦正氣所關也公得亡意乎沒之日沅士民立廟以祀當道先生文議請聞于 朝乞贈諡[illegible]

爲不朽議論之人親覩其設施行事視挾忮心與中議
異意者不问是以公道昭揭上下雷聲若此其不可
易也湖無異議川又使於公者惟公其重圖之俾幽
明者有所懟焉情踪慘奪卒卒瀝控故言無倫次幸
垂矜察

與陶鏡峰

家伯不幸當即遯去所以遲廻未去辱翁盛指勤欵
不敢違且念護柩水陸走五六千里長途牽制勢不
可倉卒遽行是以含哀強顔虛縻館人厭棄吏卒中

抱悒悒莫可紓吐雪夜孤燈邊關病骨徒與二三僕
從守棺長哭狀若空山失群之鳥徬徨悲嗷嗚聲咿
咿行路無情聞之亦為動情而傷切也況且炎涼
薄遇事觸發往往變怪籍出不可一二指陳人非木
石肺腸臟腑亦知辛苦鹹淡顧獨何心寧不悲每
一念及噴激哽咽忘晷廢飧出入坐臥若醉若夢不
省未死之身猶復苟活在世且恨不能銷超飈馳絕
下同匏繫依依然因拘於此也家伯五年臨邊與其
憂患結心膂惟公一人顧不能旁通治對相去邈人

百里而遠日□請且去去顧披許臺下頫[illegible]
緩以達辰溪非數日不可驟至憐門不能已已[illegible]
狀托疾足馳告壹裴未嚴復藉大庇爲有以慰[illegible]
所私南山公且體公之愛而扶植加厚然相處於[illegible]
伯未久而亦不敢縷瀆所以覲公者為尤懇尊[illegible]
衷統以陳文相先禀者請命于下吏陳文相俯[illegible]
明以便行程不勝懇切

與龍魚憲南岡

伏辱矜念培卹特深私衷感激述謝曷既[illegible]

德培植為明時之斗瞻羽儀朝宁以抗直性[illegible]
位迴[illegible]閩海無遠邇聞風而知名顧獨於門[illegible]
愛[illegible]其隻眼先藉陶鎔以濟致於河[illegible]
各退[illegible]方深對泷何意事違遽遭凶變[illegible]
寄[illegible]淡而徒悲縲縶萬里虞彈訶而負[illegible]
知[illegible]今日又將何言比啓明公教示於[illegible]
莫[illegible]謀愠[illegible]物之理感指所及敢不[illegible]
惟[illegible]豈不以貲瑣而避某家治[illegible]事於[illegible]
以[illegible]諸公簒借重公援以增[illegible]

若賢人何如哉然官不殖其家聲矣僕畢服於今秋此裝而北且挾舍妹以就思亭舟次京口咫尺金陵望公神馳此附駱君以往吾弟於公姻好故列一二以寫憤痛臨楮黯然宥我不恭

與康台山

僕之行也公以其夜視我具問尊翁起居雖伏抌乎然已得治裝矣芋源覓舟有以病劇告者僕謂謬語行至徐齊兒書附北洲至信矣僕愕然者久之老成端重之君子入坐廟廊參倍國論其大節可以穪具

贍出而撫鎮專制一方彈壓百屬其威望可以飭吏治流言搖撼尊鱸興思薦書日聞柄臣意忌偃仰立變令餘十年介不詭俗和不隨時臨溪結廬靜觀時態門可張羅堂無雜賓皎然高風又可以厲譟俗而戒貪夫東山之寢未着謝傳之望彌高獨樂之園雖開而司馬且俟徙相矣誰謂於今並此哉豈非吾縣山川之氣鍾耶先少保志先憂之志竟之以造功顯不得居內尊翁今日與先少保同憤信乎惠之山川之限之矣然先少保僅下壽十年行間身殫死於邊

其經義課藝二云爾至三九日講書官撰講章二篇謄
寫于簿抽籤以講臨講則當講者執簿朗讀一遍月
講五次六次不出此二篇者自豎太學以來東西廂
經幾大師矣規條格式其所以陶賢才責實用不外
僕所陳之數者外此徒執班簿挨次撥歷而已此非
僕所親聞且見者耶僕旅況既如彼而太學所得又
如此公言京師文藪意僕當有規劘切摩長進於舊
者故一二爲公道之亦知僕之無樂居此為也且髮
一涉秋來大半墮落今其存者歷歷可數齒頰搖動

耳輒雷鳴年方洊壯而蹬候忽如此寸衷憂鬱百慮幾灰獨念生為男子不能成名徒汶汶人間虛死盡生耻孰甚焉中夜發念捕膺頓足去此病軀稍健當當菟故業而理之秖恐嘿嘿之中別有主者未知竟於何等結局此身也念之久矣亢亡可開口者人便以訴衷臆諸知己出此示之其有可開吾迷朦長[illegible]壯氣者幸不吝指教

答李少峰

入門問啓公昔儀時字方忍病走國學去前門[illegible]

[illegible]

事中謫[illegible]至日[illegible]劾[illegible]問公起居[illegible]

公用以慰藉邊間邊事苦急此而聞公所蒞地去虜

咫尺虜感悚公威信不敢犯邊邊氓息其烽烟解甲

以臥兹遼守適大權樹亡巳也第公入仕幾廿年薦譽

治能殷殷起矣今以三年兵備徙卿死焉而必以居

於遼守竊謂公材望特向清明其以更轉右職固當

上夕聞爾顧于外超遷亡數而於公獨靳之使戕兩

季公性恬淡澹[illegible]不轉非公内所自急也然

[illegible]刊　　十二

三丈人方懸水鉶以別材節內外險易文曰謹三尺
以均勞逸公故滯於邊不知其日所超遷者其材望
較公何如也宰嘗聞之大論今內賄路息容媚鑽刺
風曰以起相公以名取材而工於鑽刺者競托其所
厚善以速援引之路相公昔人言學而彼容媚之徒
持之以為捷徑則又結為道會以投其好二者擬術
[illegible]術而論其心則皆窺時遺隙以徼富貴之人兩不
[illegible]而尤可太息者講學也高而[illegible]者談玄說虛理
[illegible]會[illegible]能於穿鑿然亦皆其聰明才辯上比者

二三

今有能此者少矣日夕嘵嘵徒見聲同影附隨人是非而雌雄曾茫不一辯不知其所講何學也而彼之爲之者意氣相傾然語相要彼此許可以相推重而名遂日有聞蓋今名講學者皆是也相公獎掖善類誠僞不逆名能講學之士樂採其名而一二驟用之於是中外風靡而京師之道會日盛大抵不外宇諸所陳云爾間而甚者群聚公所嬉談市井末事以供玩笑或誦說人短長及商除拜遲速晨往暮歸日以爲常亦其道會中人也識者閔然笑之而彼號之於

人輒以講學自詑不以為慚講學儒者事也今而其敝至此則其講也乃所以為學之賊也豈非時尚使之然耶宇數為公稱繼今居京久習見時好於是知公所以不亟超遷之故亦見公之不輕詭隨堅持晚節而終為完人亡疑也況官名卿品漸高望日就重今稍滯於遷予假之歲月踐華要握樞筦公固可以緩步致也蓋公論久而不沒而所爭者先後遲速差異無大害也最可恨者吾家叔進士起家中間再涉廊署一踐臬司而竄謫於吳越之間拜跪起伏與小

吏為伍近聞復當解銀于内庫既苦冗役兼苦賠耗一官偃蹇仕路崎嶇視公不啻雲霄隔也知公故人誼厚心非忘吾叔者便故亦一及之

再復蕭敬吾

前吏人辱賜書儀謹祗領矣戴卓峰至重承教翰感激曷勝惟公廉惠勤慎終始一節濟之明敏之識才優剖劇直數十年未有之令公也今其治譽殷起矣巡臺薦剡例以年淺為格聞其課最之語則閩長令莫逾公者其諸撫院司道條列美辭多者溢十數語

則大抵盡皆錄實也公顧以拙催科爲不足釣聲譽悅人耳目此古道州之政其聲稱之流傳藉藉在人口語而今以見於公其造福於惠民甚厚惠民凋瘵甚矣兩年間新出兵戈之餘而五六年積逋不蒙蠲貸遽一旦按籍而徵之豈惟煢民苦急即富家大室百雖勾輸亦有疲不能供者矣聞之鄉諸來人言今歲雨苦後時田荒蕪者不論論其耕而收者什僅可得二三而穀米價很賤亡異倍稔豐樂之日其故非宅倭後民錢用乏而毫髮費一出於粟粟賣者多而

力絀自售粟者寡穀米之日趣狠賤無足怪也第粟且盡而公私費猶且不給設不幸明年再荒則豈惟其供億之不辦哉民無蓋藏而官帑之虛竭不束手坐斃則四出而轉徙以逃爾此剝床焚突之虞而彼厲削之徒則顧玩安目睫不之卹也今幸公念惠民用一緩二紓催科之期會惠民賴公餘澤繼輸之外猶稍一二貯積以備緩急而後喁喁待哺之衆得相完聚安樂不阽於死徙之患者非公其誰賜之讀循吏傳覽所稱道朱邑桐鄉之政心嘗跡而異焉惜今

雲雨無如邑者即有之亦未必在吾惠廼今以天之
靈得公孳孳拊循古今民不甚相遠謂惠百年思公
不如邑之桐鄉未可信也某兩寄字書言嘗辱公惻
藉其領公諸德政亹亹百十言不休夫宇之敬信公
如蓍龜神明奚必借聽於二子然讀二子之詞輒喜
其能感恩誦誼猶可以當它日之野史也故樂為公
言之外昂昧輒有薦聞於門下盖儒士蒲德裕南溪
司訓弟也宇徃聞之南溪言其舉業絶塵亦一佳士
與楊黃二子並稱三傑楊黃字不諱其名字在德裕

則某名致之西塾教爾兒矣春明公嘗[illegible]
裕塵合聽盖於宇雖爲私而在公足稱[illegible]人[illegible]眞所
舉也恃愛不覺踰越伏惟留神鑒存以[illegible]遠禱不勝
幸甚

代陳春臺上黃尚書書

某愚不肖少嘗讀書慕古氣誼之士而妄謂今之人不必如古恨不生古之世亟從其人而與之遊蓋念之矣稍長通涉人事往還同志之交評論當世豪傑則往往以翁爲首稱於是始嚮翁然當是時某猶

蓬華而屈於翁未能一見而所聞稱翁大指往往謂
翁居今廉潔無二入仕幾四十年囊無長積甘粗人
裁可比中人而旋馬之廳事不加於舊此非某得敢
論而且親見者耶及後遊京師閒遍觀士大夫習之
權[illegible]其氣盛奔走輻湊翁撤於外服不一濡跡壬癸之
交翁仕[illegible]都赴召則又更大廢置之後矣此三四紀
總司邦憲關節絶斷天下稱爲包老而論其大則尚
之氣盛者觸法就逮力可通神翁按法而論報且繫
之於呼吸之須雖有巧詆無所復施天下快翁論法

古之作者並軫而馳豈特時習文字爲足以娛世俗而徒以傳一第已哉今石溪告教於江陰而公調選天官亦得一州以去僕甚爲公恨之然來京師得諸縉紳口語往往言公試選大受知于郭公公因一書生爾始選便得州牧秩爲大夫且又以相公之重爲之主此亦其文章一効也第今公在其郡不知其所注厝何如遠民樸魯其俗淳而易治公絕榮肥之念不爲身家計澡雪振厲力嚮意於功名相公採聽與論破格用公由此而被內命膺寵秩豈皆盡出甲第

下哉次塘入粵此以訊公邊方少往來人知已間密邇次塘時談鄉土舊事誠足樂也但往諸友間頗言公於知舊少情思僕獨明其不然今且次塘上之

代陳旌德與劉覺吾吏部

某不佞代匱旌德固當即大君子而亶慶焉能雖甚薄而繩履兢兢不敢苟隳廉恥之節以干刑書之辱獨其迂踈之材不適時用性又不能詭度以容媚尸祿三年好憎參半毀譽雜沓不能盡當上下之心顧時某者[illegible][illegible]賤夫也而怪怒於某欲即而甘心者其

[illegible][illegible]刀布歸矣毀言先至巡臺豪疑某[illegible]
貪為解說之計然之又不習為交遊之譽徒恃吾心
之亡也在己而待之不知讒言三入即雖曾參之賢
猶不能免殺人之疑於母子之間而以么麼之某欲
免當官之謗於危疑之際某之愚若此固宜其見及
也覬
闕之日寄孥於廨孤騎而馳季冬抵薊計吏迫矣欲
身質教而明公甯夜省中閽人謝客逡巡門次刺不
出袖忽傳丙臺劾章某一持而讀焉醜語奇詆動幾

百吉某憤瀕幾絕以為吾子生世自許云何甫一試吏而橫遭齮齕至此誰能爲吾枉而直之乎假令倖而得直投荒降散強授一職以去當道見無狀吏以罪遷官也已心薄之又誰肯收噍餘之核於華宴之側乎坐此決計引去不告於友不謀於僕戒輛出都攜孥出[illegible][illegible]縣之日降官之報亦至吏民憐某之無罪而學謗猶幸某之遭謗而得留相與扶攜牽挽勸某復北而某計不旋踵慮無狐疑故遂釋緩而南今抵家矣舊遊一二來相勞問因叩某所以得留之故

某盖歸德明公津津矣又苦相勸誡謂此破格之留也子縱不愛一官柰何可負劉大夫之高舉汝誠悖哉既而理槖中裝無以糊口室人亦且見謫内外交迫俗念寝動於是遂有雞肋之思今謀且出矣又恐部科之查參敢决進止於門下某愚且賤所望手援之力者亦惟明公一人伏惟曲賜周旋以終大惠庶某尚有一官之緣豈敢忘明公再造之恩

與呂瀆溪

日公入莆宇盖出乎近郊矣屈指計公還期顧謂公

未便至雖至亦未便去然心急迎公畏於後時促轡而歸聞有素盖嗣嗣自比至者宇告家人治具輒内喜曰公來矣即趨館請謁館寂無人廼問之守館者言曰報午公至城竟不舘中舍宿疾去崇羅氏子持觴携殽公竟不一視而去也既問戴氏之僕亦云然豈惡縣市拘攖而樂海城之廖廓耶宇往遊漳太翁視我旅舍飲食周給恩紀踰等太翁捐館宇畏遠道而不哭此宇罪也曰公來崇宇有寇賈之避不疾入崇見公第伺公抵縣而後見又宇罪也宇負此二罪

者度宜見絶於長者矣而公猶屈玉堂金馬之尊臨
布素之門且以即吾先子之位而下拜焉又申之以
香幣公固超曠諒人而宇遡公後時罪而三則於公
何辭解焉今且入崇樞侍矣或言公即廻駕先此訊
謝宇少治鉛槧齒壯無成猶沾沾喜公暇得從下上
質　秘閣之珍藏窮制作之源委大雅彬彬宇聊取
裁庶幾其有以別於尋常之流乎宇願不啻足矣統
以布其腹心伏惟財教

[illegible]閣存藁卷之十一終

鳳崗存藁卷之十二

温陵張宇仲矩著

書

、與梁吳東

過滕辱公顧存甚厚心蓋依依於公今亡已也滕古善國世子所教子弟風聲有存乎而公儼然以為之師又兗所隷縣也魯鄒隣焉僕謁孟廟者再矣問其故老三遷故跡尚在也闕里孔林相望不百里而近僕行溷於輿馬不能致其神蓋飄飄然而馳矣公宦

其郡入郡之道出焉而學先生職事毋畏拘關學於
公者有董有冠今春仲矣景熈人和講藝餘力挾之
遊覽其間雍容盻仰窮極齊魯之觀以發遐思不極
幽詭不止過其里肅其廟見其遺裔問之微文奧旨
尚有伏於塋塚宂竇之間秘而未出者乎未可知也
西郊獲麟之處有近郊而多聞者乎問之求經所以
斷於獲麟之故經中戰伐會盟鄆讙龜陰歸取之地
今雖往矣荒城頹址望而知其處而人是非與事當
否就傍遺育質之縱所傳聞異辭猶意其道鄉里閒

事百不無一二得如是循或可補前人之缺而訂其
訛者乎公學該傳而此蓋專門也得焉識焉它日宮
成別著而書曰梁氏春秋也某事曰吾以徵諸其遺
孫某某事曰吾以徵其鄉遺老某盖司馬氏史記多
有然者公法之以傳經則公更加恢奇雄千古矣孰
與佗佗而傳句勘字研如法家言而終不敢離尺寸
哉學宜謹守章句毋輒變承訛踵謬百世雷同則適
之拘學之士也而通人竊竊非之矣今之傳春秋者
左公穀三家相牴牾短長互見訶彈時有彼三家主

聖未遠也而傳云爾古有之曰所見異辭所傳聞異辭三家之牴牾坐此矣康侯非三家比然春秋至康侯又加遠矣區區是經以究統紀而傳自為一書其以視三家又不類宜乎其雄三家而獨峙也然生乎載之後而志在於金讎托經引君於傳盍反覆焉故又或病其鑿然則胡賢三家明矣不必盡合夫子筆削之意亦可知也醇大疵小今制又宗康侯故人噤口然儒者之私論盍有之矣僕學多岐家故業詩學詩不成讀春秋讀之一年又不竟而棄去以彼四子

[illegible]錄嘗學之蔡[illegible]但存今

敎[illegible]也胡氏亦不免焉[illegible]可以告人者此

惜爲公道之且有厚望於公[illegible]何如還以復

我明以僕行而棄之也

與虞養純

崖翁之按閩也去今幾四紀閩[illegible]爲即今誦其遺

風蘄禀在也况於宇乎宇蓋家[illegible]少宗交蹤崖翁而

洪都荆府慨受代道家益循[illegible]今宇與羽章材

下不稱其家兒翁家長孫二[illegible]實聯鑣崖翁是似階梯

殊軒芳躅難繼顧幸有李君在也李君官不稱意一
邑如斗甚邇郡封猶翁轄屬之餘時時耕庇見宇頌
翁縷縷謂翁氣誼當與古人爭烈非今人也而宇此
行辱下片紙之檄至郡重之一介之遣驛道奔走如
行電發保府文子之號皆翁力也宇小狂貴傲睨今
古□□蹁壯夫漫遊而非所至畏人白眼不敢一見人
翁獨用李君故而所以爲賜者如此丘宇文未嘗□
翁也恩盖九鼎爲輕而准濟爲淺矣不然宇力不能
爲馳而此所持故楮之區區者孰爲行哉宇何以□

臣聞部疏行取當翁第一字此至京依違雜出不[illegible]
送翁入青瑣輒鑿胸腹以承下風畫鄙生願忠發[illegible]
矣使人如命告歸先此言意惟翁毋謂往喋喋而揶揄
之宇不勝詹溯

與郭青螺

宇不佞盡讀明公窓稿三年許矣雖業樂予終篇不
忌語奇氣傑識臨文生巧往往得古作者風調而揆
以今時制繩之削之尺尺寸寸不離而合碎古兵法
非韓白不足以當之而程李兩將非偶也程亡論已

李故猿臂漢號飛將然世安有兵無部伍不擊刁斗而謂之曉兵者生當好武之朝結髮從戎大小經百餘戰終不得裂徹侯之封安得獨歸數奇且後將爲恨哉明公材以遠發而學文極古今之變故今將論縱橫馳騁不離於格而成古文文雖名古而出於今世文輒合以由法也文與兵不同用而法同李廣材勇高一世將不得封正以無法故爾雖不遇害哉以來之至晚從大將軍以當匈奴竟以失道罪贖爲未盡曉兵哉而今崇兵論文其端然以李兵為兵[illegible]

公不類宇少學古先少保鎮翁視閩學奇宇閩上上、
閩及今餘二紀手書見予責我遵制重以新詩勉我
下帷涉壯無成父師教予至意兩失之則學古無友
之過也思亭書候門下宇辱盛意附此以謝輒敢因
以謁教去歲宇入建州聞諸道路其也罰重其也刑
嚴郡大夫而下無諱辭獨於明公輒曰是吾父母部
公年盖甚少於事甚練拆獄片辭而決者也吾建非
吾郭公民不生矣而道訊盜金事又甚具宇僅待明
公之文而繼又觀其政故心嚮於門下獨至非為諛

也臨楮不勝依依

上朱鎮山先生

去夏京回人宇見談時事輒云太宰行且謁告代太宰者鎮翁盖事未果口語固籍籍矣不旬日聞楊公果去未諗所以代之者聞諸薦紳君子鎮翁直大拜矣翁故嘗貳太宰且令諸大臣資望勛伐無公逾者乂之報至頗違本望學士大夫愕不曉其謂何而守貞恨固惓爾著心矣翁聞無幾微見色世愈以高師翁而推其量宇竊謂非知師翁者凡人希榮躁進位

炎缺則求求則期得不得則愠其失當日大宰欽坐
廷論翁屬而翁不有夫既莫求於始則今之亡愠奚
怪也師翁尚書少保盆十年所入紓忠謨出濟時艱
行河功大未必於禹何如而通歳漕上關
廟社大計建五等食萬户追配平江勒名鍾鼎師翁
家於今非過也又　山陵於時詘之曰昔人盍當之
矣傾帑庫殫中外不足賦加民間而括其藏又或下
足罪以贖免爵以貨入財匱甿罷王職耗斁大抵皆
爲　山陵計也故牒所載往往以接濟大工得名遺

幾於無策矣夫一猶爾況今六年而又兩之顧民間嬉嬉毋擾也而前策不聞一開請豈非据經引義塞寶戢蠹計顓奉　國家不辭怨耶而又疏停織造撓中貴大役有功法當褒辭待九年滿考曰毋重靡上恩而甄拔人材毋怠意此皆古大臣事今見師翁盖裒然當世一人爾然則師翁勳名豈在太宰與不太宰守愚獨計宰席師翁終有坐日守非贅史亦非面訣以今

朝廷之故知之楊公未為太宰爲司馬蓋推太宰

世宗皇帝輒難之豈不謂邉堠告警司馬非暢邉情如楊公有難代司馬耶竟之司馬移太宰中廢復起宰居再握乃今大後之啟司空之不可無師翁猶司馬時則需材急在司空師翁今難受代宜也然特今急爾後罷事休司空厘拓一職可不乏人而資天下人才翼我

明主屬在太宰以視司空其劇易信有等矣異時黃髮之老惟師翁歸然爾且贍而司馬故事又具存師翁雖不起而索

聖天子爲國遠猷手勑柄銓非師翁孰可耶宇所謂以其故上之僉此爾今天下人材孰正孰邪孰能孰庸孰勇孰怯果孰可不可師翁毋謂宰席未獲漫置之也古人除吏八百非刺取於平日即拮顧間欲其置而援擢之焉予知哉宇敢以效愚欵荼毒六年今秋釋經至冬即裝而北矣胸結鞬亡它奇時供灑掃以佐下風亦豈得謂盡無當哉師翁幸毋以老亡用棄之

與黃肖葵

公之別我而北也蓋於庚午之夏其冬公選而南矣參謀督樞于今五稔奏最被　恩轉握司章僕兩居憂不祥名氏不納達貴之門亦遂於公濶不報言而公宦況輒從鄉人得之官閑務減用不盡能閉戶披綴吟咏心勞官雖世乎而藝雄於藝苑藉藉稱矣令甲公子入官不五六年便守郡結金飛黃專制千里不可謂非重也第不別材郡率邊遠而又以郡畫焉上則以為長運為卿苑僕然什僅可一二得艱矣夫閭豈無傑士而格之也則令亦太束矣芻議核材毋

以例格覆請報可志士翹首令布未聞有應令者又何艱也抑非公其何以當之太翁風烈明時側席公也象賢搴翔獨邁我泉南宋及今山川精氣公家獨鍾之矣而衰門盖無得稱也先少保之烈座席不優吾弟出守慶遠怏然漸例踴躍願效綦不厭空事不避愆士酋郄餽金踰半萬辭上院道三駁不囿材不可知志寧艮較然命與之仇翻成今啇或盂中兵[illegible]偵莫理華溪有言禍始士酋吾弟不納其[illegible]地宜乎其見及也二季夭矣長又重之天

朱文遇之先紀出塞[illegible]才作而嘗見之
所少也養親難備顧無少異可寬解今公并舍[illegible]
此故以慰孝子之心尊體多占保可書而刊傳者
狀元卹典優渥此公須史事也惟公強飯努力千萬
依依

與郭海嶽

二公有邊塞之興快哉二公之壯遊也僕貧與[illegible]
弱不能鞍馬此則神愈翩翩而馳矣二公行何日早

薄晚無人二公肯過我而去乎慷慨意氣引杯論心
俠非擊筑豪不朔飲空餘繫頸之略金難暗授青蓋
投筆之思勇不超距勉媚小技慕勒燕銘慙供文如
之用孰為國士之知半生幽憤海徼漠同顧假洹趣
並暢斯抱乎倭碑記覽財良工心苦名益斵者君之
奴中之奴甚矣其慙也第僕於今大將歸重惟此公
而二公遊其幕下又最懽此聊為一出之草次不[illegible]

與林警堂請序家傳

違啓日以先少保傳序屬公盒托蔡君道意纔以紀

請公未出部歸則蔡君傳語幸俞所請豈不幸哉顧先少保生平闇然潛脩不急暴世故世鮮有知者不肖所傳什僅可存二三辭卑身且居下不必信於人故從公正一言而行之令人知先少保以其勞烈先少保以自視皆糟粕也心圖以其所學於古聖者用則開社稷之大計匹休王佐不用則著為書以翼宋氏而行其緒盡心自許云爾而徃骨鯁不苟合蚤歲郎於祠部用議禘祭忤張相又坐選貢再忤揆輩邉徼以去安南事譁先少保益方守蕉也區區郡國吏爾

持議伊征威信感悚竟收不戰之功以靜國家繇此出入兵中以至老死開府凡四易鎮督撫九藩凡十二年不內召今未有久如是也而督撫大功輒不録始阨於夏相也夏死而嚴柄國釁生賜第少估費十二年又不入其一縷晚而征苗嚴氏父子日思危法中先少保至急也其時中外大臣莫利代先少保總督者徐存老又力為調護故竟無害而功卒成今餘二十年矣苗孽不作西南晏然不誠為一樂匯盡其功也而身則瀕死者屢矣先少保竟不一徇也與晉

撫院書曰刀鋸鼎鑊皆古君子致命遂志之地惟失已則不可屑盍同事於楚而迫阨嚴氏之時也而學不苟同於王氏力以身辯當是時天下豪傑之士俯首王氏門中先少保顧一臞儒爾守朱氏之遺論與之持衡隆慶改元

廷議王氏從祀鄭環浦奏攻其非也疏引小山類稿以聞於　朝其學問大槩蓋如此初仕大行諫南巡廷杖幾死嘉靖初徵選臺諫固辭不就議者謂與宋儒辭館閣之命同科平生不治生產作業身沒

貴徵僑居縣城力不苟完其居此皆灼灼在人可道
說者而用兵諸方略則有若疏若行移在不肖雖傳
存乎放失蓋太半矣而存者又恩其不行故序請之
門下既以傳上此又言其大較伏惟垂覽速賜脫稾
宇不勝幸甚

柬陳我渡公

宇之比也計翁入握樞筦玆持閫斧而宇且受事門
下矣顧遅之也日推粵撫閩中人百口屬翁諱司馬
亦云然吕相公口翁按粵時事又不置也而竟他屬

豈非無書以抵政府故耶則信乎特立之難於今也然翁性本樸忠材又瑰瑋而年且方彊艾使翁及特嚮用任重肩鉅而豎俶儻之業序名往古則今中外如翁幾人哉而翁休休有容好士輒多推轂士亦無不樂執鞭者宇之樸樕亦其一也此盍旦夕竢翁心用急矣价還附訊起居惟翁慎勉以副具瞻毋以緑埜白佚宇不勝注仰

與左學博

僕鄙人也嚮家居周旋於三君子之間三君子幸不

余郜僕時飫緒言而公恂恂長者飲人以和則僕具
識之矣別來幾一朞叩首門下每用延結風塵荏苒
竟濶訊言則僕盍負心哉比來宦况何如學舍蕭索
督學且行部矣新降科條俊秀子弟故閣其進以額
為限古人樂得英才而公得無有不樂乎第聞筆山
公視縣加意學事食無魚歸無家而出顧幸有車則
學宮之威儀亦少肅矣而諸作士大指其精采煥然
加舊可知也僕何日得覯之陳友先歸僕計不遠此
聊以代抵掌惟公疆飯以副士望

與劉筆山

惠部邑也聲名不與大國之觀今得明公為之師帥甚幸惠緺未得明公鈇報兩選不補縣人愕不曉謂何也妹夫李思亭寄守書曰部議優視若縣令必甲科又必得長者以噢咻之今未得人故遲也已而命下為明公李君則又書曰是其人也盍古豈第君子名徹諸同年中而得之池公力也爾縣何幸郭北洲至言又與李君合縣中人人喜相告已又交相賀也縣盖操切之後承以長者嘔嘔日望旌車甚於望

歲今至宇先就謁册次傾蓋色笑怡如宇退以語磬山所見果於所聞不謬惠俗縣此還淳蓋可幾也則又竊為縣人幸之宇挈舍妹抵李君任便且謁選未餘從諸縣人望新威儀而家耤惠庇則甚急此故道款如此外而家集奉覽此先少保襄惠公著稿也不知其人視其文伏惟財幸

其二

宇抵京月餘矣鄉人自惠至者問公起居甚具學士揚公德暉金聲玉色類古有道君子商戌至可數輩

言公輒曰真吾之父母也煦我以春澤[illegible]
惠人伏農畝之間第畢兩稅如公家期則旦暮偃息
施施矣今時官鶩炫霍見謂為奇而公初政若此豈
不謂漢人所次廩廩德讓之流耶宇蓋為邑長老恢
恢矣而家寄書戶賦之供僧業之勘公存念於衰門
甚厚先少保之遺烈幾於盡矣家叔簡樸不習官府
中事宇來心履家人之以詿誤扞文網也而人又輒
藉庇宇愚又豈不為家族幸耶謁教未期歸德用勞
石溪使南勒狀起居伏惟厚為蒼生彊飯自愛臨楮

不勝注禱

其三

鍾巖入京聞公宦況具矣課士名未揭示第聞諸所奇拔藉甚有名人也首機次遴桃李森列且競秀矣字孜以得人為公賀惠縣小乎文章之觀嚮視他縣之大而有名者惠與頡頏無不及也顧比而寖不振術者言曰縣南有山文筆邐而尊居在學宮所面之方高聳其筆法可以佐斯文而遜其盛盍昔嘗用之矣而令頗頹不治學博徐君諶役之左汪兩君贊之

議協而公適至公之別號又於文筆暗合士聞忻忻
作氣矣而公又勤作士日者之試聞數子者願效尺
寸於公以求稱意公所試而拔者竟若此豈非士者
之厚遭哉然亦豈非山川之氣必待公而發其靈也
此信縣中一故事矣甚盛甚仰第今學制須下新令
多黜少進法期必行它諸條教其督責學子又甚厲
督學計令行部至矣士風可培而不可拆調停之間
顧幸有賢使君也宇故僭言及之宇有先人之海受
憸人之詆誣負憤不理竟閣其事明臺置對一訊而

直公豈為恩宇實拜賜謁謝在冬此統布區寒暄習談不以干侍御者之聽惟厚自愛以綏惠人盖宇與惠長老同此願矣臨楮何任馳戀之至

其四

公居惠未朞也治譽日與北來之人俱馳盈盈耳矣監司報政於銓曹又莫不晁公者世言令之難也免民忤上適上厲民公安得兩兼之豈非至誠孚格而上下咸獲哉然令初試便爾假公歲月勿翦與歌思等十奕則此又奚足云第公名顯旦夕殊膺枳棘

惠不長有仁賢之休澤宇盖竊為鄉人慮先事矣今幸在庇而宇棲旅次燕閩萬里結念門下此故以重訊馬先少保家傳請財宇少治史則習司馬家言賤而袖手故習不竟徙而他業此之於遷安所似然心良若於是編矣公一視而論之宇不勝悚亥

東丘厚山太守

明公之拜

命而泉也時宇方抵燕臞然一儒生爾明公顧降等而禮焉明公今盖視政一朞矣豈弟徽聲不足而馳

四境之内七縣之間治民十數萬戸畏義涵仁晏然田畝之中以休以息黄童白叟歌詠德澤以嬉經生學子挾冊於鄉校飫習漢人講德之篇身恨不能為也遠至山巔海澨莫不歸仁於明公者豈非安全教化有古廩廩德讓之風卓鷙見奇雖可以愽材名而志顧不屑耶宇材樸樕受廛惠縣鉛槧為業明公治民之一介也居京年餘往往從諸縉紳誦述休美縻在遠地不得先一日而覲化私甚恨之此之歸也謁令于廣之英德法宜抵任急願上謁明公故迂千里

之程以就登龍之計買舟南下水道淹留計抵家明
公度當校士省闈不肖守官程有經慮阻良緣先馳
一介亟納司封寄書且道勤欵如此伏惟台嚴俯垂
矜詧

與劉筆山

公蓋甲戌之冬莅惠矣守亦其時赴京延溪謁公屋
屢數語非古所謂傾蓋者哉公果視我厚也區區一
海守先人之成業買有百金之券戶有二石五斗之
米無賴之徒内有挾而見攻守憤未得直棄之而出

公一視而直之彼猾他構公文以直諸當塗者之前世固有仁如公者乎公以語林石溪則曰張子理固直也則有德而不居尤稱難哉今春价至又辱書儀之既身遠緩所以報顧思揚公休烈至急也而今抑首就選甘從卑棲則身又辭都門以去然公政聲藉藉今新院央計薦公矣計謁門下略道所以由水停留念公當有試闈之行此故先馳疾足以布抵家時在八月之初三山或可謁教末間不勝傾企伏惟尊照幸甚

[illegible]問甚屋計報門下固遜不內第謹識術
[illegible]受與抵任計在十月材下而性異人
[illegible]門矣不疆拜揖宜遲而性故速奔趨宜速
[illegible]裕錢攻世矜炫鶩顧喜簡樸上急償科
[illegible]湧非但此也訟惡啓刁獄畏猛鷙且畏嬰及
之上風猶又不耐冤民以媚上好惡乖迕邀譽無術
自信拜命及今日夜念矣計未有所出也門下有以
救我乎不則一年而改教再一年而王官皆僕所宜

有者罷斥計必可免度守之必不自隳也幸在厚念

聊布腹心舟次不虔

復池明州吏部

某謹馳上修辭不古則腐估砥贅牙雖古不為害文故謂遷優於固文頗學遷不必遷拙於用才也然固竊其一班矣明珠畏於暗投公幸我知其敢隱然蘇海倦誦斯明教部中諸多君子人持各見今猶謂恐[illegible]不用累公文譽宜裁之耳然雖不用猶[illegible]不[illegible]洞隨藏固當繼請天征

旨俟命何任慄斧

又

[illegible]强以應湖翁之命就矣談經之文宜質又畏勳[illegible]
[illegible]其所以遲而不即應也今就蓋沾沾自喜[illegible]之
則韶諸石低之則用覆醬顧羊棗膾炙或嗜不[illegible]
此公之所處耳某能為文而文豈能强人以[illegible]
聊以復命當不當便望一言以報

代謝吳趙州守

昨至既拜貺矣飽德而昨復重之以盤飧公意何懃

存剛 卷之十二 十三

慇也宇少狂負屢試不偶貢選而入太學試又不偶慚無裦脊之能而骨法又度不當封今遊勸矣挈妹以就李君於廣宗復漫至京計當出公治所李君謂宇趙太守吳公者浙名士也虞公誦其誼高縷縷余頗交其下風以為權也卒未得門附書起居其代為我謝焉宇不敢負李君之意又不喜以布衣之軀入太守之庭而公勤懇如此則不肖其何以居之[illegible]行矣而夫馬又如數謹此令謝伏惟財幸

與徐司訓

訓在家時辱教於門下心固善公之善於譚理也而
公所行誼顧甚高急義輕財遜束脩之餽厚讌樂之
文經始文筆以佐文運輙先十金以倡其費公歲入
僅僅半百而此蓋五分之一矣公何以為祇以作惠
士之氣耳而筆山公之至又適與其事會豈非數哉
文筆計今已高標矣賤子浪遊不得與於盛事之觀
南歸有日執筆為公記之揚公惪美以存故事則能
言之士之責也惟行部使者之薦書僕且旦夕望公
非為諛矣此而陳友先歸故以銜欵如此冗次不虞

不勝依依

鳳崗存藁卷之十二

鳳崗存藁卷之十三

温陵張宇仲矩著

書

爲叔父回婚書

竊惟大婚之義論世為先盖古男女之婚期在茂年故其子之性行顯而易徵今於童孩之時豫伉合之懽男才未試女貞未孚於是本其門素以通姻婭豈非盛德之胤前徽可尋世業之家濡閈有漸哉今某不縠儒風夙昔兒宣樸鈍僅守先資未閑人父之道

敢希東床之選且惟相府纓冕右族簿閥著姓較之鄙宗派隆興揆徒以先世遊雅不嫌上比少陵公風標雅致斗山君琬琰名流父子修好兩誼並篤遂忘涇渭之辨輒聯秦晉之班衛門仰高愧實在予且言昔議俱在稱齡去今盈紀令孫入門則知才朗之質無謝於前懿君子之穀或遺乎方來論世觀德於今爲烈爲女相攸又豈不叶其本圖哉惟念女質卑非令姿且伏閨閣之中未習箕帚之用結縭而行雖重勤乎母教奉蘋以薦實就範乎夫家伏惟云云

與林石溪

昆東公至僕謁之問公起居言公宦況甚具大抵蘇

公有威文勤所職而譽在京師輒大著自公居京守

太倉而諸太倉風采蓋今三年則鄉人告僕者屢矣

今得昆東公言則愈信徃僕從公遊時僕蓋弱冠而

公馳騁於士友間才大稱雄而談論文慷慨又尚意

氣不逐聲利僕齒雖少自負人也一切它有名人傲

不肯遜對公輒稱不敏謝不如也退輒揚公於人人

曰石溪得早成名棄今舉業學古人文文可上敵古

人而人非俗人也其在聖門亦不失爲狂士而狂斐然之狂進取之狂非今狂也盖僕時謂公若此矣而人亦亡不然僕言逎公偃蹇久始得科科後公數年間浮沉俗中與衆同趣城居踰七八年倭禍迫人而公家食愈困頗用權計以紓目前行雖委蛇而中耿耿者終在也於是人頗詬公僕獨諒公亡它公令新會人盖謂萬金可必矣僕非之曰此豈所以待石溪耶公令三年垂橐歸矣而疑公者如故謂縱不萬半宜有之雖甚相知亦然今人信公獨僕與蔡峰兩人

爾鰲峰至公治所親見公諸行事故言云然僕但坐而信公雖有人言百十僕不移也僕嘗戲謂人曰石溪百歲吾亦百歲吾少石溪六歲死後六年當編石溪年譜科後十餘年事削不書書祗乙丑止繼辛亥則石溪者豈不偉然一男子哉僕言雖戲乎而於公不謂無當也則亦不可不謂知公已然公尚不知僕僕猶雞鴨啄粟階除趨不一舉而公翀霄鴻鵠宜乎卑僕而笑之也僕故甚憖門下耻相報聞而公責我亡書云云謂公其詧余矣近讀報書云云且責我以

澹臺則公意豈不誠厚哉然尚恨公未察余心澹臺之不入室僕度其時澹臺居於武城宗族丘墓寄於武城武城蓋魯邑也魯秉周禮典章猶在子游爲宰而絃歌以臨之未必便有累人之事如今之侈子游又賢澹臺而高其人故彼不入而可者也今豈子游武城時耶人不必如澹臺固也然使必學澹臺則惟篳瓢陋巷之人可爾不則必其蚩蚩蠢蠢一片村農名姓不出里巷之中者也非是人也則有田賦之煩便有斗嚻之累澹臺而生今世雖欲不入蓋有欲推

而入者矣況僕輩乎且公視僕豈真欲入寺門而市於寺者耶僕雖死填溝壑必不肯向縣官而覓一錢虛所蒲泉之日公具見矣僕今不貧至死肯作寒乞態耶然謗言有繇矣鹽人怒僕指我為的使衆射我是我為鼓使衆撾我怒者倡之昧者和之蓋鹽人錢欲殺我矣其時明吾心者獨横江爾而公肯便信僕爲僕究耶澹臺之云隱約其辭信僕知公公不必知[illegible]古人有云白頭如新則公於僕謂哉然公愛我指[illegible]誣我則僕益知德矣敢不稽首以謝公賜

與蘇阜山

近日報公登第二十年逢高會歎一旦飈舉排浪凌空醉歸瓊苑倒插宮花遥想此日正公快意時也雖非紅顔其年正古強仕之期而才華文殷起録名一揭亡新故嗟嗟誦公矣今時人重甲第士不得第即胸結雖奇無見也公材固奇此文上第則托雲霧之勢以騁龍虵之足仕顯貴乎勤名於鍾鼎而不則文采以流後傳言三立不沒而聲公又何策而不可矣僕年於公爲長材非公類少見奇於鎮翁老師與公

同時而往貧輒不肯伏人蓋今濩落已亡用矣五年殷憂歌咏自遣頹然其之時獨念出師門恩紀溢分晷刻迅馳效報猶賒強復開篋思理故藝對鏡鑷鬢輒憤棄去不能終卷中腸萬結愁眉不舒蓋僕近況然矣然豈圖為家人溫飽計哉舉眼皆俗開口無所念公長者輒吐宿昔時謁師翁道舊故為僕一致謝曰往奴今冬至矣士固有材不材遇合有幸不幸公材幸遇思嚮未遇時事忽忽在目則如僕者猶在意中之一人乎聊此以訊餘且面談

與朱訥齋

向僕之入京也師翁行水于夏村僕謁其所于僕騎
馳命偕鄭君以行抵京鄭君入官邸中公館穀之時
蓋丙寅夏矣復更一寒僕時遊焉公厚視僕不減鄭
君閒覩藝帙顧愯然內慙矣而徃態輒不減少時僕
今落莫公先搴舉鄭君繼之則兩公復握臂而文皆
其快意時也豈不誠聚樂哉雪夜張燈熾炭評文念
之如昨日也徃奴在憂徒爾屏伏仰視兩公怳如天
上遊矣今秋釋服冬北鄉計入郎門不出臘盡舊舍

身向衰矣業舉不堪觝滯祗憖毛鬚敝盡故簏棄織
不治其抑首而官乎冗秩卑棲畏挫我丈夫氣僕不
願也兩策未有决者甘稱逸人以沒而齒文采無見
雖僕自詬之矣郎君篤故無亦振我一言僕前假歸
令行非引不具文令价請引其事具在後府懼非癡
奴所能了也或時質于門下去夏洪都書儀附守舡
之從者以往今計見公且近故語祗此而神固搖搖
北矣臨楮黯然

與蒲南溪

去夏西行抵公治所值公視事之初公才未試令一
朞矣覲正而回
上所臨敉德意公面承之歸縣以諭吏民與之共守
雖悶悶無奇乎三歲政成民安田里無愁歎聲比去
共指遺樹以歌勿翦學士比方名於廩廩德讓之列
此古循吏事也而胸臆懷奇者翹然自喜輒少之不
為矣然僕無奇人也而度公才志亦若此故此當忠
欵寒暄語亡益於公而僕近況晦齋能言僕一切置
之不以言十月北裝新紙非其孔道其劇談歲止

可知有可以警我者毋憚報我

與陳毓台

公於辛未奉廷對出令名邑盖今餘三年矣僕不能馳一介門下僕豈一日忘門下哉身居先子之服畢未踰月母又繼之五載殷憂名姓不祥輒疎親故之問而於貴人尤避不敢故公門下亦煞煞公治邑江南第一治名又與縣稱公一視事持刺至門逡巡却步不敢入入望顔色盤足折署側席屏息惟惟不得當門下是慄則皆縣中之豐豪也其人不少而僕有書

無書豈在公意中哉第僕念之深矣而家人於高堂則又日殷殷焉亡已時也此故具白所以公居縣中且奏最兩院薦章四五列臬中辛未諸公僅公爾臺諫亟缺迺遲不召何也豈非格於近令故久公耶然計祇於旬月間矣僕於今冬北裝謁教可在薊門別楮附覽伏惟財照不任傾跂

上朱鎮山先生少保

去歲之秋鄉人至自金臺宇問見師翁曉其起居安樂否也云嘗聞有師母夫人之戚宇愕而曰有是哉

其人即謝不知辭去已而繼至者則言望於道路靈旌翩翩素車白馬泣柩而從蓋云朱公子也江西境内具見之矣今夏宇入三山聞有萬安之朱參斷閩閫宇就衙謁焉蒼顔守門問之果師翁爺也求見云捧表而北矣而言師母喪歸果不謬宇慘然者久之心謀往弔且唁公子會鄭憲副昆東北裝政官宇以情告且曰公固能從我乎昆東謂義事也柰何不從宇即促裝附行泝建溪涉武夷今又踰嶺而下弋陽以抵豐城上而萬安易矣歸且以下安福觀李子之

政文馳永豐而即雙江之居以觀名賢之里亦足以償心矣獨恨父服方畢重遭母憂荼毒四載禮壞樂崩北望金臺思以侍師門身未能也故此附陳所以昆東少學於先少保其人古樸不外炫而性度沉深有謀可屬大事獨當一面師翁行秉鈞矣亦欲求此人而物色之乎草率僭言不勝惶悚待罪之至

送諸君會試

諸君翩翩而上征矣高者臚唱賜袍步山會之芳軌而次亦不失為郭鄭盈十年之秀氣騈發於一科諸

君其適當之矣明冬僕至倚諸君為主人朝遊西舘暮宿東署參大雅之聆論澤風騷之微旨俯仰千古迹殊心叶豈非斯文之一快哉曉望征車觴餞駭俗惟諸君得意毋我忘

送李南津赴銓

公行矣人生仕貴快意爾且能成名何論官薄哉嚮約與公聯鑣公今就道而我留滯望公征旆心馳而往欲一餞公畏忌不敢聊此以代握手公選當得善地明冬此際僕亦促裝浙直之間得公為北道主亦

一幸也企予望之長途萬里

與余春亭

翁蓋里中丈人行也壽而文高行誼故縣推擇以翁名上受章服如恩詔里中子弟誰不願進幣賀翁者而字服未畢禫覲翁拜恩則念先君子之不與不叅翁門使兒操幣以從翁蓋謝不納也而翁又召而欲飲之愈無當矣且禫未畢不敢以當長者吉會之觴薄儀以佐廚末惟翁存之草次不虔

柬貴炎翁

伏惟郡誌纂修翁專總裁之任書今次第成矣舊誌
先少保執役與史筍江同事筍江盛負時名自勤其
事而先少保方宅憂故讓遜於筍江後修邑誌以見
志邑文獻荒落誌無舊刻捜索故紙又以徵之長老
撫聞核實創自為書感慨激發往往敘論見之書成
先少保意用自許謂不若郡志之置恨也二書今具
在裁定矣先少保之意緒鬱而不白故以披露門下
新誌聞既竣事而人物傳翁獨審重先少保得大書
甚幸但傳末見全文一二聞言剿擷碑傳為攝然乎

否也碑纂於聶雙江傳蓋邑抑齋爲之雙江友先少保稱神交其誼至死生不負其然諾抑齋居里中減否人銖兩懸較傲不肯下先少保獨所推尊生平不二其口者也傳文得如其所稱先少保出處勳猷赫赫然熟人口耳者兩公什記可五六不盡灑然揮瀉大節恨未明則時方忌而不敢言其沒身不撓嚴相是已而學術之推致未暢厥旨則以闢王氏學不爲苟同亦雙江之所諱言也二事皆其大者碑傳云云隱約其辭蓋嚴當國勢烈雙江師事王氏亦情與勢

宜然不為異也猶有待乎後之為今傳郡誌猶治獄者條上奏當之辭則一成不可變矣某可以誦其所聞乎祖父尺寸未竪子弟夸於人輒欲粉飾而贋增之立言者重違其情苟徇其所請於是摛詞不以直稱而反為識者所笑弄盖二者之為皆過也祖父德義彪炳遇其家子弟輒不急而寘之或急揚聞而辭不足以發或辭文矣身卑行穢言竟為人擯斥三者皆其子弟不肖過也或子弟免是矣昔秉筆者意見襍出採刺踳盭或不一而不公有三說焉異意之人

苟恣忿好之心則挾翰墨為威不顧天下後世之議一也中懷忮克不肯道人善美恐形巳短二也以巳之心度賢人君子之為持疑莫信三也才難之歎自古記之矣幸乙賢人君子出焉彼其一身涉世幾何辛勤幾何而臨難而履艱危又幾何死而數語之傳以托不朽猶恐不可必如前之陳夫彼一人不足惜而史義存激勸寧可湮然已乎某念先少保二事可備採擇敢避不肖之嫌不憚縷言翁為總裁士大夫毋敢入私謁同事諸公選而屬之皆足以佐下風而

稱盛指書成當稱信史傳千百禩亡疑也某論先少保云云豈敢虛詡以累諸公寄在士大夫口語傳於遺書其故取而論之庶補碑傳之諱而未備者共訂是非亦明愚言之非阿矣盍先少保不待私請而翁亦非可請以私人也臨楮不勝激切之至

與陳復峰

桂陽之報去秋至矣意擬公必還閩挈家北洲兄至乃言公買姬京中徑之任矣此州有名於荊湘之間其地又當僻處監司歲巡軌軺不至非入粤之冠盖

道不履於其境而州又少巨家寡將迎正公之所宜居日聞又多佳山水堪翫賞公暇一臨其間嘯詠適興興倦而歸亦足以俯仰終日矣蓋古謫宦多以山水自遣而當喧鬧闤雜之地則力有所不暇韓之陽山柳之永州歐之夷陵之類今其山川吟咏多有作者夷陵楚蜀之交去公所治差遠而永州則接壤而居公其有懐若人而聘望其處乎今人於數君子輒旱詆柳謂其失身叔文也然柳特急於售材爾豈若今之君子日操苞匭以售權門而甘與為市哉謂柳

身不自重詆柳是也而其詆柳之人未必文能[illegible][illegible]
反出柳下亦有之矣僕操責人貴恕之意故於柳輒
恕之而讀其文往往於柳特作有取焉而非謫宦
閒寂故能以文采自見耶公謫以偶不合無柳[illegible]
謫亦無柳之久旦夕且當移去僕言柳州於公[illegible][illegible]
類第以謫宦之所願相近故一以問於公而請[illegible]焉
其報我一言僕自去年別公頗拾舊聞為明年[illegible]入
七月間一二為之老母病卧而廢又半年不瞭筆[illegible]
矣老人七十以上風前燭爾而僕又獨子多憂患未

猶今固未可必也賴天之靈老母完健裝[illegible]

號公宦邸以會公當文與公為十日之懽不論[illegible]

與非桂陽也公得無謂秋風而笑之乎僕不秋風於

人也必矣惟公毋畏居官頗高自潔節謹飭篋[illegible]

以一斥書示世固有斥而不復者其人蓋皆[illegible]

奮發者也以公今日宗矣幸勉圖之僕之所願[illegible]

果敢一念[illegible]宦風采[illegible]無它也价於今宵上寺[illegible]

[illegible]勒此[illegible]無倫序不一

[illegible]與朱白野

[illegible]自州[illegible]縣屬舉行鄉約[illegible]

[illegible]蕭[illegible]老外，而荒村窮落山澗海[illegible]

鄉約條，使咸趨令。毋忽坊市四會，蕭令諭以[illegible]

鄉約正，以率鄉子弟，非身有道德不[illegible]不[illegible]

以身拔老於明特，度無以為鄉之子弟倡，欲敦質而

為之魁，為鄉里所擯，無益於約，且或負明公之德意，

力辭不敢當任。而蕭令急於將命，不暇求人，二三以

身臨請。某辭不獲，則求明公所須條約而行之，蕭令

已踰月矣。初行之日，先董二三學子按圖布武，趨會

禮文之中揖讓登降咸中節度其作而曰是古禮之
遺矩也願相努力毋怠既而肅令臨視于邁者數十
大環門而觀聽首宣
聖諭繹衍訓辭指遠而言不深盖讀之人人易解也
而
聖祖道德齊禮之化明公至誠懇惻之心藹然見於
言外一時人士翕然景從莫不以後為羞荒村窮落
澗海陬亦莫不樂於趨令者此豈聲音笑貌能餘
人哉吾泉當在宋時西山先生兩守郡以儒為治固

徒湔公名跡遲未敢也且待學成之日以就斯志不則亦嘗托之家乘以誌不忘用以傳公勞烈而先少保之經略法得連書盖字夙心如此嘗與州守駱君一再言之駱君世姻其材故奇自鬱林調往鎮寧官非其好獨以先少保所嘗經略之跡又嘗聞宇言公願一識公以為快也自古文人才子身方偃蹇州縣間而所至方鎮重臣賓禮其人輒為之開館帳且去則護之出疆以先於其所往盖自昔已然矣而士之在寵遇者傳述論議之間揄美揚休以報知已則亦

往往有之宇愚亡用駱君固今文才之一也公愛材下士風誼不減古人其得無意於斯人乎方今實録纂修檄取故實先少保總督時事法當裒集以獻恨今彊埸久戢總督罷設所司潦草塞責公與先少保忠勤無以盡白於時宇竊有餘慨焉力以告之駱君請為裒集而非公則莫主其責者故統以致其私懷

與蕭岐陽

自公之令粤也廉聲能譽騰播梓里宇謂三年報政

於以召拜青瑣結綬京華公盖探囊而取之爾六謂
蹬蹭至今廼有慶遠之擢此官非顯位也且又僻處
去天萬里豈公之所宜居而栁慶比郡亦屬鑑湖此
新例也忽於兩公當之兩公又皆金馬材也人無與
援故應爾耶抑今邊郡雜夷當以文才治郡使知文
物之華非兩公不可耶宇愚不能解也然私竊為舍
弟得師幸矣先少保齟齬時宰白首邊陲栁慶之間
經略遺跡存焉公暇時讀類稿參論舍弟一二論著
不避鄉里之嫌宇尤忻忻望公矣舍弟謭材無取而

骯髒獨持其家風苟有不及統以望規門下价行冗
遽余不縷指垂照幸甚

再與岐陽

盤石家叔歸自慶遠道公宦况甚憫繼道公有粵東
之行又甚恨死一賊吏何足邺而波及公近自彼中
至者言事已觧而西歸矣道里往還得無徒增勞擾
矣乎適閲邸報公與鑑湖王君俱列薦剡朝政一新
竣援輿等以風中外而薦書適當於其時區區炎檄
之地僕知非公久靡之所於以更轉右職入内握樞

或出而當方面特公須吏事爾慶遠且因公而得名
僕盍竊為兹郡幸也陽山柳永去公治所不遠其地
繇古稱僻處而今輒有聞於人豈不以韓柳二公哉
僕竊以是必公恨在憂居無繇從公覽勝弔古寫懷
此而舍弟人往謹代布欵曰承詩扇藥丸之賜隻僕
遠馳不能將謝僕近嘗於臨溪結茅舍讀書其中面
對蓮華而登科山當其右山巔有高士峰刻石在焉
公有大雅之作肯為僕作一歌僕垂北壁而歌誦之
未必不若親領謦欬亦一快也冗次不虔伏惟垂照

幸甚

丙寅與陳橫江

別公北來昕夕念公甚也豈不欲題尺牘訊公起居哉顧燕之北與閩之南相去八千里而遙間一二便人倥偬告程而僕性又踈放故缺然於諸公即以公之知舊亦不能以一字馳報僕之過也僕少小與公敘遂盍僕方八九歲而公已名能文儀羽翩翩振矣属時愚騃不能盡得公奇後三數年學能握管始知尚慕公傾心内交而公亦獨俯意交僕時促膝而深

或抵掌而雄談當是時公與僕高自許豈難區區
一第亦豈顧於世之齷齪之徒哉今事違其始謀彼
之稱齷齪者業已起而遇合得第以去吾兩人者徒
爾落莫不振歲月數流容顏各改今昔殊踪中懷黯
然僕固無足道也公材十倍於僕顧窮與僕同尤足
悵矣僕數為公扼腕今相去遠無繇一切劘念公居
鄉井下帷課讀且復苦綴以公之材稍肯益以精思
鍊其句字便當振藻揚輝流譽寓內其猶足為吾黨
之赤幟乎僕材駑下此而解袂以居翹首閩雲寸心

斷裂繫籍成均困抑摧沮壯氣消鑠一一列之南郭兄書中公試索而讀之庶可得僕旅況而後効勿問可知已肅附旋翔奉申契濶豈罄欲言

與陳春臺

春間京朝人回僕從叩北事其人言今歲卓異之褒綜核明慎而魏縣之治天下課稱第一蓋春臺所治縣也非久且被殊擢入臺諫矣僕謂此公餘緒爾惟公風節不減古人居常慷慨論事大之謀裨國體小入意外旁及利病沿革纖悉不漏鑿鑿可施措而於

學術醇駁亟有意焉欲挽時詖以歸諸正蓋久嘗與
僕喟歎矣僕力從史公謂必毋負其志時吐底裏質
公意什七八與公合
遺詔指斥方伎賊害
聖宮遂下等輩於獄殛竄有差
詔下之日無不謂與輪臺同意僕謂輪臺於漢蓋時
漢帝亡恙藉令供奉之筆而意固出於帝此漢帝所
以稱雄斷也今而　詔下或言
大行晏駕元老視草果爾則所指斥云云安知後此

譊口之徒不以褫揚國諱而罪我乎匡衡舉奏石顯劾於王尊事與此類元老急於鋤姦惜其慮之不熟也諸人驟聞予言輒斥予狂而公獨余是抵掌拍案意氣憑橫盍去歲客京事也公負盛名於世而僕尚自標視不肯伏人下公今給事黃門矣拜官未三日抗論閹竪輒以侃侃聞一何壯也且際遇

新主結知元老嚮言僕者次第論列遭時行道足稱天下偉男子之為僕業已匏落胸臆愚慮自謂非迂限其埋伏草莽無所於用念欲一效忠欵於公而以

公之志用傲睨一世姑且蓄以俟時𠩄井古時有一
男子宅長茂見僅當諱言之季上獻三十字其人之
姓名留傳至今公視僕於斯人何如乎假之數年用
于時則攘臂論列剌舉不避期且以身死職不為容
悅之臣即不用當以布衣獻一書
闕下上之酬洎涘於　國家而下亦見制科之外草
莽之中尚有通達國體之人此葢僕之狂抱不老而
改亦不在乎時之用不用也公果然僕言否耶今時
達貴人多簡伉韋布之士稍矜負者輒不肯作貴人

書僕於公雖岐路乃嘗論議相許可意氣輒相激昂故一訊公不為嫌亦知公之能信我也外先净峰集附覽往京中論文古今人高下懸較而公獨稱先集廬陵之次毋讓也但世鮮有識者時重枝蔓之詞雖以廬陵名集一切視以平淡不之省第以為古人尊其名爾誰復真知文之所以傳乎公言今鮮識是也然世有具雙眼如公當必逈異今人之好尚者試讀一二而訂之先集之傳或繇公而盛未可知也如或枝蔓之癖塵著於心則雅鄭之不諜其道當爾亡足

異也喋喋多言幸垂照詧

與郭北洲

去夏西行在義遇我於劍州道公宦況具矣公子我書云由浦城未至歸始得之在義又馳去矣書中語故不復而後又不得便濶焉至今日者長郎抵縣僕往視之問公山東試事論出公手恨録不一寓目詧魯故多奇士入伯樂之眼中誰氏子哉計吏之報又至矣公鬱蔚起值今明盛之時鼂書具上當有異公功狀大用公者參藩僕知非公事也旦夕竢公庶一

見公為快不則僕以十月北裝矣橫江兄便草此附訊近況此兄亦願丐公一牌寺之疾馳以赴期會公名長厚不忘布衣之交況靳於此兄乎僕竊以此度公聊附以請次郎文書至學今回府此亦公一奇會敢不稽首以稱賀者對客不虔

與張晉陽

於公跡不通問起居輒於外姪得之由京來者時從質公宦況蓋稱郎矣而長厚顧人人譽也比有持邸報者公差督糧開署于徐僕謂公持使節便道南矣

身從賓客之後侍一日之懽外氏亦藉庇於斯須益
族之矣聞公徑馳之部豈非使事有期而家有不違
耶僕自庚午罹父艱壬申之秌母又繼之荼毒五載
憂病頻仍逢貴書問槩以不潔之名非人所喜林石
溪書來訶我謂我無意僕亦不數數也而於公亦云
然今冬釋服理裝矣道出徐州計必謁公友人陳橫
江兄應貢入京草此代訊此兄友僕石溪之間骨肉
兄弟見公無纖髮之求祗懼覔驢催簪售欺猾頭祈
借公咒言爾伏惟財幸不虔

與葉絅齋

日者守之持文而來也問之司中主者謂居喪而勘結不具失此着矣持此參部慮且行查不若再易文使守度昆東不能久待也今且信步而去初祗上抵建陽問考亭之墟登武夷之巔今念既至建陽以入江西祗一嶺之隔爾安福固妹夫之治縣也吾師鎮翁居萬安喪其夫人守繇此而唁焉其至易矣故祀戒而不嫌按院巡臨採核外議我翁治行第一於以首殊奬如去年我翁之所宜有非謾語也顧猶願有

賁焉古人有言真正豪傑皆從戰兢惕厲中來此孟考亭語也而我翁之論乎輒先意氣盛推同父夫守考亭而未融者尋行數墨僅成曲士不足以稱豪於時攘臂奮髯高談危論而竊自附於同父者亦非考亭之所與也況又未必為同父乎宇遊考亭之鄉記其緒論而又飫聞君子之教故因風一訂其可否乎源下舟舟子搖蕩不盡欲言字不勝馳戀

其二

寵命猥臨悚矣感心惟是令公之重儼然肆席而宇

以不潔之服臨之處非所以肅賓筵也且宇重有虧教之辱故避不敢輒赴而長者之明賜顧心飫矣明公規恢古制虛心盡下宇雖胸腹亡奇思有以承惠而佐下風則竊以庶明公居閒之日而謁教焉伏惟財幸

其三

承示評諭翁於策惠纖畫矣讀請兵文則兵之團練者果哉其當還縣也顧宇請用之海而翁謂宜營縣城兼城中之兵相犄角竑略炳炳其所以慮城更遠

矣風俗土宜著如地理貨殖之類字盖竊有意焉恨無遷固健筆不能為也辱命當任裨諶之後以佐下風至於潤色玄藻勒成鉅典則非翁又孰當之率爾布衷伏惟財教

其四

日謁明公因謂休衙適也而明公勤勞乃愈劇握牘眩目運藻勞思盖形神兩罷矣明公豈顧不知哉一意奉公立惠百年之計寧勞亡佚雖病不輟此明公之日夜急也然孔子聖矣課第治效朞月但曰可也

而化之成輒用三年為期曰毋欲速又曰欲速不達蓋以教其門人弟子若此聖訓固今之治標也而世吏誦法孔聖曰以謹守所聞造次毋悖則今孰瘉明公哉而此顧忽不講過矣且一邑待命於明公乃垂四十之年當病勸之時猶且勉力對案當夜不卧此非保身之令圖也亦非邑人所以庶幾明公之意守故願有謁焉屏吏牘謝文史胥城之四子者閣之數月始復議任它而圖書政書之屬願且寘之毋遽覽心游意聊以自娱蓋鄙生願忠如此矣里後諭方[illegible]

壽而文雅馴讀之[illegible]而可並傳也顧其後歲不更愚言不所悵之今亦未敢率請俟以它日伏惟順養以副忠欵不勝懇切

五

昨示題贊脫屣揮綬飄然身世之外其謂古烈丈夫非耶然謂使氣將去且製巾袍顯示民間我翁自待何如此而為氣所使縱令名行甚高祇稱獨行一節之士不足學也士要立名名忌太露士貴砥行行忌太峻東京諸君子其人矣願以中庸自律稍斂英氣

以就至道亦毋輒言豪家以滋多口夫豪何等敢凌翁也或者士大夫之間有纖介乎閭近士夫事有辯不得直者矣亦有抑於都老言不勝而嘿嘿者矣如或憤歎一二有之未可輒謂豪凌也更願虛心平氣且厚自愛毋以此橫胸中幸甚邇若鹽糧中編民以為均鹽以為苦翁决計行之皆異日撓氣之根也且此上關

國課亦非一縣所能私請古来成務君子非熟講不足以有濟惟緩而圖之以盡鹽籍之議計便則行不

便則上都要使之心服而我毋持必勝之心心伏而氣自平亦雍容居尊之體宜爾也豈言徑躁計效忠於門下故直吐如此罪死罪死

其六

吏之貪也三十一都之民困於虛糧賠累則貧太甚民間展轉納糧祗漁網爾今若藉而徵之與漁民同此都民不死則徙爾政書明公嘗言之矣今故敢為此都之民丐徼命於明公之前君子平其政而此亦其一矣伏惟哀憐毋藉新增之課宇不勝幸甚

其七

古人觀遊或眺于高或即于夷高則崆峒之巔躡雲上來而夷則在丘壑之間或於苑圃或於祠廟取足快意而已日者翁登城樓凭欄遠眺山環四周又外而大海蒼翠茫洋若見若隱三四十里之遠盡在几席之下蓋亦城中一奇觀也過者多矣而眩於目今無寄獻奇於明臺登高而賦命以嘉名則誠快矣今[illegible]嘉會子弟習古四禮于先少保祠雍容揖遜有[illegible]觀其中中頗寵會之後[illegible]勝[illegible]

時觀遊何不可也故敢以請及邀徐君不知可從遊乎統此附叩

其八

存祇為遂初爾明公居惠勞烈不容不言故言之有長語意又不蒙輒改輒於鄙心不愜既又復改視之不愜如故然恨明公之不彈射我也諷誦三四省定如今頗自可讀以入雷門又慚布鼓亡奈何也覽之以謂如何今時名文三數子虎視一世狎主齊盟宇謂彼雖稱雄今特未遇明公爾使明公出中原周旋

於數子者壇坫之上執牛耳為盟主宇知非佗必明
公也而宇亦樂居閒以待推轂企予望之願任鼓旗
之後媿不稱爾

其九

報者之言信乎始言北曹繼言賔州官至卿相而道
不行明公直毫毛睇之爾况曹郎乎曹郎非所以序
明公之位又况賔州乎彼猾涉江湖閒手持除書與
官為市邀予我金除書稱意官輒不愛半百之賞彼
於州縣之報其習慣矣今報亦然故詭辭一三居門

公以奇貨不知人有熟中亦有浮雲富貴非彼儇薄犍也然一切置不問則過矣雖云毋令索賞人輒以明公為擇官且非怵惕君令之意謹狀以請不勝馳誠

其十

日偕察弟謁教稱舉漢人云云雖使其人置對亦難解矣凡人言其人事計脫其人之阨皆目不見古人事也宇誦我翁斯語於人人且言我翁三尺凛凛不可犯也則又懮然懼矣雖然宇猶意我翁之慕古不

輒以漠若人而稅駕也且今鋪後有任工料有出數十年湮闕之故地我翁輒一舉而復之亦足以視國法彰明威矣必撻其隣以購一某一某亡命削迹不西入林則東涉海彼方自為身計雖家不顧且挈家而逃矣雖日撻隣人而逼之肯歸命乎翁言漠何並尹公諸人雖誠有之宇見殺人避仇或市門卒或酒家傭或入林慮山中往往皆漠人也必以某人遊漳則彼為子脫罪亦其情爾苟不解事而窺侵地安有軍門而在手批成語為可易哉祗見其徒勞無益也

願且平心待之秖令盖鋪毋撓明法一弟盖我翁門
士也命之趨後以赴期會一弟盖不辭矣鋪完事巳
我翁倣陽明之意令蘇受不觧甲而受杖一某聞命
有不懽然而来則愚人也非但一某而已其人亦且
悔讋而剃謝矣惟臺下熟計之聞今一某之家地方
嘐訴如昨日止有一弟應門則是以一鋪地使士夫
闔家逭竄亦恐我翁之負此聲於海內也設復毛搜
纖摘期在必申而申期必批縣則或涉於有我之私
終隳漢人之習此又非宇望翁意也盖宇於翁望法

三代以上獨漢云乎哉毋以說客見待信手直書統
恕不虔

十一

㝉於昨易禫矣據禮中月而禫註云間一月也自喪
至此合凡二十七月其於大祥註云自喪至此二十
五月此蓋謂忌日也謂此二十五月則後服禫以足
二十七月之數祇連首尾而稱三月非滿九十日也
明矣今人服禫皆九十日問之謂以親故雖過不害
明者云然愚者不曉禮意謂當然也去歲李抑齋乃

郎即吉獨依禮經里中人群然而譁翁獨是之里人未諭也宇於前服先子之禫禫內有閏不計自二十日始除禫其時先慈尚在大不樂宇亦病之亡奈俗人不曉懼其見訴竟棄禮而從俗今不知何從也慱習於禮而好禮由禮者今莫若翁宇故敢請所疑翁昔嘗執親之喪矣願以所行者示且以曉今之憒憒者短疏附瀆擢隕曷勝

十二

日坐鄆亭語自莆中而至質之盒報云云惠諸父老

子弟群千百人或譁門外或偶道旁轅不待攀使君重來人人無不意得交相賀也詰朝陳同安至邑郵吏郊迓又致糧道徐公語縣中父老子弟則又戒俟旌車旦夕至視事矣縣患有縣至今安見去令出關黃童白叟攀使車下由惠抵莆又抵福清千百里襁屬不絕耶非惟不見又且不聞今於明公見之而為以遲明公桐鄉視惠以今觀之明公豈虛詑哉第日恨明公之不即至也緇衣興思袂杜太息萬里赴闕力短心長童叟喁喁時又驚傳臺疏計且覆題行

當至矣明公歸粤念切報至其何以答惠人之思乎
此故以委心於門下非久且謁教於三山臨風依依

十三

殺人三報參疑於母勝詭譸張鄒陽陳寃明公於不
肖非有子母之親行又不信而如鄒陽之辭以干梁
王之聽徒有其志恨無其材某竊愳其身之危以死
也然明公受謗者屢矣則今搆某之言安知不寃如
昔謗明公者乎某蓋以是自必用自寬也財詧與否
惟明公之所處

十四

洪子行啓候門下字即念以是月上旬面謁也迺傳明公督過洪子書未敢上氣憤欲絶字生五歲入小學六歲七歲先少保宅憂教讀四書毛詩其本業也幼穪警慧本業外又教易書禮記稍長先少保宦遊心盖奇字教古人文學之雖躐場屋間予先少保輒撫其文不恨也先少保死世無鍾期伯樂字年又長而遊於塲屋又愈困謝去古文不理書束高閣亦蠹而蠹汨沒半生巳矣莫冀甘腐沒齒矣明公下車徵

士意急遂栻宇於壠落之中而進宇以古人之事方門公之未至宇讀所謂應詔書稿則心忺忺慕焉已讀明公所示榜片言隻字輒近西漢而上范曄以下亡數也則亟讀之又亟録之宇間業質明公賞心輒有褒語不殊先少保云云於是輒以文交蓋凡三年嗤人群咻措的以射明公視宇猶昔也亡柰鋒鏑之叢至何而今歲又愈甚古有蒙譏影而為形今搆宇者百無一影此倡彼傳虛餙成形言者之人日侍左右之間汶以浸潤之辭宇以一人之身居數百里之

外豈能與辯然否而所言者又皆觸明公之所忌宰
雖欲求免督過其可得乎向聞未信今言者半縣矣
問之三山來人亦然夫受明公特知縱不能報知如
古人猶為朋謗明公之為雖盜跖不為也然則終為
夷狄為異類而已爾夷狄異類而可為耶抑城有之
徂而蹈河入火者之為也宇文徂不至是究之先子
買此輞海之為祟爾蓋今搆宇之族瀆此一海之居
而隙於宇者也明公明而且遠則此之為搆者辯豈
難哉傳有賓州之行又傳决入羅浮兩討言未有真

者故一訊焉賓州遡矣如計決羅浮宇必思為羅浮之遊從明公為十日之歡指天畫地以明斯志志明疑釋復訂文會不明請就負心之責參茂秦之列宇亦復得以為人耶惟明公輕重財之

代張肖東上葉令公

一晋昧死百拜獻書于父母葉翁臺下一晋不佞盖惠樸樕一腐儒也讀書謹守儒家章句無能發明服行株守繩墨不習當世事居陋不盡見當世慕古之君子嘗書中所言古人者其人死矣言徒存爾今安

得古人而稱之而明公翹然於當世以天之靈文來惠方明公之未至惠也有傳明公應詔書章視一晉者一晉讀而奮曰是其書也漢其賈乎唐其陸乎而宋其眉山之蘇乎三家之言不類而言其當世事鑿鑿乎可用以濟世非獨文也而文至今百世均有味乎三家之言雄今古矣明公書稿數十篇其書中語開社稷之長策陳國家之大計曉暢練習無媿彼三家者非徒言也而文與漢宋二氏頡頏則人人共同是語矣既而明公抵惠惠人具想所行事一出言一

發令據經引義守正不詭動以古人為依無一論[illegible]一晉則又歎曰世言今無古人蓋謬語爾安見綱翁之非古君子也而官又在吾惠惠人幸甚顧一晉所自恨慶亡以得當於明公直麾之爾大匠之門不拒枉材一晉時從諸子受試於庭而章句之末技輒獲薦寵而預門士之列一晉幸甚一晉既若然矣少弟一臨子之巾衣而家以事至前輒乖辯詈老父稍急觸誤蓋時有之而明公輒寬不急也孰謂明公少恩於張氏哉而今之遺佚者幸之親者憐之一晉浪言

自訟　晋家門所自取亡足恨也遠亡論已事起
於近一晋言其近者明公正俗禁戲一晋以得子而
犯之其罪一地方索戲戲逃而一晋不捕以輸欵其
罪二地方膚遡而兵偕至明公彈琴以待何雍容也
老父深夜以求訴戲與其兄一復天明始出使明公
有不必之令其罪三家負此三罪者其為情豈可輕
貰哉明公薄撻其兄以誡慢上兄蓋其庶人也庶人
受此於明公蓋猶輕爾其誰敢怨而佌者輒搆之不
根之謗緣間而投適兄在事之際投者之人不在明

公直怨當於父兄欲嫁既爾而譏者又中之搆者之口譏者之哆則家置一喙難解矣非至明之君子孰能辯之

與東州

初意祗抵建陽登武夷遊考亭轉棹以下延平入沙縣此僕以告諸公且約其家人也今舟行矣念至建陽踰嶺以至江西易爾而夫馬亦便快故遂許程而往且以安福為歸而上萬安以弔鎮老師母之喪又出吉水永豐問聶雙江之墟此僕今所欲遊道也文

書則別附往京矣歸期卜在六月未能從公杖屨苟執公厚自愛涉秋道眼雙開當有大地措我彼區區之後郭古人所謂劍閣之守萬徹之兵非足以盡公手段也今且寘之辱公愛尤此以吐秉櫓搖舟蕩草次不虔

與康台山

敬問尊翁夜來起居狀望七之年非壯時血氣也醫藥宜慎宜緩毋急宜拙毋巧宜選通經忠實之士徵古方書驗其藥性毋使倖功之徒輕就吾身試藥古

言以意為醫輒奇取効今世無此等人謹守為上此
程李兩將之辯也僕蓋用以親故備嘗之矣今直以
効悉欸念公即走祖家旦夕不得聞問伏惟原照不
虔

與金東林

日聞公居巷中失火燒數十家坐客或言公曰東林
得毋憂乎僕謾應曰彼日施藥陰功結天矣且渫行
又長者亡畏也而心未嘗不危公日夜念之既而騏
三入罔巾之太丘之居亦在燒中且言公當其時方

飲外舍而令嫂粧被亦失之令　蓀餘燼幾何猶可為家否猶幸公好胸懷且從社中賓友娛於詩酒之間不為苦也然家人得無交謫惱公乎久念質公値僕迎婦方擾擾也此而柳山价至問公言嘗往來公所識公新居草此當面承教云云僕意也日者之言甲乙互持而僕意決於所知者其人販易求泰期以除夜大歸蓋去之三月矣僕非苟貪權利者祇家人命欲相當爾幸亮

代與喬兵憲

恐不佞伏在田間浮沉閭伍誦論大夫之賢身願□
而比辱侍明公幸甚自明公之居泉屬城十數卑
坻千里明公身挈綱紀之司蕉公有威惇惠而肅閭
閻憂愉之狀不下堂階而澤下洽海上枹桴之警坐
靜樽俎威稜遂暢闔郡吏屬伏於郊圻陌落仰守明
公憲令如人臨而㵎之以振百職以肅惰違滌聚禀
禀毋敢骫法矯虔以亂齊民民不畏吏兵亦解甲殘
毫遺倪偃臥牀闥之中飽餐以嬉則閩提封之內直
明公所深爾其與里人均拜明□之賜遥遯外城

得丞奉顏色明公不棄時賜於某行部時又擁旌[illegible]樊存以光寵則某悚息而記之矣緬念恩紀情當詣謝病在伏枕統此以布腹心伏惟財察不勝瞻戀

[illegible]崗存藁卷十三終

鳳崗存藁卷之十四

温陵張宇仲矩著

書

與葉絅齋書

京居盖得翁拂衣狀客曰惜也罷之官矣蒙以辟難之名又奪其官之服僕謂翁固宜然古輕王侯今戰蝸角今人不習古人陶令君假生今世豈有嘗哉宜乎世之指目翁也第翁歸固甚適平定之巾大布之服盖嘗製於惠者嘗服之遂初去矣興至則入[illegible]

浮文遂而走五嶽言名山高蹈乎予之縱蘄立言名
學遊於予長揆奇抉秘業以續馬翁何不可必傳一
官官罷苟矜車服以耀里兒庸慮固爾而翁豈所重
哉僕謂翁蓋如此已從縉紳大夫評翁政書鑿其腹
中奇經世材也計然之策蠡用其七於越今政書尺
其三於惠而七尚存龐中丞者其人嚴重少許可過
矣門序遂初篇亟稱僕於翁則謂僕曰司馬臣朝劉
言之不老沒世矣日視其子翁書亦云果爾則翁政
書有用日也翁不顯名天下而稱烈哉僕材於翁十

如也縣道當劇大吏過客月不日虛赇往如僕日升已於江干塵垢蒙而沙泥滿衣五斗羈身雖勉忍於須臾起視僕馭慚領沮氣麋鹿山澤翹首與思政書巾事什度不能得一翁何用以此而責僕第服官箴兢兢計過願不甘先翁遜居翁下抵縣公對縣之士民他日官歸善歸斥歸経三年歸或朞月歸余不敢必而歸不存垢名以羞其先盡余所夙夜也今四月矣損食服衣毋敢入人一縷油燭紙筆毋敢以問諸庫平金聽人自封 縣人故嗇截[illegible]非他縣比

封䘏較銅昂金低[illegible]輒損其數累金半萬不問[illegible]
毛之羸籍歸諸官恣吏守之牘鍰祗供浮費屢屢矣
而大則取槖裝以應槖且盡矣家人幸毋僕謫實佐
僕也斷獄期在得情不求見長疑則貰之書院祠古
名臣墜則復之而傍輒列齋舍以待學者士民煦煦
相善不余厭它則一切無奇悶悶而居翁得無謂不
能乃笑之乎雖然漢世吏治以循爲良循固無奇竭
苛如敝不得謂之循名無赫赫而去有遺思則循[illegible]
之爲也僕往且愚輒興若人之思矣夏秋之間移[illegible]

雲之棹徜徉湞溪之濱醉翁以英酒梳翁以英石杖屨上下登英山之巔就翁而講英州之政翁其亟有意乎曩言傳翁惠政不敢忘亦以其時成之黃生客歸具以報言門下館賓不得留之讀書彼不可資遣僕又不且豈惟方命亦且薄故僕知罪矣翁欵留之它日北来而挾與偕僕之願也冗次非面不既

上龐中丞惺菴公書

臺下持節督閩疆之軍事兼撫其地大車所至郡縣之吉法當負弩先驅[illegible]道供具矣[illegible]度剝不可長[illegible]

其間賦性疏散不時趨迎節數供應又百不具度宜譴矣臺下顧憐文技而體貌之採聽輿論又且亟稱不肖之治譽也不肖何所短長漢吏循良遺思去後不肖亟有意焉思爲文法細纖末之能也兢兢寡誓志於貪泉人倫交際持橐裝以應之縣中士民耳目不慣共詫以爲異事此所以聒臺下明聽重見褒也知縣蓋愈愧矣節鉞計日度嶺又且入贛亟人奉肅臺下不肖志願固高居下資微非有至仁君子其孰拯我於涔坅哉冒瀆尊嚴不勝惶悚

又上龐惺菴公書

明臺入閩强半載，閩中人士至可數輩，則言明臺之休問也。縣通百職恬習欺謾，今譬明威滌慮，以趨山陬海澨之間，扶杖之老、髮燥之童，聞有龐爺之命，曰皇旌旗發，如望歲；條教未頒，吏士蓋人人而嚮風矣。已而家中人至，一二言所以檄布者：咸歲輸之餉，弛市廛之禁，革洪塘之稅，薄征緩斂，宿蠹咸釐；泉中運司行令回省，濱海之民始復漁鹽之利，不憂於淡食。所以撫綏乎閩民者甚厚今邇而追徵公牘行被英英令啓封咨自閩中行至則又明臺所移檄也異時縣中徵銀不徵里排祗徵見年見年代刑壞豊傾家猾輩得計安臥于里中糧錢相踵公恣逋累弊沿舊矣宇至廉得其狀卯期較比謂非十排不可令吏榜示十排卯期如令吏謾抵宇猶習為欺一二拘追悍拒不馴急之輒告毆差宇於春夏之交沒法令捕於是漸有至者至則輒宥前過祗定期會使之納銀不来嚴法以驅之驅之而至又量情以遣之彼此傳語什至可得八九不至銀能如限亦不強也於是英縣歲輸

完至九分以上贛州軍門餉銀遞視為常今歲解完二年為諸縣先而梧州章程之餉亦及格守豈能加箠楚而行令哉徵十排立限期暗合明臺檄文幸以免過則守之所以催科也今檄文至守亟奉令宣布惟謹此而新里將上役守榜縣市俾諭明臺之意使共守之它諸郡縣亦聞莫不如檄二粵徵輸固惟明臺之畫一矣它而條鞭之法按臺行下縣中士民忻忻亦曰此吾龐公之餘澤也任在全閩籌安孚疆內公退餘憂則又不忘粵岼之思偉哉大臣之計國也

宇討材拙不習吏事一縣為令閔閔而居不善賈譽大吏交馳不奢腊嘗而間又得過於憸人特仰明臺安得身此闔吏受事下風而幾於見詧哉竊竊念之恨世寡知幽憤無聊英州雜録故具一二以聞明臺休休小技不遺此之英令其猶以掛牙齒而惠施乎企予而望

上朱鎮山先生

縣人有走差者持春榜而見宇亟觀之則郎君之[illegible]姓居然上列師相以司空之重出外[illegible]

秩修官保倦而歸休結綠野之堂不惰趨庭之訓郎
君至質漸習家猷藝苑擅名不廢時制今試南宮果
爾奏名快矣然以郎君懷抱區區以博一第豈稱心
哉計日於京師中
中聖當御策試　大庭覽嘉賜第裒然而首唱者宇
知非它必郎君也報且至矣恨不稱觴門下歡喜若
狂又不能為旬月之待疾専一介以道愚欵嶺外山
縣不習文章之觀而幣不實筐篚薄儀如别幅伏惟
門下俯弄矜財不勝歡喜之至

又

宇不肖視縣五月兢兢潔己毋敢惰其絲髮上辜訓誡至意粵東故號膏潤吏至輒坐贓罷人道之矣南韶一道二府名固粵也負山險谷陋無異於邊徼宇所居縣隸於韶俗尚土産於粵所稱大不類而縣水陸交通宦遊二粵二粵遊宦他國者英獨其孔道舟車輻湊旬不日曠宇固往也奔走迎送身在泥水之間仰視鼻息循愳不必當意起對僕馭顔赧而赤退語家人胡不掛冠而氣頽摧折至此哉南山祠中念

[illegible]大父遺像儼然在也則強自監教誡家人毋苦譴[illegible]冬裘夏葛衣故時之衣酌水炊糜糜必其縣之粟[illegible]食且慙於無功矣尤有甚負愧者工贖籍報責羨以供無名之費費侈而羨不給量出為入較計錙銖之間足費而止則又嘆曰安能如古強項竟之循俗[illegible]矣顧安得寸長而稱之而性尤拙矜長不售賈譽世見資格畫我前途自好硜硜又於名無赫宇竊見夫世之視宇以白眼也猶以門士故不恥言情齒牙之餘有可以吹宇羽翮者則於師翁望之宇不勝惶

[illegible]悰多之至

與周象林

嚮居京時讀公大疏一二籌邊計國其辭辨畫又咸

當宁曰真諫草也彼莽莽而華談何為哉日有報言

[illegible]言而長諫垣則風望愈重矣計公疏上日多居遂

[illegible]兒奈何念當容言之

[illegible]洽安之略校畫利病不激不諱陳便計於

[illegible]之前俯軫蒼生而濟其阨上奉

像而建百年之規則萬目盱盱屬公矣

朝家名臣都大官監大勳疏草範後往往從諫垣始况公文其長乎宇左以是術公之為烈也嶺外小吏不得與諸賓客之後稽首稱賀顧日揚公悳美以自生氣此而馮君之便附此以訊伏惟垂照

與郭北洲

去歲同選孫子入滇啓候門下未知徹覽與否僕在此中計公光復之期且幸來粤竟之未也南中好事客各品目諸大夫乃輒老公夫彼之龍鍾豈少也而公卞標横被此名豈非前歲之舉為之階哉然諸司

□君子固辯公也滇中治狀又咸晁公月雖百謗豈
□損公毫釐哉且今文聞捧　表大禮畢後固知公
王國門驛卒持丈二之盖為公前驅揭然而高飛者
甘者而黃也而腰又飾滇之精金則公當洋洋快意
漢州小吏安得遂能屬公受事哉甚望之矣偶因
便此附以訊門下不勝依依

與飛參君書

[illegible]

[illegible]

不佞方少講王霸之略習經國之大計心所往負不伏爲今之人豈難一官而與尋常競尺寸哉[illegible]落無用今屈一縣以居官為令乎奔走拜跪沙泥蔽體嘆語知友令蓋驛丞之有品者知友劇然笑僕且憐僕也視縣三時壯氣頹盡催科勾攝之間於以較少所學甚不類顧縣人士幸以先人之故不余厭而僕亦以有瓜葛也強顏人士之上不即掛冠謗聲固走四隣洋洋矣公一邂逅便結心期此於公無隱情期公之不我棄能振我也秋序漸凉謁教念殷公其戒舟

乎英南山之隈鼇峰之巔皆可促膝之所願與公卜
十日之遊以暢斯抱專人布區豈勝延佇

與翁源詹令

公抵任之三日黄巡司疾足語僕則聞公之風采入
境内縣人喁喁望治公一下車問民疾苦亟圖與釐
言將醫民之困而燠咻之茯苓乎參朮乎硝黄與鍼
石乎公携於藥囊中百爾具儲公其何所用之英翁
繡錯之疆英令鈍根不習吏事悶悶而居慕古清峙
之理以休隸氓愧無醫國之方縣弊叢積吏人詆譏

攻治之快懼敗良肉吝養苛嬉庶倖無事蠹久內伏不惟不治又且日進且又竊恩扁鵲之徒之卻步也今居幸在帑邇休澤福翁餘且及英英令藉惠幸免於咎跂予而望之耳居守不遑身謁一介通名統此以訊伏惟財幸

與葉綱齋

黃生至數日盛族持書繼至傷哉其兄之旅襯也不肖其鄉力不能資之歸僅佐之以紀綱之役麥舟君子宜乎千古誦義而高之也今又有惠安令英州小

吏愧噤口矣詔之以俟冬彼重違翁嚴命祀痢疾以行思陽學子翁始其事則惟勸其終不勉已而勉人不敢以已不能而薄天下之無君子厚望人也翁得無詬僕乎約遊不果來二英酒以附黃生攜之羅浮山中呼祁君觴之雖少幸博一醉試語祁君何如遼陽忻特臨風於邑

與劉筆山

何幕京歸領公翰貺感公意厚吏于衡途之間迎送力困退又後於文簿未暇攬衣日影廢殘歲無片時

[illegible]之遺公貌而
[illegible]嘗謁[illegible]家价入粵而公申錫愈厚豈不謂古良
吏之德度哉問公治況則言風采之凛凛也公名豈
第政得人和比而威克厥愛奔走百後以毋慢令能
養廉馳載賢書於閩中僕知必首被于公也鄉族萬
口倚公䁈食敢不東向稽首以謝明賜僕所居縣守
先人之故職吏民依依獨持書生故態不可以媚上
材拙而於吏事又不習任幾十朔理譽不聞它日報
政安得如公最誠慚公矣价歸附謝稚意且布腹心

上本府揭帖

日者諸童就試知縣宜躬後於臺下顧兵道有按臨之牌英縣衝道供億煩難諸吏誕謾急緩不足為力而吳公又性嚴問之僚屬俱云知縣宜留今數日矣候久不至欲遂至府徃復七八日間又恐猝然而至不敢遠離統屬小吏顧彼失此兢兢獲譴是懼私心又意諸童之未試也兵道過縣隨之而北猶可以供役昨暮有傳府中揭示名數則知縣踊躇罪死矣六縣五至英德獨否知縣豈闇於體要乎而敢怠於馳

驅之勞顧坐兵道坐失大典及今又未敢行則知縣何辭為觧焉一夜聞報側席不寧專馳疾足走謝不敏此縣荒陋其人文不足與上國之觀因地論材則縣隸在韶屬之間或次曲江而等仁化敢以乞之臺下寬其名數與仁化齊日謁學道於冊次力懇寬進學道亦以為然蓋韶五年不進學矣深山邃谷之氓不濡

聖化故日習於循得而不知變多拔數士以相化導庶識衣冠文物之雅漸以易其頑心而偕大道則知

縣令志固若此蜀在西漢之初陋甚矣文翁一勸誘之蜀士彬彬盛焉相如褒雄之徒翹然振於其時則文翁守郡之力也韶士陋乎其視當日之蜀蓋有餘矣其臺下芳藻人士流譽則豈文翁所敢視哉垂恩化導亟易陋習知縣願努力以從事知縣少侍先少保讀書萬卷俯仰今古命輿之仇隱忍卑棲今官于英失八舊蹟存焉區區溫飽非好也簿書筐篋之務不知[illegible]義賈生之所以流涕而疏也知縣故願亟與此[illegible]育英教以稱臺下作人之意文

翁守蜀興學蜀諸下縣令長未必與文翁同力臺下守韶知縣及五屬吏分長一縣仰體至意而勤明教則願臺下矜誉不勝惶悚待罪之至

清軍館揭帖

伏惟臺下行檄令縣清軍日長久矣知縣遲至今而解知縣非為悖也知縣向家食時則見縣官一呼清軍里排雲集一甲有軍十甲並結至而結者又皆推次其戸之老憢習軍由者方敢赴清他而少年輕躁毋敢輒往而軍或奉勾单雖其故絶諸甲長徬徨奔

走沿枝尋派毋敢謾欺甚或責其戶逋業以待府道
之令縣毋敢釋以自為功蓋閩凡縣皆然知縣具見
之矣此當奉檄之初知縣雅欲以縣之故行之責令
其都里排赴縣清軍知府行檄令出旬月無一至者
知縣時方催科問之則云里排之不清軍畏糧累也
知縣亟令民壯持票下鄉呼里排而諭之清軍徵糧
人自為後出應清軍縣官誓不以糧責之間有至者
第屬市棍以代什且四五知縣又訪得之亟令毋清
遲令盈十餘日遍疾拘僅能成册蓋此縣之頑悍倚

山負險不習縣官約束不特一今日之弊也知縣信不能馴威不能齊視縣五月補鑄塞賫逋糧滯獄積如蝟毛奔走期會又不能專思慮以糾紛襍故今册成視之他縣獨後知縣自媿死矣臺下幸寬假之泛駕之駿非急勤則驂驅而御馴駟則第垂其轡策彼猶我範毋敢逸步知縣徑跦行不雅馴然謂泛駕則非也顧驅鹽車而上太行困且倦矣汗汁交流驤首四顧庶幾伯樂之遇毋靳拂拭之力則臺下今非其時乎世人之相馬也以肥瘦如知縣自懼其不中選

也統以布其腹心則惟臺下之所待之不勝惶悚待罪之至

分巡道姜公揭帖　論新民

日謁臺下新民鹽商伏承台諭歸即兩詢備嘗其故新民且在圖中巢之小大人之衆寡地里之遠近入山之逕路不待聚米以畫第一伸紙而虜在目中無遁情矣今固不曉臺下何所財之陳月髙居在黎嵩黨何佹盤月髙嵩衆幾七百月髙冠帶為衆所服前固欲殺盤矣甲縣奉揚憲牌諭令毋動彼嚴臺下之

威拱首以退聞之心蓋猶觖憤思欲即而甘心焉豈下其勤之乎毋踰於月高者第擒首惡而已寬之旬月示之不意可以生致轅門然嚮之召爨巢衆黨惡巢可百人得一不足以揚威衆或驚疑旁通高峰圍之賊彼有二三百人舊居此巢今遁高峰聲勢犄角急恐互煽而動非完計也卑職愚慮不如呼月高而令之彼內私佻假以片檄彼且投袂應矣盤於月高衆寡固不敵也彼所恃以犄角惟高峰圍耳先事之初先一隊以遏之首尾不屬而月高疾驅以臨巢彼

巢百人吾度不支也孰與嚴獲酋魁之為威哉此故併具地圖及揭奉上鹽議別具二揭帖初計具牘且申矣已慮迂議不合時宜牘成不可改故先具揭以請計定謀協則別具申伏惟臺下俯垂財幸不勝惶悚待罪之至

分巡道吳　揭帖　論礦徒

伏承鈞牌行下督捕礦徒甲職遵奉惟謹二十九日自曲江開船次日抵縣夜即呼集民壯統行驅逐巡臨鈞牌隨至本道衙門在新城離縣可三四里前年

水淪木柱傾支地板蠹盡官房墻壁俱倒壞月久不
治堂上草長數寸四圍外墻蕩壞門堂苟存僅成荒
舍料檢什物什無一在本道至不可宿卑職奉牌兢
惕督夫修理以迓本道之至又令巡捕官統領以行
募兵陳把總相見本職奉揚憲令諭令立功彼亦願
任驅使以求本道之知即日入山採聽動靜卑職又
諭巡司徭官使共奮力期必驅逐毋違本道牌遣之
意且以糾集兵夫之在其地方者團聚待發令其巡
捕固報仍令地方固守絕其糧食交通之路接濟之

奸民本道之嚴令斂手以避令聞彼徒在山排栅自
固雖未解散亦不敢肆暴以為民憂則本道威令之
必也但此賊知懾吾威矣今之不退聞其困於行資
故捨命博利苟圖旬日之安庶幾媮得礦山毫毛之
獲博詢接濟之狀山𡶊連亘其徼徑旁通隣縣隱弊
瘦慝不獨一英縣之頑民為可罪也本道訪如里職
所言即於附英縣界願乞一檄之力使共申儆憲令
貞明民無敢竊為資盜之微奸英風遠暢彼不得肆
其鈔掠之顯害糧食斷絕日不再飽雖有礦錫孰可

□□□鋪□敦□□□見□□□□□□而自逸也□

奉地方重情謹上揭聞

啓

賀督府平羅旁凱至啓　以下俱代姜兵憲筆

□□語功成　上聞衛霍之□而閫四方籍貫圖於

將兵出車而咏杕杜錫燕喜於轅門我武惟揚

獻名塞屬此係社稷安危聲靈蓋伏遇某　閣下

天閒氣為世間人至德難名璞玉渾金之器長策

為經文緯武之材出入綿更樞筦兵柄久習當世

務諧有大臣之風頃有本兵缺此膺服頗收輯自
之
若以天下為心范韓出而行邊得紐當折衝之任
是時辟董徒戎行石巖巖以具瞻仁矣多多而益善
維蕩之小醜當粵西之一襟喉壁削門周以截從兎
帶十里猶漏竟染山津迄今　峯職方之經司除
勳時益
十之還
謎躍雜旨旦奮然任降而文仆叛文旨紛紛其庶

□肇心……御渾璽……中……不言……
□□一札十行許方匡國奠安心怡悄悄變徙頃翥……
君國之豪材官蹶張之一技片檄飛集賈勇爭先誓□
賊以同仇修戈矛而偕作無以信必之令不行必□
之筵旌正正陳堂堂師臧以律聲赫赫靈濯濯理有□
爲賊已訊劉良戒令絜入十哨並進分道夾攻前□
□行中權違制外圍內潰既霆擊而風馳後實先□
孫衛奔□□穴援破徼側青參智高鯨鯢築爲京觀
訊戕儃厥同道有征無戰稽顙丐身湯網遊魚冥祀

□□　卷十四　七

命於一函升椎食鴞懷好音而投泮迺弘　恩賚伊
比緇衣遂開蜀道用毓疆理舉鄲護以歸王開縣司
而請東弓橐矢戢楚氛既詰尸而盡洗世變風移亭
入雅七縱而苞及其不伎承乏嶺外分道泉司王喙
賓獻從萬邦以為憲圭璜流澤與還率而同歡舞欣
午宮與祭奏凱多受祉而御諸友每賡吉甫之章時
秉而心戢寧輒喜召公之以
歌所後於逵一錫衮衣指期以東齊淵矣下情載

樂

上少宰古林何公

比肅嚴程入成

大禮宰衡式序具瞻巖巖之望筐篚用將修承瀼瀼之儀揣分非堪敘德罔既此蓋某官閣下粤海炳精歷朝名臣先知覺後知亹亹聖修之緒闡德輔 台德優優帝佐之材蚤登臺端抗論驕相委身徇國迈服明農已從田間起參内憲未厭群望旋貳宰司冰鏡常懸刀某之姓必辯三尺不撓李下之徑無蹊一片孤忠皓首完節似星夜艾長庚皎然而當空如草

寒彫勁栢挺然而獨秀求今在位如公幾人凡與下
風誰不仰德顧某不佞持憲一方入境式賢廬未遑
通德之扃下馬拜公府乃深風月之談小吏循循而
引嫌嚴公 天子之老大臣休休而下比曰吾父母
之邦亨以多儀辭不得命顧傳車之南指惟門廷以
日跡一介未將空懷國士之遇尺牘聊遣用明君子
之知若胸腹之多奇有綴戢之長計請公訓厲開我
愚蒙

大司徒殷公石汀啓

南持節鉞嘗參前箸之籌北握斗樞優承惠祉之

恩在望外感與愧并此盖伏遇某官閣下至德難名

宏材不器一言終身學博而守以約據經應變行員

而濟以方宜譽迭躋中外殊柄惟社稷以為悅自艱

大之屢按頭

君相之協心幾股肱之戮力越自南服入長司徒有

道之守在四夷蠻夷來威於方叔仁人之富藏百姓

度支復屬於玄齡因事立功豈止一職之效嘉謀入

告且惟我

后之明求今大臣無如公者凡百有位咸曰休兹顧惟鈍根尤深仰德嶺嶠受事猶存儀刑之餘翦北滯蜀復侈玄黃之惠豈行李之不戒欲恤所無抑君子之用情寧過於厚長者誼重小子心勞坐席未遑一介聊爾下臨治所棲棲小國之大夫仰瞻
帝城依依公府之故吏寸心如結尺素奚工不勝戰慄之至

少宰陳公皆所啓

將事　上階方效華封之祝肅牘宰府敢緩尚書之

鳳崗存藁卷之十五

温陵張宇仲矩著

雜著

策問武學

問今軍伍常苦不足矣邊地尤甚豈非沙漠沍寒非人所樂居耶然邊隣胡兵須棋布則兵於備邊尤急矣其所以實邊者計安出耶古之言備邊者無善於鼂錯古今異宜錯策有可行於今耶或言南人綿弱不耐邊地之苦果爾則風氣之限矣雖甚善計亦不

能使人樂居也然則終聽之耶今法嚴明清勾之使四出而謫戍亦未嘗乏之也其果有益於邊地耶夫使其誠益也則兵宜不乏之矣今乏之如故則其勾謫至者又無得徒為弊藪耶然不勾而不謫則又不可余方籌之未得其使也爾士有濟時之略者一二言之

又

問兵非賞不勸故略有之重賞之下必有死夫則人而知之矣然以首級計功始自何時或曰其秦鞅為之也然而攸馘獻馘則詩具載之矣其意與鞅同耶

否耶夫功而愳其冐則以徵諸首級宜可信矣然戰酣氣豪手斬敵首則又何能持而歸耶兩軍對壘而區區於首級之持又寧不虞其為敵所乘耶今時士起行間不十數年布衣而據戎帥大抵皆累級而論功也而功級固可盡據耶余嘗聞之老校竊零賊以為功殺良人以欺上雖不盡然蓋時有之然必廢首級而不用耶則吾又懼冐濫之過甚也將何策而可耶或謂首級之功可用於出沒偷竊之小寇大寇突至必重衝鋒陷陣之士此其言有可用否耶爾士今

在戎宫它日皆將佽鉞獻功者願論其宜以觀爾德心

又

問兵之有法也猶醫之方書也由法者勝不由者敗則人盡譚之矣然有不盡然者不勝書也諸君子不專慱士家言吾不欲傲諸士以所不知舉其一二籌之減竈者勝云見弱也而增竈者何以破羌背水而陳云死鬬也而渡淝者何以破秦百里趨利馬陵所以蹶也唐帝犯之則何以有金剛之勝騎刦代將燕軍所以覆也孫吳用之則何以有擒羽之捷由前四

者其法不同而同其勝由後四者則同其法而異功此豈其將之能不能異耶士或敵有智愚勢有弱而所以乘之者異耶抑如是則法不必於盡合然則兵書可無用廢耶然世又未聞有浪戰無法可嘗試以求勝者也諸子其以意對

又

問今國家之所急者莫過北胡矣漢唐都於長安歲當備胡我

朝都燕邊塞最近備胡之計視古漢唐最急勢也九

邊聯絡西自甘肅東底遼陽盡海而止諸鎮孰為要
與永樂三駕之後虜讋吾威久矣而今漸驕驁也計
所以禦胡者視
國初孰愈與謂其弛備而不振也則兵歲增而財日
益於
國初不知幾倍矣謂備果飭而虜馬不敢南牧也則
羽書之交馳又時有之豈其經略有遺策與毋或守
塞吏卒玩廢事與然而功賞之宜戎伍之制屯鹽飛
輓之利亦有窮而宜變壞而宜復者與

朝廷之上日盖綜核之矣而今秋之漠南盖晏如也其偶爾耶抑先聲耶然虜情叵測一歲之安不可便娱諸子之身他日皆將以當胡者先言以觀其能

倭寇對

執事檄下郡縣議今倭寇為患致之者何由其所以禦之者何策而愚非其人也雖然亦嘗聞之矣盖今北虜南倭

國家同患嚮時縉紳之議以虜為難今不然矣

朝廷宵旰群工聚諮講備倭之策外而開閫制帥徵

兵萃甲半天下之財力討五六年而今猶未定夫禍未有不始於微而成於著也執事謂今倭患將僅止於一面病一方痛乎以愚度之竊謂倭患不戢國之安危治亂未可知也何者蓋今五六年間淮揚吳粵之交其角倭賊者屢矣而賊卒無所創飫飽以去志驕氣溢有輕中國之心此甚可慮也而愚尤慮焉者以吾數省海郡懼賊之至常宿嚴兵以備緩急又竭膏血以啖兵戍兵困於役民病於財羽檄奔馳徵調無年而吾之國力已絀矣循是數年倭患未已設不

幸而北方之虜幸吾有倭之變穿塞而入以撼中國勢不得不應之以兵夫倭梗一隅勞費尚如此加以北敵南北支吾不知將何以處之也如是則兵不得不愈困財不得不愈病設又不幸而當南北戰争之際内地之民勞困無聊嚬嚬然四起而為亂先之以夷狄而繼之以内地之民斯時也當事之臣雖有智心巧計吾知難以善其後矣然今之人玩歲愒日恬然不以為怪何也愚者覩目睫不知其勢將有遠禍或知其勢將有遠禍而猶度已之不及見謂可以寄

之後之人以苟免吾身也是以因循容養誕謾欺蔽
競為自全之計嗚呼過矣西夏寇宋當宋仁宗之時
天下久安民不知兵循吾今日也然惟君臣儆畏上
下經營勇夫銳士亦因戰陣稍稍而出是以西陲一
敗警數十年因循之弊驕心變為銳氣惰卒化為勁
兵而吾之威益振故宋絀於元昊而以元昊之强終
亦不能禍宋唐自懿宗以後王仙芝尚君長首禍起
亂而時之君臣酣嬉耽淫玩國計不卹兵敗於外而
朝廷不知國無任事之臣紀綱法度一切墮壞唐遂

以亂而亡今國勢承
祖宗之積百年涵養可謂太平極治如宋仁宗至一
倭寇之變亦非如曩時元昊之兵也今宜遂破滅矣
鰓鰓然常病不能禦何也毋亦任事之臣無如宋韓
范者出而經略之邪抑亦上下之心未能如宋君臣
之儆畏邪儆則為宋轉弱以為安不知儆則為晚唐
其弊竊伏深可畏也愚懷憂隱蓋欲言之久矣而未
有路明問下及故敢陳致寇之由與今禦之之失皆
所當改易者列為九議以塞盛意非所能盡也致之

之由有三禦之之償有六請言三事一曰議處倭蓋倭雖小古曰日本亦東海外夷也彼居其國擁君人之號兵車之富器械之工在勝國時頗得華巧而特遠在漲海之外彼之桀黠蓋有為特矣吾乃以奴蓄之絶不與通夫安南朝鮮均夷也朝貢時供正朔所加封冊所臨齒諸親藩而倭以文字為國獨以奴號無辭以别夫蝸殼蟻封之夷鬱鬱之忿久畜於中非我夷藩而又無畏於歸曲則特有隙必將鼓釁而動以泄其怒亦其情然也王者慮事當因其勢之所便

而為之宜故今倭夷
皇祖有訓愚竊謂今之議宜稍因其納欵詔諭國王
開示威信使毋為寇待之如待安南朝鮮之禮許亦
通貢充夷藩此一事也二曰議海禁盖既已絶之矣
毋與通可也然倭諸蠻邑國雜處海島中與吾瀕海
諸州相值東底遼南盡閩延袤萬里不啻初無重關
穹壁斷蹊絶坂之限所隔者海耳當春時舟浮水面
負巨飄而行日可踔數百里而國又有奇產異物珎
壞怪詭邀利忘生之夫以此枕席漲海與通闌市而

輒能牟鉅羸歲久狎習彼亦愛吾華之樂也競遂相與勾引航海而至肆螫我土禍今益以蔓延大抵皆吾華人之為之祟也此其弊起於海禁之不嚴故愚謂今之議宜嚴申明約束禁沿海民毋與海外諸夷交通關市犯者誅籍無赦同保而不覺者與同罰此二事也三曰議邊防國初立法倭與虜同備信國江夏築城起自登萊至閩淅城凡五十九所民丁籍四之一以戍其地衛所控制額有專官海防要害則聯之以水寨備倭閫帥省有專職海道巡視則統之以

憲臣法亦許矣然今徒文具也上下相蒙偷惰成風官棄職守賣兵以為奸兵寄空籍遊手以竊餼舟師戰艦闕於哨探邊城墩堠弛其烽信閫帥憲臣傳郵其職相視以為當然不問也

祖宗法禁廢且盡矣無所恃以為備是故五六年間梗於浙直又轉而入閩來不能譏去不能呵寇無遺矢拆斨之勞而吾之城邑破民人殘力耗不支而賊之毒愈肆此其弊則以邊防之禁之不密也故愚謂今之議宜嚴中明約束戒飭邊吏毋為偷惰之政閫

帥憲臣於凡邊城水寨歲必一再按視有偷惰如前者許以奏劾革黃使重知畏此三事也雖然三事失矣無救於先矣然今討之數年卒未有能破而平者何也故愚以謂有六價焉價宜易之以便一曰議將夫兵以將為勇怯也今之統兵之將亦多矣求有一人負智計可當制將者乎未也又求有得一人負勇敢可立一隊當一陣如古戰將者乎亦未也智計不足徒以勇敢陵人孔子所謂暴虎馮河而不與也然今之所戰者倭耳倭行兵素非曉戰陣者故今與戰

不必如古名將但有一敢死者出焉提戈躍馬陷陣先登以倡三軍之氣三軍之士屬目於一人將奮九死應矣今無是也當戰第以職推其人當之而已矣其人之勇若怯能與不能皆無問也中黠慧者行賂鈎要擇便以自居罷弱無營之人以身當戰而心又甚怯以甚怯不得已之人使馳驟於死亡之地是故其氣不揚將爲虜而兵輒破敗此一僨也故愚謂今之議凡戰宜募勇敢不愛死者厚激厲之使之自立一隊當一陣爲戰將於今爲最急二曰議兵閒之曰

將不知兵以其國予敵也兵不素教以其將予敵也今兵隸於尺籍月食廩餼其數亦溢矣徵而使戰則脆弱不可用也且禁例兵不得輒損不知平日蓄養此輩胡為也於是議調民兵夫民兵皆其遊手閑民力不能轉移者充之耳一旦起田畝驅使從軍腰鍵刀弓無有也臨時趣辦疾驅而戰之未聞金鼓而膽已碎矣故一臨陣矢刃方交而數萬人不戰自北一北之氣累皷不能復也且其所至暴如乳虎出長賊威殘熱民蠹諺曰賊來猶可兵來殺我今兵之弊猶

[illegible][illegible]之故每一徵兵調發驛擾耗食軍輸而實則不任戰攻也空糜而已矣此二債也故愚謂今之議兵不必多但募強有膂力者日夕操練豐犒而厚勞之以作其氣兵精足用又可以省輸餉之費此為練兵之要三曰議財夫兵非財不可縱間諜饗士卒賜予招募皆必待財而動今財制於錢穀吏矣銖兩可否輒有主者而將不得專用轅門之內手握兵符尺帛斗粟無有也動必關請而後得焉甚而總督大帥欲有所為錢穀吏閡於文法循或掣肘其間今夫廣東

西用兵每戰而功成獨易者非他以財出其府也財出其府不從中覆從軍吏卒犒勞賞賜皆得以安意肆志焉而無掣肘之患是以戰能得士死力功成而無難他鎮無是也夫執戟荷戈之夫嚬狠不仁之人居其大半非財以結其心欲責之使出力為吾致死噫難矣此三債也故愚謂今之議宜使幕府之財寬然有餘縱使其所欲為毋閡以文法其有濫費甚者而功又不成然後治以失事之罪彼亦無所辭此謂議財之要四曰議賞罰夫人孰不欲居其逸與便所

以赴湯火冐矢石犯其至險而不避者以賞信而罰必也今弛僨軍之罰犯者不即以罪矣而誅之者又於罪無當也貧苦之卒捕斬首虜舍命以博賊矣簿稽再三終歲待議而賞不以時行至於游賈罷吏冐市偽級以邀爵秩耳夤緣倖取而賞又不當其功也功罪不明而名實亂其於勸懲之機兩俱沮矣此四僨也故愚謂今之議宜使按事之臣嚴於綜核要使其賞與罰各當功罪以服人心此謂議賞罰之要五曰議間夫兵必為之間今倭奴之奸細布滿吾地吾

之機密言未晚口而情已畢露矣不能隱也何也以有為之地也而吾之間則不得其要領往往用間而敗蓋間不能得實剽諸塗人以塞責則敗恩不得間私餽詐偽之辭以報則敗賊知吾間之至偽示虛情而問者信之以為報則又敗三者皆敗道也又其從獪甚者漏間與賊反為賊以間我我墮其穽而不覺也則敗益甚此又不善用間五僨也故今之議宜慕義士間賊質其妻屬示以重賞使刺賊之陰計約使胡為賊間間得賊情然後吾計可施此議間之要六

之議援夫古列國難相救也況今六合一家分疆而守壤地相接所宜互援明矣使於未事之先四相哨探賊至一所四旁列郡共力擊之或誘其東或致其西賊聚而兵不分則内外與夾擊腹背受敵不能當也分則勢弱而力不支如此數次賊且狼顧走矣今不此圖而畫地以居鄰郡受賊曰非吾守地也隣有敗吾坐而視曰非我罪也賊無他忌長驅深入穿州歷邑力不足以獨抗聽其糜爛而已比不得已請兵兵方集賊已饜飽而佗適矣卒無益於勝敗而兵徒

費此六債也故愚謂今之議宜嚴隣援之令非其守地救兵先至者有異賞坐視隣敗而兵不與救者重寘之罰則多樹兵以綴賊勢故勢易弱而賊易破此謂議援之要凡此六者禦之之方也而今皆不出此此當事者之過也然尤有當議者督府也蓋今當事之臣内本兵外督府督府以文臣制帥半天下之兵屬之其人任亦重矣兵興至今督府三數易而卒未有一人稱上意者何也豈人才之難抑其所以禦之者未至也往于肅愍本兵制帥失律坐罪無宥也相

擬以　然後責令立功以自贖偏裨以下皆然人懷必死之懼然後不敢自愛而果於立功今則不然其於喪師失律內外關節欵緩誅雖敗無論也讒一中焉則以督臣之重不能自明卒陷非罪以死徃年之寃是其明效也誅不當罪是其人人自疑前後顧慮為便文以自營而任事之志懈故曰其所以御之者未至也是故慎選督府要以得人而假之以不御之權使得蕩然有為無復顧慮是所以御督府之要也督府得其人則愚嚮所言者付之使為

皆可以任之而無憂九者之外故此尤謂當議然今
天下之勢毋於久安士習亦少懈矣以愚妄意尤謂
朝廷之上不大振作有為淬厲天下以激昂其偷惰
不振之氣吾未見其可也往者虜犯畿闕內外騷動
上一赫怒臨朝召對其時大小臣工莫不震悚爭自
洗濯磨淬稱上之所欲為而虜遂遁今之倭患上廑
宵旰中外任事之臣互相推避而計不以時定是臣
下欺玩之過也夫以上之聖明前古無比苟一日焉
示天下以欲為之意臨涖聽斷澡雪精神期與群臣

民安事於泉州地近而便去興化近者一倍遠者或倍倭燹之後民情憚於奔走害一也泉州爲惠治民惠之人童而遊焉長而習焉故上下之體勢樂於相安驟移而之興化愚民至府勢孤力微吏胥狡猾挾官府以臨之爲刀爲機而惠安之赤子半爲魚肉害二也改屬興化而錢糧徵因行移繫籍於泉州者勢非二三十年難與俱改是必兩屬而後可爾莆爲新郡泉爲舊邦送往迎來一邑而供二府害三也莆陽以城陷自解權時科派必多取辦於惠因循日久遂

成定制害四也惠安驛銀不足仰給於泉之各屬者
歲四之一巡司弓兵亦如之今一改革在泉必曰非
我屬也靳之而弗予矣不知興化能處給如泉乎吾
知其不能也害五也歲苦倭暴棘而請救于泉本道
移檄朝發夕至興化遼遠不相聞問而泉則曰非我
豁地也惠孤城力難獨完賊狡窺見此隙且愈生心
害六也是謂割縣之害而割圖以立縣尤有八不可
焉今民之困甚矣省冗官省閑務撫養生息與民相
安尤[illegible]割縣設官分職民重增

此一縣之費固非期所以息民矣然其費猶在後尚未論也較其近則城池之築衙宇廨舍之立謂將以給之官則官之帑藏既竭矣將欲責辦於民吾恐非今之民所能堪也時詘舉羸不可一也割三縣合成一縣莆割里二十五仙遊割里二惠里十五如是楓亭為四十里之縣亦庶幾矣惠安僅二十里則視楓亭僅得其半况復倭後邑里蕭條丁糧消耗邇而奉例省併則彼二十里者止可十里古人裒多以益寡今欲損寡以就多圖里不均不可二也惠地西北倚

山東南濱海斥鹵不生五穀民業漁鹽末作以就口食今若割十五里以去則近楓亭而便於割者皆其西北之腴而此之僅存者特其棄餘之海地爾肥瘠不均不可三也惠米額官民通萬八千官米不差者六千實差民米僅萬二千有奇今割其半則存者可得六千而已一縣之中歲有官吏之祿有師生之糧有院司之按臨此其勢之必不可免者也其又當南通之孔道賓客過從上下迎送供億浩繁率取辦於八千糧之中歲費不支不可四也鹽米舊亦無從出

子之中半繫鹽籍欲仍其舊不差則民米不滿四千無有能自為役之理欲告鹽而均之則在鹽者復以祖制致辨民鹽分爭不可五也惠財賦出自西北人物出自東南今以地屬楓亭出財之地去矣士夫舉監生員通計進士十三人舉人九人生員四百有奇今較割去之都進士生員僅十之一舉人無一有焉悉在見存圖里之中歲當優免之數及凡賓興迎送與夫士夫問遺之禮又不知其幾也獨以此數里者當之使將如舊以行則大苦於不給憊愈甚也欲與

時而俱單是居中國而去人倫無君子也將何以為理乎典禮不稱不可六也邑小城無千家之聚賊至乘城城內丁壯籍不滿千所恃惟民兵爾里割兵與之俱割矣全惠之兵計六百割半以去則此三百兵者將何為乎且守倉庫者兵也衛官廨者兵也縣官跟隨與凡勾攝追呼亦兵也公私雜役皆此半留之兵任之兵不實城不可七也峰尾北通吉了一帆之便惠倚以為門戶輞川去縣不十里平時烽火相屬候望時至辟之人其咽喉也故本道亏圖築城一棄

而之他兵旅動靜不相關白賊由海道猝至奄忽登
岸蕩無關隘之障而惠且愈單外矣棄地失險不可
入也是謂割里之不可然此害與不可特自惠而言
爾使真有益於興化而害惠安割猶可也某等之愚
復謂於興化無益則今之建議者何苦虛取
租制而紛更之也盍林御史之議豈不謂前殘毀將
割惠安以自廣乎不知惠地磽确民貧不任一縣之
賦其屬於泉特以職事相統攝爾非能有實益於泉
也泉州治開於晉江舊時一府之費晉江以大縣獨

供焉不足則均之於南安同安等縣而惠獨以其瘠
而貧也諸百徵輸不與他諸縣齒以隸於泉榮之曰
七縣則亦徒具一縣之名籍而止爾在泉無益於泉
則改而之興化豈能有益於興化哉至興化府之議
謂於楓亭立縣以遏南賊以廣聲援不知賊風汛浮
海而至則東沙鵝頭青山諸處迫近興化皆賊登岸
之所若由南陸行則彼以數萬之衆長驅直馳徑由
楓亭城下而去恐非楓亭所能禦也且興化一城爾
有縣有府有衛又有監司之長臨之其上上下相依

以保一郡縱使不能殺賊而於以自守有餘矣不此急圖曰必設縣而後可夫縣新設則凡兵糧器械所資以為備者蔑乎不足恃也棘則復請於興化爾為興化者不反以多縣為累乎夫在惠安者既如彼而其在興化者復無益又如此故愚等愚直謂今封疆已定分守素明二議皆可且無以為過不自度願乞行下興化士大夫毋私其鄉有司毋私其郡大小臣工務期奉法遵職輕徭薄賦於以保境息民為務惠不必割而民自蘇縣不必立而守自固不然則自宋

元之季疆虜外侵大盜內潰其間變故亦屢矣視今何啻十倍而其特之官吏及鄉士夫間亦豈無通古今練國體之人曾不聞有出一喙建一議若今割縣割都之紛然者豈直昔愚而今智耶其故可知矣某等参人情酌事勢區區之見若然又以其關一邑之大計也故不敢避狂瞽之嫌具陳如左伏惟省覽俯賜施行地方幸甚疲民幸甚

鳳崗存藁卷之十六

溫陵張宇仲矩著

襍著

英德縣示重建龍山書院文

龍山書院先大父舊令是縣建祀唐洪兩公先少保用贊其成盖今五十年矣不肖嗣令兩謁祠前堂僅支堂後荒圃一區草穢不治問之則故棲神之所而今頹盡唐抗疏論斥寵相忤天子竄居於英英在嶺外風不雅馴名徹中州童孺今聞其名以熟繇唐也

洪陷虜廷身瀕死者數矣卒幸歸朝可與漢蘇子卿
同傳貶之英者檜也而英得洪益愈重矣兩公重英
沒而三四百年英始有祠而頹若是則令英者過也
况祠於先大父逮余聽其自頹余過愈甚亟謀學子
復其舊規學子顧力振余也退稽公帑無他羡按籍
近例行下繩人以微文令一摇手輒觸禁網或曰縣
有餘贖金也余又不喜致人於罪而責其贖葢任六
句法當積穀七十石堂房紙劄具是焉供而過客淬
費文倍之贖鍰葢廑廑矣舉義惡其不終而獨力又

慮其難成故請縣名縉紳及諸學子其有矜余之務而贊其用心乎毋以令不勉力而虛借助紛紛為也父兄子弟其有願佐余成度貲高下出以其力余毋敢忘其義其不願者家雖有高貲毋强也敢告

書院成請碑狀

唐公介有祠於英自先大父令英始也祠在縣北內有孤忠獨立二齋蓋摘詩語稱之前有講堂傍搆精舍十數間學子肄焉祠後有山二亭其上山半曰半雲巔曰飛雲山梳縣治名龍山祠在山下故稱龍山

書院皆先大父之為之也祀典未具先大父拎舍先少保書報韶太守文未果祀越二十年先少保開府二粵行縣抵英亟命縣中人士以祀請縣中人士則又言曰洪奉使皓亦嘗安置英矣唐公宜祀洪可配而兩也狀上督府先少保報可於是為兩公祠英於宋為州地有嵐氣瘴毒為夾北人視為惡地宦遷者遷之謫臣見忤時宰則居英唐公別駕守其官洪則直安置爾先大父建祠祀唐至少保而並以洪於是嶺外諸縣英獨有名於時豈必珠犀玳瑁及它怪麗

之為產哉縣兩公也英人詫於它郡國亦輒以兩公稱則祠於英可廢哉顧祠歲久而圮辛未大水後堂圮盡像遂毀廢鄭令良材即前講堂葺之柱棟苟支移神以居而肄業學子亦在焉人神一堂群譁不肅宇視事之三日謁拜祠下則顧諸學子曰此豈所以閟宮秩祀虔事明賢之意亟謀復祠以止神位即之荒圃一區片石頹瓦無有也時詘帑無公儲禁例纖客吏一摇手輒觸罪網祠復而費不具則以告縣人士忺忺相余費金一百三十餘一呼而集後旣而民

不厲則縣人士之為費也異時官有大役上下相遁
木尾僅半直匠作直不時予而強役之工不實核材
不中程匠作謾嬉急之趣辦以應官廩耗廢幾倍民
間而工作輒易敗問之蓋曰官舍視為故事蓋久矣
宇之於斯役也具器物戒工徒予直一視民用毋敢
強抑董役以推耆舊之愨而明習者數禮而任之役
速費節其制不侈而固磚石四結屹爾百年之規而
基不壞則縣人士之為力也方宇謀祠聯爾為之而
今成功蓋如此而傍學舍亦如之負獻有位藏修有

所豈宇之為盖縣人士之義宇觀厥成而居其功宇媿之矣然大父遺澤固在也伯父成之壞則宇又復之則家三世於是祠也豈得無情哉存先人之澤且以毋忘縣人士之義亟顧碑之故具論其興復之所以辭樸不揚而事則核固庶幾立言君子之擇之也

謹狀

題僧如崇結庵募緣簿文

翁源僧如崇持簿抵余言於東岸結庵請縣主之余應之曰縣官長縣事而不經不可為也况淫祠乎如

崇頓首不起余謂爾有意乎東岸經始縣不敢與縣
南有祠一區汝庵其傍易就也庵就以爾典祠吾且
出金以佐爾費如崇頓首幸甚余乃挾之祠所相地
以築庵祠蓋祀先大父縣之士民所請也祠有田租
先伯父督撫二粤租又繼拓以供二祭主以明化寺
僧兩翼為舍數十間僧居於是而學士之藏修亦於
是外有亭幾所蓋南山大觀具備矣第久主僧惡幽
曠樂即市廛咸就明化竊食為蠹棄南山不居祠空
無人灑掃之役不具歲久寢圮租羨歲入僧橐葺文

不時辛未水災縣中公私廬舍溢壞數百間南山祠一堂僅支兩翼廊齋舍亦壞木石僅有存者僧官繼容纂歸以治私室兩翼為墟二堂無障則墻又壞前堂中有四柱屹峙榱尾以毋傾然廢後堂頽幾不屬而像且毀丙子夏五六月報余視縣寺僧慘惶避過於是稍葺二堂它墟猶故國風黍離詩人所以傷西京也今讀其詩猶喟興懷况余嗣縣敢忘祖德之思力薄不任且重勞衆故隱未有以云而今如祟告結庵令移寺傍以翼祖祠則余今所以允如祟意也孫守

祖職祖祠不勉復嘗試於一僧僧又非其土著之僧廼遊方僧僧不量力而余亦可謂輕狂矣則安必成之敢幾哉如祭聽余移庵之命又簿請書書之識余不肯非敢必以先人之故而重以擾縣之父兄子弟為也且春龍山書院縣人嘗為縣令賜矣此又僧自結庵非嘗祠事毋敢以煩縣人僧行四方境外善心之士及諸村落名豪有好事者不妨僧自募之名刹遺跡僧所居自募自結在在有之非必皆有縣官為之重也

惠邑分疆議

惠縣疆域止此爾都圖不均田賦不核而官空持計簿肥瘠同科此逋賦之所以日滯而濱海之竆民日以亡徙相隨屬有以也於是作分疆攷按縣西北阻山東南跨海山之在西北者縱横四五十里舊設有三四都十二三都十四五六七都通八都已而狼虎出沒嵐瘴為灾民死且徙而田輒穢不治於是絕戶之田官以置屯而都輒從省併三合於四十二合於十三其十四五六合於十七秪為十七都蓋歲遠矣

後土澌夷人澌衆田墾幾盡顧墾田半奪於屯而屯於其地者軍三百戶占田餘八十頃而田之在民者加少矣山田故決溪源通利隨高下可握以灌田田不苦旱田之者逸而歲又輒可穫此山田之利也特其山谷崎嶇土着人寡村無十家之聚或走數里始望一村而問其村之人半其軍戶不則其漳僑居之流民也又不亦其縣之濱海之甿棄其本業而田於是者也故山田稱沃而人少昔人之倂都有以也獨屯郡邊郡良瀍今置內地餘丁田之歲納細糧數石

皆坐而食以嬉官不得用其力非祖制也田以錯於民間爭訟紛如而持議者猶謂兵食大計疑不敢動豈非苟守尋常而難以與權哉故屯在今宜稍更定其瀍或取其力之用以衛縣或斥其屯之田以紓民顧其計誠便與否耳不然徒以沃壤之區棄之鼠輩之食亦何益哉北而五六七八九十十一舊自為都夫此之數都者山勢平衍其中輒廣良田矣水草一畝之田歲入數鍾沃矣而村落棊置星列家百數十為村往往而是而村且多大家海潮時至昔人捍之

為田而海至此為内港外無畏於波濤之險而内時有魚蝦之饒力餘採之亦足以贍生故縣人稱此為樂土倭燹之餘頗異昔所云矣顧縣之被倭者在在為墟其害不獨縣北諸都為可隱也今顧七都上下獨併為一其十一都輒合十二三而有之毋亦其此數都獨有氣力於時抑或其都之民黠而足智有以乘隙而斷姦耶故冊都圖宜從嘉靖之舊惟是捍海之田人雜而頑埭壞田棄以穢而崇福寺則其最劇也崇福一埭國有百八十石之賦而僅以一妻子統

畫楚口加賦逋日衆竟之官亦莫能呵也而固且之矣以今猶然過此力愈不支將盡併其田而海則此百八十石之賦其何託哉聞之嘉靖辛丑壬寅之間俞太守召人領崇福明與其人約曰吾以崇福予若若祗輸吾正賦供吾里甲而徭役吾且縣編銀差毋苛也以告之人而又以請院道得報可今其中文由帖可覆也倣而行之革去今之宴予寬其宿逋而田以予小民之無田者不則召豪有力之家使領其田而明與之約束如前事將有樂起而應者矣

孰與恣其壞敗而徒以歲逋坐累有司哉它若官埭傳埭之屬田之者衆而埭不以時築則愚民慮始之難也夫彼皆其沃壤而輕棄之賦蓋有難於上供矣縣可以驅而就也華林寺糧七十石荒埭荒山一切畝科賦難矣益之以官租則又難縣固可以核而減也不然則華林又一崇福也彼固有逃而已蓋西北都利弊之大較也東南諸都蓋自十八十九至三十四咸跨海矣地無嵐瘴風氣宜人人多村聚而村輒有宋元舊家其土風也而地頗瀕海田稱瘠焉田既

瘠矣而溪源又不達於是民間田者輒鑿泉以取水當夏桔槔消滴之水以死爭之往往至相鬭訟鄰不能平官不能禁蓋再易月不雨泉竭水涸田遂以災不獲聞矣比其歲穫稱有收而收不及北都之半蓋又地力然也十八九都二十五都三十四都田差勝南而二十一二三四六都田苦旱而地差勝於田一歲之食麥豆居半而地產鹽人精細布又其糧少於丁而丁多者戶輒百十為常故其士之男婦歲用灑鹽機紵特得厚利不待仰田而生自足此其凡也大

家歲有田賦顧幸其籍為鹽賦不入驛不差徭不編機兵歲減民賦幾半而田地之步畝猶得如數無虛賦所易供也不則難矣東二十七及它三十一二諸都其風土與南頗相類田不相遠而瘠地又獨浮於田一戶之賦地居什七而外鉅海環之北風吹蕩沙塵灰飛而田於其所者往往以沒於海塞於沙嘗即三十一都之故而知之矣沙湖滿目一望或余數里問之皆民受產之故地也且昔夫量鹹田穢地一切步畝受糧今而海矣沙矣而糧猶懸其戶蓋其籍之

浮糧是也然浮糧以請於朝而行之而力能得請者什無二三約凡虛賠之糧蓋數石數戶焉而地存可耕者土曠人稀地輒一易再易而糧歲輸如故戶懸數石之糧而歲曾無升合之儲三十一都蓋半是矣而故此都之民為最困於是官一徵糧民無宿藏歲竭網罟之技入海以漁得錢數百輒持以入於官不足則或樵炭於山傭作於人以補之大抵終歲仡仡半為官錢不勝瘁也而糧終不得完如式豈非東南數都之民獨苦耶故此數都之田不為士大夫所趨

士大夫之田數都者大抵生長其都之墟而念不忍棄其墳墓家族者也即此而都之濶狹可裁矣謂宜請於院道通一縣之田糧量而均之因以籍之上也顧縣恨無可屬以均之人而不便於豪右或撓其議請先諭縣之長令各自實丁產之數實而不以實者沒入之刻期納之納畢則召其鄉之老互使評焉而縣擇其一二甚者自量之有頑不率隱糧而朋欺者令使虛賠之戶首而補之鄉老評不實者罪之如是虛實均矣而賦地與田同肥與瘠同地與田同則是

爲施之與無鹽也肥與瘠同則尾礫之與隋珠也爲今之計謂宜取古三等九則之法田瘠之二當肥之一石地之瘠甚者二以當田之一而又輕焉盖均則之道也或謂驟而更之物聽徒駭盍謀以漸而蘇息之田地肥瘠之數核而籍焉正賦如故而它繇徭役當編則於海都田堿之瘠地又逦堿之或輕之縱不盡均而諸瘠疾甚者盖漸一二蘇矣何如空持計簿而苟以取盈為事哉故今畫疆之議約所當急無過此數事矣

惠邑制險議

國無小不可易也惠當山海之衝斗城孤懸曩固蹂於倭矣城之存而不燬者幸也今可以毋備乎於是作制險議按縣北幾四十里有白水寨在舖之南亦名陳同楓亭之所取道也由縣北二十里至驛坂折西北山行十五里為日縣嶺西為東坑寨山徑盤紆數里即入仙遊而寨於西南山岔有虎窟界抵晋江河市抵縣可三十里三寨遺址今尚存而兵戍顧罷久不設間之盖寨以備山寇時警寧謐固毋庸此寨

守空勞縣道為也一或寇擾南北交馳則豈一區區之惠縣所能當其衝哉識其名存其跡使其後有司舉之故足矣沿海城戍有崇武所所去府七十里縣四十里有峰尾黃崎獺窟小岞巡檢司峰尾抵府九十里縣四十里黃崎小岞抵府七十里其抵縣小岞三十里黃崎三十五里獺窟抵縣如黃崎其至府則海港一潮耳所千戶五百戶十軍千餘丁如之四司官一弓兵百兵歲縣於徭戶給之此

國制也所城今戍如故巡司弓兵歲十數人弓巡檢

巡檢歲收其直云薪水弓兵明示非戍用矣佗輒名為臧革銀充餉巡檢歲居縣中無所事事幾於冗官矣存之以供送迎備後使耳

祖宗於海置戍蓋所以護内地備非常也今顧以亡用而廢之夫使誠亡用也奏罷其官歲省俸錢數百其利在縣而私免薪水之弓兵利又在民此亦奚不可者今官不敢言罷而歲第去兵以充餉非計也且敉四司之宜有裹有外有劇有易而縣治視之則其何者可罷也峰尾獺窟對峙南日寨内司稱腹裏

猶易矣覲峰尾在縣北黃崎在縣東北循黃崎入至竿嶼三十三十一二三四諸都在焉而由竿嶼傍輞川則五六七三都舟咸可潮而至也且輞川去縣僅十里其循峰尾以入則八九十十一四都居其傍稍拆而東片帆而抵輞川海道兩司相出入無關限也陸行柘距五十里兩司誠有兵有船而外與南日相聯絡哨探嚴信烽堠分明賊艘入內黃崎峰尾犄角逐焉而南日蹙於外此賊之所以懼而不敢內窺也今撤戍焉卒有往狡之謀衝潮夜入突至竿嶼舍舟

襲縣不十里而至矣而外又無以躡其後前有所貪
後無所虞此黃崎峰尾撤戍之害也出黃崎蓋小岞
矣小岞北行南日在焉其東南則為大岞復拆而南
為崇武又南為獺窟東接滄溟恥無限際蓋與海外
夷國一水隔爾置戍於其地者崇武所屹然中居獺
窟所北小岞所南兩司置戍兵僅百人少矣所恃以
為援者崇武也且自獺窟而下衛有永寧小岞而上
寨有南日急而烽火相聞軍兵互援 制也今司兵
廢崇武且閉城自守矣夫崇武固食吾縣之食也尚

三縣之膏脂以養一城之甲士豈徒為保一彈丸黑
子之片城計哉吾知其不然也小岞稍內有牛嶼外
稍北有湄洲嶼兩在海島中形勢便利舟行上下亡
論南北風大舟輒於此藏焉風濤不驚或經旬月不
去盖屢然矣於是或入黃崎達竿嶼或縁海嶝達埕
埭黑夜長驅直至城下縣危矣故瀕窪小岞皆要也
小岞尤要而今幸無事者有船防汛也船名防汛去
來靡一船去賊來吾竊為縣憂之謂宜請之院道復
四司之額兵明互援之舊令而且以寸之船使相會

哨崇武食縣之食聽縣調發南日永寧毋以守地自
晝急而飛檄勉使刻期趨令遲者罪之賊泊小岞則
崇武攻其南而南日揚兵犄其北賊泊獺窟則崇武
鬬其北而永寧耀甲角其南憲司閫帥賞罰信必一
聞失事按律定罪甚或褫職以去
祖訓炳然成憲具在內而黃崎峰尾一倣其意行之
即海隅荒村亦且帖席卧矣何况縣城之足虞乎雖
然余又嘗聞異時之弓兵矣徑繇歲編人無定晝且
趍隴畝之間使執刀弓之技用非其能而官顧強役

焉非其好也於是納錢巡檢求免役或募其土之人代之其人輒遂與官為市兵寄空籍而縣官不得其力用盖昔已云爾矣今復戍兵而弊如故與無戍同謂宜如機鄉兵之制募民之强有力且閑而無田者藉之教師教之縣官督之十年一編老不任者汰之巡檢有責效核之實罪毋赦如是兵精足用矣土著四巡司民歲苦冦暴即縣聯其土人而什伍之彼所樂也冦小兵及其土之人禦之大冦不支乃得請互援如著令消姦戢宄為地方百年計顧無便於此者

矣在府團練之兵歲久不試何不編之小岞獺窟之間于一大艘令兼防汛之兵用之使相番休設時遇有寇警疾呼而至一徤兒半日之力爾此之不務歲耗縣官之儲無益於縣且有覗然傲視縣官之心此非計之得也外而輞川縣稱一都會焉而近即地置城守而縣益壯善矣顧城無戍人又不相統一即賊突至襲焉而且據之為穴以窺縣城則此都之薪水斷不至矣曠日持久與縣相持此坐而自困之道也故輞城遇急當議守

惠邑崇武倉議

嘗按郡志崇武倉本色米三千七百八十石又有本所屯糧本色米九百三十石二項四千七百一十石一軍月糧八斗歲除拆支外支本六月一軍應本米四石八斗則此四千七百一十石者歲支軍糧可千軍之食矣内除官糧亦可歲供九百軍今軍鈌舊不少而歲猶以空名食糧民糧歲輸如式而屯糧輒累逋不入軍鈌故也今宜行所籍見軍以報縣縣核實見若干歲應本色米若干除屯糧外籍見數以輸之

民糧減矣縣又計其所減之數籍而儲之以代徭編之餉軍無冐耗徭得輕差而也糧當輸者歲不得以懸逋此武米議核之便也米雖核矣而民米上倉者猶有數弊納戶雜沙和水米易浥爛軍苦米惡斗級又苦拆貱此一弊也樂歲米賤官未來倉故又不時軍苦無糧斗級又苦守支此二弊也附所都圖多濱海海都數歲之中什僅三收歲一稍歉海都輒不得米以輸而額糧輒掛欠軍苦賠償斗級又皆費此三弊也往歲徵糧縣正官有拜見關倉有花帑有祭

倉儲羊而徵糧委官亦如之糧未一粒之入斗級人費十數金矣又官日遂下程門皂日食往来夫馬率取辦於斗級之家一歲之糧官来往或拾巡坐收或至數月斗級又人費數十金矣赴府關斗斛有費倒支糧冊又有費兩費非十數金不可則其費於官已侈矣斗級兩人一詐一愚詐者内賄吏胥私同糧戶或出虛串或賣官糧或包收里班之銀不納他日賠糧則與愚者共之愚者賠矣巧詐之徒往往僱人監追文書展轉虛實相眩一年兩年以上輒以勘估請

矣而官卒莫之呵以間不無枉賠之家故也此四弊

也且其西北都圖離所近者三四十里遠至五六十

里到所未便上倉敷家侵漁一石之粮往往半石之

耗而愚民又過之於是付攬戶使代之而攬戶則皆

在所狐鼠以倉為其窟穴者也於是與吏為市而害

於斗級益烈矣此五弊也斗級負此五弊故歲一僉

耗踰百金而害及於驛夫廩保而軍經亦莫之利也

聞之嘉靖初年曾有軍與里班對支之令編定由帖

某里班糧若干輸軍某人四季為限或銀或穀[illegible]或

雞鵝羊豕布貨兩惟其便以納納不如限者所官且數于縣縣為比較如宅糧軍無惡米之嫌踰期之苦里班無轉運之艱亦不病於掛欠之累斗級工食以儲於官雖一斗級十倍追銀固斗級所樂也如是斗級二人官歲得銀八十或凶歲而待賑或充餉以代徭固惟官所使耳此於官民兩便而討莫之行者以額設倉官為疑也今巡檢亦無弓兵矣則亦何嫌於倉官之冗哉行之數年而便雖以奏除此官可也

英鹽議

伏承鹽法道牌行卑縣督捕私鹽按季比較近據里
長單開鹽商價昂本消牌提鹽商俱已批解鹽道重
在國課欲商不滯本道軫念民困其所以惠縣民意
厚卑職待罪於英英有鹽埠上司牌行卑職坐食雍
容不筴便宜以聞則安所謂令哉它鹽無論英鹽之
故卑職蓋所習也敢以私鹽鹽價兩者端議以請命
縣有二大鹽埠一英翁埠一浛光埠埠各有商大埠
有析為小埠英翁一埠散之英德翁源各自為埠其
在英德城下埠南岸埠東岸埠清溪埠觀音坑埠龍

商又非但一縣之商他縣商鹽未至本埠而賣此一詭也賣於本埠鮮其行鹽之地徼倖多賣浮於正引之外而多得利又一詭也不得則委罪於私鹽以脅官府告乞減餉又乞展限又一詭也商有此三詭也故寧遺引不拆而競私鹽私鹽所以獨盛於商人也南韶私鹽視之英縣尤多英縣有引以限彼無定引視將盈縮餉又鹽至所在而後輸沿途賣鹽寬將輸之費又省輸餉之金則人孰不競利於私鹽者故詰私鹽宜先詰商尤宜先詰南韶之商此詰鹽之當議

者也然價不定商民嘖言又時有之今擬里長阜閒、
鹽價包銀伍錢價高傷民夫均一包鹽也韶州三錢
貴而三錢伍分止矣則英安得伍錢且韶固由英而
往也舟夫牽輓韶劇於英而英價高於韶里長之所
以不平而愬也商人言曰英與韶鹽異英鹽先期輸
餉一兩一引歲貸子錢費幾半倍韶無是也鹽商買
鹽舟至韶而輸餉則借貸之息省於英英餉先輸賣
鹽周歲為斷歲更一周後商繼至前商餘引不賣狼
籍棄之而餉輸於官者不可得追故歲又有虛賠之

若英翁一千六百引今歲八月告代拆引一千二百六十道餘引四百四十餉空賍矣滄光代在十二月今盡八尽拆引止得二百二十道則賍復如英可知也韶餉銀輸於府有引有餉而歲又無定期故餉不賍又異於英英商又畏他商之私鹽僱人哨江歲費可二百金韶商賣鹽計鹽輸餉雖有私鹽不畏賍引故韶又省於僱兵獨英僱兵英鹽之直其高於韶鹽有以也兩人之說蓋如此則明自以為是而爭於官然毎二引分之可十四包引計千錢多不過五錢以

十四包分之一包可三分伍釐止矣賠引之銀四百四十僱兵又二百計之六百四十以此六百四十之數均之一千一百六十引之中則引又銀伍錢柒分引十四包一包四分併貨子錢叁分伍釐計之三件英鹽費多七分五釐毫分縷拆盖不加於是矣商人藉口二者價至五錢甚無當也今謂宜定鹽價英埠下南岸二埠鹽價三錢五分多不得過四錢它而小埠及翁源浛光各埠遡流而上灘高水淺水陸迭更小舟盤慱日子貨費子錢賊餉同於英舟車牽輓視

詔倍有其極則今近加一錢蓋價不厚商不贏了
來太昂其價商使倖富而遨於市窮民困不得鹽終
月食淡而生遂蹙不樂以今之議而為之準雖非右
弛山澤之禁以予民共而商不為民厲憔悴之餘幸
寛一分之賜且商亦未為無利也異時商縣投引花
幣杯盤歲有常奉印票二有硃銀一包一分衙內家
內有常例官固如是則今以厲吏曹而令毋索商哉
積征厚取右商以奇貨商亦恬不為病委之於官取
之於民鹽價日涌官且拱手熟視一切置之豈非曰

鉗於美珠哉甲職初至苍幣卻杯盤卻袾銀文卻縣無所涅於商其氣不餒議詰私鹽又縮其直甲職之所以揚眉而議也願乞本道允行刻榜通衢使共守之商民兩得怨言不生事乂可行官可以寡許鬪之訟此其鹽價當議者也愚慮如斯願吐底裏此故具申如右

八闽文库

福建文獻集成

續編 集部 一九

吴格 主編

八閩文庫
文獻集成
343

海峽出版發行集團
THE STRAITS PUBLISHING & DISTRIBUTING GROUP
福建人民出版社

本册目次

覆瓿草六卷

〔明〕閩縣林烇撰

日本内閣文庫藏明萬曆間刻本

覆瓿草六卷，明林烴撰。烴（一五四〇——一六一六），字貞耀，號仲山，閩縣人。嘉靖四十一年（一五六二）進士。歷任户部主事、廣西副使、太僕寺卿、南京工部尚書。爲人襟度高曠，持正不阿，奉職惟謹，多有治績。烴家世爲詞臣，學有淵源。撰有林烴文稿、林氏筆記，主纂萬曆福州府志等。

是書分六卷，卷一五言古詩，卷二七言古詩，卷三五言律詩，卷四七言律詩，卷五五言排律，卷六五言絶句、七言絶句。卷首題「閩中林烴貞耀甫著，東越胡應麟元瑞甫校」，四庫館臣則誤爲胡應麟所編。前有胡應麟序，謂烴之詩上取漢魏，下涉唐宋，五古「温裕和平」，五律「如茂林豐草，幽谷長松，味之亡窮，索之逾遠」，七古「如流水行雲，迴風急雪，排蕩莫測，操縱自如」，七律「清融婉亮」，他若排律「䆳麗而春容，莊嚴而富縟，絶句「孤絶，優柔而閑曠，逸發而穠纖」，可謂品藻備至。葉向高蒼霞草卷五林仲山先生詩序謂「先生詩清冷超灑，冰肌雪骨，不與里俗同調也」。四庫館臣以胡應麟與明後七子關係密邇，以爲是編「大抵舊調居多，新意殊少，乃七子之支派而已」，所論未免浮廓。集中登攝山絶頂頷、頸聯云：「雲霞縹緲諸天近，草樹微茫萬壑低。王氣長浮鍾阜北，江流斜抱石城西。」陳田明詩紀事引梁章鉅東南嶠外詩話謂「非親涉其境者，不知此語之工也」，實與葉向高所見者略同。

葉向高蒼霞續草卷十三載林氏墓誌，稱熞撰述於覆瓿集外，尚多未刊者。是書千頃堂書目、四庫全書總目皆著録，惟傳本甚罕。今僅見此日本内閣文庫所藏，鈐有「秘閣圖書之章」。（金曉東）

覆瓿詩草

共二冊

上

詩序

東越胡應麟撰

國初稱才之盛者無若吳下四傑嶺南五子咸彬彬合軌一時云而閩中以才著稱者凡十較二方不啻倍之而林員外鴻又翹然為十人者之冠鄭繼之王道思崛興弘德嘉靖間迨近日而闤闠

詞章幾于家靈蛇户囿象矣而閩之尤稱極盛者亡若晉安之林榮名奕葉焜耀于一門三世之中父子弟兄更倡迭和而山林枯稿之言望之自失若今觀察仲山先生覆瓿草其一斑已先生王父文安公尊人文僖公伯氏文恪公皆以良史之才擅藻木天聯翩入座其鴻

裁巨軸紬之金匱石室而播之通邑大都者固已人人誦習之而先生特以蚤歲成進士敭歷中外已而養高岩穴十餘年所而以其生平全力萃于詩歌故尤爲精詣其體自河梁以迄輞川無所不懸解其世自黄初以迄大曆無所不馳驟其人自蘇李以迄錢劉無所不取

裁茲所傳霞魂一編不佞麟受而伏讀未嘗不三擊節也五言選體溫裕和平薄太康而上之而五言律爲尤勝如茂林豐草幽谷長松味之亾窮索之逾遠七言近體清融婉亮兼天寶而有之而七言古爲尤超如流水行雲迴風急雪排蕩莫測操縱自如他若大篇長句豐

麗而春容莊嚴而富縟短章孤絕優柔而閑曠逸發而穠纖即咢中一截全牛固可想見大都先生之治詩才高而絜之以法氣厚而標之以韻骨瞻而永之以思情與景適象與境鎔比興孫深而觔節靡嶻盖卓然自名一家而侈大三世之傳籍茀令陸氏兩生見之君苗焚

研之弗暇而敢以三都覆上詫也嗟夫古今所炫稱簪紳閥閱極于漢之袁楊顧其人菁華不少概見唐之竇宋之蘇蟬連競爽而率壈坎宦途求其膴于仕者一不可得又僅一載傳而驟止以今先生較之通塞久近其果孰與仲多故不佞竊以先生一門殆造物者陰縱完

畀詎惟國朝創見亘古今罕覯其倫非虛語也而不啻已也先生從子計部郎天廸方以文辭雄秇苑不佞嘗序其詩謂閩有兩林員外行且嗣先生之業而益傳之無窮而林之獨盛于當代也行且不可以世數計敬因先生命序而陳説私所艷慕如此俾異時諸尚論者

執余言爲左券云

萬曆丁酉仲夏望後一日

詩序終

覆瓿草卷之一

閩中林　熞貞耀甫著

東越胡應麟元瑞甫校

五言古詩

伯兄以詩見懷答寄

伯氏遊京華，二紀迈鄉縣。晨省暫趨庭，星言復乘傳。金陵杳何許，江帆去若箭。人生無定居，譬彼流萍轉。詩篇遠見懷，髣髴承顔面。尚憶臨江別，握手淚如綫。

其二

帝城冠蓋滿詞林人所羨暮直承明廬朝侍金
華殿景運際　龍飛亨衢瞻豹變天保互賡歌
湛露時承宴既典秩宗職亦膺端揆薦退食何
委蛇常供大官饍一朝滞周南寧無子牟戀寤
寐諒有求　明主思陳善

其三

北風厲嚴寒庭除積霜霰冉冉歲云暮流光疾
於電謝病三載餘愧乏子虛撰幸逢休明時敢

謂郎官賤丘園甘嬰屈世路紛龍戰宦擬安仁
拙游同長卿倦所欣侍庭闈息意紛華見

北征述懷

歲暮事行役僕夫早嚴裝駕言適京國掩淚辭
高堂離别將萬里踟躕復徬徨關山鬱崔嵬恐
彼道路長三復陟岵詩喟然結中腸

其二

維舟未能發北風天正寒兄弟走相送握手江
之干亦知會有時離别古所歎何况連枝樹能

不懷辛酸豈無盈觴酒惻惻不成歡努力各自愛長望雲中翰

其三

伐木歌求友斷金示同心伊余素寡昧卧病南山岑幸忝君子顧忘年眷何深入我芝蘭室遊我翰墨林一旦參與商離思安可任冠蓋集如雲飲餞臨江潯念昔携手好惠我瑶華音郢客無嗣響越人有徽吟何當税塵鞅丘壑相追尋

京口阻雪

駕言適金陵停驂宿非固同雲暗原野雨雪無晨暮疲馬不可乘孤舟未能渡虛館寂無人登楼聊四顧嶙峋望玉山嵾差睇瓊樹淒涼荘舄吟徘徊仲宣賦哲兄悵離群尺書道情素鳳臺久延佇佳期屢乖互誰堪遠遊子歳晏滄岐路

白龍洞

粤西多名山四望森翠壁官曹有餘閑出郭恣所歷初秋顥氣清曉日群陰析山行愜心賞境幽欣目擊岩巒鬱相望竹樹紛蒙幕鶯嶺聳烟

霄龍宮藏霹靂洞雲午始開石乳晴猶滴客詣今日宴僧卓何年錫金像肅莊嚴珠林翳禪寂碧澗瀉潺湲青蓮開的皪初驚寒氣侵久覺塵襟滌聽法擬重来三車倘可覓

三司諸公湘南楼餞别

駕言適東粤清江纜孤舟群公寵行色飲餞湘南楼朝雨值新霽爽氣澄素秋停車戀廣會樂飲傾庶羞絲竹既迭奏賓主更獻酬列坐盡豪英威名震遐陬經綸樹茂烈文武運壯猷伊余

駑鈍姿忝從君子遊倚玉恧多幸斷金愜所投句朔暫為乖離思良悠悠願存久要約古道庶不偷

王總戎餞別水月洞

微雨霽秋晨涼飈肅天宇孤舟未能發元戎勞出祖奏凱平百蠻軍中日歌舞愛客列綺筵臨流振簫鼓岩巒忽遊歷奇勝驚未覩豈是五丁開曾經巨靈斧大者如城闕結搆自太古巖叢駕虹橋倒影清江滸小者類巢居中可容數武

鑿竅混沌初東西烱窓户下有百尺潭遊魚紛
可數水月湛空明恍入清虚府怪此造化工得
無仙靈聚冥搜限晷刻獨往牽簪組何當此幽
棲萬物俱塵土

府江渡

朝發陽朔崖暮次昭潭渡行邁千里餘孤舟日
東騖川途阻且長耳目漸非故巉巗夾崇山杈
枒羅茂樹四望寡人煙三時昏瘴霧深林蹊徑
絶恠石波濤怒虎穴幸徙蹤狼烽猶置戍客子

獨何爲艱險常道路雖懷叱馭心寧免垂堂懼白日易蹉跎玄髮忽改素人生苦拘束多爲浮名誤萬事良悠悠達生庶可慕

醴陵即事

衡山望醴陵官程猶數日客子苦懷歸由徑不遑恤連山路欹迷危橋渡非一荒荒虎穴鄰翳翳蛇榛密摧車險在前垂堂色恒慄辛勤念僕夫疲涉憂家室及此百慮煎乃悔始計失寄語後來人周行良可率

放舟一首

閑居寡人事扁舟恣来往鼓棹及流潮晨光猶泱漭霏霏曉霧開杲杲朝陽上初夏天氣佳六合一何朗停橈曲浦深策杖中林爽新荷吹苐香古木扶疏長黃鳥乍鳴柯白鱗時挂網濁酒聊自揮彈琴視天壤逍遙悟自今局促猶懷曩簿領既沉迷職務紛鞅掌五漿懼先饋畏壘憂大穰鴻鵠江海思麋鹿山林想長咏考槃詩千載有遺響

贈貞實弟壯上五首

義和戒西陸金飈薦微涼翩翩燕辭歸朔鴈紛南翔柰何我同生遠别天一方出餞臨江滸執手以徬徨

徬徨亦何為纒緜百憂萃岵屺既悲涼棣華復憔悴惟我弟與兄同枝忍乖異努力崇令名勿負平生志

丈夫生處孤壯志在四方腐儒守環堵安足語行藏子富經濟術謁 帝趨明光高翮翔寥廓

逸足騁康莊青雲應自致萬里遥相望
相望意何深家世緤纓組四卿奮後先聲光赫
今古而我愧非才竊禄無寸補疲薾寄山林草
木應同腐功業及盛年須言繩祖武
耀靈倏西藏征鞍不可駐秋雲霽遠空寒蟬鳴
高樹日月逝不留荏苒歲云暮白露落衣裳栖
栖傍岐路何以慰我懷雙魚傳尺素

春暉堂燕集

朱夏日方永薰風扇微涼眷言偕伯仲置酒此

華堂大廈忻始搆燕雀紛来翔輪奐信為美寢興應卜祥隂隂槐柳蔭郁郁芝蘭芳塤箎既遞奏促坐傾壺觴美人啓朱唇哀音歘逸梁閑情賴陶寫歡樂殊未央人生百年内倏如驚電光胡為自局促玄髮忽已蒼鯤鵬奮九萬蜩鷽安榆枋小大各有適榮名非所望

隣霄臺小集

烏山何崒嵂乃在城南隈盛夏方赫曦避暑登兹臺憑軒一以眺豁達天風来參差萬井出合

沓群山開百川東赴海縈紆如帶迴曠然千里
目周覽超氛埃偕我弟與兄披襟共啣盃雲光
侵户牖霞色當尊罍何必絲與竹萬籟笙竽哀
便欲乘長風飄飄出九垓遊仙有遐想作賦慙
非才尋磴歷窈窕觀碑剔莓苔勝蹟尚依然古
人安在哉冉冉流光逝星星白髮催醉鄉庶可
託浮榮焉足媒狂歌待明月日落仍徘徊

連江吴氏女千歸憐其遠也作詩四章以
慰勉之

倉庚鳴高樹春日忽載陽東園桃李花灼灼爭
妍芳之子當于歸相送集中堂驅車行復止踟
蹰以徬徨依依骨肉情能不割中腸
中腸何所悲念女當遠離行行越鄉縣迢迢隔
山陂女泣前致辭少長在深閨未嘗足履閾柰
何天一涯諸姑及伯姊淚下如綆縻日暮不遑
發哽咽前相持
相持亦何為咸恒秉大義女子云有行遠父母
兄弟松栢附蔦蘿綢繆庶勿替努力事尊章敬

共在中饋誰謂道路遥崇朝可以至歸寧歲有期收汝縱横涕

收涕即長路我心憐以傷骨肉歡相聚伊人獨一方練裳與布被愧無百兩将嘗聞古賢女貧不厭糟糠饁耕應慕冀舉案庶希光提甕聞少君斷織有樂羊四婦豈不偉千載名以彰女誡垂七篇念之慎勿忘

連江道中即事

七月始流火僕夫早嚴装百里豈為遠骨肉牽

衷腸悠悠出郭門行行陟山岡修嶺造雲日下視飛鳥翔驅車凌九折欲進猶徬徨壯山何巍巍東行道彌懸仰攀絶浮雲俯聆淙大壑詰屈失太行崢嶸踰劔閣溽暑猶未闌驕陽正為虐息陰倚長松清泉聊可酌連岩數十里迤靡勢就平修篁夾茂樹山水有餘清曜靈忽西頽遥遥見孤城停驂入里門主人歡相迎華堂列明燭尊酒敘平生嬌女徐出户無言淚俱傾雖念相攸樂其如離思縈乃知

古来人遠嫁難為情

信宿辭主人依依就歸路絶巘暫停車徘徊聊四顧參差見城郭微茫入烟霧群山紛西来百川盡東注曠哉千里目豁此滄洲趣宿昔慕真詮蹉跎髮已素何當五岳遊庶與仙人遇丹砂錬可成紅顏倘能駐無為守環堵戚戚傷遲暮

再贈舍弟北上三首

積雨彌三旬跬步窘拘束今辰天氣佳曠然騁遐矚谷鳥鳴高枝林花散晴旭余弟遠別離置

酒臨江曲芳時不少留怨彼驪歌促解纜欲乘
潮牽衣猶躑躅
春江遠際天蒼蒼但烟霧念子當北征孤帆不
可駐親朋並集送飲餞津亭暮　帝京萬餘里
悠悠即長路使我寄懸旌遠繫燕臺樹千金頳
自愛夙夜行多露都門值阿咸依依話情素為
語山中人設置方守兎
相對寐無言將適萬里客十年兩送君鬢髮颯
已白國恩未能酬捐糜非所惜吾衰力不任負

疴卧泉石飛騰及盛年天衢方騁跡蠖屈時能
伸豹隱文彌澤如彼江海流皆由百川積猶言
崇令名執事恭朝夕清白有遺規佩之在無斁

邀嚴比部遊柯山

信安有仙山勝蹟聞自曩承乏忝是邦探奇何
由往使君從北來璽書雪疑枉簿領有餘閒聊
訂山泉賞侵晨出郭門形神覺開朗暑雨值初
晴新秋天氣爽阡陌暫循行田疇忻大穰禾稼
蔚如雲篚筥更相餉林花爛熳無野樹扶疏長

南行十里餘原隰何沆茫徵徵遠寺鍾泛泛清溪漿山徑轉透迤禪宮靜弘敞高閣翳松杉層岩披草莽石梁際天橫磴道緣雲上崢嶸神鬼工縹渺仙靈想蒼苔餘故枰素壁存遺像茲藝幼所耽低徊猶技癢砰訇鼓吹震颯沓岩巒響千仞可振衣福地言非罔賓主更勸酬對酒意慨慷鳴蟬聒夕陽栖鳥催歸鞅當時一局終城市已丘壤木槿與蜉蝣人世堪悲愴何當營丹砂高舉謝塵網

覆瓿草卷之二

閩中林　烴貞耀甫著

東越胡應麟元瑞甫校

七言古詩

壽少尹伯父

人生七十古稀有諸父行年六十九百里曾鳴

窓子琴三春早種陶公柳歸来賓客常滿堂披

裘散髮何徜徉山中獨結烟霞侶江上閑看鷗

鳥翔園林景物多方致行樂揮金唯稱意階前

修竹欹凌雲庭畔落花常滿地海屋籌添不記
回佳兒遶膝奉金杯應信眼前即蓬島何須方
外問丹臺

醉歌行戲贈天宇姪

越王城邊日欲斜越王城上聞啼鴉披衣出門
何所適來醉東隣小阮家小阮風流富文藻藝
苑知名一何早露冕曾分刺史符含香慣起郎
官草拂袖歸來歷幾春酒徒詞客日相親謾論
興到忘賔主真覺詩成泣鬼神買醉十千應不

惜高館張燈列瑶席金尊玉斝泛流霞妙舞清歌娱永夕人生百年能幾何鏡中容鬓易蹉跎竹林無事但飲酒明朝有興還相過

龍江競渡歌

五月雨過天氣清越王臺前江水平主人置酒且張樂邀我来作泛舟行江頭彩鷁列無数閃閃旌旗耀江路舟子操舟疾若神衝突洪濤喧競渡初看出浦勢逶迤大船小艇相追随須臾鼓枻各馳驟小者争先大者後縱横轉鬭勢莫

嘗儼如群帝驂龍翔中流倏忽振金鼓又似湘妃出遊馮夷舞戰勝紛紛奪錦回呼聲動地山爲摧天吳髣髴亦乍見波濤洶湧如奔雷鯨吞鼉作天地晦崩騰百萬昆陽隊四山草木影動搖千頃琉璃光破碎回看龍江兩岸傍士女觀者如堵墻兩兩紅粧臨曲浦雙雙玉勒繫垂楊迨棹江干日將夕嵐翠空濛撲瑶席渼陂赤壁皆陳迹勝遊試問何如昔羡君此會亦已奇更將絃管送金巵異代風流可同調今日不飲復

奚為

贈碧潭上人

古寺空潭深莫測一鑑泓澄碧天色潭上老僧夜誦經燈前時有龍来聽悠悠人生盡如寄皈依欲問無生義禪関一叩如宿緣胡麻飯我珠林前何時說法還升座重来應見天花墮

竹簟歌

祝融嘘氣蒸南方金陵暑月那可當火雲騰空行赤日飛鳶墮地不敢翔敝廬湫隘熱如煮病

暍無計歘發狂李君贈我玉簟光匡牀初試氣已涼赫赫炎威消九夏粼粼波色来三湘不羨宮氷須玉井安用河朔傾壺觴翛然一枕北窓下白日幽夢隨羲皇木瓜瓊瑶有投報美人之貽安可忘

折檻行

聖主垂衣當九五中興赫赫追隆古一夜攙搶滓太清杞人憂天心獨苦同聲抗疏叫帝閽碎首玉堦寧復論九関咆哮夾虎豹雷霆震怒風

塵昏明良相得如魚水勳業伊周差足擬小臣愚忠勿復陳批鱗自古多殺身

憶昔行

風雨長途日将夕下馬張燈宿古驛厨傳蕭然四壁空庭草萋萋斷行跡一犬纍然傍我床跽地垂頭似求食呼童驅去已復来不覺因之長嘆息憶昔 聖皇初御基四方冠盖如雲馳公卿百僚盡乘傳酒肉委積踰川坻自從昨日詔書到處處皇華迹如掃未覺枯槁田窮簷但

見荆棘生周道衣冠結束隨商旅摇手吞聲不得語束濕皆云出近臣察淵豈必由　明主三徑荒蕪胡不歸秋風将起鱸正肥耕田鑿井有餘樂莫遣霜露沾人衣

衡山歌

憶昨壯遊登泰山三峯絶頂曾躋攀天門日觀恍在眼至今夢寐猶往還此日西征望衡嶽萬疊芙蓉翠如削况逢賢令作地主携我凌虚上寥廓兹山應宿當南紀高高半入青冥東雲梯

崱屴九千丈山勢周回八百里初從嶽廟開金
鎖奠玉焚香拜神坐霞裾璚珮光陸離羽節霓
旌飄婀娜絶壁扳緣石逕迴飛泉迸落如奔雷
巖邊佛刹參差見竹裏禅棲隱映開半山亭出
飛鳥外茫茫轉覺乾坤大五嶺南蟠簇作屏三
湘東注縈如帶覽勝尋幽興未窮月明猶叩上
方鍾七星垂珠在壯户河漢曳練當西墉此去
璇霄應咫尺擬聽天鷄觀海日瀰漫白霧谷底
生萬壑千岩頃如失峰頭曉謁祝融君滿袖淋

漓盡白雲山腰杲杲見朝景始知上下陰晴分回首群峰七十二就中洞壑多靈異薄遊未得遂冥搜役役風塵竟何事掛冠東去掉扁舟五嶽尋仙恣遠遊羨門安期或可遇人間富貴焉足求

縛虎行鄉有虎穴于山下里人以石塞其竇數日斃之喜作此詩

江村地僻饒榛莽南山白額頻来往山下有穴窅且深時時一嘯風生林獵師彎弓不敢射潛向林間看虎跡恢恢天網甚分明寧使汝單縱

橫行一夫鳴鼓百夫繼投石須臾穴已閉怒號猶聞霹靂聲猛噬何施介牙銳憶昨咆哮遶四村牛羊朝放暮罕存閃爍金睛夜中墮肉可飡兮皮可卧大家沽酒更擊鮮物情快意貫目前

報功祠歌為馬司徒賦

憶昨城頭啼夜烏脫巾白晝三軍呼憑陵攘臂氣已麤達官走匿如避胡萬姓倉皇憂剝膚司徒高卧鍾山隅安車捧擁向路衢公若不出變須臾營門森森列劍戈角巾張目叱群奴汝曹

作計何太愚胡為竊天干天誅不念父母與妻孥司徒忠信衆所孚紛紛感泣公生吾一時解甲安無虞身履虎尾捋虎鬚干城屹屹敵萬夫單騎退虜功何殊揭来厭世朝清都里人懷德思鬱紆九僊崒嵂形勝區經營不日開榛蕪山川環帶列畫圖朱甍碧瓦雄規模巍巍廟貌奐清酤歲時伏臘父老趨公神在天庶来娛雲車鶴駕時有無千秋萬祀永不渝

龍津丈人歌壽鄭世輔刺史

君不見城南釣臺高屹然釣龍人去餘千年臺
下長江清且漣東走滄溟滙百川潮波萬里往
復旋吞吐日月含雲烟丈人家住江津邊早辭
軒冕謝塵緣岩居心遠地自偏萬家城郭在眼
前江山掩映圖畫懸日長無事高枕眠揭来方
外尋真詮行年七十杖屨便賞心林壑恣流連
朱夏華堂開壽筵門前車馬何駢闐綵衣堦下
戲翩翩玉簫金管雜繁絃榴花無数照日妍蟠
桃初熟含露鮮四座載歌南山篇九霞之觴醉

更傳恍疑瑶島羅群仙南極烱烱光燭天黃庭鍊魄景自延上古靈椿歲八千會見滄海成桑田

驄馬行送鄧侍御還朝

君不見昔時桓典乘驄馬一日威名徧都下喧喧道路競輿謠赫赫蘭臺頓增價由來執法動星文鷙鳥孤騫自不群屈草神羊久寂寞梟鸞接翼誰能分鄧君本是盱江彦年少知名誰不羨白簡霜飛御史臺繡衣日直明光殿金羈玉

勒五花驄抗疏埋輪貢赤忠遂使豺狼爭避道真看臺閣爲生風六年按節來閩土繡斧廵行心獨苦窮阡膏雨早隨車墨吏望風先解組郡中憶昨始相知文采翩翩衆所推君才特達登霄漢余病棲遲卧海湄皇華萬里催歸騎鳴珮仍趨玉墀侍丈夫富貴安足誇鍾鼎功名須自致白首滄江獨杖藜臨岐悵別手重攜望望星軺那可駐行行驄馬尚聞嘶

賀外兄鄭方伯六十

炎州臘月春信早東風吹綠汀洲草柳條美色
半未勻梅花滿枝開正好吾兄岳降當茲辰軒
車雜沓集衆賓輝輝南極夜方永皎皎東山月
正新高堂起居百歲母手捧霞觴為親壽綵衣
猶作嬰兒嬉人間此樂真希有君才本是廊廟
珍十載江湖早乞身憶昨追隨同晝省鳴珂躍
馬俱青春君今六旬余五十林下相看頭併白
人生有酒不盡歡去日苦多良可惜醉後狂歌
咲口開功名富貴皆儻來但願萱花長在眼年

年此日相對傾金罍

畫鷹行贈陳明府赴召

誰家巧擅丹青筆貌此神鷹何崒嵂生綃一幅懸高堂梁間燕雀不敢出竦身側目似愁胡緊腦雄姿勢可呼肯向平原獵狡兔直從天外落鵬雛九月霜風涷七澤掣電穿雲騰六翮萬里長空祇一時始知凡鳥空千百陳侯璽書徵赴京我將此圖聊贈行闔城六載絃歌遍玉比貞堅水比清君今入侍　明天子乘時得意亦如

此蘭臺瑣闥列近臣激揚獻納司風紀即今四
海豈無虞東防島寇西擊胡好輸忠藎驅奸諛
獨立能爲時有無埋輪折檻稱丈夫願君慷慨
覽此圖

覆瓿草卷之二

覆瓿草卷之三

閩中林　烴貞耀甫著

東越胡應麟元瑞甫校

五言律詩

送林司訓之常熟

匹馬吴門去行行出　帝畿横經多士喜把酒故人違朔雪飄征袖春風入講幃江梅如可折莫遣驛書稀

寄員外舍姪

送别江亭上踟躕思不堪驛途吾薊北釣艇尔
閩南竹晚碁初罷花明酒正酣歡娱憐昨日長
憶阿戎談

玉山阻雨

京國行猶滞山城雨不休終朝惟隱几何處一
登樓雲色千峰暗泉聲百道流愁霖欲擬賦五
月颯高秋

舍妹亡日有感

汝逝忽經年兹辰涕泫然畫堂屏雀暗粧閣網

蟲懸少小通文史聰明得愛憐老親朝夕念何
日掌珠圓

七夕

乞巧當茲夕仙期動隔年雀橋紛欲渡龍駕儼
将旋雲幄留歡促霞觴悵別傳銀河回首隔機
杼獨依然

滁陽中秋有懷

今夜中秋月他鄉只獨看登楼空有興對酒不
成歡砌冷蟲聲急風高鴈影寒寂寥依驛舘那

得旅愁寬

哭超子

久病頻憂汝書来斷我腸一朝成死別萬里隔
他鄉詎謂藏環早猶懷扇枕涼傷心麤慱奠魂
氣向何方

送胡鍊師

只言長握手何事又還家尊酒他鄉別雲山去
路賒年華催白髮生理付丹砂獨有清溪月隨
君到永嘉

寶奎堂賞月

園林澄夕霧山月吐秋光萬里飛明鏡中宵滿畫堂竹蹊三徑影桂落九天香況聽塤篪奏何妨倒玉觴

胡侍御園亭宴集

高舘芳筵敞攀歡此日遊地分金谷勝坐對習池幽露下梧桐晩風飄桂子秋悠然塵世隔何用訪丹丘

林泉開勝境車馬謝塵蹤緑遶窓前水青攢户

外峯遊魚牽窓藻巢鶴下高松不厭相過數何
當結社從

風木遐思卷為李少參題

分陝官逾貴循陔念獨深未遑鍾鼎養早廢蓼
莪吟鶴返遼城遠烏號宰木陰煌煌紫泥誥還
貴故山岑

送少宰伯兄之南都

蒹葭江上別白露已為霜兄去參鵷列余留愧
豹藏萊衣情總戀姜被夢能忘報　主歸來日

承顏樂未央

送應駕部守思恩

客裏頻傷别那堪復送君帆飛江上雨馬度嶺
頭雲盤錯龍泉試光榮虎竹分炎州接銅柱好
樹伏波勲

鳳凰臺同年燕集邀劉侍御

勝地朋簪盍芳辰綺席開言邀驄馬客同醉鳳
凰臺淑氣纔催柳春光早放梅銀塘移棹晚待
月尚徘徊

天界寺半峯亭燕集

春光忽已暮宴賞入珠林法界飄花滿禪房隱竹深玄談移白日緩步歷青岑賸有尋幽興層城柰夕陰

雨中西園燕集

凉氣曉蕭蕭西園荷勝招樓臺含雨潤城市隔烟遥竹葉杯中泛梅花曲裏飄同袍歡會少深夜未還鑣

東麓亭

憑高祊載酒秋色正蒼然鍾阜含殘雨江城起暮烟遥空時見鴈踈柳不聞蟬故國千山外鄉書誰為傳

送八兄還江右

燕臺憐握手一别廿年餘世路誰知已王門久曳裾銜盃纔白下掛席復匡廬賔客淮南盛官閑好著書

遊從姑山

姑山高不極載酒此登臨竹逕穿雲險松岩背

日陰江光搖郡郭雨色淨禪林眼界渾無染悠然愜賞心

雪夜飲王司理宅

風雪曉凄凄饑烏遶樹啼空齋愁寂寞高宴辱招携曲奏頻浮蟻宵闌忽聽鷄何如訪安道空棹剡中溪

白沙別舍弟

尊酒泛孤航行行不盡觴經年思會面幾日復分行故里南山曲京華北斗傍相看萬里別忍

淚已沾裳

望江郎山

江郎三片石秀色揷青冥半嶺含雲霧中天列畫屛窈窅冥藏洞壑縹緲集仙靈那得飡霞訣松間劚伏苓

滕王閣對月

高閣西江夜明蟾白露秋故鄉何處望客子逈添愁南浦檣俱出中宵笛未休胡床堪坐嘯千載憶風流

中秋過郡僚飲

皓魄中天滿芳筵令節過不拚今夕醉其奈客愁何玉杵春靈兎霓裳舞素娥歆知歡坐久席上露華多

送鄒明府歸毘陵

惜別重依依江亭對落暉三春方雉乳千里忽梟飛棠樹停征盖楊花點客衣邑人歌頌滿莫遣素書稀

靈鷲菴次伯兄韻

別業傍城南軒車此盍簪芳樽延勝賞永日洽
清談綠樹輕陰合青山落照含謾愁蘿徑暝明
月引歸驂

飲王觀察池亭

避暑徵高會林亭傍水涯竹搖窗外色蓮吐鏡
中花倒影青山入嬌歌白日斜習池歡賞地乘
月醉流霞

飲北園池亭

公子邀歡處池蓮正作花輕香含宿露艷色奪

朝霞玉椀初浮蟻金盤已薦瓜主人能醉客一任葛巾斜

綠水揺朱閣青山帶夕曛薜蘿深遶徑松竹迴凌雲巢燕元相並沙鷗自作群悠然城市裏瀟灑絕塵氛

武夷泛舟

靈境何奇絕僊家豈世情千峯圖裏見九曲鏡中行龍虎藏真訣蜉蝣寄此生滄浪歌正好吾欲濯塵纓

夢先夫人

慈親入我夢容枕欹三更千里魂来苦中宵淚滿傾含悽傷久别失喜語平生腸斷東山道松楸白露盈

江北道中即事

林鳥暮啾啾征鞍何處投烟村三户少土室一燈幽混跡親傭保從人應馬牛笑看争席罷世事總虛舟

彭城九日有懐故園兄弟

令節重陽日他鄉萬里身登高思落帽望遠一霑巾綠酒先春熟黄花繞徑新茱萸還遍插應念未歸人

徐觀察雷郡守枉駕京邸留酌

旅館柰愁何翩翩二妙過清標渾倚玉高論若懸河莫厭交情淡真憐道氣多軒車諳小巷重擬聽鳴珂

十三日對雪

帝城元夕近朔雪鬬春妍色借瑶堦淨花飄玉

樹鮮清輝疑妬月大有欸占年高卧誰相問空懷訪戴船

十五夜集張燊知宅

華月九衢新燈光萬户春可憐今夕會俱是異鄉人強飲寧辭醉相過不厭頻天涯留滯客何日問歸津

張大燊宅賞芍藥

投轄為看花尊前發興賒異香深浥露艷色滿舒霞索咲留春住追歡畏日斜客愁知幾許酩

酊即生涯
度仙霞關志喜
伏暑度閩關千山更萬山火雲隨鳥墮溪月伴
人還莫問征裘敝猶存舞袖斑庭闈今在眼呼
酒一開顔
諸兄弟邀飲寶奎堂
惜别夏將晚邀懽夜未央長筵氷簟冷春酒玉
壺香皎皎流蟾影翩翩集鴈行明朝千里道相
望渺江鄉

舍弟携酒平遠臺

朱夏眺層臺華亭四望開可憐懽會日又對別離杯巖翠當軒落江光入座來萬家烟市瞑待月更徘徊

飲馬氏壯園

池館宜三伏清幽絶四隣阜冠林葉密照眼水荷新檻外群魚出堦前獨鶴馴淹留忘日夕歌管更相親

長公同二弟餞別芋江

湛湛津亭水年年送別舟分飛魂欲斷握手涕難收采石通江郡青山隔海樓西堂春有作一寄慰離憂

青陽道中登翫華樓

面面青山繞重重綠樹幽樓當九華勝橋帶五溪流落日消殘暑凉風動早秋謾言非故土心賞一淹留

采石登謫仙樓

采石暫維舟言登太白樓江流無日夜草色自

春秋百代詩名在千年間氣收空餘醉時月猶
照舊磯頭

同郡僚游雷峯寺

秋日雷峯寺登臨興不孤白雲封古洞黄葉下
高梧山勢遥連楚江流半入吴夕陽蘿逕暝聯
轡更踟躕

贈張幼于

晝鷁来何處秋江弔謫僊才名八斗竝詞賦兩
京傳對酒憐今日論文憶昔年沙邊喧驛騎為

覔孝廉船

遊凌歊臺

野寺傍山開聯鑣此日来雄圖空往代秋色滿荒臺露重寒蟬急風高塞鴈哀孤亭餘晩照懷古獨遲迴

青陽道中

望望九華青中天列翠屏晩村烟漠漠春澗水泠泠古寺盤空曲高岑入窈冥平生獨往意于役未遑寧

春日遊雷峯寺望青山有感

宿雨喜初晴芳郊載酒行林花新冐蝶岸柳乍啼鶯石洞春雲細江帆落日明青山懷謝朓異代一含情

久雨潰隄湖上望祭有感

五月賦愁霖懷襄勢轉深徒然奔祝史無計解氛祲未息蛟龍鬭馬知天地心為魚嗟萬姓鴻鴈起哀吟

即事有感

銅符一出守斗柄八移春敢意穿隣壁空勞嘆
積薪匣中孤劔在鏡裏二毛新已矣從吾好青
山入夢頻

重謁謫仙祠

不盡憐才意重来弔謫僊徒聞劔化日無復鶴
歸年古墓迷秋草荒祠起暮烟長庚天漢上夜
夜向人懸

西江別萬穉徵

執手重徘徊江干驛騎催寒風生別袂明月照

離盃分虎幘吾忝雕龍羡爾才金陵相憶處應
眺鳳凰臺
彭城贈張文學主人
北闕五雲邊王程歷幾千驅車愁遠道投轄有
高賢旨酒傾家醞豐餐割野鮮看君富文采風
翩一朝騫
兖州道中遇雪
至夜雪初落朝來霽景鮮山將瑶作島地以玉
為田應候催殘臘先春卜有年村醪堪取醉吾

已辦青錢

秦秘書邀遊惠山寺觀泉留飲其先太保

公山莊

言訪招提境行穿竹徑幽開山金刹起呪水玉泉流怖鴿元無定啼鶯似有求清泠試一酌為洗客心愁

地是平泉勝遊當上巳期天挑臨水映弱柳向風披把酒輕霞泛迴船晚照移從来謝傅宅觸目盡瓊枝

芋江發舟寄舍弟時赴粵西

把酒共沾衣江亭悵落暉無端萬里別轉覺寸心違嶺徼愁鳶墮衡陽少鴈飛陳情吾有疏早晚達　皇闈

建昌朝　益府賜宴時有冊封之慶

玉陛分桐日瓊筵置醴辰光榮叨晝接眷命自天申鄴下文章盛河間禮樂新梁園慙授簡宿昔奉清塵

管憲使邀飲石鼓書院時兼督學

江閣招邀地炎蒸定有無縈迴二水合縹渺一峰孤勝地携尊俎晴天坐畫圖湖南瞻使節到處盛文儒

湘山寺 壽佛金身在焉

卓錫自何年湘山拱梵苑玉毫寧可見金骨尚依然香界慈雲覆晴空法雨懸何當謝塵網從此學安禪

風洞山

青山蟠壯郭載酒暫追歡古洞穿雲濕幽巖背

日寒迎秋蟬噪急度嶺雁飛難萬里思鄉客徘
徊獨倚欄

南薰亭

舜山高不極郭外此登臨古廟群峰擁孤亭萬
木陰蒼梧雲氣遠湘浦淚痕深千載南薰詠瑶
琴一寫音

湘南楼有顏魯公石刻

七夕徵高會東楼俯大川雲含千嶂雨樹擁萬
家烟銀漢驅靈鵲金飈咽暮蟬顏公碑尚在懷

古一淒然

挽鄭侍御

執法中朝貴當年侍紫微路驚驄馬避霜向栢臺飛谷口人何在遼城鶴未歸山陽應有賦聞笛一沾衣

玉泉庵同諸兄弟小憩

山澗瀉鳴琴悠然愜賞心況逢棠棣會共坐竹林深綠酒休辭醉黃鸝正好音狂歌歸路晚散髮不須簪

天廸宅賞牡丹

北地初移種南州亦自花遊蜂喜不去浮蟻賸
須賒傍檻含丹日當筵落彩霞風光莫惜醉況
乃阿戎家

秋江泛舟

秋水澄如練扁舟興不違携尊乘月泛鼓棹待
潮歸塞雁寒初集江鱸晚正肥烟波隨處好吾
欲問漁磯

倚棹長江上徘徊楓樹林波光天際濶山色霧

中深漁唱元堪聽村醪亦可斟五湖風景在應
見古人心

十月始見菊得黄紫数本邀賓小集率爾
賦此

菊花何太晚十月媚寒林愛爾孤芳色移来愜
賞心紫拖千片錦黄散一叢金采采東籬下香
醪莫厭斟

朔鴈度霜空寒花綴露叢言追九日會肯負一
尊同踈影横斜月微香引細風高朋欣満坐挍

轄輿何窮

益府賢妃輓詩

金閤粧袨羅瑤池使忽迎仙遊何處所像設儼
平生鸑鳳頻御詔青烏已卜塋賢王宵不寐
輾轉爲鷄鳴

彤管徽音嗣椒庭懿範留鸛巢風四國麟趾瑞
千秋夜壑藏何早寒泉咽不流孝思霜露感幾
度泣松楸

題陳氏岊山祠卷

傑構枕崇岡家聲羨肯堂畫屏千嶂列襟帶百川長俎豆流風遠弓裘世業昌平生懷薦藻仰止未能忘

飲詹觀察桂芳亭

虛亭不受暑竹逕遶幽深暇日聊乘興清風一解襟羣簪丹荔熟覆坐綠槐陰酒罷山城暮娟娟月滿林

哭春子

泡沫真憐汝垂髫向學初人生元是幻天意竟

何如慣覓懷中橘能攤架上書探環寧可再愁寂夜窗虛

對雪憶舍弟

朔雪何來此紛紛夜未休六花迎臘序三白兆農秋酒熟聊堪醉梅開可自由天涯蘇季子應敝黑貂裘

贈陳正夫赴試南都

遊子金陵去芳郊祖席開丹山元鳳彩渥水白龍媒鼓枻春江滿啣盃落日催壯堂朝夕念應

待駟車回

二親誕日志慕

當年歡不極此日恨如何莫遂林烏養真驚隙駟過金留跡傳少書貯鄴侯多罔極誰能報徒然廢蓼莪

自罷萊衣舞頻傷五月臨高堂那在眼寸草若為心斷織塵空覆殘書蠹已侵幾多霜露感壟樹漸成林

送福清羅令

早歲欣相識鳴琴傍海邦河陽年最少單父政無雙皁舄朝丹闕驪歌醉玉缸晝遊誰不羨絲服照盱江

寄蘄水少尹兄

春風傳尺素遥寄楚江西縣郭花應滿汀洲草欲齊郊原看雉乳山館聽猿啼莫厭牽黃綬翔鸞暫棘棲

送四弟嶺南戍親

五嶺去如歸三星筮不違暫分鴻雁影共羡鳳

凰飛日落孤帆遠天長尺素稀故園荊樹發遲
尒醉春暉

哭貞度弟

白髮嗟吾老青春羨汝才何期隨逝水一旦掩
泉臺稚子晨猶戲慈親夜獨哀空餘螢案在書
籍已塵埃

涵碧亭讌集

何地堪逃暑池亭眺賞初竹陰侵坐冷雲影動
窓虛玉盌深浮蟻金盤早膾魚連枝懽會少日

暮更躊躇

飲陳氏城南池亭

避暑徵高會城南訪薜蘿言追河朔飲共向習池過幽意親魚鳥輕香摘芰荷遶梁歌未已山月漾清波

贈馮令之永安

三山纔話舊五嶺復移官老去知音少秋來送别難野蟬吟露急塞雁帶霜寒珎重龍泉劒清宵傍斗看

征驂不可駐嶺邑綰銅章尊酒離亭暮雲山去
路長萊蕪塵甑滿單父素琴張計日聞佳政徵
書下未央

對雪

朔雪犯閩關霏霏嶺海間庭前交玉樹郭外失
青山閉户唯高卧開尊一觧顔誰能乘夜色獨
棹剡溪還

送沈國傳

我愛沈休文高才逈出群論交應恨晚把袂若

為分路指燕山雪帆飛出水雲辟雍横講席多士待夫君

寄萬穉徵少尹

高才人嘆屈棲棘意何如百里仍為佐三年始得書青雲猶蹭蹬白髮已蕭踈何日杯重把論文一起予

飲北園

愛汝幽棲地邀歡避暑来垂垂丹荔熟灼灼紫薇開水面遊魚出堦前舞鶴廻晚凉猶待月度

曲更傳杯

送天賛姪赴試南省

征馬去翩翩金尊敞別筵賢科人共羨經術世
相傳落日愁分手長途好着鞭上林春得意遲
尒駟車旋

除夕

把燭歲将歸高城刻漏微栢尊猶臘味桃萼已
春輝世業惟篇籍生涯只釣磯明朝年五十黽
勉愧知非

西湖泛舟

送客西郊道扁舟興偶同湖光春汗漫山色雨溟濛簫鼓中流發樓臺四望通遲回詢往蹟何處水晶宮

雨中過邵三留款

春遊聊出郭冒雨訪幽人山鳥啼仍斷林花賞更新對碁忘日夕把酒見天真坐覺塵囂遠誅茅願卜隣

得天迪書京華有相問者書此却寄

萬里歸猶滯三春意若何早知貂已敝且喜鴈来過筋力慙吾老才名羨汝多何時竹林下對酒一狂歌

謝病十年餘衡門嘆索居青雲勞記憶白髮久蕭踈麋鹿思長往蓴鱸興自如為傳山吏部已擬絶交書

送袁六丈守黎平

搴蘭辭漢署剖竹向黔中別酒頻傾蟻征車已畫熊蠻烟千嶂合楚塞五溪通異俗從今化夷

歌慕漢風

冠盖紛相送春郊柰別何津亭岸柳合野舘落花多莫道雙旌遠還聽五袴歌離懷何以慰萬里塞鴻過

送陳懋際北上謁許相國

離筵春欲暮萬里向長安折柳聊相贈銜杯且盡歡家聲金馬舊劍氣斗牛寒黄閣知音在無嗟行路難

咏階前雙鴈

雙鴈来何處違寒自朔方天邊長作陣海上忽分行愁思嬰羅網無心戀稻梁會看施六翮霄漢恣翺翔

夏孫彌月志喜

衰年常謝客彌月喜生孫莞簟方占夢桑弧已在門一經傳敢望五世澤猶存涼月當筵滿留歡倒綠尊

賞菊

共道三山菊今年勝昨年芳根移北地高朶艶

南天裛露香逾細凌風影乍偏尊前開較晚懽賞更留連

飲陳太常水亭雨後泛舟

別業寄城隈華筵傍水開柳陰移小艇竹葉瀉深杯驟雨侵簾度薰風拂座来九仙山近遠掩映見楼臺

地僻經過少亭幽眺賞稀白魚衝岸躍紫燕傍簷飛水面晴霞歛山頭落照微扁舟臨泛久待月未言歸

飲天廸園亭二首

高宴值新秋林園事事幽逶迤穿石徑窈窕歷岩丘映水偏宜竹看山恰有樓坐中咸已醉涼月更淹留

迢遞神京道光榮使節歸高才淹幕府幽興寄岩扉池上螢初度天邊雁欲飛王程應趣駕且莫戀斑衣

王六丈池亭賞菊

南國秋將盡東籬菊正芳言追九日會共集輞

川湗細摘黃金蕊頻傳白玉觴醉来風落帽莫
咲野人狂

賸有烟霞趣真憐水竹居繞池皆種菊揷架盡
藏書嵇阮風猶在求羊跡未踈悠然會心處日
暮更停車

送陳明府入　覲

單父琴能治莱蕪甑屢空我觀循吏傳君有古
人風驪唱龍江壯鳬飛鳳闕東紫泥褎異政應
下未央宫

長史兄邀平臺觀射

十月武場開相期閲射来洞門通小徑高閣俯平臺白羽穿楊過金鞍掣電迴鯨波猶未息推轂正需才

送趙司訓

聞君歸隱處正傍富春山東下桐江水扁舟幾日還家餘玄草在身共白鷗閑想像高臺古清風不可攀

送朱明府判松江

百里播賢聲，移官傍舊京。佩刀知己贈，別乘郡人迎。鴻鴈南中少，關河雪後清。春来花滿縣，父老倍含情。

送高掌教之保寧

蜀山千萬里，君去是還鄉。鳥道雲邊迴，猿聲峽東長。虛堂開講席，祖帳促飛觴。為喜昆明近，家書好寄将。

集陳氏山館

別業開山徑，芳筵傍水軒。越王名舊識，歐冶跡

空存竹色侵書幌荷香度酒樽高臺堪一眺萬井歆黃昏

送林給舍還　朝

塞鴈来何晚江楓颯已秋言趨青瑣闥相送木蘭舟東海防應急西戎捷未收宵衣勞　聖主好去借前籌

舍弟為賤辰置酒

吾衰日以甚五十又加三愧汝歲稱壽邀賔夜盡酣青山隨釣艇白髮謝朝簪莫怪遊名久應

知七不堪

花下燕集

促坐共傳杯年光二月来一時棠棣會幾樹絳桃開淑氣鶯初囀香叢蝶屢迴武陵如在眼風雨莫教催

送陳時應北上

垂柳駐征騑啣杯戀落暉余留隨釣艇君去拜朝衣匣劔衝星動江帆帶雨飛阿咸憑寄語莫遣鴈書稀

凝青亭賞杜鵑

望帝来何處枝頭染血新堪憐一片錦能使滿堂春對酒翻疑咲憑欄若有神莫教風雨妬萬點正愁人

天廸轉員外志喜

幾載侍鵷行新恩下建章喜從驃騎幕初拜尚書郎柳拂宫墻暗花飄粉署香金貂承累葉何以報　乘裳

挽薛汝升孝廉乃觀察之兄

待詔公車早馳聲藝苑雄霜蹄元冀北彩翮自
河東詞賦淩雲在生涯逝水空荆庭無限感幾
度泣春風

送車掌教歸羅浮

君向羅浮隱寒梅正着花山中侶猿鶴洞口足
烟霞野興遺朱紱朋情戀絳紗離尊莫惜醉相
望渺天涯

送鄧進士北上

征馬去翩翩長安若個邊雲霄催使節冠蓋惜

離筵把酒寧辭醉題詩好為傳含香趨畫省誰不羨登仙

送陳一丈分教縉雲

掛席趂長風行行指淛東談經多士待別酒故人同岸柳含烟碧林花着雨紅到時開絳帳春色滿芹宮

贈永嘉朱上舍葉師之子

別酒對榴花歸帆向永嘉請纓思報國傾盖為通家寂寞存玄草周旋憶絳紗白頭餘弟子深

自媿侯芭

得長公贈謚報志喜

曳履聲猶在吹篪願已睽盛名當代惜直道古人齊世德垂青史朝章拜紫泥從来楊太尉清白擅關西

幾載周南滯遲廻澤畔吟巨川才不展衆女嫉能深化鶴歸何晚離鴻怨至今易名霑寵贈應慰九原心

憶舍弟

春江纔送别暑月忽将闌不見題書寄應知行路難經時淹逆旅計日客長安雕鶚秋期近何當振羽翰

答贈王粹夫

觸目見琳琅詞華早擅塲詩篇皆白雪世業有青箱菽水承歡足琴尊引興長隋珠不惜贈夜夜自生光

寄萬稱徵明府

早歲同袍友相看白髮侵幾年征雁斷千里暮

雲深紫氣張華劔高山伯子琴遥憐陶令宅五
柳定成陰

送陳司訓之壽寧

别酒駐征軒公車始拜恩家聲烏府貴文采鳳
毛存捧檄才何屈横經道自尊故園應接近長
得奉晨昏

細雨濕征衣行行出郭遲林鶯初弄曲堤柳欲
垂絲學舍青衿集虛堂絳帳披說詩匡鼎在應
見解人頤

舍弟除官志喜

烏雀噪門前除書下日邊舊京曹務簡累世
國恩偏驛路啼鶯合鄉關駟馬旋對床應秉燭
款款話忘眠

林方伯宅賞牡丹

勝賞徵高會名花擅洛陽春枝誇國色露氣識
天香戲蝶紛成隊遊蜂喜欲狂夜深猶秉燭特
地照紅粧

聞報起官

臥病江湖久徵書忽到門公車當日對朋輩幾人存感激消埃志蹉跎歲月奔自憐衰朽質何以答　明恩

過釣臺謁嚴先生祠

諸將論功日先生獨釣綸人間流水逝天上客星存華表無歸鶴空山有斷猿高臺一片石萬古柱乾坤

贈天玉姪還閩

寂寞衙齋裏相逢一莞然各驚蓬鬢改每憶竹

林眠滄海迴孤棹黄花對別筵明經猶待聘誰
識仲容賢

輓陳時應

憶昨西郊別離筵倒綠尊忽驚龍劍化猶把雁
書存丹旐飛斜日青山憐故園舊遊相顧盡悲
老默傷魂

遊淨慈寺

朋簪連日盍古寺趂春遊湖色當軒潤山光入
户幽莊嚴金界勝縹渺玉毫收欲問無生義征

縣不可留

望金華山

望望金華洞層岩雪未消石羊猶想像笙鶴已飄飖仙竈餘丹火春山長藥苗何時遂攀眺肯惜馬蹄遥

贈髙子貴丈

客舍愁誰語君来喜不眠論文思早歲竊禄媿衰年故國浮雲外征帆細雨前相看俱白首一倍惜離筵

輓劉二丈德晦

膠漆未云堅論交四十年忽驚隨逝水翻令斷悲絃濁酒思中散圍棋覓仲宣舊遊那在眼聞笛一潸然

贈劉子順南還

木落鴈南征歸舟一葉輕到家春已逼度嶺雪初晴豹質三年隱鵬圖九萬程萊衣經歲別應慰倚門情

卷之三

覆瓿詩草

下

覆瓿草卷之四

閩中林　烴貞耀甫著

東越胡應麟元瑞甫校

七言律詩

贈汴四丈員外時寓居武林

旅館經過不厭頻金陵邂逅喜相親管寧避地長爲客張衡詩傳投贈早乞身丹竈鈎綸懷總逸詩囊棋局興偏新武林自昔多奇勝何日追攀共結隣

重陽到京志喜呈長公

燕臺一別動經春目斷天涯憶所親敢擬三秋連被夜恰逢九日挿萸辰尊前緑酒傾初熟籬外黄花賞正新弟勸兄酬莫辭醉西堂飛夢向來頻

贈俞總戎南征

漢將誰當第一功身經百戰拜元戎曾驅虜騎陰山北直掃夷氛滄海東帳下雕戈光射日匣中寶劍氣成虹樓船此去鯨波静萬里扶桑好

掛弓

平遠臺宴集

越王城畔有高臺避暑相期此日来萬樹風生絃管合千峰雲歛畫圖開地幽選勝頻移席山擁登危更舉杯歸路謾愁烟市暝松間明月正徘徊

三山繫思卷為鄧斷事題

使君磊落南州彦閩海參軍簿領閒竟日登樓長作賦有時拄笏獨看山鄉書目斷征鴻遠嘉

慶情懸舞袖斑謾道庭闈千里隔應知夜夜夢
中還

送丘庫部

條風拂柳雪初晴有客鳴珂謁　帝京潮滿長
江催去鷁花濃上苑聽新鶯握蘭畫省徵才俊
補衮中朝侍　聖明尊酒論文更何日暮雲春
樹遠含情

登攝山絕頂

山寺春深鳥亂啼捫蘿百丈躡丹梯雲霞縹緲

諸天近草樹微茫萬壑低王氣長浮鍾阜北江流斜抱石城西啣杯不盡登臨興落日踈鍾送馬蹄

送紀職方

急管嬌絲簇綺筵故人行色似登仙那堪折柳臨江上共羡含香向日邊暮雨長途催去馬薰風野舘聽鳴蟬雲霄此别還相憶珍重雙魚好為傳

九日登江東樓

江上崔巍百尺樓登臨九日逈添愁清霜極浦孤鴻度返照前林宿雨收天塹由来形勝地風流自古帝王州憑欄把酒懷偏壯未信龍山勝此遊

南昌登滕王閣

滕王高閣倚天開萬里江流何壯哉詞客當年詩作賦群公此日笑啣杯棹移南浦輕霞散簾捲西山積翠来雁陣漁歌暮烟裏異鄉懷古獨徘徊

郡齋述懷

親庭回首白雲遥何事風塵日折腰把袂不堪南浦别移文真愧北山招他鄉節序頻流轉故國音書謾寂寥坐嘯郡齋徒自遣終期謝病返漁樵

王司戎邀遊麻姑山

雨過郊原景物鮮鳴鳩乳燕暮春天丹梯削壁開圖畫瀑布奔珠濺綺筵謝傳風流還此日麻姑羽化是何年踈林月色明歸路隱隱遥城隔

暮烟

浦城徐上舍留款

一別鍾陵十載餘故人雙鬢已蕭疎從教竹葉他鄉醉正喜榴花滿眼舒抱玉未酬三獻志下帷真誦五車書試看匣裹雌雄劍猶有龍光射斗墟

二親壽日志喜

五月榴花照眼新高堂獻壽侍雙親桃開碧海元千歲盃進流霞定幾巡堦下綵衣娱稚子門

前珠履集佳賓百年長遂南陔願肯戀微官縛此身

鄭州伯重邀王氏池亭

五柳偏宜高士棲鄭莊好客酒重攜門前緑水當軒遶郭外青山入户低曲徑杉松巢鸛鶴方塘荷芰狎鳧鷖主人不厭相過數潦倒真拚醉似泥

無錫吴䆫丈邀遊錫山惠泉諸勝

為訪名山第二泉興来着屐更山巔萬家雄邑

浮烟外一片澄湖落照邉握手啣杯憐此日垂髫共席憶當年孤帆明發丹陽道浦樹江雲别夢牽

送徐觀察之四川

豸冠繡斧出神京蜀道星軺萬里行歲晚同袍那在眼天涯分袂若為情青催驛柳經秦棧紅蔟江花入錦城闤道成都多隱逸何當卜肆訪君平

除夕

帝京除夜雪初消歌吹喧喧動市朝旅館寒燈
雙淚下故園飛夢一身遥倦遊司馬緣多病歸
去陶潛為折腰年紀蹉跎空老大何如滄海伴
漁樵

送雷郡守之河南

春風五馬擁郊衢嵩岳重分刺史符去日冰霜
消北塞到時花柳滿東都三川繞郭雄襟帶二
室當窓列畫圖共說循良追漢吏百城何幸慰
来蘇

二月望日乃長公壽辰作此奉寄

吾兄嶽降逢今日八座承歡綠野閒韓子大名元北斗謝公高卧且東山鴈来海上書難寄貂敝天涯客未還但願靈椿長好在肯将台衮易班斕

長安即事

廿年通籍戀微官歎息人間行路難白璧無因終按劍青雲有託競彈冠馬侵朔雪征裘敝鏡入秋霜旅鬓殘借問鳴珂雙闕下何如江上一

漁竿

同萬稺徵登凌歊臺

風急天高旅鴈田邀賓載酒一登臺蕭蕭樹色
三秋近浩浩江流萬里来海内交情惟汝共客
中懷抱向誰開英雄過眼空陳迹古寺殘碑半
緑苔

贈青陽蘇令

青陽勝蹟絶塵寰百里雙鳧日往還郭外溪流
千澗水齋中窓對九華山河陽花發青春早單

父琴鳴白晝閑爲羨清幽趂仙令捲簾樓閣畫
圖間

入覲寄謝諸郡僚

簫鼓中流去鷁催群公惜別共啣盃一麾久愧
分憂寄滿坐真誇濟世才采石暮烟迷古渡凌
歊斜日下荒臺六龍駐蹕 興王地明月西江
首重回

京邸除夕鄭龍安見過

空齋把燭歲將歸栢酒椒歡頷莫違萬里暫爲

今夕會十年漸覺舊遊稀雪消廣陌春風起斗轉嚴城夜漏微日月驚心雙鬢短欲將荷芰易朝衣

病歸道中述懷

謝病從來豈待年東歸一葉渡湘川鄉園萬里書猶滯松菊三秋夢轉牵木落洞庭天共遠雲開衡嶽月初圓陳情喜遂南陔願早晚封章下日邉

望閩関

行行馬首見閩關百粵征軺萬里還不是明時甘獨往祇緣多病合投閒澤蘭采采香堪佩叢桂青青日可攀預報壯山猿鶴道今朝林壑為開顏

送吴憲副西還

春来卧病掩柴荆無那驪歌歎送行世路風波難自料郊原柳色若為情飄飄漢節踰閩嶺渺渺江帆向楚城京國舊遊如有問漁樵今已遂平生

先兄誕日志感

傷心寂寞對春風忽見荊花發舊叢池草謾牽他日夢塤篪虛擬百年同未聞北闕徵曹相早向西州哭謝公獻壽昔時鄉黨羨宮袍雙映綺筵紅

和張比部端陽對雨

簫鼓龍舟令節同追歡猶憶釣臺東携尊賸有臨流興奪錦爭誇戰勝功此日苔堦侵積雨何時蘭砌轉光風閉門欲擬愁霖賦獨坐書空思

不窮

贈鄭三丈太守

謝病投簪不待年北山猿鶴興悠然蘿軒雨過琴書潤竹徑春深薜荔懸幾度聞鶯頻載酒有時對客任嘲玄子真谷口名高漢千載風流映簡編

送舒方伯之浙江

武林移鎮璽書新海國何由借寇恂折柳不堪岐路別看花尚憶曲江春丘園偃仰逃名客霄

漢飛騰報　主身莫道滇池猶竊美知君談笑靜風塵

送王少參之滇南

秋江悵別柳條踈西望昆明萬里餘去日霜風隨使節到時膏雨逐行車碧鷄金馬春相待鱸膾蓴羹晚自如廿載同袍歡會少臨岐尊酒暫躊躇

送馬用昭參軍北上

涼秋八月塞鴻高祖帳江千擁節旄北望長安

忻就日東經吴會好觀濤千年紫氣占龍劍五色青霄翥鳳毛幕府叅卿應暫借翩翩書記莫辭勞

北園泛舟

公子池亭賞不稀清秋爽氣入林扉籬邉黄菊含新蘂水上紅蕖落故衣地僻烟霞堪寄傲人閑魚鳥已忘機孤舟蕩漾山城暮竟日淹留未許歸

送袁景從舍人還 朝

使節翩翩向玉京芳郊折柳若為情幾年起草
鑾坡貴此日題橋駟馬榮潮滿春江初放鷁雨
晴山館正啼鶯鳳池自昔誇鳴佩染翰朝朝侍
聖明

張比部凝青亭宴集時絳桃盛開

二月春寒花較遲看花肯負賞心期嬌鶯恰恰
聲猶澁戲蝶翩翩影暫隨陶令風流巾漉酒張
芝草聖墨為池主人不猒相過數痛飲何妨倒
接䍦

送費明府之廣右

秋風搖落悵離群尊酒津亭此送君閥閱舊推楊太尉才名今見鮑參軍十年謫宦心猶壯累世通家袂忍分別後新詩知幾首好憑征鴈一相聞

送陳伯訓參知北上

幾年高卧碧山扉此日彈冠向 帝畿無柳依依迎去旆飛花點點撲征衣千門曉漏趨金闕一曲滄浪傍釣磯登歲同袍俱短鬓相思莫遣

尺書稀

寄舍弟

栢酒長安汝獨斟相思白髮驟相侵飛騰北闕風雲會卧病南山歲月深老去秪尋沙鳥伴秋来好寄塞鴻音躬耕隴畝生涯足敢效當年梁甫吟

芋江秋祀有感

江頭憶昨敞離筵尊酒踟躕落照邉把袂不堪分鴈序傷心忍見卜牛眠松楸淚洒千年恨山

斗名高一代懸老大無聞雙鬓改承家袍笏愧相傳

送王祭知表賀

使君行色有輝光金鑑遥將祝聖皇南國旬宣粉咏召鄴中詞賦舊推王風生畫舸離亭隱雨過青山夜榻凉計日承恩天北極江湖回首莫相忘

送徐憲使

翩翩征蓋向金門祖道衣冠擁使軒漢殿呼嵩

礿獻壽周京湛露正承恩廿年通籍官猶滞多士傳經道已尊此別同袍稀會面一竿誰念老江村

送葉明府應召

幾年閩海頌循良此日徵書下建章百里豈能淹驥足九霄真羨接鵷行秋江樹色澄朝藹驛路蟬聲送夕陽青瑣從容資獻納太平 天子正垂裳

和催菊詩

頗怪江南菊放遲幾回搔首向東籬何時滿簇黃金蕋笑對當筵白玉巵九日已過佳節賞孤芳聊共歲寒期即看采采盈衣袖酩酊尊前倒接籬

送陳左轄之江右

左轄洪都新拜命傾城祖道暫扳歡江干彩鷁凌空發匣裏青萍射斗寒南國召棠歌勿翦陽春郢調和應難雲霄事業須公等卧病滄浪只釣竿

送陳三廣文謁選

少小論交悵別頻東風江上柳條新即看白壁終收楚莫嘆烏裘久滯秦萬里關河天共遠十年燈火夜相親談經絳帳應多暇尺牘寧忘寄故人

賀二兄移居次韻

三徑初成處士家幽棲地僻愛烟霞踈簾晝捲頻通燕曲檻春移總為花老去臨池書更絕朋来投轄興偏賒久從方外尋丹訣別向壺中閱

歲華

送金叅知之江右兼訊陳左轄

新恩擁節大江干傾盖論交送別難南浦帆檣天際落西山圖畫鏡中看驊騮得路長千里松栢干霄歷歲寒詞客遥憐陳伯玉高吟滕閣幾憑欄

送李叅知之江右

雄藩拜命羨飛騰歲晚那堪別李膺諫草尚留青瑣闥聲華真擬玉壺氷雲開曉岫千峯出木

落寒江片月澄彩鷁乘風天共遠龍門何日更攀登

送大司空吴公赴留都

開府誰當第一功煌煌策命拜司空錦衣晝過三山曲銅柱春回五嶺中祖道驪歌催落日清江鷁首信長風鎬京暫慰蒼生望佇見宣麻出漢宮

李憲使雨中邀飲平遠臺

春深柳絮正飛飛憲使邀歡歷翠微郭外江光

含宿雨臺邉樹色帶斜暉青雲繡斧勞抜轄白
髮滄洲久息機十載重逢拚共醉明朝行部又
褰帷

送陶中丞開府廣右

高秋露冷碧梧黃節鉞遥傳下建章南國幾年
歌召杜東京累葉羨袁楊江干日落孤帆遠嶺
徼雲開去路長銅柱威名應暫借佇看星履上
文昌

送江府公入　覲

使君門閥冠朝紳萬里雙旌謁紫宸渤海循良今再見關西清白世無倫猿啼候館楓初落蟻泛離亭菊正新累葉通家真忝竊滄江誰念有垂綸

送袁六員外

芳郊送別柳初長冠蓋離亭共舉觴西掖幾年誇視草東曹此日待含香詞源滚滚凌三謝筆陣騷騷迫二王漢署風流那得似會看題柱有輝光

送沈少叅之粤西

西粤雄藩勞使節南閩祖道駐旌旄長江掛席三山遠晴嶺褰帷八桂高柳色陰陰嘶去馬荷香冉冉撲征袍臨岐莫怪杯頻勸弱冠論交已二毛

西湖泛舟

百頃平湖帶郭西飛樓傑閣望中迷輕舟泛泛看魚躍嘉樹陰陰聽鳥啼縱飲欲追河朔會尋幽疑入武陵溪笙歌竟日隨流轉月滿高城酒

更携

送周中丞赴召大理

纔持節鉞鎮閩中又拜絲綸謁漢宮　帝為蒼

生徵謝傅民歌開府得羊公寒江目送孤帆遠

曉漏班趨九棘崇舊德清朝頻注想佇看麟閣

畫圖雄

當年並馬曲江遊白髮驚心歲月流何幸登龍

同北海敢期下榻俱南州濟時勛業瞻台斗遯

世生涯付釣舟獻壽慈闈應過里星軺計日莫

淹留

壽王大參先生八十

行年八十神猶王海鶴蕭蕭逈不群昔日詞場推鄴下于今吾道屬河汾碧桃薦實寧知歲翠竹當堦揔拂雲自是龍門多汲引曉來冠蓋集紛紛

挽鄭三丈太守

通家交誼愧忘年歲暮何期嘆逝川對局毎憐開竹徑携樽猶憶泛湖船山陽鄰笛悲風裹谷

口柴扉落照邊郡國它時耆舊傳誰將高行續遺編

和二兄春寒之作

常年暖霽百花朝今歲嚴寒黯未消冷壓山桃慵放蕋氣禁園柳怯抽條梁間語燕期難至谷口流鶯聽轉遥不有新詩添諷詠書空咄咄正無聊

聞臨洮邊報

木落霜寒朔氣高忽傳胡騎渡臨洮建牙共識

將軍貴旰食徒聞　聖主勞自古邊城多戰伐
何時瀚海洗腥臊請纓直係單于頸奏凱歸来
拜衮袍

送天廸北上

九月高風動旆旌離亭送汝若為情芙蓉江上
寒相媚竹葉尊前晚共傾幕府叅卿新拜命詞
埸破的早知名如今正有南飛鴈好把平安數
寄聲

送陸憲長入　覲

南國賓興憶昔年青春躍馬共翩翩垂綸短髮江湖外攬轡高名日月邊夾岸丹楓迎去棹盈堦黃菊戀離筵朝正萬里承殊渥節鉞皇皇下九天

送王府公入覲時公子領薦侍行

傾城冠蓋擁征途鍾昂家聲海內無熊軾隼旗瞻日近金章紫綬向庭趨晉時王謝流傳遠漢代龔黃寵渥殊淡月疎星雙闕曉争誇五色鳳将雛

送謝光祿赴召

列卿擁傳有光輝幾載承恩侍禁闈使節舊稱張博望詞場誰繼謝玄暉江亭日落驪歌促海國天寒鴈影稀鳴佩即看霄漢上山中倘憶芰荷衣

送郭兵憲歸浙

栢臺執法仰高名歲晚離亭擁旆旌南浦柳條愁共折西湖梅萼咲相迎新詩見說凌三謝健筆曾聞賦兩京風采百城猶繫望滄洲未許狎

鷗盟

送費方伯之廣東

左轄新恩下建章離筵二月柳初長交情久厠陳蕃榻别緒真憐召伯棠暫借威名宣嶺海從来門閥冠岩廊曲江舊侶今誰在莫惜臨岐倒玉觴

送鄒憲長

褰帷五嶺銜恩重祖帳三山戀别深地切雲霄瞻執法交憐湖海愧知音梅花隴外應須寄竹

業尊前且共斟十載南邦頻借寇攀轅處處有
棠陰

送薛觀察之京兼訊員外舍姪

八月星軺赴　帝京祖筵冠盖歎傾城中臺早
抗埋輪踈西蜀猶傳叱馭名驛路黃花迎去旆
津亭綠酒戀離觥阿咸相見憑傳語無那繁霜
鏡裏生

賤辰方四文枉贈佳篇倚韻賦謝

促坐長筵素月光浮生初度近重陽楓林桂苑

三秋色菊蕋萸囊九日觴羨尒才名過李賀慚余懶性似嵇康滄洲白髮今何事有酒盈樽客滿堂

寧夏賊平志喜

露布喧傳入漢京千官拜舞朔方平賀蘭山下銷氛祲靈武臺前奏凱聲野曠鯨鯢高築觀月明貔虎盡休營中興　聖主垂衣日赫赫神威九塞清

竊弄潢池驚昨日金湯雄鎮控西州疋愁胡馬

三秋入却喜邉城一戰收烽火即今停壮望黄河依舊向東流元戎獻捷龍樓曉鐵券丹書萬户侯

賀家嫂晋封太夫人

高堂燕喜集嘉賓鳳誥煌煌下紫宸績奏參軍驃騎府恩褒入座太夫人山河象服魚軒引歳月熊丸鶴髪新最羡芝蘭紛遶膝九霞觴進祝千春

壽家姑太夫人九十

慈闈九十稱觴日使節三春擁傳回綵服暫辭
華省直黄封親捧壽筵開鳳毛丹穴聯翩起鸞
誥青霄次第裁好向麻姑問消息幾番清淺試
蓬萊

聞朝鮮捷報志喜

中丞仗鉞下青霄十萬樓船早渡遼纔喜天兵
臨絶域即看露布徹　皇朝春回碣石鯨波静
日出扶桑蜃霧消方召勳名堪並美秪今誰數
霍嫖姚

賀蘭山下方平寇鴨綠江頭又奏功總是萬全
歸廟筭謾誇三捷屬元戎盡銷鋒鏑秦關外會
寫丹青漢閣中殷武周宣千載遇中興駿烈頌
無窮

壯園燕集和陳司馬韻

暫枉高軒過壯園敢期十日飲平原聽歌水面
遊魚出應節堦前舞鶴翻點點桃花飄曲徑涓
涓竹葉瀉清尊拔歡今夜疑星聚白雪新詩擬
細論

送胡憲使之廣右

使節遥持向粵西龍門疇昔憶攀躋論交十載星仍聚悵别三山日欲低天遠衡陽無鴈過月明桂嶺有猿啼霜威暫借清邉徼早晚徵書下紫泥

送朱總戎歸姑蘇

懇辭金印奏明光祖席江亭戀别觴報國一生心總赤登壇百戰鬢俱蒼鯨鯢遁跡扶桑遠虎豹連營細柳長拊髀至今勞 聖主肯教王翦

卧頻陽

送葉太史

玉堂此去即蓬壺祖帳扳歡擁路衢年少已聞
開萬卷賦成何必數三都彤墀月落鳴仙珮講
幄香飄近御爐明過武林應暫滯春風花柳滿
西湖

元夕對雪用韻

元夕陰陰凍未消霏微朔雪向晨飄謾勞短棹
遥相訪且對清尊慰寂寥光映山城欺月色素

疑林葉助花嬌萬家燈火笙歌沸預卜豐年樂
事饒

陳氏別業宴集呈　許中丞

城南別館敞高臺上客過從結駟来栢府威名
資鎮静杏園交誼忝追陪萬家烟樹當窻見千
里江山入畫開尊酒論文良夜永罷譙鍾鼓謾
相催

中丞許公為先人修墓志感

西山松栢漸成行駟隙驚心歲月長每念劬勞

依夢寐敢期高誼逮存亡屐聲凄斷留京迹手
澤空餘鄴架藏掛劍延陵千古意殘生丘壑報
能忘

寄懷張憲使

聞道三衢迎使節閩關咫尺接風烟龍泉會合
知何日鴈塔追隨憶昨年懶性山林終遠遁高
名霄漢會騰騫古人命駕常千里擬泛清溪訪
戴船

送陳一丈太守北上

北上長安萬里餘故人此別意何如直同下惠官仍左懶過嵇康世又踈柳色陰陰清祖席荷香冉冉襲離裾燕臺駿骨千金市肯使驊騮駕鼓車

和許中丞登鼓山之作

翠巘岧嶤跨海東彤騶攀眺歷禪宮靈源倒注千崖水絶壁長吹萬里風城郭參差秋照裏蓬瀛縹渺暮烟中扶桑極目鯨波靜尊俎誰當第一功

壽大司馬吳公次韻

司馬當今社稷臣蒲輪幾見璽書新膚功海内推調燮舊德朝中頌飲醇謾向留城辭辟穀亦知渭水有垂綸九重寤寐思良弼早晚彤墀領縉紳

懷參軍弟

每向池塘夢惠連覺來楚越各風烟慙余老病猶狗祿羨汝官閑已似仙臺逺鳳凰頻着屐磯浮燕子幾迴船秣陵雲樹應千里姜被何時一

共眠

賀　潢南殿下千秋二首

南極輝輝秋夜懸麻姑山畔集群仙入音恍聽
鈞天奏六膳真從禁苑傳金井梧飄風鷹爽玉
盤桃實露凝鮮銀潢一派明雙闕長拱　宸居
億萬年

憶昨蒙恩忝郡符醴筵朱邸日曾趨姑山紫翠
浮仙仗盱水縈迴遶國都鄴下詞章多著述河
間禮樂盛文儒獨慙枚叟升堂早白髮蕭蕭歲

月徂

和張比部見懷之作

他鄉搖落意如何覽鏡驚心白髮多把釣尚思沙鳥伴題書那得塞鴻過山齋舊種惟松菊野服新裁盡芰荷高卧滄江真羡汝幾時相對一狂歌

贈二兄北遊兼訊參軍弟

每從驛使問平安客舍過逢迫歲寒故國遥憐歸夢斷衰年真覺宦情闌孤鴻寥唳離群久老

馬虺隤取道難明向鍾陵憑寄訊叅卿多暇若為歡

覆瓿草卷之四

覆瓿草卷之五

閩中林　烴貞耀甫著
東越胡應麟元瑞甫校

五言排律

賀塗中丞平寇二十韻

文武瞻雄畧衣冠仰大名七閩開重鎮獨坐拜恩榮幕府招延盛𨍏門訓練精軍聲山谷震廟筭鬼神驚嶺表頻飛檄潢池未息兵一封忠憤激百勝好謀成節鉞從天下樓船截海行三軍

爭勠力六月事專征疊鼓馮夷避揚旗海若迎雲帆空外轉霜劍匣中鳴巢燕寧知覆游魚欲就烹九天飛霹靂一夜掃攙搶積甲山爲埒焚舟火徹明鯨鯢髙築觀貔虎早休營破竹功何速摧枯勢盡平驅馳報 明主談笑慰蒼生露布聞天闕鐃歌震海城偃戈歸野戍買犢勸春耕竹帛英雄志壺漿父老情會看麟閣上勛業獨崢嶸

敬題 益府寶帙二十韻

茅土分南服藩屏拱北辰國因桐葉啓恩爲棣
華申衛武威儀慎河間禮樂新唐風初尚儉楚之
俗盡還淳樂善紓　皇眷褒賢下紫宸璽書天
問數中使日來頻膚質瞻王子高才夐絕倫本
枝元　帝系眉宇自天人好學耽墳典虛懷接
縉紳五車看未足七步咏何神問寢聽鷄早行
遊駕鶴馴兎園春作賦鴻寶日探真垂柳低朱
閣飛花覆錦茵清談繁玉露爽氣逼秋旻分虎
憖非據登龍幸有因周旋容鹵莽汲引愧逡巡

本作溝中斷那堪席上珍曳裾陪暇日置醴則
嘉賓尧典敦邦族周家篤懿親願言崇令德磐
石鞏千春

上相公馬尊師二十韻

帝命登黄閣　天書拜紫泥上台公望重喬嶽
大名齊霄漢鴻初漸瀛洲鳳即棲詞華過鄴下
經術本關西曉視明光草宵燃太一藜石渠深
歲月綵筆吐虹霓舊學三朝眷崇班八座躋高
宗夢傅野尚父起磻溪曳屐星辰迥宣麻雨露

低青宮墻舊秩沙道築新堤歲晚松筠色春風
桃李蹊丹心扶社稷白髮爲黔黎奕葉頻通籍
清時並析珪丹山元彩翩渥水必霜蹄藝苑思
疇昔樗材辱品題一麾名豈著十載跡仍睽自
分薪前積誰憐櫪下嘶龍門叨汲引鮒轍愧提
攜旅食愁焚桂鄉心憶濯畦故山歸未得芳草
日萋萋

哭尚書長公

八座瞻高位三朝仰盛名未膺宣室召翻愴玉

樓成憶昨臨岐別無端萬里行詎知違信宿從
此隔幽明碧漢淪箕曜彤墀斷履聲盐梅當代
惜梁木一朝傾鵬賦嗟何及鴒原恨轉縈陳情
懷短日急難怨遥程愁雨沾軒盖悲風結旆旌
淚痕餘枕席魂夢儼平生白鶴翻成吊青烏早
卜塋子長多著作伯起重哀榮斂化雙龍杳笳
悲駟馬鳴憑棺聊一慟憔悴落庭荆

輓大司徒馬公

霄漢台星坼衣冠涕泫然藏舟悲夜壑掛劍倚

秋天計相先朝寵崇班上宰連陳情雙闕表歸
興五湖船屐羅青山墅堂空綠野烟通家叨汲
引下榻憶周旋盛業留彝鼎芳名照簡編薤歌
千古恨絮酒寸心虔鵬鳥占書日龍蛇應讖年
定知圖漢閣誰共濟殷川舊德紆　皇眷殊恩
錫御筵平生山水調凄斷伯牙絃

壽大司馬吴公五十韻

間氣鍾良弼乘時奮廟廊許身期稷契際世即
虞唐早引金閨籍初為駕部郎成蹊必桃李特

達自珪璋南國長多暇高才獨擅場右軍慙筆
札中壘謝文章擁傳遊三楚橫經化一方掄材
收杞梓選駿失驪黃歷試勞應積旬宣歲不遑
吟邊皆白雪行處是甘棠遂踐中丞坐遥臨百
粤疆豺狼蹤遠避貔虎氣維揚令伯陳情表安
仁獻壽觴慈恩雖暫許公望豈能忘重鎮須龍
節嚴程促驛裝威名宣嶺表寵數冠朝行漲海
喻銅柱崇山盡越裳百蠻輸職貢萬里靖要荒
豐鎬勞宸念戎樞倚贊襄伏波誰繼馬峴首競

思羊曳履趨留省銘功列太常鳳臺遊再續鱸
鱠與何長懇疏陳丹陛辭榮憶故鄉紫泥仍賜
告綵野遂開堂謝傅登山屐陶公泛海航琴書
聊寄傲丘壑足徜徉七袠逢初度新秋薦早凉
南山騰爽氣北斗耀光芒仙樂調金管賓筵瀉
玉漿三朝瞻袞舄四海半門墻鍾鼎家聲舊箕
裘世業昌奇毛丹穴裏絶足渥洼傍桃實頻看
薦椿齡詎可量昔年曾御李今日愧迎王倒屣
歡初髫登龍願已償松蘿緣偶託蘭臭挹逾芳

報　主心常赤憂民鬢揔蒼巖求元帝賚嶽降
自周祥靈壽看殊錫蒲輪會遠將台衡虛席待
早晚佐吾　皇

送江府公備兵蘇松

幾載握麟符飛騰仰壯圖璽書来萬里節鉞控
三吳借寇離情切徵黄寵渥殊三山開祖道六
月戒征途荷氣浮尊畔棠陰滿路隅衡霄明寶
劔映月湛氷壺落日催旌旆清江引舳艫熊轓
過里近豸繡向庭趨壯固蟠京口東滇帯具區

潢池銷竊弄井邑遲來蘇世業傳應遠蒼生望
不孤攀轅憐父老五馬暫踟躕
送趙中丞二十二韻
社稷中興會匡時合有人傅巖曾夢説嵩岳自
生申南省初通籍瀛洲早致身瑣闈紛集鳳丹
陛獨批鱗諫諍攄忠憤行藏任屈伸即看還賈
傅肯使怨靈均詔命徵三楚師儒表七閩儀刑
公望重出入　主恩頻寵拜烏臺峻重瞻節鉞
新山川皆動色桃李復迎春膏雨蘇甿庶清風

引搢紳窮簷渾息訟薄俗歆還淳組練明江浦
鯨鯢遁海濱幾年惟鎮靜自昔富經綸補衮思
賢佐搴裾念直臣持平登棘寺曳履上楓宸共
仰徵黄霸何緣借寇恂九重資密勿四海荷陶
甄冠蓋傾城出旌旗夾路陳驪歌催落日歛氣
屬秋旻又把袂從多士攀轅擁萬民頌言圖漢閣
勛業並嶙峋

送許中丞二十韻

茗水鍾人傑明時振羽翰高名傾宇内清望滿

朝端元老推方叔蒼生起謝安閩疆膺節鉞瘴海静波瀾道術元鄒魯經綸即范韓轅門開組練講席盛衣冠尊俎獻偏壯閭閻賦總寬笑談安反側膏澤潤凋殘憂國千莖雪傾陽一寸丹春風隨地徧秋月照人寒執法虚留省徵書下玉鑾楓宸行聽履棘寺暫停鞍柳色傷春別棠陰夾路看攀轅盈郭外祖帳擁江干附驥當年忝登龍此日歡交情憐歲晚款語坐宵闌懶性甘投劾幽棲遂考槃一丘慙蠖屈九萬羨鵬搏

海國分襟易雲霄會面難扁舟獨歸處寂寞把漁竿

梅薛二臺長邀遊西湖

湖上駐征騑尋芳領不違野梅猶臘色堤柳已春暉岸轉輕鷗散川長畫鷁飛四山殘雪在半嶺夕陽微空谷傳歌曲澄潭映舞衣十年多病後四海舊遊稀地識錢塘勝星瞻執法輝御盃明月夜戀賞欲忘歸

覆瓿草卷之五

覆瓿草卷之六

閩中林　烴貞耀甫著

東越胡應麟元瑞甫校

五言絶句

題周處士卷

幽澗竹青青，孤峰面草亭。荆扉長晝掩，日誦南華經。

家世纓組雅，性寄林壑抱。甕清江湄，耕稼有餘樂。

滁陽道中

滁陽風日好楊柳綠盈堤流鶯如觧意故作傍人啼

愛此桃花鮮灼灼臨綺閣但恐風雨来一夜花零落

題廖貞女卷

薄命更誰怨貞心誓不移寥寥千載下重見栢舟詩

食貧義所甘養姑節彌苦紡績奉晨昏東海有

遺矩

題沈節婦卷

女誡幼曾聞匆謂儂身賤一死報夫君黄泉會相見

偷生非所安殺身良不易慷慨與世辭行道皆垂淚

題張比部小畫六首

楚江渺無際雲水共氤氳空餘竹上淚何處弔湘君

瀟湘水雲

扁舟泛五湖沙鷗日為伍東望海雲生迴棹避
風雨　風雨歸舟
衡門日棲遲堦草萋以碧静觀造化心垂簾玩
周易　庭草交翠
春風柳上歸芳草池邊緑登楼為誰思千里勞
心曲　池塘春草
群雀榆枋下飲啄亦相宜虚聞北溟徙九萬将
奚為　堦除鬬雀
飲澗時相喚攀林衆每同縱然多芧栗不顧畜

祖公　胡孫獻捷

七言絶句

送四兄南還

三月楊花着處飛都門載酒送兄歸天涯此別
情何限一曲驪歌淚滿衣

丹陽志喜

白下趨庭獻壽觴孤舟今日傍丹陽新裁綵袖
未曾着明向堂前試短長

贈張一丈

慷慨憐君國士風酒酣彈鋏氣何雄蘇秦憔悴
人誰識六印歸来震洛中

李總戎凱歌三首

将軍勇畧世無雙身作長城鎮海邦指點風雲
開八陣百蠻稽顙盡来降

兕甲三千膽氣雄鯨鯢戮盡海波紅龍韜一試
妖氛淨萬里飛書奏漢宮

振旅闐闐唱凱歌八閩從此罷干戈會看勳業
標銅柱漢将無勞數伏波

延平别舍弟

把酒相看淚滿襟劍江何似别愁深高堂憑汝将雙淚不盡瞻雲萬里心

汝去扁舟直到家我行迢遞向京華臨岐莫怪頻携手明日相思天一涯

烈烈寒風吹客衣沙頭鴻鴈忽分飛三冬文史應須足兩地音書莫遣稀

宿棲霞寺

香界氤氲起法雲山中禪誦自為群觀心未解

楞伽偈盥手先披貝葉文

白鹿泉

白鹿幽泉山下深洑流隨地遶珠林冷然一酌塵縁息方信青蓮不染心

天開巖訪雲谷上人

崚嶒絕壁倚天開巖下殘碑半掩苔邂逅老僧聽說偈晴空法雨忽飛来

贈吕子還歙

覆局曾聞王仲宣少年國手盡推先閑官坐隱

堪消日無計留君意惘然

江山遇舊館人

二十年前憶此遊重逢短鬢颯驚秋故人羨我爲官在一片歸心逐水流

池河趙衛幕留飲

邂逅他鄉遇故人清宵下榻喜相親花催蠟炬頻頻換酒泛流霞細細斟

金山僧餽泉水戲爲二絶

南京東下百川奔對峙金焦控海門天爲

聖朝存砥柱萬年形勝壯乾坤

勝境登攀憶昔年重来塵事轉相牽扁舟遠愧

山僧至餽我中泠第一泉

渡湘潭口占

瀟湘日夜向東流萬里西行獨未休擬弔汨羅

何處是江蘺極目不勝愁

贈建昌葉醫

早從方外煉丹砂賣藥壺中別有家試向麻姑

山下望春風開遍杏林花

山中卧病

卧病山村獨閉門無端風雨歷朝昏眼前幾許傷心事更聽秋蟲四壁喧

病起小酌戲示劉德晦

村釀沽来竹葉青憐君劇飲似劉伶滿擀一石莫辭醉五斗明朝爲觧酲

種竹偶占

雨下鄰家乞竹栽瀟湘秀色入簾来他時迸笋穿階出嘯咏林間日幾回

平生頗有王猷興一日何能無此君踈影不妨
侵素月高標會見拂青雲

送葉明府入 覲

驪歌雜遝動江城鳧舃雙飛向 帝京治行漢
廷誰第一璽書親捧出承明
百里絃歌處處聞離亭羅酒日将曛兒童道左
牽衣問竹馬何時待使君

贈天祚姪之崇安

縣城南面武夷山汝去扁舟幾月還永日橫經

高閣裏捲簾如在畫圖間
靉靉春雲帶雨痕竹林送別夜開尊藏修且學
南山豹變化終看北海鯤

送八弟之南雍

江上離筵春暮時江頭楊柳正垂絲惠連別我
将何適池草悠悠繫夢思
鷄鳴山下講堂開六舘英賢四海来槐市青燈
聽夜雨龍門白浪起春雷
汝去金陵憶昨遊繁華自古帝王州白門故舊

如相問為道滄浪一釣舟

沙溪雜咏六首

十里澄湖瀯不流緑陰濃處繫扁舟林深地僻
行人少盡日沙邊對白鷗

四月清和日正長杖藜閒步竹溪傍倦来一枕
羲皇夢睡覺前山已夕陽

江上潮平水接天漁人舉網獻江鮮鱸魚未必
能勝此不數槎頭縮項鯿

須信雲林遠市塵青鞋皂帽稱閑身山居莫道

渾無事日向溪邊理釣綸

掣釣魚兒頻戲水營巢燕子慣啣泥浦荷風動微香入清簟踈簾一局棋

雨後看山萬疊青移文肯負北山靈虛舟兀坐焚香罷默誦黃庭一卷經

山庄雜咏四首

滿樹梅花開不稀枝枝含笑報春歸香醪對尔聊撙醉只恐明朝作雪飛

獨向梅花樹底行微微霜月半輪明一枝折取

香盈袖千里懷人空復情
日落天風水自波溪邊緩步聽漁歌高車駟馬
紅塵裏何似磯頭一釣簑
樹外重重環翠巘門前曲曲帶清江山齋醉臥
誰相喚野寺鍾聲到客窓

送道全之金陵

年少金陵幾度遊春潮帶雨送扁舟白門到日
風光好應醉烟花百尺樓

送吴以大遊武夷

秋江獨棹木蘭舟九曲烟霞取次收鍊就丹砂
生羽翰便從風馭訪浮丘
當年壯志覔封侯勛業蹉跎鬢已秋借問黄金
懸肘後何如白鶴駐山頭
梅原永慕卷為楊録事題
憶昨梅花開滿園曾因看竹叩柴門如今重訪
東郊道鄰笛凄清欵斷魂
贈胡邦寧還浙
秋風江上片帆輕歸去錢塘幾日程若到西湖

應憶我關山千里月同明

代柬寄謝吴以大

幔亭仙客遠傳書愛汝新詩錦不如何日丹成應報我莫教笙鶴便淩虚

春芽采贈滿筠籠雀舌香浮石鼎中中酒朝眠纔一試翛然兩腋起清風

贈天廸北上

長江雨漲欵連天送尔江干敞別筵萬里雲霄應不遠丹山五色鳳毛鮮

馬首西山入望来　帝京宮闕五雲開結交好
過荆卿市弔古應登郭隗臺
歷覽何當賦兩京凌雲健筆思從横亦知一見
能傾坐會使公卿倒屣迎
不到長安近十年舊游冠盖羡登仙龍門邂逅
如相問頭白山中只醉眠

贈方别駕之嘉興

幾載鳴琴借海邦列城治行尒無雙何當復送
題輿去一片風帆渡淅江

郊原送送不勝情樹色山光雨後清謾折柳條
牽別思且傾竹葉話平生

下榻論交十載餘重逢白髮已蕭踈驪駒北去
愁分手鴻鴈南来好附書

贈貞發弟之漢陽訪陳明府

千里雲山去路賒故人為宰隔天涯別時謾折
長堤柳到日應看滿縣花

二月林花紅欲然洞庭春水遠連天此時掛席
長風裏何異乘槎碧海邊

東風遥送木蘭舟雄劔光芒射斗牛明到武昌
江上月閑吹玉笛一登樓

津亭落日戀離筵無那春風別恵連後夜相思
應有夢殷勤好寄濟江篇

送天懋姪赴南雍

竹林相送愴離杯汝去金陵幾月回白髪倚門
思愛子平安好附鴈南来

太平天子正崇文絃誦詩書處處聞槐市夜燈
光似晝橋門曉席簇如雲

龍蟠虎踞帝王都形勝風流天下無覽眺江山
秋正好鎬京宮闕舊黃圖

送李使君判茶陵

憐君謫官向長沙楚水閩山去路賒尊酒離亭
拚共醉明朝相望渺天涯
十載龍門仰盛名三山邂逅不勝情湘江極目
皆蘭芷何處維舟弔屈平

覆瓿草卷之六終

天寧先生詩選六卷

[明]閩縣周仕階撰

日本内閣文庫藏明萬曆四十五年刻本

天寧先生詩選六卷，明周仕堦撰。仕堦（一五四二—一六一五），一作仕階，字用晉，號溪源山人，晚號天寧子，閩縣人。嘉靖四十三年（一五六四）舉人。任順昌教諭，出知四川達州，有能聲。秩滿，陞贛州同知，命下，以丁内艱歸。後爲人中傷，遂絶意仕進。事跡具周之夔棄草文集卷八先考奉政大夫江西贛州府同知天寧府君行狀。

是書由陳宏已編選，李時成校，周之夔刊刻，卷前有董應舉、陳宏已、李時成三序，書後附刻周之夔詩跋、上陳振狂先生論先君詩并求序文啓、上董見龍老師求爲先君詩序啓三篇。分爲北征草、雙峰草、白下草、蜀中草、舟中草、林下草六種各一卷，録詩凡一百九十七首。以集中多宦遊、讀書、遊歷之作，故冠以「北征」、「雙峰」、「白下」、「蜀中」諸名。據周之夔行狀言，仕堦「每在非意相遭中無介容，暇即與山人陳振狂先生吟詠，往復不輟；或就枕上索句，苦吟達旦」。詩清逸如孟浩然，真率如儲光羲，尤長近體。董應舉評其「詩猶守唐調」，李時成則謂「其爲詩多五七言近體，其於五言尤工」。郭柏蒼全閩明詩傳選録平遠臺九仙觀、釣龍臺七律兩首。

是書存世極罕，僅見日本内閣文庫藏本一種。（金曉東）

天寧先生詩選

全

周天寧先生詩序

吾鄉詩道大盛，其不為詩者鮮矣。然予猶疑其能者或出於不習為詩之人，何也？無緣飾，無模擬也。凡詩出於情飾

序　一　易

則非情情矣而模前人聲調出
之則情与調相押而不得恣無
旁薄滃欝沉痛之趣其爲
情也亦薄吾葩經所載多女
婦野人語爛然萬世者皆自

情而出不暇顧其法之何如也故予亦以概今詩今為詩者不求之情而求之前人之口前人口非吾口也口非吾口則情非吾情可以為吾詩乎又況一

焉輕揚作綽約人口乎然則詩
之盛衰吾未知誰在予向聞
天寧先生才兩不知其既詩
已見先生於容次其容鞠然
若有意於予者兩陳振狂矣

時稱先生詩意先生習爲詩
耶而先生子章甫出以示人
乃僅僅又非窮年竟世以詩
爲事者何其詩之少而聲
調甚似也或者抑才以就調歟

序　三

柳習為詩者染之既然其自出之語往往有天趣可誦微可以見先生豈忘習之力歟語曰巧者不過習者之門然天下事多有非習所到者有

意而精習之往往有法縛法
脫之病古之名將不習兵法
古之豪傑讀書不求精熟
不獨詩為然蓋習彌精趣
彌減調彌輕情彌薄學步

耆蹶學顰者嘆天下學大
抵皆於吾閩先生爲孝廉
時經以一言定賦法爲教官經
校今於陋爲國學博士經爲國
列出讜言爲達州經使行其

所爲仕於諸州邑皆自伸其意觸時忌不悔獨詩猶守唐調惜先生既沒不得起而痛與之譚也以謂章甫以爲得也

萬曆丁巳春日通家眷

侍生董其昌書

天寧先生詩選序

予兒時從先大父誦芬家公授

讀唐詩三百首以周以左以言手

擬選叢書畫書律詩入詠境

嘗古文破語經籍據寫屬

六

吾鄉自宋后之以鄉如黃勉齋為
朱友從積書後莊戴至仲子
至言先生先生少而剛致敏文
辛穎而訓郡而訓安出為禮模第
一人自之後事之發臺聯書云

後放出蜀道難隔居林下凡
江湖遊歷甚廣經過懷思甚多
詩詩爲五七言律絕而多警語
多得宋法宜厥致推敲讀
之令人雅俗韻味覺其有樸發

而天以鄒鳴以故亦至其詩矣且
多從多葉後多數復作者亦
能十之五又以唐詩選之法入左不能
十之三已先生見邀之於林子序雷又
裒詩從選者皆文字之見亦能

十之一二矣此亡以考先生集是
守性情之邑難言已而壽之元
為文之精而至於造物以人拟為君
神以引觴人以之以石然求極人力
之法亦能造椽巖策罵是亦深

三　八

序

君之世神保會君乃令君繼
里入書既雜安之字積以集月
姓名一篇存意自序圖之代傳
僅存之百匠遺澤總千秉家
君之世迄十九人後學之徒同寶

業古風遒去近體亦第七律已
極其陽健奉精亦微至七絕
已臻杜陵堂傳其未蹤跡以筆別生
然詰節奏不經法度在又何棄
亦其多雖多見此李陵以河梁

序

之作傳世昭以澄江語為人
請振策躡手倚樓望龍岩
聲于黄鶴樓從子家見數
其題六朝聲今之巧策朱履
認題凡江我亦可得策已又為

甫多極亭之於先生詩字墨皆
頃亦艷之雕字取其刻石收之
識之字注其少不忘之生多以致矣
章爾承選之并綴序於本
溫之年甫又如亭之先生之字好句

十

序

詩至於宋大抵欲矣但從手心
應不計縱是最觀者不如佳
之一首為首之善詩矣口而集不
可以拈披讀者莫能易之一字未
句之倫稍生擬乃隨其至之意層

耳矣也况茲刻畫無論矣以唐
寅硯子吾所未來之面目已失
自家之筆録及偏于古拙之言
是以云栽宋帝甫兩子示以不為
其字先生書法也乃東坡郁甫

十二

棨多吃亭刻詩陳生北學中
歸在京得為書要政持聲律
居多尚不能第以聲律為政法律
單律之律也司馬長在司古文書
之人壽能詳能徵人敬長之先生

函亦先入甌北錢服後乃子不云
平原錢先生推書秋又子鄭氏
說詩已前後書秋似予不喜詩之
存心之意之不欽佳書秋筆前
見他數之推其以爲圍已推是能

十二

南京南州東識探善而爲之序

經筵友弟陳言巳識

陳言巳印

序

余小子蓋至是而始知先生也今之人大抵高者徵逐於聲伎風華卑者沉湛於筐篚肉食先生獨翛然田野間灌園讀書以自娛性好吟登涉研

凡之餘有所得輒寄諸詩今之人稱
詩亦病矣稍擱管便曰矱矩唐人至
剽一切語爬附相矜即於唐似矣而
於已終弗似也夫詩道性情已之弗
似興象安存是能詩即先生之於詩

不求名不鏡畫灑如自以陶寫其性靈於世之藻繪弗屑也其爲詩多五七言近體其於五言尤工先生固有以異於人者世人竟未之知及余小子知先生也晚先生迺遽爾而返於

序　一　協

納憶曩在藤山獲侍談詩談今古快
事每竟日以為適今其可復得也耶
章甫兄欲彙先生之詩廣諸梓以於
余有一日相知之雅俾余有言余安
能文聊謹述其概如此先生其以余

爲知言否

通家小子李時成謹拜手書

北征草

閩中周仕楷著

友弟陳宏已選

社姪李時成校

劍津登半日閒亭

薄暮扣松關聊爲半日閒人將初月上僧傍暝雲還懐古談雙劍尋春入九山安能屏緣慮歳歳此躋攀

武夷冲祐觀訪紫霞道士

河漢遙乘八月槎尋真來問赤松家千秋樓閣憑虛起九曲峰巒入望賒天際香煙松際鶴雲中雞犬洞中花何時得棄人間事一鍊金丹伴紫霞

西湖

蘇堤楊柳不禁秋夾岸芙蓉映碧流領盡總爲天上客乘槎如入鏡中遊六橋水漾孤山月三竺雲迷大佛樓欲遍登臨酬夢想那堪鼓角起城頭

金山

金山聳立破江煙貝闕高標接梵天塔影凌空迴

鴈落鐘聲挾雨攪龍眠初拔畏路嬰塵思暫憩閒房結靜緣老衲似憐人道暍清泠爲進鉢中泉

明妃詞

元帝議和親明妃二八春紅顏驅海北羞殺漢廷臣

從軍行

寶劍挂雕鞍長驅塞外寒生來元爲國歸報斬樓蘭

寄懷王蓬萊文和年兄

幾載長安道，空凋季子裘。烏啼驚旅夢，花落亂鄉愁。作客羞彈劍，懷人倦倚樓。蓬萊如可到，吾欲覓仙舟。

下第留別梁秘書

嶺海相逢日，俄驚二十年。君趨青瑣闥，余卧白雲天。尊酒悲歌裡，征途落照前。南來如有鴈，莫忘尺書傳。

下第別鄭中使

五陵多節俠，似爾更誰如。闕左常留客，江頭遠送

余贈分金埒馬饌供玉河魚不識遊將倦還勞薦子虛

湖中

雨雲此日喜初收萬頃茫茫夜正幽風送波光搖石壁月將山色上蘭舟馳驅堪笑塵中客眠食何如水面鷗一自鴟夷歸隱後何人肯向五湖遊

仲由祠

季路祠前月色新故園雙淚落思親可憐南北東西客不及當年負米人

阻風柘林

經旬繫纜柘林邊何事愁人夜不眠一望故園心欲折江風吹浪白連天

雙峰草

閩中周仕堦著

友弟陳宏己選

社姪李時成校

送鄭子逢表兄之楚

送君臨祖道把酒對斜暉出水孤帆去衡陽一雁飛行行看寶劍處處擣寒衣欲慰倚閭望天涯須早歸

送陳生之五羊督府從事

澤國柳依依分攜對夕暉五羊趨幕府三月挂征衣海際蠻天濶山連瘴霧微將軍仗籌策莫遣羽書飛

王明府招飲西來寺兼送楊孝廉北上

珠林迢遞俯松筠公暇登臨不厭頻對酒喜逢飛舄令譚文況有草玄人乾坤氣序秋將杪湖海交情晚更親欲別可辭良夜醉明朝岐路各風塵

江行遇老母誕日有懷

山郭巳斜暉扁舟尚未歸林間鴉亂噪水面鷺群

飛蓬苒年將暮蕭條鬢欲稀秖因毛子檄喜負老萊衣

避暑龍湖閣

龍湖稱勝地高閣起山隈一水遶城綠千家背郭開道人能擊鼓詞客且銜杯河朔躭幽賞空林月色來

至日飲俞生池亭即事

日逢南至禁情賖寺過西來徑路斜已怪雷聲出葭管却憐春色在梅花習池風月浮青雀金谷樓

臺沉紫霞一吏半生猶是隱接罹更合倒誰家

東粵孫孝廉貽書郤寄

維揚萍水挹清芬燕市悲歌馬首分君步羅浮千里月余棲劒浦一天雲春來謾聽鶯聲囀日下欣逢鴈字聞惆悵關河成阻隔徒勞清夢恍論文

飲盧藩相宅

爲愛梁園客歸來早結廬青山生後院流水落前渠樹畔千竿竹牀頭萬卷書秪貪娛彩袖因懶曳長裾戸滿騷人屨門多長者車念余慚吏隱作侶

是樵漁此日叨招飲何年慰卜居劇譚驚歲晚明月碧窗虛

聖節

玉輪高潔仲秋天五色還瞻繞瑞煙四海嵩呼陳禹貢萬邦虎拜祝堯年東華日浴西清裏南極星明北斗前魚藻此時方宴樂微臣猶自滯寒氈

懷諸兄弟

散吏三年傍七臺漢廷那數賈生才夜寒獨枕姜肱被春草池塘夢幾回

懷伯亮叔父

官况蕭蕭一敝廬竹林風景近何如譚文若憶聯牀夜好寄寒潮雙鯉魚

白下草

閩中周仕堦著
友弟陳宏已選
社姪李時成校

雨花臺

斜陽徙倚帝城邊，法雨驚飛佛座前。衹樹斷時皆大地，寶花香處即諸天。河山萬里風雲護，宫闕千秋日月懸。獨有藏鴉堤畔柳，至今猶帶六朝煙。

靈谷寺

忽忽幾經春勞勞京邑塵偶游方外目得悟幻中身谷靜鷺留客林幽鹿趁人不妨頻徙倚歸路月華新

天界寺

偶從休沐暇乘興扣禪扉竹院流青靄蘿衣染翠微對雲山客醉踏月寺僧歸似悟西來意飄然欲拂衣

燕子磯

松風吹燕子落日照煙波岸幘磯頭坐悠然發浩

歌江流千古是山色六朝多莫惜青尊盡人生能
幾何

寄懷陳振任

爾學鹿門隱卜居龍江濱不肯嬰世網巢許疑前
身結交傾意氣無論故與新伊余昔投好懽若平
生親聚首曾未幾去住分吳閩送我南臺路初值
孟陬春柳條不忍折把袂欲沾巾滿篇飛白雪大
雅茲復陳佩之壯行色奚啻隋侯珍忽忽逾三月
芳草碧成裀常從江上望不見山中人自惟十餘

戴奔走在風塵一官何所有兩鬢將如銀安得拂衣去從君問垂綸

送王山人還將樂山人善畫梅

朝來折柳石頭城無那花飛兩乍晴天上客星明去路筆間春色伴歸程青山到處堪乘興白社誰人是主盟目送王孫芳草綠臨岐不盡故園情

楊博士宅觀蓮

譚經有暇到處種奇葩元是華山種移來博士家露房紅掩映雨蓋綠參差月下能清過香風襲

紫霞

送林子啓侍御還閩

青蠅點白璧衆口鑠黃金自古已如此何論叔季
心留臺焚諫草吳國起謳吟　主聖環應賜無勞
嘆滯淫

同彭博士曉登牛首山

馬啼朝散出銅扉天闕同來願不違銀杏花香繞
過雨扶桑枝白已含暉鐘聲遶落僧房細塔影縣
登佛座微自愧青山緣久斷欲從初地遂初衣

齋居有懷陳瑞卿廣文

方朔隱金馬，楊雄草太玄。慚余何得似，宦況却依然。匣有雌雄劍，囊無子母錢。青山時濕眺，白日每高眠。為憶同心子，分攜忽數年。眞州江水濶，鍾阜野雲連。隔越非千里，羈棲各一廛。菁莪聞有咏，苜蓿總堪憐。燕市難售駿，關西已兆鱣。末由會尊酒，晤聊以尺書傳。秋到蟬鳴樹，潮平月在天。登樓思不極，何處廣陵邊。

寄懷富屯諸子

扁舟臨富水樽酒對斜陽此地曾相送于心終不忘青雲憐汝壯白眼笑余狂一自留京邑何人過草堂

題秋城別意送石阡太守林月川

金風吹桂樹秋色滿江城何以同心別偏當此日行貴陽新刺史漢室舊廷平縣想褰帷處爭來竹馬迎

侍王忠銘趙瀫陽二司成嘉平宴得催字

祥雲郁郁近蓬萊律轉條風淑氣催槐市朝從清

祀畢𩟐堂夜喜綺筵開每依山斗酬荆識欲和陽春乏楚才對非獨慚無可采也隨桃李共栽培

同前代友人作得冬字 時巳乞休

一官秦博士忽忽兩經冬亭臘春知早賡歌代偶逢青雲思附驥白首喜登龍雖則投簪去高山日景從

寄懷張茂才以吉

與爾分攜日城西古口東山花飄祖席江月照征逢作客春風後懷人夕照中江南無去鴈音信若

爲通

送潘與籍擢吳州別駕

荷香十里祖筵開一片離心不可裁正憶燃藜天祿閣那堪折柳鳳凰臺風生采石孤帆去月照蒼梧別駕來謾說從容問山水安西須伐出群才

訪林隱之山人憑虛閣歸雲方丈

高閣俯蒼烟憑虛望杳然鳳城孤月上雞寺一燈懸拄錫雲歸洞尋梅雪滿天何能挂冠去與爾共參禪

寄壽施直卿廣文

龍頭巖下水泠泠羨爾時傳戴氏經莫訝徵官頭欲白却逢佳士眼能青三秋紫氣空中見幾曲南山月裏聽安得登龍拚一醉環橋共睹老人星

逢蔡靜泉話舊

鳳城山色帶輕烟忽漫逢君思惘然把臂可憐今夜裡談文却憶十年前風塵荏苒雙蓬鬢尊酒留連一舊氊蔡澤豈應終寂寞行看金印斗如縣

九日約鄭克价周懋中過飲

節近重陽候瀟瀟風雨多柴門長自掩蘿逕有誰過世即知音少人如抱璞何開尊遲爾至一醉且狂歌

題王樹稱觴圖壽周駕部太母

丹砂賦就邵陵春白髮芳聲孟母鄰池上蟠桃千顆實庭前王樹一枝新稱觴喜有瞻雲客摛翰偏宜愛日人申國即看沾雨露周郎還擬畫麒麟

送鄭克价周懋中歸閩

故鄉何處所迢遞望中微白壁無人識青山有客

歸行藏孤劍在去住兩心違海鴈行當北休令尺
素稀

送友人北上

零雨責秋草寒蟬深樹鳴那堪臨祖道更復指神
京南國孤帆去西風一劍橫徒然相憶苦月白石
頭城

送客勞勞亭登魏國樓汎舟莫愁湖

送客勞勞日未休思鄉懷古更登樓一時公子推
無忌千載佳人憶莫愁雨過湖光侵草榻雲開山

色上蘭舟坐來暑氣都忘却何必陂塘五月秋

送張侍御還蜀

白下冬深瑞雪飄送君西去路迢迢埋輪久羨乘驄客題柱今過駟馬橋月吐娥眉堪駐節水成巴字待鳴橈知君夙夜蒼生念簪筆旋應侍　聖朝

楊博士招飲永慶寺

楊子談經多暇日招携方外覓伊蒲淇園新筍時供客蕭寺名僧雅好儒登眺由來宜隱吏山川元自數留都莫嫌雷雨留歸騎暑氣當筵卻有無

送劉鳳南侍御子告還上杭

石頭城角掛斜暉嘹嚦西風一鴈飛內直乂傳霜淸筆晝遊爭睹繡衣舟遊揚子龍應避人到鄞江鱸正肥四海蒼生須諫草七閩未許是眞歸

重懷陳振狂

春風鼓櫂龍臺下有客携琴戴鶡冠舟次亨茶曾共話燈宵月雨亦同看幽蘭作佩香堪掬白雪傳聲和更難別後登樓思不極秖餘淸夢到江干

送莊博士考績

朝來送客鳳凰臺五月江城聽落梅雷劍佩時龍出匣奚囊到處錦成堆作人喜有諸生須濟世誰當國士才此去明光謁　天子應趨青瑣傍三台

量移達州

璧水談經久刀州入夢初自知爲宦拙何訝與時踈民社誰非學風塵任所如　主恩無以報未敢慕囬車

度巫峽

石城爲別易蜀道嘆行難巫峽猿聲苦巴山雪色

寒雨過神女廟雲暗使君灘此日竟消旅飄然欲
挂冠

白下草卷之三終

蜀中草

閩中周仕堦著
友弟陳宏已選
社姪李時成校

元夕對雪

退食有清暇邀賓願不違厭厭五夜飲片片六花飛祇益春光淡還添暝色輝豐年知有兆莫惜醉芳菲

送蕭新寧歸田

使君何事賦閑居行李蕭然數卷書獨有鶯花迎去旆可憐父老臥前車瞿塘灔澦行非險淡水衢門樂自如耕鑿由來皆帝力莫言林壑 主恩疎

送麥貳守歸田

忽忽戒征騑蕭蕭雨雪飛尊前千里別林下幾人歸禹穴堪垂釣麥山足采薇獨憐頭欲白猶未返初衣

夔門道中

蠶叢當歲暮猶自跨征鞍鳥道穿雲險霜蹄踏雪

寒菰菼那可借葫荳若爲餐今日勞歌客初知蜀道難

戴念劬明府招遊岑公洞

朝來訪戴覽岑公洞口桃花照眼紅千頃烟霞方丈外數聲鐘磬夕陽中狂歌紺宇塵無染長嘯青山興不窮世上浮名何足問無情歲月若飛蓬

杜公草堂

杜老人何在瀼西一草堂青山連白帝秋水落瞿塘遺像瞻虛壁荒碑臥夕陽獨留忠憤意千載見

詩章

登西崖寺次黃少岷給諫壁間韻

薄暮遥登江上樓禪扉初扣客懷幽月明貝闕渾疑畫雨過青山卻似秋底事風塵雙短鬓真由來天地一虗舟伊余不日投簪去鳩杖從君恣勝游

涪州舟中呈丁使君

瀟瀟風雨下扁舟萬壑喧豗水亂流地向三巴寒入夜人于五月尚披裘得魚沽酒誰爲樂打鼓發船何處游一咲萍蹤眞幻夢明朝趨謁在涪州

易大尹招飲飛鳳樓

飛鳳樓臺向水開江流萬頃日縈洄相看一醉斜陽後淡淡星河落酒杯

過清河憩如江上人方丈

清清河水綠于苔千佛樓從霄漢開日照丹梯縣碧落雲流石磴度花臺山僧說法時敲磬客子題詩數舉杯一卧禪房清夢罷不知何處有塵埃

陪郭青螺學憲游蟠龍洞得秋字

載酒看山侍勝游生平欣慰識荊州人依石室心

無住鶴在松林夢亦幽玉削鱗床今自古風飛瀑布暑疑秋漫尋洞口龍蟠處爲喜登龍未白頭

楚江道中有思

憶與親幃別寒暄忽十更西山空日望南畝闕春耕肯以三公易何知五馬榮陳情應有疏早晚達神京

太平道中

歲暮猶車轍途中雪正深兼程催去馬四楚絕飛禽賦役勞民瘼馳驅報國心不知治單父何以得

鳴琴

送戴念劬內召

分符接壤挹清芬爲政風流海內聞最羡朝來徵
茂宰其如日下惜離群帆隨白鴈飛三峽人向黃
扉傍五雲西蜀兵荒憂不小可無封事上　明君

燕至

幾載風塵客家鄉夢裡歸可憐雙燕至不見片鴻
飛故壘驚無有華堂識是非何時同汝去海國遂
烏衣

憩圓覺寺

雨過泉苔滑林深梵寺幽鐘聲脩竹裏燈火亂山頭乞食僧無住停驂客暫留白雲歸岫晚黃葉落林秋得悟西來意甚隨惠遠遊

衛太守淇竹以匡山詩見示次韻

海內推名勝何山景最殊得看廬岳句似覽輞川圖勝具知常有塵心覺已無齋中聞瀑布郡外見香爐花落諸天寂風生衆壑呼青牛存上谷白鹿在青湖供奉歸何晚吳仙遇豈徒自當辭紱冕日

共鬪萊蕪

郊行憩爐洞寺仍用淇竹匡山韵

偶從方外憩覺與郡中殊落日聞鐘磬寒山見畫圖水天空即色烟霧有還無燭照黃金像香焚碧玉爐洞深客稀到林密鳥爭呼秪合棲雙樹何須泛五湖花飛摩詰室蓮結少林徒可使天寧畔松鬪荒綠蕪

蜀中草卷之四終

舟中草

閩中周仕階著
友弟陳宏已選
社姪李時成校

夔門九日

驅馳烏道幾星霜翹首烏山阻且長不覺今朝逢九日可憐何處望斜陽北堂萱草悲先謝西土茱萸空自香風木幾回竟欲斷涓涓淚雨滴瞿塘

聞鴈

何處孤鴻唳遠空蕭蕭落木起秋風誰知遊子今朝淚獨灑雲陽夕照中

鄒奉節見招

迢迢長路向南征信宿夔門夢不成邂逅得無孤客恨招携若有故人情千山秋水奔巫峽百里春風似武城明發可堪江上別回看白帝暮烟生

秋興和杜韻八首

何處商聲出樹林白鹽山下氣蕭森孤燈一葉愁難夢長路經旬苦積陰不盡江流遊子淚常懸月

色故園心客懷此際方如擣可聽寒城半夜砧

其二

蕭颯西風吹帽斜客中空自嘆韶華還家去去思千里下峽飄飄信一槎秋入巫山楓落葉城高白帝夜鳴笳窮愁豈意玄成草老大何心筆有花

其三

客中久雨望晴暉黯淡雲浮月色微賦乃未聞刀斗息松潘復見羽書飛請纓經畧疇能許投筆功名業已違惆悵季鷹歸棹晚越王江上有鱸肥

其四

世事紛紛似奕棋，虁門江上令人悲。三分鼎足非今日，八陣圖形自昔時。客路風霜慵起早，故園松菊咲歸遲。計程猶隔幾千里，烏石徒勞入夢思。

其五

夢寬忽到九仙山，一覺猶然白帝閒。叱馭昔曾過棧道，棄繻今復渡江關。折腰祿米拚稀鬢，絕足風雲强汗顔。惟得榜歌空裏發，飛鴻驚斷不成班。

其六

憶昔揚帆過石頭翠屏倏忽幾經秋朱幡皂蓋非吾意落木啼猿是客愁鄉國心隨南去鴈江湖情共水中鷗菟裘從此將歸老清夢無勞說益州

其七

專城幾載愧無功行李蕭然數卷中幞被不堪連夜雨征帆那得片時風花開蘆渚霜飛白葉落楓林露染紅歸去誰言生計拙釣龍臺下問漁翁

其八

瀼西徑路暮逶迤榿木菱花兩岸陂啼似杜鵑空

有血飛如烏鵲可無枝高唐雲雨巫神變灩澦風濤禹跡移懷古可堪長客蜀朝來霜鬢幾莖垂

彈琴碣次王逼江茂勛韻

黄牛峽畔彈琴碣天籟中宵半空發泠泠彷彿廣陵音失天別鶴唳秋月推篷聽之神且怡白雲飛盡露天骨假令鍾期不復生知音何必嗟秦越相如琴臺浪得名人去臺存空突兀豈如此碣不須彈風送宮商更超忽由來天地有元聲萬古千秋長不歇況有滄浪可濯纓吾將從此辭簪笏

黄陵廟

黄陵廟向楚江開孤客船從灩澦來壁立蔽天那見日浪翻殷地若聞雷秋深露下丹楓落夜半霜飛白鴈哀目極閩南家萬里片雲何處越王臺

公輔弟前自蜀歸道李荊州過此感懷

扁舟楚水對黄昏底事淒涼不忍言憶汝影孤鴻鴈峽令人腸斷鶺鴒原千山落木玄猿嘯一水蒹葭白露繁獨倚西風空灑淚不知何處可招魂

公安訪彭駕部賦贈

憐君何事掩柴門一疏歸來荷　主恩此日我停彭蠡棹何時人起茂陵園天涯會面寧能幾海內知心不可諼朝論久虛司馬席將無努力向中原

舟中夜呈伯亮叔父

迢遞雲山入望賒幸然骨肉共天涯棲遲楚水三秋雨落盡寒燈幾夜花宦跡半生同幻夢客途終日只思家竹林見説還如舊獨恐催殘兩鬢華

溢城訪趙仁甫年兄

公車曾共上長安別後相思託羽翰三仕念余繞

刺史十年悲尒尚郎官文章自惜憎人迕直道由來偶俗難容裏相逢又相別滿天風雪路漫漫

湖中夜泚

此日片帆征孤燈萬里情山光知月上湖濶覺潮平不見鴻飛影唯聞犬吠聲人烟好投宿且待曉風輕

聞琵琶

歸人暗傍歸雲宿楚地遥聞楚客歌一曲琵琶何處所江州司馬淚如何

同王通江茂勛登黃鶴樓和陳開府張太史

壁上題詠

風雨瀟瀟下武昌逢君促席共飛觴登樓此日思庾亮作賦當年羨子長黯淡半空雲送白渺茫何處鶴飛黃數聲折柳洲前笛入夜令人思故鄉

長灘有警

水宿來雙艇人疑是綠林豈知楊伯起暮夜素無金

舟中草卷之五終

林下草

閩中周仕堦著

友弟陳宏已選

社姪李時成校

鄭克价明府携尊過訪二首

小亭依綠野曲徑長青蘿百里鳴琴宰三春載酒過湖光澄霽景鳥語襍田歌因憶分符日馳驅可若何

其二

太息世情非蹉跎，髩髮稀余方辭長路子亦返初衣，白社憐同調，青蓴共息機。徘徊三徑裏，江海暮鴻飛。

贈吳子彬大司馬

司馬功成未白頭，乞身歸泛五湖舟。揮毫色借東山月，曳履聲存北闕秋。已見丹書傳尚父，可容黃石訪留侯。遲君高卧爐峰上，無那蒲輪使者求。

陳振任見訪

林下幾經春，幽居隔市塵。那期羅雀處，忽枉釣龍

人白日荆扉掩青山桂樹新非君秉徵尚此意向
誰陳

飲振狂吸江亭

卜築臨江背郭開垂綸宛似富春隈木蘭臯臯寄
書屋楖架依依落硯臺有客可曾題鳳去懷君獨
是釣龍來夕陽月出千峰碧十里藤山未擬回

陳以价参藩招飲河逼草堂

路遶瓊河透碧流堂開綠野暎丹丘元龍此日能
招隱司馬當年已倦游入座千峰雲氣濕凭闌三

徑桂叢幽興來欲濯塵纓去楊柳橋邊泥釣舟

壽吳邑博

風流吳季子不厭一官貧振鐸推三楚傳經入七閩青氈延上客紫氣繞芳晨此日登龍飲鶯花二月春

送王臬幕入京

馬首朔風高梅花照錦袍友情雖惜別王事豈辭勞我學泥丹竈君行礪寶刀臨岐無以贈把酒且持螯

鼇園

一賦歸來何所事鼇園抱甕聊自適入夏滿林荔子丹經冬幾樹梅花白澤畔春芹好作蔬山間秋月能留客不聞車馬謝貴游眞覺烟霞成痼癖

春日鄭廷亮廷臣讌集草堂

見說土牛方畢臘俄聞社鼓鬬迎年太平人喜逢春日雅集筵開不夜天幾處笙歌隨月聽千家燈火帶星然相看青鬢俱如雪可負韶華獨醒旋

元夕集悠然亭

三徑春光早梅花雪色寒留人非地主明月滿闌干

幽居八首

輕出負巖阿歸來竟若何俗緣避地減閑爲棄官多深酌傳鸜鵒初衣剪薜蘿柴門人不到惟有白雲過

其二

郊原春雨足隴畝緑初匀我本明農者躬耕陌上塵緬懷牛僧隱遥憶鹿門人高節自千古于今誰

竝倫

其三

無事日窺園春風到蓽門雨餘苔徑滑林暮鳥聲
喧簑笠掛深樹牛羊下遠村由來靜者意難與衆
人言

其四

解印幾年歸蕭然一布衣門前羅雀徑池上釣魚
磯雨後稻苗秀春深藜藿肥更憐讀書處月色映
柴扉

其五

高臥桂叢幽貞同隱者流綺琴鳴別鶴藜杖倚靈鳩洛社尋知巳東陵問故侯浮雲塵世事天地一虛舟

其六

幻夢三千界浮生六十秋行厨殊北阮下榻類南州月色窺窓入泉聲遶檻流忘機吾自許海上不疑鷗

其七

鶯聲何晛晛樹色鬱蒼蒼花落經旬雨人驚兩鬢霜野情無冷煖生計有農桑欲了無名欲惟應友杜康

其八

茅屋絶紅塵棲遲幾十春江湖雙短鬢天地一閑身興誦詩千首狂傾酒百巡誰言遺世者草莽亦王臣

汝升伯兄舉子志喜 時年六十有八

賀客擁階墀仁兄舉令兒桑蓬初射日天地一陽

時佳氣騰朱戶神光燭綺帷亢宗應有託繩武更
何疑自是蘭徵異奚言鶴夢遲靈椿知不老行睹
笑含飴

送葉進卿宗伯赴　闕

白下分携二十秋鄉園此日遂攀留帝侯經術原
高第謝傳風流復壯遊赤舄五雲趨薊闕綵帆三
月過楊州中興又已推山甫　聖主無勞夢卜求

得孫

柳畔鶯初囀山中雪乍晴神怡歸老日色喜抱孫

情緣筆傳先世青雲屬後生岐嶷吾愛汝應不墮
家聲

飲吳子脩明府城北別業

城坳三山暮松風六月秋地疑蓬島勝人是阮稽
流乘興移青雀忘機近白鷗花間須盡醉身世總
浮漚

超山寺

六十年來半日閑丹崖翠壁此躋攀僧言四百南
朝寺形勝由來第一山

天盃臺

縹緲玄宮接上台風烟咫尺越王臺三山路迴虹
橋度雙塔雲迷雉堞廻白首登臨常拄笏青春徙
倚且啣杯霸圖王業今安在惟有江流日夜哀

天寧臺有懷陳振往

振衣一上天寧臺樓閣淩空次第開綠遶滄洲千
澗落青浮梵寺萬峰來飛花蹴席春光暮倦鳥投
林夕景催為憶陳遵居不遠月明烟樹自重囬

釣龍臺

越王臺下草萋萋臺上花飛鳥亂啼近市魚鹽千舸集凌空樓閣萬山低杯斷夕照狂歌發馬踏春雲歸路迷惆悵釣龍人已遠獨留風景客來題

懷鄭周卿左史

亭臺窈窕獨幽棲未覺風流減會稽水映晴空天上下山畱返照日東西花間有酒聽鶯語門外無人作鳳題遥憶片雲飛谷口幾時投轄慰招携

林謹任都諫過訪

甬浥山中桂花明栁外樓多君能枉駕竟日坐淹

留時事詢黃髮交情戀白頭　聖朝思汲黯未許
共盟鷗

思汝升伯兄

蕭蕭古木帶寒烟兀坐思兄淚灑然姜被夜深憐
獨枕荊花春早爲誰妍期傳他日茂陵稿當卜明
時處士阡惆悵立孤千載後敢將難事讓前賢

懷舊

漫草太玄經悠然坐小亭窓虛留月白簾捲入山
青謝客緣多病憂時感獨醒百年方強半舊侶者

晨星

月夜觀木槿花有懷諸子

風清臺館靜月白水塘幽百鳥投叢宿千鱗作隊游花仍今夜合莽似此生浮誰可偕心賞停雲獨倚樓

送鄧永之孝廉北上

之子向京華行看上苑花斑衣辭膝下赤芾壯王家廷水雙龍劍星河八月槎鄧林材獨異竹箭許誰誇

送林尚瓊孝廉北上

長安春色好，裘馬去翩翩。已就楊雄賦，應先祖逖鞭。風雲高足遂，日月壯心縣。賴有時報策，臨軒清問傳。

送陳元凱進士入京二首

詞壇纚虎早知名，臚唱當君一殿驚。四十仙郎題柱晚，三春御苑佩珂輕。嘶杯暫借青山色，捩藻爭傳白雪聲。莫道鶯花新送別，故園楊柳舊嚶嚶。

其二

多君擁傳有光榮，憶昔將車故里情。老去綈袍餘繾綣，春來綵筆湧縱橫。天高鳳闕人千里，露冷龍江鴈一聲。三事相望知不淺，此行何以啓承明。

飲黄子泰茂才臥雲亭 亭在九仙山下

叔度雅談文，茅齋遠市氛。樓觀千嶂月，人卧一窗雲。登眺逢春暮，酣歌入夜分。鸞笙聲隱隱，時向半空聞。

林天迪民部招飲叢桂堂

愛尔縣車髩未華，桂叢深處卧煙霞。邀賓看鶴心

無染把酒聽鶯興更賒一片白雲留錦石半輪明月照瑤花春風幾度寒梅放疑是西湖處士家

伯亮季父宅逢鄭廷亮廷臣陳謹甫

大阮幽棲處誰堪訪隱淪忽逢春二月不速客三人縱飲青尊盡狂歌白雪新燈前時屈指今古幾閑身

觀封琉球使船

納款夷王叩　闕囬頒封新　命出蓬萊雙持白王　天朝節獨却黃金使者來浮海旌旗迷日月

濟川舟檝靜風雷秪愁民力疲供億況值年荒更可哀

除夕贈王蓬萊文和年兄

風流王令尹原是蓬萊仙抗節高元亮謀生笑計然杖惟携綠王囊不滿靑錢明日屠蘇飲忻過釣渭年

元日

江南春色早庭翠影交加白首丹心在靑山逸興賒重明來海國三視向 京華更喜飛觴處餘梅

尚着花

江行夜泊

疎鐘來遠寺明月照孤舟何處逃名者任歌碧水頭

溪源道中二首

經年牢落滯紅塵此日仙源一問津溪水似清員嶠夢桃花如見武陵春筍輿涉澗斜陽裏草屐穿雲古渡濱祗恐生來凡骨相山中不遇採芝人

其二

山光樹色鬱蒼蒼短棹中流訪上方一十四橋何
處所白雲縹緲路微茫

遊溪源宫三首

緣嶺古松西風煙入望迷危橋青嶂斷絶磴白雲
低雨後泉逾響山幽鳥亂啼桃花開夾岸疑是武
陵溪

其二

含舟登石磴避俗扣玄關過栁囂聲細巢松鶴夢
閑道書虛白日丹竈冷青山眞訣何由悟蕭蕭雨

鬢斑

其三

馴虎當年事千秋廟貌存白雲封石室流水到柴門徑轉松陰合峰高日影呑夜來驚客夢何處一聲猿

山中咏懷二首

花飛野徑春將莫鐘響空山日已昏稅駕宛然居栗里問津何處覓桃源孤亭寂寞雲留榻喬木陰陰水到門卻笑年來成獨往風烟別是一乾坤

其二

獨坐松林對遠穹蒼茫落日帶殘虹比隣僅有三家市應客惟餘五尺童楊柳橋邊漁艇月桃花村裏酒旗風數聲好鳥春光老一曲清歌世慮空

岡夜

青山一望白雲歸野鶴成羣落翠微寂寂晚軒燈下坐瀟瀟疏雨客來稀空中鴻鴈風聲急井上梧桐露葉飛莫向三緘嘆搖落東籬秋色正芳菲

至日同陳振狂山人陳希之陳無美孝廉鄭

元升茂才夜遊梅花塢

日來逢令節星聚盡名流但有尋芳興何妨秉燭遊先春開獨早入夜看偏幽得遇同心賞無勞寄隴頭

初度代柬約振狂

天盌深處桂叢新初度重逢燕喜辰甲子依稀絳縣老風煙咫尺鹿門人自惟寡合偏成癖誰意貧交晚更親掃榻遲君看花發頽然共醉百壺春

振狂酬詩許過次韻

白雪聲傳一曲新青尊開對百花神山中自信無
機事海內誰知有逸人椽筆當年曾入夢奚囊何
處不隨身緬懷傾蓋相逢日倏忽今過幾十春

陳振狂張以行李汝繡鄭廷亮廷臣陳謹甫
陳朝寵鄭以覲盧坤復林守易諸君過酌
奉呈二首

覽揆逢春好看君一觧顚花神爲客媚酒趣得人
奇取羨星初聚尤憐日正遲小孫能洗酌稱子觧
稱詩醉後歌黃竹盤傾採紫芝欲求不死藥何處

覓安期

其二

雲斂百花明春方此日晴千山捲簾入曲水引觴
清僻處無車馬貧交有弟兄夕陽供晚眺新月照
宵盟授轄朋情重銜杯世慮輕時從聞至道即此
是長生

振任索丈葵絲葱二種賦此遺之

每憶元龍百尺樓芳林俯瞰碧江流少陵潭上稱
詩暇元亮籬邉載酒遊獨少叢中花向日可無堂

北草忘憂施于金谷供青眼醉裏縣知插滿頭

振狂留飲吸江亭佳兒佛奴甫七歲侍酌

傲世于今白眼空灌園寧肯易三公倒翻滄海輸君在吸盡西江與子同萬頃烟波花徑外百年心緒酒杯中鳳毛況復青雲器愛客堪憐有父風

岡上懷社中諸子

林下人無事山中麥有秋月移花外影風過檻前流春色歸黃鳥閒情寄白鷗一尊時獨酌誰與共登樓

懷王覺非孝廉兼呈振徃

予在閩上渡椶木橋跌足覺非時尚讀禮聞之與振徃駕舟來視故此賦謝

孤燈寂寂坐寒林何處登樓慰好音正愧雙癸悲衛足忽來一帶喜同心籃輿我少生徒舁苫塊君多風木吟爲訊陳蕃更相憶維摩問疾重招尋

春日飲鄭廷亮碧桃軒

春風開遍碧桃花愛客琴尊興獨賒松下彈棊驚鶴夢紫芝之歌罷月初斜

贈吳惟鎬令尹

吳公薄治平雅意慕長生勾漏歸來日丹砂想已成聊依南國隱一問北山靈余亦幽棲者那勝仰止情

客至二首

庭花自開自落江鳥飛去飛來有客湯過藜杖呼童忙掃莓苔

其二

嫋嫋風吹綠柳瀼瀼露滴青苔徐看鹿銜芝去偶逢客抱琴來

林謹任初度即席賦贈

詞客如雲集畫堂羽觴霓舞對斜陽南樓暫醉東山月青瑣曾飛白簡霜日下瑤池王母降春來玉樹謝庭芳歲星曼倩差猶健辟戟何時入建章

三月晦日謹甫携尊見過

紛紛門外落花飛載酒憐君過竹扉共惜春光惟一夕相逢不醉欲何歸

重飲吳子脩城北別業

幾年夢想習池幽杖策朝來續舊遊自是鶯花堪

勝賞不關風雨漫淹留同心共醉三春酒乘興還
登百尺樓歌舞梨園懽未竟五更鼓角起城頭

明眞庵

春日景熹微春山採蕨薇松濤醒鶴夢空翠滴人
衣客爲參禪至僧從乞食歸驚弦何處鳥向夕尚
高飛

平遠臺九仙觀

鰲亭深處絶塵埃有客扶笻步月來萬井風烟浮
上界一天星斗落平臺碧桃花下青芝草白玉樓

前紫石堆何必尋仙皆九滌超然人已在蓬萊

社中諸子過酌

平生厭城市屏跡隱蒿萊草榻雲常借柴門鳳自開遥天獨鳥沒旁舍幾人來皎皎松間月邀之共舉杯

挽鄧世序妹婿

夜來天隕少微星落日啼鴉不忍聽二頃素無先世業一經徒老古稀齡腸于薤露聲中斷淚向西風月下零仃看鳳毛能展采他年綸寵慰泉扃

齋居二首

經年惟閉户竟日嬾梳頭醉月眠芳草耕雲鐘綠疇飛鳴松際鶴上下水中鷗更喜花間月香風撲茗甌

其二

池幽疑姓习谷静可名愚白髮催人老紅塵與世殊青山當卧榻綠竹蔽行廚讀罷閑居賦東隣問酒徒

送李汝纁明經上南宫汝纁别號五雲

藝苑翩翩早有聞于君總角已知君秋風高奮
南翮燕市行空冀北群客路鶯花迎去旆祖筵尊
酒對斜曛莫言遲暮酬三策臚唱還期見五雲

曹及渠封君招飲西園

遲日明玄圃春風拂綺筵歌中人似玉花外酒如
泉意氣稍知已風流邁少年松陰與月色那得不
留連

陳山人招飲

卜築傍龍橋幽棲遠市囂樓高先得月沼曲暗通

潮上客歌金縷佳人弄玉簫青尊酒盡醉白髮已蕭蕭

送林煳芮侯訪陳用吉南海

何事戒行裝飄然別故鄉驪歌天欲暮鶯囀日初長鼓枻過三水停車問五羊到來南海近花縣似河陽

同王文和鄭廷亮廷脩集周茂才山齋

桑柘意何長陶然共舉觴紅花羞白髮微雨亂斜陽眞性酒中見塵心物外忘誰言當此地若箇不

羲皇

鄭君祥茂才招遊越王臺

天寧招隱處咫尺釣龍臺此日扶筇至憐君載酒來山容仍似錦霸業已成灰幸聽康成語都令夙抱開

山居四首

巖畔聞猿嘯雲中見鶴還青山容傲骨綠酒破愁顏日日唯高枕年年只閉關歸來贏一着猶得半生閒

其二

天時晴半雨海氣夜疑龝惟得春衣薄猶然着敝裘雲光衝濕度帆影掠空浮一醉空千慮何須遣四愁

其三

墅與日悠悠生涯一釣舟有居惟木石無客不羊求几席來青遠雲煙共白浮風塵任滿道知不到滄洲

其四

避人跎僻處入鳥喜同羣花落逢春雨鶯啼過夕曛百年能有幾七十尚無聞惟向青山裏朝朝看白雲

夏日同陳子受刺史王子敏司李集吳惟鎬別業

夏日喜招尋烟霞一徑深雖然在城市別自有山林暑氣銷河朔機心息漢陰昏鐘何處起撫景漫沉吟

七夕

七夕瞻銀漢雙星度絳河巧從今夜乞會是隔年過戍婦情偏切征夫淚更多人間與天上無奈別離何

同廷亮遊天埜亭便謁陳丁于墓有感

陰陰灌木栁依依携伴尋幽轉翠微斜日忽從天埜落寒雲獨繞夜臺飛念予此日悲絃絶憶汝何年化鶴歸反爲登臨增感慨潸然清淚滴蘿衣

陳子受刺史令孫登第以初度日見招即席賦贈

桂叢來燕賀花陌喜鶯遷更羡閭丘守翻逢衛武
年春風吹玉樹夜月照瓊筵萬石君何忝應需雨
露偏

晚憩虁兒烏石山書舍

烏石隣霄漢齋居碧落縣千山含夕照萬井浮晴
煙塔影雲中見鐘聲月下傳更憐讀書處藜火照
青蓮

集鄭廷脩宅

習靜山中客尋芳雨後天朝來同讌賞谷口澹風

烟春到花如錦人閑日似年脫貂堪買醉莫慮少
青錢

訪李玄同不遇

愛爾城南開別墅更憐蘭若是芳隣我來欲作登
龍客何意翻爲題鳳人

走筆約廷亮廷臣謹甫見過

久雨逢初霽空齋對落暉松聲清草榻花氣襲蘿
衣遲爾開棋局呼童採蕨薇三春能幾日莫使賞
心違

廷亮廷臣謹甫小酌

剥啄聲聞處花朝夢醒時人來芳草徑鶯語綠楊枝遅日應難得長生不可期況逢春酒熟可惜罄瑶卮

庄中

山庄久不到偶尔復登樓荏苒過蠶月依稀近麥秋峯含丹鳳色庭繞白龍流獨苦田家作桔槔聲未休

其二

岡頭松子落堤畔椰花飛與到頻携酒閒來一振衣漁歌新月上人語晚樵歸天際時聞鶴悠然賦采薇

贈殷與可藩幕

深源海內舊知名傾盖相逢慰識荆祗爲直弦多忤俗暫居冷署有餘清壯懷耿耿青虹氣逸思飄飄白雪聲司馬貽謀能不忝蕭然藿食若儒生

送王永之南北部

送客三山遠吳門匹練馳鸎啼紅雨候人向白雲

司祖席若爲別王程不可遲風烟生釆石暇日好
裁詩

送謝在杭民部還京報　命

春色正芳菲仙郎入　帝畿諸曹推起草四牡勞
言歸繾綣憐尊酒分攜對夕暉澄江有佳句莫惜
寄鴻飛

壽喻太守兼賀舉子

仙郎承寵領專城金署銖衣掩映明乍得龔黃襲
漢治即看申甫篤周禎閩中花雨南山色江右文

章北海名獻壽不須青鳥信相隨白鶴自湘衡

賀金浮弋大尹舉子

清塵滿甑似萊蕪一曲鳴琴奏鳳雛花發先培庭
際玉錦成隨照掌中珠三山佳氣留高楊十月陽
春動碧壺莫訝他年能血汗出從驥足即神駒

田舉甫治兵海上尋隱于醫賦贈

生平俠氣萬夫雄馬上能開兩石弓使鉞幾年勞
海上避人此日隱墻東區區報國心猶赤落落遺
時眼獨空司馬不須愁病渴田郎今有越人風

吳子脩彭有貽林謹任過酺城南草堂

水部開三徑山堂傍九仙花明春雨後客醉夕陽前白眼還儕偶紅塵隔靜便所須惟適意況復共華顛

同陳子受彭有貽集林謹任別業

識賞宜春酒招攜有夕郎　紫宸方側席白社暫飛觴曲徑花如雪高樓月似霜惟應同潦倒且莫問行藏

懷陳元凱計部

倦游憐尒似相如一跣飄然返敝廬避俗每懸高
士榻逃名不枉貴人車時投白社偏貽酒日臥烏
山只著書祇恐蒼生霖雨望清朝未許賦閒居

贈李明六茂才

疎狂久矣嬾逢迎此日那期御李榮幾世經傳漢
二戴一時名冠魯諸生枝頭分照青藜色袖裡長
携白雪聲策就天人堪入獻看花好聽上林鶯

同林謹任陳無美明貞庵觀梅

藤山風日美忽見隴頭春雪霽珠林晚烟消玉樹

新青雲雙國士白髮一閒人興到忘歸去狂歌酒百巡

重遊梅嶺

携伴看花去尋春到上方衝寒偏欲放未臘已先芳色借崑山玉寬消百和香隣家吹短笛宮女學新粧恍入羅浮夢疑從庾嶺行巡簷思杜甫踏雪憶襄陽勝賞諧天寂遨遊十里長蚶杯動詩興應不減何郎

社中迎神有感

斗米百錢桂比薪十家不啻九家貧傾錢揭債酬
歌舞時事年來聽鬼神

初春三日送陳無美之京

荏苒枝頭忽囀鶯元宵天上月初生我來折柳三
山道君去看花五鳳城指日青春堪作伴因風白
雪可傳聲閩南薊北遥相憶把酒臨岐不盡情

初春三日廷亮廷臣過酌草堂

星聚山中日陽回雪後天傍簷梅半落隔岍柳初
妍蓂莢開三葉風烟又一年相看頭俱白栢酒酌

諡先

林下草卷之六終

詩跋附求序諸啓

先人遺稿十六種檢校既成諸兄弟抆淚命夔曰惟子嘗學詩于先人可後諸公而無言夔唯唯嗚呼夔惟名行可以庚契致情志可以㗖悵述沭浴膏澤歌咏勤苦即一家之紹明各有攸當若夫執豐約之跡而議恬鄙緣銳蔄之形而定曠棼彼是相繆爲不知已者詬厲戰戰慄慄懼隱沒隕越于下孺子其奚辭焉先是李明六之論詩曰吾閩自林子羽鄭繼之以還古風衰息濟南倡王維李

頎之宗海内風靡卽吾郡逸才響應率擅能近體而澗希選古丙辰春夔遊　崇相師之門問聆稱詩王于自爲代而不必有襲質以先集猶憾其瀰守唐調　李嘆兼擅之艱而　師惜超乘之杳才有所域不能爲先人掩也要以境會情湊聽其所止惠齡進取則北征抗韶秀之音哀緩咨周則雙峰摽文雅之致披滌蔚麗則白下暢流美之風策慮愊憶則蜀中抽危惧之思瞻望嬛夜則舟中抒哀怨之章偃息遂初則林下揚恣睢之度雖後目

局庸邇詞偏顯率亦彥和所云酬酢以爲賓榮吐納以成身文而不必盡守緣情綺靡諧聲切響之三尺也又先人不慕作者之名或在朋侶即席脫筆不復存藁十二能詩迄于七十逸九餘一泝其所宗儲孟遺軌追惟古之作者情性各迥或下帷工苦或散宕自喜別才別調已有成說必覈其泓涵演迤此外槪使混俗总言則先人甘退處摻牛擊壤之後而無窺壇坫母廼謂小子濕淳散朴重遠厥志也是役也嘶　振狂先生與　明六兄之

書跋

命居多而夔竊以遂紹明之志爰質 大方冀備

採擇捧集戰慄不知所裁

萬曆丁巳季春朔旦不肖男之夔百拜謹識

上陳振狂先生論先君詩并求序文啓

蓋聞賢愚共盡豈一時而驕萬年得失自知雖寸心而足千古況談詩于詩亾之日即楚騷漢賦總屬變聲而論人于人亾之餘即周情孔思難必共賞精神忽合以秘帳而有餘珍好尚偶殊以覆瓿而不足惜此蓋世人之恒態而非所論于知巳之深情恭惟　執事高枕江干主盟藝苑世上自有逸人不在縹緲雲霞之外名下定無虛士豈徒留連風月之間與夔先人最爲密友酒中耳熱幾提

碎黃鶴飛樓悟後骨寒欲吸盡白龍江水盖已唱
于和汝又復喪我怨吾今雖音容已逝所幸詩卷
長存因其詩如見其人　叔之厚也念其父以及
其子夔何德焉公道至文章而始眞交情歷生死
而益見譽之則以爲憂笑之則以爲喜此君子立
言之心寧使人恨其少勿使人厭其多此達人行
遠之致故夔謀爲就梓之舉皆　叔昔曾刪定之
餘屬國中而歌下里未爲大音藏名山而副京師
方爲盛事但就今日而論先詩寥寥乎僅數章憂

夐乎非備體其高者固已得太羹玄酒之遺其畢
者亦不失葛巾野服之趣盖緣先君與物無競原
無不可一世之思故其爲詩遇境生情亦非自命
千禩之意幸 執事入詩家三昧具法眼一雙雖
先君衣褐懷玉不求其膾炙于人而吾 叔淘汰
取金忍使其湮没于世特乞數言以弁簡首倖韓
愈傳毛穎而論定于子厚之言笑左思作三都而
價重于士安之序抑愚有説焉敢復具陳之河梁
始爲五言栢臺乃製七字建安黄初之際標致各

一八　二

殊天寶大曆之間風流亦別要以可愛可傳不必盡美盡善彌衡之鸚鵡劉伶之酒頌名世只在一篇惠連之春草道衡之燕泥名篇又唯半句小兒強作解事妄是已而非人流俗本無知音復陋今而榮古才華既狹希兼古近之長品識不眞謬立盛晚之別故愚以爲學諸體而無成不如專一家而有得先君不拾牙後之慧率流胸中之言詩多近體固取聲律之易調意復清疎亦緣性情之獨曠即其所長較其所短尚奇麗者或無取焉宗淡

逸者庶不擯也嗟夫鍾期既死伯牙爲之絶絃惠施已亾莊周爲之掩辯經黄公壚而有感過西州路而興悲古道如此今 叔亦然昔先人無他好也日以詩爲事惟夔亦無他學也即以父爲師先人在而夔耳中唯聞風雅之音先人亾而夔口中幸闕眀食之語世緣迫而成俗子家學廢而成棄人筆墨無靈文章憎達安得不覽遺編而隕涕望父友而傷心也要以班馬帬劉繼父子而完千秋之業服鄭郭向合朋友而成一家之言當仁不讓

文 三

在丈夫之有心非道弘人嘆英雄之無骨勿謂詩道微商周之世每以詩感人勿謂我輩小唐虞以還恒自我作古泣鬼神而敵造化上以鼓吹休明出金石而挾風霜下以宣達情性此唯犖犖者之得與斯事而非庸庸者之可爲此言夔蓋願學焉叔何以教之儻發愚蒙庶成先志謹啓

上　董見龍老師求爲先君詩序啟

夔聞無交而妄希求者謂之瀆無挾而期行遠者謂之固況君子以道自愛方其贈人以言重于贈

人以財則其求之也不可輕而文章與世爲公方
其內信于己不若外信于人則其行之也必有藉
是以古有得一諾而權輕百鎰有得一序而價重
三都有明珠而遺按劍之羞有輪囷而徼飾乘之
寵何則知與不知當與不當也夔之居　門下有
日矣自顧乏受教之資而　師之愛小子無已焉
每期以不朽之業當失父之後而得師不啻開雲
見日就學文之中而進德豈徒破浪乘風不謂執
經累月重遭生母即世而遂輟藏脩因之讀禮踰

時聊檢先人遺詩而將謀剞劂不揣家人語亭若千金敢希　長者言隆如九鼎承　師謙謙之論謂談詩非其所長使夔戚戚之衷將挾筴欲以何請雖聲詩之細恐辱高章然弟子之求可無終拒況先人在甲寅之冬與吾　師有一日之雅邂逅于御史臺前抵掌而談天下事造候于達尊寓所覿面而見古人心吟風弄月歸來有與點襟懷伐鼓叩鐘下車喜聽徽音響恨相知晚而每飯不忘慮　門風高而欲前莫敢嗣後　明六李兄惠以

斗中書義讀諸兄之結撰字字入室登堂見吾
師之品題處處拈槌豎拂則謂夔曰汝常言今時
無古文章斯篇可學也汝常言今時無古人物此
老可師也夔嘶斯語以至于今得列　門下之班
實出先人之志恨茲無祿莫覩有成昔南宮适資
車以事夫子而朱元晦帶經而訪延平皆秉遺囑
之言以識依歸之地方之今日固若合符由前晉
接之雅則求非無因由後命學之勤則求又有道
師于斯集難靳片言追惟先人位不配德名不副

實高節以祿仕半晦然其大者已見于　楚石先
生之銘清才以市隱弗華然其逸者幸得自　鹿
門山人之選生平更無他嗜有觸則輒爲詩吟之
不置每喧枕上以忘眠談之無人即呼兒曹而共
賞夔或從視膳之餘或自佔俾之暇恒聽詠吟頗
習聲律迄今登堂寂若久絕風雅之音掩卷蕭然
半混簡編之蠹懼精神之湮滅無傳藝　道德之
輝光不朽集分數種依生平踪跡以成形體不數
端任一家瑕瑜而就正倘肯　施以筆削　賜之

序文俾傳之孫子獲見厥祖流風公之人間皆準
大人定論得夫子而名益章附驥尾而名益顯傳
不云乎此之謂也謹啟

碧雞集不分卷

［明］閩縣鄧原岳撰

日本内閣文庫藏明萬曆間刻本

碧雞集不分卷，明鄧原岳撰。原岳（一五五五—一六〇四），字汝高，號翠屏，別號西樓居士，閩縣人。萬曆二十年（一五九二）進士。歷户部主事、員外郎，出爲雲南按察司僉事，領提學道，進湖廣右參政，擢按察副使，未任卒。以詩文名，爲晚明閩中詩派中堅。撰有禮記參衡十卷、西樓集十八卷，輯有閩中正聲七卷等。

是集乃原岳督學雲南時所作。原岳子慶寀爲西樓全集序所作識語，謂原岳之詩在其生前即已漸次結集，碧雞集係「自北而督學日南」之作。按集中首篇發芋原驛别諸兄弟二首首句「從宦八九載」，又以將發昆明别藩臬諸公、別諸生殿末，並有賀朱常洛册立爲太子時之册立皇太子禮成志喜，作於萬曆二十九年十月以後，與原岳督學雲南行實亦相合。集名「碧雞」，當取自昆明碧雞山也（見謝肇淛小草齋文集卷五重鍥碧雞集序）。慶寀所言其父詩結爲八集，原岳詩單行者，僅見此集，他均未見傳本。

是集存詩一百零八題，計一百四十九首，内多西南行旅、登覽、贈答之作，蓋以記西南行止焉。西南地多形勝，原岳得其山水之助獨多，詩境爲之一變。西樓全集係分體編排，按諸此集，凡見諸此集者，均在各體内前後相連，足證西樓全集各體卷内亦以編年排次。

是書傳世至稀，僅日本内閣文庫藏明萬曆寫刻本一册，首尾完整，白紙精印，係日本德川家康紅葉山文庫舊藏。（沈　暢）

碧雞集

全

鄧女高詩集叙

鄧使君女高自爲諸生雅言詩詩五七言近體排絶歌行宗唐四言五言樂府宗六朝漢魏三百篇比成進士爲民部郎佐藩臬柄文衡周游兩京三吳淮南

北越東西齊魯燕趙滇黔之域者萬里楚不腆晚而辱在宇下瀟湘洞庭雲夢諸名勝褰帷攬轡無所不茹納采擷而所著詩益宏博瑰琦洋洋乎大國之風矣蓋

高廟起淮甸都金陵於時詩道之
興自南服始高楊張徐諸君子
皆吳越産也閩則有十才子應
之
文廟起燕甸一再傳遂定都焉詩
道之興在北爲盛何李邊薛諸

君子皆關河齊魯產也閩則有
鄭善夫應之
世廟起郢甸享國最久制禮作樂
功冠本朝詩道之盛復自北而
南于時七子輩強半南人而閩
未有應者乃今則女高其人哉

國初詩纖穠綺縟猶有元之結
習變者務為和平典暢而其流
失之猥鄙弘正之際變者務為
鉅麗雄深而其流失之粗厲嘉
隆之代變者始一歸于正名家
大家奄有前人之美而盛衰之

機實相倚伏今吳越關河齊魯
間改絃學步寖以陵替獨闢後
進蔚起如女高詩規模宏遠而
意緒精深興會標舉而裁制綿
密詞藻豐蔚而色相清空音節
諧婉而骨力勍挺體勢方嚴而

風神閒適諸所應有者女高必不無所應無者女高必不有也閩山川靈異鬱積深厚女高晚出而收其全勝作者得失之林遺編具在女高識能鑒别之才能苞舉之庇蓄富而師匠高其

於閩固宜雄據一隅先驅一代
矣昔者吾友王敬美游閩稱閩
家能佔俾而不甚長於詩即十
才子尚出徐楊下又置善夫於
邊徐薛王之次而七子時先後
相及者無稱焉令敬美而在讀

女高詩爲閨人盱衡擊節宜何
似也微閨而已海內人士思嘉
隆之盛際恨不生逢其時余以
爲求之女高有餘師矣
南新市人李維楨本寧父譔

碧雞集叙

明興詩不大暢而驟振于李獻吉獻吉後王李相羽翼而名滿寓内余常師事王元美先生而聞先生之説詩謂兩李君可狎主齊盟嗣後業詩者多千家而以詩名者數

十家耳鳴呼詩難言矣韜鋒囊光斂素崇朴者托之乎渾厚而失于野質勵氣吐英摩雲駕海者托之乎悲壯而失于怒張繪象彫彩鏤花吸露者托之乎組織而失于靡麗援幽詣虛飭澹索漠者托之乎

玄脫而失于禪縛搜僻點鬼鈎隱志恠者托之乎奇博而失于不典況詩以格重以意勝以調全騁才則破格戀景則礙意累事則傷調而五言古七言古及五七言律五七言絶其格其意其調各殊匪只

律與絶異意古與律易調律與絶與古異格即五言古七言古其格其意其調亦自不可比和而互奏故唐之名家能諸體擅長者實不可多得杜工部集大成之詩試取其全集讀之其五七言絶能快人

意者幾何李供奉稱仙才而七言律亦僅寥寥則他可知矣碧雞集鄧汝高全豹之一斑也諸體備矣而諸體亦各極其致其金馬碧雞之遺響乎大端渾厚沉着而陶其野質悲壯激昂而消其怒張組織

工緻而洗其靡麗玄脱冲夷而解
其禪縛奇愽滃肆而文其不典蓋
就格出意緣意運調叶調偕格而
氣以貫之昔人云文章之逸氣五
百季而淂韓昌黎又五百季而淂
蘇長公于詩亦然近代李王三先

生俱以氣賸汝高其接武也往李
獻吉官民部而民部重余濫竽民
部時謬談詩而詩未卒業無可自
擬于獻吉而友人姜仲文趙夢白
後先入民部夢白由民部改官銓
曹余常戲語夢白曰以官則銓部

重君以詩則君重民部民部亦重君何也得獻吉為之蒿矢也汝高先亦民部郎可與趙姜兩君稱鼎足而俱重民部余則以民部重而序汝高之詩而因以汝高重也

楚人周弘禴譔

碧雞集

閬中鄧原岳著

吴下錢希言選

發芋原驛别諸兄弟二首

從宦八九載跡若參與商一别動經秊懷人空

徬徨薊門雖云遠音書猶淂將南中夷服地瘴

癘非吾鄉豺虎坐噬人處處埃塵揚妻子不我

顧单騎歷風霜眷言骨肉親涕下沾衣裳對酒

意悽惻欲飲不盡觴策馬出孤城浮雲西南翔

野色忽已暝江流浩茫茫越鳥戀舊巢何必之
窮荒終當期歲晏白髮永相望

其二

骨肉嗟多故荆樹不再榮羽翼各參差顧影長
自驚相視非少年一散難復并歲月知幾許更
作西南征中宵起嘆息怨彼鴻鴈聲凄然一掬
淚洒向江流傾頻行再三囑安居崇令名為我
葺田廬百畝時經營松菊如未荒庶以樂吾生
去去從此別遠客難為情

度杉關

星軺西指即杉關客路秋風換旅顔野燒遥連樵水渡嶺雲横帶建昌山酒邉祇自懷三徑天外何由問百蠻十載馳驅今更遠鏡中凄切鬢毛斑

為林熈吉題冊子五首

斷橋荒徑草萋萋千頃流雲錦水西石磴如盤分席坐隅溪垂柳聽鶯啼

其二

不待閒忛不待潮枯槎聊當木蘭橈也知身外
無餘物只有詩囊共酒瓢

其三

松風颯颯散江皋携得瑶琴手自操一夢醒来
清病骨不須枚叔賦觀濤

其四

山逕荒凉閉夕陽隔林香氣識僧堂鐘聲隱隱
磬殽寐供羅清齋禮法王

其五

積雪初晴寒未消杖藜獨往意蕭蕭苦吟却淂
梅花助不忝風光在灞橋

壽連江錢尹

神仙塋宅無不有碧山西太公盤龍走連江却聳
香爐峰大海茫茫扼其口錢君本是青雲姿早
向峰頭拾紫芝竭來閩海稱仙令文藻風流亦
我師不嫌一邑大如斗且自狂吟獨搔首有時
閉閤坐鳴琴無事看山長對酒閩南七月天氣
清金風瑟瑟吹江城士女香花爭獻壽為君稽

首祝長生人人喜説神明宰里巷歌謡應可採
但言皃舄舄雙飛況有斑衣衣五彩才子分明
嶽降神功名福履亦前因年年海上開秋日記
取人間稱壽辰

贈倪山人

樂肆且藏名蕭然物外情趨庭佳子弟倒屣衆
公卿老去身逾健丹成體益輕吾將謝簪紱問
爾乞長生

壽施封君前建州司馬

層層蒼弁列爲屏洞口花開識歲星隱約車徒
馣過里聯翩簪笏映趨庭吳興自昔多耆舊南
國於今有典刑曾向武夷稱吏隱幔亭幾度會
仙霧

贈八叔隱君

端居無個事一室傍青山流水心同適歸雲意
自閒隴頭攜杖太谷口抱琴還晚悟長生訣丹
砂可駐顏

送施水部之留都

干旄西上儼如仙才子真同入洛年南土盡輸
山澤賦漢廷自急水衡錢太湖百里移家近霧
谷千盤攬勝徧誰問昆明干役吏斷鴻衰栁各
風烟

張明府貽紫花布

雲間細布紫茸花乞自關門令尹家擬作華陽
高士服青山隨處弄烟霞

過醴陵贈王孟箕同年

萍鄉西折楚天分迢遞關河隔暮雲策馬到来

尋茂宰逢人是處說神君山迴嶽麓真仙宅水
遠黄陵帝女墳哀恨風塵容易别鷓鴣江上不
堪聞

長沙寄家信

路出長沙秋欲殘逢人再四報平安謗言書裡
多珍重纔過湘沅寄信難

遊嶽麓

南嶽飛来第幾峰亭亭秀出玉芙容摩空石磴
三千級拔地雲屏十二重神禹碑刓殘贔屓玄

君壇古護龜龍老僧送客楓林下指點前山起暮鐘

中秋寧鄉署中

中秋不見月風雨攪溪更白露寒湘水青楓暗楚城踈燈孤客夢濁酒異鄉情佳節慚虚度年年為遠征

桃源洞

亂山重疊芳草路山下流泉色如乳道旁古碑半模餬行人指點避秦處當時避秦居此山花

花開落自閑閑白雲不比人間世寧許漁郎往
復還洞天勝地何不有邂逅相逢亦非偶莫疑
踪跡有邪無花開一問山中叟

伏波廟

艤棹江干落日懸南征猶自想當年功高銅柱
仍如舊謗起文犀絶可憐楚澤廟荒猿嘯雨武
陵溪咽草凝煙雲臺不歎嗟零落漢時秋風亦
暮蟬

沅江道中

征途千里入湘沅何處看山不斷䰟家是楚江秋色裏可憐獨少一聲猿

入鎮遠

沅江南轉萬峰齊回首愁雲隔五溪只説夜郎天欲盡单車更指夜郎西

華嚴洞二首

廣洞無人識開山亦有時真疑天匠巧更詫佛光奇四壁翻波浪空門隱豹龕居然芥子小何處納須彌

其二

嵐氣轉淋漓高低勢屢移崖懸金閃鑠乳滴玉葳蕤曲磴雨晴落虛堂風暗吹可憐兵燹地淂此淨摩尼

飛雲巖

駐馬望層山山高秀可摘解鞍一登覽杖屨窮所歷群峰儼屏障亭亭百餘尺離刻匪人工峥嶸固天闢漸覺衣袂寒片片歸雲集雲去山色青雲來山色白古洞出玄竅飛流瀉丹液倚檻

蒼翠来草木紛相襲蹔憇更爽細惆悵嗟行役

戀戀翠微間厺此更誰適

碧雲洞贈龍刺史

磴道西盤萬壑趨雲山洞澈自仙都泉聲激處還昏黑嵐氣飛来乍有無隱隱天門晴射日纍纍石乳暗垂珠金堂不是人間世吏隱偏宜子大夫

題陳中丞平蠻冊五首

年年邊徼羽書飛虎旅朝馳快指揮西海祇今

橫殺氣南人元自畏天威陣蔵魚鳥風雲變旗
閃龍蛇草木輝樽俎更誇能料敵一時經畧古
來稀

其二

西酋部落慴威霧絶徼關門夜不扃百濮人曾
歸禹貢九夷版已屬虞廷烟消黑海無傳箭天
聳玄山有勒銘十二便宜奇策在何如充國度
先零

其三

春風習習海波迴萬里妖氛一餉開勢合川原
真破竹烽連營壘忽成灰夷歌競奏從軍樂爨
俗驚傳講武臺藏畫鯨鯢築京觀功成併上萬
年杯

其四

山堧水澨各從容荒服懽傳息戰烽只說椎牛
還饗士即看散馬盡歸農秋風禾黍雲邉郡曉
日烟霞海上峰始信止戈元遠計老臣端不為
侯封

其五

九夷解辮盡来王重譯何須數越裳方物儘堪輸虎豹梟心真已格豺狼版圖絡繹歸天府名姓依稀入職方莫道承平無外患杞人終自切苞桑

送盧將軍西征

羽書傳警自西陲大將親提十萬師壓陣霧旗飜鳥隼防身寶劍擁蛟螭牛街雲合屯營處蟒水風清破敵時預掃蒼山一片石為君勒作紀

功碑

冬日同藩臬諸公泛昆明池憩羅漢寺二首

江干風露濕征袍十里鳴榔狎暮濤雲桂松林瞻佛閣霜清草海認漁舠憑闌萬頃霞光現隔岸千峰翠色高山半舊碑苔蝕盡誰從金馬吊王褒

其二

昆明池水直西流此日騁為汗漫游風急任吹

青雀舫草枯應識白鷗洲譚禪我自叅羅漢乞法誰當問比丘是處登臨堪一醉不知身在古梁州

羅憲副署中叢桂忽降甘露爲賦二絶

憐君藂桂小山傍郎淂金莖露可嘗但向枝頭聊一吸不須神瀵與天漿

其二

香風颯颯夜無塵幾點如膏露似真欲乞刀圭消病渇馬卿元是倦遊人

旅懷四首和張肖甫大司馬辟間之作
敢将浪跡怨飄蓬極目江山處處同未信途窮
悲阮籍誰從文似薦揚雄小池竹韡迷踈雨荒
徑松蘿起緒風自笑年来蕭瑟甚絲絲鬢髪已
成翁

其二

一騎何来瘴海偏西風瑟瑟倍堪憐烏蠻久已
歸唐羿金馬猶聞說漢年太華峰高天障日滇
池水縮草浮烟别来舊社音書絶門下何人更

問玄

其三

十月陰寒不奈愁南中有客獨登樓山川隔斷哀牢國烽火連綿慶甸州北極朝廷頻遣使東方將士盡封侯書生肉食真無補感事長懷漆室憂

其四

幾年執戟嘆逶遲遮莫譚經到九夷幸不移家無别累亦知隨俗暫相宜霜輕漸下芙容葉風

急頻擢桂樹枝且學杜陵稱吏隱不妨𢬵落聖明時

行後曲陽留別諸寮長

同是天涯客裹身即今暫别亦傷神謗從秋府看持憲忽向寒江獨問津驛路霜嚴惟落葉山城日晚不逢人荼花一樹垂垂笑逐風塵老却春

湧泉寺

古刹層層霄漢間上方鐘磬隔塵寰石邊水出

僧同浄林外雲来客自閑謗說蘭亭饒勝事且
從蓮社問名山松陰十里歸途暝醉擁籃轝待
月還

小憩呈貢使院亭子望海

危亭半倚白雲層縈海風清一鏡澄隅岼摇摇
歸估舶隨波隱隱渡漁燈天寒瘴薄嵐光淨日
落烟銷水氣凝欲挂輕帆拾明月夜溪零露興
難乘

盤龍寺

駐馬盤龍山小憩盤龍寺徑道雜松蘿闖入有溪致拾級叩山門林巒相虧蔽金碧漸煇煌妙相殊端嚴後聳千佛閣田廓亦幽邃遠眺昆明池微茫海光膩曾有布金人捐貲求福利遂令丈六身莊嚴無不備瞻謁更冥參頗了西來義下山日已昏嵐翠遠相媚舉手謝山靈歸途當再至

宿翠屏公館

曉飯通海縣暮宿翠屏館出門天未明入門日

已晏西風吹塵高荒郊行旅斷都無吏卒喧野鳥自相喚舉頭見青山秀色亦堪玩辟如作勞人忽現清凉觀趣合興彌劇心真境非幻臨別更躊躕凄然發浩歎

題莫愁湖和葉少宗伯之作

平湖漠漠草蕭蕭歌舞人間久寂寥水冷乍疑窺攬鏡月明却憶伴吹簫渚花帶雨開爭艷野鳥迷烟語自嬌寂有石城楊柳色春來依舊鬭纖腰

遊雲津洞

西南洞壑三十六名山往往隷仙籙雲津古洞稱最奇銀峰瑶島紛相屬熒熒石乳斷復連盤拏綽約浮青烟玉笋亭亭作人立玲瓏詰曲皆中穿寛者若廣野窄者如斗門列炬照之不測頂緣厓捫壁愁攀援初疑鬼斧鑿定匪人工作縹緲真同麟鳳洲徹泛宛在蓬萊閣瀧瀧溪流清且寒四時不漲亦不乾昏黑不知涘幾許但聞時有蛟龍蟠編竹為橋危可度嵐翠淋漓濕

如雨灘聲喧作萬壑雷水氣蒸為九里霧平生眼境無此奇黔中碧雲差似之踞地大呌嘆殊絶摉羅歷覽真忘疲乃知僊源去人自不遠採藥尋真計非晚試繫漁舟溪水頭花開儻有胡麻飯

溆江道中

歲晚猒行役单車豈遑處衾冷不成寐出門復何許雪霽天色寒風急江聲怒何處落梅花徘徊日將暮

澂江立春

春光忽已到旅思動相韋綵勝傳官舍辛盤簇客莚寒多因近海風急况臨邉故國音書斷鶯花又一年

駐澂江讀方子及學憲南樓觀海之作次韻懷之時子及謫守寧州

觀海何年説勝遊風流猶憶鳳城頭滄溟無恙黿鼉巠青草依然鷗鷺洲絶徼江山同此日中原詞賦自千秋可憐才子漂零甚極目西風倦

倚樓

己亥除夕

馬首東歸夜復除熒熒燈燭坐躑躅青山迢遞音書斷華髮奔馳宦計疎市上嗞人驚有虎天涯作客嘆無魚一尊且湯悲生事寐莫何慚揚子廬

庚子元日

千門爆動曙光新憔悴依然七尺身滿院有花都作勝閒庭無草不知春西隅烽火催兵急中

使金銀入貢頻辛苦一官還絶域碧㐌笑殺未
歸人

司署茶花盛開呈薛觀察二首

為憐春色逐芬芳移㝵奇葩到異方重疊紅英
晴絢綵參差黄暈暗聞香漢江遊女霞為佩南
國佳人錦作裳㝎是東風好相惱栢臺溪處不
飛霜

其二

東風日日憶花神走馬歸来喜及春豔借赤城

霞片片光分錦水月粼粼隔叢溪淺嫣相妬滿院芳妍色轉新但把金杯醉相狎倚闌忘却客中身

人日雨

閑門聊宴坐花氣轉氤氲人日寒生雨釀天瘴作雲新蔬香可擷老栢苦堪焚更喜蕭蕭竹科頭對此君

哭徐惟和十二首

鄉音半載不曾來偶到開緘意屢猜忽報徐生

山信至碧雞昏黑夜猿哀

其二

憶得臨行話别時床前娓娓坐譚詩单車纔指湘沅路回首南天事可疑

其三

屈指交情二十年高山流水動相憐眼前無復知音賞對客那能不斷絃

其四

長安慷慨酒人群俠氣憑陵欲吐雲易水只今

寒色甚悲歌千載不堪聞

其五

月鎖孤齋萬竹寒秋風吹斷碧欄杆華床茶灶俱塵土一夜嚴霜摧紫蘭

其六

平生結客少年塲咳唾如雲語自香玉樹摧殘人不見凄凉寶玦夜無光

其七

當年三謁武夷君夢入峰頭鸞鶴群便學徐仙

同坐化罡風吹散愓亭雲

其八

十年書劍走天涯五字翩翩五色霞一自玉樓賦成後彩毫零落不開花

其九

一領青衫未破除誰令曼倩老公車槿花易謝瓊花死冷落南州孺子廬

其十

寂寂郊居傍竹林憶君命駕遠相尋年年烟月

無窮恨都向山陽遂裏聽

其十一

浪説犂鋤隱是真眼前丘壑更何人酒壚雖在
河山邈花落花開不見春

其十二

西南萬里乞歸遲他日墳頭哭豈知留取長松
堪挂劍白雲何處更相期

送黄憲副入賀

昆明池水不通潮使節翩翩道路遥獻壽只憑

金鑑録承恩眞戀紫宸朝交情湖海愁難別兵氣西南苦未消客裡送君添感慨杜鵑啼罷雨蕭蕭

送孟憲副備兵曲靖時有播州之役

悉花落盡思凄其旌節東巡又一時開府只今當孔道嚴兵猶得赴師期春風楊柳營邊曙夜月關山曲庋吹他日西南傳露布可無人説運籌奇

送田參知入賀

西来匹馬自清秋又逐鶯花作遠游歷盡黔中豺虎窟時有播警遥瞻天表鳳皇樓班聯列省今方岳地界南蠻古益州此日田郎仍獻頌漢廷誰不羨風流

黔國山園看杜鵑

十畝山園滇海邉滄溟萬頃白雲連西郊草暗飛蝴蝶南國春深醉杜鵑片片腥紅晴絢日層層空翠晚浮烟侯家别館如金谷何處芳華不可憐

太華寺

碧雞疊翠俯昆明偶爾登臨百慮清日照旛幢連水色風吹鐘磬雜潮聲僧房隱隱花成塔官路依依柳向城下界也知塵土悪却從西海見蓬瀛

新霽同諸公遊松花壩小菴二首

退食應多暇其如春興何松風吹帽冷嵐翠着衣多曠野聞金錫林坰到玉珂不愁泥滑滑騎馬淂同過

其二

野色晦明裏河流蒼莽間角巾松徑穩尊酒柳堤閒水漲分遥浦雲飛帶別山此中堪息景半月一来還

環翠宫謁吕祖祠

玄都端合羽人居碧嶂丹厓百丈餘囊裡一九光照室袖中三尺氣凌虚名山處處神堪降寶籙篇篇手自書我欲從師乞真訣飄然獨傍五雲車

春仲西巡藩臬諸公出餞遂游圓照雲居清淨諸蘭若晚抵進耳山昏黑乃別余遂宿進耳

王事有程期馬首當西指跋涉固不辭敢復勞君子杯酒不盡懽便陟西山屺是時春雨餘景物無不美四野麥苗青垂楊映流水圓照本古剎莊嚴無與比涉級臨高臺浮雲出其底遠眄飛鳥翔俯視諸山靡睨聽已從容周遊亦隨喜雲居與清淨相去步武爾鐘聲朝夕喧閣影東

西峙對酒足流連鼓勇猶未巳望望進耳山却在蒼莽裏又徑幾千盤回環七八里松陰暝相映嵐氣當面起輿人四五息乃抵山之趾真覺遠人寰鼯聲不入耳酒行且無算興盡觀亦止臨岐各分手山頭日暮矣終歲苦樊籠兀兀厭城市豈謂風塵姿因緣乃有此太公住各無營勞逸亦由彼石榻凄復清聞鐘悟妙理明發别山僧奔馳從此始古人惜勝會裘細良有以

安寧温泉

凡温泉多臭硫黄此獨甘香可飲其清

至鑒毛髮有垢穢輙浮去水中石皆作

碧玉色取出則黯淡類瓦礫投之如故

疑其下有丹砂云

玉池泉熳沸如湯烟樹蒙茸隔洞房秀潤分明

丹作穴温柔真羨水為鄉坐來頗訝玻瓈翠浴

罷微聞蘇合香笑殺華清當日事西風吹草舊

臺荒

送朱職方還朝

春溪南國杜鵑紅無奈分攜暮雨中貴竹山多雲作瘴偏橋烽起火連空一時氣槩看持節何日從容問掛弓此去禁廷饒頗牧論兵無忝古人風

垂柳篇和楊用修太史 真蹟在楚雄捨資驛樓

滇南二月春風暖處處濃陰青不斷長條拂水雨新晴短葉籠烟日始旦萬縷千絲繞岸齊飛花飛絮画橋西雲來晻藹章臺路月落凄迷灞滻堤章臺灞滻風光好燕語鶯啼惜春老無奈

閨人怨別離更令戍客傷懷抱戍都才子玉堂仙萬里投荒年復年馬上逢春多感慨酒邊對景倍留連韶華倏忽不相待回首風流六十載惟有春光似昔時楚雄山下烟如黛

青華洞

路轉青華第幾盤洞門詰曲白雲端光分半壁窺天小嵐入千重取徑寬斷壑水衝丹灶濕懸崖苔鎖石床寒山頭徙倚增惆悵不見仙人駕羽翰

春暮下關道中望點蒼積雪

點蒼亭亭幾千尺十二雲屏插天碧孫峰烟霧晝不開三月春風雪猶積瓊瑶璀璨琪花寒縹緲神山白玉闌頗恠叢林鳥雀寐更聞陰洞虬龍蟠可憐風塵奔走汗流雨真允隔絶何可數西域雪山無處無請君一望蒼山岨

點蒼石歌

點蒼山頭日吐雲紫光白氣長氤氲却產奇石作屏障終朝開採徒紛紛頻年貢入長安道濃

淡之間山色好君王便作画圖看豈識閭閻剝
肝腦朝鑿暮解苦不休詒書昨下仍苛求前運
後運相結束道傍嘆息聲啾啾耳目之玩豈少
此十夫供役九夫死從来尤物是禍胎吁嗟乎
當年作俑者誰子

過玎璫嶺即博南山

灌木千章合岩花三月湲泉聲盤嶺急雲氣結
林陰駐憶方危磴褰帷復遠岑嵐光添秀色霧
籟蕤清音不盡搜羅與其如汗漫心計程無百

里問徑有千尋臃腫圍奇樹軥輈語恠禽未須愁瘴癘頗已愜登臨西塞狼烟定南天鴈羽沉嘯歌還不廢聊此散煩襟

渡蘭津謁武侯廟

滄江溪黑水流斷江上平開諸葛祠雙嶂烟霞臨俎豆千崖草木護旌旗天威更憶征蠻日忠節還傳佐漢時恠淂精靈長在眼山頭閃閃陣雲奇

哀牢

馬頭疊嶂帶崇嵐客路驚逢三月三莫道太家
今萬里此身還在大江南

漆憲副携酒九龍池

春溪雨過倏疑秋綺席雕欄俯碧流泉眼湧来
龍作穴水心刻出屋為樓遥隄樹合行人小别
院花飛野雀愁但使兒童歌酩酊山公須為習
池留

馬氏池亭

一畒方塘古寺西門前車馬不聞嘶豫齋雨過

楊花落三月春歸謝豹啼繞舍流泉飛瀑近滿山空翠隔林低臨池我亦駝魚樂對酒能無憶舊谿

過華亭寺碑文方子及製

載酒尋僧席屢移春山何處不相宜琉璃影散天花落金碧光搖法鏡垂地近西方開竺國烟銷下界瞰昆池栖霞片石應堪語苦憶南朝江總持

張憲副邀飲點蒼山二首

積雨喜初霽招尋有使君憑軒遥望海飛盖乍停雲嵐氣盤峰出泉流着壑分前山已昏黑猶復戀斜曛

其二

龍去潭猶黑烏飛山更青岩巒餘積雪洞壑隱寒星截海驚天險摩霄壯地靈峰頭一回首長嘯意冥冥

張憲副餞別三塔寺

祖道雙林外離筵三塔前歸雲不可駐岐路轉

堪憐幻影滄波動孤標清漢懸傷心揮手處落
日又鳴蟬

移酌禮斗臺

路入栖真觀雲開禮斗壇松杉依逕暝蘿薜霞
亭寒洞古龍猶蟄巢空鶴未還今宵何處望海
氣正湧湧

登雞足山絕頂

葉榆水從山脚流點蒼雞足俱神丘東西對峙
争奇絕翩翩霛蹟垂千秋我聞雞足之山元淨

士迦葉授衣即其處禪宗正印信難求釋氏遺踪或可覩相傳八月佛放光輪囷五色還非常琳宮紺宇不知數浮圖寶剎凌蒼蒼我来登覽多所歷烟霧冥冥恍相失披逕先尋兜率菴捫蘿再叩袈裟石袈裟化厺石空存丘間塵刼寧具論為問頑石寂無語為問老僧笑不言罡風吹雲雨如注猢猻梯滑不可度大悲閣在山之巔下視群峰互吞吐須臾雨散雲亦開指點遥山青翠来麗江雪嶺白照眼茫茫海水浮銀杯

捨身崖前多虎跡仙碁石上草花碧拜佛岩懸
千仞岡曹溪泉冷成丹液雨後山泉瀰復湧天
風泠泠吹鬢寒趣合不知沾濕苦神来且復窮
躋攀華首門扃亦已久昔時衣鉢今何有洞天
㝝㝝雲四封層巒半壁苔衣厚俯瞰下方亦可
憐幻成百里兜羅綿我心一作空明想便如鉢
裏開青蓮聞見如来非色相眼底何須説真妄
佛地機關只自知露山面目聊堪狀信宿山中
俗慮清欲從此地學無生不然解帶還山公身

碧雞集　三三

騎赤龍朝玉京

同漆兵憲再登雞足山絶頂

君不見豫章漆使君長齋禮佛兼好文又不見閩南老學究到處尋山更駝酒相逢同作逍遥游把苦高歌共唱酬萍踪遇合信偶爾要令萬古垂風流昨日山頭風雨黑今日山頭海雲白振衣再上猢猻梯銀河滉瀁光相射知君元是宰官身得度應須佛地人便向如来叩真偈何須苦海嘆迷津

玉皇閣

梅雨初收山吐雲白毫光裹氣氤氲偶從洞府尋真誥便叩天門謁帝君旛影摩空虹掩映香烟吹霧鶴繽紛塵心未盡空惆悵絳節瑤笙杳不聞

宿大覺寺

香臺真寶地精舍即珠林縹緲旃檀氣微茫鐘磬音經函度類遠僧臘入山深到處還飛錫逢人或布金曇雲花消暮靄貝葉結嵐陰色相夫何

染塵緣了不侵偶然參正果聊得證禪心樓迥燈還暗山空漏易沉皈依元自昔墮落到于今借問西来意無言只自吟

寂光寺

長松十里護禪關嵐翠遥連雞足山雨暗旛幢無客到花開方丈有僧閒諸天色相藤蘿外萬壑烟霞杳靄閒欲問西来第一義白雲飛去水潺潺

華嚴寺閱賜藏

龍象移来選佛場璽書傳賜有　今皇唐僧竺
國三千部漢帝蘭臺四十章已自仁祠開寶藏
誰從苦海覓慈航裝潢盡作鮫綃錦片片瑶函
出尚方

九曻山雜詠

毘盧閣

禪榻不成寐虛疑風雨聲曉起問山僧磵戶流
泉鳴

古佛洞

古洞何年鑿現此真兜率至今山谷中猶自聞天樂

華嚴洞

梵閣挂層巔雲開出銀牓下界聞晨鐘疑是諸天上

玉峰塔

寶塔夜放光塔中藏舍利覓淂身外身了此義中義

同漆使君宿九昂蘭若

九𡼏山頭列九峰雲間刧出碧芙蓉香林寶閣僧廬净疊嶂懸崖佛刹重夜静泉聲時雜磬天陰嵐氣欲迷鐘憑君遍説諸名品可是南宗與北宗

高嶢弔楊用修太史二首

斯人已淪没此地餘風流野日山山暮江雲處處秋玄同揚子宅賦比仲宣樓欲採蘋花薦臨風黯自愁

其二

漂零嗟蜀魄棄置怨湘纍遺宅空千古荒村此一時鳥歸花滿院蛙鬧草生池惆悵昆明水東流無住期

邀孟僉憲遊金鰭菴二首

去郡十里許香烟杳藹間天空雲斷續日落水潺湲響急真成瀑流清未出山使君有佳興休暇幾來還

其二

策馬訪招提烟霞楚水西金鰭不可見野鳥向

人啼逕轉千盤迴臺臨萬壑齊何須問主客一任醉如泥

平播凱歌四首

義旗西指陣雲開親領雄兵百萬来帳下兇徒齊授首千年廟社一時灰

其二

勢窮還據海龍城鼓角無聲馬不鳴莫倚舊時香火約行園半是水南兵

其三

山後山前百道攻忽驚飛炮火連空城頭萬炬
明如晝知是誰人第一功

其四

可憐死士湧如雲樓櫓連山一夜焚自是運籌
歸幕府果然西塞勒奇勛

寄宜春張令 本嘉

宜春山水豫章西一夜猿聲過五谿忽憶美人
花發處楚天無際暮雲低

賦滇昆明池送薛觀察入覲便道還里

君不見昆明池水白浸天茫茫萬頃浮秋烟蜿
蜒連亘五百里驚濤噴浪華山前九月西風吹
客鬢黄花兩岍嫣相映錦帆開處雲亂飄日落
千峰天欲暝使君雙劍飛向東楚天白露寒青
楓還家暫醉平原酒赴闈猶疑鮑氏驄與君偶
作南蠻客天涯吏隱同于役官舍花開羅綺春
侯門月冷氍毹夕文酒邀懽曾幾時等閒别太
又成悲山連貴竹猿聲苦木落衡陽鴈影稀鄉
心一片隨君蔟夢裡關山幾迢忽莫言無處寄

相思回首昆明千里月

送梅左伯入覲

羽書飛罷散妖氛岳伯東馳謁 聖君地極西南多積雨山連川谷更迷雲官階自識分藩重閥閱先論轉餉勛最苦誅求臣力竭心勞何以荅憂勤

送薛觀察入覲

謁帝東行萬里身蕭蕭秋色亦宜人天涯裘馬同為客邊徼風塵送所親極目千峯寒入楚傷

心獨雁曉歸閶知君召對先承寵 聖主恩湲
舊侍臣

昆明池餞送魯司農歸朝

菊花黃綻晚氤氳青雀夷猶醉夕曛積水寒生
昆海月遥山風引太華雲馬頭殘葉王程迫天
外踈烟客路分不學王褒空獻頌南金聯可奉
明君

昆明池送蔣廷評歸朝

憶昔相逢南海湄田頭踪跡各天涯可憐徼外

掄才日更喜花前對酒時霜磬數聲雲繞寺風
帆一片月生池長安兄弟如相訊拓落青氊老
九夷

盧將軍劄軍租助刻文選賦謝

累從邊塞立功勳況復風流雅好文藝苑新傳
梁太子兵家舊識祭將軍腰間寶劍為君死箧
裏黃金與士分見說諸兒多汗血携來箇箇五
花紋

西園賞茶花

五侯小苑竹林西有客尋芳過大隄風軟繁花
真不動春溪濁酒可同携當樓艷色枝枝映拂
檻紅光樹樹齊我為花神狂欲舞兒童莫笑醉
如泥

庚子除夕

蕭蕭歲晏日風霾爆竹燈花不散懷窮莫當壚
緣禁酒殷勤掃室為修齋驚心白髮遊堪倦回
首青山意屢乖記取明年挨劾去不將踪跡老
天涯

辛丑元日

條風吹暖水生烟春草王孫若箇邊傳詔更聞開寶井賞切猶自靳金錢人喧佛舍旃檀社客醉侯家玳瑁筵惟有廣文齋獨冷梅花消息負新年

送羅憲副還蜀

春郊細雨暮飛花送客東歸道路賒但得還山皆樂土何知近水有含沙一廛日月堪娛老五畝桑麻且問家試向昆明池上望白雲斷處是

三巴

送簡憲副還豫章

使君解節賦歸休，匹馬東行此暫留。拙宦不妨甘棄置，閒居未許減風流。舟過楚水雲千頃，家在萍鄉月一丘。長路艱虞應自愛，莫將詞賦伴牢愁。

寄壽四叔隱君

阿翁本自悠悠者，築室溪頭興瀟灑。每尋田叟問漁樵，時向園丁課菜柘。花鳥真憐谷口春烟

雲還憶山中夜已知老去羅逢迎况是年来畢
婚嫁秋風八月新酒香庭階蘭桂紛相藉戝子
天涯記壽辰一杯遥祝田間社翁但飲酒聽我
歌百歳從容聊玩化即今解帶且辭榮東山舊
宅長堪借兩溪光景歳如新日日從翁醉鄉也
何須更羡竹林遊竹林只在鳳丘下

送易條知入賀

萬里休嗟蜀道難臨岐聊復勸加餐西陲捧表
令藩牧南省封章舊法官曉霧青山天外斷夕

陽芳草客邊殘九重早下東宮冊乞渇恩綸出
漢關

送張憲副入賀（憲副初拜參知仍捧臬表行）

一官三載早承恩此日東馳叩九閽霑葢隅江
知故國尾箕分野問中原隨班肅入金鑾殿獻
壽先開白獸罇大慶禮成應賜賚太平　天子
正臨軒

送李閫帥入賀

年来烽火靜邊隅喜見衣冠集上都金甲蹌蹌

看虎拜玉珂隱隱聽山呼中消齊獻長春鏡外
國争来不夜珠聞説　聖明令却貢遠臣何以
答良圖
湧泉寺邀江廷尉孟憲副盧参戎宴眺五
首
一逕青山十里遥白雲谷口坐相邀不須呵殿
驚村女拄杖前頭只酒瓢
其二
山隙流泉激雪飛石巖嵐翠濕人衣旛幢不動

柴門閉日暮老僧何處歸

其三

石邊水出忽濺雲飛瀑潺湲曲曲分試向蘭亭問陳跡風流還說右将軍

其四

新釀真成竹葉青一尊相對共沈冥芒鞋踏遍雲山路笑倚峰頭木末亭

其五

遊興離披酒興豪醉来白眼闞風騷江山勝蹟

應如此可道登臨有我曹

寄錢象先山人

一徑蓬蒿半畝居經過憶是落梅初逃名已自甘龍卧傲立何妨混狗屠吳苑花飛頻入夢滇池天遠不通書南中宦况君休問絳帳蕭條兩鬢踈

寄強善長

横塘信宿繫蘭舟風雨時時憶虎丘徼外青山勞客夢天涯芳草伴人愁山連越嶲還争險水

入昆明卻倒流萬里間關書一札不知何處問
滄洲

寄王百谷

南有堂前惜解携單車徑指夜郎西世情真自
憐蒼狗古跡誰從訪碧雞春滿侯家花競發日
高官舍鳥空啼王公只愛壚東隱尺素何曾過
五溪

送杜兵憲暫還東海

六月寒生水滿池芰荷香冷雨連朝可憐荒徼

休兵日正是孤臣去國時燕市竟須收駿骨漢
宮空自妬蛾眉逢人莫道南中事一片忠勤
聖主知
送佴侍御按百粤
瘴厲風銷六月寒翩翩皂盖出雲端到来山鳥
驚行旆幾處溪花映法冠八桂秋高晴翠落九
疑烟霽夕陽殘西人莫怨誅求急攬轡于今有
漢官
昆明署中菊花將放余客句町不得一賞

寄孟憲副

惆悵東籬花事新臨行鄭重託西鄰孟公本是龍山客借與陶家作主人

送王將軍入督京營

幾向中原血戰來建牙西徼亦雄哉青山到處頻開帳麗賦成時獨舉杯北闕風雲龍虎衛長安士馬羽林材燕昭城外餘芳草尚憶黃金舊築臺

憇夕佳閣

石林隱佳氣梵閣空崔嵬一室虗明界千峰蒼翠来鳥鳴山雨合猿太洞雲開忽聽鐘聲遠悠悠何處臺、

荅江廷尉進之

為憐衰鬢漸成翁旅思蕭蕭逐轉蓬不向南山看射虎却從下里學雕蟲刺桐花暗蠻烟外鷓鴣聲殘客夢中廷尉謏勞誇絳帳談經吾愧馬扶風

激江署中遲黄憲副不至

去歲花時送君別愁人杜宇啼紅血今年稅駕又秋風酒罏寐莫河山隔久客羈栖兀一身與君鄉里心相親邀懽幾醉平池月選勝徧尋野寺春激江江水渾如酒雨裏黄花君憶否望斷碧雲期不來謗向青山獨搔首

過通海石門

層厓迫遞水潺潺嵐翠淋漓渺靄間客子不知天萬里褰帷疑作建溪山

贈包給事

一疏朝聞謫夜郎誰憐疋馬逐風霜平生抗節
逢明立萬死全軀荷
聖皇霧裡看山頻攬轡
天邊問舍謗沾裳只今恩詔收遺佚不遺詞臣
老故鄉

册立
皇太子禮成志喜一首
彤庭開黼座寶册下青宮衆意歸元子天心啓
聖衷岐嶷真異質仁孝自家風學以承華進人
非慱望通十年虛睿眷此日仰宸聰禮樂鋪張

別衣冠拜舞同寵應均内外澤已遍疲癃佳氣時輝映祥雲更鬱葱策無勞四皓計或藉群公九廟歆天表千方想宅中小臣瞻拜切望斷日華東

送黄太僕之平凉

平凉西去即邊城近塞風高萬馬鳴座上葡萄春宴客笛中楊柳夜談兵擁旄自昔推分陜司僕于今擬列卿咫尺崇階恩不薄秦關元是古咸京

將發昆明別藩臬諸公

蕭條客座廣文氊屈指滇池又幾年正戀鶯花春九十却愁風雨路三千鳳皇山下江如碧鸚鵡洲前草似烟別後相思魂夢隔逢人空寄遠遊篇

別諸生

一官潦倒罷譚經且向江潭問獨醒臘盡雪消滇海白春来雲破楚山青風塵荏苒虛王翊道路馳驅老客星為語及門諸弟子行藏吾已愧

鴻賓

八閩文庫

文獻集成 344

福建文獻集成

吳格　主编

續編　集部　二〇

海峽出版發行集團
THE STRAITS PUBLISHING & DISTRIBUTING GROUP
福建人民出版社

本册目次

讀史韻言二卷

［明］晉江蘇茂相撰

日本內閣文庫藏明刻本

讀史韻言二卷，明蘇茂相撰。茂相（一五六六—一六三〇），字弘家，號石水，晉江人。萬曆二十年（一五九二）進士。授户部主事，出知彰德，遷河南按察副使、江西學政。因忤上官，居家十載。後起南京尚寶少卿、浙江巡撫、兩淮漕撫、總督倉場户部尚書、刑部尚書。崇禎元年（一六二八）致仕。撰有蘇氏韻輯，輯有新刻大明律例臨民寶鏡、皇明寶善類編等。

是書前有衛承芳序，卷端題「晉江弘家蘇茂相著，友人稚孝何喬遠閲，懋弢黄文炤、門人蜚卿程皋羽註」。蘇、何、黄三人同籍泉州，故相友善焉。據衛序，是書上承典謨、詩之旨，題名「韻言」，蓋「以韻言當史」、「知史與詩果非二也」。

書分二卷，凡一百條。每條先列五言詩一首，長短不一，文辭質樸，蓋以詠史爲要，不以詞采見勝；詩後附文解説具體史事，或以小字注出處，短則十餘字，長則千餘言，寓春秋褒貶之意。所擇史事上至周文武王，下訖宋亡，大略以時爲序，然不甚謹嚴，間或穿插本朝洪武至萬曆間事，似讀史時隨感隨記者。大抵以稱頌明君賢臣，指斥篡逆、女主、夷狄爲主，所寓褒貶亦不脱通鑑綱目之藩籬。

是書所取資者，正史之外多歷朝雜記、小説。然徵引或有失考處。如第六十八條附文紀宣和遺事等書載宋徽宗崩後，金人炙屍投石穴以煉油事。按此事見宣和遺事後集，後集多采録南燼紀聞、竊憤録續録等書，不可盡信，周密齊東野語已辨其僞。蘇氏則信以爲真，曰「或以小人憤宋而誣辱之，非也。以金虜之淫悍强暴，以徽宗之無道淫荒，天實報之，而並及欽宗與其子孫」，「此可以垂戒後世」云云。其史料剪裁亦有失當處。如第五十八、八十九條附文拖沓冗贅，至千餘字，不知所裁：第五十八條詩後詳述有唐一代公主違禮可笑者十論，失之瑣屑；第八十九條則專紀錢鏐轉世宋高宗，宋恭帝通元明宗后而生元順帝之類，皆荒誕不經。蓋是書之取材，惟以勸懲果報爲要，不在考證真僞也。

此日本内閣文庫藏明刻本，闕第七、十葉，故闕第十、十二條五言詩，所存附文亦不全。千頃堂書目卷二五集部萬曆壬辰科著録「蘇茂相讀史詠言一卷」，卷三二集部文史類又著録「蘇茂相讀史韻言二卷」；萬斯同纂明史稿藝文志集部下僅著録讀史詠言一卷；清修明史藝文志，則二書均未著録。讀史詠言今已不傳，二書之關係已無從稽考。（張桂麗）

讀史韻言

全

讀史韻言序

古者有韻之言緣史而寓若虞賡夏歌之類是也載在典謨而治亂徵焉史孰有尚於此者耶至仲尼刪詩三百美刺雜陳嚴

于褒鉞卽以韻言當史也而孟
氏又謂詩亡然後春秋作則史
第以濟詩之窮而維王迹於不
墜而故史與詩非二也馬遷而
後史日滋漸始與有韻之言分

畢收無遺筆擧其最切人綱闕
世教者而寄三大於五字僭抑
揚爲彰彈幽者闡之顯者微之
直言箴人或含咲于知己或股
慄於誅心蓋不待徵諸史而什

得其八九者而後乃知史與詩果非二也至鬱蒼之氣雄沉之思又超漢魏而媲之夫豈標詞致而資譚說之為鏡鏡者耶是編原刻余于蜀都得寓目焉喜

其核而辨嚴而有體上下數千
年間斷斷如也大指業具李蔡
二公叙中祗従豫章而朔夕侍
君座間談及以觀叙盛衰觀務
羨今諸之而會使君引疾去余

今者亦量移南中矣恐是編之湮没不傳也因合所為注而付之梓或曰既哭矣而顧之將要騈枝乎余謂史主寔錄其文直其事詳夫該則直而諷之以婉

詳而讀之以要娛則易動辰則雖厭煩之濟勝者欲窮江山萬里之勢必五亭十榭時駐足焉而勝益進而易取已不敢謂如三百篇以韻之當史甚於鼓吹

休明揄揚家紀功自不淺矣嘗歎班固王粲左思之儔詠史不乏頌代不過數人人不過數語聊各抒一時感際觸往之氣止耳未有萃千百年無窮之人與

道而馳大率詞賦家競標己致
緣文造情無當風人之義即抽
縢匱擬掌故者非不備然取之
十一部之事以資抵掌而書簏
説鈴不閑宣暢甚矣翼風雅萬

一既而曰讀史至猶以為未耳江右前輩學使君蘇弘家崛起八閩於圖籍靡所不窺而間以其暇撰摭史實編次韻文上溯盛王下逮晚近已不必人與事

事畫之事有家之類而因以畫
勸戒於無窮如使知是編者也
故使君深于詩者也深于史者
也雖然詩與史而畫使君也與
哉刻成因弁諸首

西蜀達人衛承芳題

讀史韻言一卷

晉江弘家蘇茂相著

友人稚孝何喬遠閲

懋㽦黄文炤

門人蜚卿程阜羽註

一

文王無結襪武王無爲係聖主御左右儼若莊畏傅

嬴秦過尊抑後代仍驕泰親則執虎子恚則恣提曳

不歷金馬門焉識周士貴

文王伐崇至黃竹之墟襪解顧左右皆賢無使者因自結之韓外儲　武王至殷郊係墮五人御於前莫肯爲之係曰吾所以事君者非係也武王左釋白羽右釋黃鉞勉而自爲係孔子聞之曰此五人者之所以爲王者佐也不肖主之所弗安也呂不韋　蘇則與吉茂同隱於太白山後則爲侍中親省起居故謂之執虎子茂見則嘲曰仕進不止執虎子則笑曰誠不能效汝蹇蹇鹿車驅孔叢子曰孔臧子與子琳書曰侍中安國羣臣近見崇禮不供

褻事復掌御唾壺漢明帝𠒎褊察公卿大臣數被
詆毀近臣尚書以下至見提曳言被提捉紐拽也

二

莘野立阿衡鳴條誅曷喪伊昔去就閒何不煩彌縫
桐宫放旋迎神氣若傾動何以密主歡亂子仍拜相
聖人光明心曠然無纖霧偶拯民生危復思主德瞾
事泯機不萌時逼權始用當年悉委心後代乃滋謗
藉謂作法涼厚孰與揖讓不見許昌壇舜禹其猶病
曹丕篡漢逼獻帝禪位陽上書三讓乃爲壇繁陽

升受璽綬顧謂其下曰舜禹之事吾知之矣

三

夷吾佐其國陰陽與推移百凡不害霸有隨而無規
子輿游故疆歎彼功烈卑王跡豔湯武格心陳書詩
彼能振齊強此竟狃齊衰萬稗乃充腹五穀不救饑
進前君不御饔人奚以爲

劉子曰饔人和五味而進之君君不食其誰能強
之

四

夷吾與鄭僑俱稱空羣足仲也騁康莊千里快馳逐
僑也遇蟻封周旋忌窘趯於用各有宜豐玉與凶穀
世豔天下才吾欽君子德
世説新語云世稱庾文康爲豐年玉穉恭爲凶年
穀
五
英雄善欺人無如隆準帝忌韓難劇功貸手以吕雉
不然鍾室日有何纖芥戾寵戚難割愛謬爲詘主器
不然四老翁不博一譠詈在廷蕭與張微巳窺主意

淮陰永銜寃商顔猶負愧

呂后使武士縛韓信斬之長樂鍾室

六

漢初延四皓儲訓甚不良文因立思賢武仍開博望

智囊與異端紛遝競眩霿所以洛陽生太息天下命

大哉昭代規鶴禁無私從經術飫優游儒臣遴詢訪

鮑魚不待魘邪蒿何由供皇圖百代昌代代以明兩

漢文帝爲太子立思賢苑以招賓客苑中有堂隍

六所客館皆廣廡高軒屏風幃褥甚麗文王使太

公望傅太子發嗜鮑魚公不與曰鮑魚不登俎豆豈有非禮而可養太子哉 賈傅新書

邢峙爲國子助教授太子經廚宰進太子食菜有邪蒿峙令止之曰此菜有不正之名非殿下宜食文宣聞而嘉之 北齊書

洪武元年以李善長等兼太子師傅十一月建大本堂取古今圖籍充其中延四方儒士教太子三年禮部尚書陶凱請專任東宮官屢罷兼領之職庶於輔導有所責成

上曰古者不備其官惟其賢朕以廷臣兼東宮官者

非不欲專任責成慮廷臣與東宫官有不相能遂
成嫌隙或離間骨肉其禍匪細漢江充之事可鑑
也朕今立法令廷臣兼東宫贊輔之職父子一體
君臣一心庶幾無相搆之患

七

濯船黄頭郎銅山表横睨誰坐丞相府片檄幾困殺
傳漏黄門郎斷褒承恩澤誰坐丞相府望塵遽伏謁
不謂明經傳遠懃蹶張卒孅矣顧成主細事猶堪述
鄧通蜀郡南安人以濯船爲黄頭郎爲文帝所寵

賞賜鉅萬以十數官至上大夫賜蜀銅山聽得鑄
錢文字肉好皆與天子錢同申屠嘉以材官蹶張
起家至丞相嘗入朝通在帝旁怠慢嘉檄召通至
丞相府欲斬之頓首出血不解上度丞相已困通
乃使使持節召通而謝丞相董賢雲陽人任太子
舍人傳漏在殿下爲人美麗自喜哀帝望見悅其
儀貌因引上與語拜爲黃門郎與上臥起嘗晝寢
偏籍上褏上欲起賢未覺不欲動賢乃斷褏而起
年二十二爲大司馬孔光以道術通明爲丞相後

徙太傅賢嘗私過光警戒衣冠出門待旣下車拜
謁送迎甚謹不敢以賓客鈞敵

八

漢武雖求仙雄才固難量巖藪無留賢將帥必鷹揚
侈心不自戢乃慕白雲鄉非若吴老翁舍身佞空王
忠邪眯不辨賞罰紊無章非若宋道君矯誣事虛皇
錮賢黨人碑黷民花石綱大抵仙釋教非關治世方
養生誤服食毒總留膏肓元氣殭無恙偶未至大傷
漢也幸而免梁宋固其常

吴老翁梁武帝也魏人呼爲蕭老翁侯景常言于
高歡願得兵三萬濟江縛取蕭衍老公以爲太平
寺主又云我固知吴老翁薄心腸道君宋徽宗也
信祟妖人林靈素道術置道籙院因諷院曰朕乃
上帝元子爲太霄帝君憫中華被金狄之教遂懇
上帝願爲人主令天下歸于正道卿等可冊朕爲
敎主道君皇帝於是道籙院上表冊之

九

平津開東閣欲以延俊士擠董相膠西害汲徙内史

不知三館中有誰堪倒屣長倩贈撲滿高賀誚激詭

轅生微倖直曲學公孫子

平津侯自以布衣爲宰相乃開東閣營客館以招天下之士其一曰欽賢館以待大賢次曰翹材館以待大才次曰接士館以待國士公孫弘以元光五年爲國士所推上爲賢良鄒長倩以其家貧少自資致乃解衣裳以衣之釋所著冠履以與之又贈以芻一束素絲一繸撲滿一枚書題遺之曰夫人無幽顯道在則爲尊雖生芻之賤也不能脫落

原書缺

原書缺

漢宣帝卽位心内忌昌邑王賀元康二年遣使者
賜山陽太守張敞璽書曰制詔山陽太守其謹備
盜賊察往來過客毋下所賜書敞於是條奏賀居
處著其廢亾之效察其衣服言語跪起淸狂不惠
上知賀不足忌因下詔封爲海昏矦桓温廢帝奕
爲海西縣公而立簡文敕吳國内史刁彝防漸又
遣御史顧允監察之奕知天命不可再深慮橫禍
乃杜塞聰明無思無慮經日酣暢耽于内寵有子
不育庶保天年時人憐之爲作歌焉朝廷以帝安

于屈辱不復爲虜光武廢太子彊爲東海王而立
明帝永平元年彊病帝遣中常侍鉤盾令將太醫
乘驛眡疾詔沛王輔濟南王康淮陽王延詣魯問
侍及卒悲不自勝贈以殊禮詔諸王及四姓小侯
皆會葬南宋明帝彧弒其兄世祖子業立後殺世
祖二十八子血胤皆盡南齊明帝鸞廢其侄昭文
而自立殺高武子孫數百人凡在懷抱皆不得免
宋太宗之弟廷美兄子德昭皆不得其死北齊主
高洋殂立太子殷謂其弟演曰奪則任汝慎勿殺

也演篡殷廢爲濟南王而殺之及演將卒徵其弟湛與書曰吾兒百年無罪可以樂處置之勿效前人湛立後名百年遺左右亂捶之氣息將盡乃斬之棄諸池池水盡赤

十一

文翁仕蜀郡小吏輒授傳任延治武威掾史通章句儒教一以尊草上風必仆化彼侏儷俗盡游詩書圃兩漢傳循良寥寥難比數

文翁爲蜀郡守見蜀有夷風欲誘進之乃選郡縣

小吏開敏有材者十餘人親自飭厲遣詣京受業
博士數歲皆成就還歸文翁以爲右職用次察舉
官有至郡守刺史者又修起學官於成都市中招
下縣子弟以爲學官弟子蜀由是大化至武帝時
乃令天下郡國皆立學校官自文翁爲之始云後
漢任延爲武威太守造立校官自掾史子孫皆令
詣學受業復其徭役章句既通悉顯拔榮進之郡
遂有儒雅之士

十二

原書缺

原書缺

時當竟太后乃詔罷朝公卿奏請送廷尉謨懼歸
子弟素服詣闕稽顙自到廷尉待罪

十三

仕宦執金吾娶妻陰麗華南陽謹厚者始願遂爾奢
蛾肴臘椒房故劒良可嗟陰郭去就間恩澤幸不頗
疇敢以後瑜遽爲掩前瑕載觀骨醉事毛悚武昭儀
漢光武微時游新野聞陰后美心悅之後至長安
見執金吾車騎甚盛因歎曰仕宦當作執金吾娶
妻當得陰麗華後廢郭后立陰后然禮郭氏不衰

明帝卽位禮待陰后郭后每事必均武昭儀斷王
后蕭淑妃手足投酒甕中曰令二嫗骨醉數日而
夗又斬之

十四

韓非驅五蠹商君屛六蝎單開榮利徑羶人直至骨
巖栖川釣者塊然等木石愧貪與沮競要藉爲善物
兩漢馬上君堤坊秉深識商顔與嚴陵萬古並巍業
典午承頽運素規遂淪缺傅玄崇清遠庾峻獎山澤
娓娓效款言誰知匪迂闊或謂桓靈寶充隱徒咄咄

聖主礪世術不爲聞位設

商君謂處士爲六蝎韓非謂之五蠹晉傅玄請舉清遠有禮之臣以敦風節退虛鄙以懲不恪庾峻疏云有朝廷之士有山林之士清卻足以抑貪汙退讓足以息鄙事斯山林之士遠寵之臣所以爲美也宜聽朝士時時從志山林往往間出然後處交泰提衡而立時靡有爭天下可得而化桓玄篡位以前世皆有隱士恥獨無之求得皇甫希之給其資用使居山林徵爲著作郎又使固辭然後

下詔旌禮號曰高士時人謂之元隱漢書謂王莽
云紫色鼃聲餘分閏位故僭奪者謂之閏位

十五

漢人事府主儼若君臣誼繆肜墳負土所輔寻代刺
人往無變衰患來寧怵避周迺冒枉獄戴亦扞贓吏
堂堂七尺軀甘爲匪人致雖堅歲寒操終成匹夫志
漢繆肜汝南人太守梁湛名爲決曹史安帝初湛
病卒官肜送喪還隴西始葬會西羌反叛湛妻子
悉避亂它郡肜獨留不去爲起墳塚乃潛穿井傍

以爲窟室晝則隱竄夜則負土及賊平而墳已立
其妻子意彤已死還見大驚關西咸稱傳之永初
二年劇賊畢豪等入平原界縣令劉雄將吏士乘
船追之至厭次河與賊合戰雄敗執雄以矛刺之
時小吏所輔前叩頭求哀願以身代雄豪等縱雄
而刺輔貫心洞背即死東郡太守捕得豪等具以
狀上詔書追傷之賜錢二十萬除父奉爲郎中周
燕宣帝時爲郡決曹掾太守欲枉殺人燕諫不聽
遂殺囚而黜燕燕因家守闕稱冤詔遣覆考燕見太

守曰願謹定文書皆著燕名府君但言時病而已
出謂掾吏曰諸君被問悉當以罪推燕如有一言
及於府君燕手劒相刄使乃收燕繫獄屢被掠楚
辭無屈撓當下蠶室乃歎曰我平王之後正公玄
孫豈可以刀鋸之餘下見先君遂不食而死戴就
上虞人仕郡倉曹掾揚州刺史歐陽叅奏太守成
公浮贓罪遣部從事薛安案倉庫簿領收就於錢
塘縣獄幽囚考掠五毒慘至就慷慨直辭色不變
容又燒鋘斧使就挾於肘腋又以大鍼刺指爪中

使以把土爪悉墮落就據地謂安曰卿誣枉忠良
強相掠理令臣謗其君子證其父就拷死之日當
白之於天與羣鬼殺汝於亭中如蒙生全當手刃
相裂安深奇其壯節即解械更與美譚太守劉寵
舉就孝廉光祿主事

十六

若山善繁聲舉主欲致法伯嵆妙音律竟來賊卓蟣
立本傳畫師右軍稱墨客小技一成名還以賊大德
多能真鄙事達人所不屑

桓譚字君山善鼓琴宋弘薦爲議郎給事中帝每讌輒令鼓琴好其繁聲弘聞之不悅悔于薦舉伺譚内出正朝服坐府上遣吏名之譚至不與席而讓之曰子數進鄭聲以亂雅頌能自改耶將令相舉以法耶譚頓首辭謝良久乃遣後大會羣臣帝使譚鼓琴譚見弘失其常度帝怪問之弘乃離席免冠具對帝改容謝使反服後遂不復令譚給事中蔡邕字伯喈文稜有清白行謚曰貞定公邕妙音律桓帝時中常侍徐璜等五侯擅恣聞邕善鼓

琴遂白天子勑陳留太守督促發遣邕不得已行
到偃師稱疾而歸靈帝崩董卓爲司空聞邕名高
辟之稱疾不就卓大怒詈曰我力能族人蔡邕遂
偃蹇者不旋踵矣又切勑州郡舉邕詣府邕不得
已到署祭酒卓重邕才學厚相遇待每集讌輒令
邕鼓琴贊事閻立本有應務之才尤善圖畫工於
寫眞秦府十八學士圖及貞觀中凌煙閣功臣圖
並立本之跡也時人咸稱其妙太宗嘗與侍臣學
士泛舟於春苑池中有異鳥隨波容與太宗擊賞

數四詔座者爲詠召立本令寫焉時閤外傳呼云畫師閻立本時已爲主爵郎中奔走流汗俛伏地側手揮丹粉瞻望座賓不勝愧赧退誡其子曰吾少好讀書幸免面墻緣情染翰頗及儕流唯以丹青見知躬厮役之務辱莫大焉汝宜深誡勿習此末技立本爲性所好欲罷不能也及爲右相與左相姜恪對掌樞密恪既歷任將軍立功塞外立本惟善於圖畫非宰輔之器故時人以千字文爲語曰左相宣威沙漠右相馳譽丹青王右軍有王佐

才世徒知其善書唐太宗本傳贊曰詳察古今研
精篆素盡善盡美其惟王逸少乎觀其點曳之工
裁成之妙煙霏露結狀若斷而還連鳳翥龍蟠勢
如斜而反正翫之不覺爲倦覽之莫識其端心摹
手追此人而已其餘區區之數何足論哉

十七

許武讓弟名割產以自譏封童陽風暗諠不先兄辟
淮江競賊鋒融褒爭國法疏榮效苦心致命激危節
此風不陵頹那喋禁門血

第五倫舉許武孝廉武以二弟晏普未顯欲令成
名乃共割財產爲三分武自取肥田廣宅奴婢强
者二弟所得並悉劣少鄉人皆稱弟克讓而鄙武
貪婪晏等以此並得選舉續漢書云封觀當舉孝
廉以兄名不顯恥受之稱風疾不赴後數年兄舉
觀乃就錄上郡童翊字漢文名高於兄恢宰府先
辟之翊陽喑不肯仕及恢被命乃就孝廉姜肱字
伯淮與二弟仲海季江俱以孝行著聞兄弟友愛
同枕共被肱嘗與季江謁郡夜於道遇盜欲殺之

肱兄弟更相爭死賊遂兩釋焉張儉與孔融兄襃有舊亾命抵襃不遇時融年十六儉少之而不告融見其有窘色謂曰兄雖在外吾獨不能爲君主耶因留舍之後事泄相國以下密就掩捕儉得脫走遂併收襃融送獄二人未知所坐融曰保納舍藏者融也當坐之襃曰彼來求我非弟之過請甘其罪吏問其母母曰家事任長妾當其辜一門爭死郡縣擬不能決乃上讞之詔書竟坐襃焉

十八

嬰兒病生飽戚畹禍生寵馬鄧二賢后忌盈何挹降
身後防隲儔猶然掛文網何疑梁與竇焦爛不旋踵
朝家恩澤侯衣租食官俸榮俱疏中闈釁預杜外黨
壽寧稍怙張遂以捐領項

馬漢顯宗后伏波將軍女也能誦易好讀春秋楚
辭侍執之時輒言及政事多所毗輔而裁外家恩
澤諸舅不許封爵曰富貴之家祿位重疊猶再植
之木其根必傷鄧和帝后太傅禹孫護羌校尉訓
女也自入宮掖從曹大家受經書兼天文算數畫

省王政夜則誦讀及爲太后臨朝徵和帝弟諸王
子四十餘人鄧氏近親子孫三十餘人爲開邸第
教學經書曰貴戚食祿之家溫衣美飯乘堅驅良
而面墻術學不識臧否斯禍敗所從來兄騭子鳳
受任尚遺馬事洩騭遂髡妻及鳳以謝天下馬后
弟防光貴盛奴婢各千人以上資產巨億皆買京
師膏腴美田又大起第觀連閣臨道賓客奔湊多
牧馬畜賦鈔羌胡肅宗不喜之數加譴勑爲有司
所糾防徙丹陽光爲竇憲奴誣逆自殺鄧后弟騭

以定策功封上蔡侯征羌班師王主以下候望於
道既至大會羣臣賜束帛乗馬寵靈顯赫光震都
鄙騭深戒竇氏檢勑宗族闔門静居後爲宫人誣
騭等謀立平原王得安帝怒譴騭及姪廣宗忠等
皆廢爲庶人没入貲財田宅徙於遠郡逼廣宗忠
皆自殺騭及子鳳不食而死壽寧侯弘治后弟張
鶴齡延齡也怙寵横恣爲主事李夢陽所糾嘉靖
中延齡死西市

十九

漢人重經師分門授章句所以鍾次文讓侯與丁傅楊政冒戟又禮震代刀鋸在三念不渝要領非所慮慷慨激頹風爭義遂如赴艷一登龍門恥不與黨錮

鍾與少從丁恭受春秋恭薦與學行高明顯宗時拜郎中授太子經封關內侯與自以無功不敢受爵曰臣師丁恭於是復封恭而與竟辭不拜楊政從范升受易升爲出婦所告繫獄政乃肉袒以箭貫耳抱升子伏道旁候車駕出持章叩頭大言曰范升三娶惟有一子今適三歲孤之可哀旄頭以

戕乂政傷曾不退哀感帝心詔曰乞楊生師即尺
一出升歐陽歙家傳尚書至歙八世歙爲汝南太
守教授數百人後坐贓下獄諸生守闕爲求哀者
千餘人至有自髡剔者平原禮震年十七自繫上
書求代歙死書奏而歙已死獄中光武嘉其仁義
拜震郎中李膺持風裁人被其容接者名爲登龍
門皇甫規自以西州豪傑恥不與黨錮上書自劾
侍御史景毅子顧爲膺門徒未有錄牒不與黨禍
毅自表免歸

二十

異哉范史雲吊詭炫聲名遠逃御史辟賣卜梁沛間十年宿樹蔭釜甑長生塵任柴勑還載姊飦陰留錢故交漢陽守望望不可攀人生豈蚯蚓潔身以亂倫

范冉字史雲好爲詭激之行桓帝時欲以爲侍御史遁身逃命梁沛之間賣卜於市遭黨禁推鹿車載妻子捃拾自資或寓息客廬或依宿樹蔭如此十餘年嘗命兒子載柴兒子以柴益之曰柴已雜矣勑載還過其姊飯陰留錢而去與河內王奐友

善與遷漢陽太守將行冉與弟齎麥酒待於道側與下車與相揖對請共到前亭宿息以敘分隔冉曰子遠適千里會面無期故輕行相候以展譚別如其相追將有慕勢之譏矣便拂衣而去與瞻望弗及冉長逝不顧

二十一

李善鞠幼主兩乳爲生潼紫芝哺孤侄代殊事乃雙

吾聞忠信心神明猶可通何況志動氣乃在一身中

奇行標銀筆千載仰高風

李善南陽人李元蒼頭也元家財千萬一家疫夫
惟孤兒續始生數旬諸婢謀欲殺續分其財產善
深傷李氏力不能制乃潛負續逃去親自哺養乳
爲生潼續年十歲善與歸本郡修理舊業告奴婢
於長吏悉收殺之鍾離意薦善拜太子舍人遷日
南太守元德秀字紫芝事母至孝以不及親在而
婚不肯娶人以爲不可絶嗣答曰兄有子先人得
祀何娶爲初兄子襁褓喪親無資得乳媼德秀自
乳之數日潼流能食乃止房琯每見德秀歎息曰

見紫芝者寧使人名利之心都盡蘇源明常語人曰吾不幸生衰俗所不恥者識元紫芝

二十二

陽球截王甫父子尸通衢張儉創侯覽冢夷室亦汙司隷誠矯矯督郵第區區少藉國威靈芟穢如摧枯何至耕外援當斷反猶豫屠羊宗既移斬蛇祚遂墟天厭未可測人謀無乃踈

陽球爲司隷校尉收宦者王甫太尉段熲及甫子萌及吉送洛陽獄杖殺之熲自盡磔甫尸榜曰賊

臣王甫張儉爲督郵奏宦者侯覽貪侈奢縱奪人田宅虜掠婦女及諸罪釁請誅之覽伺候撫截章不得上儉遂破覽家宅籍沒資財何進屠羊家子也名袁紹誅宦官反爲所害

二十三

世患無名士名成返爲災前有李巨游後有蔡伯喈弓旌若相逼聲名釀禍媒又通詐訟嫂君公在儈牛苟求性命存安恤世世俗嗤不見周郊雞斷尾爲憚犧

李業字巨游王莽之世匿跡不仕太守劉咸强召

之業載病詣門咸令詣獄養病欲殺之客勸乃止
及公孫述僭號使大鴻臚持毒酒奉詔命劫之業
飲藥而死蔡邕爲董卓劫就之高鳳名聲著聞太
守連名請恐不得免乃詐與寡嫂訟田遂不仕王
君公明易爲郎數言事不用乃自汙與官婢通免
歸詐狂儈牛口無二價時人爲之語曰避世墻東
王君公賓孟適郊見雄雞自斷其尾問之侍者曰
自憚其犧也

二十四

揚厚軫光祿回愛于所生覽也同斯念分痛聯休徵
景融護象先嗣立篤承慶誠俱能動母恭益曲致兄
獨是歷山日鬱陶太不情有庫疏茅土萬禩斯爲程
後漢楊厚母初與前妻子博不相安厚年九歲思
令和親乃托疾不言不食母知其旨瞿然改意恩
養加篤博後至光祿大夫王覽字玄通母朱遇祥
無道覽年數歲見祥被楚撻輒流涕抱持至于成
童每諫其母母屢以非理使祥覽輒與俱又虐使
祥妻覽妻亦趨而共之朱患之乃止祥喪父之後

漸有時譽衆深疾之密使酖祥覽知之徑起取酒祥疑其有毒而不與朱遽奪反之自後朱賜祥饌覽輒先嘗朱懼覽致斃遂止陸景融于象先後母弟也象先被笞景融諫不入則自楚母爲損威人多其友唐韋嗣立承慶異母弟也母王氏遇承慶甚嚴每有杖罰嗣立必解衣請代母不聽輒私自杖母察知之漸加恩貸議者以比詳覽

二十五

文章能華人鳳凰振其羽五德既爲儀六像斯可睹

小夫尚浮夸鸚鵡而人語無益更有害鴟鴞亂簧鼓
誣融路粹章陷固馬融艸吐詞汙不律千載猶堪嘔
孰與瘖啞徒差不爲世禍

馬融爲梁冀作虛章誣害李固謂固胡粉飾貌搔
頭弄姿作威作福事合誅辟路粹少學於蔡邕爲
曹操枉奏孔融謗訕朝廷大逆不道棄市人服其
才而忌其筆

二十六

宣光抨擊主伯豪還自斵敬康持月旦太眞爲隕涕

潞公援子方後先登相位中未悉虛夷外已悠悠滯
世或疑爲矯矯亦吾所畏不見偃月堂殺人以睚眦
左雄字伯豪薦周舉爲尚書後在司隸又薦故刺
史馮直爲將帥直嘗坐贓受罪舉劾奏雄雄悅曰
宣光乃韓厥之舉也天下服馬孔愉爲司徒長史
以平南將軍溫嶠母亡遭亂不葬不過其品及蘇
峻平嶠有重功愉往石頭詣嶠嶠執愉手而流涕
曰天下喪亂忠孝道廢能持古人之節歲寒不凋
者惟君一人耳時人咸稱嶠居公而重愉守正唐

介疏劾文彥博後潞公引與同入中書平康坊南
街廢鑾院即李林甫舊宅也林甫於正堂後别創
一堂制度彎曲有却月之形名曰偃月堂土木秀
麗精巧當時莫儔林甫每欲破滅人家即入此堂
精思極慮喜悅而出必不存焉

二十七

賊莽挾詐力漢臘遂爲新室主長臥病赴火有餘嗔
丕逼協𥚃禪闡厥堅斯興獻穆與樂平各吐憤惋言
生女納爲后大義不徇親所以篡逆輩無言立乾坤

舉朝鬚眉者勸進何信信

王莽以其女爲平帝后後更號爲黃皇室主后自劉氏廢稱疾不朝會聞更號大怒發病不肯起及漢兵入火及掖庭后曰何面目見漢家自投火中

歿獻穆曹后操女也丕簒後遣求璽綬后怒不與如此數輩后乃呼使者入親數讓之以璽綬抵軒下涕泣横流曰天不祚爾左右皆莫能仰視脩文

帝女初爲周宣帝后宣帝不豫劉昉等矯詔以文帝受遺輔政后初甚悅後知有異圖意頗不平及

行禪代憤惋愈甚文帝甚愧之封爲樂平公主又欲奪其志后誓不許

二十八

子魚仕漢室官拜豫章守迎孫節已隳媚曹顔何厚發壁佐郗慮手牽天下母委蛇繁陽壇相儀奉璽綬獨坐復何爲心死良已久龍頭誰所標不及張然狗

華歆爲豫章太守孫策略地江東歆幅巾奉迎曹操弑伏后使華歆副郗慮勒兵入宫后閉户藏壁中歆就牽后出時帝在外殿引慮於座后被髮徒

跣行泣過訣曰不能復相活耶帝曰我亦不知命在何時顧謂慮曰郗公天下寧有是耶丕篡漢歆登壇相儀奉璽綬歆能劇飲至石餘不亂衆人徵察常以其整衣冠爲異江南號之曰華獨坐時人謂歆爲龍頭管寧爲龍腹邴原爲龍尾會稽張然滯役有少婦無子惟與一奴守舍奴與婦通然素養一狗名烏龍常以自隨婦奴欲殺然盛作飯食然然涕泣不能食以肉及飯擲狗祝曰食汝經年能救我否狗應聲傷奴奴失刀伏倒地狗咋奴頭

然因取刀斬奴以婦付官殺之

二十九

蠶叢實天險峭巘何由跂不然堅城下淸野可坐斃
胡爲謀蜀者往往皆得志馬閣陰鑿山猶云出詭計
笮橋珴誤堅功成一鼓吏壘守雖負隅輸攻亦拾芥
在德不在險斯言疇能棄

鑿山鄧艾也桓溫伐蜀蜀主勢悉衆出戰于笮橋
溫前鋒不利矢及桓馬首衆懼欲退而鼓吏誤鳴
進鼓袁喬拔劒督士卒力戰遂大破之勢面縛出

降 三十

伯約有膽義志在蹂魏庭成都遽納璽釋甲豈其情投鍾陰獎亂日月幾復明機會變須臾身齎族亦傾世人觀成敗孫公峻譏評參之裴與郤庶乎泯愛憎

姜維連年北伐志欲吞魏及鍾鄧破蜀維欵會誅壯來諸將徐欲殺會盡坑魏兵還復蜀祚密書與後主曰願陛下忍數日之辱臣欲使社稷危而復安日月幽而復明會事不捷維及妻子皆被殺剖

維膽如斗大孫盛晉陽秋曰維進不能奮節緜竹
之下退不能總帥主將擁衛蜀主思後圖之計而
乃反覆於順逆之間希違情於難冀之會以衰弱
之國而屢觀兵於三秦已滅之邦冀理外之奇舉
不亦闇哉裴松之曰會欲盡坑魏將以舉大事授
維重兵使爲前驅若令魏將皆死兵事在維手殺
會復蜀不爲難也夫功成理外然後爲奇不可以
事有差手而抑謂不然設使田單之計邂逅不會
復可謂之愚闇哉郤正著論論維曰姜伯約據上

將之重處羣臣之右宅舍敝薄資財無餘側室無妾媵之褻後庭無聲樂之娛衣服取供輿馬取備飲食節制不奢不約官給費用隨手消盡察其所以然者非以激貪厲濁抑情自割也直謂如是而足不在多求凡人之談常譽成毀敗扶高抑下咸以姜維投厝無所身死宗滅以是貶削不復料擿異乎春秋褒貶之義矣如姜維之樂學不倦清素節約自一時之儀表也孫盛又曰姜維策名魏室而外奔蜀朝違君徇利不可謂忠捐親苟免不可

謂孝害加舊邦不可謂義敗不死難不可謂節且
德政未孚而疲民以逞居禦侮之任而致敵喪守
於夫智勇莫可云也凡斯六者維無一焉寔有魏
之遹臣亾國之亂相

三十一

魏明遲司馬忍死以孤托宋明將黄羅泣與彥回著
邵陵困蘭卿狂孖戕子昱高貴與汝陰或隕或赤族
臣罪髮難數主鑒亦已濁懿哉永安宫九京何可作
魏主叡將殁召司馬懿執其手曰吾以後事屬君

死乃可忍吾忍死待君名二王示懿別指齊王芳
曰此是也君諦視之勿誤又教芳前抱懿項後芳
爲司馬師所廢晉受禪封爲邵陵縣公芳字蘭卿
叡弟子高貴卿公髦立爲司馬昭所弑宋明帝在
藩與褚淵相善既卽位深委仗之及寢疾淵守吳
郡急名入見宋主流涕曰吾近危篤故名卿著黃
襬耳黃襬者乳母服也蓋托以太子昱也後淵與
蕭道成弑昱而立安成王準又與道成廢準爲汝
陰王淵奉璽詔道成勸進逾年弑準滅其族宋未

室無少長皆死永安宮劉先主也

三十二

華陽保一隅實係赤帝胤立國戎馬間拮据良足憫
鍾鄧附逆徒爲昭事兼併劒閣久徘徊士季氣巳盡
不裹陰平氊炎祀那遽殄儻梲蜀人戈當先喫艾頸
太尉冊未及緜竹首先隕於魏雖濫刑於漢則抒憤
婞婞樊尚書頌寃出其吻國仇乃可忘直躬古所哂
鍾會伐蜀攻樂城不能克姜維列營守險會以糧
運縣遠將議還歸鄧艾言賊巳摧折宜遂乘之遂

自陰平行無人之地七百餘里鑿山通道造作橋
閣山高谷深又糧運將匱頻於危殆艾以氊自裹
推轉而下將士皆攀木緣崖魚貫而進遂至成都
晉封艾爲太尉爲鍾會所構檻車徵艾衞瓘遣田
續等討艾遇於緜竹西斬之子忠與艾俱死艾口
喫司馬昭常戲艾曰卿言艾艾定是幾艾對曰鳳
兮鳳兮故是一鳳晉武帝卽位議郎段灼爲艾訟
寃不省及尚書樊建入晉拜給事中武帝問以諸
葛亮之治蜀曰吾獨不得如亮者而臣之乎建稽

首曰陛下知艾之冤而不能直雖得亮得無如馮
唐之言乎晉主歎曰卿言起我意乃以鄧艾孫朗
爲郎中次孫千秋王戎辟爲掾永嘉中朗爲新都
太守未之官在襄陽失火朗及母妻子舉室燒死
千秋先卒二子亦燒死

三十三

孝若掞麗藻内行實醇白抵疑與誥文名理俱不乏
同茵者何人廼與稱聯璧愍懷中麴糵書草向誰索
大逆神所誅乾没何足責穢矣如江才文士爲氣結

夏侯湛字孝若有盛才美容觀與潘岳友善每行止同輿接茵京都謂之聯璧作抵疑昆弟誥文采可觀初湛作周詩成以示潘岳岳曰此文非徒溫雅乃別見孝弟之性賈后將廢太子遹詐稱上不和呼太子入朝既至不見置於別室遣婢陳舞賜以酒棗逼飲醉之使黄門侍郎潘岳作書草若禱神之文曰陛下宜自了不自了吾當入了之中宮又宜速自了不自了吾當手了之太子醉迷不覺追使依而寫之因廢爲庶人後使黄門孫慮以藥

杵椎殺之岳性輕躁趨勢利與石崇等諂事賈謐
其母責之曰爾當知足而乾沒不已乎岳終不改
後岳爲趙王倫所誅夷三族岳將詣市與母別曰
負阿母岳母及兄侍御釋弟燕令豹司徒掾據據
弟詵兄弟之子已出之女無長幼一時被害世謂
潘文如江陸文如海

三十四

始與輔左晉勞勣故莫比惜當湏洞時未盡事君禮
處仲前搆逆負友旣蒙訾子高繼犯蹕失節復貽恥

悍妻當帝拜無乃冠加履孔公藥石言反脣遽相詆
所以嘲九錫短轅長麈尾

始興公王導也王敦構逆殺周顗導不救止蘇峻反導攜二子隨永奔于白石峻平導入石頭令取故節陶侃笑曰蘇武節似不如是導有慙色晉陽秋云成帝初立幸導府與羣臣宴于內室拜導及其妻曹氏侍中孔坦密諫以爲初加元服動宜顧禮導聞而怒曰王茂弘駑痾耳若卞望之之巖巖刁玄亮之察察戴若思之峰距當敢爾不曹氏性

妬導甚憚之乃密營別館以處衆妾曹氏知將往
焉導恐妾被辱遽令命駕猶恐遲遲以所執麈尾
柄驅車而進司徒蔡謨聞之戲導曰朝廷欲加公
九錫導弗之覺但謙退而已謨曰不聞餘物惟有
短轅犢車長柄麈尾導大怒謂人曰吾往與羣賢
共游洛中何曾聞有蔡克兒

史論曰予嘗反覆晉書知王導心事與王敦一間
耳眞賊臣也元帝永昌元年敦稱兵向闕人臣無
將非反而何而導於敦伏誅之後猶謂其義同祖

文不知桓文何嘗稱兵伐周何嘗戮周之大臣乎敦問周顗於導三問而三不對是借劒於敦而殺顗也非敦反乃導反也又與王含書云昔年佞臣亂朝人懷不寧其曰佞臣指刁協劉隗協與隗不合於敦而欲誅之者也導於明帝太寧二年敦反迹大彰而猶爲此言非賊臣而何晉朝姑息不振王導族黨太盛是以一時反以逆賊爲忠貞千載而下人猶不悟世亦易欺哉予每讀史至此不勝憤與予同此見者安陽之崔子鍾耳其後明帝崩

成帝即位而導稱疾不入朝郗鑒責之曰大行在殯嗣王未立豈人臣辭疾之時又郭默懷逆而不能討乃曰遵養時晦陶侃責之曰是乃遵養時賊也以此觀之導既無濟世之才又無人臣之節不膺誅戮亦已幸矣

三十五

元子挾雄武神圖久睨眎處仲何可見過墓輒娓娓
蜀客差誤活習簿遂忤旨賴是比丘尼剖腹怖之死
寂寂雖撫枕九錫竟難俟不然新亭日晉祚可知矣

桓温字元子過王敦墓輒曰可兒可兒有遠方比
丘尼名有道術於別室浴温竊窺之尼倮身先以
刀自破腹次斷兩足竟出温問吉凶尼云公若作
天子亦當如是温有逆志追蜀人知天文者至夜
執手問國家祚運脩短答云世祀方永温曰必有
小小厄運亦宜說之星人曰决無憂虞温不悅乃
止異日送絹一疋錢五十文以與之星人馳詣習
鑿齒曰家在益州被命遠下今受吉自裁乞爲標
碣棺木鑿齒問其故曰君幾誤死以絹戲君以錢

供道中資是聽君去耳星人大喜明便詣溫别溫
問去意以鑿齒答桓溫笑曰鑿齒憂君誤死君定
是誤活然徒看三十年儒書不如一詣習主簿後
鑿齒自京師還溫問相王何似答曰生平所未見
以此大忤溫旨溫或時對親寮曰爲爾寂寂將爲
文景所笑衆莫敢對既而撫枕起曰既不能流芳
後世不足復遺臭萬載邪溫領兵至新亭或云因
此殺王謝内外懷懼於是拜高平陵左右覺其有
異既登車謂從者曰先帝向遂靈見既不述帝所

言故衆莫之知但見將拜時頻言臣不敢而已因
而遇疾不起諷朝廷加巳九錫累相催促謝安坦
之聞其病篤密緩其事錫文未及成而死

三十六

顏公淹漢署白首不見知玄保無榦績好官輒憶之
運命信有常刺促將安爲所以顏光祿不勞弘農著
異哉宋氏政名郡以賭棊

漢武帝過郎署見顏駟龐眉皓髮問曰叟何時爲
郎何其老也答曰臣文帝時爲郎文帝好文而臣

好武景帝好美而臣貌醜陛下好少而臣已老是
以至老不遇宋羊玄保善奕棊棊品第三太祖與
賭郡戲勝以補宣城太守太祖嘗曰人仕宦非惟
須才亦須運命每有好官缺我未嘗不先憶羊玄
保郭璞欲爲顔含筮含曰年在天位在人脩己而
天不與者命也守道而人不知者性也自有性命
無勞著龜

三十七

陸翫踐台司縉紳麕德宇逡巡謝几短箴規戢梁柱

鄭綮謠時政方蹶良可補一朝宣相麻搔首訝班薄
槐鼎人所榮傴僂廼若拒謙謙君子腹義不慊素飽
陸戭以德望遷侍中司空表辭不許旣拜有人詣
之索杯酒瀉置柱梁之間祝曰當今之材以爾爲
柱石莫傾人梁棟戭笑曰戢卿良箴鄭綮以進士
登第爲廬州刺史黃巢自嶺表還經淮南剽掠綮
移黃巢文牒請不犯郡界巢笑而從之善爲詩多
侮劇刺時號鄭五歇後體昭宗還宮庶政未愜綮
每形於詩什而嘲之中人或誦其語於上前昭宗

見其激訐謂有蘊蓄就常奏班薄側註云鄭綮可
禮部侍郎平章事中書胥吏詣其家恭謁綮笑而
問之曰諸君大誤胥吏曰出自聖旨明日果制下
親朋來賀搔首言曰歇後鄭五作宰相時事可知
矣累表遜讓

三十八

晉人好玄言清韻相標暎惜非救時資國勢坐不競
要以激頹流亦藉清言勝能於月旦中微操廉立柄
後王肆宥洗清議及鄉論入非繇爰書出何須詔命

斯民直道行三代以爲政
劉裕篡晉大赦改元其犯鄉論淸議一皆蕩滌與
之更始
三十九
名位躐榮齒威權扇翕赫傍觀或羨慕骨肉增跼蹐
宣遠弟顯密門庭以籬隔延之見隆寵笨車避道側
不幸言而中爲世歎先識德薄戒覆餗位高防瞰宅
曼容故自超滿腹六百石
謝瞻字宣遠弟晦時爲宋臺右衞權遇已重賓客

輻輳瞻驚駭謂晦曰汝名位未多而人歸趣乃爾吾家素以退爲業不願干預時事交游不過親朋而汝遂勢傾朝野此豈門戶之福耶乃籬隔門庭曰吾不忍見此言於高祖曰臣本素士父祖位不過二千石弟年始三十志用凡近榮冠臺府任位顯密福過災生其應無遠特乞降黜以保衰門晦竟以反誅顏延之子竣爲世祖所任貴重權傾一朝凡所資供延之一無所受器服不改宅宇如舊常乘羸牛笨車逢竣鹵簿卽屛往道側常語竣曰

平生不喜見要人今不幸見汝後竣失寵怨憤於獄賜死子辟彊徙交州於道殺之漢郗曼容爲郎過六百石輒自免

四十

晉有簡文帝清譚何瀟灑寄位等贅旒哦詩徒隕涕梁有簡文帝艷詞煽宮體永福窘見幽土囊逼難弭唇舌及筆札信哉小夫智淳風蝕浮華雄圖挫卑爾治身無以爲治世安事此

晉簡文帝昱有風儀善容止時政在桓温帝拱手

爾熒惑入太微帝懼廢立以問郗超超曰大司馬
臣溫方内固社稷外恢經略非常之事臣以百口
保之及超請急省其父帝謂之曰致意尊公家國
之事遂至於此由吾不能以道匡衛愧歎之深言
何能喻因詠庾闡詩云志士痛朝危忠臣哀主辱
遂泣下霑襟帝雖神識恬暢而無濟世大略謝安
稱爲惠帝之流清譚差勝耳梁簡文帝綱有詩癖
博綜羣言善譚玄理詞藻艷發然傷於輕靡時號
宮體爲侯景所廢幽於永福省使彭儁王修纂以

土囊壓獄之

四十一

劉超輔三朝蹇蹇王臣節冲后雖蒙塵經筵講不輟

劉璡恭厥兄修容於火滅束帶事似迂誼不欺暗室

江右媥頽風禮敎恣崩裂荃蕙自不化椒樧焉能奪

劉超以清慎忠謹爲元帝所拔及錢鳳搆禍超招

合義士從明帝征事平以功封零陵伯蘇峻作逆

遷卓駕石頭時天大雨道路泥陷超與侍中鍾雅

步侍左右繾綣朝夕臣節愈恭帝時年八歲雖幽

厄之中超猶啓授孝經論語南齊劉瓛字子珪弟
璡字子璥方軌正直兄瓛夜隔壁呼璡共語璡不
答方下牀著衣立然後應瓛問其久璡曰向束帶
未竟

四十二

靈寶落晉紐得之廼寄奴二主用讖殞人將不食餘
卜世曾幾葉不祀亦忽諸晉代老郎中屑涕爲晞噓
歎此期頫身頻見革命符口食累朝粟眼爲累朝枯
徐廣自有淚范粲自有車

靈寶桓玄字寄奴劉裕也以讖云昌明之後尚有二帝於是縊晉安帝而立德文爲恭帝使兵人以被揜殺之初桓玄篡位安帝出宫徐廣陪列悲慟及裕篡位廣又悲慼流涕謝晦謂之曰徐公得無小過廣曰君爲宋朝佐命身是晉室遺老悲歡之事固不可同宋順帝爲蕭道成所篡出就東邸光祿大夫王琨在晉室已爲郎中至是攀車慟哭曰人以壽爲歡老臣以壽爲慼既不先驅螻蟻乃復頻見此事嗚咽不自勝百官雨泣魏范粲爲武威

太守齊王芳被廢遷于金墉城粲素服拜送哀動
左右時司馬師輔政召羣臣會議粲又不到朝廷
以其時望優容之粲稱疾闔門不出於是特詔爲
侍中持節使于雍州粲因陽狂不言寢所乘車足
不履地子孫恒侍左右至有婚宦大事輒密諮焉
合者則色無變不合則眠寢不安妻子以此知其
旨以太康六年卒時年八十四三十六載終於所
寢之車子喬與二弟並棄學業絕人事侍疾家庭
至粲殁足不出邑里

四十三

吾愛王瓚之三世不媚竈上下百餘年於唐見韋澳

肇既違載招純亦恥實造御史不呈身中丞詎能名

素風被門庭羣從皆相肖翰林清切地固辭以爲孝

王敬弘廣之曾孫也性恬靜妻爲桓玄姊敬弘爲

天門太守之郡玄時爲荆州遣信要令過敬弘至

巴陵謂人曰靈寶見要正當欲與其姊集聚耳我

不能爲桓氏贅壻乃遣別船送妻往江陵玄簒位

屢名不至宋高祖以爲中郎元初二年轉吏部尚

書弘每被除名卽便祇奉旣到宜退旋復解官高
祖嘉其志不苟違也徐羨之傳亮當朝敬弘不與
往來子恢之瓚之恢之被名爲祕書郎敬弘爲求
奉朝請與恢之書曰祕書有限故有競朝請無限
故無競吾欲使汝處於不競之地瓚之歷官至五
兵尚書未嘗詣一朝貴江湛謂何偃曰王瓚之今
便是朝隱都元景顔師伯令僕貴要瓚之竟不候
之及子秀之爲尚書又不與王儉款接三世不事
權貴時人稱馬秀之爲晉平太守至郡朞年謂人

曰此邦豐壤祿俸常充吾山資已足豈可久留以妨賢路上表請代時人謂王晉平恐富求歸秀之子峻亦澹然自守唐韋純字貫之父肇以中書舍人言事爲元載所惡左遷少尹載曰肇若過我當與善地終不肯詣載誅除吏部侍郎貫之登進士第官長安丞或薦之京兆尹李實實曰此吾里閈素聞其賢願識之而進于上或勸令詣實貫之唯唯不往子澳第進士復擢宏辭中丞高元裕與其兄溫善欲薦用之諷澳謁已澳曰恐無呈身御史

三世皆謚曰貞貫之兄綬貢進士禮部將以爲舉首授以其友楊凝親老故讓之不對輒去凝遂及第後授爲翰林學士帝幸其院韋妃從値綬方寢帝以妃蜀襭袍覆之而去綬在禁庭積憂畏病廢誡其子温勿任近職及温拜翰林學士固辭帝怒曰綬寧治命耶禮部侍郎崔蠡曰温用亂命益所以爲孝帝意解温卒謚曰孝

四十四

景情秉高韻奈非戡難才步屧白楊郊嘯咏何悠哉

兵柄讓領軍徒手將奚爲父子石頭城捐脰眞可哀
靈慶負心人貪賞貿其孩惜也大氈犬不識褚彥回
袁粲字景倩愛好虛遠不以事務經懷詩酒自適
常步屧白楊郊野間道遇一士大夫便呼與酣飲
明日此人謂被知顧到門求進粲曰昨飲酒無偶
聊相要耳竟不與相見蕭道成謀簒宋粲欲圖之
而兵已屬領軍府粲閤手仰成耳及舉兵道成使
其黨王僧靜暗往奮刀砍之子最覺有異大呌抱
父乞先死兵士人人莫不隕涕粲曰我不失忠臣

汝不失孝子仍求筆作啓云臣義奉大宋策名兩
畢令便歸魂墳壠永就山丘僧靜併斬之桀小兒
數歲乳母將投桀門生狄靈慶靈慶曰吾聞出郎
君者有厚賞今袁氏已滅汝匿之尚誰爲乎遂抱
以首乳母號天曰公昔於汝有恩故冒難歸汝奈
何欲殺郎君以求小利若天地鬼神有知我見汝
滅門者兒死後靈慶常見兒騎大羝犬戲如平常
經年餘鬬塲忽見一狗走入其家遇靈慶於庭噬
殺之少時妻子皆沒

四十五

褚淵密勸進緩步作三公彥宣燒其車名行歎披猖
王晏善推奉松柏化爲桐苦心勸引決驃騎笑阿戎
骨肉豈不暱所重在彝常韙哉志士心溝壑不能忘

褚淵字彥回尚宋文帝女美儀貌善容止宋明帝
嘗歎曰褚淵能遲行緩步便持此得宰相矣及蕭
道成謀篡宋淵賣國奉璽勸進從弟炤謂淵子賁
曰不知汝家司空將一家物與一家亦復何謂及
拜司徒賀客滿坐炤歎曰彥回少立名行何意披

猖至此門戶不幸乃復有今日之拜使彥回作中
書郎而死不當爲一名士耶名德不昌乃復有期
頤之壽彥回性好戲以軺車給之焰大怒曰著此
辱門戶那可令人見索火燒之馭人奔車乃免賁
恥父失節逃爵不仕齊鸞謀廢鬱林王尚書令王
晏欣然推奉從弟思遠謂晏曰兄荷世祖厚恩今
一旦贊人如此未知將來何以自立若及此引決
猶可保全門戶不失後名晏曰方噉粥未暇此事
及拜驃騎謂子弟曰隆昌之末阿戎勸吾自裁若

從其語豈有今日思遠遽應曰如阿戎所見今猶
未晚也晏竟爲鸞所誅晏之爲員外郎也父普曜
齋前柏樹忽變成梧桐論者以爲梧桐雖有棲鳳
之美而失後凋之節及晏敗果如之

四十六

僧眞帝倖臣爵賞恣不禁惟有士大夫故非上所命
移牀遽遠客風格何其峻托藥雲龍門亦不隕厥問
抗勉力拒婚蒨也紹庭訓

江斆字叔文湛孫也中書舍人紀僧眞幸於齊武

帝容表有士風啓帝曰臣小人出自本縣武吏邀逢聖時階榮至此爲兒昏得荀昭光女卽時無復所須唯就陛下乞作士大夫帝曰由江斆謝瀹我不得措此意可自詣之僧眞承旨詣斆登榻坐定斆便命左右曰移吾牀遠客僧眞喪氣而退告武帝曰士大夫故非天子所命鬱林廢朝臣皆被名入宮斆至雲龍門方知廢立託散動醉吐車中而去子蒨有父風僕射徐勉因蒨門客翟景爲子繇求婚於蒨女不答景再言杖景四十

四十七

知人固實難自知良不易王儉比安石徒有解散髻珥貂建元朝國華已隕墜崔浩比子房徒以揣摩智有箸不籌身委骨羯夷類肺腑不能語目睫不能睞捧心輒問人孰與夷光美

王儉儀容甚盛作解散髻斜插簪朝野多慕效之儉嘗謂人曰江左風流宰相惟有謝安意以自比也尚宋公主與褚淵賣國於齊何點贊曰淵既世族儉亦國華不賴舅氏遑恤國家魏崔浩嘗自謂

才比張良而嵇古過之後因修國史國人謂其謗

訕族誅

四十八

劉準索方得楊侗醜不殊彈指或布帛勿生帝王家

暴逆猶代有骨肉廼何辜宋彧及齊鸞毒手恣刳屠

彧則除人望鸞併及呱呱德衰由傳子人言豈盡誣

宋明帝準爲蕭道成所逼下詔禪位不肯臨軒逃

佛蓋下王敬則勒兵入迎太后懼自帥閹人索得

之敬則啓譬令出宋主收淚謂曰欲見殺乎敬則

曰出居别官耳官先取司馬家亦如此宋主泣而彈指曰願後身世世勿復生帝王家宫中皆哭隋主侗爲王世充所酖隋主請與太后訣不許乃布席禮佛曰願自今以往不復生帝王家飲藥不能絶以帛縊殺之宋主彧以太子幼弱殺諸弟休祐休仁休若又殺安陸王子綏等十三人齊主鸞殺鄱陽王鏘等七人衡陽王鈞等四人篡位後殺西陽王子明等四人又殺河東王鉉等十人太祖世祖及世宗諸子皆盡

四十九

王融急八騶故自恃人地何如丁公著加秩輒憂悸

悔詢望兩府老足循自嘗何如韋表微班級不知味

坌修戒驟馳流急貴勇退未能保丘壑庶以寬籠縶

王融躁於名利自恃人地三十內望爲公輔及爲

中書郎撫案歎曰爲爾寂寂鄧禹笑人過朱雀桁

開路人塡塞乃搥車壁曰車中乃可無七尺車前

豈可乏八騶後以謀立竟陵王子良下獄賜死年

二十七唐丁公著清約守道毋進一官輒憂見顏

閒四十𥚃妻終身不畜妾韋表微授監察御史裏
行不樂曰爵祿譬滋味也人皆欲之吾年五十拭
鏡翦白冒游少年閒取一班一級不見其味也將
爲松菊主人不愧陶淵明云宋樓詢心迫求進以
足疾不得大拜每言其足曰此中有鬼使我不至
兩府者汝也

五十

休文忝秘策巴陵迺沈醉斷舌夢豈妖赤章敢誣帝
處道附阿麼房陵巧羅織一見金鉞逐飾巾以待毙

寇讎舊主恩顛危社稷計國僇縱可逃鬼責詎能貰

蕭衍廢齊和帝欲以南海郡爲巴陵國徙王居之沈約曰不可慕虛名而受實禍梁主頷之乃使所親鄭伯禽詣姑孰以生金進王王曰我死不須金醇醪足矣乃飲沈醉伯禽就摺殺之約病夢齊和帝劒斷其舌乃呼道士奏赤章于天稱代禪之事不由已出梁主大怒譴責者數遂死隋朝遺事云

楊素附晉王廣廢太子勇爲庶人矯詔殺之及素病見隋文帝以金鉞逐之曰此賊吾欲立勇汝竟

不從今必殺汝因不肯服藥亦不將慎語弟約曰

我豈須臾活耶

五十一

天子三捨身千古一梁武無身更何患金甌缺難補

佞佛佛不喜謗佛佛不怒自得還自失開門延叛虜

哀哉臺城變狗子能囓虎王謝不許婚迺婚溧陽主

歸地蔓不踐踐者迺吞土

梁武帝三捨身同泰寺爲奴武帝初遲疑侯景曰

我國家如金甌無一傷缺今忽受景黨致紛紜悔

之何及朱异深勸乃納之帝聞臺城陷歎曰自我
得之自我失之亦何復恨天監中沙門釋寶誌曰
掘尾狗子自發狂當死未死齧人傷須臾之間自
滅亡起自汝陰死三湘又曰山家小兒果攘臂太
極殿前作虎視氏族志云景歸梁請娶于王謝武
帝曰王謝門高非偶可於朱張以下求之景恚曰
會將吳兒女以配奴及作逆納簡文溧陽公主簡
文謂殷不害曰吾昨夜夢吞土卿試爲我思之不
害曰昔重耳饋塊卒還晉國陛下今夢得符是乎

未幾被侯景黨王偉篡以土囊壓殺梁武帝以正
月乙卯夢中原平舉朝稱慶旦以語朱异异對曰
此宇内方一之徵及异勸納侯景帝感前夢而景
以正月乙卯至益神其事

五十二

梁初徵三隱殊不厭物情司徒一拜命范縝刺虛聲
黠差有俠氣揜鬚抗外臣叅絶瑯琊婿暮反張融脣
鬱林濁亂朝僞託肺腑親依違中書席頫兒西弄蒐
蒲輪雖濫及少徵自有真同時阮孝緒龜言心迹併

三隱謝朏何胤何點也胤點不應命朏逃竄十餘年一旦輕舟自出詣闕以爲司徒尚書令朏辭脚疾不堪拜謁角巾自輿詣南龍門謝詔乘小車就席明日梁主幸其宅宴語盡歡朏素憚煩不省職事衆頗失望博士范縝以爲隱者苟立虛名以要顯譽何胤齊鬱林王何后之從叔也王欲除蕭鸞使胤直殿與謀之胤不敢當依違諫說齊王意復止後王爲鸞弑於西弄武帝召點以巾褐入華林園賦詩置酒恩禮如舊仍下詔以爲侍中點持帝

鬚曰乃欲臣老子耶卽辭疾不起初黜祖尚之爲
娶瑯琊王氏將親迎黜求執本志遂得罷老乃娶
魯國孔嗣女張融爲詩贈黜曰惜哉何處士薄暮
遘荒淫阮孝緒志行類管幼安天監中徵不至張
有道爲筮之成遯卦有道歎曰此所謂肥遯無不
利也

五十三

曹韋援鍾離景宗實上將挹損遵璽書謙恭禮鄉望
遂摧疆敵兵京觀表淮上博塞不博盧嚴候更善讓

李郭守牙門兩雄頗相鬨汾陽先杖鉞握手示勇驕
忠義資犄角勲名竟伯仲許國心苟誠無私不可忘
古人亮則然負荆與分謗

魏寇鍾離圍刺史昌義之梁武帝詔曹景宗援之
韋叡與焉而受景宗節度勑景宗曰韋叡卿之鄉
望宜善敬之景宗見叡禮甚謹高祖聞之曰二將
和師必濟矣遂大破魏軍斬獲數十萬叡使報義
之義之且悲且喜不暇答語但叫曰更生更生義
之甚德叡請曹景宗與叡會因設錢二十萬官賭

之景宗擲得雉歡徐擲得盧遽取一子反之曰異事遂作塞大事記云杜牧言安思順爲朔方節度使時郭汾陽李臨淮俱爲牙門都將二人不相能雖同盤飲食常睇和睞不交一言及汾陽代思順臨淮欲亡去計未決旬日詔臨淮分半兵東出趙魏臨淮入請曰一死固甘乞免妻子汾陽趨下持手上堂曰今亡亂國遷非公不能東伐豈懷私忿時耶及别執手涕泣相勉以忠義訖平强寇韓厥將斬人郤至將救之至則旣斬之矣郤子使速以

徇曰吾以分謗也

五十四

人主操大寶疏榮關意旨惟有藉苑中華袞聽自底
奈何萬乘主欲掩書生技王胄庭草詩炊煩隋帝齒
孝標擯梁朝隸事富錦被大中艷詞科自署鄉進士
經緯眯天章雕篆競翦綵所由爲噉名名孰堯舜美

梁武曾隸錦被事諸臣咸言已罄試呼問劉峻峻
時貧悴冗散忽請紙筆疏十餘事坐客皆驚帝不
覺失色自是惡之不復引見及峻作類苑成即命

諸學士作華林徧略以高之竟不見用隋唐嘉話云隋煬帝爲燕歌行文士皆和著作郎王冑獨不下帝從此見害而誦其警句曰庭草無人隨意緑能復作此耶又殺薛道衡後曰更能作空梁落燕泥否唐宣宗以文學自負嘗於殿柱上題鄉貢進士李道龍

五十五

徐陵爲北客何日忘南枝致書遈雄辯遵彦置若遺異哉沈恭子露表通天臺漢武有靈氣猶能恤其私

人心不可測神聽故常畢載讀陳情章慨然北山詩
梁元帝使徐陵、聘齊拘留不遣致書僕射楊遵彦
詞甚瓌辯不報沈炯事梁元帝爲尚書左丞魏克
荆州被虜甚見禮遇炯以母在東恒思歸國嘗獨
行經漢武通天臺爲表奏之陳已思鄉之意曰臣
聞橋山雖掩鼎湖之竈可祠有㑹遂荒大庭之迹
無泯伏惟陛下降德猗蘭纂靈芳谷昔承明見厭
嚴助東歸駟馬可乗長卿西反恭聞故實竊有愚
心黍稷非馨敢望徵福瞻仰煙霞伏增悽戀奏訖

其夜夢有宫禁之所兵衛甚嚴𠉀便以情事陳訴
聞有人言甚不惜放卿還幾時可至少日便與王
克等竝獲東歸陳武帝受禪表求歸養不許文帝
嗣位又表求去

五十六

梁元有書淫瘺痒不去手諷誦葛幃中侑以山陰酒
隋煬閃電窻戢身載藉藪飾爲大雅言萬有七千部
二君乃嗜書未知意何取身爲天下僇行爲萬世醜
克艱祇一言向來曾讀否

顏氏家訓云梁元帝在會稽年始十二便已好學
時又患疥手不得拳膝不得屈閉齋張葛幃避蠅
獨坐銀甌貯山陰甜酒時復進之以自寬痛南部
烟花錄云隋煬帝觀書處窻戶玲瓏相望金鋪玉
觀輝映溢目號爲閃電窻集文人著書一萬七千部
五十七
文皇莊魏徵爲輟關南轍·時田舍翁怒皆不受辱
明皇莊韓休後苑戒罷獵貌瘦天下肥引鏡忽不懌
隋殃猶怵心武禍正悖䰟所以忍苦口强自親藥石

兵不戢遼左釁自釀胡孽人莫躓於山而適躓於垤

魏徵嘗上冢還奏曰向聞陛下有關南之行既辦

而止何也帝曰畏卿遂停耳帝嘗罷朝怒曰會須

殺此田舍翁后問爲誰帝曰魏徵每廷辱我后曰

主明臣直帝乃止韓休峭鯁玄宗嘗獵苑中或大

張樂必視左右曰韓休知否已而疏輒至嘗引鑑

默然不樂左右曰自韓休入朝陛下無一日歡何

自戚戚不逐去之帝曰吾貌雖瘠天下肥矣

五十八

敬直尚南平珪也申盥饋岐陽歸杜悰天子覓快壻
婦道虔以脩賢路寬自致嬪禮與代殊王姬最生貴
未生郭曖嗔先隕殷鈞涕雋才絕飛騰隆恩極飫賚
江敩讓婚書世主故解事
王珪子敬直尚南平公主是時諸主下嫁以帝女
貴未嘗行見舅姑禮珪曰主上循法度吾當受公
主謁見豈爲身榮將以成國家之美於是與夫人
坐堂上主執笄盥饋乃退禮德輿爲相其壻翰林
學士獨孤郁以嫌自白憲宗見郁文雅歎曰德輿

有壻乃爾時岐陽公主帝愛女舊制選多戚里將
家帝始詔宰相爲覓佚壻李吉甫以杜悰應選士
至司空封邠國公劉宋世諸主莫不嚴妬明帝每
嫉之江斆當尚孝武女上乃使人爲斆作表讓婚
曰伏承詔旨當以臨海公主降嬪頓門寒族本隔
天姻顧審輶蔽伏用憂惶雖門泰宗榮於臣非幸
自晉氏以求配尚王姬者雖累經美胄極有名才
至如王敦懾氣桓溫斂威真長佯愚以求免子敬
炙足以違詔王偃無仲都之質而倮露於北階何

瑀閼龍工之姿而投軀於深井謝庄始自同於矇
叟殷仲幾不免於彊鉏王藻雖復彊佷頗經學涉
戲笑之事遂爲冤魂褚曖憂憤用致夭絕傷理害
義難以具聞是以仰冒非宜披露丹實非惟止陳
一巳規全身願實乃廣申諸門憂患之切帝以此
表徧示諸主以諷切之并爲戲笑宋武帝與殷叡
故舊以女永興公主妻其子鈞自宋齊以來公主
多驕淫無行永興主加以險虐鈞形貌短少爲主
所憎每被召入先滿壁爲殷叡字鈞輒流涕以出

主命婢束面反之鈞不勝怒而言於帝帝以犀如意繫主碎於背然猶恨鈞郭子儀子曖尚昇平公主嘗嗔曰汝倚汝父爲天子耶我父薄天子而不爲主訴之子儀囚曖請罪唐公主最爲違禮昔高祖有十九女太宗二十女高宗三女中宗八女睿宗十女玄宗二十八女肅宗七女德宗十女順宗十一女憲宗十九女穆宗八女敬宗三女文宗四女武宗宣宗皆七女懿宗一女其間下降再降者凡二十七三降者三宜城公主降武崇訓後降武

延秀三降裴巽與信公主降裴垍後降裴潁三降楊敷寧國公主降鄭巽後降回紇可汗三降薛康衡其可笑一也杜荷誅城陽公主改配薛瓘太宗使卜之卜人曰兩火俱食始則同榮末亦雙瘁晝日合巹禮則終吉馬周諫曰臣聞朝謁以朝思相戒也講習以晝思相成也燕飲以昃思相歡也婚合以夜思相親也是以上下有成內外有規動息有時吉凶有儀今陛下欲謀其始而亂其紀不可為也太宗從其言瓘後死於房州與公主雙柩齊

引而還夫馬周不爭公主之更嫁而區區爭晝夜
之間以爲禮其可笑二也太平公主武氏所生儀
鳳中吐蕃請主下嫁主乃築真宮如方士薰戒以
拒和親又之主衣紫袍玉帶折上巾具粉黛歌舞
帝前及后大笑曰兒不爲武官何遽爾主曰以賜
附馬可乎帝識其意擇薛紹尚之紹死更嫁武承
嗣小疾罷婚后乃殺武攸暨妻以配主其可笑三
也安樂公主嘗自作詔箝其前請帝署可又請皇
太女與太平七公主並開府而生府官屬尤甚皆

降墨勅斜封授官其可笑四也公主入道者如華陽如尋陽如平恩如邵陽如永嘉如永安如義與如義昌如金仙如玉真如壽春如萬安皆出爲女道士其可笑五也公主和蕃置府官屬准親王例仍鑄司印一面賜之又徹𨚫仗之半送之甚則於章敬寺前立辦儀衛甚盛仍令京兆府權置公主幕次暫駐受百僚謁士女傾城觀焉當是時如金城公主出降吐蕃特改始平縣爲金城縣又改地爲鳳臺鄉悵別里情意悽惋道路飲泣天子何樂

而公卿賦詩以寵其行其可笑六也大中公主自蕃京以回紇背叛恩德侵軼邊陲於光順門內脫去簪珥變服請罪然後對見廷臣無識詫爲盛事忭賀踴躍宣付史館其可笑七也公主下嫁舅姑反拜而婦不答縣主壻出受外官縣主不得偕行禾和以後奉爲常例其可笑八也公主甍駙馬執三年喪京兆尹請建公主祠堂其可笑九也公主上表稱妾李其可笑十也嗚呼唐之亡也晚矣

五十九

賓王少孤窶落旅無依一㑽常何牘敦趣歷彤墀
敷陳未及終契合猶恨遲嘉貞既罷尉沈淪囊中錐
循憲借起草遂受女主知始知尺幅間肺腑安可期
一一紆皇覽可以別鬚眉請直購僦宅却簾窺朝儀
偉人故疎韻吳世若一揆
馬周少孤家窶嗜學曠邁爲浚儀令崔賢所辱遂
感激西至長安舍中郎將常何家爲何疏二十餘
事皆當世所切太宗怪問何何曰此非臣所能家
客馬周教臣言之客忠孝人也帝卽召之間未至

遣使者四輩敦趣及謁見與語大悅拜監察御史
周遣人以圖購宅衆人以其興書生素無貲皆竊
笑他日白有佳宅直二百萬周遽以聞詔有司給
直并賜奴俾什物張嘉貞爲平鄉尉坐事免御史
張循憲使河東問吏曰若頗知有佳客乎吏以嘉
貞對循憲召見咨以事嘉貞條析理分莫不灑然
循憲大驚試命艸奏皆意所未及它日武后以爲
能循憲對皆嘉貞所爲因請以官讓后召嘉貞見
内殿以簾自鄣嘉貞請曰天威只尺若隔雲霧恐

君臣之道未盡后曰善詔上簾引拜監察御史

六十

盧公相開元身歿無留貲望宅悵罷獵過墓覩勒碑
景德篤舊僚此誼未陵遲易直爲贖第仁叟亦恤嫠
國恩所至此忍不清白遺

盧懷慎清儉歿後妻子不免饑寒玄宗因校獵鄠
杜間望懷慎家環堵庳陋家人若有所營者馳使
問焉還白懷慎大祥帝即以縑帛賜之爲罷獵經
其墓碑表未立停蹕臨視泫然流涕詔官爲立碑

令中書侍郎蘇頲爲文帝自書朱吕端不畜貲産
殁後諸子貧匱又迫婚嫁因質其居第真宗出内
府錢五百萬贖還之又别賜金帛俾償宿負遣使
檢校家事畢士安仕至輔相無田園居第没未終
喪家用已窘假貸爲生王旦言之真宗感歎賜白
金五千兩

六十一

晉州不捕鷂大雅不察獄昏主與妖后猶能晰黑白何況立清朝安所事墨墨宰相宋廣平預知難致咎藩鎮鄭居業預勑勿妄索不爲明主儀曷表大臣節劉齊賢爲晉州司馬將軍史興宗從獵言晉州產佳鷂請使齊賢捕上曰齊賢豈捕鷂者耶蘇珦爲御史武后殺韓魯諸王付珦密牒按訊珦推之無狀或言珦助韓魯后詰之挺議無所撓后不悅曰

卿大雅士此獄不足誘卿即詔監軍河西王毛仲
嫁女延客玄宗曰知卿所不能致一人必宋璟也
鄭餘慶砥礪完潔方鎮除拜必遣内使持幢節就
第至則多饋金帛且以媚天子惟恐不厚故一使
者納至數百萬緡憲宗每命餘慶必誡使曰是家
貧不可妄求取家訓曰人足所履不過數寸然而
咫尺之塗必顛蹶於崖岸拱抱之梁必沉溺於川
淵者何哉爲其傍無餘地也君子之立已抑亦如
之至誠之言人不必信至潔之行物或致疑皆由

言行聲名無餘地也若能開方軌之路廣造舟之
航則仲由之言信重於登壇之盟趙喜之降誠賢
於折衝之將矣此類之推吾于嘗愛誦之

六十二

武氏攘唐命暫臨濟擅淫天地爲檮杌日月亦埃氛
周旋砧斧閒遞有衣冠人傑英善納牖精誠聊可憑
獻可一叩額虎口已銷竟區區李昭德誰言西市冤
劉子賦思愼婁公誠同塵彼家有依緒鴻飛獨冥冥
狄仁傑為來俊臣誣反下獄因密書置綿衣中其

子先違上變武后察之免攸武承嗣屢請誅之后
曰命已行不可返御史霍獻可以頭叩殿陛苦爭
必殺仁傑王慶之率憸佞數百人請以承嗣爲皇
太子后不許固請后遣昭德詰其故昭德笞殺慶
之餘黨散丞時來俊臣侯思止舞文法數誅陷大
臣人皆懾懼昭德每奏其誣罔不道狀卒榜殺思
上其黨稍摧沮通天二年來俊臣誣以逆謀旣而
俊臣亦下獄同日誅時甚雨衆庶莫不寃昭德而
快俊臣時吏横酷淫及善人公卿被誅攸者相踵

及劉子玄悼士無良而茸於禍作思慎賦以刺時

蘇味道李嶠見而嘆曰陸機豪士之流乎周身之

道盡矣婁師德人有忤已輒遜以自免其弟守代

州教之以唾面自乾武攸緒后兄惟良子也恬淡

寡欲少變姓名賣卜長安市後官鴻臚少卿后革

命辭官歸隱市田潁陽使家奴雜作自溷於民諸

韋誅武氏連禍惟攸緒不及

六十三

與狄同牝朝復有兩名德恕推李日知忠稱朱敬則

應有鬼神佑幸免網羅及李不謀妻孥翛然還初服

五龍夾虞淵誰知本朱策

唐人以則天朝爲牝朝時法令嚴吏事爲酷日知獨平寬無文致纍官刑部尚書先天元年乞骸骨許之日知將有請不謀于家歸乃治行妻驚曰産利空空何辭之遽日知曰仕至此已過吾分人亦何厭之有若厭于心無日而足也張易之搆魏元忠張說欲誅之無敢言者朱敬則奏曰元忠說秉心忠一而所坐無名殺之失天下望乃得不死初

二張權盛敬則密謂敬暉曰公若假太子令舉北
軍誅易之兄弟兩飛騎力耳暉卒用其策呂溫頌
狄仁傑曰取日虞淵洗光咸池潛授五龍夾之以
飛世以爲名言
六十四
唐籙一再傳遝遭女戎厄嗣君創弗懲韋禍踵武轍
寵更楊妃專悍莫張后制鳥道播遷危龍樓問侍絕
僉幃煽妖蠱毒痡延四葉巢妃盧江姫作俑緊創業
武后崩中宗韋氏用事通於武三思國子祭酒葉

静能善禁架常侍馬秦客高醫光祿少卿楊均善
烹調皆引人後庭爲臨淄王所誅梟首東市肅宗
張氏與李輔國相倚徙上皇西内帝制於后竟不
敢朝謁代宗立廢爲庶人殺之太宗有美人侍側
指謂王珪曰此廬江王瑗姬也瑗無道殺其夫而
納之珪曰陛下知廬江之亡其姬尚在以廬江爲
是耶巢剌王元吉也太宗殺之而納其妻爲妃大
事記曰太宗納元吉之妻與廬江之妾反以廬江
家口賜其臣充賞全學高洋

六十五

姚崇子平遷冀以吏習事乾曜子外補挹除㒰近始好禮更矜名明經嚴先試國榮詎苟儌門慶貴自致中葉素規頽無解及及第不有鳳毛稱寧免舐犢累愛子遺以安斯爲門戶計

姚崇子奕欲使不越官次而習知吏道故自右千牛進至太子舍人皆平遷源乾曜爲黃門侍郎言大臣子併求京職俊乂率任外官非平施之道請出二子補外由是公卿子弟皆外補潘好禮清廉

無私子請舉明經好禮曰經不明不可妄進乃自
試之不能通怒筶之械而狥於門令狐綯子滈不
舉進士綯去宰相因丐滈與羣進士試有司詔可
李鄴言滈未嘗舉進士而妄言巳解使天下謂無
解及第不巳罔乎官海夢談云宋韓忠獻公之子
欲應舉公曰科舉以待寒微汝既有入仕之路何
必與寒士爭名後其子以蔭官至門下侍郎爲宋
名臣古之大臣用心如此近時宰執大臣爲子孫
計以入監爲不足蔭以中書等官爲不足任而必

欲其以科目進於是操柄之人意指默授與文之司機括潛通而倚雲栽杏和露種桃者紛如乃至狀元及第亦相與附和而不覿夫國家凡百制度有司皆得以私意其間惟糊名易書一路公道猶存乃今隤之自柄臣始也往日試目皆場中臨時所議今乃豫白相府棘闈未開而人已知試目絺搆以俟閽藏關節故龍虎榜未放而人已知某之子某之孫必入彀矣景泰丙子順天鄉試内閣陳循王文之子不中式至訐奏考官欲置之罪高學

士穀密言於上曰大臣子與寒士竝進已不可況
又不安義命欲搆考官可乎由是二考官得釋而
特賜二子舉人至弘治乙丑謝遷遂以其子丕及
第矣正德戊辰内閣焦芳以子黄中不得狀元降
調翰林諸執事至辛未楊廷和即以其子慎及第
京師人稱爲靣皮狀元矣萬曆以來大臣子弟貪
緣科甲者尤多昔宋雍熈間宰相吕蒙正之弟蒙
亨李昉之子宗諤與許度支王鹽鐵之子皆以父
兄爲執政罷之近嘉靖甲辰翟鑾以其二子成進

士時人語曰一鸞當道雙鳳齊鳴世廟爲之并黜
其父欲清科場之弊當以此爲例又漫錄云庚辰
鼎元張江陵子也傳臚之日公自閣中歸方飲酒
歡甚忽傳兵部送緊急塘報開函則内有簡云侍
生公論拜賀老牛舐犢愛子誰無野鳥爲鸞欺君
特甚公覽之大怒亟索其人已亡去矣此四句蓋
宋人以刺秦檜者也

六十六

說之爭佃先正爲吾輩慮希文爭仲約手滑故可懼

憑生大塊中來往共馳騖陷穽一以開顛躓寧一足
火甕周自入春州李先錮反爾每若斯藏身戒不恕
廣州都督裴伷先抵罪張嘉貞請用姜皎例加詔
杖張說爭之力嘉貞不悅曰言太切說曰宰相時
來則爲非可長保若貴臣盡杖正恐吾輩及之渠
不爲天下士君子地乎周興教來俊臣爲火甕以
訊因來曰有旨推兄請入此甕李符知開封府希
趙普旨告秦王廷美怨望普恐符泄之因事貶寧
國司馬弭德超訟其寃太宗惡其朋黨命徙符嶺

表礽盧多遜之貶崖州也符白趙普曰春州雖近至者必死盍令多遜處之普普不荅至是以處符歲餘卒慶曆中刼盜張海橫行數路將過高郵知軍晁仲約度不能禦歛富民金帛具牛酒迎勞且厚遺之海說徑去不爲暴事聞朝廷大怒時范公在政府富公在樞富議欲誅仲約以正法范欲宥之爭於上前仲約由是免死既而富公慍曰方今患法不舉方欲舉法而多方沮之何以整衆公密告之曰祖宗以來未嘗輕殺臣下此盛德事柰何欲

輕壞之且吾與公在此同僚之間同心者有幾雖
上意亦未知所定也而輕導人主以誅戮臣下它
日手滑雖吾輩亦未敢自保也富公終不以爲然
及二公迹不安公出按陝西富公出按河北公因
自乞守邊富公自河北還及國門不得入未測朝
廷意比夜徬徨遶牀歎曰范六丈聖人也

六十七

侃侃曲江公沉吟喜軟美中立舊名德所由許附耳
無怪冰山門私人趣如市漢祚移歆汞唐綱棼牛李

鄧綰趙師睪千載猶蒙恥

張九齡與嚴挺之蕭誠善挺之惡誠佞勸九齡絕之九齡忽獨念曰嚴太苦勁蕭軟美可喜方命左右召蕭李泌方爲童子在旁曰公起布衣以直道至宰相而喜軟美者乎九齡驚改容謝之因呼小友裴度至京師朝士填門度留之飲京兆尹劉棲楚附耳語侍御史崔咸舉觴罰度曰丞相許所由官呫囁耳語度笑而飲之鄧綰蜀人媚王安石得祕書正字鄉人在京者莫不笑而罵之綰曰笑罵

任他好官自我爲之及安石去綰慮其失勢乃上書言宜錄安石子及婿仍賜第京師趙師睪尹臨安日買似道遊郊原曰此間竹籬茅舍但少犬吠餓而犬吠嘷嘷視之則師睪也其後韓侂胄敗有贈之詿詞侍郎自號東牆會學犬吠村莊今日不須摇尾且尋土洞深藏

六十八

明皇評偃月娟嫉故無比道君醉居安直謂堪灌死

涇渭豈不嘶譊佞終易邇李密曲江疏蔡得曹輔褫

蜀道霖鈴悲霄州擅笠遮老翁秖暫舞孟婆不倒吹

鼠肉庸足食噬臍悔晚矣

玄宗幸蜀與給事中裴士淹評諸相至李林甫曰

是子妬賢嫉能舉無比者士淹曰陛下誠知之何

任之久邪帝默不應自幸蜀還入西内常吟曰刻

木牽絲作老翁雞皮鶴髮與真同須臾舞罷寂無

事渾似人生一世中吟罷凄然久之宋徽宗寵蔡

京乘輕車小輦頻幸其第命坐傳觴用家人禮京

謝表有云主婦上壽請酬而肯從稚子牽衣挽留

而不却又京子攸與王黼進見無時得預宮中祕
戲或侍曲宴則攸黼著短衫窄襪塗抹青紅雜倡
優侏儒中多道市井淫媟謔浪語以獻笑取悅攸
妻宋氏出入禁掖攸嘗暢飲禁中徽宗頻以巨觥
勸之攸懇辭不任桮酌將至顛踣上曰就令灌殺
亦不至失一司馬光徽欽自離青城徙雪州項青
氊笠乘馬后有監軍隨之宋南渡小說家載其事
者有泣血錄宣和遺事等書雖間有異端怪誕亦
記錄之人識不高隨俗記之而亦可驗其實或以

小人憤宋而誣辱之非也以金虜之淫悍獷暴以
徽宗之無道淫荒天實報之而并及欽宗與其子
孫載其崩于北筠州州素無油惟炙尸投石穴中
隨下石擊之而蓋覆其上久而成油氣味俱清可
燈可食矣此可以垂戒後世又朝野遺記云逆亮
南侵使人至欽宗所犯蹕七百餘人俱受害行都
固未知也一日京師　輦官二人間步景靈宮於
是淵聖衣羽衣入門趨殿輦官駭甚從而迹之無
見也一念所鍾神遊尚不忘故國耶徽宗北行有

詞云孟婆可做斐方便吹箇船兒倒轉孟婆風也

六十九

挺之鄙哥奴三年不造宅隱甫兩抗旨竟不詣僊客趾中豈有鬼令自遠揆席古有童子鴻誼不因人熱嚴挺之鯁直張九齡欲引以輔政使往謁李林甫挺之鄙其爲人凡三年非事不造玄宗欲相崔隱甫謂牛僊客可與語卿常見否對曰未也帝曰可見之隱甫終不詣他日又問對如初帝乃不用子弟或問故荅曰其材不逮中人可與之對耶

七十

韋綬在木天襭袍沐殊寵憂畏生心疾遺言誡侍從

半世掌絲綸宋初羨李昉病悸輒彌年九老竟絶響

無材歎浮湛有材苦鞅掌材與不材間漆園非譃浪

李昉所居有園亭別墅之勝多召故人親友宴樂

其中旣致政欲尋洛中九老故事時吏部尚書宋

琪年七十九右諫議大夫楊徽之年七十五郢州

刺史魏丕年七十六太常少卿致仕李運年八十

水部郎中朱昂年七十一廬州節度副使武允成

年七十九太子中允致仕張好問年八十五吳儈
贊寧年七十八議將集會蜀寇而罷昉素病心悸
數歲一發發必彌年而後愈蓋典誥命三十餘年
勞役思慮及居相位益加憂畏所致

七十一

文饒志不羣膽略故倜儻籌邊覦門日南徼如指掌
魚水會昌朝從容定倥偬首傾回鵲巢次捲澤潞壤
三鎮懾皇靈九區爲風動惜哉量不弘脩郄迺樹黨
卒中妻手擠朱崖禦魑魍伊昔贊皇公士類喜推奬

忠懿稍柔靡憾陸能遷降虛衷謝先摰哀夢動後愴

晉人公慚卿卿廼復慚長德量有差夷豈以勛名上

李德裕字文饒節度劒南建籌邊樓圖山川夷落

于其上以經畫南夷武宗立召入中書會回鶻爲

黠戛斯所破挾公主擾塞下德裕遣銳將授以方

略迎公主還大破回鶻澤潞劉從諫死其從子稹

擅留事以邀節度德裕議遣使諭王元逵何弘敬

共討滅之於是河北三鎮震悚奉命德裕與牛僧

孺有隙言於上曰劉從諫據上黨十年太和中入

朝僧孺宗閔執政不留之加宰相縱去以成今日
之患又使人言僧孺聞續破失聲歎恨因貶二人
于遠州宣宗立爲牛黨白敏中李咸等斥其陰事
貶崖州司戶參軍明年卒年六十三德裕旣没見
夢令狐綯曰公幸哀我使得歸葬綯語其子滈滈
曰執政皆其憾可乎旣夕又夢綯懼曰衛公精爽
可畏不言禍將及白于帝得以喪還衛公在朱崖
表弟某侍郎遣人餉以衣物公有書答謝之曰天
地窮物人情所棄雖爲骨肉亦無音書平生舊知

無復弔問閣老至人念舊再降專人兼賜衣服器
物茶藥至多開緘發紙涕咽難勝大海之中無人
拯恤資儲蕩盡家事一空百口嗷然往往絕食塊
獨窮悴終日苦饑惟恨垂沒之年須作餒而之鬼
十月末伏枕七旬藥物陳裛又無醫人委命信天
幸而自活書後云聞十一月二十日從表兄崖州
司戶參軍同正李德裕狀侍郎十九弟案德裕以
大中二年十月自潮州司馬貶崖州所謂閏十一
月正在三年蓋到崖才十餘月耳而窮困苟生已

如是唐書本傳云貶之明年卒則是此書旣發之後旋踵下世也當是時宰相皆其怨讎故雖骨肉之親平生之舊皆不敢復通音問德裕祖栖筠爲御史大夫喜奬善而樂人攻已短爲天下士歸重不敢有所斥稱賛皇公云父吉甫爲太常博士李泌賓叅器其才厚遇之陸贄疑有黨出爲明州長史贄之貶忠州宰相欲害之起吉甫爲忠州刺史使其心焉旣至置慾與結歡人益重其量

七十二

忠如霍將軍勲如李太尉芒刺釀禍殃潛漸生憔悴
元載一小豎爲險復爲怴廼敢攖威福萬乘困牽制
内臺引栖筠外藩匿李泌危機如尋橦猶不思退計
鍾乳與胡椒山積芸暉第一旦赫天誅餘僇及先骴
公南還謫所廼爲報睚眦竊權以行私覆轍遂相繼
宣宗即位李德裕奉冊既罷上謂左右曰適迫我
者非太尉耶每顧我使我毛髮灑淅元載誅魚朝
恩後恃才怙寵代宗惡之屢戒不悛載以李泌有
寵於上忌之會江西觀察使魏少遊求參佐上謂

泌曰元載不容卿朕今匿卿於魏少遊所俟朕決意除載當有信報卿因內出制書以李栖筠爲御史大夫以其不阿附載也客有賦都盧尋橦篇諷其危載不知悟十二年誅載妻子皆死其祖父冢斵棺棄尸籍其家鍾乳五百兩胡椒八百石楊炎與載善坐貶及炎得志爲載脩怨以劉晏劾巳貶忠州殺之未幾炎貶崖州賜死元載妻王氏字韞秀王忠嗣女也載貪恣招罪臺閣彈奏而亡其家韞秀少有識量節槩因高丞相以謝上令入宮備

形管箴規之任歎曰王家十三娘二十年大原節
度使女十六年宰相妻誰能書得長信昭陽之事
死亦幸矣堅不從命京兆笞而斃之元載有芸暉
堂芸香草也白如玉入土不朽爲屑以塗壁設紫
綃帳凝冬風不入盛夏日清涼唐蘇鶚演義

七十三

李藩居瑣闈駮勑直署尾鄭絪任小鳳制麻絕近侍
天聽旣爲回士論亦歸矣束帶立於朝不愧在風釆
李藩爲給事中制不便就勑尾批却之吏驚請聯

它紙藩曰聯紙是牒豈曰勑耶鄭絪爲中書舍人

中尉竇文場恃功陰諷宰相進擬統軍絪當作制

奏言天子封建或用宰相以白麻署制付中書門

下令以命中尉不識陛下特以寵文場耶遂著爲

令也帝悟乃止明日謂絪曰宰相不能拒中人得

卿言乃悟

七十四

翼翼辟雍地何點歎涛官自非聖人徒疇爲儒者尊

前有葉靜能後有魚朝恩羽流及刑餘相踵點庠門

俎豆爲劇色弦誦亦噤聲唐治號雜吏非以名教諭齊建元元年立國[illegible]以張緒爲太常卿領國子祭酒何點歎曰晉以子敬季琰爲此職今以張緒爲之可謂清官後接之者實爲未易唐中宗神龍元年以術士恭靜能爲國子祭酒代宗大曆元年以宦者魚朝恩判國子監事朝恩執易升高座講鼎折足以譏宰相王縉怒元載怡然朝恩曰怒者常情笑者不可測也

七十五

馮定西江詩天子所吟賞新羅及西夷片語千金享寥寥百年後其言與骨往同代浣花翁賁文澀半鏹殘膏流異時光焰迺萬丈巴曲易諧俗陽春難嗣響佳惡要自知不朽豈外獎

馮定與兄宿齋名文宗嘗詔開元霓裳羽衣舞參以雲韶肄于廷定部諸工立縣間端凝若植帝異之問學士李旺旺以定對帝喜曰豈非能古章句者耶親誦定送客西江詩賜瑞錦擢寂使新羅其國人傳定黑水碑畫鶴記韋休符使西番所館寫

定商山記於屏其名播戎夷如此

七十六

寒朗活楚獄幾拜漢廷籙有功祝周網項脰幾自委

壯哉君子心嗜仁甘如薺宛轉炎威間還伸玉后理

朱雲攀檻日陽城伏閣時同是雷霆震舉朝怖欲死

獨餘將[illegible]魄不爲天怒褫

漢明帝永平中楚獄起顏忠王平等辭連耿建臧

信數萬人侍御史寒朗案其冤上言建等無姦專

爲忠平所誣疑天下無辜類多如此帝召朗入問

曰建等卽如是忠乎何故引之朗對曰忠乎自知
所犯不道故多有虛引冀以自明帝曰卽如是肆
侯無事何不蚤奏獄竟而久繫至今耶朗對曰臣
雖考之無事然恐海内别有發其姦者故未敢時
上帝怒罵曰吏持兩端促提下左右宜引去朗曰
臣見考囚在事者考一連十考十連百及卿朝會
陛下問以得失皆長跪言舊制大罪禍及九族陛
下大恩裁止於身及其歸舍口雖不言而仰屋竊
嘆莫不知其多寃無敢牾陛下者臣今所陳誠死

無悔帝意解詔遣朗出後二日車駕自幸洛陽獄
錄囚徒理出千餘人成帝時故槐里令朱雲上書
請斬安昌侯張禹上大怒曰小臣居下訕上廷辱
師傅罪死不赦御史將雲下雲攀殿檻檻折左將
軍辛慶忌免冠解印綬叩頭殿下曰此臣素著狂
直於世使其言是不可誅其言非固當容之臣敢
以死爭慶忌叩頭流血上意解然後得已徐有功
斷獄平恕爲張與薛季昶所劾凡三坐大辟將死
泰然不憂赦之亦不喜武后以此重之所全活甚

衆陽城帥拾遺守延英門上疏論裴延齡奸佞陸
贄無罪上大怒欲罪之金吾將軍張萬福聞諫官
伏閣趣往大言賀曰朝廷有直臣天下必太平矣
遂徧拜城等萬福武人年八十餘自此名重天下

七十七

文宗唐令主恭儉實有餘既視甲夜事復觀乙夜書
按圖歎東封庶幾開元朝惜哉心膂託廼在訓注儔
甘露一僨轅閹寺握天樞不有拘木桃巳成糜立謀
舒賦憎鬱抑沈曲聊欷歔瞑目思往事醇酒不消憂

唐文宗謂左右曰若不甲夜視事乙夜觀書何以爲人君自李訓鄭注敗後受制宦官常戚戚不樂事稍閒則必有歎息之音會幸三殿東亭見横廊架巨軸上指謂畫工程修已曰此開元東封圖也命内臣懸於東廡下上舉玉如意指張説輩歎曰使吾得其中一人則可見開元之理或登臨遊幸往往矚目獨語左右莫敢進問因題詩曰輦路生春草上林花滿枝憑高何限意無復侍臣知於内殿看牡丹翹足憑欄忽吟舒元輿牡丹賦云俯者

如愁仰者如語合者如咽吟罷方省元輿詞不覺歎息良久泣下沾臆時有宮人沈阿翹爲上舞何滿子人聲風態率皆宛暢曲罷上賜金臂環令奏梁州曲音韻淸越聽者無不凄然崔愼由以元和元年登第至開成已入翰林因寓直忽中夜有内使宣召引入數重門至一處堂宇華煥簾幕重蔽見二中尉對燭而坐謂愼由曰上不豫來已數日兼自登極後聖政多虧今奉太后中旨命學士草廢立令愼由大驚曰某有中外親族數千口兄弟

鍚侄僅三百八一旦聞此覆族之言豈敢承命況
聖上高明之德覆于八方豈可輕議二中尉默然
無以爲對良久啓後戶引愼由至一小殿見文宗
坐于殿上二人趨階而蹠文宗過惡上惟俛首又
曰不爲此𢫨木枕錯失不合更在坐矣仍戒愼由
曰事泄卽汝也於是二中尉自執炬遂愼由出殿
門復令中使送至院𢫨木枕者俗談强項也愼由
尋以疾出翰林遂金縢其事付其子佩切於勦絶
宦官者由此 語林

七十八

元和元才子封事何纚纚敷水露風稜未失憲臣體
中道稍坎壈心戰不自砥黄緣監軍頰刺促鳳池蹤
荃蕙一以化爪蠅何辭詆李鄘當是時諠不巷寺邇
相麻由吐突洗瀾表深恥九牛與一毛人品迺似此

元稹元和年條上十事語多切直拜監察御史嘗
次敷水驛中人仇士良夜至稹不讓中人怒擊稹
敗面宰相以稹年少輕樹威失憲臣體貶江陵士
曹因結監軍崔潭峻擢知制誥中書舍人武儒衡

深鄙之會食瓜閤下蠅集於上儒衡以扇揮之曰

適從何處來而遽集於此同僚失色儒衡意氣自

若舊唐書李鄘爲淮南節度使吐突承璀薦之召拜

門下侍郎同中書門下平章事鄘不喜由宦幸進

及出祖樂作泣下謂諸將曰吾老安外鎮宰相豈

吾任乎

七十九

毛玠矯官邪信於魏國法楊綰下相麻元勳師儉德

金吾有白挺不及安之畫劉晏有佳簾不入李廙宅

君子遠不敬所由匪朝夕祖思一問佞顔公爲蹴踖
魏毛玠爲吏部尚書無敢好衣美食者魏武歎曰
孤之法不如毛尚書唐代宗以楊綰平章事綰性
清簡儉素制下之日朝野相賀郭子儀方宴客聞
之減坐中聲樂五分之四京兆尹黎幹騶從甚盛
卽日省之中丞崔寛第舍弘侈亟毀撤之玄宗嘗
賜酺三日上御五鳳樓觀者喧溢樂不得奏金吾
白挺如雨不能遏止高力士奏河南丞嚴安之爲
理嚴爲人所畏請使止之上從之安之至以手板

繞場畫地曰犯此者死於是三日指其畫以相戒
無敢犯者（封氏聞見記）尚書左丞相李廙有清德其妹
劉晏妻也晏方秉權嘗造廙延至寢室見其門簾
甚敝乃令人潛度廣狹以鹿竹織成加飾緣將以
贈廙三攜至門不敢發言而去（語林）晉時論者以
王導帝之師傅名位隆重百僚宜爲降禮太常馮
懷以問顔含含曰王公雖重理無偏敬降禮之言
或是諸君事宜鄙人老矣不識時務既而告人曰
吾聞伐國不問仁人向馮祖思問佞於我我其有

邪德乎

八十

張公守睢陽糧絶無外援羸民三萬口臠肉付饔爨力竭同將校罵賊恣刳剸天生忠義心鐵石寧可變嗚呼板蕩世人命賤芻豢願良毋爲忠斯旨深可玩

張巡守睢陽衆六萬被圍久初食馬旣盡而及婦人老弱凡食三萬口人知將死而莫有叛者城破遺民止四百而已

八十一

至德興靈武宇宙正崩分猶云安社稷不及侯內禪胡爲興慶日露刃刼西遷興國燭影下事祕故難言開寶天下毋佛舍與棲寃武功次及嗣竟銜太原寃故知簒逆名其來有由然輔國飛龍兒中令開國勳窺瞷苟不熟敢導以斁倫

唐肅宗以太子討賊裴冕杜鴻漸等上表勸進即位於靈武上皇愛興慶宮自蜀歸即居之李輔國言於上曰上皇居興慶宮日與外人交通玄禮力士謀不利於陛下今六軍將士盡靈武勳臣皆反

仄不安且興慶淺露非至尊所宜居大内深嚴奉
迎居之有何不可上不應曾上不豫輔國矯稱上
詔將射生五百騎露刃遮道奏曰皇上以興慶宫
湫隘迎上皇遷居西内上皇驚幾墜馬高力士曰
李輔國何得無禮叱令下馬力士因宣上皇誥曰
諸將士各好在將士皆納刃再拜呼萬歲力士又
叱輔國共執上皇馬鞚侍衛如西内輔國與六軍
大將素服請罪上曰卿等防微杜漸以安社稷何
所懼也輔國係飛龍厩兒宋太宗即位號太祖后

爲開寶皇后及疾甚遷于故燕國長公主第崩權殯普濟佛舍羣臣不成服武功王德昭從帝征幽州軍中嘗夜驚不知帝所在有謀立德昭者帝聞不悅及還以征北不利久不行太原之賞德昭以爲言帝大怒曰待汝自爲之賞未晚也退而自刎

八十二

襄陽孟處士勝場在五言金鑾奏長技片言忤至尊棄置復何道不才已所云奪卷賈浪僊傲睨溫庭筠龍顔各自失擯落亦紛紛古今漢司馬一賦欲凌雲

孟浩然爲王右丞所知一日王待詔金鑾召浩然
商較風雅上忽臨幸浩然錯愕伏牀下王不敢隱
因奏聞上欣然曰朕素聞其人因得召見上曰卿
將得詩來否浩然曰臣偶不齎所業上卽命吟舊
作浩然拜舞誦詩曰北闕休上書南山歸敝廬不
才明主棄多病故人踈上聞之憮然曰卿自不求
朕朕未嘗棄卿柰何誣朕因放歸南山宣皇好微
行遇廷筠於逆旅溫不識龍顏傲然而詰之曰公
非長史司馬之流帝曰非也又曰得非六參簿尉

之類帝曰非也謫爲方城尉又遇賈島視其行卷
島就手奪之曰郎君亦事此耶故唐人哭島詩曰
奪卷忤宣宗

八十三

文饒平泉庄物物誠善守少選醒酒石已爲監軍有
中立午橋松根不見林藪異時張師亮於此開别墅
天地大蘧廬百年久逆旅恨謂是我宅達哉徐公語
李德裕平泉庄周圍十里構臺榭百餘所天下奇
花異草珍松怪石靡不畢致自製平泉草木記令

悉蕪絶惟鴈翅檜珠子栢蓮房玉蘂等僅有存焉
怪石名品甚衆多爲洛城有力者取去惟禮星石
及獅子石今爲陶學士徙置梁園別墅賈氏談錄
德裕平泉山居記曰鬻平泉者非吾子孫也以平
泉一樹一石與人者非佳子弟也會昌一品集唐
莊時張全義爲四鎮節度使有監軍嘗得平泉醒
酒石德裕孫延古託全義復求之監軍忿然曰自
黄巢亂後洛陽園宅無復能守豈獨平泉一石哉
全義嘗在巢賊中以爲譏已大怒奏笞殺之五代

史平泉醒酒石音爲玉清昭應宮所取昭應焚澤

仁宗分其地賜濮潞潭越韓冀六王冀王之子丹

陽郡王守節得其園地發土得巧石前後幾萬塊

多奇巧異狀醒酒石居其一有紋繞刻字云韞玉

袍清輝閑庭日瀟灑塊然天地間自是孤生者長

慶癸卯歲二月景盛題紹聖中輦歸禁中置宣和

殿 澹岩集 裴度於東都立第於集賢里築山穿池

竹木叢萃有風亭水榭梯橋架閣島嶼迴環極都

城之勝槩又於午橋創別野花木萬株中起涼臺

署舘名曰綠野堂引甘水貫其中釃引脉分映帶
左右度時事之隟與詩人白居易劉禹錫酬飲終
日高歌放言以詩酒琴書自樂當時名士皆從之
遊舊唐裴題南庄云野人不識中書令喚作陶家
與謝家白樂天和云陶廬僻陋那堪比謝墅幽微
不足攀何似高峰三十六長隨申甫作家山長慶集
張齊賢以司空致仕歸洛得度午橋莊有池榭
松竹之盛日與親舊觴咏其間意甚曠適宋史傳
裴令臨終告門人曰吾死無所係但午橋莊松雲

嶺未成軟碧池繡魚尾未長漢書未終篇爲可恨耳晉公遺語　徐勉與子崧書曰吾於東田營小園者欲穿池種樹少寄情賞意亦謂此逆旅舍耳嘗恨時人謂是我宅宛其死矣定是誰室

八十四

賢路停里選榮貫艶科目奔走天下士畢智以患得摩詰鬱輪袍解額以汗䕫南漢龍頭選必先下蠶室富貴人所欲何至軀命擲揮刃而據圖此言非虛設王維未冠文章得名妙能琵琶春之一日岐王引

至公主第使爲伶人進主前維進新曲號鬱輪袍
并出所作主大奇之令宫婢傳教遂召試官至第
諭之作解頭登第集異記　南漢主劉鋹寵任宦官
凡羣臣有才能及進士狀頭皆先下蠶室然後得
進

八十五

曹劉相持日田豐勸襲許思温説敬業義旗指妖后
機會須㬰間蓄縮棄弗取安有舉大事而僅圖自保
德義謀與梁龍敏求擣虜寧爲原上麻勿爲檻中虎

惜哉晉與珂氣竭難爲鼓

曹操東擊劉備田豐說袁紹曰曹劉連兵未可卒解公舉軍而襲其後可一往而定紹辭以子疾豐舉杖擊地曰嗟乎遭難遇之時而以嬰兒病失其會惜哉事去矣李敬業起兵誅武氏魏思温說敬業曰明公以匡復爲辭宜率大將鼓行而進直指洛陽則天下知公志在勤王四面響應矣薛仲璋勸先取常潤思温曰山東豪傑以武后專制憤惋不平聞公舉事皆蒸麥爲糧伸鋤爲兵以俟南軍

之至不乘此勢以立大功乃更蓄縮欲自謀巢穴
遠近聞之其誰不解體敬業不從果敗魏破江陵
殺梁元帝繹立梁王詧爲帝時魏師未還詧將尹
德毅說詧曰魏之精鋭盡萃於此若殿下爲設享
會預伏武士因而斃之分命諸將掩其營壘大殲
羣醜俾無遺類收江陵百姓撫而安之魏人懾息
未敢送死王僧辯之徒折簡可致然後朝服濟江
入踐皇極晷刻之間大功可立詧不能用及闔城
繫虜又失襄陽乃恨不用德毅之言契丹大敗唐

兵圍晉安唐主從珂憂之吏部侍郎龍敏請立李
贊華爲契丹主令天雄盧龍二鎮分兵送之自幽
州趣西樓朝廷露檄言之契丹主必有内顧之憂
然後選募軍中精鋭以擊之此解圍一策也唐主
深以爲然而執政恐其無成議遂不決

八十六

點檢出陳橋咄嗟遂受禪惟此寛仁德實能拯塗炭
太廟一誓碑勝於受命讖議不衰故主刑不上直諫
英風遠遜唐正名厚慚漢綿綿三百載忠厚當帝眷

藝祖受命之三年密鐫一碑立于太廟寢殿之夾室謂之誓碑用銷金黄幔蔽之門鑰封閉甚嚴因勑有司自後時享及新天子卽位謁廟禮畢奏請恭讀誓詞是年秋享禮官奏請如勑上詣室前再拜陞階獨小黄門不識字者一人從餘皆遠立庭中黄門驗封啓鑰先入焚香明燭揭幔亟走出階下不敢仰視上至碑前再拜跪瞻默誦訖復再拜而出羣臣及侍臣皆不知所誓何事自後列聖相承皆踵故事歲時伏謁恭讀如儀不敢漏泄雖腹

心大臣亦不知也靖康之變犬戎入廟悉取禮樂祭祀諸法物而去門皆洞開人得縱觀碑止高七八尺闊四尺餘誓詞三行一云柴氏子孫有罪不得加刑縱犯逆謀止於獄中賜盡不得市曹刑戮亦不得連坐支屬一云不得殺士大夫及上書言事人一云子孫有渝此誓者天必殛之後建炎中曹勛自虜中回太上寄語云祖宗誓碑在太廟恐今天子不及知云云 避暑謾抄

八十七

宋祖索官釀曹王寧私酤賓公守官絹一疋蘄不與所求職罔渝安恤意相忤一心事百君結知良不偶禪文出袖中鬼眼陶學士葫盧徒依㨾貂蟬竟難取納婦擇習已言小可喻巨

宋太祖始事周世宗於澶州彬爲世宗親吏掌茶酒太祖嘗從求酒彬曰此官酒不敢相與自沽酒以飲太祖既即位語羣臣曰世宗舊吏不欺其主者獨曹彬耳由是委以腹心使監征蜀之軍記聞

太祖下滁州世宗命竇儀籍其帑藏至數日太祖

遣親吏取藏絹儀卽白曰公初下城雖傾藏取之
誰敢言者今旣有籍卽爲官物非詔旨不可得也
後太祖屢對羣臣稱儀有守欲以爲相太祖將受
禪未有禪文陶穀出諸懷中而進曰已成矣太祖
甚薄之穀意希大用其黨奏言穀宣力實多上曰
穀草制皆檢舊本所謂依樣畫葫蘆耳穀聞之作
詩曰官職須由生處有才能不管舊時無堪笑翰
林陶學士年年依樣畫葫蘆上以其怨望益惡之
穀自謂頭骨法相非常當戴貂蟬冠爲人所笑穀

少時夢數吏云奉符換眼吏附耳求錢千萬安第
一眼不應又求五萬安第二眼又不應吏曰安第
三眼卽以二彈丸納眼中旣覺眼色深碧卓異記
太祖嘗謂陶穀一雙鬼眼畫墁錄

八十八

宋初諸降王或云遞握璽李煜賜牽機銜寃歸蒿里
旋爲守虜君亦用江南禮錢氏首納版榮賚故莫比
旋爲光堯王武林開帝邸西竺三生言吾儒目以詭
眞則恐未眞似則皆已似

李后主歸朝后每懷故國且念嬪妾散落鬱鬱不
自聊嘗作長短句簾外雨潺潺春意將闌羅衾不
柰五更寒夢裡不知身是客一餉貪歡獨自莫凭
闌無限關山別時容易見時難流水落花春去也
天上人間韓玉汝家有李王歸朝後與金陵舊宮
人書云此中日夕只是眼淚洗面王銍默記徐鉉
歸朝爲左散騎常侍遷給事中太宗一日問曾見
李煜否鉉對以臣安敢私見之上曰卿第見但言
朕令卿往相見可矣鉉遂徑往其居望門下馬一

老卒守門徐言願見太尉卒言有旨不得與人接鉉云奉旨來見老卒往報徐入立庭下久之老卒遂取舊椅子相對鉉遥見謂卒曰但正衙一椅足矣頃間李王紗帽道服而出鉉方拜遽下堦引其手以上鉉辭賓主之禮李王曰今日豈有此禮徐引椅少偏乃敢坐後主相持大笑乃坐默不言忽長吁默嘆曰當時悔殺了潘佑李平鉉既去有旨召對詢復何言鉉不敢隱遂有秦王賜牽機藥之事牽機藥者服之前却數十回頭足相就如牽機

狀也又後主在賜第七夕命故妓作樂聲聞于外
太宗聞之大怒又傳小樓昨夜又東風及一江春
水向東流之句併坐之遂被禍云錢鏐謚武肅年
八十一子淑開寶九年率子惟濬等入朝及太宗
卽位遂納土封鄧王薨謚忠懿先是徽宗夢錢武
肅王乞還兩浙舊疆甚懇且曰以好來朝何故留
我我當遣第三子居之覺而與鄭后言之鄭后曰
妾夢亦然果何祥也須臾韋妃報誕卽高宗也既
三日徽宗臨視抱膝間甚喜戲妃曰酷似淛臉蓋

妃籍雖貫開封而原占于淛豈其生固有本而錢
王壽八十一高宗亦壽八十一以夢讖參之良不
誣矣西湖志　小説云徽宗是李煜轉世其文藝相
似及見金主之日檢江南主見宋庭之禮行之
八十九
興國報其兄德怨太不倫狐筆雖寥寥寃憤不可吞
泛覽稗官傳應知直道存靖康驅北狩三千㷝陵孫
則云虜帥項故有斧燭痕元帝太醫佩血樸疑合尊
則云藝祖裔故宜六庚申彼如樸燎原快意無留氣

此如吹死灰惟恐不復然宇宙何不有人言豈無因

小說金粘没喝之生也項有瘢痕類宋太祖燭斧之形及入汴虜太宗子孫三千餘人以去後高宗求太祖之後立之是爲孝宗袁忠徹自言予幼時聞諸老宿與先人言宋幼主北遷元降封爲瀛國來朝立所夢柱下元祖感其事將不利於瀛國遂謀羣臣瀛國乞從釋教賜號合尊大師往西天受佛法由是獲免既而過朔北扎部之地謁周王即元明宗也王見瀛國后罕禄魚氏郡王阿兒厮蘭

之裔孫也愛而納之未幾生妥歡帖睦爾後有言
于文宗者詔曰明宗向在朔漠親爲朕言妥歡帖
睦爾非巳子遂兩徙高麗海島尋敀廣西文宗崩
丞相燕鐵木兒請於文宗后子答失禮立太子燕
帖古思后因不從命立明宗承子亦憐真班是爲
寧宗後崩燕鐵木兒復請立燕帖古思爾后曰吾
子尚幼明宗長子妥歡帖睦爾在廣西年十三矣
乃命中書右丞潤里吉思往彼迎之至民鄉燕鐵
木兒見自陳迎立之意妥歡鐵木爾幼且畏之一

無所答以是燕鐵木兒疑之適太史有立其不可
立者立則天下亂矣遂不果立文后視政一年燕
鐵木兒一年學士虞集上封事不肯草詔文后遂
與大臣及學士瓊等定議立姪妥歡睦帖爾爲帝
八年徽文宗廟幽文后於東安放其太子燕帖古
思于高麗中道令人謀殺之嗚呼明帝之立實由
文后聽讒臣之言遂致毋子被害夫宋承柴世宗
之後歷世仁厚詳見史書而燕國孤兒寡婦元祖
忍不相容居燕八年至文丞相被殺然後給與衣

糧比年繼絕之甚焉也迨夢傑有感逆料瀛國雖
往西天又遇周王奉其后而生順帝且以明宗崩
莫之言觀之則知其為遺腹無疑矣天不負宋邪
使享國順帝之負文后可不為少恩哉然假王道
俶報復之理也宜乎稱臣於大明矣予歸老于家
嘗謂虞文靖公集所遺瀛國事因有感焉遂併舊
臣而錄之使知三百年之德澤不泯也於是永樂
十年五月八日識
成祖文皇帝御文華殿命中官李謙王吉於古今通

寧庫中取宋列帝遺像命臣忠徹與百戶徐英觀之上笑謂忠徹曰宋太祖以下皆是胡人鼻其氣象清癯則又類太醫十九日復御武英殿命忠徹同中官王吉看元列帝像俱魁偉雄邁上曰都是喫綿羊肉的及順帝像顧忠徹曰惟此獨不類太醫何也徹斯時承旨未喻俯首莫對今還家賜老田里史傳暨元朝學士虞集所作第十六飛龍之詩果符

文皇之言眞聖鑑之明以俟秉筆者補焉葉文莊水

東日記載一詩云皇宋第十六飛龍元朝降封瀛
國公元君召公尚公主時承賜宴明光宮酒酣伸
手扒金柱化爲龍爪驚天容元君含笑語宮臣鳳
雛寧與凡禽同侍臣獻謀將見除公主泣淚沾酥
胷幸脫虎口走方外易名合尊沙漠中是時明宗
在沙漠締交合尊情頗濃合尊之妻夜生子明帝
隔帳聞笙鏞乞歸行宮養爲嗣皇考崩時年甫童
元君降詔移南海五年乃歸居九重憶昔宋祖受
周禪仁義綽有三代風至今兒孫主沙漠吁嗟趙

氏何其隆此詩不知何人作則順帝實幼主所生
其生之年大德七年庚申歲也由此言之則太祖
六更之言既不爽而容貌之類又不誣天道玄默
曆數莫遁有若此夫宋太祖建隆庚申受禪後聞
陳希夷只怕五更頭之言命宫中轉六更方鼓嚴
鳴鍾太祖之意恐有不軌之徒竊發于五更之時
殊不省庚更同音也至理宗景定元年歷五庚申
越十七年太宋亡而希夷五更頭之數信矣到元
朝延祐七年庚申而至正帝生乃宋少帝趙顯子

詳前錄我

大明兵入燕都遁去當時人只呼庚申帝觀劉尚賓

集庚申帝大事記是也後方號順帝云由此觀之

則宋太祖命轉六更之言益信數之不爽

九十

太平高梁衂大挫中國威軍實委山積萬乘負創歸

景德澶淵役主盆懾鼓鼙倉皇城下媾金繒靡不貲

神考用赫然内廷服戎衣誓將學漢武雪耻肆鞭笞

所以喜事者新進躐鼎鼐變古與亂常聖人有明規

徒聞汞芭頌不讀鴻鴈詩

神宗初卽位慨然有取山後之志滕章敏首被擢用所以東坡詩云皇帝知公早虛佇第一人蓋欲委滕公以天下事一日語及北虜曰太宗自燕京城下軍潰北虜追之僅得脫凡行在服御寶器盡爲所奪從行宮嬪盡陷沒股中兩箭歲歲必發其棄天下竟以箭創發之故虜乃不共戴天之讎反捐金繒數十萬事之爲人子孫當如是乎已而泣下久之王銍默記　神宗一日被金甲詣慈壽宮見

太皇太后曰娘娘臣著此好否后迎笑曰汝甲甚
好也雖然使汝至衣此等物則國家何堪矣神廟
默然心服遂卸金甲

九十一

寇公憂女主帷闥嬦朝權廢置非常事中聖乃漏言
武曌臨朝圖天琳手以獻嗣君摘其隱舉朝顔爲汗
忠佞雖殊途各負不測愆文簡竟大拜忠愍止南遷
宋初忠厚政異代故無倫
天禧末眞宗寢疾章獻太后漸預朝政上意不能

平寇準探此意遂欲廢章獻立仁宗尊眞廟爲太上皇而誅丁謂曹利用等於是引李迪楊億曹瑋盛度李遵勗等協力處畫已定凡誥命盡使億爲之且將舉事會準因醉漏言有人馳報謂謂夜乘犢車往利用家謀之明日利用入盡以準所謀白太皇遂矯詔罷準政事及眞宗上僊遂指準爲反而投海上筆錄　仁宗一日在邇英謂講官曰程琳心事不忠在章獻朝嘗請立劉氏廟且獻七廟圖時王洙侍讀聞之然上性寬厚琳竟至宰相謚文

九十二

癭相與公言五鬼號巨魁疇判三司由廼蠲五代負
疇拜諭蜀使乃勒誓蠻碑宵人無片長愧瑣寧獨施
所宜覽負乘局之以小知

王欽若爲太常丞理欠憑由奏蠲五代以來逋負
真宗大驚曰先帝顧不知耶曰知之留與陛下收
人心爾即日放逋負一千餘萬釋囚繫三千餘人
帝器重之竟入政府欽若項有附疣時人目謂癭

相仁宗謂輔臣曰欽若久在政府觀其所爲眞奸

邪也王曾對曰欽若與丁謂林特陳彭年劉承珪

時謂之五鬼奸邪險僞誠如聖諭丁謂爲峽路轉

運使初王均叛朝廷名施黔高溪州蠻子弟以討

賊旣而反爲寇謂至開諭以恩信酋感服願世奉

貢作誓刻石柱立境上又聽蠻以粟易鹽歲省夔

萬二郡轉餉朝廷嘉之賜白金三百

九十三

燕公詠五君小許爲嗚咽稍振岳陽淹旋握幽州節

丁相窘珠厓家書附劉㷩賫緣紆皇矚鯨波遂徙轍

交情與君恩揣摩若符契惜哉此智囊迺用於患失

張說失姚崇意出爲岳州刺史意内自懼雅與蘇

瓌善時瓌子頲爲相因作五君詠獻頲其一紀瓌

也候瓌忌日致之親友皆集頲覽詩嗚咽未幾見

帝陳説忠謇有動不宜棄外遂遷荆州長史俄以

右羽林將軍檢校幽州都督入朝丁謂在朱崖家

于洛陽爲書敘致眞宗恩遇厚自刻責且勵家人

不可興怨遂寄洛守劉㷩託達於家㷩不敢私開

遂奏之上覽而感動遂有雷州之命

九十四

蒙正疑目穿昌言詣涕泣敏中宣制麻遣使覘賀客

華席稍染指濡首巳滋惑矧是蝸角爭不羞墦間乞

威鳳一下翔終來腐鼠嚇所以牛君亶誼不爲帝識

至道初呂蒙正罷相以僕射奉朝請太宗謂左右

曰人臣當思竭節以保冨貴呂蒙正前日布衣朕

擢爲相今退在班列寂寞棍其目穿望復位矣劉

昌言曰蒙正雖驟登顯貴然其風望不爲忝冐僕

射非寂莫之地且亦不聞其鬱抑也及劉昌言罷

太宗問趙鎔等曰頻見昌言否鎔等曰屢見之上

曰涕泣否曰與臣等談多至流涕上曰大率如此

漢牛牢字君直光武爲布衣時相與友游嘗夜共

講說讖言云劉秀當爲天子光武曰安知非我萬

一果能各言爾志牢曰大丈夫義不與帝友衆大

笑及即位徵之不至詔郡守存問牢被髮稱疾不

答詔命

九十五

荆公事紛更咎止于覆餗迨夫章蔡徒横決流遺毒
善類空屏竄民命瘁貪黷若討靖康釁罪公安逭首惡
張禹傾西鼎胡廣喧東籙學術殺天下臨川稱鑣脚
王安石行新法引用小人一時賢者非之皆遭貶
斥楊慎曰宋元祐黨籍碑成於蔡氏父子其意則
王安石啓之也安石嘗作䜉杜詩以寓意謂神奸
變化自古難知辯之而不疑者唯禹鼎焉魑魅合
謀蓋非一日太丘之社其亡也晚蓋以喻新法異
意之人將爲宋室之禍也其後門生子壻章惇蔡

卞等相繼得政果鑄寶鼎列元祐諸賢司馬光而下姓名于其上以安石比禹蹟而以司馬諸公爲魑魅呂惠卿載諸謝章曰九金聚粹畫圖魑魅之形自此黨論大興賢才消伏卒致戎馬南鶩赤縣丘墟一言喪邦安石之謂乎史論曰亡西京者張禹亡東京者胡廣皆以假道儒術得伸其邪心徼一時大名致位公輔詞氣所發損益係之而多方善柔保位持祿或陷時君以滋厲階或附兇沴以結禍胎故其蕩覆之機篡奪之兆皆指遵馴致之

雖年祀相遠猶手受頤指之然也其爲賊害豈直莽卓之比乎張無垢云司馬溫公與王介甫清介廉耻孝友文章爲天下學士大夫所宗仰然二公所趣則大有不同其一以正進其一以術進介甫所學者申韓而文之以六經溫公所學者周孔而亦文之以六經故介甫之門多小人而溫公之門多君子無垢之言當矣考之溫公一傳而得劉器之再傳而得陳瑩中介甫一傳而得呂太尉再傳而得蔡新州三傳而章丞相四傳而蔡太師五傳

而王太傅葢學術不同心之所趨亦異而方以類

聚所與之人亦因之矣卒之誤國害天下所係豈

小哉甚矣學術之不可僻也

九十六

德宗信道茂戒心奉天厄未聞用老成徒見親鬼質

甋寇撤禁兵朘民稅除陌道君延福殿勒碑演龜筴

數預覘陽九政迺紛紹迹王鼎司應奉朱勔領花石

殃來俱不寤天數非人力譬彼虞有病反自服酖毒

至哉造命言百代保泰術

建中初桑道茂上言國家不出三年有厄會奉天
有王氣宜城之時盛夏趣工人莫知其故及朱泚
反帝嘗難奉天賴以濟建中元年行稅間架除陌
錢法每屋兩架爲間上屋稅錢二千中稅千下稅
五百又公私給與及買賣每緡官𦦨五千錢愁怨
之聲盈於遠近鬼質盧杞也道君皇帝大觀二年
戊子秋八月以易數一一口又又一乃御製易運
碑刻之延福殿東壁其略曰始建元基紹興德壽
承太乙循運盡在陽九之數非由人致朕嘗闡易

孰善本基庚子辛丑禍始東南肇動干戈元衝立
劫壬寅癸卯亦云哀哉甲辰乙巳丙午丁未内有
丙火天下生靈塗炭至半江表之虞莫知何辜戊
申己酉時正灾劫庚午辛亥偏重勢輕壬子癸丑
後成改建甲寅乙卯立應豐穰丙辰丁巳朕已何
在祖宗復有中興之後云云其後事皆歷驗信乎
因往推來在天數者不可追行營雜錄哲宗時章
惇蔡卞等專以紹述爲國是貶斥元祐諸君子徽
宗以朱勔領應奉局及花石綱于蘇州凡士庶之

家一石一木稍堪翫者即領健卒直入其家用黄
帊覆之加封識焉指爲御前之物使護視之及發
行必徹屋抉牆以出民預是役者中家破産或賣
子女以供其須

九十七

遼人嚴司馬相戒固其圉章惇蔡行遣虜主爲放箸
外夷於賢奸瞭若别蒼素而我朝堂中大迷胥不晤
黨碑矗而列奸鼎鬵然鑄人亡國殄瘁北轅將誰懟
司馬公拜相遼人聞之敕其邊吏等曰中國相司

馬矣愼無生事問邊隙章惇貶潭州遼主方食聞之放箸而起稱善者再又曰何故只如此行遣金入汴見鑄鼎之象嘆曰宋君臣用舍如此焉得久長怒而擊碎之崇寧二年蔡京與其客葉夢德强浚明籍元祐諸臣司馬光文彥博呂公著蘇軾等凡百二十人等其罪狀謂之姦黨請御書刻石于端禮門又天忌集云金人入洛禁勿犯司馬公宅張商英輩乃欲發其棺虔盜謝達犯惠州毁東坡白雪故居致奠而去而呂惠卿之徒乃欲置之鼎

鑱又史攷云元祐黨人天下後世莫不推尊之紹

聖所定止七十三人至蔡元長當國凡背巳者皆

著其間始至三百九人皆石刻姓名頒行天下其

中愚智溷淆不可分別至於前日詆訾元祐之政

者亦獲厠名矣

九十八

汴京解圍時勤王師頗至卽云彼歸師勿出窮追計

經此累卵危宜急衣袽戒柰何上下閒羣如堂雀嬉

斟酌春秋科料理秀才解城門與言路相倚互開閉

唐耿托腹心伯紀遠安置用讖授節鉞郭京劉無忌愚騃一至此不亡欲何待

金人圍汴既解朝廷措置多不急之務如復春秋科太學生免解改舒王從祀之類時爲語曰不管肅王却管舒王不管燕山却管聶山不管山東却管陳東不管東京却管蔡京不管河北界却管秀才解又曰城門閉言路開城門開言路閉退齋筆錄

金再圍汴援兵皆爲唐恪耿南仲遣還無一人至者以龍衛營兵郭京爲成忠郎以街市貨藥道

人劉無忌爲統制葢取丘濬詩郭京楊式劉無忌

皆在東南臥白雲之讖也金人攻通津宣化門郭

京等用六甲兵盡令守禦人下城毋得竊窺因大

啓宣化門出攻金師京與張叔夜坐城樓上金兵

分四翼譟而前京兵退走京曰須自下作法因下

城引餘衆南遁

九十九

長源事四帝談笑清寇壘調護宮闈間羽翼勝黃綺

唐社中興日相業故莫比南渡張德遠熱腸成底事

初振苗劉旗無辜隕冲子建開恢復幕屢卹貽國恥
成敗固難論功罪豈無等唐書輒求多宋論反溢美
誰毀又誰譽喟焉思信史

李泌事玄宗勅與大子諸王爲布衣之交輔肅宗
披榛莾立朝廷又佐代宗收兩宗又相德宗時順
宗在春宮妃蕭氏毋郜國長公主交通于外上疑
其有他志遑坐貶黜春宮數人皇儲危懼泌周旋
陳奏德宗意乃解唐史云泌有謀略而好談神仙
詭誕故爲世所輕張浚先平苗傅殞皇太子專非

其辜人爲惋悼浚用兵初有富平之敗繼有酈瓊
之變寖後大潰符離宋事凸此不振劉氏日記云
孝宗初立張魏公用事獨付以恢復之任公當之
不辭朝廷莫敢違魏公素輕銳是時皆以必敗待
之特不敢言耳及辟查籥馮方爲屬此二人尤輕
銳朝廷患之遂以陳俊卿唐文若參其軍事周葢
公時爲中書舍人文若來別葢公握文若手使戒
魏公不可輕舉後魏公知之極憾葢公然卒以輕
舉敗事何氏備史云張魏公素輕銳好名揮金如

土視官爵如等閑士之好功名富貴者無不趨其門且其子南軒以道學倡名父子爲當時宗主在朝顯官皆其門人悉自詭爲君子稍有指其非者則目之爲小人紹興元年合關陜五路兵三十餘萬一旦盡覆朝廷無一人敢言其罪直至四年辛炳始言之亦不過落職福州居住而已淮西酈瓊之叛是時公論沸騰言路不得已遂疏其罪既而併逐言者于外及符離之敗國家平日所積兵財掃地無餘乃以殺傷相等爲辭行賞轉官無虚日

隆興初年大政事莫如符離之事而實錄時政紀並無一字及之公論安在哉使魏公未死和議必不成其禍將有不可勝言者矣澗上閑談云近世修史本之實錄時政紀等參之諸家傳記野史及銘誌行狀之類野史各有私好惡固難盡信若誌狀則全是本家子孫門人掩惡溢美之辭又不可盡信與其取誌狀之虛言反不若取野史傳記之或可信者耳且以近修四朝史言之如張魏公列傳所書嘉禾刺客乃是附會雜史張元遣刺韓忠

獻事又載遣蠟書疑酈瓊之語亦是潘遠紀聞岳武穆秦州叛卒事至云符離軍潰公方鼻息如雷此是心學雖亦取萊公紀事中意然方當大軍悉潰亦安在其爲心法哉其說皆淺近易見乃畧不審是非登之信史欲傳之千萬世可乎東吳王可大曰唐有公之賢相創業則曰房杜中興則曰姚宋而未嘗言李泌之功也愚以爲唐相自狄梁公以後社稷臣惟泌一人而已泌之功不在佐肅宗於傾危之日而在於定代順之儲肅宗寵張良娣立

爲后靈武之義首倡於建寧而帝以良娣之譖殺
之良娣有二幼子時代宗在東宮有克復兩京之
功良娣日媒孽太子之短而欲奪嫡代宗之危蓋
岌岌矣且殺建寧帝以爲安太子也而不知太子
對李泌道建寧未嘗不流涕則其父子之嫌隙當
何如哉非泌旁譬曲諭夙夜數百言以解帝心則
代宗之廢不日矣代宗廢唐事未可知也再傳而
至德宗順宗爲太子以德宗之猜疑而遇李昇之
事必欲廢順宗而立舒王使不得泌以百口保太

子反覆千餘言則順宗不得立矣無順宗是無憲
宗也無憲宗則唐之亡不日矣是二儲位之定者
皆泌之功也德宗多忌功臣一日李晟渾瑊等在
帝屏後泌於帝前呼晟等曰今諸臣功高忌之者
衆願陛下推誠信任勿使諸臣被韓彭之誅則天
下幸甚由是諸臣皆感泣而帝又大悟晟等亦各
以其功名終而人心不去唐者孰非泌之隱功也
李懷光奉天之功欲一見德宗沮於盧杞使當時
有正臣從旁一言諭帝則德宗不再蒙塵矣由此

言之泌翰帝以保全功臣其功可勝道哉代宗所以能紹其業德宗所以能保其終憲宗所以能復其烈皆泌成之也雖然泌之學深矣方其與肅宗爲布衣交也不肯領宰相之秩及其見忌於元載則辤領代宗意爲浙西觀察判官使泌不知處變而猶亢節當不免於陳竇之禍矣使肅宗之成功也自謂有五不可畱而歸衡山及德宗特相之也乃謂錢穀甲兵不可分委諸人竟卒於位而不惜其出處之大義如此然則泌豈特唐社稷臣哉愚

以爲三代而下有聖人之權者惟泌一人而已陋哉史臣之論泌曰泌有謀略而好神僊詭誕故爲世所輕嗚呼以泌之淵識寧不知神僊之爲謬也第談玄葆眞假其術以養心耳史臣乃以此短之不亦疎且謬乎

一百

衮旒辭華屋弓劍歸橋山玉杯與竹冊往往出人間陳高骨見嘅修怨遇王領無端會稽陵龍蜿委鎮南三復冬青引愾然傷心肝摭拾良間關掛漏良足歎

開大圣　聖主飲器始歸完方知寶珠上髑髏能生
患錮山僧有懞頗憶張公言
黄帝鑄鼎成騎龍上天羣臣葬衣冠於橋山王僧
辯子頒痛其父爲陳高帝所害及從韓擒虎伐陳
發武帝陵剖棺見武帝鬚皆不落其本出自骨中
焚骨取灰投水飲之太康元年盜發魏王冢得竹
書數十車又輟耕錄云唐珏山陰人歲戊寅有總
兵南浮屠者楊璉真珈怙恩横肆十二月十有二
日帥徒役頓蕭山發趙氏諸陵寢至斷殘支體攫

珠襦玉柙焚其胔棄骨草莽間唐時年三十二歲
聞之痛憤亟貨家具得白金百星許執券行貸得
白金又百星許乃具酒醪市羊豕邀里中少年若
干輩狎坐轟飲酒且酣少年起請曰君儒者若是
將何爲焉唐慘然具以告願收遺骸共瘞之衆謝
曰諾事露柰何唐曰余固籌矣今四郊多暴骨取
竄以易誰復知之乃斷文木爲匱復黄絹爲囊各
署其表曰某陵某陵分委而散遣之葩地以藏爲
文而告諸旦事訖越七日總浮屠下令裒陵骨雜

置牛馬枯骼中築一塔壓之名曰鎮南杭民悲戚
不忍仰視了不知陵骨之猶存也唐玨骨後又於
宋常朝殿掘冬青樹植於所函土堆上作冬青行
二首曰馬箠問䭫形南面欲起語野麕尚純束何
物敢盜取餘花拾飄蕩白日哀后土六合忽怪事
蜿龍掛弟宇老天鑒區區千載護風雨又曰冬青
花不可折南風吹凉積香雪遥遥翠蓋萬年枝上
有鳳巢下龍穴君不見犬之年羊之月霹靂一聲
天地裂又周草窻客癸辛雜志至元二十二年乙

酉八月楊髡發陵之事起於天長寺福僧閣號西山者成於演福寺剡僧澤號雲夢者初天長乃魏憲靖王墳寺閣欲媚楊髡遂獻其寺旋又發魏王冢多得金玉以此起發陵之想澤一力贊成之俾泰寧寺僧宗愷宗允等詐稱楊侍郎汪安撫侵占寺地爲名告詞出給文書將帶河西僧及凶黨如沈照磨之徒部令人夫發掘時有中官陵使羅銑者守陵不去與之極力爭執爲澤痛箠脇之以刃令人逐去大哭而出遂先啓寧宗理宗度宗楊后

四陵劫取寶玉極多惟理宗之陵所藏尤多啓棺
之初有白氣亘天蓋寶氣也理宗之屍如生其下
皆藉以錦錦之下承以竹絲細簟一小厮攫取擲
地有聲乃金絲所成或云含珠有夜明者乃倒懸
其屍樹間瀝取水銀如此三日竟失其首或謂西
番僧回回其俗以得帝王髑髏可以厭勝致富故
盜去耳事竟羅陵使買棺製衣收歛大慟垂絕鄰
里爲之感泣是夕聞西山皆有哭聲凡晝夜不絕
至十一月復發徽欽高孝光五帝陵孟常吳謝四

后陵初欽徽塟五國城數遣使祈請凡六七年而
後梓宮還行在高宗親至臨平奉迎易緦服寓于
龍德別宮一時朝野以爲大事諸公論功受賞先
是幾人楊偉貽書執政乞奏聞命大臣取神襯之
冢下者斵而視之旣而禮官請用安陵故事梓宮
入境卽承之以槨仍納衮冕翬衣於槨中不改歛
從之至此被發掘欽徽二陵皆空無一物徽陵有
朽木一段欽陵有木燈檠一枚而已葢當時已料
其眞僞不可知不欲逆許亦以慰一時之人心耳

而二帝遺骸浮沉沙漠初未嘗還也高宗陵骨髮
盡化畧無寸餘止錫器數件端硯一隻硯爲澤所
得孝陵亦蛻化無餘止頂骨小片内有玉鑪瓶一
副古銅鬲一隻亦爲澤所得若光寧與諸后儼然
如生方移理宗屍時澤在傍以足蹴其首隨覺奇
痛一點起于足心自此苦足疾數年以致潰爛雙
股墮落十指而亡遂昌鄭元祐所書林義士事蹟
云宋太學士林德陽嘗楊總統發掘陵寢時林故
爲丐者背竹蘿手持竹夾遇物卽以夾投蘿中林

鑄銀作百許小牌繫腰間取賄西番僧曰餘不敢盡收願得高家孝家番僧左右之果得兩朝骨歸瘞於東嘉有夢中十詩其一絕云一抔未築珠宮土雙匣親傳竺國經只有東風知此意年年杜宇哭冬青又冬青花一首曰冬青花冬青花花時一日腸九折隔江風雨清影空五月深山落微雪石根雲氣龍所藏尋常螻蟻不敢穴移來此種非人間曾識萬年觴底月蜀魂飛繞百鳥臣夜半一聲山竹裂然則收陵骨之時有唐又有林也洪武二

年五月遣使訪歷代帝王陵寢仍令各行省之臣
同詣所在審視若有廟祀并具圖以聞六月遣使
往紹興楚宋理宗頂骨先是
上與侍講學士危素論宋元興替素因言元世祖至
元間胡僧嗣古妙高欲毀宋會稽諸陵時夏人楊
輦眞珈爲江南總攝奏請如二僧言遂發諸陵取
其金寶以諸帝遺骨瘞于杭之故宮築浮屠於其
上以厭之又截理宗頂骨爲西僧飲器天下聞之
莫不傷心上歎息久之謂素曰宋南渡諸君無大

失德與元又非世讐元既乘其弱取之何乃復肆
酷如是耶卽命北平守將吳勉訪索頂骨所在果
得諸西僧廬中命有司厝於京城之南至是紹興
府以永穆陵圖來獻遂勅瘞於故陵又宋濂集云
初至元二十一年甲申僧嗣古妙高上言欲毀宋
會稽諸陵江南總攝楊輦眞珈與丞相桑哥相表
裏爲姦明年乙酉正月奏請如二僧言發諸陵寶
器以諸帝遺骨建浮屠塔於杭之故宮截理宗頂
以爲飲器大明洪武二年戊申正月戊午

皇帝御劄丞相宣國公李善長遣工部主事谷秉義

移北平大都督府及守臣吳勉索飲器於西僧汝

納監藏深惠詔付應天府守臣夏思忠以四月癸

酉瘞諸南門高座寺之西北明年己酉六月庚辰

上覽淛江行省進宋諸陵圖遂命藏諸舊穴云嗚呼

上之德可謂至矣哉

讀史韻言終

雞肋刪三卷（卷一至卷二）

［明］晉江李叔元撰

中國國家圖書館藏明崇禎間刻本

雞肋删三卷，明李叔元撰。叔元字端和，一字贊宇，號鹿巢，晉江人。明萬曆二十年（一五九二）聯捷成進士。授户部主事，擢禮部儀制員外郎，遷郎中，起山東提學副使，擢湖廣左布政。崇禎初起光禄寺卿，笎太僕寺卿，旋罷歸。卒年七十有四。撰有春秋傳稿、春秋彙語、四書説、雞肋删、肋餘、三餘存及萍蹤、駢餘、萍根諸集，多已不存。

此書係叔元崇禎初歸田後，門人弟子所選輯者。前有小引，敘成書及體例云：「既歸田，念吾宗三百餘年不可無譜，勉成孝、慈、宗三小袠。而諸雜從飽蠹中出余敝帚，聊删存其關繫於君師及友者，屈指四十八條，以忠、質、文序袠，而字之曰雞肋。咀嚼無味，翻慙楊德祖小兒。」檢集中三部目次，若代請補蔭疏、鼎湖再考、擬檄等，目下或題「增」，或題「附」，凡十一篇，殆刻成後又增補者。全書計五十九篇，凡疏、揭、册、檄、考、序、記、壽文、傳、行述、墓表、奠文、論策等，皆據文體編次。

叔元身歷多官，所至宦績丕著。任禮部時，建儲國本，持議先册立，後冠婚，上請册立東宫疏；又爲校正玉牒婚封典禮及大喪服制，撰南宫備考、鼎湖識、鼎湖再考等，皆精核有據。又以開礦、店税二事最爲民困，上乞罷礦税疏。任山東提學副使時，經意作育人才，以讀書作文、身心性命勉諸生，以培植學校、修文教化責有司，而撰山東學政。升江西臬使，端淳風俗，修明刑罰，有江臬祥刑。擢湖廣左布政時，值滇、蜀、黔三餉轉運絡繹，人心騷動，亟商撫院，馳疏至京，乃得旨豁免派夫，其代撫院疏即與此相關者。皆著在此集。

其生平論學，以朱子爲本。集中陳紫峰先生年譜序云：「叔元自稍知章句，家君授以陳氏淺説諸書，且命之曰：『紫峰先生之學，蓋得於吾祖木齋公及蔡虚齋先生，而仰溯乎紫陽，是閩學正派也。』」又云：「叔元竊聞於家嚴曰：『吾祖木齋於文莊，友也；紫峰，師也。』」按陳琛號紫峰，年二十師木齋李聰，至二十五又轉師虚齋蔡清，所爲四書淺説，與蔡清四書蒙引，皆祖述四書章句集注者。則叔元之學，淵源有自矣。後執贄耿定力門下，定力字子健，亦肄宋儒之學者，曾督閩學，集中耿先師行狀即述其行實。又所上議謚揭，議「最上的應謚三員」者，陳琛之外，定力亦與其選，蓋於其師推重如此。其爲人爲學，可見一斑云。

（金曉東）

雞肋删小引

友人蘇弘家謂李生下筆頗無塵坌何不尋盟於文苑異時勒一家言余笑謂此孰非吾精神也歲除當祭以酒脯余秉癯而早服壽不勞亦不費可乎宦途有索應酬者輒以此謝之

既歸田念吾宗三百餘年不可無譜
勉成孝慈忠三小褒而諸雛從飽蠹
中出余撖帚聊删存其關繫於
君師及友者屈指四十八條以忠質
文序褒而字之曰雛肋咀嚼無味翻
慙楊德祖小兒　與鹿山人自識

李端和雞肋刪

忠部壹

請

册立東宫疏

請

御殿疏

乞罷礦稅疏

乞罷斥疏

議謚揭

諮訪册　擬檄附

門人　東蒙張四知

北海馬之驥

豫章朱統鈽　輯

男正培正高正樞正綸正丹仝輯

孫雲寧瓚　曾孫延昴延楫拱霄拱晟拱璧五一鳴拱箕奏緯　督梓

[illegible]書　月冊　二

請

册立東宮疏

臣叔元待罪儀制司自萬曆己亥十月至

庚子八月

册立冠婚大典府部九卿省臺會奏者九禮部

題者八俱叨屬草之役又代戚畹草奏者

三凡二十疏一奉

旨四奉　諭餘悉經　御覽今存刻九章

奏爲歲序更新天人同慶懇乞蚤舉行大禮以昭

聖斷以慰輿情事伏讀二十六年

聖諭于

皇長子則曰册立冠婚于　諸皇子則曰加冠分封是元良之建長幼之倫斷自

宸衷久矣事宜豫備期宜豫擇故臣等翹跂于改歲之先而禮嚴謹始時重履端在

皇上有待于正元之後今元旦届期萬福駢臻

遥想宫闈之内

龍顔端拱於上而　皇長子率　諸皇子稱觴

拜舞於前克長克君之體益充此

皇上所親見者宜室宜家之期益邇此

皇上所深念者而况正月月之始也孟春時之

始也歲躔在子歲之始也天道之吉慶洽

矣册立主器之始也冠禮成人之始也婚

禮萬世之始也人道之吉慶備矣

皇上自爲　宗社計自爲　聖子神孫計必有不待諸臣之請而明諭從中發者臣等方將順不暇奚俟喋喋惟是屛息候命業踰一歲竊謂禮貴及時尤貴有序先册立而後冠先冠而後婚此定序也而册立冠婚俱乘三春之吉此定時也今桃華之期即在轉盼而建儲之典尚未豫宣則將何日

而冠何日而婚乎臣等揆時度禮萬分難

緩謹披誠悃于

君父之前伏乞勑下所司諏吉具儀蚤正大典

則懽忻頌祝之聲彌六合而悠久無疆之

祚鞏萬年矣

題爲

聖心素定　聖諭素明懇乞及時舉大禮以昭

大信事臣等節奉諭旨有曰册立東宫乃

祖宗訓章大典者是臣等遵
祖訓之說業在　宸鑒中矣有曰非有別意亂
危家國者是臣等安　宗社之說業在
宸鑒中矣有曰未正名而行冠禮冠服不便者
是臣等先册立後冠婚之說業在
宸鑒中矣諸臣所言皆
皇上之所素明也而諸臣所請皆
皇上之所素斷也乃恭候　綸音日復一日臣

等再四籌度　兩宮未成或者
宸衷未决謹按　大明會典一一昭晰而
聖明試垂思焉夫殿爲天子向明出治之所宮
爲天子基命宥密之所自　三殿既災之
後　兩宮鼎峙之年朝廷凡有禮儀臣等
俱擬於　文華殿舉行亦俱蒙
聖允今所謂待兩宮者將待以宣册寶乎而會
典所載册寶必宣於殿也將待以舉冠禮

乎而會典所載冠禮必祝於殿也將待以
舉婚禮乎而會典所載婚禮必醮於殿也
蓋典禮隆重文武百官未有不侍班者而
百官侍班未有不在　文華殿者三春
御殿而三禮駢舉何疑焉且
皇上必不欲待兩宮者也
皇上如欲待兩宮則昨歲不聞催督今春又未
見興工喜事臨近豈宜遲遲至此以此知

皇上之必不待兩宮也臣等忝司典禮不獨以
言爲職實以行爲職故敢稽
祖制循職掌特請伏乞
欽定吉期先舉册立隨舉冠婚則普天率土莫
不頌
聖明如日而祝
聖壽齊天矣
奏爲懇乞
聖慈篤念父子至情
宗社大計及時亟行典

禮以肇萬年治安事竊惟時莫吉於三春
而典莫重於三禮臣等自立春之日佇望
綸音之渙倏而正旦倏而上元今仲春又在轉
盼矣謹按月令桃始華是陰陽諧合之候
也雷發聲是蒼震定位之祥也吉禮吉期
若合符節
皇上即以此時早命元龜猶必製造册寶者數
日演習禮儀者數日而後告

郊　廟成大典今尚未蒙傳諭則諸臣何以奏

行誠恐吉禮之不可再稽而吉期之不能

久待也且臣等汲汲請冠婚而必先請册

立者蓋歷稽

祖宗成憲冠有三加婚有六禮其祝辭醮辭及

冠服儀仗皆繇册立而後定卽我

皇上勑諭一則曰未正名而行冠禮冠服不便

一則曰待册立之日行冠禮是　宸衷業

洞矚及此矣　列聖有寶訓

皇上之所恪遵也而　皇上有明綸龙諸臣之

所恪守也夫不牽於房帷之私者可以正

大倫不眩於猶豫之見者可以定大策

皇上神明英斷逈出千古乃心欲行而未决期

已過而徘徊使中外人心謂

皇上徒托典禮在邇之名以催珠寶而未踐喜

事臨近之實以重元良非所以光昭

聖德而宣示四方也臣等自揣葵藿微忱曷足
動　天但願　皇上念及
九廟待此以居歆
聖母待此以燕喜　聖子神孫待此以衍千萬
年之慶金甌玉燭待此以培千萬世之安
則乘吉時而行吉禮當不待臣等奏牘之
畢矣
題爲時不可失禮不可緩懇乞

聖斷蚤賜允行以重國本以釋群疑事今仲春

屆期桃華叶吉册立冠婚有萬萬不可逾

時者諸臣連章上懇未蒙明察臣等禮官

失職無所逃罪謹披竭愚忠而

陛下垂聽焉夫建儲大典斷自　聖心久矣曩

以小臣激聒而遲之其後諸臣相戒莫敢

言者又以待嫡而遲之其後　中宮無出

又以　皇長子稟質清弱而遲之其後廖

體益充又以兩宮鼎建而暫遲之今兩宮
之不必待臣等前疏剖析已明且
皇上自昨歲以來屢催珠寶而不聞催督工程
則其不待兩宮又明矣今所待者獨珠寶
耳夫二千萬之珠寶決非歲月可辦
皇長子年已過期淑女禮已閑習決無待珠
寶之理且所貴乎珠寶者謂其足以成禮
也户部所進視　大婚之費不啻數倍則

其足以成禮無疑矣方今遠近人心不勝
私憂過計妄爲揣摩者一則曰
皇上借典禮臨近之名以催珠寶臣等竊以爲
不然也一則曰
皇上借珠寶未完之名以遲典禮臣等竊以
爲不然也父子一體之親視珠寶孰切
宗社萬年之計視珠寶孰重
皇上誠以此時蚤建大本蚤行大禮則群疑自

釋衆志自定而天下安於泰山磐石矣夫

以如此之天時如此之人心而遲遲未决

此臣等所以肝膽俱竭寢食不遑而惠徼

九廟之神靈跂望　九重之英斷也

奏爲懇乞

聖明仰順天時俯順人心早賜舉行大禮以奠

安　宗社事竊聞

祖宗朝有司請建太子一請猶謙讓未遑也再

請循謙讓未遑也至于三請未有不毅然
允行者今臣等無論昨歲以來連章累牘
卽獻歲之請于此三矣臣等所請蓋以
皇長子茂齡則當舉淑女久選則當舉陽春
佳節桃華佳期則當舉至於
宗廟社稷治亂安危大機未敢深言於前也
臣等雖未敢深言而
上神聖豈不洞矚於中乎

皇上御極以來乾綱不撓於近習而睿思必周
乎寰區獨建儲一事巽命愈遲人心愈惑
有慮及國本未定者幸賴　聖諭曰長幼
之序卽此爲定而人心稍安有疑及宮闈
隱情者幸賴　聖諭曰非有別意亂危家
國而人心稍安今則歲復一歲疑外生疑
宸衷斷如金石而天下且疑
皇上爲不斷　明旨信如四時而天下且疑

皇上爲不信道路喧傳遠近惶惑此豈太平景

象哉

皇上獨不觀乾象乎有帝星則必有前星前星

曜則帝星益明此自然之理也又不觀

累朝實錄乎

太祖　成祖　仁宗登極之初卽建儲位

宣宗　英宗　孝宗建儲時年二歲

憲宗建儲時年六歲

世宗建儲時年四歲我
皇上正位元良時年六歲從來未有十九歲不
冊立者亦未有不先舉冊立後舉冠婚者且
今士庶之家衣食稍給亦無十九歲不冠
婚之理況　天子之元子乎士庶之家有
子則望其生孫有孫則望其生曾孫況
皇上尊爲天子豈不願速得孫
聖母養以天下豈不願速得曾孫乎臣等受

國厚恩緘默不言不惟得罪於
祖宗且得罪於天下萬世故敢相率叩闕請
命伏乞 乾斷速賜允行
宗社幸甚臣民幸甚
題爲恭請
聖慈欽定行禮吉期事恭惟
皇上鍾愛 皇長子根乎天性頃者業已
欽諭內閣册立冠婚挨次舉行臣等謹與在廷

諸臣靜俟

勑諭蓋欲使普天率土知盛典總歸於獨斷而

人謀莫贊乎　天工也今新秋已至

聖壽將臨雖　明旨堅如金石舉行在即而臣

等職掌所關不敢不請伏乞

皇上特發　綸音登正大典臣等曷勝懽忻鼓

舞之至　庚子六月二十九日題七月初

一日奉

聖旨朕念皇長子氣質清秀且典禮隆重時值
盛夏溽暑誠恐不禁煩勞故少俟舉行況屢
旨已明朕心自有裁定你每臣子都要仰體
朕愛重之意靜俟不可又來擾阻還候旨行
題奏惟此疏奉旨謹錄之其餘則同日諭內閣及傳文書房
題爲慶祝方新華夷畢集恭請
明示册立冠婚之期以慰輿情事本月初八日
疏請欽定吉期未蒙明旨臣等伏思

萬壽聖節宮中必有燕饗之禮
聖心或暫有待乎今慶賀禮畢内而藩臬之吏
外而梯山航海之使莫不翹首跂足願
勑諭蚤一日渙頒吉期蚤一日昭示庶幾得從
鳳儀獸舞而樂觀其盛也且
皇上所以少待者原爲移居也今　慈慶宮久
落成矣原爲溽暑也今天氣益清爽矣揆
之天時質之　明諭合之輿情萬分難緩

伏乞秉茲萬國來同之會蚤定三禮並舉

之期則　聖斷如金石而

聖壽如岡陵矣

奏爲恭請

聖慈速舉大禮以昭大信事恭惟

冊立冠婚三禮並舉

皇上獨斷於兩載之前至昨歲之秋則

欽選淑女矣至昨歲之冬則曰喜事臨近矣至

今歲之春則曰挨次舉行矣至今歲之夏

則曰盛夏溽暑少俟舉行矣是

皇上之於大典蓋無歲不留神亦無時不留神

也今　慈慶宫已落成則移居在俄頃天

氣益清爽則行禮在旦夕縱臣等累疏披

陳未足動　天而

皇上屢旨明白獨不思布大信於天下乎且

皇長子年躋十九而　皇三子亦屆十五

册立冠婚首舉於
皇長子而加冠分封並舉於　諸皇子此在
皇上父母天地之心必有不容自已者伏乞
乾斷速賜允行臣等謹叩首親齎候
旨
右府部等衙門奏刻四禮部題刻四
代戚畹草疏刻一
奏爲典禮事關　宗社懇乞
聖慈早賜允行以答

天眷以安人心事恭惟册立冠婚三禮並舉

九重之獨斷已久而臣等之披瀝悃誠亦已至

再至三矣臣等所請與諸臣異諸臣有官

守言責皆以盡職爲忠故豫請於元旦之

先而懇祈於元旦之後臣等無官守言責

惟以愛君爲義故時未至不敢瀆

君父之聽而時既至不敢不陳於

君父之前今臣等再三懇請則天時已至而不

可復緩人心已合而不可復遲彰彰明矣

且臣等濫厠葭莩之親仰戴

聖慈非敢徼恩也俯安愚分非敢沽名也惟是

區區犬馬血誠竊以爲　國本建則

宗社安　宗社安則臣等之舉族皆安故敢不

避煩瀆而屢進其說焉伏望

皇上速舉册立之禮隨舉冠婚之禮則

九廟神靈默祐　聖躬萬邦臣庶懽祝

聖壽而太平之業永垂之萬萬世矣

附識

已亥冬尚書臣繼登侍郎臣國祚在事尚書謂儀司曰

宗社大典當會同宗人府五府大小九卿科道而職掌在本部故一奏一題相兼或有議先冠婚者謹執會典及

聖諭正之蓋事體與嘉靖中不同也至庚子奏

戚畹求附公疏不可又恐其參差卽東闕
門立刻爲草奏同日上鄭國泰亦列名有
王某者卽
元子母妃之弟諸畹欲入其名覺而削之
至三月内閣奉
聖諭朕仰承天眷祖德賜生元子暨諸皇子前
屢旨明白元子冊立冠婚之禮重典所居之
宫徠小着該監將慈慶宫葺飾奏巳工完兹

大典可挨次舉行其分封諸王悉照前旨行
卿等宜體朕意撰勑諭禮部擇日具儀來聞
欽此舉朝莫不踊躍卽按會典酌定儀注
候　勑間偶被主事謝廷讚越奏激阻乃
靜俟至立秋再題奉有
特旨至
聖壽前後帀月四題奏政府駭之然
御覽不厭煩瀆也余尚書亹亹于位儀司臣叔元

出都而戚畹自疏果有先冠婚後册立之

謬被叅糾矣原擬儀注或有議拜

鄭貴妃者本司謂

祖宗家法素定且宫闈中自有

聖裁若禮部具儀當垂萬世法謹署云

皇長子及　諸皇子各詣　母妃前行四拜

禮余尚書首肯至辛丑尚書馮琦在事增

云　皇長子率　諸皇子詣　皇貴妃前

行四拜禮而大典遂成余宗伯之守經馮
宗伯之行權各有攸當也臣叔元田居謹
識

月 册 二十

元旦請

御殿疏

萬曆二十八年正月朔

元旦令節天下　王府百司進到表文收捧

在部恭候慶賀行禮　臣等伏惟

皇上爲天地神人之主

上帝固惓惓垂祐　景福固歲歲茂隆而今歲

之春吉祥善事靡不届期則

皇上之凝承
天眷與諸臣之瞻望　聖顏尤非他歲之比且
聖母於是日必思見　皇上而
皇上於是日必召見　皇長子及　皇諸子若
入而承
長樂之歡稱慈稱孝出而受　華封之祝爲龍
爲光此臣等所翹跂於數載而欣逢於一
朝者也竊見比歲以來有臨期傳免具疏

無及者不得不先期懇請伏望
聖駕至日御文華殿受賀以迓
萬壽無疆之祉以慰萬國來同之心
聖節請　御殿疏
恭惟
皇上深宮靜攝總攬萬幾
聖體康彊　聖心悅豫修舉盛典正維其時本

月十七日恭遇

萬壽聖節天下文武諸司及四夷之使莫不雲

集於闕下臣等伏望

皇上御文華殿受群臣朝賀俾執球獻琛而至

者皆得效其嵩呼華祝之忱何幸如之且

入而承

慈闈之歡至孝也出而定

册立冠婚之期至慈也照臨萬國至明也綏懷

四夷至武也一舉而衆美畢集萬福駢臻

大慶也伏惟

聖明垂允臣等不勝惓惓

乞罷礦稅疏

奏爲懇乞

聖明獨斷亟收民心以回

天意以鞏萬年治安事頃者遇災修省

德音渙發六曹職掌次第允行中外懽忻鼓舞

漸復太平境象矣惟是開礦店稅二事遠

近嗷嗷最切最要該部至今候

旨臣竊謂諸臣未知

皇上之心故不見信於　皇上
皇上亦未諒諸臣之心故不信諸臣夫
皇上之心何心也不過以大工肇興民窮財盡
與其罄閭閻之產孰若開天地之藏此愛
民足用之本心也諸臣動輒曰殃民黷貨
則過矣然諸臣之心尤可諒者
皇上即不信諸臣當信户部不信户部平日之
言當信户部今日之言夫户部何官今時

何時東西用兵宮殿疊燬經費不啻數千
萬東南疲於燒造織造西北疲於羊絨採
木卽使桑孔復生計安所出恨不得有天
降地出之財以濟緩急此司農本心亦其
職分也假令開礦有利當師先爲之而乃
皇皇言不便則眞不便矣臣故曰户部今
日之言可信也
皇上但見進樣砂進金銀以爲眼前之財耳地

方騷擾煩費踰數十萬獨非
皇上之財乎且使費千得十費萬得百猶可言
也孰知内臣所進者即礦頭礦户之絺賠
礦砂之勒賣田宅廬舍之估折諸臣章疏
已詳
皇上欲開天地之産差官實括民間之藏甚且
恃八祖先墳墓曰此處有礦子孫不得不
罄家賠償不則抉其塚暴其骸此乃向者

倭奴流毒閩廣所爲不意差官辱
朝廷至此諸臣不忍言臣昧死言之惟
皇上思之至于店稅益微末矣空店安得有稅
有貨而後有稅也商人不願入店則稅過
店之錢河西務一稅張家灣又一稅不過
以店爲名征商爲實耳征商乃部臣職掌
何勞内官翼虎成群黄旗遍揭旁及販夫
鬻婦漁户菜傭實擔而往空手而回合之

不過數千金分之實自一文一鐽中來堂
堂天朝與民爭一文一鐽之利竊爲
聖明羞之臣非不知修省以來
皇上曲從部議十已五六安敢一一聒瀆但聞
張家灣河西務一帶背負肩擔哭聲載道
開礦去處富者傾家貧者遠竄礦徒聚集
癘疫大作石壓土崩粉身碎骨者動以千
數礦盜官兵互相擊殺寃𡨚彌天倘得借

鄭俠之筆一經

聖覽恐八珍未得下咽五夜未得安枕也

上帝震怒實由於此不以此時對

皇上言異時啜泣何及伏乞垂念

祖宗締造艱難民心固結不易斷自

宸衷將差去開礦諸臣及收稅内臣一併取回

倘謂經費不充請　勑撫按從長計議四

海爲帶何患無財必有可以稱

明旨者店税仍令部臣徵收上納庻幾

天心回順民困漸蘇而臣等緘默誤國欺

天罔人之罪或可少贖萬一也臣不勝隕越待

命之至

乞罷斥疏

具官臣李叔元謹奏爲

聖主宥過恩深微臣失職罪重乞賜罷斥以安愚分事本月十四日臣堂官率臣等奏爲乞恩認罪事十五日奉

聖旨旣認罪堂上官姑免究該司官罰俸一箇月各關防便上緊鑄給欽此臣感激

天恩不勝涕零除叩闕謝恩外伏惟

皇上寛臣鈇鉞之誅薄罰示懲臣之頂踵皆
皇上所生全也卽捐糜豈足圖報但念臣自𭥍
誦習孔子之訓曰事君勿欺凡心知其當
爲而不爲者卽欺也心知其不當爲而爲
之者卽欺也欺者人臣之大罪也臣至庸
愚待罪儀曹敢不夙夜祇懼以稱任使至
於鑄給採榷之關防臣揆之本心質之孔
訓實不敢爲也臣負罪深重雖蒙

天威開霽　聖度包容而反躬訟過甚有跼蹐

不能自安者伏乞

聖明治臣之罪　顯賜罷斥以爲螻蟻小臣不

能順

命之戒臣沒齒銜結不忘矣　余朱二宗伯以

大禮臨近止不上

乞辨眞僞疏

禮部　題爲欽奉

聖旨事照得本部鑄完各關防欽遵
聖旨給與官舍順去外其兩淮鹽務關防一顆
有吳梅郭欽二人前來爭領一稱係劵隨
一稱係名下各遞領狀該司難辨眞僞恐
係棍徒未敢輕給伏乞
聖明鑒察眞者准給僞者緝拿究治再照本部
給發各關防俱晝押周詳封識牢密誠恐
各該官舍未齎赴本管內官沿途私自開

封詐用如私印一馬票則日後可以詐冒
馳驛擅支夫馬廩粮私印一信牌則日後
可以詐冒簽押嚇騙本處小民或轉借與
夥計或轉賣與棍徒騷擾驛遞貽害地方
不淺仍乞
明旨曉諭各内官如遇齎到新鑄關防務要查
係本部押字封記如故者即驗明收用如
有折動即將官舍根究正罪施行

庚子三月初三日題初四日奉

聖旨是著給與郭欽領去吳梅便著錦衣衛拿

送鎮撫司究問欽此

前在刑曹有巨璫籍沒波及崇信伯費
甲金追贓十萬江西司官俱褫逐叔元
以貴州司代庖心知其虛誣不動栲訊
邏者以聞

上默然至是採權纂持不鑄　震怒僅奪一月
俸而辨眞僞未段　傳諭諸璫俱遵守

聖度宏深矣

題覆申飭監規疏

看得南京國子監祭酒郭正域條議申飭監規八事除核錢粮審出納該户部議覆別賢否明黜陟該吏部議覆及廣士額内選貢一節近經本部題准停止無容再議外其搜眞才等事相應議覆竊照

國家掄郡邑之秀而儲之太學其規條甚密其期待甚厚自納粟納馬之制行浸失造

士初意矣於是爲師者傳舍其官而教日
趨於廢弛爲弟子者鹵莽其業而行弗納
於準繩沿襲已久申飭宜先旣經祭酒郭
正域開欵具奏臣等謹酌議上
請無非恪遵
祖制約束諸生辨義利以清其本源明賞罰以
一其心志惟在祭酒司業以身教師之以
實心行之庶幾不負　國家作人之意而

爲郡邑學校之標也恭候
命下本部遵奉施行
一曰廣士額搜眞才以充學校
前件臣等看得我　朝以明經取士士由
學校貢舉者爲正途至於天文音樂藝
術人等雖間下訪舉之令而不列於學
宫示有所重也今祭酒郭正域議欲訪
求曆象等四科貢入太學一體聽撥選

官無非欲爲　國家搜羅異材之意但恐雜流與正途並進未收豪傑之用而先啓倖濫之門矣臣等未敢輕議伏候

聖裁

一曰去濫差禁超撥以杜請託

前件臣等看得監生撥差有定制撥歷有定期所以一士心也今南監私准買書問安二差甚非典制及舉人超撥歷事

者皆起於一時之私情而遂爲相沿之
弊法既經祭酒郭正域禁革以後除小
俞歷及湖差外不許私立别差名色舉
貢例監未及期者俱不許超撥著爲明
禁伏候
裁
一曰禁罰銀嚴罰班以一賞罰
前件臣等看得國學有壓班之法所以使

情者勤肆者飭若納銀免班則有力者得以財廢法矣安所稱彝教之地乎既經祭酒郭正域禁革以後監官如有私開罰銀弊端者聽南京禮部及該科条處伏候

聖裁

一曰勤課誦分等則以修職業

前件臣等看得國學原爲科貢設而令訓

援例居多矣祭酒郭正域議令科貢兼
一經例監讀律一條蓋欲諸生務實學
以稱他日任使也但例監之中有志進
取者宜令修科貢之業其餘必使之通
曉文義而不徒記誦章句乃爲有益此
在監官有因材之施又有不倦之誨耳
伏候
聖裁

一曰察歷事改限期以向實學

前件臣等看得諸生在監則曰肄業在各

衙門則曰歷事

祖宗舊制蓋欲使之稽古而綜今也故諸司章

奏未有不列監生者今議損撥歷之月

日增坐監之月日豈以歷事爲虛而肄

業爲實乎但遵行已久似難別議竊以

爲仍舊便伏候

聖裁

一曰稽歷事復畫押以儆淫蕩

前件臣等看得南都華麗之地諸生履繩蹈矩者固有蕩節踰閑者亦多往往猖狂於撥歷之後此祭酒郭正域所以有月終回監畫押之議也然國學公署相去稍遠諸生中有貧窶者往來不便合無咨南京禮部通行部院等衙門約

東所屬監生如有撒潑酗酒挾妓賭博
說事過錢等項各該司等官查有實跡
者呈堂分別懲治庶法行而士心肅矣
但不得輕信私訐及用各役密訪以長
刁風伏候

聖裁

萬曆巳亥年十月具題奉

聖旨依議行欽此

郭江夏雅任事且負時望前司恐異同
未覆叔元承乏具疏以

祖制飭之郭稍嗛旣余在籍而郭入爲右宗伯與李文節左宗伯同推轂余前輩之無成心若此

忠書

册

三十六

題覆申飭科場疏

看得禮科署科事右給事中楊天民條議申飭科場各一節爲照 國家重賓興之典簾分内外卷分硃墨場前有按臣之關防場後有部科之查[𥻘]所以塞弊竇而羅眞材者亦至嚴至密矣邇來典試諸臣遵功令砥名節者固多而潛通關節以爲賢科之蠹者間亦有之此科臣用懲往事而

首議申飭也合無兩京則責成監試官各省則責成監臨官先期榜諭以杜鑽刺之萌設法關防以絶交通之弊至於人心難測隱微難知有關防所不及者尤顧主考分考之兢兢自防也如果有夤縁實跡公論不容者本部及該科採訪得實定將考官及士子一體題參盡法處治庶幾科目可清乎文章以理爲主氣以輔之理明氣

暢斯爲盛世之文邇來文體日益險怪日
益澆薄至於悖朱註用佛書諷時事尤爲
離經畔道之最者近該本部明立條欵嚴
禁去後如科塲解到試卷有犯各欵者部
科盡數摘出題參黜革仍將主考及本房
分别降罰庶幾文體可正乎經房分閱試
卷爲公家樹棟梁非爲私門植桃李也優
卷多者多中少者少中何分彼此落卷務

要調房互閱前場後場務要細加批評毋
令士子有遺珠之歎此在主考與分考各
捐成心共襄盛典庶幾真材可得乎至于
場後查參乃部科職掌也竊謂立法欲公
糾弊欲實今或同一試卷也綜覈於兩京
而反疎畧於各省同一試官也副考既掛
彈章而正考獨逭物議則非所以示公也
所參爲關節而反借文體以處之所參爲

險怪而又執關節以疑之則非所以示實
也合無本部及該科多方博訪仍將試卷
逐一看詳如有關節昭彰及文字險怪者
不論省直不分翰林科部等官務要據實
查參毋得仍前漏網亦不得輕信私計以
致玉石不分庶幾大典肅而人心服乎若
夫典試務求得人冐籍必須嚴禁出題毋
得主考自專外簾毋得干預校閱監臨毋

得爭競禮節既經本部節奉

欽依允宜遵守恭候　命下通行兩京十三省

一體欽遵施行　奉

聖旨是

楊給事欲重糾丁酉科余謂既處分又何加焉以懲往事括之楊頗嗛然本段公實等語輿論稱平

題覆琉球請封疏

看得琉球國中山王世子尚寧奏請襲封一節爲照　國家德普遐方威震殊俗四夷之君長莫不梯山航海獻琛

闕下如琉球者尤其世修職貢惟謹者也

累朝以來遣使渡海授封爲使臣者則苦波濤之不測爲屬國者則苦供億之不貲故先臣鄭曉有領封之議而原任福建巡撫許

孚遠亦據此具題矣本部覆奏
欽依待世子具表遣官領封福建省城聽陪臣
面領蓋所以省屬國之費而非徒惘使臣
之勞廟堂原有成議而非爲夷使于灞等
之一言也今世子尚寧具奏請封傾心向
化當錫以王爵無疑但查世子咨文乞照
舊例差官及陪臣鄭道等乞遣官渡海等
情不知中國所以信服遠人而遠人所以

歸戴中國者獨有遵奉　明旨耳曩歲陪
臣領封之議　明旨昭然決無反汗且
諭祭前王及　勑封新王儀章禮物不缺則其
典亦至隆重矣目今東倭雖平海波未霽
世子旣堅守臣節自當以
君命爲重早受封典爲榮亦何必勞　皇華之
使陵陽侯之險伐木造船動經數載萬一
舟楫不虞世子素稱恭謹于心亦豈能安

裁且歷查中山王襲封必取具該國結狀
今鄭道等並未齎有王舅法司等官印結
前來雖世子嗣立十二年臣民相安而結
狀亦不可缺合無恭候
命下本部一面移咨中山王世子諭以
天朝領封之議原爲體恤屬國奉有
欽依决當遵守咨到之日世子作速具奏領封
本部卽與具題差官前往福建領封聽陪

臣面領不致遲滯其　諭祭前王及
勑封新王皮弁冠服綵幣等件一一照例以示
寵渥該國君臣毋得再執差官渡海之説以孤
天朝懷柔遠國之心一面移文福建撫按作速
轉行該衙門取具合國王舅法司等官印
信結狀與世子奏本齊到以便本部查照
題覆施行
萬曆庚子二月具題奉

聖旨琉球世子尚寧請封具見恭順但該有通
國印結及世子特具表文方見敬順天朝行
與他知其差官一節陪臣既來敦請著選慣
海廉勇武臣一員同他請封使臣前往行禮
不必採木造船以滋繁費亦不許多帶人役
騷擾彼國有失朝廷柔遠至意餘依擬欽此

請告疏

奏爲親老身病不能赴補乞

恩在籍調理事臣原籍福建泉州府晋江縣人

由萬曆二十年進士授刑部貴州司主事

歷署員外郎中調前職二十八年九月二

十四日聞報丁母憂回籍守制扣至三十

年十二月二十三日服闋餘哀三箇月例

應起復竊念臣父芳蒙

恩封刑部主事臣母蘇氏蒙
恩封安人生臣兄弟三人臣母不幸先逝臣父
今年八十矣長兄知縣臣伯元赴京聽補
次兄舉人臣仲元赴京會試惟臣一子在
家情難遠離兼臣素有嘔膈之病稍勞即
發比因經營臣母葬事觸犯霜露舊疾大
作粥飲不進嘔吐不止伏枕一年空存皮
骨延醫李杏調治謂脾弱胃寒根本受傷

非假歲月難望痊可臣不能奉親之養而
反以病貽親之憂臣之罪也今臣服闋已
久卽當力疾趨朝以效驅使但恐臣念
老親在家而病愈增親念病子在途而憂
愈甚不惟烏情難割抑且蒲質易零伏乞
皇上憐臣情非虛假勑下部覆准在籍調理
庶老親依子而病子依親桑榆之暮景可
延而溝壑之餘生可保臣世世銜結不諼

矣
萬曆癸卯十月在籍具奏次年三月奉
聖旨吏部知道

代撫院疏

奏爲楚餉原非慫期謹因人言開報起解實

數以祈

聖鑒事閱邸報有科臣解學龍中外多故事事

堪憂一疏内一欵參臣某及藩司臣李某

坐視黔餉等因奉

聖旨看該部酌議具奏欽此臣誼當靜聽部覆

但黔局將結楚餉已完事關封疆敢無説

而處於此竊惟科臣所叅實本於督臣所
報而督臣發疏已在未搗巢之前矣據稱
楚餉一百二十餘萬而藩司查明除奉
旨解川十萬及太倉屯餉之重複者南兵部之
缺額者及漕折候新運開徵外實止九十
七萬九千六百五十兩有奇此楚餉之數
目也據稱楚解欠六十餘萬而藩司查明
春夏至秋差官任可重徐經魏國尚余可

華翁秉樞陳所有梁允明王必登劉桐徐
時聘潘錫祚吴以敬濮若漢等十三員内
王必登解兩次共三十九萬三千五百一
十餘兩冬季差官程夢麟蔣光紳陳攴余
國傑袁夢桂高先沈心忠黄進忠等八員
共解三十萬二千兩新春又差官劉三元
馬圖龍二員共解八萬二千四百六十兩
有奇又承德解二千兩又各屬製軍器驛

遍動軍興一萬餘兩俱坐本司自解數內總共七十八萬九千九百七十兩有奇其五府一州奉督臣令牌該徑解二十四萬八千九百九十兩有奇本司自解者已透過原額府州徑解者因運夫折價參差未齊一面移督餉道嚴催完結以上通共一百零三萬八千九百六十兩有奇此楚解之數目也黔事春夏稍緩入秋漸急入冬

萬分緊急緩則一月或再解或三解隨收
隨發以應之急則前解出門後解銜尾不
論京邊雜項盡數那移如捧漏沃焦以應
之臣某無日不峻督藩司該司　臣某無日
不峻督各屬小民之膏髓已敲盡矣有司
之心血已嘔盡矣地方之缾罍已洗盡矣
倘以楚爲坐視爲不繼則未搗巢以前聚
師經歲從何取給甚至文武俸薪輿皁稍

食各隘營哨戍卒無一非支銷楚餉督臣兩疏現在御前豈皆虛語乎既搗巢以後藩司多方措處三十八萬四千四百有奇麋至轅門而各屬徑解者尚在外豈皆無濟飽騰乎且該庫有實收督臣有批廻俱歷歷可驗豈有影射侵漁之理乎祇緣黔報虛數而楚解實數黔發疏在先而楚完解在後此科臣乍聞督臣之奏報義益

金甌而詞嚴白簡也仰仗

宗社威靈

皇上神武一月三捷之露布星馳七縱七擒之

凱歌雲奏佇期洗淨兵甲蘇息孑遺臣其

自揣鑿楚援黔心殫力詘既乏點鐵神工

又無縮地早計致勤衆糾難逭雷霆除將

應解原額及解過全數造册送户部稽查

外臣曷勝戰慄待罪之至

欽齎
詔書遵例繳部兼陳奉差本末瞻　闕謝辭疏
臣頒
詔山東復　命行至境上借閱邸報吏部覆科
臣阮震亨一本奉
聖旨李　着冠帶閒住欽此除恭設香案望
叩謝　恩外伏念臣繇萬曆二十年進士
竭歷中外天啓四年致仕崇禎元年蒙

恩起升添註前職名曰管事而無事可管深慙
素餐恭遇
皇上於二年冬十月　俞文武群臣之請
欽定　册儲吉期爾時未聞有虜警也禮部前
任尚書今次輔何如寵查光禄太僕往例
有齎　詔之差以臣坐名山東具題續因
烽火乍傳　吉期稍俟臣逐隊守東便門
除夕獻朝在重闈外櫛沭迨醜騎既東登

陴稍閒而　吉典煌煌舉行矣禮部尚書
李騰芳查前疏已經　御覽仍題臣山東
正使而原任行人今科臣阮震亨副之奉
旨點正卽於　冊立本日領　詔次日放行此
奉差本末也蓋禮部註差在先非聞虜警
而後借且問寺添銜無事非舍職業以他
營輔臣禮臣可問卽擬副差之科臣亦可
問也卿寺正使有點不獨臣一人中行副

使無點亦不獨山東一省途次借報未見
全抄既經科臣糾參吏部議覆至再
皇上不加斧鉞仍存冠帶疲牛頽馬辜負三十
九年
朝廷豢養之恩波放野歸林矜全六十三歲
天地生成之齒骨臣昌勝惶悚昌勝感激謹將
原領　詔書一道遵例繳禮部恭候彙
進仍望　闕叩首遙辭

崇禎庚午十一月具奏十二月奉

聖旨該部知道

代請補蔭疏　丁丑

謹奏爲先臣竭忠
君恩念舊謹遵例陳情以祈世澤事伏以
聖主篤股肱之臣不忘奕葉窮簷睎　太陽之
照畢罄葵心臣竊念故父茂相歷事　四朝
靖恭一節任版曹權關氷蘗守鄞郡鴻鴈來
歸衡文江右絕干請而拂衣起歷寺卿核騰
驤以禦侮撫浙則首除妖黨三定亂兵防海

擒倭嘔血綢金湯之固督漕則發覺僞咨搜
獲假印禱河通運胼胝襄惟正之供入掌度
支倉箱釐飭削迹權焰獨抱孤貞幸值
上聖御極之辰蒙　特簡秋曹重寄首讞逆黨
咸蔽厥辜清囹圄除炮烙仰體　好生德意
力賛祥刑凡此蹇蹇匪躬之節實皆爲臣秪
職之常業經本省撫按代題蒙　欽賜祭塟
贈太子少保臣合家感激涕零撫泉壤其有

允矢百身以圖報于時臣方灑父松楸又守
母苫塊至于敘廕典例未敢驟陳伏念事親
有罔極之遐思而致身乃臣子之大誼恭查
大明會典京官二品廕一子入監讀書載查近
例臣鄉工部尚書黃克纘蒙廕者三南戶部
尚書林學曾蒙廕者二臣父旣備員正卿又
恭逢　覃恩官階不後於二臣而錄敘未及
乎一介雖宮銜之廕已經兩辭而尚書之廕

似可追補伏乞
皇明垂念夙昔微勞　勑下部覆照例准送監
讀書臣奔走馳驅不啻犬馬以稍伸先臣犂
環龜紐之餘忠臣曷勝屏營踴躇待　命之
至

丁丑代稿當在謝辭疏後

今暫寄忠部末檄前

鼎湖私識

自漢景帝以日易月而古諒陰禮亡矣我

朝會典

皇太子諸王宮中持三年斬衰京官外官俱三

年素服追虞周而邁漢唐宋此立國大根本

也永樂部議開載甚明至嘉靖內外官員禮

並與永樂同隆慶儀注未載栝蒼御史大夫

李懿云

穆廟壬申夏崩至甲戌春恩榮宴不簪花掛紅

李郎甲戌進士足徵萬曆庚申秋浙中聞

神廟大喪

遺詔頒而儀注未頒亟請於部亡何而

光廟大喪又聞矣二喪俱遵會典行迨請儀注

至則會典京官外官素服二十七月兩條俱

削無載蓋

神皇涖阼多年丙申有

慈慶宮服乙卯有
慈寧宮服曾聞內監云
神皇宮中戴白帽三年終喪而京外官止二十
七日此
皇太后卹禮也若
大卹儀注原不同當事者以歷年多而忘之
祖宗家法宮中自有傳而外廷臣子不純素濫
觴於此矣且

慈慶二十七日後京官三鳥百日至
山陵畢而除所謂三鳥者冠帶舄俱青而袍白
也李文節爲司成在服內白衣冠到任郭恭
定爲協院在服外三鳥到任此當年親見者
今微倣此意約諸僚素服百日以俟
山陵諸僚或然或否叔元竟遵此議繇漸移江
臬素服到任至辛酉八月鄉試入簾乃從衆
易吉衷猶怦怦愚賤非敢反古然此係

昭代彝典可垂萬世者忍當吾世而無徵乎語云禮失則夷狄横而窺中國嗚呼豈細故哉

前禮部郎叔元謹識

鼎湖再考 增

洪武戊寅

高皇閏五月崩部議諸王世子郡王王妃郡王

妃郡主內使宮人等俱斬衰三年京官朝晡

哭臨至葬畢而止仍孝服二十七日而除外

官孝服哭臨三日而除

謹按 孝陵七日卽葬尚在服內故稱仍

二十七日也

永樂甲辰

文皇七月辛卯崩部議宫中　皇太子以下斬

衰三年親王世子郡王及王妃世子妃公主

郡主以下俱斬衰三年凡視事素服烏紗帽

黑帶退服衰服京官外官二十七日後素服

烏紗帽黑帶俱二十七月而除

謹按　大喪禮惟此最詳洪熙以後□□

朝臨減三日在外無朝臨餘俱同禮書

震儀注其所題也至九月癸未纔五十餘
日梓宮在殯宜三烏呂震請易吉自違部
議矣　上不答吏書蹇義偕部院請素服
詰旦　上素冠麻衣經視朝惟學士英國
公如之餘俱素服此楊文貞所錄者以後
不知何服則當時已參差矣然部議炳如
日星誰能易之
洪熙乙巳

昭皇五月崩部議諸王世子郡王及王妃郡主
以下喪服二十七日而除
謹按部議自諸王起則　皇太子親王仍
斬衰三年且甲辰至乙巳兩載耳朝臨稍
減有小註在永樂内餘無小註則内外官
禮俱同
是年乙巳
昭皇旣祔廟　上仍素服御西角門視朝至禫

祭後始釋素服

謹按此禫祭後　上纔釋素服則禫祭前

百官非純吉可知

宣德至正德會典無載想俱同　倘不同則

前有小註矣

嘉靖丙寅

肅皇十二月崩部議內外官員軍民人等及各

王府夷使禮並與洪武永樂同

謹按洪武畧而永樂詳今云並與洪永同則京官外官必依永樂儀注二十七月矣服矣或疑稱永樂又稱洪武非畫一答曰此脩會典者約之非原文也云部議須行自畫一豈與畧者同又與詳者同乎

隆慶丁卯

肅皇喪服二十七日滿　上素翼善冠麻布袍腰經御宣治門視事不鳴鐘鼓百官素服烏紗帽黑角帶朝祭辦事至三月祔廟畢百官

烏紗帽黑角帶青員領辦事孟夏時享

太廟以神主尚在几筵　上具常服祭告以後

大祥之内時享祫祭皆如之樂設而不作

謹按先云百官素服辦事後云百官青員

領辦事則素似白非青也孟夏几筵

上具常服不作樂至大祥内皆然則百官豈可

全吉乎　又按主事黃琰述其祖恭肅曰

肅皇崩於十二月至丁卯二月葬永陵在孝服

外百官白衣至山陵畢方易服未敢著錦繡至四月二十二日開經筵以吉服侍班想係錦繡而非大紅乎又云以後如常則部議與永樂同者亦參差矣然會典所載自不可易或疑恭肅只稱吉服侍班安知非大紅答曰凡經筵遇忌日俱錦繡况此以素服驟變乎

隆慶壬申

皇五月崩部議會典未載

謹按左都李鋕卽甲戌進士曰恩榮宴不簪花掛紅間以陪宴官何服曰不記得或錦繡而非大紅乎是　莊皇喪禮尚遵守部議且壬申至甲戌三年不簪掛今泰昌庚申至天啓壬戌亦三年儼然簪掛全吉斯道也今亡矣可歎或疑錦繡陪宴安得云三年素服答曰亦此日權用耳若日日錦繡則進士何尅其簪掛乎

論曰自漢短喪以變爲常後有復古者乃以

常爲變如永樂部議甚詳呂震自議而自
違之若故紙然又何怪今日儀注併京外
官二十七月素服而削之也
祖宗家法宮中俱三年終制而外廷廢禮又廢
牟嗚呼誰執其咎
又按
皇太后喪禮凡服内而間青緑花樣者會典俱
有權用二字亦可參看

叔元有鼎湖私識或疑　累朝遺詔俱以
日易月夫斬衰二十七日者遵詔也若素
服三年乃臣子自盡且素服而不衰服何
嘗非以日易月乎

鼎湖再考與黃主政商訂頗詳惟洪武部
議外官哭臨三日而除無二十七日之文
亦無軍民禮甚疑之今恭閱

成祖奏建文曰父皇停棺中殿七日即葬又

日賓天一月始詔天下親王與百姓知之
華除事多訛此奏以天下確古者天子葬同軌
畢至今七日逼下已甚總不欲親王至耳
太祖閏五月初十日崩迨一月則孝服將滿矣
故王國三年斬衰下逮內使宮人者意在
鈐束諸藩也外官三日即除者以在京孝
服先闋也細思俱有因彼時方孝孺未至
誰謀國者葬速而詔遲至此若嘉靖部議
與洪永同者必同其二十七月素服之文
豈同其三日即除無二十七日之文乎渙
然無疑

與黃士事琰書

遺詔與部議　累朝皆有其後不同前者則小註洪熙朝臨之類是也同者則不載宣德以後及嘉靖與洪永同是也此脩會典之體也永樂部議似係祠祭司具藁宗伯呂震絕不經心故兩月亟請易吉若罔知有部議者然意在獻媚且自便豈知　大孝所不喜乎蹇忠定意在調亭寡斷乃爾楊文貞雖秉正

但以　仁孝皇后之喪爲辭何不直斥曰京官外官三年素服須行天下豈故紙乎則文貞亦不經心部議矣

仁皇心知文貞之是不斥呂蹇之非曰聽臣下易之曰臣下聽其便蓋父子主恩君臣主義親喪所自盡而薄責於臣此　仁皇所以爲仁也與漢文遺詔止令天下吏民何嘗禁太子終制而景帝自短喪者相去遠矣惜當時

諸臣無以部議執奏者耳夫　嗣皇宮中斬衰殿上素服臣子二十七日斬衰三年素服盡倫盡制與遺詔無礙不惟漢唐宋懸德萬古亦可昭垂雖歷代有遵有不遵然會典森然則禮廢牟存追泰昌天啓一變駟不及追矣古云小雅廢而四夷交侵小雅何與於夷也又云君臣禮失則夷狄横而窺中國誰謂此語出王金陵而無徵哉

二十七日外三鳥至山陵畢此會典所不載
者　文皇之喪楊文貞有錄肅皇之喪黃
恭肅有徵余所親見則慈慶喪也彼時郭
恭定服內白衣冠入都迎者如之余服外有
審决之行三鳥出都送者如之至濟淮聞總
河總漕部院在外亦三鳥蓋
神皇事　兩宮盡孝故中外象指畫一若此無
呂震宗伯之祭差矣　慈喪猶然況六喪
乎會典所不載猶然況會典所載二十七月
素服而徑削之乎今短喪已晏如而余不厭
諄諄者俾後世知我　朝大禮千古立隆也

乙亥增入私識後

奉

旨議謚揭　送禮部

議最上的應謚三員

一江西按察司提督學政僉事陳琛福建晉

江縣人

前件　琛爲文莊蔡清傳心高弟頴悟絶

倫靜修自得不立講學門户而高大精微

皆根心實體自爲布衣時遠方負笈者踵

至語下語上各隨機引之所著有四書淺説周易通典緜訓詁而推明理性洞徹本源與蔡清之蒙引互相發明海内奉爲正鵠初仕刑曹好生不喜得情時正德末年知幾色舉乞改南以便養親南户曹榷關正額之外一切弛禁不以羨餘博名轉南考功著正學篇受業者日益衆卽九列大僚如清惠吴廷舉等亦朝夕請益焉以母

老乞終養廷臣交薦有用之學不宜投閒
起升貴州學憲辭尋改江西學憲又力辭
六十孺慕純孝足追曾閔而見大心泰浩
然與點開同符登其堂月朗風清能振懦
頑而銷鄙薄誦其書遵朱翼孔直揭二曜
而行中天此躬行心得理學名臣也的宜
諡
一南京兵部右侍郎贈南京户部尚書耿定

力湖廣黃安縣人

前件　定力與兄恭簡定向自相師友其
學以求仁爲宗以善與人同爲血脉居官
清畏人知貞不絕俗守成都盟心盟僚屬
禔福三十餘城方田採木二大軋恬敏精
辦賦役一清而全吏民軀命無算五載治
行第一督閩學名士盡入彀中而因材陶
鑄莫不蒸蒸濯濯再舉卓異歷奉常銀臺

自陳疏寓規諫又忤執政淹滯六年擢南
院操江都御史條陳五防五便疏專責兵
憲簡練州縣民兵又議贖鍰半備賑半充
餉皆保障石畫攝臺察吏恕而莫欺御衆
防江寬而莫犯晉南兵部侍郎在南都十
載以靜鎮譁以和化競以不動聲色决大
事大疑吏部疏稱學有淵源才兼經緯出
處卜世道盛衰此躬修道學正直忠厚名

臣也的宜謚

一太子少保户部尚書汪應蛟直隸婺源縣

人

前件　應蛟自童稚立志必爲聖賢南曹

討論典故督學四川鏤詩禮學錄以風多

士播州亦式化焉備兵易水有礦璫劾罷

巡撫者應蛟露章彈之

上爲霽威拜天津巡撫設戍旅順以控島防移

撫眞定議用戍卒墾田葛沽白塘一帶歲
入數萬斛爲後式奸弁括餓稅十三萬疏
蠲其半請告十八年起南户部尚書陞北
時遼蜀黔餽運旁午疏言兵練乃可減兵
餉清乃可裕餉請
勑各督撫汰老弱覈虛冒以蘇邦本廣寧繼陷
有議兵三十萬餉一百二十萬布置三方
者力請減半有悍帥募兵索重糈自肥者

應蛟疏請躬選練一軍遴募七千省費二十萬悍帥帖服而言者詆其越俎遂乞休辭疏陳堯舜敬修心法且箴及宦官宫妾若預知逆璫之流禍云其學宗誠敬不希頓悟曰仰鑽至欲罷不能乃見卓爾敬信至篤恭不顯纔是闇然所著有中詮等書此理學正脉大臣德業並懋者的宜謚

奉

旨諮訪册　送吏部

吏部諮訪單一欵内外官不論崇卑但有實政實行者竊謂政運於才行根於守今天下最急在章廉癉貪然眞廉必兼以實才廉而無才猶堅瓠也臣通籍三十八年惟十四年在宦途閱人甚稀保舉宜愼謹開政行兼優才守懋著者如虛卄連坐崇自卿貳卑至學

忠壹　肋删　五十九

愽聊舉所知匪阿所好其諸棟宇之材濟濟
自有鳳麟之網恢恢
一原任巡撫廣西都察院右僉都御史回籍
趙世徵
前件本官爲廷評精熟律例堂卿鄭繼之
器重爲安慶守凡事遵前守徐民式良規
而獨不周旋貴要六曹霜肅今禮部尚書
何如寵職方郎中方孔炤可問滇南臬

六年雲龍酋叛撫院周嘉謨以爲憂巡按
毛堪曰趙大參在彼何煩東顧果遄平入
計俸薪截日住支巡按行藩司賚公費伍
百餘金境上郤回吏滇者悉言之廣西右
布政管鹺力革火耗課銀盡貯司庫左布
政清釐庫弊應天府尹黃景章前官粵稔
知者粵撫缺冢宰周嘉謨出夾袋中以在
滇平叛酋事也撫席未温以前同僚弊規

忠壹

移坐今刑部侍郎朱世守能悉其頂缸被
傾本末身不勝衣而定見定守屹然如山
父祖三世仕宦餅無餘粟假令當年竟其
用必爲眞清毅撫臣今年力正强似可推
轂通政使大理卿或洊歷卿貳必能贊平
允之治宣股肱之力如日後操守改節樹
立不光明臣并連坐無悔
一原任南京户部右侍郎兼都察院右僉都

御史終養林宰

前件本官澹泊寧靜而經畫井井爲無錫
令追徵錢糧有法士民咸孚其恩信四川
左右布政軍興旁午出納餽運備履艱險
苦心　臣轄楚稔聞之佐計南都當璫燄之
時急流終養居鄉恂恂若處子與其父通
政使林梓鄉號爲兩活佛今將服闋似可
依期推起柄用如變節　臣甘連坐

一原升巡撫河南都察院右副都御史請告

張潑

前件本官曩爲縣令於北貽臣書於南曰

贖鍰之蠲未見笞杖者盡廢法賦役之輕

未見肉食者減一飽此卽近奉

明旨革火耗蠲罪贖二件根心名言出處大節

皎然擢巡撫自矢澄清兩河以病告今詢

禮部主事史高僴知痊矣似可需期起用

必爲清正名督撫如虛臣卄連坐

一見任江西道御史葉成章

前件本官爲長洲令前令清者徵收一兩

火耗尚有八釐本官幷八釐而盡革之南

光祿毛堪㢋子姚希孟諭德文震孟可問

巡按宣大事竣監司守令謝薦者分毫不

受而婉復其書清不絕俗臣詢之云

會典保舉受謝坐贓論敢不懷刑乎至治縣

時均賦役剔奸蠹閭邑含膏行邊奏疏累
百燭虜情邊備力破積習部院自有鑑衡
見任本不宜列冊以革耗却謝兩事甚符
欽命特揭之似可優擢卿寺以表清風如日後
改節臣甘連坐無悔
一原任光祿寺少卿因起升閒住蔡獻臣
前件本官與臣三十餘年金石交浙中學
政臣服其能整能暇而稍病其圓融然今

前列科甲得人彬彬則瑕不掩瑜矣兩世
仕宦家僅中人產博古綜今留心經濟儀
曹疏執朝班不阿臺史常鎮疏論楚事首
輔文忠葉向高服其侃侃篤論起升摧折
俟服闋似當亟擢清卿以攄夙抱如虛臣
廿連坐 此員偶有訛傳今確查現存
亟補揭
一原任南京光祿寺少卿削籍彭遵古
前件本官進士建言屢蹶儀曹璽曹鵠立

山左典試三策根理周務人傳誦之臣近過其山居清約如栖鶻之巢御史饒京語臣曰事兄御史好古至恭雖卿寺遇兄怒猶長跪請責其篤于根本如此快口熱腸薑桂愈辣而氣𩲡力量堪致遠似當及時起升且邊情習熟可佐折衝之籌如虛臣

井連坐

一原任太僕寺少卿削籍王一中

前件本官起家古田知縣文忠葉向高極
稱爲循良臣分守温處曾詢以催徵之法
答曰縣官若以錢糧作四書本經讀何患
不清楚足額名言也廵按山東以平妖升
冏寺推折今似可
召環亟用必爲端醇列卿如虚臣其連坐
一見任福州府推官趙繼鼎
前件本官爲會城司理歲入惟俸薪衙食

惟蔬鹽十日纔市一斤內執法分毫無私
綜理勤密撫按甚倚重之有謂其太清太
執者夫清何嫌於太也今歷俸逾五年似
可亟擢銓部司官或考選前茅如變節臣
井連坐
一原任工部營繕司員外郎今降調劉𬋩長
前件本官前以
八工節省忤璫削籍近廠庫事工部尚書張鳳

翔極昭雪之其祖工科都給事劉弘寶謫
潮陽典史歸田釜甑生塵鱗長清苦紹祖
風且骨力堅勁文學行誼兼優今雖量謫
他日似可備清華及提學之選如攺節臣
并連坐
一原任徽州府學教授升紀善舒曰敬
前件本官介直不逢世田居設帳斆學三
十年郡守蘇宇賡念其貧欲周之力辭曰

舌耕筆耕足充饘粥何說貧乎屢經薦剡

似可破常格起南京禮曹以風世如虛臣

并連坐

又有在告宜會推不待諮訪者原任户部左

侍郎請告陳所學清貞經濟出處光明在

籍五年自有九列廷推銓憲大受者也又

有查照都察院近

題在諮訪外者原任南京户部侍郎加尚書

致仕林學曾家居授徒篤學不厭不倦今
年八十三原加太僕寺少卿致仕起南太
僕寺少卿曾阜清苦邁倫今年九十似可
倣周汝登例特
請增秩以廉頑立懦者也又有當查病痊起
用者原任工部右侍郎閑論董應舉邃學
卓品歷試勁才今工部尚書張鳳翔雅知
之近聞稍患步履倘痊愈似當起卧以爲

清眞任事之倡又有可言而未可舉者原
任南京户部右侍郎削籍公杖呂圖南巡
按粵西浙江垂橐蕭然粵舉劾隻字不苟
漸進退綽綽擅留南糧巳經處分南北似
有公論或疑啓事非人者則蔡京能累楊
時乎秦檜能累胡安國乎此清醇之品可
言而未可舉姑存之又有舉朝所不敢言
者原任通政司通政使削籍坐徒岳駿聲

居鄉恬潔于伯仲爲難兄守汝寧循良卓

冠總儲楚臬有政績才品俱眞但見幾不

早致嬰世網不惟人不敢言亦難顯言姑

置之謹附

補册

詞林二員

一詹事府少詹事兼翰林院侍讀學士林釺

前件本官端方恬潔不隨世浮沉初鼎甲

以親老依依膝下一言一動佩服先正典

型至

國學力阻璫祠則舉朝共知不待贅

一詹事府少詹事兼翰林院侍讀學士丁憂

賀逢聖

前件本官爲書生時孝友著聞今十餘年

詞林依然一書生曩熊宇奇督楚學賀與

熊廷弼齊名字奇甲賀而乙熊人服賞鑒

其舉動尺寸不踰職所親接者

右宮僚似非職所宜舉既稔知之不敢

隱

邊道一員

一分巡冀北整飭大同兵備右布政使降一

級宋統殷

前件本官爲淮海道領兵趨沛縣解散妖

黨爲寧武道百事修舉因插警改巡冀道
未及兩月虜犯大同調度固守甚得其力
選將修伍煉火營將卒用命巡撫張宗衡
凡事皆倚賴之近有自雲中回者確稱其
潔守長才爲諸道最邊方督撫之任似無
逾此官
又鄉科三員
一大理寺左寺正王秉乾

前件本官爲楚湘陰令敏練有擔當黠總
督嚴檄加泒運夫違者官褫職吏梟首民
不堪命秉乾獨委曲調劑合宜此職待罪
藩司同井苦者今御史張鑛又力稱其操
履潔白以舊湘潭令而稱舊湘陰鄰令不
虛
一刑部陝西司郎中林奇檂
前件本官初任澧州守當事者呼爲聖賢

之徒則循良可知在留曹與今銓司林徿
昌同輩推爲清品今任比部職曾詢喬司
寇允升曰有執持有學問知本官矣
一湖廣岳州府知府程道行
前件本官曩爲浙龍泉令職稔知其清操
而才亦穩妥近詢太常少卿岳州人楊一
鵬曰現今氷檗益堅三湘七澤歲荒盜起
正倚爲一路保釐

右三員王以才勝而守稱之林程以守
勝而才稱之俱鄉科中錚錚可優擢者

前册在

欽限内稱臣補册在
欽限外只稱職凡二十二員職歷任四省湖廣
山東各舉三員江西舉一員及增秩一員
浙江舉一員而附一員置之楚屬官一浙

屬官一餘俱閩人八員及增秩一員又附
存一員史曰非親非故不諳其才況諳其
廉乎子曰爾所不知人其舍諸
補册已畢偶思南京太常寺卿仍管光祿寺
卿事毛堪曩曾聞其一二事心服之細詢其
居鄉恬修不與外事談論皆切實經濟非一
種矯矯矯爲名者清卓之品亟當簡用但職耳
而未目因思册内林釪亦耳而未目者旣真

闇豈可隱乎謹附

王冡寧永光答書

諮訪一事諸老開送俱稱得人稍稍帶一

二情面獨老年翁鑿鑿精鑒不勝嘆服再

奉補册葢仞緇衣之好倍百恒情敬謝

擬寧夏檄 附　萬曆壬辰

檄討寧夏反者哱拜哱承恩父子釀蠭有毒豕無恩　紫朝開不距之門兩世徼並生之福含血戴角尚荷　天慈狼子野心陰爲戎首劉東暘許朝土文秀等爪牙仗汝頭目欺人脫逍上之巾情輸哱賊操室中之刃支磔撫臣班虐鄢郢之宫血流愽昌之里乾坤式序敢造腥孽以滔天河漢澄清誰令煙塵之蔽野持梁王甚

急乘墉干帶礪宗盟引回紇爲脣歃血啓犬羊

邊釁三陲共憤闒者欲剸其胸萬死餘辜數之

當擢其髮　皇赫斯怒　帝命徂征推轂龍圖

上將軍調遣兔罝諸武士威聲凛冽賀蘭山陌

肅清霜嚴令寂寥受降城上懸明月鐵騎雲合

朔方之雉堞無堅金鼓雷殷西賊之膽心俱惙

柙中養虎早知咆吼之難斵釜底遊魚今識

强之何益會須破竹所慮延林謀決從天功此

魁日　朝廷威德得昌者全軍民脅從不與告
半太尉呼左右之袒首攻其心淮陰易漢趙之
旌如反諸掌故諭從賊軍士人等元兇莫逃於
殊死餘黨尚許其更生擒賊來獻者首功解甲
投降者免辠韃酋二十年貢市何無香火之情
數千騎助兇寧甘逋逃之主反賊自投於死地
以汝爲乘韋　天朝何負於若曹不顧其暴骨
毋亢亂賊毋敗舊盟有如絕意歸廷甘心佐逆

汝且謀之不及夕余姑翦此而後朝霹靂

天誅不許隻輪逃朔漠鯨鯢賊首定將萬級獻

轅門兵有先聲汝無後悔故檄

忠部附录

李端和雞肋刪

質部貳

南宮備攷

山東學政

江臬祥刑

阜陽蘇氏族譜序

陳紫峯先生年譜序

易經隨筆初稿序

門人　樂陵張　潑

貿貢　　刪冊　　貢

清渊張振秀

東萊毛九華　輯

男正培正高正樞正綸正丹仝輯

孫雲寧瓚曾孫延昂延楫洪霄洪晟洪璧一鳴洪箕奏緯督梓

南宮備攷　刻壹

凡各衙門所裁削皆冒濫也獨儀部所裁削者未必皆冒濫也蓋明知其爲天潢的派而不得不裁削之耳凡各衙門撥剔吏蠹皆有益於其人也獨儀部之撥剔吏蠹未必有益於宗室也蓋利不歸胥史則歸徂獪耳宗室日繁月衍不名不封不婚者衆矣設有詐冒誰肯相容凡以名封婚來請者除花生傳生外其餘皆天潢子

孫也儀部據牘而裁削之頭緒雖多總不離私
婚擅婚濫妾過期四者矣不請爲私請而不待
封號爲擅不奏選爲濫五歲不請名十五不請
封爲過期擅婚之子歲給名糧五十石私婚及
濫妾之子本色米十二石過期者以歲爲率名
糧本色米或報罷有差夫是四者爲怙終乎爲
詿誤乎皆非也親王請名封費以千計郡王當
以百計將軍中尉亦當以數十計其愆期不請

與請而不需封者皆力不足耳力旣不足而又
不私焉擅焉則終不婚不嗣矣執此而裁削之
譬如人家子孫力能自達於父祖者則授以田
產力不能自達於父祖者則奪其田產有何罪
乎故曰是明知其爲天潢的派而裁削之也親
王請名封輦輸而來郡王稛載而來將軍中尉
醵金而來皆積年齎奏員役包攬入京以爲固
然固然耳儀郎雖夙夜在公必躬必親胥史不

敢爲購於外然有齎璧入關之舍人必無懷璧
歸趙之舍人宗室數千里外安能家諭戶曉乎
故曰利不歸胥史必歸狙獪也然則私婚等禁
可寬乎又不能也若論
聖祖再造華夏之功德子子孫孫食租衣稅徧
天下亦豈爲過而民膏民脂不可繼也勢不得
不借此四條以裁削之舍此四者則面面是佛
別無可裁削者矣以理言之則曰仁術以情言

之亦近於朝四暮三矣然則狙獪雖不可問而
吏蠹可清乎又不能也昔高新鄭爲宗伯嚴禁
各王府校役不得至胥史家有犯者執而與杖
其人曰願一言而杖禮部尚書一任幾年胥史
依舊胥史也校役依舊校役也寧違部禁莫迕
胥史所從來矣宗禁既不可弛則惟精惟恕宗
室稍霑一分之惠吏蠹既不可清則惟勤惟敏
胥史稍減一分之弊此外似無別法矣儻欲爲

通變之策莫若於有宗藩省分擇監司中事簡
者專給一勑書凡請名請封請婚等項一一查
駁明白按季呈巡撫衙門巡撫據以奏請本部
不必再加封駁止照旌表節孝事例奏到即覆
此其便有五焉宗室名實相應者可以及期上
請即不相應者可以速勘速報不至躭閣歲月
便一長史教授等官屬其鈐轄則抑勒者少便
二宗室無齎奏之煩部役無索騙之實便三巡

撫監司自有地方之責决不容冒濫以朘民膏
便四曩諸藩議均祿而竟中格者一曰上下相
調也二曰有願有不願也今該司有專勑可以
從長擘畫或就諸藩而面諭之如某府願均祿
則條奏如法而本部覆行焉其不願者姑俟之
不必牽掣不必彙同窮則變變則通數十年後
而處處皆行矣便五蓋專勑從事則權易行就
近稽查則上易知而下易達然便於宗室便於

奇貳　　力刖　　𣃁

地方而不便於中涓及群小必廟堂獨斷而行之乃可不然非今日之所敢言也

山東學政

照得本道陳情在待不自意猥荷

上命起視學山東夫山東孔孟之鄉四方人士

之所取則也我　朝稽古建學特設憲臣提

督而先賢薛文清公首訓玆土本道無能爲

役然神竊鄉往之矣既受事伏讀

卧碑　勑諭日星昭垂本道能一一遵依便爲

率職諸生能一一遵依便爲成德達材何事

賚 貳　　　　　　　劝 刂　　　　　　　朩

多言大學曰君子有諸己而後求諸人無諸己而後非諸人未有藏身不恕而能喻諸人者故欲正官師弟子必自本道始矣檄到如式須行

一本道性褊淺學鹵莽識闇昧不足以爲諸生鵠拜　命之日懪然内懼矢慎矢勤斷自今始蓋惟慎可以企人之明惟勤可以當人之敏至於稟公執法自有素心决不

敢變塞以羞齊魯但公慎勤三字淺言之
則督學常事深言之則非克巳工夫至精
至密者不能踐也隱微根本之地人所不
見本道宜朝夕計過倘言不符心行不符
言願官師弟子交儆我謹拜而受焉
一提調官及教官皆當與本道分任教化之
責提調官與諸生相親惟朔望講書及季
考耳邇來講書多不舉行即季考亦寥寥

一行或云簿書未遑或云錢穀不充不思
吾輩今日叨受　國恩從何處得來而可
不留心學校乎惟講書與季考以光明正
大相延接則諸生材品大較亦在耳目中
賢者多方培植而勿以驕昵爲愛不肖者
虛心詔誡之甚則以名聞其餘拜門生通
私謁等項一切謝絶以一士心至事切身
家速爲伸理户婚田土責在父兄者不許

徑拘裸褻蓋既嚴杜其邪心則必直養其
正氣此在賢有司留意耳教官一途玉石
相溷本道不忍瑣言以傷模範之體爰念
各官當年亦曾經師儒教養孰堪爲法孰
堪爲戒豈至於今輒忘之哉其不模不範
不自愛者本道決不姑息以玷皐比有能
嚴以律身勤以誨人不愧古蘇湖者本道
左右手倚之敢愛推轂蓋必絜已而後能

勤誨然潔巳又不可以不勤誨也念本道
巡歷之日少而諸賢造就之功多故實心
相託萬勿以虛文相應云
一國家以明經取士則讀書作文諸生業謂
本領工夫矣本道進而譚身心性命不藐
藐聽我乎夫身心性命非在讀書作文之
外也諸生誦法孔孟設使孔孟生今之世
一般讀書一般作文然則與俗學有別乎

曰讀書作文斯爲諸生矣所讀之書心體
力行所作之文由中達外斯爲孔孟路上
人矣且如孝弟廉讓乃士子立身大節諸
生束髮受書有不以孝弟廉讓爲美者乎
搦管爲文有不言孝弟廉讓若固有之者
乎至叩其所行無毫髮相肖則焉用讀書
作文爲故訓爾諸生言孝弟必力行孝弟
言廉讓必力行廉讓推而至於脩己治人

莫不與所讀之書所作之文合斯眞能誦
法孔孟也然大本在識其眞心眞心在人
是是非非何嘗不皎然明白只緣此心不
提醒以致冥行徑趨耳諸生宜隨時隨處
提起眞心心之所安則爲之心所不安則
禁絶勿爲斯不爲無根學問矣
一諸葛武侯有言非澹泊無以明志非寧静
無以致遠眞千古鍼石也伏讀

臥碑生員不許建言夫建言尚不許而況奔競
請托乎本道關節不到則種種鑽刺自息
源潔流清責不獨在諸生也奔競請托尚
不許而況敗倫蔑檢武斷把持甚則糾衆
恣睢又甚至爲奸盜藪如前道所嚴禁理
法所不容者乎本道實心責成有司虛心
參酌公論訪有前項惡習者文藝雖優定
行首黜嗟乎本道叨一日之長豈忍有此

子弟哉但願諸生從澹泊寧靜立根基相
薰相陶養成遠大之器本道將有榮藉焉
一諸生讀書必洗淨俗慮披卷如對聖賢凡
讀經之法先將白文朗誦一遍便掩卷靜
思覺津津有味而後證以傳註稍有異同
則展轉紬繹必求其心之所安久之則腸
胃無煙火下筆亦超人數等矣凡讀史之
法一人必從始至終一事必從顛至末了

了如在目前遇難决之疑與難處之事則
掩卷靜思使我身履其地宜如何剖析如
何處置而後以古人證之久之則件件有
條理經濟亦從此出矣蓋學只患心不潛
耳潛心二字徹上徹下勿謂舉業與聖賢
學問不相貫也先賢蔡文莊公有云我做
蒙引俾新學小生把這正經道理漸漬浸
灌在胷中則其成就自别又曰今之由科

目出身而能以德行事業光明於當世者
遡其始之用心皆有不俗者在本道最有
味其言敬爲諸生誦之
一說書必宗宋儒傳註行文必尚典實純正
此自諸生本業而乃上煩　簡書申飭不
啻再三夫所貴乎善射者爲能中的也今
本道明以的示諸生矣凡作文以發題意
爲主聖賢精神透悟得入聖賢口氣描寫

得出便是第一等文字惟平日無看書工
夫則臨文無中的手段其勢不得不掇拾
新說剽竊二氏唾餘以塗人耳目此正愚
不肖之不及豈賢知之過哉本道欽奉
明旨云士子必潛心聖經恪守　王制他日方
能奉公履正裨益國家始學既已不經將
來有何竪立大義凜然敢不遵守諸生試
卷用佛書一句者廩停一月增附不許幇

補三句停降三月送考定奪五句以上徑
黜決不藉口憐才使功令不信于多士也
一朝廷頒降四書五經性理大全資治通
鑑綱目大學衍義歷代名臣奏議文章正
宗及誥律典制諸書實學實用正在於此
今諸生於本等經書全不體認而僅以記
誦時文爲事至通鑑綱目性理非特耳目
不及抑且書册不具辟農無耒耜而欲逄

年工無準繩而欲善事有是理乎本道發
發立書程恐涉故套惟是出題閱卷務要
前後場並重以觀所養前場可觀而後場
空疎者斷不優取後場古雅博洽而前場
稍讓者特加優拔蓋本道厚望諸生博古
通今爲名儒爲名臣無寧徼一第而已作
字亦宜敬慎端楷即此是學
一廟廡堂齋損壞須及時脩葺此有司事也

俎豆樂舞陳設須蠲絜整齊此教官事也

學校禮教所自出如慶賀

大節及迎接　詔勑等項諸生在城者隨班行禮在鄉者一時或未能畢集至春秋丁祭則不論在城在鄉决當齋戒五鼓隨班本道曩爲青衿時最謹此禮非以不恕令也

諸生毋習懶不赴自棄門墻

一名宦必有功德於地方者鄉賢必有模楷

於鄉閭者覈實報部請
旨定奪近例甚嚴如輿論果孚許通邑公舉府
州縣再三確覈本道參伍諮諏寧行吾所
明無行吾所疑不許師生徑自薦舉亦不
許子孫陳乞及從別衙門告批其節婦孝
子必終始無議者方准公呈鄉飲賔僎必
鄉里推服者方許敦請本道莊誦
勑諭云提學官宜以綱常為已任心甚惕然官

師弟子孰無秉彛如保勘失眞請求有跡者究黜

一學校一應事務本道但自虛其心憑理憑法有分毫在理法之外者斷非本道所行經該官司卽便封緘以防詐冒斯爲相愛相成矣其事關學校應聞本道而故不聞及不應通詳而一槩混申致紊職掌者定提該吏重究

以上特揭大綱明示趨向本道不能煩言亦
不敢食言惟官師弟子共晝一守之毋忽出
巡考校條約詳列于左

江臬詳刑

江西等處提刑按察司爲循職掌飭刑名事照得本司以提刑爲職凡通省大小輕重獄情俱係職掌除杖罪勿輕問有力解審勿多累干證擬徒擬戍必合律例入官給主無得混淆及其餘可徑行者節經申飭外有一二切要款目或事干重辟而生死之苦累宜蘇或罪及妻孥而僉勾之條例宜辨謹開列如左伏乞照詳施行

一審錄勿提解失主

查得先年題　准凡撫按審錄囚犯已經奉

單者悉照京師會官熱審事例不必再拘干

證止將始末文卷及見監囚犯送審干證且

免解則原告可知又查得强盜在京奉

旨即决在外固監待决故各省直之審錄最多

强犯有贓仗招罪覆訊明確蒙兩院批允監

候會審詳决者原問衙門即於案内親筆註

云贓經失主認領訖以後凡遇審録只閲招
閲卷或審同影之隔别情形或審起贓之多
寡虛實細心平讞自無枉縱其失主徑稱已
省放免解可矣今江右節年會審仍提失主
起解不知將以辨盜乎而昏夜被刧原不能
認上盜爲何人也將以辨贓乎而贓銀贓物
已領用贓衣已領穿亦無存留歷年待驗之
理也道途伺候淹延日久衙門出入費用更

質式　　勿刂　　十刂

多强盜十數年未决則失主十數年疲於奔命甚至或經商外出而倩人頂名或老疾身故而子孫代解苦累極矣被刦之家咋舌相戒有不敢赴官認贓者實由於此合無申飭各屬以後遇蒙按院恤部審錄比照京師事例凡强盜已奏决單者及雖未奏單而已經兩院詳允者只將見監夥盜連始末文卷解審俱不許拘提失主及隨招人等以滋擾累

至於詳允人命等項重犯除已奉决單者免
拘原告干證外其未京詳者如事情嘗質對
亦止量摘緊要屍親一名見毆干證最切者
一名多不過二名隨審如屍親情切復雖願
隨者聽如原告干證已故者不許再累別人
代解其餘重辟皆然候會審之後發問有詞
者該衙門不妨隨時就近酌提緊關審證總
以無枉縱無苛累爲主耳伏候憲裁

一人命勿重疊檢屍

凡檢屍熾火燒坑刷湯罨醋死者有炊肉鑠骨炮烙不能言之冤而屍親有摧肝裂腸慟哭不忍見之慘至被犯之傾家里鄰之株累又無論已非眞正該償命者豈宜輕用疊用查得刑部人命止一相一檢其覆檢者絕少若尊長殺卑幼律無抵償者不檢縊死溺死屍親願葬者不檢事主被强盜殺死苦主告

免者不檢載在會典所以恤死也又節年題
准州縣正官必躬親相視不許過三日其檢屍
必先審毆情後比傷痕所以慎獄也今正官
憚於躬親往往以第一緊關之相視轉委佐
領不惟開設騙局抑且顛倒獄情迨既相而
檢既檢而覆雖調取隔府隔縣仵作而線索
相通翻異無幾甚至有四五覆檢者又有疊
檢後依然不償命者鬼哭人號曷勝憯愴合

無嚴令各州縣正官遇地方人命卽便拘兇
犯鄰證細究來歷登時取口詞追兇械親臨
相視比對明確近不過本日雖遠亦不許遲
過三日如有藉口繁劇委佐領代相者道府
查知徑以不職糸處卽此而初情定矣除會
典應免檢各欵明立文案不檢外其一人毆
一人當時立斃審證明白毫無可疑者遵照
刑部事例相視之後再經檢屍　次卽便成

獄不煩覆檢其餘或辜限或叢毆等項審該
償命但屍傷不明互執不認者相檢之後仍
委推官或鄰縣覆檢其先後檢法務要遵依
明例豫先確審金刃手足他物毆踢實情而
後比對傷痕連前一相一檢算爲三次即此
而檢法已盡矣此後雖慎重大辟節次批駁
只據傷審證據證審招隔别翻覆總期得情
若非干係屍傷疑似相檢互異及招證確該

償命者決不可輕批重疊檢屍以苦死累生爲民父母者試恫然貼身思之炮烙豈獨在枯骨而摧肝裂腸豈獨在屍親哉伏候憲裁

一正軍犯僉妻之誤

謹按大明會典充軍拘妻僉解又按問刑條例一充軍及口外爲民者就拘當房家小起發隨住其餘人口存留原籍辦納糧差是所拘者見在之妻也一充軍及爲民人犯屬

軍衛者軍衛僉解係王府者護衛僉解無護
衛者於本犯親屬或本府人役内僉解不許
偏累有司如無親屬及府役數少仍行議處
是所僉者解軍之役也妻曰拘而解曰僉原
不相混後來不知何故混稱拘僉妻解沿襲
日久本司欲正其誤須有憑據以折之因徧
取歷年部院咨劄按院抄驗逐一比對在兵
部原咨則曰拘連真正妻小拘字連字真正

字再三的確其非另僉明矣至按院抄驗備云兵部原文而出語內又稱抅僉眞正妻小以僉字換連字或係塡寫偶爾異同然抅字眞正字尚在其非另僉又明矣本司行府俱遵部院之文直至該府行縣徑改爲僉妻發遣不惟將連字埋沒之并將抅字眞正字而盡埋沒之夫上承下接隻字豈容增減而徑埋沒四字何也蓋犯人俱有紙筆錢惟充軍

無妻者貧窮徹骨故吏書徑改拘連眞正爲
僉妻有親族則連累親族無親族則攤累里
甲乘機挾詐而紙筆錢始有所出又有不娶
不買而醵金幇貼名爲代妻者更非法紀本
司覆查正統元年奏　准凡解軍須連妻小
同解無妻小者解本身萬曆三年題　准各
省清軍廵按嚴督所屬務審當房眞正軍妻
一同起解不許別娶其貧軍無妻者亦不必

攤累里甲代娶應解就將本軍隻身起解明
註批申以憑收伍此二條雖爲勾軍而發然
勾軍者子孫也充軍者正犯也子孫尚不代
娶則正犯何必代娶乎儻慮正犯無妻或逃
亡絶伍則子孫無妻獨不慮其逃亡絶伍乎
況有妻亦可同逃老妻亦豈能生子乎蓋問
刑條例原爲當房妻小則起發其餘人口則
存留分別兩端而言並無娶妻實伍之意而

後來吏書欲便於需索遂架爲承謬襲舛之
談耳既經查覈明確以後凡問發充軍爲民
者務要遵守　欽依及部文拘連眞正當房
妻小一同起解如原無妻者不許攤累族屬
里甲代娶及醵銀帮貼徑將本軍隻身起解
明註批申以憑收伍庶軍犯無所藉口得早
發遣而吏書不敢生端需索里族不被嚇詐
擾累矣再照充軍掌在職方用堂咨稱拘連

眞妻勾軍掌在武庫用手本又稱僉妻起解
雖相沿偶異實無另僉之例仍當查照正統
元年萬曆三年明例一體遵行伏候憲裁
一辨充軍勾補之例
查條例永遠充軍或奉有
特旨處發叛逆家屬子孫止於所遺親枝內勾
補盡絕卽與開豁此第一等也其眞犯死罪
免死充軍者以著伍後所生替役不許行勾

原籍子孫此第二等也其餘雜犯死罪并徒

流等罪照例充軍者俱止終本身此第三等

也蓋叛逆家屬最重故必勾原籍而不及旁

枝眞犯免死者次之故止著伍後而不勾原

籍雜犯引例者又次之故止終本身而原籍

之免勾又不待言矣自萬曆十三年新例須

行爲始其輕重差等原如此後來眞犯矜疑

免死者俱改止終身則萬曆二十五年之近

例而雜犯徒流引戍者仍舊有永遠有終身

徑不用萬曆十三年之新例然輕重差等終

難紊也今各省衛所不查條例混呈都司都

司又混報兵部而武庫司偶不察而因之致

有雜犯永戍仍勾原籍如羅汴一案者本司

業據例剖折决當免勾而該縣猶疑刋冊有

聽繼軍丁不知此冊係萬曆十三年以前刋

刻者故以原籍親枝爲聽繼之數自萬曆十

三年以後既奉新例則當以原籍親枝爲免
勾之數矣又疑免勾之例專爲眞犯饒死者
設不知眞犯與雜犯總俱非叛逆子孫則俱
合免勾原籍之例若眞犯不勾而雜犯反勾
豈第三等者反超第二等而比於叛逆家屬
之第一等乎條例昭然豁免何疑以後除叛
逆家屬仍勾原籍親枝外其餘眞犯減等及
雜犯徒流引例永戍者如有部文行勾該清

軍道確審非戍所逃回子孫即爲不應勾之

數具詳按院轉達武庫司遵例豁免施行此

事雖係該道職掌然刑名相關謹備陳之伏

候憲裁

阜陽蘇氏族譜序

阜陽蘇氏族譜吾舅許州守于欽公三修之矣嘉靖甲寅初藁公爲諸生時也萬曆丁丑己酉全藁及附藁公縣車以至八袠時也蓋公年及耄而目力腕力賢於少壯故譜中大書細書皆出公筆李甥以所自出謹拜公命而序之曰制服者殫於五而惇族者逮於九由五而上下之斯九矣上服逮於高祖而殫於高祖之昆弟下

服逮於玄孫而殫於昆弟之玄孫旁服逮於同高祖者而殫於不同高祖者先王以爲服有殫而族無殫故通九世而謂之九族自九而上下之有高祖之高祖又有玄孫之玄孫雖千百世而弗別弗殊者周道然也皁谷之有蘇氏自唐光啓至于今歷世二十三歷年七百有奇而今之歸然不遷者自十五世祖始屈指纔九世耳惠徽　皇明熾昌之運而長者少者振振繩繩

五百二十人有奇是五百餘人者八世以上之一人也論服則在五之外論族則在九之内正虞典之所親周禮之所上治下治旁治者也服盡則易忘族大則易渙於是有問其祖之生卒年月而不知者況族乎有問其族之名字而不知者況昭穆甲乙乎此譜之不可以已也先王之收族逮於九而其立教起於一夫世未有不愛子孫之祖宗也而或有不愛祖宗之子孫由

下而上之吾之子孫不以吾爲祖宗哉夫世未
有不自愛其子孫者也而或不愛族人由上而
下之吾之祖宗不以族人爲子孫哉以愛子孫
之心愛祖宗以愛祖宗之心愛族人故曰親親
者以三爲五以五爲九亦上下之而已矣此先
王之教而許州公所諄諄於九族者也公結綬
日短而縣車日長兒曹無銘鼎之資而建家廟
築始祖墓廬手拮口瘏皆可以規百世蓋其愛

祖宗不啻子孫而其教族人之爲子孫者如其所以愛祖宗嗚呼繫名斯譜者毋以藐藐聽諄諄哉

陳紫峯先生年譜序

叔元自稍知章句家君授以陳氏淺説諸書且命之曰紫峯先生之學蓋得於吾祖木齋公及蔡虛齋先生而仰溯乎紫陽是閩學正派也小子臆而問曰夫學天下萬世之學也柰何系以閩哉家君笑而不答稍長從學士大夫游曙當世所稱理學者大率尸祝姚江土苴紫陽若對壘然夫六籍之訓要使人思而得之思之愈深

則其得之也愈固故有由賜所不聞而閔冉聞
之矣閔冉所不聞而顔曾聞之矣又有終日與
回言而不筆於書者矣今不揣學力之淺深不
分根器之鈍利而槪哆之以知天知性之學就
使妙契畫前神游帝先總爲翫弄光景而無益
乎身心性情之實矧愈講而愈失其眞哉淺說
通典諸書具在繇其淺者而深思之繇其通者
而潛思之乃知學士大夫果無以加於紫陽而

周禮之果在魯也即系學以閩奚不可哉紫峯
先生出處大節張襄惠諸名公業爲之誌若傳
而其季子敦豫君孫復君又倣紫陽年譜之例
裒輯成帙而命小子叔元序之昔子思作中庸
鄭康成以爲孔氏家譜而魯論之譜鄉黨者詹
詹於衣服飲食爲粗而已矣夫道無精粗而譜
顧有精粗哉十五而志學至於七十而從心夫
子之年譜則夫子自譜之矣中庸何精鄉黨何

粗然則茲譜也謂足以盡紫峯先生固不可謂不足以盡紫峯先生亦不可

又

闡理學濬發自蔡文莊而紫峯陳先生翼之叔元竊聞於家嚴曰吾祖木齋於文莊友也紫峯師也木齋以史官在告紫峯稟學焉時年二十矣文莊以銓曹在告紫峯稟學焉時年二十五矣前輩不立講學門户而淵源師友非偶然也

紫峯贈文莊詩則諷以孤舟野渡贈木齋詩則期以黃花秋色而兩先生出處大節若合符然前輩師弟子相與氣味何如也小子謹識之紫峯純孝類曾閔見大符點開張襄惠之誌王道思之傳徵矣季子敦豫孫復又倣紫陽之例編年為家譜小子以班荊之末受而卒業焉先生眞人也先生之學眞學也布衣擁皐比而諸生負笈者自江右自粵靡不心悅誠服胡然乎年

三十餘薦于鄉戀戀親舍宜也至感其同榜門人亦依依師席而不赴公車胡然乎四十登第立朝僅一考而先進後進踵門請益如山之岱胡然乎至冗者椎曹也至咆烋而不可理諭勢禁者中涓也鼓譟數十徒而從容談笑能使之逡巡謝罪且卻其餽而弗爲忤胡然乎海内識與不識莫不知有紫峯先生而與田父野老𤍠師游若不知有紫峯也者胡然乎足跡不至城

府而民瘼吏隱必告當道此自吾儒分內事耳而郡邑有司捧片紙隻字若珙璧胡然乎今之仰止先生者翛然如孤岑唳鶴千仞翔凰而先生當年猶之乎布帛菽粟也小子括以一言曰眞而已鳴鶴在陰其子和之君子居其室而千萬里之外應之眞也天地鬼神不違眞而況於人乎蓋前輩有及見文莊者曰與虛齋先生坐半晷則胸中半晷聖賢也有及見紫峯者曰紫

峯表裏洞徹似青出於藍嗚呼叔元不及見文
莊矣亦不及見紫峯矣竊以意忖之曰文莊其
鍊後金乎紫峯其璞中玉乎敬請正於有道何
如

易經隨筆初稿序

晉峯先生之於易學深矣門弟子得其傳者莫若君禹蘇濬凡君禹所著書淺爲兒說約爲微言精爲生生編大抵推明師說也先生游宦在外叔元始生迨歸田而總角矣每見先生焚香兀坐手一編雖寒暑不輟丙戌冬乃進叔元而談易自伏羲畫卦之源方圓圖之次序位置陰陽之消息進退人事之吉凶趨避一一口授之

而虧盈益謙變盈流謙數語尤爲猛省曰凡易所垂戒者不在衰而在盛小子識之爾時叔元以專治他經僅能領畧一二最後呼而問曰序卦雜卦孰有味乎叔元臆對曰雜卦乃天地自然之理序卦斷章取義其理似未圓全也先生喜形于色曰稚子可教矣先生之書名爲隨筆其初卷袠頗瀚宦四方輒載以隨晚乃刪舊稿更定爲若干袠先生卒君禹携以入粤將梓之

會有齋捧之役不果其後君禹卒君禹之子廷
橚又卒而此書失傳矣歲壬子督學四明馮居
方索遺書倐卒無以應命乃遍搜蠹簏及諸弟
子所記者伯兄手輯之而叔元稍加詮定凡丙
戌冬所口授者書中或載或不載即君禹行狀
所稱濬持乾坤卦質先生先生曰乾之學約之
一誠坤之學約之一敬誠無不敬敬即思誠乾
道坤道一而已其論諸卦稱是而今書皆不載

也則此書已不盡先生矣況足以盡易乎因借
題曰隨筆初稿憶叔元嘗問朱陸同異先生曰
是未可輕議也陸子天資高而涵養到朱子之
字櫛句比如相䕺者惟恐失足則爲後學設耳
噫先生初稿亦以開示後學也默而識之存乎
其人

山東丙午同年齒録序

今有敘科目於孔氏之門者則必以七十子爲同籍而顔氏之子爲魁矣有敘齒於孔氏之門者自顔無繇而下則必以子路爲長矣家語魯論所紀載諸子以齒相甲乙者惟兩言志足徵然夫子之於由也猶哂其不讓顔淵思得明王而輔佐之至欲詘其同儕之勇之辯而俾之兩無所用烏在其爲不先長也子路以冠雞佩猳

之雄夫子栝而羽之鏃而砥礪之故能俛首學
問而其受益在於喜聞過顔淵由千五百餘歳
之後毅然謂舜可爲而不少讓至其與友從事
也則若無若虚而退然不見所長夫長者能以
喜聞過下人而少者能以若無若虚上達故至
損而能至益至後而能至先孔門七十子之學
所以交相讓而交相成者大率繇此夫歳丙午
山東七十五士同舉于鄉相與敘齒合燕脩見

弟之好奉籍而告余余囅然喜曰克讓哉雖然
二三子將以同爲讓乎亦將以讓爲同乎生人
五大倫而長幼朋友分爲二孔子曰朋友切切
偲偲兄弟怡怡則固二之矣今迺以朋友之信
兼長幼之序則其不専在於能同能讓也明矣
二三子旣盟之後其長者能師喜聞過之由其
少者能睎若無若虛之回其少長之交相讓交
相成也又能以切偲濟怡怡而以朋友之交明

君臣父子夫婦昆弟之倫則有進於同與讓者
矣且夫有由之喜聞過則雞冠可釋猳佩可捐
車馬輕裘可共敝而久要不忘有回之若無若
虚則雖進而追蹤千五百年之舜退而詘其同
儕之勇辯而門人且爲之日親蓋讓與不讓同
與不同在心之虚與不虚而非雁行肩隨之謂
也孔門七十子皆身通六藝得聖人爲之依歸
然子貢子夏之徒猶不能無生揀擇故有勝己

見則必有不若已見吾未睹商賜之孰賢也顔

子則視七十子誰非勝已者無寧七十子天下

誰非勝已者天下皆勝已故能克已克已故能

以天下爲一家中國爲一人斯讓之極宗也同

之極執也豈特以七十子爲同籍而以少長修

兄弟之好哉此所謂至損而至益至後而至先

者與以吾一日長乎爾願以是長二三子

山東武錄序

山以東於
帝京爲左臂而江淮河漢海隅日出所由輻輳
歸命也人之一身其力皆聚於臂而貫乎臂故
上修頭而下修足必敘臂爲首功然則天下卒
有緩急託重而恃力意者出於山東之士乎歲
丙午侍御清漳溫公舉武士六十人不佞叔元
宜醮末簡唐人有言謀將不長於弓馬鬬將不

審於料事蓋兼材之難也諸士業已執如組之
轡舍如破之矢則膂力士所自有古名將起行
間有授以左氏春秋者曰將不知古今匹夫勇
耳諸士業稱引金版六弢如指諸掌則方略又
士所自有不依所以醮士者心也夫心更士所
自有不依醮士不二心也爰稽前代以武舉異
等起家者莫如郭忠武子儀試問爾六十人中
有能追蹤郭汾陽者無有哉諸士幸毋讓可爲

郭汾陽者在諸士耳謂汾陽以膂力絕人乎長
七尺二寸控獅子花而不聞其以貫虱穿楊著
謂汾陽以弢鈐絕人乎身經大小百餘戰出入
將相三十年號爲尚父而史不載其傳授何古
兵法故膂力弢鈐汾陽所有而諸將之所同也
其血誠喻乎人主精光貫乎日月雖鑠金銷骨
如魚朝恩程元振跋扈如田承嗣李靈曜狼子
獸心如僕固懷恩李懷光之衆非我族類如回

紇莫不墮肝裂膽流涕覆面懷蠆尾而不忍螫
摩白刃而不忍相向豈膂力弢鈐能爲之則汾
陽之心使然也夫越鉤不取象於吴干而銛同
楚騅不借胎於秦蒑而善走同諸士膂力未必
汾陽弢鈐未必汾陽心則諸士所自有故曰可
爲汾陽也日者諸士挾弓矢而聽軍正之鼓手
不同而同於中者心一於鵠也搦三寸管而走
孫吴於楮上言不同而同於中肯綮者心一於

射策也故心一則六十人可使如一柰何一人
而反有二心乎傳曰將受命則忘其家張軍宿
野則忘其親援枹而鼓之則忘其身至于忘家
忘親忘身而心乃一矣夫君臣之義與天地並
臣無二心天之制也古名將能忘身殉君忘家
殉國而不返顧旋踵者非作而致之蓋天植其
性而大義素明也郭汾陽惟明於君臣之義故
雖功蓋天下貴極人臣然縣官呼之如呼小兒

無事則棄置之有事則促召之東西南北受命
如響單車可以入不測之虜家僮數人可以赴
軍容之招甚至父塚被發飲泣推心而無幾微
憤懟見於辭色斯眞能忘身忘親忘家矣其時
亞於汾陽者惟李臨淮然君臣之義不明故功
成而遷延不朝半生電掣一旦氷銷累百光弼
何足以望子儀而猥云李郭齊名誤矣豫讓曰
范中行衆人畜我故衆人報之智伯國士遇我

故國士報之此如賈豎子視錢布多寡耳豈復知有君臣大義哉二心者莫若豫讓尚能愧天下萬世之懷二心者哉諸士知左右手乎右手搏而左手不得不救左手擎而右手不得不傷力蚊蚋噆膚隨其所至而手赴之而不言功螫左手則斬左螫右手則斬右而不敢怨何者手有左右而心一也諸士一一廼心乃可爲

一朝廷左右臂矣方今天下之患不在四肢而在

𢖍本虎而翼者載道乎十室而空者九乎大司
農日夜憂脱巾大司空頻年塡河大司馬旁皇
左右顧虞赤白囊虞潢池此正諸士致命遂志
之秋也不佞吃吃章句耳抱矢石立軍門則謝
不敏發蹤指示則謝不敏惟是奉　璽書以明
倫立教故特明君臣大義以醮諸士諸士勿諉
余言異時卒有緩急上修首下修足無寧爲干
城好仇而且爲腹心吾知必出山東士矣

晞髮集序

吳越有二塚其一伯鸞鄰要離其一謝臯羽揖
嚴釣壇故人臯伯通方吳所劍許者事頗相類
然吾謂光鴻一泒也文丞相死於宋而臯羽慟
哭死於文丞相豈直爲知已殉哉鼎足光鴻之
間無愧若要離所殉者弑君而斬其君之嗣者
耳罪亞專諸而俠醜聶政政猶念母離乃燔子
不曰子親之枝乎太史公不立傳安言烈士然

則二塚者梁當奴使要離而嚴當弟友皐羽此定論也皐羽雖顛沛流離而著作甚富宋景濂稱其詩逼盛唐文嶄拔峭勁雷電出入風雨中晞髮集特一斑耳懷仁扶義子陵十四字不爲少伯鸞皐羽著書不爲多嚴梁有子孫不爲多謝無子不爲獨今往來桐江而不知皐羽則已試讀晞髮集訪葬處而不欷歔以拜者誰哉皐羽自署粤人表墓亦如之閩故百粤地也若稽

志則閩之冶浙之錢唐富春皐羽生卒葬皆
分而非粤矣故余刻斯集僭更曰宋閩謝翱
宋君也閩親也翺不忘宋豈忘閩若是則燔
妻子以殉弒奪之烈士皐羽尚未肯奴之矣

滕政記序

趙仲一嚼鐵餐石人也故善李生李生未能嚼鐵然不敢嚼泥未能餐石然不屑餐埃而與仲一游心喜之仲一既孤耿見擯狎獵義渠李生亦枘不量鑿把東南海十載釣竿而彊起爲萬松慵吏仲一八千里移書曰余鄉有事於滕以滕父老之不余忘余亦不忘也有滕政紀吾子序之李生嘗采風齊魯矣繄滕千室雞豚四郊

梨棗宜受古入彊上賞而羊飲不朝犬吠不夜村不識吏道不拾遺皆殊蹟也且吏兹者生長若往來兹者口馬而碑耳耳目目馬而碣奚事李生言仲一曰吾擯久矣阜蘷稷契非吾願而不能忘吾鄉一小俎豆也必得子一言我朝與仲一同名者東南海一馬曰蔡文莊仲一景行行之尚未敢試譽義渠一馬曰景御史大夫景郇華世之趙趙郇平世之景皆嚼餐鐵石他日

俎豆於景之班奚疑仲一又書來趣曰雖然必
子一言毋以孤耿見擯衆咻而棄我嗟乎故人
知君君不知故人何也使李生而衆咻亦咻仲
一不與之友矣

序周伯子小草

李生曰夫讀周伯子之文而知伯子也與伯子處而知伯子之文也伯子恂恂耳然久與之處見其胸中苞孕萬象而不居往復萬端而不倦嗒乎若喪我而思必抒天地之先悠乎若登高臨深而噓吸鴻蒙之外故習周伯子者卽不讀其文可也伯子之文勃窣理窟境虛能以實實之而境實又以虛虛之境潛能以現現之而境

現又以潛潛之俱從赤心片片中來讀之知爲深潛獨詣君子故讀伯子之文即不習伯子可也夫李生知伯子又知伯子之文者也蓋伯子與余遊耿先生之門同爲都官長同至于干㒸臭味吾二人者若一人焉故知伯子莫若余而伯子且命之曰可以周子良之文而無李端和之序乎於是乎序

潛學草序

蔡體國與余兄同舉于鄉儀部督學光祿皆同余浙中共事頗久歸田相距三舍餘閒月一相聞余慵甚偶有課孫寥寥數作以投而體國神力益王以潛學草八十篇報蓋先是有仕學草續草而此其田間作也余題之曰典則是正始之音而溫粹絕類瞿文懿追惜當年致身早不侍木雞德全爲賢良舉首耳嗚呼文體之壞于

今極矣潘必拾畫必鬼魅臧耳必三皃脛必長
謂可讀可解便非文章而士習亦壞以贋鼎爲
當然眞鼎爲拙甚至官方贈賄者以傷惠爲當
然而受者以傷廉爲當然不則爲大癡此皆一
串事昔論知言之究至害政害事十年前葉文
忠調
旨謂文繳深可痛恨余頗疑何事痛恨之深乃
今信之追惟嘉靖之季文冗濫至丁卯一變爾

時爲鵠者何如也今安得與蔡氏同鳴者數家
縣示中逵爲元和之韓爲嘉祐之盧陵眉山此
其鵠乎此其時矣

質 部 刂 日 卜 汞

賀冡宰立亭孫公考績序 代

上二十有三年夏冡宰關中孫公報政于
天子先是冡宰爲大司寇會都御史缺廷臣以
請制詔司寇爲御史大夫麻朝拜而三輔之内
之外夕亡不懲視易聽者會冡宰缺又請制詔
都御史爲冡宰麻朝拜而三輔之内之外夕亡
不灑志滌慮者冡宰繇司寇都御史會之三載
考績　上若曰惟帝賚朕惟冡宰詔朕特進冡

宰爲太子少保職如故諸大夫僉賀而史氏颺
言曰蓋觀於天而知虞周之大也自虞以天名
其工而周則之以天名其官夫春夏秋冬莫非
天也而春夏秋冬豈天哉蓋觀於冢宰孫公而
窺天卿之用也冢宰之銓綜流品亡以巳也説
者謂挈其權以聽天胡窺冢宰之細也今夫天
不能使苗莠而莠苗能使人之樹苗不樹莠也
不能使蓀茅而茅蓀能使人之樹蓀不樹茅也

故天人參焉而莫非天已冡宰之言曰夫典銓者天下之赴也今法不能無壅選人不能無二三夫壅者府蠹者也而二三者市爭者也後者有所躐以先而先不無怏於薪積巧者有所闚以捷而拙不無誚於匏繫欲無躐則明示以無先也欲無闚則明示以無捷也故冡宰之指因天以定人而已異時天下殉華矣定故浸易而實異時天下殉墨矣定故浸易而清異時天下

競躁矣定故浸易而恬異時天下趨衰矣定故
浸易而直若者是莠而苗之茅而蓀之則天之
所不能得也而冢宰豈直爲天用巳乎子曰舉
直錯諸枉能使枉者直舉者天之春夏也錯者
天之秋冬也春夏秋冬者天所假以使萬物而
天豈春夏秋冬哉惟其使華實使墨清使躁恬
使衰直孰使之而然孰使之而不然而天之宰
始大矣而古今之稱太宰者以爲雅亮公正而

已矣夫雅亮公正六官之任而豈天卿之

諸大夫稱善廼冢宰遜弗居也曰吾以棣時爾

夫時者天之爲也天不能違況人乎益以見冢

宰之聽天者小而官天者大矣書曰天命有德

五服五章哉舜舉咎繇湯舉伊尹不仁者遠矣

夫冢宰逮事　肅皇　莊皇矣胥鞭迕權有力

者賓若而年　上簡之大寮不三載制麻三下

爲司寇都御史爲冢宰爲今保衡儼然咎繇伊

尹之位矣而萬國蒸蒸太宰績成而不居

主上恭己而得人故曰天也

主上之聖哲齊於姚姒冢宰雖遜烏可弗颺焉

於是史其載拜稽首颺言

贈秉銓其公晉太常寺少卿序 代

蓋不佞其叨從二三君子後謁其公於署公歎之曰欲平天下必自吾銓曹始公之指宏遠矣平天下在用人而用在於能舉能先能退能遠夫不能者非不爲也而卽蒙之以命與過之名顧今之佐當宁進賢退不肖亦難矣有人於此秉銓者稔其賢以請而勢不果進稔其不肖以請而勢不果退則黜陟之柄將塞而不通夫使

其繇是而通不繇是而塞猶可解也乃通者不
知所以通之由塞者不知所以塞之故又有乍
塞而乍通又有甲通而乙塞上焉者之操縱不
可測而下焉者之將順匡捄心力俱殫而靡所
施難之難矣自公之荷特簡爲銓司也諸凡平
銓注之瀍塞僥倖之徑廣薪槱之目振淹滯之
途難以殫紀内自六曹諸司而外達於遠方郡
邑之小吏無不列眉而鏡之累黍而度之必使

官當其人而人當其官此未足窺公之大也其
大者在乎刋浮夸舉沉朴正直者雖寡偶必庸
巽耎者雖多援必擯使天下莫不祓濯淬勵而
共游於蕩平正直之路間或有得請有不得請
寧至再至三以需其必先必遠而毋敢剡方爲
員使當吾世而有不舉不退之名此公之大而
不佞竊有以窺公也且今天下最急者槐棘之
不具官乎公縈疏其人以請名碩無不登於牘

者黄門柱下之不充前後左右乎公縈疏其人以請邦直民譽無不登於牘者伏蒲斷鞫者之不環而抉乎公縈疏其人以請巖棲蠖詘之英又無不登於牘者此三者數載以來或請而未遂或翹首跂足而未果請公獨秉機為之雖其愜公指者十之五未愜公指者十之五而天下益有以信公之大也不佞起家水曹而與二三君子從事則請以水喻夫治水者歷積石龍門

華陰底柱孟津大伾大陸透迤百折入於海可謂難矣彼其疏之瀹之而有可循之道決之排之而有可通之經絡未足爲難也今或進難於轉石退難於拔山上操不可測之權而下至設爲不必然之慮倘所謂其道無可循而其經絡無可通者邪而公方且殫心殫力拔賢者之茅脱不賢者之距要以疏之瀹之決之排之斬於順流赴壑不至旁溢四出而不可制於此見公

之所以爲天下者苦矣公秉銓帀一朞

帝懋乃丕績特進爲奉常少卿不佞不私爲公

賀而公爲天下賀也夫諸司百執事之通塞其

源繇秉銓者始　上之不輕以銓司假人又不

輕以秩宗勞銓司有年矣其秉銓實壅而何有

於諸司百執事自公之載荷特簡也而秉銓之

源通秉銓之源通而諸司百執事之流胥通矣

然則其愜公指者業已懸衡朗鑑于天下而其

未愜公指者行以旦夕得請矣夫安得而不爲
天下賀也乃公遜席曰不佞則何敢言勞方今
上有
明天子下有賢冢宰所願二三君子毅然以平
天下爲已任辟如田疇不佞穮之諸大夫蓘之
雖有饑饉必有豐年不佞乃知免於命與過之
盭矣於是二三大夫唯唯

送范大夫守青州序 增 萬曆乙未

天子方隆唐虞之理歲推擇廷臣守郡國治行高等不愛璽書懋勸之間入爲九卿如漢故事於是范大夫以都官之長出守青州問政於余余曰賢哉子大夫亦知朝廷所以重守乎守所部有令上有監司墾土收租稅則令鳩民而勞來噢咻之則令興教化斥盜賊則令其或弗職監司董之安所事守傳不云乎志氣之帥也氣

體之充也夫今其守之一體也監司以帥指麾
而守以氣經絡者也青所部一州十二邑太守
質明坐堂皇一州十二邑之吏有不旦莫奉職
惟謹者乎庭亡疆外之交朿脩之餽有不爭祓
濯者乎伏臘引三老問所苦疲癃殘疾有不延
頸德化者乎吏從所部來首問孝子弟弟貞婦
順孫若力田者有不象太守指乎興學勸行禮
讓以先齊民有不瞿然顧化者乎申比閭族黨

之約而去其煩覈保甲之令而糾其違盜賊有
不望而出竟者乎夫政平訟理蒸蒸舉其職者
令之任也謹身率先賢者有加勞而鐫其不率
者使莫不蒸蒸是守之成也非一令之任也令
夫息一噓一吸而上達於頂中達於督下達於
踵故股不能輸肱之力而目不能攝耳之官迺
其呼吸而經絡之者氣也子大夫穆然一州十
二邑之上慎所以呼吸之矣青於唐虞咨命之

間是十二牧之一也漢傳循吏六人而北海守
用治行第一至大司農夫以十二人之中而青
處一焉六人之中而青處一焉大夫行勉之哉
先是大夫居雒雒化令中都中都治其又何難
守余且稱守之異於令以廣大夫矧令大司寇
趙先生子告歸萊萊青際也走一介行理而問
焉又將有以廣大夫矣

刻入太常序後糧道記前

浙江布政使司督糧道題名記

浙儲署故缺題名泰和郭相奎諏若干氏鐫之石比余叔元承匱而石滿矣廼再礱而新之署奉璽書者三一儲政二兑政三漕政兑璽書雖未須而所司業得請矣浙儲有賦役全書在歲按籍而修令上供與邊餉旁午誰軫東南澤竭者浙兑之難由水庚不建也催科之梗於豪右也庚建矣豪右稍受約束矣而漕尤難沿途轡

非一操瘡非一孔採木境外回空天末則腹長
於鞭而有不能尅之期舊艘夕至新䉶朝發則
耳迅于雷而有不及剔之蠹蓋余曩分梧㑹濫
儲睹弁卒雙爨鐘欲手援之而尚無術也內滿
由巳玷前修多矣敢期來者

李文節先生特祠記　　崇禎戊寅

自孟子以清任分二聖則一介不取與宜在首陽而此言乃出於莘野蓋至清所以成其至任也且清如首陽孟子旣名之曰隘而又許其朝諸侯有天下則所謂清者豈塊然無徒廓然獨居哉水清而鹽梅麴糵於是乎調之氷清而賓食喪祭於是乎須之玉清而神人上下於是乎洽和之無味之爲衆味也不用之爲大用也夫

清任之相成亦如是焉已矣吾鄉衰李文節先
生至清而兼至任者也以閩海八千里外之孤
蹤非夢非卜而結風雲之玄感
神宗御乾爰立出於獨斷者此爲第一而實大
聲宏至於思齊　文母宮闈中亦亟稱得人蓋
有非常之人必有非常之知遇一時薦紳士大
夫同心同德者衷也分門角戶者辟也衷不勝
辟故蜩螗沸羹寔繁有徒然風雨飄摇乃見閭

公削迹伐木乃見尼父濁者自濁醉者自醉竟
何損於清醒之一毛哉余竊謂先生之清天植
之先生之任亦天成之萬曆朝官多刓印而印
多攝官文節在南則貳冢宰也在北則貳宗伯
也假令南司徒司空皆具官先生豈越俎而代
又令北大宗伯儼然正文昌之席先生雖謀斷
相資亦豈能一一見施行然則南之攝而眞也
北之貳而長也又南北之俱奏績三年也孰非

天成之而亦孰非　至尊成之乎余聞南京内
外城每歲乾没萬餘金自文節綜理鞏固閒年
一茸補儉於數百金又問宗室齎奏員役囊請
名請封選婚等以千緍數百緍爲壑者今僅筭
札數緍耳妖書廷訊善類賴以保全華貢吏之
乖價三萬寢高麗之成卒三千皆任事之大者
其餘殫心殫力如克勤小物之周書屐詑各當
與徃之晉史或謂金馬玉堂賔顧肯親俗事也

生曰有俗人無俗事人不可俗若事則國家生
民之事安得俗乎先生每誦述言行相顧之說
欲人修實行與飾虛辭者相左欲人勤實事與
盜虛聲者相左初枚卜而多方阻之旣宣麻而
呼朋引彙百餘人攻之六載中書九月直廬惟
主張川貴撤兵下當人心上合天心自謂稍可
報國其餘則風波中度歲月戈矛中輟饔飧間
有因事納忠而不遑及天下國家事矣然文節

一生真清眞任畢見於此令恭千古之大閑環
玦九重之大柄奉以周旋罔敢隕越雖有漲天
之風波若蜉蝣撼樹雖有帀地之戈矛如蟣蝨
嚼膚三日削辟言之牘七日陳歸骨之章初猶
溫答頻繁後乃留中維縶不得已而畢棲荒廟
又不得已而扶掖禁門席稾磬磬百五十鳴而
不效小臣之左作政地之俑直至理數旣周
帝心漸轉五鼓而特遣御醫兩日而三勤宣諭

乃諏吉陛辭成必告必面之禮而後去　君恩
歌零露瀼瀼臣節歌孫膚几几非任重道遠之
曾氏孰能始終兩全乎故余竊謂不任之任維
持綱常世道者至艱至鉅而以尋常出處去就
視之淺矣然心清鑒朗神定氣閒何莫非一介
不取與中來乎漢唐宋廉相必推楊文簡撤樂
損騶毀墅爲振古美談考其時前有元載之娟
嫉後有蘇端之異議雖以德服人而亦難免青

䶕之口令與文節爲寇讎者二三百疏不過攘
臂登壇之臺省集菀棄枯之曹郎耳若三旌九
列皆同氣同聲何嘗有當國之元載爲中梗乎
及闒楫事定之日又何嘗有巧言醜詆之蘇端
乎毀文節者雖甚多而在生前毀文簡者雖甚
少而在歿後讒人罔極孰短孰長鳳皇翔千仞
之上羽族莫不朝宗惟鴟仰而視之曰嚇夫腐
鼠何足以嚇鵷雛哉至於易名大典炳如日星

夙昔之引繩排根者鍼口扼喉而不再嚇則文
節之天定矣文節恒言僧道家崇飾招提以供
像設拓充廬舍以集緇黃而吾儒何獨不然故
爲祭酒自比於廟祝居鄉則修葺學宫輪奐一
新倘亦比於孝子慈孫修其祖廟乎特祠在學
宫之傍文莊紫峯二先生最著今文節夃峙而
爲三邇來郡中名碩相望特祠亦相望論德論
功皆節以一惠至如蔡陳李三祠有不萬口頌

閒然百世無閒然者乎則三先生之天又定矣

文節甍於萬曆丙辰祠建於丁巳戊午郡守蔡

公善繼集輿頌以白督學岳公和聲綱紀之中

丞黄公承玄首表章之直指李公凌雲崔公爾

進皆矜式之攝學道韓公仲雍巡道詹公士龍

先後賛襄之邑令張君履端經營厥事並書

漢武制承奉至尊天也路溫舒傳初登至尊

與天合符則君矣記蓋用此

賜美堂記　　崇禎戊寅

人壽期頤於百歲而禮經所載自強仕以及致政僅三之一蓋古者積厚而發徐難進而易退若此然余謂高尚其事不貴於三五之朝舜三十徵庸而五臣同之歷唐及虞齒皆耆耋以上矣禹讓宅揆於稷契臯陶其後獨薦益於天蓋三臣已先崇伯子而終矣絕不聞有引老乞休之事其時天下一家中國一

人如五曜隨太陽不舍晝夜如視聽持行缺一不可有喜起明良之可賡而無寵利之足避故洗耳掛瓢專付於箕山潁水而臣哉鄰哉不以此爲風尚也伊戒居寵周請明農微有去志煞與太甲成王相終始僅一召公告老而周公挽留則三五之景象可知世衰癉蟻乃有獨清獨醒以振之漢二疏宋錢若水最著唐則刑部尚書白居易倘所謂林下見

一者金石清韻豈不後先交映哉吾友弘家
蘇大司寇以崇禎改元道泰時清三削乞骸
骨之牘
上美其恬退而渙綵綸以賜之於是弘家顏其
所居之堂曰賜美儼對揚也弘家二十六登
第較古強仕早十五年六十二致政較古又
早八年先是萬曆丁酉以郎署請急年方壯
耳戊申又以督學請休正及強仕之期而叅

麻最久合内外艱共十七春秋蓋禺養與家
食參半
神宗朝仕途稍淹爲鄰守爲南北卿月退易而
進不甚難稱康莊
熹宗朝撫浙督漕艱鉅矣群策群力輻輳瀆神
效靈而公以文武憲之稱長江大河最苦心
者兩載司農逆璫擇人而食況財賦地不啻
羊腸灩澦矣公謂賢者盡力在此時扶陽於

頑果保身於烝民潛消默移無咎無譽
令上高懸雷斧立殲長鯨弘家正蘇忿生之席
搜狐兔卽搜雪幽沉卽雪除金吾炮烙諸刑
卽除如石投水又稱康莊世界矣然公謂東
籬晚節在此時耳目聰明筋力健髮蒼而自
逃於衰白
龍飛在上師鳳儀麟在朋而慕天外之冥鴻
綸音成悟退之美非特美其三疏蓋成其爲萬

曆以來全人也夫有競而後有恬知進而後
知退三五無恬退之目漢唐宋有之疏傅尚
矣錢宣靖四十勇退郎公督學桑麻之年而
公又再起八還出牙纛入劍履與白香山同
刑部尚書樂天六十而分司七十而後致仕
則弘家業先之矣樂天三隱歌大在朝市中
在留司小在丘樊又曰挂冠勝分司蓋眞恬
退者莫如小隱也青嵩碧洛白氏有履道新

居水竹橋亭歷歷可數而不聞其堂爲何名同時有四朝將相堂緑野者後來有刻池上詩歌堂醉白者裴以留守韓以出鎮皆中隱也惟履道主人先分司而後致仕則先中隱而後丘樊隱矣弘家辭蓬萊仙仗逗菊徑梅莊飄飄乎塵纓世網之外朝市爲大夢丘樊爲大覺而半見半潛又不足侔矣清源日月之吐吞閩海風雲之舒卷頂戴踵履孰非

若賜而何論吹笙鼓瑟在一堂哉自公之顔斯
堂也請記於太史不果公没而諸子文昌等
請余成之夫記晝錦者在魏公生前太史既
謙讓廬陵記醉白者在魏公身後余不文敢
效顰眉山之萬一乎昔晏平仲卜宅湫隘而
仁及三族弘家之堂在居室東偏突兀一樓
巖壑遐觀稍恢恢於平仲耳非有金谷之豪
奢平泉之嵺廓也俸餘均五弟葛藟周親多

飽煖窮交待解推此所謂彰君賜者即余登
斯堂亦三誦旣醉之章因記而及之以見公
之歌常棣歌伐木莫非推廣賜堂之美而蘇
氏子孫當世世不忘
君恩先德云

題八詠後

余記賜美堂偶以白香山況吾弘家而男文昌云先子暮年最賞心白詩朱墨淋漓可謂玄感非特江州聽琵琶錢塘追六井宦蹤處處相符也閱樂天傳刑部尚書非真拜而遥致仕在東都孰與依光日月親承
天語傳宣者乎弘家出春明八詠自況在疏傳鄴侯之間然疏不以詩鳴而李衣白衣紫亦不以蓬華終則與弘家同韻致者莫如香山居士矣長慶集最富爲唐所未有試雜八詠於集中雞林行賈將無傾踴八金耶

戊寅增二記當在浙儲署後小宗祠前

今暫寄質部末

小宗祠記

青陽李氏小宗祠在大宗祠之南坐兌揖震五層三間衡四丈一尺有奇縱五之于以別子爲祖擬居首層之中左昭右穆各有龕次爲儀門次爲餕惠堂左祭廩右義廩次爲定齊堂左右宿齋房次爲大門每層各有廊墻尺五衡四之以衡四丈一合之五丈六有奇左衡之左宗子世守三小間朝祖有門籠經有所庖井有次右

衖之右爲兒曹居室是地先太史高祖所堂南
莊曾祖所構父參岳公以地畀予而景州寧津
二兄所讓履斯基者當思孝思弟馬工費金錢
若干緡出自楚越俸餘三之二頂踵皆
君恩也不瞻者兒曹請於黃少保蘇司寇解佩
成之瞻斯宇者當思忠思信馬抑是地衡十九
丈與縱等祠厘四之一予舅蘇許州嘗言爾祖
詒謀廣大而爾一味節縮何也曾祖二枝父三

枝而子五男子多累偕配淑人節口縮腹矻矻
恐飼鳩不均敢有鴻鵠志守斯堂構者當思慈
思睦思儉勤焉經始於崇禎戊辰秋八月至己
巳夏四月苟完門三間如祠用形家言趨左艮
中懸額待題右樹此屛鹿巢叔元自識歲月
是役也先期購木于三山屬有海梗留滯三
月而俺至家僮俘而生還先險而後順因念
鴟鴞之囍難尚賴先公之德庇也會將赴祿

勲之召幷示兒孫勿忘

南總憲莊寅卿壽文　代　丁丑

上寤寐唐虞之業十載于兹而吏治之臧否軍
國之耗登一沐一饋不忘焉我溫陵莊公褎然
在司徒署中籌軍國業有成畫惟是南都三尺
紀綱地清議所自出爲萬國吏治嚆矢疇咨于
廷而有俞往欽之命公拜稽首載簡書而南爰
念太夫人春秋高藉六欒入里蓋秋冬之交長
庚與寶婺双騰也比堂瑤觴甫盥拭而公懸弧

繼之諸郡國門生故吏馳一介肅承筐而家仲南郡守六千里布狀曰觀光曩待罪毗陵未朞月也辟邑歸會當宁闢四門公以所知對而荆州人之譾譾遂叨循牆不介紹而有知己之感願伯氏一言余某退然避席曰雖有絲麻勿棄菅蒯此上臣以人事君之度也仲何見德而以仰酬高深重念自庚子以來攀鱗翮之末而稱莫逆迨公以清通簡要贊璣衡而余玷桂下之

役朝夕心儀玆得藉手脩酌者辭固所願也公
起家司理淑問四邑繇司馬曹移天曹所登進
必邦基民譽所澄汰必不朿者屬璫燄薰天孔
壬以恩倖增秩二級公在直房侃侃以例格之
聞者咋舌又芟其冐濫厮養四十人二憾熾矣
謚晉奉常謚褫籍怡然珮玦歸田而已驪龍未
醒糠塵眯目彼一時也風霾旣消晴空杲日此
一時也當公製芰衣雜芙裳時寧復知有南京

兆左右銀臺輦轂大京兆疏通喉舌而頡頏趙
張哉而最苦心莫如貳司農外有無當之卮內
有不可復之漁兩詘而兩殫心力總以寬一分
爲主若二十八萬之免增派敲膏朴髓海宇黔
銷於無形溢額地畝之免搜桑梓恬愉於無事
莫不晞春暘吸秋露曰公實蘇我史巫善祝孰
與白叟黄童善頌則公與太夫人之壽在東南
億萬口矣余某逮事　神宗朝秉鈞當軸皆老

成故自壽者多而壽所生者少惟東萊趙冢宰
以南九列滿考歸奉母觴東人榮之今　上度
次用人長安卿相致身早則先壽所生而後自
壽者什之五六矣然以逾六之獨坐而壽逾八
望九之萱闈則公與趙東萊相輝映未易覯也
寖假而金臺擅一柱黃閣副三槐屈指猶在望
七之內而太夫人海屋之籌且幾幾乎逾九盈
百也不亦崇禎朝吉旋善事哉猶未也粵稽二

帝咨皋陶以蠻夷猾夏寇賊奸宄屬之今東北
赤白囊相踵中原多潢池亦猾夏奸宄一時已
司農氏與司馬氏籌餉籌兵若聚米而根本不
存焉根本在大風有隧滔滔莫挽吏墨民安得
不悍悍帥債士安得果腹此　九重宵旰不啻
已饑溺而盈廷莫佐下風者也惟公毅然爲清
流砥柱又集同聲同氣有魄力者列魁柄以身
帥之以登高望遠風之鴟鴞華瘠瘝蘇未有朔

式羔羊澤綏鴻鴈而不澄清萬里鞭撻四垂者
葢皐之賡舜五章五用爲諄諄而幽明黜陟三
葘從此分比此帝廷官牧所以股肱百二十年
之放勲百十年之重華也夫日月與乾坤並永
而五曜亦與日月並永高陽高辛十六子不問
而知爲兒齒台背耄耋以上人矣周詩首稱將
母來諗而後有天保南山鳴千古君臣之盛求
忠必於孝請金奏工歌以佐觴

唐宋大家無壽文故余不作偶有便稿爲改之

丁丑代稿當在記後傳前

今暫寄質部末

青陽五先生傳

守內郡邑晉江頗著晉江編戶青陽頗著夫著者文也文勝而質掩矣追惟先哲寔獲我心作五先生傳

夏秦字西仲不知何許人或云元進士避亂來泉先館涵江後居青陽授徒自給文以行重諸家誌多出其筆洪武十五年以儒士召至京稱老疾辭歸郡守胡器敬重之每來訪蔥湯麥飯

其温飽而登高眺遠念及民閒之未炊煙者胡
守行贈以詩曰離筵對芳草去路遶青山日暮
雙旌遠邦人拭淚看得此而守名益顯都下傳
誦之以爲二十顆珠也胡後歷官祭酒至永樂
壬辰西仲猶稱郡庠正賓九十六翁云
李聰字敏德成化甲午舉人弘治庚戌進士與
蔡文莊先生清友善稱其精敏之識信謹之行
堅苦正大之志又手標其所著周易外義發凡

易要史斷曰大眼目也初授翰林檢討爲維長史除服改吉長史吉王於朝爲尊屬彊明而不無密移以法祖講學左右之清女謁罷土木封章皆人所難言而王有溫諭捐地二百餘畝以業民再疏而活三命匡弼良多然猶意不自得讀史有詠曰出師二表成何事爲憾宮中異府中念深矣謚以母老請急歸違限落職自號六遲居士二速山人發言而遲作事而遲感人而

遲此後三遲之說也登第入官改調則遲在天
者惟聞道見機差速爾總曰遲庵云杜門教兒
孫動遵矩度間進城每過里聚必下步曰此皆
三老父兄而敢車中自如乎遇親鄰有犂鋤者
必立談款愿問豐歉移時遠近望之皆曰古先
生古先生以學古心古行古也郡守在任將立
碑以詩辭曰碑卧長亭虛未樹井棠遺愛後人
鐫縣宰催科太急則貽書曰晉之百姓雖典妻

賣子亦不足以策應矣趾不入公門而偶有問
答類此卜地葬父母偏右以讓田家瓦棺自營
兄弟三藏有宋遺觜在焉謹瘗于腦後而三藏
列其前使人人皆爾豈有堪輿之爭哉長沙泉
庠並祀見郡志
蔡黄卷字于省受易於陳先生琛以楊游期之
嘉靖辛丑序貢不局於小就而曰儒官以行道
也初授睢州訓導擢汝陽教諭貧士十餘悉捐

而薄俸所入又推與貧者共之約諸生講易期
以昧爽集而皋座業儼然先升矣應制之文蔚
而婉擬古之文典而覈士爭佩習學使者校雎
有署三等簿者獨否曰此貧生非劣生也諸僚
乃止武弁爾與庠士鬨執義以直之正大剛果
之氣寓於培植扶持之中敎汝陽士亦如雎兩
地人文鵲起南太宰趙賢及吾郡太守孔惟德
其最鑄意者以唐藩敎授歸爲鄉表正孔惟德

守泉率同知通判推官踵門曰我恩師何不許
一面乎乃見之自答禮外無他謁孔朔望及門
且語所知曰吾師何無隻字見敎寄聲曰但願
君侯愛民如子老夫聞敎已深矣永寧城陷將
坐指揮王國瑞重辟則曰法無可貸情有可矜
孔乃從末減指揮齎百金謝愕然曰吾爲理爾
爲利耶其人叩頭出血竟峻麾之序班王某事
發有構藩臬罔卿者偶答曰王氏一門貴盛毀

者多宜徐察之孔乃釋然王氏竟不知有此言
也當孔踵門時懇請以師道前席而三僚俱隨
太守小甓隅坐時貳守即周道光及周代孔守
泉仍敦請爲正賓衞門忘人之勢而郡有司亦
自忘其勢若此雖汝二庠俱祀名宦
莊用賓字君采嘉靖戊子舉人己丑進士授行
人轉司副遷刑部員外郎廷諍太宰汪鋐之短
出浙江按察司僉事伸直吏平疑獄鹺使有私

人不法暴其狀褫之議葺四明學宫直指以疏
動帑金爲難面折曰院取某邑金餽某鄉紳各
若干亦疏請耶則自括贖鍰及他金葺之鹺使
與直指恚甚然八月僉憲無所索瘢僅以忤物
情論調而汪宰從中覆罷矣時年三十一爾歸
索蕭然稍用計倪筴膳二尊人斥田與季弟共
之重構宗祠修族譜義例粲若鄉故有石鼓巖
多黷祀乃鳩木石而新之中懸

高皇六諭而後祭鄉先生移諸賽報神像於兩
廂示崇明黜幽之義山川明秀庭除清閭遂爲
泉南鄉約冠朔望率鄉人讀法小善雖疏必揚
有過雖親不貸族兒有善偷苦里閭者三督不
悛輒鳴鼓而浮之或疑謂太陗然自是桃李垂
衢莫援麥麻被野如家誰力哉永寧衛伍譁懸
帥于旗直入其營以禍福譬之稽顙惟命而懸
解郡戒嚴縉紳登陴所部南門冠衝也單車坐

門外以次入逃寇者或危之曰賊豈一蹴至耶何委吾老稚飽刃也蓋活不啻萬人是歲巳未其後再巳未而曾孫首會狀兩榜咸謂天道邇矣監司有晉秩者入謁曰賀開府監司遜謝則曰永寧城陷而公加銜若寇睥睨泉城開府卽日矣聞者咋舌邑令訪飛詭十八人將寘重典倅答曰父母一日殺十八子於心忍乎乃從輕典凡鯁虀無所忌諱而多活全皆此類也卒後

二十餘年贈太僕少卿蓋先是痛父塚被寇發
偕弟用晦領鄉兵搗巢負父骸以歸而用晦陣
歿巡撫上其事至是男鳳章疏理有今贈用晦
亦蔭一子云學使者允特祠額曰一門忠孝
李逢期字維徵古先生之從孫也學以不欺爲
標領孝弟爲粟帛整齊嚴肅爲終日步趨嘉靖
甲子貢士授瀧水訓擢諭德化再擢寧波教授
敷教悉本躬行而諭義諭利關鍵尤謹嚴以禮

華風士士爭濯磨瀧水對揚講孝弟爲仁一章而悍生㦜然革心江州有榷關之羡歲終遺于矜故事以克先生饌悉召士須給之曰此使君之惠也何敢壅焉四明有構士於庠者理息之構士於有司者以理調護申其直敦倫砥行則相長過則盡規貧不能婚葬者厚周之豪宕而矜富貴容者繩繩入禮法士無哲愚皆曰吾夫子也會廩額稍浮或以預給請曰黃[illegible]游遷徙不

常給雖市恩他日誰補額者竟按季如式無後
累量移鎮海衛教授諸生攀送百餘里請趙公
簡勒碑稱其矩矱儼然色笑不假而坦衷厚誼
藹若春陽昵之有不可離之有不忍讀者謂吾
師傳神至泣下鎮海捐貲葺宫牆終吉藩紀善
先是蔡于省宰鄉社二十年莊君朶以祭酒推
蔡而讀法年倍之維徵五載林居蕭然如顔子
之巷于鄉閭事不關纖毫然二三衿韋以執經

親炙爲幸下及田夫野老婦孺莫不敬信卒三月相率封羊釃酒迎入石鼓祠羅拜者七百餘人盛德之入人深如此所著有四書周易隨筆泉庠及江浙粵漳四庠並祀有誌

贊曰青陽祭於社者五夏李蔡以德莊以功餘不乏通顯瞠乎後矣從西仲者碩士張德亨里人始知有詩文之學敏德爲泉南易宗而陳琛其傳心高第于省之授莊士元維徵

之授蘇濬皆易學淵源也貌君采者謂虎相而鳳睛知文知人以鳳睛也而宦不達亦繇之所造則吳維嶽中丞所拔則袁文榮魁首叔元童齔亦叨與進焉君采之祀夏李曰鄉有君子鄉之神明儉夫壬人得無愧畏鄉有君子鄉之蓍龜後生末學寧不企慕今企慕者彬彬矣潁川不作太原云亡凌弱暴寡之勢成而讓畔讓路之風斬僉壬愧畏者誰哉

奉直大夫蘇阜山公傳

壽以百二十爲上而蒙莊稱上壽百歲則九十亦上中之間爾然季世不數數也李文節懸車而阜山蘇公過從曰君爲爵一余爲齒一時年八十五矣又五載而以九十全歸公諱希栻字于欽蘇氏自唐光啓以來宋有開慶進士郡志佚之公爲人在下中而簡易無威儀然眉高人一寀口能納拳破阜谷三百年之荒而開後來

之彦非偶然也初試有司卽知名有叢鈴集其
書積作來鈴賦擬於楊班督學使者朱衡拔首
泉士所登答子書策有老宿未經見聞者自後
大小十餘試總目未榜而等輩豫噪蘇爲鈴矣
果然然七舉而後登科再舉而後登第始猶結
童後將晚暮其上公車也時朱督學爲大司空
遣子維京受業御史大夫葛端肅遣孫曦受業
其後朱以諫臣著而葛稱太史而先是以諸生

設帳有蔣時馨從于漳平後爲選郎有楊道賔
從于紫雲後謚文恪所造皆聞人也公故館於
婦翁都閩歐陽深所卽千金酬士一劍旌忠者
幕府上下文簿皆出公手法比之文與制舉文
並擅見謂吏材有餘而初仕許昌不十月罷歸
蓋性倨少禮之以乃清覈郵傳程督人文則許
下悉顒顒矣歸時年四十五而田居之年恰如
之里中黃文簡詹司寇諸耆英結社賦詩得公

一韻爲驪龍珠兒曹試目間游戲爲之楊文恪
稱其骯髒雜之詹晷當復得雄二十載半城半
山後二十五載案無孟光老有莵裘遂斷城市
之棧而專山深林密之政矣修族譜清理義倉
建始祖祠宇墓寮葺治梅隴阡履濡橋此爲政
於宗者橋曰履濡取雨露旣濡君子履之之義
而此橋爲安永德通達則砥矢之歌萬人矣修
霞舒里社築月半洋水壩漑田五十頃栽植松

叢以障曲溪水患重新雪峯寺名勝築太湖民堡以豫不虞此爲政於鄉者凡公所心畫側朴而詳費鉅而省利興害除而可久至兒曹則土室衡門八口不能三餔食即今曲溪堧地填淤百餘畝有力者分爲利藪而公當年視之漠如且不許兒孫干也平生耐饑不耐飽耐寒不耐燠耐勞不耐逸老眼昏花而對書瞭然老腕初書手戰而十百字後細楷勝新進小生自著管

斑存質註莊子註騷賦彚集雪峯誌詠諸書六
時且纂且繕僞九千餘言以爲常其選詩集解
杜詩選註二部斷然可傳公所自爲詩取料於
選而矢口必杜故以逃自然名其軒而以瘦生
彚其草非特諸著英驪珠見推焉爾此枝葉也
而根本則在族譜義倉矣族譜四易藁諄諄嚴
君平子依於孝弟依於悌二語而設圖立格長
幼五百餘人如家至日見義田半嚮於外府節

縮而恢復之公禮公役及饔飧不贍婚喪不舉
者賙濟外最加惠儒生歲終有燈油大比有盤
纏初入泮有衣靴自登科而後則當潤及一族
而不藉祖宗餘潤公歿後而科甲取爲辦裝錢
非本指矣況窶者不得其門而司鑰者之鼠雀
愈壯乎蓋公大歸前三月簡子姓中老成者手
勑之曰凡幹公事如巳事則事無不濟惜公錢
如巳錢則費無不省吾半生任勞任怨惟仰不

愧祖俯不愧心而已爾曹眘之噫存此心也雖
百世可也九十上中云乎哉

公歿而掌義倉者有訾故云

選詩集解杜詩選註甥叔元擬校梓以傳今
貧宦負諾責白圭所以宜三復也

傳婦蘇氏貞烈傳

貞烈蘇氏者余友蘇弘家之妹也弘家與余同振鐸同歸養余欒欒矣而弘家日侍太公太公治家嚴一室之内若朝典此貞烈所自來也貞烈之生爲壬辰三月弘家與余同榜之歳也二八而適傅季子禧光舅曰文學傳弼夫余友也舅殁矣而姑陳氏在抹蓐憐愛季婦甚季子之無禄也距燕婉之歳而朞也季子殁而貞烈不

生矣慈姑以立嗣譬之忍死私自念曰嗣未立
未可藉手地下也越五日而嗣定矣姑又以撫
嗣譬之忍死私自念曰未得姑命未可以往也
雖然嗣可立姑命終不可得越三日四鼓請死
期于姑而姑哽咽不能語適拜辭宗祏夫靈闈
户自經距季子屬纊九日距所生壬辰十九歲
耳嗟乎慈姑之喪愛子又喪婦也愛婦之長別
慈姑也腸豈不亦寸寸哉貞烈惟權其大者焉

爾矣太公之爲父也弘家之爲兄也夫豈不亦
具剛腸而不禁淚汪汪誰謂死易哉惟貞烈見
其大者焉爾矣曩余叨役南宫司風教于內覩
郡國以節孝請旌者十得九焉比叨役齊魯司
風教于外覩所部以節孝請旌者十得二三焉
蓋下愼之而後上重之有繇然矣前兩載吾邑
有貞烈王氏余友何南宫之冢婦也兹王氏且
與蘇氏同請旌矣蘇氏之訣弘家不云兄爲綱

常名教之官姝不爲綱常玷乎則吾黨何可無

一言也爰綴言之俟司内外風教者采焉

陳廷策未婚妻林氏貞烈傳

林氏烈女也傳烈女而冠以陳妻者成其志也陳廷策晉江青陽人林氏郡城人相望二十里林爲簪纓世族氏自幼讀書了大義九歲納陳采逾年而母歿撫弟妹持家井井有條祖父母及父俱愛之時廷策之母亦歿矣其後陳遭轗軻家益落有參商意氏曳父裾跪而泣曰所不歸陳者寧從母地下耳廼止廷策之父薄宦於

浙往省之歸而病劇氏聞即飲泣斷餐祝天祈代廷策竟不起時萬曆壬子三月也訃至氏一慟頓絕稍甦匍匐請奔喪祖父母持而泣曰吾老矣忍裂我腸耶父亦沮之力氏慟哭頭搶地曰兒寃從地下久矣廼㦬然許之手製麻衣麻經以素車來望里門即下車步哭入門先拜夫大父次哭拜夫靈伏地不能起次拜伯叔妯娌遂設苫于夫柩側半呼母半呼天雖永夜不寢

雖蚊蚋嗜膚不手揮如是者二十餘日或勸之
饘粥不答或問死期則曰四月念六日先姑忌
日也吾夫之歿周月矣辰奠姑畢已即殉夫及
期前五日始笄前三日忽破啼稍稍爲懽笑起
視廬舍與家人敘別時夫兄之妻未子也氏好
語曰使死者有知吾將抱送二兒於嫂其一可
爲吾夫後耳至期五鼓易服拜天地質明奠姑
仍拜辭夫大父及父寄謝祖父母拜夫靈揖内

外親戚如禮迺懸絞帛於柩側梁上纖塵以箠
揮之絞帛稍亂以手理之三拱而後縊時年十
八歲顏色踰晷不變遠近來觀者如堵墻先是
里中婦有以俚語望貞烈者曰鄉有烈女枯旱
不止氏曰無恐也豫勑侍婢曰我死後若必灌
水於我所縊處及庭之四隅以祈四澤勿使人
謂我召魃也仍豫訣家人曰一片黒雲至吾往
矣縊時天稍霽頃刻陰雲四合雨甚如注人以

爲讞云余叔元鄰居十室許肅衣冠往視解懸
謹據所耳目者確傳之而爲之論曰死生亦大
矣而或謂未婚之妻可以無死其說曰在家從
父也今有夫貧而父欲貳盟者可從乎今有夫
廢疾而父欲貳盟者可從乎至死生則不然是
不欺貧夫不欺廢疾夫而欺死夫也亦問之心
而已矣女子自許人以來聞夫之賢不肖貴賤
榮辱口雖不言有不同欣同戚者乎欣戚誰爲

之心爲之也心誰授之天授之也至死生之際
獨不與同是二心也是二天也心可二乎天有
二乎且死非先王所以繩人也有可死者因而
許之有不可死者則閔閔焉爲之坊蓋余嘗備
員禮官而莊誦　祖制矣令甲首旌孝次旌節
而烈附焉示不以死繩人也孝而封股者卧氷
者厲禁勿旌此不可死而爲之坊者也若未婚
娶而死者　列聖以來有司未嘗不舉舉未嘗

不與節婦烈婦並旌則明以死許之也有司之
所許準心也王者之所許準天也子曰吾從周
若是則貞烈林氏可以死矣

理學名賢紫峯先生孫孔伸陳君水利功
德碑
晉江六里陂水利紫峯先生論之詳矣大約謂
此陂上承九十九溪水下潤數十萬畝田必擇
有恒産恒心才且勤者掌之水旱蓄洩以時旣
能利農亦當使之自利如舟木小稅及秋成取
禾把之類官爲畫一掌陂者不得多取而挾怨
者不得訐此先生留心民瘼忠恕之言也今去

先生未百載人心不古掌陂之役自好者不爲而爲之者往往先利而後義惟孔伸陳君不可及夫君名衢字孔伸紫峯先生之孫也其掌六里陂自萬曆已卯至壬午始壬寅癸卯又掌馬戊申至今癸丑又掌馬皆强而後出固辭而不獲其掌陂也豫水旱而爲之備雨則竟夕不寐策杖觀水勢督陂夫啓放瞬息不少緩故久雨驟雨而無浸湧之患霽則急閉之旱則晝夜巡

行無敢漏泄者故汲灌足供三時鄰壤亦分餘瀝焉若兹則可謂才且勤矣至於木石船貨有過閘之稅或畝取其禾或家徵其穀或設罟以收魚蟹曩所視爲固然者一切禁革或曰爲宰而辭粟贖人不受金得無過乎君曰吾以無愧於心耳憲之粟其名曰與賜之金其名曰受今斂則非與也稅則非受也曾見夫閉閘而稅者稅入而後閘開則鄰於要也遺秉滯穗其與幾

何强者爭而弱者許則鄰於攫也吾不敢爲要
且攫非以爲廉也若茲則利農而不自利矣陂
夫稍食分給如期値官未及須則取諸懷而與
之陂岸崩自捐三十餘金砌築不煩里旅陡梁
缺亦如之至鬻田以充焉或曰費哉惠也君曰
吾以盡吾心焉耳捐數畝之田而貽鄰里鄉黨
數十萬畝之秋孰與夫胥而槁也曾見夫醵金
而齟齬難合者曾見夫鳩工而嗸嗸莫應者吾

不能爲其難寧爲其易耳若兹則損巳以利農紫峯先生猶以爲難矣蓋紫峯有萬物一體之懐未得大行於天下而拳拳桑梓利病凡三致意焉而君克紹厥志四子皆有聲庠序將大紫峯之澤未艾也鄉旌倪德君甚相與伐石垂不朽而徵余言余惟今之竪碑於途者相望矣亦有如此石之無愧辭者乎遂忻忻載筆焉

八閩文庫

福建文獻集成

續編 集部 二一

吴格 主编

八閩文庫

文獻集成

345

海峽出版發行集團
THE STRAITS PUBLISHING & DISTRIBUTING GROUP
福建人民出版社

本册目次

雞肋删三卷（文部叁）

［明］晉江李叔元撰

中國國家圖書館藏明崇禎間刻本

李端和雞肋删

文部叁

朱少司寇奠文

黃少保奠文

鄒座師奠文　史内閣奠文增

蘇大司寇奠文　丁左司寇奠文增

張左司空奠文

英紫山告文

武場論策

門人　東牟范復粹

安德趙繼鼎
新安汪元兆 輯
男正培正高正樞正綸正丹仝輯
孫雲寧 璜 曾孫延昂 拱璧 延楫 一鳴 拱霄 拱箕 拱晟 奏緯 督梓

户部左侍郎贈右都御史謚恭定郭公述
故事大臣請卹者所司覈如令甲惟功德懋著
予謚輙覈輙予無定期今
上慎重其典自傳聞以逮于玆應否易名者
勑所司博集廷議逾十載奏成又廷辨之於是
禮官條上其詢謀僉同者二十九人而吾晉江
處二焉則郭公惟賢謚恭定周公天佐謚忠愍
也先是歲庚子郭公以副都御史在會議之列

而余叔元儀曹與聞其議公謂叔元曰閩吾鄉
也若楚若江淛皆吾宦跡所歷于楚舉伍公文
定于江右舉吴公悌于淛舉張公元忭而閩則
舉周公至是庚戌而公所舉者詢謀無不僉同
且待公而爲二十九人也公先庚議之而後庚
成之謚典詎不以公重哉公自庚子奉諱歸余
亦奉諱廬居密邇四年余起董山東學又一年
而公奉　特詔即家拜户部左侍郎余意公來

必由齊魯旦夕翹首前旌而奄聞公訃廼椷辭以誄曰一腔丹血未灑朝堂滿腹人材未操衡鑑蓋不勝為天下慟也公忠義之心正直之氣出自天性立朝侃侃雷霆霜雪不能摧而斟酌輕重發必中節視財利若浼被服造次如寒士而持論近恕不以所長律人披肝見膽平生無不盡之言而未嘗招人過失秦鏡孤懸萬品俱來獻形而好問好察雖片楮隻字必求其至當

至精蓋當世士大夫以氣節自豪者衆矣冥冥未必如昭昭末路未必如初服求其表裏始終無間言如公者蓋鮮矣公字哲卿號希所晚更愚菴起家萬曆甲戌進士爲清江令清江有朱御史者江陵相爪牙也其力能使人雲泥而公巖自遠以故雖由治行高等徵入而堇堇授南御史南臺有巡鹽之役鍰金以萬計公請歸掣于南戶曹而御史以三尺監督之南人相傳

謂自公視鹺而百年垢府一清迺讀公疏則云户部司錢穀御史司糾察職掌宜爾非賔賔以毋染聞也江陵攬權與馮璫相表裏以廷杖削籍謫戍錮言者吳中行趙用賢鄒元標諸君子纍纍在錮籍公疏請召用以培正氣時江陵新故而璫猶盤甚遂謫爲江山縣丞逾月璫敗復召爲南御史直聲震天下故相行督責之術令六曹考成於政府公謂漢相不答錢穀之問史

稱其得體柰何祝而庖致海内虛耗乎因江南洊饑疏罷之御史大夫陳某曾逢故相意糾直指之不會葬于楚者至是直指召用而陳猶玷雄班疏褫之一時邦基民譽若耿公定向胡公直孫公鑨曾公同亨孫公丕揚蔡公國珍皆伏在嵁巖疏請録用之于是正直之氣發舒而海内元氣亦漸充實本公三疏之力也

上於禁中部勒宦者習武事比部郎董基抗言

坐諭公謂　萬乘不宜邇凶器請罷內操而召言者　上怒姑念賜環言官薄調南廷評旋移南戶部主事實司庾公曰此吾問錢穀時矣簸揚糶量必躬親發粟無粃者擢南吏部稽勳考功郎中歲當大計冢宰李肅敏問何以綜計典公曰惟兼智仁勇可耳李公韙其言是歲澄汰公而覈雖撄府欲有所干撓不能也旋晉尚寶丞入都捧　寶贍　鑾輿拾級聚足而翔不失

尺寸　重瞳垂注者久之班行驚異晉南通政
司參議應天府丞改順天擢右僉都御史巡撫
湖廣下車問民疾苦知楚賦役無藝且有太和
山香稅可佐元元之急遂首疏二事其一定賦
役全書其一則請香稅也維時採榷未興左藏
已膀而公爲楚人請命于祝釐使者掌握中歲
歲劃其數十萬緡　上慨然捐予之亦足以明
帝心仁愛而山澤宜與民同矣楚西南苦苗公

謂馭苗宜安靜亦有振刷而歸於安靜者苗[illegible]自相讐殺柰何以漢法治之許贖如夷法足矣此安靜也我生口被擄者將吏私哀餉贖回公嚴令鳴鼓一洒之有割餉陷苗者辠無赦此振刷而歸安靜也他如撤思恩之戍毋轉恤罷河工之征毋竭澤建黃梅通城之城出自節縮數萬金毋徵民一畚一粒皆楚百世利其最苦心者 天子以湯沐賑懿親而公援代治納貢之

義亟請無暴彼民有　詔切責撫按自監司而
下皆鐫俸公弗色動也江夏令誤刑廢宗幾致
大閧公請薄罰令而申明宗約無犯有司
興都宦者守　陵寢虔劉我民有　旨聽其攝
問公謂　祖宗二百年來未有撫按官代守璫
勾攝齊民者　上反汗從之城社乃無所逞讀
公諸疏辭愈懇惻氣愈和平強項令在虎口赤
子在湯鑊之中而竟晏然無恙蓋至公别楚數

載一蹂躪於陳閹而憲臣牧臣縶再蹶盩於楚
宗而撫臣殞全楚公私不禁倒懸説者謂江漢
厄運藉令有公彈壓而調劑之豈至是然後知
一片苦心未易語人也濂溪先生父名章楚志
請與程朱父並祀啓聖祠又刻三儒三忠集三
儒者周及程三忠則屈大夫諸葛忠武重楚而
岳武穆功於楚也三楚蒸蒸象指矣撫楚四載
一意與民休息無疆外之交朿脩之餽墨吏望

文卷　肋刪　八

風解綬　召入視臺事由右轉左兩考由僉轉
副時久不行取柱下落落如晨星攝左臺者請
令巡方御史互相更代不赴京以濟一時之乏
公謂御史回道考覈　祖制也柰何廢之且使
上愈緩行取矣持不平署其後卒如公言戊戌
已亥二大計從政者新俱取衷於公有洪都貳
守爲政府私人以墨聞時冢宰亦洪都人也稍
存邦大夫之誼公力爭之竟褫貳守錢御史有

夙嫌於總憲不自安求去從中調護之竟遷廷尉丞人服冢宰不私總憲雅量而多公善成二公之德也　上靜攝久　青宮未建百寮多缺爭臣良牧繁貫城而翼虎遍天下公憮然曰事有大於此者乎披瀝大禮大政用人理財諸疏切劘萬餘言　帝鑒丹誠不甚忤也泰茹難拔同宗易吝漸有南北黨之形公以孤松立萬卉中藩籬不插荊棘自遠有功於善類甚博以毋

病乞歸不許母歿甫匐奔訃　詔予父母並祭
一壇既襄窀穸仍課子明農不復出矣里人林
太守雲程何儀部喬遠詩觴過從公雖息機白
社乎聞朝政得失輙憂喜形於詩歌夢寐古人
遠不忘君惟公以之而余友潘考功為余言曾
以大計就正於公公自省府大寮以及遠方小吏
孰材孰品一經耳目終身不忘則謂公腹中有
笥呂文穆之夾袋為煩矣故余謂一腔丹血滿

服人材蓋匪虛語　當宁懸三事待公以左司徒爲之兆耳而元朔拜　命及望而歿蒼生安得不悖悖訃聞贈右都御史予祭葬祖父父並贈左副都御史祖母前母母及妻並贈淑人錄一子胄監至是　賜諡如廷議榮哀始終備矣今大學士同邑李公爲師友淵源而福唐葉公則同朝至驩先是枚卜　命下九卿各舉所知公以副院在事疏李公名又言於同事者疏葉

公名時李佐南銓而葉猶五品宮寮越十載而
兩公同日　宣麻中外翕然服
上得人藉令推轂俱如公豈不賢於夢卜哉公
鼓篋時與余兄友善余父一見許爲大器公於
姻黨中最善右司馬黃公今狀公行者也而余
從父兄之後辱忘年之交在朝在鄉追隨十稔
如校卜議謚本末司馬所不及知者惟余叔元
知之不揣述其大畧如右

通議大夫南京兵部右侍郎贈南京户部
尚書叔臺耿先生行狀
嗚呼吾師之歿逾一星矣馬鬣已久襄而貞珉有待儱子孝廉汝忞屬門人李叔元爲狀將丐不朽于福唐元老叔元事先師猶父也烏敢辭
先師姓耿氏諱定力字子健學者稱叔臺先生楚黄州府麻城縣人也其先有國寶者從
高皇帝起淮甸次子以功授濟陽衞千户而長

子必順卜麻城之西偏太平里居馬五傳鳴甫公大振配李氏生靜菴公金配秦氏生四子先師其叔也伯曰總督倉塲户部尚書贈太子少保謚恭簡公定向字在倫學者稱天臺先生仲曰定理字子庸季曰定裕鳴甫靜菴皆以伯子贈通議大夫刑部左侍郎李秦皆贈淑人靜菴公性疎曠中年廢著以嘉靖辛丑正月十四日生叔子而秦淑人病甚恐弗利於母則棄之盆

中時方子夜仲子七歲寤而驚哭曰兄有我柰何我無弟秦淑人曰無衣也仲解衣覆之乃育癸卯甫免乳而恭簡娶彭淑人輒懷小叔牀蓐閒中夜不省溲溷兄若嫂徬徨浣滌時凍甚無他蓐猶恐驚小叔卧其後先師每述及未嘗不涕泗交頤也乙巳初受章句即師恭簡一切唯諾惟謹己酉有金邑令者延恭簡教其子署中先師九歲與偕壬子恭簡舉于鄉時先師歧嶷

秦淑人摩其頂曰若必嗣興甲寅恭簡遊南雍先師十四歲願從之恭簡徒步二百里而命先師跨一驢至淤淖中見恭簡跌仆輙舍所跨而偕步登舟丙辰恭簡魁南宮丁巳先師出應童子試戊午列麻城學官弟子員辛酉始觀楚闈値雨甚而體清癯仲子命奚童負之親爲張蓋同儕嘲曰介弟壬戌恭簡以御史督學南畿先師從之所師事者鄱陽比部史公桂芳恭簡所

敬重先輩也而道南楊公希淳弱侯焦公竑伯
恒吳公自新皆以學行爲恭簡入室高足朝夕
相硎磨甲子闈中吳襄惠董楚學拔置異等揭
榜前一日呼于稠衆曰耿生必捷果然先時恭
簡疏建太平里爲新邑是歲業勑名黃安而先
師餼麻庠故賢書仍稱麻人云是冬與子禮周
公思敬計偕取道金陵忽慨夫吏而貪者子禮
曰吾儕其免夫先師曰未也必以吾儕之不貪

易天下之貪子禮難之先師曰夫眞眞未有不感人者也眞哭而衆心因以慘眞笑而衆心因以嬉吾儕患不貪未眞耳何患人心不同然乎入金陵恭簡以欲仁而得仁眞血脈詔之謂仁人心也而貪者欲與習汩之也仁者視人之蔽於欲而溺於習猶已之瞽而墜於淵偲偲伈伈肫肫循循必醒其眞心而後已蓋仁體本如是也若以已之潔形人之貪仁脈先閡矣而何以通

之人人遂著求仁左契遍質同志先師之學自此入乙丑下第歸半侍庭闈以所學質正於仲子半之金陵與焦弱侯輩日事恭簡恭簡嚴毅而先師濟以溫良故南中謂得叔子門人日親丁卯之臘戊辰之春恭簡擢廷尉丞由吳迓楚先師依依不上公車泊如也庚午北征時徐文貞去國高新鄭爲政以宿憾謫恭簡州倅先師中途欲迓靜菴公遣趣之乃行辛未得雋南宮

典試者張江陵房師則王文肅也首揆李文定奇其大對欲擬鼎峙新鄭嫌其點畫太重止備進御之列報至靜菴公却掃自若而秦淑人泫然曰又鬻一子與官家矣六月除工部屯田司主事其時恭簡從坊諭中物色江陵先師以孝廉執贄焉故登第後盼有加青至 今上癸酉初先師覘江陵權太盛遂絕跡自遠惟尊信王文肅而與同籍文潔鄧公以讃子藎張公元忭

汝海鄒公德涵登之管公志道切劘正學甲戌

工曹秩滿靜菴公與秦淑人業先受御史封至

是　覃恩又洊封父母俱存伯叔皆得自致稱

異數云乙亥晉刑部貴州司員外郎時恭簡以

中丞協院五月聞秦淑人訃同奔歸戊寅復除

兵部武選司員外郎己卯晉車駕司郎中清銓

注肅侍衛壹以會典爲準繩時鄒汝海僉憲中

州直指將𪗋齕之應城李司空者江陵姻而嘉

意善類先師力懇移書於直指直指陰以其書上江陵志甚譙應城曰嚮者劉臺疏實出德涵手而公護道學之黨置我何地豈寡助之至親戚畔之者乎鄒竟不免李亦罷去而先師脩然矰繳之外業在烝民之四章矣管登之僉粵臬與臺使角禮先師規之曰天下定于一人心定于一國朝內設六卿外臚三司然宸居九重六卿名位相等勢不得不總之內閣君門萬里三

司參差不齊勢不得不總之御史譬之四肢百骸受命於心心不可見聽命於意天子之有内閣御史猶心之有意也心不可二意亦不可二此造化之微機總持之至理也持論若此庚辰晉浙江台州府知府聞靜菴公病晝夜馳歸猶奉湯藥良久及卒哀毀骨立而恭簡由閩撫奔訃至室之餘伯仲師友如初壬午躬謁徐文貞於雲間求靜菴公墓志癸未復除四川成都府

知府濱行恭簡泣曰先世隱約澤未及人吾兄弟徼有今日若能爲三十餘城造命乎乃可以慰逝者先師唯唯佩服甫下車盟心盟寮屬一撤貫徹金石大約謂吾儕精神時通則群小退聽而民受福此易簡之法也蜀郡爲一大都會無論三十餘城卽鄰部及夷酋事當勝理擲下益州牧持籌先師虛中順氣旁搜博訪咄嗟而大瓠立剖他省皆有租庸調書惟蜀獨去其籍

先師首問主者得一篇是有役而無賦也又綜其版於行省賦役具矣而多殘缺乃懸十金以購於故老家得數十年前成書兼總條貫纖悉畢具遂鋟而頒之官師可按籍祗用蘇息而吏無所售其翕歘會有採木及方田之役先師爲主畫方田倣恭簡所行於閩者而原濕輕重布之採木條上數萬言謂動大衆無裔其背任長吏無縶其足採探豫而後鳩工夷險分而後致

期以恩信鼓商而又燭其奸欺以獎賞用夷而又制其要領故集數十百官師驅數千萬匠卒于懸崖絶棧煙嵐豺虎之區若臂使指而枕席過至於都下收木甚難多方小者徑斷破之矣大者又以不如式阻隔先師爲冬官時稔其弊特豫請式以從事所省誅償而全吏民軀命無算二役方殷而學宮報圮無論少府金錢詘抑若督理無人先師念失今不圖轉盼大比大計

勢必度閣乃自捐俸若干緡盡發庾廩之陳者
貿若干緡風郡中質行三老有子姓在庠者董
其役勤以諄諭優以殊禮若家人父子然子來
競勸不二時而落成宏偉鞏固選經明行飭若
開敏有才者肄習其中又以其閒新大益書院
表章趙文肅大儒而歲時率諸生談學焉所摧
轂盡知名鵲起至于秋闈將闈遺珠未甄學使
者在沐先師攝九郡都試翕然稱得人他如清

藩祿行條鞭議軍儲革扣兑酌協濟平郵傳皆全蜀大綱紀凡先師所爲樹駿於岷流鴻于錦者不勝書而長老輒好言其一二軼事益俗不喪而冠素亟禁之適兩臺檄捕蝗先師寢未發道逢三素冠皆豪子弟也數之曰法不汝貫能掠蝗自雪乎其人擊顙遍募人掠之蝗盡而民無擾者鄰部皆謝弗如内江有貴遊子要駕先師撻其從者二人爲牒遣還曰會城輻輳之地

瓜李易嫌中江文獻之區蓬麻自直此子竟創
艾自新有直指瓜代亡其背新直指至又穴而
胠篋焉先師察胥隸俱更番獨仍一饔人亟捕
之直指恚曰太守外不能詰盜乃向吾卧榻搜
治耶固以請比至詰之曰吾視其穴痕內出即
咋舌伏辜葢民喬惷小眚纍纍大辟先師歲平
反數百指有男子扶其婦死而論抵者牘曰婦
詈夫獸畜庭訊之則曰詈儂爲獸畜所生耳遂

援筆續二字于牘而投筆出之蓋婦嘗姑嫜律故應死也凡擇可而勞不罰而化片言而折求生而得多此類然牧政之細矣甲申仲子卒于家時恭簡再起佐院將行有視予之痛而先師聞訃一慟幾絕乙酉冬輯瑞入都恭簡貳司寇彭淑人卒于邸先師援韓昌黎爲加服以答嫂慈丙戌以治平考居天下最賜宴禮部海豐楊太宰署其考有二千石第一人之語尋還蜀比

歲松州牂瀘馬湖三番犯順官兵十萬問西南
夷而轉餉取給益州先師恬整精毅擘畫無遺
策且屈指馘賊之期當在夏五果驗及生得渠
魁安保兒狀驍甚亟白開府曰必斷其大趾庚
無後患開府愛其拳勇姑械之俄自獄投蓋而
出屋瓦如飛臬司皇遽盡調諸材官騶長格射
之乃殪開府歎曰耿益州真聖人也凱奏以治
餉功賜寶鏹而爲郡如故先後在蜀郡五年視

二三寮寀及長吏師儒如手足如子弟卽卑微幕職亦以身師之曰吾不欲願汝清吾不刻願汝平吾不惰願汝勤吾不欺願汝恂三十餘城一體一心每俗不長厚則引爲己愧利涉交爭則思爲己過民或歎息愁恨則負爲己辜其自命曰吾無他長惟擇人而任之與元元相安而知先師者謂與人爲善四字括盡心體作用戊子晉福建按察司督學副使出蜀之日祗攜圖

書五篋而已先是王文肅躋揆席詒先師札追
論南北司植黨之害至是先師上書曰大人正
君在格心天民覺人務復性而近習竇邇小人
難養少年輕俊古道難還元老日夜念此至熟
顧薦紳先生容不能底豫其親而細人孺子或
片語單詞父母立爲感悟薦紳先生容不能式
穀其子而田父野老或末節細行兒孫世其家
傳何則薦紳先生名義禮教之心重而細人孺

子田父野老眞誠獨至也元老心懷精忠體備純德第積誠以需之文肅大喜曰足破宋人調停之弊矣首頒學約闡悅樂不愠宗旨且云功令課士凡六等而孔門第士以行已有耻不辱君命爲高孝弟次之信果硜硜又次之斗筲爲下倘不欲居萬世文宗之高等而第得衷於月旦無恒之甲乙惡足爲士時恭簡總憲臺獨摘學約中闕故多才又爲弊藪等語手書嚴砭曰

道南鄒魯何至以逆億礙先覺之體卽此仁脉未周流矣先師拜書懺然須楊羅李朱之微言錄蔡文莊陳布衣之苗裔以示風嚮八郡歲校兩周繁簡遲速隨其資力不爲苛格峻防以阻士氣嘗曰教士者各有所執吾無似不欲人之似我夫文之不同有如其面不離耳目口鼻而妍媸在丰神氣骨之間吾面澤欲人盡澤吾面癯欲人盡癯可乎惟隨其所長擇而取之眞才

皆入彀中是歲辛卯一榜盡先師所拔前茅士迄今公車十奏名內而館閣省臺卿寺外而藩臬郡邑蟬聯烏奕莫非當年前茅者自有閩鐸以來得士之盛後先無兩與襄惠之在楚恭簡之在吳若室壁奎並焜耀每校一郡畢輙進諸生各言爾志而就中點綴陶鎔之恭簡有教學商求先師亦有起予錄皆與諸生審問明辨由道南一派而泝默識不厭不倦嫡傳者也叔元

猶記辛卯歲先師携汝忞與秦淑人之猶孫植閩署中命魏濬爲師徐大紳蘇茂相及叔元葦爲友諸生俱是歲捷于閩而秦植與汝忞後亦聯鑣于楚先師品徐生曰若能爲彝鼎不能爲釜甑又指魏蘇李三生必居吾座徐生官止郡丞有清聲而叔元從魏蘇之後叨分三邅然西河安敢擬夫子哉夫回賜不稱官閥而房魏豈重河汾乃知言知人亦魯論玉振矣是冬晉河

南布政司叅政壬辰大計冢宰陸莊簡以清畏
人知貞不絶俗舉先師尤異奉旨褒嘉二月過
里時恭簡以司徒在告日侍函丈秋抵汴尋晉
太常寺少卿癸巳即家上疏引疾蒙予告仍侍
恭簡遊天臺山有五旬弟傍七旬兄之賦甲午
起原官入都乙未晉通政司右通政尋轉左奉
使諭祭襄藩過里丙申恭簡卒居喪位如剡是
秋還朝而恭簡祭葬贈謚俱奉俞丁酉三殿灾

上疏自陳不職詞寓規諫留中待罪數月時九

列自劾不報者任丘劉掌端晉江郭協院暨先

師而三雖以疏語切直然皆張新建所不悅也

新建初講學稱同志及柄國先師稍規其秕政

尋以細郄逐焦弱侯遂目先師與尚璽潘公士

藻爲焦黨欲一網之偶公事旅謁新建餂先師

曰公久不調得無未離中貴人乎答曰僕雖不

肖亦竊聞高柴之風矣新建艴然戊戌先師由

郡守歷銀臺廻翔十六年四品猶以南太僕推
會新建敗六月先師晉南京都察院右僉都御
史叔元偕閩諸生數十曹祝轅于蘭若先師謂
叔元曰吾奉璽書提督操江與勳臣共操新江
營軍也軍隸南司馬餉給南司農戰船造自南
司空璽書又兼廵江上江千里下江五百里列
爲八營五兵憲畫地干掫兵餉樓櫓器械亦各
有主者吾辟如塾師專教肄不問金穀必内外

守臣同心南北撫臣共濟乃可鞏長江天塹又曰今採榷中使遍天下人心洶洶宜講武儲餉以消隱憂昔王文成先生剿寨寇平江西咸用郡縣吏師領民兵成功譚襄敏張銅梁爲守爲令用以驅倭擒盜伍松滋之守吉安也時時爲帑藏積聚計人咸疑之及倉卒戡亂竟藉其用今之有司視民兵爲送迎勾攝之役至於贖鍰不以充槖修贄即號清白吏誰長慮却顧及此

昔冬抵金陵拜恭簡祠已亥上五防五便疏所謂五防者蓋指璫使征商太密商賈失業萬人揭竿可慮竈丁擔夫數千人可慮權使從者數盜可慮濱江權貂謾藏誨盜可慮畿內群不逞之徒窺伺鼓煽可慮而五便則欲專責兵憲簡練州縣民兵收扞城之用省裹糧之費寒萑苻之膽爪牙易制犄角易聯又議贖鍰半備賑半充餉如王文成伍吉安故事皆千年石畫也亡

何有上新河之變果如所慮賴指麾素定權璫抱頭鼠伏而東南根本晏如不然幾爲清淵之蹂躪矣五月南御史大夫缺攝臺事秋以目眚乞休不允庚子復疏曰竊見中使者乘傳遍搜山澤舟車市廛之利臣本細微編户至臣兄弟叨仕版荷恩徽榮三世今臣年六十衰殘有子及孫竊愛憐之尚欲世世受田明經辟之人生惟願天地長久父母壽康身在覆載怙恃中彼

無門祚身名之恤者必不爲國家計深遠也同舟而鑿之使沈同車而摧之使覆同樂太平而毆之使亂亦豈乘傳使者之利哉又言歷代通鑑纂要記載治亂盛衰君子小人簡而甚明書藏内府乞　皇上時加披閱憬然改圖不報秣陵尚佳麗每競渡時綺裳畫舫塡委秦淮以毆溺死者相踵有司莫能禁先師策游鷁必從南徐入密勑諸校但有舺艋泝溪口者徑捕沒之

自是一葉不能飛度歲省塡壑數千緡所全活甚衆至今童謠猶頌焉辛丑六載考績五月以大僚印刓執法晨星兩疏請簡用南御史大夫及補諸御史俱報可仍乞休不允是歲江夏郭公正域以南司成北召先師餞之江滸郭曰何以似我先師曰公善善長而惡惡亦不短郭頷之壬寅復請速簡南總憲三乞休癸卯四乞休俱不允故事南棘闈分校者由學臣推擇至是

廷議請先師司其衡僉都御史之推擇分校官自癸卯始十二月九載考績甲辰吏部上言耿其學有淵源才兼經緯以一身繫世道盛衰年勞並懋宜膺眷渥五月晉右副都御史協院及防江如故南中丞多歇歷深而位望著旦夕遷去即久亦不能至三考中丞之滿三考而晉僉爲副自甲辰始是歲攝工曹有裁器皿以昭儉德議鼓鑄以濟河工兩疏乙巳與南太宰吉水

曾公典禹計謂司功曰愼毋枉一人也司功曰枉不可縱亦不可說者謂功郎執法而兩公俱寛仁長者故是役嚴恕兩盡叔元有海岱之役謁先師于白門先師偶感時事謂叔元曰泰山之高人皆知仰之滄海之大且深也非望洋者所能盡識近代羅彝正李獻吉海汝賢鄒爾瞻人望所歸童子猶知嚮往乃當國者三楊之後如李南陽李長沙楊新都徐華亭張江陵皆有

深沈之思博大之量旋轉之力而好事者過爲
深求輒加貶斥甚至不得與全軀保名之士爲
伍願吾子深念之尼父大管仲一匡之功稱之
曰仁不計其他也忽憮然曰行一不義殺一不
辜而得天下不爲此吾儕大根本今之君子行
十不義殺十不辜而踞要津亦爲之叔亢召負序
請問先師不答越數禩有名實不相應者卽當
年執中原牛耳者也然後知先師之蚤見固子

聸矣是歲以兩孫不育五乞休丙午以元配淑
人朱氏卒六乞休家累私情不敢上煩天聽而
自陳衰病甚哀懇俱慰留不允先師九載防江
六載攝臺自國初以來屢有以和平衷國是而
矛戟消以整暇討軍實而豕蛇遁焦弱侯所稱
他嚴見欺公愛莫犯人歸其功我服其量者也
七月晉南京兵部右侍郎操臺故有歲供錢先
師一切節約及郡邑所貯贖鍰不下數千金畀

代者爲繕修法署疏鑿河渠之費舉刺文武將吏廷議稱平允時餘姚孫公鏜長畱樞與先師同心綢繆桑土會妖弁劉天緒發難陪京震動業擒其元兇矣而餘孽披猖四布蜚語孫公以彈壓重地非窮蒐不可先師從容請曰崑岡一炬玉石難分且蜚語未必實也盍徐之孫公曰子無然鏜請受其咎出歎曰孫公其不免乎已而南北言路果不理於餘姚丁未四月以副臺

貳樞通三載考績北上六曹及臺諫俱餞先師慨然曰吾此行孫公孤立無與然世有赤心任事如公者乎吾百口保之願諸君爲棟楹計先師由北而南至今十載中外引領蒲輪入都而先師念穆清高拱宮省釜鬵黃白當前重於俟清之遺佚蠨蛸取旨捷於啓事之鵷行新進摧老成之氣黨釁已開巇巖操輦轂之權人心滋眩撫時觸事浩然有止陰息影之懷中途拜疏

乞骸骨抵家待命日課汝忞及内外群從遐邇
門牆紬繹恭簡之緒言醞釀新邑之仁風六轡
未懸兩楹乍夢以十一月二十一日卒享年六
十七南京司馬臣鑛及楚撫臣按臣各訃聞
上惋悼贈南京户部尚書予祭葬仍遵近旨俟
五年類請易名金陵合祠恭簡閩誌名宦楚祠
鄉賢而蜀有専祠與文翁世世尸祝不絕先師
昆弟倡學東南恭簡以求仁爲主以反身默識

爲先以範圍曲成爲極致而仲子則曰吾從無極太極入不落陰陽五行先師有仲之高明而游伯之殼率實悟實修當下仁體至其參透於人情世故之中解脫於魚兎筌蹄之外超然自得於浴沂風雩之境間或發恭簡所未發當少年時嘐嘐曰有出世之心然後能辨經世之事至晚年曰近談學者騖入高玄不求實際徵驗如成已不能成物明德不能新民皆不反求諸

已此關係不小蓋愈切實愈光大非如世之課玄虛騰口說者養粹而識精知圓而行方撤藩籬而露肝膽恊輿情而當天則平生恥言人過恥見已功非意相干無恩遽不平之辭色或鬭量可學乎則曰可禪家有父祖坎有兄弟坎有子孫坎有奴僕坎今之犯而校者皆以臧獲自處而以祖禰讓人者也諸生初爲政則曰今授民牧者開口輒問若何事上官若何禮過客若

何待巨室至生民之利病則漠乎罕有問也其樹立可知已或謂獲上可後乎巨室可得罪乎則曰是在我而已吾一日坐堂皇懷抱豁然無論事上使下交左右禮賓客以及士紳氓隸俱在一團和氣中卽對盜寇亦無遷怒吾懷抱不佳卽赤子亦胡越矣故嘉樂而後宜民人樂只而後稱父母不澄治其心體而他求乎哉或以才識不逮爲歉則曰只患心不誠不患無才只

患不虛心好學不患無識學自生識誠自生才有才識而不根於誠與學者皆小慧小伎也或嘲仕宦久久則意氣消而機械熟輙下一轉語曰自昔意氣消磨機智圓熟惟狄梁公李鄴侯二人正恐當大任者意氣未消磨機智未圓熟耳其罕譬而喻微臧而曲中難殫述昔孔子自謂不能辭命而伯淳正叔尊師道成人材兩相推讓先師之政事文學言語皆自德行流出其

所培植勿論三川八閩印南北之諸曹郎江淮河海之門下故吏楚之執經四方之負笈者一經陶鑄莫不蒸蒸濯濯或語上或語下各就其根器而誘之謂其弘而不毅其毅而不弘至叔元則曰汝修德而不凝道抽關啓鑰使人潛思自悟成章取裁幾中分魯國雖子貢未敢賢於尼父而以二耿擬二程未知尊師道成人材之誰屬壎誰屬篪也蓋先師自贊曰何思何慮不

黨不爭善揚惡隱衆愛仁親四方爲文以誄者
無慮數萬言惟毘陵唐公鶴徵閩中門人董應
舉二篇尤爲人所傳誦唐公之言曰公之名位
業已有極而其道大世終莫測惟見萬彙熈然
春風元氣雱勃公神在中公之家學直接有宋
至其自悟曲善群動救時之匠羽世之儀如雨
溉枯如黍濟饑衆難塞胸一言而豁應機赴節
兎起鶻落環中無窮妙在不勞若水之平如天

蓋高董生之言曰師於人倫不置白黑眉睫之間已洞胸臆師於政術不聲以色終日笑言物物得職尤善誘人如埏如埴隨器大小方圓平直一言轉心萬馬就勒包隱偏尤消融疵慝圮面鴈行濟濟翼翼如物得春奮起怒植嗚呼盛哉先師配朱氏庠生朱公繼科女封安人恭人以乙巳 覃恩例封淑人未請初抱仲子之第三子汝惪爲嗣不祿至丁丑三十七歲乃生男

汝忞今乙卯舉人娶河南參政周公思稷女女一適户部左侍郎周公思敬子官生之衍今女卒孫男一岳殤孫女二先師以　恩詔及奏績蔭孫一人如令甲汝忞雖舉男未育然領鄉書之日邑中父老子弟及窮鄉委巷莫不人持一香家樹一幟歡呼鼓舞以爲德門仁報則麟趾振振商瞿可卜矣汝忞以巳酉十一月廿五日襄大事于鐵山之陽而朱淑人別葬阜廟山背

焦弱侯事恭簡三十餘年而狀其行叔元自辛卯及門今庚申亦三十年矣恭簡有觀生紀故弱侯之狀信而徵先師行事多不傳懼無所藉手則謂汝忞曰蘇生在太僕魏生在山左而董生以廷尉請沐在福唐元老之鄉皆智足以知夫子者盍徵信焉小子雖不阿所好然汙矣汝忞曰雖然必以吾子之言爲禪諶叔元之於先師也猶弱侯之於恭簡也烏敢辭

中憲大夫湖廣按察司副使近初張公墓

表

清漳崇仁張公與余叔元同西曹語不規規及學而坐立所目擊動履所周旋無非學者余曾銘其父母墓綴于末曰當世學士大夫衆矣求其堅苦之志貞乎隱微惻怛之心達於面目信謹之行孚乎兒童鮮有如崇仁者則贈翁贈媪之不朽有在矣公諱惟方崇仁其字漳之龍溪

人初受學於碧梧潘公鳴時以任道器許之姜
宗伯蔡恭靖相繼督閩學拔前茅萬曆乙亥選
貢有名在公前者服未闋故紆期以待之郡守
三趣乃行督學胡公定拔冠漳士貢上春官丙
子須畿薦癸未成進士辭民社而就廣文得蘇
州庠擢國子博士監丞擢比部郎出守楚之德
安擢臬司副使兼藩議分守湖北其爲監丞也
巳丑釋褐人衆易諱司成楊文懿咨於公以十

八房爲標從騎各止其所一皁隨入禮成肅然爲前後釋褐稀有此余所聞者其在比部有政府私人爲監司而墨大司寇欲輕比公不可竟以墨論有　旨發戍時少司寇朱恭恪深知公偶問而公答曰倘監司果清果白某何難以身保之朱曰勿言彼憾子矣蓋其人舊爲漳司理公不少阿也有獄不當出而主文者嚮之余約公直於司寇私念此非生機也乃先言當出其

若人而徐及不當出者司冦稱爲平允悉依之
巳亥京察同儕互有雌黄公巳入楚獨皜皜超
於評論此皆余所親見者其守德安歲旱而貂
璫煽殃公躬禱出於至誠待璫有禮而事關民
瘼毫不隨歲乃不害而宇下安堵又倣紫陽社
倉法給公鍰以義勸輸不强所不逮擇當而知
義者領其事閒提衡之常熟令張節稱爲百世
澤又稱公細心敷教培植七士俱捷矣張其一

後爲銓司餘六人者偶未諗其名然漢東士布
列樞要可數也吾師耿司馬曾聞鄒太僕觀光
曰德安前須一良守猶有意也公則純純如保
赤子一念無近名矣公故從耿恭簡遊吾師以
鄒爲知言吾友黄宫庶國鼎聞公一日坐堂上
勑堂下卒俱往勾攝庭幾空公素不動火詎爾
令諏之則貴介子庇奸不法千金藉燕市與援
而公操之如鐵石先是在姑蘇攝邑有亡命剽

江上者其父故開府也前令寘勿問公立正厥
辜蓋仁者之勇類然矣湖北撫苗如吾民濟黔
如楚饟此余所傳聞者貴介子中公於南垣有
萋菲然公巳翛然迈芰荷矣叔元少公二十餘
歲禮當父事而公以弟畜余西曹追隨四載楚
有魚鴈其後公繇泉歸漳余村居不奉車音叚
不聞訃葬不執紼蹤甚寥濶而思常依依嗣子
大學生一韓戊午過浙乃知公歿於癸丑葬於

乙卯配享潘公祠門人私號爲正學名儒公最與余言必稱潘先生碧梧繹聖緒闡眞傳而公自少至壯自仕至隱念念皆學念念皆仁暮年約同志及從遊旬月會講於芝山者再潘祠者一雖炎沍不輟其自命曰夫人立心操行類得其資之所近鄙人資近不欺近不忍近不媚不汙近初之號蓋取此又曰夫人設施注厝類本其資之所能鄙人不能爲察不能爲敏惟潛思

緩處庶克有濟余雖不獲班末席知公所講必有裨於身心有裨於天下國家而非禪寂枝駢之談子曰學之不講是吾憂也又曰躬行君子則吾未之有得漳學自陳布衣後以躬行爲講者非潘張兩公而誰一韓以志銘屬余老池十七載櫝巳可材草何翅宿壙中石當別有屬爰述所聞所見及傳聞者元本於公所自命俟寄一韓而表于正學名儒之墓

贈監察御史葉公配贈孺人周氏墓志銘

督學御史葉成章將葬其父寄南贈公母周贈媼而謁志銘於叔元余慵甚三辭不獲乃如狀而志之一世系葉氏自光州入閩三山分派同安至宋益公尚郡主始著四傳曰文淵居南陽又四傳至崙峯公甫從配黄氏生三子長即贈公諱震陽字以東配周孺人爲名家女次歿於倭亂三萃陽字以旭即生成章者也一篤行崙

峯業儒喜山水祖居旣燬跋履至武滎之白石村鬱葱可聚族遂卜築焉以長子讀三子耕從居贍公雖徙白石乎而往南陽侍父者十九晝則出横經暮必視寢廿載如一日崙峯晚病困時刻不離側滌器盥衣晝夜十數更兩載不懈以旭弟來欲均勞輒慰遣曰我讀而扶老汝耕而養老各致其能以成孝也贍嫗以公艱於嗣置媵往侍南陽且奉繼姑陳氏溫凊公枕經藉

史學期致用抱璞五不逢而志益壯方鯁不爲流俗所喜顧性尤不喜流俗也豪少年高髻長袖亟擯之獨同志舊游迭過從其啓迪後生重實學不斤斤估畢出其門者多博雅知名媪靜婉而勤縷絮皆殫十指與娣婦沈孺人居雖穆同甘苦終身無遽色疾言其天性矣一繼嗣公年未及强卽撫弟之長子先章爲子嘉其頡也弱而喪仍子其第三子成章亦嘉其頡也曰三

世當不負洛誦每設帳必挈以從休沐歸媼必問孺子可教否恩斯勤斯毛裏不殊成章薦于鄉翁媼猶及解顏比成進士則二人先以耄年終矣一揚名成章令長洲奏績贈父如令母孺人入臺逢　覃恩贈父如御史母仍孺人而本生一贈一封亦然余猶記李文節以弟之次子爲後聞語叔元曰父祖一脈無以長繼長之説然猶未及選擇也乃公則擇之矣不售於孟必

雋於季觀其以寄南爲號且曰南陽祖基有興者決不易姓又年七十時應詔以行誼冠帶弗就也曰章服吾所自有蓋豫卜而非懸合者成章清雅冠臺班顯庸未可量也昔蓼莪之賦自生鞠以至腹我直三年之愛耳而式穀誨子別見於小宛之興西漢張彭祖爲伯後封陽都侯然未有樹東漢伏黯以伏恭爲後世其經學官至司空列於儒林若贈公之善擇善教成章之

善繼則賦興所不得兼而班范史所單傳者宜
銘生卒葬年月男女孫曾具後　銘曰
辟彼花木接必類根況是同根而條初分分
而合之數且成之奚翅九我寔兼二生之十
洵侯爲邦繩直　皇賁斯綸代爾報德東山
之阡舉如馬鬣其根孔培千柯萬葉

增　乙亥刻入張表後郭銘前

承德郎户部主事駟雨郭君墓志銘

故御史大夫恭定郭先生清肅直亮爲萬曆名臣三十年載在惇史有司建祠學宫之傍冢嗣曰廷璋君孝弟肫行而綜練才器可大受以户部郎卒于家時崇禎戊辰四月二十四日也齒五十七余哭以文而君之弟光詹爲於潛令手狀遣孤祚晨來謁銘余於郭兩世姻婭君又肝膽交也雖慵畧忍辭君名夢詹廷璋其字别號

駟雨生於隆慶壬申十月二十二日恭定時爲孝廉夢司寇詹公仰庇來賀甫啼聲而詹果踵門遂以命之其後恭定出處類詹而君以父任顯蓋奇徵也少小警穎披卷下筆不凡恭定携以如南臺同籍汪先生應蛟范公淶賞其文曰郭家駒恭定繇南銓改北璽丞君年十六受室于俞侍母包夫人以承大母黄淑人懽次年補郡諸生恭定歷納言京兆楚臺內臺君獨棣家

若而年扃户蒐獵群書制舉言蔚贍不寄籬下然省試輒數奇制舉之外於會典條例多所考訂思欲有用於世恭定守内艱服除又三載拜左司徒之召未膺恩典而卒包夫人又先之洊持苴削二衰壓延殘喘稍間則扶服如京蓋
神宗朝大臣請卹罕全俞恭定贈都察院右都
御史予祭葬録君入冑監五載廷議易名皆下有僉同上有宸簡惟是恭定祖宣父常春並贈

左副都御史配並贈淑人則君明習朝家典故以覃恩請給於歿後他氏或不及知而後皆援爲例卒業成均仍數奇於北闈謁銓授太常典簿職在三禮會東夷猖獗開鐵失守沿邊文武吏多縮朒而議餉者非請帑則竭澤君有激於中奏請假臣精兵三萬出關度地結營相機長驅桴鼓矢石臣顱腦先之軍需犒享第取給於遼藩開鐵陷折官軍之歲額足矣又言臣父部

惟賢家傳忠孝而臣妻父俞大猷先朝名將有遺書頗知合變非敢嘗試也奏雖不行朝論壯之神　光二廟繼述之際日不暇給　孝靖太后爲　光皇所自出尚仍妃號而秋祭趣矣亟言於守奉常熊公曰妃禮可以屈至尊乎亟疏請先追崇而後奉慈之奠禮成熊嘆曰微郭君不及此眞典簿也晉太僕寺丞尋擢户部主事時汪先生爲大司徒夙器君疏遣贊天津餉

務羽書旁午庚癸頻呼與總督畢公自嚴協心覈本折徵貴賤灌輸源源而所省存不貲畢公檄薦稱其左方右圓擔勞任怨部覆奉旨優敘尋有臨清督廒之役簸揚必親出納必平如恭定所以清南廒者兑糧受糧皆懽去余門人張選郎振秀家居寓書於余曰四月廒政如浴鵠眞吾師淡水交也三任皆給恩綸恭定晉資德大夫包淑人晉夫人妻俞封孺人安人平生無

疾言遽色柰有手足之隱痛爲鄉所冤又難自白君奮不反戈而憾者假手其御史螫之太宰趙公南星心憫君而掣於臺劾巽請念賢者之後姑與鐫秩君以手足故慨然棄官不悔鄉評義之亡何御史以他事繫詔獄當路多寄聲乘此仲雪者笑曰昔梁扶風不因人熱豈郭生乘人冷乎自營菟裘爲終焉計今崇禎改元小往大來畢張二知已在事旦夕推轂君而不待矣

嗟乎君之志之才而止此乎雖止此乎然恭定不亡矣恭定立朝氷鐵而鄉恂恂君當年與弟互相繩尺以及子姓臧獲俱勿戒而学三臺之門如水以風於今何如也余重有感矣恭定故受業李文節先生而呼余小友晚遊於何公喬遠甚洽君事文節爲父師事何爲父執而肝膽披瀝唯余獨也文節避言荒廟及里居朝夕侍有布衣交之許又敦其大事如誠信於恭定者

何以右司徒余以楚轄歸來俱速貧亟問亟繼廪有古人車馬不拜之誼摯愛於潛弟及諸女昆弟俸餘盡瓜分之余次婦即君季妹無祿而解推於三甥不啻母存功緦三族及故人婚嫁生死緩急如取如携丁巳饑疫之歲洗槖破囷以周親朋忘其力詘蓋磊落好誼天性也大歸前半月冒疾二十里訪余山亭猶坐風扇眳如常且談及三世神道碑未請文特祠未請記若

將有屬者前二日彊起舁至恭定祠又至何司徒家何亦小極相眎不言而别謂祚晨曰以俟爾於潛叔矣臨華膛曰釐一弟而在遠方乎遂瞑痛哉元配安人俞氏即左都督易名武襄之女側室洪高丁長男祚晏洪出娶余第四女次祚晨郡庠生祚昆祚昉俱高出長女洪出次女丁出祚晏先卒祚晨撫弟妹能世其家墓在惠安洛陽獅山之原坐乙向辛即君自營者以遺

命卽歲十一月初七日葬左壙
銘曰家有元方朝爲清郎喬木胡不充棟梁
南金大貝胡弢光三臺餘慶視此獅山之藏

文 卷

月 冊

四十五

封一品夫人蘇配王氏墓志銘

大司寇贈東宫少保蘇諱茂相元配王氏累封一品夫人先是有姝錫司寇業辭一品矣而父母妻之贈封如故蓋從貴而加隆焉夫人爲僉憲宗源公之孫父廷範母洪氏歸蘇而二人在堂即封僉都御史累贈東宫太傅蘇翁封恭人累贈一品夫人黄媪也翁媪兩嚴君上九之威如懔懔夫人以聽婉逭於謔訶有色艴必脱簪

長跽且輟膝下之乳以乳叔妹之呱呱者權闕
守鄴皆從宦祿入必歸庭闈太媼先卒二十年
太翁在堂夫人自江右以後從宦者十二家侍
饘酏者十九開府首藩有餘波惟翁所挹注故
四小叔之膏澤與三兒均陟岵懷歸而王事賢
勞不有居者誰解終身之慕哉夫人艾年從李
文節夫人舉霞觴談及烹雎炊扊未遇時必滌
耳聽一蔬一茗渥於禺珍閨中蔬茗亦如之蓋

艾始耆終二十載長齋也魚軒再飾蘋藻如初男女諸孫呴呴而無敢嘻嘻三黨以解推告者虛來實歸施及矜人捐槥揜髏百餘金夫壼德莫大於孝諸其細矣余耄僊艱於握管節其大者口銘云　司寇長余一歲曰昆友余室與夫人同辰而尊爲姒婦試問姻婭中有孝如夫人者乎希有子孫則而象之垂不朽百千仍雲昌厥後　生卒賜葬男女孫曾具後

庚辰秋刻日秉燭遊

暫入郭銘後劉箕前

谷府長史劉公仲璟奠文

巖巖太師班伊駕虒轟轟長史羞管薄魏鐵簡宸授敵佞除奸克幹墜緒鰽缺再圓惟君知臣惟父知子馳十八策獻萬千語金川正祚謨烈丕承孤臣血淚禾黍凋零夏犬吠唐瓣髮自雉雖知統一欲愧心二叩武者夷師文者呂孰呂與夷爲橋與梓後夫筮戒頑邑周旋春秋廟祀丹詔崢嶸其東栝觀風敬共設位薄抒蘋蘩牲

封酒酹一堂兩祝名世貞忠滄桑有變倫紀無窮尚饗

大宗伯雲衢余公奠文

嗚呼先生埸而某等安得不悲先生爲少宗伯三載大宗伯二載方今春曹之掌有大於典禮者乎先生茹參术中猶整襟草奏至喀喀不休今云逝矣雖三禮駢舉有日而奕奕鴻猷誰與潤色有大於宗藩者乎先生曾奉使周藩見短褐不掩脛者濁糠不糊口者閔然加意宗盟章疏如織必躬必親且思爲畫一以垂將來而未

逮也誰與編摩有大於郊廟之禋祀四夷之職貢乎先生齋宿必誠與祭必恪梯山航海之裔懷柔必曲得其情有大於庠序賓興者乎先生毅然以崇正闢邪為已任雖當世所稱嘗矣者不少傅會至士風之醇醨文體之盛衰尤致意焉伏枕奄奄而弓旌之使務求得人有大於謚法者乎先生博採而公斷之無微而不章之潛德亦無倖而竊取之浮名今場矣其等且執令

甲而議易先生之號矣安能以爲情耶昔蘇子瞻之頌司馬君實惟誠惟一先生貞貫金石直如弦矢不愧司馬而位未調元祐之鼎年未舉洛社之觴吾儕文藻遠謝子瞻不足以揄揚令德今且與僚屬約兢兢守先生之憲以無失墜仰賴帝座光華而前星朗曜文教休明而四夷賓服庶幾尊靈妥於九京乎河山曠邈居諸不待敬令儀曹司儀祠曹祝嘏客曹戒騶膳曹治

祖以逕先生之前旌先生其式臨之尚饗

少司寇鑑塘朱公奠文

鼎乾柱坤曰維正氣卓矣朱公蓋棺靡愧松筠千尺結根泰磐金石節古氷霜韻寒司理安成甘棠聽訟旋擢留臺翩翩威鳳得士瑞國抗疏迕權七年解組九陛賜環繡斧西江陽春闓澤簡在楓宸卿寺洊陟視師建業開府江南豺狼影遁赤子鼓舍晉貳秋卿遭時多故貫索星繁諫臣圜土公佐大寮旦夕拮据濟時心殫回天

力餘公粟而溫公侃而誾千鎰南金愈鍊愈醇三事佇膺在帝左右胡遘一疾不及中壽昨宵霽月詰旦嚴霜萱花在遠玉樹在傍褊衬袿襚力不能致藉手親朋廼襄大事身躋九棘家乏一毛朝士隕涕蒼生鬱陶其等情深袍澤誼叶壎篪愴玆聞訃走哭漣漪邦喪典刑朝思領袖不朽者名克昌者後乾坤萬古正氣長存公靈不昧鑒我朋樽

少保尚書鍾梅黃公奠文

叔元於吾黨所莊事者李文節郭恭定暨先生而三文節皚皚天際鶴恭定矗矗雪中松先生則凌雲之泰岫千頃吞吐之洪潭歲逾巳而嗟郭歲在辰而嗟李誰巋然其靈光兮繫我孤卿家宰羽儀乎朝簪古云士以氣爲主而成大事在膽故韓忠獻不以許人如先生之氣膽足以籠蓋乎塵凡當夫鼎湖三泣未命再陪在旁者

竊鑾詭銜誰据萬古綱常以正爰書俾止慈止
孝光於琬琰而前虎後狼兩無所肆其耽耽則
先生之大節巉巖也若乃東夷匪茹鋒車自南
首齋神威無敵砲以殲旌頭其後烽火徹三輔
竟以此爲驅虜長鑱可謂戰勝於廊廟秉羽寢
耳者矣追惟大東節鉞四履絕萑苻而河渠之
役裁畢不愆活畚鍤十萬生靈則富鄭公中書
絫考孰與齊魯賈之德洋而恩覃他如壽春汋陂

爽鳩丹筆章貢之雙鹿夾轂巴蜀之千驥在閑皆當年土苴陶鑄而人爭以爲美談綜先生敭歷初如出匣之芙蓉終乃煌煌晳晳五夜之横參通籍五十四年而槐棘具瞻三十年青徐鍔而幽薊鐔朝殷賜杖公勇明農登八望九悪乞之使臨門而夢裏宗社安危尚未弛擔今胡不憖兮穹宇摧一隆棟吾黨失其司南叔元起家西曹先生以毖恤詔之叨木鐸以鑑衡詔之回

翔藩臬以察吏安民詔之匡其不逮牖所未諳宦轍半類先生而踽踽涼涼厪免於澗愧林慙瞠若先生之奔軼絕塵眞青虯駕而白螭驂襄歲作恭定誄章先生手題曰極有感慨盡其生平文節暮年謝鉛槧亦不遑以鉛槧事之兹垂老誄先生兮才盡而筆未酣蓋蘇子瞻云爲天下慟而豈以同官之嚶鳴兒孫姻婭之燕語呢喃嗚呼尚饗

鄒四山座師奠文

江右正學文莊主盟派承姚水如周之程奉常僉臬奕世載德卓矣我師生而岐嶷入資庭訓出淑楚黄求仁知性默泝津梁明經摛詞玉琢金追翩翩者羽閬苑覽輝綸綍代言職官分志漢詔適宣周禮載肆三校春闈桃李甄收在唐惟陸在宋惟歐九霄恭默乃撰泰交矢詩擬召賡歌續陶晉秩承華元良時迪經寓箴規史監

淑慝山泉養正明兩啓離爲霖作楫殷邦羽儀險微細德增翮遙逝能卷能舒神龍馬繫弢光廬水開講雪山户外屨滿座上塵閒宗釋中庸會通易象漢箋唐注洞徹無障教先默識學本知天勿忘勿助躍魚飛鳶世方仰斗年甫度稀啟聖衛武雅抑風淇金飈趣馭梁木忽摧欷歔畏壘蕭瑟絳帷其等壬辰負笈龍門共登二十八載相望晨星或吳或越或川自岷遠則三晉

近乃七閩辟彼培塿匪岱孰依辟彼百瀆繄溟
是歸雲水迢迢久疏負牆居諸弗待又缺築場
緘詞布奠莫寫哀悰師靈鑒只高朗有融

少傅大學士世程史公奠文 增 謚文簡

明興二百年清源挺生两碩輔皆正氣也余叔元竊謂李文節得仁之氣居多公得義之氣居多李峻潔而余獨窺其肫肫公簡重而余獨窺其侃侃皆象我清源者也公在詞林十八年南北銓六年中書不滿一考文節之仁著於春曹公之義著於南銓京察一疏清直之氣伸而回遹者莫逃秦鏡受知於 聖明以此取媢於流

儕亦以此衮司以後余外吏不相訊公歸亦不言溫室樹然文節自謂撤蜀兵一事稍可報國知公苦心爕調當有不見不聞者公生後文節二十歲卒亦如之通籍早十年懸車較長八年文節病榻以國事屬公今公將誰屬此二十年間吏治愈墨愈弟靡吾郡風俗亦愈囂愈陵頓異　神廟之季安得戴仁纓義爲朝野千年德輝哉文節殁余有栝蒼之役鈌誄章茲鵠髮誄

公不能絮絮聊揭其關清源關世道者如此尚
饗

乙亥刻入鄒後蘇前

冊

大司寇蘇弘家奠文

弟叔元與弘家長兄游自己丑始今四十二年矣爲諸生同出耿先師之門科第俱同座主郎署同督學同宦江浙同今冏寺又同惟是弟出而長兄處長兄出而弟處若巧相遜者間聚首談干鬲源源也比歲長兄以大司寇予沐而弟解巾不一載以使事歸竊意蒼生必不能舍謝傅旦夕蒲徵卽不然亦再聚首談干鬲恭諗

至尊焦勞社稷在廷莫能贊儼統于襄誰爲方叔召虎大農仰屋海内竭澤何以樽酌虛盈門户分析何以蕩蕩平平許多欲愬之臆欲質之竅而長兄不少待矣長兄勛猷彌中外而在相州在越最著弟頃遵河而北沿江而南父老談鄞三不欺勿數西門豹戡亂耆定浙東西至今頂禮之邇漕規太窳在事者日諏當年經理石畫以補苴萬一他日自有蘭臺載筆不俟贅余

兩人自稟耿先師陶鑄以千古第一流相砥磨而長兄才識器度寔足師余弟狷褊則兄以寬厚拓之弟迂拙則兄以方圓曲中範圍之今誰鍼砭余不逮者非特尋常生離死別之感而已弟平生游於潘士鼎最洽而潘於蘇亦然今先庚後庚十載間兩公俱古人矣九京若聚首談千亭爲述李端和尚鹿鹿麈世粃糠也嗚呼尚饗

此文缺大司寇事蓋未詳也有賜美堂記及

請補蔭疏可參看

左司寇丁亨文奠文　增

余叔元舜夏之初君舜象之末並稱李恭質弟子今五十年矣壬辰林志唯史世程蘇弘家及吾兩人德業相砥磨君入楚而余在都余還里而君入都秉銓余在三齊而君還里君翺翔兩都而余漫遊越吴楚迹頗辰參心存膠漆君在楚友耳棠在天曹水鏡無波太僕奉常推卿月晚平衡虎彪大獄則左右司寇事也自有小史

大史識之初君欲以長郎字余季女余方田居而聯姻於秉銓大夫有扳援之嫌不可既君解銓歸而余亦出山乃諧吾兩人締姻不苟如此泉俗競麗姻黨羊臕無虛月余一切漠如君亦以我家法遇我淡水交若此余三起田間而李文節與君推轂江臬褫一奥援璺吏南臺闢弓君立解之家居有二轇轕事一人火一雀角余惟三自反而君調亭心殫矣然余不謝曰亭文

即端和也豈有端和謝端和乎吾兩人忘形到爾汝若此志唯世程之喪俱夏余筋力最苦暑汗如河不能走哭即前輩之黃少保同志之趙伯誠亦然今君亦以鬱攸別我乎先遣樞兒哭以文若秦失登猶龍之堂當在暑退涼生也冥冥能鑒之尚饗

丙子刻入蘇後張前

左司空張子環奠文

嗚呼今當宁勵精百僚捄過指歸在章廉癖墨而愈澄愈淆奈權有力者爲鋒何公在冬曹嚴挈鉼塞漏巵瞪瞪鵠立與爲鋒者迕

上鑒其苦心爲再三剖白以服衆而廷議惟恐短言路之氣姑罷公歸亡何而爲鋒者叢詬畢露纍纍圜土於是中外翕然服

上神聖推公介石而清議如皎日嚴霜此余已

巳入都稔知之庚午過里覯公于桐城車上擊節相勞無閒語也不一載余亦罷歸公巖居而余谷隱問訊缺然邇頗聞廷議急公旦夕起臥以障頹瀾而公不留矣公在婺在雩在楚有井棠雲中干城仗鉞壯百二秦關南北股肱宣力丹青可垂余特掇其關世道清濁者如此試質於公弟太史謂何如也余叔元自鼓篋與公同遊李恭質先生之門稱兄弟而吾家景州同舉

于鄉晚歲公孫爲余半孫余孫又爲太史半孫
昏姻孔云兹聞公訃苦余肱風未能走奠歲聿
莫矣素幄將除矣培兒輟西河之哭往致束芻
惟公鑒我必勿以不躬不敏爲辠嗚呼尚饗

五十七

英紫山后土告文

英紫卜兆歲在攝提嚴親有命慈魄未栖嚴慈雙劍既埋鹿塲此兆尚虛窆邇家鄉暫寄于鄰復歸于我爰植新松以間豐草二十五載攝提三周中秋霽月築小菟裘坤土安貞艮峯仰止西眺五世松楸東臨青陽桑梓朋山清源雙溪大海環其前靈源高州羅裳崎峯擁其後紫帽龍首左宜寶蓋金鞍右有嘉名僊錫古鼎煙浮

生氣聊培朽骨敢圖末裔公侯前者告土深慚不躬玆既成築寔賴神功礱石設位佩龜帶潮薦以尊俎庇予芻蕘尚饗

武場論策

善戰者不責於人

兵家之勝莫善於動敵動敵莫善於任勢勢也者不在敵而在我者也凡敵所爲深溝固壘而守者其有所避也所爲開關而迎戰者其有所貪也貪與避之情在敵而可貪可避之形在我善動敵者不求於敵而求於我常毀其所可避而示之以其所可貪使敵鼓掌大喜以爲得勝

算而不知墮吾術中而後可以得志於敵故曰善戰者不責於人亦求於勢而已矣自古論將者曰無天於上無地於下而又曰無敵於前夫無敵者眞無敵也敵自爲進退而進退不制於我敵自爲聚散而聚散不制於我敵自爲遲速而遲速不制於我則是有敵於前也善戰者我欲使敵進而敵不得退我欲使敵散而敵不得聚我欲使敵速而敵不得遲進退聚散遲速之

權不自用而爲我用其用敵也如用卒而使敵聽命於我也如聽命於其將夫敵也而肯聽命於我哉兩主各智其將兩將各勵其卒我之欲得志於彼猶彼之欲得志於我也誰肯倒太阿而以其柄授我哉亦求於我之勢而已矣勢者治亂勇怯強弱而已矣人皆知勇能勝敵不知勇非所以致敵也人皆知強能勝敵不知強非所以致敵也人皆知治能勝敵不知治非所以

致敵也何則勇與强與治者敵所避也而怯與弱與亂者敵所貪也使敵見可避而不見可貪則安肯睤然而攖吾鋒哉善動敵者莫若毀勇而示怯毀强而示弱毀治而示亂夫勇之不可爲怯也强之不可爲弱也治之不可爲亂也猶龍伯之於僬僥千觔之於一羽也我實龍伯而示敵以僬僥我實千觔而示敵以一羽又誰肯信之亦因其勢之可怯而示以怯因其勢之可

弱而示以弱因其勢之可亂而示以亂而已矣
後羿將軍之射也發卽應弦而倒不倒則必不
發也狙公之餋狙也與之而使喜奪之而使怒
不能使喜使怒則必不與不奪也善動敵者形
之敵必從之不從則必不形也與之敵必取之
不取則必不與也豈呶呶然而責之人哉誠得
其勢而已矣孫臏不責於龎涓而求於减竈李
牧不責於匈奴而求於收野入保淮陰侯不責

於陳餘而求於棄大將旗鼓夫減竈則示弱也收野入保則示怯也棄大將旗鼓則示亂也誰不知龐涓爲孫臏之敵吾翻以龐涓爲孫臏之卒也誰不知匈奴爲李牧之敵吾翻以匈奴爲李牧之卒也誰不知陳餘爲淮陰之敵吾翻以陳餘爲淮陰之卒也何也所謂卒者金之而卽退鼓之而卽進麾左而卽左麾右而卽右者也今吾欲使之倍道兼行則彼不得不倍道兼行

吾欲使之至馬陵舉燭則彼不得不至馬陵舉燭吾欲使之今日小入明日大入則彼不得不小入大入吾欲使之空壁爭利則彼不得不空壁爭利其觿弄之也如在股掌中而其退而使進聚而使散遲而使速也如在金鼓旌旗之下非吾卒而何假令韓信李牧孫臏呶呶而求於敵曰爾且空壁爭旗鼓爾且今日小入明日大入爾且倍道兼行至馬陵舉燭也則敵必不應

何也彼實非吾卒也彼非吾卒則又安能金而使退鼓而使進麾而使左右哉此所謂不可責於人者也亦以勢爲金以勢爲鼓以勢爲旌旗爾矣三晉素悍而輕敵則其勢可以示弱也匈奴以李牧爲怯雖趙衆亦謂吾將怯則其勢可以示怯也韓信非素拊循士大夫又以數千當二十萬則其勢可以示亂也可弱而示弱可怯而示怯可亂而示亂則敵眞以爲怯弱與亂矣

眞以爲怯弱與亂安得不鼓舞大喜而躓吾術中哉使敵以爲非眞怯眞弱眞亂則又安肯瞿然而攖吾鋒哉故孫臏曰善戰者因其勢而利導之此正求勢不責於人之說也今夫嬰兒子未有不愛棗栗者也使吾右手持白刃戛戛有聲而左手以棗栗招嬰兒則嬰兒决不敢瞘而就我舉袂而撲飛蛾袂未動而飛蛾且翩翩去矣置燭於几上而置一盂之水於其傍則飛蛾

長呼幼雌隨雄纍纍而投乎其中故善戰者能致飛蛾以其所必投而不駭嬰兒子以其所不敢取則敵之進退聚散遲速其權固不在敵而在我矣善戰者無寧不責於人且不責於我世皆曰吾兵不能皆强吾卒不能皆勇不知怯與弱者正善戰者之鈎餌也假令皆勇而無怯皆强而無弱則雖欲示怯示弱示亂而敵且駭不信矣故曰兵家不可無老弱無之則無以發

吾之全鋒而耗敵之銳氣此深於動敵者也然以利動之又必以本待之不然則致敵而反致於敵乘人而反爲人所乘矣邲之役晉以二憾致楚師六卿皆敗而隨會獨全隨會能以本待而林父不能以本待也淝水之戰符堅麾軍使郤秦兵大潰而慕容垂獨全垂能以本待而符堅不能以本待也近世名將善致敵者莫若狄武襄其法曰聞鉦一聲則止再聲則嚴陣而陽

卻聲止卽大呼馳突此可謂善任勢者矣

問孫子曰勝可爲也又曰勝可知而不可爲兩語何相左與自古良將制勝亦多術矣豈盡知敵之可勝而後爲與田單不能勝樂毅白起不能勝廉頗假令燕趙不易將竟誰勝誰負耶韓信能勝陳餘劉裕能勝慕容超假令李左車公孫五樓之策得售亦能取勝否伍員之别申包胥也一曰必覆楚一曰必復楚李穀之别韓熙載也一

曰取江南如反掌二曰取中原如探囊有兩驗者有驗不驗者豈三子皆知而爲之熈載知而不能爲與高歡之敵宇文泰三敗而一勝李密之敵王世充三勝而卒敗勝負之故亦可知與此猶一雌一雄也孫劉合而燔曹瞞於赤壁夏鄭合而猝爲秦王所虜豈兩雌能勝一雄抑一卞莊能制兩虎與此猶有勝有負也諸葛孔明之於

司馬懿羊祜之於陸抗祖逖之於石勒則两無勝負矣羊陸交歡祖石通好而武侯數挑戰不休豈知其不可而爲之者與有謂出武功爲可憂者而竟屯五丈原有欲請兵異道會于潼關者而竟不許豈孔明有所不知與抑知而不爲與夫兵猶奕也有勝有負足占奕者之敵手無勝無負更見奕者之苦心人不以射覆窘諸士願詳

言之以卜知彼己之畧

夫兵未有不知彼知己而能取勝者也雖然亦有知彼知己而不能取勝者矣能勝者我也不可勝者敵也知彼己而勝故曰勝可爲也知彼己而不能勝故曰勝不可爲也田忌與諸公子射孫子教之曰取君下駟與彼上駟取君上駟與彼中駟取君中駟與彼下駟是一不勝而再勝也此夫彼先發而我應之也藉令我先發而

彼應之我下而彼不以上我中而彼不以下則勝負之數豈制於馬足乎吳爲三軍迭出以罷楚楚於是乎道敝此吳智而楚愚也藉令楚亦更畨其兩廣六卒以待吳又清野入保以困之則客與主誰勞誰逸故曰古之善勝者勝於易勝而已矣夫必易勝而後能勝此譬如使狼敺羊使騄耳與欵段並走使成荆與三尺童子搏何足爲奇天下固有狼而遇狼者矣有騄耳而

遇飛兎者矣有成荆而遇孟賁者矣執事以變
喻兵而占敵手於有勝有負卽孫子可爲之說
也識苦心於無勝無負卽孫子不可爲之說也
請就明問所及先言其敵手者而後言其苦心
者田單能勝騎刼白起能勝趙括藉令燕趙不
易將則如之何韓信能勝陳餘劉裕能勝慕容
超藉令李左車公孫五樓之策得行則如之何
試借筋籌之燕之有齊非秦楚三晉之利也七

十餘城又未盡忘齊也倘昭王無恙蜚語不行田單必重購於諸侯以乘其後則燕必解圍自救而七十餘城可卷土矣是田單與樂毅敵手而勝在齊也藺相如已告老郭開用事趙軍亡四郭六尉被誚讓者數數矣自古豈有讒臣在內大將能却敵於外者雖微應侯之間廉頗何以善其終乎是白起與廉頗敵手而不勝在趙也謀未行而先洩則信耳有備矣必將陽爲向

趙而陰搗井陘之伏穴中两鼠將勇者勝二帥之頭豈至縣陳餘麾下耶是左車與韓信敵手而不能勝韓信也棄親而用羈南燕之内潰有日矣劉裕必挑戰以怒之多爲間諜以携之鮮卑貪婪表裏不相應豈能固守大峴耶是五樓與劉裕敵手而不能勝劉裕也是數子者或敵手而可勝雖勝而實敵手也或敵手而不能勝雖不勝而實敵手也何則勝負無常勢而彼已

有定形今夫虎與彪敵也使彪入虎穴而欲搏其子則虎之致死必十倍於彪是田單之勢也騄耳與飛兎敵也縶飛兎之足而與騄耳並走則不勝騄耳矣是廉頗之勢也孟賁與成荆敵也使孟賁左手抱三尺童子右手與成荆搏則不勝成荆矣是左車五樓之勢也故曰彼已有定形而勝負無常勢也甚矣成敗不可論古今豪傑也伍員別申包胥各言所志然員能覆楚

不能使楚不復胥能復楚不能使楚不覆蓋員
乘囊瓦者也藉令申包胥治內則吳師未必能
入郢矣胥又乘伍員者也藉令勝楚之後休兵
息民使楚人悅而歸已而不倒行逆施以泣忠
義之血則郢都未必乍復矣李穀別韓熙載各
言所志其後周平江南而唐不能取中原說者
謂穀沈毅而載虛誕也是不然方契丹滅晉熙
載言於唐主曰恢復中原此其時矣遲則中原

有主未易圖也時方用兵閩越失此機會藉令熈載之言行熈載亦效矣侯景請兵三萬橫行天下渡江取蕭老公以爲太平寺主雖制於賀六渾其後空手困梁武竟如其言曾見夫養叔韔中有虛發之矢哉故有敵手而相乘者伍員申包胥是也有敵手而一遇一不遇者李穀韓熈載是也若夫高歡之於宇文泰李密之於王世充則勝負略相當矣當泰爲主則高歡敗當

歡爲主則宇文泰敗是泰所以勝歡即歡所以勝泰也蓋敵手而以主客分勝負者也未勝而氣銳則客勝矣屢勝而氣驕則世充勝矣是客所以勝正其所以敗也蓋敵手而以盈竭分勝負者也此皆一雌敵一雄耳有兩敵一而勝者孫劉之於曹瞞也有一敵兩而勝者唐太宗之於夏鄭也曹操用兵髣髴孫吳豈不知千里趨利兵家所忌蓋急欲乘孫劉之分而不虞其合

也有劉以壯孫之膽有孫以假劉之羽翮而舳艫一炬矣卞莊子能刺兩虎者俟其鬬也兩虎合則雖卞莊不能支乘其未合而搏之一虎斃而一虎股慄矣此唐太宗所以俘建德而降世充也故太宗二日不食三日不解甲曹瞞晝夜行三百里而有勝有敗者所乘之勢不同也然則勝負之數纚纚見於前事矣今夫奕者離離馬目連連鴈行非我勝彼則彼勝我然亦有兩

懸兩生者謂之和奕自古兩軍對壘兩將相扼而兩無勝負者惟羊祜之於陸抗祖逖之於石勒諸葛忠武之於司馬懿夫羊陸豈願交歡者哉祖石豈願通好者哉羊叔子之醇酒更深於鴆而祖豫州渡江之楫何日不灑淚中原獨無奈陸西陵石世龍何耳故抗不敢越荊西一步祜亦不能越荊東一步勒不敢投淮南一鞭逖亦不能投淮北一鞭此正兩懸兩生之奕也若

夫諸葛忠武之於司馬懿則苦心更甚矣蜀魏之不敵天下所知也論兵不如魏强論粟不如魏多論幅幀不如魏廣論形勢不如魏便利論主則劉禪之庸又不如丕叡之狡猾孔明處五不如之勢而八歲五出師能使關中聚族而震懼司馬懿挾五勝勢寧受巾幗之辱畏蜀如虎之笑而不敢逆綸巾羽扇之顏行亦可爲難矣孔明欲攻陳倉則懿備陳倉孔明欲跨渭登

原則懿壘北原孔明欲攻陽遂則懿備陽遂凡孔明所必攻者皆懿所必守也譬之奕者上品角下品則一東一西可以惟吾所投無不如意若上品角上品則一著之外更無餘著矣有謂出武功依山而東爲可憂者此司馬懿愚衆之言也兵家豈有舍高就下者彼料孔明必出五丈原故爲是英雄欺人語耳有請兵五千出子午谷會于潼關者此魏延自謂勝算不知孔明

固算無遺策也夫火牛雖怪不可以愚樂毅佯北雖巧不可以致廉頗司馬父子何如人哉蜀軍在祁山箕谷皆多於魏則魏未嘗空國而出也懿雖在外而司馬師在内也魏延但知夏侯楙怯而無謀安知非懿致人之術乎異時空虛如蜀說者尚謂鄧艾縋兵可以坐縛假令搤亢拊背而懿不知則亦非所以爲懿矣昔有鬻矛與盾者譽盾之堅則曰物莫能陷也譽矛之利

則曰物無不陷也夫矛誠無不陷其如盾不可陷何飛衛與紀昌交射矢鋒相觸墜地而塵不揚飛衛之矢先窮紀昌遺一矢既發飛衛以棘刺之端扞之而無差假令差一籌則必爲所中矣然則使懿差一籌則必非孔明敵手矣使孔明差一籌則必非懿敵手矣而世之好雌黄者猶曰孔明不知將畧也孔明一出師與魏角宜其亡也又曰孔明舍荆州而就巴蜀吾知其無

能爲也嗚呼何言之易也隆中定策原先荆後益其後關羽失荆州之半勢不得不爲退計今有二賈焉其一挾貲數百萬則可居四通五達以籠絡天下之利權其一橐中不過數百緡則宜課其臧獲墾其荒蕪字其犉犢時出時入以爲後圖不揣而築室於通道大都與上賈爲鄰此有洗囊歸耳孔明非不欲分兵而勢不可分也非不欲出子午谷而勢不可乘也有符秦百

萬之衆而後可以笑其不能分兵西蜀兵馬芻糧必待五月渡瀘而後足數十年之内糾合四方精鋭物故者十之四矣天下之勢使人備我則權在我使我備人則權在人孔明八歳五伐魏正使人備我而不使我備人也其時司馬懿有内志故孔明得執其權而操縱之有五不如之勢而反爲虎有五勝勢而反爲鼠蓋至志决身殲之後而魏不敢加兵於蜀者十年則誰非

孔明餘威也孰謂出師與魏角爲失算哉後出師表云成敗利鈍非臣之明所能逆覩豈有不覩成敗利鈍而出師者蓋覩其無敗而不能覩其成覩其無鈍而不能覩其利不能覩其成與利者以有司馬懿在也此正孫子所謂可知不可爲者也龍泉太阿之劍剸兕如剸羊切玉如切泥而不能切鐵何者至頑也切玉則分而爲二剸兕則碎而爲百而不能斷水何者至柔也

司馬懿以其至柔至頑而當孔明此眞敵手也孔明以其龍泉太阿之劍而遇司馬懿此眞苦心也執事以有勝有負占敵手以無勝無負識苦心蓋深有感夫蜀相魏賊千古雌雄之際也昔者嘗怪馬服君與平都君論兵而平都君喟然太息曰單不至也及與其子論兵而奢不能難未知所不能難者何事及觀秦伐趙三請白起而不行始皇欲將王翦非六十萬人決不可

然後知歎息不至者所以爲平都君而不能難者竟爲馬服子也彼但執紙上言謂勝可爲而豈知有勝不可爲者哉兵起兵機有不卜而與戰者八不占而避之者六知八與戰而不知六避非上將也孫武稱知彼知巳不曰百戰百勝而但曰百戰不殆夫談奕而曰百戰百勝是謂天下無兩奕秋耳談兵而曰百戰百勝是謂天下無兩孫武耳彼亦一奕秋此亦一奕秋彼亦

一孫武此亦一孫武則誰知烏雌雄哉故曰左孫右吳進三退兩此之謂也然則千古敵手莫如蜀相之遇魏賊千古苦心莫如蜀相之制魏賊我且爲百中之鷹而彼且爲三窟之兎我且爲雲梯之輸而彼且爲縈帶之墨雖孫吳旁觀亦不能借一籌而雌黃孔明謂不知將畧者其斯以爲不能難之趙括而已矣

郭汝承集八卷存四卷

［明］福清郭應寵撰

中國國家圖書館藏清抄本

郭汝承集八卷存四卷，明郭應寵撰。應寵字汝承，福清人。祖萬程，父造卿。應寵舉萬曆三十一年（一六〇三）鄉試，官至巴東知縣，卒於官。曾從遊于慎行門下，與弟應時並有文名。撰有吾兼齋集八卷。傳見康熙福清縣志、乾隆福建通志。

是集又名吾兼齋集，康熙福清縣志卷十「藝文類」著録八卷。此本各卷端題「郭氏一家言」，下署「閩玉融郭應寵汝承著，侄文祥孟履輯，孫祚新君銘校」，版心上題「汝承集」，中題卷次，下題「吾兼齋」。按文祥字孟履，號蓮峰，應時子，應寵侄，崇禎十三年（一六四〇）進士。任膠州知州。明亡，隱居以終。祚新字君銘，應寵孫，崇禎十五年壬午副榜，清初任石城知縣，順治四年（一六四七）被明軍所殺。

此本前有全書目録，凡七卷：卷一詩，卷二、三序文，卷四題詞、記、解，卷五論、表、策、議，卷六墓表、誌、雜記、贊、奠文、訓，卷七尺牘上，尚缺卷八尺牘下。現僅存卷一至四，卷一詩部，收五言古風五首、七言古風一首、五言排律一首、五言近體三首、七言近體二十四首、七言絶句十三首；卷二文部，序十三篇；卷三文部，序十五篇；卷四文部，題詞九篇、記六篇、解二篇。書中多唱和、遊讌、感懷、憑吊之作，亦多慶賀、贈行、祝壽序文，然凡詩、傳、序、記以至尺牘，莫不慷慨悲歌，可興可怨。

據卷端所題，此爲郭氏家集郭氏一家言之一種，由郭文祥編次刊刻，然未刻成而遭兵燹，故僅存是集與郭文祥撰郭孟履集抄本兩種。郭孟履集卷三有伯父遺稿跋，所跋即爲是集，略謂「歲甲戌（一六三四），余讀禮之暇，得于仲兄處搜閲伯父藏藁數千言」，「因就原集細加編次」，「自閩之燕、自燕之齊，往返萬餘里，奉茲遺編，朝夕與俱。昔伯父之鐫大父集也，嘉賴于文定、葉文忠二師相共爲芟訂。越數載，始以受之梓。迄今與先比部集先後並駕云。余小子亦猶志伯父之志也，編摩已殫苦心，剞劂不遺餘力，正匪敢秘爲鴻寶，不以公諸人爾」云云，則其編刻經過可知矣。

書中鈐有「長樂鄭振鐸西諦藏書」、「長樂鄭氏藏書之印」朱文方印。西諦書目已著録。

（袁　靜）

郭氏一家言

汝承集總目

呂蕙[illegible]

郭汝承集一卷目録

詩部

五言古風

七言古風

洞有仙人籙爲臨　　上　𤕌壽

五言排律

杜允熙超廩十韻

五言近體

宿鼓子峰次馬季聲韻

至穀城得葉宗伯公贈詩用韻賦呈天師相

壬寅立春因憶釐翁王司馬是日初度二首

七言近體

登天遊峰一覽臺

目録

卷一

吾兼齋

哭司馬夢池李共

登宣鎮玉皇閣感賦[illegible]林大將軍

同孫觀察公登赤霞城樓談邊事呈賦

春日懷鄭六孝廉

寄謝在杭司理

短述

寄孫仲子洪圖

同趙明宇飲南溪

聞布聲弟發解

目録

吾蕪齋

郭氏一家言

閩玉融郭應寵汝承著
侄文祥孟復輯
孫祚新君銘校

詩部

五言古風

贈友種竹 用元次山登殊亭韻

種竹東階下三五倚前亭偶爾涼風起疑從古根生況逢君子
客一壺几對傾悠悠竹中趣[illegible]醉與醒好鳥來春語聞歌起

乍驚將歇寄鳥去玄音皆 下下一 子意如醪一曲心跡并成將被清管宣之鳳鳥聽

贈友山居用康樂山齋讀書韻

山齋春半暮徙倚獨幽窟逢君古道院杳然慰寂園林欣卉木階庭馴鳥雀偶爾新雨歇忽訝涼風作澹蕩商風調款曲杯斝謔草書起暮雲談玄靜虛閣握手陶永夕而今豈不樂但恐大風至孤翮將誰託

題兩江漁隱用康樂七里瀨韻

潛迹媚海曲薄暮憑清眺滄茫迷遠渚突兀見孤峭林靄時有

無情光波隱曜砂磧鷗翁伊崖陰樹風嘯往客寄佳興玄牝探要妙莎楫宜滄蕩禾木堪弄誚李膺吳江笑子陵桐江釣清風誰拂衣憐君獨古調

至蘭溪阻風楊埠感懷呈蘭溪尹

亭午發亭步遡游作如駛布帆疾飛旋咫尺蘭溪溪蓬蓬石龍風欻欻雲中起濛雨暗林樾急棹投煙艤不得晚[illegible]人郎夕話閭里明發晤幾何言奔逼春沚客子憑孤舟風波何日止感懷念舟人漂泊應相似

送陳子之越侍乃翁

汝承集　卷一　吾兼齋

今茲結交者緒情薄秋雨[illegible]上英雕歇陌中塵沒齒如行
客況能世弟昆羨君美及樹蒹葭幸託根朝夕相經過敬愛為
佳賓連觴吐新語對榻劘舊文一日君不見如歷秋後春連環
今歡帶豈能久離合行行旋馬首信宿越江濆庭趨候興居問
反平生親賤子幸無恙叱名致慇懃

七言古風

洞有仙人籙為臨川萬太公雙壽

我聞五峯三川中，有洞浮雲紫氣濛。時見列仙鳴羽旆，鸞輿縹緲臨飄風。玉笈藏貔藏崖古，詞護斑麟與蒼虎。倘有高人往從之，寶書不惜便相吐。山下尋真是萬翁，籜冠玄髮厭塵芬。九轉煉成養精魄，七飛燒就授靈文。阿妻況合煙霞匹，共摘木芝採水碧。雙雙偕老色如丹，兩兩相看眉俱白。初度堂前綺席開，仙郎千里彩衣來。桃花新醁書萊水，一舞一獻九霞杯。金母木公開口笑，帝京來進長生酒。廬陵令讀中秘書，亦有洞中仙籙否。

吾蕙齋

五言排律

杜允熙超廩十韻

奕奕中丞第，桓桓上將壇。瑶堦滋玉樹，文圃蓄鵷鸞。伯仲聯驃騁，才名接武首。詞源傾峽水，聲價擅琅玕。落筆千人廢，乘風萬里摶。新頒膠士餼，會賜大官餐。霄漢應須達，泥塗寧再幡。倚閭憑夕望，報國寸心丹。黃石符今在，渭陽賦不刊。顧言繩哲蹤，聖世好彈冠。

汝承集　卷一　吾蒹齋

五言近體

宿鼓子峰 次馬季聲韻

栽步乘雲客翛然出上方晴巒浮積翠古洞鬱空香笙渡虹橋曲杯傳石鼓傍三車須聽演不復夢黃粱

至穀城得葉宗伯公贈詩用韻賦呈于師相

午橋開別館清讌接歡顏進履慚孺子傳書出穀山霜飛驚鬢短萊舞憶衣斑且把歸思禁龍門正好攀

壬寅立春因憶麐翁王司馬是日初度

三殿朝春日元公初度辰杯傳鈴閣靜花發錦城春鄖鉞開新

汝承集　卷一　吾蕉齋

府韜鈐屬世臣連宵烽火樹高照雪山塵

之二

南北威名滿圖麟尚黑頭憐才慚國士知己託千秋對雪空雕

虎行春欲騁驪懸知今夜晏幕府幾傳籌

七言近體

登天遊峰一覽臺

六六芙蓉錦幔開憑高九曲任排徊蒼屏擁黛環雲列玉女臨粧帶月來縹緲仙槎迷漢渚翩躚鶴馭過蓬萊龍蟠虎嘯天都上勒馬峯頭亦壯哉

遊靈觀冒雨登絕頂因過碧霞庵訪黃道人觀故祁道人羽化處

獨上危臺俯碧灣仙靈一去古難攀千山樹色含煙綠萬壑濤聲帶雨潺覽勝恍疑蓬島外探奇直到紫霞間慇懃覓得無生

訣不羨丹砂好駐顔

九日舟次和葉宗伯韻

招携又及授衣秋客路飄蓬嘆未休帽落忽驚餘短鬢月明空自倚孤舟坐看籬菊添新酒目送飛鴻憶故丘潦倒不妨今夕共憑誰别後寄離愁

恭和于宗伯元日試筆

一劍遨遊幾度春還將栢酒對芳辰忽看陌柳含愁放却憶江梅入夢頻漢苑花開驚蚤歲堯天日出喜重輪憂時欲睹昇平福未許元公作散人

于宗伯起侍講帷敬賦勸駕

聖主恩深已賜環難將釣艇弄潺湲橫經自是親臣職聽履還北斗班中國共推司馬相蒼生未許謝安閒應看開濟功成日徐捲陰符託穀山

對酒述懷呈于宗伯

曾從燕市興翩翩忽憶舊游思黯然進履幸逢黃石老御盃空誦暮雲篇蒼茫寒自憐孤影澹蕩幽期託素絃況是南宮待試近慇懃發已繞朝鞭

于宗伯招飲東園賞菊

自憐孤容滯天涯到處園林郎是家漫有秋聲驚玉樹不將愁思對黄花籬邊簫鼓如添媚生上詩歌競吐葩聞道餐英仙可就主人遲御五雲車

奉賀蕭玄圃老師六十壽

氤氲紫氣滿輿藍猶似藜光炤御函池上蔓龍方聽履海邊鷗鷺豎抽簪蒲輪一日還端右玉燭千秋問指南試看舞衣顔未艾芸菌洗盞幾迴酬

之二

姑射仙人冰雪姿素心絜契九重知鑑湖不乞黄冠老粤嶠時

攀青桂枝庭樹淩霄森並玉扳輿長日捧盈卮何當偃蹇登龍者十載空慚說項斯

奉賀周母貞壽

芳齡矢志樹綱常回首冰清五十霜鳳岫仙雲迎彩佩龍門春色映霞觴流黃夜軋吾咿响鵲影朝傍曉霧翔應有泥封來紫闕璇恩直共海天長

之二

漢室曾聞曹大家謝嫒猶傳晉永嘉青霜往事傷心久華髮今朝喜氣賒共說堦前蘭似簇還誇子舍筆如花慇懃齊酌崑池

醴為祝鸞帔映彩霞

哭司馬夢池李老師

秘閣曾分太乙藜更從青瑣吐虹霓封章不避師臣怒逐客何妨瘴海棲望重東山頻起謝道尊閩嶠自成蹊關門紫氣依稀在廟貌千秋肅建谿

之二

聖主恩深早賜環銀臺回奇兩清班朝回常帶憂時淚客至暫開倒屣顏祭戟尊臨天府國棠陰遍滿甸南閩至今故老追遺愛猶似當年泣峴山

之三

榷使紛紛出禁城，恒陽初遣正縱横。誰驅嵎虎全蒼赤，頻探驪珠動聖明。抗疏頗還司馬鄮，浮槎去採楚江蘅。群情正仗安危日，忽報騎箕上帝京。

之四

憶昔偏從國士知，逢人説項未為奇。啣恩空握珠盈寸，獻賦翻憐鬢有絲。三載浮沉魚雁杳，一朝蕭颯海天悲。倚蘭奏罷魂須斷，何日秋江薦緑蘺。

登宣鎮玉皇閣感賦東麻大將軍

玉清高閣倚嵯峨，極目龍荒感慨多。塞下頻年增綺幣，軍中何日奏鐃歌。乍看紫氣尊前落，忽聽胡笳嶺外過。寄語元戎須努力，昇平未可厭干戈。

同孫觀察公登赤霞城樓談遼事呈賦

遼左王師去未迴，乾坤此地獨登臺。憂時頗借籌邊箸，濟變還須名世才。上谷使車寒朔漠，赤城佳氣接天台。憑高試向燕然望，肯許任生載筆來。

春日懷鄭六孝廉

憶昔同為出塞游，春雲寒滿驌驦裘。尊前細柳邊城月，笛裏梅

花漢戍樓共倚胡床看潦倒頻揮如意見風流只今遠道相思處越水齊山兩地愁

寄謝在杭司理

海内風流有使君曾從舞勺挹清芬尊前說劍神逾王馬上看山興不群操比水壺含峻潔歌殘白霜散繽紛憐予未解吟梁父咫尺空瞻岱嶽雲

短述

少小曾聞說阿癡誰知老去更躭奇上書幾獻三千牘對酒空雕七字詩遺興翻憐思轉瘦苦吟偏與病相宜故園楊柳今應

綠望斷含情北向枝

寄孫仲子洪畬

潦倒風塵不問家漫將孤劍寄天涯朝來攬鏡驚霜鬢客裡逢春悵物華祇有窮途同阮籍更無寄字應侯芭從容欲買江南棹縹緲休猜愽望槎

同趙明宇飲南溪

他鄉寂寞又經年徙倚行吟曲水邊故國征鴻迷魯道平林落葉下霜天臨流有酒堪共醉說劍何人更可傳獨坐南溪愜幽賞頻携趙友過山前

聞布聲弟發解

吾家世業在青緗，詞賦翩翩滿雁行。駿索燕臺元有種，珠探鮫室自生光。羨君獨步名無偶，笑我雄心老未忘。蚤晚甘泉將較獵，誰抽彩筆獻長楊。

題周司理卷

使君為理最廉平，弭鄖唐封譽更清。露濕郊原千里潤，春歸桃李百花明。署中柱笏看旋馬，闕下蜚聲重鑑衡。況誦新詩已渴擬，從霄漢挹金莖。

汝承集　卷一　　吾蕪齋

七言絶句

閩海提歌

下愁漲海鼓風濤開府鄰彊擁鄧旄郎聽鐃歌連日奏好看京觀倚雲高

之二

霓旌遥出晋安門萬騎如雲破浪奔飛渡潼江争鼓棹角聲吹斷虜酋魂

之三

水陣驚看放火龍何如赤壁破曹公洗兵鼓舞迎時雨解甲懽

呼送凱風

之四

帳前歌舞散田軍賣劍猶堪隴上耘擊鼓鳴笳秋社醉負喧應

獻太平君

送樂公子之括蒼

將軍之子爾能文旌旆遙分海上雲一别何時向燕趙令人長

憶望諸君

寄邵子之京師追先師遺稿

曾聞遷史副京師豈在名山世莫知君往更驚天子問此人不

得與同時

題徐母表貞卷

常山秀拔大行前遥望江南各一天獨有邑名當太末婺光長傍斗牛懸

之二

孤子停車拜孟祠鄒人猶説斷機時于今東海徐夫子阿母風如百世師

遊雲石堂

白雲爲壑石爲門萬樹桃花水遶村何日買山成大隱偏舟散

髮弄潺湲

宿塞外

塞風蕭蕭塞草寒胡笳淒切漏聲殘夜來度得相思曲朝抱琵琶不忍彈

病中閱汝偕弟貽書有感却寄

頻勞書信寄郵亭何似尊前一夕傾悵望鶺鴒何處所愁聽子夜塞鴻聲

之二

鱗岩狐兔橫堪悲得上田園主半非君倘關情余更切夢魂常

繞故山飛

之三

生平意氣薄雲霄一枚喬荒萬折銷愁病相尋何日了不如歸去侶漁樵

汝承集　卷一　吾薫齋

郭汝承集二卷目録

文部

序

賀兵備副使衛公四品重封序代

贈大郡伯劉公以前任郡丞考最貤封序代

贈郡司李明自劉公内召序代

贈郡司李赤城周公三年蒞政序代

贈小毅于公榮任秘省序

贈俞克邁將軍以海壇閫帥擢薊鎮遊戎序

贈貴州哈州判官序代

郭氏一家言

閩玉融郭應寵汝承著
姪文祥孟履輯
孫祚新君銘校

序部

大柱國太傅寧遠伯李公寅威懾虜圖歌有序代

我明德靖以來以宣力胙茅者文則新建武則寧遠公新建之封以擒宸濠寧遠之封以縶单于寧藩雖徙南昌其故地在今喜峰口外與寧遠所世鎮廣寧僅隔山海一關耳是自世廟以

迄今皇幾百年所而賜券錫壤文武惟兩公乃其起難皆在遼之西東豈非昭代一奇遘哉然而新建再撫思田遂滋紛呶之口至易世而後論定寧遠公自以師傅奉朝請再出蒞遼左輿論益翕然歸之無論匈奴遠遁即倭夷不敢更憑陵朝鮮北禦虜而南讋倭詩稱方叔元老征玁狁而蠻荊來威公之謂與當宁幾以南北鎖鑰全屬于公不獨倚為萬里長城已也且諸哲胤義勇忠烈纍纍告太廟而圖麟閣又吾　明武臣世家以列校起係天下安危子孫受祉而多賢未有如公者較之前代惟唐汾陽王近似今會稽錢生貌公悍虜宣威奕奕英風令人不

覺欲下拜此又何異虎頭生之貌汾陽也不佞夙辱公雅且嚮
備史局紀公形于垂之琬琰蓋不勝書矣故因錢生之甥金子
来請一言遂喜而援筆為之作歌以弁頷公于飲至日左持東
胡頭右瀝月支血呼白引滿而令幕中壯士運丈八矛擊鐃奏
歌以為公壽公能掀髯大笑誰謂于先生文弱士乃能作此雄
傑語禁廷亦有頗牧哉其再加爵歌曰
昭代武功震邊壘將門獨數遼陽李父子兄弟綰兵符亏裘更
羨雲礽羨丹書帶礪指河山建纛飛揚桑梓閭旂常未罄掀天
績威讋唯誇突海闌擐甲千軍當後勁單騎先聲持廣命稽顙

汝承集　卷二　吾兼齋

輸琛盡乞降佇看燐火銷邊境幾年省餉息戈矛　天子應紓
宵旰憂壯猷到處堪威敵四夷慎勿生慶劉會稽錢生善繪事
貌得龍沙徐按轡鬢眉颯爽萬夫驚麒麟閣上垂千祀

賀叔臺耿文宗擢河南左參政序 代

往余不佞校士湘湖，耿叔子以諸生就余試，異其文，業已公輔期之。比余里居，叔子先已奉　璽書督閩學。不佞曩無德于楚，辱楚人士謬思之不置，而叔子念余尤深。叔子入閩，閩士爭喜得師，謂昔閩諸吳先生是雅負當世望，能以道德奬進吾儕者。下車先後合閩士都試之，其所推轂皆諸所望為標鋒，無不人人心折也。今歲賢書上，其褎然舉首纍纍而登者，盡所推轂士也。閩于是多叔子得人，乃叔子則不欲以文盡諸生，亟進以聖賢之學，諸生益蒸蒸嚮往，聚而旅語：吾儕嚮者事督學先生，先生晨起坐堂皇吾曹磬折趨堂下唯諾惟謹脱稍欲吐其奇口未囁嚅侍吏從旁呵之耳今覩先生方正自矩雖毅然有不犯之色不吐不茹人雖不敢干以私然每勗吾曹以聖賢未嘗不循循善誘若其家人子弟也者盖自吾曹獲奉先生始識師弟之誼如一體既而有言于列曰昔楊中立起閩服躡蹻而走河洛立雪程叔子之門竟載道南以彼闢先之功豈不甚鉅然其時親受正傳亦堇堇與游定夫昆弟耳猶然化被遐陬而庶幾鄒魯矧吾曹徼　天子寵靈畀以先生朝于型而夕于範視躡蹻千里者何如先生提衡吾曹咸望以載道之器視淂二三君

子者何如吾曹敢不左提右挈無重貽師門羞不佞聞之而嘆曰善哉耿叔子之教閩也有由來矣君家伯子先生嘗督學留都最號能知人得士日與都人士倡絶學遡河洛而上之直欲接杏壇之緒都人士藉以成德去者未易更僕數迨登三事則風行四海矣閩士昔嘗拜開府下風今復親承印證于叔子豈不厚幸歟其斌斌而興有以也叔子既擢叅知河南政事河南故稱洛中二程闕里也閩諸生就余請言為賀且以志別曰惟司馬先生教之其等小子其何以藉手而報吾師嘻不佞何能言第聞之矣師道立則善人多正朝廷以正百官于是乎在今

伯子所提衡門下士布列中外號稱名卿者隂〻起閩士行且肩隨之接踵于朝共奉其師運斗杓而回元氣令天下精白乃心默祓濯而向道以成蕩平正直詎不爛然聲施自附于見知之末哉諸生第勉之以無忘叔子之教則所以報叔子者將在斯矣將在斯矣

又賀叔臺耿文宗擢河南大叅序代

頃不佞偎承命于叔臺先生獲序得士録大較以先生伯仲並起，師世以程伯子叔子而以傳程氏學者多閩人為閩士風云無何先生擢叅河藩諸生業已請大司馬吳公言為贈已而二十餘曹者復過不佞請曰以吾師之大有造于吾曹也以吾曹之半獲私于史氏也顧復徼惠于史氏之一言庶藉手而别乎不佞唯唯否否司馬公當代人倫之鑒也司馬公業有言矣其奚須于不佞諸生固以請復不揣而受簡蓋先是 上採言官言督學使者必遴郎署往毋用守臣用守臣則德清許公泰郭吾蕪齋公曁先生而三耳頎不重與人重則其言匪阿往先生之牧益州也首建學宮進益州部中子弟勸之學益州子弟直將尸祝先生謂賢于漢故守文翁甚比入閩復有事學宮移公署推轂諸生高等置便坐相與紹明先正之緒而总其尊嚴有如司馬公及不佞頃所誦說者而此二十餘曹則閒半置坐得先生左深也不佞因肅諸生前揖之曰頃諸君之請于司馬公也自詑徼天子寵靈畀以先生視楊中立躡僑千里為幸又津津先生之教閩若庶幾于傳先生之學者不啻任矣豈天性然歟胡閩士之速肖也言〻生謝不敏噫史氏何不聞蠃蜾螟蛉非類而肖

祝以吾師敢不速肖且登岱宗者先東山涉滄溟者先震澤為其取法近也藉第令聚糧躍馬而陟太華之巔亦三月至耳河伯望海若而嘆固知道之不可以涯涘窺也吾師束髮事聖賢年踰知命孜孜不休日者大會越山有味于無欲之旨期與吾曹共勉之倘所稱不厭不倦非耶有如吾曹卒業吾師遡河洛而隣洙泗則顔閔由賜視中立諸君孰賢不佞逌然曰有是哉昔唐觀察李椅興閩學記者稱其化胡纓為青衿而士斌斌如林矧先生進青衿而聖賢其瞿然顧化有以也第不佞雅聞程叔子能尊師道而游揚大儒能尊其師以故叔子之教益章今

汝承集　卷二　吾蕪齋

諸生望先生若岱宗以遊先生之門為若觀于海則閩人之能
尊其師自昔然矣不佞方樂嘉其誠也遂姑掇其言以贈

賀俞立南晉東粵叅藩序代

不佞校士七閩南諸郡率瀕海得縱目觀之渺濛澒曠不知其涯涘獨見潮波上下浩乎若乘四虛已于中蛟螭之所變化鸛鳫之所飛集以至夜光碧篏明犀文貝之屬交輝錯映種種具備蓋有中之最巨者宜無如海萬川歸之而不加盈風日過之而不加損則所容者大也尼父常銓次當代以才譽自表見者不少若夫澄之不清淆之不濁汪汪乎其千頃之波者實不多指屈譬諸盤盂沼沚率能有容稍踰其任輒不勝溢矣夫內挾無不可為之才計非卓詭踔厲飈舉風發何以愉快一時令見者

汝承集　卷二　吾兼齋

目艷而心諫也頋與汪〻者比量度器直河伯之望若耳俞立甫性從家司徒伯子游伯子深器重之以故與不佞雅相善盖才大夫也而獨以量勝居恒恂〻喜怒不形于色人所心欲之而靳必得者公力推之不尽遇事有不可意即稱長厚者有難色公處之坦如也故精明敏決第韜含不見涂覩其從容擘畫中肯綮彼卓詭踔厲者有所不可必得而公以全收之凡三典守極意撫循竟以治行最入贊比部多所平反覆奏皆當司寇指兹持節按察閩以東郡總持綱紀不為鷹擊堦下獄具緣皆鮮而民不為奸郡邑吏兢〻奉三尺惟謹盖公以其無不可為

之才默運于無所不受之量而精明敏決亦時露于汪〻大度之之中殆可語于海矣或謂公器度可方蘇長公夫長公立朝大節可厲懦頑至其德器益完乃在浮海之後豈其觀于海者深耶公之淵泓醇懿蓋自性得之初守長淳已補東萊已分閫中茲復叅藩東粵往〻皆瀕于海公之于海神合矣夫海善納故百川赴焉君子善受故衆〻燕[illegible]焉稱其量也才為天下用而量以用天下小則見其才大則任其量臣之職也公既以量表稱一時繼此而陟崇履要則其所以茹納益不可度此其斷斷休休者與弟不佞于公之行有感也當守方急西以公之才乃

汝承集　卷之二　　吾蕪齋

用之于東衽席安瀾之鄉　天子所以德粤人甚厚頋拊髀而思長城之寄計未有先公者則公又安能長有此粤也嗟乎互市興東南灌輸什七為虜人陸海一旦背媾而闌郊闑之外以中國之大未聞有出奇扼其肮者直藉社稷威靈彈壓之不使不知何以解也公行強飯哉旦日有尺一之詔過粤東者必召公矣

賀大方伯漸江張先生奏績序代　吾兼齋

曩不佞守戍都護事今方伯張公公時為右轄俄轉左貴州優起家入閣不佞用故守遷為閩博士諸生師從公後適公最上上特下　璽書予三代誥蓋異數云諸大夫授簡俾颺言壽公不佞為敢以不敏辭敬拜手稱　天子寵靈以為公壽夫成周以上代世臣有爵子而無貤封即唐末有謙及榮先者明興視宋加隆獨于外藩斤斤也藩臬貳又多不及而代以故推恩鮮及先世乃公為鎮憲副即用憲副封晉粵叅知即用叅知封今三拜王休矣頤弗重歟第不佞往以彊事事公受公指獨多竊

覩公之槩以世罕兼材惟公有之大覩公為政廉明果毅慨然以國家為己任衆所囁嚅憚不敢發公獨談笑揮之又持大體不苛所爭辨治蜀故苦藩封重以飭材之役督者冠蓋屬于道而西鄙又告變公悉調停處之脫若承蜩藩國有所窺牟為益禄計公廉得其奸授意不佞立詘之藩國雖憾公然搖手相戒毋紀張使君三川稱西陲粟米所入殊半奉戰士歲久廩壞主者因夤為奸督撫議以金錢易之便公力持不可謂脫有軍興轉餉從何不若窮治諸為奸者新廩入粟如故迨松藩之師而後服公之識遠已飭材令下公心計三川之良向　世廟時業

已盡輸將作令非發公帑給長吏率商民分道入山深箐嶔崎之處便宜採擇則木不可卒辦決策行之不踰年皆集材蔽江而下吏民無所苦公從容又召諸郡守前問歲入錢穀幾何訊牘如干其滙輸京師其給散營伍具以對則灑灑符授錙銖不爽黠吏猾胥莫能上下其手且時訪閭閻疾苦亟為更除之蜀父老子弟德公甚也直將尸祝之矣遷貴州貴治雜夷難于蜀公之治貴一如治蜀入閩南下車而郡邑利病帑藏出入皆若指掌其大指固在廉明果毅無以異于曩時要猶雌雄之劍精屢試而屢完盧扁異人異方不獨邯鄲効也詩稱鳲鳩之在桑

其子在梅在榛在棘飼之罔不如一故以比淑人君子曰儀不忒曰心如結用是克正四國召虎對揚休命本于旬宣之烈公先後三省以心則如結夙夜惟寅為諸僚表以儀則不忒篤虎拜之義以榮先人有由來矣主上方思持重端亮之彥以贊廷衡必首召公握籌廟堂之上為四國儀式刑則寵靈光大之典薦加于公寧有既耶諸大夫聞不佞言咸追然暢曰善哉其頌公也三錫命懷萬邦公行饒為矣遂書以贈

賀侍御見俞傳先生滿秩序 代

不佞某嘗伏讀公留臺奏議而亟服膺于太史顧先生之言也以公所難不在于批鱗争語天下大計而在於取公論所持獨見所至輿情所附者為明主精言之故言一出而公論以伸獨見以彰輿情以快使天下屹然幸砥柱之有人而罷罷思其施行之不蚤以公真古誠臣之秉主知言哉太史爭公今以臺秩報最矣言信且次第見諸行不佞即欲更有誦說効於公度無以踰於此雖然不佞嘗承之侍罪於公之梓里而公先嘗握符綰綬以樹德於余之隣封知公之元元本本無若不佞真則所

汝承集 卷二 吾蕙齋

以颺公盛美以對休命亦無若不佞悉公少孤而頴力學日誦數千言世父梅軒公撫而奇之目以風雷潛蛟計偕上公車魁大江以西稱子大夫對於廷宇內膾炙其應制之章若醽醁醍醐出於上方政績所著迎刃而鮮務穡出滯勸學興文至賜璽嘉褒及居臺中疏議似田錫范祖禹而攬轡澄清貪墨多望風避去危言極論請上方而不顧乃其氣愈恭貌愈和文章政事節義之聲海以內咋舌嘖指欣說而艷慕之際公絕無沾沾自喜之態論人而人服其衷論事而事中其窾其浩然之直足以折奸雄之骨而奪其席其皎然之胸能直灼覩淂失指歸而無

一毫巧熒於詩張田護用能上以三寸舌佐人主賞罰令城社
有所惧不敢動下能陳悉利害為百姓請命建無彊之烈如疏
中所具餘銓政清仕路揭否泰消長之間陳宫府急切之務而
浦城鹽法水兑京倉皆鑿鑿其言可著為令甲古誠臣為主策
道信無出於此者而揔之以公心持公論故獨見而不為異輿
情而不苟為同揔此一言而璽書所稱讜亮公忠通世務治體
匪徒以察舉為雄者公允可以無媿色而對揚王休天下所以
屹然幸砥柱之有人而翹翹思其施行之不蚤其在斯乎從此
而三命執珪總百揆而均四海風雷霖雨應雲龍之運得全全
汝承集　卷二　吾兼齋

昌徵公其孰領此余不佞敬盱衡以竢

賀兵備副使衛公四品重封序代

公以治郡高第　賜璽褒嘉錫厥父母封並守秩今以按察副使備兵濟寧用覃恩進前所封父爲按察副使母仍恭人再賜璽爲副使分憲外臺得以勅書從事操六條踞守上而稱監司然秩視守埒耳令甲品埒即屢從官不得益封乃公爲守用守封晉監司用監司封先後四品而綸綍之錫兩被于所自生際國慶而揚休命蓋異數也所屬兗部郡邑大夫將颺言於堂以爲公賀屬東平徐大夫謬使使徵于不佞不佞幸在公之宇下又往有事于珥筆恢張國家非常之貺以彰茂烈不佞職也

敬唯唯而受簡夫覃恩之典隆于成周三歸五乘鞶纓旅矢不勝書矣然而名物章采不以及親即肇敏戎公而釐鬯一卣何斤斤也方且勒之敦彝祝以萬壽豈非錫祉而寵靈厥先慈惠勸忠莫此為大乎以而較公今日宜其顯揚光昭又何如也蓋我國家治規周官而前賁之榮獨敻前代上鴻其施下矢其勤虎拜之儀方斯遜已況公所履又當南北要會 兩都並峙而關重鎮於茲襟帶淮泗綰漕輓之咽喉 文皇帝時嘗遣威望大臣統十萬師建牙其地經營江漢未為烈也已而以屬河渠中丞已而更屬備兵使者迺歲與總河大臣共城而治乃使職

之雄一　故凡河漕兵戎法皆淂間以替襄于主者漕河大臣之倚兵使不啻左右手故監司之重無如重于濟寧計非文武自將廉明仁有威而行其所無事者其孰能領此公自釋褐司寇郎即以平亭稱先後守會稽青州以治行推擇為第一備兵關西西陲以重追起家而辱臨于茲土屬有宣房之役則公實董成之水衡之金錢無所耗而畚鍤如雲治河小吏胥化為廉潔役不告勞南奠　陵寢北滙輸百萬之軍儲舳艫啣尾達于都下公之伐也復以其間拊循萌隸而彈治其城社之豪郡邑所上爰書城旦鬼薪以上必躬覆而造於庭間有所平反讞成手

汝承集　卷二　吾蕪齋

中吏不能知以故無敢舞文而市重人〻擊首謂使君不寃也日者且揖分守篆并轄兖昌兩部四十五州邑舉齊魯宋衛之壚方制二千餘里振之以風聲吏若負雪立而闇左喁喁安淂長借我公覆露之乎河再徙決總院不浹歲三易當事惴〻而負璧公叀循其間借箸前籌皆石畫漕艘纍〻復浮於河矣且以東方之不腆鐳穴山而貂問水虎冠乘傳很攫而轂擊于疆竟憚公柱後惠文不敢憑陵于公之四履不動聲色而三臺以緩急倚公〻莫邪干將諸屬仰而庇之若平原之倚于高山也則所稱文武自將而行所無事公真其人哉退食布袍脫粟脩

然塵墟之表曰進博士諸生甲乙其先賓人人厭意去而蒸蒸向往則耽恬淡而嫺文學其天性也公且告成將無再拜稽首以答王休曰臣不敏捐官承之長四體而又兼二敵不恪共幸邀寵靈既及于親罔所圖報竊按所部吏罔溺職珥蛇之神庶亦悔于厥心比歲且登士民樂業可少逭于三尺惟是東人職勞沇可少休盍亦勖宣之敢不夙夜以祇休命則甘棠之蔭錯于尸祝公之於兗永世有辭矣舊史氏曰詩稱鳲鳩之在桑其子在梅在榛在棘飼之罔不如一故以比淑人君子曰儀不忒忌如結用是克正四國公今提衡方二千餘里舉齊魯宋衛之

汝承集　卷二　吾兼齋

壚顛若畫一惻怛惇固膠聯而不可解以心則如結通籍持水
蘖聲所至凜﹦風裁朝見下吏不肅而嚴端模率属以儀則不
忒誠精而應孚于上下政譽流而天休至有以也三錫命懷萬
邦儀式刑而綱紀之則泱泱表正之風不自東海起哉子大夫
須臾不佞且從東人歌衮衣之章以祝

贈大郡伯劉公以前任郡丞考最貤封序代

今夫三事大夫以至郡邑長佐孰非社稷之役乎哉蹇蹇而策端冕而祠神降之福一里之宰十室之邑莫不皆然而況有大于此者乎夫人臣業已以身而奉社稷如耕之有畔饒鮮原隰各殫其力主伯亞旅各司其疆勤穮蓘而崇坻京此非朝從事夕從業之所能也習之而心安則神不勞不見異物遷焉則其天全矣故疾穫而徐斂良農所以樹蓺也歷試而課功聖主所以咨岳也唐虞之際可覩已吾郡伯初陽劉公用前為丞最貤封如令甲蓋公先後三佐吾郡而晉今官以最爾下郡邀天之

靈護屢借公以公之碩望閣謨不即式于廟堂而久式于兖之
四境岩深耕溉種播而穫之教不肅而成則公之于兖蓋永賴
之烈也二十七屬大夫合輿人之懽心以賀公而徵詞于于子
于子方耕兖之東野不能釋耒耜謁公于庭敬輟耘而訊諸大
夫以公之安農氓修保障野人則稔聞之矣然何以丞而守守
而以丞旌也敢請于下執事諸大夫遮進而更端洋洋纚纚靡
可殫述矣姑識其大者蓋今天下之患莫大于席膴者託優游
以養重新進者急操切以立名至于志睽當塗秩逮初願閶多
籍于閒曠以自娛故其初試為吏也莫不翹然有奮矜之色刻

轢犀利以為媮快偶遭缺折則又輒妄自菲薄以為即有奇約結安施及稍々通顯又且旦夕召耳河東即股肱郡不如借交買名聲無使留郎而罷也乃公策仕寧陵即白所坐大盜寬不以毛摯輔法為能比轉倅吾郡兩為丞令之倅丞稱為吏隱公又以名進士抑而就此虔非其好公頗精辨于職無少肯越為百姓請命諤々急所忌避而不知其為倅丞也治濟濟上以寧從而治河兗水之濱免于毫釐部臺特疏于朝擢為守循之平進亟旅而主伯阡陌之間指麾可辨耳豈必茅蒲襏襫躬而後治哉公孜々然計無憾而後即安下教所屬讀之凛々若負

吾兼齋

霜雪晨起坐堂皇吏抱牒碎易不敢以嘗進公所署可即顒若畫一庭無留獄主進者無所上下其手卓瞷之豪搖手相戒是故三佐郡而嚴若神君也者是故不胥越其職而文武自將也者公益發舒以師帥為己任日討吏民利病而訓之鄧惠之聲彌久彌彰甘棠素絲風被遠矣諸屬大夫即賢且能猶日惴惴懼無以當公意蓋不啚今日乃知大府之尊也不敏居常竊怪持論者徒見漢潁川之治至賜璽褒嘉擢厥所由務在成就安全而已遂以直用寬和為理烏在威嚴哉不知彼蓋承鈎鉅構會之後吏民多恣佚不得不摧剛為柔與之更始耳而欲以槩

一切不已謬爭賈生有言天下之勢非徒瘇也又苦蹊盭究之在昔浸浸顯是上與下不相蒙守與佐互為異和域之事一彼一此公自為丞時萬目久矣故今歘然思以改絃而更張之觀所約屬大都引繩墨當事情慨體統之淩夷慶精神之萎薾穩然咨嗟三致意焉其為丞也不自匿于無所見奇丞而守也不以覽望已陰晝諾而待次乃意之所向必欲握指臂之機聯營衛之脉通二十七屬如一身先後同符于以登閣上理譬之雌雄之劍屢試而屢完盧扁之醫異人異劑總於見垣一方非達於體其孰能領此然則今上之旌公而當公為守也毋亦若曰

汝承集 卷二 吾蕪齋

元鳳神爵之間良吏為盛然卒未聞有襃然以丞顯名者子大夫丞且名矣而况於守益底乃績行召君矣意其在斯乎于子曰究不腆先師之闕里在其境内先師之説詩及于執轡如組也而曰可以爲天下為其爲之乎彼而成文于此也公之今日何以異是倘以公之説怓而用之天下可爲矣野人敢扶杖以觀

贈郡司李明自劉公內召序　代

吾郡兩大夫皆雅稱知人能得士爲太守仁和江公司理廬陵劉公頃劉公以治行第一徵起　京師公門下士王生華即余請言爲别以余不佞謬辱公意氣之交又辱與諸生者友也爲諸生言宜莫若余不佞遂肅諸生請公之治狀諸生旅進曰余儕何知第知吾師劉先生用廉平爲理推誠御下吏民不忍欺讞獄則稱神君署篆則號保母爾已則曰諸薦紳先生業爲吏民頗借吾師不可得則業爲吏民交口誦吾師不置吾儕何知第知吾師劉先生之進吾于庭而謦咳爾已則又曰今　上即

明並日月能從萬里外悉吾師治狀第令吾師去我諸生誰朝于型而夕于範哀衣信宿情其謂何吾懼吾儕之有蓬心也嗟乎此可以知劉公矣曩史稱吳公治河南為天下冠不具論亟多其薦洛陽生文翁之化蜀也常選諸生明經飭行者與俱繇是司馬王楊之徒遂以文詞顯于世余觀傳紀以来卓異循良之政代不乏人要以諸生慕義誦說不衰無踰此兩公者顧此兩公真二千石事與有師師之任耳迺公獨以李官得此聲于諸生間豈不尤踔絕倜儻曠百世而一奇哉方公之以進士高第出為李官也即不獨以能李官稱政暇輒以經術延見一郡

九邑之士察諸茂才可與語者延置便坐相與切劘名理揚摧文執甲乙其先資之言一稟于古昔士喁然嚮風矣人間語以古今奇節譬畫當世之務纚纚不休即案牘蝟集期會旁午吏抱三尺階下請平亭或貴人旌旄且至臺胥搖手顧諸生毋久語伺公對諸生從容無倦色語竟一揖退不及私諸生亦偃蹇好脩終公任無干公以私則公有以先之也公又雅持風裁少許可雖喜倒屣當世士拳拳若不及第起視門外之履亾輕錯趾者士有浮慕引重為高庾非有其內不敢覬公之顏色以故督學使者每校士畢必召諸生立廷下問劉司李云何知為公

汝承集　卷二　吾薰齋

所嘗推轂也者則大喜以為得士而臺屢薦公于　朝往往以德行文章經術吏治海以內無兩則倘史所稱吳公文翁之指非耶諸生又為余言公為司李三載當報政廉至不能具裝諸生日虞公之不能治裝也以為言公忼慨揉頤曰主上不以余為不肖待罪李官旦日第持計吏牘上政事堂惟所廉察幸余不敏奉職循理無貽二三子羞足矣何裝之束哉諸生聞公言無不人人色動比公報最歸則相率艤舟百里外迓公下車相勞不啻吏民望公如見父母也今又艤舟別公矣圖視公篋中圖書數卷則復虞公如報政時益信公廉名不虛耳噫嘻有是

哉諸生無重别公也　主上方表羔羊之節行大用公以風勵
諸司公以廉平不阿輔理中興之治以知人能得士為　主上
持衡于岩廊異日且進諸生闕下謂之于　上曰此卿者臣司
李時所得士也則士之周旋于公未有既哉諸生輒然遂書以
别

贈郡司李赤城周公三年報政序代

今上丁未，赤城周公實稱子大夫于廷，推擇為吾郡理，以贊觀風之使。郡之人莫不喁喁曰：此我使君也。我稔其世矣，其天亶之哲，徹與其雲夢之雄風，與是必嫺于政而彊于事，于以宜我大夫庶士也者。已而使君至，則疏通而惠，齊敕而誠，栗而不猛，寬而有制。其始政也，科條既布，部之吏肅然嚴之；少選也，紀法既張，部之民熙然安之。比及三年，政成譽達，廉明之所董振，彰癉之所昭宣，晉安九縣莫不率從，不啻若綱之于紀，提挈而整齊之，無結目矣。臺使上其最于朝，　天子方登其治行，且詔所司錫策而褒嘉之時公方揖吾邑事邑之大夫文學暨于編氓無小無大胥相慶也曰曩公之居郡也吾邑業幸共而沐其波令公之縣也吾儕又幸私而席其蔭鄙人何知嚮利有德式歌且舞此一時也于是介泮宮之雋奉牘以謁不佞都門而請揚觶之詞將以躋堂而加爵不佞適然受簡曰徵二三子命之固頗有詞然古者陳詩紀政職在內史講德考風徽在鄉校二三子何以稱焉諸生唯唯雖慚于賢敢識其小邑故侈賦筦庫為難自公出納平衡而輸之錙銖無所溢而又簡其徵發蘇其踐更里役得安于閭左而縣之門無錯趾邑故煩訟而公聽斷明

允片言取裁理者昕而入牒晡而受記爰書出手中猾吏嗟指辟易不得有所上下而囹圄虛若無人邑之奸宄故倚貿易爲交通所在驛騷羽書狎至日者公申海禁卓瞷之豪無敢紀而烽燧敉寧又時簡其譽髦而甲乙之間置便坐相與揚榷古今獎進行誼諸生亦已斐然向風不敢以它覬公之顏色公惟是三尺之法與吏民共守之凡所建除上不得以意格下不得以私暇故吏畏而民懷之揖讓如恒視邑如郡時而師師時而阿保時而凝霜時而杲日甚幸至哉公之大有庇于我人斯也嗟夫政之弊也縣有所興革不以時達于郡郡有所頒布不以實

逮于縣故上下閡而不親公以郡而臨縣既有以宣其壅自縣而居郡復有以通其欝妙張弛之用而調寬猛之劑聲實流于遐邇而恩威洽于上下不有以哉然而公且出而簿書入而鉛素秉燭而理篝燈而吟無不婾也無不給也豈天所授特異於人而神之所注不斷而喻者與噫公蓋進于道矣且而不聞庖丁之于技者乎其目無全牛也理解而已矣以公之批大郤導大窾曾技經肯綮之未嘗而謂釋銳刃以滿志必不其然彼所以視止行遲怵然為戒則觀風佐郡譬之族也其于下邑謋然而解循之軱甬異日公居岩廊而筦樞機則銳刃斧斤在所擇

之即以光昭先烈而揔揖寰區若發硎也豈其不游刃而有餘地不佞業以此覘公之恢恢矣

贈小穀于公榮任秘省序

皇明令甲輔弼大臣勳庸茂著者得任子入秘省稱中書蓋聞中書之制鴻遠矣昉自成周内史之職秦始置中書謁者漢為中書令魏晋隋唐以来曰秘書曰紫微俱以省稱令與侍中尚書並知政事遂為樞機要地而舍人職典絲綸唐宋時與翰林學士分内外制往往即超拜真相明興不設中書省而獨存此官與六科給事列署掖垣猶仍中書門下之舊稱侍從親臣清切禁近非諸司它曹可比其除授非甲第之英與夫輔弼大臣胄子不得濫竽其選蓋亦以池上鳳毛必展丹山之彩而瓊枝

汝承集　　吾蕭齋

玉樹同出王謝之門云爾詎不重貴乎哉　今上睠懷舊學特起文定于公於家畀以機務倚賴甚殷竟未究厥施而　上所以追崇之者備至有近來閣臣之所罕儷宇内嘖嘖艷為異數而小穀先生又奉　俞旨榮銓秘省名曰是吾容勿保傳之衞庶其載德象賢以無忝休命小穀先是業以公宗伯秩滿當任五府茲得請復以賞延於世于是薦紳交游莫不颺言稱慶以為允克咸脩吾穀山之美穀山者文定公別號詩曰式穀似之又曰君子有穀貽孫子今日之似其為穀也大矣小穀旋持節餉軍遼左遂賦皇華而侈晝錦吾阿姻朋相與聚族而語是果

東纏加璧脩詞造廬以彰天子寵靈而表吾邑媺盛乃偎從不佞而授簡不佞幸辱肺腑久與文定公周旋知小穀孝友甚深而嘉其祗承恩命安可以不文辭則請更僕為諸君頌之小穀少穎悟絕倫能讀文定公藏書覆之纍纍成誦作為舉子業韶秀奕奕傾其曹耦見者咸以集英上第期之而又擅臨池嫺觴詠褒衣雅步雍容甚都又頗慕平原信陵之為人真翩翩佳公子哉而至性又大過人其嚴事二親恪訓永思播媺揚芬如禮所稱溫清定省反古人衣不解帶之事皆童而習之至今有餘慕焉乃其大者則玄廬之錫克廣　帝恩特祠之崇不煩官帑

汝承集　卷二　吾蕪齋

佷衞睇瞱聚觀塞塗深墨將事可謂曰知而文定公生平經國大業不朽盛事皆將次第刊布俾炳若日星記曰先有美而不知不明也知而不傳不仁也若小戴者尚所稱仁智者流非耶且友于群從睦于宗盟又推明文定公之訓範之以禮凡姻戚知交緩急不以有無為觧而其守官長安邸第僅可旋馬蕭然圖書數卷所遇從皆鉅公長者與夫海內賢豪知名之士褆躬廉謹進退周詳自相君而下皆折節而深器之篤家祐而永終譽其素所蓄積然也此之謂載德此之謂象賢此之謂可以作考而對天子之休命吾邑人士聞其風也可以興寧徒賀之云

乎有言於列者曰朝家立賢不為限制國初大臣蔭子至八座九列不可縷數景泰高密之儀忠襄嘉靖黃巖之黃宗伯尤其章章覯記者也以小穀之才謬假當　中興之朝遴世臣之選則喬木森而桂后屹槐棘之司不難致而儀黃之勳可接踵也式穀之似不又將其在斯乎不佞聞之逌然而起載其言於牘曰諸君持以往幸以語小穀發攄家學酧報國恩此一時也益務光昭文定公之烈以照耀里閭惟小穀勉之矣

贈俞克邁将軍以海壇閫帥擢薊鎮游戎序

肅皇帝朝虜倭大訌南北拊髀而思頗牧之臣首則俞都護公虛江以汀漳守備戚都護公南塘以登萊備倭浸浸嚮用俞公畫汀漳便宜至今著為令甲比倭氛益熾自淮揚以迄閩粵歲無不受蹂躪卒驅掃之東南屹若半壁則兩都護力也尚匪俞公出洋殲之於先戚公誓師蕩之於後微獨無閩恐長江以南鯨鯢未息也迨　穆皇初東虜糾十萬餘衆窺塞下　當宁赫然震怒召戚都護以總理練兵入俞都護起鎮閩入坐樞府與大司馬譚襄敏公從中決策而車戰南兵之議實剏自兩公迨

汝承集　卷二　吾蕪齋

今數十載　京陵烽燧不聳屬夷守戎索惟謹則兩公　社稷百世伐也以故推昭代大将為南北所倚重者無逾兩公兩公少折節為儒用武科顯名而潛心聖賢之學出其緒餘曉韜鈐明節制禔躬如處女應敵如脫兎當其守汀漳備登萊時厲氣登壇僅餘弱冠而元老之謀已壯矣頃余讀正氣堂集每服膺予俞公之言以與一時豪杰争品格在于東南與千古豪傑争品格在於西北壯哉談也似世尚未能盡公之用而公之韜鈐猶未發抒其底蘊者今将軍克邁公之季子也少列博士弟子籍甚溫陵余晤縉紳嘖嘖稱俞都護有子且以用文起既而仲

君坳廻以書生投筆訟父功于司馬門　詔下褒嘉特予世萬
户侯臺省交章以世將知兵薦閩開府徐公倚爲中權先後尉
薦蒞公車奉　命推擇以都指揮總海壇亦才弱冠耳而業已
射策武科如先都護故事而又善讀父書精兵仗出入海上浹
八汛清兄剔蠹訓練水操與士卒同其苦往往冒風濤至牛山
絕島凡前此舟師所望若而慄者將軍悉躬涉之如夷舟械之
朽鈍不如法者必請更而自製修艙之直㦸不稽時即捐俸佐
之必不以沿習示瑕誤軍國大計開府陳公題其請而亟稱之
以爲此異日於都護何必減瑋之於武惠而翹之於西平也濱

海多越販因而勾引為奸囊閩禍坐此將軍密白當事首擒其人正法沒貲七千金盡扃有司庫藏士卒無敢私一銖又遠偵候閩入輒殲盜哨久為濱海害上書當事罷之澳有礁角漁舟集為小民爭就市酒糈而土霸誣以通夷牘下所株連數百家所在騷動將軍第遣一校呼訊立白其冤誣者伏其辜商漁免於俘戮而沿海以寧皆將軍畫也海壇延袤八百里孤懸絕島南日守其內海壇禦其外日者稍更張之與小埕鼎足而峙當南日小埕兩寨間有東西落海門寒澗倭夷所由出沒請帥海壇師當汛駐其地開府監司壯之謂信非俞將軍莫可守此者

先後開府直指皆以忠貞世篤文武才優上騰薦剡八閩方思再借將軍拭目銅柱之標而薊門之命下矣夫薊劉家口之有南兵游營也則自戚都護開鎮始也左擬佛兒谷右阨河流口當燕河之要區防虜酋之大舉蓋自潮河喜峰外號極衝矣自戚都護去薊虜輙匪茹迺年流河之事大為殷鑒矧今奴酋訌南北閧而當薊東踞較之中西協尤為剝膚薊之防禦飭則遼之窺伺消將軍處遼薊之衝試洗馬望海亭下而仰眺醫巫閭念之哉君家都護所欲與千古豪杰爭品格此其地也以俞之世畧而修戚之邊疆　國家所賴於將軍信不尠矣將軍勉

之曩之知都護勳名者始汀漳今余卜將軍之能光大亦自海壇云

贈貴州哈州判官序 代

余不佞猥承 上命董視府軍衛事衛故典禁兵機務殷煩不佞日夕兢惕懼不任以貽諸執事羞乃所以贊襄予不佞而彌縫其闕則實惟叅軍是望前叅軍任君在事三載克舉其職先後科院司馬曹尉薦無慮數十劄大都稱君嶽立英標淵涵朗識闓若走盤利同游刃且將言君于 朝而大用之竟格于例而止君考最銓曹來先後科院司馬曹言晉君哈州判官君且戒行代君叅軍者鄭君其暨同官謁不佞一言贈君將張諸都門外為祖道先不佞雅心重君又以諸君請不獲辭乃颺言于

衆曰諸君無以哈州為遠無以州佐為卑不佞盖竊于是舉也見銓曹之善用君才與君之才能為世用也曩者銓曹初試君于　輦轂之下大顯河南南陽不可問君獨持大體諤諤争長官前釐宿蠹勤撫摩橐不能名一錢而三軍如挾纊中貴無以開其口諸凡調停徵發事事辨治不佞藉是幸寬于斧鑕則君代也慰獎君者固謂君宜寄百里且宜試之遠途今銓曹直寄君以千里耳君又奚憂于遠途且川貴閩近方遭楊酋之變所在騷然恒黠夷撫黔首惟州大夫事非公莫可屬以哈州者銓曹計之熟矣譬之莫邪于將陸剸犀草水斷龍蛇即未試于伊

吾而鞞以琫珌懸于魏闕望氣者已嘆其衡乎斗牛矧以試于炎徼為天子安黎元而擊不逞則擧之無上案之無下一鳴如雷霆四封莫不讋服其于劍術為何如哉君行矣人臣之義無以有已東西南北惟命耳且盤根錯節之謂何君之利見矣不佞世受國恩幸際昇平之會無從挾龍泉而事封疆碌碌馬足不出長安門一步意甚愧之茲于君之遠行也不佞慨然有封狼居胥之想遂命酌者歌出車之首章以為君贈諸君唯唯載其言牘

郭汝承集三卷目録

文部

序

壽宗伯穀山于先生六十序

壽方伯程公序

壽大叅襟宇顧先生序代

壽封君汪先生七十序代

壽封太史見溪翁先生曁元配沱安八七十序代

壽江太夫人七十序代

壽胡母封太孺人九十序代

壽項母劉太孺人八袠序

壽錫吾林翁七十序代

于生景華偕仲君景昭并選秀才小序

于繩所國器元嘗應茂才高第小序

劉敬宇國器入庠小序

侯允熙社丈超廩小序

為喻玄劉君奉謝禪師小序

張存庵榮授博士冠帶小序

郭氏一家言

閩玉融郭應寵汝承著
侄文祥孟饅輯
孫祚新君銘校

序部

壽宗伯穀山于先生六十序 代

穀城于公弱冠入詞林以偉量鴻材負名世望已丑繇少宰晉位秩宗意有所不可懇乞歸歸後廷推內閣必首公累推累不報巖棲谷飲者又十三年始開六袠云公主試南畿所取士吾

州爲僉憲王君縣令施君王君就余而謀乞所以頌公者欲頌公之文則天下聞且見之矣余嘗聞緒論於公辭臣治辭如丁言耕婦言織戢耳不容自秘臣亦無所用夸毗爲即公文麗星漢行江河不過唾餘耳欲頌公功辭臣不居功蓋必至身秉國成當大事決大議而辭臣之功始見而時又有遇不遇者宣弘熙肅都俞一堂故三楊劉謝之烈爛焉比近世筌宰睽隔真蒲之對不親温室之樹難言一切匡主安民之畧約結不得自明而所可明者獨此去就之志耳當公掌邦禮不二載其所敷陳未見施用輒堅乞身以去人莫不咨咨惜公且備責公曰大臣

受主簡知居丞弼之位事求可功求成是為難耳第以弛擔謝責誰不能之追觀於公去之後大宗伯三易三不克終牘三四上求一丘首不可得而後知公去之難也非公去之之難天子許公去之為難也意公高山大川之局量朱絃白壁之符采　天子久知公重公度非區區爵祿可得而縻者故姑聽公之自為計迨其後縻之而得以為人人可縻則主權重主位不輕而臣志且與職俱晦矣蓋公之去也實以持儲義急與上意齟齬故假人言以行比數年後冊立大典竟以不爭而定公似為過計而當事似有他謬巧者夫明主可與忠言可以身悟若第以術籠

名使未之前聞善哉涑水公之敘漢事也當太子危疑時萬言留侯諫不聽謝病歸帝亦知大臣多不附如意太子遂定而削不序四皓羽翼之功夫留侯左提周昌右挈叔孫通以其身為四皓足矣又為事四皓乎穀城之下黄石峙焉是留侯所為葆祠而善藏焉者也必悠然抱石而吟俯拾紫芝仰視黄鵠留侯亦以其知之矣今寅清虚席浹歲於茲其端揆之地調不嘗之鼎食鼓不應之宫商徬徨上下閒而莫可告語者則又不知幾年所矣蓋與公同年同館受立者六人其登用若先公而碩皆值天子深居拱默之時言不能百効一志不能十効一頗聞有

侘傺無聊仰屋嘆者而公方以此時徜徉岱畝之陰汎濫洙泗之源尋留侯祠黃石故事托而逃焉迨一旦開平臺朝玉帛而公始翩然應夢卜之求此其氣蘊風雲身負日月所建豎必有大殊絕者天下宜莫如公之用又何論用之蚤不蚤也余於公先後史局相得甚懽當分藜夜校旹公讀史有概往往擊案而嘆曰準古者莫若今今之貌生面者如畫鬼魅竹簡遠矣其賢其否何必盡然余心疑之至於老入劇場躑躅于宮庭上下張孤負家之變而知公言之有餘恫也雖然亦會其難耳如公養高味道以待時之清出而班乎禹皐之間疇咨接于庭羽干舞

于階則公竹帛大業有耳有目者更能咏歎之無取發古今之愾爲矣

壽方伯程公序代

公成進士之歲實當　世廟壬辰云迄今六十餘年所矣海內之雅聞公名而艷慕其行誼者幾以為異代人而不知公固健飯啖觴詠杖履日逍遥于林皐諸與公同籍後先躋膴仕以久特聞者不乏人今按籍攷之竟無復有存為者而公獨以故方伯巋然若碩果每出遊里中里中聚觀之莫不曰異哉此先朝直大夫也剛而能存聞而長世豈非道固委蛇畜神致柔之明驗歟蓋公弱冠起家李官用治行第一徵入當為給事御史屬以年不及格並擢武庫郎轉符卿晉與袁州胄子並列胄子勢

灼人公待之無加禮諤〻持論不少屈胄子心啣之坐蜚語謫郎度支尋出為按察副使兩備兵于蜀所至有治辨聲顧性骯髒不善為媚往〻與當塗左僻調隴西視事無何忽指所着惠文冠咲曰蜀而復隴汔可少休乎遂掛之上書乞罷特予告閑門掃軌淡如也袁州敗廷論爭推公殊起至右轄竟復得謝歸真知止勇退故公志也注爲不滿酌為不竭公之衛生有道矣延世之論公者則以為當袁州柄用時胄子執泰阿立貴人躁進之徒其孰不波公獨不少借辭色至屢遭擯斥屹不為動此其人詎可撼以利害禍福哉故每惜公不為給事御史耳浸假

公而給事御史必能預折胄子逆萌不至使蔓然後啚其出入
禁闥切劘人主之前必庶幾有漢長孺風復又惜天下用公之
不盡浸假公得盡究其用發舒剛大之氣以自標樹即社稷臣
何加焉嗟乎知公矣第公即不得出入禁闥有孫如司諫稟風
裁以侍 今上屢上封事言天下大計皆當世所忌避即侵權
貴人弗顧也方駸駸嚮用畀日將大竟公未盡之緒光昭其令
德則公猶親見之也斯其為穀詒之烈哉不用之用公有明徵
已且昔稱天壽平格者無如召公虎以肇敏是似及其對揚天
子休命僅以秬鬯而告成功衛武公九十儆戒于國猶幾幾然

望乎子孫之繩繩乃為之後者亦竟墜厥典刑用是過佚而不章漢唐以来所稱石韋柳竇類能世其家然有哲徹而淵閒孫即闇有率祖攸行不必躬為啓佑今司諫方顯庸公以皤皤黃耇寶式臨之詒謀繩武稟受一堂酌大斗以對萬壽抑何昭陰懿爍神王而全昌也天所畀厚純嘏集矣樂天倫而祝無疆則似艾之慶也有如上一日御明堂安車而召公祝噎在前祝哽在後司諫調黃耳而公以丹書進上勞公若師尚父則壽在天下詎有涯哉其其謀所以稱公觴而徵辭不佞以先不佞烏能贊一詞第述所向往于公者如此以備于惇史

壽大叅襟宇顧先生序 代

覇居畿輔近郊。京師之屏翰。四方之綰轂也。轄之以州衛。董之以憲臣。憲臣奉節鉞臨封疆。以六察提衡郡國吏。任顓而隆重。視他藩異。第近京師則城社易憑。指視多亂。二三卓瞷之豪。恣武斷。倚援。與三尺抗。駝駝莫誰何。綰轂四方。則舟輿之所輳集。奸宄叢伏。探赤白丸衘人于貨賣相望。緩則糜至急則豕突。跡之則鳥散不可窮詰。郡國吏日皇皇如建鼓求亡子。無能免于薄責。故所以提衡之者。視諸藩亦難。非浮文武自將廉明仁有威者。不可以稱覇備兵使者。今使者顧先生筮仕三為令以卓異著。一居內臺風裁稜稜。望驄而却步者衆矣。循江藩滇詔握符于茲土。覇之豪右茲卓瞷搖手相戒毋犯顧使君。是故三為令而卓異也者。是故乘驄而貴戚斂手也者。探丸鳴鏑之徒。聞使君名。棄弓矢竄。道左萑蒲不晝聳。闤闠不柝也。旦延見下吏。詢民所疾苦。暮布令。所興除。吏習民安之。皆可著令甲。備所稱文武自將廉明仁有威。微先生其孰領此。仲春七日。先生覽揆之辰也。下吏某某等偕士民。將躋公堂稱兕觥。謂其日在宇下。受芘覆尤深。宜有以歌頌明德為士民先。某退思所以頌先生者而不得也。夫人之有可頌。必其有所不足也。今先生胡不足哉。兩臺劄于朝。輿人謠于路。太史載筆不勝書矣。下吏烏能贊一詞。第下吏少嘗習詩。詩咏君子之為邦基也。而祝以壽無期。今先生司輦轂干城之寄。是為國基。真社稷之役也。受事以來。所以計安元元。漸銷不逞。贊靈長之運。功在社稷甚鉅。今夫一里之宰。十室之邑。以上。蹇蹇而槃。端冕而爭之。神莫不降之福。以為人民主。矧所托重如先生。第祿詎有艾耶。庖丁之解牛。批大郤。導大窾。至族謋然。滿志躊躇。得養生之道焉。夫霸譬則族也。先生目久無全牛。而刀刃若新發於硎。旦日登廟堂。折衝宰天下如社。恢恢乎其於遊刃有餘地矣。下吏尚備一割之用。願更刀以待。茲敢以是効區區。請先生舉觴而加爵。

壽封君汪先生七十序 代

今上辛卯新安汪太公始杖于國長君大夫分部閩南當入賀藩臬寮寀祖之郊大夫三釂起拜而言曰余小子其幸徼一人寵靈光大吾親在此行也敢不拜嘉諸寮寀旅進而謁故則逡巡謝曰主臣勞若諸公家大夫七十春秋矣仲月之朔實厥誕辰小子其即不獲及時奉觴而行與事會猶得道園里承顔色鞠腃堂下為惟自惟人臣奉一職鞅掌王事東西南北惟命徼君之貺敢違將予諸寮寀相顧而嘆義不後君仁不遺親汪大夫以之矣延右對揚天子萬壽娱天倫而備樂事則太公其

尤奇邁哉於是命一介將不腆往治觴爲謀諸不佞其謂嘗
遺大夫受君家司徒學於君號石交茲與在事非得君家言宜
無當大公意不佞遜不敏往聞新安山水崟奇薦紳大夫大較
尚氣槩持風裁而遺佚好修之士往亦鄧俠自喜其天性也公
在諸生中恒稱夫夫也幸生紫陽夫子之鄉而不得與於斯文
郎靦然長世謂歲月何會家伯子倡學晋都比論秀大夫偶
在選公不以大夫不與博士選也爲嘸而亟詔之庭曰噫孺子
柰何當若世而失賢大夫而翁結髮慕紫陽之學今有倡矣孰
爲和之孺子其圖焉伯子既出官都下大夫亦成進士遂從都

下講學而後太公喜可知已伯子與大夫語每深器異之必作
而曰家大人之教也蓋太公嘗語大夫生不聞道命曰虛生以
故古之君子必重生生重其所生者也斯達生矣大夫奉公教
唯謹立朝多著大節具在封事可攷也分部所至務約己率屬
不以鷹擊為名而豪猾挂手相戒莫敢犯復競競于取予以曩
聞諸過庭伊尹任天下之重自一介始世儒脫落格式若以為
不足規規於中者此吾鄉先正直將麾之烏譚學也余聞大夫
論而題之知公之于道深也夫道壽為上形壽次之故語曰仁
者壽蓋言道也世之稱最壽者無若冥靈或以五百歲為春秋

汝承集　卷三　吾蕪齋

或以八千歲為春秋皆以久特聞然未有先天地而無始後天地而無終者何以故有盡故也夫道則無盡也仲尼七十從心猶願假年以學易衛武公九十儆戒國人猶以為無老耄而棄我太公早聞道老而不衰以引以翼詎有艾哉第不佞又有說為蓋閩紫陽學開自常齋先生命其子從勉之諸君子游而集其成今吾家司徒力倡聖學駸駸嚮往誠不欲以勉之諸君子自安大夫相從有年行且廣師說而益大之其精以壽道脉緒餘以壽天下國家則所以壽公者願不大與諸寮寀聞不佞言輾然曰公蓋知道也者叔子以道壽公又以大夫之道為公壽

公觴矣因撰次其言以往

汝承集　卷三　　　吾兼齋

壽封太史見溪翁先生暨元配沈安人七十序代

不佞其與翁兆震氏擧同鄉仕同舘時相過從如在貫也今歲兆震尊人見溪先生與沈安人逾七十矣兆震將馳一介為先生安人壽謂不佞子故習我其脩斲者詞不佞謝其也鄙烏敢哆說于先生前第跡先生之素而喜頌祝先生與安人不能已也先生蚤歲廩郡庠名大噪晚始貢為廣文廣文者世以為無所見長先生誠心質行不厭薄其官惟是日進諸生而討之以六德六行為之躬講說課文藝凡振鐸所過士無不津津嚮往建陽延平江山金山之間斌斌如也先生是江金二庠之士不振

于文先生来而士多感奮于風雲登觧額者逾往籍有掄魁矣人謂先生雖自艱一第乎而游其門者拾高第如芥語具所為去思碑中可覆已先生又雅以矩矱自將學政外不它及頋時廉得閭閻隱情為士民所疾苦者又不難侃侃為郡邑長言之以故無論青衿服其教不衰即民萌亦無不交口呼翁先生生我也先生居延平時兩臺及學使者尉薦無虛剡兆震又在詞林儀先生者謂旦夕召矣先生頋自逡巡避已而轉授金山論者以為屈先生獨于于也單騎之任曰迺公故宜為諸生師師諸生非迺公莫任也亡何晉判兩浙鹺官則慨然曰此膻途乎

吾老文學耳終不能詘吾說以從吏子大夫且有子在朝其少者可教也吾柰何以开籌易一經遂投牒歸人以此益高先生先生歸而布衣蔬食屏騶從從諸故人散步郊閑嘯咏自若卒然逢諸塗不辨其身貴人與為貴人父也者安人素以桑事先生奉尊章井瀡色必愉當先生七試不偶夜循傍燈紡以佐讀大都先生之所以捐俸却贄日獎進諸生而無虞内顧與所以督兆震成名而怡其老者則安人贊襄之力多今兆震行割大官膳法醖以觴先生與安人先生方並坐堂皇召大史使者前問吾兒校讐天禄無勞苦乎有頃子姓姻朋羅拜奉卮酒爵無

算先生安人頷而樂之脩然相對若東王公而西王母也則耄
耋期頤烏足論哉第不佞其又更有說以進於此蓋不佞竊覩
制科以来及第一二人率三歲而一見乃兆震獨以龍溪學博
獲雋時大廷為　今上所親擢史官奉職滿三歲例得封其父
如其官乃先生獨以累任博士而秩大史父子德業文章輝映
一時揆厥顯庸皆繇傳經顯則以易世家無如漢梁立賀以世
學拜相無如韋氏父子然賀老乃傳子臨雖與諸賢論辨石渠而
名位不大顯著賢治博士至丞相貴顯矣然身不及見其子之
成名又玄成當綜核之朝不能有所匡救取充位而已孰若先生

善傳易而有子如兆震負公輔器横經虎觀翊贊　明主以恢弘摹則先生猶及覩之也譬之車先生為之轂而兆震持其軸先生當其無而有其用兆震不獨為天下用而且用先生之不盡用以用天下夫人皆熟夫用之用庸詎知先生不用之用乃大用耶若安人佐先生如桓少君母兆震如柳夫人異日者並杖于朝而觀成功兆震朝調鼎鉉而夕進七箸傳儒林者艷為首稱則先生安人壽且不朽哉兆震第須之不佞敬更爵以竢

壽江太夫人七十序 代

江太夫人者吾郡大夫纘石公母前粤西督學使者陽泉公夫人也不佞曩從輩下諸君子談說德靖間大臣慨然慕大宗伯文昭公之烈公子為大司空太史代有名德顧世多喜稱陽泉公公故司空子嘗督學粤西粤開府雅嚴重公會公意有不可即拂衣去開府謝過弗能得昔吾鄉南臺魏先生實為觀察使約藩臬諸公請留起握公手曰公嘗謀諸内子矣已而聞太夫人贊公去甚力也諸大夫嘆息登車去公歸大夫業已成進士亡何公逝太夫人悶傷公外持大夫嚴大夫起家主讞獄獄稱

平允晉郎司馬司馬門無賄帥歲乙酉奉　璽書典試事當之
東粤太夫人庭教之曰先君子嘗有德粤諸生甚厚諸生誦說
不忘今若所遴選地則東西封也若必勉之大夫唯唯比撤棘
號知人能得士粤東西交口稱江兩夫子者則大夫能世其家
夫人能相陽泉公于官而貽大夫式穀也大夫轉二千石守吾
郡人咸難大夫謂大夫宜右秩不宜守郡閩稱難治三山為之
都會尤難大夫名家子出入禁闥耳柰何僕僕簿書案牘間也
大夫奮起謝曰不穀聞諸母守最親民潁川渤海後事之師也
有能以母夫人之撫不穀者撫三山無難守矣下車則監司藩

梟爭睨大夫作何狀大夫晨坐堂皇召黠墨吏前數之曰若今毋溷洒公必不以三尺徇若也左右顧吏抱案辟易莫敢仰視不腆敝郡旁邑之卓瞯之豪閭有一二作氣勢示武斷者悍使君神明率咋舌引避乃大夫延見父老子弟詢閭閻疾苦行阡陌勞來娓娓不休陳兩造于庭各厭意去閭為民爭利病諤諤監司前監司無以難竟報可次第行之歲大旱為民禱暴烈日中必得雨乃已既而大夫傷足吏民亦願以身為大夫禱也又喜以經術晉博士弟子拔其尤督課之書院前後守郡五載餘持水蘗聲產以之落太夫人猶時時寄聲勗大夫以廉今歲太

夫人春秋七十矣郡薦紳將走羔雉爵帛為太夫人壽謬以酌者詞屬不佞不佞退而思所以頌太夫人而不得也第竊聞諸輿人之誦矣敢緣飾而進之輿誦縷縷不具論大都則以太夫人令德周多乃及吾郡者較著以大夫故也微大夫誰撫吾曹微太夫人誰有大夫以撫我也古昔天子萃萬國懽心以養其親而諸侯卿大夫各以家國養今之郡守蓋古諸侯爲今士民日謳歌大夫直將尸祝之矣有不踊躍懽呼而頌太夫人千秋未有艾乎縉紳先生郡之望也采郡人之謳歌祝頌藉手以觴太夫人則報大夫之為德于郡也嗟乎斯善頌禱哉不佞無容

更端諸公第持此以進太夫人喜可知已曰善哉三山守之淂民也庶幾光昭吾文昭公之烈老婦觴矣

汝承集　卷三　吾兼齋

壽胡母封太孺人九十序 代

不佞故習今京兆胡侯侯寬然長者不欲有所操切以就其名而治行頗章章較著吏民畏而懷之輦轂之傍無伏奸侯蓋僑之屬也斯其為衆人母乎今歲侯母劉太孺人春秋九十高矣吏民庶無以報侯德則相率而躋公堂青青子衿歌風咏雅以為太孺人壽曰微侯孰撫我微太孺人孰有侯以撫我也侯之賓若李君輩亦相與請不佞而謁一言為酌者先且前致詞以辱在侯宇下幸承如貫侯母猶母也烏可以忘頌祝不佞重違其請又嘉侯之能能任職以榮親也不揣而為之緩頰夫不佞往

治詩詩之稱壽不一而足其最善頌善禱則無如閟之篇蓋僖公治魯宜大夫庶士頌聲攸作祝之眉壽多祉乃達于壽母以考純嘏之徵元元本本振古于茲今觀侯之於太孺人抑何符合若券也且僖公直宜一魯耳不易民而化涵濡深則歌舞起猶易與也乃侯初令伊陽伊陽之人欲尸而祝之願太孺人壽而藏如一口也再令京兆京兆之人欲尸而祝之願太孺人壽而藏如一口也頌豈虛騰民豈虛附哉茲也黃菊其花彩衣有爛壽昌高耀于北堂福星承輝于慈閣邑大夫執爵而前群士民奉觴而旅進色笑彌懽洋洋盈耳則太孺人壽當富趙太君

矣侯之燕喜又何啻魯也請以是而觴太孺人太孺人觴矣李
君遂善不佞言以往

壽項母劉太孺人八襃序

吾世父都閫公娶于項吾世母之視太孺人則其諸母行也歲時兩家以好會往来自吾王母節孝而下莫不嘖嘖太孺人之内德茂也又有丈夫之槩云小子寵蓋能啖棗栗時輙已耳而艷之以為可光彤管而著于春秋斯其壽為無疆者歟比籍慱士實與伯子季登同出故太保趙先生之門名相亞也而最相驩結社課業又共研席于蔡園晨挾策對壘夜熒熒相向一燈先孺人每走蒼頭覘孺子齋居何狀聞其與伯子揚搉藝文商畧今昔各吐奇不相下也則大喜太孺人亦遣銀鹿覘伯子齋

居何狀聞其與郭生兩操頤頦抵掌吾伊砣〻兩夜不肯休也則益喜歲時好會兩老人輒相覆所聞狀交婾快也昔太公三達翁業已累起素封以倫誼爲項宗祭酒其伯叅藩公每語人季也有貴徵而閨閫以肅〻穆〻是克昌厥后而亢吾宗者乃太孺人愈拮据以佐公爲政爲德于其宗其鄉米塩纖嗇無屑越而緩急叩門不以有無爲解姻黨待而舉火者若而人〻人莫不嚮公長者亦莫不心儀太孺人贊襄之力多也太公没太孺人代持家柄内無譪〻聲家益辦治撫庶子如已出而督伯子嚴不以其名器諸生假詞色及推冠鋒危舉者數矣猶然待

上公車意不能無少望太孺人則又亟進而懈遣之老婦不以老而廢績孺子豈處播而不穫乎伯子用是益淬勵率仲與家孫日奕奕以文起則太孺人之於太公其鴻妻也而於伯子則郢母也曩先郸孝所云内德茂又有丈夫之槩信不虛哉伯子往遊秦川善盛生賓卿于其鄉則郭生其兩生同舉于燕而以張閩屬之伯氏當太孺人覽揆賓卿先脩酌者詞小子復加爵以不腆之詞進太孺人得無適然引滿曰曩藩伯有言成貴徵而亢吾宗孺子事也矧有兩生之善頌善禱者咼足中原取鞶孤而登孺子勉哉老婦觴矣

壽錫吾林翁七十序 代

往翁之六十初度也。則檇李馮太史脩爵者辭。多翁之誼。引方衆父為徵。不佞讀其文。心慕翁之為人。以為吾邑固多長者。乃若仁心為質。冲夷無忤。則翁猶古之人歟。茲歲春秋七十矣。覽揆之辰。族賓朋謀所以為翁壽。走都門。介其甥郭汝承氏屬言于不佞。不佞烏當馮老先生。第馮先生之壽翁也。則徵諸方衆父。不佞之壽翁也。則徵諸汝承。蓋邑之著姓素封者。稚右涇江林氏。林氏之以文學顯者。稚言明江先生。先生以金華博士起家。翁其季也。弱冠侍宦邸。習為文。出操觚與括蒼之士分曹角勝。亡何先生逝。扶襯廬居。益下帷發憤。已遘倭難。竄匿無定所。必挾冊與俱。屢試有司弗售。奮矜不衰。迨于三十報罷。而後翩然去之。曰嗟夫。世之業儒者。凡以賈名耳。倘名立而弁髦之。不啻。此曷異朝棹于市夕弗顧也者。與吾儒而賈。吾寧賈而儒爾。遂轉輸吳楚燕越之墟。不數年埒素封。所至不操利權。利傾輳而歸之。翁不久戀也。輒染指輒去焉。雖游于賈人乎。間發篋讀所攜書。吟咏自適。傾其儔伍。與人交無它腸。毋論談說達官貴人前。不習為謾。即廝役下走逢于道。翁名與語必莊。語之必盡。分財介介取予。終其身無闌出入。人以此多其長者。鬢方鬒輒釋業以授諸子。歸拓田園治第宅。日從族長老結社爲懽。翁故豊頤渥顔。腰便便步履跲踔。每從族長老出游。望之而目其壽徵也。雅善飲。人召之飲必懽。客居與客酧酢。必饜其量乃已。無不頹唐。竟無失辭。里閈有違言。居間已之以醇醪。每戒子弟有剸若腹者。謹避之耳。愼勿犯有司。性素儉。布袍蕭然。與孺人薛白首相莊若賓。生平無絲華艶麗之好。其天性也。燕居一室。墻牖皆列先哲格言。時召子若孫課督其中。諸子游于四方。奉教惟謹。諸孫曾奕奕振振。翁庶幾所謂不言躬行得全全昌者與。以是而壽。是在既醉之章。永錫類而被之祿。從以孫子。翁之祚也。翁故字公祚而號錫吾。天蓋已命之矣。不佞復何加。弟不佞覩于洪範之九五。其言富壽而康也。繼之曰攸好德。而易之稱引天道。要于福謙。翁春秋高矣。恂恂常有以自下者。慕義拳拳如不及。戒諸子孫務以持盈爲慮。意會深哉。樹德若滋。尊而光。卑而不可踰。豈謂公即天道益殟之。寧有既乎。考終命而令有假。非翁其孰領此。遂次其語。因汝承以授觴者。

于生景華偕仲君景昭並選秀才小序

郭子東游於魯有兩生者同產伯仲也伯景華氏執經朝夕從余游仲景昭氏亦時過從問所業伯雅富韞藉而仲才情蔚起兩生之於東海氏稱競爽矣今歲督學宣城徐先生都試髦士兩生並以異等遴入東阿學宮為博士弟子景華既受青衿偕仲君而庭見余余念茲日者蓋生發軔之初也不可以無言為之祝輒敢妄附醮戒之義且謬因以効於仲君遂肅生前而語之曰　生亦之夫掄秀之典乎三代庠序學校之教弗可覩已漢初經術尚詘秀才未斌斌輩出文翁為蜀郡好文雅修起學

宮召子弟為右職秀才之盛從此始迄宋經術大明范文正公其選也先憂後樂歸然百代殊絶人物矣乃其自秀才時即以天下為任宅若知初之科名軾轍之節義文章華如棣萼唱如壎篪豈不舃奕古今而照耀史冊要亦聯翩接踵宋有不從秀才起者與生第勉乎哉景華逡巡拜教已復整衿而進曰元榮不敏安敢嘐嘐古之人第幸徼惠於家宗伯公假以吾師朝型夕範歲月兩新矣榮之有聞于厥心師之賜也師今旦夕且舍榮去榮愳懼其有蓬之心師何以更端詔之郭子喟然曰有是哉生之願學也漢人謂經師易得人師難逢以余不佞啓款即

經師猶爾覼顏矧於人師乎哉頓于蜀人越雪之中不欲妄自菲薄所以持衡若季父長文氏與若一似操切也者然度師去而後乃知師已曩者不嘗詔若乎任公子之釣也為大鉤巨緇餌以五十犗投竿東海期年而得大魚憚赫千里故揭竿累趨灌瀆守鯢鮒其於得魚難矣承蜩之丈人處其身若橛株拘執臂若槁木之枝不以天地萬物易蜩之翼故用志不分迺凝于神此學之喻也君家宗伯先生學海詞源天下名宿望若而嘆迺幸出爾於崖涘蹲之會稽之磯余亦嘗試爾起居見其汲精斂志展卷而几坐一榻若釣之俟魚旦旦期之今始有獲矣然

汝承集　卷三　吾蕉齋

以視於韋巨緇錙没奮鬐波若山而海震蕩猶之乎茫然也方存見少奚以自多子弟勉之凝爾神廣爾志庶幾不佞所誦述古之秀才猶掇之也則輇才諷說之徒驚而告矣盍亟與仲君左提右挈以無忝宗伯公之大造汝也則余不佞亦與有榮施哉

于繩所國器元常應茂才高第小序

予不佞東游客宗伯于先生之草堂，獲與其子姓締交談藝，翩翩奕奕，世名烏衣之代矣。於中承所君尤於予洽。承所名父之子，世其家學，雅持論諤諤，幾欲折五鹿之角，意不輕有所許可，獨謬於予往返無間也，豈其菖蒲嗜耶？予雅聞承所有郎君元常氏，以夙慧稱，孜孜績學，不煩繩督，而一軌於都雅，心竊異之。往歲再到穀城，承所出一編示予，則元常所為制義也。風神雋朗，望而知其英物，余擊節久之。因以復于承所曰：白玉麈尾，固是王謝家珍，然至使八公山草木皆為晉兵，則階除芝蘭如幼度者政何可多得也屐履之間綴嘉賓已辨之矣幸鼎郎君重自愛哉今夏試于文衡使者亟拔而津津之列於高第以入庠穀城誠君與承所騅且狎予咸謂余言且有徵曷書之為賀者先庶操左券乎余曰唯唯不寧唯是余聞嘉靖齊魯之談文學者交口而推重冲白先生先生兄航隱而弟宗伯以奉冊川翁于壇坫三鳳五龍齊徽趾美亦既翺翔雲路驤步天衢擷六代之精華沬千聖之涯涘方希蹤于長途忽頓轡于短馭士林抵今吁嗟家聲于茲焜燿語不云乎秘滯蓄結其發弗竭重暄徵減其照必烈斯固烈彰之秋而較著之符與詩曰君子有穀貽

我孫子又曰繩其祖武昭兹来許則宪冲白先生之所未用而大用之在元常矣余即鑒賞愧于嘉賓而吾師宗伯先生身繫蒼生安危何啻太傅東山小友且及聞孫容駟之門高而彌大喜可知已諸君聞余言盍騅遂先爵爵承所加爵爵元常而載余言于牘

劉敬宇國器入庠小序

大中丞劉公者嘉靖間名卿講學東流書院學者尊之為範東先生至今尸祝之予小子嘗伏謁祠下低徊不能去阿邑群山萃嵂朝烟暮靄紫翠如滴而廻流環抱泱瀼澄澈員光藏珠方景凝璧扶輿紆欝之氣鍾為人文宜必有象賢戴德之家趾徽繩休以發舒盛美而對于山川之靈固未易縷數而公奕代尤其卓犖顯庸照耀耳目者也公之冢孫敬宇丈時與予論文温然醖藉君子也而諸與敬宇交者又向予稱說其郎君能世其家學夙擅令譽是殆光昭範東公之烈與余艷慕之間乞淂其

所應制章一二諷之蔚然爾雅窺豹一班矣兹以督學使者高第入庠余從兹知交後擧觴為賀知交因屬予修酌者詞遂成四韻夫中壘論世而常氏則齊魯間人也裳華之章曰維其有之是以似之君之橋梓有矣尚式似之哉

侯允熙社丈超廩小序

侯丈允熙者大中丞公孫而大都護公哲胤也都護具文武材以名公子慨然慕班定遠之烈綰上將軍印逍遥林丘跨驢載酒有韓蘄王風吾師宗伯于公公内弟也每與予輩談都護亢爽狀令人有封狼居胥想伯子允吉又能歷歷道公所以命鏑服屬狀不啻虎頭之貌汾陽浸假再起公燕然可勒也世萬户安足道哉頃馮唐老而李廣奇天之授都護將在伯仲矣人言仲奇擬于小陸新飆黌宮例有舉爵敢脩故事兼以新祝

為喻玄劉君奉謝禪師小序

不佞往来清源輒咨名宿聞有禪師慱物君子也匪獨精于内典而旁及書畫詩章無不嫺習其最擅技則以醫前後所療治無不立効群醫所批頰不敢應者俄而師至顧命童子取劑按脉而授之駸駸色起矣名大噪遠近守相薦紳倒屣延之如不及劉君喻玄者眼翳更數醫矣既而就師請方霍然明也視昔有加劉君德師甚走使屬不佞為文以謝不佞嘗讀内典至楞加世尊偈荅大慧以如来為衆生随心應量説被譬諸病人良醫随處方迺知醫之果與禪合也而楞嚴簡選圓眼則法王子

（似落一病字）

以世為良醫嘗婆娑世界草木金石了味知性因味覺明遂證圓通東坡居士亦有慧能生定之説則今禪師之旁通深曉見垣一方倘有夙慧耶其于味性當了而覺耶因茲思修入定三昧則證最上乘而普度衆生其能隨心應量又可印許已故輙因劉君之請書此為詩贈且與師期傾與蒲團上對參秘密義師其諾之否

張存庵榮授博士冠帶小序

張公存菴者平陰之以經術先鳴者晚不見収一旦謝其青衿投牒於銓曹乞以博士冠服逍遥於鄉以老論者榮之東阿于君景華兄弟于公有連乞余言為賀余逌然起曰甚哉我 國家之待士厚而明之士貴也五尺童持尺跡誦説先生之言稍有當於矩矱即亟以諸生衣衣之雍容揖讓蹡蹌於膠庠之間以俾一意進脩而無所苦於賤更三年與計偕不則歲遴薦之待次為博士弟子師又不及格而能超然引退則又有寵以冠服之典士一束首受書終其身哉然邁軼等夷矧龐眉皓髮昤

竫容與侈朝廷之章綬以自附於三老五更士之遺際抑何隆與公為邑右族而吾友禹門君其猶子也禹門挾天葩之藻旦夕入對承明魁天下而公恂恂躬行慷慨然喏與禹門君封公相友于閨闥之内肅肅穆穆庶幾鹿門之隱萬石之風則所以賀公者無庸它談即援萬石鹿門故事可矣景華其操牘以此進

郭汝承集四卷目録

文部

題詞

記

捷白鹿泉入衡齋說解

野渡橫秋解

目録　四卷　吾蕪齋

郭氏一家言

閩玉融郭應寵汝承著
姪文祥孟復輯
孫祚新君銘校

文部題詞

題讀史漫録總目後

吾師文定于先生。山居謝客。左圖右史。繙閱恒至丙夜不休。嘗其欣洽。幾忘寢飯。墻籬載筆。積有歲月。題曰讀史漫録。秘不示人。某幸朝夕趨承。乃獲卒業。師因語某。以當天下大事。必才量識兼之乃濟。吾才量不能踰人。識又不欲輕許。生試讀吾書。當犂然有會。其聆其言若河漢也。師沒。其書乃浸浸流播。第曩日有觸輒書。未遑標置。又相承傳寫。不無魯魚。茲其以會葬至。公子綿泣奉遺帙。將畧剞劂。猥以不敏嘗聞緒言。屬之釐次。訂訛分彙。為卷十四。捧誦慨忼。細繹想慕。微獨鑑古如列鬚眉。抑亦憂時稍露梗概。際此紛紜。政須識力。而台邑方昇。遽然逝矣。民之無祿。彌增歎惋。編竣藉手以復公子。可授梓人。傳之海內。庶尚論者得以折衷。而經世者有所考畫云爾。

題先師于文定遺疏

嗚呼此吾師文定公遺疏。而宣城唐君平氏梓以傳也。吾師出山時。念欲有所獻替。旋以建白非閣臣體且已。既而疾作。番再乞身。將効其娓娓箴規。以仰酧知遇。未及上而頻危。乃扶腋就榻前。手自隱括為此。字皆顫戰。其衷懇。其言恫切有餘悲。故讀是疏者。當知吾師此出。志實有所欲為。即天不憖遺。而惓惓餘忠。猶庶幾感悟聖明萬一。浸假宗社之靈。稍延吾師。則英主在御。吾師以啓沃舊臣傾問密勿。格心向道。即追都俞日可俟也。詎寧滿腔赤悃第托空言也哉。然際數天倒懸之秋。正是哲后轉圜之會。則從茲次第舉行。勵終如始。吾師猶如親見爲。此君平所以梓而傳意也。某不揣僭題末簡。師不云乎。肝膈相知。噫某豈足知師。亦汙不至阿其所好云爾。

題先考海嶽集總目後

先子生而雅志經世。故于異秘牒笈雖無所不窺。而尤沉酣于二十一史　朝家掌故。旁精曆律兵符諸書。洞悉山川阨塞。揮麈立談。慨然慕諸葛武侯范文正公之為人。顧困于數奇。乃因戚少保公下榻。而著燕史以見志。暨所纂諸郡邑乘。條畫閩滇剿遼經畧諸議。裁荅塞上制府諸公所問禦虜備邊便宜。不覺吐鋒穎于楮墨間。有遐思焉。今其書具在。可覆已。弱冠即以古文詞聲名當世。當世諸名公輒亟登之壇坫。然度先子意指所嚮。則頗在濟南李先生。而超超似有獨詣。則孫所不敢知。孫所知者家人語耳。先子居常于應酬詩文雖窮極工態。意似不屑。又間多代斲之章。操觚竟輒削其牘矣。不欲沾沾以自為名且戒孤異日慎無暴吾它所論著。比先子歿。起倉卒孤啣恤檢諸故篋。則所存詩文堇堇。迨走齊曾燕代涉吴越之墟。從先子曩所交游家。又佳山水嘯吟題勒處。稍稍蒐羅。方得録成數種署曰海嶽山房存稿。則逸者不知幾千萬言矣。間亦有代諸公操觚者。第其集業已無聞。孤不忍兩無所傳。故雖甚非先子意。孤寧冒責而收為得詩五卷文十有五卷。合為卷二十。而燕史諸叙。亦彙入文目中。庶世有因叙目而訪全書。不竟至于泯泯無聞。以負先子編摩之志。則孤之明發有懷也。奉茲遺編。出往與俱。每圖剞劂而力未能。怦怦營營。蓋十五年所矣。幸茲數載卒業東阿。敬出以請正于穀翁于先生。大加嗟異。辱為芟釐。今夏過白門。而吾邑臺翁葉先生。重訂以授之梓。兩先生且有意而為之玄晏。是賞駿骨以千金。而遺先子以不朽也。集校于治城烏龍潭之文漪堂。鐫于師古齋之二酉室。工竣當紀歲月。敬附勒本末于總目之次。用識弗諼云爾。

汝承集　卷四　吾兼齋

題耿克勵我瘉草

往克勵之行其合志編也則業已屬不佞叙之矣時克勵總垂髫意輒不可一世吾師叔臺先生頋小子而咲孔氏徃簡在于及門吾今所裁其過庭歟既別武夷溪讀書黃安萬山中更務為深湛之思不佞亦去閩游燕代日與胡兒劍客相馳逐其音變徵每過從吾師宦邸讀克勵山中所為文則瞠乎其駴洞庭恍乎其聽鈞天不啻引商刻羽賡白雪而酧陽春蓋以雄風之韻而符於正始之音累黍程之銖錙不爽則吾師之所鑒裁精矣克勵善自喜吾師亦喜克勵之自喜不佞朝吾師而夕克勵

交談師友間未嘗不交喜也今不奉克勵鞭弭者十八春秋矣吾師騎箕而昇幺麼門士不勝西州之慟一日肅謁赤城周先生出示一編俾校閱以懸國門則克勵近草所自署爲我瘉也悲夫蓼莪悽吟杯棬雪涕聞之猶然酸心矧于身當之乎第克勵何瘉發攄家學豎三不朽以映于千秋則吾師陟降昭於天也其亟張楚建旗鼓而當中原不佞雖髮種種尚能執殳以先

題馬叔華焚餘草

余不佞海濱狂生也。諸與不佞游者。世多目悍之為狂。吳杭李君子璞。三山馬君叔華。孔子之所謂狂也。今歲試于有司。子璞先登。余與叔華犹然蓬蒿間。乃叔華獨佳益甚。謂余天有意斯文。恐令吾黨落莫哉。汝承勉之。余最駑。何當叔華下風第聞叔華言。為之浮白引滿。稱壯士也。叔華為人恂恂躬行。有萬夫不奪之節。意不可一世。士同調相過。語輒移日至丙夜不休。揣摩古昔。揚扢風雅。出肺腑相示。各極歡而去。有不可者。正襟危坐。不妄交一語。亦不輕投一刺。里中兒相與愕然而駭之。夫夫也。

汝承集　卷四　　吾兼齋

殆好為名高也者。叔華聞之。仰天大咲。嗟ㄟ大丈夫當自為政耳。安能齪ㄟ右轅下駒。以奉淊ㄟ之目哉。間有摻觚出示余兩人外。即呼蒼頭篝火校其中曰令視融君知有馬生足耳。余亟搜其餘。不能淂什之二三。付梓人與海內同好者傳之。郭生曰。夫荊山之璧。連十五城而不易。此璧難也。荊山之璧。連十五城而不易。三入工玉手而不識。此非璧難也。知璧者難也。今叔華文具在。吊詭耶非耶。昔空同子崛起弘正間。脩先秦西京詞。大都以先民為程。祈不詭乎作者之塗。新進後生欲淩駕其上。創為舍筏登岸之說。貴耳賤目者同聲附和之。至謂空同佶屈聲耳。往往目為踈狂不數云。世之論者大較已。叔華用是益自喜。余亦益喜叔華之自喜。為之論次若此。藉令吾叔華異日樹千秋不朽之業。勒成一家言。上之石室。不當如是耶。

汝承集　卷四　吾蕙齋

題馬季聲廣陵遊草

季聲于恭敏公爲季子。生有異姿。眼不矚五尺。光讀書能八行俱下。口噤不欲作喋喋而拂几伸紙若懸河。今太史晉卿葉先生往與季同業。碩獨心遜季也。謂此吾畏友。愧余先之。要以超乘而上。未知税駕耳。不佞甚少季僅一歲。乃季先籍諸生者一紀。季名大噪。不佞始搦管學爲文。然不佞屢試屢罷。輒侘傺不能已。季則于于也。發爲歌聲。若出金石。居恒鼓腹。謂千秋有季名在。孰與仲多哉。歲丁酉不佞復從長安報罷歸。季亦屈首雕龍。相聽而笑。我且貴乎。胡知之希。既而縱談近事。又相與悲歌

汝承集　卷四　吾兼齋

忼慷泣數行下。旁睨者爭目揖兩生。豈不恤綿者耶。何迂也。是憂不佞再北征。約李與俱。李到廣陵。揮手謝不佞。汝承行矣。不聞昔有戰河南者。約先入關者乎。今江南故嫺風雅。江以北為古來戎馬之鄉。鐃歌塞曲。往往沉毅雄傑。令人色飛。而閩士未有一當旗鼓者。歘束髮晥吟。足跡鮮出里閈。茲浠九曲。登金焦。吞烟霞八九。江邗勝地。饒賢豪長者遊。余姑相羊其間。聽濤聲上下。倘而得助江山。余幸甚矣。第汝承方左兜鍪。右不律。飲馬長城下。異日燕然一片石。竟當誰屬。汝承勉哉。先取前第為閩左袒。余兩人今日事也。不佞唯唯。因次李所游廣陵詩若干首。付剞劂氏而别。知李自今不復作江以南音矣。

汝承集　卷四　吾兼齋

題鄭翰卿半生行

余三讀翰卿所爲半生行。輒投書嘆。世何常無奇士。士有奇頎反使之抑鬱侘傺不自聊。至不得已。托于流連聲伎。以自柔其感憤不平之氣。亦足悲矣。嗟夫。劇孟李布得之。隱然若一敵國。世士夫奈何動以繩墨持人。曾不念反一當緩急。當倚跅弛士如莫邪干將哉。蓋余不佞嘗頫仰今昔。以士大夫之濶達好士。士之軼蕩不羈。能見容於士大夫者。無如于襄陽之于崔郊秀才。范希文之於滕元發也。夫襄陽挺持豪爽。故是英雄面孔。而希文先憂後樂。議論常依儒者。乃元發客其門下。浪跡挾邪漏

汝承集　卷四　吾兼齋

下數刻不歸閣希文每坐閣中繙架上史以待之元發踉蹌歸反睨希文所讀何史問漢高帝何如人也希文咲而去之豈非以緩急所倚因自難與齷齪尺寸者同日論耶噫嘻當翰卿之棄家游游而且半生浸假得一當於襄陽希文吾知其無庸感憤佗傺令人啼嘘讀不能下如此行所云也雖然頭顱如許來日尚遠長卿即倦遊猶能憑軾騁詞拓地邛笮之區挾文君相與翺翔曩題橋故處翰卿倘有意乎姑罷此而後息機鰲峰學釣螺女修無生以翩蹮乎神行也則余又安所卜其税駕矣

題表貞卷

嗟乎。丈夫委質而入臣。女子執巾櫛而事丈夫。其義一耳。有臣于此。慷慨捐七尺以殉國之急。一瞑而萬世不視。此非俠烈與首陽爭光歟。第春秋之義。不以死而易立孤。程嬰之聲施。不以死翔。以存武也。則婦人女子之淂號為節。難可知已。吾師常山徐先生。母樊孺人。蓋節而撫孤者也。先生一日抆淚召小子前。曰。不穀晉之獲抗顏而為人也。微先孺人不及此矣。先孺人之歸先公也。大父太守公。猶食貧。先孺人度曷所欲須。則亟脫簪珥應之。太守公忘其貧也。而宜先孺人。曰是婦也而賢。亡何先公卒。先孺人飲泣而哺二孤。已而抱之日夜泣也。叫而毋恐須史之死。待若成立。以報地下耳。比晉甫就學。督之嚴。曰未亡人之死靡他。分也。脫慈以敗子。謂母道何。且一旦卒然而面而翁。而翁問臨。與晉。吾安所置對矣。孺子勉之。所不亢厥宗。視夏楚。晉與兄臨。惴惴奉教。晉為諸生稍有聲。邑諸生相率白先孺人節于有司。有司覈實。將以聞于朝。縉紳先生業已咏而歌之。晉遊京師。及忝振鐸于茲。四方君子辱與之友。不以晉之無似。而重傷先孺人之志也。咸貺之言。成帙矣。吾子幸叙而傳之。小子遜不敏。何敢不以文辭。第感孺人事。輙潸然沾襟。而筆不能下也。蓋小子先世嘗不幸兩以節顯者也。大母盧猶在堂。每為小子道王大母何所以撫先主政狀。及先主政無禄。太母筦〻拮据。以有今日也。未嘗不淚簌〻下也。傷哉。未亡人。即徽兩世旌。然而間関荼毒。不忍言矣。嗟乎。孟母三遷。柳媪和丸。千載而下。猶然令人讀其書而酸鼻。矧耳目所覩記乎。然則讀是編者。宜何如也。

題辭坊割股卷

友人趙生維新為諸友時病幾殆其室人刲股以進病良已吾鄉次巖陳先生行部偉其事而稱之以為誠精所感不蘄名而名附且津津于生之舉孝廉也不欲以樹楔而煩鄉之人庶幾貞行可刑其家云不佞則以女子業已執巾櫛而事人脫有不諱烈者不難以身殉之倘幸而可贖即百其身奚恤也今醫言病須人肉而治令其言謬悠則已如其言病可立瘥夫可更生乃猶然傍徨四顧逡巡不欲自以其身嘗之則烏言乎賢婦也故世之孝子往往以此進其父而介之推以進其君雖其行甚

過其事甚奇要于根于心之不可已迫于情之無可代則君臣父子一也何獨于夫婦而詫之彼當操刃時業已辨此者非苟為異已也生方舉于鄉即思為德以庇鄉之人則進而天下士所弘濟可知已閨閣猶不蘄名而生寧名之蘄乎要以惻恒周流隨感而發則可嘉也余故兩書其事而樂與之

記

漢臨淄侯曹子建墓祠記

按子建以漢建安十九年。封臨淄侯。魏太和三年。自雍丘徙王東阿。登魚山喟然有終焉之志。既徙陳。薨。返葬于阿。即山爲墳。攷邑志。魚山在今治西八里。即漢武瓠子歌所謂吾山平也。墓在山之西麓。相傳故時兩嘗[illegible]墓。牧豎走入其中。得金錢器物以出。前令今大司馬任立田公。創祠三楹其下。而廟貌未遑。墓碑尚闕。輶軒所過。或從而問焉。土人不知祠所祀何神也者。閒語以東阿王。益憒不知其謂何代氏矣。高山景行。詩其謂何。余不佞盖往来排徊。輙為之唏嘘慨惜云。爰設木主代石而碑之。署曰漢。臨。淄。侯。曹。子。建。墓。明子建本懷。不忍忘漢而啓魏也。於戲。漢侯魏王。何趋何舍。子建九京。必有辨矣。遂謬紬繹史傳。而論次其事。夫世能名子建。莫能名子建所以。昔夫子賛泰伯至德。而三讓無稱。則以實始翦商。隱隱引去。所全大耳。乃世稱子建者。率以風流騷雅掩其為人。至於漢魏興替之際。父兄睥睨之秋。頹然自放。託意遠而寄悰深。歷千餘年竟未表微而揚推之。遂俾忠志過佚不章。猥云以翰墨為勛績。辭頌為君子。此曩者子建所自厭薄而惻惋也。夫子建時當塗代漢。勢已灼彰。浸假子建稍肯雕飾。遂定為嗣。則福鍾大魏。祚授無窮。丁廙所稱詛為誣罔。乃幾為太子者數矣。頗任性而行。飲酒不節。行馳道中開司馬門出。寵遂衰。至乃浔立。觀其所對任城王語。深以袁氏兄弟為戒。彼蓋當飲酒行馳道時。意已遠矣。余則以子建素無奪儲心。奚待援証而明。乃其不欲乘危搆會。覬望大物。人不欲暴父兄過。以慱自名。故跡托猖狂。慮存韜晦。黙克讓于厥兄。而陰以却漢天下。睠睠懷顧。庶幾泰伯之遺歟。即宣聖而在。或亦筆之春秋。何但雄於藝苑乎。難者曰。否否。子建嘗表求試矣。頗若東屬司馬。西屬大將軍。欲以擒權馘亮。覬須史捷。則其視眈眈。何嘗一日忘吞漢也。噫嘻。殆未深攷。漢亡至是。業已八載矣。三分鼎立。巴蜀以中山王裔。於漢宗實為疏逖。子子備位東藩。爵在上列。効節本朝。分固宜爾。此一時也。烏可例論。且丕父子猜忌深矣。十年中三徙都。常汲汲無懽。而惓惓通親。再陳當擧磐石輔弼權勢重輕之論。諄切剴至。抑何峻迫匪懟。而款誠彌殷也。今不負魏。昔豈謀漢。又可知已。故余竊以為天未亡漢。則必不生丕。丕不生。則臨淄必代父而為政。臨淄為政。必將擁噓炎祚。結好蜀吳。奉山陽猶服事殷。舜禹之事不必知。而禪受之臺必不築。乃使丕偶然憑其智術以奸閏位。而令子建摧折以死。豈非天哉。嗟乎。魏梁公子無忌聯師五國以存宗祧。其兄疑之。竟以隕世。曹魏公子子建。脫屣萬乘而懷同根。其兄煎之。弗克祚年。悲夫。大梁奉祠公子不絕。則於東阿何獨不然。余故憑而吊之。禁牧冢上。本漢封勅余所繇慨慕於后。

曾廟祭田記

今上己丑曾子六十二代孫翰林博士承業䟽言臣祖質粹奉肅皇帝詔自江西永豐歸籍山東守宗聖廟林尋授今官世襲賜祭田廟户與顔孟二氏比臣祖無禄中遭家難不及受諸有司迄臣始克承襲烝嘗之將闕然靡具常懼隕越為先靈羞敢昧死請有 詔下禮官議行適承之禮曹謹覆宜如承業請覈復所賜以示褒崇制曰可乃下守臣覈議越歲山東兩臺上狀曾廟嘉靖間賜田四十頃在鄆城界内為軍民所侵没廟户二十家出濟寧者四汶上六鄆城五鄒縣五版籍具在請先賜承

業令供祠事仍為續增畝戶為二廟額已復蠲出嘉祥賜田十頃官為履畝歸之具如　詔旨于是曾廟田戶視顏孟埒除矣博士抱簏而請日者承業虞墜先緒不揣輒有陳乞幸煩秩宗以徼寵靈俾獲奉盛以告蓋徵宗伯之賜不及此願記而勒之石惟宗伯言信而徵且恢弘聖代隆重之典以示來茲太史職也不佞逡巡不獲辭乃受簡竊惟　肅宗御宇惇庸大備一洗前代陋儀直以師道尊奉先聖四配俱如令制黷號斯滌道化重光此千載一時也而宗聖世裔先丁新莽之亂播越江南歷朝以來未聞甄錄乃于此時特膺明　詔世其爵列廟林掃除

錫襃惟豐興滅繼絕遠邁成周　今上復俞博士請勅有司奉行用纘宗祧儷于二代此寧區區掌故之為禮臣用是藉手以俾公等作考尊對揚休命庶無過佚明德之緒蓋　上方法祖崇儒游神聖真又以孝治天下細旃之上時御禮經宗聖言行于斯為多淵乎穆乎　宸衷符契錫類宏矣博士之遺逢盛典非又千載一時哉不佞曩忝和禮四方觚墨之士以經術進者咸得與聞其言每嘆孔門如宗聖親承一貫之傳終身誦說介介忠恕今之言者抑何洸洋玄渺衡河漢而無極也甚或剽空玄之緒以附儒宗謂秘密始開不可思議學者疑信相參莫之

敢指而曾氏之學獨當　聖明備極褒闡所重在此不在彼矣豈非魯得之宗竟不可易天猶未喪斯文亦若黙有所寓以微挽世趨者與不佞敬為之記且告吾黨共繹思焉

巴東重建白雲亭記

方余之謁選而分符是邦也都門知交過而相勗輙侈談巴東以祝轅云寇巴東者宋萊國寇公筮仕巴東令有舟横野渡之句議者預卜其勳業而所結茅為向雲豪則陸務觀江行記稱為天下出奇絶境者友人景陵鍾伯敬故出雷太史何思先生門因手先生所作巴東張令序示余序又稱巴環者皆山帶者皆水谷為林樹變為烟霞而膏露凌霜虬鱗鐵幹引霹靂而化石者萊國栢也白雲亭正在縣廨後而又連理来江樓閣競勝矣余讀而艷之欣然命駕不避其為荆徼盡處華戎錯區也

馳而至問所手植松栢則已化作虬龍遂公英魂上升矣白雲亭故在舊治久鞠為茂草今且不知故蹟何所矣連理閣来江樓則張廣漢所建樓尚巋然閣且圮矣余來輙先葺其閣憑欄柱頫爽氣襲人水碧山丹翛然物外偏以吾兼良有以也偶登廨後最高處見其林木蘢蓯江流縈帶瀲灩在望野渡縱横慨然有慕于萊國之烈遂構亭其上仍額以白雲寓仰止也既成招寮佐槩愽士先生酒以落之適然四顧而同雷太史故靈異郭生何能令太史預為吾亭作記耶今閣處西偏樓當北峙亭立於茲競勝之談遂成左劵不已奇乎因舉觴向西陵三酹而

酹太史且有感於公也嘯吟白雲中能令劘厲田行臯納土歸命化椎結為冠裳至今賴之此其膽智豈待黃蓋過河酬愽城上幾使契丹隻輪不返而後決其能定大事哉噫嘻巴東茅亭鄧州蠟燭跡不必同而境俱超謝傳以東山為溷水萊國以野渡作澶淵英雄磊落何能約結繩墨而空嗟有奇安施也當此亭經盈日鍾方入土尺許得一物爲非玉非石其光可鑒上有題名頗類今之甲榜者顧不可盡辨亦不辨其為何代物余遂庋之于亭以為地靈之應云爾因并記之旹萬曆丁巳之夏孟三日也

汝承集　卷四　吾兼齋

吾兼齋記

吾兼齋者故連理閣處也閣稱連理者何則前令張公廣漢感連理棗之異而建焉以表異也廣漢業自記而都人士暨游客又咏而歌之不須贅矣第棗之異既彰而閣之構漸圯且三周皆垣高直與閣埒穿垣竇為門與廊并踞深不逾丈五尺而分為兩截重門偪仄令人鬱處不樂又當廨舍最後無別徑以通後齋都人游士第聞聲而讚焉當未睹閣實作何狀也余初至無所栖息遂首謀葺閣而昂新之裁周垣之上半而易以綺窗俾可憑然而四望又撤重門橫朱欄掛瀟湘簾其上階前盈尺

則闢為廣除前有榭中有檻于以待月而蒔苍榭之左為門門之前樹陰交加鹿場在焉環閣皆山左帶峽流右睇金峯坐嘯良久恍若呼吸可當帝座夜分簷前星斗可摘也閣之上仍庋廣漢君所書連理額以存餼也閣之下榜以吾兼齋又題流水了公事青山作宦情一聯則吾郡馬季聲以八分書之者榭題肖世恍擬勾漏令淨明檢點白雲編則余所漫書以遣興已閣左之數十武更為澹寧居繪武侯像而葆祠焉俾孫其侍蕭師肄業于此澹寧居之下為菊畦間植以蕉竹旁有門焉則余別為徑以通鳴琴處退思所也由治堂而轉何陋軒由何陋軒而

入宅門經鳴琴爲而過澹寧居石磴崚嶒苍欄曲折而吾兼齋踞其上佳節良辰集僚佐賓客登焉而作賦從此而陟向雲亭瞰來江樓文筆峰在其北印星臺當其前十二神女環侍飾雲鬟而望御幸樂哉吾兼齋也又何必云簿書吏面孔不堪作金門曼倩觀也已

汝承集　卷四　吾兼齋

巴東新建文筆峰印星臺記

嘗聞育王珍舍利而震旦之浮圖聿興唐室重制科而鴈塔之題名遂起有徵在昔作新自今蓋人傑固由地靈而天工亦資石鍊惟茲飛鳳之山實與縣學對峙前令曲江許公曾創文筆於其巔而周侍御有感鳳翥層璚之咏彼一時也人文蔚起咸謂塔勝使然厥及圮頹近百年而邑之抱鉛槧者每扼腕于弗克追軼前脩乃形家者流又謂巴江水直東射勢渙欲去而莫之留則不能翕聚以鬱勃而為人文故必假物以留之凡樓觀亭垣皆留之之物也亦唯浮圖為最勝豈非以聳拔特起之勢

可挽陵夷波靡之趨者哉此劍州李公所由有東賢庵文筆峰之建也第當縣學之右臂説者每以白虎為忌而鄉校斷斷恒有意乎飛鳳之古蹟不佞擇校論採風謡因以暇日載壺觴集僚寀偕博士先生挾青青子衿憑高而望遠慨然思有以對乎山川我儀圖之莫若昂新鳳岡之文峰以兆鴈塔題名而東賢之塔基則培為印臺而冠之以亭取印星鎮水口之義為峻其標而留其涣此一舉也則山不築而崇水不引而迴壯哉邑之望乎靈氣翕聚不鬱勃蔚為人文者未之嘗有地軸旋而天符應殆不誣已因捐俸薪贖鍰屬諸青衿祭酒董厥里耆經始而

觀厥成爲且告之曰神精所動地軸爲旋視聽所垂天符協應必有默超于風氣之表而顯司乎鼓舞之權者此堪輿之所不能專其功而萬靈之所不能閟其貺者也豈獨乞靈于斷鍔嶙峋淼茫紆濇俢縣寓之大觀爲賢哲之鍾孕已哉諸生勉旃比肩競爽以流景耀于千秋則地將因人重層碧戚鳳豈在區區浮圖而且纍纍而且若若當無負于余今日之風勵者矣因書是說以貽之

飛鳳塔銘

鳳岡絢彩鳳塔標靈岧峻挿漢焜煜耀溟兆人龍襲福多士策名

汝承集　卷四　吾蕪齋

允蒞茲邑來觀厥成

印星臺銘

迴瀾兮砥柱魁柄兮興文阜財兮望氣制犇逸兮鎮紛紜視此印石兮當不負民不負君

捷白鹿泉入衙齋記

邑廨後金山之麓有二泉爲迢遞而下當壽寧寺之東偏相傳冠萊國令巴東嘗每自舊治來寺則輒有白鹿先至寺長鳴因飲游泉上而去寺僧以此輒潔茗候公無有爽者泉亦因以名一歲井冽萊公飲而欣賞焉今域在寺内則前令張廣漢榜以相公泉而亭其上者是已一在寺外其源在崖上口如甕下崖爲坎深可三尺許秋冬涓涓而夏秋之交噴濺若瀑布狀邑故無井民率汲於江憚躋崖而取水此泉直以供縣廚之餘饍然而自山麓擔負之縣宇往返者三餘里舊額編水夫一名歲直

六銖旦暮僕〻轉水自山下上當炎敲汗淋漓喘作牛吼不得息而衙齋猶若不給乎濯溉而當泉盛時泛溢奔迅委之於壑任以助三峽之飛濤而已余睹此而喟然奈何以日用為無用乎頃之邑民背江而居者遭祝融火熾于衢水隔于火既無計倒江流以撲燎原又不及轉山泉以沃焦釜瞠目待熄岌〻乎哉比大迫譙樓雖余露禱而風反亦由悉出衙齋所儲水灑之而後滅余因下儲水之令而細民短算倚江汲如故莫知備患者而衙之仰擔又屢易竭于是倣吾閩山邑捷水之法伐巨篁通節竅當泉源頭按而接之篁〻相啣如魚麗而下導水注

竅中續而引之其當依山則甕券其外篁貫其中虞驕陽之暴枯也其當跨谷則度木為架如津梁然凡紆迴蜒蜿里餘而後穿署垣以入庖廚從夫甃于檐 員而衙宇之餴饎濯溉靡不給也方且引而澆苍方且資而灌園又且規匕而象曲水當白雲亭之前而流觴焉倘左導之可及儒學右引可沾兩衙脫也用戒不虞則其餘波猶將編及于鄰屋詎容復委之壑而助峽之濤已哉轉無用而為用計莫便焉利莫溥焉因裁水夫役而更為公堂司燈者不加直而多一役之用此政宋人鑿井而詑得一人為之說也遂筦爾而載之筆

野渡橫秋解

善乎劍閣李大夫之說巴舟也，以為一弗用，烏而三難至矣。縣治江南，使軺江北，以小艇緩急自南奔命于北，則懼弗克濟，難一；一葉遡流，巇險波心，難二；目眩于秭歸之峻灘，神搖于黃陵之飛濤，距荊岳千餘里而扁舟望洋，難三。有此三難，蔑以濟矣，而有其具者易其備，則紅舟之說是已。此大夫所由亟亟為具，而復鰓鰓為以屬後之人也。第余至視事，而大夫所見屬之舟業已閟之水濱，不可復即矣。然深有味于大夫之言，遂捐鍰屬尉宗應昌氏市梓易篁，為更治一舟，俾司工者視昔規制深廣

汝承集　卷四　吾黃齋

倍爲扁之以野渡横秋則竊取于莱國舟横野渡之意夫寇莱國始造巳者也李大夫則業以景寇自命而有志爲者也余不佞視成事亦猶夫志大夫之志也夫其難其慎庶有濟乎

其二

野水無人渡孤舟盡日横寇莱公句也咏懷莱國句擊楫祖生鞭余之題此航而以野渡横秋扁爲也者航成于秋故云横秋志時云爾若夫濟巨川用作舟楫則莱公其選已第今有忼慷中流而雅志澄清者乎此其人不可少也時亦不可失也蒹葭遡洄我勞謂何倘令泛泛然水中而鷗鳧是狎則亦何濟之有

馬視鞭影舟視岸移知其說者劉越石寤寐之所不能驚而張乖崖學術之所不能喻者也盧然而應泠然而風行操樴長年湛若神凝而四時之氣已備矣即周瀚海而涉滄溟可也澶淵云乎哉是為解

汝承集　卷四

吾兼齋

郭孟履集五卷（卷一至卷二）

［明］福清郭文祥撰

中國國家圖書館藏清抄本

郭孟履集五卷，明郭文祥撰。文祥字孟履，號蓮峰，福清人。曾祖萬程，祖造卿，伯應寵，父應時。明崇禎十三年（一六四〇）進士。十五年，任膠州知州，適遇清兵圍城，多方拒守，五戰皆捷。十七年六月去。明亡，隱居黄檗、靈石山中。卒，年七十有七。清康熙間，曾與纂福清縣志。撰有福唐風雅、玉融人物志、諸名勝紀、郭孟履集，編有郭氏一家言、郭氏家志壼範。生平具見本書卷四自傳、崇禎十三年庚辰科進士履歷便覽、康熙膠州志、乾隆福清縣志、錢海岳南明史卷三五列傳。

是書與郭汝承集同爲家集郭氏一家言之一種，均爲九行二十四字，無格。各卷端題「郭氏一家言」，下署「閩玉融郭文祥孟履著」，版心上題「孟履集」，中題卷次，下題「嘉麓山房」。「貞」、「玄」、「丘」、「寧」均不避諱。詩文中凡忌諱處，俱以墨塗改爲墨釘、墨條，文中又有朱、藍筆圈點、批改，旁注「寇」、「敵」等字，然「胡」、「虜」諸字則未改。

書凡五卷，各卷前有分卷目録，然與實際篇目、篇題不盡相同。卷一收五言古風八首、七言古風九首、五言近體二十五首、七言近體六十三首、五言短言八首、七言絶句二十九首、賦一篇。多遊宴雅集、送别唱和之作，又有頌聖、祝壽詩若干。然如墨邑五烈、弔忠烈楊海瀛將軍及諸死難義士、哭李道廉年兄等，皆憑弔明末殉節義烈之詩，尤可貴。卷二制策，收庚辰、丙子、丁卯諸科策論十三篇、表兩篇。卷三收序二十三篇、跋三篇、題一篇、記十篇。其中施君貞金管異編序、義烈合編序、宋仁趾徵音序、蕭氏族譜序、容甫兄筆噫詩集序等所序之書均已亡佚，如義烈合編乃彙集詠明末膠州之圍殉難義士張文敷、將軍楊京之詩文，崇禎十七年甲申曾刊行者。卷四收傳二十六篇、贊一篇、行實二篇、事略一篇。所傳人物，有郭氏之師友，如忠烈虞白彭老師傳、太初韓先生傳、明經朱明姚先生傳等；有同鄉族親，如文學其宋李君傳、文學岵陟林君傳、繹軒盧先生傳、明處士敬橋公配林孺人傳等；有同社盟友，如文學六振李君傳、明澤文李君傳等；有殉難節烈，如明殉難鏡甫林年兄傳、明殉義容甫兄傳、金烈婦傳、膠西烈婦合傳等。其中郭氏自傳自述生平最詳，亦知人論世之不可或缺者。卷五收奠文二十八篇、祝文十篇、小引三篇，所奠祝者多親族師友，亦有殉難之士，如奠忠烈楊將軍暨諸死難義士、弔二烈辭等。要以此罕覯之明遺民別集，治明季史事者頗資參考。

晚明郭氏家學興盛，據卷四自傳，其「父太學汝偕公、祖山人建初公、曾祖比部子長公於嘉靖初爲名進士」，又「偕其伯孝廉汝承公、叔忠烈希聲公，前後以古文詞起家行於世，七閩家學於郭氏爲盛」。又據卷三先大人遺稿跋、伯父遺稿跋、叔父忠烈公全集跋，可知其「曾祖子長、祖建初二集行世已久，伯祖建安汝承、先子汝偕所有藏稿，浩瀚千餘卷，未及梓」，故「效校讎者數載，欲勒成一家言，以竊附眉山蘇氏之後」，乃「合曾大父及大父、世父諸集」，勒爲郭氏一家言，「梓未竟而遭兵燹焉」，故未有刊本行世。以抄本傳世之郭氏一家言，僅存郭汝承集、郭孟履集兩種。

書中鈐有「長樂鄭振鐸西諦藏書」、「長樂鄭氏藏書之印」朱文方印。西諦書目已著録。

（袁　靜）

郭孟履集一卷目録

詩部

五言古風

原書缺

七言古風

有鳥行

弔忠烈楊海瀛將軍及諸死難義士

五言近體

庚辰端午 上御五鳳楼賜粽恭賦以謝 殊恩

、辛巳長至恭逢 聖駕郊 天

彭虞白老師霞理平章

新安陳貞女

麟峰塔

龍江橋

飛来峰 孫巘

釣龍臺 南臺

平遠臺 三山

黯淡灘 延津

席崆巖 清漳

重九次日讌集步劉黃脩年兄韵

席次招友

鞦韆

禪琴

漁棹

山隱

林居

夜懷

曉起

西園招飲三首

[redacted]急退志感用周元亮生字韵

、郊望步周元亮韵

七言近體

壬午元旦

元日晚雪

元正次日雪霽

都中守歲

元春十日　駕幸南郊祈穀

長安燈夕

壽彭虞白老師

壽潻劍潭老師

龍橋晚眺　雄邑蚕行

紀遊十首

龍江閣　福廬寺

劍津八角樓　黄華山

江郎石　釣臺

西湖　乕丘

金山寺　于家園

別蕭秋生

舟中秋夜賦得月明人夢在青樓

聞邊事有感

三山道中志慨

城守志感 步高司空元韵四首

高司馬賦別 二首

續高司馬連環吟

哭陳仰溽年兄殉烈 二首

哭李道廉年兄殉烈 二首

壽王幼章

贈鄭從周

贈用之張山人

別施君貞

懷周上夫

贈膠西門人

李雪嵐

法漢卿

譚白復

郭大来

趙百男

李端伯

張培甫

匡孤起

趙仲開

宋艾石

袞長公

高德跂

贈謝培我

輓曾雪山

高德益

高德畫

五言短古

茶洋驛步韵

偶題

郊行志感六首

七言絶句

宫詞四首

閨怨 四首

蓬萊閣 六首

蓬萊四景 海市 獅洞 漏天 彈子窩

步柱史黄鶴巘先生閲警元韵 四首

[redacted]退寄書回閩

曉憩湯泉 二首

艾山三勝 三首

賦

白菓樹賦

郭氏一家言

閩玉融郭文祥孟履著

詩部

五言古風

砥劍篇

南滇派龍江、江水深且漪、中有砥柱石、屹立何齒齒、對此橫孤劍、我友潮石子、滄波淬其鐔、礪礪石作砥、我劍喚作雄。嘯歌豪杰士。霜刃憑誰試。持以報明主。將石鐫金玉。銘此化劍水。

贈友遠行

嚴霜肅百卉。零露猶垂滋。天意知若何。窮途未足悲。丈夫重意氣。嶮巇如等夷。床頭空萬金。腰間寶不貲。倘逢博物叟。自當識雄雌。

送友之越

鼓角喧高樓。寤寐展轉愁。濱海鬱多壘。當途渺見籌。伊我二三友、斷斷國士猷、羨君蚤倜儻、懷抱獨我酬、悲憤凌霄漢、慨歌厲凜秋、茲行諒有以。執手聊與謀。東南佳麗地、越杭帝王州、登高吊古雄、仰嘯浮雲收、伍子雪國[redacted]憤、岳侯[redacted]瀕數盡、壯志邁九寓、英風馳四流、時艱得一士。豈重千金求。傾蓋結遐交。綢繆誓同仇。

送友之燕

春江浩〻流驪歌鼓離舟誰將紼纚維睽言何悠〻鴻鵠志四海豈為稻粱謀所以投筆者萬里自封侯夫夫貴公子青陽妙英脩慷慨仗孤劍翱翔帝王州但念結交緒歲月夫子稠而今遠行邁誰憐寘好仇楊柳春意滿折之不欲投離筵情斯須惟有加勸酬知子天一方念我在三秋我日何為情遥望五雲頭

江上別友

端居欲遠濟奈我闕舟楫對君如虛舟何恐遽言別交深苦音疎地潤頎心結豈無楊白花握手　能折

孟履集　卷一　嘉藼山房

之二

寶劍分匣去、玄雲起樹陰、感此離別。景其如信宿襟。悽〻停我掌。撼〻置我。琴我情君應知。誰云江水深。

客思

渺〻萬里途翔風摧哀草雲間雁北飛哀聲徹遠道遊子返無期思之令人老何日飛素書一字獲一寶

之二

客懷何寥落。欹枕獨長嘆。冷月聽寒笳。搖〻心曲亂。少婦數歸期。言恨雁書斷。愁心那可傳。但云姿色換。

題昧琴卷

憶昔子期子〻辭為知音如有山水趣何須曲中尋伊余澹素懷行〻青澗潯脉丶一瓢飲悠然山之陰萬籟寂。長空聊為抱膝吟。如探神鬼。曲以見天地心。

之二

我琴不在御柱毀絃〻弛心琴曾有授素詮云在此。一鼓八風宣再鼓八極理重感至人言酌之如朋醴將寄相思篇。意中人誰是。知音夫何言。吾言何為尒。

途中嘆

城郭半殘破、流離今始滋、軍旅既如簀、催科復經時、井里艱藜藿、肉食豈不知、獨恨七尺軀。不足飲食之。家充寇盜壘。身受里胥徵。如寬一日賜、何啻三春暉、穴滿豈無封、巢焚豈無枝、疇非蒼與赤。聽彼潢池窺。渤海如可作。旦夕理亂絲。

墨邑五烈

黃公子諱基以諸生守墨城[redacted]飛矢中着稜鏃深不可治一妻三妾相繼殉爲詩以誦之

墨邑佳公子昂昂野鶴別[redacted]萬騎疾風來磨吻窺墉埒伊誰受封疆報國腸先熱冒矢挫狂鋒恨飲[redacted]敵人血眉稜鏃入深烈胆

堅如鐵峴冷月堅氷氣凝天上雪更有閨閫英、相對倍嗚咽豈不愛其身。從君心乃悅。標木既以貞。櫐葛亦皆哲。但全金石操。詎擬綱維挈。我愧非採風。嘉茲一門節。墨水千秋長。芳魂同不滅

濰陽五烈

諸生王坪率子王沚禦[redacted]急于濰其妻武氏聞城急懼辱偕妾及媳并二女同時投繯後城以堅守得全余奇其烈賦此

忠孝本性成。每為義所逼。丈夫或難之。幽芳鍾壼閫。濰水[redacted]吼鯨

[redacted]覥悿尒陣雲黑壕穴層墉頽[redacted]毒鋒應叵測嗟哉彼淑貞所見誠不惑文姬徒自傷胡笳音惻〻偷生亦奚為之死矢靡慝相對畢青絲。空梁灼顏色。身匕城仍存。捐軀非過。亟我揣明決心。曰需事之賊。五烈魂何歸浩然兩間塞千載立懦夫寧徒萊子國

義士張文敷

率衆禦[redacted]寇先挫狂鋒竟以身殉烈

鼙鼓聲初聞[redacted]妖氛遠迩連方其蹂東土所至幾無堅壃圉亦孔亟彈丸[redacted]壘守馬何人勵孤憤起舞祖逖鞭匹馬擣前茅誓將滌殲醜斬獲力為竭慷慨軀以捐流觀古烈將喪元豈無賢疇如

之子者儒素迺蕭然不食衛士粟未受官帑錢草木皆[redacted]兵云胡不自憐我過征戰地點〻血光濺為子表忠烈英風千古傳

欒子木卿

值虜難赴海而逝

膠東有一士披褐而懷珍文章惟我貴。意氣許誰憐。胡迺奇其數獻璞刖者頻固窮義所取賁志海之濱倏遭犬羊毒翻作鯨鯢嗔哀此清流客皓〻赴沉湮汨羅千古恨屈子豈其倫作歌歌招魂臨風淚沾巾

七言古風

有鳥行

有鳥有鳥空中翔雲海嗷〻夜未央夢回輾轉起徬徨擊節高歌聲遶梁海水嘯波雲飛揚停歌起舞慨且慷壯懷耿〻不能忘丈夫自當志四方

、弔忠烈楊海瀛將軍及諸死難義士

大珠山下城如斗東膠河上鯨鯢吼風濤震撼地軸搖四野陰霾集衆醜黠隊壯士髮冲冠奮勇爭馳唯恐後英雄更有楊將軍韜略傳家推細柳當先憤擊摧中堅醜類避鋒詫桓赳須臾

烏合犬羊群重困垓心勢掣肘矢飛砲發聲喧豗鏖戰息烋辰
及酉身加百箭氣猶雄奮臂疾呼震林藪不辨風塵玉石焚痛
君忠魂丁陽九嗟我義烈真男兒丹貂汗青應不朽恨難籖海
洗腥羶愧獨嬰城保黔首膠東自昔喜偏安二百餘年嘆烏有
但願　廟筭蕩妖氛人醉太平千日酒

五言近體

庚辰端午

上御五鳳楼賜粽恭賦以謝　殊恩

幸際謙光代臨軒錫特波三春肴醉杏五日聽鳴珂鳳闕霽天
近鵷班湛露多小臣何以報歸咏九如歌

辛巳長至恭遇

聖駕郊天

時軫念民艱　詔十二年以前積逋盡捐賦此志喜

鳴鑾青漢上御鳳紫泥中陰盡陽初復旨窮變已通聖心嚴帝

鑒民隱達宸聰長見卿雲爛堯天此日逢

彭老師霞理平章

六計廉居冣羔皮詩以称疇云金似粟只有玉為氷月冷庭中

鶴風培北、海鵬何當效蠡測喜見口碑騰

新安陳貞女

未字委華裾、完貞八十餘、從容良不易。激烈正難如。歲月丹心

苦、風霜白髮踈、未已人自尔。豈為史臣書。

麟峰塔

為愛麟山勝漫登冣上峰目窮青海渺頂有白雲封雨落空中

翠風傳樹杪鍾憑虛舒遠嘯縹緲與天通共六

龍江橋

編竹為梁者、却將渡蟻聞、何人驅海石、于此跨江雲、雉堞東西望、鯨波表裏分、千年題柱客、應勒濟川文、

飛來峰

奇峰天外閈、飛向此中來、爽氣全收洞。晴陰半覆苔。松濤鵜喚起、雲色庶邀回、一笑忘歸晚、梵鍾幾度催、

釣龍臺

此地釣江龍、臺高俯水中水空生冷霧臺古起悲風有漢基安

在無諸葉未空閩海千秋客徘徊憶故宮

蹟　終不堪[illegible]……王

平遠臺

蕭森秋日暮悵惆共登臺山色宜詩興江風動酒杯寒汀鳧半浴古嶼雁初迴滿目蒹葭盡深慚野客壘

黯淡灘

有客溪頭語千灘此最碕懸流驚若沒破浪忽如飛棹向龍門出入從宿海歸客魂搖欲亂回首更歔欷

虎崆巖

九日魏元方招飲仝楊汝諧鄭昌齡劉黄脩周木生諸

年兄分得魚字

古木迷山徑攀蘿試訪廬青峰雲外湫翠壁雨中餘洞隱還棲鳥泉清匪羨魚携更君有興共醉夕陽初

重九次日讌集步友人韻

蕭瑟共霜天東籬菊有錢青萍看短劍白雪喜連篇載酒重〻日悲秋落〻年相携醒復醉細月炤尊前

、席次招友

惟尔王喬侶飛鳧未見招客中春事暮席上午風飄對酒開新醒傾尊瀉古瓢勸君勿盡醉留意永今宵

、鞦韆

却喜三春媚天仙下玉樓舞裙翻欲墜飛帶忽空浮客興全非夢閨情半是愁生憎畄巧倩長掛艷陽畔

禪琴

琴音清永夜梵界入層霄江月虛窓白松風古殿飄絃中頻得意曲罷欲聞韶悟到無聲處春華自寂寥

漁棹

船坐青茅塢纜行白鷺洲遥憐雲外度獨悵水中流顏古潛空色心閒净素秋言將鼓枻去畄意獨垂釣

山隱

山色團空翠幽棲近到無（近看景都嘹）江春梅雨後洞曉葛風初隱几披蒼篆連床笛素書懸知太史氏應識少微居

林居

園林清且僻生計此中疎石角懸蘿古泉聲入榻虛綠花蜂引蝶隔竹鷺窺魚惟有忘機叟心閒看道書

夜懷

秋夕開窗臥月邀孤枕閒攬衣亭畔立招鶴臺中還露下全如水。雲飛半是山。相思空有曲何處是鄉關

曉起

夢起漏聲杳寤言齋色遲砧收萬户月鳥散四山曦清露尋花座輕風度酒卮朝霞宜素食聊以慰調飢

西園招飲

昔[redacted]冦退匡九畹孝廉見招于匡孤起别墅玩牡丹

出郭聊乘興君將韵事傾名花傍砌艷芳艸入庭幽燕影依新幕鸎聲叶雅謳驚魂暗自慰何有此浮尊

之二

墅堂環碧處塵靜景偏奢不死猶為客浮生此亾家遲遲春欲

老綫、日將斜誰摘瑤池種漫題幾朶花

之三

喜見名園在依然吐異葩飛鳥疑遶樹野鹿不御花步障簇霞錦沉香浥露華頤將此春色處〻散桑麻

[redacted]（䞛）退志感

步周元亮用生字韻

九鎮不乏兵[redacted]（欃槍）敢尒橫未聞精露戰空自避風聲雨淚千家哭孤城三月怦重圍今〻解何擬共更生

郊望

孟履集　卷一　　嘉蔭山房

步周元亮韵

危堞曾無恙傷心轉自吁麥青餘践踏骨白惨荒蕪哀徹盡嗷雁憂深欲蓄荼何人雪國恥長組縶驕胡

七言近體

壬午元旦

皇上端冕求治隆禮輔臣賦此志盛

叨恩喜在五雲傍遥聽鸞聲繞珮鏘甫拜九天端正履龍飛萬
國朔初長師臣用作調梅鼎獻壽還盈泛栢觴此日太平元有
象共賡天保答君王

元日晚雪

聖主齋宫欲省愆鳳城喜望雪花闐玉衡精獻初元日銀海光
揺首夜天斜掛柳鬚疑絮舞寒侵梅骨帶香傳應知此是麥岐

兆寧待書雲始奏年

元旦次日雪霽

六出飛花滿禁城尋春踏遍馬蹄輕卿雲復旦添銀燭旭日初融散玉霙素幹鱗開虬欲化晴巒骨現翠還迎三農老喜天膏洽百寶今秋應告成

都中守歲

步容甫兄韵

長安臘盡客情傷對酒閒消一歲忙爆竹殘聲催箭漏江梅佳句納詩囊春隨斗轉迎新曆夢逐雲飛識故鄉金殿明朝開雉

尾欣看玉燭太平長

元春十日

駕幸南郊祈穀

是晚大雪

南郊遥望翠華来五色雲依帳殿開滿地瓊瑶光曉仗一天膏液洒春臺樂調鳳曲梅邊度氣轉鸝聲柳外催為迓陽和占歲瑞屢豊長祝歛香杯

長安燈夕

雪凝月色冷人清更有銀花互映明樓傍上陽皆綴玉煙浮太

孟履集　卷一　嘉[illegible]山房

乙恍搖晶徒聞穠李三春色欲寄黄柑萬里情此夜金吾原不禁閒聽歌響襍韶韺

壽彭虞白老師

星輝南極映天弧紫氣遥瞻錫寶符瑞靄霞城開白羽香來仙殿引青鳥鑪中芝髓餐皆玉袖内甘霖洒作珠幸值陽春噓散卉長歌壽考古人如

壽漆劍潭老師

檀閣紫氣正氤氳壽考遥章天漢文花燦滿城春映日棠陰幾處靄連雲蓬萊碧藕冰中獻匀漏丹砂井上分欣睹履端今始

泰岡陵長翊聖明君

壽年母毋太夫人

以節孝著

蟠桃獻歲報初紅太母婺光映碧空矢志比荼因竭孝和丸似柳已成忠團花鳳尾綸飛紫細艸螭頭管有形千里遥將斑袖寄臣心期與母心同

、憶家慈八袠初度

昔辛巳臘月叨除膠西守因擬新春仲月迎祝

分符喜列龔黃班顧秩曾称服有鸝楓陛恩深錫五鳳萱庭瑞

孟履集　卷一

繞聆三山携将寶醞添杯緑葱得鑪香戲袖斑迎養恰逢春晝
永堂前稱祝慰慈顔

檀州上添老師

翔風高起壯行旌為憶當年一顧榮望劍星傍神獨合賞桐焦
處識偏精階前尺地能增價懷内双珠欲報瓊邉塞重逢傾意
氣芳尊寧盡故人情

陳仰淳年兄初度

昔令萊陽

翩〻仙令咀英華奏賦曾掀五彩霞自向蓬萊飱石髓何須勾

漏採丹砂瑤姿映雪車皆菓錦色連雲擬有花試向瑤壇飜綠簡應知姓字已籠紗

己卯公車途中誌遇

隅頭迷路

昔與施君貞林鏡甫仝北上。冰堅壩阻。假道于此。信宿玉皇閣中。有車氏昆仲與友魏鏣萍水偶值。杯酒慇懃。渺渺余懷。詩以永之。伯諱翔鸞。仲諱振鸞。邳州人。

待詔同為北闕遊。滿江寒魄凍孤舟。蹉跎剩有萬言牘。飄泊疑如一葉漚。寶氣猶長天可倚。玉清在望閣偏幽。誰從窮路憐知已。邂逅情深愧未酬。

台庄策蹇

逾隅頭百餘里。暮宿杜春芳家。其子玄毓武庠。玄靈諸生。與余華苗連作三日懽。仲君頗能詩。别余有長楊推獨步之句。賦此答之。

黑貂未敝舌方存。瘦蹇遲遲對夕陽。偶尔逢伊投短韝。胡然羨我賦長楊。君家武庫元称壯。吾子文芒喜更長。三疊陽関從此别。那堪書劍帶星霜。

南落投庄

出台庄行二十里許。猛雨驟来。征衣濕矣。茅店寥寥。一枝莫借。訪授李君宜秋家。又以談文外出。其内子遣幼郎相侍。設罏下榻。有古贈珮風。比宜秋歸。罄欵談帷。傾蓋如故。世未之見。賦此以志不忘。

攬轡栖栖奚所謀。匆逢濛雨洒塵騶。征衫濕比江州淚。歧路窮生阮子愁。户内何人詢客屐。天涯有侣共仙舟。慇懃一會堪千古。傾蓋如君孰可儔。

商林觀劇

余過此地。偶逢演傀儡者。因拉君貞縱步閒觀。聊消客

閲。忽而有送茗至者。復継以佳釀。余初不知誰氏物。詢其爲齊鴻臚譜卿嘗宦隱于此。何慕義之誠也。誌之

回首雲山阻且長。計程今已到商鄉。祗緣名利忙多日。自有乾坤戲一塲。笑我熱衷看冷局。問誰清醞浣塵腸。知君固是閲人者。聊避輿前學楚狂。

辛巳謁選途中寫懷

慱興稽渡

昔余先渡而輿從未至。遲一日乃行。

飄泊風塵望慱遊。誰帆幕葉水中浮。渡頭柳口羈疲馬。人隔溪

頭盼睆牛。落雁孤城寒寂寂。聞蛩半枕思悠悠。念余不學窮途哭。且買村醪散客愁。

慶雲迷宿

夜投関外小寺。

群鴉噪落陽林暉。漫拂紅塵叩晚扉。幸借一枝栖便穩。寧知萬里路多崎。佛燈隱隱寒孤劍。古刹蕭蕭挽敝鞿。莫是客心方喜靜。疎鐘獨向枕邊依。

龍橋晚聚

昔有方慕菴金太液岳衡山張平子諸位同行。

策蹇乘風未息鞍。天涯偶合話逑難。誰從荒店占星聚。惟向斷橋對月寒。長嘆無聊嫌酒薄。短吟未就苦燈殘。懸知歲晚傷行役。何似早棲反得安。

雄邑蚤行

驟遇刮風。欲行且止久之。

冽冽颼聲起四隅。誰侵曉發駕征車。孤天黯色沙迷眼。滿地寒容雪壓鬢。為擬新城近咫尺。那堪古渡更躊躇。行行喜得霾初靜。翻訝殘軀出凍餘。

紀遊

、龍江閣

競渡日此閣甫成施君貞招余同林鳴璧韓與纘林鏡甫諸友載酒落之

飛閣嵯峨甫告成誰将高柱向天擎登龍此日看争錦迎鳳何年聽奏笙（閣後舊有牓曰迎鳳閣）俯視鯨波千浪緑閒觀麟塔半峰青諸君雅擅凌雲手試把滕王賦再賡

、福廬寺

初夏蔚霞社諸友招余遊此叙别憩石丈亭登三天門極頂俯瞰飲虹鳴玉諸洞復自西山行至靈岵嘯臺禮

斗壇雨返

欲別臨岐椰色殘共登福地試盤桓身依碧漢天門近骨聳蒼巖石丈端長澗飲虹噓作澍片泉鳴玉奏成鑾行行挹盡西山爽一嘯天空迫斗寒

過劍津八角樓

逆挽輕帆溯急湍古閩佳勝在延灘双流環引雙龍合百尺高臨百雉磐氣射層樓樓上望簷飛曲水水中看千今八面多氛祲未許深潭卧得安

讌集黃華山賦得山雨欲來風滿樓

黄華高閣倚雲峥四望江巒叠翠迎松影掛牕煙巳藹竹香入竿酒初傾似將兩色添山色先遣風聲送水聲侵透踈簾同覺冷喜看天半彩霞横

江郎石

磷〻三片插天存道是江郎篤與塤霧氣連時渾一氣雲根深處見同根當年誰霹開山手此日猶憐化石魂閩水越關今已隔不堪徙倚度初昏

過釣臺

新主方勤尺一求故人雖不羨封侯絲投百尺原非餌偶繫千

秋詎有謀峭壁只供雲出入曲磯皆任水沉浮祗今襲得清風
在奚事黃昏始放舟

西湖

重九日王意庵年兄招飲仝姚戍生年兄元侯家兄在座

蘭[redacted]藉曾並意氣馨傳杯舫內且停〻湖光浮鏡閱人老秋思如
濤對酒泠籌國宣公衷有赤滅金武穆史尤青方逢陽德重輪
日莫上姑山憩鶴亭

過虎丘

憶丁丑舊遊

憶昔相携此地遊開觴日〻泛仙舟燈前凝露香生座月下歌雲聲滿丘龍劍已分餘有石鳳簫空引倚誰樓衼帆未解騷人思悵過山門不少遛

金山寺

己卯除日游此有蘇東坡佛印禪師銅像及小童捧帶沙弥執麈俱宋時所鑄久沒土中近異地而合得之甚奇甚奇

[redacted]瞻古像想坡仙寶偈[redacted]拈花雨寐金峰[redacted]

為

重合江心亦夙緣

来

孟履集　卷一　　嘉蘖山房

衜（處）水雲連鎮門有帶誰遺蹟搔首無詩可問天舊況欲除衰已
熱山僧聊進一杯泉

于家園

庚辰元日遊此積太湖石成山構池心亭作舫臺榭工
巧出人意外人工鍇矣有惜其無水聲者故及之

渡盡長江氣欲吞恰逢令旦是正元尋花恍入桃源徑載酒閒
過金谷園穿洞山中多磊石泛亭池上即成觴詠題儘費騷人
墨尤訝未聆瀑布湲

、別蕭秋生

橋鎖迴龍百折溪盈ミ秋水惜分攜霜前魄冷双鴦梦月下情
牽一雁啼漫擬鮫鮹珠是淚却将紈扇雪為題錦帆翦斷空相
憶煙樹蒼茫四望迷
、舟中秋夜賦得月明人夢在青樓
秋淨江空露未稀片帆傍月掛漁磯斜将素影傳清夢逐寒
輝度翠微正憶鸞分成悵ミ寧知蝶化忽依ミ相逢欲話相思
味驚聽蛩吟覺又非
、聞邊事有感
旹至檀州候漆老師

孟履集　卷一

嘉蘆山房

面撲霜天寸許塵蕭〻匹馬向檀闌慚無箸策樽前偕恐聽笳聲塞外頻片石難銘人怯戰千緡坐耗歲稯負祗今烽火連松錦何日銑歌洗虜屯

三山道中志慨

壬午仲夏過此遇小民冒暑陸輓為之惻然

大東自昔嘆勞人來往佻〻已苦頻正值絲新又買穀誰憐泉洌不獲薪陽城有政寧辭拙鄭俠無圖可繪辛何日重闞烽燧息寬恩蚕被此方民

守城志感

步髙司空元韵

豹畧近来費討尋孤城壘守凜渕臨繫戎片組嘶無力保障千方祇有心觸目忍看龍戰野驚魂還似鳥投林膚功欲奏舒東頤說劍應持周宋鐔

之二

城頭豪氣壯千尋頼有群公祭戟臨戍凜柝鈴霜沁骨仇同袍澤雪為心誓将胡馬膏原野賦彼飛鶵集泮林齊岱雖堪為劍鍔尤資廟筭挈其鐔

之三

孟履集　卷一　　嘉藤山房

萬里長風志欲尋典籤今日且同臨根盤漫試三刀利恩重惟憑一劍心已奮震霆驚蠢蟄還看春雨洗新林雖安未敢忘危日時把清泉淬寶鐔

之四

汾陽威重豈難尋[redacted]单骑何妨免胄臨中國有人驚破胆近郊多壘切憂心狼煙欲息疑安枕雁羽雖勞已返林試覩芙蓉腰下劍國恩未報恐弢鐔

和高司馬賦別

明良今日喜重賡召伯南行入太平虎豹在山應不採蚍蜉撼

楙豈能傾折衝指頤千餘里談咲胸韜十萬兵此去長江看擊
楫中原何地不關情

之二

驪歌擬作凱歌賡喜見平東〻可平拜命上公樞在筦望麾下
吏藿同傾石城王氣定明昂鍾阜風聲肅晉兵聖主慮深根本
計知公能慰拊髀情

、續高司馬連環吟

莫問齊城戰伐勞甲兵十萬冨文韜[redacted] 復仇 憤切看纓組報國身
輕等羽毛一任巧攻隨帶解寧論隆貶有亏櫜於今蛇豕詎惟

孟履集　卷一　嘉藹山房

虜我輩聞雞梦欲翱

哭陳仰溥年兄

莱陽殉烈

驕嘶[redacted]萬馬恣猖狂曉夜狼煙徹近疆潁水豈應題止水莱陽寧復作睢陽心同蘭味千秋別淚續殲歎百結腸若使果為忠義鬼定騎箕尾掃欃槍

之二

彈丸早暮戒層墉聞道昌陽慘毒鋒祇有赤心推草勁奚知碧血洒花封孤城力竭成孤注四野塵迷舉四烽我則謂君真不

死英丶千載仰奇蹤

哭李道廉年兄

壽光殉烈

弥天兵燹起東濱，四望危郊盡震鄰。提旅誰能稱長子，捐生便不愧忠臣。蘭摧可憫全家節，玉碎寧知七尺身。守比睢陽君更烈，丹心長炤史篇新。

之二

得周元亮書，知道廉老年母并幼女尚存，迎在濰署，余不勝感愴。

孟履集　卷一　　嘉穮山房

澤國剛風轉劫灰孤城力竭與身摧白頭坐閣親垂老黃口辨琴女尚孩三代衹餘双淚眼千秋誰起九原哀故人知有元常在應許忠慰慰夜臺

、壽王幼章

飛舄翩〻度五羊載肴墨水爍文昌靈鍾金斗融丹液清澈氷壺餟玉粻三島祥光涵碧藕兩封春色護芣棠歆傳樂只皆華祝先借楙觴作壽觴

贈鄭從周

諱之冕廣陵名宿也以明經授肇慶文倡學作人余時

獲教益其令侄超宗先生及賢郎廷直皆與余謬通聲
氣之雅因并及之

問誰一代主風騷五色雲浮瑞氣高甓社光臨珠麓麗膠流清挹廣陵濤已看小阮成龍種更喜阿戎亦鳳毛苜蓿談經聊自適三鱣佳兆起焚膏

贈張用之

諱應召滕之逸民雅善書畫為肅府摹成淳化閣帖傳
世賢郎文閑余門下知名士也因并及

博物追踪晉茂先掉頭蚕已探雲煙擲杯濡髮書称聖吹笛揮

毫畫有禪我愧風流非昔守君崇清靜即前賢一經繼起皋比後流瀣曾從肺腑聯

別施君貞

冷署談心夜色闌啣杯恐即策征鞍天涯知已三聲疊雪裏歸人一騎寒君舌尚存懷自壯吾生似夢覺尤雜融山莫謝俗人駕為訂猿盟欲掛冠

懷周上夫

蓋公堂靜理琴閒明月窺簾憶故山秋水蒹葭人自遠離亭芳草意相關筆花知尔春添硒墨緩憐予鬢欲班何似當年翻度

曲臨風一顧醉酡顏

贈膠西門人

李雪嵐

泗水流分膠水長共尊吾道有宮牆蒸雲氣浹谿成李鑄鐵心堅姓豈桑悟到玄珠探罔象琢將拱璧薦明堂不其山下談經處書帶還應接鄭康

李端伯

論文謬擬訂平生蓺圃清芳擷杜蘅鄰架知君饒古乘仙舟共我愧時名看花預兆三春信染柳遥聞九烈聲應識雲霄原咫

尺萊山東去即蓬瀛

法漢卿

闕西昔重漢高卿，何意東齊更著称。玉案雕章雲作穗，錦囊丽句雪爲聲。曾從艾麓餐三秀，應向蘭臺映九英。幾度青囊探上藥，而今正喜得參苓。

張培甫

稷下文風千載符，奎星此日映膠珠。青錢價峻凌天柱，紫劍光寒迫斗樞。肝胆曾称霜雪共，驪黃寧與駑駘俱。聖明側席徵賢亟，大策還應獻上都。

、譚白復

家傳黃石與青箱搴幟詞壇獨擅長天水春融姜伯子潁川名重漢元方輝含石耳千金璞潄吐金鑪百鍊鋼東海遥看雲五色應占彩筆賦長楊

、匡孟起

嘉樹園中喬木森棟材蚤已拂雲深新聲乍聽鶯遷谷逸響尤聞鶴和陰辭撼岱華臨蟻垤胸吞溟渤控牛涔臨風試鼓成連搽流水先通曲裏心

、郭大來

孟履集　卷一　嘉麓山房

擬共鰲峰擷彩霞天香遥度紫薇花懸河欲瀉王源變擊水仍搏碧落遐已羨鸞毫稱匠手還看鳳彩起童牙閩山齊水萬餘里同向燕臺問世家

、趙仲開

上林伯氏接嚶鳴此日聞篪韵更清海琴源長疏汗漫珠山秀聳發晶英千秋誼合蘭為譜三載交深水似情更仰高踪如傴室知君自不愧家聲

趙百男

久向墨莊耨硯田腹笥寧羨鄴籤懸新詩戛玉氷為柱舊賦鏗

金草尚玄披褐不嘶清宦後下帷寧讓宿儒先而今雅有騷人興斗酒聽鸝柳外煙

宋艾石

掄才海國夙多英風雅共推小宋名氣岍高標看岳立思泉勃湧見瀾清疑同夢鳥誇長技好並談雞對短檠家學可能傳擊鉢已聞逖响獨錚錚

、袁長公

孰似沙丘汗血駒駸駸載驟入雲衢曾傳暘谷依光近漫訝獅峰聳秀孤雲絢春葩看玉立露垂秋實見瓊敷須知教孝清朝

典令伯陳情報茹荼

、高德益

蓬萊東連滕水渚分来靈秀長瓊枝雲霞彩煥披丹篆氷玉姿

清見白眉江筆花生叢錦繡萊衣春舞叶塤篪明光蚤試天人

策莫負當年董子帷

高德跂

喬木干霄接紫薇庭階蘭玉繼烏衣空群冀北追風遠彩煥河

東向日飛玄圃積光皆璧玉昆池激濺總珠璣焚囊能使書香

奮蘂榜遥看御墨緋

高德畫

玲瓏珠樹燦珠山光接扶桑日色殷搏翩聯翩雲漢杳揚鬐遥徙海天閒春庭酌薦荊花紫曉閣吟拈竹管斑鏡裏芙蓉先入梦杏林高處一枝攀

贈謝培我

室對清風理素絃暫從半刺試烹鮮哦松偏覺神添爽夢艸還疑句入玄丘巠永姿称獨勝庭階玉樹喜争妍祇今春漾膠河緑擬酌吴江一勺泉

輓曾雪山 善寫真

墨妙淋漓展玩新風流似子更誰倫寄身幻泡渾如畫入手丹
青却是真肯讓㡌頭名獨箇詎知鯨尾醉歸旻臨風欲效招䰟
句寂寞蘺江好薦蘋

五言短古

茶洋驛步韵

下有濯纓泉上有盤石樹亭澗足徙倚客子獨苦雨

偶題

牧童遥指處大半卧麒麟只傳前代塚不識是何人

郊行志感

川原遥引睇一望慘荒蕪憑仗春風力吹嘘萬彙蘇

之二

布穀且莫催吾民方憔悴把犂一老翁耒饁無童稺

孟履集　卷一　　　　嘉麓山房

之三

樹下問遺黎爾屬何鄉社嗚咽不能言衆淚一齊下

之四

[redacted]氛退已月餘如何仍露宿哀此土若焦無茅可上屋

之五

壯村舊三家而今惟一姓敲門問因依面言久抱病

之六

爾曹傳遠近聊且慰驚魂吾守苦無術但能籲聖恩

七言絶句

宫詞

春

上林花色逐年新惟有深宫不見春敢是東風偏惹恨却教楊柳尚眷顰

夏

凭遍雕欄日轉長象牀桃簟午風凉倦来欹枕香雲亂紅淚偷拋錦瑟傍

秋

孟履集　巻一　嘉蔭山房

寶篆香銷夜色闌雲和愁對淚珠彈自應指亂難成曲莫訝清秋玉露寒

冬

六花飛絮掛林巒𡻕炭圍鑪擁袂肴好把金蓮双襪綰君王舊愛步珊珊

閨怨

春

無聊心緒遶天涯不卜金錢只卜花爲問合歡開也未一番春信又將賒

之二

清露晞微柳葉齊曉風初送曉鶯啼閑情不在花開落為惜離亭草又萋

秋

燼落銀缸翠被寒半規斜月到欄干一聲嘹嚦孤鴻度影與閨人一樣單

之二

寂寞芙蓉獨自芳斂蛾無語怯羅裳深閨只怨春光盡秋月何曾不夜長

蓬萊閣

步鄭南吳先生諱維嶽元韵

天風縹緲度鸞笙仙閣依然俯太清隱隱三山如可即登臨便已薄浮生

之二

水濶風長四望開碧雲深處玉樓臺一聲孤鶴飛仙過珮響珊珊繞縵迴

之三

英雄千古總沉消鞭石浪傳欲駕橋瑤草可能容我摘頤從子

晉學吹簫

之四

仙家日月此中分三萬六千一隙瞟長嘯凭欄舒眼界宦情不覺似秋雲

之五

丹崕千尺爛朱銀高閣崚嶒不記春東望祖洲何處是祇今長憶採芝人

之六

蓬萊翹首意如何北望天閽誦止戈重譯若逢來白雉應知中

國海無波

蓬萊四景

蜃市

海中現市〻何因幻化元来無一真識得幻中仍有幻而今强殺認真人

獅洞

閲盡滄桑石窟傳層崖半壁水中懸祇今巨蹟誰人覔餘得微茫滿洞煙

漏天

匡廬瀑布有飛泉何似洞門一隙穿訝道無雲晴亦雨浪花噴

薄海中天

、彈子窩

閬苑珍窩致足娱珠光顆顆石堪如天然自可當清供留與坡

仙養石蒲

、步柱史黄鶴嶺先生聞警元韵

旹先生登陴却[redacted]敵公子捐生全城并誌之

居庸猶是漢乾坤肯縱胡[redacted]入萬馬屯漫說將軍非衛霍健兒若

個不辜恩

孟履集　卷一　　嘉蘿山房

之二

狂騎如濤沸百川嬰城還似晉陽年獨憐井作焦頭客曲突何人策未然

之三

未許鷹揚老渭磯試將縈帶却般機匈奴莫漫輕中國羅拜驚看有繡衣

之四

壯志吞胡氣欲翔鬢膚不愛〻封疆忠豈移孝佳公子流馨千年墨水湯

[redacted]警退寄信回閫

纔[redacted]息烽烟憶故巒驚魂欲定語成酸珠山三月無由雪積在魚

書一尺寒

曉憩湯泉

昔赴登田途閔有梗夜從間道過招遠憩此

帶月揮鞭破曉嵐溫泉湧處漫停驂頓教激濺三千丈一洗二

東草木慚

之二

訝得狂瀾似沸湯卻存殘喘絆名韁不知此水緣誰熱試取餘

孟履集　卷一　嘉蘶山房

温滌冷腸

艾山三勝

余昔單騎踏荒過而登此

白菓樹

東連蓬島敞靈暉老幹高盤數百圍異域不須誇影樹膠西喬木更巍巍

天澤泉

井泉一勺泇清冽曾悠千人汲不竭應是上天注我民幽深迥與桃源別

石耳

雙耳崚嶒瞰太清登臨動我振衣情遥思掃却[redacted]妖氛日恃此山前草木兵

賦

白菓樹賦

有千尋之嘉樹兮在乎艾山之陽幹挺勁而兀矗兮高撐霄而靡量合十抱而未匝兮飽千歲之氷霜枝離披而連蜷兮鼓天風而遠揚鳴靈籟若笙竽兮韵飂亮而悠長色翡翠其含秀兮拂煙雲以低昂影參差而偃蹇兮若虬龍之矯躍葉春榮而夏茂兮翠欲滴而葱蒼實離離若綴毬兮韞驪珠而含漿剖荆璞而敲瓣玉兮爵水晶而生凉方蓮實而恰肖兮披中单之紗囊粹素質之精瑩兮擬玉英而淡黄雖讓交梨之爽沁兮將與火

棗而顛頓或乘時而採摘兮不崇朝而盈筐堪充人間之豆實兮亦備仙家之餱糧洵菓中之珍品兮味以淡泊而鮮嘗能清精而潤下兮益老少而皆臧何獨此樹之奇古兮離衆木而孤芳如梧桐之萋萋兮獨聳植于高岡遥佇望而亭亭兮若翠葆之樓桑彼蜀山之古栢兮森丞相之祠堂與楚南之靈椿兮著大年于蒙莊將無夸父之擲杖兮化鄧林之千章抑疑灰靜之若木兮映靈暉之晨光豈善栽與瞿所兮小大易名而靡常聞其尤異者老氏之手植兮栢能左紉佛祖之遺言松轉東方葉婆娑而百影兮產于瀛洲之境枝馥郁而四馨兮來自交趾之

鄉又豈若三槐之美蔭兮肇奕葉之禎祥五柞之巨材兮列漢殿之棟樑彼羣材之著異兮緣闡述而彌彰胡此樹之拔特兮攷誌載而未詳詎匠石之揮斤兮任樗散于道傍寔天全而不斷兮與柱石而相當固鬱鬱其秀茂兮實山靈所訶藏余司牧于茲土兮驅匹馬而踏荒因登臨而憑弔兮偶憩此而徬徨思古人之樹植兮必有德而莫忘或世臣之喬木兮綿世澤于未央柳召父之棠陰兮繫民思而無疆並岡陵兮俱永仰流風兮徜徉援毫而作賦兮聊寄興于青琅

郭𥁕履集卷二目録

制策

吏治　丙子科

海寇　丁卯科

經學　丁卯科

士習文體　庚辰科

郭氏一家言

閩玉融郭文祥猛履著

策制

殿試策對

臣對臣聞帝王繼天以作君師也必先教化以端天下之大本而後可懋興道致治之隆必酌時政以捺天下之大機而後可臻內寧外謐之盛何謂大本人主之實心所為嘿運于淵衷而存之以敬畏發之以剛健者是已何謂大機人主之實政所為顯布於象魏而洽之以仁義漸之以

孟履集　卷二　嘉麓山房

禮樂者是巳實心運于上則聖德脩而萬民化中轉其轂
外各定其局庭除几席示遠迩無貳此治之所以有本也
實政敷于下則道揆樹而法守彰君總其綱臣夂司其⋮
薄海內外奉功令惟謹此治之所以有機也古之帝王無
為而化馳若神有為而應捷若響躋一世于太山之安而
九圍式命鞏國祚于苞桑之固而萬姓傾心者用此道耳
彼心無以宰政之源政不能妙心之用皆季代相沿之陋
而立大本掾大機君臣道合上下志同政教脩明太和翔
洽久安長治端有待于茲矣欽惟

皇帝陛下
聰明睿知有臨
正直平康作福
軫民瘼則如傷流保赤之慈
培丕基則若臨惕畏蒼之念
齋壇步禱儼然桑林六事之格天
煖閣面咨允乎梅羹一德之交泰
巖歸崇而孝思維則遠高閎視之芳模
元良建而身範率先永垂燕貽之懿棻

爲天下得人傅築伊畊一卜金甌立召夔龍于左右

惟一念作聖鄒趨魯步重開玉牒欣陪孔孟于後先

正宮庭以正四方挈裘提領喁喁碩化者十三年如一日

肅旃廈以肅百辟植表端型翌翌拱極者千萬姓如一心

聖政所昭垂

聖心所嘿運既足六五帝而四三王景千秋而憲百代矣迺

聖不自聖進臣等于

廷諮以庠序學較之方隨及用人詰戎理財省刑練兵裕餉與

屯保民之實臣愚有以仰窺

陛
下之心即虞廷之疇咨周室之訪落不勤于此矣臣草茅下
士何足佐末議萬一然芻蕘之誠蓄之已非一日敢不披
瀝以對臣聞之書曰元首明哉股肱良哉庶事康哉言明
君在上又有良臣以左右之故庶事畢舉也又聞之詩曰
克明克類克長克君克順克比言君具明德又兼長人之
權以董率之故順附之者衆也是故堯舜以聰明極聖之
君默運無為之治又得禹皐稷契伯益之臣共佐太平之
業化足以成風動而比屋逸居無教之憂德足以臻時又
而時切敬敷在寛之訓當日之勞來匡直以振德乎民禮

孟履集　卷二　嘉麓山房

樂工虞以率勵乎下四方從欲之治洵非無因而致矣降
而三代雖忠質文異尚而設學明倫較若畫一故其民遷
善徧德日用不知誌其風為皞皞葢有由然矣洪惟
太祖高皇帝汛掃胡元肇造區夏剏制立法酌古準今嘗
諭中書省臣曰治國之要教化為先教化之道學較為本於是
命天下郡縣皆立學較延禮師儒講論聖道煌煌
聖謨真足媲隆唐虞遠軼三代
列聖相承率循無斁重熙累洽效有明徵至我
陛下烈纘鴻基光揚大業修明舊制釐剔臣工固宜人人共奮

事〻畢舉矣臣伏讀
聖制謂時事愈棘太平未奏申餙徒勤實效罔睹且欲時政大
小無廢墜沮格之弊薄海内外無強梗悖戾之風大哉
王言所謂明見萬里之外獨觀萬化之原者也臣聞
國家養士欲得一日之用耳苟砥礪無本即忠孝奚由以激
發耶臣愚以為宜責成兩雍及督學諸臣首重德行才識
之選勿以章句餙經術勿以浮華掩經濟則真才輩出庶
士風其首端矣
朝廷建官欲求緩急之恃耳苟奉行鮮實而職業奚由以振

孟履集　卷二　嘉麓山房

舉耶臣愚以為宜責成銓部并撫按諸臣特重端方廉能之選維鵜不愧于濡翌伐檀無譏于素餐則正人充庭庶官方其漸肅矣夫士風端德心可以屈醜官之赤小師濟可以格頑語戎禦侮豈伊人任夫虜難之當防也

明詔屢飭邊臣無不以守為戰而折衝空幕南之庭者第其要在擇久任之將督重兵以鎮之先為可守之寔示以必戰之勢凡屯牧耕戰之法次第舉行未見長纓之不可繫也寇氣之當靖也

明詔耑簡輔臣寔難以勦易撫而指顧平潢池之弄者第其要

在擇循良之吏諭恩威以撫之開以可生之路授以為善
之資凡鄉兵家甲諸議次第修飭未見亂絕之不可治也
國家藏富在民則欲議財用當先足民誠做九賦九式之制
為謀國之經更得理財之臣如晁錯之論貴粟劉晏之司
轉運陳恕之筦鹽鐵則內外皆實矣
國家持平在獄則欲無冤民當先慎獄誠本泣罪解網之念
宏好生之仁更得淑問之臣如張釋之之不枉法有功之
必生李日知之不苛則囹圄可空矣兵固宜練何不援其
精而汰其弱訓練則鵝鸛成行鼓舞則風鶴助勁庶兵壯

而可奪窺闕之魄乎餉固宜裕何不核其實而清其冒守則四知之宜嚴侵則一錢之罔貸庶餉足而可增敵愾之氣乎至于屯之難興也以興屯之無其人耳今果有趙充國棗祗之方略何難收畊種之利民之難保也以保民之非其戰耳今誠有龔遂虞栩之拊循何難成綏定之功然此亦在鼓勵之何如耳苟欲紓時事之棘奏太平之効莫若嚴其責成寬其展布責成嚴則不肖無所容其不肖展布寬則賢者有以自見其賢明良協和星雲景慶何唐虞三代之盛不可復見于今日哉臣猶有進焉人君莫大法

天以行健純一不已緝熙所以光明夙夜無康基命所以宥密況
皇祖心法具在聿修厥德永言配命垂衣裳而萬國寧戢兵革而
四夷服百神用康庶類咸若所謂五行不相沴而制禮四
靈為畜而作樂者將拭目俟焉安有治本之未端治機之
未轉也乎臣艸野不識忌諱冒瀆
宸嚴不勝戰慄隕越之至臣謹對

論

萬物皆備於我

今夫人渺然一形軀耳而宇宙間形形色色悉於此待命焉夫非必強之而使入約之而使歸也祗保合自有之體於以聯屬物理自寬然而有餘何也吹萬雖繁未聞離天地之性而能若其性者也則脉握之于我矣我者天地之性所由貴也苟不本其所貴者而徒從事于淼淪之末是我與物先離歧而不相入何能叩靈而觸應也乎惟盡性君子體道合和不生羣物而羣物自生焉不舍衆類而衆類自托焉有味乎子輿氏之言曰萬物

物皆備于我請得而論之昔者混濛闢啓殷〻沄〻圓者上騰矩者下凝絪縕化醇萬物繽紛天地人物實淹通于一氣而鎔鑄于一爐也故以我視物〻亦有我以物視我〻亦一物我既同于物使非認之希夷淡漠之始推之聖神功化之極則物不備而況物有萬也鱗翮角距流峙夭喬不一態矣鉅纖常變開落舒慘不一狀矣或有氣而無質或有質而無知或有知而無識勾稽之所不能筭化人之所不能測我必物〻而一之如鐵之于磁魚之于水金之于冶珠之于貫無不合也無不忘也無不化也無不聯也此而謂之皆備不其難歟惟夫聖人為能擅

知覺之靈以立林摠之命方且坱埏而尔室之形生而性命之
一方之化育未調儼乎若鰲極之未補而虞其缺陷也一物之
痾癢未通儼乎若熒惑之守心而虞其不退也至于喙合蝡動
含齒戴角之倫莫不視為我之合体我之分身安敢以膜外置
之而世之一膜自封者且曰混沌之初老死不相往來叔季之
後智巧煩滋形骸角立人心之不同如其面焉安所取漠漠不
相親者縮而合之為夫萬物生于天地有不備于天地者乎春
為父以生之夏為母以養之秋冬為喪以藏之我身者天地之
副也其煦以生者象天之春其予以育者象天之夏其肅殺而

不礙陽和者所以象天地之秋冬而顛倒其機權故以萬物為芻狗則天地不仁以萬物為度外則聖賢不大夫聖賢一生玄造遂若釋其担民物遂若謝其責者以有我在則凡疾厲夭札不敢諉之氣數也物瘁實我有以槁之即凡夭蔓動適亦不得屬之造化也物榮實我有以敷之汲汲然悉使萬物就于我之治而後我之神始寥廓而靡際雖然物非就我只就其所自有者而已人見此無情品族蠢然不靈者耳抑知蜂蟻識義羊烏知恩雎鷙而別鷺潔而序鴒在原而友愛烏出谷而和平物亦分我君臣父子夫婦昆弟朋友之一竅麐不踐蟲虎不食班草

能指佞樹知交讓栢感忠而南指露垂蓋以徵平物亦具我惻隱羞惡辭讓是非之一端第備其一者故囿于物惟備其全者乃能物〻耳是以未備覺物衆而我寡也然岐我于物而我不啻寡合物于我〻固群生托脉之始也又物動而我靜也然隔物于我而我固寂然靜而即我是物我又羣動植根之原也譬之我之一身首之髮不可以萬計體之毛孔亦不可以萬計然幸一髮而首為之覺撓一膚而體為之悽者即謂髮皆吾首毛孔皆吾體可也其于萬物何獨不然儒者幸勿視我為一室之我而視物為與我不相涉之物而後參贊天地之事業我且一以

貫之矣皆備之理寧有餘藴哉抑孟氏以不動心爲學陋桓文而卑管晏萬鍾不加一介必嚴其中固曠然無一物者也玆曰皆備者何乃知聖賢之卓然能自貴于萬物者須有高視天下之識故窮而在下可闢八荒達而在上可覆一世而總以不動心爲主故曰神人無功至人無名無以物爲而物自化世乃得真儒之實用也固知欲求真我者驗之有物不若澄之于無物

聖人之德無以加於孝

今夫善治天下者非能役于天下以治之亦端其治之本而已
夫風俗之一教化之同吾有本以司之則可不勞而長治若必
一一家至而日見之則是我不足為天下則而天下必又視倫
紀為近易之事而歷於其中者咸可意隆而意殺之則古今亦
易貴有執極之一人也古之至人執玄德于心而化馳若神是
以目不營四海之廣耳不徹千里之墟慮不周三畝之宮而一
念所積四海則而象之自卿大夫以及士庶人莫不因其心錫
其類相與蒸蒸而成俗此至德要道所以順天下而民和睦者

恃有此具也信夫聖人之德無以加于孝請得而申論之夫聖人亦人耳豈必生而神異如所謂称流虹呈瑞玄鳥發祥帝武彰靈赤帝示徵以此歸称踔越于人衆者哉即其所謂德者亦唯循循爾折折爾謹盥漱端韠紳辟唾負劍修容服皃節則似鑠行不越庸已爾然而順天之道因地之利察人之情參諸三才而著為聖治者豈有他哉理不過于人之所自具德遂處于人之所莫加而聖人不敢遽謂無可加也是故取諸仁以育之而民氣樂取諸義以正之而民志肅禮以辨之而上下安全樂以和之而風俗移易聖人之德至矣而未也退而敦門内之行

謹表率之原問寢視膳自世子之時習之以明父有父也視鯁
祖劉自臨雍之日行之以明父有兄也然孝尤莫大于嚴父嚴
父莫大于配天是以冬至配祖示始也季秋配祢示成也大路
越席埽地不壇器用陶匏牲用繭栗示質也立澤聽誓皮弁聽
報三宿七戒示恍也建以龍旂調以六變陳以蒼璧燔以朱火
此、豈修祝史之具文侈告虔之故事哉周之盛時禮樂昭明以
享帝者享親故其詩曰思文后稷克配彼天所以祖乎后稷也
又曰伊嘏文王既　享之所以宗乎文王也其時之為公侯伯
子男者約軝錯衡八鸞鏘、莫不肅雍以相天子所謂得乎萬

國之惟心以事其先王孝之格神人洽遐邇無所不通者蓋如此由是萬寶豐四靈畜屈軼箑莆產于朝赤鳳白麟遊于郊天心降格百福用康見為天之美報一人者如此其至也抑知事父孝故事天明其所昭格豈一日之故哉後世不明于事天事親之義亦或燔柴沉璧封雲禪亭時誇金馬碧雞時咏金車玉露天若鄭則曰符命降也天旱魃則曰以乾封也所稱上帝居歆者其道何居此唯孝之義未明故仁之道未盡也是以君知有親者天下乃親之君知有尊者天下乃尊之卿大夫象其孝故富而不敢驕貴而不敢溢士庶人象其孝故居家可移于官

守業必因乎地教不肅而成政不嚴而行皆德不約而孚者也

豈非積乎一心型乎四海之明驗大效也哉雖然天地之性人

爲貴父子天性也君臣之義也壻茲一人膺侯順德凡立身揚

名者　本夙夜無忝之心以爲夙夜靡懈之心則又移孝作忠

之本也故曰求忠臣于孝子之門誠正風俗維人心之首務歟

表

擬

上諭兵部將

欽定〃練儲備四事刊書頒布省直文武等官務共圖實遵依

限報竣昭

朝廷保民至意羣臣

謝表

伏以

隆運惕日中持籌遠燭乎萬里

廟算先天下固猷永勒于千秋居重所以馭輕謀先有備攘外
先以安內德普無疆遠迩風行法廉冰凜臣等誠惶誠恐
稽首頓首上言竊唯仁主庶瘝爲懷化調玉燭有道四夷
爲守險固金湯故自治爲國家之要圖而積貯係天下之
大命墉埊畝籍韓侯以榦不庭車馬弓矢衛公用戒戎作
〻惟邦本〻固則邦寧法以人行人玩斯法弛綢繆未雨
孰念予室之翹〻履戒堅冰遑恤王言之赫〻邊警何疎
疎先疎于堂與干城何倚〻實倚于腹心苟非實意之舉
行奚㦝虛衷之採定茲蓋伏遇

皇帝陛下
文武聖神
聰明睿知
龍 馭六曆五百年氣運之中
鳳紀函三媲十二葉德功之盛
修拜謹三風之戒
賑貸布十兩之歌念四海皆吾一家敢曰已安已治思太平
不可忘戰當先足食足兵須因蠢爾蹶張萑之小腆竊發
無九年之蓄何以備千里之粮憚一日之勞何以成百年

之逸雖龍德方亨未卜狼心遽洗且鳩形雖化終虞鷹眼
尚存
特咨戎部復煥
宸謨以為今日之所先大都豫備之無患崇墉無恙欲雉堞何
以增雄忠勇不後乎虎賁何以加奮積倉不涸庶免載道
而離惕備不虞寧憂生郊之戎馬唯茲四事皆出萬全
利于國正利于民酌于今貴傳于後勒之為書直與無逸
艱難諸篇並垂琬琰須之為令若合神州赤縣諸殺共仰
絲綸省與直如首尾之交維文與武宜股肱之互濟捺刀必割

無中立非任非議之間厝火欲焚無泄視將然未然之局無米之炊不能智同巧婦塗蔞之獻寧可識類嬰兒人臣志各為其私固何以報

君父一下事不出于實終不可責成功必舍舊而新是圖慎哉參敗乃公事乃集思而益可廣迨之莫若及是時

天語叮嚀勗哉三事簡書有赫式于九圍必令剋日而告成乃能渙雷以解澤臣等才慚唱籌謀疎借箸仰

九廟神靈愢厲菁莪餘植捧一時

綸綍欣承日月新輝數萬甲兵咸勝懷范公之烈十三謀畧豈

孟履集　卷二　嘉欉山房

徒讀孫子之書敢不猛策駑乘用襄駿樹伏願

武節昭文

仁聲鼓義成之克詰康之張皇則不諱兵而兵漸消為日月

鳳麟之彩順以养民師以蓄衆則能愛民而民可用于風

雲蛇鳥之中行見狼角墜孤壘壁盛羽林之陣冀尤伏鉞

丹鷟栖帝苑之梧萬方頌

天子明明億代仰

皇圖奕奕矣臣等無任瞻

天仰

聖激切屏營之至謹奉

表稱

謝以

聞

擬錦州寧遠屢戰克捷

獻俘

闕廷論功行賞羣臣

賀表

伏以

神武孔昭靖烽烟于朔漠

皇恩寵錫酬勛伐于旂常

獻俘馘以言旋龍樓錫彩櫜干戈而奏凱麟閣勒勳喜溢臣

隣威震華夏臣等誠忻誠忭稽首頓首竊惟夷不亂華師

直為壯曲為老天討有罪兵應者勝象者王五單于相殘宣帝卒來其欵塞而可汗並立太宗因得以犂庭刁斗夜嚴艸木動三邊殺氣穹廬曉破風沙飄萬里軍聲既奮長狄之喉還葬防風之骨自禦夷無長策而啓戎有前車地脈空殘徒築崇墉于紫塞國威已頓何用奇計于白登羯鼓動地來三十六宮皆烈火邊笳從暮東起百千萬灶已無烟彼秦漢不能臣所未臣在商周亦常治以不治玆蓋

伏遇

皇帝陛下

河清獻瑞
鳳翽告祥
升中泰垓蒼昊簡佽方之命
閩道釁序厝臣猷泮水之俘何物奴酋敢肆妖氛于十載惟
慈寧錦實稱要地于三邊溽暑入侵大犯兵家之忌轟雷
出震遂獲師中之貞
捐內帑以備邊鐵甲胡笳聲徹夜
命長子以坐鎮金戈寶劍力拔山方望先矛旋看破竹興師六
月斬級千餘一鼓成擒豈赳赳武夫之力萬全

握算實

明〻天子之功以

二祖十宗櫛風沐雨之乾坤成百年一日海晏瀾安之景象

金門獻醜

玉陛論功勳既得之封狼羨欲歸之貽燕若曰

君功諸臣不佞詎致雕題鑿齒之遺禽惟是

王德四夷咸賓實邀師武臣力之佐助是用鼓同舟之誼永以

靖出車之塵者也臣等仰瞻

聖武獲聞凱音頒爲賈大夫請片組以繫戎恥學魏正卿貪五

利而言好兹逢搴旗摩壘之盛竊有勒碑紀績之懽伏願
畱情六慰
加意三宣
外寧不督內憂有嚴有翊
文經無資武緯無怠無荒事維斷成築室息盈庭之訟當機
無掣肘之虞四體紓則威武自伸于雷擊師以和克
朝端如琴瑟之調閫外如首尾之應一氣貫而精神倍奮于
風行庶
金甌永奠九垓墩絕烽燧而

孟履集　卷二　　嘉欒山房

玉燭長輝三農影鋤桑柘臣等無任瞻
天仰
聖懽忭踴躍之至謹奉
表称
賀以
聞

科目

今夫一代之才皆足供一代之用第患用者之非才不患才者之無用故用人之法自古為詳敷奏明試虞廷已開詢事攷言之法成周盛時用鄉舉里選以取士論定後官任官後爵位後祿則尤有古遺意焉漢舉賢良孝廉茂才文學諸科唐制有歲舉有制舉二選宋初設明經制科後乃罷諸科而分經義論策試進士若此者或重薦舉或重科目用士則殊要以致士之用一也我國家比隆虞周其間科目薦舉先後並行猗歟盛哉邁漢唐宋而前之矣凡公卿碩輔由科目而起者秉景運而建

殊勳矣忠貞而靖反側班〻乎筆不勝載又或有以儒士至公輔以襍流躋華顯俱能振揚風軌為世所稱薦舉亦未嘗壞也夫今之才非殊于昔也且值　聖天子側席求賢拊髀思士之日宜多魁宏碩顯之士出其實學敷為經濟以上慰一人新槱之意豈不無愧科名而文章節義合而為一者哉何以一登仕籍輒顧身家非貽素餐之誚即來負乘之譏揆之食人祿而忠人事之義何居至今疑科目為無用欲以分途並用之議濟其窮生不敏何足以知之竊以選舉之法可間行而科目之途終不可議也生伏讀我　太祖高皇帝開國之詔曰自洪武三年

為始特科舉以起懷才抱德之士務在經明行修博古通今文質得中名實相称其中選者觀其學識品其高下而任之以官非科舉者毋得與大訖　王言蓋萬世不易之則也至保舉人才間或令朝覲官各舉所知一人然亦未嘗有廣厲之文其意已深且遠矣夫士患才不真取士患典不公耳科目一途益受命于天者也三關以試之糊名以閱之其得也賢者伸而不肖者抑其失也賢者以不幸抑有之矣未聞不肖之得以幸伸者也何也此中無徑竇可容其入也若保舉則異是夫今之可當玄纁干旌之典者非有躬畊嵁岩與韜光屠釣之才也高者傳

會耳食之虛名下者寅緣臭息之聲氣是古者隆中東山之輩所竊羞称也此非選舉之壞蓋壞于選舉之不称其實何者古之稱賢能者皆不求聞達之士今之求薦舉者皆巧于奔競之徒欲以濟科目之窮而光闢門之典可不可也是故仕不可以輕得貴不可以易致餙名而求功者輕也養交而市譽者賤也語云目不在面而在于足今在面亦有患何也衆人之目在面而　聖主之目在心也所貴乎聖主者予奪自我而不牽於衆人之論耳是以出自科目者不必疑也先賢如忠肅忠愍文成文莊諸君子事業勳名經濟理學皆爛然卓然此豈保舉者可

彷彿萬一哉今欲盡科目之用惟在耑任之寬展之何如耳誠寬其可能勿苛其所不可能毋使左畫員而右畫方毋使成鼓上而速鼓下毋使雞樹之棲未煖而鳳閣之綸遽移故曰人君之量如江河言萬物所歸墟也如天地言萬物所受成也上誠虛心委任以盡人才之用而人才不委心畢志以應上用者未之嘗有雖謂虞周官人之法至今存可也

吏治

嘗觀史遷循吏傳若宰單父邑中牟之政皆循〻類于無能而至于赫〻之能若西門豹者流皆擯而不與未嘗不嘆遷之達于治體也班范作漢書略倣史遷遺意故亟稱為循吏者文學化俗有如文翁教化安全有如黃霸尺書移檄有如賈琮單車就道有如龔遂豈非以安民之典弭盜之方為吏治第一卓然而不可及也哉我國家稽古建官守令之責尤重統以岳牧察以監司撫按有歲時之舉奏銓衡有三載之黜陟良以重視民不得不衆設吏衆設吏不得不嚴設法故當日之政績炳異若

況鍾之守姑蘇王恕之治維揚頤佐之治莊浪許逵之治樂陵仁明互用吏治由此而選也今　皇上毅然下尺一獎廉懲貪與天下更始冝守令爭自濯磨以為固本寧邦計迩者功令日嚴民生日蹙豈為吏者雖欲抑所以課吏者疎也愚竊謂昔之為吏者一今之為吏者三昔之為吏者曰循吏可為也耑以恤吾民也凡利病之興除流亡之招集井牧畊桒之儲蓄與為經畫則已矣今乃不然有不得不明督之於民者為不得不陰取之于民者為其明督者何也曰酷吏不可為而可為也病在餉矣歲額不足益以搜括那借莫支加以指泒一或不應則摘叅

鐫級之餘褫斥及之耳只求益朝廷之銖兩毫末也何知損民間之什百千萬者乎其陰取者何也曰貪吏不可為而可為也病在賄矣腌陳不發左右不親苞苴不達上下道窮一無所籍即有伯夷原憲之行六載為郎耳只頤白褎青蚨之能行也安念鵠面鳩形之堪憫者乎嗟此二者為吏則誠難也然課吏者不可不謂之踈何以言之夫吏以安民為職以循理為賢以政平刑簡為功効課吏者以察吏為職以執法為賢以獘絕風清為功効今則何如也催科者註上考矣是保障不若繭絲也擊斷者称風烈矣是鸞鳳不若鷹鸇也奔競者延聲譽矣是阿可

貰烹鄰而可再治也揔之監司之糾察不實撫按之舉核不當致銓衡之黜陟不明而朝廷之賞罰不重如是則吏安得賢而民安得治哉昔漢武帝時患匈奴日趣將士與之格鬬匈奴且益倡獗宣帝不事撻伐第與丙吉等日簡良二千石長吏分理天下而廉其治一時海内乂安匈奴亦旋款塞察吏以安民安民以弭亂非二事也當今而誠得如單父中牟穎川勃海良有司數十輩落落布天下庶幾神爵五鳳之風可追而民生其有濟乎

言路

人主之聽言也毋樂一切而置之不理人臣之進言也不可有翘然自負之心夫言路之亨實國運之泰乃以鬱而得通反以名而廢實者殆不可以不察也立談而取卿相者豪傑之美談飾說以文奸雄者末流之弊習是以呌呼而鬻士之賤也隨踵而至人之陋也夫固有不惟其言惟其人者矣不惟其言之人惟其人之言者矣古来如綱成之代相富民之封侯與夫称直言而實私善清言而實敗者此其言卑卑不足称也至若文皇之識馬周也而賞嘗何以知人藝祖之識齊賢也而囑太宗以

孟履集　卷二　嘉蘐山房

大用雖言與人適相參执然以覘試事詢言之法抑有間矣我
朝家法以銓除歸吏部以言路歸科道非分人與言而為兩途
惟欲核其實而一一使之有用耳迨我　皇上精心出治而於
用人聽言之際大為加意一時之拔茅連茹以舉所知嘉謀嘉
猷入告我后者何多正人碩畫也蓋命律者呂召雲者龍隨月
者蠬應山者鍾其以類相應者固有然也執事尤兢兢以受其
益不受其弊者為慮愚生有以知之矣夫老成持重之識必無
輕躁之言而希榮干進之夫類肆不經之吻乃有以孔孟之旨
目為迂談經術之儒訝為無用一言偶中遂叨青紫而不避墻

間之態萬言書上遂都通顯而不顧江山之移以此爲言是伸
已詘人不可謂和衷之雅弊能使舉朝之氣鬱又有以新進之
夫思更舊制刻薄之法欲中盛朝連章累牘遂恣已意而不慮
聖明之歟諛聞惑衆祇沽名譽而不慮奉行之艱以此爲言則
生今反古不可謂不信之謫弊能士民之氣亦鬱如是而何貴
言爲哉子曰君子不以言舉人不以人廢言富鄭公曰人君好
惡不可令人窺測千古知言知人之準不外於此則鼓舞一世
以無負延攬之意者端有望于　皇上一加慎焉耳

兵農

嘗聞兵農之法始于井田蓋以兵衛農以農養軍古今之良法美意於斯備焉沿至後代其法未始不存而卒大非其舊豈真法有必敝而不能不敝者此奉法之人耳嘗攷漢之材官唐之府兵宋之土兵非不班班各得其法然其後至于陵夷衰微而民乃斁擾也此其故竊得而陳之夫兵之為農病也久矣按籍而稽之盡兵也而水飛陸輓竭餉以奉之者盡農也上古兵農合而世受兵之利至兵農分而患乃有不可言者矣夫當羽書旁午之際欲復乎蒐苗講武之舊非愚則迂故無兵不可不召

募有兵不得不徵調召募則糜餉之階也徵調則加派之始也今日仰屋而瞪加之毫釐明日持籌而筭加之銖兩不知朝廷之毫釐銖兩民間之什百千萬也嗟乎農也竭力以給軍稍傾貲以塡溝壑而兵之不可問者如故也如是而民心尚足恃乎奮臂一呼草澤響應弄兵潢池竊發內地豈復足怪者然則可省餉耶可休兵耶勢必不能也　太祖首建民兵其制誠深遠矣至于今而內兵不足募而外兵外兵不足募而遠兵以逮諸國郡縣亦復有兵之名無兵之實何以設兵之制不一而練兵之法不發歟無已則有練鄉兵一法令之蹂躪於秦晉猖獗于

楚豫蹢躅于江北非盗也民也非無兵之患也有兵而無其籍半市井遊食之徒之為患也今議于每鄉設兵若干人以牧民之官躬董其任教以騎射習之操練有事則人自為戰家自為養若子弟之捍父兄又復嚴以家甲諭以鄉禁俾勿得以生異心而陷非法則費不煩而民有備之道也若所以處外兵遠兵也則亦唯有精簡閱之一法其老弱者可汰也其倩冒者可除也務令兵可足用餉可足兵兵以一當一則餉減其十之三矣兵以一當十則餉減其十之七矣追呼緩而民心寬徵徭省則流亡復尚有萑蒲嘯聚之夫致煩朝廷之旰食者未之有也若

邊地有屯田之便亦兵農合一之局乎當事自有奇策生毋煩過計為矣

理財

聞之理財無別法亦理其人耳天地之財只有此數要惟流節而後源疏生財之道豈有多言亦曰民足而後君足此用財之大要也理財之書周禮獨悉沿及漢唐宋其生節之道各有成法可倣然法不能不敝即令管商復生桑孔繼起必不能膠柱而談區畫之方塗羨而講蓄儲之實者也洪惟　二祖審定經制凡裕民足國之道未嘗不備何至今而司農束手無策致勤宵旰執議者乃以增榷均溢加派開採捐助及鹽鐵鼓鑄等款稍紓一時之急以為權宜之計耳夫羽書旁午萬灶呼庚不能

孟履集　卷一　　嘉欐山房

省兵則不能省餉不能省餉則不能省賦與省征于是計臣不得已而督之有司有司不得已而誅之百姓百姓不得已而供之上上復不得已而餉之兵吸無窮膏血飽朘削之藏輦有限財力悉漏卮之竭蓋至民已殫什百千萬之藏而　上猶未實收毫釐銖兩之利此其弊不在下也在于奉行之人借口奉公而實以圖私本為益上而先以損下其弊千端不可窮詰流之不清源何能裕財之不足也有由來矣為今之計必欲減田租之半罷榷稅之令使各安惟正之常供以為休息斯民之計其勢不可何也無米之炊即巧婦不能也然則一切權宜之法不

擇美惡而悉行之此如蹈川蹏檝臨釀思蘖事急鮮効從滋紛擾耳遂可謂理財無遺筭已乎吾以財未議開也當先議省議開則興一利適長一害議省則去一害而實得一利如兵餉亦今之急務者也土兵不足募而邊兵近兵不足募而遠兵〻虛而餉則實矣兵無用而餉則必用矣竭種〻搜括以養兵而不足獨不曰兵以一當什而餉省其什之三乎兵以一當百而餉省其什之七乎寧兵少而強毋兵多而薄寧兵強而厚廩毋兵薄而耗粟如此則兵力益重而餉力益輕餉力輕者民命可甦兵力重者寇侮可戢以戰則勝以守則固然後以無事之日爲

弭盜

夫馭民難馭亂民更難馭將亂未亂之民爲尤難是已木不畏斧斤而畏蠹國不畏夷虜而畏民夫虜之爲患雖或鴟張有時蝟縮雖或狼奔有時豕伏此之棄鄉井委墳墓釋耒帶劍走死地如鶩者以爲盜則皆民也以爲民則實盜也誰非赤子忍令其至此而不爲一救卹耶議者以爲莫若撫之便夫散其脅從者詰其營壘者嚴一切捕盜吏者設三科募壯士者古未嘗無成法也特患無其人耳今果有龔渤海其人乎張廣陵其人乎抑有虞朝歌其人張冀州其人乎若然則言撫可也今　皇上

軫念元元欲與一世休息但令投戈暨予解網噫甚盛心也然猶以勦撫兩策並申者無亦虞民心之未敢知而賊計之弗可料歟執事乃欲以閩之已事徵之夫閩之患倭者僅耳其跳梁煽亂者大率皆羣不逞之徒出沒聚散於波濤中耳果孰非民乎哉然能以次殲滅者厥有其故夫劉香之橫行海上者恃有舟舳之用耳我計用以火攻之法故得不意而焚滅之鄧茂七之流毒諸郡者恃有山谷之險耳我計用以擣穴之法故得以衆勝而掃除之以語于秦晉楚豫之寇其所施之法必有不同者然生就閩憂閩竊恐巨魁既殲之後尚多未固之猷未全之

策也遊寨已裁減矣未有議復者軍兵將空籍矣未有議補者接濟遍海上矣未有議嚴者閩將須用閩人矣未有起廢而錄用者嗚呼求閩海之長無事不可得也夫緩則治本急則治標何以弭將亂之盜于未然何以消已亂之民于既橫知不獨一閩為然矣總之撫有撫之宜非嘗凜一勦之心以為撫恐叵測靡常之民未可以至誠服也勦亦有勦之宜非嘗存一撫之心恐聚族嘯處之盜未可以誅殺盡也恩威並用之法凡晳理協力諸臣其善所控馭之可予愚生敬歎彊理來極之雅以為明〻天子頌

孟履集　卷二　　嘉蘗山房

海運

我國家奠鼎燕薊轉輸東南粟四百萬石上以實京庾下以給兵餉僅賴會通河一線譬則人身咽喉少梗則立有死亾之禍識者憂之謂富家作室必用前後兩門以防叵測況以轉輸為命脉者乎故宜尋元人海運故道與河漕並行夫天下之供輸大抵倚藉于荆楊居多其從江淮而入之海者歷鶯游田橫諸島轉而之成山天成山者正秦皇驅山渡海處也山足隱隱橫亘水中一觸艅艎倏為虀粉萬一黃雀風鷰黑蜃氣結舟子愕眙而厥功罔施將資糧于水濱可乎乃有謂薛島之西有馬家

壕〻南北皆接海涯稍北即新河又西北即倉海直沽取徑于此勢平且捷則從海而去其險誠莫如膠萊河便攺膠水出膠之黔墩山經萊境名膠萊河元人姚演剏鑿故又名新河國朝會通河行而新河廢然故道宛然未全梗塞自南海麻灣口迄北海海倉口中間相距寔二百八十二里两口皆有潮水深入堪以行舟無容修濬計二十七里其間淺深不等應修者二百五十里應淘沙者五里此河一開則千里舳艫直至津門普天灌輸源〻不絕可無咽喉一綫之虞是非一時之計實萬世之業也然人往〻難之者曰港有石[illegible][illegible]水海多沙耳夫用火可

以化石建閘可以蓄水乘潮可以避沙昔人嘗言之無如耳食之輩聽聞不確以目前共睹之故道視為亘古莫問之迷津言石則鋒攢劍插爭險于蠶叢言沙則壅海絕河比名于西極稱經流為涸轍指平土為崇丘豈不謬哉若然則河〔〕不難開乎曰非也河開未難而開河者難也夫鳩工動衆能無重費之虞久廢忽復能無非常之駭今東省皮骨空于飢饉膏脂竭于輓輸計河工動費即多方節省須五十餘萬金錢計將安出欲搜括而庫藏無餘欲追呼而豪右不應議協濟則無從設處開事例而未見樂行此猶指東隣之囷以為積倉借西河之水以活

涸鮒不可得之數也則開河之難〻在財者一也是役之興全在任事者勇斷于始而堅决于終然而非傾成敗即慮毀譽上而撫按監司多喜寧静之福下而郡邑守令盡苦供應之煩夫天下未見上下二心任議殊見而可以舉大事成大功者即以張江陵持軸且聽奪于衆囂劉司空董脩亦心厭于九仞他可知也是開河之難〻在人者又一也即使得其人有其財海果可通運果可行然新河僅二百八十餘里耳從廟灣而至麻灣旬海倉而達天津前後海行尚五分之四聞海舟底必尖故入水深而乘風利若河舟則底平矣能以底平之舟由河而導南

北海安瀾不驚乎能以數百萬漕粮屬之不習海之水卒而中流擊楫與波上下乎沿海墩堡空無一存矣以之防候無人以之脩漕之衛能盡有人乎河運中尚虞梗塞者保無小醜出沒于黿宮鮫室之間橫行而莫可誰何者乎昔支大綸有云語牽輓則海省而河費語漂溺則河安而海危至于乞靈海若舍安而就危或者萬不得已之餘畫此思患預防之一策耳其成則誠　國家萬世之業若未成而旋廢既廢而議復恐貽東省以無窮之累者尚未有已也余顧頗諸文武臣戮力殲此小醜以享海晏河清之福則河漕歲以為常可也夫不議於河梗之日

孟履集　卷二　　嘉藂山房

而議於河無可梗之時意明問所謂未雨綢繆者其在斯乎

海寇

今日以門庭之患而貽當事之蒿目者莫如海寇夫其烏合嘯聚出沒于波濤之間非有超距之雄也非有數世之釁也始唯是羣不逞之徒思剽刦商賈為漁利計耳迨其後遂猖獗難圖永為海患我閩人民受其荼毒者葢十載于玆矣迄不能出一矢以與之抗者何也承平日久文恬武匿將帥則諱言敵至于士卒簡練不精半是虛冒之輩身無完鎧手無利刃望敵股栗蔑有鬬志何怪乎覆軍斬將大城破小城陷而嘉清末年之餘孽復見于今日也哉自昔倭夷之浸我閩如曾一本許恩華實

生戎心為之勾引而倭始得熟我地勢橫行莫可禦焉不意今日復踵之也土著生聚之民盜夷池〔滿〕置身于浯渓銅山之間倚為窟穴且復聚散靡定因而燒毀哨船焉因而攻掠城堡焉其殺傷官兵者不可勝計甚至偽立名號僭擬服飾儼然以夜郎扶餘自大雄長於一方誠未可以海濱一波〔民〕目之也幸今　王靈赫濯早褫其魄彼不赦之孽安能復恣其釜中遊耶為今之計勦之為上然勦賊易勦從賊之民難勦明目張胆之賊易勦藏形匿影之賊難我閩數年間非澇則旱非陰風則酷日民思避徭逃役之不得囂然走死地如鶩賊遂以民為奇貨而誘之

使從民亦以海為奇貨而因以為利於是商販之接濟漁艇之出没幾不可窮詰至我之步卒訓練與否舟糧備足與否鮮不一一告之彼且揚髻鼓鬣先據上游以待我縱使馬援復生呂蒙再出恐難施其鈇舡過海之謀與夫白衣搖櫓之計也當事者憤勦之失利輒欲議撫夫撫之前車已可鑒已草草然只結一時之局而未散其黨乘風破浪一呼百聚寧保其不復縱横者若如仍前議撫安知不復有狡賊華袁楊葦出而誑我也哉若此勢不得不勦撫兼用竊以為莫如先嚴接濟欲嚴接濟又自申明保甲始請自今著為令凡沿海漁商勿許擅造雙桅巨

艦勿許私出硝磺鉄冶蔴粟勿許涵泄于似賊非賊之間致漏聲息令海上知我虛實凡有犯者誅無赦家甲不舉首者連坐至于巡邏海上之師尤所宜防知而不捕、而故縱者與賊同律惟內地嚴則與賊通謀者寡與賊通謀者寡則賊將坐困于茫〻烟水之區來無與應去無與援於是聯絡沿海水兵相機以擣其穴計渠魁可駢首戮也夫然後散其脅從使之仍歸本業以昭　聖天子解網好生之意行見海宇妖氛廓然一清而無知小民重睹安集矣此勦而兼撫之策政防海者之所當知也

經學

今夫文運與氣運相關者也故文不足以包舉乾坤籠絡今古則文教不光即使備玄黃之理探造化之藏亦奚足貴者不知一代之草昧一代之文明開之也自混沌初闢而人事始昭有天之文爲日月星辰以爲經有地之文爲山川艸木以爲緯有人之文爲則帝皇王伯以爲統追聖與聖遞傳六經之教始出故夫廣而微者莫如易正而葩者莫如詩典而噩者莫如書質而備者莫如禮嚴而約者莫如春秋皆根極理要斟酌性情爲萬世文字之祖是以后世之論説詞序則祖于易者也賦誦歌

讚則祖于詩者也詔策章奏則祖于書者也祭祀哀誄則祖于禮者也紀傳銘檄則祖于春秋者也經之用廣故經之道益尊由經而外始有諸子、之不得比于經也明矣即如道德南華亦以經名然以自然為至以無為、極虛淡寂寞非萬世不易之道也迺至七國策士者流縱横捭闔說者以六經治世之文戰國亂世之文雖未為通論至如子輿氏反經以承先聖豈非戰國時之特出者乎秦漢而下自左國屈宋以外文之閎肆實推子長而董賈向歆班范輩互相鼓吹邈然寡儔唐文敝于六朝之艷靡而退之遂奮而起八代之衰宋文漸于道學之迂腐而永州子瞻並出而振五季之靡上下数千百年盛衰升降可以觀文可以觀世矣然古今之道不外六經在昔聖人破混沌而鬼泣昭雲漢而星垂前不能作後不能述故觀于泰岱而知山之難為高也觀于滄海而知水之難為大也觀于六經而知百家諸子之難為言也夫文而不根本之于六經即謂六經以後無文可也我明崇尚經術人文極盛經生家搦觚握管揆藻于文明之世者莫不足踔天心手扳月窟固宜駕越前禩曼隻軌近矣乃舍周孔之正印襲百家之妄談鑿朴散淳離經叛道此誠世道人心之一大憂也夫文章為經世大業不朽盛事何

孟履集　卷二　　嘉蘼山房

取此雕鏤刻畫窮極瑰麗之語為所謂黼黻皇猷者安在也大抵文人骨力少而後好尚多遂時以為工偶世以為好朽敗濫目而矜古色淫靡聒耳而詭希聲此其弊寧出詖淫邪遁之下文運不端世風何由挽哉則欲砥世風于不敗者當嚴士習以正文体而後六經之教昭于中天矣

士習文體

風化徵于士習士習徵于文體執事殆有意乎其言之也夫士處艸茅之中佩先王之教慮無不争自濯磨即其倣古立言著作自命莫不本乎六經令人聆其芳澤者以為處可暉映國華出可佐理 天業而後化成天下之教萬古為昭此士之隆也自世有矜放達以為高軼繩簡而弗恤且追風雲以為尚襲月露而見奇不失于夸誕則失于浮靡心術敗壞而世風隨之夫文之横其象為亂遂致干戈之險兆于士心而有餘文之弱其象為陰遂使婦女之柔中于士氣而難動此其決裂可勝道哉

孟履集　卷二　嘉藜山房

哉　太祖高皇帝諭國子學官當以孔子之教為正又諭中書省臣以典謨訓誥之文質實不華煌煌聖言其加意于士習文體者如此其至也　皇上數年以來表章孝經小學及脩復鄉射凡諸子百家不在六經之科勿使並進噫甚盛心也夫士雖疎逖無不仰體　聖明廣厲學宮至意乃衿紳猶多越畔議論未甚還醇豈真積錮而然歟詩曰鳶飛戾天魚躍于淵言士不飛躍其意則不作也今者四郊多壘哉　皇上勵精典學愷悌作人廣德心于桓桓將欲懷鴞音于泮水矣誠倣擇師聚教之法與夫分年試經史時務之議俾禮臣督學等官加意督厲夫

家無異師則人無異學以經為資以史為衛其立言也必使之通達古今楙則風雅昭昭離離粹然一軌于正若暈蒙鳳羽石混荊璞者無為也若塵羮見譏土飯遺誚者無為也若竊竺國剩餘拾太上支言者無為也因而時稽察其行一遵 高皇帝卧碑遺制叛禁者黜無赦夫然後非先王之行不行非先王之言不言心志一而精神生精神生而智勇出因是效忠矢節以報朝廷養士之恩皆有任之而不辭者故曰左執大行之孫而右縛雕虎如此則士人之能見於天下晉謀置師趙衰曰郤縠可敦禮樂而說詩書夫詩書禮樂而足為應敵之具則上之所以

嘉穡山房

孟履集　卷二

教與下之所以應者甚不可崇尚浮華使緩急無一日之足恃也易曰君子豹變詩曰羔裘豹飾孔武有力夫豹藏文而貢武此言士之能也不則徒襲周規折矩之常究心叶偶章句之末以稱于世曰吾守正也吾尊經也文安能發國家之光而奮古今之烈乎世亦奚貴此無益之士為故維士風者尤貴以作士氣為本也

八閩文庫

八閩文庫

文獻集成 346

福建文獻集成

續編 集部 二三

吴格 主編

海峽出版發行集團
THE STRAITS PUBLISHING & DISTRIBUTING GROUP
福建人民出版社

本册目次

郭孟履集五卷（卷三至卷五）

[明]福清郭文祥撰

中國國家圖書館藏清抄本

郭孟履集 三卷目録

序

賀司空硜齋高公奉 旨陞見榮晉南少司馬序 公諱弘圖庚戌進士拜太學士膠州人

賀柱史雲岫高公[redacted]全城序 公諱允茲甲戌進士膠州人

賀柱史石帆張公[redacted]全城序 公諱懋熺甲戌會魁膠州人

賀匪莪林夫子八袠序 公諱協可封君福清人

贈高大生篤交伏義序 諱燁孝廉膠州人

林鏡甫倫史鴻文序 諱琦孝廉福清人

膠州拔尤序

道嚴社篆序

跋

先大夫遺稿跋

伯父遺稿跋

叔父若谷軒文集跋

題

題劉儒孝漢衿唫韻事後

記

建膠西忠義祠碑記

膠西魁星閣記

艾山禱雨靈應記

滕烈婦高氏碑記刪

重脩新橋碑記

郭氏一家言

閩玉融郭文祥孟履著

序

恭賀司空硜翁高老先生奉　旨陞見榮晉南少司馬序

歲壬午　聖天子下詔求賢銓部舉内外才望之臣獻首推轂

我翁而　帝心簡在蒲輪特召翁將舉十餘年所揣摩者對揚

君父以扶亨濟屯方execute道而廷議僉以南少司空非翁莫屬計

新綸且旦夕下翁果毅然出山以大尉蒼生望矣隊之人扳轅

而呼若不能一日舍翁者則以翁總理城守全活生靈之功歷

孟履集　卷三　嘉麓山房

歷不可忘也先時[redacted]邊關失險烽火達青齊推名城如拉朽滕城
斗大何恃不恐余不佞集諸紳衿于公所商所為固圉萬全之
策者咸云緊惟　司空[redacted]董厥事任乃克濟不佞率士民造請
翁遂慨然任之曰城守所難[redacted]在措餉耳有吾薄產足捐[redacted]
[redacted]何惜數千金不以餉士以為全城造命哉于是偕
仲公光禄謀諸張高二柱史及孝廉諸君申明號令選將員享
士卒精器械製火藥勤偵探嚴稽察脩城濬河靡備不舉而所
費則取諸翁若寄也嗣是諸紳衿皆爭相樂助兵需愈足非翁
首倡力不至此且晝夜陴頭躬自慰勞寒則解衣、之饑則推

食丶之又周諸生之貧者百餘人以故人丶效命三閱月間[redacted]敵
薄城凡五次翁冒矢石授方畧諭將卒以大義而衆志愈堅[redacted]敵
屢挫而退[redacted]城以克全所活生靈
以萬計伊誰之功方且家誦户祝慶苞桑萬禩未艾而翁一聞
寵召遵人臣不俟駕之義刻期赴　闕滕之人攀轅無從益思
所以不忘翁者屬言于余丶自慚卑賤何敢輕泚筆進而諸鄉
耆有詞矣曰吾儕獲有寧宇洵惟司空之賜我小人戴天而不
能名其高履地而不能名其厚幸仗太守一言庶清風穆如聊
以名高厚於萬一耳余唯丶又何敢以不文辭獨于翁是行而

竊為　聖天子得人慶也茲者[redacted]天下南北亾眷
眷多故矣而智能才辯之士平昔鳴劍抵掌者未嘗乏人而猝
當事機首鼠相伏坐視中原蹂躪而莫之救卹提師百萬靡餉
億千飲至策勲百未一聞焉今　聖明鑒翁純忠嘉翁勁節拊
髀興思欲以艱鉅之任授翁惟翁識全于進退之際機審於動
靜之間行當入而莞樞出而佐府以一隅保障者壯　國家萬
年金湯以五次[redacted]克敵者張　朝廷千秋撻伐解衣鼓同澤之雄
推食激投醪之感削[redacted]平禍患所以安攘大略具是矣又寧弟維
桑與梓席其鴻庇焉已哉詩不云乎赫赫南仲獫狁于夷又不

云乎方叔元老蠻荆来威兹行矣氣壮風雲身負日月竹帛大業又有大卓越于前者詩歌所載翁将咢峙而三之矣謹序

孟履集　卷三　　　嘉蘗山房

柱史雲岫高先生[redacted]全城序

聞之忠孝一理也古人有移孝以作忠者讀不遑將父之詩而知我周盛時人臣之盡瘁王事有如此也追慕蓺慨而風樹悲正人子報德罔極之始此而欲捐糜酬一人之知除兇光中興之業詎孝子所暇及哉若夫從苫塊而籌桑土梓邦倚若長城遂以紓　聖天子東顧憂忠孝兩全吾于先生見之矣歲壬午冬[redacted]匪茹内侵目無堅壁滕岌、惧不免而富家子輒輦金帛之深山僻島中人心益靡余初聞警愧莫展寸籌惟幸平晉恩撫之百姓差可用而城薄而河堙而器敝可奈何且帑藏懸罄登

陴諸卒嗷〻庚癸呼可奈何抑入百其心尔納我鑿上與下有
呼而不應之勢可奈何余用是惴〻憂步謁先生而請策先生
曰吁鮮民何能為膠之入習安忘戰非一日矣從薪未能焦頭
孰克吁鮮民何能為余曰唯〻誰守土者城存與存城亡與亡
余之責也然從來嬰城固守垂危而存晉陽三版已事有徵也
先生其終教之時余相膠城要害惟北偏最衝蓋地曠而河枯
料[redacted]敵騎縱横所必攻之處因長跪而前必借先生嵩守之若曰
此北門鎖鑰洵非先生不可也先生遂慨然力任偕仲君明經
公郎孝廉晝夜登陴三閲月不懈蓋公事也而家事視之矣且

先生起家廉吏罄產助餉前後費五百金不之惜先生又惟知
有公事豈復計及家事也者至于豈砲臺製雲樓築牛馬墻鑿
外河幇城增垜之類皆次第而修舉之若行所無事[redacted]千萬騎
薄城者凡數次果屢以有備而大挫之先生之厥功偉矣先生
宰完邑時曾以全城[redacted]露布[redacted]聞　聖天子嘉乃懋績擢拜西
臺按部吳江澄清攬轡墨吏望風氣懾爭避驄去今雖讀禮家
居而重望益著壯猷益老乃出其守完之略以守膠安知虜不
相戒曰是其壁壘旌旗猶然完城氣色赫赫然威名如昨也吾
東[redacted]入膠破矣用是膠郡數萬生靈賴先生功以全活此鄉者百

孟履集　卷三　　　　嘉麓山房

姓所以銘諸心而勒諸口欲以文屬余爲先生揚厲功德萬一余雖庸陋義無敢辭第觀古来任天下事者惟才胆識兼之乃濟先生具文武才復膽略過人其定識卓見確然不可奪至于從容整暇有聞無聲又不啻饒羽扇綸巾輕裘緩帶之度靜以待動逸以待勞卒使[redacted]妖氛靖兵氣揚珠山增譪海水無波是先生之功當與膠之民社同不朽詩云惟桑與梓必恭敬止言父毋之邦之不可忘也誌孝也又云普天之下莫非王土言朝廷封疆凡爲臣子者之不可不從事獨賢也誌忠也先生在苫塊餘不辭難不避怨功烈爛然萬靈嘉賴意冥：之中似有先爲

全膠地者適合於孝以事君之義其效眞不出家而成也今者
聖主在上亟欲得社稷臣以恢大業而致太平先生未出而圖
吾君先生一出而圖吾君吾又孰測其忠孝之效之所届也哉
謹序

嘉蔭山房

孟履集　　卷三

賀柱史石帆張公[redacted]全城序

夫人臣忠君愛國豈必畫籌帷幄之内奮跡戎馬之塲而後足竟鴻猷奏偉烈哉即如道全巖廓身處江湖捍梓里之封疆紓楓宸之宵旰在朝〻重在野〻重此其所繫于天下之安危者夫豈小歟若柱史石翁之督守滕城功存固圉滕人戴之惟若更生跡其捐金享士則恩深于醪纊設險周防則謀固于桑土[redacted]虺閃風披靡所擊傷者數百餘騎則皆指授方略不啻埋輪懾豺狼之魄請劍靖蛇豕之氛赫〻威名文武憲邦余為上厥功于當事訐剡犢日騰蒲輪且旦夕召東山非高卧地也亡明矣

孟履集　卷三　嘉麓山房

然而先生禦[redacted]寇之烈不自今日始方戊寅歲先生代巡真順廣大等處[redacted]寇入犯撫臣倉皇護都門將士隨以去人情岌岌不自保且[redacted]敵騎攻突之日正叛兵初撫之時外有鴟張之勢內多反側之虞先生當此任亦艱危矣哉迺孤身擔當險阻弗避勗將士以恩威勉百姓以忠義措金購勇出奇擊惰與[redacted]寇晝夜相持者二十餘日[redacted]計窮而退此先生保鎮城之首功所不可泯沒者嗣後擒土[redacted]賊而撲燎原脩磚城而鞏保障凡今開州南樂諸郡邑崇墉屹然萑苻不警伊誰力也事平而先生竟解組歸嗟夫功高不賞而人言及之當日之待有功者固如此乃今得藉

其重望席其壯猷以衆志之金湯拒四面之豺虎膠城億萬生靈幸賴以得全于膏刃之餘蓋先生之成局定而威名所讋者遠也此足知先生朝野倚重之故矣膠父老乃躋余堂以請曰今者邊疆失戒狡[redacted]騎長驅吾城四面皆營三月受困可危一内無積餉外無援兵可危二臺隍低薄塹河涸湮可危三吾儕出萬死之餘不知此三者子大夫何以處此余曰噫此天之功非人之力也且天之功居半而諸鄉先生之功更居全也尔亦聞茲者之脩城塹備芻粟精器械募勇敢清奸宄者誰張柱史之力實居多即繪麒麟之閣勒燕然之石豈足以紀其萬一哉父

老乃舉手加額曰展也膚功此非一日之庇而萬年之福也子大夫何可無一言以志盛事余不獲辭遂叙次其言以應其請焉謹序

奉賀匪翁林夫子八袠序

吾鎮匪莪林先生布衣儀中公裔也公抗疏請蠲閩浙廣之税德在生民天為昌厥後而乃施及於先生身有隱德能不忝其祖是歲春仲皇覽揆初蓋稱八袠云吾聞古者朝廷養國老于上庠典至重也今先生之伯子鏡甫以名孝廉膺少司成之命旦夕寵誥榮頒而蒲輪至焉皤皤大老斯可杖于朝矣豈今上以此教孝而天以此報德歟何昭昭之弗爽也且長孫振藻預宮適與壽會諸知交及門下士咸拜手加額頌修酌者詞先生曰吁吾不忍以父母生我之日為樂也敬謝客伯子不復忤

先生旨爰述先生心以詔不肖夫先生爲不肖受業師不肖智不足知先生亦嘗與聞其槩矣先生父近軒公膠庠名宿也中年捐館舍先生以不得終養爲恨故取歸爲匪莪傷鮮民也哀哀劬勞蓋不勝有罔極之痛焉幼值母病每清晨就傳必拈香禱于天而後涖事凡未孺公甚恭謹以是先生孝友之名聞于鄉既而補弟子員三戰棘闈以數奇不偶因以所學授之于徒余偕施孝廉君貞聞詩聞禮素與伯子共之先生又雅與先大夫及先忠烈公相友善凡余家昆季多立于先生之門而四方士從游日益衆人〻饜意去以是先生師之道廣于鄉與人言

必由衷而發有謀焉必盡家極貧而未嘗負人一文舌畊之餘
閒或為人傤不責償遇人以非理加直茹之嘗效婁公唾以
自况鎮立三賢祠及增城修橋葺路建寺種〻義舉每以身先
至樹德冥〻不為人知如在先忠烈州署中平裔家之獄而減
滑氏之辟所生全者雖縷述鄉之人則又嘖〻曰當吾世而有
先生真所謂古之君子也真所謂攸好德而攷終命也斯其為
壽無彊者欤雖然先生壽矣先生若忘其壽也夫人戚〻于巳
役〻于世蠅逐蛾赴鼠鬭蟻爭終其身與朝菌較菴無問其不
必壽即壽矣而戚〻而役〻若不知有壽之樂者吾亦不命之

孟履集　卷三　嘉穟山房

為壽也嘗讀頌曰萬有千歲眉壽無有害乃知天地間凡美好
可喜之物皆能為壽害聲色嗜慾害之淺者也功名富貴害之
深者也愚者惑焉賢者不免夫形骸幻泡也物我蝴蝶也得失
蕉鹿也榮枯黄粱也溺于其内則有害游于其外則無有害矯
而逃之外則有害順而安之内則仍無有害所貴君子者樂天
知命如孔之素位而行孟之脩身以俟焉斯已耳夫孰得而害
之者哉乃今觀先生益信當先生初年環堵蕭如朴衣糲食不
為貧賤所移志趣早與人異自伯子登賢書後豈無廿䐟可以
奉先生先生淡然如初雅不欲變此度也且不輿不蓋步屐跉

蹣曰與二三耆碩逍遥于郊外之東嶽寺一杖自携一杯共適
時對客而手談時逢僧而證乘昔稱香山洛社今再見之朝而
往暮而還晝之所行皆吉祥善事夜則課孫唔咿復有曾孫岐
嶷戲繞膝前摩其頂而詈之至就寢則夢栩〻而覺于〻矣無
事可以攖心無物得以縈念以視世之廣宅腴田華衣丼食者
其所得孰多即以視世之豐功盛名尊官大冨者其所得又孰
多吾知先生必不以彼易此也先生忘乎已忘乎世是以忘乎
壽知其壽而適焉引焉者壽以人不知其壽而任焉適焉者壽
以天壽以入世俗之所為先生壽〻以天不肖之所以壽先生

孟履集　卷三　　　　　　　　　　　　嘉蘗山房

先生聞之其勿觴乎哉伯子孝而能養志嘗體先生之孝友者梓而為倫史鴻文凡古今忠孝節義可興可感之事必舉以教世岳牧薦焉　帝曰嘉哉其為朕典教成均伯子行矣必能闡先生之教澤以培養人才表正風俗使自鄉而國而天下皆如聞過庭之訓焉是先生之孝行得伯子而益彰先生之師道因伯子而益廣憲老乞言舍是奚屬夫壽者酬也　聖天子在上作朋方急必以如岡如陵者酬先生矣敢以此質之先生其庶幾為伯子進一觴乎先生曰吁吾終不以父母生我之日為樂也敬謝客

賀周如翁年伯偕朱太夫人雙壽序　方伯周櫟園二尊人

今歲壬辰上巳為如翁年伯偕伯母朱太君雙壽之辰小子自玉融之劍津躋櫟公之堂遥致無疆之祝諸鉅公脩酌者詞縷縷盈牘小子不文又何敢贅櫟公曰余與若同籍同仕共井共苦惟子知余余宦閩五載鈌養多方殊不若依々膝下效古八彩衣歡為得也其述余心以告觴者小子唯々而受簡小子閩産也閩於昔時為樂土迩来山海交訌兵荒叠告民之凋敝極矣天恵福星綏此南國自櫟公涖閩覃武功敷文治安反側撫流亡閩之俗翕然向風自公始櫟公之為德於閩也如此閩之

士若庶婦若子每食必祝公曰遐不萬年則每食必祝父母乎公者曰遐不萬年可知也夫人間諸福之祥皆可致惟壽不易致故周初臣子愛其君父者必舉山阜岡陵爲稱祝之首非諛也惟其愛之是以壽之壽者酬也壽者受也千萬人愛公而以壽酬公之父母則公之父母〻〻足以受千萬人之愛以爲壽可知也非櫟公之宦閩五載湛恩闓澤寔有以浹洽乎千萬人之心非櫟公五載之勞瘁周歷乎全閩區宇兼攝夫全閩符篆即千萬人之心未必其愛公與愛乎父母我公者之如此其深且至也余嘗誦櫟公貽何匡山詩訴其所云可憐瘴癘地五載未

成田似若以閩五載借公為憾夫櫟公巳丑齋章假歸秣陵始得執䑺拜薦堂上未幾復匆〻至閩不知此五載內其愛日之精誠真無一刻不在秦淮之間及夫三十六峰下白沙翠竹江村之際倘未即依〻朝夕也就茲一刻如五載焉況五載乎哉意櫟公必自憾五歲之滯閩豈其憾閩五載之借公也詩不云乎王事靡盬憂我父母閩之事亦王事也當公之筮仕也太公告以蒞政愛民之要諄〻不少懈太翁固非私爲一身一家謀者櫟公克廣太翁之德澤傳為黎庶之膏潤固嚮者太翁就祿暨陽善政惠民之志也太翁聞之輾然色喜豈顧問哉茲值太

孟履集　卷三　　嘉禨山房

翁授几之年與朱太君偕壽偕臧蘭玉成行賓朋錯集櫟公且
遠擷芝山之瑞遥添海屋之籌合吾閩萬姓之歡心以事二人
壽莫大焉孝莫至焉吾知太翁太君必不以公久在閩久戚戚
以遠遊爲念櫟公亦可自解於靡鹽之義以無負當日爲親而
仕之初心者矣至太翁之盛德高誼太君之壼範母儀有楊太
史宋學憲諸名章揚覆懿美光映簡冊即今栝園娛老深柳讀
書德彌卲壽彌高櫟公顯揚事業日彌彪炳余小子廢棄餘生
不終朽落尚從諸鉅公後揚觶載賡以爲百齡祝

壽趙琨后父母序

漢宣帝有言百姓所以安其田里而無嘆息愁恨之心者政平訟理爾如潁川黄霸蜀郡文翁其選也吾融僻處海陬兵荒疊告旦暮望孔邇久矣　聖主在上慎擇樂只豈弟者俾之莅之務令捉懷而貼席焉惟我崐后趙使君膺簡書撫桑茲邑新政所及化喟爲嘻咸樂就其哺與衽比閭之慕悦謳頌者相與齊聲曰是眞吾孔邇之父母也則孰不願躋堂稱觥以効萬年無疆之祝哉際茲秋月之仲皓魄方中適屬使君攬揆之辰諸紳士欲致一觴爲壽乃以某與使君有通家誼屬以泚筆不容辭

孟履集　卷三　嘉麓山房

竊念吾邑之邀天假以使君也帡幪嘉惠厥有源流憶昔直指
太公按部閩南爰景字人穆風馳化不但其荷識拔欣承造就
即民間覘首興思豈嘗須臾忘舊德哉天錫神君適繼前軌福
星仍亘其躔膏雨彌深其澤葢惟太公潔已率屬故使君廉惟
太公仁恕及民故使君慈唯太公風力雄峻故使君能其家教
使之然也方使君下車之初正值時事多艱加以徵逋督助無
寧日使君則寓撫字於催科多方綏輯市廛村落胥安堵焉無
何山海之寇竊發使君爲封疆計亟斥堠嚴保甲團練鄉勇遂
奮征勦閭閻冒矢石萑蒲以次就擒及海寇駕高牙大檣數百

餘艘揚波鼓浪直抵龍江城外使君单車赴援諭民士固守闔
鎮賴以無虞昔人山高水清之烈殆可賡而銘也且勸學興文
作人有道科試取首拔者即應運而售不尤徵知人能得士哉
諸如訟獄清不聞追呼之擾奸獘絶不聞摘發之勞百務犂然
無不就理不數月政通人和登其堂者恬然如在光天化日之
下邑中所以仰長牧而歌緇衣之好於不衰也夫子謂子張謂
爲政在安身取譽豈其貴譽貴其實克致譽耳龍光不爽可以
引年況以樂只豈弟者爲民父母頌其仁德即頌其遐齡其爲
壽也不亦宜乎使君自壬午掇經魁以山左冠誼之後忼慨從

王忠勤受職敷政優〻其致此循良令譽者將播宣未艾其聊
以樸略之言先之而且詼綸扉之褒美與史乘之揄揚煒〻煌
煌多歷年所以其壽一身者壽天下俾太和元氣長在宇宙間
則如岡如陵作朋於王家者又寧有極也哉

賀杜幼白寅翁擢高唐守序

今之仕者與古之仕異古者經明行脩一言悟主卿相可立躋先代毋論已即我明初年廣闢彙征用惟其才不惟其秩三途不甚軒輊故三事大夫以至郡邑長佐感而思奮人人咸渤海潁川自砥也嗣而功令猶重資格於是有才屈于用秩違初願當暫試佐吏妄自菲薄以為即有他技約結安施用是超擢者亦落〻晨星噫夫人稟以身奉社稷譬之州長吏主伯也佐者亞旅也各勤其疆農始稱良夫疾耰而徐歛曾孫所以慶年也歷試而課功聖主所以咨岳也今　上用人破資格一如初年

幼白杜君用膠州佐最授高唐守膠澤宮諸儒將躋堂而加之爵徵詞於余以知君莫余若徵諸生請固顧有辭然諸生之賀公也以公佐也而守之公何以佐而守敢請于下執事諸生洋洋灑〻曰蕞爾膠濱于海東厥壤斥鹵迩来兵燹旱蝗迄無寧宇元氣索然槁矣公以真心實事剖理訟牒不遣悍隸聽束自自詣即止徵發醵務不煩苛刻無壅無滯即止编審清勾不擾里社無耗無逃即止余曰然是其爲德於民也膠之三老農訛口碑之于澤宮無與諸生何以稱焉諸生又唯〻曰公虢州産也虢州文獻甲河洛其先世多用經術登于仕版公少習家學

目慑千古試輙冠軍宜蚤掇巍科乃屈於用折節半刺佔俾咏
吟昔固不廢每進吾儕揚摧今昔獎進行誼吾儕咸虚往而實
歸斐然向風若忌其爲佐者則公之大有造于我人斯也茔使
者上其家於朝今　上嘉其伐擢公守用唯其才矣澤宮之慶
其敢後于鄉三老口碑乎予竟其詞曰洵可賀杜君矣余烏用
言第有感于今古用人之際能盡人之才而不局於格與其人
能不以格自局而盡其才以爲世用蓋難言之君固名家子且
負長才不以才局於格閒曠欝抑能令吏畏神明民歌樂只諸
生慕義称賛不置雖古稱循良躬有師帥之責者未易得此君

孟履集　卷三　　　　　　　　　　嘉麓山房

獨以佐守得此于諸生間豈不卓𢧐倜儻曠世称奇哉且佐膠

三載守署不一咸克左右贊襄以相與有成使君當秩違初碩

遂自菲薄也即今　上欲破格用公将安施乎慰君者謂君宜

即膺超擢循百里是寄且高唐當兵燹後安得入民社稷而教

養之似未盡其用者殆未知君也君客冬署掖善政所孚旅力

效順敵氛孔熾卒底於夷使君蚤有高唐之寄其爲屹屹閑閑

又當何似肰則今　上以高唐酬君計之㣲矣盤根錯節君佐

膠署掖屢見所長譬之庖丁之扙鋒愈試而愈完固無待肯綮

之嘗知其游刃有餘地焉高唐主伯舍君其誰君行矣渤海頻

川余於高唐且再見之異日者三錫命揚王休卿相之蹤不自
東海起哉諸生以余言為然請篆于組

孟履集　卷三

嘉蘐山房

宋艾后父毋興革條議序

邇者余晤右伯櫟園公於劍水。公曰子將有鏞遊乎。曰然。公曰鏞為宋子艾后所令邑。其寔心寔政。議興議革。犖然可觀也。子往觀之乎。曰然。予之在劍水也浹旬日。郊以內郊以外則莫不齊吻而歌我右方伯公之仁。及至鏞而鏞之人有詞矣。曰微宋使君之仁。無以有今日也。何其仁政仁聲之似我公也。憶予守膠西。旹與方伯公接壤而治。簿書之暇。丞髦士而教之。宋子固右伯公所裁者。其聞公教也素矣。公之治灘也。糧則吏収官解也。里甲不擾也。駟則官自養馬官自陳設也。供應不煩也。櫃則民自入倉則民自上也。吏胥不預也。大耗常例之名若不聞知也。其練兵以固圉也。公親冒矢石刺血書胸至令婦女皆為捐生。兒神亦爲飲泣也。此濰之政也。余之治膠。一視公之治濰也。殆蕭規而曹隨也。宋子曩之聞所聞者則然矣。今之治鏞亦有道乎。宋子曰。吾惟尊所聞行所知也。前事不忘。固後事之師也。此宋子之政也。然則宋子之政無以異乎。曰有。問宋子之勵精圖治。興者幾何利矣。問宋子之更絃易轍。釐者幾何弊矣。問阡陌之間有豪右享利而貧民受殃者乎。問閭井之衆有好義而不終事者乎。問家自為戰人自為守者。何人之訓練也。問水輸陸輓之無嘆者。何人之䘏恤也。問商旅之頓出其塗者。其招徠何方也。問四封以內省僉報農民水客之苦者。其撫循何術也。問賓至如歸者幾時矣。問元元膏血不飽侵漁之腹者幾時矣。是眞宋子之政也。然則宋子之政有以異乎。曰否。愛民者吏之常。為民興革亦吏治之常。宋子初無以自異爲也。然而予猶娓娓然異之也。余私之乎。曰非私也。宋子興革之條議。當事聞之矣。其殫國計而軫民瘼。洵為救旹之美政也。當事嘉之矣。須為通式。寔加舉行。是使在在皆宋子也。在在皆宋子。是造閩之福者不獨鏞也。吾閩何幸有鏞之宋子。復何幸有在在皆鏞之宋

孟履集　卷三　嘉麓山房

子。誠得使君單落〻布天下。又豈僅全閩之造福而已哉。故曰
予非私也。然則鏞之吏治遂足盡宋子乎。曰未盡也。予之知宋
子。益知之於膠時也。宋子以孝友著于鄉。學使者旌其賢。且輕
財好施。鄉人至今德之。其當閩賊之變。孤忠自矢。偕余固守孤
城。僞官胆寒。三次窺城不敢入。後竟遁去。洎予以内召行。四郊
多壘。绿林充斥。宋子慷慨仗義。請援勦賊。績著維桑。勲高汗馬。
撫鎮以聞。功懋〻賞。乃今得席其壯猷。倚其重望。於以靖潢池
之弄。而集中澤之嗸。即漢称潁川渤海不是過焉。從此騰愷悌
樂只之歌。蜚循良卓異之譽。余不能測宋子之所至矣。宋子其

益勉諸。無曰予小子周公是似。是則予期宋子意也。故不揣爲之序。

嘉麓山房

孟履集　卷三

高孝廉大生篤交仗義序

交道之不古若也不知起自何人也胥天下而化爲不知誰何之人也其初皆朋友也余嘗憑吊今昔谷風而後君子傷之然亦未嘗無朋友也遜而考之蕭張結綬王貢彈冠雷陳膠膝比堅范張鷄黍訂約孔禰忘年魏裴耐久山阮神交張朱把臂後之人皆聞風而慕焉至若吴祐定交杵[扌]舂之間范式結納於導騶之際伏懷英顧代嶺外之使柳子厚欲易播州之遷荀巨伯之視疾不因寇難而去習脂之撫屍不以伏誅而避斯皆歷久要而不忘遇險阻而益著此何侯盟成白雉簿訂金蘭指白水

孟履集　卷三　　　　嘉櫱山房

以明心援青松而旌信而後稱至誼哉代而降也覆雨翻雲比比而是夫交道之不古若也誠不知起自何人也余治膠之暇間與諸士商榷文藝日以行誼德業相勗勉每遇忠孝節義之事輙感慨流連傳之簡編措之吟咏庶以是為尚友古人云爾諸生進而請曰夫子之有心名教激勸後學如此其至也則求之今人中能有古人之行者知夫子所樂稱矣余聞曰吁古道不作久矣而今復之者何人也諸生曰毋謂今無人也吾膠高孝廉大生其是也大生居平以孝友著聞於交道為尤篤其所筆研盟者為王子秉鑑王子高才而蹇於遇辛巳秋督學按last

而王子疾作遂以是遭黜非其文不工也疾作而不能工也悲哉王子之遇也大生義激於衷奮然為之痛哭敘陳備誾請復雖未能轉敗為功乎每有良朋烝也無戎如是則已矣壬午秋大生登賢書不以貴而忘貧賤益惓惓為王子地遂力請于督學督學難其請大生披衷瀝血自白無他意督學鑒其誠而許之復為捐坊金以速其文移王子乃依然青青子衿若不知誰之力也余聞曰吁交難哉有友若此即不必更舉他端而已駸駸乎進於古矣抑他端更有進於是者蠶臘寇變驟臨大生以褒衣博帶之文人毅然仗劍爭先領衆奮擊賊詫吾膠有人嗣

孟履集　卷三　　　　　　　　　　　嘉麓山房

是大隊来攻者五大生偕余登陴三閱月㡯韝跋𥗼夜巡晝禦

敵卒大挫而退大生力居多焉夫獲上信友道一也大生為

朝廷保封疆活蒼赤豈非所謂不後君者歟余晉就其仗義一

端卜之矣信毋謂今無人也夫大生而不僅於交道中求之大

生而即僅於交道中求之何患交道之不古若也諸生唯〻載

余言於牘若曰吾將以此風天下之爲朋友者併以愧天下之

紛〻輕薄化爲不知誰何之人而仍爲朋友者

林鏡甫倫史鴻文叙

人生而五倫肅焉是忠孝節義之在人心猶日月之經天江河之行地事至庸而能令自古迄今莫得而泯沒苟具茲性者聞一人一事之有合于是未有不慨之慕之詠之歌之連篇累牘大要不泯沒此忠孝節義之人斯已耳若夫裒集諸懿彚成一史忠孝節義之人往矣簡編之中凛凛有生氣焉于以挽維風教興起人心功寧有極歟吾社鏡甫林君與余稱石交益博雅君子也丙子雋于鄉余得而驥附之故知鏡甫者莫余若鏡甫之言曰某束髮讀書浩心希古間從公車屨跂以當輶軒採

孟履集　卷三　　　　　　　　　　　　　　嘉蘗山房

諏聞見所經悉歸金管庶品行足法彝典不迷嗟夫鏡甫之為
人見矣鏡甫性至孝而好伏義其先世林儀中先生以布衣請
蠲閩淅廣之税詔繫獄一十八年後卒從所請至今海上民尸
祝之則忠節又鏡甫之家乘也鏡甫出茲編示余〻讀之恨不
能早鐫之以傳世方今　聖天子在上敬天愛民禮賢慎獄即
古堯舜何以加茲為臣子者疇不願賡颺喜起若當年格羽鳴
韶盛事然殷憂啓聖[redacted]南北交訌疾風知勁茲其曰哉吾意必有
忠孝節義輩出而匡王佐辟請纓繫戎理絲靖亂為聖明雪恥
元〻造命者胡自薊鎮破[redacted]遂長驅青齊維陽陷[redacted]且蔓延荆

楚豈天下之大遂無一人擔當致令中原蹂躪至此　聖天子
宵旰焦勞憶笞神庙時文有張江陵武有戚汕諸内外廓清之
烈爛然殆不啻捬髀之思頗牧者　天語惶惶蓋已合大小臣
工繩以不匡之墨矣余叨一第出守膠西甫一載而嬰城守禦[redacted]
勢同卵危因念吾曾大父子長公勤勞王事諸父希聲公殉烈
邊陲余自誓惟有一死以報　朝廷恩并庶幾無墜先烈幸
天意存膠[redacted]敵破名城如秋風捲葉叢尔郡粗得無恙迺就鏡甫
所編琅函反覆再四知睢陽常山諸君子可法可師余雖幸不
死然已出萬死之餘矣獨慨[redacted]首鼠轅駒比比而是長寇玩敵遺患国家怒髮衝
孟履集　卷三　嘉蘗山房

冠壯懷激烈嗟夫　主憂臣辱伊誰之恥余故恨茲編鐫之不蚤也癸未之役春闈届期而輟禮臣將改期以請鏡甫揣摩成矣行且策對　彤庭即不必學賈太傅痛哭流涕之言第執茲倫史以往曰是臣某獻靖之先資也朝士聞斯言者有不凜凜如風入骨昭昭如雪炤肝者乎百尔君子之靖共出其中三百年來養士之報亦出于其中矣然則忠孝節義固未始不在天地間正如日月江河即偶變而不失大常乃誰為之揭日月以行並江河而壽也哉鏡甫之功洵無紀極是集成余偕同社施君貞林禎卿林維乾諸君子同效編次倘亦藉鏡甫以不朽善

哉郭先生美命之叙文山集也曰文章之用以關世運苟于忠孝無
取焉即藉圭璧而組珠璣以篇章爲佞耳吾于鏡甫兹編亾云
嗟夫兹編可以傳矣鏡甫可以傳矣謹序

孟履集　卷三　　嘉蘗山房

施君貞金管異編序

同社林鏡甫有倫史鴻文之選余既受而叙之矣中表施君貞更旁蒐博採求忠孝節義之事于鳥獸艸木之中題曰金管異編其意奚屬曰將以愧人也鳥獸艸木有以異于人則人之不同于艸木鳥獸者可愧也憶癸未秋抄君貞過余治袖茲編示余〻見而喜之以為寓意微婉有風人之遺焉未幾至甲申初夏遂聞有國變之事一時殉烈最決如倪鴻寶馬素脩劉湛六周巢軒汪長源諸君子僅二十有二人亦云寥〻矣其靦顏從逆者纍〻若〻嗟夫　國君死社稷臣子事仇敵此亦物類所

孟履集　卷三　嘉蘖山房

不屑為之事天下後世莫不指其名而詬之而唾之曰殆鳥獸草木之不如者也是不可以愧乎哉因而思君貞之寓意微婉不特有風人之遺又得春秋之義弟其有褒無貶非于鳥獸艸木有怨詞焉褒在此則貶在彼鳥獸艸木之中即無忠孝節義之事於世道人心何與廼舉世道人心反藉鳥獸草木為維挽允責備賢者之意與夫誅心之法悉寓其中故曰得春秋之義也夫君貞梓是篇其意以教人尒不幸其言中適足以愧人然靦顏者何知愧庶幾以教世之未為靦顏者聞此而愧心生則世道人心尚有賴也異日頌君貞之教不衰請以是編為鳥獸

草木之詩可即為鳥獸艸木之史亦可矣

孟履集　卷三　　嘉蘗山房

義烈合編序

崇禎壬午十二月[redacted]寇大隊犯滕一戰于城西義士張文敷死之越明年癸未正月再戰于城北楊將軍京被賊執罵不絕口殉于陣余為建祠勒石邦之人亦既尸而祝之矣甲申之秋[redacted]詔褒忠義大學士高　為楊京請卹于　朝旨曰可邦之人復合咏而歌之彙成一編屬余言以梓余痛定之餘驚魂猶在取是編披之忽如見當日之千群鐵騎繞城而奔也如見當日之伏劍而出斬馘而入誓滅此朝食也如見當日之白刃交而寶刀折也如見當日之鼓衰力竭奮臂一呼而天地震鬼

神泣也如見當日之烈、英風血化碧而氣成虹也嗚呼二子可以死矣余尤難其可以不必死而死如張義士可以不必戰而竟死於戰如楊將軍者昌言之方[redacted]敵勢初張度非一孱弱儒生所能[redacted]禦且儒生非有簡書之責也故曰可以不必死迨至[redacted]敵兵雲集彈丸若累卵曾中丞推轂將軍來援僅領部卒百人為堅壁計耳寡非衆敵步非騎敵度戰之必不能克故曰可以不必死於戰乃惟敵是視茸死若飴不謀而如出一轍邦之人非惟尸祝且復歌咏俾後乎此者遡其盛事曰某廟某春秋[redacted]急大隊犯豚某義士某將軍以義烈許國一戰再戰捍豚有功如此嗚呼二子雖死之日猶生之年矣獨恨今之受簡書之責提數萬之師處可以死而不必死處可戰以死而且不敢戰不肯戰者坐令潰壞決裂禍及　國家以視二子優劣何等也倘其良心未死觀感猶生借此咏歎發彼深省則茲編亦風教攸關也聊綴數言以勸云尔

孟履集　卷三　嘉蘖山房

宋蘓文忠公膠西詩集叙

余辛巳歲拜　命涖膠有引蘓文忠公爲祝轅者以公曾自錢塘移守膠西故也膠西古號山東弟二州其故蹟在諸城界又稱密州今膠州高密皆其治公出守爲宋熙寧乙卯越二年丁巳改知徐州後九年爲元豐乙丑復授朝奉郎知登州軍事之郡方五日遂以中書舍人召矣公自膠萊及東牟前後車轍所經凡吏治民情山川風物靡不備載篇什之中萊守廣陵閻公諱士選者曾輯而名之曰膠西集夫文忠公以殊絶人物凌跨百代集滿天下而獨以膠西私之抑何不廣也然地因人以重

孟履集　卷三　嘉麓山房

昔柴桑令彭澤僅八十日迨我明夏正夫過之爲詩曰彭澤到
今更幾令縣人開口説淵明羊𭂽子登峴山謂從事鄒湛曰自
有宇宙而有此山登此遠望如我與卿者多矣皆湮滅無聞使
人悲傷湛曰公之令聞當與此山俱傳夫文忠公之在滕西也
新法方行征求正急公每慨然傷之嘗云疲民尚作魚尾赤数
罟未除吾頳泚又云吏民莫作長官看我是識字耕田夫故親
切愛民凡所覩畫條議悉揆民便民至今尸祝焉又或馳神於
煙霞山水有比之白樂天擬之李太白者文詞表見如萬斛之
泉出不擇地余考滕志得公葢公堂記讀之求其址靡有存者

第思公之師其言庶幾欲見如蓋公者則今之欲見我公猶之
皆也安知蓋公與公不神相往来于此地也耶至憑弔常山馬
耳間有超然故基與雩泉遺跡焉雨雪之朝風月之夕公未嘗
不如在後之人未嘗不想見之公又每過東莱必眺望三山飄
然動物外之想且遊盧洞而慕秦博士望東蒙而寄晋郎官遺
世獨立羽化登仙殆其是歟方在年也匆匆五日守耳禱于神
而海市現即蓬莱之閣珠璣之石皆得公題咏而不朽以公而
視淵明叔子其所得為孰多乎則公之以膠西称與夫膠西之
堂之臺之山之水皆以公傳豈足怪者余視膠未幾愧不能學

孟履集　卷二　嘉蘗山房

清静之治〻民竊仰公之遺風間自歸曰前事不忘後事師也
仍摹公所書益公堂字置於堂遂舉公詩集重加訂焉附錄其
詞記銘贊一二使人披之覺縣西風景如在目中誠知縣地未
足盡公宦遊兹集又未足以盡公著作但公在楚黄嶺表後以
韜晦故不談時事守縣爲未至黄州之先登州之召又在向用
之日故憂民勤政拳〻情見於詞公之學問經濟庶于此見其
一班云尔雖不能至敢不勉諸

宋楊龜山先生文集序 代宋艾石

嘗讀詩云高山仰止景行〻止蓋言前脩之足師也小子生東魯寔爲先聖之鄉慨自周衰以來迄漢唐宋二千餘載去聖逾遠疇其耡榛棘而闢周行卓然足為百世師者蓋自吾道南後理學眞傳歸之閩已久矣小子但聞閩之理學寔龜山先生倡之正未知閩有何靈秀與區足爲先生發祥地己丑歲承乏鏞州始知先生固鏞産也因造先生之祠而拜焉私心竊念先生由閩之洛越六千里而遥師事程伯子且立雪於伊川先生門其求道之誠如此况於百世之下得以炙先生之居謁先生之

孟履集 卷三 嘉穲山房

壐慨然想見先生之為人有不聞風興起者非夫也孜先生藏脩息游處邑有天階山洞曰玉華先輩長樂陳公諱省者稱其隱奥空涵萬象皆備有似士君子之肺腸惟龜山先生當之先生有幽竅兩峯之詩鐫於洞之欃巖久為雲封苔蝕不可識恨未從叩洞中玉函而受之歸而遡南来之流派知百家之學折衷於先生者其書具在前令海陽林公熈春得之官司理家藏因授剞劂序之者楚黄耿公定力也迩来鏞遭兵燹先生遺集僅存幾同魯壁小子兢々然惟残缺是懼夫誦詩讀書尚友古人小子何敢獨是大道未蕪斯文在兹柰何當靦面而更失一

先生也先生之講義經解語録荅問造極天人之蘊非後學所
可窺其涯涘著為史論識足上下千古且訓明經術力排異端
如毀介甫之配享以正其學術之謬其功豈在孤夫子下讀其
上澗聖書諄〻以正心誠意為首務及夫任賢勿貳去邪勿疑
慎始詔令欽明乃罰剬國用振軍律縷〻萬餘言至於時事劄
子則又極言慎令擇将安邉定軍之利與茶塩轉般糴買坑冶
之弊且曰士大夫不敢言天下事不過為保身謀不知所以謀
國乃所以謀身又嘗論爲政者曰民之有財湏上人與之愛惜
不與之愛惜而巧求暗取雖無鞭笞以強民其所爲更有甚於
孟履集　卷三　嘉麓山房

鞭笞者先生自試令至直閣事藁彪炳者勿論即其言皆經術所至有用祉〻類此先生豈嵩以理學重也耶愧小子茫昧於至道之歸既不克體於身而驗于心奚能望見先生之萬一猶沾〻然以得吏先生之闗里為幸是以始至治也問土俗則曰猶先生之遺風也烝髦士則曰猶先生之化澤也興一利則曰庶幾先生之所欲興者也釐一弊則曰庶幾先生之所欲釐者也至若謀身而不知謀國疲民而不知憯民是又先生當日之所不容而小子今日之所不敢出者也吏先生闗里者藉是以告無罪於先生亦髙山景行之志也先生前後其出處大槩無

可無不可有顡聖之時吾輩誦法先聖得一彷彿其氣象者心向往之庶幾吾道之有傳入後之學者亦不至是非紛錯如適九逵之衢縱横曲折眩然而莫知所至也則兹集之傳豈但備此邦之文獻而已哉

孟履集　卷三　　嘉麓山房

王子天鏡詩序

古稱燕地多悲歌慷慨士且偪隣沙漠為歷來戎馬之鄉鐃歌塞曲聞之沉毅悽激令人色飛其人俠其音徵風氣使之然也余生閩海偲靡〻作江南聲復以未能友盡天下賢豪長者為恨近得歷吳越過齊魯三至　帝京訪吾家阿隗高議黃金臺故處意生斯際者必有追風逐電之才如當年所稱駿足者乎胡所見不迨所聞也適聽選之暇策馬出都門謁吾師　添劍潭公於檀州檀固神京之重輔而邊關之要區也指顧[redacted]敵形歷歷肴睫間相其山川阨塞士馬飽騰令人慨然有勒石犁庭之

孟履集　卷三　嘉藶山房

想爲吾師策萬全修四事所謂共位佐辟者非耶簿書閑暇取髭士先資言甲乙之廼一顧群空繄惟天鏡王子固重以燕臺之價矣一旦天鏡過古刹中對余抵掌談因出所撰著以示余余目攝其人久之豈夙聞悲歌慷慨士殆其流歟何圖于今見之徐而睨其文抑又飄飄凌空若吞煙霞者八九也此惟不受風氣域者能然及閱陳太史大來所爲叙方知天鏡逸情古韵雅以詩人自命者也太史稱其詩中有畫文中亦有詩縷縷述詩家諸體舉似其爲文且謂杜甫孟浩然之作靡弗窮而益工也噫斯言也壯之歟抑惜之歟曷惜尔夫古今豪杰皆當未遇

迢〻消磈礧以壺觴柔雄心于絲竹或悲天問以續騷惜淩雲而擬賦斯皆感憤流連托辭見志要未有如詩之移人性情而深入愜想者也今天鏡之志見諸詩矣雖然天鏡勿慮也盛唐設科以詩取士哉　朝館試類用詩賦尤有唐人風試讀九天閶闔萬國衣冠及雉尾雲移龍鱗日繞諸叶寧非吾儕得志於昔者之所為哉天鏡當聞言自壯安在必俟困窮而後益工也耶王子乃更端請曰吾束髮登壇歷嘗鏖戰壁壘凡數易方揣揣苦無耑業今紛所業〻詩虞雖工弗韵也余曰否〻夫學尚耑業而士貴通才大丈夫胸不能羅萬卷書筆不能走數千言

而使班馬浩瀚于前李杜光芒于後指数前徽莫克方伍頤録
錄餙蟲雕末技叨青紫徽榮不移昔則人與文俱湮没耳曾見
金簡玉函名山石室有過而問之者乎以子之才即不云能詩
出其瀋墨餘汁尚無難舉三都兩京帝宫皇闕供其黼黻而揚
砽蓋將垂世詎應世焉已乎子須矣漢帝見長卿賦恨不得此
人同時韓君平寒食一詩傳之宫中大為嘆異文患不工患不
遇耶兹者觀風之役吾師漆公首遴子以為得人光侵假吾師
化瑟而子歌絃馮翊之區翩称彬雅則一一盡詩譜也子執兹
編以往余將卜子之游仍矣

宋仁趾徵音序

嗟夫此宋子痛定之言也曷痛尔膠西二百年来未遭禍亂一旦而[redacted]薦臻人心風鶴岌岌不自保乍聞胡笳悲月驕騎嘶風有色變神傷涕泗横集而已余方偕諸紳士孤城嬰守幾浹十旬悔予是危吁援不應拮据卒瘏真不自知嘵嘵者當作何音矣頼　社稷之靈師武臣力驅之已畢泮林集鴞厥音肆好咸曰懋哉穆穆棣棣和樂且閑曷相與賡颺以當凱奏於焉少司馬賦詩諸同人感而和之纍纍盈帙也宋子仁趾尤惘乎有餘痛舉自聞警以迄解嚴凡凄風苦雨濛霧大雪顛沛流離之

孟履集　卷三　　嘉蘗山房

況無一不重拈舉似而筆之於詩出以示余曰徵音也嗟夫是
真痛定之言也吾聞五音中惟徵最悲昔高漸離擊筑易水之
上慶卿和而歌一變爲斯音士皆垂涙涕泣倏而慷慨作羽聲
則又莫不爲之瞋目指髮云宋子之牢落悲憤歌也有思哭也
有懷殆近是耶且其呻唫多以不遑將母爲念夫高堂九仞曾
參壯向而思積粟萬鍾季路南遊而嘆宋子狀患難中登艾山
如在屺畔所云片雲望入孤城杳一縷愁催兩鬢凋純孝血誠
溢乎詞表至于感恩思舊戚情友誼無一不極敦摯如宋子者
亦詎可于今人中求之耶吾尤雖其流離顛沛之餘而尤吟咏

不轂柳何其神之鎮以暇也夫草茅之士目擊時艱身當國難
既不能抵掌而鳴一劍又不能繫頸而請寸纓無可如何賦詩
見志亦足悲矣獨恨夫高牙大纛橫玉肘金為人臣子而并以
敵[redacted]遺　君父憂讀至釜底游魚可就擒阿誰姑惜到予今之語
真不覺冠可衝眥欲裂使慶卿高漸離而在不知作為慷慨羽
聲者當何如也今　聖天子方歌大風而思壯士仁趾其有意
乎毋徒痛定而悲為矣

孟履集　　卷三　　　　嘉蔗山房

杜幼白詩集序

杜寅翁幼白佐膠三載循績冠薦剡　聖天子嘉異擢守高唐益異數云余客春蒞治獲昕夕談吐匡所不逮相見恨晚也幼白則落〻穆〻澹若寡營敷政之暇輒肆力于文章其囊中錦句多膾人口于其行也出以示余曰人韵則逸詩韵則雅此不逸不雅大率坎坷中[redacted]淒楚之詞耳夫以幼白雄才碩抱胸畐五車宜蚕掇巍科膺天祿石渠之選竟艱三刖半刺巖疆所云坎坷則有之矣讀其擬古五歌及自憶自遺諸什其扼腕如丁鶴淚空胥濤泣月聲韵斷續則氷山羈旅之悲孤舟嫠婦之泣蓋

孟履集　卷三　嘉藿山房

異音而同悲異調而同絶者其他如雪中歌壯邛賦世情吟署
中即事等作則又達觀世外叅諦象先以塵土視功名以電泡視
軀殼所云憂喜遞乘渾入夢是非消盡便成禪至哉言乎今我
披之輒飄飄作出世想而謂人與詩尚尔不韻乎否也余嘗見
文人興會每在青山白雲花陰月夕松風竹露魚戲鳥窺之際
指物命詞抒寫胸中幽况譬笙竽琴瑟出自天籟韻乃勝耳一
入金馬門便心事縈掛况日與簿書為伍詩安得韻韻安得逸
且雅人言吏俗良用赧然余之謂也今幼白葉佐滕三載勤政
禮賢清戎緝鹺未嘗不備極焦勞而長歌短吟矢口清爽不啻

白鶴雲中朱霞天半豈非生帶逸骨而風雅襲人者哉因而被
諸絃歌衆誦孔迩為當事器重借宬首封適值[redacted]逌警蹬陴却之
掖人民賴以生全者雖縷數而高唐之　綸音忽下矣余以君
之治膠者知君治掖以君之治掖者卜君所以治高唐行且出
其逸雅者潤色吏治光賁太平　聖天子破格擢倚頤問之列
則卿雲復旦何難再賡今日余不佞敢效清風穆如之誦以贈
君行君其勉諸

孟履集　卷三　嘉蔭山房

唐子詩序

論詩者推原漢魏以来謂當以唐為法蓋唐以詩取士聲律之製莫此為盛且開元天寶諸公所托之吟咏者多征戍旅别之作往〻能激發人之性情其於一唱三嘆之音有遺風焉今以唐子而為詩宜其軼大曆元和而上之巋然以唐自居矣雖然元祐以後至山谷自出己意法席盛行海内称為江西宗派唐子固金谿人也其宗派相傳得無有宋存焉而予獨以唐予之者惟唐子故能為唐也夫唐子之能為唐余又何從知之唐子之舅元亮氏令濰陽與余治接壤壬午臘[redacted]膠

孟履集　卷三　　嘉蘐山房

之西（烽烟交警）東元亮時從盾上草檄與余相聞屢奏奇捷幸固吾圉乃從痛定之後寫哀鳴之辭輒相唱和而元亮遂有白狼河上集取而閱之見唐子所和高司馬詩及紀其舅氏刺血諸援書胸盟志之叶而淋漓感慨之情見乎詞矣既而余有守禦録而唐子復以詩見贈遂出全集示余〻為之擊節稱賞以為情不深則語不至感不甚則思不沉情深感甚則托寄幽遠摹寫闗生一篇可以削鐻一句可以鏤肝即起景雲諸公拈韵敲推不過如是余是以讀元亮之白狼河上集而知唐子之能為詩讀唐子之弔大梁登太行諸詩而知唐子之能為唐也唐子少負奇

才具俠骨不屑〻羈處于梅峰銅斗之區慨然欲以四海為家遂移居大梁竊見[redacted]時事多艱非三寸毛錐可了英雄之業投筆請纓獻策雒陽裒然舉武闈之首自此而鳴劍伊吾勒銘燕然是其志也詎黃河漲流汴城其魚而唐子之家俱沒于夷門之水取其白浪初秋句誦之幾令人悲取其論詩狂酒國看劍小天涯句拍手而歌之則又令人壯矣嗟乎以唐子之才宜其著作承明而乃以奚囊繡劍往来于兵戈搶攘之中宜其觸目興懷作為悲歌慷慨之聲即與唐之征戍別旅激發人之性情者何以異焉今唐子之舅元亮以全城功首膺 内召

孟履集　卷三　　嘉蘗山房

珥筆螭坳皂囊白簡抒其文武憲邦之略唐子固綽有舅氏之
風者亾將以郤穀詩書大展所長寧獨横槊而賦投壺而歌庶
幾隆中之綸羽行且淩終軼賈[redacted]紀績
鍾鏞誦其功于不衰也唐子果僅以詩名乎哉

周元亮通憶詩集叙

人不可無憤〻〻于七情爲怒古王者一怒安民怒不極則勇不生甚矣人不可無憤也韃𨾧[redacted]二東告警陷名城[redacted]六十餘[redacted]四郊多壘非卿大夫之辱欲辱則必憤[redacted]乃偕作而賦同仇者何寥蕭耶膠以西余嬰守三閲月寸籌莫施城以偉全天歟人歟膠以東惟元亮獨當一面[redacted]且戰且守[redacted]敵被大挫[redacted]以去元亮之勇見矣元亮之勇元亮之怒爲之也嗟夫　朝廷養士三百年容〻多福及一旦疆埸有事正臣子捐糜報效之日

辛多排細觀望[redacted]彼豈盡無血性者事至于無可如何輒
泛泛浮沉不知所屆已耳有一慷慨臨戎從容決勝[redacted]于
以甌閩封疆保全黎赤者無有也有之自吾元亮始然而余與
元亮同籍同[redacted]仕咫尺聯壤且又同遭[redacted]患難陴頭冒矢肩上艸撽
出萬死一生者屢矣元亮勞苦功高百倍于余孰是流鏃中肩
飛砲傷膚如吾元亮者乎孰是士民效死婦女捐生如吾元亮
者乎元亮為　國家憤人人為元亮憤即古同仇不啻也而元
亮視為朝氣云者蓋憤而忘其憤也痛定而思乃覺為憤也今
聖天子鑒元亮忠憤而特召之新綸且下[redacted]行見[redacted]

[redacted]

[redacted]元亮之勇匪但安齊民[redacted]將佐　聖天子以安

天下民吾知元亮之怒之尚未有已也此通慍之詩所由作也

孟履集　卷三　　　　嘉蔭山房

容甫兄筆噫詩集序

容甫兄從余之燕遊余出守膠東挾容甫與俱甫入境則見珠山若拱海水若帶西有鉄橛之秀東有石耳之奇顧而曰雄矣哉此古介廬之國也益江山之勝已助人矣攷漢宋間筮仕茲土者率皆名卿大儒如董潁川蘇眉山諸君子倡與文教高山景行余聞其風殊難已已容甫則嘗勗余以無遜前徽云故余于公餘之暇頗喜著述以見志正不欲謝鉛槧而重來俗吏之誚也於焉呼酒相勞放懷浩歌應物成聲因聲合節初不知其為詩也有容甫妄以余為能詩出其生平詩藁相示自命曰

孟履集　卷三　嘉蘩山房

是乃筆噫集也夫大造之氣爲風韓子曰草木無聲風撓之鳴水無聲風蕩之鳴故凡出於氣而爲聲者其皆有不平者乎此噫之說也容甫少業儒遭按劍憤而學賈游沙陽數年無所獲而返蕭〻環堵未變故吾豈天將愁苦其心腸而使自鳴其不幸耶以故壯志未歇幽懷不窮凌厲千秋傲睨一世遇忠節而感憤對山水而留連或傷寘和于陽春或悵離居于雲樹于焉喁爲互相響答得無穆然入人深者歟何風期之激越也因爲删次其集以授之梓使人知抗情蘊志之士不得志于時其不平而鳴類若此〻以知容甫之詩之可以風矣若夫得江山之

助歸而益有餘思即和其聲而鳴國家之盛可也余于容甫有

厚望焉是爲序

孟履集　卷三　嘉藋山房

膠士拔尤序

余以菲才守膠郡日鞅掌簿書無所辭于吏事之勞獲睹蘇長公所書蓋公堂心嚮往之期以簡靜便百姓雖無赫〻名爲可也而勢不能以頹廢貽簡靜未有暇晷能他及者獨汲〻進諸士而課之膠爲人文淵藪余再四甄羅異姿屢出不猶挹河而取燧于州士乘秋而颺者五實錫余光其才具殷饒須時奮飛者尚将聯翩蔚起豈不僂指可數翹踵可待歟余每閱試牘唯恐失佳士夫聳身瞪目以觀酣戰者當從壁上觀相士者無以皮毛相徇無使塵垢相蒙于以熟察識度才情之所至是亦壁

觀也不尔則井觀也豈有井觀能得士者哉余雖識慚水鏡而士之墨暈發光有動于吾目者定為僑盻而亟拔之其喜慰如獲百朋斯乃余惓惓重士意也董帷加勵則偃室施榮諸士其勉之夫彌天之霖蒸于膚寸連雲之搆托于崇基苟以宏才而務積學側弁而哦撚管而攄者孳孳弗倦靡有輟于晦明風雨必且囊錐畢見池鉄並飛即以勤敏之業卜之矣士各有志自命正自不小行見葉進而不可量才多而不勝收凡出入于玆選者濟濟皆國楨也不无稱極盛乎余且欣然為諸士視曰學問有成菁莪爰發得時則駕始茅斯拔

道嚴社義序

張子元昭越産也遊青齊與膠之君子締盟顔其社曰道嚴三載于玆矣余奉命守膠簿書之暇喜與膠人士商榷文藝拔其尤者授之梓而諸士遂津々向風稱極盛云然而盛也厥有自膠東去闕里伊迩且鉄橛珠蘼蒼々欝々所鍾靈特厚故其人質醇而雅氣粹而沉其文皆靈氣自然不襍英莖于蛙吹炫玄黄于蚌淚雖各出一家機杼大要不離乎正者近是余獨斷々論次寧簡毋濫蓋甚嚴之也夫洞光滴翠珍也載以盈車則觀者眩鬱金紫蕙芳也聚以為囷則鼽者暈文不嚴則流為靡曼

嘉蘼山房

孟履集　卷三

交不嚴則入于黨援吾重有味乎道嚴之旨也元昭曰兹社之興創自舊守徐乾若而何乂侯使君實從吏之用是廣徵同氣友聲所感無間山川而篇章遂日以盛今其集具在第始事于膠敢請守是膠者為董厥成余曰唯〻夫張子亦知文章之壞之故乎昔之為文者以文章為風會今之為文者以文章為聲氣昔之為文者裒然蔚然一軌于正迄今尤得指之曰此為成弘以上此為嘉隆間物夫成弘嘉隆何以與其人之文並稱則文章為風會之說也今之為文者不然一人倡子史則群然而襲子史之文一家尚晉魏則翕然而貌晉魏之文不思障川迴

瀾伊誰人任弟曰不如是不足以賞國門而走鷄林也豈非以文章為聲氣者歟乃尤其甚者未諜諸面耳一二名流則曰某某者吾蘭契也未登諸壇對諸壘携一二琅篇則曰是洋〻纚纚者吾笥珍也聲氣非不廣文章非不奢然與其寬也毋寧嚴也余是以重有味乎道嚴之旨也以之論文可以挽俗以之取友可以維風以之持身可以無私以之立朝可以不黨夫膠人士咸知約束于步趨濯磨於理義亦既錚〻矣余朝夕尤兢〻相勗勉焉元昭其堅此說于不易哉雖然吴越齊魯不必限為一域王唐瞿薛不必合為一家交有遠近文有奇正大約擇之

孟復集　卷三　　　　嘉蔭山房

貴慎株之貴約兩言蔽之而已矣是晳者吾友乾若之志也元
昭其堅此說于不易哉

蕭氏族譜序

黄潭有蕭氏者閩之望族也其先自固始来入劍浦余聞其始祖玉二公者避元不仕卜居於鏞有天雨錢之異越中葉聞有対岡先生諱崑者以名孝廉授績溪學博應聘衡文吒馭彭蠡爲寖瀑所執抗節不屈迄今讀槐秋悼節諸咏尚凛〻有生氣焉俎豆學宮郡邑志皆載之六傳則又聞有漠明先生授應山尉有廉能称比解組歸儗屋桃源躬畊課子今孝廉尔達其長公也夙以孝行聞中丞張公肯堂奬於家銓部王公兆熊荐于朝以余所聞蕭氏一門忠孝之盛也如此彼世之徒以門第相

孟履集　卷三　　嘉穊山房

高侈為華胄者視此則遠甚矣今歲壬辰上巳予至鏞州訪艾石宋侯始得與孝廉交見其氣度若圭璋肝胆如冰雪心竊異之以為玉華靈區龜山正派應有后賢蔚起其際乃讀其所撰述皆忠君愛國之詞勵世維風之旨至若甲申書事閩浙紀聞忼慨表章知罪自任足翼千載傳經詎僅一代信史余乃知百聞不如一見斯固忠貞之有後而吾道之在茲若孝廉者洵可謂不忝其祖不愧其鄉者也遂復出其族譜以示余曰茲譜刱始於叔岡公而其謬加纂輯爰告成書其毋靳一言為弁予聞之肅然念予家先主政以清節著聲至諸文忠烈公身死國事

榮贈三世師相二雲曾公亦嘗以忠孝額余之門余不克繼述
仕齊三載備歷諸艱輙兢兢以隕墜先烈為惧甲申聞變死守
孤城擒戮闖員幸保一塊封疆以謝　先帝獨慙苟存人人不
能即殉方爲未死罪臣何敢復譚忠孝遺事且孝廉家誌有名
公椽筆足為光寵何取此負慚忠孝者之言偎云譜牒重乎哉
抑又思之天下盡人也盡人而不盡忠孝之人則忠孝之人傳
矣盡人而不盡忠孝之人盡人而盡知有忠孝之人則忠孝之
人愈傳矣予不能忠孝而孝廉必舉忠孝之事以屬余是孝廉
以忠孝感予也余感孝廉家之忠孝又不亟闡揚忠孝之家以

孟履集　卷三　嘉麓山房

傳於世余誠不能感人豈忠孝固不足以感人歟於爲丹拜受
簡且以告八曰天地之正氣未湮　祖宗之深恩未泯生斯世
也有抗不仕之節亭亭星斗如爾祖玉二公者乎詎以之媲文
謝有折叛逆之氣皎皎日月如爾祖叔岡公者乎請以配孫許
有氷蘗砥礪泉石優游如爾父漠明公者乎請以之繼少游元
亮有純孝天植孤忠自許如爾孝廉君者乎請以之當皐羽霽
山唯人足爲族重故族亦因人而重惟忠孝足爲譜重故天下
後世亦因忠孝而重其譜不然而僅僅別源流明支派立愛敬
示勸懲已也則凡譜皆然獨蕭氏之譜云乎哉夫天之報忠孝

也其澤綿其傳永有孝廉爲之廣其傳而衍其澤振〻公族益光大之從前視今則曰其忠孝之孫也從後視前則又曰其忠孝之祖也異日有採風者起知不僅爲蕭氏之家乘且可爲昭代之史乘矣予何人斯輒忘固陋嘖〻然欲述蕭氏之忠孝以文已慙後之聞予言者得無曰斯人亦竊聆忠孝之緒論者也或不至與於不忠不孝之甚者則孝廉之榮施於余寔與茲譜共不朽矣

孟履集　卷三　嘉麓山房

跋

先大人遺稿跋

此吾先子遺集也先子少負才名遭時偃蹇未獲彈其萬一而
牢騷慷慨每寓于文酒之間今竟賫志没矣孤苦塊之中搜其
一二惟有見而心摧展而腸潰已耳尚忍讀之哉第思吾家主
政公以古文詞名世而大父博洽古今著述浩瀚近于兄氏處
得讀世父藏稾数帙其慨然自命直欲軋于鱗葦而上之則吾
家學淵源亦已有徵矣孤生也晚而先子多之四方遊其所撰
述未能備悉辛酉歲歸自金陵遊滋倦矣或有勉父仕者艴然

孟履集　卷三

嘉麓山房

曰吾束髮抗志青雲即不可捕捉安能為五斗米折腰哉時課僮從事田畝昔携侶嘯傲林泉已忘樵鹿于生平寧計青雲以施後故所有論著任其零章斷簡而不之惜迺今已矣書帳冷而墨池寒詩筒空而酒醆罷痛竹韋之未編愧蘭臺之莫續孤用是怦怦營營強揮泪而效輯次焉或詩或序或尺牘或真章各分為類共成一卷庶幾先子之精神不至湮沒而無稱而且合曾大父及大父世父諸集勒為一家言則昔之省山何多讓焉因書數語集後以誌不孝孤一片之苦心云尔

伯父遺稿跋　嘉麓山房

伯父汝承才殊數奇晚雋鐵闈欷一第小試巴楚憂讒畏訕幾與懷沙沉湘之侶今古同慨焉傷哉造物忌才一至此乎余生也晚聞伯父喜壯遊名籍甚公卿間其于余先子殆不啻雲間之大陸眉山之長蘇也者伯父雅志經世博洽淹貫於六籍九流百家諸子固靡所不窺即至古今成敗人物臧否朝章國故縱横論列若指掌若列眉出而為文挾風霜而吐鸞鷟即新安繁露雒陽治安奚多讓焉以是之才而使名不過孝廉官不過黑綬霜蹄蹶于中路玉樹萎于金飈也豈不悲哉豈不悲哉雖

然其所不朽者自在固不僅、以遇之豐嗇壽之修短論也歲甲戌余讀禮之暇得于仲兄處搜閱伯父藏藁數千言爛如霞布蔚若藻披不覺慨然曰此真千秋大業也伯父所以不朽者在是矣因就原集細加編次凡詩傳序記以至尺牘莫不慷慨悲歌可興可怨令人欷歔讀不能下昔太史公有云詩三百篇大抵皆聖賢發憤之所為作也伯父之志近于詩矣然向来巽著甚多皆已附名公而顯今其副具在獨恨揮毫金鑾洗硯太液子虛大人未得鶩　天子之一問僅以書藏之名山至今廿餘年来弗獲一表揚于當世余滋懼焉是以自閩之燕自燕之齊往返萬餘里奉茲遺編朝夕與俱昔伯父之鐫大父集也嘉賴于文定葉文忠二師相共爲芟訂越數載始以受之梓迄今與先比部集前後並駕云余小子亦猶志伯父之志也編摩已殫苦心剞劂不遺餘力正匪敢秘爲鴻寶不以公諸人尔

孟履集　卷三　嘉蕺山房

叔父忠烈公全集跋

叔父希聲以忠烈許　國載在董司空誌銘林豸史行狀解衞二太史傳記中夫人而知之矣丙午鄉書第一制義為藝林嚆矢至今學士家炙口未艾夫人而又知之矣氣節文章叔父始兼二者而有焉余小子奚足以知之癸未春家弟文麟文鵬文鵾輩為姊父鐫全集駸駸傳于世聞之記曰先有美而不知不明也知而不傳不仁也夫象賢崇德以彰其先世之懿之謂孝明訓述事以廣其及人之教之謂義吾弟勉乎哉余小子愚昧何敢知所知者余先世以古文詞起家為吾融邑倡曾祖子長

孟履集　卷三　嘉藼山房

祖建初二集行世已久伯祖建安伯汝承先子汝偕所有藏稿浩瀚千餘卷未及梓余效校讐者數載欲勒成一家言以竊附眉山蘇氏之後愧鞅掌簿書未遑也今林父集告成家弟屬余言誌末簡夫林父之人固不待文而顯即文亦不俟余小子贅言為重輕第余編次叔父文而竊慨叔父之才之未盡展于世天胡不憖而使叔父竟不得以才展致令恢永圖光大業之無人也不亦甚可慨乎抑他無論即今[redacted]邉腹多警叔父守祁陽時慮及此抗疏談兵凡十一上所進銃車末議及南北兵法要略內詳戰守之宜甚悉屢荷溫旨當軸者未即見之施行近登撫

二雲曾公對余言必欲雪耻除兇非採兵畧及車戰議不可嗟夫叔父之言驗矣以叔父才百未殫一苟一一而舉行之則為當今致太平功寧一二數欤至治祁儲部以及署廨所論著不可勝紀今集中頗載什之二三大約皆真實經濟之言爛然可究者昔所称經國大業不朽盛事于叔父奚愧其他詩詞序記等作弘衍鉅麗巉峻剴切忠君愛國維俗勵風一篇之中三致意焉蓋其天懷勃發有不得不然者夫言者心之聲也子曰有德者必有言非必之以言而必之以德也今叔父德若此言又若此匪但天下人知之即　聖明亦蚤知之矣惡假余小子贅

孟履集　卷三　嘉麓山房

言而後知哉

記

建忠義祠碑記

夷狄為中國患由来舊矣我　太祖高皇帝掃胡元而一區夏東極玄菟北控陰山然不窮兵黷武驅之沙漠而止夫亦曰守在四夷為萬世法豈以邊患貽子孫哉頻年以来狼烽屡警曰廑　聖天子宵旰憂歲乙卯虜侵三齊掠玉帛子女以出壬午冬復大舉入寇名城半陷武夫介士未聞以隻矢相加遺者膠以彈丸黑子地三閱月間五經攻迫上臺念膠孤懸推轂楊將軍督兵援勦兵不滿百在他人將毋惴惴焉衆寡之不前將軍

故膠人也梓桑念切一奉檄已不知有身矣途與虜值遂折其
鋒追至孟春廿有七日虜騎数千薄吾城下将軍率衆迎敵以
拒賊衡斯時也孤軍深入有進無退然尨奮臂疾呼震撼天地
竟以馬歩殊懸力窮被執乃大肆罵詈以激虜怒慘中百箭復
自口至頰傷一刀而死一門共被難死者十有一人義民相從
陣亾者三百餘人嗚呼将軍固以死捍民社者也夫戰守一也
不戰未有能守者亦未有不固守而可以戰者是日余與鄉先
生在壁上觀将軍戰方酣而登陴諸壯士靡不髮指眦裂咸思
飧虜肉飲虜血謂必滅此而朝食矣詎将軍戰不利而陴頭守

益堅虜卒被大挫而退豈將軍忠義之氣凛凛猶生實能默助
守者以殲此妖氛歟嗚呼將軍真可謂以死捍民社者也異日
人錄守者之勤勞未可遽忘死者之忠勇鬪之強死為厲游魂
為變有所歸往則不為灾宜于殉烈之處建一祠以祀之既安
忠魂且無寃厲誠感激幽明之大端而亦此邦人所不忘將軍
之大義也余不佞謹先倡始諸紳衿不忘將軍者遂共成之額
其祠曰忠義庶幾哉將軍令名偕民社永久是非第以答將軍
功且以作勵人敵愾之勇與報　國之忠所助不小也將軍諱
京字海瀛號洙濟以諸生投筆中山東丁卯科武解元署文姑

　嘉蘘山房

營印務係本州人迺援筆爲之銘曰

逆酋嘶馬入五龍陣雲黯ヽ黃霧濃躪蹂郊原摧層墉虐肆虔劉慘以兇蔓延東土春徂冬將軍忠憤攖其鋒黔陬義烈奮相從竄風四合暗狼烽喑嗚聲震紛横縱萬矢簇ヽ飛毒蜂躝行騈殪倒矛鋋先軫狼瞫古烈同魂魄毅兮爲鬼雄丹靈上訴天爲翀自古有死尔流鴆英ヽ生氣壯滕東建祠血食銘戰功青史煒ヽ垂無窮民社萬年相始終

艾山禱雨靈應記

今夫旱而禱、、而應天為之乎抑神為之乎崇禎甲申仲春不雨其象為凶祲夫　上帝仁愛必不忍置此方民然縣民新罹禍患瘡痍未復吏不克職天降之罰尺土坼而膏寸涸二麥焦枯萬姓嗷、、觖望吏自揣無德可以格天願以身代尫俔受辜若之何不叅請命于明神其坐視之以斃也古雩禜禱于山川之神禮也攷縣誌離治三十里許為艾山其巔有泰山行宮山椒有泉是名天瀑夏冬不竭旱禱輙應縣民咸稱靈云余乃沐盥齋戒於署淩晨帥僚屬父老禮諸壇壝者三日夜乃屏輿蓋

孟履集　卷三　　　　　　　　　　　　嘉蘐山房

却騶從步禱至于艾山之巔凡六十餘里暴于烈熯中取其泉以迓瑯之紳衿百姓擁道迎于郊合誠翹顒不啻雲霓之来蘓也越三日黄雲冉冉而卄淋隨至始也霢霂既也優渥膚寸以合不崇朝而徧四境焉民大悦以為是使君之誠　天實鑒之雖然詎敢貪天之功以為己力也介黍稷穀士女明神貺之矣吾聞陰陽和而後雨澤降夫乾父坤母生之者陽成之者陰陽亢而陰以調之故靡不順也嶽降神而天降雨其在記曰嗜欲將至有開必先斯以謂之靈也管之祀于斯禱于斯恵我群黎于斯豈無說以處此嗟夫民無常福年無常豐後之似續者其

灬有感于斯山之靈也歟是用作歌以誌之歌曰

青蜺掣鎖鴻龍眠扶桑曉靄方東戀羲輅[和]轡揮長鞭旦排暘谷
夕虞泂靈暉炎〻烈〻而燃河流欲枯井縮泉野艸自焚土若煎
嗷〻鴻雁鳴哀憐疇拯飢渴解倒懸守郡不職負其慾民則何
辜罹顛連　帝心仁愛又不然我聞南去艾山巔其間一勺天
澤泉有神主之　聖母爲泰岱分靈降東偏茲山秀爽實接天
双耳高聳插雲邊千尋葉樹拂春烟去歲避亂民百千[redacted]獻不敢
覗神為全我知神慈能通玄薰沐步禱肅告虔迎神請泉入供
筵紳衿禱拜三衢頭閱晨井澍浹郊阡四野懽呼聲喧闐石燕

遥飛双蹁躚商羊起舞影回旋八𣪊星輝仍烟纆吁嗟予古来
雨金雨𣪊亾雨錢是在天公意所便何如及時降澤潤土田長
使斯民歌豊年我今歌此禱雨篇神乎神乎慈靈萬禩須共傳

滕西文昌閣魁星像記

今夫一郡科名之盛有象以應之必有兆以先之滕西人文藪也崇禎壬午歲是當賓興滕士聯翩起者五越明年癸未 天子臨軒策士滕士登高第者復嵎峙而三遡之往科僅再見云先是南樂儀翀王公以郡丞攝州篆作人無斁士彧蒸蒸欲奮忽一夕神若告之公乃夢矣厥象維魁覺而占之吉曰斯其為科名兆乎夫滕山川清淑生其間者類□魁奇英杰堪炤耀山左以人文符天象固其宜也攷天官書斗魁六星曰文昌宮一曰上將二曰次將三曰貴相四曰司命五曰司中六曰司祿後

之人以其降神于蜀而祀之滕建文昌閣于學宫之左歷年所矣而魁星之象缺焉其閣高而安深而朗面珠山而背大割東則極目滄海洋〻乎大觀也迺閣之下空其堂以有待郡丞王公慨然率諸生鞏謀重葺而新之遂附魁星像其中不日而告成紳士咸嘖〻奇之以為天瑞之徵將必有驗于其後也余奉命守滕始至之日鋭意興文課督諸士不敢懈士亦日益加勵余因以知杏泗之教未衰茆蒸之風可樂也暇則烝士于庭而祝之曰今　天子聖明得全〻昌諸君子曷應運而興以翊文明之治哉未幾紀君春曉諱騰蛟匡君九畹諱蘭馨高君大生

諱燁高君子靜諱簡李君西京諱世鎬遂秉秋颺去而春曉子
靜以璧經葩經兩魁首聯捷與張君春齡諱大年共成進士縢
一時號極盛由是人益嘖嘖奇之謂是天瑞之徵其真驗于後
也郡丞王公其大有造于縢也余聞而感曰賢才之闢于夢也
如是夫古者明明在朝穆穆布列虎嘯而風冽龍興而致[illegible]形
繪版築之夫車載渭濱之叟精神所感夢寐通焉千載聞之不
以為誕夫士未離蔬釋屩欲一發明主之夢其道無由及一旦
而綴登遇風若不知其為而為之者所謂文武爵禄之柄有其
司命者非耶則斗魁之靈昭昭也方今　聖主日望賢臣以弘
孟履集　卷三　　　　　　　　　　　　嘉麓山房

功業假令王公獻其夢于朝　上命太史占之曰日者殷憂啓
聖欃槍布焰而斗魁告兆于東方意必有文人出而應列宿掃
妖氛者今其時矣則異日登斯閣也不特與清静之堂超然之
臺共稱勝槩殆必繪圖紀績與麒麟凌煙千秋共不朽矣敢援
筆而為之記

龍神感應記

己卯冬余偕里中孝廉六人上公車買舟至淮陰出興福閘將取道黄河抵濟寧登陸旹氷堅而水涸阻清口者七日皷凍解余輩急於行舟子以斧鑿氷稜奠得渡旹水涸如故余聞吾邑葉文忠公曾記龍神之靈遂同諸孝廉為文肅拜往請以是科捷南宫者𠕋神又思記中述龍神言此河屬張将軍余行里許望張将軍之廟復拜禱焉歸舟中仍録祝文擲于水祈得早濟夜分忽夢一人告余曰我水卒也伸右手求余書之余問欲書何事卒曰為我寛數刻乃去余亦驚覺侵晨舟子譁于上曰水

高三尺矣昨舟在岸下者今踰岸以上矣余起視果然相與懽呼牽挽而前予輩皆向空謝曰眞神力也庚辰惟余溢一第適前途梗阻從青州歸與神廟相左次年謁選復從王家营行不得酬前許比選得守齊之黜堌郡甫三載以軍功台浮海歸至蔦遊島颶風大作自辰迄未不休余默禱于龍神風乃息又二日将至廟灣口舟子迷津不知口所在遂泊口外以鐵矛鎮之風又作夜分飄流四十餘里予復默禱至天明舟稍定起矛視之則三者失其二矣入口上廟灣至清江浦謁王雷臣中丞、、經理山左知余名晋與共命督海艘至安東三閱月嗣奉王鐵

山老師撫召予駕海舟往旹鐵山師總督河北駐雎寧余縱舟
中流正順風不一日可至宿遷忽大風折桅幾覆舟余私擬龍
神當無在不靈仍前默禱如是者三風恬乃棄桅於水而舟不
得行登草灣上淮楊寓諸生金印家是夜則宿遷告陷矣金生
偕孟星乙仲星賁留予盤桓者浹旬日因念予風波中萬死一
生寔有天幸然非神默相其間余縱能出險於桅折之辰未必
不致命於城陷之夕矣豈宿遷係神所司地故先幾以告我歟
方予在清江浦中丞命余忝江瞻其廟宇即前禱所也次日余
潔誠往獻牲演樂以酧神方行向之感神庥者耿耿五載間未

孟履集　卷三　嘉麓山房

嘗旦夕忘乃既田復出故紆其途以遂前之願此非神之靈而
誰靄哉夫文忠公一代偉人且奉寵召神之顯靈調護宜也余
何人斯乃隨叩隨應捷于桴鼓意亦諸孝廉之精誠足以格神
歟是不可以無記禱之日為庚辰上巳之前四日謝之日為甲
申中秋之後五日也六孝廉者誰黄君士必王君席卿及余同
社林君鏡甫與其侄禎卿施君君貞周君聖頫共為六施君亦
于己丑科登第故并及之

遊玉華洞記

余家三山之王融邑中如黃蘗石竺福廬瑞巖諸名山遊屐所經應接不暇每恨生長閩南夢寐武夷玉華二山如在五雲天外歲壬辰上已余買棹至鏞州膠西宋子艾后以名進士令茲土一朞矣艾石夙與余稱道義交遡洄伊人視選勝探幽懷彌切焉至則父老為余言宋使君承凋敝後興利除害脩文講武以冉造此一方輿人誦之不啻山高而水清也者余因喜一行而酬二願遂偕艾石望天階而至止訪赤松之舊遊傴僂入洞洞窈而黑晝非秉燭不得行余疑此山若混沌之未鑿舉無數

孟履集　卷三　　　　嘉麗山房

品彙盡包涵于虛明一竅之内步數武則見嵌空而紆折水乆皆成石泉膏石髓結為英者或紫或皓嶙峋奇怪高卑森列一卷石之多生人生物及其不測有釋有僊有童有叟有天有喬有飛有走有冠蓋有傺戟有厨有井有墓有田有樓臺有宫闕有簾如珠有屛如玉有石對峙若鞦韆架者有峯相向若天平針者復有巖嶂千層寒潭萬丈山之内有山焉山之内有水焉奇矣未也而且有雲捲石有月落江有雷轟洞有雪瀉空有風飄燭有星耀天有擘天之柱幔天之帳垂天之寶盖奇哉山之内不惟别有地抑亦别有天矣設無好事者流搜之攬之名之

狀之則此山豈不混沌千古慨自龜山先生有混沌鑿開幽竅
遠之句以為此山標勝迄今遊者繹絡無虛日遂若奇畫搜幽
畫攬難名者名難狀者狀要亦人自鑿其聰明耳何曾鑿此山
之真面目哉吾邑林子羽先生廣文是邑亦有真仙構靈宅之
題咏後之人誤以爲是仙人之所居從而叩仙扉擁僊几代僊
鐘考仙鼓採仙芝索仙酒挹金莖之仙漿訪丹砂之仙鼎吾意
仙人若在必厭人間煙火氣得無飄〻羽化望而若函關之牛
華表之鶴且若神龍變化不可捫捉相與歸於終南故處靜對
而忘言者乎世人聞雲中鷄犬以爲仙人庶幾遇焉嗟夫此爲

井之蛙株之兎望洋之小子矣無他人一入洞内徹〻悟〻若身在槐安國中邯鄲道上尚寐無覺也乃窮其峭絶處攝衣登七層楼有藹然闋在焉曙光曈曨乍明乍滅所稱鷄鳴而起旦氣尚存五更之天其人心之覺候乎迴想夢中色象若有若無疑真疑幻不可復識舉無數品彙仍包涵於虚明一竅中至精不鑿太樸無名強而字之曰玉華恐山靈亦不任受矣因念宋子旁午簿書嵗不能一至又思以遨遊妨民事夫鏞民之望宋子也如解倒懸宋子之濟鏞民也如慈雲如甘露又如一葦之航𤀹我髦士於樂辟廱鈴鐸其喉舌而旦〻宣之禦雚蒲於百

里外望其旗幟相戒不敢佖洞哉出火熖而蓮花之以称幽谷
陽春何黍焉聊舉洞志一二以為治譜舉似鏞入聞之必咸曰
宋使君真仙吏也照我蔀屋耀以光明長夜浸浸旦矣余喜一
行而覊二頤遂載管而為之記

孟履集　卷三

嘉麓山房

重遊福廬山記

吾邑有福廬山者舊名郭廬自萬曆甲寅後經師相葉文忠公厯手闢山始以名勝傳師相嘗曰余之闢茲勝蓋建初郭先生曾與余言以爲可吞瑞巖者八九惜無好事者一表章之建初爲余王父方其賞識此山〻固荆榛耳沙礫耳烟霧杳靄晦然無以自見也乃今邀師相創始之力及何東山張志緇等共事之勞闢天門搆蘭若築精舍爲樓爲閣爲亭爲榭爲丹臺爲洞府石則如霞如芝如鷹如蝠如黿蛇如獅象或嶂天或拜地或玲瓏者奇怪不可勝紀水之從竇出者如玉之鳴如危石之弄

孟履集　卷三　　嘉鬱山房

又如長虹之飲澗沿澗而下鑿石爲函引泉達於寺前滙爲池
名曰剡石泉視中泠惠山二泉尤佳橋闢虎渡巖則僊居逕可
躡雲峽僅漏天山川之精靈閟之千百年者忽發之一旦名公
如何匪義曾能始陳振往馬季聲茅孝若輩遊屐接踵磨石鐫咏
者無虛日然則山固不以人顯歟師相當神廟旹以身係天下
安危乃淡情簪紱寄趣煙霞獨寐寤言耶碩人之寬以自況則
曰考在纂陶弘景陳希夷之高尚則又曰恒就曰怡雲自額山
房曰石隱手書過釣臺詩四章於堂之上夫一絲繫九鼎師相
固優爲之然溫綸屢召揆席三登殆非枕流漱石者比自賜歸

後再尋山中之盟若不以三公易者倚歟師相所稱先憂後樂者非耶予之遊此山者屢矣憶崇禎辛巳余將謁選春官同社游朝霖林用籲林鏡甫施君貞周聖櫄諸君招余登覽且以叙遠別至則從禪寺歷級而登造師相之祠而拜焉誌仰止也遂振衣上三天門頂俯瞰滄海飄飄乎若身在碧漢之表下則石壁對峙若門亘十餘丈有巨石横其上坦平可坐千人余輩携酒其上班荊浮白盡懽而止酒後循環流亭而下於洞取泉煮若茗啜之清沁心骨泉聲丁東相荅若山中自有管絃出洞叩雲關而探石室名爲小有天疑是僊人壺宅余輩坐而卧焉嗒

孟履集　卷三　嘉麓山房

然忘歸次日行緑陰中里許憇小亭至西山有巨石五如星之
聚遂以名巖山巔有石題曰海雲飛處福廬之勝畧盡余輩晋
連兩晝夜不忍去自此則惆悵各别矣余仕齊三載䰟夢猶然
戀此比回覺風景大殊丙戌之秋余復偕年友陳同文劉黄偕
往時鏡甫君貞同作平原懽一入山中殿宇樓臺巋然無恙也
即余輩杖屨壺觴依然如昨也獨當風高木落鼯嘯猨哀之際
緩採芝英以爲醴飡紫霞以爲粮白泉琤琤而奏商青娥傞傞
而起舞憂從中来有不可斷絶者翹首天閽咫尺間耳萬里鵬
呼杳范莫即因念戚元敬將軍有瑞巖里閘詩云繁霜盡是心

頭血濺向千峯秋葉丹此皆此景不覺凄然有合真不知涕之無從者矣因強留一夕而返未幾山中松栢一望葱鬱者樵夫牧豎相與躑躅其旁曰此故相國舊遊處也松耶栢耶匪斧弗克耶旦旦而伐之山仍濯濯若童矣至於臺榭諸勝圮者不復葺廢者不重脩向之共事開山者凋謝無有存子若孫亦蕭然異於昔日豈山之氣運固有皆而窮也歟予每至斯地爲愴然三嘆者久之均一靈區也昔何以闢之如此其難今何以置之如此其易昔何以遊之如此其樂今何以過之如此其悲其山爲之乎抑人爲之耶如以山爲之彼其含媚隱秀縱未經開鑿日

孟履集　卷三　　　　嘉麓山房

在荆榛沙礫烟霧杳靄之間山未始加損也獨是天不慭留山頽木萎師相且駕鶴御風遨遊於蓬丘瓊島之外安得翩〻来歸睹此洞壑是而江河非者再向山靈而質之哉然則盛衰悲樂固人召之但遭遇不同感慨亦異此亦有天存於其間非人之所能為也余又何能排天門搔首而問之故姑紀此山前後顯晦之因亦曰勝地之不常也云爾後之觀感者又不知當作何似矣

瑞巖山記

瑞巖山在吾邑龍江左三里許有巖洞泉池之勝其陞伏荒莽者不知幾何年宋宣和間有園欒居士搆菴隱焉皇明嘉靖乙卯戚大將軍元敬以平倭至閩始來一遊余王父建初公與大將軍友善嘗從史之遂搜其秘怪闢諸新洞而兹山之奇畢出自此遊屐漸集人知有此山而山傳入山者必由東嶽寺寺甚宏敞山形似覆釜前有捧日樓遊人多憩於其下越里許行沙礫間從客楙菁葱際隱隱見巖寺乃渡滑苔橋相傳其下爲種白蓮處沿橋至山麓層折而登漸入佳境爲入佳亭亭下即一

孟履集　卷三　　嘉麓山房

鑑池由亭右步山門題曰第一奇觀后殿則棟宇巍峩奉大后佛於其内佛身高濶各數十尺因后肖像莊嚴色相宛然洵宇内奇觀爲燕齊吴越所希遘者佛宇歲久稍圮都都林益譙公鳩工重　焕然改觀右傍静室乃直指陸公清源爲都諫公而建者以祀公咨成劳也後有石三片可匹江郎巉岏突聳疑巨靈劈開入佳亭前有醉石爲大叅沈公暉紀醉處石畔長松數本團翠襲人左有井取象八卦其曲水可流觴過此澂聞泉響滴瀝聲其源從半山石隙湧出滙爲池曰真源潆洄百道至此始涓涓而下名爲一滴泉從兹歷級而上有石刻仙山佛國漸

五字入則爲瑞巖寺〻傍爲開山堂祀團欒居士及其子朝散
大夫林上達後為觀音堂前有天游閣出寺左則有團欒塔再
上為第一洞天有休〻亭滴翠亭勝步數武至自在門即穿雲
洞〻口戚將軍勒曰瑞巖三十七洞天蓋洞天三十六此地則
別一洞天也從穿雲洞而入有海天空濶亭即舊名皆醉亭者
亭後為觀音洞右有橋名過来橋上有天開圖畫四字一小浮
屠屹峙其頂觀音洞上乃天台洞有石名獨醒穿雲洞後有玉
虛洞左為紫霄岩傍即香山洞〻后有蓮花石〻下為石壁巖
後山若峩着瀉雲名雪山〻下有仙扉上曰飛仙臺萬曆庚戌

孟履集　卷三　嘉麓山房

夏九仙樓忽失一僊像越數日有從過来橋望見在懸巖上者
故以名臺仙扉後有歸鶴峰前有瀹鼎池其側有仙舟觀音洞
傍有小竹林名叢篁谷由谷緑崖而望有石淩虛如屏〻前石
盤數尺狀若半月可坐六七人雙樹交蔭石上古色蒼然石詎
地數仞俯可矚飛鳥之背疑紫鸞縹緲欲下名棲鸞臺復有巖
爲天章在蓮花峰南石頂亦有老樹蟠结狀甚古巖下即九僊
觀也里人士講葉其内祈夢者亦多驗與九鯉石竺諸仙同稱
靈云其傍山阿古有羲鹿塚遺蹟閒此間有桃花洞内多仙景
土人云久爲野狐居人踪罕入以致咨侵壓滿遊者如入武陵

溪口幾無問津處桃花洞内有兩石垂若玉筯故先輩咏此洞

有流水飛花路轉迷劉郎歸去鳥聲悲洞中仙子遥相憶腸斷

春風玉筯垂之句滴翠〻〻有廟前有梳粧樓俯可瞰海是爲天

妃宫妃著靈于海故祀之茲山東北隅有巨石中一小罅廣三

尺許直通於海不知其底名曰海竅潮滿則竅水自滿潮汐則

竅水自落不知其發源何來歸墟何去呼吸之氣與天地通一

石之微包舉滄海之勢豈不竒哉豈不竒哉天妃宫後有丰邉

亭即步月臺〻後石壁題曰中天積翠過此越小嶺〻上一石

其小者略可容三四人名小憩石其大者相與班荆而坐可容

孟履集　卷三　嘉麓山房

千人名千人坐半嶺尚存鎮遠亭故址大司徒馬鍾陽公碑記之山徑怪石錯落斑〻汚虎伏于地曰蹲虎石使李將軍過之當一簇浸羽復有雌雄石在蓬萊峯之側傍一窈窕峰與鏡臺遥對儼如美人臨粧以視劣前山頭之玉女峯不啻過之其巨石高峙望若石屏蘆題天風海濤更有飛來一片石可十餘丈累九駕空似斷似續欲墜不墜名飛來巖〻下嵌空若室設石几石凳其中可坐可觴傍爲白衣小閣〻傍一靜室乃先子汝偕與林澄元文學及高王諸太學摹緣手搆將以待葉師相之遊也憶天啟乙丑師相再至山中招都諫益謙林公司理希巖

李公仝遊余亦從先子後追隨杖屨師相晝與容手譚晚則宿靜室內鄉人慕之比之為召伯所茇欲另立生祠以師相固辭不果今僅存靜室數椽岿然若魯靈光矣由靜室左登高臺其面坦平即飛來巖之背戚大將軍借以嵩呼名望闕臺鐫詩一首云十載驅馳海色寒孤臣於此望宸鑾繁霜盡是心頭血灑向千峯秋葉丹忠義之意溢於言表迄今念大將軍功者幾與燕然之銘同不朽焉前有振衣臺登之飄飄凌空如置身千仞以上臺之前為一線天傍一巨石高六七丈餘名摩漠峰下此旁列皆有仙洞一洞穹窿上覆闊而有容名曰大洞天傳為

仙人棲真之所洞天底爲冲虛洞再入則逶迤曲折硿硐玲瓏或攀而高或俯而卑約有半里許名曰九曲環珠洞入其中者非得寺僧引之苔蘚濕滑幾迷所出大洞天之右有宜睡洞傍爲醒心泉四面積石泉居石隙中一掬泠然蓋茲山第一泉也泉畔有石狀如亀俗呼水亀洞泉下有伏獅石々左爲芙蓉峯右爲雙龍洞后即歸雲洞戚公記其開爽邃寂爲避世者之區内有天成圓石琢而平之可容八仙共奕名曰仙枰上有懸石竇名竇前有小洞々側即醉僊岩々右兩石夾峙名石門近傍有水琴洞々前有浴鳳池其前後爲試劍石鉢盂石玉兎石靈

乏石佛頭石者難以偞數石門前有仙穴踰穴右仰登亙徑又
數十步即還丹洞新洞之觀至此略盡出各洞爲瑞岩後山有
報恩寺〻右有小静室前有半月巖遊人遂相與棲息而休焉
葉文忠公有云黄蘗石竺靈石幽而峻者也瑞巖山則小而奇
者也每至皆畱題咏李希岩公亦舉岩中諸景依物命義各有
詩成帙先輩東海屠赤水安慶阮堅之吾郡林子羽陳幼溪王
約齋王觀洛徐興公諸名公及舊馳令常熟陳公逈雲閒陸公
從大單刻詩石壁者甚夥歲久磨滅不可讀山中如仙床仙灶
仙井仙池之類疑真疑幻名狀不暇本里諸生林朝賡仝山人
孟履集　卷三

嘉麓山房

歐應昌重輯有瑞巖志頗載其略惜未及徧傳夫古今之名山多矣率視人爲顯晦戚將軍自顯此山後即往塈塞上勳王父建初公亦從將軍遊纂九遏圖誌謝山靈去者已久而師相又虓福廬之勝以爲地邇通都朝夕可往兹山僻壤耳雖經開闢其混沌者自若疑處晦蒙中無以誇耀於當世雖然烟霞泉石以千秋爲旦暮安知此山靈不欲以無名者完璞即謂混沌終古存可也復何顯而何晦也哉

萬石山記

萬石山離玉融九十餘里邑治之極東南處與大海為界者也葉文忠公嘗云海上多奇山而萬石之勝倍彼世所稱天竺飛来天平虎丘棲霞燕磯之類尚不足當茲山之一拳吾邑大如葫蘆而所貯瑰瓌弘麗之觀無盡若此余讀所為筆嘯序羨之丁亥臘月余有事於澚口文學魏龍石與余言茲地寔近萬石山其洞天之邃可當桃源也曷往遊焉戊子端月朔余乃偕龍石及余昆孟河季孟志同往自澚口循田畛而行可三里許過小石橋見溪水縈紆而繚繞清泚潺湲不可名狀抵山門額

孟履集　卷三　　嘉麓山房

曰護國寺僧隱禪者舊龍江人也導余單入見緋殿巋然頗極
弘敞余禮佛畢僧具齋標中余詢及護國之由僧云寺後有石
昔出鍾乳宋某皇后病篤遣官禱於神得石乳治之而痊乃賜
寺為今名寺在山之麓從寺後望山巔危峦叠嶂簇々森列有
冲霄捍漢之勢山背多石齒々磔々大或崚嶒突聳小亦硿砢
歷落雖尚未經開闢然空者為窩峙者為門高者為臺削者為
壁舒者為屛歛者為室員者為蓋方者為几種々天成非人力
也山人歐世叔與其友商元勛單晋連眺覽輙加題咏究未能
舉似萬一耳余乃緣崖扳援而登但見松陰柏影參差互映竹

敲風鏗然其聲楓染霜殷然其色耳目清爽便覺置身閬苑迴
出人境之外步至半山有石突起數仞石杪一痕圓如皓魄疑
有清光欲射上鐫孤峯朗月四字苔蘚之中隱隱可辨山之右
有大石洞由外小竇穿而為穴蛇身側入幽窅詰屈如登九天
如入九地如探馮夷之宮闕如叩神仙之窟宅房榻廚井之類
咸備海民因亂多避其中至以數千計一夫當門寇莫敢犯幾
若堅壘然其可容千人及百人者諸洞又不可僕數是此山之
靈既能護國亦且庇民矣寧僅上上叢叢之瞻而已哉寺內伽藍
寂為顯赫有人悖逆向神請盟者忽忽胆落未出山門而斃雖

孟履集　卷三　嘉麓山房

報應之說不可知然使民戰栗不敢為惡亦神道設教之一端也或曰區奥故神靈云萬石山之西偏曰磐石者有誇其為一丘一壑之勝余次辰由寺西哉小嶺過楊林不數里但見路傍諸石若仙掌者若靈芝者若頭巾者若鉢盂者若諸仙共奕者應接不暇未幾而磐石近矣有林生昆仲三人家于其地聞余至倒屣迎道左烹羊羔具斗酒為樂其地亦有石洞可容數百人余往觀之大率深窈曲折與萬石山略同不足異也獨異其屋前有石廣濶各數十尺狀如龜昂首於東石面有斑痕一道蜒蜿而長似蛇狀繞龟背上亦昂首于西彼此若相顧者石腹

考之有聲逄逄如聞鏞鼓之奏林生宅內設真武像以鎮之屋後有一巨石架於群石之頂隻指撐之全體搖搖欲動名曰指動石余私怪石性至剛豈復作繞指柔耶迨命數八極力推之則又屹如山立有不可震撼之槩何物頑石動靜不測如此余益奇之因留題咏而返萬石山之東偏越十數里則為東金山山形高大為諸山所發源寺居山巔余單復於次日策杖而登幾數百級尚隱隱在望其寺為四公和尚羽化處今其遺蛻尚存香火甚肅一登絕頂雲氣四出襲人衣裾使我有凌八極翔九垓之想近瞰岡巒如趨如伏如立如峙俱作培塿狀周圍村

孟履集　卷三　　　　　　　　　　　　　　　麓山房

落烟火稠疊平疇繡錯又磨若夫極目浩渺則碧海漲天洪濤萬里海外諸者山浮立、蟣蝨塔尖蟻背蛟睫若遠若近乍浮乍沒庶幾蓬萊安期羡門之屬可以招而款也然則海上名山之勝洵未有踰于此者惜也區壤僻遠沉晦不耀即生長兹土者不能舉其勝名況獲恣遊人之杖屨乎余有徵於文忠公之言故為紀其大槩以俟好事者大云

贊

自贊

行[illegible]

家慈王宜人八袠求言行實

事略

誥命撰文事略

郭氏一家言

閩王融郭文祥孟履著

傳部

忠烈虞白彭老師傳

吾師蜀之永川人諱琯字君石虞白其别號也雋戊午經魁戊辰以臨邛學博教思無疆黌士貞珉勒之謂其自重不苟可為天下式食蓿戒棠實由兹刱舉爲歲甲戌始成進士司李丹霞有能聲民欽法吏且歌慈母介典丙子闈得士七人余菲材謬與其選因稔師之為人心方正而性澹寧有一介不取之標具

卷四

嘉叢山房

千人不奪之志以治于第一内召工垣拉疏匡時侃〻直聲格
于當宁嗣以濟川之才畀督漕之任奉命使楚方報竣而倏值
甲申之變旹三月十九日也逆賊犯闕　先帝升遐一時大小
諸臣遭逢喪亂生死或殊余方待罪滕西死守封疆聞報之日
伏而嘆曰主辱臣死吾師真其人也嗚呼吾師知必殉矣迨觀
先幾決策者僅〻二十有二人則又駭而疑曰嗚呼吾師何以
尚未殉也嗣見給諫李公維樾一疏内称隱恐艱虞横遭嶶索
珠碎貝闕之前血沁燕山之土事久共明葢棺論定如科臣彭
琯者以脇降不從為賊所辱自勒身死較之慷慨捐生雖似有

闇然賊敢以官既抗真卿之節賊利其財又空范丹之義氣等赴火之伯姬慘若行吟之屈子可謂霜挺氷稜悽愴華表者矣宋臣文天祥在元詩云惟有孤臣淚兩垂明〻不敢向人啼瑄之懸冠嬰木夜泣餘魂得毋類是昔謝枋得過辛棄疾之墓有大聲疾呼若自鳴其不平者自昏晝至丙夜不絶枋得作文弔之乂成而聲以息卒請于朝得贈謚臣竊觀謚法在國遭憂曰愍權衡名實敢邀 皇上激勸之仁臣恐令艱貞臣子泣歸櫬之寒烟與螢燐同零哉疏上行儀部議覆余一展讀不覺肅而起曰嗚呼吾師今果、殉矣其死生遲速之不同要以能殉則一

嘉蕿山房

叚集　卷四

也今范俔諸君子人〻光昭史管緜綸一字之褒煌〻乎不朽哉以吾師之烈若尚有待然人臣許國只期自靖身後之名夫何遑恤乃議者過求以為非先幾者比即當日（議贈僅擬太僕寺少卿）[redacted]嗚呼此豈足以盡吾師哉吾師死于三月十九日之後今則以為遲死彼文信國公就囚燕獄者三年乃從容南向而後死此果遲耶否耶鼎鑊甘如飴求之不可得此信國公語也即吾師志也孤臣未盡之涕誰從向九京而雪之乎余故述而誌之以俟異日之闡幽者庶幾有過墓門而息疾呼如謝疊山先生故事則烈骨未湮夜臺復旦余日望之矣

太初韓先生傳

崇禎甲申初夏中表韓君興纘寄其尊人太初先生狀示余屬為傳時適聞國難余守滕城匆、戎馬間未遑按狀奚似久則并其狀亡之因而為之憶焉夫傳之云者傳其人生平之謂也人生平有不堪復憶者斯其泯〻不傳固宜久而令人憶〻之而生平愈如見雖欲不傳其可得哉余憶韓先生其人者或以為文人或以為酒人或以為詩人嗚呼先生果何人斯也先生諱詩字汝言別號太初少善屬文為余伯祖驃騎公快壻公專閫薊遼先生從之遊時余祖海嶽公纂燕史成元敬感大將軍

館以漢莊先生恒相過從朝而談兵夕而窺史過金臺而慕燕
隗望易水而吊荊卿尒時骫髒自喜便有不可一世之思矣歸
而下帷舉子業肯若而年[redacted]
[redacted]益肆力[redacted]經史并淹貫諸子百家之學[redacted]
[redacted]試于邑輒高等辛卯闈試經分闈所嘆賞幾入彀不果後
屢嘗鏖戰仍復報罷嗟夫荊山之璧連十五城不易三入玉工
手不識非璧難也知璧為難先生懷瑾握瑜不欲炫以求售即
無問識不識而聲價自定是以無復侘傺牢騷間仰天大笑曰
大丈夫須及時行樂耳焉﹅百年內安用勞此生也時與余先

子及世父諸父輩風晨月夕雨雪雞鳴之際未嘗不留連杯斝
又未嘗不浮白引滿陶陶然醉也顛倒綸巾淋漓錦袍酒酣耳
熱放懷浩歌曲折沈浮尋變入節喉所發音如出金石其高情
散朗類如此每遇佳山水徘徊不忍去輒留題詠至感事懷人
情深一往皆筆之聲詩寸縑尺楮散落人間如珊瑚玉樹見者
鮮不以為寶也又嘗著有清言格論以訓誡後人砭規末俗先
生殆自全其天真正子瞻所云無往而不樂蓋遊于物之外者
也人言先生常值乞人于市必竊異之歸而飲以清泉其人若
生感激者忽而不見疑以為遇仙云嗚呼先生從来庸夫豎子

履集　卷四　　　　　　　　　　嘉麓山房

老死冨貴者何限盡湮没無聞唯倜儻非常之人稱焉先生數奇不偶中壽以終迄今垂三十載矣慨然慕之憶其生平如一日也嗚呼先生果何人斯洛陽大傳歟五柳先生歟斗酒學士歟青蓮謫仙歟亦可謂之文人亦可謂之酒人亦可謂之詩人嗚呼先生其安得而不傳

高樓施隱君傳

施隱君者。乃余大父海嶽公之壻也。先時公祖半峰公諱千祥。與先比部雲橋公。同登嘉靖乙未科進士。余與公伯子君貞諱起元。崇禎丙子科又同雋于鄉。蓋不徒戚誼也。又世譜云。以故公之家世。與公之生平。余聞之頗悉。公諱尧欽。惺寰其別號也。其始自光州固始入閩。家玉融之龍田。稱高樓施氏。再傳炳為大理寺評事。又傳孺玠。嘗侍講經筵。越數傳是為藩伯。即半峰先生也。歷任有善政。尒守川西時。嘗于淮口鑄鐵牛。以障水患。川民德公。至今祀焉。子尒舉號見岡。庠生。孫一臯號震南。萬曆

孟履集　卷四　嘉麓山房

壬午科舉人。授鳳陽府教授。夙負傲骨有不可一世意遂遭蠅
玷以廣文終隱君則震南先生之猶生而倜儻不羈有乃父風
甫三閱周母毛孺人見背于是悼母而愛酷于父〻三上公車
隱君皆從燕市遊既而震南公以廣文授職定襄轉鳳陽首蓿
餘味隱君共丼之盖隱君過慶卿忼慨之故墟歷漆園逍遥之
舊址所見者遠故不屑〻攢着舉子葉迨其後驟嘗家難爲其
從肘所下石隱君幾負辛螫之痛焉乃僑寓龍江去余居不數
武余先子在日與隱君歡洽無間又俱貧困欲借杯酒以吐其
硯磊不平之氣每一過從必竟日畱連雖一蔬一觴未敢私曰

非尔我不成懽也醉後耳熱輙相對語吾與若抗志煙霞以未
竟者付兒曹旦夕望有秋庶咸收力田報乎今君貞奮翮余幸
附尾獨惜尔我先人未及親見嗟夫古之人子所以寄恨于風
木也余庚辰忝一第守滕西君貞過余治以隱君傳屬余以為
非子莫能為也余則何敢任苐聞君貞語余曰吾隱君敦孝友
秉仁恕性坦直而無矯飾仗義好施能周人之急惟恐不及且
素達觀蕭然于塵埃之外其胸次若光風霽月意所欲言則懸
河而出與里中父老子弟交咸得其懽心尤隆禮師傅以課諸
孤讀令孤輩籍以成立者吾隱君力也嗚呼隱君之為人已槩

孟履集　卷四　　　　　　　　　　　　　嘉麓山房

見于此矣隱君于吾大父翁壻也大父曾纂燕史歸遂著書樂
道自命爲玉融山人夫山人非隱者稱欤然其所樂則有異大
父以名山樂故傲王侯而不爲過隱君以隴畝樂故友漁樵而
不爲狎海外有東壁者隱君之别墅也環山皆水汐若平沙輿
至散步平皐美潺湲不啻十洲三島每歲春夏隱君命巾車駕
小艇以進禾可釀蔬可摘煙波可釣海鷗可狎蹲危石而坐進
老農爲簑笠談或斗酒相勞放歌梁父山鳴谷應一何適也歲
大祲東壁籍以舉火若干家爲傾貲出糶計口給之衆頗倍直
以輸公否之曰吾自甦女涸耳若求息是貪天之灾爲已利也

遂并券焚之隱君承清白後僅服先疇數畝旋爲壯阮氏割其
腴公讓而處磽祖未有分屋伯氏奄爲已有質之族議以百金
還公對衆揮之曰吾子孫賢毋用此若不賢千金易盡耳此何
爲者衆服爲格言及祖宅廢而公之葉存者碩果每過故居寔
不禁墮淚雖大夫之淚爰發憤鳩工妥先靈于寢所餘與從兄
弟居焉匏如施太史額其門曰定居光梓里肯構萃荊庭盍隱
君孝友之定評也公又嘗值無依老嫗于野聞詢而知爲母婢
乃嘆曰吾少失所恃見而如見母也遂收養之以終其天年獨
曩所下石隱君之人寔爲從祔居東城病革而子幼公助賻襚
孟履集　卷四　嘉蔭山房

匍匐襄厥事嗟夫怨毒於人甚矣哉彼何以親而成仇公何以
德而報怨余小子耳其事尤不勝怒髮裂眦焉隱君胡忘之也
隱君曰吾自念吾藩伯之後耳即此一言隱君之過人遠矣隱
君配為余之姑自隱君仙逝紡績以佐君貞昆仲讀又君貞與
余華搦管談文吾姑截髮為治饌具令君貞學成旦晚對　彤
庭魁多士而仲氏畀新〻列弟子員季起蛟尚幼非吾姑出吾
姑撫之若已出其生母起于微然知感主母之恩守茲煢〻以
靡他自矢亦足難也由斯以觀隱君之後其未艾乎吾聞半峰
先生常平反邪主政之孫之疑獄夢衰衣博帶人揖而前曰尓

存吾孫吾當昌尔後今成半峰先生之志者有君貞矣得全、昌斯夢其驗哉

論曰造物其可憑乎哉以隱君之積德累行年未稀耋而遽奪之速造物其不可憑乎哉以隱君之積德累行已有令子應詔公車發揮未竟之藁旦夕將邀王者誥以起公于泉扃均一食報必償之身後而靳之生前何欤夫身後生前之說似足以傷人子之心然以積德累行者視之榮枯脩短固已齊觀矣於隱君何慼焉余之于先子也則猶君貞之于隱君也叨一命之榮重終天之痛余私心尤憾造物之可憑而不可憑也已

景雲周夫子傳

周先生景雲諱維新字民承篤學名宿也初治毛氏詩更淹貫六經闡繹微義卒用春秋起家餼於郡棘闈屢入彀不果主者咸嘆惜其才先生銳不少衷每浩心希古於書靡弗讀不能名所讀何書吾鄉稱慱洽者必宗之晚年學為子長遊喜縱觀四方以盡天下之奇乙丑歲自都門倦遊歸擧胷中所得便欲上下數千年有藏名山傳其人之意余方弱冠志頗聞道先生一見奇之曰孺子可教也余遂執經從遊於麟山之峯先生氣岸孤聳高眎一世是以得入其門者寡余嘗竊窺先生燕居之槩

孟履集　卷四

嘉麓山房

正其衣冠危坐𨽻(?)比不惰不倚儼然終日盛寒暑以爲常不易言不苟行聞其謦欬令滿座肅然斂容其模範之嚴如此乃其教人則有本末嘗嘆俗學之陋從事佔俾不能舉聖賢言語實體之於身不知聖賢千言萬語教人存心養性豈以資人佔俾爲哉非加實踐工夫則視聖賢爲不可學而至其於己也徒自暴自棄而已殆未聞道者也至於文者載道之器以我之言尋繹聖賢之所已言又發明聖賢之所未言其所已言者存乎象其所未言者存乎理象欲顯著理欲深入故不於有字句處求而於無字句處求是則字有字之得力句有句之會心先生之

垂訓如此余是以沉心静悟不敢事記誦之末鏤心爲文閒或三數脱藁而始成一藝先生少所許可余獨籍此以克當先生心先生又嘗爲余言為學工夫須有次第大約宜正而不宜雜宜耑而不宜多宜漸而不宜躁如一日之間以經爲資以史爲衛而後參以秦漢及韓歐三藴並文至於月露風雲之詞勿使並進又須從容誦習循序致精學乃有獲乃若心者精神之府入夜半則血歸心學者爇燈發憤迄丙丁不休往〻精神勞疲心血妄洋是亦宜戒每晝則課以日程昧夜呼近燈各頌説其所業奬掖磨礪備至或援忠孝之事相勗勉或指古今治亂之

運君子小人進退之幾可興可觀者以示法戒或相與感嗟人
情世道俾知所涉歷之方或舉遊屐之所經如龍門禹穴之奇
峻泰山黄河之高深與夫帝京宫闕之巨麗一一若在眉睫間
令人聞之有凌厲六合之想及門有質疑問難者先生剖晰義
類指數以對人人厭意去使學者忘從師之嚴而惟見讀書之
樂則先生之大有造于我人斯也我思古人譽髦斯士先生之
謂與未一年先生因不得志於有司欝欝以疾終是為天啓丙
寅距生嘉靖甲子得年六十有三嗚呼先生德成道尊卓然為
一世師表使天假以年棫之風聲為聖天子廣作人之化者方

未有艾先生詎止此耶山頹木萎小子將安歸耶獨余生也晚於先生〻平懿行與其發年豪氣未能髣髴而形容猶憶先君子之誄先生也曰進寸退尺左規右矩動無脂韋學不園窺又曰不拘不撓無歆無羨三公可藐一諾不變嗚呼是誠得其似矣余復惧先輩誘掖後進之苦心久遠沉淚無以詔来者故述北面事先生昔所得於緒論者如此豈曰阿其所好乎哉

孟履集　卷四　嘉蘗山房

明經朱明姚先生傳

余業師朱明姚先生諱正夏字東衡生有異質槩長披其類萃刻意攻苦嗜書終日忘飲餐夜繫燈至丙丁或達旦不倦于經史諸子百家之詞靡不淹貫文自成一家頟々與縫掖爭鳴受知于學使者譚公列異等餼𩟐序辛酉閩闈司衡大加嘆賞幾入彀名聲振一旹學子至門頋求模楷者日衆先生坦明專粹不私所學循々以引掖後進為事余童時曾受業其門先生以德業相期教以履踐不徒習洒掃應對進退之末凡沉潜義理變化氣質小子有造皆先生澤也嗣後予執鞭弭追隨先生

孟履集　卷四

嘉釐山房

於壇坫旹子丑之交文體一變先生慨然曰鼓天下之動者存乎辭　國朝弘正嘉隆間厥亦唯王唐歸胡諸氏以其宗工大手粉澤當代士雖有聖賢之資倘非俯首時文無自奮之路然使矜奇鬬豔靡然不足為科第重反使知言君子有生心害政之懼安可以是為適然而莫之救也哉小子誌之故先生制義盈棟大要渾厚醲郁光明俊偉力追其為先正者有非佁儗之儒所敢望余淑其緒餘斤〻繩墨姑借此脫韋布揆厥所自徵先生不為功矣同社諸子與先生相頡頏若林君鏡甫施君〻貞周君聖櫄皆先後登賢書先生僅叨歲薦應運首選此豈足

售先生之學於萬一雖然　我朝三途並用破格儲才先生年未
中壽志不衰止假當中興之初即應弓旌之典殫其所學于以
光賛大業豈不爛然可觀先生則伏而思曰吾父母在身未敢
以許人也退而家庭優游承歡菽水先生此旨父母俱存兄弟
無故也且蕭然環堵不愧不怍四方士執經問字者得品題一語
足自表於其徒余方廬居讀禮慕先生高風每對客誦君子三
樂之章爲先生祝詎知國變以後海氛煽禍吾鎮遭屠燬之慘
先生之父母同日及於難先生適得脱呼天擗踊乘兵大未熄
奮不顧身入城爲父母㕑殮賊兵復至先生泣負遺骸墮城下

孟履集　　卷四　　　　　　　　　　　　　　嘉麓山房

行未里許而斃嗚呼先生之死也蓋死孝云余聞忠孝一理也矣
入臣委質爲臣遭時之危忼慨致命殆出於勢之不得不然而
忠之名卒歸之矧父子天性一旦變出意外萬有不得已而捐
軀以殉之斯以盡人子之心耳豈故慱爲孝之名哉先生天植
血誠惟知父母之難不忍不赴燎原在前白刄在後有所弗恤
即目前之嗣續日後之顕揚尤爲孝之大者而槩不遑計先生
之于孝可謂純矣推是心也即比于爲臣死忠可也且義不汙
于混濁節已著於板蕩先生之忠即孝而是不出家而成教百
世猶嘉賴焉況余小子之躬承其澤者哉獨是築室未能知聖

有愧雖莫仰瞻其高深聊且彷彿其氣象故既述先生之設教也行恂恂文彪彪以告世之為人師者復述先生之盡倫也生無忝身不辱以告世之為人子與夫為人臣者嗚呼斯亦足盡先生之槩矣是為傳

孟履集　卷四　　嘉麓山房

明殉難鏡甫林年兄傳

鏡甫諱琦一字玉衡閩玉融之龍江人先世有楊公者以布衣請蠲閩浙廣之稅人至今尸祝之鏡甫乃其裔也鏡甫以崇禎丙子科領鄉薦三上公車至丙戌始授國子監博士尋以乘輿播遷避居海上矢死靡他卒以烈著嗟夫鏡甫眞能以一死酬國恩者矣余獨恨其死非其地且非其時也當夫甲申之變先帝升遐同時殉難則有范倪馬劉諸公鏡甫尚未通籍非受人事而食人祿者比宜君可以無死迨唐藩正位鏡甫典教成均通籍矣無一日魚水之遇然秩居閒散亦與君亡與亡之義尚

孟履集　卷四　　　　　　　　　　　　　　嘉麓山房

又若在可以死可以無死之間乃鏡甫彼時雖未及死也然其始終必期一死而後快乎何知之於其梓倫史鴻文知之鏡甫少讀忠孝節義之書壯以綱常名教為己任倫史之成蓋在崇禎之壬午癸未交也　先帝雖切殷憂國運未丁板蕩此豈臣子致命遂志之秋哉鏡甫忼慨悲歌千秋自命志有所期兆若先告豈非天實生之祖宗實儲之世道人心實倚賴之吕待夫時窮而後見世亂而後識者乎憶戊子之夏鏡甫在海上晨夕與予譚未嘗一日忘君父方將纂輯倫史二集續行於世未幾而余歸雩也鏡甫則入海不返矣辛卯鏡甫家罹寇掠空之其

身未已也其餘其體膚亦弗恤焉間嘗語家人曰吾以未死孫臣飄零海外萬一死得其所不忘喪元吾之志也爾宜持倫史一函代吾首以殯家人怪之壬辰秋有傳鏡甫因全髮及於難者余詢而得其狀始信鏡甫果喪元死矣含斂之日家之人果以倫史代之矣嗚呼異哉倫史非他是古今來忠臣孝子　夫節婦軀殼已化為灰塵而精英長凝為金石者也殘章剩簡中未始不凜然見其人焉今鏡甫去其軀殼而取其精英假令英魂未散彷彿遇之遠則若顏張文謝之復生近則若楊左周萬之繼起是諸君子之舌可斷齒可齧首可碎血可濺合而為鏡甫之

孟履集　卷四　嘉麓山房

一人也果尓即喪元復何憾哉獨是孤嶼絶島之中非有一成一旅足恃鏡甫致命遂志於此余則悲之故曰死非其地且非其時也雖然鏡甫之忠肝義胆性生而然如木石藴火一發即熖不可撲滅故其生平不依阿不濡忍已之所是人不得而非之已之所直人不得而撓之其胷中非惟無得失利害見并無生死見若曰死則死耳盖不死不已者非不得已而後死也所稱舍生取義視死如歸者歟然則鏡甫之死於海與夷齊之死于山也庽愈乎夫民於夷齊到今稱矣海國茫茫固非釣名之所烟波渺渺總皆沉晦之鄉奕世而下知有鏡甫者盖亦鮮矣

然而採撷一奇清風足表西山豈倫史一編勁骨不晋東海哉是以余不述鏡甫之他端而獨舉其大者他日遺文未墜古道照人後死者能表章之鏡甫之史在鏡甫之人在也夏彝仲先生有云吾取林子之書以繼絕麟之筆其言豈欺我哉海坛中有三十六湖之勝山多怪石田可畊而圃可種豈鏡甫之桃源耶今殁魂魄猶應戀此風雨之夜巨浪拍天怒吼有聲震動千里海民讋語以為鏡甫不亡云

孟履集　卷四　　　　嘉慶山房

文學六振李君傳

余社盟李兄六振没十餘年所矣余憶其人款尚氣誼譚吐若河漢曙古今成敗得失若觀火遇繁劇一咄嗟即辦又若奏刀桑林躊躇志滿也以儈從政選當不讓達藝者流惜哉其殁也没之日余偕諸同盟哭之哀作為誄詞字皆悽惻蓋傷良友之不可贖云今猶耿耿在懷不以余言爲不足徵故已也謹為傳

君諱兆麟字所性一字孔極六振其别號也君先世皆賢達不具述父心堯翁尚義而樹德鄉稱為長者君昆仲六人君居次少即穎異絶倫篤學不倦未弁列黌序屢試高等增于邑君夙

孟履集　卷四　　嘉藹山房

雄于文每拓一義必曲折如意筆之所酣雖傾三峽而搖五嶽不足喻也子丑後學士家多襲為諸子言君弗是也常對余言文章似其人其人正故為文必俊偉而光明其人譎文則若巫傳兒授不可以句讀微但人品即世風關焉吾與若力追其正者毋逐波而俱靡也同盟諸君子聞君言而起者皆表表一時望若霞蔚取以名吾社誌盛也君前後歷經鏖戰王者目為五色迷未及推轂君雖堅然自信乎然而慷慨牢騷輙復不禁也或浩歌以放懷或滑稽以見志其高談雄辨傲睨焉有不可一世之思耕耕莫與友手談竟日不得罷性不善酒對飲必相與

留連得懔而止不及亂喜為人排難解紛鄉有難决事得君一二言即定遇地方公舉毅然為任條陳利弊閭受有司挫抑不之屈君有弟葉于海寂猝至君率弟刃其魁諸脅從悉膽落不敢前君自作秀才能任天下事類若此己巳年偕余讀書龜山其文日益工其于世務日益練促膝與余談風雨弗輟也暇則以其學授之子越三年而君疾作余往視之意可勿藥而愈也其尊人心兌翁出語余曰吾兒不可藥矣余訝甚翁曰君勿訝也人之生于世也如葩之蓄于芽芒之韜于匣也葩過榮則落芒太射則折理也吾兒有三盡其力學也探六籍貫百家不盡

竭其蒐羅焉不止其屬文也叩竅窅渺衆慮不盡剖其義與焉不止其論事也眼若電舌若箕不盡快其胸臆焉不止夫人事處其盡造物必妬之吾兒殆將折而落之候夫余聞曰吁知言哉不謂其言之遽驗也若心堯翁者可謂明于其子而達于盈虛之理者矣君性至孝弥留以不得終養爲憾君之長兄蚤世事嫂盡恭謹嘗言其嫂苦節可旌惜力微不能請與諸弟皆同爨又能友愛之君疾危有次弟所獻爲君禱于神請以身代此亦君友于之一驗矣君生于甲午卒于辛未享年三十有五子二長德芳即君匪趋而授教者次郎送君終近方殤去君之内

子林孺人金堅荼苦操比共姜所未即從君地下者勉令子成名以光君緒也君之亡而不亡者將在是矣

郭子論曰余讀史竊慕賈洛陽之為人以少年談天子前能令漢帝嘆為不及策上治安皆痛哭流涕而繼以太息卒未及大用以長沙傅終天胡奪才人之促也讀鵩鳥賦悲其志焉以求今世寥寥罕儔若李生者殆庶幾乎近之使生得舒其夙抱以揚扢于朝廷之上不知今天子所改容禮者當何如也懷奇弗終古今一轍可勝浩嘆乎

明澤文李君傳

澤文李君諱士彥字其廸融之龍江人為進士西塘公之裔幼穎慧人以聖童目之未弁列弟子員試輙傾其曹耦餼於邑嘗與余同社又同肄業於東城浴日樓天才逸發為文如雲行水流援筆立就娓娓千餘言一變而歸諸約有温醇渾厚之風志閑道嗜古若飴凡天文地理朝章國故靡不條貫而洞晰尤喜涉獵孫吳兵法與夫戚少保紀效新書及余家忠烈南北要略慨然懷請纓繫戎之志爲與人極論當世事抑揚不少挫余睨其人恂恂若不勝衣言訥訥不出口乃所期許抑何壯也以玆之

孟履集　　卷四　　　　　　　　　　　　　嘉麓山房

才而使之久困塩車不得一顧增價有司者謂何間鬱〻擲卷起曰大丈夫安事毛錐會須及時建奇功書竹帛耳歲甲申燕都告陷君號哭欲絕俄聞金陵新詔遂慷慨賦詩比於出車采芑之什一曰聞變二曰血詔三曰赦書四曰勤王五曰殲賊六曰蕩平諸同人相與酬和又條上中興實着諸議一時傳頌擬爲筆墨之勲績云未幾金陵復陷乙酉福京創設儲賢科君應詔御擢第七旹主試爲閣部蘇公一見輙奇君以爲沉實有謀可任世道之責遂授君贛州司理使叅軍事君明大義畧簡書凡贛各路義勇悉君所號召晝夜宣劳精力不倦舉揣摩已成

者將次第試之、不料閩關失守乘輿播遷贛孤危寡援為敵所
襲君冐重圍僅以身免閩關田籍左從諸君子後幾俾萬一以
為義勝者謀立人衆者功濟天下事尚可為也不擬人心解散
君亦適承其敝遂向秦川乞師殆不啻包胥之哭者見者壯而
嘉之未幾倏報君溘然逝矣夫以君勵方剛之力攄克壯之猷
竊意其翼運再造者尚未有竟而君竟遽止此耶予聞之為哭
失聲慟數日不能止非為君之慟、乎祖宗三百年培植之深
厚一當有事而號為忠臣義士者相繼云亡未得食其一日之
報也嗚呼國運淩替人才之彫謝因之豈非天哉豈非天哉賍
孟履集　卷四　嘉麗山房

以余臆論之天生妾婦非生天死忠義不死彼夫全軀苟活之
夫往〻聲銷名滅者何可勝數求其有志天下勠力王家靡盬
而不遑盡瘁而後已雖成敗未可論英雄而盤錯已足别利器
如李君者使之為方今奏膚功為将来留生氣豈不名垂天壤
昭〻無窮者乎乃籌略未殫賫志遽朽雖然天能朽君之郛郭
不能朽君之精英君之志不磨而心無負於死乎何憾獨憾君
死奚亟使余欷歔惋悼不能不於板蕩際愾想其為人後之聞
風起者讀是傳也尚見君之骯髒如生也歟

文學去盈敎君傳

敎子去盈之没已六年所其遇不彰才壽不究學人多慨欺惜之矧于余定筆研盟稱相得也則慨惜必什倍恒情矣[redacted]敎子諱豐字兆豫去盈則其號也其尊人為翊鐙先生言行醇謹鄉推為金玉君子四方士樂從先生遊先生循循然嘉與誘進厥功宏厥澤廣哉去盈固先生庭趋之所栽者遐不似矣余之知去盈實以疇咨知先生者知之也去盈弱冠為邑諸生性穎慧又加學焉唔咿迄丙夜不肯休志專而神凝真若侯釣之任公承蜩之丈人旦旦期期殆將有獲欤出

孟履集　卷四　　　　嘉麓山房

而為文必蔚然尔雅聆之者靡不謂賡白雪而奏鈞天也乃去盈謙若未遑每對余言吾鄉人文星聚不讓雲間誠得一二斷金琢玉之彥朝攻夕劘庶有開于厥心乎于焉爾倡余和嚶嚶若出谷之呼而諸君子果聞聲而應矣摛管登壇爭雄角勝叱咤生風雲揮霍無天地噫亦愉快哉去盈從是嚮往益力自視益高以為吾儕誠得搴幟七閩鞭弭六合籍籍聲價奚數芙蓉鏡裡人耶是則當日命社之意也詎擬屈首雕龍[redacted]猶縣縫掖

[redacted]余竊為去盈疑之意司衡之目炫五色柳去盈之足應三刖也然每反覆其為文又未嘗不信去盈者至再余曾以詩之道

論文謂讀杜拾遺巫峽蕭森昆明寒冽之韵能益人窮愁至聞王右丞所云黃麾仙仗珮玉鳴珂不啻若置身霄漢之間者則以吾人窮通壽夭之氣徵〻取驗于其文令教子以珠光寶潤之文而值遺海投淵之遇是耶非耶教子因是不以數奇易行闇或仰天浩嘆取古人窮且益堅之語朝夕勗厲庶幾河干之志云然感憤過深刻苦弥甚至于嘔盡心血弗云疲也竟坐是不起矣嗟乎天胡厄教子一至于斯也豈余所言窮通壽夭〻有驗有不驗者歟教子天性孝友步趨不苟克肖其尊人下帷而外不詢俗事揣摩古笛橫襟時務文酒之餘微露梗概至篤

孟履集　卷四　　嘉蘗山房

學好問則尤其津〻者昔先賢曾氏之憶其友也惟以若無若虚問不能與寡盡其生平之所從事迄今讀之猶生佩慕以款子之學之問若此嗚呼盡之矣是宜傳

郭子曰造物生才亦奇遘哉往〻有才矣而懷瑜握瑾弗獲自展即稍〻表見又如含光之劍一試而輒收此何以解闇之寄寶于人者不逾夕而索之則倘所云才者亦造物所寶不欲久寄于人間耶余念款子之才不覺為之欷歔三嘆也世莫已知天未足問謂之何哉用是愴懷素履聊闡幽芳雖傷栞悲笛繫余不忘但令斯世共聞有款子之才款子亦可以不没矣

文學其寀李君傳

余友李君諱登仕其寀其字也吾鄉推李氏爲巨宗科名蟬聯雖僕數而章縫尤濟濟以余所知數君子皆岸然自命瞻頎非常豈太原俠氣猶有存者歟何英分之多也其寀于族中齒最少即頴慧能文年十四就邑試[redacted]列名弟子員其尊人起素封卜其居于岐山岐山者古龜山也吾鎮中有麟鳳龜龍四勝茲山其一山平而衍多積石面大海右望龍江橋環若帶麟角聳其肩鳳翮舒其前種種勝槩可一覽收也其寀考築其巔設絳帳延師豢蓋有取尔所師事者爲余社盟李兄所性

孟履集　卷四　嘉蘗山房

具八斗才聲籍〻融邑能通諳世務決事若剸犀雄辯若懸河凡闡明理道足開人炫惑長人意智四方士樂從之者衆所性以好為師自恚讓不欲居也是歲及門僅其宋偕曹子天章二人[redacted]皆[redacted]石[redacted]鏡李[redacted]先生六[redacted]習靜[redacted]山中其宋能家自師友也如此一旦其宋謁余曰仕不敏無敢邀恵凡教但夢寐輝光掃榻久矣余曰嘻李子其勤哉夫人當婉孌之年其不荒于嬉者鮮矣聞其言一何冲乎若不盈也嘻李子其勤哉余既嘉其勤義不可以辭兼得同石翁及所性兄朝夕從事盃酒道惟意氣文章云胡不樂也余年差居

長其案輙兄事余有疑義必相晰余拈文頌慊心其案或莊誦不寘若忘余拙庚午余彙試居首其案亦列高等益肆志弗休如是者又一年而所性兄倏云逝矣余丁先君艱亦讀禮家居其案前後從五聚陳翁俊卿謝兄遊莫不津津為余述其精進惜乎吾見其進也比庚辰役余[redacted]叨一第奉 旨歸省詢及其案起居無恙然望其着宇若有佗傺牢騷爲者不知其病已在膏肓也仲夏其案疾益贖余往視猶頷余手晌欲有言越二日而華旹余有莆行不及訣嗟哉其案半世之勤瞢志終矣得年僅二十有七其案生平以孝着其尊人仰奎翁豈

孟履集　卷四　嘉蘐山房

而好施邑有庳嶺峻峭而崎嶇翁捐囊運石為砌行者歌坦途尚其義又善經營區畫吾[redacted]師林都諫先生為吾鎮增雉堞屬翁董其事又命新建登龍閣于橋之中皆屹如跂如鎮稱美觀繄翁倡率力居多鄉推為耆壽其家為諸生日曾為人述其父生平故庠士以聞之有司賓于筵甚盛典也此其家之孝也其家性恬淡無翩、輕肥氣人不如為素封家兒又夙友于日楫弟成立臨歿尤囑弟讀其書子一尚幼孺人周氏苦節撫之咏栢舟以自矢所以終未亡人之義也天之報其家于不盡者其在斯乎其在斯乎郭子曰語不云乎一貴一賤乃見交情一死一生交情乃見方余讀書龜山嘗晦明風雨必與二三君子共令所性與天章既沒而其家亦復殤去古文人多不克終[redacted]豈玉樓促賦實有其遭雖甚知交安能排閶闔而問之哉夫文人既蹇于遇而嗇于年設無為之表章于後世則其人亦泯〻沒〻焉已耳曷能聲施至今也余之不欲泯〻沒〻其家也余又何敢以貴賤生死易情也哉

孟履集　卷四　嘉藨山房

文學岵陟林君傳

新安文學岵陟林君卒有日矣時余給假在家二三耆儁錄其行能以請曰是雖殁不以壽其可壽者在人心吾儕誠不忍其晦而不彰也顧有言夫余與君相隔里許素嘉君有內美況又重以請乎謹按狀君諱啟茵字志瞻別號岵陟父鳴岐公豊於義為郡邑所褒崇捐世時君與弟兄及孤侄皆嬛嬛然在稚齡中君稍長傷失所怙依覩風義以自紀其名字誌不忘也讀書攻苦過甚所親覩其勞瘁曰不如此無以慰寡毋并無以懟先人于地下既冠列邑庠屢試有聲三壓棘院以數奇未能穎脫

壯志愈勵至與人論文則曰文章與風氣日新非資學兩至者
未可茁軋爭奇故爲文昌明典正前不襲潘鶡玄後不挹波晉
魏人以此重君〻亦不自滿假益閉户爲摩燕烏集闕之舉閒
培花卉竹木其布寘疏密咸有致抑亦山林經濟者凡所論議
引經據古或襍以清譚聽者忘倦倘所云匡詩解頤者非耶性
孝友奉母備極色養父没不及侍每伏臘及忌日涕洟交集處
昆季恬然無閒言兄有誥誡必凝立聳聽弗敢渝越凡宗費緐
浩出納一董于君簿書記載雖纖芒必悉十餘年前後事使人
一覽洞若觀火故族之長幼率推君爲祭酒其處己接物冲然

若不勝衣人有非意相加輒涵以汪度至事關名義則介然持之生平不侵一然諾與人交恂恂誠摯真若欲推其赤以置人腑中者余會伯翊登敖君爲延之皋比者十年迄今二十年所而欽崇如一日噫師徒之誼久不能如古人若君者指何可多屈此足徵其篤信矣常念仲兄未得年而逝悲痛倍加君素豪飲自是爲減半間言及兄事泫然哽咽此愈足徵其友愛矣没之日族人親友入臨每泪下如注又非出於沾沾感恩而然者若君者真所謂壽不配德而長在人心者也君生于萬曆庚子年卒於崇禎庚辰得年四十有一君有子二尚幼能讀父書則

孟履集　卷四　　　　　　嘉麓山房

所以光大君者夫豈遠哉論曰以余觀載籍所記古今之為賢人君子者何多也迨近而求其所見遑遑不能什一所聞豈非耳治則易為名目治則難為功乎故從所聞而得百偉士百奇人不若就所見而得一二惇重端美者亦可為世鏡則虛實之道殊也君君之取重于人非譁言以動衆異趋以震俗敦行篤學敬親善族以是數者與一身終始遂為斯世不可少之人使世而多若君者余何遑遑有見不逮聞之感哉

繹軒盧先生傳　　嘉麓山房

吾里秦溪盧氏望族也余曾王母盧安人爲雲鵲公女自余先主政卒于官盧母撫遺孤歸ㄏ居龍江閱四世以及于小子毋之發祥遠矣溯毋而不忘盧之所自猶詩云摯仲氏任自彼殷商之義也攷雲鵲公父嘉齋公兄東園公俱以茂才起家東園公一傳爲朝舉公再傳爲虛軒公舉丈夫子四伯中孚仲中立繹軒公諱昺其叔子也季中元尚稺方虛軒公病篤囊橐蕭然僅以遺書百餘卷授之翁〻方八齡耳對所遺書輒欷噓泣下逢夏日必晒之嗣後伯出賈仲治農翁惟讀父書不倦補邑弟

孟履集　卷四

子員著有論孟毛詩講未及梓居庠二十餘年公門無半刺與
吾里文忠葉公司理王公少爲筆研交皆憐其才虛其左其與
予先大夫屬中表親每相過問輙作十日歡余猶憶先大夫對
予譚繹軒翁之爲人也夙以孝友稱伯擁餘貲欲以半與仲而
不及叔季仲指天而誓出其半與叔季均而三之終身不私一
文翁亦絕無怨爭語若恐傷伯氏之心者其母何孺人因墮樓
傷厥足翁侍湯藥三閱月衣不解帶至平復乃已翁於父母昆
弟蓋無間言者亡何屢阨棘闈輙泫然流涕曰嗟哉余數之奇
也無以報吾親矣矧吾親之壽藏未安乎乃跋履山川而營先

兆躬自負土詎夜臺告竣勞疾旋作仲視其疾無慼色為預寘
錦衾以備殮翁聞之瞿然曰曩先人殁殮以緼衣非爲貧然也
亦士行應爾余何取錦綺以昧素士之誼為亟更之仲曰固也
頤為叔子圖一像翁泣念先人遺像早失弗獲事嘱勿復丹青
恐無以見先人於地下寂後顧元配王孺人曰余有三兒尚未
成立賢否未可知當藏予所著二講以授之異日倘得附青雲
以傳後余之願畢矣殁之日年四十有九長郎化蛟能世翁菓
以不殞厥緒壬午夏策蹇至膠西欲索余言以表翁生平余席
盧毋庇忝於翁為至戚以故廉翁志行獨詳輒忘俗吏不文聊
孟履集　卷四　嘉蘟山房

述其大槩以告世云爾論曰生人之倫莫重於孝友自世風寖
薄人競于利欲即家庭庸常之事弗講久矣若盧先生者對父
書而泣營父塚以僁臨殁一衾一像猶恐無以懈父泉下噫何
孝也其處兄弟間乞人所難仲兄賢者也伯欲分異而仲不私
先生不問家人産一聽仲所經理累千金而先生不與也讀棄
文忠公所爲序言未嘗不高仲氏之誼然非與先生遊無以知
仲也豈非載錫之光者耶先生真可以矯世而勵俗其於漢代
孝弟力田之科庶幾無愧焉此余之所以傳先生也

賡虞何翁傳

何翁賡虞諱彥夔字舜相融邑龍田鎮人也其冢孫積石為余堂兄文珪兄之壻縣諸生授監紀推官翁臨病嘗勖以努力青雲乘時建樹云會翁歿襄葬畢積石泣持狀示余曰某幼失怙恃微大父無以至今日敢録生平乞昂言表幽芳死且不朽余按狀知翁家世科名自宋朝請大夫一之公始䟽數傳是為愧省公〻子尚謙號虛吾即翁父也虛吾公當年負才名與葉文忠公同薦賢序歷試不遇養高丘壑著書以自娱翁少讀父書性至孝比虛吾公棄世翁孺慕不改歲時忌辰哀戚廢飲食視

孟履集　卷四　嘉麓山房

二弟貌家計蕭然乃謂毋曰吾父懷才未售囊惟圖史設兒輩
復株守蠹餘如父苙未卜與二弟未聘何因舍儒而治陶計策
遨遊於齊魯名勝之區過都門旹施太史匏如公施農部雲翼
公相與留連道故見者謂二先生於布衣交何厚也太史為其
中表親農部則嘗執經于虛吾公之門故皆器重公不置翁壯
年豪遊頗雄於貲慨而念曰吾經营劳苦兹幸藉手報吾親矣
胡不歸ミ而即卜苙于附里之营前苙成塋祖若父爰及伯姆
二喪撫二弟彥范彥藻代婚娶畢始分𦣞爨祖居已繁新搆二
座遂以祖居畀仲季每勤ミ督弟安業克當老毋懽親支有廷

濟公蚤殀其配林氏以節終塟于本里人呼為節母塚翁念久乏祀典捐金為置園業歲供祭掃宗祠靡不髙公誼舉丈夫子二伯鴻勲甫成立能承家計翁遂挾餘貲逍遥永陽延師課仲子鴻烈讀書於獅子巖嘯傲溪山者若而年迨伯子卒翁自永陽歸痛伯子生平豪爽樹德於族而族人反背兔冢孫曰吾老矣孺子念哉頋比死者一洒之比冢孫補弟子員翁課之讀不少懈每夜分過齋頭耳有唔咿聲則歸而竊喜謂張孺人曰吾累世積善賴有亢宗者今而在孺子乎壬午秋翁母林孺人以九十五遐齡終翁孝思彌篤祭塟悉盡禮自甲申迄丁亥國變

孟履集　卷四　　　　嘉麓山房

頻仍翁益厭塵世之不可居殆將迴鶴馭而翩躚於白雲之鄉矣嘗私念祖宗三百年忠厚豈無一士報國恩者勢將不起乜勉冢孫賢勞王事匆以老夫為念彌留囑張孺人曰吾仲子遠遊未返賴有諸孫送厥終七〻期屆好引吾䰟於營山之陽俾得祔祖父先壟遲恐猝然有兵燹之變越次日逝是為丁亥九月二十日享年七十有一至十一月十三日冢孫奉翁柩葬于營前祖墳循遺命也未幾兵蹂龍田鎮翁之胞孫鴻鰲仲孫紹鍾皆遇害翁預於臨危時料之洞達觀矣哉唯翁謝世後遘有此变則翁生前皆福德所貽也論曰孝友為人生之大節世俗

每難言之吕翁之孝於親友於二弟葢出乎性生然者且當彌留之際策孫勤王庶幾知興者流語云求忠必於孝之門知翁所錫類者遠矣余猶聞翁晚年淡然寡營冲然無競還劵以惠族知命而俟死非躬脩儒行者能之乎故爲之表其墩亦樂道人善之誠也云爾

孟履集　　卷四　　　　　　　　　　　　嘉麓山房

德和陳處士傳

處士陳德和者吾里之陳庫人也家去余居二里許其長君元龍曾問字於余之門余甚器重之一旦持處士行實泣示余曰龍傷失所怙未及圖一像敢録生平以請求為傳將以發揚先人之德俾龍獲奉為像事死且不朽予慨世之貌夫親者輙倩名筆寫其真縱五官位置僉曰如生第貌焉已耳至於其親神情所發舒器量所停蓄與夫根至性而行抱潛德而處者即善貌者莫能圖也然則因其行事以想見其爲人豈不以傳也哉予不文安能為子任之龍又曰予先子有儒行雅好文毋遇名

孟履集　卷四　嘉麓山房

公鴻篇未嘗不晋連嘆賞今雖沒乎倘邀先生金石片言表章萬一其惟然無間於地下可知也余乃不獲辭謹按狀處士諱逢周字成卿德和其别號也少穎慧就家塾即有能文聲年十八習舉子業未嘗少輟旹家方食貧其父挾貲以經營于四明久且得恙處士念父不置乃别母曰丈夫雖生負孤矢志在四方然微父之故又何敢遠遊也慨然命駕馳千里之外省親比父倦遊歸弟單方幼穉未能成先志所席祖産無多又不足以自給處士夙夜圖維投筆嘆曰士甫束髮誦詩讀書太上聞道其次顕名固所願也奈家計莫支憂戚父母何于是謝詩書而

從事于什一凡江左吴下皆跡遍焉歲計所值僅足完貸逋終年焦悴幾閱浮沉至不惜以身爲役〻者二十載于玆矣其後稍得充裕歸而代諸弟婚娶畢産蕖從此亦稍進遂延師課子及其季弟躬自督率跬步必嚴期以成立蓋曰若𭧂勉而發吾世乎勿效余之中道畫也至于賢士益友與其子弟納結談文則忻然解顣杯酒屬客必盡懽而止以故多屨滿于門其待師友有禮也如此晝或呼童鋤雲畊雨夜或約伴嘯月弄風衣則管屩粗褐食則藜羹脫粟栩〻自適無求于世處士殆儒而賈賈而農者乎吾又聞處士雖在津帆旅次與夫澤畔田間左經

孟履集　卷四　嘉麓山房

右史挟以自娱嘯歌古人飄〻然若在世外處士固醇〻一儒者也賈與農云乎哉方處士之在寧波也往天童叅密雲禪師師為舊黄蘗首座悦處士根器間與譚三藏十二部諸乘亦能了〻歸而屏葷茹素晨起焚香誦佛號甚謹若將終身焉者又樂脩寺觀性不忍輕傷一物見飛禽水虫必多方活之戒人勿食大牲其慈悲一念非證善果者能歟異哉處士賈耶農耶儒耶佛耶吾復何以命之歲乙酉私念國事變遷禍亂踵仍處士將有出世之想遂舉手置諸業平分諸弟讓肥取瘠出以安然凡天下為父母者莫不愛少子處士愛其所愛而代為之所亦

以安其親也生平事父母晨昏定省未嘗失色失聲今高堂有
两尊人龎眉皓齒偕老未艾處士純孝之得天有其徵矣至戊
子春處士避亂居予雲屯羅疾歸遂不起以正月念二日卒于
家詎生萬曆癸卯享年四十有六處士念佛若而載西竺樂土
豈無寶幢法航接引而上昇者乎其信然耶否耶處士之季弟
遴銓乃余家文冲兄之壻其女兄又締配余族昆文茶蚤以婺
稱撫孤名駒即處士甥也愛娣及甥與諸弟不異尤人所難余
因此稔聞其素徵以狀請其孝友嫺睦諸懿固歷歷在宗鄙齒
頰間也子即元龍以麟經起家學使者直方宋公拔進入閩首

邑子向竊喜其下帷兹先觀其脫穎行將成立以大發處士之世處士有子亦可以不亡矣郭子曰人子以溢美加其親是猶丹青家以塗之人似人父母也即儼然人之父母而非塗人不過曰傳神在阿堵中耳若夫既得其神情又飫其器量觀之于至性淋漓之處令人可泣可歌察之於潛德隱躍之間令人可誦可法為人子者安敢必其親之一一果有肖于是也苟近是焉則幾矣傳人者必如其本質而止猶人之五官位置不得而增減斯之謂善繪余之繪陳處士也幾〻乎其近之也近之而獲免于所謂塗人也者其斯為陳處士之人也歟

布衣思南公暨配何孺人傳

吾邑以布衣抵掌時艱莫若林豫中先生着矣迨觀予州祖思南公其事若出一擬者曩吾邑中歲屢告凶邑令歐陽公以倉粮困民、無敢言者公義不顧身條上利害于兩臺縷、萬餘言內有府縣一体民瘼不関之語撫臺行郡守察寔守恚甚以屬令、下之獄且痛加箠楚将斃之杖下并其家屬逮爲後葉文忠公救之力其貽先都閫公書云令弟以一學究而爲地方出力吾輩可以愧死守公本是仁人何以觸怒若是邑大夫目睹此邦之困敝不能委曲庇一言者僕尚可以言進乎近来道

嘉藶山房

孟履集　卷四

路之口談天灾人禍相仍未已此邦之識者聞之未嘗不泫然涕之横集也僕戴面而立人世能無梗塞吾衷哉今春雨水滯淫麦秋未卜天未厭禍而更重之凶其勢且為亂也此時更復思言者之不妄則已遲矣後按察李公廉知其事為免出之邑令竟坐是解任夫公痛閭邑之灾傷躬罹害而不恤此與林先生繫獄一十八載何異均一布衣也或抗疏回天而宏造三省之福或建言忤上而究谿萬姓之累林則人迄今尸而祝之業已彰彰矣迺里中父老談公遺事亦往往相為嗟嘆庶幾乎仁言利溥殆林先生後一人云謹按公諱忠卿字中夫思南其別

號也生而有大志剛直好義少讀書不務佔俾覽古今忠蓋事輒擊節不休及壯困有司遂棄去因先都閫公專鎮薊門公將從予大父海嶽公之燕投都閫幕下欲建萬里勳及至南昌天目徐公延大父纂南昌誌以公善書與偕遂止南昌兩載不果行比歸而即有建言之舉迫後脫于難四壁益蕭然公不問也居恒惟究心經術閱我明憲章錄皇明通紀諸書喟然嘆曰祖宗刱業之艱難列聖守成之不易如此哉遂手編成帙以授余世父汝承曰爾孺子異日將有國家之責尚三復于斯編世父授而卒業因而為之序益深服公之抱志偉而用功勤也嗟

孟履集　　卷四　　嘉蘗山房

夫公渺然一布衣耳微但所陳盡民生利病即所習皆朝廷典
故施於有政豈不彬彬漢代有孝弟力田之科藉令朝議卓然
舉行則丐旌之及有不先吾郭氏之廬乎亂乃韜晦不彰晚而
倦遊與仲氏雙橋公隱于秦川之沙陽所至人皆推重之此足
以暨公之生平矣公配何氏其孝于姑睦于娣姒禮于賓朋者
無論方公以上書被繫毋罄衣珥為費至絕飧累晨夕毫無怨
容比公出益慮以困厄挫志昕夕㦧鮮公疾卧嘗跪而進食古
稱饁畊冀野舉案廡下者殆相頡頏吾宗祊僉舉為賢逹遇春
秋祭特為致胙誠閨閣中所希覯者余小子因傳公生平義概

并述克相如毋者載之家乘以備採風者擇焉

孟履集　卷四　　　嘉麓山房

明處士敬橋公暨配林孺人傳

嘗稽余之世譜知余家初生盖在雲屯也文學自平齋公始科名自雲橋公始而僑遷龍江則自肖雲海嶽二公始也迄于茲其將緜緜矣君子曰屯而亨經綸之候欤雖然未可遽忘屯之地之所從来也地隔龍江五十里余列祖之塋之祠具在焉余小子何敢忘故嵗春秋必一再至至則相與誦先世之艱難閒詢及吾宗中隱約姱脩得屯之義者雖歿乎必傳也矧不儒而買亦渢渢有足傳者哉若余族尗敬橋公殆其人云公諱異字汝奇號為敬橋聞之橋者父道也所敬惟橋無所取之取諸必

孟履集　卷四　　　嘉麓山房

恭敬止之義也誌孝也公父嘗遊秦川之沙陽公痛父之悴于經營而靡所殖也遂棄儒而就賈未數年而稍〻殷潤光父業矣使公如世覸〻者流豈不完爲美馬號埒素封公則慨然曰吾傷吾昆季之貧也無以爲婚葬吾則奚能恝然不一念乎故伯兄殁撫其孤而婚之季弟夭公爲營葬偕伯氏祔之先兆公殆所稱孝友者歟公慷慨義俠緩急足恃即親從弟侄待公提挈者若干人公無德色居恒重然諾與人交若飲人以醇醪莫不人〻意傾鄉有公舉不憚以身先人有利害一言定之其在沙陽也沙陽爲閩浙之衝一日有浙人投公寓而疾篤衆皆

棄去公曰人家于我〻即其人也柰何秦越視之為經紀喪殯錄其貲以歸即古麥舟助者不啻爲曾以數百金貸人不責券公之伏義類若此公雖業賈志則蕭然若儒者嗟乎閭巷之子稍都富厚寧復憶曩昔勤苦作何狀即華若衣丼若食咏山樞之章且以喜樂永日也亦人情乎公胡淡朴如初也揣公之志以為吾得旦夕謝賈業以棲遲故宇身力畊婦佐織吾陶〻然老矣不謂中途而遽圽也然而孺人林氏之賢則實克佐公矣孺人歸公皆家方食貧也勸公外游而以身嘗勞勩裙布不至敝不更茹齋素樂善好施數十年如一日司中饋職賓狩至為

孟履集　卷四　　嘉麓山房

飲饌必咄嗟辨處妯娌間無鑄言撫孤姪與諸子等御臧獲未嘗聞叱咤聲噫此亦媜德之恒者耳言其難者方公之沙陽携孺人與俱公有母老矣志在翱翔愧不遑將也孺人則念曰吾恐久曠老姑朝夕懽而遠從夫子游若婦[illegible]何意決請歸、則伺姑意所欲需靡不承順顔色俾公無内顧憂又虞無人可侍公强為公置媵毫毋芥蔕意媵沒留一女字之若已出之二端豈非閨閣中之所難哉毋兼備斯懿也洵可傳也余聞之家大人云吾鄉風土淳龐生其間者多敦尚行誼如環峰戢軒鳴橋金峯數君子皆與公一時輩出有忠厚長者名公尤翱翱哉公之内助抑又過人遠矣公生辛未卒丁巳得年四十有七孺人後公没殆二十年所子四長默甫仲容甫叔成甫季遜甫今其亢宗者獨容甫在耳長仝叔季俱先母殤去長婦陳氏季婦何氏前後以嫠稱容甫嘗為余談及在原之變及二嫠之苦未嘗不撫膺長涕也且以為先世之德而獲此天夢：我余曰尔過矣殤者之不祿命也於先德于奚憾今之[redacted]昌後將在尔矣[redacted]安在天道之不報施善人也容甫乃謝曰微子有言幾晦吾先人矣嘗恨先人蚤世不獲以像事以子之文繪之巳儼然生也吾其永存無斁

孟履集　卷四　　嘉藿山房

論曰余讀司馬氏之傳貨殖也以末富次之然亦顧其人之志行何如耳古今稱富莫陶朱公若世未聞多其能三致千金獨於其飄然作五湖長則莫不哆口艷之豈非富而無累之為難乎公之起家猶未稱素封也而尚義濟貧傾其貲弗倦亦曷嘗營營然以什一為念耶若公者殆所謂異材而賈隱者也於此之義思過半矣

明殉義容甫兄傳

容甫諱文寬別號綽然生而具俠骨狀貌魁傑神采明雋少習舉子業不就喜博涉史傳尚友古人以自勉工於詩梓有筆噫集每遇忠孝之舉晋連感慨長歌也繼以泣天性孝友為人伉爽而鯁直里有難平事出為排解咸服其勇決遇人非必面折之不苟與俗同吾宗舊有譜牒歲久失纂容甫殫兩歲苦心為之釐正昭穆序賢否彰勸懲脩爰告成書為後者勖宗祊賴焉比余庚辰叨一第辛巳容甫偕余北上謁選余出守黔陬郡未朞月值寇警山左破七十餘城余堅守膠西獨無恙坐卧埤頭

孟履集　卷四

嘉麓山房

者四閲月將恐將惧惟予與汝患難中賴以自壯未幾適聞國
變闖賊肆虐余恨所至無一人禦者輙不自量以孤城抗敵幾
若勺土障洪河者矣容甫慕魯仲連高風義欲蹈東海不果會
高密偽官孫握王率劇盗數萬人攻膠余撫李好賢等為用授
方略而偽官土寇悉平擒巨魁張國泰張大雅剹於市容甫於
稠衆中手剖賊胸取其肝炙啖之余前後保封疆得告無罪於
先帝者容甫忠勤與有力也洎予内召至金陵值嫡母王宜人
之變扶柩回籍遶恩誥新須遲容甫候用竇不得返嗣而金陵
失守容甫流離困頓得至武林見錢塘尹頎 公諱咸建殉難英

烈作爲絶句十章以誦之融入客武林者許容甫何往乃爾容
甫復悲歌激壯自金陵抵閩耳目所經者紀爲迴文詩若干首
題曰迴腸夫容甫鬚眉男子烈〻剛腸豈一日而九迴歟抑百
折而不迴也迨福京定鼎余讀禮廬居容甫客司李王玉蒼肅
署中未幾乘輿復播遷矣容甫自莆歸適值戎馬擾亂之頃身
冒重圍私心自奮以爲大丈夫幸得一死酬國恩死當無恨遂
突圍以出體中二鎗力不支而仆得年四十有二有拾其遺冠
以歸者尚有血光點〻爲吊戰地悲風四來裹其屍返塋之道
路見者靡不流涕云容甫家人忽是夜聞容甫敲門聲疑其返

孟履集　卷四　　　　　　　　　　嘉麓山房

也趍視之烏有堂上尚覺步履呻吟不絶響頃而迺問至豈毅
愧未泯故顯以英霧歟余讀宋史文〻山先生有云國家不幸
喪亡宗社存一日則臣子盡一日之責未嘗不爲之掩卷三嘆
也茲當先帝國變以來忠臣義士力盡而志不遂往〻自死國
事舍生取義君子取爲容甫九原之下與之爲侶洵可謂得死
所矣若夫臣子未盡之責誰為任之其在後死者乎故借紀其
事聊比於區〻野史云爾

林門鄭孺人傳

鄭孺人者文學林君學轂之配也以儒家女嬪於名門皆舅棻舉未就爰事塩筴賁志蚤逝比孺人于歸獨婺姑在堂即余祖高士公長女於先大夫則女兄也姑飲蘖茹荼孺人承事唯謹昕夕色養靡不婉得歡心姑質宷慧嘗通曉書傳及國志稗篇婦箴女訓能識盛衰明臧否古今賢母莫之或先孺人性樸拙而心專一其爲女無非無儀而已其為娟必敬必戒而已然姑以身爲教孺人習成自然故居平動合矩度臨变不失大義姑樂善好施周八之急拯物之厄唯恐後且持齋奉佛老而不倦

孟履集　卷四　嘉虆山房

孺人善成厥志家雖貧不廢賑恤文學君雅敦儒行亦不敢薄
釋氏教以故孺人益敬奉如常與之觀大乘藏典間能莊誦一
二及姑耄年見彌陀接引而上昇孺人共襄大事哀戚如禮歲
時伏臘必欷歔泣下是以克相夫子以孝行重士林即姑在日
亦曰吾曷以報婦所稱思齊思媚先後嗣徽者非耶其事文學
君相敬若賓昔稱伯鸞妻庶幾匹之司中饋職親朋猝至或脫
珥爲治饌具文學君舌耕在外孺人有亡覔勉未嘗貽以内顧
憂其宜家之賢也如此文學君中年未子孺人强之置媵擬夢
蘭而生女因以字之曰蘭及媵没孺人爲之相攸適郡庠士陳

子德養追晚年復為文學君續一媵舉丈夫子二長以殿次以
堂顧復而撫摩之恩斯勤斯即已生不啻焉乃為長郎擇婚於
陳〻子之妹才且賢孺人因佳壻而覓賢婦竊慶蘋蘩之有屬
也其鞠子之賢也如此夫何天道險巇時事變易為臣不貳為
女不辱避喧惟恐不深去穢唯恐不疾故幽巖窮谷之間往〻
有貞士淑人之轍焉余孜邑志靈石山寂勝古號翠壁庵者是
文學君學禪於此忽聞警而倉皇迯徘徊而至止孺人率女若
媳共入山中所云臨變不失大義此其一徵已詎料山靈作妬
嵐氣冐侵媳既不起女復繼夭孺人搶地呼天寸腸若裂𢗅其
孟履集　卷四　嘉麓山房

自之亦在病中也未幾以疾卒享年六十有五嗚呼惜哉爲孺人解者以孺人憐愛女若媳茲倏奪以去孺人必不欲生不若仍聚重泉可以無憾然孺人愛女若媳孰如愛子今子雖岐嶷尚未成立課子辛苦猶未食報若何滂〻去此而死也使假以數年享有福履之成豈非天所以酬樂只以爲後之賡樛木者勸乎乃今若此謂天道何哉論曰余觀女〻、其載婦德多矣恒皆智慧過人者之所爲以余所述鄭孺人固以拙且一稱者何於婦德克全無忝乃爾予益于詩之咏鳲鳩有取焉取其能居巢也不惟方之且盈之矣能飼子也在梅如是在榛在棘罔弗如是夫孺人於姑孝哉不間人言至其秉持壼政夙以賢內助聞記有之曰父子篤兄弟睦夫婦和家之肥也非盈之義乎孺人撫庶生若已出不特愛丈夫子即女亦愛之并子之媳而亦愛之此無在不一之說也乃若患難共生死同則結而不可解矣無他惟性拙故能宜家惟心一故能鞠子其天性然也假假垂之彤管勒爲毋儀胡不萬年當被孺人之化不衰余故獨于詩有取也

陳門林孺人傳

林孺人者五聚陳先生元配也先生嘗南面授徒余得私淑其澤因夙知先生之有賢内助云今冬孺人以疾故其門下士愴徽音之已邈懇遺懿之未彰乃屬余以傳謹按孺人父爲别駕其公裔年未三十而逝孺人甫九齡念父乏嗣續以嬛嬛弱質從事含殮哀慟悉如禮又虞傷厥母心侍立㦧幃輙吞聲忍泣且夙閑閨訓屏華縟習女紅母俞氏賴以無靶色者若而載曰嬪于陳折節謙順佐先生色養自甘藜藿奉姑舅菽水必盡其懽未嘗以中饋委諸妯娌迨姑没而舅續娶承順顔色所以佐

孟履集　卷四　　　嘉麓山房

欽者益謹勗或倣香山故事觴諸耆英孺人躬治庖不敢失飪
以進家飧不過二韭及會文餉客七箸森〻如也壼政肅穆惟
儉約是崇先生食貧篤學時當凶歲桂薪珠粒卒無内顧憂皆
孺人紡織之所餘先生數奇不偶鏖戰棘闈每遭按劍孺人温
語相寬未聞交謫以故先生益勤脩弗倦乃以所學傳之高弟
如吾師姚秉衡吾友林鏡甫施君貞周聖標諸君子皆聯翩而
起聲蜚海内先生雖遲於售然先生之道廣而德不孤意造物
售先生者固自有在揆厥所由則孺人勸學之功端不可忘也
尤有難者先生舉丈夫子遲孺人晚簪珥爲先生置媵無何遂

兆蘭夢夘之翼之煦之濡之不啻若已出及丈夫子受室二孫挺生其卵翼煦濡猶曩日之鞠厥子也夫嫡媵之際難言矣世之盛也江渚之間猶有抑鬱而嘯歌者矧在三代以下者乎倘非風高樛木曷能宜爾子孫若此孺人之淑德懿行所稱孝而賢者非耶没之日享年六十有三寳婺之照雖沉彤管之芳足紀蘭玉森森天所以報賢孝者方未有艾余簞無用爲孺人悲第當爲孺人慕耳余益信先生之有賢内助益事定而彌彰也敢載筆而爲之傳

孟履集　　卷四　　　　　　　　　　　　　嘉麓山房

金烈婦傳

金烈婦者吾邑之平壮里人也年十七歸余鄉翁子克甫克甫少穎慧然孱弱多病氏能佐夫苦讀婉順而𡢃于内則未數月而克甫疾復作如是者閱累年氏傾簪珮供藥餌侍寢興始終弗懈克甫語之曰吾疾無起色脫有不諱柰親老家貧若何以自志曷變計乎氏曰噫何言之謬也偕老固所願即不然有一死報君相從地下吾志決矣何言之謬也克甫韙其言又一年而克甫篤甚彌留之際憶氏疇昔所自勵者頷而曰言猶在乎氏默然從容治殯具顔色若常既入内乃改衣自經有頃姑心

動迮視之已絕咽矣嘗克甫餘息尚奄〻氏先殯于其旁克甫尤張目睨之乃瞑嗚呼克甫真可以瞑矣郭子聞其行事不覺爲之慨乎有餘慕也曰異哉烈乎夫人氣之所激而烈生焉處時勢之無可如何而見危致命者有之矣此在鬚眉中或難之夫激而烈是烈以氣者也若氏之烈蓋自性生而然者方其對克甫言相從地下此〻靡他矢志皦日旌心之常耳不必其即死也即克甫〻未遽信其爲必死也氏不死于夫既瞑之後而死于夫臨沒之時是氏不忍見夫之死也氏不忍見夫之死而令其夫見氏之死而後死故克甫乃信氏之必死而無復遺憾

于九泉矣且慷慨以踐言從容而就義篤信善道庶幾近之謂非烈生于性者而能之乎邑中以烈著者頗多類得諸名公金石之章光生彤管以氏之烈若此乃僻處窮陬鮮有知者縱知與不知身後名于氏無加損但居是鄉也有美不揚繄誰之責余故誌其巔末爲表而出之以勸世焉

孟履集　　卷四　　　　　　嘉麓山房

滕西烈婦合傳

余奉　命蒞滕聞有双女塚在州治南七里許宋靖康時古蹟也相傳王氏二女從母避亂為[redacted]寇所縶驅之行女紿之曰放吾母當汝從[redacted]寇信縱其母去二女義不辱身俱赴水死里人感其烈而葬之至今稱云又越我明正德六年流賊入境趙女錢兒在室不避搗衣自若也一賊突入欲犯之女怒以衣杵撾賊尋被害同旹有欒弱蘭及劉氏崔氏皆為賊所執罵賊不屈而死與双女事後先一揆焉厥後若王師龍妻匡金梅紀丕典妻趙氏董學妻趙氏蕭崇先妻匡氏皆餓殉夫絕粒從一以終郡志

嘉麓山房

孟履集　卷四

載之迺表〻如高八姐者容人管二元妻也適管甫三禩而夫没氏泣血誓相從伺間三死未果遂絶水飲僵伏柩前七日夜哀毁彌甚毋姑強勸答曰起若兒吾可食矣五内燻灼舌噪聲啞竟奄〻氣絶又崔氏者適州人高坡〻殁氏即欲死殉念小姑在室未適人迺待數月俟小姑出嫁之夕慨而曰未亡人所未即死者義不忍見若妹之無依也今何待焉遂自縊于坡之柩前以明其志之二婦者或堅决或從容迄今人嘆慕之余得之傳聞者如此不覺爲之欷嘘三嘆息也曰烈難哉古人以烈比忠夫疾風知勁求之委贄者幾人哉况笄黛者流未親大義

欲以慷慨捐軀之事槩之烈顧不難敚若茲之烈即輝彤管而亘千秋可也雖然吾虞其爲繼追詢之父老則又進而曰斯未足以盡膠之烈也吾膠迩有匡氏儒童張續清妻于歸時年十六未及五月而清病氏躬侍湯藥寢食俱廢願以身代清故氏以首觸地瘉傷幾絕既稍甦爲飭衾裳視夫含殮畢焚香籲天叩辭舅姑及父母兄弟即于本日閉户自縊僵尸經日顔色如生焉高氏生員匡嵈妻適匡五載年二十而嵈倏感時疾氏調劑惟謹歷七晝夜無倦色嵈疾篤氏握手含咲誓以同歸未幾嵈逝氏碎首流血暈絕數次蓋即欲死之而家人持之急弗克

遂次日秉守者少間自縊死紀氏者儒童薛藩妻年十七歸薛甫三歲藩以時疾故氏枕尸痛哭是夜即自盡覺者啟户入救之甦翌日双胎俱傷氏遂絶粒閲三晝夜伺之者稍疎竟投繯棺側張氏生員姜長菁妻菁父為新蔡令因中州寇亂菁念父遠宦晝夜悲泣欝欝成疾氏奉湯藥四十餘日㦖衣肅笄晰夕不懈及夫疾篤氏籲天求代水漿不入口夫卒于子夜氏抱屍慟哭搶地呼天決志以殉遂于是日卯時縊卧内死年二十之四婦者捐生緑鬓畀命青絲其一死以如飴任百折而莫易真可謂勁骨凛冰霜而浩氣塞天地者矣子大夫未之聞欤余聞

而肅然噫膠何烈之多也夫人凡事可強猶死生之介寂難強雖具剛腸不免動色惟烈知之獨明行之獨決其心無他頎戀焉故耳一有頎戀則知不明行不決矣貪生昧義亾笄黛之羞也以余所聞見之數氏絶粒投繯精識灼見不涉徘徊至于臨難不辱見危授命如古双女等所為寧非英ゝ丈夫之槩哉故由前六氏論謂之女中張許可也由後十氏論謂之女中夷齊可也均烈也噫膠何烈之多也

膠西節婦合傳

膠之烈余聞而亟称之矣節顧可緩乎夫孟毋三遷柳媪和丸迄今令人喜談而樂道焉節顧可緩乎以余所目擊膠婦趙氏之節有足多者方氏夫匡拯沒氏二十齡耳號泣絕粒者數日誓死以殉其志決矣而曷不即死也氏素克襄婦道者伏而思曰吾堂上有兩世垂白之寡姑膝前有三歲如綫之冑子余即死兩姑誰相依為命者且誰為撫遺孤以報夫子地下其若匡氏宗祧何以故寧須臾無死致孝於兩姑復延師訓其子姑相繼歿氏殯葬必如禮厥子成立儼然膺若父之廕以長世舉其

死未了之局氏直從容以結之迄今完節六十年氷操如一日也古稱立孤難氏庶幾近之然滕固代不乏節如志中所載薛氏者操與趙合而心更苦吾聞氏之適千户宗守全也全故遺孤僅週歲氏念武胄如綫之亂承繼攸關其勵節撫孤期以纘世業若先得乎趙之同然者比子成立復早逝有遺孫在襁氏復撫育之宗氏之祚乃克延傷哉氏也勵一身之苦節撫兩世之遺孤讀其事哀其志焉他若李任賢妻曾氏郭居正妻蕭氏遺孤未及週歲劉宗道妻高氏冷達妻劉氏遺孤甫六月匡允興妻張氏王修已妻宋氏孤方百日在懷抱中皆形影相弔茹

茶飲蘗卒課子以有成更名肖應陽妻王氏夫歿只煢煢一弱女在耳氏念夫君遺血恐委為道傍白壁乎泣撫之且鬻簪珥以襄舅姑大事棄產為其兄弟殯債居度日貧苦自甘氏蓋兼孝與義而備之匪但以節著也尤難者冷登如妻郭氏適冷未逾年冷忽患狂疾污穢不可近氏朝夕供侍殊無怠容冷故氏誓不欲生內親諭之曰汝方有娠倘生男以留冷氏一綫不尤愈于死乎後果生男氏遂慨然守節氷操義訓表表人耳目間此猶有所出恭人王氏為府丞姜潤身繼室姜卒恭人年二十有六其心蓮垢絕意鉛華守清貧于哀第茹辛苦以窮年足不

踰户庭雖宗族姻戚莫得聞謦欬可不謂堅貞欤迺而上則有
田順妻閻氏元旹人欒鳳越妻石氏洪武初人及王山妻李氏
馬陳圖妻戴氏崔宗道妻陳氏冷永康妻劉氏皆笄年夭志敬
事姑舅窮且益堅老而彌厲完名全節均為女中丈夫云郭子
蒞茲土採其芳懿姑為論次者如此論曰節與烈有異乎烈毗
于陽而一于剛節毗于陰而底乎貞吾鄉林心弘先生能言之
余謂剛者見之明故出之堅决貞者見之定故出之從容堅决
則雖死而益并從容則雖生而彌苦之數節者足當之矣余小
子感此未嘗不淚簌簌然筆不能下也葢余先世嘗不幸而兩

以節著者也高太母何曾大母盧前後嗣嶶音雖幸邀兩世旌

弐其矢志立孤之苦有不忍述者余小子豈易有今日然則讀

是傳也貞耶苦耶從容耶即謂吾家二母之寫焰焉可也然而

余小子仍淚簌簌然筆不能下也

孟履集　卷四　　嘉藶山房

滕西孝子合傳

余讀屠赤水先生所傳方孝子廬墓事其言曰人子久在親膝下一旦不戒於霜露去高堂即重泉裂肝折腸宜何如而蒙犯煙露與狐兔狎日守親之遺骸晨昏覲飲食視以視世之執喪而私飲酒餍食者親甫入土而享閨房聽絲竹者又何如傷哉孝乎其事其心蓋亦有同然者余蒞滕攷滕之以孝稱者前後不乏人大宋時一元旹二我明時六採窓邑誌復于窓得二謹為傳宋孝子祁暐字坦之天禧中進士以度支員外郎出知濰州母卒解官廬墓側旦夕悲號蔬食飲水經六冬墮足二指會

有白烏白鹿馴擾之異詔賜粟帛焉元孝子張緝至正間辟鄉
薦由澤州學正轉泰州幕職緝棄官養親寄居楊州旹兵亂母
病臥賊入户舉劍刺母緝以身蔽母身中傷母得免郡感其孝
請祀鄉賢祠元孝孫劉濬父母蚤卒濬事祖母王至孝王故濬
結廬墓所朝夕號泣者三年至正初旌其門明孝子冷時泰國
子生父禄以鄉舉仕通判正德初禄故泰哀毀幾不起瘞之日
泰泣白其母曰泰有弟足供井旨吾欲報父罔極恩萬一遂廬
墓三年郡守親迎之不肯歸又孝子趙懷慎郡庠生父白璧故
慎飲恨終天慟無以報地下念母欒春秋高迺乞終養學使者

如其請慎事母承顔順志定省靡間寒暄母卒居喪獨處三年
食蔬啖粥丼羙不入口絶不與妻好相見士林重其行又孝子
欒大道郡庠生父故廬墓三年妻死不再娶鰥居終身人稱為
孝冢至若冷國治王肱高三重皆事父至孝父歿廬墓側其事
大略相同此滕人之孝也容邑轄于滕邑有孝滕得而採爲容
孝子戰正字得義洪武間父恩道辟縣椽尋調閩之泰寧府母
方孕正故不偕行父獨往越二年道卒泰寧令憐之命淺葬于
邑之山南覆二大石以識之及正長爲邑庠生步抵泰寧取父
骸遍訪弗獲乃仰天號哭忽一老至備告其處正求之果有石

孟履集　卷四　嘉蔭山房

在墓頂如老言闢見骸骨莫辨真偽正囓左手中指以血漬之
祝曰是吾父骨血當滲否則勿滲也祝畢血滲屢揩拭不去乃
負歸會母殁與母合葬又正之姪戩翔字騰霄初為邑庠生父
復敬卒廬墓三年後翱領鄉薦赴京聞母訃奔喪復廬墓如前有
紫芝三十五莖產墓後邑志載之以為至孝所感云郭子論曰
人子事親無孝名矧親没恐以孝博名乎然風樹之悲蓼莪之
痛古今令人酸鼻而滕與容之數君子率能苦行絕俗前後多
以廬墓稱間或兆白禽白鹿與紫芝之異者孝通神明格天地
信然哉至張子護母遭綠林之害戰子尋父來黃砦之告趙之

居喪獨處與廬墓者等劉之以孫廬祖母墓輒爲子者難欒則
妻死不娶又能以孝而兼義求之輓近可多得乎輓近苟能如
所云不飲酒臛食享閨房聽絲竹之類即爲孝矣若猶未也不
知視此又何如哉

膠西孫孝子傳

世有廬墓二十餘年之孝子者乎無有也以余所聞孫孝子必發者行至純幼孤與母崔相依為命迨母病孝子籲天以身代既而母以天年終孝子乃苫塊廬墓側此疑讀書有知識者或能之孝子何如人也一山澤癯叟耳雞皮鶴骨鵠面鳩形年六十有七矣語及父母則垂涕霑霑朝夕墓所蒙犯霜露不忍去彼亦何知廬墓之為孝者事而設誠而行之慕義而致之者哉至採大澤之蒲根以為粻藉空山之茅茹以為茵豺狼與狎狐兔為隣旱不為虐盜不為侵而孝子初何知知小人有母死生

孟履集　卷四　　　　嘉蘖山房

以之而已矣是以二十餘年如一日也歲甲戌縣庠宋子之麟白其狀于司訓孔先生因而舊守王公爲請之學使者而孝子之名人始有知之者縣西逸民張應召與其子諸生張文開復爲闡述之于四方名巨有爲孝子作贊作記者而爲作詩作文作跋者纍纍成帙知孝子之名者乃漸廣而孝子遂遽然死矣嗚呼孝子何以死哉方其籲天哀擗摧裂肝腸孝子可以死矣而不死及當凨悲日曛燐飛兕弔孝子可以死矣而不死矧夫茹根啜水貌瘠肌枯孝子可以死矣而不死且也毒獸磨牙緑林攘臂孝子可以死矣而不死甚至幼子顛沛繼室淪亡孝子

可以死矣而不死何以待夫都人士之白之頌之與夫四方名
巨之歌之咏之而孝子遂遽然以死也無他孝子不蘄人知并
孝子亦不自知假令　朝旌榮名稗載奇節人知之而孝子聞
之得毋訝而曰吾孝也乎抑淺之乎為孝者也彼其孺慕一念
若將終身殆朓乎其未獲天正恐有鑿孝子之孩心者後之人
不察以為孝子必設誠而行之慕義而致之舉孝子苦心遂為
吊譽沽名者所借徑以故孝子不欲生天亦遂奪之速然而孝
子死矣孝子不死也孝子之心侔於聖賢矣孝子之靈炳於日
星矣孝子之名光於史冊矣斯皆孝子所以不死者也余蒞滕

孟履集　卷四　　　　嘉藋山房

將兩期初而合傳滕之孝子而尚未知有二十餘年廬墓之孝子者嗟夫余何足以知孝子哉然而孝子沒齒不靳人知縱讀其遺言懿行相與哽咽而不能已已猶之乎淺之視孝子者也況至今日而尚未知有孝子者哉

自傳

蓮峰郭生閩之王融人諱文祥字孟履崇禎庚辰科進士筮仕于齊之黟陬郡是為刺史大夫云大夫父太學汝偕公祖山人建初公曾祖比部子長公於嘉靖初為名進士大夫克繩其武偕其伯孝廉汝承公叔忠烈希聲公前後以古文詞起家行于世七閩家學於郭氏為盛大夫仕膠治宗清靜不具述獨其折衝禦侮之畧力捍封疆大夫不言功人亦罕有功之者一禦[redacted]北敵[redacted]、犯東齊連下六十餘城大夫[redacted]力捍救圍五攻而挫之功矣大夫曰此紳士百姓之能也次禦流寇、陷燕京遍設各處僞

孟履集　卷四　嘉蘖山房

官大夫練兵固守僞官望風避去　功矣大夫曰此宗廟社稷之
靈也三禦土賊〻困膠城連圍三十餘日大夫與民効死檄召
援兵而解之功矣大夫曰此師武臣之力也夫功成而不居大
夫其雅善居功者歟迨至國難頻仍　新主中興責成諸臣工
以恢復山河爲事大夫伏而思曰君恥未雪臣罪當誅使盡袖
手潔身誰起爲國家光復舊物者乃航海至淮請援雷臣王中
丞之前條陳内固實着并進剿事宜縷〻數千言王公嘉納而
委任大夫力任不辭以爲自今以後成敗利鈍有天存焉鞠躬
死而後已臣之志也於是大夫行矣客有嘲大夫者曰方今世

界情面之世界也予清且拙即有功安得上聞者前者全城題叙有膺内召者矣予獨否不幾灰予心乎胡雄心如昨也大夫曰内外臣工狥情樹援致　先帝蒙塵神人共憤余惟一念愚忠始終報効功罪是非先帝知之天下後世諒之足矣客又曰狼奔[redacted]孔亟[redacted]豕突方張同舟孰濟舉國若狂非紛紛以樹幟則嬉嬉而處堂予胡不見幾而作蚤歸去于故鄉大夫曰吁客過矣夫庸夫俗子戀戀故鄉者非千間之廈則萬頃之倉且兒孫之滿眼兼財帛之盈箱雖剝落而不悟至老死而難忘余所棲者五世同居之蝸舍硃畊者半畝陷海之蕪塲犬馬齒三十六未

孟履集　卷四　　　　嘉藍山房

子也宦遊三載僅一空囊夫何戀客曰子言是也子忘尔曾祖
弥茁之言乎寧朽我骨毋蠹我書子前後所訂郭氏一家言若
干卷郭氏家志壼範若干卷所藏燕史若干卷梓未竟而遭兵
燹焉曷不搜焚餘于什一之中以續蘭臺之業乎子死矣孰後
傳之者大夫曰吁先志未成余正以此為恨也客又進而曰嗟
乎大夫間關萬里有母垂耄矣　聖明以孝治天下報劉日短得
毋學李令伯所陳乎大夫乃欷歔泣數行下也曰聞之王事靡
盬不遑將母為周初臣子言也勸忠也余生也晚學未成而先
子棄孤嫡母王暨生母林勉孤成立以有今日母子三人相依

為命余守滕郡叠遭[redacted]双萱患難與俱余曰母歸矣母曰兒守封疆勿以老婦為念也至[redacted]（北都淪陷余叨南召）母始毅然曰兒身受國恩[redacted]昌圖[redacted]（勤王）以報[redacted]新主于於爲母先予歸矣余為子莫盡烏哺之情為臣莫遂馬革之願以父塋則未襄也以君仇則未復也客予何道之從也客曰君親則一忠孝難兼吾料子大夫之計決矣于是大夫乃再拜謝客曰天降喪亂寧丁我躬孝不成孝忠不成忠閩山之南齊水之東有知我者死生則同

孟履集　卷四　嘉麓山房

先室劉宜人傳

嗟夫余恐傳吾宜人哉宜人歿大祥矣且禫矣每念宜人佐余狀泪横集筆不能下予恐傳吾宜人哉宜人為明副總戎獻葵劉公女毓質華胄幼頴慧毋秦太夫人教以女史列傳能洞藏否夙嫺於内則其相攸于余也寔定于師相葉文忠公一言文忠公之東城余從先嚴後往謁時獻翁亦在座文忠公顧余曰此子骨權奇有祖風堪作劉將軍乘龍客翁諾然宜人年十九曰嬪余門是為天啟甲子予家方食貧嗜學不少倦乙丑就傳於麟峰之巔前後多肆業於外館宜人解珥為余購書瑣褻家

務躬自理不以聞余〻丙子舉於鄉庚辰叨一第皆宜人佐讀
功先時余三蹶闈闈宜人無怏色至丙子決余必雋庚辰復爾
豈有開必先歟抑宜人具有知興之識也辛巳余謁選守齊黔
堧郡時先大夫蚤棄余有懷風木不及養宜人奉余嫡母王生
母林二太宜人至膠署予承清白後菀〻茹冰而飲蘗宜人恬
然安之且竭菽水侍高堂昕夕唯謹壬午冬追闖失守萬騎長
驅薄陴下者五孤城濱困雙豈驚危宜人悅慰姑心益彰婦道
俾余得寬內顧憂一惟王慽是視余與士民效死三閱月且戰
且守宜人罄尒橐中俸以資緩急匭固封疆活生靈以萬計余

曰邀社稷之靈宜人亦曰緊余守禦之力若忌其爲内贊也者
甲申先帝變聞閹官四布予謬欲以一繩維大廈練兵固圉僞
官皆聞風遁去會戛庄靈山諸劇盜爲亂擁衆數萬人復攻膠
危在旦夕余誓死守宜人亦誓以死殉明大義策孤忠毋憶血
泪盟言天地爲黯嗣因金陵正位余以軍功叨内召奉雙萱南
旋至淮陰爲中丞王公晋督海艘與波上下秋徂冬矣嗟乎王
事靡盬不遑將母余何敢怨宜人代余供子職比余嫡母王太
宜人以疾故宜人縞素襄殯哀慼動人余聞訃奔金陵扶柩田
籍自恨身羈官守生不能養殁不能殮彌天大罪賴宜人以追

孟履集　卷四　　　　　　　　　　　　　　嘉麓山房

是宜人豈惟能婦且能子也間關萬里得返梓門未一載忽罹兵燹之慘闔鎮爲墟予一門僅以身免遷祖居雲屯故處宜人曰吾與君其終隱於此乎乃變猶未已也宜人偕余浮海者七旬入島者半載豈故慕東海之高風倣西山之苦節哉異哉宜人何其歷風波并窮餓而不悔也然而宜人從此疲矣以己丑仲春得疾連綿至冬臘遂不起彌留言不及私謂余曰吾二十五載爲爾家婦能成尔志苟寸㣲足紀勿俾吾泯泯地下嗟夫宜人易稱婦德無成有終即無似遂在中饋取其能成家爲則已耳成志貳難言之夫左琴右史宜人成我勤也深舟淺泳宜人

成我儉也酌水懸魚宜人成我廉也恤孤睦族宜人成我惠也
獨余烏哺未伸終天有痛孝不成孝也馬革未遂餘喘尚存忠
不成忠也嗟乎宜人何以成余哉何以成余哉宜人歸余二十
五載其間窮而通〻而窮極世情炎冷之態宜人度不改也聚
而散〻而聚極世途顛倒之遭宜人氣不挫也即至死而生〻
而死極世道險巇反覆之變宜人義不辱也所稱無入不得其
爲女中之君子者乎宜人所出子祚鴻聘葉文忠公玄孫女樹
良結今日之絲蘿酬笛年之鼎呂意有天合於其間也宜人生
於丙午卒于己丑得年四十有四嗟夫嗟夫宜人能成余志余
孟履集　　卷四　　　　　　　　　　　　　嘉麓山房

何能表微庶幾邀如椽大筆為宜人闡幽芳俻彤管故強揮淚叙其生平如此嗟夫余恐傳吾宜人哉

自贊

斯人也何踽〻而凉〻度何如林宗望何如汾陽亦曾搴幟于
文場亦曾奏膚于封疆雖讓古二千石之循良乃輿人亦謳思
而不忘時事孔亟人謀弗臧鴟鴞毀室燕雀娭堂尔無寸補于
廟廊何不栖遲于故鄉玉融之山蒼〻龍江之水洋〻歸去来
兮樂未央嗚呼尔安得歸去来兮樂未央

孟履集　卷四　嘉麓山房

行實

家慈王孺人八袠求言行實

不肖文祥世居雲屯先曾祖諱萬程登嘉靖乙未進士有子長

集行世福唐稱古文詞者自祖始任比部兩閱月疾革背大父

建初公方七齡耳曾祖母盧安人撫遺孤以歸卜居而遷者三

乃于附邑之龍江宅焉母奉節姑何氏至孝矢志茹荼閱春秋

九十高弗渝也有司請　旨以節孝旌蓋實録云比建初公成

立薦于鄉善談兵多著述有燕史百餘卷及海嶽諸集泱泱乎

皆蘭臺石室之遺而祖母林氏爲脱簪珥購異書大父曾遊塞

孟履集　卷四　嘉麓山房

上十餘年毋能上承盧安人懽下勗二子以力學是以恭敏馬
公文忠葉公載諸序誌莫不多郭氏代有賢毋也能嗣徽也能
貽子以令名也先君汝偕諱應時毋仲子也讀父書世其業與
伯氏汝承諱應龐仝餼學宮試輙居首至癸卯伯父舉孝廉而
堂叔父希聲諱應嚮復為丙午第一人先子屢阨數奇不得展
常自奮曰丈夫生負弧矢當有四方之觀司馬子長年二十而
登龍門探禹穴歸藏其副于名山蘊頡濱見泰山黄河之高深
宫闕之巨麗與夫當世之名　公碩輔故其文益雄杰有餘異思
余奚復甕處三山為遂舍子衿遊太學所與交皆知名士每有

論列薦紳先達輒嘆服其不如所藏遊草若干帙夫先子之得以成名者賴余嫡母王孺人之力居多也母為名進士約齋王公女嫺習内則凡女史列傳靡不通曉其孝于姑也無異林母之奉盧〻母之奉何也事先子則敬如賓爲處妯娌以和待親朋以禮御臧獲以恩居恒喜施樂善人有急則多方賑卹之里中凡有脩造毋不以貨廢輸助活飛禽水族之類以萬計非祭饗不特殺垂為誡其不忍置一人輕傷一物毋之義也仁也佐先子苦讀晝夜澼洸箴紉不休今老矣躬先以率婦者亦復然曰吾惧尔曹廢業也且惟縞綦是安淡素是茹愧不肖之耳膬

孟履集　卷四　嘉麓山房

以奉母〻天性固然曰吾為尔曹惜福也母何勤且儉也母之於婦德殆庶幾無忝者歟母所出為不肖之女兄者二一適諸生張一適太學吴不肖則先君側室子也母無妬忌有古樛木風先子晚年得不肖母襁褓未嘗剠置懷方就傳之年先子多外游每數年一返母則督不肖加嚴不以弱稚而弛教嗟乎微母之愛憐不肖不肖何以有今日也微母之愛憐不肖之母不肖之母又何能得此于今日也歲甲戌不肖失所怙矣母念父志未成痛若割也雖讀禮中必勉不肖以舉子業謂顯親揚名孝莫大焉不肖丙子服甫闋得應公車　詔者母之力也不肖

圖報無從適毋設帨之辰欲乞名公言為母壽毋曰吾與尔父
生同庚今尔稍有成吾及見尔父不能見也吾尚未亡何以觴
為不肖聞言泣數行下終不敢傷毋志也玆庚辰之役濫叨一
第荷蒙　聖恩賜假省毋未數月復為謁選行矣猶憶臨别時
毋囑不肖曰起家之初報　國之始毋瘝尔職其忠以勤也毋
浚民生其廉以惠也尔祖署部橐似氷清尔𪨝殉𨙸氣如山壯
其以清白貽尔瞖勞教尔者至矣曩天目徐公題尔堂為賢節
近二雲曾公復額尔門為忠孝尔必勉之毋墜家風噫不肖亦
何能為但忠勤廉惠分應尔耳毋命具在敢踰耶獨是毋也倚
孟𡳐集　　卷四　　　　　　　　　　嘉蘐山房

閭望切不肖瞻雲思深新春之仲母八袠矣不肖愧不能效古
人母在不敢許人之義依膝下作綵衣懽猶未免捧檄色動巽
分大官之膳以榮母今猶羈寓都門恐逢天萬里末由躬祝不
肖之歉愈深罪愈重矣無已敢録母生平其惟邀惠于老先
生大人之片言俯賜詩篇俾不肖得藉手爲母舉一觴乎仰祈
台俞欣逾錫袠矣不肖文祥謹百拜翻首以竢

先大夫偕先太宜人述

先大夫諱某字汝偕别號玄洲閩王駙之雲屯人也先代世業爲農至平齋公以茂才起家一傳爲子長公諱某登嘉靖乙未進士爲比部主政以孫忠烈贈太嘗卿著有子長集吾邑稱古文詞者自公始再傳爲高士建初公諱某即先大夫父也淹貫經史著述自命周遊塞上會纂燕史百餘卷及海嶽諸集行於世先大夫居仲與伯氏諱某者俱以文行知名於嵜所交皆天下豪儁以故人多推重之有比之雲間二陸眉山兩蘇者試於邑輒冠軍督學使者叔臺耿公亭池李公觀察使楚亭楊公大

嘉懽山房

孟履集　卷四

中丞前肥守豐輿王公皆期先大夫以國士其受知于四先生者獨最至癸卯伯氏舉孝廉先大夫不欲奪處三山遂作四方遊入南雍聲聞籍甚大司空崇相董公得課文讀之歎曰此必山林篤學之士所爲今之學者莫能爲也歲辛酉倦遊歸矣或有勉之仕者艴然曰吾束髮抗志青雲即不可捕捉安能爲五斗米折腰哉遂屏居嘉麓山中即不孝肆業所也先大夫晚年得不孝比歸則勵不孝以學舉祖先艱難及忠孝清白之遺規以相勗勉及聞不孝從師友之賢磨切以德義則充然猒其欲其恬於榮利而樂於義方如此先大夫性天孝友無間人言其

續父蘭臺之業表章於世則尤繼述之大者父歿後為伯氏經營家政俾伯氏挾策于外遨遊公卿間挺然為當世聞人善成兄德庶幾称爲先大夫豊頎脩髯儀體玉立而和氣一團又若坐入於春風中少有大志而深自韜養不欲以所長自見至大節所係侃然持正無所回隱不爲世變所移治家勤約有節布素粗糲終其身若將安焉不佞儷而喜脩佛舍嘗募緣建大士閣于東徼寺暇則同諸耆英觴咏于其中望之不啻香山洛社也里有公事如興祠脩堡增兵餉脩繕津梁道路諸擧不憚以身先所居雲屯地堪輿家忌其水瀉先大夫率子姓累山砌堘

孟履集　卷四　嘉麓山房

一望如碁如帶爲通鄉衛風水不言德性不喜玩好凡世人一切娛心快意之技皆漠然不介於胸中善飲酒於酒無所擇不醇醪亦醉雖田夫野叟召與飲必盡懽酒復不喜𡙡遇冷酒則益爲引滿又嘗却裘于凛冬入謂是𤢖養天和之徵也其放懷寄興每發之聲詩然亦踈〻淡〻遇青山白雲風晨月夕隨意所吟瀟然有出世之想爲文雄杰踈宕自成一家論著甚多皆不着意而就既就又付之零章殘帙而不之惜嘗自言曰吾既忘蕉鹿於生平矣寧計青雲以施後哉不孝怦〻营〻勉爲搜輯尚得詩文若干卷藏之家崇禎甲戌四月二十四日以疾卒

于正寢詎生嘉靖甲子享年七十有一嗚呼痛哉先大夫勉不
孝成立不孝三試闈闈先大夫必手録不孝牘問先達求品隲
入曰是遂年資也先大夫亦竊喜曰吾留畬之庶待孺子以收
力田報乎嗚呼未幾而先大夫棄孤矣越三年丙子服闋而不
孝舉于鄉又越三年庚辰不孝成進士雖稍〻通顯不足榮親
而親不及見愴心風樹有飲恨於終天已耳不孝既叨一第出
守膠西則唯奉嫡毋王太宜人至署中猶得遂欲養之私毋爲
名進士王約齋公女嫺于詩禮通曉書傳事舅姑孝事先大夫
恭睦娣姒禮姻賓撫臧獲有恩躬餞紉以佐饔飧居恒好急人

孟履集　卷四　嘉麓山房

困厄衆嘖嘖稱賢爲不孝爲先大夫側室子母慈惠有加恩勤無二方不孝筮仕之始勗以忠勤廉恵四言及不孝嬰城守禦三載於膠母則備嘗勞勩策以大義曰兒守封疆勿以老婦爲念以故得活數萬生靈以捍社稷繄母之力也當母設帨之辰諸名公如高磴齋司空南中幹司成吾鄉蔣八公黄東崖兩師相及同譜諸太史咸誦吾母徽懿足光彤管載在序言可攷也比不孝以全城軍功南召送母先抵金陵而母疾革是爲崇禎甲申年十一月十九日母生而與先大夫同庚享年多一紀不孝奔訃南都遂扶母櫬歸以某年某月與先大夫合塟于新安

里層蕃之兆坐壬向丙爲先大夫所自卜先大夫子一即不孝
文祥娶副總兵劉公某女林宜人出女二長適諸生張元亨次
適參戎吴承芳皆王夏人出孫男二長祚鴻聘相國葉文忠公
玄孫女次祚燕尚幼孫女一許配孝廉林君某子崟哥先君前
以覃恩誥贈奉直大夫母王氏誥贈宜人綸綍鄭重有云鄉推
彦方雅望里有太丘遺風先大夫生平隱行庶藉以稍彰獨不
孝遭逢變故甘腐草木愧此後不克顯揚以昭兹来許敢奠有
道君子一言慚亡者於地下故聊述梗槩不敢溢詞以昧人子
歸美於親之義庶幾如椽大筆採而擇之勒銘幽宫百世不朽

孟履集　　卷四　　嘉麓山房

榮施九地感切二天不孝謹泣血稽首以請

事畧

誥命撰文事畧

父諱應時廪例太學生少穎慧能文屢試冠軍克紹其曾祖比部萬程之學淹貫經史著述自命其大父造卿周遊塞上纂有大明燕史百餘卷父續成之以行世且天性孝友無間人言操守端方然諾弗苟里閈咸為矜式好義而焚劵賑貧急公而繕垣餙脩多樹德於人而地方實嘉賴焉晚年得其課督唯嚴每舉祖先忠孝清白以勖勉其學未成而父忽捐館舍得年七十有一今欲養無從不勝風木之痛敢藉華衮用闡幽芳

孟履集　卷四

嫡母王氏進士員外一言公女母以名家女嫻於詩禮通曉書
傳事舅姑孝事先子恭睦娣姒禮姻賓撫臧獲有恩躬蔵紉以
佐饔飧居恒好急人困厄衆嘖嘖称賢焉先子晚年得其母慈
恵有加恩勤無異稍長課其讀繙機和熊不間寒暑勉其成立
相依為命方其叨　恩之始勗以忠貞及其嬰城守禦[redacted]
[redacted]母則備嘗勞勩每勵其曰兒守封疆勿以老婦為念以
故得活數萬生靈以捍社稷母之力也迨以病故得年八十有
一撫觥罍而愧烏情藉椽筆以光焉鬣
生母林氏鄉耆庭璣公女母禀性温恵操躬勤儉婉承先子共

佐内政井縞綦而不怨引葛藟而自恬及生其不以翦穉弛教
篝燈紡織而授其讀非漏彡不令就寢其偉寸進隸典方州迎
養嫡母并母於官署母莊事嫡母弗忌方其孤城挫敵母共出
萬死一生策其大義勵其孤忠綢繆户牖鞏固苞桑母與有力
焉幸叨　恩典稍報春暉敢懇瑶章榮施來許
妻劉氏福建副摠兵應麗公女胄出閥閱頗嫺内政能勤儉以
宜家同其竭蒔水以供高堂昕夕惟謹且煙帷佐讀有雞鳴交
儆風其幸叨一命株守三年冷署蕭然其妻共茹氷而飲蘗迨
孤城濱困之際乏饔飧驚危之秋悦慰姑心益彰婦道俾其得
孟履集　卷四

寬内顧之憂一唯王慎是視其與士卒解橐分俸以同丼苦其
妻盡脫簪珥資守禦至百雉安堵緩急有賴内贊之力居多幸
蒙覃恩得邀　綸綍望錫九閼拚及片瑜

郭孟履集 五卷目録

奠文

奠袁旗岩先生諱徵階

奠高心印先生諱漉

奠葉雁湖憲副諱益蓀

奠林邁公世兄諱奇玠

奠李六振社兄諱兆麟

奠張門劉太夫人司馬諱福臻母

奠宋門高太夫人都諫諱可久母

奠林門太師祖母都諫諱正亨母

奠林門張年伯母孝廉諱琦母

奠忠烈楊將軍暨諸死難義士文

弔二烈詞

自弔辭

祝文

入境告城隍文

祭儀門祝文

祭司竈祝文

虜退謝玄天高上帝祝文北城楼

謝關聖帝君祝文南城楼

謝觀音大士祝文西城楼

謝二郎神祝文東城楼

祈雨祝文

甲申閏變後禱雨祝文

問箕仙

郭氏一家言

閩玉融郭文祥孟履著

奠文部

奠先大夫文 甲戌

嗚呼吾父逝矣父生平不孝不忍縷縷述父少承大父教有能文聲試輙冠軍與世父齊名受知于楊耿二公為冣既而入南雍與薦紳先生遊無不喜吾父之慷慨而推重之彼牖下之夫聲名没齒而弗彰者豈少哉吾父籍籍若此亦可掀鬚以自豪矣迨不孝舞象之年父南遊歸以為孺子可教也遂無意于功

名若将留有餘不盡以待不孝之成不孝十七入黌序三試闈闈雖經鎩羽未嘗受主者所嗤父亦厚期不孝以為吾可棲遲田畝以享天年夫造物啬人以禄者豐人以壽靳人于其身者償人于其後吾亦聽之而已矣夫何未遂攸頤而奄然以終也嗟哉父也同堂伯叔印纍而綬若芝芬而蘭馥吾父一老措大耳孫枝尚未長所差永者以古稀之年而年亦僅古稀矣尚能募衆緣脩佛舍為人間種福田耶尚能循城堡增器械為吾鄉急公事耶天逸我以老而父不自逸人各私其形骸而父不自私然父亦以之疲矣嗚呼逸者未必生勞者未必死：生之故

亾大矣非勞逸之謂也獨是不孝愚昧吾父倏捨之而去有田

兮一方父不復代不孝親也有書兮盈廂父不復命不孝讀也

即令酒在觴帛在旁父不復爲不孝一一而衣之而嘗之也嗟

哉父也其真逝矣生我劬勞不孝愧無以爲人矣茲值卒哭隕

淚偹獻䰟兮歸来其聞不孝之言兮其鑒不孝之筵兮嗚呼痛

哉

奠嫡母王宜人　甲申

猗欤吾母撫孤恭苦孤生也晚壯而失怙勉孤成立策名天府
啣帝簡書滸彼東土迎養黔陬萊斑學舞詎[redacted]遭烽警羽檄旁午
孤城三月攻圍者五母曰嗟予兒往禦侮既殲厥[redacted]魁克全疆宇
民謳邵伯衆人之父孤則何能實母之祜[redacted]警息未幾闖兵肆起
先帝蒙塵四邦波靡靦顔臣僕比比而是兒念大義忠貞自矢
與民明之練兵固壘母曰嗟予兒雪國恥僞員惧遁復全百雉
忽聞金陵中興伊始共圖恢復以報天子計擒僞官戮之國市
詎料彈丸勢孤無恃數萬萑蒲窺我北鄙檄召援兵唯敵是視

孟履集　卷五　嘉蘐山房

母曰嗟予兒晑撫彼巨魁受縛脅從率俾自擬除兇一旅、兄、比

何天降禍[redacted]猖披無已[redacted]

不孝聞之裂眦切齒母曰嗟予不歸何俟　帝簡中丞在淮之

涘兒往從之亦云可使母別南旋兒奉橬委臨岐依、十步九

視遊子天涯慈親夢裏母則倚閭兒亦陟屺豈不懷歸歲聿暮

止母曰嗟予慎旃無死經界王師召兒監紀兒方至淮甥亦至

只述母康安一則以喜胡期奔訃云喪吾妣嗚呼痛哉擗踊哀

毀人亦有言顯親是美我獨何辜名韁為累養不成歡沒不及

侍弥留孰囑憑殮奚似奔赴靈前葢棺已矣如疑如慕徘徊從

倚恨不成名獲伸恭水蒿蔚有慚風木可擬擇于新春扶歸故

里毋靈何依陟降庭止隕涕哀奠来歆筵几嗚呼痛哉

孟履集　卷五　　嘉麓山房

奠先慈王宜人 甲申

猗嗟哉母逝矣音容不可即矣猗嗟哉母逝矣咲語不可聞矣猗嗟哉母逝矣懿範不可親矣猗嗟哉課兒成名春暉欲報就兒祿養烏愛欲伸母兮何以逝也猗嗟哉三十年辛苦課兒成名春暉未報數千里間關就兒祿養烏愛未伸母兮何以逝也已矣名成親未顯無以報春暉母逝矣已矣欲養親不在無以伸烏愛母逝矣不孝將復即母音容信不可即耶非耶猗嗟哉母靈爽如生兮將復聞母咲語信不可聞耶非耶猗嗟哉母聲息如昨兮將復親母懿範信不可親耶非耶猗嗟哉母徽音弗

孟履集　卷五　　嘉麓山房

諓兮獨負母三十年辛苦并貽母數十里間關讀蓼莪而傷鞠我咏陟屺而感嗟予生瘁于王事而不遑將沒羈于官守而不及殮命不相為依夢不相與接猗嗟哉母其真逝矣真逝矣倏忽九旬兹值卒哭敬陳獻于北堂將扶襯于南土母靈歆哉母魂歸乱

又首七遥奠文

嗚呼痛哉吾母曷歸夢耶真耶望斷慈幃從宦三載顔色靡違胡隔三月遽落桑暉鍾阜之陽白雲一方長江天塹母子參商王事靡盬毋不遑將終天有恨崩裂肝腸聞訃猶疑風木增悲

方圖終養反作長離昊天莫報涕泗漣洏一卮遥致庶右享之

孟履集　卷五　　嘉麓山房

奠岳翁劉總戎文

嗚呼吾岳翁逝矣不肖于翁誼則半子而翁愛不肖又奚啻子也憶不肖稺齡日曾隨先嚴後謁葉文忠公于東城時翁亦在座文忠公顧不肖曰此子骨権奇有祖風堪作劉將軍乘龍客也翁遂深信不疑于焉倚玉之緣以相國一言定之矣然而不肖固清白後翁憐不肖貧歲必加資助非但飲食抑教誨之不肖自是學稍有成庚辰忝一第叨蒙　聖恩賜假歸里幸朝夕過從與翁相盤桓因于是冬舉觴為翁壽翁亦展然色喜謂文忠公知人哉而曷益圖建豎以無負此日賞鑒之明以長作余

孟履集　卷五　嘉麓山房

門楣光未數月不肖又為謁選行矣私意[redacted]圖報未艾詎料吾翁遽尔控鶴而上昇也嗚呼痛哉翁起家世閥晉秩總戎凡彭湖以南長溪以北前後功烈不肖何忍縷縷述姑言其大者方紅夷陸梁城我外嶼當事幾束手無策翁奮厥師哭其阻夷聞風豕奔屹屹層墉剗若平地矣然孤軍深入掘地無泉衆將呼癸翁躬拜禱未入地尺許而泉湧議者驚為耿恭復生自是巢穴悉平吾閩迄今無夷患緊誰之功[redacted]嗣為蠅玷歸休而海上又若香寂之擾撫院鄒公耳公威名為是殿邦之宿將也拜為參畫特署忠標噫惟翁之忠鄒公志之矣翁出而造戰

艘集勁卒殲巨魁若干人全活無辜若干人猶誓不與賊俱生
破浪長驅由閩入淛偶值颶風舟為之裂惟是精忠所激海若
效靈倏忽之間翼之就陸翁揮士卒以疾登身尚與波為沉没
斯時也三軍之士人人感泣鄒公亦聞而涕零貽書相勞以為
天留我翁以全障全閩也使鄒公得大殫厥施翁更為經營其
際微但海波不揚行且指顧折衝而幕南之庭不足犁潢池之
兵不敢弄矣無何鄒公得心疾歸而翁以敘功具題准復原職
奉　旨未覆遂致投閒嗟夫聖天子方頗牧與思而天下忠略
豪勇之士靡不願請纓以見志而當權者急則加膝緩則投淵

坐令邊封髀沸良将弓藏此李廣不侯古今所爲拊膺而長嘆
也翁出處之間揆諸大義喜慍之情不掛着類遂尔優游泉石
課子奚孫令大郎擅鷹揚少〻称豹變諸孫岐嶷芝樹盈階異
日者允文允武舉翁未竟之業益光大之則翁之得全〻昌夫
固有徵于其後矣翁居恒慷慨伏義多爲德于其鄉不擬翁厚
爲德而人輕爲負如迩來徐生輩之所爲者徐生久入公幕一
旦以横逆至翁憤不能平不肖每見方今交態覆雨翻雲比〻
而是忘大德思小怨谷風之詩所由傷也若徐生者愧谷風矣
翁于冥〻中能爲天下首攻此不義者乎庶令寒盟之夫聞之

亦足戒也未審翁更能釋然于斯否獨愧不肖寸艸未酬手子有愧慈為新拜　明綸下車滕郡而翁之愛女又移寓建溪翁病既不及侍藥而候寢興臨没又不及憑棺而親含殮翁壻至情幽明永隔唯有登珠山最高處遥瞻泰岫一片愁雲[redacted]能禁涔涔數行向西風而長洒也耶雖然翁固驅馳海上公爾忘私矣則不肖今者之不能飛渡閩關而悲歸靈側也公耶私耶知翁必亮不肖于逺天之外矣薄馳一奠五内為摧靈如不昧庶其鑒諸嗚呼痛哉

孟履集　卷五　　　　嘉麓山房

奠姊丈張同人

嗟〻人生真幻泡耳須弥尚或破巔氷澌未嘗不鹽且天宫賽産猶傾四大之昷魔殿崔嵬終惧三災之火刼盡歸空無泩不尒君已悟真空妙諦超然㪣五濁而證三乘矣今兹蜕脱遊塵又奚戀〻癡迷之未破耶茀余攖世法不能若太上之忘情每憶君生平不禁涔〻淚下君少操鉛槧鈎玄探奥刻意攻苦中年遊泮痆〻膠庠天性純孝雖淡守儒素奉親必極懽顔親没哀毁動路人其為人耿介泒潔有一介不取不予之風羞與流俗伍歷試棘闈不得售遂飄然高蹈茹素清脩時與高衲羽士

孟頫集　卷五　　　　　　　　　　嘉麓山房

說偈談宗家累毫不屑意客夏余以謁選至建溪相從于梵刹間或携手青林滌杯碧澗邀清風于樹杪追素月于園重歌扇飄香舞衣散艷留連酣適者若而日秋之仲棹動溪津買舟相送離鴻朝引別葉秋飛猶且數夕徘徊依〻雲樹既而君乃携杖入山余亦鮮纜旋發語岐路于尊前指京華于天末揮手無期遂成遠別從此薄宦天涯甫易歲月勞君遠念跋涉前臨欲赴滕西為家慈奉八衮觴閱君手墨淋漓猶殷〻意表也迨至吳門時當炎序夫吳江風景固君奚囊中故物乃復悽遲以續舊遊奈何鶴駕蹁躚不上揚州而竟赴玉京耶委氣空山歛魂

幽石佳城無曙玄扉永扃遂令筆床墨冷茶灶煙沉愴書劍之
皆泯悲人琴以俱亡嗟〻君往矣君年已逾艾有丈夫子四梢
足以自立左携右挈余之事也自不遺餘力以慰君之瞑則君
身後事固已寘之無恨誠知達觀齊物視天地為蘧廬寧必狐
兔丘首老死牖下者之為得哉乃學些詞而招之曰翳惟貞松
欝霜姿些千尋磊硊幹離奇些匠石不逢棟以遺些宜壽歲寒
佀安期些荃胡不居忽云萎些切雲崔嵬光陸離些珮被寶璐
以高馳些駕服雲軿結桂旗些荃胡不居赴瑤池些采〻薜荔
搴芙蓉些蓀壁蘭橑幕雲叢些杜衡實庭郁迴風些荃胡不居

孟履集　卷五　　嘉麓山房

杳冥蒙丗亂曰靈之来兮翩〻玄雲黮兮遥天東海未填兮精衛故山啼斷兮杜鵑蝶化漆園兮栩〻鶴歸華表兮何年靈之去兮悠〻蘋臺月冷兮江秋烏啼霜落兮長洲桂醑奠兮蘭羞歸来歸来兮吳門不可以久留

奠中表林學斅文　　嘉麓山房

明云天道善人報施善胡不禄我為天疑豈彼夢〻亦不可知
抑生不辰遊此百罹斯文將喪君乃當之惟君之懿則靡有疵
蚤傷失怙有母而婺和態晝荻慈即是師董帷發憤步不園窺
漁獵經史模楷典彝聲蜚黌序屢遭數奇君曰母在許人何為
盡懽菽水色笑含飴純孝天植孺慕不衰省案賢淑嶶音克追
風高樛木為葛所纍雙珠晚毓老蚌非遲植之冥〻維德是貽
詎料世變逆醜倡披讀書何事厥志豈移靈岩寶剎翠壁稱奇
旃檀淨土避世宜閒闃携眷偕嘗險巇未閱半歲骨肉仳傐
孟履集　　卷五

有女有女清揚其姿倏埋玉骨窮猿慘悲有媳有媳尚未結褵
英〻落雁遽殞蛾眉有妻有妻將雛而翹鳳飛翩〻乃失其雌
有子有子仲者嶷岐欻隨飛電痛割父肌叠鍾奇禍幾不自持
吁嗟時命乃至於斯悍〻冢嗣能學裘箕當為國器天定有期
以君之壽未躋乎耆夫何霜露一蹶不支塵世混濁已而已而
君參禪果一切厭離惟我與君忘年追隨雖云中表實埒塤篪
我如獨航君紼君纚我如駕乘君驅君馳以君為砥如琢如劘
以君為鑑如著如龜君擅著作絕妙好辭其風肆好我愛君詩
倚髯王立表〻可儀風流如昨想見紫芝抱琴何往聞笛伊誰

乃今已矣云胡不思與君一別曾幾何時沒不及視斂禮如遺
嗟余亡命在水之湄秋江黷淡采〻綠蘺何以將之有泪盈巵
九原可作庶鑒吾私

孟履集　卷五　嘉麓山房

奠林益讜老師文

人生大者君父之綱凡為臣子致身貴詳皇路清夷含和廟廊旹窮節見丹青垂芳倚歟吾師始終不忘大臣之義君亡與亡憶師吞歲聯掇文場筮仕司李治行維良爰陟青瑣音噦梧岡權璫方熾建言則昌遘值皇陵寇氾其傍上勅察勘繪圖靡遑復啣新命桐封是將浙闈衡鑑王筭盈行丁丑南宮介拔驪黃賜假歸里丘壑徜徉機忘鷗鳥佩紉蘭纕何期國變地老天荒福京定鼎師也勛勷秩宗典禮郊廟有章司空司寇巨任獨當人謀豈逭天命靡常[redacted]陰氛肆氾陽精不芒乘輿遠播從龍杳茫

孟履集　卷五

嘉麓山房

銅駞貽恨朱鳥空翔師明大節百夫之防溝壑其志鐵石其腸
攻車同馬翹首宣王河山重整撻伐斯張乃傳特簡天語皇〻
爲時冠冕老成重望司農藉甓眷倚方長師疏控辭臣病膏肓
主[redacted]念社稷羽翊孰匡金甌方覆白麻重煌温公洛社太傅山堂
天下安危一視行藏矧當板蕩疾風愈強中興仗策夫詎可量
昔也靡鬲曾賛少康亦越傅說相丁造商南陽諸貴載嘘炎光
比斗一人反周爲唐力盡志遂身泰道彰吾師一出古今頡頏
云胡不憖典刑忽喪昺鉉黯濳邦國瘁殃自古忠臣鞠躬徬徨
相業未竟英雄淚滂漢稱諸葛宋則天祥皇明吾師後先琳瑯

維師生平何用不滅孝純孺慕慈有義方生爲世瑞麒麟凰鳳
動爲世法山斗圭璋豐儀玉立遂養金相氣象巖聳襟度波汪
貟方松柏棘比桂薑丹揭日月操凜雪霜名流下土精邁上蒼
位隆揆席裔衍冠裳榮哀備美沒世靡央人生得此奚憾黃粱
其叨知顧不僅處囊待以國士宜國士償嗟遘波靡橫流湯ゝ
獨有正氣至大[redacted]而剛生胡可戀死烏足傷恨不從師歸于帝閶
百年忠義豈貿門墻循慚後死東海浪蹌盈ゝ一水如隔瀟湘
師疾云革莫克造床聞訃飲泣傾河注滄大地汙穢莫荐馨香
爰采山薇聊以爲糧臨風遥奠悲極欲狂師靈如在鑒此洋ゝ

孟履集　卷五　嘉麓山房

奠大司戍南老師暨師母文

崇禎十有五年門生某服官于東齊孤秋得聞老師大人因老師母夫人仙逝累疏請歸蒙　聖恩賜衣金欽命馳驛榮返逝出良鄉乃老師大人忽捐館舍不肖閱及邸報不勝欷歔愴怳對萬里遥天臨風灑淚而寄哀衷情愈不能已已乃治心喪函祭具紹介而致之實毋能酬知遇之恩于萬一惟西望雲山酹杯酒而陳蕪詞以誄之曰嗚呼吾師貞元間氣世德發祥儀端玉立行潔蘭芳襟期佚蕩器度汪洋目懸岩電燁燁星芒西京著閥奕代冠裳蟬聯甲第袍笏盈牀克光先業蘊藉縹緗蜚英

孟履集　卷五　　嘉蘐山房

蓺苑拔幟詞塲搏風鵬運跨漢龍驤筭班高出杏苑飄香初銓
館職列署玉堂益加搜討安飽靡遑蘭臺芸閣悉盡秘藏纂脩
國典並重珪璋金坡鵠侍儀羽鵷行心清如水氣肅如霜氷壺
凝操水鏡澄光歷增顯秩遞進宮坊師表太學教鐸時揚天下
英傑淬礪銛鍔主盟吾道文運日昌規矱矩聖山斗在望講筵
啟沃敷闡皇唐典闈較士首拔端方網羅麟鳳識外驪黄旁及
下乘駑步如祥濫充桃李獲厠門墻坐風立雪並與處囊在三
恩重吹萬功長仰遵模範勉力匡襄迺膺　簡命遠蒞齊疆乍
違顔色倏尔參商何期德隅宴赴瑶觴茗姿蕙質徽懿夙彰詩

題柳絮頌献楙艧箴餘截練珮解明璫思齊思媚希姒媲姜寀
眉修謹以德相莊坤柔貞吉疊眷寵章鷄鳴佐政鳳誥宜償怨
沉婺彩鸞馭鏘〻盆歌雖達白夢滋傷遂頻請告俞允歸鄉賜
金秉傳恩典輝煌壯辭象魏旦日趣裝偶罹霜露輙入膏肓未
幾就道黃粱山頹木萎哲人云亡天鼓驟鼾蜕脫名韁佳城見
日玉襯自飈凫飛不逅鶴化翶翔千秋永隔落月屋梁九辯莫
賦秋氣悲涼其也私慟感曷弭忘惟師之德何用不臧文垂金
石績勒旂常名昭史冊望著廟廊大年有永蠡測靡量況乎身
後森列琳瑯行看步武千里昂〻書香濟美衣鉢相將惟師之

孟履集　卷五　　　嘉麓山房

福浩瀚未央一代完人徽師孰當愧羈官守莫效趋蹌將誠萬

里逢眞一觴師靈自天翩然來嘗

奠高魁南封君　柱史諱允鉉父

噫嘻懷才抱德韞璞弢光淳龎不琢郁烈含芳身前若啚厥後克昌淵停蓄結駿發厥祥自古在昔天命有常緬惟封君取若券償翁之德範遐迩溢洋夙負瑰瑋壯烜膠庠五車二酉臚以胸藏行脩志潔玉質金相士林領袖爲衆所莊業雖未竟道則彌彰漣趨式穀教以義方季公侍御遂即奮揚棘闈鵬翥杏苑龍驤分符筮仕首溢名疆廉明夙著政教有章禮賢若渴視民如傷鞭蒲示化拔薤擊強氷壺心映玉軫韵颺悉如翁授畀擧以襄治行第一　帝曰唯良恩隆寵錫榮封一堂遂膺特命授

孟履集　卷五　　嘉蘧山房

部南荒駼驅騘馬冠飾神羊皂囊帶月白簡飛霜直聲格主鳳
巘高崗埋輪攬轡今古頡頏以翁矍鑠歲月倘徉簡書孔亟家
券未遑謂宜食報日以永長云胡歘世遽梦黄梁太山頹只孰
為景行鳴呼百年旦暮烏兎空怭至人齊物任彼滄桑疇如翁
也德福靡量壽逾八袠純嘏已詳季公鴻樹鍾昂旂常行將大
拜柱石廟廊仲居高選天府飛黄蘭孫競奕王國珪璋世濟厥美
浩瀚未央其忝司牧才謭德涼莫承顏色企望門墻有懷令德
曷敢弭忘薄采溪毛少效趋蹌于是為三獻而酹之歌大招之
章曰靈之來兮夷猶乘白雲兮驅葶收駗八駿兮巵玉虬翩来

下兮故丘莫桂醑兮蘭羞清風遠兮颼ゝ珠玉崔嵬兮玉樹稠
膠水瀚湲兮世澤悠靈之去兮阻脩望帝鄉兮玄幽悵無涘兮
凝眸

孟履集　卷五　嘉蘐山房

奠匡五如先生 諱延年

明中翰五翁匡先生以疾卒于官長君聞訃旁皇迎櫬千里外迓櫬時季夏之念八日也櫬守其慨哲人之永逝增長夜之深悲謹酹酒洒奠而勒以詞曰猗欤先生爲存爲亡、者溘浮漚存者流耿光其渣滓已膾炙人口而精氣與元化以翺翔斯文未喪大雅相望孰是崑丘而瘞圭璋孰是驪珠而閟夜光蓋古今一抔同歸渺茫孰如先生鍾芳華於海岱秉正氣于乾綱孰如先生衍世澤于德門羅二酉于青緗又孰如先生之掇巍科而繼祖父之冠裳豪情壯節國士無双禮賢慕義之風恍再見

孟履集　卷五　嘉蘵山房

于齊國之孤嘗且經綸 出乎素著文武惟其無方使先生而調
金咼何泰宇之不康胡昊天之不憖摧大厦之虹梁士紳擊體
而歸哭隣里罷舂而感傷實邦國之云瘁故歲星淡乎不芒抑
龍蛇之陸走故烈火發乎枯桑嗚呼年華有盡德澤未央先生
之德食報宜長後昆競爽觸目琳瑯佇扶搖而搏羊角于萬里
邁汗血而騁驥足于天房酬未竟之厥志錫黃蘇與金章信自
古之有死又誰能與之以頡頏

奠袁旗岩先生 諱胤隆

於戲五常之大忠孝實先猗歟先生吾無間然側懷仰止景行惟賢珪璋雖瘞山斗尤懸操脈爲誄勒帛是宣碑于有道不愧便〻公承世閥操行獨堅胸羅緗軸藝選青錢再傳衣鉢三食神仙雲津龍躍蓝榜蟬聯煙棲斯跨鳳毛既翮祖武是繩駜步着鞭獨生玄契蚩祓逐𩖗抗情高蹈𨁈請歸田潘輿陌左萊絲庭前春椒荐酌山香落箆宜尔優游友朋侶佺大抒經濟功普八埏奈何歘世遽卧幽玄蓬萊縹緲鶴馭蹁躚秋風斷雁夜月啼鵑劍沉虹彩珠棄星蠙盃停酒賦琹絶鳴絃芝枯西鄂楊拱

孟履集　卷五　嘉蔭山房

南阡鳴呼先生之行千載孤搴先生之澤百世長延珠峰巀巀
膠水消消孝思錫類流峙與連奕葉濟美玉樹森妍棼黃馬鬣
兆此牛眠余忝邦守靡所致虔爰采蘭芷實茲豆籩庶其右之
翩然自天

奠高心印先生 諱漉

嗚呼天地正氣隨賦而全結而為山融而為川鍾之于人忠孝
惟先猗欤先生厥性則然冠裳舊閥清白後賢膠庠焌焌令聞
高搴賓興鶚薦選入青錢策名天府初就衛銓臨城製錦百里
歌絃桑間雉馭花外尾眠靈椿倏萎解組歸田白烏致瑞淚陌
新阡復起安邑邑曷載翩明察蕭怨西安左遷叅軍辦冦斬馘
功宣卓異優叙榮轉東偏淮揄疲邑撫字周旋接濟漕運足國
裕邊何期内地突起狼煙[redacted]揄城蕞尔嬰守
愁煎勢孤援絶力竭而顛追踪張許化碧九泉英風烈烈夜耿

孟履集 卷五 嘉樷山房

星纏　𣇄光貢錫生氣尤命公堪不朽身後大年其忝守郡夙

夜勉旃人臣許國因君愴焉生前孝著死則忠傳靈旐歸來閭

里悲憐臨風一奠有淚欲濺忠魂不昧鑒此微涓

奠葉雁湖憲副

自古名相挺生厥有聞孫蔚起如狄中丞之克問家聲魏拾遺之有祖風執若夫繼登撲虎彪炳前紀先有二伊後有三李緊文忠公三朝特倚相業光昭古今罕比家君符丞未殫厥祉施及先生寔居季子器宇深沉風儀偉美龍蛇筆端珠璣胸裏賛鳳閣之絲綸称螭頭之右史帝曰懋哉尔祖是似爰晉尔勳南曺權理峻寋絳巘之雲清酌溫泉之水表鐵函之古忠傳金陵之勝事出守粵東朱幡是貢双雁媲聲五馬著異聞邵父杜母之名識南郭北韓之字循良蚤蜚璽書聿畀惟凜凜之半栽允

孟履集　卷五　　　　嘉麓山房

分梟之是寄陽九忽丁乾坤條閼誰全軀之是[偷]或保身之爲智先生獨矢忠貞艱危不避院臺借寇謂大廈可支士庶攀轅望峴山而淚恭逢閩都龍飛正位追三朝之舊勛念元公之後嗣使先生而少留正眷注以方殷豈名壽之兩全寔造物之所忌去帝鄉而不迴羅相杵而隕涕寧桑梓之私悲嗟邦國之云瘁雖然前哲揚徽後賢繼志觸目琳瑯盈階芝樹能闡揚先生所未竟益光大文忠公之世系稽古龍孫視之靡愧得諸天也已豐對吾公也奚喟敬勒蕪章山行斯企先生有知居歆是觶

奠林瀛公世兄

嗚呼君子何屬天奪之速懷才未竟乃註冥籙蒼〻者似有不可知漠〻者疑有不可卜夫産崑崙者難為玉植鄧林者難為木唯靈質粹材良殊異公族藝究六經學探七錄度若波汪蘊如江蓄貴介不矜優游自足上佐乃翁為王啟沃光贊中興明明穆〻下最諸昆詩禮相淋夜寐夙興邁徂式穀為家冢子秉政惟肅克儉克勤云惜厥福緩急可依周于仁育有粟如雲親朋咸沐憂世不競人寘悲讟陶情無荒良士是服或遠或近載歌載祝翩〻佳胤唯君是獨宜昌厥後永綏厥祿使蒼〻而誠

可知漠〻而信可卜胡爲鶴馭之遷迴而玉樓之頓促使梓里中之賢不肖者莫不欷嘘涕泣而嘆百身之莫贖嗚呼豈其寶玉易碎寶劍易折爲玄昊憐惜不供流俗所珍兮豈其世局日壞世事日非向（白）雲縹緲不顧濁波同湮兮琴書東閣杯劍飛塵達士任運至人完真将爲金爲錫爲圭爲璧以棲其魄抑爲卿爲景爲麟爲鳳以寓其神于君又何憾余奚用無益之酸呻獨念圖維宗社蹇〻匪躬尊大人尚朝夕于帝京胡使西河挽慟兮洒淚沾巾純孝有知翩〻歸来兮魂誰與爲親其悉姻末蔦蘿匪倫聊将一獻爰采江蘋難言者命莫已者情靈如不鄙左

右盃䤈

孟履集　卷五　嘉麓山房

奠林五玉世兄文 諱奇珍中翰

嗚呼洛陽蚤萎長吉弗延造物忌才往〻有焉緊惟世兄克濟

象賢蚤蜚藝苑令譽高騫沉酣墳典揮灑雲烟中興應運譪吉

茹連贊綸螭陛潤色龍纁黻垣爲對晝省稱僊清華方陟須誥

自天父恩已逮子孝尤先徵臣有毋教臣有年帝曰嘉哉典以

子宣象服偕老舞綵堂前尊親之至孝思永言君性天植人無

間然居心似水應世如絃醉人若醴澤物疑泉翩〻佳胤諸美

攸駢云胡不禄搔首問天凡知君者疇不泪濺其堅驟折其英

倏捐命之臧否德則奚愆其誼忝通家靡所致虔采〻溪毛荐

之几筵寄情一奠臨文涕漣䰟可招兮来格歆涓

奠李六振社兄

嗚呼噫嘻與兄結社有年矣兄蚤有能文聲具大辯才多為衡文者識賞頤遲迴未售所蘊而揮斥幹理之能亦無由大究第微見于解紛辨劇靡不立談而決舉手而濟揮霍敏妙有如其文良由所得于天者英之分居多雄之分亦居多弟輩皆不及也昔有履屐之間亦得其任者兄可尚友其人矣設躋兄于牧伯孤卿盤錯豈足難哉頤兄年方盛壯文為時所推材為世所需激昂之氣時見于着字而豈溘然長逝之人哉憶兄前月猶然軒衣曳履與弟輩款款論文指屈指館詎論文時僅閱十有

五日昕夕幾何生死頓殊兄亦未必自分至此也且兄素敦孝友不應遠高堂之色養離手足之友于眉案賢淑蘭玉秀出若何滂滂去此而死乎天實爲之續命無絲嗚呼噫嘻兄猶能搦管搆思研鏤匠意耶不能禁何兄尚復雄辯驚筵善謔不虐耶不復禁何今茲同社森然而列嗷然而號兄亦有形容音響髣髴示現慰我悲思欲抑如雲散鳥没杳茫幻化欲雪明書帳冷水凈墨池寒嗟哉遺文不忍見也九原輓鮑叔千金鑄子期傷哉好友不可贖也痛兄至極誄詞不次何以侑危滂沈涕泗嗚呼噫嘻與兄別矣

奠滸甥孟舒文

嗚呼事有不愜人意者則謂天不可知夫天曷嘗不可知特不當以一時骨眼論報施爾子尊人為余家館甥積學囊茂先之載德器醞公瑾之醇是宜搴幟於中原乃以貳師之數不獲從帖括以顯名遂為腐史之遊與省公輩登燕磯而舒嘯涉雲夢而咏吟歸而悠優三徑容與一椽是所蓄而未洩者舉而屬之子矣子生而儁敏當象勺之年其如虹之氣固已籠罩匪前孤騫無上矣子昆文燊以爱女字焉咸謂能以宅相爲楷光者必子也子自亂後避居雲屯子謬賢子而頻問業丁亥之秋子追

孟履集　卷五　　嘉欞山房

随予者数旬上下今古扣若桴應余謂此頴脫可竢也想蝸頭盈尺昔蘄之父者今不應蘄之子矣孰知子竟賫志以殁耶長淮绝涸新鉶掩芒玉碎石頑（蘭摧）恨不能排閶闔而問之矣雖然子遺孤不克嶷乎遺文不在笥乎予家節孝代傳則兄女稱未亡以字巍爾者必誠必慎而尊人尚黎首网翼而指教之行立舒三世之醻而光大矣天又曷嘗不可知也哉抑子近遊豫章道經延津感双龍化劍故事悟天下神物不久為耳目近玩如此語不云乎寄寶於人歸不旋宿然則子之速化也復何疑但余爲甥舅之誼未能（免）俗悵朝露之立消晞悲有淚恨鵬禽之集舍

涕下無從乃東生舄掇蕪辭而告之子曷起而聽予言嗣而券之可知之天乎

孟履集　卷五　嘉麓山房

奠家侄梅友文

嗚呼靈造弗究謝英萎華如駿甫駕而輸其車如曜未中而輪遽斜壽不究學循子是耶子少穎異石麟譽喧王父令楚書劍從轅雲日激盪毫端吐吞才雄虎繡萬斛詞源文成而酒玉山頹唐酒醉而詩出入宫商詩罷而奕技埒中郎紛糾衆美子亦自藏丙子之役予膺薦鶚子才弗逢姑歛其鍔洎余庚辰南宫釋蹻分符黔堧家政攸托時局忽變余賦歸來子薦明經蘭館需才欲効匡贊龍去不回經丘尋壑俗余徘徊念我先人清白砥節世拜國恩孝忠一轍子豈為貧捧檄獨切出宰石城意殊

孟履集　　卷五　　　　嘉麓山房

不屑胡未朞月倏遭摧跌粤訃朝来闇鵂夜血死捍民社子志
自别云胡不憖使我心結嗟〻長淮絶涸金鋼掩芒蕙帷蛍冷
庭樹烏傷芳魂黯〻去何方兮靈旐翩〻下故園兮百粤鱣也
非爾鄉兮一杯明水頋余将兮

奠張門劉太夫人 司馬諱福臻母

猗歟母道繼體坤貞正位惟順代終則并塗山祚夏姒啓周禎賢母篤祜振古所榮維太夫人千秋娩美韞粹含章韶儀光起崇徽蕙穆郁馨蘭芷曰嬪名門肇造洪祉虔恭内政榮曜中闈齊眷德耦戒敬靡遠荐馨秋藻献履春暉珩璜節步山火文衣誕毓名世王國之楨和熊𨚗鮓太君攸成剸歷邦政榮秩上卿莞樞佐府懋著威名天狐射法太乙陰符澆沙為壘聚石成圖風雲順逆營陣孤虛折衝千里殫壁穹廬正資元老克濟時艱胡乃守謙岌〻崇班懷道自重累請暫還輝煌晝錦喜動慈顔

孟履集 卷五 嘉樷山房

大官珍膳尚方錦帛　恩寵有年後先絡繹庭捧板輿觴浮瓊
液玉樹盈階優游壽域柰何天步偶值險巇司馬既返[redacted]羣醜洊
窺蹂躪東土逼我垣陴自冬徂春三月于茲惟時太君神王自
若勉司馬公身當鎖鑰獨運帷籌[redacted]逆氛累却貴介諸君身先捍
格[redacted]敵計愈狡冒死環攻司馬傷膚氣且益雄賴有冢孫獨奮摧
鋒太君茂德覘此膚功[redacted]敵始驚遁克全疆圉太君歡康將欲仙
舉平生忠孝司馬自許今日兩全有光朝宁嗚呼太君得全、
昌身膺極貴既壽而臧司馬鴻烈千載旂常松楸馬鬣重賁麻
黄某也小子忝司隣牧遥仰德儀永懷芳馥靡効蹌趨勒誠孔

夙何以将之生刍一束

孟履集　卷五　　　嘉麓山房

奠宋門高太夫人 都諫諦可久母

嗟乎蠙藏澤婿璞韞山明篤生瞬淵維家之禎緊惟太君以德
肇亨名門毓質攸利（女貞）工容言德壼範可程嬪于德禑柔順性成
王生庭焰蘭閑室馨敬奉姑舅以孝著聲春椒作誦秋菊為銘
雲裯鬞簇月韵砧鳴樂羊機斷孤光縈平克脩內政珮觧瑜珩
竟資賢助振藻蜚英中道見背摻凜冰清寒松獨秀温玉孤瑩
督就長公午夜一檠時當歲歉勉令舌畊遂成大器連捷科名
甫當通籍暑勖以忠誠諫垣峻望朝陽鳳鳴兩荷　恩寵紫誥疏
榮兼勵群秀砥行錚錚烟帷示奮世業是營熊丸佐苦共守一

孟履集　卷五　嘉麓山房

經食貧無怨處富不盈鉛華鮮御浣濯弗更逸豫是戒輿蓋無
輕姆儀内則迨耄尤精乳哺孤叔顧復均情兼課以學並列膠
黌緜兹世澤太君所姘允諧妯娌没齒靡爭下逮臧獲罔有怨
怦猗歟太君純懿兼并造家以永奕世宜宏庭階芝樹森布瑳
瓊蟬聯繼起累葉簪纓太君往矣壽夻鄉評其忝釆守景仰芳
闈况于叔子以藝定盟龍驤有日足慰生平薄申一奠爰釆杜
蘅靈兮来格降彼玉京

萁林門閫太師親母　都諫諱正亨母

於戲坤儀繼體地道代終從古内德資以成功有如太母純懿綦隆誕畣柔範性禀慈融造家中葉克相太翁兢勤夙夜洴澼寒冬如賓脩敬眉案相恭宜雁偕老儐藻右宗錦瑟載協肅〻雍〻都諫純孝孺慕彌濃晨昏省視何間所從恳勤孰出罔極則同況彼古媪畫荻和熊公銓司李冣矣亷風清霜拂署曉月皕空　帝曰懋哉卓異惟公歴晉青瑣音巇梧桐大官珍膳昻養漸豐毋志匪渝貴而益冲鉛華鮮御澣濯是克恳覃花誥冠帔屢蒙都諫自許移孝成忠抱道惟重愈協乃衷以時舒卷暫

孟履集　卷五　　嘉蓎山房

迈轅輚徽承慈色綵袖翾紅優游歲月髮鶴顔童何期總帳忽

易房櫳翩﹅鸞馭赴宴瀛蓬猗歟懿美史管有彤遐齡純嘏偹

萃厥躬偕前太君食報靡窮都諫戎功唯王其崇佇膺頤卜馬

鬣榮封階森玉樹砌茂蘭叢奕葉濟美積厚流鴻祥于都諫誼

等蒼鬖孫陽一顧長價蹄駿更忝姻屬蘿施喬松天涯末吏遠

窅隊東齊山闕水睽曠丹悰聞毋仙舉南望憧﹅遠奠将之薄

采芷芎毋靈歆格庶幾罔恫

奠高門太夫人文 侍御諱允兹母

世德作求厥有攸始海國多風地靈物美仙飛晶晶鳳浴縱縱
秉瑞而生天鍾女士冑毓華宗慧通經史鍾郝珠朋湛劉玉比
嬪于德耦梁廡相尊謂之静友龔野鹿門孝虔滫瀡敬潔蘋蘩封
翁篤學佐以繙繙入棊未竟雖有數存受命固矣施于子孫哲
胤挺生三鳳競詫陶母截髪孤賢從舍荻艸晝朝熊液和夜帣
氣騰奔龍文文射維此季公聳蜚聲價策名奮庸母教是藉鳴
琴百里天子褒嘉王言有赫副笄六珈瑶臺晝永眉壽双遐遂
膺特命皇皇者華僞聲格主紛感觸邪母曰慎旃國尔忘家攬

孟履集 卷五 嘉麓山房

巒江南傷心陟岵孝以忠移慈代嚴撫環栢盧居疊懼窮[redacted]悔方
叔壯猷進厥虎虎雷霆其車日月其羽城歸夫人緊母之祐驟
傳國難冒湖莫攀天無共戴寧肯靦顏毋忝子姓勤王識寰乘
風破浪淮水之灣串引大纛遑[illegible]閶闔金陵正位鵠峙朝班抗
疏昌言讒人在側出覆百僚不憚干色召按閩疆張胆益力纛
鬢鬡鬡諫舌摩切累百不如過千稱特敎忠至言唯補衮職仲
居作宰穆穆陽春潘花課士召棠庇民咏樂只者咸歸母勲冢
孫司李捨仗如神勝執怵墨肺石生塵歌平反者曰惟母仁四
代一堂寵光燕喜國寶家禎毓斯麟趾九命既渥百齡伊迩如

月之恒如川之委金鏡堪資形管足紀寶婺倏沉胡不憖此萁

曩司名郡景毋𡽾柔令祇宇下席母慈麻倏閉仙舉憂心且妯

臨風洒奠溪毛爲羞朱幢冉冉飛乘玉虬翩躚來下享此腒餻

孟履集　卷五　　　　嘉蘗山房

奠林門張年伯母　孝廉諱琦母

易稱貞利詩孜厥祥繄惟淑助蘩祉克昌猗欤師母内則孔臧

秉柔成性韞粹含章華宗毓質蘭蕙競芳作嬪儒閥以德相莊

澼絖箴紉拮据靡遑敬脩梁案歡佐萊裳鳴雞承盥弋雁將翔

頌椒中壼薦藻宗祊正位維順造家有常婦道懋著母儀聿彰

丸熊資苦截髮求漿長君駿發萬里騰驤祥忝驥附齊轡頡頏

早淋師訓程雪立傍叨陪鯉對頻炙象方雄壇交誼長君雁行

共搴赤幟爭獻長楊是師是友曷可弭忘庚辰之役粃糠先颺

遲以三年擬醉杳杳何期[redacted]路梗輟旆還鄉双、鶴髮問侍高堂

孟履集　卷五　　　嘉麓山房

云胡萱翠先厭清霜遂趣鸞馭遽赴瑶觴格天大孝一旦旁皇

啓飴愛斷畢哺思長壸範雖邈懿德彌揚况膺純嘏既壽而康

庭間玉樹森列琳瑯佇看丘隴艸木生光毋之大年没世未央

愧余小子遠宦齊疆音徽倏杳聞訃神傷遥贋不腆溪毛爲粻

毋靈如在顧余之將

奠施門姑太淑人文 叅藩諱起元母

自古賢母福德鮮全余姑淑人獨無間然德以昌後福而永年壼範維何諸懿攸駢遡毋厥初寒門藴粹祖海徵公雄才出類有女三人渊人居季生有貴徵幼即穎異史傳通曉臧否無知祖愛淑人倍伯仲兒乃數年講相攸於施贈翁豪爽克副門楣司饋未幾家難倏起毛姑蚤背舍繼孰倚毋孝弗渝虔終如始舅曰賢哉昌以報汝庚子大比篤生冢君旹周中丞為閩冠軍舅念冢孫岐嶷不群命以嘉名期策尔勲舍此高樓龍江僑寓家運偶乖産蕘中斁贈翁發憤光故如復我圖爾居荆庭咸聚

孟履集 卷五

嘉麓山房

遂營别墅海島之東魚蝦為侶麋鹿與同較晴量雨樂亦在中
淑人克相冀野高風歲在龍蛇乃喪厥怙畫荻和熊慈代嚴撫
冢君十載烟帷攻苦丙子賢書登之天府余忝附驥中表弟昆
淑人色喜吾父有孫余揵庚辰冢君還轅毋處泰如曰有數存
詎料兵燹殃及吾鎮歸乃祖居運丁再振已丑南宫冢君名震
方當釋褐粵藩特晋假歸晝錦振古所荣䟽受毋訓諄〻愛民
看花驛路童叟懽迎緯武著績衡文有聲帷王念功覃恩赫奕
丹鳳啣泥毋心悦懌未殫宏猷尚垂竹帛頌毋大年春秋則百
嘉賴有仲子職克脩伯勤王事將毋無憂文學經濟豈讓一籌

母顧余仲鳴麃呦〻亦有季郎非母所出思斯勤斯如置諸膝

稺而授經壯為受室葛藟纍木詩人所述母年望耋餘禧未央

云胡鸞馭瑤池促觴祢留之際予亦在傍嗟余伯子忠孝相妨

仲當大故適際冦競母靈在邑遵母治命季也一方未侍母病

近亦粤回獲預喪政諸孫玉立濟〻盈階長蜚膠庠譽傾輩儕

蘭叢疊茂母培其荄食報於後洵靡有涯余門小子叨愛惟昔

景仰嶶音匪朝伊夕聞逝神傷莫騰踧踖薄荐豆登靈其歆格

孟履集　　卷五　　嘉麓山房

奠韓門陳孺人文　中表庠生韓東曦仲配

從古婦德實家之禎詩稱思媚易利女貞稟柔含粹體允而亨孚威之假繼坤以行緊惟孺人夙有懿稱崇徽蕙穆秀色茗英曰嬪名門載協錦瑟舅守清貧養志勿失苟可禦窮服珥奚恤悼舅長逝姑遘憤疾躬進旨甘寢興侍膝數載於茲則靡有逸萱闈繼殞閫政獨當鷄鳴戒旦星爛翱翔儆紉佐讀機勸樂羊良朋益友屨滿於門雖乏襍佩必潔豆觴助夫振藻竣々膠庠蚌珠毓精厥有令子午夜一檠課以經史徵省書香爾祖是似念前孺人實施尔祉報本則同何分離裏瘵哀襄殯勗子宜爾

孟履集　卷五　嘉麓山房

動合矩度宗鄉稱賢食貧無怨遇困益堅何有何亡黽勉以先
坐是勞勩臥病連綿呻吟憔悴初不自憐偕茲醇德宜降永年
胡爾婺沉遽歸長夜風冷入帷雲濛促駕白晝滋傷棬澤忽卻
遐迩聞之誰不咨訝人亦有言[illegible]短乘化惟有令名亘古弗謝
爲爾惜者冤帔未蒙吾排閶闔問彼蒼穹蓄無不發鬱亦必通
而夫偕子橋梓流鴻榮光丘隴佳氣蘢葱九原可[illegible]千秋罔恫
其與而夫中表誼篤久誦徽音共追芳躅云胡不翅菀結心曲
爰採生芻將之一束黯黯悲風魂兮爲屬來耶否耶歆此清醁

奠忠烈楊將軍暨諸死難義士

嗚呼正氣兩間惟忠與烈死重太山千秋高潔將軍之名光同日揭雖死猶生風霜凜冽[redacted]歲當玄枵逼[redacted]寇内閧自冬徂春累犯墉埒嘉賴群公脩禦預設墨守孤城衆心弥結仰荷上臺念膝獨切推轂將軍提兵堵截迨至中途與[redacted]魁相軼君奮雄威馘俘斬抉[redacted]復于下浣聚衆如蟻突蹂東郊濤洶電掣君率部兵爭先勇决數百義民競持寸鐵共擣前鋒兩相頡頏一奮火攻百騎摧滅[redacted]敵創愈嗔周遭圜列我步彼騎技分巧拙君仗忠憤誓將

死訣奮辟疾呼鼓哀力竭親屬十餘同遭差跌百箭叢身壯詞
詈訐萬春之面常山之舌厲鬼忠魂恨猶可雪一寸丹心九原
碧血烈、丈夫蘭摧玉缺成敗者天何辭之說自昔及兹三齊
多傑五百義士同時死節今此忠魂後先一轍青簡昭垂衆芳
並擷君本碩儒饑食不屑舍此毛錐武闈首挈克述將門以光
世閥憤時不競頹掃豺穴馬革裹屍壯志自别死捍民社行符
賢哲祥忝守邦觸目悲噎祀君以祠表君以碣君靈不昧殲此
殘孽霄壤俱悠崇禋弗絶

弔二烈辭

壽光令李諱 耿字道廉

萊陽令陳諱顯際字仰溥生同鄉卯辰同籍仕同地殉難同時

故以二烈稱

於戲二烈忠出其性義氣懸合疾風斯勁讀聖賢書見危授命

維萬斯年忠烈互映於戲於戲迺作歌招之曰魂兮歸來下

帝鄉天府巍巍兮故疆金臺崒嵂兮馬骨良超雲津兮奮龍驤

金閶擢彥兮[redacted]賦長楊翩翩仙舄兮[redacted]壽與陽玉軫金徽兮韵

並揚胡為妖祲兮[redacted]肆披猖席捲長驅兮[redacted]正陸梁封豕雄虺兮毒

嘉麓山房

孟履集 卷五

未[redacted]頑[redacted]飄忽狂霾兮薄臺隍戈橫鐔缺
兮陣雲黃狐城力竭兮天地荒蘭摧玉折兮君乃罹此殃嚼齦
透爪兮軋顱張熱血點點兮噴為光烈烈忠魂兮凜[redacted]霜自
古有死兮爾流芳歸列宿兮耀星芒披天閶兮掃欃槍余胡為
兮摧肝腸於陳華酌兮薦瓊漿醴泉蘗勻兮實羽觴爰采杜蘅
兮以為粮抗歌薤露兮激清揚魂兮歸来白雲傍悵美人兮遠
予將目渺渺兮凝望勞我心兮徬徨歸来[redacted]歸来兮憫予傷撫
人琴兮俱亡悲笛聲兮山陽洒西風兮淚長愧羈守兮一方熺
無從兮蒼茫睠言二烈兮不可弭忘

自吊辭

嗟夫浮生若梦達観貴詳尔少而岐嶷長而昂藏肆力藝圃廁跡膠庠建旗鼓而搴閫幟抽彩筆而奏長楊飛舄而追踪蘇董題展而著績龔黃[redacted]（纛纇）千羣而啓疆[redacted]（流氛）百萬而拔猖荏狩嘯聚而方張中原板蕩而堪傷閩雞自舞擊楫難忘方思孤身作中流之砥柱隻手支大厦之棟梁王事靡盬忠孝相妨有毋有毋兮不遑將有妻有妻兮天一方夫且栩〻夫且洋〻夫且不知蝴蝶之為幻夫且一任螻蟻之空忙時維八月淮水湯〻有美一人宛在中央呼之不醒厭梦方長方其初夢豈曰不滅金

孟履集　卷五　嘉藹山房

闈擢彦五馬称良詎知酬夢利鎖名韁諸艱歷試百苦備嘗嗟夫乾坤反覆世界靡常庸〻非福烈〻流芳疇非臣子率土皆王尔何為者鞠躬靡遑嵗寒耐久風〻〻愈強豈異伊人繄尔是望梦魂何歸列宿天閶梦魂何侶常山睢陽誰無毋子依〻北堂誰無妻妾戀〻糟糠孰真孰幻何存何亡世事一夢奚必徬徨酒不在觴帛不在筐聊勒蕪詞用當黄粱尔在梦中来降洋〻

五卷目録下

祝文

入境告城隍

祭儀門

祭司竈

[redacted]疑退謝玄天高上帝

謝關聖帝君

謝觀音大士

謝二郎神

禱雨

謝雨

甲申聞變後禱雨

問箕仙

小引

增脩城垣小引

滕城新鑿三井小引

賑守城貧士小引

東嶽募緣小引

福興鄉約小引

解

懶解

祝文

入境告城隍文

惟神聰明正直彰善癉惡幽贊玄功默助化籥其忝守膠東疆以周索日鑒在茲敬與神約利期必興弊期必卻不吐強剛不茹柔弱勿假狐威勿竭漁澤寒冰自持清泉自酌上不負君下不負學耿耿素心可對宜漠有渝斯盟甘受隕落尚克相予求民之莫凡我四封鴻休是託妖祟盡驅旱蝗無虐十雨五風吾民胥樂敢布微衷神其歆格

祝儀門文

孟履集　卷五　　　　嘉蘗山房

惟門曰儀久垂壯麗闔闢以時觀瞻攸係其蓬蓽豈儒清白世裔叨蒙　聖恩分符是詰民隔堂高無壅我恵旁有伏奸勿俾煬蔽郡多大賢敢後擁篲閑而思過恥躬不逮開而恤孤存心必濟顧我士民出入孝弟新政初頒爰崇玆祭

祝司竈文

惟神司命造此郡福其起家食貧忝司民牧責任惟艱深虞覆餗載米烹泉古賢私淋詎愧伐檀素餐祿〻務忠厥事不誣受祿顧聽康謳含哺鼓腹有如水火云玆菽粟三爵是脩一忱是肅匪敢爲媚匪敢爲瀆仰藉神庥俾我戩穀

[redacted]寇退謝 玄天高上帝祝文

猗與 上帝一六生成分身 玉闕多寶誕精武當顯蹟翊佑
我 明主宰重玄陰隲下岷迻值[redacted]寇警百姓震驚自臘抵春嬰
守孤城鉄騎五犯我圍以寧寔賴 帝力捍患扶傾褫彼醜魄
壯我先聲今當寶誕敬展微誠愽碩肥腯潔粢豐盛惟 帝鑒
降長保清平

謝 關聖帝君祝文

惟神精忠義勇千古所稀佑民祚 國屹𡸣 皇畿龍刀朝晃
兒馬夜驪赫ゝ聲靈尚或見之蠢彼狡[redacted]寇萬騎蜂圍爰震 帝

孟履集 卷五 嘉藘山房

怒戮以神威五攻皆挫大創駭歸全城安堵奏功則巍拂拭几

豆肆列牲豨神其降鑒無悔是祈永翊内治爰頌釆薇

謝觀音大士祝文

猗歟大士砌濟無量化身南海行教西方大千世界度以慈航

慧日所炤魍魎潛藏怖畏軍陣救其旁皇何期今者[redacted]寇迫封疆

我衆勇倍孅彼陸梁幸伏　佛力妙智默襄被無畏鎧令我聲

張揚枝洒潤甘露流漿衆生安堵慈悲降祥普門示現垂祐彌

長

謝二郎神祝文

東嶽肇禋爰降郎神庸協嶽帝福國祐民脲東崇祀奠宇城闉近緣[redacted]夜寇窺闉者頻我圉完在豈曰無因　神禡其䰟速彼滅泯和風掃欃并雨清塵珠山增藹[illegible]水瀠新綏我下土永樂皇春敬陳五酌肅薦三牲惟　神鑒祐萬福攸臻

孟履集　卷五

嘉麓山房

祈雨祝文

民為邦本食為民天五風十雨迺兆豊年際茲首夏火帝司權亢陽已久燭龍如燃三農觖望蒿目愁煎其捧 新命儼莅海邉惟茲膠域山川土田與神共之厥職宜然歲之不登百姓顛連吏寔失德民則何愆是用齋沭步禱告虔天高難籲神其我憐誰司社稷意必拳拳惠我殘黎瀸澤斯宣以肇西成爰獲安全

聞變後禱雨文

昔崇禎甲申孟夏久旱不雨請命于神者浹旬日倏聞燕都告
陷 龍馭賓天未死孤臣其傷心國難恨臣罪之當誅觸目嵗
凶嘆民命之俱瘵迺率僚屬紳士縞素哀哭痛不即殞軀以殉
我 大行皇帝小民聞變皇皇嗷嗷曰天胡喪吾考妣復瘨我
以旱一至此極也其為揮淚步禱于靈佑侯城隍之靈祝以文
曰嗚呼茲百姓誰之百姓也社稷屬誰社稷聀與神敢懟然不
一念哉聀一日未淪亡一日有保釐之責神一日未變置一日
有贊襄之事今何日也及今不雨則無麥矣過此不雨則無禾

孟履集　卷五　嘉蘖山房

矣無麥無禾將無民矣聀與神又胡忍〻愬然不一念也自聀守膠土即罹虜患迄今瘡痍之痛未復劬勞之鳴未息何期虜未几而寇繼之犯我　神京戕我君父山以東盡遭荼毒所僅存者彈丸𡿨〻聀分必死矣遲〻欲死者再爲爲斯民之不忍忘也聀之毋可以去矣依〻未去者三爲爲民不忍忘聀之毋聀不敢不勉爲民之父毋也爰堅衆志爰倡義聲百雉賴安四郊無恙俄傳儲君正位逆寂西奔深慶日月之重新而山河之再整聀于久鬱之下忽得一舒天遂于久亢之餘忽沛一澤天人感變之機信若斯之不爽也但念蘊隆太甚霢霂未足昌亾恵

我牛霖膏彼苗黍庶民當垂亡未亡之際不至靡有孑遺耳以將死未死之身亦得少睹斯民之有起色也天之休社稷之力矣否則三農觖望百姓顛連匪但耳罪抑亦神羞耳不足惜神終念之謹告

孟履集　卷五　嘉麓山房

小引

增修城垣小引

言吏治于今日亦孔之艱而謙吏治中之四事於今日之縣則尤棘手難措辦者祥不敏奉　尺一守縣入境無一善狀惟兢兢然虞四事之弗克舉然修城一事尤所宜先縣城建自前代經久弗葺頹塌殊甚其曷以固圉雖緊桑梓之憂乎問守此土者何人之責也余下車即請命于鄉先達大人思剋期興役諸先達勅余曰大東舊羅凋瘵且殘春炎暑之交民咸拮据胼胝之未遑其以竢作訛之竣余唯唯受命至秋頗慶有年意暇隙而力或不匱積㪟而用可不詘則一勞永逸為萬禩策金湯者

孟履集　卷五　　嘉藝房

洵實此日倏而奔擻入闠幾同築舍噫嘻慮始之難蓋若是哉未幾而狡[redacted]寇長驅[redacted]所至幾無堅壘蕞尔膠奚恃而不恐余奮而曰地利何足憑顧其守禦之、、奚若耳苟殫吾心力以為士庶勸上下輯睦安在衆志之不成城哉遂請司空高總理其事而張高二柱史及高光祿匡孝廉高孝廉等分力協守皆散金享士扼險周防凡城上可以應敵之具靡不備而垣墉之低薄者輯架木幇之若忘其為頹塌也者是以前後[redacted]寇攻凡五、皆毋得乘吾瑕而逞志焉庶幾哉磐石而四維矣此果恃城者歟抑恃此成城者歟詩不云乎价人維藩大師維垣今有藩

垣誰曩則諸鄉紳總理制勝之功與夫士庶人同力協心之助
不可忘矣余碌碌無能展一籌第席成勞獲全疆圉敬藉手以
報　聖明爲幸也敢曰心力已殫而金湯萬年之策遂可如斯
而遽已也哉今[redacted]寇雖西逌然非至喙奔域外竟未得而弛嚴而
登陴諸士日感諸鄉紳推食解衣之恩又樂爲用誠鼓其餘力
以效經營不日可成也議將城基最薄處增之使厚漸由內以
及外無事則百堵皆興有警則一呼立至况工食不加其費而
督率不更其人斯蓋萬全之謀詎止兩便之術敢請諸薦紳先
生以告吾民之子來者曰　聖天子宵旰圖治預以保民四事
孟履集　卷五　　　　　　　　　　　　　　　　嘉藹、芳

叮誡內外臣工以及庶職凡屋思報塞者靡不朝受事而夕飲氷令州守御　天子命菹兹土實墉實堅厥有令圖倘泄泄爲告成無日開罪莫逭殊非受位佐倅之義守雖愚計不出此吾民倘思累土之可為師保也亦何憚而不增矣謹告

膠城新鑿三井小引

余蒞膠甫一載膠利之當興者多井之利其一也當此[redacted]嬰城堅守之日所需於水甚殷詎可須臾緩計哉夫駝知水性蟻識泉脉物猶如此况人其靈者乎乃從諸紳衿議相城之内地一濬而得三始則涓涓之勵發既為混混之源泉吾民之用周矣但臨渴而掘為計已左苟非甃築以堅之是不終日計虞其仍為棄井也曷即乘時砌築，一井實得一井之用將千姓攸賴萬禩永存庶幾乎不假河海之潤矣嘗聞之盧城之井苦也李錫汲之而井廣州之泉貪也隱之酌之而爽一念所至

子々復集　卷五　嘉蘗山方

天地可通故拜汴而水溢者伯宗之誠也刺山而泉流者貳師之勇也且廉泉讓水亘古流其芳稱孝井忠泉千秋溢其美譽余不敢以三井謬踵古人高躅然吾勝多三井之共澤飲水而知源不可謂非今日始[redacted]矣敢告同事者速謀久遠各助磚石用浚厥工庶冥費而多利暫勞而永逸也余雖清苦敢不捐助俸貲以旹為吾民勸

賑城守貧士小引

嘗聞之桑樞甕牖甑塵釜魚蓋言貧士之苦也滕士受呙甚多雖貧不喪志有古梁伯鸞閔仲叔之風余蒞任甫一載無能相念所矜宣中高卧令尹醜粟者余甚愧焉迨因[redacted]警變驟臨余陞壁以守者三閱月諸士荷戈陴上晝夜未嘗輟余嘉乃勤勞士則曰此皆鄉先生倡勵功也鄉先生有傾二千金餉兵且出百餘貫養士者嗟夫士何以得此于鄉先生哉余因知士之晝夜陴上而鄉先生惓惓念之者念其貧也守不倦果無以相念雖諸士有以諒守之貧然當此三月嬰守之時豈無七日不舉

·履集　卷二　嘉禁　旁

事者人苐於怉處着力守徧從冷處留神[redacted]

[redacted]蓋惟守之貧夫乃重念士之貧也然守念士之貧

猶未若鄉先生蚤已念士之貧廿川〻愈加愧矣

夏父集一卷

［明］晉安馬陛撰

北京大學圖書館藏明萬曆間刻本

夏父集一卷，明馬陞撰。陞字于階，號六度居士，晉安人。生平事跡不詳。

是集卷端署「晉安于階馬陞著」，按「晉安」爲福州舊稱，明萬曆八年（一五八〇）懷安縣省入侯官縣，此後福州附郭僅閩、侯官二縣，馬氏里貫不詳爲何，姑從其自署。前有萬曆四十一年（一六一三）自敘，謂集名「夏父」者，乃取「春爲夏之父」之意。集中所題，乃各年春日詩課，如村居雜詠八首下有小字注「癸丑（萬曆四十一年）春課」，關山月下注「辛亥（萬曆三十九年）春課」，又有丁酉元日雨雪鄭允中吴舜言過幾小齋、庚戌元日庚憶亡孫法馭、奉贈林同鄉仲山公（甲午春賦）、讀顧仰新公咏澤篇（戊申春顧彦白命賦）各篇，按時序各作於萬曆二十二年（一五九四）甲午、二十五年丁酉、三十六年戊申、三十八年庚戌、三十九年辛亥。所題有詠春俗者，如閩中迎春篇、癸丑元日、元夕觀燈等。有詠古者，如明妃曲（癸丑春課）：「昔在宫中枕淚斑，琵琶今控塞邊關。天驕不及今王聖，百萬鑾兵怯粉顔。」村居雜詠八首（六言癸丑春課）其五：「山傍吴王劍石，地聯魏武銅臺。事業一生春夢，侯王萬古寒灰。」皆翻寫前人套語，少有新意。詩中所見與交遊者有林烴（仲山）、鄭允中、吴舜言、顧彦白等。

卷首有「林珩」、「癡絶」、「曾在潘景鄭家」、「燕京大學圖書館珍藏」等印。知此刻本爲潘景鄭舊藏，一九五〇年後售入燕京大學圖書館，院系調整後入藏北京大學圖書館。

（林振岳）

自叙

余以踈庸恬拙物議身遠世寡有自来矣夫既不諧俗亦何必負俗以故乎居愁侵间酒耳熱興歌落筆雖無驚人摠之發於天倪不知其為

東音爲北聲特任其所好焉
已世多耳觀每習聞有名者
將無不趨以相貴藩飾東
施而亂竅窕余不憖以緼袍
樂無道之狐白即辭義因克
響起寧爲擁腫之樗樹於

廣漢不夭斤斧所馮厚矣比
彙春課一帙題曰夏父春爲
夏之父故以名集偶有賞好
者猥謀絮氏是不以余之藏
拙也夫雖然單絃不能發
韶夏之和音子色不能成衮

詭之瑋惲惡知無臭鮑佩
御跛蹇騁鑾乎要非藉此
而遊大人也
萬曆癸丑陽月六度居士書
于大有山房

夏父集

晋安于階馬暨著

閩中迎春篇

佳麗滿榕城萬象描春景物籟已自新人文何更炳土膏敷禹甸黎庶荷堯天蝶花戀塢催晴轉鶯柳繁枝浴日鮮旗鼓層巒紫翠分質劑九市香紅逐繁華綠幘樂愉愉輕薄清商娛族族暖風將水調絃瑟斜日驅峯送酒杯橫襟索賦

郢中匠對境揮毫鄴下才時敘駒隙過如梭東
暖郵傳轉若軫雪鷩粱苑問幽都春入農郊啓
户蠶天子籍田秉三耒相臣布德和萬民祥光
鎖合青壓路瑞氣牽動紺轅麾羲馭宅嵎餝脩
疆撓曆授時占播種紅橋連蜷擁行人彤屋陸
離浮曲甃由來此日覯奇幻波譎雲詭成觀鐃
珊瑚碧樹集絲緻玻瓈玄錦紛瓊瑶高棚錯隊
間叢稀角觝編連聚營壘青樓箇箇豔冶粧賣

馬重重繁飾絲葆羽淋漓孔雀扇鉦鼓鼕蓬靈
夔號三十六陣教坊樂一百八回梨園豪俠邪
蹴鞠地拋星少年踏凳天垂釣齊雙剪綴鬪花
妍罔象規員潛兎肖魚龍豹鳳出還沒鬼佛神
仙有又無誰家遊女不穿巷何處王孫不塞途
翠鈿遺陌眼難尋藻繡墮塵心不厭金錢銀錢
火星流大炮小炮轟雷閃喜春事樂春奢闐城
此際鞭筵宴溢郭此時炙笙笳飲傾趙平魏信

君粧擬隋代陳朝后春盤應化布千層春縹感
氣陳陳白斗湯有芍藥越滋味茗具芽槍烈馨香
金橙蓮子蜜作煎銀杏瓜仁甲劈嘗翻憐金屋
紅粧人供奉豪華徃來役筵前傾耳子夜歌袖
裏暗薰龍涎液烟侵階染鴛鴦履風動簫吹翡
翠唇坐將進酒袂長拂步搴華裳咲自頻人壽
能幾何韶光信如許秉燭詠古詩行樂賛春序
寄言梛緑漫舒眉爲報梅紅惜落脂梛線縷枝

鶴翅起梅花貼樹蟬翼隨黃堂太守儼左屢集
耜農夫綴東鞅自是雄耕急春犂自是雌織勤
春紡今年陽輝誇往歲此日種稑驗逢秋更幸
河淸澄海晏但願玉燭調金甌惟有佁儗人白
髮春催老何當際明時徒使空懷抱君不見新
花新草新芳襲又不見新月新雲新氣暉未堪
愁思新相結且對新杯開夜扉

買北人鬻牡丹

長街處處墜天香粉繪羅衣隱未粧不向洛陽
懽舊王載將春色荔枝傍

窓前梅花

明月照紗窻梅樹當窻放花笑不能言解作笛
中唱

癸丑元日

無聞加四鬓霜饒枉沒王春愧聖朝臘雪已節
寒氣變條風初弄暖枝裔杯將椒頌還相慰屋

近梅香不待招回首舊遊多感慨高名千古有誰超

元夕觀燈

香車聯寳馬遊子醉仙鄉火樹千門錦酣歌萬户簧鬼從煙裏放人在雪中望爲報高陽侶樓頭漏未央

元夕夜遊二首

翠鈿摩肩亂角巾西來倏忽又南巡銀花爭與

簷光爍惹盡行人帶屨塵

又

玉燭毫光萬丈浮家家急管不曾休相逢盡道燒燈好此夜何年得久留

詠玉蘭

何處仙人捧玉盃藍田分種許多枚朝匀粉黛冰心拱夕結和香柬鼻開嬌似碧蓮貪雨露清於皎雪淨塵埃東風不必生嗔妬爛熳中庭浪

作堆

雨落紅桃花

條風開浩蕩驟雨落天顏滑石傳紅粉靡泮點血斑西施藏笑臉妃子失雲鬟可是無言者成蹊此日閒

春閨怨

啼鶯出谷柳條端喚醒芳心獨倚闌盡日蹙眉猶未得遍霄錦帶束還寬揉絃尚憶離時調抱

枕長孤夢裏歡最恨蒼蒼江上月郎前不照淚成瘢

詠雪毬

幽徑初開醉眼霞玉人嬌艷吐霜葩流蘇帶結雙頭合璧翡翠冠推六出花自是霓裳堪絕品不須紅粉更無瑕掌珠遮莫垂垂綴爭似安期棗並瓜

村居雜詠八首 六言癸丑春課

一澗長流不斷半窻斜月時來便郤塵情入處
難忘藉草深杯

二

任他吳儂楚傖由吾意北情西送懷一江春水
鞭眠四野朝鷄

三

林屋青迴遠岫竹籬緑蔭前溪莫是輞川圖畫
渾然樂志標題

四

釀得松醪滿甕摘來樹栗盈筐浮名總爲身累

醉鄉亦自清狂

五

山傍吳王劒石地聯魏武銅臺事業一生春夢

侯王萬古寒灰

六

雨水泉水井水梅花杏花梨花客在爐中酌茗

風來樹下飛沙

七

酉時明月爲客孤館清風自親不待洪仙秘枕

寧從嚴子垂綸

八

彷彿秦人洞裏庶幾范蠡湖中春秋不記年月

今古誰是英雄

春日宴張宗翰宅兼别俞無偏

到處生春色桃紅落晚霞一尊開北海三雅紹
劉家曲度筵中雪談生舌上花明朝折楊柳去
任各天涯

丁酉元日雨雪鄭允中吳舜言過集小齋

屠蘇酒罷掛桃符積雨生寒雪滿途色借晶鹽
千樹落光凝玉馬萬蹄驅柴門暫擬梁園賞荒
徑偏來郢曲呼深荷客星相慰藉今年應獻瑞
年圖

庚戌元日憶亡孫法馭

萬家料理王春事不見元孫此繫裳玉曆忽更新甲子梅花猶吐舊文章蒼崗埋骨魂依草白髮凋顏淚作霜此日鈎簾嗟爾命杯傾柏酒少人嘗

藤山看梅花

驪車村落水漫漫無數梅花作陣寒玉蕊半含踈影動山前山後雪中看

二

籬邊無日不騎驢，只爲寒花與有餘。自是人間春信息，嘈嘈莫喚夢躊躇。

三

不隨桃李逐紛華，江渡南枝第一花。回首隴頭逢驛使，徑來欲折寄誰家。

四

風雪憑陵是暮年，滿林芳色艷陽天。不須鄒律

園春管清淺香凝玉笛前

春日病起

米囊花與舜華叢病理醫方父負公今日開園

看便得數枝還着舊時紅

明妃曲 癸丑春課

昔在宮中揔淚斑琵琶今控塞邊關天驕不及

今王聖百萬蠻兵怯粉顔

楊柳枝 癸丑春課

明月照疎梅影彩相出沒妾心白似花郎何不同月

關山月 辛亥春課

天清人更悶海月掛松梢扇引關山路弓彎塞漠郊玄暈移馬影皓色變戎鞘寄語紅顏婦將軍戰已交

啜新茗

靈草知天賦龍團貢帝王經傳陸羽氏產置渚

山鄉八餅開方印三芽集短槍客來煎蠏眼水

厄也何妨

奉贈林同卿仲山公 甲午春賦

矯矯杞梓材韡韡廊廟器舞象振羽儀澄清方

攬轡未幾擢連枝遂切張仲志人情豔華軒公

乃浮雲視棋奕宛相親烟霞勤寄意蒼赤慕甘

棠　明庭詔內治政去害馬新難以黃金婣因

之發遐思謁歸六館地靜攝山雌肥四時氣亦

備旣秉范宣廉[illegible]企中叔智高操埈清風大畧

固自異劉覽白雪篇悽愴山陽淚公昔以經馬叅軍墓下有感詩見示服義欲報之幽懷靡可致飾詠殊未宣徒

慙末響遺願言受祉綏佇目旂常勳

春杪送屠隆丞出芋江值温司馬以賑饑

行命陪餞席分賦得梅字

十里芋江一鏡開叨陪祖席近黄梅杯深遠岸

潮鷄促雨霽前山海月來行旆東西同國計賡

歌南北異鄉裁清陰潸眼情多少別思愁腸有
九迴
讀顧仰新公咏澤篇 戊申春顧彥白命賦
人生赤縣内物化本為勞既已賦吾順正命適
所遭温陵昔年歲搏禍苦哀號饑疫委溝瘠倭
夷修兵刃兵刃無靈日髑髏有如嶇賢愚既莫
知顯晦焉可詰羅綺同灰塵絃管變蒺藜乃有
仰新公祠骸無[illegible]怛憐恤築崇丘分割雌雄陬

畀畚發霖滂沛　感浮漚共秉射聲德無漸廣
漢收七日開檀施萬齒飲澤流澤流衆稱義秖
足令人企堪笑繁華兒日逐田遊戲疇若捐黃
金功德濡隍遂結草曩爲先嘘枯今亦跂亦跂
不可磨銘記鳳山阿吁嗟平原卒一死逝秋波
可憐命不淑掩骼寄蜂窠敢飾義康誦未足展
而歌

春日飲鄭中舍園亭

習池云舊事鄭圃昔曾傳疊石鋪紅藍層臺敞
絳煙嚲杯花索醉彈曲鳥爭絃勝賞懽無極堂
前扇影懸

暮春王台垣招集諸君及余泛舟西湖

樹色參差遶雉城綠雲香繞百花英湖心宜插
青螺髻水面横牽白玉箏坐客陽春知郢在遊
人朔管有桓迎應憐此地偏饒景還上高臺酒
盡傾

八閩文庫

八閩文庫

文獻集成

347

福建文獻集成

續編 集部 一二三

吴格 主编

海峽出版發行集團
THE STRAITS PUBLISHING & DISTRIBUTING GROUP
福建人民出版社

本册目次

秋室編八卷

〔明〕侯官陳鴻撰

日本内閣文庫藏清順治七年刻本

秋室編八卷，明陳鴻撰。鴻（一五七五—一六四六），字叔度，一字軒伯，侯官人。萬曆間布衣。不善治生，有奇才，初無識者。時曹學佺闢石倉園，引四方賓客賦詩，大賞鴻題聽泉閣「一山在水次，終日有泉聲」句，延入詩社，日與唱和，詩名大著。卒年七十二，其子貧不能葬，時周亮工宦閩，爲之捐貲，與莆田布衣趙十五合葬於福州西湖大夢山之側，並書碑曰「明詩人陳叔度、趙十五合墓」。著有秋室編八卷、隱鵠集二卷。

是書之名，取自唐人李賀詩句「秋室之中無俗聲」，可窺其志趣所在。書以詩體編次，録古樂府、五言古詩、七言古詩、五言律詩、五言七言排律、七言律詩、五言六言絶句、七言絶句，各體詩九百餘首。鴻詩清麗流暢，不事雕砌，警句頻出，而不失工致嚴謹。如看美人摘薔薇「明妝映朝霞，南陌多倡家。纖纖出玉笋，兩兩弄新花。池清枝上下，徑密影交加。横釵分素蕋，舉袖貯芬葩。鬟香沾露重，帶弱受風斜。誰知飄落早，容色怨年華」。又如梨園行「少年十五顔如玉，學得梨園幾般曲。東風夜夜不知愁，爭向燈前舞鴝鵒。羅綺場頭色色鮮，千回宛轉使人憐。玉簫檀板聲聲急，恨殺鳴雞報曙天」。故時人田茂遇稱其詩「神理既清，丰神復秀，托貞心于妍貌，隱摯念于雋言」，董俞亦曰「叔度詩清思泉湧，麗句綺合，風調流利，藴藉有餘」。

鴻逝後，其友廣陵羅雲漢倩閩縣徐延壽編訂其集，於順治七年付刻，書前有羅雲漢、陳署筆曾、曹學佺、徐𤊹、米良崑、陳衎等序。羅序云「余捐薄俸謀梨棗，爲我死友廣之」，署「庚寅晚秋三山寓客廣陵社弟羅霆章雲漢氏題于司馬署之山艇」。周亮工因樹屋書影卷四述其刻印始末，謂「客刻叔度集，予爲之序，版式精好，傳之南中」，其客即羅雲漢。然刻成後流傳甚罕，清咸同間郭柏蒼爲閩中藏書一大家，所撰竹間十日話，至謂鴻「所著秋室篇亦無傳本」。

是書内封題「閩陳叔度先生秋室集，宛羽樓藏板」，書内鈐有「佐伯侯毛利高標字培松藏書畫之印」、「淺草文庫」、「日本政府圖書」等印。（凌一鳴）

秋室編

序目録
一之三
全四

閩陳対度先生秋室集

宛羽樓藏板

秋室篇序

閩徵士陳鴻者字對度少
工一先生言鉛黃甲乙輯旂鼓
文壇會曹公能始開詩社対度
輒螯弧先登處士一星每冠諸
貴介即少年才人奉為社中白

眉見聞傳聞率無異辭即遠而
四方焉亦稱是余家隋塘螢苑
下走燕趙問盟歷下過金焦問
盟秦淮寓武林問盟西子湖詩
豪詞長卬須恐後不自意來閩
都亦復問盟三山覯我肘度方

意射虎飲金多在孟年乃対度則廉将軍一飯三遺矢時也式廬請益繩牀秋室四壁琳瑯蠨蛸羅牖蝸蠃枯几中有一帙其生平韻言惟対度窮故離憂寓志言實夥々雖未卒業大都不

離寒郊瘦島輞川𠕅里之閒爲
近是其性情則痼疾煙霞膏肓
泉石谿刻自處滅竈更然之士
也會歲大祲余延之山齋椽飯
菁羹讓對度而飽飽輒談詩以
驅飢送窮爲本事曾無幾時乃

豺度河魚之疾芎藭不靈遂即
長夜黔婁無諡惠之妻豺敖有
負薪之子豺度窮奇奇窮也哉
殮纊無屬余不敢辭因思唐人
劉昚虛與孟六善求其遺文詩
曰在日貪爲善昨來聞更貧夫

貪善而貧貧我㷀度亦猶是也又
曰祖如有遺草一爲問家人我
心目中恍恍秋室中盈寸一帙
㷀度化碧之血也死而有知魂
猶繾與余捐薄俸謀梨棗爲我
死友廣之亦雖無老成尚餘典

刑之義至若評騭諸事石倉而
後有領袖詞壇者在余不暇置
一齒也
庚寅晚秋三山寓客廣陵社
弟羅霆章雲漢氏題于司
馬署之山艇

秋室編序

里中風雅遠不暇論自予入社
中雖多摛藻抽思競擅所長而
諸體備美僅推对度一人对度
少即好唫咏年七十老矣獨居
秋室未嘗輟吟過從友人亦未

嘗輟吟社中䏻始曹宗伯於人
之詩未見面加可否退而丹鉛
塗抹必不少假徐興公前輩則
過于獎借後生𤍠私自品題亦
間露口角彈射是曺徐二公皆
外寬而中嚴者也𡰪度人質之

以詩必爲竄易字句甚至并其
人原藁不存一二字者人亦所
心折凡人詩文病于自是妍媸
益復自惑必得友之直諒者針
砭之然則對度不獨工於自爲
詩而爲人改詩更工矣以此質

之以詩者愈多而尌度之詩名亦因以日盛旣自刻秋室編近復自手錄而增刪之予讀而贈以四律尌度又索予序之未幾尌度奄然逝越兩年其子貧不能瘞其父方伯櫟園周公捐貲

爲之營封與山人趙十五合葬
方伯于𪫺度生平未嘗謀面因
其秋室編而誼同延陵掛劒𪫺
度吟魂有知當戢感于夜臺松
區矣郡司馬羅雲漢于𪫺度晚
年把臂交亦喜其詩而叶契筌

蹄遂梓其全集予知𫍢度苦吟

其詩不傳于後雖没不瞑今詩

傳矣吟魂有知能不怡然愉快

于玄廬蓬顆蒿里藓門嘅予因

歎𫍢度生前食貧菜羹不能接

餧布袍不足禦寒所以耽吟不

輟於其詩既刻又必自手錄而
增刪之私心蓋有所未盡鄙沒
世而文采不彰也然則富貴而
名磨滅不可勝紀惟倜儻非常
之人意有所鬱結往往蔟之咏
歌以舒其憤思成一家之言藏

諸名山傳之其人不亦信乎使

対度生而富貴未必其詩可傳

惟其栖翩荆枝情塗猶隔不見

許于俗人每邅迴于在世是以

雅節與蘭桂俱芳高風共雲霞

競遠身没未幾而有人瘗其骨

刻其詩以傳則方伯郡司馬之于紂度為鮀紂之知斯不細矣因援筆而為之序庶幾藉手以報紂度于泉下云

同里社弟陳肇曾拜題

同里社弟陳肇曾拜題

韓枚反于衆十行

因表章而為之序焉豈茲集華年以

守敘反爲韻十之心知其不論矣

定其大小之格律而言之

秋室編序

李長吉詩云秋室之中無俗聲余觀于陳子之詩而益信也然而陳子非學長吉之詩者也陳好稱引張王溫李詩故其歌行犀利艷逸似之而五言樂府殊有古意余于晚唐得劉司南曹鄴之二人焉猶不失初唐之渾雄也詩豈以時代限乎哉而陳子似之陳子幼負其才不屑爲進取以任俠蕩其產故陳子讀書之處環堵蕭然一室也陳子以此故肝膽良不俗或問人何以不俗乎黄魯直謂人俗最難醫惟讀書可以醫之陳子深知析理而

讀書也其得醫俗之方者乎陳子一日與余論書曰有一友工於書但未免俗柰何筆未拙耳拙則不俗是拙又醫俗之方者也然則陳子之涉世巧乎拙乎世人固以太拙目陳子矣余獨喜其拙也盛唐諸公之詩妙處全在用拙拙則渾雄大雅而無鬭巧乘捷之病余每以後人之極思而不能易盛唐之一字者工與拙之反也余遇應急之詩一時不能卽就輙以巧思勝之而用拙則非從容暇豫不能余與陳子論詩多在暇時誠有意于陳子之以暇而運其拙也陳子之人則太拙矣世但見

其語之工也而孰知其以拙取効者乎不知詩者以詩之工拙何預人事知詩者固將曰秋室之詩如其人如其人陳子名鴻字叔度一字軒伯以秋室名其集云崇禎辛未歲春正月望日曹學佺撰

又序

吾郡之詩自國初至今盖四變矣國初重風調不失王孟矩矱林子羽十子是也成弘之際重氣骨步趨少陵蹊徑鄭繼之諸君是也萬曆間重法律取裁六朝漢魏三唐而會宗之稱一時之盛陳氏二孺與鄧汝高子伯氏惟和是也至於今日盡改

二百年來之聲格别開爐冶雖刋去陳言而千古

法不無離異嗚呼學詩與時遞變亦風尚使然矣

余馬齒長于叔度昔年所共揚扢諸子大半溘先

朝露惟叔度時時過余談詩交相賞也叔度不善

治生獨以詩爲業十二時中行住坐卧舍吟咏外

了無所事每一相見輙以詩倩余彈射越一宿則

盡竄易其稿句必以唐爲宗非唐人精粹之字則

不用譬如燒丹火候既到則金光自流若云叔度

以漢魏六朝之旨雖古雅可觀而律之以三唐正

始之音不駸駸入高岑王孟之室乎憶叔度少時

曾以詩質余伯氏伯氏躍然曰吾子他日必以詩名世也夫識夜光之寶非待其炤十二乘時當于未出蚌之日已卜其陸離耳邇者曹能始主詩盟少許可亦雅量叔度移叔度之居與隣謂其可與言詩秋室一集余與能始所選不爲不嚴叔度無慦色猶謂其多謬以余知詩命爲之序崇禎辛未歲仲春望後友弟徐𤊹撰

又序

余弱冠時卽遊閩主于石倉與叔度朝夕此時不知詩爲何事山水爲何趣惟此一片熱心托之友

生爲最眞叔度亦見而憐之風雨晦冥抵足連床凡有一分題則有規而無諛余亦見叔度而嚴憚焉然余尚未知詩也及返而道經吳越之間一遇騷雅名手即具叔度所示以相商則皆曰是詩也詩當如是也余始知叔度之老于詩也嗣後在永州得交陶稺行才與意氣亦如叔度而叔度亦與稺行善但稺行氣高意廣動不可一世余之欽崇愛敬如叔度而受益不及也無何而稺行經衡陽辭世遂葬衡嶽之下每于風晨月夕隱隱有經心之痛而叔度又相拒天外遠莫致之雖鱗羽稍通

而飢渴一念終無能釋人生以友生爲性命此少
年場通語也而性命之中又有深淺久暫之不同
若余與叔度釋行每動參商存故之感嘗一念起
卽欲重攜三山之策柰頭顱依舊學問未前不敢
以辱石倉主者及一行作吏則牛馬風塵自分與
此道絶矣且南北相距數千里卽夢寐相尋亦覺
勞頓而叔度以素不嫺遊之人訪余于泰岱之下
初接袂時鬚眉各變驚喜交持不能道寒温半語
至斗酒以相勞苦詢及友生之盛衰德業之消長
而後依然如石倉時也旋出東遊諸篇以相示叔

度之于詩已具石倉之宿名已有定評余何敢贅
一詞哉但據余所見古人甚少而叔度無不在焉
似錢劉而老似元白而堅似郊島而腴深深靜致
息在于匪使孟襄陽韋蘇州分席而坐亦可想見
當年不惟叔度進乎技而余之知叔度者亦覺有
差余以荒城下邑赤日黄沙有如塞上乃遠沭叔
度之杖履而叔度以米生之故得歷鄒魯過平原
遺墟吊宋趙諸君于聲希響滅之中使秋室舊編
添此一種米生亦未負叔度也嗟乎叔度遠在海
上今亦得剪燭夜話抵掌平生徒衡山之下歸然

坏土安得呼之而起共與商確古今臧否人物如今日事則人生友朋亦有時命存乎其間悠悠行路安得輕視此道耶崇禎庚辰暮春望後二日楚社弟米良崑撰

又序

詩之所以難者爲其適陰陽律吕與音樂合也非若他文但取辨于章句間也連倫類以貫之精微渺以通之雖不必謂某某太簇也某某蕤賓也然其聲調韻諧于疾徐重輕之際無有徑庭矣舍是不可謂之詩也同里布衣耆宿如陳振狂宏巳陳

惟秦仲溱徐興公㘞每與予言詩恒共推叔度今三君往矣叔度巍然魯靈光也顧三君工詩猶經心他務叔度則行住坐卧無念非詩無刻非詩竆其才以盡其變精騖八極神遊萬仞屢遷而日新常用而不敝少時婉麗高華者也一變爲漂逸再變爲巧贍今則平淡渾質情至境至無墨痕筆路可尋五色成文而不亂八風從律而不姦庶乎叔度之謂矣葢其銖句琢字不肯稍與唐人參差每構思輒于腹笥萬首中尋繹較量如景附形如彩寫色豪髪無憾及其句就則水乳膏膠之投合冶

化天然非摹擬者可比也叔度詩工矣身則奇窮身窮矣性則直遂夫山人之借資壇坫大都趨走勢利阿邑變幻無所媿赧叔度落落不解有生之樂獨朋友最親朝之夕晦之明涉憂樂履常變惟朋友而已惟詩而已顧世之作者觀者強半孟浪瑟不如竽鐘鼓不如缶琹不如羯鼓吾儕但匿笑叔度獨好爲改削其人或聽或不聽罔覺也于是窮益甚固勿論無他媚人之術與世桎礙即言詩亦方枘而圓鑿矣今且老時時過予荒齋兩翁相對揚扢風騷沈休文三復何遜曹子桓寄志劉楨

殆若是乎予乃媿甚何以副知巳耶曹能始先生
文囿之主盟者也往昔搆石倉叔度題聽泉閣一
山在水次終日有泉聲先生摘爲楹聯因築舍居
之令窈邈則詩亦無負叔度矣況有名山在姑且
優悠康壽以此自娱焉足矣崇禎甲戌穀日潁川
陳衎題于大江草堂

秋室編

目錄

同社後學徐延壽編訂

秋室編卷之一

閩中陳　鴻叔度著
廣陵羅霆章鏡庵較

樂府

芳樹

嗟芳樹當春榮生于前除葩艷且明好鳥來集鳴嚶嚶主人挾瑟座客俱聽落葉辭柯白日徂征感此芳樹心怦營朝華莫恃令名其馨君不努力何不明朝觀之芳樹寒風離披條落猗猗芳樹坐歇華膴安施亭亭蒼松枝采之遺所思

艾如張

艾而張羅引雛勿飛飛且戀南山隅飲啄有危機誰令艾之以相誘入機械觸傷首黄口誤之而哀呼羣飛來翔將與俱陛下仁化何物不及艾而張羅云胡託翼啾啾彼艮媒相謀何太逼

上之回

上之回黄雲開肅千靈震河魁鑿昆明平刼灰乘赤鳳鞭龍媒要臣服異寶來祀太乙臨高臺瞰大荒馳轟雷騰頌聲徧九垓

讀曲歌

折楊柳月圓只一宵缺有二十九

宿阿閣亭開菖蒲花不開葳蕤鑰

戰城南

戰城南死郭北歛不可求志不可息委之路隅烏可食魂爲厲血爲蜮生不封侯死滅賊安得能言以謂烏引雛飼子惟爾須男兒論功骨已枯纍纍腐肉誰肌膚

李夫人歌

璚臺霧薄梨雲光龍煤蕙帳燃虛房懸璫蔦入夫人至玉蓝逗烟迷鳳帔鳴鸞怨啼嬌不語步幄參

差杳無所宮門小娃注延佇殿影昏微凊露滑闌珊珮玉是耶非夢繞蘅蕪香帶衣星廻月墜不知處哀蟬落葉聲依依

采蓮曲

大家采蓮若耶口綠波盈盈出素手房中雙子君莫剖勿以新蓮拋舊耦

子夜歌

柔桑已滿枝青筐手自持爲郎繅綿久不省蠶飢

與歡十年好膠結不可憑試看盆中水一夜已成

冰

荆卿

燕趙多奇士殞身爲所知長虹翳白日易水寒風吹心既許田光首能借於期驅車去不返壯士復奚疑秦廷恣談笑色變殆嬰兒披圖按匕首環柱急相持天未厭秦德事敗志已奇生劫良所願死謝安足悲臨風報太子吾客有漸離

空城雀

啾啾空城雀來往何曾閒有粟雖可食日暮當來還城中多少年布網如重關不如引爾雛處之荒

莽閶

夜飲朝眠曲

鯖絲狼籍銀盤空豹血淋漓金盌紅七星照簾光漸亞起輓銅龍水廻瀉城烏欲徹不敢鳴羅幃小妓香魂驚殘妝半臂曬未足蠟炬瓊筵催艷曲

巫山高

巫山之高高踰太華暮雨瑤姬空疑涕下我欲凌其巔羽翼不可假不見客悲秋但聽猿啼夜

隴頭水

潺潺水下隴頭胡馬悲漢使愁腥風淚雨吹不休

鄉關南望何悠悠可憐隴水自嗚咽年年洗盡金刀血

陌上桑

十畝柔桑樹青青夾路隅曲中彈趙女陌上采羅敷出箔蠶方小持筐葉半無使君乘五馬爲妾一踟蹰

關山月

望望關山月征人思不禁閨中一夜淚馬上十年心悄悄秋衣薄嗚嗚曉角沉欲眠數相問胡騎蕩城陰

折楊柳

春風二月時楊柳方成絲扳折復扳折别離還别離

築城詞

舊骨與新骨總是築城卒築城復築城萬杵一齊鳴築得城高王不顧大家請築秦王墓

短歌行

春華落秋露催早潮迈暮潮來人生奄忽難久長昔時歡樂今悲傷金尊朱袖且盡歌玉漏銀壺柰樂何昨日之人顏色好後人還似前人老短歌行

聽一聲

野田黄雀行

黄雀何翩翩出入野田裏昇天未有期敢言鴻鵠比一旦離母去相逐路旁子路旁多潛機惜智不及此黄雀知不知徒使中心悲

行路難

君不見空中雲須臾相聚還復分又不見水上萍東西無定隨飄零人生出門何碌碌行盡天涯不停轂秋風一夕白髮生可憐書劍皆無成行路之難難如此安命達生竟誰是幾見班超入玉關幾

見二疏返鄉里馬蹄顛蹶憂康莊古人有言安可
忘况今世路崎嶇有九折不如早束歸來裝

自君之出矣

自君之出矣明鏡不復窺思君如秋柳消瘦畏風
吹

古辭

灼灼芙蓉好令儂生嘆嗟不知顏易變日作兩般
花

妾怨歲時易歡恨征路遥兩心如積雪見日始能
消

桐樹妾門前涼風中夜起故吹梧子來暗入儂懷裏

歡莫識儂心儂故解歡意柳絮不成綿何由煖儂被

悔却與歡期空房香盡時誰能如寶鴨冷煖腹中知

庭前莫種樹儂怕是相思園中莫種笋儂怕是生籬

春風三月時花開艷陽好芍藥莫贈歡云是將離草

團團合歡扇打黴雙蝴蝶誰能不憐惜故來飛向妾

采蓮曲

歡在湖上船南風動蘭檝不去采荷花頻頻來看妾

女伴何妖冶相將學采蓮橫塘三十里只在妾門前

處處聞歌聲相逢采蓮女借問大湖西荷花高幾許

廻塘采荷花碧筒大如指綿綿孔裏絲牽我房中

子

結交行

交以石可絡交以市可絶市交言如飴石交腸似雪但交君子心不交小人舌人情本三川世路故九折荆棘刺詎知芝蘭氣當别雷陳與管鮑千古同一轍

寶劔篇

千金鑄寶劔何異古純鈎蛟龍泣深夜星斗摇清秋曾同燕市入復共秦關遊爲人心不平本自無恩仇燈前起看屢開匣拂拭風生何颯颯寒隨雷

雨化延津光射天門炤閶闔舉世無人欲贈誰平生與爾爲相知近聞西北烽塵起三尺能當百萬師

燒香詞

玉鑪桂火微不煖雲毋屛開月華滿永夜銀床愁合歡襪羅起踏秋空寒珠簾半捲桐陰緑却恨明璫斂斷續心事悠悠寶鴨知涼風繡帶輕相吹

江南春詞

破苔舊竹生新笋曉日房櫳鶯語靜東風何處不銷魂揺蕩楊花無定影鳳蘂薄印殘英冷門外小

桃嬌覆井玉澌細掬盥羅巾日日妝臺香作塵春晝長春宵悉杏烟蘭露參差濕百舌過墻聽不及賣花聲逗窗紗碧落翠遺簪滿郊邑踟蹰遊子桑間立春江來往客如萍白頭轉眼尤怦營

踏車行

踏車復踏車車聲何宛宛上怕山田高下怕湖田遠解一水車日夜鳴誰憐我勞苦何時更五風何時更十雨解二踏車無停聲水田不及勺雙脚如篠篠只恐隨潮落解三踏窮雨不來空有汗如雨昨日南湖頭今朝北溪滸解四

買兎謡

兎價高幾畨子兎價低幾人死

莫撥刺行

官府莫撥刺隸卒姝有權不使主翁知知之亦徒然竟失天下士無禮誠可憐所以平原君後世稱好賢

秋室編卷之二

閬中陳　鴻叔度著

廣陵羅霆章鏡庵較

五言古詩

行客吟

霜雞啼一聲松火燒四壁旅飯向前程心中自凄慼道路高且遥孤身豈堪歷曉伴無車輪夜宿無里鄰風土若不異白髮何由新離鄉正搖落萬木飛向人從來天地間行客多苦辛

歸客吟

非風作暖難南風作雨易朝雨復暮雨向我衣上墜浮雲苦無情只蔽來時地窮冬十二月百草正憔悴春與人爭歸人恐春先至春至人亦至始盡宅鄉淚

雜詩二首

少年忽失策乃爲閭里嗤意氣久不揚舌在胡何爲一朝策馬去東西從驅馳豈學秪與兎所守惟舊基恩愛嬰我懷方寸當自持人生寧常聚唇齒況有離誰能念桑梓徒死令心悲

無源有醴水無根有靈芝人生苟貧賤奴輩安可

欺吾聞梁伯鸞揚世惟五噫吾聞黄叔度出身自
牛醫薄俗豈足道毋乃徒相皮所以君子居昂昂
戚與儀生前不稱意死後當有知

看美人摘薔薇

明妝映朝霞南陌多倡家纖纖出玉笋兩兩弄新
花池清枝上下徑密影交加横釵分素靨舉袖貯
芬葩鬢香沾露重帶弱受風斜誰知飄落早容色
怨年華

爲徐文若贈婦

君子重意氣佳人潔容儀十七登君堂日夕理機

絲荳蔻未含胎流光忽巳移願君結新歡明鏡從此辭但得掌上珠照妾光陸離

遊韶州觀音洞

深潭不可底斷壁莫名狀何年闢斯洞乃有水月相乍入故昏黑久之轉餘亮陰巢栖異禽半汚蓮華藏巍巍兩三峰平臨若天上神骨忽巳凄胸懷偶堪盪昔聞訝未眞玆觀信無妄遲回未能别日暮舟始放

題高子含高寄齋

高齋河之東所寄愛于此寄情在風月寄興在山

水寄醉在花柳寄夢在屛几世孰知其高半生混鹿豕世孰知其寄一區近朝市昔有鹿門翁寄身丘壑底君今寄何之只寄高齋裏

江上遇雨宿西禪寺

沙響聞雨來尋僧宿孤寺山蟬暮獨鳴林葉秋多墜坐久聞殘鐘吟餘入空翠題詩記往年剔盡蒼苔字

遊石室山觀李文肅紳蘓文忠軾題刻

茲遊値新秋衆壑少煩燠石上多題名猶存李文肅東坡渡海時亦愛此圓屋我來千載後始借名

山宿剔蘇擦銀鈎餘輝眩人目清芬如可攀摩挲再三讀

崧臺傷梁子山

石火本難延靈藥豈易得梁生夭天年言之轉悽惻我有雙瞳入于君不相識崧臺何稜稜兹遊已無色聞君在世時如駿誰羈勒風騷久已亡有淚徒沾臆月冷復秋清蟲聲互啾唧

初春五日登石倉山望前江晚照

曾巘開可登江流坐來曠開歲始五朝春濤未云壯斜日下遥山明霞湧晴浪詎意榆景微猶然發

餘亮烟色幻空紫極目各成狀殊覺天宇低稍類
晨暾上素練何紆廻咫尺豁遐望涉際鐘乍鳴雲
中槳猶盪美遊瀞忘歸東風夕駘蕩
春仲同曹能始薛君和登道山絶頂
久雨不登山茲遊況晴旭石門非舊經但覺來路
孰亭榭半入家閒雲爲綰束惟餘絶頂峰庶可窮
遐矚日出滄海紅烟消古巖綠君看昔人題漫滅
那可讀勝地主者誰何必有所屬
暮春晦前一日同黃晦之李子述集浮山堂
晚霽登石倉山

沿江訪浮山忽爾到山麓松色淡迷烟池紋淨生縠虛堂春欲闌飛花滿鄰屋吹窗微雨來正及黃梅熟鶯㲉如向人幾處紛相逐進酒復移舟稍恨西日速磐石近可登洪波瑩遊目林霽歌鳴鳩天長斷歸鶩燈火明沙頭人烟帶川澳下山聞疎鐘尋僧閣中宿

病中見月

日夕望我友誰者入我堂不如青天月夜夜來清光清光恒得隨我友在一方對之不能寐起視河漢長衷懷正酷㷊一夕成秋霜

題周繩卿百花圖

春晴天氣佳竟日花堪對蝶影過墻輕鶯聲捲簾碎誰憐春欲闌數卉見圖內雖然乏芬香亦自競姿態枝枝淡復濃葉葉向還背花開又花落少年安可再願得如此圖歲歲花長在

重陽石倉登高時謝在杭遷西粵憲長至分韻

季秋江氣偏殘暑未云歇節候屬重陽登臨思超忽虛樓抱池光爽籟生林樾使節萬里歸正值離花發握手欣有期尊罍詎愁竭天漢澄高清遙見

飛鴻没行樂勉及時流年遞華鬓蕭蕭落帽晨悠悠授衣月明歲十佳遊相思隔閩粤

綠玉齋聽吳去塵彈琴

宴樂忽日夕新寒生喬林歌聲四座歇客起彈孤琴泠然太古調流水開塵襟蕭蕭青竹叢隱隱芳桂陰山空諸籟寂乃得聆清音

臘月二十五日立春集高景倩館中同孫彦回

殘歲尚五朝條風先戒候春歸雖云淺物態巳非舊小鳥鳴庭前古梅發窓後有客集如雲白雪互

相奏河氷旣以解餘寒徹懷袖

過石倉碧泉菴

閒園聞鐘聲所歷路非脊閣暗雙蕩青菴明片泉碧隔堤有人家比舍但鶴柵園丁識面多我是嘗來客

壬戌秋七月望夜自瓊河泛舟至洪江集曹能始石倉次日登小金山塔寺

月色夜轉佳涼氣朝稍變舟行自南江西山忽當面秋水若秋空望之心眼眩始入前路遥肆迹懼難徧淹留易昏晨山水非一戀絕阜仍可登兼游

互忘倦懷哉逝景光昔贒不得見釃酒坐深更江花復如霰

長安花朝陳美人家作

紅塵何浩浩吹滿長安道春來無曉夢城上啼烏早一春九十朝最是花朝好花亦恐花開人亦畏人老勾欄東又西幾處柳枝齊髫儇花底醉門外馬空嘶

石倉園六所僧房和能始

十年成茲園樹木已堪把幽石枕重陰虛軒敞平野池光望何潔泉水互爭瀉主人夙耽奇自謂獲

者寡有僧時演經漸次園林棔雲房設六方宛若西竺也客到菰米飯屢出香厨下從今匡廬山不赴白蓮社

靈巖寺僧房對雨

久雨苦未歇微吟覺泠然長日遠公房閉門時高眠茗椀不停手瓦爐無絶烟衆鳥鳴樹間頗雜纚床前旣無俗人往所見皆清緣從今謝塵累永就巖中禪

臘月十日集陳道掌嘯閣

殘臘僅初旬幽閣敞晴旭檐氷碎欲澌水氣寒猶

酤落木檻前聞遥山郭中矚不約客頻來談深冬日促

雜詩二首

我性慕丘山卑栖寡所尚日夕柴門下翛然寄清曠散髮時讀書留人午炊餉東風吹雨來草木正條暢興發杯屢空年衰志逾壯榮名終何爲園廬願無恙

齊國好吹竽衆樂不敢陳楚人好辨玉誰能識其眞托身事君子日夕追清塵心將傾葢故交期刎頸親或恐棄如蓬中懷安可申願言終見察庶别

緇與磷丈夫報知已一諾逾千鈞斯人世巳遠于
義良難湮

能始先生招遊石倉先憇琴香榭次復泛舟
池上是夜宿聽泉閣次韻

春花落復開客亦後先訂欲知新雨多池痕上渉
徑東風三月柔林間鳴戴勝幽人坐焚香孤琴語
誰應隔竹瞰素波淼淼何明瑩輕橈載紅妝垂楊
亞迷磴不但竟日歡且續連宵興泉聲滿石閣月
出忽以瞑襆被詎須攜主人互相贈語久桑樹巔
晨雞忽然聽

章孝子詩

子孝同天性事親極其至世無越人方父病恐弗治剖肝以爲藥生存偶然遂云是神鬼扶無乃近好異往往令人疑我獨目所視親戚走相慶鄰里述其事其事聞中臺旌之禮殊備門戶生餘榮嘉名良不墜源源孝子居永爾錫爾類

遊訾家洲

洲綠夏猶淺晴瀾漾微風往來此亭上時可偏舟通萬木轉清密不知前岍窮夙昔好延眺高賢懷柳公客散笙歌寂蕭蕭蘆葦叢

上巳日風雨安盫卿招集湖亭修禊

積雨値元巳湖西衆芳歇出郭詎違期服成暮春月况兹令節弃尊開選林樾啼鳩旣變音番楊復如鬖近見孤島浮遠望清陂涘嘉遊感良辰暢詠轉超忽皓齒雙名姝竟日纖歌發薄暮違堤歸香泥汚羅襪

十三夜半嶺園看月效六朝體

凉吹林際動皓魄座閒流虛疑滿輪夕尚隔兩宵秋桂枝斜入戸螢光低度樓佳人歌不歇况乃素娥留

賦得衣帶日以緩

思君衣帶緩畏見兩鴛鴦作意縫相稱含情結漸長悠悠旦復暮淒淒風與霜欲知此時恨憔悴掩空房

題張明甫雪圖

張子神骨清寫此灞圖雪羣峰俄欲頹衆木紛成折孤舟垂釣歸漁簑灑微屑豈及竹窓人吟詩炙爐爇

鄭汝交畝閒園看梅

嚴冬梅盛開兩度過林巷虛堂十畝閒步步聞香

送重尋石上詩再剖厨頭甕臘驚落辮深春覺塞
梢動月色含清輝山容帶微凍醉借此中眠繩床
結幽夢

劣醫歎

吾聞東家醫徵妙能入神吾聞西家醫庸劣常誤
人西家立致富東家尤苦貧借問何爲爾虛名動
縉紳辟如無學者得遂觀光塵又如無德士得稱
公養賓使我長太息舉世皆迷津

禁夜謡

綠林起如麻近聞掠江滸公然入城市不復知官

府入家各張燈紛紛安可拒邏卒空提防強半與爲伍百重突柵門十丈越墻堵號令戒宵行縱橫竟蠅聚殺人付尋常財帛恣所取我聞百憂生起坐夜方午安得霜月明優游出庭戸

患瘧

寒風殺蒲柳倏忽盡凋折夜火燒飛蛾呼吸斃其勢豈似瘧鬼侵累日難斷絶沃以百沸湯置之層氷穴眼昏車輪轉髮澁苔蘚結香味縱云佳誰令聞鼻舌嗟我苦奔走調護失時節無地可安生直至神力竭偃息非窓中自然諸病滅

林巽卿移居丁戊園賦贈丁戊乃傳汝舟別號舊居于此

地以人得名後來識其處昔爲丁戊園中可忘世慮林子乃居之芳躅益云著種樹補林陰讀書就窓曙文釆日且富豈非山靈助閒閒十畝間何由從割據

贈艾思及泰西人

客從泰西來云曆五春夏地說盡于茲河漢巳倒瀉其國敦敬天衣冠俤王化艾君早慕道遐荒著聲價若罝碣石宮談鋒倍驚訝利子乃齊名腹笥何蘊藉遺我幾千言讀之手常把始知滄海外日

月異晝夜神山信可登弱水本堪跨乘彼貫月槎却是尋常者

將之豐縣途中作

日月無停晷轉瞬年將除誰憐更行役出門遂驅車驅車何所適乃之淮與徐囊空無餘物但有故人書惜哉當苦寒積雪盈衣裾縱橫問羣盜今日復何如

山東行

空城不可望千家走胡虜荒田不可耕十年九不雨人烟半逃亡日暮哭道旁野樹無全膚饑食榆

與楊朱門臨大道那識田禾槁欄干十二重又種將離草

恩縣留别米彦伯大令二首

河梁限南北脉脉長相思東風吹客遊春草方離離忽至齊魯間故人治于兹延我下塵榻但感别經時握手宛兄弟何必同胞爲十日平原歡酒盡仍分岐泰山雖云高君情誠過之願保金石軀悠悠歲寒期

人生難爲别兹别殊黯然而我値衰暮君復風塵牽後會庚有期未審仍何年對面把尊酒明日各

雲天雲天空悵望夢寐以周旋

七夕

七夕秋偏早雙星宵暫逢爲言離别遽送巧寧從容盈盈望明河況復深且重悲哉感節候草露沾衣濃人間與天上何處非萍蹤徘徊不能寐獨立聞孤鐘

長途分林側爲柴吉民别歸

與君雖新知肝膽却如故一旦忽相離分襟在中路葉落長林秋鴈歸遠天暮去去悵西東行行慎霜露倏作斷蓬飄何由得重晤回首隔千山斜陽

下深樹

歲暮歎

茆屋無尺土天地何局促山田無半畝藜藿亦不足窮簷歲云暮沉憂亂心曲竟夕弗能眠起坐待晨旭巢鳩與林鷦飲啄多餘粟

賦得山明望松雪

長林失遥青列嶂變虚白乍睇松若晴旋觀雪尤積農耒或占候樵歸竟忘夕餘暉戀樹梢寒色冒檐隙不久會成澌昏晦良可惜

傷林樾禮

高生絶人事論定葢棺時林子廣儔侶僚友身後
隨衆口旣鑠金譽者不無疑豈惜雅道喪祗令名
節虧朝作九原客暮則交情移存亡旣易心安得
爲相知挂劒世巳邈冷落看松枝

劉薦叔貽九潭志

平生負幽癖山水好奇邃夜半竹窗間讀君九潭
記使我身欲飛惜哉慳兩翅形勝何地無誰能發
靈秘劉郎本仙儔領畧每留意往往窮其源深淵
駭虬避雲深路疑塞瀑響巖與墜遊人今始知到
之艮不易安得潭上遊掩卷不成寐

上巳荷亭修禊

天氣旣澄霽風日尤清嘉祓飲此亭勝列坐湖之涯新荷始成葉芳蕙仍抽芽雖接城郭邇宜窮洲渚遐入生寄一世詎惜良辰奢晏然無海氛庶可娛春華

曉起嘆

秋思轉索然秋宵百憂聚五更已離床片月猶在戶心緒語向誰紛紛亂如縷我欲乘天風飄飄生兩羽

重遊武林

我昔遊武林湖山日登眺夜醉每不歸蘭舟竹枝調誰知客重來盜賊數聚嘯荒凉轉愁人身如歷窮徼世亂何紛紜無因此垂釣

集曹子康西峰池上

城中有孤峰原屬西湖勝愛君于此居相過數開徑春還草色芳風細池光定良朋既畢集好鳥亦清聽弄筆成雲山使我勞接應高談滿四座不覺日已暝秉燭復爲歡尊罍詎愁罄

題畫菊

菊花非爲春秋來始可得如不一釆之青山眞笑

客或逅席間香或分籬下色或可延頽齡或能度

災厄只是賞花人朱門巳空宅

池上翫月和羅雲漢使君

蟾光浮清池春水蕩空碧我欲一掬之相去無幾

尺花明復如霞正當三五夕君子有所思鄉路修

且隔勝賞不能寐佳期良可惜酒盡更復闌餘輝

墜西陌

讀種菜帖許有介作種菜詩十八首羅鏡菴依韻和之合刻成帖

許子南山下灌園有深意菜根滋味多肉食安可

比樂此每成詩種種自編次隣居有佳侶題就即

相寄廻讀十八首贊歎羡幽致羅君乃和之五百餘四字所以君子交淡然見素志我本於陵者亦能種園地愛此唱和篇便覺清芬至始知二君懷學圃清已倆勸人莫種花種花恐生刺勸人莫種草種草豈爲瑞但種萊滿畦庶可三餐利

輓徐母存永之母

昔母侍夫子淑德滿人口予忝夫子知蘭芬附交久所以識母賢不減孟陶後徐悱爲內庭徐庾爲賢母母家富書帙萬卷兒能守稱觴向花前准擬爲母壽胡何逢亂離母亦遠奔走行年近古稀忽

爾頹蒲櫛丹旐招靈魂霜燈熠虛牖不見堂上容
空薦樽中酒埜窮賈閒心閉却潘輿手青青萱草
庭但掩蒼苔厚

過陳磐生夕菴

長公有夕菴陳子素愛之子菴亦云夕今昔如同
時邀我夕菴飲還賦夕菴詩天地何茫茫其義安
可思清晨忽至夕俯仰徒傷悲

秋室編卷之三

閩中陳　鴻叔度著

廣陵羅霆章鏡庵較

七言古詩

覊旅行

缺月無光天欲曙前途一望修且阻北風吹葉早知寒霜下偏多客行處十載辭家長不歸天涯歲晚猶無衣遥念此時閨裏婦燈前雙淚滴殘機

元夕曲

六街火樹夜如晝來往遊人到殘漏東家女伴太

多情散入西家隊裏行

春閨曉起歌

杜鵑啼處櫻桃小深戸重簾啓春曉縈縈細草織煙軿東舍遊絲西舍繞昨朝聽足日三竿喚起今愁宵未闌単衫杏子怯還薄禁得幾番花信寒東風拭鏡臺前立蟬翅香濃香欲濕低鬟斂墜嬌不知誤向珊瑚枕旁抬賣花人過蝶紛紛爭買陌頭春十分海棠庭院吽聲遠試問小姑聞不聞

艷陽曲

栁眼初舒如聽起穠華不任隨流水東風 吹葉叉

吹花蛺蝶紛紛忙到死西舍美人長太息鸞篦理髩慵無力簾間海燕來雙棲堦下櫻桃開一色櫻桃海燕年復年此際如何不可憐玉勒錦韉堤上馬紅妝畫槳水邊船水邊堤上春光滿人去人來春日短處處蘼蕪惹恨長聲聲杜宇催魂斷昨朝更今夕東城與南陌何地不堪遊何遊不堪惜弄晴轉雨須臾間花落花開損故須二十四番風信急看花莫遣片時閒

荔枝詞

五月荔子多青色引雛山鳥時來食西園六月鳥

飛去夜夜守園坐達曙大家分摘向曉露北斗尚掛城頭路南窓有客午初起紅玉流香浸盆水

仁虎行

猛虎不可親爾獨何其仁彼樵墜爾穴三暮及三晨巇高如天脅應折豈免殘軀爲爾齧爾既不食反負之不負安得以出穴樵仍歸家虎還山寸心報虎思銜環短刀重磨擔頭去研松那離深山間吾聞暴虎市無數安得仁哉有爾虎買犢開田山下居從今射獵抛強弩

大姨灘歌

一日過百灘灘水何漫漫二日滿風浪更在百灘上大姨灘邊日日船濤翻石起愁難牽商人白首不知險來往風波今幾年

梨園行

少年十五顔如玉學得梨園幾般曲東風夜夜不知愁爭向燈前舞鴝鵒羅綺場頭色色鮮千回宛轉使人憐玉簫檀板聲聲急恨殺鳴雞報曙天

溪上行

桑枝漸少秧抽綠四月南中農事促田頭軋軋桔槹鳴村北村南聞此聲家家作壩向溪曲截斷東

來千頃玉日夜圜圜響不休下田水人上田流惟願溪深水可岸四時更作蠻天雨桔槔宛轉勿後遲又是新稅相催時

曉窓獨起歌

新霜貼瓦玻瓈薄別院微寒生繡幙獸炭紅爐焰欲騰鳳團碧椀香初瀹曉窗輔起雙瞳清猶記江南夢裏行十二曲欄人寂寂隔花嬌鳥一齊鳴

紗扇歌贈少年

齊紈製作誰家手搖動微風來北牖分明一片玉團團六角應慚價空厚素質裁成雪色明炎天午

覺清涼生不隨夜月同圓缺祇恐商飈又變更記得東鄰撲花片銷魂花下聞金釧贈君年少貌如潘行路人人看障面

李生歌 名宓字羲民漳州人

世無劍術得書法筆底更覺觔力乏今有李生能作之彩毫狂掃傾三峽舊搨家傳神且精豈與時輩爭虛名骨格大都禰壯海使我賞鑒心魂清君家賓客門如市硯水飛香三五里已稱楷體類鍾王更識篆文過蔡李近代臨摹何太頻李生繼出高風塵憑君搦管松窗下莫惜時時賣與人

抄書歌贈謝元弼

謝郎寄興在筆硯斷簡殘編屢搜徧堆牀覆案塞窻前更有手抄盈百卷何日相尋竹稟居半看搦管半看書閒來擬向南樓上共擣香芸辟蠹魚

蒼梧歌送李宓

蒼梧之水縈如帶水勢直與湖湘會濛月亭依碧浪間大雲樓敞蒼烟外歌羅當日有荒城金石山高迥照明七級浮圖千里盡雙流氷井半邊清閭閻百折臨江滸祭賽時時聞社鼓爭說魚蝦不值錢傳來米穀賤如土滄波一望正黄昏燈火星星

晚市喧歌吹月中都傍岍酒旗花底暗通村早行
夜宿多商旅上入崑崙下荆楚一片孤舟帶雨飛
愁人莫聽猩猩語古藤叢竹繫龍洲此地曾爲兩
度遊氣候果然常似夏風光信是易成秋匆匆行
色東方曙心逐南風送君去他日登臨吊古時可
能尋我題詩處

柿葉廬歌贈徐興公　徐長郎亦善書

雪繭文房世稱寶柿葉猶堪作真草君今閉戸苦
學書青樹色青青幾回老却憶相過九月天臨池洗
硯磨松烟滿堂對客屢題徧半行數字人爭傳且

聞大兒精此法秦碑晉帖紛能別不道書名起一家更堪筆陣稱雙絶柿葉年來半已無彩毫將禿硯池枯憑君好向茅廬下秋雨春風種幾株

賦得春流飲去馬送林倉宰之湖州

三月江邊送行客征馬頻嘶日將夕馬行下飲水潺潺回首千山萬山隔君今作宰向苕溪辛苦天涯逐馬蹄況是相思値春暮王孫芳草空萋萋翠弁峰前滿烟樹官舍寥寥僅堪住清晨騎出暮騎回走徧蘋城南北路一官莫厭散與卑才高不久風塵羈郡中山水最奇絶暫閒馬上多吟詩江水

連天寒更綠一鞭直到太湖曲何須別後飲春流
倉裏年豐恒有粟

送匡雲上人歸匡廬

適越忽已返尚淹閩地山舊房掩松月忽憶匡廬
間葦葉鳴風雁驚起彭蠡茫茫渡千里遠寺微聞
斜日鐘片帆輕漾空江水孤雲獨鶴相隨飛錫影
遥從天際歸九重屏嶂供香案一片鑪峰掛衲衣
潺潺瀑布亭亭樹重到遠公禪定處自笑廬山只
識名何年得共西行去

春夜宴西園歌

娟娟初月流蛾影烟岫窺簾晚粧靚柘黄衫薄颸
東風桃暈微消怯餘冷主人豪氣似五陵留賓夜
繼堂前燈清歌一曲向花下滿院海棠開未曾

三友墓 有引

天順間吾鄉有吳叔厚林叔和徐振敭者
少爲石交綽有古誼及林徐繼殁吳于東
郊爲營一抔因囑其子曰吾死後當共葬
焉世稱三友墓茲徐氏之曾孫㔸乞言闡
其事乃作短歌

行春門外桑溪滸新墳古墓應無數石交惟有三

先生埋骨同歸一抔土聞道先生弃少時寸心相許三人知九原張范猶可作末路蕭朱寧足期百年聚首黃泉道春雨秋風白楊老烏鴉銜出紙錢飛異姓雲孫紛祭掃薄俗無金交不深夜臺誰復更知心何須蒿里山中唱再拜聊爲伐木吟

吉溪觀漲歌

吉溪舟中忽阻水尚隔翛潭二十里三朝三暮不得行濤崩雨作蛟龍起幾家架屋高于天新漲茫茫沒樹巔商客維船防失路漁人收網怯臨淵篷窓兀坐心悄悄投林却羨南飛鳥筆床茗椀且消

開一望滄浪空浩淼竹裏幽居憶故園頻年溪水
到柴門滿城沉竈絶烟火更聞零雨如㪺盆卽今
作客宅鄉路如此風波安可渡萬里空懷破浪雄
千言已厭愁霖苦處處雲山黯不開驚心時節入
黄梅近來水患江南盛漫說瞿塘灎澦堆

談天室爲鄒有年歌

漁滄灣前結一室主人開尊每移日客來且坐聽
高談勝簡牙籤五千帙手中玉麈不停揮口中玉
屑何霏霏三寸雌黄年尚少片言名理世應稀輕
舟西掛九龍水相訪柴門先洗耳朝朝榻畔但懸

河夜夜燈前難對壘搔首宸濛近九閽五雲深處
帝居尊書空莫謂如般浩天問誰知類屈原賓從
紛紛一時起我亦迴車避鄒子錯落談鋒復見君
碣石休云從衍始

瀝湖曲

碧波皺縠生晚風湖烟湖水秋連空輕舟来来日
欲暮芙蓉花老衣銷紅誰家美人嬌不語蕩散珠
光向湖去茭紋菱刺綠差差鴛鴦驚起郎行處

端溪硯歌

端州有硯誰別識古人製作今人得佳品由來説

下巘匣中想見烟雲色一片分明潤且堅音同靈
璧姝鏗然褁花點汚屢洗滌隱隱豹血痕猶鮮宋
家君臣昔玩弄頻年開鑿驛塵動聖朝惜費自文
皇萬里遐荒已停貢羚羊峽水棲溪流禁採相傳
二百秋千夫此地不敢入百金到處應難求朝來
試筆晴窓裏湅玉摩挲濕寒紫漳河水碧銅臺傾
殘磚斷瓦徒爲爾

九龍灘歌

鐵石磯邊水東瀉險阻相傳甲天下驚灘吹雨起
九龍駭浪簸空奔萬馬誰通此水鴻濛礽瞿塘呂

梁俱不如篙師燒紙仗神力稍有顛覆身其魚削壁爲門豈堪狀閉目魂飛膽應喪雪濤震怒打船頭一葉輕舟墜天上非貪利涉緣好奇風波何地更稱危曉來如箭忽出峽中宵高枕還憂疑灘深亦有路請君勿復渡灘急本無情烏鵶啼上樹闌人生長向此中從少放船今老翁却笑荆門江上客布帆無恙掛秋風

雪林歌爲修上人題

長林墜雪如墜石壓竹欺梅攪空白曉來山路已迷茫忽失前峰青幾尺千村萬落絶人行溪北溪

南斷復平始訝風來秋樹響更疑月上夜窻明此際誰憐凍何極一番空喜添春色柴門到處閑蕭蕭𤯝炭星微禁不得閒吟與客句難安雲際流澌尚未殘最是林中風景別山僧休羡灞橋看

中秋石倉池泛月遂憩聽泉閣

波紋吹綠西風起兩岸初銷暮烟紫蘭舟同泛月明中四望蒹葭浸空水上下天光共一碧遠近川源環數里有影都隨綺席前無人不在氷壺裏雅集筵當令節開清輝坐惜良宵駛虛閣徘徊夕露涼滿欄秋思何能已金粟微聞桂墜香粉房還見

蓮成子半林催客響孤鐘回首明河又西指

送徐興公之滇南

去年與子渡汀水日日同吟烟棹裏今年送子向滇南竹屋寒燈誰共談出門何必悲遠道此去應知逢舊好寒風九月正蕭瑟落日驅車見秋草山川處處風景異萬里入烟接蠻地嶺上猶傳關索名祠前曾奉王褒使箐密林深瘴霧昏姝音荒服易傷魂作衣白氎隆冬煖果齒黄金舊俗存點蒼山色園官署風遞薇香鳥啼曙塵榻偏因孺子懸新詩還共玄暉著別後天涯歲又新東風莫笑未

歸人應知旅況堪消處開遍梨花滿眼春

石倉元夕行

山池良會誇元宵風蠟紗籠光動搖蘭舟兩岸泛晴月到處香塵迷畫橋照水蟾光避燈火却似芙蓉開婀娜臺前樓外燭千枝天上波心珠兩顆雕闌十二最分明望入層層不夜城攜笛更從芳樹按停橈還上曲廊行曲廊芳樹人如堵火樹銀花安可數半隨歌妓步間生半映詞人筆端吐園林遊覽樂無窮何必香車九市中碧桃花下光如晝錦繡叢間燦若虹寧辭達曙陪歡賞吹面東風正

駘蕩玉指朱絃調乍飛金盤琢饌筵新敞人間此
地卽神仙共説繁華勝去年醉後頻催春酒至輿
闕那管曉鐘傳桂魄將斜海天碧風光五夜應須
惜落梅轉眼易凋零忍負燈光盡今夕

四明李子述偕其子遊閩中因讀書烏石山
歌以贈之

李君四明布衣士忽與鴻也爲知已論文對酒鼇
峰頭更喜軒軒見其子君心最愛烏石山子復讀
書于此間鄰霄突兀幾千丈前朝遺刻隨苔斑閉
門日月探今古豈羨曹家稱繡虎竹箭從來出東

越明珠本自生南浦昨朝相過索題詩正屬東風
三月時千巘萬壑雨初歇夢魂我亦飛山㵎春光
莫遣蹉跎老滿徑落英紅不掃到處堪承膝下歡
故鄉爭似宅鄉好

三月晦日集交蔭軒送春

西飛恨殺羲輪疾九十東風將盡日門前芳草青
巳殘地上落花紅更密欲問誰家賣酒旗相留頃
刻春歸遲五更風雨倍惆悵啼鳥無情猶不知

初夏望日西湖泛舟代董雙

開殘刺繡如張愓海燕雙栖玳梁畔梅風勾引上

蘭橈十里西湖曉烟散依舊繁華似昔年幾花時逐遊人亂亭臺長日影搖波簫鼓中流聲沸蚪蝶翅聯翩不𩰚停鶯喉睆晛爭相喚萍粘畫檝行何遲妙曲纖歌幾廻換椰帶猶能學細腰藕絲尚未牵香腕百壺美酒醉莫辭衆座頻催遞揮翰舞袖初廻若有情飛觥屢進渾無算團團衣上桂輪生

四月清和正當半

苦熱行

赤日燒空沸天宇焦原盡作咸陽土行行惡木息無陰嗔殺雄雞一聲午祝融司權山不移燭龍迅

速今何遲道上行人渴欲死甘泉氷井將焉爲我欲東繫羲輪走使爾不行辰至酉短歌行歌苦熱誰令鶉火冷洪爐滅

九仙觀逢伍鶴鳴道士祈雨歌

太和高湧嶽蓮綠傳有當年禹遺躅玉虛隱隱護玄雲天柱亭亭薇晴旭道人早歲著黃冠藥經夜誦凌虛壇種成松老鬓猶翠服盡芝香顔更丹南遊萬里動遐想東海遥看小如盎經時更駐越王山城郭無人識來往偶自九仙臺上逢赤日炎天熏亢龍雌蜺望斷目應眩何緣膏潤穮三農君言

致雨在頃刻一結靈旗天失色檄雷驅電走郊原
號令分明遲不得傾盆未絶聲沉沉田間萬穗皆
黃金漫教遙夜詠雲漢何須白日祈桑林今秋雨
較去秋速共道禾苗豐可卜我本家無南畝田到
處倉盈堪鼓腹還將鐵笛吹黃昏落盡藤花憶洞
門別後月明峰頂上夢回雙闕正朝元

偶買西園菊至招同社葉機仲徐與公高景
倩商孟和林賓王花下小酌因和短歌

幾處菊將殘西園餘數畝買來竹窗下折簡會賓
友把酒坐花旁一齊衫袖香春天百卉媚不及此

幽芳堦下凉風薄暮起枝枝低拂深杯裏願君盡
醉宿我家明日更買西園花

禽言

脫却布袴此意向誰訴憶着破袴還不能那忍迎
新都舍故西家羅綺一片鮮那能勝我機中布
婆餅焦薪積厨頭乾自燒去秋麥不熟婆餅惜如
肉婆今餅焦婦當逐婦當逐待餅昜贖婦難須臾
火爐灰亦寒
泥滑滑雨聲不絶雞聲發征夫曉起向前途單衣
更忍寒侵骨泥滑滑泥滑不可行路上征夫聞此

轂闢此聲徒欷歔前頭丞相馬與車恨不十年勤
讀書
喚起喚起殘機有絲當逺理懶婦貪眠豈顧家枕
上一聲嗔殺爾嗔殺爾夢不成何不宅家枝上鳴
送空上人重遊杭州
一領麻衣雙草屨送師重入錢塘路西湖好景嬾
出門更在何山寺中住爲言傳法與黎方屈指分
攜經幾霜交遊舊社半零落歸來獨我過雲房梅
花落盡草初碧相對東風淹日夕依然别去不關
心浮世誰知總如客二月長途烟雨餘閒聽啼鳥

步徐徐當年記上三天竺日日尋詩辨筍輿

清泠臺待月

翠壁丹崖接天起名山况在都城裏清泠猶有古臺基磴道層層久傾圮與君拂石臺上頭明月不至令人愁得酒何辭竟夕飲題詩却憶前年遊海色天光渾不辨桂輪共待雲間轉春欲移時寒尚深月將生處光猶淺照客清輝如有情羿姬拂鏡晚粧成掛當蘿影圓終碎飛入波紋濕更明倦去倒看天宇碧尊前良會還須惜浮生聚散本無期未識重來復何夕

賦得梅花落處疑殘雪

枝北枝南含曉濕紛紛愁見飛英悬錯傳徵霰自天來滿地瓊瑶浪爭拾千點隨西萬點東輕盈因雨又因風貼鏡含章妝自妒抽毫梁苑賦誰工緣萼本無力素質殊有色拂水復沾泥消之安可得昨發在窓前今飄滿徑邊誤粘東郭履虚上子猷船小園寂寂尋春路歷亂何曾留得住堆將農圃訝年豐散入客途傷歲暮曉來東閣已凋殘驢背憑君仔細看寄語高樓吹笛客不須僵臥憶袁安

聞米彦伯客閩中同陶稺行作歌懷之

桂嶺西行將一載共遊幸有陶君在從來不肯論交親只說米生多慷慨米生昔作南閩客當時我亦爲莫逆平遠臺前醉幾迴石倉池上談終夕囊中如水豈知貧看花夜度青樓春淹留那復有歸思歲晏江邊方問津還家世事笑不理公車走徧長安市少年羞乞廣文氈更謁何門有知已近傳命駕過我家誰知我尚身天涯湘雲閩嶠望不極思君日暮徒咨嗟咨嗟一夜令人老況値閒庭秋意早陶君古誼誠所敦詩成何似予懷抱

贈曾鼎

去年芝寺一相見愛君能畫高僧向今年相訪竹窓間畫我衰容將鬢斑我憶少時頗疎爽五字詩家曾激賞而今暮景百不能空負頭巾紙中像君應筆法超俗塵妙年二十精傳神衣冠體勢儼生動豈以拘束同常人襟期落寞更無比肝膽相傾卽知已何必深求世上名他時聲價紛能起畫佛近傳丁與吳兩人歿後世應無寫眞惟有波臣氏並駕非君孰可乎並駕非君孰可乎

招同社共賞喜而作歌

洪汝含十年前自維揚携歸芍藥始値開花

洪君昔作維揚客名花看遍東西陌擕歸芍藥久不開十度春風惆相惜朝來始見枝頭花依依照水搖晨霞呼童啓戸報同社有酒可賞寧須賒脂濃粉瑩兩相媚浪説牡丹爲近侍南土無花空緑叢誰知忽變繁華地是時雨後天氣和紛紛蛺蝶爭相過碧紗窗日欲西墜我今不飲將如何半醉題詩立芳徑直須開徧休教醒明朝還擬到君家不用尊前遮相贈

題趙哲夫所購其先人山水

憶君家近河干路潮水當門流旦暮春暖藤開屋

角花晝長鶯囀窗前樹滿床筆硯月相親坐臥幽齋遠市塵寫出谿山偏對客洗將杯杓每留人追歡忽爾成疇昔屈指光陰眞過隙羨君有子何英奇愛畫耽書同父癖爲言近日覓斯圖手澤淋漓置座隅索我題詩轉愁集故人一去難招呼交遊盡嘆佳兒子縱在九原身不死珍藏世世永傳觀無限精神半張紙

題高漫士漢陽雲樹圖

楚天空濶無涯涘大別山前漢陽水樹色千重雲藪青蘆花兩岍風吹起吾鄉漫士寫此圖展閱烟

波流座隅滿紙淋漓墨痕濕標題索句摟腸枯高
家妙絶房山老君復多能得名早半幅徐生喜購
之時時示客誇真寶長日披圖思不窮雲連遠水
樹連空豈須黄鶴樓頭望歷歷晴川在眼中

題興公所購畫馬

徐君鑒賞猶少屈案頭卷軸常披拂購來畫馬認
前朝本是龍門故家物竹窓邀客再品評雄姿猛
氣人皆驚詩成放筆嗟神妙細看霜蹄紙上行

送林天素遊武林

名姝隔河水染墨蘭閨中舊遊錢塘路香夢縈春

風落盡桃花天氣暖折來楊柳愁絲短繡篋頻開
簡蜀箋畫船斜倚揮湘管出門正値三月時黃鳥
嬌啼惜別離草色綠迷堤上步山光青鬭鏡中眉
南高峰頭北峰側變幻烟雲隨頃刻寫出丹青借
客看令人轉笑當空織不逐紛紛油壁車焚香依
佛月明礽尋常片紙千金購傲殺西川女較書

蔡琰歸漢圖

漢祚將衰離亂頻中原擾攘飛胡塵妻孥處處走
相失阿琰方悲生不辰中郎却爲交情死驕虜何
知得邑女流落腥羶十二春漢音轉變爲胡語何

幸生還別兩兒行行啼哭牽衣隨邊關萬里音信
斷死生從此無由知底事歸來反添辱黄金恨把
蛾眉贖甘心三姓事他人父書少小徒能讀朔風
漫憶吹穹廬依然錦帳成歡娛流傳十八胡笳曲
得似湘靈鼓瑟無

平原阻風口號

北風酸楚吹沙黄飛塵蔽日天無光側身一望何
茫茫人饑馬困委路旁十步五步摧我腸

李崑叟宅上聽露涯美人彈琵琶

灑堦微雨香泥濕忽忽年華暮春及東風置酒宴

高堂賓主相忘成勝集花間邀得美人來牡丹如面朝將開能撥琵琶奏纖曲舊絃未歇新絃催自言小名爲露汪粉黛場中稱獨步由來佳麗説燕齊本是臨清橋下住含情向我索題詩難寫盈盈淡淡姿卿年嬌小正十五門前妒殺垂楊枝李生文雅令人愛卿亦滿筵爭盼睞上夜還須繼九徵漫誇桃李西園會

新秋

蟬聲昨日催秋至漸覺单衣捲凉吹閒吟最愛夕陽天水轉澄鮮山轉媚幾處桐陰清露垂蕭然物

候翻相宜不知宋玉何爲者畏見西風搖落時

霜月同柴吉民林茂之集林懋禮齋頭

月偏明霜欲墜主人有酒客且醉夜巳長寒方至共惜清光不成睡楚水吳天隔杳茫知君回首還思鄉紙窓留影忽生白菊砌壓花皆殞黃消寒且飲酒更盡手中觴只愁人別後空見月如霜

斷長詞爲楊美人

盤龍高綰烏雲冷幾度妝成私照井昨日開簾看曉梳鏡臺罷舞鴝鸞影空折堦前百葉桃餘香猶自聞蘭膏青絲委地難收拾恨殺并州快剪刀

贈忘機道人 西川人

相逢憶自十年時片言傾蓋成相知我本無心且疎略贈君今日方題詩金丹煉就得神玅能使衰顏轉年少蜀雲一自別家鄉踪跡飄然寄闤闠往往人疑陸地仙籜冠荔服常隨緣賣來市上藥已盡何曾肯積囊中錢松房月高搗石臼藥氣風吹滿牕牖長生有訣會飛昇不在虛壇禮星斗

徐興公齋頭雙樹有鵲爲巢因作鵲林歌附其後

參差老樹堪作巢各有靈鵲栖其梢日日爭鳴傍

窓牖時時分食來堂坳每見主人不驚怕書床卧
塌齊飛下相隨相喚但君家豈愛高枝𢨍鄰舍

中秋中旬雨後過林與祚治山堂待月

月自迷濛客乎乎堂前聽雨翻盆瀉滴殘桂葉與
芭蕉三五秋宵似春夜稍見西風吹晚晴應知片
月來深更主人邀客啓窓牖大家共限新詩成坐
久前山忽生白蟾宫入户姝堪惜空認徐妃影半
邊還思庾亮樓千尺舉頭西望轉長河銀箭金壺
頃刻過今歲中秋偏有閏相尋重醉月明多

八駿圖

君不見世間凡馬何足[illegible]八駿之足乘雲騰霧絕
地不踐土霄奔能行萬里餘更有超影超光與翻
羽中有一馬毛色炳耀蒼龍姿桂翼有肉尤稱奇
穆王一去不復返按圖髣髴臨瑶池王生筆法太
神妙豈但曹韓畫能肖八龍一一使我觀三十二
蹄恐翻跳塞上于今鞞鼓聲欲騎此馬恣橫行胡
塵掃盡無征戰處處春風芳草生

題林天素蘆雁

美人自洗端溪石寫出氷縑秋水碧寒鴈群飛集
滿汀月明好似瀟湘夕蘆花一望天茫茫何處郎

昔遠寄將羨殺相隨不相離中間恐有雙鴛鴦

贈葉二珩美人

美人當日輕離別斂水悠悠空自折任處沙連十里城瓊窓粉壁疑晴雪重來花下七香車回首東風入載餘寫出蘭箋名更重妝成菱鏡頰如初閉門獨倚枇杷樹莫是西川薛洪度纖歌厭作繞梁聲只愛逢郎索詩句尊酒淹留忘却歸滿天明月炤羅衣誰憐遥夜陽臺夢還逐行雲一片飛

藕堤月夜吹笛歌

月出茫茫天接水笛聲 忽聽平堤起栖烏孤雁各

驚飛更入清宵客邊耳風遞餘音往復來湖光展
碧鏡初開截將三楚烟中竹吹落孤山墓上梅令
明嫋嫋悲如訴披衣試向前頭步蘭槳應隨越女
歌洞簫曾憶蘇公賦美人惆悵隔蒹葭三弄沉沉
月欲斜按罷令人歸思劇能無此際不思家

孫家園看梅同羅雲漢

孫家園内如瑶圃臘月同君此中步更上虚樓望
遠山參差下見梅花樹攜將坐具自比鄰美酒聊
沽暖脚春但得朝來杯底醉何嫌歲晚客邊身乍
稀乍密明還晦墻角衝寒過蝶隊露洗甯愁粉易

銷風吹只恐珠先碎闌干斜倚首重搔應待銀蟾
出海高知君相對饒詩興莫是揚州何水曹

秋室編

四

秋室編卷之四

閬中陳　鴻叔度著
廣陵羅霆章鏡庵較

五言律詩

題絓月蘭若同陳惟泰

蘭若何清靜重過舊石房竹深防曬衲松近愛移床西日千山暮南風一院涼尋詩秋杏葉猶記滿空廊

雨中宿積翠庵

茅菴坐秋夕空翠濕衣襟窗外野禽返磬中山雨

沉衆香牽石落諸壑冐烟深絶頂明朝路迷濛未可尋

送陳幼孺孝廉歸溪上

君家歸去便峽水到門前烟白梅連岍溪香藥在船長貧如舊日多病況殘年明歲相尋處東樓月正圓

送林懋禮之閩清

木葉落將盡送君當暮秋入山遥認塔到縣始維舟多雨碧溪響無城寒樹稠盈盈一水隔能不動離憂

送陳汝翔重遊惠州

送君曾入粵此際别尤難幾處途中飯都從瘴裏餐海雲非一狀嶺路更千盤逆旅多朋舊鄉愁得暫寬

水簾洞

誰將流沫織却向洞門懸未捲見晴雪不鈎忘暑天高風吹綿斷寒月照珠圓髣髴層巖裏氷綃障薄烟

九日懷興公

遠别又重陽依依劍水長客魂銷此日秋色過宅

鄉野店寒多雨山城夜欲霜一尊花下酒誰對紫
萸香

循州旅夜

一點循州月清光照到明鄉愁千萬種旅夢二三
更天際茫茫海烟中歷歷城誰憐憔悴客遥夜更
南征

宿苦竹派

水宿斷入烟相依劒在船風高秋打浪雨暗夕連
天空槖黄頭伺危檣白羽懸誰知兩行淚灑盡此
江邊

三水舟中

江色連天淨中流望淼茫人烟屯一面流水割三鄉日没欲維纜風微先落檣明朝向西去更入古蠻荒

端州五日

兩度逢佳節孤身滯别州緑蒲亭上酒鐵木雨中舟處處鄉園異迢迢江水流莫傳絲縷至恐繫客邊愁

哭徐惟和

才士原無命空爲楚些招夢囘春草寂人隔夜臺

遥姓籍收鄉榜詩名著國朝風吹窗外竹綠玉正
蕭蕭

潮陽旅次

蕭條依儆舍迢遞憶鄉城葉脆隨風咽潮寒與月
生客腸燈下斷旅夢海邊行南望無鴻雁誰傳此
夜情

夾竹嶺

長途不可涉况歷萬峰巔倦鳥已投樹行人猶在
烟夕陽沉嶺路寒澗落山田縱少離家恨憑高自
愴然

龍窩渡

利涉何年渡驪龍此下眠夢辭孤月店身入四更船島與烟明滅星河水接連縣城何處是應在海雲邊

宿猿洞舊傳湛俞隱此今爲叢塚

洞作纍纍塚滄桑信變遷猿聲樹杪絶鳥跡石間鐫落日見新兕高風懷昔賢荆榛薮遊月到此即凄然

哭守叢上人

師已謝人間經時梵筴閒捨身從少日葬骨最高

山陰洞遊誰在寒扉想不關峰前今夜月却照別僧還

遊赤巖偶値恒上人

玆巖三度到路曲石崚嶒出郭不呼伴到山偏得僧雲棲虛殿礎溪搁廢田塍且傍松陰坐題詩記共登

至日客西園曉起

枕上聞鐘早移時紙屋光梅開半夜雪蕉裂五更霜怯凍𪅙潛遁喧晴鵲競翔一竿南至日偏爲旅人長

十二月朔日客南劍作

異縣風霜滿窮冬木葉踈歲猶三十日程尚一千餘自覺身如夢空將淚作書流年不可駐恐向客邊除

聽泉閣

風露臨虛閣應涵秋氣清一山在水次終日有泉聲響逐僧鐘落寒隨客枕生中宵滿欄月都作玉琴鳴

送徐興公之滇

遠遊那可定況説是昆明漂泊萬餘里艱危十八

程俗經蠻地變愁與瘴烟生秋事悲方已何堪更送行

詠聽泉閣前紅梅

閣前開宿齊一樹見霞光却異羅浮種還添露井香映衣如向日吹笛不飛霜獨有寒泉色朝朝照艷妝

包孝肅祠

孝肅芳祠在懷賢試一過持歸無紫石比笑有黄河蘚字粘苔古蕉陰覆檻多草枯狐兎盡今日復如何

黄塘舟中曉發

孤舟沿岍發程遠若爲兼月色寒經淡風威曉更嚴衆山稀草木百里絶閭閻客久衣都敝無因篋裏添

春夜宿浮山堂

花滿池塘夕留人早掩關春愁多爲雨夜夢不離山詩就燈光裏來聯水氣間芳非看欲盡誰遣片時閒

送米彦伯歸武昌

氣候已寒衣君方鄂渚歸空將寸心在遥逐片帆

飛知巳今如此故園無是非明時嘗努力未必獻
書遲

石倉池上送陳磐生

雨積池尤曠初晴更映人草薰知岍暖柳密覺園
新媚景遲行路離心異及晨宅時看花暇相憶望
江津

送高景倩遊廬山

十年憶廬阜今日羨君行靈嶽宛然在昔賢徒爾
名瀑殼消歲月山帶驗陰晴知被雲松戀忘歸慮
益輕

閏月花朝孫軒作

不信花朝去尊前得再逢林鶯喉漸換池柳影偏濃瞑散層軒月晴浮隔水峰今年倍行樂風信亦從容

西峰新居

城郭堪栖隱寧論在磵阿窓幽眠起緩湖近出遊多舊業書難得貧家客少過堦前須種竹臘月莫蹉跎

哭趙子含 以九月卒

交遊多早逝豈料到君身古道失良友今時無此

人不逢靈藥驗空見紫萸新始信浮生夢飄如陌
上塵

元夕雨後石倉池上觀燈

池上駐香車風光勝習家燈如重暈月屛有百枝
花泉眼含烟媚山容着雨加園林儘堪戀不但爲
繁華
漫爾怯寒生層巒變火城應知五夜樂不出六街
行山路渾疑晝波塘若弄晴高樓鐘鼓近緩報曉
來聲
九枝懸竟夕月榭復雲廊虹散空中綵犀沉水底

光夾堤調玉柱別館出瓔珱夜永廻舟後猶聞珠
翠香
暫停元夕雨爲樂倍堪憐曲艷庭梅落杯光火樹
聯華燈歎淡月畫舫約輕烟明日歸城市還將勝
賞傳
詠秋室新竹
蕭蕭數竿綠忽忽一年春爭地不分主出籬纔過
人影稀天逾霽粉薄露尤新長物惟餘此山窗莫
謂貧
蓀軒雨中荷花

連日荷陂雨香兼水氣逼珍珠誰爲拾氷粉互相調烟重難窺鏡風多易蕩橈美人虛檻立妝罷正無聊

送張筂之歸清漳

重陽天尚暖候及菊花初送客清漳去登高令節虛蕉陰供水飯樵葉隱山輿九十峰巒色君歸何處居

秋日得能始粤西書

嶺外稀鴻雁方秋得遠書如分桂林月照此竹窻居商氣偏增感離懷或轉舒貧家自多累莫問近

何如

夜憶鄭孟麟

相憶數深更寒蛩草下鳴虧餘殘月影悲極暮秋聲此際傷心望何時握手行夜長偏夢短天漢正西傾

登越王臺

雄圖久已盡眺遠有空臺流水捨人去青山生客哀殿前寒斂戟井口暗蒿萊龍返滄江夜前王竟不回內有釣龍井

送菊至

秋老伴幽栖堦除當小畦淡姿寧在媚野意不嫌低香似傳龍腦金疑贈馬蹄黄尊還可剖莫笑醉如泥

遊林司成南溪

別業入深松山過更幾重澗轂方在耳石勢忽當胸取地開蕉塢爲樓納筍峰主人來往外或恐少行蹤

城裏曾開徑山南復有溪百泉歸斷峽衆石夾危梯夏木中通路秋禾下見畦瀛洲仙夢嬾多爲此幽栖

將北遊留别曹能始

貧居曾未遂落落出江潯難與故人别易傷遊子心陽光南至近雪色北來深却過田文宅思君日散金

村晚次

楊柳吹微綠行人此卸裝初遊防路失薄醉遣宵長庭靄尨廵月槽寒馬嚙霜還思故山别春夢戀繩床

三月燕中作

客裏逢三月餘寒尚滯花南心遣氣候北夢飽風

沙草出輕烟短楊垂白日斜流鶯啼不歇似爲惜
韶華

張家灣曉發

潞水灣頭市催行見曙曦流鶯啼樹早羸馬入城
遲擾擾春來思依依道上詩京塵薇遊目來往畏
風吹

白下過林茂之樓上

園徑已堪留娱心更在樓城中自佳麗巷裏獨清
幽雜樹各爭態鳴禽如戀儔鍾山映虛牖蒼翠最
先收

歸安舟中

水遶歸安縣初交越境廛人依桑葉並船傍楝花移鄉國云雖邇春風去不知明朝湖上望新綠想離離

太末客次追送能始先生時分籓粵中先有盧山之行

分藩向西粵廬岳亦成遊瀑水銷長夏征途待早秋心隨七嶺路目斷九江流去去饒名勝遐荒到盡收

太末送懋禮之九江余歸三山

半載不曾離燕關雪裏時忽言前路別未有故山

期肝膽傾知巳才情吐艷詞宅宵九江月相照枕
頻欹
北遊多共被西去各沾裾落日九江潤炎風五月
初故人喜相見爲我好傳書莫遣閨中婦秋來怨
綺疏

度關懷林四

旅愁平日積忽向嶺頭分足徒知閩嶠心勞憶楚
雲危途松頂涉流水筍輿聞惆悵關前路同歸不
共君

雨雪獨坐

冬來三度雪城裏始蕭蕭最苦風兼雨其如暮復朝婦愁松火濕兒喜竹窗飄殘歲無詩思何心憶灞橋

哭鄭孟麟

近日風人盡君今復喪亡撫棺惟有哭求藥竟無方一慟哀青鬢千言惜繡腸年衰同調絶莫惟易凄涼

秋夜集馬季聲醉書軒用開簧二韻

客到書堪醉人閒社屢開疎花朱檻曲高柳綠池隈夜色籠銀燭圜香襲羽杯微飈天末動吹入絳

紗來

二酉搜應盡堆軒復淸床尊移依樹寄窓啓就風凉夜漏徐催箭秋𣫍細咽簧一時文字會都屬舊高陽

送繆醇之歸福安

相送豈能遠秋山愁日斜無媒空獻璞多病又還家縣在嶺雲外路沿溪水涯泉庵明歲約來試雨前茶

湖上對月

載得盈尊酒秋宵與客期從來看月地孰勝到湖

時徹露深更墜凉風徹曉吹清光須共惜畫舫梆邊移

喜雨

多時不出户坐卧畏秋陽一陣蕭蕭雨孤窓漸漸凉頻催承溜急稍喜救田荒夜色南樓上朦朧對月光

遊北禪菴

茅菴城北近貧衲費經營空曠山皆見平鋪路易行僧房多紫竹農舍有香粳步步寒蟬咽聽來詩思生

夏日過與公山齋坐月而歸

一帶鰲峰路依山只數家窓蟬鳴斷續鄰樹過交加涼入收晡雨晴歸變晚霞淹留到明月別去影初斜

過能始浮山堂留宿

徐步堪相訪寧知江路長片雲纔飲霽微雨忽生涼松翠窺虛牖波痕上古塘依稀今夜夢身似在瀟湘

詠妓含胎

宜男嬌作珮蘇小嬾乘車綠葉成陰後丹房結子

初夢嗔行雨少步怯渡波徐花下門深閑人疑病
校書

珠微未出浦掌上幾時擎向月奔難遠廻風舞不
成心懷梧子重腰讓柳枝輕好待金盆內盈盈弄
化生

長至贈妓

簾外烟初霽尊前日欲長傳情托梧葉點額學梅
妝曲度銀屏緩燈交寶釧光坐郎懷抱裏何怕有
嚴霜

送善生上人之延津

偶出應峰寺還尋南劒津片帆天際影一鉢浪中身詩何傳齊已交游愛許詢衲衣無用濯原少住山塵

過梁氏村居

春晴天氣好相訪到茅廬花竹幽無數衣冠朴有餘尊中留客釀榻畔課兒書莫是梁鴻後移家此地居

遊黄蘗寺觀龍淵

一派龍淵勝千盤蟒穴隣寺幽雲導客山冷雨隨人散下空花亂飄來碎玉新朝朝潭石上堪滌苦

吟身

送王久亨還建陽

易到三山路移時下水船歸愁逆白浪難似上青
天雪凍遂慵啓沙長纜怯牽梨花開遍處家近考
亭前

鄴城道

一從都鄴地天下尚紛紜入幕陳書記稱雄蜀使
君骨非疑塚壟香可望陵分吊古千秋後猶傳大
陸文

不淺奸雄意多才詎肯容楊公常紙牘背或本如

龍剪盡黃巾跡燒殘赤壁烽淒涼當日事總帳泣寒蛩

魏武稱王後何如作尉前荒臺漳水地古及建安年豆煮根徒泣巢傾卵豈全挾門有金鳳飛去至今傳

漳河逝向東八尺故床空鸚鵡魂何在蛾眉曲巴絡月明烏鵲夜日落白楊風寂寞飛雲殿黃昏野火紅

送萬伯文歸粵中

此地偶然聚將歸送不堪人驅匹馬去路入五羊

南翡翠夜啼月梹榔朝破嵐曾聞秋雁少何日寄
封函
東洲驛
古驛東洲路官衙半枕江引雛沙上燕吠影水邊
尨海市通蠻户山形控粤邦五羊城漸近南望啓
船窗
遊海珠寺
偶尋臨水寺况在水中央地脉通鮫室波痕浸蠣
墻應潮晨梵早浮月夜船光彼岸東西近漁歌雜
講堂

遊梅菴

榕陰綠蔽天僧舍閉秋烟法自曹溪演菴從宋代遷紫茸烹石井香飯割湖田六祖曾經此松龕一夕眠

至日過慈恩塔寺

曉過溪上寺霜氣滿衣凝布地金光麗盤雲塔勢崩城低通梵唄沙没徙漁罾日晷同蓮漏相隨一線增

哭王相如

漁滄分手後見面卽無期我尚飄蓬日君先就木

時威前一灑淚泉下可能知肝膽平生在中宵說與誰

和能始少參見寄韻

灘水西行日交遊失所依一官休自嘆萬里莫言歸夜月生花墅秋風動板扉關心問何物舊貫槨邊磯

寄畢康侯

家近秦淮渡門臨舊死墻桃花蒸水暖柳絮撲苔香客次閒吟韻人求異病方別來無酒伴春夜信愁長

贈臥雲羽士

千種碧桃樹不知經幾春道書蟲蝕訣仙藥鶴傳
真月白夢瑶圃露寒朝玉宸有時峰頂望吟墜九
華巾

送安藎卿鎮南日

暫臨南日地悵别北風前夜校連營月朝屯古寨
烟城頭聞戍角天半見樓船春早梅花落從軍曲
裏傳

喝水巖夜坐

丈室臨枯澗猶能清客䰟尋詩還傍石徙榻復當

門月照嶺前路烟開江上村中宵堪穩臥已息水聲喧

同林正則過西郊僧舍

同遊多水畔對坐傍山隈蕉老秋衣裂池平曉鏡開梵音蟬互答僧徑葉初堆八月涼風起連朝出郭來

秋日與公磐生過酌秋室

一室秋蕭瑟朋來坐竹深淹留殘夜話脫略野人心白社交終在青雲事莫尋可如嵇叔夜疎嬾日相侵

三華道中

巳過雙峰驛離家十日餘殘蟬猶衣袷暖蚋尚隨車僕屢松根歇人多桂下居湘灕遥未達風土更何如

寒露日曉發

整駕不成眠星河半尚懸客愁寒露下人語曉風前古路少茅店遥山皆稻田旅衣誰爲憶正是晚秋天

遊南華寺

寺遶曹溪水能分一滴微宗風寧寂寞眞相自依

稀袷有歸時屐傳仍化後衣徒云經此地莫得問禪機

遊峽山飛來寺

峽寺秋堪眺山雲曉共行曾傳不飛去想是但聞名暗水源難測層巖勢欲傾閒遊殊未愜催客榜歌聲

重遊端州訪何用晦

八年閒作夢只是粤中多重訪名山到還經舊路過蓬蒿君尚爾萍梗我因何又作湘南别秋風動夕波

桂林至日有懷與公
宅鄉逢至日客思轉悠悠陽氣升葭管陰雲積桂
州敝衣殘歲怯旅食半生愁此地梅花早何因寄
隴頭
張晦之移紅梅至
初疑庾嶺信傳自綵戕新殢酒枝難醒施朱辦更
勻霞明如照夕烟暖欲燒春莫是花源路予將學
避秦
寄鄭爾調少尹
門徑花開早春時想不扃家疑居柳市夢識斷松

聽五字將愁寄孤眠畏酒醒相思灘水上江草日青青

清明

桂江今日節氣候轉堪猜一自春寒作經旬雨色來尊傾再竹幔榻徙就榆灰花信都無次滿庭將盡開

克紹宗侯招木龍洞值雨

洞門臨渡口巖影墜潭空泉暗雙龍引窗虛百雉通移尊當石壁維棹徂江風列岫晴皆見堯山尚雨中

念室宗侯招集湖亭

樓曛生凉早江空送雨低雖然過暑月亦自愛湖堤裙想榴花小杯傳藕葉齊天涯良會少醉聽白銅鞮

陶穉行招飲是夜立秋

連朝苦煩暑庭樹忽凉歸邀我開蘿徑呼僮候竹扉秋風漸蕭爽夏日轉清微今夜偏長坐堦前聞葉飛

何儀三席上觀楚中新至三妓

宴客高堂夜誰能不醉歸曲調三婦豔燈吐九光

微夾竹夭桃落穿花亂絮飛巫雲隔巳遠猶自傍羅衣

送丘文舉歸建溪

歸意漫踟躕溪山似畫圖經須尋舊隱何必怨窮途晚稻田應熟秋花徑未蕪船窗去何物但載月明孤

送喻宣仲還豫章

送客此江邊于君獨黯然論心非一日會面更何年虛舘秋偏靜遥天月自懸相隨只茶具攜上木蘭船

想得衡門下歸時事事幽父書見解讀兒句弟能酬章水牽清夢灘山憶共遊草深徐孺宅何日訪南州

霜降日陶程行藤伯倫集能始署中因訂登高之約

秋高頻作雨尚與給衣宜霜訊徒云降寒威杳不知桂飄官舍盛菊映客樽遲漫擬登高會晴明詎有期

能始署中看菊

風露屬蕭辰籬花兩度新轉愁今日會猶是異鄉

身官暇移當案朋來戴蒲巾爲言遣離索惟有緑

尊親

偶向候門覓因攜宦邸肴繞叢雖日盛佳種得爲

雖半榻適餘趣一杯消薄寒兒童如解事相護到

開殘

夢弟瀾

連枝牽我夢夢忽在鄉園豈料泉臺隔偏逢骨肉

存草荒城非塚燈暗雨中軒濕盡姜家被通宵積

淚痕

寄克廣

兩度逢攜落那堪尚滯留歸期如夢裏別日記江頭海國仍多警湖田屢損秋從來貧與賤終隱更何由

寄能證

友生誠可仗豈使嘆途窮別已兩年裏坐惟孤館中求田非許劭居廡且梁鴻疎嬾君能恕毋煩尺素通

寄典公

憶君城郭住亦復占林丘何點稱通隱宗生愛臥遊架藏書最備門種竹偏幽紅雨題詩處時時夢

到樓

湘灘秋懷

高樓頻遠望秋老滯湘灘波淨流成瀫峰尖列似錐客程天盡處鄉思月斜時一派臨江竹偏多帶淚枝

別能始

歸路及冬候曉來寒漸深能無臨別淚空有感知心君賦傷南浦予思在桂林盈盈霜月好祗是鑒離襟

別穉行

君亦天涯客那堪送我行千秋文雅事四海弟兄
情家難負貽累人前且隱名還愁更飄泊何處訊
餘生

别伯倫

論心如舊識不道是新歡幾日綢繆意一時離別
難暮江清更綠遠樹齊衫丹迢遞湘西路明朝天
際看

别李汝大

何心嬰世網莫惟早休官宦橐泥涉盡人情蜀道
難僑居身愈累歸去夢方安樓上從茲別同誰話

歲寒

江口舟次

舟行衝曉霧四望杳難分沙湧如屏障波廻若篆文日高山始出林黑火初焚漸有梅花綴微香隔水聞

雪中旅次

颯颯孤篷響風吹雪片斜爐中撥松火瓶裏供梅花鄉思牽相迫寒威夜轉加無衣仗杯酒早已泊江涯

東湖曉發

曲曲東湖水何能計里長沙明籠淡月船重積嚴霜冒曉人情起衝寒雁競翔梅花飛盡日猶不到家鄉

南新江上

南新江水落愈見故山遥舟灘粘沙渚檣高觸浦橋凍風春到解微雪夜來消無限添詩思梅花點點飄

爲王久亨催妝

琴臺挑卓女針閣度黄姑雖愛顔如玉還期掌裏珠歌聲喧席上月色映庭隅試問嬌桃葉王家得

並無

送李羲民歸清漳

君去太匆皇多端説故鄉雀荷仍聚舶米穀少登塲水避蛙生處橋過虎渡旁吏愁芒屩薄踏遍萬山霜

陳元朋林懋禮過集秋室

冬晷初長後爐香坐屢灰雨淹深巷轍風遞小窗梅家釀天寒熟鄉心歲晏催蕭條綠蘿徑莫厭日頻來

輓碧天上人

任持頭已皓遺衲着皆穿行苦空門日功成古寺
年晨飧分餉客夜簟讓安禪獨有清池月還來照
白蓮

輓心珠上人

三山身忽逝神往五臺層弔有來時客閒無緒夏
僧尚存池上榻空見樹間燈却憶同遊處荷香曉
露凝

輓別山上人

破寺捐囊葺眞僧願詎遙忽從閩地歿不得楚山
歸梅雨沾遺暴松風動戒衣苔生西郭路誰過叩

禪扉

送崔徵仲明府之西江

明時何必隱纍綬又之官父老待應久賓朋留實難蒸車粳稻熟充饌荔支丹西去秋江月清琴再一彈

同陳惟秦宿神光寺印上人禪房

雨過石池平凉生丈室清非秋虫聒夜將曉鳥知更鐘起催僧早燈懸照客明繩牀閒共話徒切昔遊情

早秋集城西樓

秋水綠于染秋田黄巳萎殘香觸荷芰遠影見松杉盤薦湖菱美厨供海錯鹹願言長讌樂羽檄息風帆

詠美人故鞋底

遺物委園旁空餘寸許長拾來將化土行處尚留香不上三層閣誰聞十二廊成雙磨折盡容易斷人腸

哭曹子興孝廉

少年登桂籍嚴父愛何深忽失江山色俄驚石火沉夜宵偏寂寞秋雨況蕭森天意能無懼應寒善

者心

秋日雨中集趙晳夫池館

結構何幽曠讀書仍傍家軒窓下凉雨池水映秋花客至寧嫌數樽開不待賒珍藏有遺墨時見舊雲霞

送張若仲還江夏兼訊米彦伯

上策心終在干人計總非閩天厭行路楚水對開扉徑裏蓬蒿滿霜前橘柚肥來生猶落落别日記依稀

林懋禮招南塢看梅

出墻兼傍墓莫辨北南枝呼吸自成醉形容難盡
詩烏啼烟暝處人冒雨來時尚有重看約江風且
緩吹

陳昌箕招藤山看梅

霽日遊方愜依稀暖漸催只愁花盡發因約客重
來雪瓣爲珠箔蟾光學鏡臺平坡軟如褥偏稱坐
蒼苔
連山幾百樹疎密不分叢春隔旬餘日花驚片晌
風句中思灞水杯底醉秦宮後夜江橋月相思有
夢通

過能始長至臺看梅復飲夜光堂

幾樹花開早偏當小檻前此臺爲最勝與水得相連莫管殘冬候何妨漸老年今宵有霜月來照酒杯圓

虛堂松翠裏梅樹復交加客到一開牖朝來皆着花觸簾香不斷傍檻影偏斜池上如同賞衝寒泛小槎

元夕十六夜集陳泰始京兆宅

燈事仍如昨寧論第幾宵月猶天上滿花盡火中飄酒政行偏恕歌聲轉太嬌閒窗與桃暈風暖軏

先消

掛蘭

厓角時頻見江干不可搴豈隨香徑種祗向碧窓懸影易臨簷日根非着岈烟從今風裏蝶都少到堦前

燈盡夕集芳秀堂分韻

鰲山今夜撤勝賞隔年逢月上凭欄久燈稀出市情餘香憐舞袖極宴戀歌鐘爲惜風光盡還燒蠟炬濃

送劉濵仲守鬱林

一官方應召已䏰舊青衿閣校劉天祿州傳陸鬱林朱幡迎漢吏銅鼓破蠻音此地隣勾漏丹砂或可尋

寄白上人

師歸秋色裏幾夜夢長溪鶴共嶺雲度猿隨林月啼僧房依翠壁仙路近丹梯更約相尋候風吹茗葉齊

越山菴看梅

梅開香觸鼻蓮宇是旃檀此日偶然到滿林猶未殘枝枝分佛供樹樹領兒看莫畏年華急飛英尚

耐寒

遊石室

古桂已無根空傳舊日存未冬凝朔氣何處入朝暾洞邃先凄骨崖傾屢駭覓松臺一片月猶照曙啼猿

病中答能始訂荔會

六月清池上荷深有夢飛無方驅病去何地得凉歸僕恠床頻徙醫教扇罷揮荔支不相待香老絳綃衣

送越山師移住寶善

茅菴聞最静往往住名僧片棹忽言别舊山誰共登路沿溪屈曲浪帶石奔騰漫有追隨約尋師苦未能

贈張明父畫士

滿床堆絹素潑墨寫雲林病裏生閒事圖中托遠心乞從門有客賣爲橐無金半載不曾出堦前春草深

太師葉文忠公輓詞

際會三朝盛沙新兩築堤崇勳番竹帛竭力冊桐圭霄漢開言路邊城絶鼓鼙平生負清白夫子是

關西
箕尾騎天上哀聲震海瀆晉公眞雅度蜀相最忠
勤隆棟俄傾日佳城半入雲山川靈氣在猶自想
氤氳
久謝綸扉貴憂時更百端明君容抗直邊使訊平
安星掩中台色風號別墅寒九重頒詔下褒祭萬
人看
進退知幾早心將達者同齒牙公士論風度切袞
衷勝覽名山闢周行廣路通文章垂大業千古仰
宗工

催妝詩爲曾克和賦

佳期今夕近，勝似渡河梁。鳳蠟烟熏暖，鸞車路載香。月團披絲扇，風細動瓊璫。更奏秦臺曲，朦朧待曙光。

燈下新妝就，還將寶鏡窺。從來矜粉面，不待畫纖眉。繡帳春雲熱，金壺夜漏遲。檀郎偏似玉，誰不道相宜。

七夕同雲姬集池上

仙車橋上近，珪月檻前遲。共對三秋節，如臨百子池。珮輕風緩引，衣薄露微吹。針縷多牽愛，齊緣乞

巧持

冬日同浪上人遊大夢山尋墨池舊跡

郭外青山近頻年到未曾墨池詢舊主詩草屬閒僧水涸湖全隘墳荒土半崩蒲畦霜菜綠一抹夕陽烝

歲暮過高楓庵訪淨德浪雲二上人

高楓樹已老菴尚舊時名廣路橫通浦幽村暫離城籬防霜橘熟窗透野梅清殘歲將何適空門物累輕

西峰秋日

巷中從寂寞誰問野人居世事藜床夢生涯竹屋
書茶烹新雨後衣解晚凉初一片西山色青分到
敝廬

秋夜懷孫彥回

坐久見明月憂心轉悄然館凉疑雨夜地白似霜
天疎柳河堤遠寒蟲野徑偏相思就氷簟恐是不
成眠

花雨上人新移西禪雲房

出郭禪林近偏宜緩步遊荔深全礙日蟬噪各爭
秋地得名僧住田歸別主收從今茅屋下多爲已

公留

元夕宿薛晦叔書樓

市上偏嫌擾園中倍覺幽百杯元夕酒萬卷傍家樓促席聽玄論看燈憶冶遊紙窗光似晝夜月更相留

同安道上曉行

氣候泉南異渾忘十月時地偏蚊聚劇海近燕歸遲野菊餘霜蘂園梨遍雪枝小春衫袖薄不怯曉風吹

吊文信國祠

王師猶北伐胡騎已中原市濺孤臣血波沉幼主魂芳祠連橘柚落日薦蘭蓀皐羽西臺淚曾聞客在門

銅雀臺

陵寢誰相問荒臺不可攀香分羅帶冷塵積繐帷閒金鳳空飛去青蛾故望還惟餘寸土在壞瓦落人間

項王廟

往事鴻門恨空悲玉斗撞謀臣增有幾國士信無雙龍現皆成彩騅嘶不渡江楚歌聲四起吹入舊

船窓

漢高廟

百代神儀壯三章帝業隆蘚碑臨古道榆社識新豐山拔言空悔雲揚勢尚雄可憐韓紀盡誰數漢臣功

登岱

歷歷層梯險飄飄若御風大荒忽已盡滄海杳然窮雲起從封上花開自雪中幢幡聯隊女先到碧霞宮

五岳先齊魯東來薄混冥路窮將斷壁日出未沉

星絳節朝羣帝金函護百靈泰松年代久但見舊根青

茶洋舟中

溪流千萬曲汎汎不知長作客逢殘歲隨身稱薄裝浪喧舟犯石岸醉樹沾霜前路人烟近誰家遠火光

梨嶺

望望家園遠行行嶺路長途中車趣月草上屨沾霜健僕如猿捷傭夫似蟻忙關門知漸近延首是分疆

仙霞嶺

閩路中分險紆迴數百盤嶺高行豈易天近問何難入越方云始離閩稍覺寒中原流冠滿獨此佚平安

瀫溪雪夜懷舊人

朔雪連朝暮空江滯客行作花千樹媚因月兩重明坐處沾帆重承來着袖輕美人樓上望纖指怯寒生

遊瑞光寺

長夏堪隨喜城南古梵宫白龜前代迹黄雀午時

風經演花陰外碑看殿角東浮屠斜照入紺碧復玲瓏

五人墓

孤臣蒙禍日壯士殞身秋法不寬三尺魂應聚一丘新碑黃絹重古道白楊愁縱隔要離冢精靈想共遊

虞山毛子晋以和春深詩見貽

名下文章士曾知作者心三冬應學足終日只書淫忽値廻舟去因辜載酒尋新詩投惠好閒誦和春深

咏甁硯

圓硯渾如膽中涵墨汁香製非窰共薄磨與鐵俱剛但許題詩捧休教索酒嘗欲除文字障清淨奉空王

贈隣友

不辨戸東西修篁一樣齊燒茶分夜火種菊界秋畦瓦接鴛鴦宿墻通絡緯啼買隣如問價十萬尚嫌低

門徑居相並平分屋數楹鞦韆常過影剝啄混敲聲牽去遊絲網吹來煮酒鐺春風花上月一半隔

墻明
却喜爲隣好君西我住東夜泉背屋後曉塔共窻
中竹色籬交綠燈光壁透紅時時過王翰花底一
尊同

初冬夜作

十月猶輕煖無霜綠樹齊木綿從被薄蟋蟀近床
啼初熟篘松釀餘香護菊畦不眠吟未就殘漏徹
城西

冬夜坐南澗草堂

颯颯朔風起柴門寒色增葉堆霜後瓦花落夜深

燈覔篁愁如水倉毫怯帶氷野人聽事寂絶類澗中僧

後湖看梅同秦素美人

每尋前塢遍始到後湖來暮雨將成雪春波故浸梅樹多沿岸轉花半月寒開猶有凝妝妓含嬌想鏡臺

醉海棠

氷姿忽變霞經雨太夭邪有暈如中酒無香肯讓花炤傳紅蠟膩妝倚赤欄斜莫喚楊妃醒春寒追絳紗

宿白榆州

船濕無眠處茅扉借岸傍席施平地狹門掩數家荒破牖斜通月寒沙淨照霜明朝江北去一爲訪雷塘

别林茂之

東遊歸愈遠道路更漫漫雪後淮流濁雲中岳色寒故人那忍别孤客敢求安聞説經離亂村烟幾處殘

雪後渡淮

别來三十載又上渡淮舟雁没雲中陣魚銜雪後

流深泥牽纜怯殘溜滴逢愁獨有垂楊綠依依似
昔遊

別吳渙如

文章齊魯重轂價一何高懷裏藏和璧床頭捉魏
刀關河身共越風雨夢俱勞惆悵與君別歸尋三
徑蒿

吳綵鸞寫韻軒

反爲生情想神仙事亦奇不須青鳥信自託綵鸞
詩甲帳稀霜雪瑶臺忘歲時漫誇秦弄玉兩兩紫
簫吹

訪黄伯雲

行行遠城郭忽忽到林丘菊訊忘過節桐心不怯秋方書堆枕上家釀出墻頭不是相邀醉何能破旅愁

贈得明月當三五有贈

明月正當商入圓鏡亦圓只須三五夕却勝一千年調笑窺羅幙凝妝上翠鈿盈盈復皎皎那得不相憐

玄鍾園中同安藎卿

園囿何幽曠依稀隔市譁數聲新霽鳥百種過春

花散步風徐至閒吟徑轉斜朝朝留客饌近海有魚蝦

邵肇復大參招凰崗看李花

凰崗産佳荔更是李花多盛夏不曾到芳春時一過行疑香雪塢居類白雲窩漸覺風來暖輕衣試薄羅

紅鸚鵡同董叔會賦

鸚鵡原殊衆珊瑚類錦機青霄未可上朱戶漫相依莫脱樊籠錮空沾稻粒微東風春草綠不得隴山飛

羽翼何光彩珍禽自不同乍疑丹鳳表細辨錦鷄中顧影翻朝日能言弄晚風霞天何蕩蕩吾意欲開籠

西峰小隱

通隱偶然遂古人安可齊晚家居巷北春興寄湖西窓敞竹風細簾垂花霧低往來無俗轍幽鳥莫驚啼

倪柯古池上續荔會

畫閣水中央閑看摘蒲筐濃雲籠曲榭流火度空塘種自家園熟分來客席香氷盤珠蕩漾顆顆奪

波光

贈王元樹

乾坤安有宅住處更難尋會釆千年藥俄成片晌金核䅵知共宿鸞鶴和餘音璽秘床頭籍閒搜戲五禽

贈補山寺靜師

興復梁朝寺非師不可成臺連平遠勝塔建定光名紺碧誇金界巍峩見畫甍殿前餘法鼓猶是舊時聲

宿徐黯之山齋因憶典公客中

凉雨洗梧竹依稀秋氣澄多時人遠別此夜聽何能鼯走爭穿瓦蛾飛故戀燈南風吹枕上遠道憶詩朋

寄題崔徵仲秋谷

勝地傳秋谷因人乃得名峰蓮千仞合徑竹四圍生蕭爽皆隨意虚靈若有殻霍童仙路近欲共采芝莖

宿湧泉寺呈雪關大師

寺與餘十載今日始能來徑護新松活籬編野菊開暮林低落照秋澗歇奔雷半榻雲房宿爐烟續

斷灰

賤生日曹能始惠詩次韻

居傍西峰下先生識我貧四方空射矢獨繭自成綸老厭殘生在交憐昔日親秋風蒲柳質亦復戀陽春

九日懷輿公客劍津

遠別又重陽相思劍水長客魂銷此日秋色過宅鄉龍化空潭雨蛩啼野館霜去年曾共醉憶剖紫萸房

客定海作

此地難爲客揚帆畏海濤天連波浩淼城跨嶺週遭取水支厨遠依山結屋牢何如湖上住疎柳繫輕舠

飲文氏池上同池亶夫

屢出厨頭酒真堪起病軀槐虫墜鄰鼓蘭麝試薰鑪語得同鄉愜情因勝地娛銅鞮休用唱座曲有吳趨

題窩頭菴

一窩栖禪僻門徧山際頭高僧常懶出名士每來遊胥公常遊此月在鐘前上雲歸鉢底流因師索詩句

忽夢鄉湖秋

立春日渡楊子江

一片長江棹茫然去似飛新春今日到故國幾時歸浪裏浮鰲塔山根捕燕磯推篷寒雪重坐看亂霑衣

柬米彥伯大令

相思二十載相訪四千程雨雪連畿輔風沙接縣城依依重聚感欵欵別來情霜鬢無勞問多年鏡裏生

得潮州別駕黃元常書

韓公曾出牧君復佐茲州黄綬紆新命緇衣好舊遊書傳鴻雁喜牒徙鱷魚愁荔子如閩地番陰滿郡樓

詠十九夜月

秋月中旬近清輝漸欲殘缺疑風剪扇圓減露承盤東岫深更待西樓徹曙看參差桐桂影漫漫上欄干

九日感懷

忽忽驚佳節登高興已遠長貧生事減屢價故人非餅罄難沽酒砧催未贖衣秋來少風雨那得菊

花肥

芳春曲

鶯啼緣甚事花發爲芳時賤妾自愁絶旁人安得知腸迴如寳錦緒亂若吳絲寂寞春閨裏依依度日遲

落花

閒堦與曲廊點點逐年光剪碎蘇娘錦銷殘賈女香遊絲應罥住乳燕故銜將斷送芳春去含情掩繡房

東城樓送春

高樓不可上四望感芳菲欲挽青春駐難留白日飛鶯鷇忽已老梅子有餘肥爲語關門卒東皇莫放歸

玉蟠庄宴集

寓目皆新緑名園載酒邀衆山低過雨曲逕暗通潮鶴踐香泥濕魚驚畫檝摇夏雲將變候煩暑每來銷

暮春

東風何裊裊花信遞相吹湖上行將倦窗間起每遲一春中酒處三月少晴時滿地櫻桃落開殘也

不知

喜黄漢白至自温陵過訪

老病如秋葉因君更發生尚存孤立骨得訊別來
情鄉土憂群盜醫林壓衆名相過悲復喜燒燭坐
深更

題林守易北山別業

入境茫然隔深幽此地宜逃禪隨草坐避俗稱茅
茨蟬咽林間悉颸行樹杪危敲門多客至先有住
僧知

步步成佳境烟霏晦復光鶯啼欹枕榭鶴守讀書

房處士惟三徑神仙別一鄉從今來往客都不到
隣庄

同吳門王不莠過越山菴啖荔支

荔支將盡熟樹樹錦雲蒸乍摘先供佛多分飽對
僧色將榴火並甘勝蔗漿稱消却吳人渴何須憶
嚼氷

西禪寺花雨上人惠荔支

師分時菓至佳品說西禪曉摘承清露宵防坐綠
烟入林香觸鼻步徑葉齊肩記啖輕紅盡乘凉樹
下眠

空生禪房看梅同林巽卿

記得移來日多年種已長兩三枝近井一半影過墻似較僧容瘦如添佛頂光蒲團施地上卧看到斜陽

能始招同楨上人集薛老庄看梅

步入古崖隈全勝別處開客疑香國聚僧認雪山猜隣寺供蔬饌中厨出酒罍欲臨危石頂呼月過城來

歲晏

兀坐孤燈下尋思集百憂硯田翻有稅錐地竟難

諜律轉回黃葉霜寒促白頭那堪歲云暮連夜雨無休

湖上春步

湖上好風光朝來日正長家家青綠遍步步綺羅香蝶使迷花塢蜂媒鬧蜜房踏歌遊女過水底見紅粧

上巳湖上訪雪航上人

十里西湖路尋僧古道場年光逢上巳山影見中央輕浪蘭舟濕微風菜甲香因師嚴酒禁不敢更流觴

秋旱

處處桔槔聲通宵響到明龍癡難解旱鳩拙只啼晴衹畏秋陽熱何嘗暑氣清山田無半畝亦復望香粳

過趙因夫宅

與君成永訣泉路隔悠悠火冷丹爐夕樓空鐵笛秋王孫不可見賓客復誰留門外瓊河水含悽咽未休

中秋秋室翫月

秋室如鮫室亭亭月在天夜當三五好暈結兩重

圓從榻書堪讀開箱線可穿何須趙羽士挾客上峰巔

寄曹羽士

白髮任玄都城西僻一隅甕從餐字飽鶴任減糧癯不説千年藥惟存五岳圖近聞齋禁後還對酒杯無

哭徐興公

萬卷坐深夜堆床塞户庭猶餘太乙火已失少微星烟冷茶空綠霜凄竹自青貽謀是何物世守但遺經

三峽亭新成能始招看瀑布

底事春晴候還聞鼕沸雷源分何地出雨若半空來野酌猶堪洗風窓更共開依稀似三峽只少斷猿哀

五日集安蓋卿閒鐘館喜雨

田乾不作雨一點一珠零涼已拋紈扇秋先入畫屏綠尊留客醉紫艾辟兵靈近寺鐘聲動還同倚檻聽

病中苦熱

殘生將地下何必術能延自入清秋日都成酷暑

天藥涼那勝雨后美不如泉安得南風裏拋書任
早眠

秋夜陳永叔招遊湖舫

月當何處好湖上倍光明相共夜船坐偏多秋思
生桂輪將及滿藕葉有餘清不竊嫦娥藥今宵病
自輕

寄林若撫

一別吳門路時時在夢中橋分寶帶水逕送錦帆
風岍栁番春肆烟花遶故宫長安今便道音信易
爲通

新柳

天氣近花朝輕盈見綠條爲誰開媚眼故自學纖腰嫩葉如裁剪柔絲太動搖令人憶張緒一日一魂銷

九牧道中

疊嶺登還歇前村去路賒子規三月鳥躑躅四山花雨霽行將晚林深望轉斜欲投孤店宿猶不見人家

仲夏雨中獨坐西湖客樓

長夏偏多雨虛樓坐及晨蚊鑽濃睡僕蛾觸苦吟

入有被皆沾濕無衣可換新愁聽對孤燭颯颯已經旬

過西禪寺

古荔陰中寺來遊亦偶然驟生初伏雨涼似早秋天散坐尋深徑清齋藉薄田只愁離亂日不得共安禪

立秋日過石梁山房

一葉隨風下新涼漸漸歸蟬聲聽不斷人跡到還稀鳥共餐蔬飯僧同啓竹扉石梁今懶步筋力始知微

九日憇澄瀾閣

令節恐虛度步行西出關坐于秋水閣看遍夕陽山應候萸方紫過秋葉未斑憑欄思何極不見羽書聞

送曾也愚歸永安

永安尋舊隱恬淡似君稀竹屋孤燈閑花源一笠歸苦吟虫助咽久别鳥驚飛家近栟櫚寺霜風拂釣磯

冬夜

寒夜每長坐蕭然紙屋虛老嫌更漏永懶與月明

疎砌竹影相亂野梅香破萮苦吟聊遣病或恐未能除

送黄伯圓扶故友朱子強櫬歸豫章

千秋高誼在莫謂此行虚晝夜扶靈柩風霜走素車故人不可見末路更誰如磨鏡爲途費家隣孺子廬

徐存永邀飲桑溪修禊

修禊桑溪近先期出郭行風光將上巳雨意亦新晴散坐依莎軟流杯拾羽輕前王遊宴地因感昔時情

許有介招閩閣避暑

高閣堪銷夏依山四望餘石頭鋪桃簟松頂掛衣裾似入蕭晨候都忘酷暑初素心談竟日此會詎云虛

過花雨師西禪寺

不來山寺裏調病更無方鮮荔紅氷脆新粳白雪香頓忘天酷暑似得藥清凉竟日惟高卧蟬聲咽近床

送理上人之日本

雪裏杳無際經旬水上程直窮天欲盡應見日初

生僧飯從何覓神針指此行兕持頻起坐會使毒龍驚

初春十四夜集存永山樓觀燈値雨

山樓燈事好初試九枝新生白蟾氷皎凝寒鳳蠟勻薄烟俄蔽目細雨却留人更待明朝霽行歌逐暗塵

九日送郭懋荆歸温陵

歸去清源道紛紜賊四方慈親望閭里倦客上河梁誰共殘宵燭應憐似水裝何時更相聚世亂總茫茫

送王漢傑歸清流

送君何以贈，鮑子諒予貧。行路憂群盜，還家慰老親。月斜鷄唱早，秋老葉飛頻。後夜相思夢，漁滄碧水濱。

登閬閣懷故友鄧道叶

昔歲松杉種，重來百尺齊。林深雲在閣，路轉石成梯。問姓更新主，尋詩沒舊題。懷人無限感，竚立夕陽西。

過陳開仲寓園書樓

開闢園十畝，樓榭盡藏書。每見螢相照，偏憎蠹未

除沾床妨雨濕晒帙待晴矜莫是楊雄宅移來此地居

許有介惠壽言賦謝

文章感持贈把誦意何長老眼開秋水貧家得夜光敢隨名士後空負丈人行月旦持高論君爲許子將

送瑩心上人之清漳

千里迈丹霞茫茫到海涯瑩心盟水月如意指天花世上方多事山中有幾家松枝宅日約東偃舊房斜

寄陸無榮

落莫還鄉里飄零勝客邊門當一灣水竹剩幾竿烟往事空悲憤餘生且醉眠詩名何所似二陸繼新篇

西峰冬日

床書與酒具冉老寄西峰濯學園中叟春稱廡下傭一雙衝雪屐九節曳雲笻春到無宅事惟探五岳蹤

病中

老病惟高枕經旬不下床倒看梅在牖暗想竹過

墻夣囊驚年盡閒中度日長芒鞵今已敉久不踏晨霜

冬夜

向平婚嫁畢筆硯亦將焚竹簡三冬雨芒鞵五岳雲寒深施坐具漏永續鑪薰界却門前路方無世事聞

秋室

千篇堆滿案對此每忘疲故業無餘物經句改舊詩多因啼鳥候半在落花時閉戶頻吟咏牕西日影移

過揭仁趾寓館

寓宅何幽邃前開禮佛堂掃堦塵不到闢牖月分光童子編花徑神仙授藥方削殘鬚鬢後渾見一支郎

贈晚山上人

永陽山水窟最勝是姬巖若是窮來路分明似隔凡天光浮桅席雲氣上衣衫我欲從師去隨身白木鑱

送杜言上人歸四明

亂離俱老日道路更漫漫縱是餘生在應知後會

難海天多雨色烟寺已秋寒歸去容顏變何須鏡水看

哭徐存翊

年少入何處哭君添淚痕書槧燃雨寂紙帳着塵昏筆匼花才謝窗間草尚存荔奴當日樹依舊映前軒

過靈山有感

靈山重到日無盡昔年情文酒此爲樂亭臺今已傾露凝草頭淚風咽樹間聲縱不悲搖落煩憂秋自生

寄輓李公起李生而聾啞能詩文

神可通交誼詩常賚往還二根雖已塞萬卷不曾開目極雲天外寬招雪浪間從今好風月空憶四明山

望後集羅鏡菴沂園池上

雅集皆因月忘歸每及晨魚驚池上影鵲遶樹邊身稍鈌當空鏡仍同昨夜輪天河幾萬里直欲洗征塵

柬孫爾尊

年來風雅士蹤跡半蕭疎惟我巷中住近君河上

居麯香藏斗酒花氣襲床書午夜間吟處潮生月滿廬

秋室寄興

籬門塵不到久與世相忘掃葉煮石髓移花承露香交應疎叔夜言偶寓蒙莊消受無它物殘書坐石床

曹亦尼池上看菊

戰塵猶未息勝會亦云稀秋老霜凌菊天空水映扉何時傳露布幾處搗寒衣夜禁無由弛應先夕鳥歸

過許于王圃中賦贈

雖是爲花徑尤堪作菜畦衆英紅乍落數本綠初齊蝶戀頻穿圃蛩緣偶着泥弟兄相共樂不界户東西

謁天妃廟

南國鍾靈氣相傳濟海功往來諸島外瞻拜半空中燈現宵隨浪檣飛曉掛風馮夷知號令不敢出龍宮

詠霜葉

斷送殘秋去微紅日漸繁光生如照夕寒到稍迎

暄十月小春候數家何處村年華不長好須悟落
歸根

寄君義侄客嶺南

天涯飄泊後想在五羊城親老望音信人歸愁甲
兵黄茅終日雨翠羽四時聲何必干微祿湖田尚
可畊

無榮移居過訪留小酌

亂後居無定移家近郭西竹難忘舊徑菜可種新
畦薄酒留人醉微吟荅鳥啼茶烟青似縷吹過隔
簾低

沂園訪羅鏡菴適童子得魚歸

池上開芳館相尋屢叩扉落花隨客至新柳貫魚歸刀切金鱗細盤擎玉尺肥隣庄何用羨别自有苔磯

曉起和雲漢

池上東方白晴光蕩早晨草杲張露縟花細墜風鱗半屬寒暄候平分晝夜春遥山不可望幾處尚烽塵

過湯芳侯侍御寓園池上留飲

屈曲沿堤路芳菲附郭園杏稍將結子笋角自生

孫香徑藏春色雕欄蘸水痕借居爲地主相過必開尊

贈鄭從周

每見令人醉非關托玉壺諾應矜季布交每念夷吾課子芸牕下藏名郁市隅寸心如浦蚌願結報恩珠

哭胡氏妹

一自征塵起身從喪亂過招蒐幾入在屈指九原多有妹永相訣吾生終奈何不禁雙眼淚垂老洒山阿

過東園吊王芝生

少年文雅士心可澈冰壺入世高才盡寘司夙業無空悲床上鵬莫駐隙中駒春草傷神處池塘綠水隅

大宗伯曹能始先生輓詞

萬騎入中原如雲集國門獨公甘死節端不負生言身繫綱常重名垂史簡存予將采薇蕨一爲薦忠冤

領袖春卿重身依日月光賜歸分夜燭草詔濕天香世失川爲楫家餘石作倉更傳遺愛地桂嶺浣

花莊
弱冠名增重通人性率眞只愁家國破不顧子孫貧太史傳遺𥘉如來悟夙因平交雙眼淚泣盡後沾巾
斯文今已喪後死更何從名列高贒苑詩追正始宗市書如得駿引士若登龍溝瀆寃何在尊經閣上逢
九月十八日曹先生諱辰有感
去年當此日就義獨捐生四海購遺稿千人聞哭聲雨侵書案壞塵積臥床平若箇懷幽憤鴻毛性

命輕

大水過游克全池上

來過池盡沒宿雨更愁人蟻隊移陰穴魚苗入比隣護墻臺址潰開牖漲痕新咫尺相思處蒹葭隔水濱

霜月夜集風雅堂

霜天偏得酒月夜正宜詩衣上凝寒重簾間度影遲入床聞蟋蟀充饌剝蹲鴟促盡南城漏談深總不知

十三夜半嶺園看月用六朝體

凉吹林際動皓魄座中流虛擬滿輪夕尚隔雨宵秋桂枝斜入戶螢光低度樓佳人歌不歇况乃素娥留

蓼城觀海

滄海臨城望偏逢羽檄間烟中一抹日天際數痕山暮色蔽遥目長風生壯顔欲臨孤島去潮勢正東還

海上同蓋卿話舊

海邊羈旅夜坐久續燈光兼雨潮偏大非秋地亦凉重逢疑一夢遠别感三霜豈慣聞刁斗更更轉

未央

秋室編

五之六

秋室編卷之五

閩中陳　鴻叔度著
廣陵羅霆章鏡庵較

五言排律

送守叢鶴巢二上人住持應峰寺

市城非可住雙錫向前峰並證空門果均爲後葉宗晨飡同一鉢夜坐共孤鐘佛火寒教續禪衣破代縫豈愁明月夜無伴出深松

初春九日同四明楊南仲豫章喻宣仲秣陵徐昭質敬中上人徐與公諸子集高景倩松

雲館共用十蒸韻

幽館東風早閒堦霽色澄爐温松火活杯冷柏香凝虬漏長如歲蟾光薄似氷社修前度客席讓遠方朋芳宴同桃李名言斷葛藤入將千里别春漸一旬增地主爲高適山僧得惠能含毫花下立燒盡九枝燈

高君鼎齋頭招集萬伯文諸子賦

雅集宵將永華燈代月高爐吹香遠近席布樹週遭深戸猶藏菊芳園屢剪蒿思多春繭吐眠緩曉鷄號霜橘甘克饌江瑶美薦醪不過常侍宅何處

續風騷

高景倩木山齋看白海棠

花開新雨後皎皎太分明厭作春光艷偏同雪質輕看疑定惠院種比漢嘉城啓幔香差少當歌韻亦清妝勻晴露色催遞曉風聲枝上霜寒夜含嬌聽不成

十一日復過湖上

別去已旬日湖光今盡收從來城外勝况是水邊遊冉冉花䆴㡧田田荇㡎舟波流如帶碧山色似眉修殘雨東西岍輕烟遠近洲春來有佳况過此

必庵畱

冬日邀吳興茅孝若社集薛老庄

就山開别墅入社見高賢路僻依城轉門深與寺連市聲隔人境巖影落賓筵翠袖衝寒舉青尊還石遷園花將作雪徑草尚含烟目送江潮上〻心飛閣道前古藤垂欲盡斷壁刻猶全坐久來霜月寧須蠟炬燃

紅梅同孟麟女鳴賦

曉徑坐新霽庭梅紅始含烟姿猶宿凍雪質已微酣檻赤迷梢掛池清辨影涵霞光生屋角春色在

枝南傳粉梨應避凝香杏亦赧頻疑朱袖舞誤作錦箋函艷態花非六酡顔客臏三箇愁關塞動詩繼水曹䠷絳瓣栖書幌丹英泛酒飰期先風訊促侶獨歲寒堪夢斷禽先覺魂銷蝶未諳廵檐休遽別還擬重聯驂

桂林署中壽曹憲伯

憲府開荒服星文應壽昌人如向冬日候復接春陽照署梅花白侵軒桂樹蒼萊衣齊侍膳棣萼共稱觴自有長生術寧須駐景方幾廻行印早隨處看山忙夢每縈廬岳居應憶石倉童吹湘女竹吏

傍召公棠月滿寒途淨歌喧夜未央他年修洛社
勝事重相將

屏山安盡卿庄上看梅

越山梅幾樹開遍舊庄前散步宜風日關心畏雨
天徑廻行稍礙園曠坐頻遷瘦態呈賓席飛英集
妓鈿漫猜梨破雪須辨杏燒烟賞處成終夕來時
定隔年紙窻侵帳冷書案供鮮更愛僧房近清
宵可借眠

七夕集神光寺

金界欣重構銀河感舊蹤涼生梧葉早香遍桂陰

濃針線誰家乞尊彝此地供城高鉤月影池淨寫
秋容會向虹橋近含情綺閣重悲多嗆楚客歌緩
倚吳儂星馭催何速雲衣整郤慵山僧寧解事忽
打上方鐘

洪汝含池館滇茶盛開其孫可遠招賞感作

共賞園花勝新開雨茗緘蜀天連曲榭滇地徧層
嵒叢裏朱霞護枝頭火樹銜楊妃姿共媚嬴女態
非凡錦比張書幔緋將鬬舞衫鶯皺啼宛宛妓手
弄槮槮好景晴難預流光駛若飄華筵肴屢徙草
徑踏還芟一曲歌塵落千巡酒政監所憐同調者

空見舊詩函

過曹能證河上居

我家與君宅咫尺近城西每共尋詩句寧須倚杖藜河流隨岸曲山影落橋低坐數風花墜行聽水鳥啼滄浪纓可濯舴艋酒堪攜身似秦時隱名于鄭下齊清暉娛客瞑斜日照平堤

冬至前詠古杏軒黄葉

杏軒長至近葉剩十分黄堆積無容地紛飛畫爲霜淡于陶菊比濃以蜀葵方展景隨詩帙因風撲酒觴錢輸堦下撒金擬塢中藏客愛閒吟步休教

掃石床

陳磐生攜具薛老莊看梅

竹裏童開徑梅邊客叩扉百株隨地植數畝傍城園步步聞香氣行行入翠微樹多交石亂花半過墻飛躡磴魂應失穿林力漸稀天寒頻換酒風緊欲添衣殘歲先愁盡今年稍覺肥因供書案翫摘取一枝歸

擬人日立春應制

霽景開人日浮雲散帝居曆間占歲始天上建春初得氣先鳴鳥潛氷乍躍魚東郊迎吏仗南畝閱

農書羨自金盤薦花從綵勝舒風光纔遞暖晝晷
漸行徐文見牛鞭土將催燕覓閶太平應有象共
祝萬年餘

漳中諸士以八月十五日祀梁昭明太子于
南郊恭述八韻

漳水神靈萃蕭家帝子賢選文歸主匠步武嗣聯
翩世遠精華邇秋深祀典專才能回闡象秀可奪
山川極目前星在傷心故國遷六臣同註釋萬古
永雕鐫景仰蘋新薦珍存棗更堅臨風龍馭響願
此鑒徽虔

登閩中第一樓

樓俯全閩勝窓開八面雄徽茫窮島外峻絶出雲中銀牓雙門舊金標兩塔崇地皆鍾翰墨江已洗兵戎漠漠榕隂翠垂垂荔子紅殘烟閩故國落日宋行宮常有花如霧都無雪擾空高臺釣龍處蕭颯起秋風

中秋陳有美十研齋翫月

看月君家好寧辭老况慵輪當今夕滿暈較昨宵重霜鏡渾同色江花莫辨容摅床臨水坐張席借隣供研試齋頭石杯浮檻外峰天寒催暮杵林白

待晨鍾秋思中庭入新知此地逢庚樓何必上百
尺有元龍
長至龔克廣攜具南園招同柴吉民陳元者
臺上觀雲物尊前感歲華月逢盤薦黍律値管吹
葭短景南箕轉嚴寒北户加荔青亭損葉梅白漸
舒花坐愛山堂靜行巡徑路斜留賓多置酒滯客
漫思家燒燭棋方賭張屏席屢遮良晨有題咏斯
會始云嘉
冬日同吳叔嘉赴曹能證湖上亭之招
往歲湖多涸今朝可放槎來遊南至候正値北風

斜纜繫依亭畔尊開傍水涯山山疑欲雨樹樹望成霞引我詩懷動憐君旅況加女墻高復下仙鳥露還遮各歎蹤如梗頻驚眼漸花嚴城催客去安得此浮家

湖上脩禊

澄湖值元巳爲樂竟朝曛遠岫千重見流鶯幾處聞堤隨烟際斷嶼到水中分細草晴猶濕叢花暖更薰風光侵翠幔波影蕩羅裙稍歇洲前雨微消閣外雲曲調縈客思舟動散魚羣連軫歸何緩升醪罰易醺昔賢懷逸少佳咏續休文信美城西地

能勝溱洧瀆

十五夜集黃三卿新居

開歲居新卜元宵節始交氷蟾看展鏡海燕賀安巢酒泛杯如蟻燈懸室類鮫美姝藏後閤珍饌出中庖簪墜香塵裏花飄火樹梢踏歌聞夜市拾翠想春郊風細簫徐度更深漏緩敲北來烽火急何日奏金鐃

霜降日社集維摩室賞菊分韻

別搆維摩室朝朝合掌瞻徑藏山屈曲亭傍寺莊嚴氣候寒霜降園林曉靄沾乘閒攜野酌望遠啓

湘簾石上黃花吐窓前落葉添尋詩行復坐斜日下茅簷

曹能始觀察因見其女童戲作瓦塔頂禮有作命予和之

拜塔傳嬌女題詩紀老親滿堂欣炤夜盡室閱通晨造却千花巧堆成七級新燈燄通北牖經誦徹西隣別取松棚護還將菓品陳幼齡能奉佛皓魄正隨人尖似囊中穎圓如轉處輪深閨長不出暫此步香塵

萬歲寺送秋同宋季玉參軍

古寺雖揺落新詩亦可尋秋當今日盡老較去年深殘露添虚幌凉風捲薄襟鳥能隨喜集蟬學送行吟山葉遥含黛籬花淡綴金莫窮高塔日恐愴故園心陽氣朝應近烟霏晩更陰楚臣悲晝夜直到曉鐘沉

冬至前一日同社集靈山草堂

亭接靈山勝尊開至日先飛灰將動管寒雨正吹筵隨喜叢林地尋詩竺國天佛身渾鐵鑄賓履儼珠聯遠近山圍郭迷濛樹帶烟閒招方外侶醉學飲中仙躡屐巡堦下添衣立檻前尚淹更漏永鐘

磬漫催眠

正月十七夜曹能始攜具龍首亭邀西江黃

元常及諸同社共用燈字

良夜猶堪賞靈山賸可登殿基云蟒伏亭勢若龍升折柬春招客行厨午借僧園陰依樹坐檻峻怯風凭名士來黃憲高賢接李膺桂觴寬酒禁檀板綴歌徵乍響堂前磬將殘市上燈歸來東岫月漸減一痕氷

壽黃大宗伯

遐筭千齡叶熙朝八座崇律方吹太呂神正降維

淞江夏名賢裔龍門太史公士心歸品藻聖意識
深忠應世皐夔出趨庭鸑鷟翀摛詞登曉禁講幄
集春宮位竊朝元望官尊典禮隆寶綸光炤日玉
帶暖園虹飛李堂前樹芝蘭砌畔叢台星皆聚北
海旭始升東梅映飛觴白蓮分賜燭紅總裁傳實
録屢對啓宸衷存問恩何溥森嚴刺豈通情惟長
戀主術乃得還童暫卧泉山勝頻摎石室窮丹書
與温旨將下九霄中

送李參戎鎮雷州

聖朝頻拜命將府遠專征豈但閫天庇還令粵嶠

清石間傳射虎海上適擒鯨一代輕裘望三冬挾纊情兼司文陣幟高列武圍名瘴嶺推標柱雷江見洗兵芙蓉王儉幕楊柳亞夫營東旭催拔轍南雲引駐旌幾時過小隊半壁倚長城待拭登壇目重看肘印橫

七言排律

陪馮郡公集許有介米友堂贈病鶴

早梅纔放菊猶香天氣朝來動一陽佳客預期皆畢集仙禽多病亦何妨厭于池畔窺丹頂嬾向花間舞縞裳守戶久依三畝宅繞欄曾上幾層廊尚

鳴清露知宵警却怕微寒晒曙光力倦稍停堦下
步餐稀應剩柵中糧雖難徤翮冲霄漢臏有殘軀
耐雪霜僮僕呼時方飲啄主翁詠處每携將因君
修社詩盈帙勸我當筵酒滿觴恐被羅含吞夢裏
頗隨和靖立身傍栖如燕寢渾無礙靜類鷗機久
已忘好贈趙家賢太守相隨日日上琹堂

秋室編卷之六

閬中陳　鴻叔度著
廣陵羅霆章鏡庵較

七言律詩

清漳道中

西風木落不聞蟬客思依依轉自憐嶺路詩成秋騎上郵程裝促曉鷄前樵抽新綠環村圃稻送遙青擁海田莫謂離家纔十日鄉心回首似經年

遊七星巖水洞

洞門纔入盡褰裳不見晨曦一隙光火照陰巢飛

蝙蝠水通深峽接羚羊媧皇似補巖前石龍子常
眠淵底床路暗烟塞非可任落花休遣引漁郎

陸賈廟

古廟荒涼路鬱紆歲時丹荔薦還無趙佗昔已歸
中國漢使今猶識大夫錦石雨晴花片落畫廊春
老蘚痕鋪當年功業誰相問越鳥啼殘海日孤

新息侯祠

馬革心曾破虜堅蠻荒香火枕溪邊千秋銅柱標
功日滿篋明珠起謗年堂上啾啾巢野雀空中站
站墜飛鳶古祠遺像如圖畫何處雲臺鎖暮烟

庚戌除夕

客裏愁腸日九迴、宅鄉畏見早春催、行藏已被燈花笑、心事難隨爆竹灰、霜少芭蕉晴自響、候偏螻蟻暖還來、衙齋深閉如籠翼、不得南飛海上回、

辛亥元日

茫茫閩海滯歸程、又過殘年向粵城、僻壤不聞鄉信久、餘寒寧畏客衣輕、酒開翠柏尊中醉、瘴避金花樹下行、竟日東風引愁思、蠻童幾處按匏笙、

喜秋

荏苒秋生暑氣微、新涼向曉竹窗歸、正歎玉露拋

紈扇那管金風卷紛衣桂子中庭香漸度梧桐昨夜葉初飛何爲此際傷搖落猶客當年賦已非

春日集薛君和山莊

虚堂尚與亂峰齊曲徑中藏衆鳥啼數畝竹陰從客看百重花影見人迷日臨古壁堪摩字雲鎖虚樓怯上梯宴賞屢移山酌暮月鈎來照女墻西

送東谷上人還金陵報恩寺

説法閩山積歲年歸程又指秣陵烟六朝斜日花藏寺二月空江雨送船經院人稀朝講寂鐘廊僧散夜燈懸知師一片天涯夢只戀文皇舊塔前

鞦韆

鬬捷園林處處春樓前香散畫裙新朱繩斜拂三竿日羅襪輕離十丈塵洛浦驚鴻思避態漢宮飛燕妬翻身忽然欲逐東風去看殺垂楊隊裏人

過林元逵山居

爲愛移居遠市廛門開三十六峰烟四時鳥語無休日滿座榕陰不漏天林磬暗通秋幌外塔燈光映夜窓前登山却爲君家近幾度相尋費酒錢

悼陳美人

凉風徐動翠帷開一片芳心恁未灰雲散梨花香

夢遠月孤松柏璧車來新霜碧瓦開金剪曉日青樓閉玉臺好似馬嵬魂斷夜梧桐秋雨易生哀

周太朴廟

臣節天生草莽中香烟冷落見英風亡軀豈恐從唐賊托夢曾聞向魏公數尺白膏猶湧雪千年靈氣尚爲虹烏山血食人誰薦啼鳥數聲哀古廟空

衰柳

舊苑荒臺總可憐含情空恨減秋烟麹妃憔悴雖非昔張緒風流却似前映户深黃鎖暮雨繞堤新綠待春天赤欄橋外長條盡少見參差拂水邊

輕盈何處嫩如眉愁倚西風欲恨誰月滿洛城猶有曲烟銷汴水已無絲朱樓春老柔條斷金埒秋深瘦影垂零落白門堤畔路烏栖還傍日斜時
南浦曾攀别恨添柔絲一夜怯霜嚴老來眼色渾難媚瘦去腰肢更倍纖陌上行人空縮袂閨中少婦罷開奩月寒猶有蕭疎影斜入西樓拂畫簾
依依芳質怨年華却憶青藏小小家委地誰憐啼露葉隔江偏妬拒霜花淒凉舊巷空嘶馬搖落長堤尚聚鴉不似漢宫寒食候東風輕送萬條斜

乙卯元日

曉雞聲裏已更闌，夢覺東窗日一竿。詩思不佳酬客嬾，閑身如病拜人難。藏將臘酒還堪醉，補却春衣且耐寒。獨有南山居最近，擬招朋侶出門看。

乙卯除夕

兀坐書窗對野梅，不眠應待早春回。嬾憑世路年腸險，老惜流年馬齒催。堦下霜華微有跡，爐中香氣冷成灰。空囊如水黃金盡，非是門無剝啄來。

岳墳

壞却長城豈忍言，一家三字竟成冤。秋風坏土無陵寢，春水平湖有廟門。莽積胥容秦像沒，雲來猶

作岳軍屯黄龍痛飲空遺恨不敢臨觴酹九原

夏日别龍興寺諸上人

淮南累月滯遊踪盛夏還家夢亦慵十笏久依禪寺榻數聲頻聽講壇鐘沙因酷暑飛成雯雲為多奇幻作峰還愧東西奔走日竹床蒲扇莫相從

淮陰旅懷

一帶淮聲遶郭流黄昏人上水邊樓經時尺素稀閶甸此夜孤燈隔楚州楊柳已凋終綰恨蘼蕪雖死亦關愁客心處處驚摧落古壁西風蟋蟀秋

劉伶臺

數尺臺基枕古丘昔賢無處見風流爲名以酒生何達荷鍤隨身死不憂稻草半埋荒碣暮竹聲空斷故林秋可憐澤畔行吟叟千古長醒只自愁

留別敬師

浪遊行槖倍蕭然但有山僧送上船月白不堪蓮社別日高難戀竹房眠曉糧載少癯同鶴秋思悲多亂似蟬後夜憶師空夢寐淮城東畔寺門前

送陳泰始巡按江西

風裁森森紫氣寒柏臺虛敞大江干行人驄馬驚霜簡使者神羊避漢冠翼軫中分天宇近荆蠻遥

控地維寬不知何日登臨暇高閣西山雨裏看

蔡忠惠祠

波濤四面海風吹崇祀巍然宋代祠百尺橋成入廢渡千秋名重客摹碑閒吟每憶行春日惠政猶傳出守時親種荔支今尚在路旁還見綠離離

舟泊梅子潭

細雨斜風沙路前數家稠疊任秋烟菊花節過重沽酒梅子潭深更上船嵐氣濕衣蓬底入松枝爲炬水邊燃南中縱不傷搖落客思難禁九月天

潮陽旅次

南天羈旅易銷魂十月風高海氣昏孤館客愁宵似歲荒城人靜縣如村雞鳴半夜潮初上鱷去千年水尚喧坐久寒侵衫袖薄芭蕉裂盡雨聲繁

張許廟

百戰睢陽一死輕廟門高署兩忠名秋風鼠雀空軍壘夜月狐狸上戍城力盡胡塵愁未滅血凝霜草恨難平堂堂靈氣如生在夜靜還聞戰馬聲

韓文公廟

一疏當年遠謫身千秋香火粵江濱溪中驅鱷傳邦伯天上騎龍謝世人蕉葉雨鳴廊廡夕橡花風

落廟門春肴山舊記今磨滅碑上重鐫綠字新

七夕宿玉虛閣

闌干十二倚澄湖夕梵初沈片月孤絳節雲中扶黑帝綵橋天上渡黃姑誰家吹笛聲寥亮幾處穿針巧有無望斷銀河星馭遠滿城涼露起啼烏

遊栟櫚寺

寺前鐘歇泊舟初散步沙邊宿雨餘漁唱一聲驚屬玉禪栖十笏掩栟櫚隔溪時見秦人洞古壁猶存宋相書安得上方高枕臥風波不到四窗虛

遊桃源洞

千尺丹巖百道泉桃源風景宛秦年寒雲過去方通路細雨飛來不在天水到斷橋分世界花開別澗隔人烟欲逃名姓成真隱雙屐遲回出洞前

五日集王相如池館

開窓寂寂晝遲遲聒耳蛙聲避小池九節又傳端午日五絲難續少年時颭波荷葉風初起貼地桃笙暑不知楚客獨醒成底事一尊須盡故人期

送徐震伯歸太末

亂山無數削芙蓉家近青霞第幾峰千里此時廻客棹一枰何日訪仙蹤霧蒸朱橘鄉園熟霜染丹

楓嶺路重笑我名追徐幹後論詩孤燭憶相從

宿栖雲禪室同張陽生何玉長

禪扉夜叩不須招却愛閒雲伴寂寥七級瑞峰窓外塔一泓滄海寺前潮磁瓶花活春常在紙帳香濃凍易消月上滿林詩興動欲隨清影步山椒

過曹能始先生石倉園

水滿清陂徑鬱紆夾堤山色望中殊草堂似上東西瀼畫舫如過裏外湖鶯喚曲欄春臥穩鶴窺深户夜吟孤問奇日載花間酒莫謂披閒一事無

登白巖

危巘孤峙勢如傾紫蔓青芝繞壁生路向任僧籬畔入雲從來客屐邊行水田大小難分界烟火微茫盡在城太史遊蹤荒蘚合石間隨處見題名

重泊尤溪

烟景蕭疎葉漸黄新寒向夕在衣裳蓬推天外濤成雪纜繫沙邊月似霜夜火數家山犬吠秋風兩岸木犀香溪流曲曲曾遊地認得城頭塔影長

集絓月蘭若詠剪綵瓶梅

疎枝剪自剡溪旁春色依稀在上方影有横斜臨佛座瓣無零亂汚僧床幾朝避雨寧銷粉滿院因

風似觸香不逐東隣花信老門前偏誤蝶飛忙

初春二月過藥師殿華茂禪房同吳叔嘉

尋師偶約到雲房才過東風一日長琥珀不傳僧舍酒琉璃偏傍佛燈光幾人閑歲來孤寺有客經年寄異鄉脩竹數竿春寂寂但聞啼鳥咽繩床

詠紅白菊花

雙艷如從露井看妝分濃淡映雕欄玉膚中酒冰綃薄粉面窺人錦障寒杏雨缸隨窗外度梨雲同入帳中殘膽瓶不是餘香在定許珊瑚間木難

送林天素之武林

東風輕送木蘭橈十里湖光上柳條油壁同心松下結琵琶幽恨月中調情牽暮雨千言賦畫寄春山半幅綃望斷盈盈烟水綠蒹葭空隔美人遥

移居

忽忽移居歲序催北風時撼紙窓來酒槽香逼消寒買書帙塵生度日開遶郭有山頻得看入樓無竹定須栽一區原自相過少不待逃名更鑿坏

練克孝以訪弟材官至莆相過旅次因談廼祖中丞公金川之變有感賦贈

建文當日去天涯往事皆成覆邪嗟玉璽宫中傳

有王金川門外逕無家空憐閩海遺雙鳳誰向原
田訟一蛇碧草血痕今化盡對君難禁淚橫斜

壬戌除夕 瓜州作

蹤跡飄零歲已賒懶將書劍上孤蓬烟中路盡江
分北夢裏春回斗指東氣候漸驚明日異物情寧
與故鄉同嚴寒臘去依稀在更覓重裘禦朔風

癸亥元日

客思依依入上春冶遊還逐水邊人地將一面分
爪步郴欲千絲颺麴塵簫皷沸天喧夾岸舳艫如
霧接通津故園嬌女頻相憶折得桃花想已新

邳州雪次

連日平原曠野行忽看山色近邳城柳條霜折耦絲短雪片風吹藤紙輕狡兔怯寒潛避窟凍驢愁暮疾趨程解鞍沽酒壚頭坐荻火初炊四壁明

桑乾道中

征程十里見桑乾二月誰憐尚苦寒沃野北來邊地近流澌東下早春殘風疑竹箭穿貂帽雪作楊花點馬鞍旅况壚頭消不盡琵琶纖指莫教彈

北行道中

薊北春寒尚未休落花時節着重裘酸風未起人

先怯平地空長馬亦愁處處柳枝如翠帶家家棗
樹盡銀鈎故鄉只愛江南好暖日羅衫緩步遊

奉呈大師相葉公

天書頻下紫泥溫白髮三朝沐主恩河上青龍親
擁護雒中丹鳳正飛騫八年相業籌神廟累疏分
封冊福籓今日萬方霖雨望漫將清夢戀丘園
勲業巍然並契夔先皇在日惜丰儀綸扉應是重
開地門館還如未貴時舊積御筵憂國疏新傳樂
府謁陵詩卽今戎馬邊城斷處處春風草木知

渡黃河

黃河東下片帆懸此夜真疑犯斗邊風力四時皆
打岸春流三月正連天眼中客恐迷津易枕上船
驚觸浪偏莫問吕梁多水患荒城零落幾家烟

登報恩寺浮屠

微茫春樹霧初銷六代山河入望遥天上千花盤
寶級雲中五色晃金標齋鐘近接宸居響法雨低
隨下界飄憶自文皇親勑造燈光夜夜照青霄

寄葉君節

錦瑟聲中盡别樽尋思舊事總銷魂鶯啼碧柳喉
偏澁馬觸黃塵眼易昏終古才情憐宋玉半生徉

膽憶平原江南春老王孫遠芳草如烟自掩門

詠雪毬花

盈盈初發幾枝寒映户流蘇百結團正恐東風先颺盡不愁遲日易消殘淡姿向曉迷蝴蝶艷色爭春笑牡丹惟有三郎兒戲甚還疑蹋踘繞叢看

得孟麟粵西書

木葉蕭蕭到地初傳來數字百憂餘窮途誰信能無淚當道猶聞絕上書灘水月明過雁少桂林秋老着花疎世情平日君應見何必深嗟涸轍魚

遊石牌菴宿丘逸人宅

尋僧結伴歇還行暮宿山家待雨晴犬吠籬邊鶯
蠟屐雞隨廚下搗香秔荒村地僻雲常住峻嶺寒
多雪欲成茶熟香清渾不寐坐圍松火到深更

送林叔寶爲其兄元達扶櫬入粵詩以致吊

棣萼何期忽殞霜海天扶櫬路空長客途夜雨聞
孤鴈官舍秋風閉五羊永訣易牽知已恨苦吟難
續故人腸守甚狐兎君曾笑莫怨樞栖死異鄉

送安藎卿鎮南澳

孤島微茫與浪齊營門曉日望偏低奏歌萬騎傳
朱鷺出鎮千帆進水犀海上萑苻多遠略篋中風

土有新題灣南坐使妖氛淨何必征蠻說五溪

送人之桂州

多年憔悴壯顏凋西望湘漓獨去遥就道不堪殘歲迫食貧寧待故人招雲邊山出皆長戟樹裏風號儼怒潮莫以灌夫頻使酒好將愁思醉中消

詠蛛網燈

牽絲四面密還稀絳燭光中見細微祇合屋端藏巧智偏從市上布危機非秋絡緯先催織入夜輕蛾忽礙飛寢恐東風吹易斷六街纏着美人衣

元夜值雨飲秦素美人樓

樓外樓前盡落梅東風吹送雨聲來海棠夜濕嬌難曬火樹春寒怯不開幾片濃雲沾綺席一輪明月隱粧臺九微帳裏光何限却照雙雙鸚鵡杯

送林與卿之燕

客身迢遞問都門鳳闕初瞻帝里尊五岳何年尋向子平津今日謁公孫杏花風起長亭暮麥穗天連沃野昏我昔吟詩曾歷地黃沙半沒馬蹄痕

留别陳貞鉉

共銷殘暑到秋初百畝園池十日居開徑呼童常剷笋留客但烹魚吟窮水閣堤邊路讀盡山

窓枕上書縱是還家情轉劇因君歸發更躊躇

除夕徐與公招松溪葉機仲同社陳長源集

風雅堂守歲

刻漏堂前漫許沈九微光裏坐更深圍爐客共留殘歲對酒人偏憶故林漸入暮年疎嬾癖莫除今夜苦吟心笑君爆竹仍隨俗砍却山齋綠數尋

送陳泰始赴南京兆

亭亭初日照陪京冉冉入趨闕下迎雲護銀章新內史月懸金掌舊清卿鳳凰高處臺猶在燕子誰家壘已成君立朝端名籍甚漫言張趙有賢聲

芋江舟次再送陳泰始

西原古驛坐通宵月落空江欲上潮挑盡客燈難就枕催殘官皷更雞橈千山萬水程初起細雨微風夢漸遥將半春光誰共醉題詩寂寞過花朝

寄趙凡夫 凡夫著有詩彈

山下開門掩薜蘿東遊兩度未相過昔年會面緣終淺近日彈詩法若何菜縷入厨充饌細魚鱗潛浪放生多高風所慕梁鴻傳豈聽吳歈月夜歌

閏中秋同藎卿聞鐘館玩月

桂花秋月値重輝屈指浮生勝會稀碧漢易看寒

兎滿空林難辨夜烏飛影侵浮白詞人席光散流黄少婦機坐久長聞鐘漏徹鴛鴦瓦上露華微

遊昇山寺

往昔仙臺尚可攀寺名從此説昇山飛來峰自青天上煉後丹餘碧草間僧飯未香先鳥下客衣初冷忽雲還黄金誰布祇園日半作春田地不開

送陸丹生歸松江時空生上人同行

塵土南遊上旅衣鱸魚到日故鄉肥暮雲空憶江東路春雨誰藏竹下扉僧共一航鷗每近客過三月燕先歸朝華夕秀君能賦肯讓同宗有阿機

西湖

西城一帶北城連淡淡波光欲棲天官府登臨修水閣人家歌舞罷湖船稻花香遍三千頃檉影青再幾百年薄暮水晶宮裏望郡樓燈火隔秋烟

送張明父歸蘭溪

多是殘年旅思增孤舟歸去觸冰稜長齋麴蘗逃蘇晉寒雪芭蕉寫右丞過嶺暖如閩地否還家春到瀔波曾梅花落盡空相憶誰共圍爐對夜燈

送陳昌箕之雲間郡幕省親時友人陳道掌同行

水並孤舟陸並車親闈到日問何如官栖蓮幕渾疑燕客食松江正有魚命雋却因人兩地趨庭寧憚路千餘梅花新酒香亡頼一任宅鄉過歲除

歲暮曉起

曉窗憔悴掩青銅衰信驚催兩鬢中嬾出繁霜沾屨白苦吟殘火擁爐紅門多連騎貧非病枝類黔驢老更窮一種閒愁消不去可堪寒葉攪西風

哭鄭吉甫明府

六十餘年鬢漸皤春花秋月醉中過官如彭澤休偏早詩似香山賦亦多竹裏昔留壓榻在道旁今

柰麴車何哭君恐過追歡地碧栁風吹鳥自歌

七夕

皎皎雙星歲歲期長河一帶向西垂人間有婦如鳩拙天上無媒只鵲知氷簟凉生秋乍入針樓光歛月初移心情老去依稀在閒坐空庭夜臥遲

至日

自掃書窻拂硯池隹辰兀坐强題詩日當南至驚添綫家近西湖想釣絲梅爲閏餘花綻早栁因春遠葉凋遲寒門牓有窮愁在可惜鄒生律琯吹

詠壺中眞假梅花同與公作

氷壺掩映兩堪疑漢水隋宫一樣枝遠使瑶函傳雪質美人金剪幻霜姿空憐冷蘂爭香日不見疎花共落時老眼朦朧看豈定開窗惟有蝶先知

林守易園中觀水仙花綠萼梅

相並庭前兩有香黄心綠萼奪春光似彈瑶瑟逢湘女疑換明珠嫁石郎掌上畫擎金盞勸額中徐啓玉臺妝朝來暮去殷勤看淡月微微照畫廊

送張材官之燕

談兵入幕數年餘此日還驅薊北車俠氣衝冠歌壯士家聲曳屐識尚書貂沾朔雪凝寒重鵰射胡

雲出塞初爲有畫看年少婦春來閨閣恨何如

送周臨湘之任

洞庭西去綬初垂湖水涵虛八月時理邑豈無三異事登樓應有五言詩天寒楚樹飛偏早地濕湘雲散每遲别後賞音人漸遠相思秋老隔江籬

高景倩木山齋詠壺中紫菊分得方字

冰壺幾點占秋光紫玉含葩孰可方王氏施來新步幛謝家焚却舊香囊月明易辨叢中露霞暖難銷葉上霜不是西風摧落後錯將顏色配姚黃

送謝總師鎮粤中

啓戟遥臨百粤邦五羊成隊引旌幢功高鵲印新横海名重烏衣舊過江三策昔年推第一六韜今日羡無雙羅浮庾嶺梅開早幕府飛香撲酒缸

陽朔道中

桂林遥隔暮雲中陽朔山川已不同洞窖如鱗亭有次峰尖似筍盡成叢漸知旅況開今日尚見民居習古風我欲停車恣遊目小春天雨故迷濛

晚至青蘿閣

化雉巖前石作梯青蘿閣上始攀躋半空霜吹寒侵牖一抹斜陽淡映堤江水漸乾維棹遊野烟初

散見人低倚欄正值梅開盡相惜餘香半着泥

桂署除夕觀鼇山燈

輪如蓬轉火如城徹夜高懸署裏明駕海漫愁鼇背重行空偏趁馬蹄輕人疑綵線牽初出花是并刀剪始成預作燈期三五夕兒童嬉戲到鐘鳴

遊栖霞洞

登山客逐早春來古洞冥搜破綠苔燭熖迎人如白日谷聲隨客若輕雷風吹石乳珠猶落雲鎖潭心鏡不開直到路窮巖隙現茫然天色曙光催

和能始詠魚燈

巧製遊鱗鬣帶朱翻身疑上竹竿孤腹緣剖破疑
傳信目解光生恐混珠空切張翰思客裏若同羊
續掛庭隅畫堂如海從君躍何必深愁涸轍枯

寄林懋禮

新年相憶思無窮忽忽輕寒二月中谷鳥不堪聲
正囀江魚誰料信頻通浦林竹染湘妃雨幾陣花
催少女風西望春山青似黛輸君妝閣畫眉工

寄贈瀏仲王孫

神駒原自出天潢文采風流早擅場鑄像何人如
李洞通親有表似陳王數聲伐木求三益咫尺兼

葭漏一方虞帝祠前山水綠幾時聯臂踏春陽

念室王孫湖上居招賞白蓮丹榴

質淡姿嬌兩出羣宛如凌雪宛燒雲香隨縞帶偏同弱蔓傍朱扉故不分調罷晚妝樓上粉驗來新淚靨中裙只疑天酒今朝酌玉井峰頭一對君

桂署中秋看童子燃塔燈

良宵官舍寂無譁却有兒童鬧聚沙頂似毛錐初脫穎輪如江筆乍開花柚香作供番秋實松葉爲棚逗月華咫尺書軒相接近坐分餘焰到窗紗

寄倪柯古

昔年曾共客端溪我復西行更向西古洞玲瓏常
自入蒼巖懸絶不同題千重似幕湘雲合一曲如
笙粵鳥啼豈及故人長閉戸栟櫚葉覆小窻低

寄輿公

憶送扁舟入武夷西遊于亦涉湘灘五千里路云
非邇半百行年覺漸衰久别始知春草長苦吟猶
對夜燈遲津門流水鼇峰月看竹君家更是誰

花朝寄陶穉行

東風吹雨入江城忍負看花出市行二月正當今
日半一春終有幾朝晴家家蛺蝶紛相逐處處靡

無祇自生獨坐空庭人醉後寄君詩對海棠成

席上呈穆其

聞道湘灘迹遍經春來猶笑此居停苃城行路家
家濕帶水簪峰處處青雨氣吹燈來素箔風威欺
酒上疎櫺那堪我亦傷行倦杜宇休啼向客聽

登逍遥樓

一帶高城四望周平原碑字至今留茫茫新漲猶
吞岍歷歷諸山盡入樓歌吹頻傳朱邸近帆檣爭
共畫橋浮憑欄形勝堪娱目豈厭西行滯桂州

仲春曹憲伯招同諸王孫社集南薰亭

亭榭廻環縱步寬背臨虛壁面清瀾座間雲聚來
中壘名下風流說建安芳草色添灘水綠長松聲
落舜祠寒正當帝力酬歌日莫謂遭逢聖世難

樵溪丙寅除夕

長途屢厭易舟車仍復屯鄉過歲除巖洞西遊眞
勝地溪流東下即吾廬衰宗門户添丁晚信宿年
光紀卯初尚憶覊人千里外一樽殘燭悵離居

丁卯元日

新年寒色未全收極目樵溪似帶流曉日誰開修
竹徑春風已到木蘭舟獨醪醉客微無力短鬢催

人暗上頭歸去元宵佳節近落梅聲裏夜深遊

丁卯除夕

春風漸漸到東郊舊事殘宵一醉抛螺贏已憎爲異類青蚨安敢負平交兒貪梨栗歡趨席僧勸牛羊戒入庖送臘未除詩興盡燈前閒坐費推敲

戊辰元日

元日春歸凍已過今年氣候喜融和垂衣有象當新治貼席無人不醉歌囊任空虚干世拙書因疎嬾積塵多吾廬幸住西湖近閒領東風釣綠波

燈畫夕雨中集陳京兆泰始宅觀妓

鳳蠟千枝照畫屏元宵忽盡雨冥冥兒嫌破鏡潛
無影馬惜餘燈走不停落翠祇從堦下拾行歌寧
用市中聽海棠欲睡渾無賴轉笑東風柳眼醒

閩王墓和葉相公

蕭蕭松柏鎖層丘爲吊閩王此地遊積雨成苔粘
贔屭平蕪如席臥羊牛盗殘寶器泉難曉輾盡金
車草自秋千仞蓮峰孤塚在却無人作望陵愁
龍泉光蝕草芊芊閒計乾寧卜帥年聖世藻蘋遺
廟盛王孫雕落幾家連竟絕臣節明天日豈使民
居變野烟掘得洗妝樓上物舊傳公主有釵鈿

九月能始見招登高

去歲黃花客裏看南歸倏忽復秋殘不妨謝傅頻攜妓莫問陶潛已罷官臺以戶庭登却易山于城郭望猶寛無衣漫藉茰觴醉拂檻西風尚未寒

夏日即事

綠陰門巷乍晴天困倦撩人近老年耕研且謀南畝食枕書聊藉北窓眠雙雙泥落梁間燕嘒嘒風來竹裏蟬日氣不愁當午入疎簾低下界湘烟

五日同與公過樾禮館中小酌

一尊高館輒相留梅雨瀟瀟尚未休節序天中同

楚俗官河門外似淮流書多歉歲難充腹長白衰年已上頭却憶繁華當日事晚凉簫鼓載蓮舟

安藎卿亘社藤山看梅

山前山後客來忙選地開尊繞樹旁待消尚遲三夜月不寒先着一林霜梨花春早偏輸色柳絮風輕只辨香恐被遊人爭折盡非關橫笛起斜陽

南大中丞平夷

東南半壁偃狼烽燎盡紅毛壯折衝島穴曉烟無互市海田春雨有歸農陣前高捲朱旗畫帳下光屯鐵戟鋒勳業當年戚公在中丞談笑繼芳蹤

異服殊音豈許親盡焚寶器委灰塵立傳號令褱
城易河震威名築觀新閩嶠豐碑鐫鼎扆漢家高
閣畫麒麟雅歌不廢投壺日肯把佳名讓祭遵

送張抱素還荊州

閩地僑居畏鬱蒸楚天涼雨憶江陵衰楊莫繫關
河棹落葉誰談野館燈囊有禁方多駭客心無俗
累却依僧還家爲採仙源藥不但思尊學李膺

送人之吳

吳地飄然作遠遊少年那復識離愁錦雞誰鬬陂
千頃金虎空尋草一丘售客市中多白璧留儂月

下盡清謳不堪吹面霜風起衰柳無絲滿陌頭

爲林懋禮悼亡姬姬有珍惜詩

桃葉迎郎事已非洞房愁掩夜燈微帳中離合哀
蟬咽曲裏東南孔雀飛續命難尋長壽縷施僧空
檢舊時衣悟來一片芳心定不逐梨花㬢夢歸
下嫁蘭香抵七年雙心願結再生緣笑啼舊事何
須問珍惜新詩更可憐春色不歸妝閣裏月光空
照繡簾前從今綠綺知音盡漫撥臨邛客邸絃

送鄧道叶僑寓金陵

同調那堪散似星重尋白下暫居停親墳營後松

楸老帝里歸時柳色青覓得異書充棟宇攜將別
酒出郊坰春宵古渡籠沙月舊曲庭花不耐聽

初春高景倩園中看臨水梅

五出花開繞舍旁亭亭臨水占年芳園籠曉靄初
迷影池破春冰乍試妝天上未生鸞鏡魄枝頭先
弄蚌珠光欲攜新酒藉苔坐無數飛英撲羽觴

過徐惟和孝廉墓

殯宮長鎖草芊芊始是西郊卜塟年片地捐金知
已在千秋埋玉使人憐名齊花萼詩誰和心許松
楸劍可懸昔有高賢傳丁戊吟寬夜月塚相連

過董小雙墓

石橋西畔水茫茫新土時來酹一觴踏遍綠蕪春尚淺啼殘嬌鳥日偏長桃花如面開墳上松柏同心委路旁好似東風寒食候虎丘山下吊真娘

正月晦日集鄭惟寧宅

南歸一棹自金陵晦節尊前集舊朋玉曆纔過三十日畫堂猶剩幾枝燈會因真率忘爲主客有清齋却類僧落盡堦蓂天氣好不知開偏海棠曾

送陳道掌重遊杭州

再到西湖綠水涯盡攜書帙上浮槎兩高峰影南

交北十里荷香葉間花客賞奇文爭載酒身投舊

館當還家風吹蘇小門前樹再柳依然拂岍斜

送邵肇復參藩蜀中

新參屏翰捧除書腰下黄金早佩魚望重在朝山

吏部才高諭蜀馬相如千盤鳥道青天上兩岍猿

聲落日初覔徧昔賢吟眺地題詩先到浣花居

幾年詩酒附交游臨發匆匆更唱酬簿臬兼乘前

路傳笙歌常夢曲池舟宅尋玄草消閒日簾捲薇

花對早秋蜀道莫言難寄遠一枝名竹乞卭州

登皷山絶頂

青蘿翠篠豈堪攀得上危巔力已艱一柱巋然雄八郡半空奇絶占諸山目窮滄浪微茫外身近浮雲咫尺間滿壁前朝遺刻在年年春雨洗苔斑

送崔徵仲起補桂東令

移官東向桂江隅歷盡風波若有無事往誰知同塞馬時清寧復患城狐鄒生律喜回燕谷崔灝詩能壓楚都日下薦賢今不乏故園松徑任荒蕪

寄米彥伯

賦別河梁歷幾秋相思楚水共悠悠依人每自憐王粲訪友誰當過子猷書斷鯉魚江上路夢尋鷗

鵡雨中洲終須上策長安去莫嘆明時不見收

讀謝皐羽集

趙家零落委胡塵慟哭何曾肯顧身不愧田橫門下士豈同宣武幕中賓數莖短髮晞陽景千古吟魂傍富春莫以王孫詞翰重殘編爭及宋遺民

得陶稺行楚中書却寄

鸚湖日日水空流舊業無歸不自由一紙書來閩海上三年身寄楚江頭白蘋乍起初成雪紫蟹初肥又過秋巖洞桂林多勝地幾回宵夢憶同遊

輓安敬齋将軍

淒風一夕捲霓旌尚聽蕭蕭鐵騎鳴匣裏已傳侯印重旐頭初殞將星明故人掩淚過芳墅殘卒傷心哭舊營從此平山清月夜帳中黃石罷談兵

己巳除夕四首

擾擾浮生笑轉蓬閒來聊息小窗中貧餘意氣囊金盡老之聰明腹笥空親塚未能營馬鬣世途眞畏歷蠶叢土蔬時爽渾增價飽食都非少日同

落落衰年減壯心回頭人事幾銷沉自知羞乞胡奴米誰諒貧分管仲金殘曆行中驚歲盡寒燈影裏坐更深近來酬客詩逋少一夜閒門閉竹陰

霜草階除不忍芟年光轉瞬信風帆曾喚錢虜家能守可愛金人口解緘殘歲任情親筆硯嚴寒着意迫衣衫幸藏斗酒圍爐坐竹屋深盃竟夜街

年年臘去若爲留坐到晨鐘倦始休消息每懸天北望光陰都付水東流深山無地隨玄豹故事何心看土牛漸有春風明歲入可能吹散杞人憂

庚午元日

共祝平安對佛燈東風吹面凍猶凝貧愁婚嫁催兒女拙畏言辭向友朋粟貴連年思絕粒井乾隨處覓長繩北方胡騎南方盜高枕春宵恐未能

十七夜安藎卿将軍招集觀燈

微鐘初歇月來遲燈綵堂中散九枝美酒凝香浮琥珀名花交影簇眾恩賞能占候連朝落梅不禁風徹夜吹聞道薊門烽火急肯容華屋接題詩

春日詠綠玉齋瓶中桃菊

紅粉黄英共一家幽芳何事傍天邪蝶尋屈子飡餘色鳥蹴劉郎去後花不共凋零隨曉露偏憐掩映占年華幾番風雨多相妬畱得壺中兩朵斜

竹醉日集南園贈雲姬

嘒嘒初鳴隔樹蜩南風竟日暑微消客於竹色誰

先醉妃比荷花別樣嬌流水却從琴裏聽遠山爭
看筆端描黃昏庭畔將團月似爲留儂照綺寮

石倉廻文

輕烟篆盡續虛堂夢覺驚禽噪日長晴靄薄衣沾
徑濕沸濤新茗試泉香清搖水影花連檻曲轉巖
陰樹覆房城隔地偏幽閣小行吟獨望四山蒼

集華林寺看梅時聽范佩蘭彈琹

匝寺梅開歲正闌年年相約客來看琹中落瓣隨
流水衣上餘香散戒壇入境有山推勝地空林欲
雨釀微寒宜須供佛春風入冷蕊疎枝想未殘

送杜給事册封琉球

東望微茫海一杯五雲回首隔蓬萊旆迎聖母空中度詔捧夷王殿上開音語每詢重譯異舟航須仗濟川才清宵抗疏心常在每憶趨朝曉漏催

送楊行人册封琉球

册封異域别王畿古米山遥一點微夷俗冠裳知聖化使臣符節識天威月光每自龍宫出雲氣常隨鳳詔飛莫更還朝嘆留滯好風容易送將歸

詠琉璃燈

皎皎華燈尺璧同雖經人巧亦天工寒凝雪色侵

肌白煖覺霞光隔膜紅望處豈殊雲母障張時合在水晶宮惟來空洞如無物不畏塵埃五夜蒙

羊皮燈

巧製春燈類葦囊燃時能奪九微光一重白勝溪藤雪五夜饗合塞草霜尚有輕蛾穿隔幙寧知塞兎上高堂晶熒似叱神仙石合向金華洞裏張

贈安蓋卿都閫

世臣分土守閩壃畫戟牙旗列滿堂儒將昔年精左氏爨音今日辨中郎戍閒馬放桃花紫今肅軍泡柳色黄何處與君常載酒東風時節北山庄

綠陰

層層如蓋覆簷端掩映東西碧玉欄不見蝶穿蘿徑暗空聞蜩噪麥風寒苔痕着瓦渾相映山色當窓却礙看只是幾番梅雨後薇將紅日晒書難

過陳延祖旅次談别有懷雲姬

旅舘張燈四壁虛近來生事問何如家隣太姥堪栖隱業類更生只較書秋露香分茶味美曉風苞放菊枝初伊人别後同明月空隔蒹葭一水餘

十月朔日能始招西峰草堂看菊

庭前黄菊映簾櫳色奪新鶯出谷中回首已過重

九節驚心纔見兩三叢空看冬候初頒曆莫輓秋光類轉蓬容醉不知聞蟋蟀任宅牀下咽霜風

冬夜孫子長學憲招飲

良會深宵聽漏遲主人眞率客追隨好山屋裏青堪對細雨堦前濕不知麯米釀多頻泛斝燈花挑盡只談詩座間莫謂新寒入常有春風在絳帷

過華嚴東禪兩寺尋梅和徐惟和壁間韻

尋梅瀟路着花稀不見殘年幾點飛處處寺從田畔入村村雲自岳前歸霜侵啼暝爭窺席寒蝶知春欲上衣爲和壁間詩乍就松西催落夕陽微

送謝簡之大將軍歸會稽

節鎮重拋大將符何嫌薏苡誤明珠麒麟有待留形像魚鳥還驚布陣圖爭羨名家傳自晋不將私第說平吳宦情半枕蒙莊蝶莫問人間夢有無

海澄縣

蒼蠅擊紙燕交飛十月漳南氣候違菊尚着花忘節變桃先破萼當春歸千家曉集夷人舶一雨寒添旅客衣日暮腥風潮水落魚蝦剛到買鮮肥

登梧州塔

寺前孤塔勢崚嶒下瞰滄波似鏡澄鈴語近連寒

殿磬珠光遠照夜船燈望鄉目欲窮千里浮世驚
鷲在七層更欲憑欄向斜日空江無際旅愁增

蒼梧夜泊

樹色江聲淨帶秋蒼梧三派水分流天低淡月沉
沙岸風細殘更出郡樓旅夢路長歸亦怯鄉書雁
斷寄無由明朝更上孤篷望有盡烟波無盡愁

曉起

繁霜曉起冷侵肌四壁蕭然歲晏時憂在米薪騰
價久慵忘書札報人遲春光漸長新桃蕚日色微
分老竹枝更欲閒行向城市邇來筋力覺吾衰

吳城夏日

迢遞吳城路幾層却因長夏每來登家家茉莉初簪雪處處楊梅已賣冰隔水雨晴香徑濕遥空日烈火雲蒸晚凉却愛平堤上古柳陰陰翠色凝

謁孟廟

首將仁義至梁年萬古遺言誦七篇吾道拒楊還拒墨斯文生聖復生賢秋陰翠柏干霄直春雨香芹薦廟鮮下馬紛紛經此地至今遺教說三遷

李崑叟招看牡丹

淡妝偏愛粉輕調黄紫寧論魏與姚露下盈盈真

解語風前脉脉只含嬌若非堂上來三艷定是江東鎖二喬竟日飽看經不厭好留春酒過明朝

送安仁王孫歸豫章因寄令叔康侯

大曆開元格不凡新詩傳自阿家咸空懷夜雪隨飛蓋畏見秋風送去帆孤鶩迴翔滕閣影雙魚迢遞楚江緘應知授簡閒吟地簾捲西山日半銜

和陳胥公徵君見寄韻

栖遲一壑不求寬萬事無營海息瀾杯儘萊羹貧亦足鏡饒華髮老何難透牕似蚓香烟颺繞榻如虬竹影蟠自笑半生眞失學只知閒睡日三竿

閏正月

不省三陽過昨宵辛盤依舊頌春椒曆頒北闕雙正月人醉東風百二朝市上重聞簫鼓沸水邊仍見綺羅嬌開窗韶景何曾異只見青冉弱柳條

閏元宵

兩值元宵火樹蒸鼇山重拂少塵凝追歡約客重看月好事呼兒再買燈玉管吹殘聽不厭銅龍滴盡轆何曾少年又逐嬉遊去裘馬翩翩勝五陵

咏荔殼燈

荔殼新將製九微橘房端合讓光輝閣中藜火三

更現天上流星七月飛紫禁漫言歸學士紅塵猶
憶笑宮妃只愁坐久闌高冷風露蕭蕭襯絳衣
寄題池亶夫晃岩
晃岩聞說在銅魚內有飛泉數里餘地主自誇隨
處勝世人那識此中居通宵清夢過松磴何日閒
遊辨笋輿積徧五車三藏後牙籤梵筴更何如
八月十三日萬歲寺上塔頂志喜呈靜師
爲喜梁朝寺再興更修高塔躋堪登雨衣昔識傳
三拜珠頂重看上七層莫助因緣慙信士亶窮心
力仗眞僧玉毫閃閃空中現豈但通宵只放燈

登玉皇閣

百尺登臨傑閣孤璇題玉牓耀金鋪上頭帝座通呼吸下界人家辨有無月冷但聞群籟響風高如見萬靈趨時從天際窮遥目髣髴神山隔海隅

重陽前一日曹能始攜具鱗次臺登高同鄒有年

登臨久與嬾相違偶爾先期上翠微城裏萬家鱗次密江南十月蟹螯肥紫萸俗舊仍堪珮白苧寒輕未製衣況有論心知已在夕陽空自促人歸

倪柯古宅觀迎春

十二朱簾面面遮爭看五馬醉君家春寒乍歛杯

中酒風信先催帽上花蹈遍香塵過紫陌妝成嬌

頰奪紅霞老來不減兒童樂也畏芳晨日易斜

寄何无咎

曾從汲古見詩章盡挽頹風赤幟張東海才名多

子朗中原人物獨靈光鳫群夜宿天連蕩草色春

生水滿塘一片遐心千里目依依常繞越山長

送佛來苨係國師歸泰西

匣裏神針指四方海天西去更茫茫萬人侍教經

諸國一度還家歷五霜風叻鷁舟朝轉疾日臨鼇

背夜生光普天誰不沾王化禮樂先聲說大唐

霜月同李子山賦

寒夜嫦娥鏡不收空庭如水別成秋五更殘角漁陽道廿載殘燈燕子樓林葉却隨輪共落河氷將逐暈爭流影斜城上烏啼早誰念羈人徹曉愁

寄李羲民

久無書札問寒暄聞說經時只閉門落日卅霞城下驛微霜黃葉海邊村長貧誰把榆錢贈多病惟留藥裹存疇昔相知今已盡更無延客似平原

送蔡敬夫方伯之太原

離杯酒盡上河橋徹省西行晉水遥夢逐暮雲過紫塞心隨秋月傍青霄胡沙未起鷹先没邊吹初凉柳半凋四岳藉君藩屏重晏然真可慰漁樵

送邵肇復屯田蜀中

乘傳重臨蜀道危憲臣原屬舊榮知屯田克國饒千里化俗文翁又一時路入曉雲生馬首山看秋月吐蛾眉西川南土原相似處處經行有荔支葛服偏宜坐竹林何期分手暑將深十年官起仍方面一片交存是素心積雪難消鹽井白殘雲猶布陣圖陰故人夙有綈袍念不待秋城響暮砧

送黄師先歸建陽

月夕柴門不可畱知君興盡起鄉愁長因山水居仙窟慣觸風濤上客舟梨熟亭前渾似雪桂飄窓外正宜秋勉齋墓道今猶在寒食當來拜一坏

華嚴寺看梅

廢寺餘基亂莽中别栽梅樹白交紅粉痕乍濕前山雨玉瓣輕吹隔水風妓屧廻環香雪底僧房寥落浦雲東他時載酒重遊地會見黄金布大雄

送謝在杭叅藩滇南

南行萬里捧新恩徼外方知岳牧尊六詔星辰隨

擁傳五華煙月對開軒路通密箐蠻居異山枕荒
祠漢劍存應有彩雲供染翰朝朝飛傍紫微垣

老人燈

嬾逐東西油壁車星橋只傍月明初壯心減後難
磨火丹訣成時易步虛閱盡繁華三市鬧算來年
齒百齡餘蕭蕭兩鬢如霜雪也負鳩笻出里閭

咏醉海棠

連日花開院不扃新妝初試轉娉婷飛來小蝶如
相妒啼殺流鶯故未醒照水乍疑窺寶鏡臨風還
欲護金鈴分明殢酒嬌亡賴脉脉斜依十二屏

元夕同俞善長徐興公宴萬歲寺代李姬作
裊裊東風紺殿飄祇園翻作可憐宵數聲金鏤隨
歌曲萬片銀花逐步摇座上敢辭頻捧硯臺前誰
伴共吹簫多情楊柳枝頭白子夜還來照舞腰

大司成林浴伯先生見招以病不赴
白雲芳墅謝公居高閣邀賓結夏餘半枕空支多
病後一尊應負晚凉初南溪水遶新開社東觀家
藏舊賜書薄劣豈堪虚左席夷門今日愧停車

臥病莆城送鄭孟麟遊武湖
清都咫尺悵無緣送爾心飛雪滌前曉望珠簾泉

不斷宵聞鐵笛月空懸丹成又是千年事病起誰
談七發篇雙屐同來不同去笑人湖上九神仙

癸亥除夕

歷盡嚴寒歲忽過開樽達曙醉青州市城住處嫌
多事京國歸來悔浪遊莫謂熱因童子志但驚霜
追老親頭去年作客當今夕征馬他鄉雪裏愁

甲子元日

竹窓晨起入年華纔放天花幾點霞女笑貧來無
寶釧妻呈勝裏有金花餘生未遂龐公隱過客虚
稱孺子家門外河流初鑿日一竿還擬上漁槎

寄葉君馨民部

梅花山寺憶同尋重晤無由直至今歸路萬行衣上淚渡江千里夢中心竟虛帝里傾官酒每自郎曹損俸金尺素臨風聊寄遠石頭城下漫浮沉

荔支

荔錦南窓數畝遮西池火棗詎堪誇枝枝香帶凌晨露樹樹紅蒸薄暮霞山鳥偷啣頻引隊園丁相守不歸家飽餐一騎塵岡近豈似長安驛路賒

宿葉子翼讀易齋

良會殘燈續九光一時賓主分相忘窓間解晒惟

周易杯底消寒有杜康總爲春泥妨着屐還因夜
雨喜聯床明朝試啓尋詩徑落盡桃花滿地香

囦溪閒步同王實子

春波四望遠連天爲愛山行且繫船松葉塢南交
塢北李花村後接村前新青露出千層岫淺碧流
來一勺泉席地綠尊隨處載鶯啼寂寂幾家烟

美人蕉

種來深院類嬌姝名與虞妃一樣呼夜雨有情愁
欲滴春風無力倦教扶葉藏翡翠難分色花勝珊
瑚不計株祗恐芳心都卷盡爲誰憔悴立踟躕

寄胡茂生美人

東風爲别各茫然日有流鶯夜有鵑躑躅繞山如錦簇薔薇臨水鬭妝妍家家緑酒帘垂岍處處朱樓纜繫船咫尺相思人不見晝長愁殺熟梅天

同林異卿孫彥回集北山别業

共聽鶯聲百囀喧翠[illegible]山畔訪名園殘雲猶抹林間路新水初生郭外村花解競妝呈姊妹草疑含恨憶王孫危亭曲榭將團月坐久分光上華門

答楊能玄徵君

君已相親海鳥閒我亦無計老居山疎情野性如

中散纖媚詩情減小蠻草徑逢春誰踏破竹窻礙
月每教刪鷺門久絶南飛雁忽復書來雪浪間

咏馬纓花

滿樹如纓別有香風流堪贈墜鞭郎開時莫是歌
驪駕舞處翻疑倚象床色奪障泥渾似錦花垂金
埒倍生光鮮紅一朶風吹動不異龍駒項上裝

許有介招看醉海棠

氷粉枝頭細細調更添微困別成嬌滿庭夜雨眠
初起連日春寒暈不消却惜東風閬地早漫誇西
府蜀川遥客來看到黄昏候更爲留連絳燭燒

送雪航上人歸道場山

開化湖心復故基道場瓢笠又歸時孤僧舊住名
山地十聖猶傳古殿碑聽法鳥群蔬滿圃放生魚
隊藕連陂皎然昔日詩名重更有禪宗說衲師

邵肇復中丞輓詞

拆檻誰能叩九霄含冤偏值聖明朝閣臣賜劍權
安在門士收棺痛未消哀詔終當丹闕下生還無
復玉關遥曾聞緹騎來西蜀通國遮留萬里橋

十三夜雨中集葉子翼宅觀燈

堂前初放綵燈齊嬾向天街逐馬蹄四壁珠光通

內外滿庭花影亂東西漏催但恐虬壺盡雨過偏
將兎鏡迷緬想美人來往地遺簪爭拾墜香泥
春夜宴安蓋卿公署中同任謙父蔣珍子賦
海氣凝寒總不知春城休問夜何其堦前照客銀
花落座上談兵玉漏移緑樹綺窓通窈窕青尊絳
蠟列參差羽書已息偏多暇達曙相留共賦詩
陳慧生銓部惠別詩兼訂胡美人至漳之約
斷梗孤雲失所依飄然此日故山歸長途雨雪沾
行屐久客風塵化敝衣金斷交存蘭味臭筆耕饑
伏稻苗肥東風門户休關鎖好待春來燕子飛

過華嚴寺看荷花

滿池開傍梵王家采采何須向若耶盤漾珍珠微有露衣飄丹粉盡成霞數重水面驚魚葉十丈瓶中供佛花坐久但聞香觸鼻凉風輕拂曲欄斜

十三夜與公宛羽樓同望塔燈

浮屠五夜變繁華七級光分十萬家夾堵火珠圓勝月當空綵筆暖生霞珊瑚盡借金標色菡萏如開玉井花來往遊人看徹曙不知星斗已横斜

送黄聖鐸歸龍溪時陳昌箕鄭孝直同行

片帆同載有交知此去何嫌上水遲縣憶紫陽曾

彥地宅傳黃憲舊居時百杯村蟻供談塵三尺溪魚上釣絲我昔經過秋已暮木犀香發晚風吹

王實子招東郊王孫墓看梅

且共看梅度歲華衝寒陣陣溯風斜開從東嶼王孫墓認作西湖處士家邀客百杯聊藉草逢人幾處不離花兒童休摘枝枝盡多少尋香蝶怨嗟

柘浦清明同存录

客舍清明轉憶家驚心番柳插門斜數番雨過萋萋草幾陣風吹處處花淚剪青烟傳蠟燭香封白絹寄新茶明朝又過前山去越水閩天隔一涯

西湖送春同程子靜陳孔成

共送春光過六橋艷陽回首便堤銷花開西子如當日鶯囀東風只此朝促去正當荷十里歸時難繫柳千條紅妝翠袖渾亡賴又逐笙歌上畫橈

浴佛日雨中金季眞邀飲西湖

携將尊酒對湖光勝會偏逢浴佛場遠近烟霏迷柳綠清和天氣迫梅黃娛人難得探佳景醉客渾忘在異鄉况值九龍爭吐水迸隨風雨過錢唐

五月朔日西湖客次同林守易徐存永賦

烟鎖湖山水拍橋端陽時候雨瀟瀟三眠柳老纔

成藺九拆蒲生忽噪蜩地濕自知遊興減日長難
遣旅兎銷畫船隊隊喧簫鼓何處湘魂更可招

初春五日偶集葉景芳園池

勝集東風五日還園林無地不幽閒種成疎寄池
邊樹疊出玲瓏户内山落日殘碁因久坐暖霞新
釀殢衰顔杏花更約開如錦百舌啼時再叩關

九日曹宗伯邀集釣龍臺天壇登高

登高出郭一尊攜滿路蟬聲不住啼雲捧郊壇來
玉輦日臨臺殿耀璇題寒潮響似龍魂返霜菊輕
疑鵠羽低四座含毫聊共賦敢言名與大夫齊

送陳德輝舍人還朝

文物依然盛漢官趨朝今是舊長安隔花聽漏雞聲早向月鳴珂馬色寒仙禁語聞天咫尺使臣歸歷嶺千盤春風夜直清華地一片鍾山雪後看

寄懷李崑叟秀才因訊露涯美人

惜别東風五度新壁車何處逐香塵愁心蘭蕙思公子淚眼桃花怨美人明月自來金鎖夜暖風輕送玉樓春琵琶一曲無消息猶記餘音暗愴神

爲曹子康悼亡

珠簾十二網塵埃斷盡愁腸日幾廻空有梨花隨

夢去更無桃葉渡江來阿郎淚眼如春水嬌女啼聲到夜臺樓上祇餘山色在翠眉烟雨鎖難開

送理上人之日本

師去扶桑海盡涯分明風土異中華錫飛咫尺青天日鉢洗千重白浪花但有魚龍聽佛法更無雞犬見人家等閒一葦經殊域不異銀河犯斗槎

安蓋卿招集鎮海樓登高

拂檻松風送翠濤千家郭裏望迴遭雕甍鳥革層層起粉堞龍蟠步步高長日銷憂惟載酒佳辰能賦共拈毫從來南土偏殊候刀尺徐催白紵袍

哭張集虛山人

久離鄉井始歸山皂帽籠頭老更閒正擬論心超物外忽聞揮手謝人間同遊詩句無陶謝獨擅書名有柳顏好把金釵爲葬具青樓傳語綠雲鬟

過西禪寺訪花雨師

清晨草露漸淒淒古道人稀鳥自啼刈遍一秋禾穗熟消殘三伏荔陰齊寺連壇石斜逼觀潮落湖橋又上堤詩思因師牽老興杖藜還過竹房西

賤生日林巽卿諸子惠酒貲賦謝

皎皎蟾光夜欲圓枕頭強起坐床前情知衰椰將

凋日空說蟠桃待實年七衰未遑多累遺半生何幸故交憐桂花冷露無聲落秋思牽人正不眠

走馬燈

處處春宵本太平火攻何故動刀兵齊將鐵騎奔千里不管銅龍下五更破陣曾知成戲劇突圍誰肯分輸贏中宅巧計如輪轉豈及連錢緩步行

人影

豈離周旋頃刻間休言浮世此身鰥雨天莫共花前笑夜月偏隨地上還聊伴空房消寂莫敢辭長路逐閒關同歸同出真堪笑日日求閒未得閒

背立美人

蓮歩何曾肯轉移思郎不在顧郎時啼痕夜月無由見嬌面春風只自知總是畏看楊柳色非關羞對牡丹枝尋常漫吐衷腸事小妹憨癡恐後隨

杜宇

蜀江花滿蜀山晴啼殺東風處處聲羇客只愁難聽去離家誰念有人行那堪流血過三月何故催歸向五更不獨爲君頻塞耳隔林還怕鷓鴣鳴

偶作

身世蹉跎萬事休不將聞達傍諸侯春風娛老須

花下朝露浮生任草頭問舍有言非可采入山無計更何由君看富貴如香餌勾引群魚盡上鈎

夜宿存永山齋喜磐生至

朋侶分飛雁失群相依意氣就田文半間廡下應容我百尺樓中恰遇君悲喜轉憐萍梗聚驚疑還怯葉聲聞孤燈欲盡言難盡更漏渾忘到夜分

影燈

隔紙看時藉火紅通宵來往太匆匆漫疑逐日奔夸父只恐含沙伺射工似我轉憐身是幻笑君須悟跡如蓬莫言憑仗餘光久漏盡鐘鳴一瞬中

送香雪上人歸清漳

滿林朱橘着霜肥却憶雲房舊翠微燕共海邊營壘去鷗同江上渡杯歸別來蹤跡應難定亂後人烟半已非七十白頭師祖在中宵誰爲掩茅扉

送林祖宜歸金陵兼訊尊人茂之先生

幾載南天過亂離秦淮流水待歸期將因萍梗無依日況值槐花失意時半世蹉跎儒術誤孤身牢落客途知春風親髩髡應盡不及再楊却有絲

冬日過許有介米友堂

郭裏園林靜可栖冬深猶見綠陰齊三竿寒日偏

生暖半角南山反在西酒由庖厨呼咫尺花移欄
檻列高低石林别業梅梢月記得新詩去歲題

咏新月

楊柳西邊一抹寒黄昏樓上捲簾看情知後夜方
能滿道是初更却似殘素魄漸生梁故花微光已
炤漢長安由來此物須臾盡不到烏啼曙色闌

丙戌除夕

燈花守歲剪還生極目風光已變更新米難忘分
惠重田園剛説賜租輕堅持佛戒龎居士粗了男
婚向子平惟有殘宵窮鬼在不能驅盡又天明

咏碧桃花

誤作梨雲散滿庭玄都千樹讓娉婷淡如卓女妝初就嬌比楊妃醉乍醒沾露只疑勻薄粉隨波或逐化浮萍風流更有根和葉歌入王家曲裏聽

徐器之著閩疆世紀成奉贈

編成世紀重閩陬此日全歸史筆收似歷山川窮八郡遂令文獻展千秋名家不讓楊兼馬大業還追固與彪一字豈能增減得憑君挾向國門遊

柬許君和

年來事事已支離百苦攻心刺利錐良友敢忘瑶

玖報故妻空念寥寥炊廻腸曲曲江如練淚眼盈盈雨似絲況復稻田都爛盡全家愁絕日啼饑

二月晦夜作

村墟滿目化爲烟烽火連宵尚燭天東越有材需竹箭長安無質典榆錢卜居漁父心常在傳食諸侯而可憐宮闕岧嶢何處是梁鴻空賦五噫篇

初度

桂輪天上近秋期纂纂偏當剝棗時玩世人間矜曼倩攜家墓下羨要離年光駒隙誠難輓心事龍泉始得知無奈一番遷變苦不眠空數漏聲遲

羅雲漢使君惠詩奉答

持贈新詩滿握中宛如雲錦七襄工囊因結客金都盡樽爲留人酒不空張翰舊游思泖水楊家遺事説隋宫知君經濟爲舟楫萬里長乘破浪風

九日集孫爾尊河上居

良會難逢令節辰君家河上接湖濱登山不逐囊萸客冒雨猶傳看菊人雙淚殷墟悲世换一樽陶徑見情真黄昏盡醉皆分散負却柴門月色新

和雲漢九日詩

病起垂蘿手可攀登高不出市城間秋聲入耳無

非樹節序關心只是山會勝安知明歲續亂餘能得此時閒座中朋從分仍合好似浮雲自往還

贈何生紉秋

少年高價重連城丰采能令四座傾可是臨風誇玉樹豈期承露得金莖文心劉氏雕龍手傳粉何家駙馬名深院沉沉明月夜桂花香裏有書聲

暮秋晦日雲漢惠衣貲賦謝

忽忽殘秋此日過西風落葉盡辭柯年荒只怕蹲鴟少夜靜先愁蟋蟀多幾處烽烟猶阻絕餘生歲月總蹉跎因君不淺綈袍贈忘却微霜已度河

花燭詩爲陳威生賦

繡箔生香燭吐烟秦簫觳裹兩神仙床鋪蒻莞春當小鏡拭菱花月讓圓烏鵲恰逢傳近信關雎應合賦新篇漫催玉漏東方曉今夜人間正似年

讀苦饑詩和許有介

人情曲盡苦饑篇讀罷沉吟抵自憐度日不禁長似歲吹厨其柰冷無烟難逢仁祖能分食却恠元龍笑買田絶粒尚餘孤鶴在何如且放上青天

宛羽樓看梅

種得梅花四五株斜連墻角與庭隅畫樓漫奏三

更笛金屋深藏十斛珠風起沾泥香乍落月來窺檻影同孤此中似集林逋宅何必遥尋西子湖

集湯闢池上同羅鏡菴賦

東風池上坐飛觴點綴名園類辟疆萍葉中央魚躍破梅花隨處鳥啣將重重朱檻皆臨水疊疊青山盡過墻咫尺温泉相接近寧知昨夜有嚴霜

人日集沂園

波紋凝碧尉廻塘散盡烟霏水檻光天上半弦流桂影廚頭七種出羹湯綺窓不掩春寒薄玉箭初傳刻漏長讌賞佳晨還卜夜燒殘銀燭九枝香

何紉秋宅上觀迎春

繁華事去總如風今歲看春轉不同朋檄何曾停海上朱輪聊復出城東嬌無眉掃雙蛾妓老更顏輸兩丱童惟有綵花偏似舊依然相映酒杯紅

仲春三夜曹亦尼池上小飲

春園良夜每相期花映欄干柳映池纔見珠簾生素魄何來銀甕凳青絲虛名寂寞千秋後往事消磨半醉時但得嚴城無警檄與君長把手中卮

池上春望

深院風輕霽景鮮尋詩應在半春前柳絲尚短難

垂地萍葉無多不蔽天入戶流鶯聲乍囀過墻蝴蝶影相聯闌干徙倚人忘倦又是城頭月一弦

賞西府海棠同雲漢賦

含嬌含恨鬬春光坐對行看繞曲廊微暈未消西府醉淡姿偏學內家妝風前倚檻如無力露下沾衣別有香侍女攜燈深夜賞莫教輕惱使君腸

咏雨齋新綠

籠烟十里遍郊原三月新晴漸漸繁闠裏年光悲少婦天涯客思怨王孫當牎稍蔽春山色深院初過曉雨痕記得西湖攜酒處看時曾出武林門

病中

嬾檢丹書與藥囊中醫原是一良方肺腸已渴須澆酒氣力無多只戀床乍暖又寒風不定將晴復雨日偏長朝來便覺行吟少閒却看花十二廊

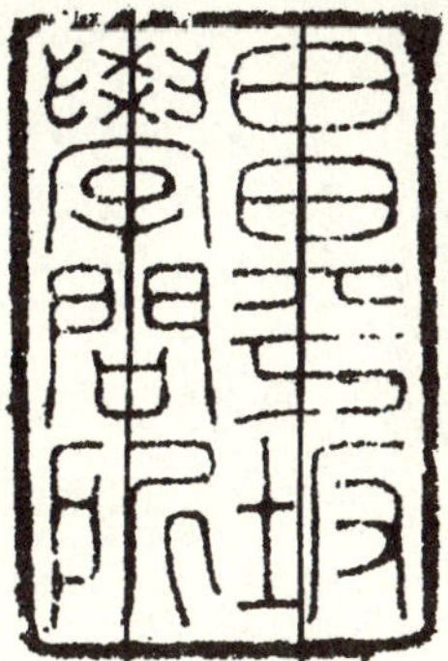

秋室編

七之八

大尾

秋室編卷之七

閩中陳　鴻叔度著

廣陵羅霆章鏡庵較

五言絶句

古意

寶鏡頻持照爐開一片霜雙眉描未就催貯紫羅囊

看梅阻雨

出郭朝來懶梅開樹樹新山中十日雨誤殺看花人

南海曲

爲客廣州城始知南中境檳榔不論錢嚼地胭脂冷

邕州守歲

客中難守歲守歲倍凄凉過盡天涯夜今宵始是長

江上寄林四烏石山居

子居烏石下貽我以孤雲我弄秋江月清光堪報君

趙山溪上

山腹數家陰江秋片帆雨古寺隔蒼烟殘鐘到溪滸

東林成卿

茅屋住尤近門通花滿籬相思即相見不用更相思

春閨曲

蝶戲高低樹鶯啼上下枝畫眉聞尚淺還向鏡中窺

宿黄蘗寺望報雨峰

暮宿遠公房孤燈照蓮宇明朝過別山莫報前峰

雨

贈鄰友

我家與君家共住此山裏夜夜發長吟孤眠屢驚起

題田家壁

十畝五畝園三株兩株樹荷鋤日暮歸認得門前路

䊸月蘭若杏樹

春深葉始濃秋實子爭墜疑自素王壇移栽菩薩地

安溪小店

安溪風土殊，小店暫休息。水飯勸行人，朝朝是寒食。

曉行

霜風昨夜起，無樹不知寒。只有思鄉淚，難隨木葉乾。

馬上口號

烟林靛方染，霜葉砵乍着。立馬曉看山，寒侵客衣薄。

答陳惟秦

交情豈易深同調復同心詩就君能賞平生益苦吟

端州中秋

月夕只宜眠追歡憶往年清光空戀客達曙到床前

送宗人之合浦

去矣愼長途風烟到海姝世人終按劍莫易剖明珠

江上有寄

別後美人家盈盈隔千里晴江漾晚霞好是餘脂

水

李忠定寓軒

當時忠定公于此結軒寓松竹已無存遊人説南渡

冬夜吟

獨坐空齋久寒鑪夜漏催愁如香未散心似火先灰

詠殘燈

須臾光欲謝微熖故頻挑愁殺縫衣婦停針待隔宵

過望夫山

望望空山上朝朝只自憐絰愁非晉石傳語到郎邊

化石不可轉望郎郎詎知無如學奔月萬里得相隨

孟嘗君養士處

滿堂賓客來豢養如雲集多少朱門中歌魚誰得入

周亞夫細栁營

天子徐行地風吹故壘存恍疑聞號令不敢過營

門

送陳磐生

駿骨向燕臺平生始知遇君曾記昔年浪入金陵路

圍鳥始變音春光猶未深如何故人去搖蕩此時心

嬌女吟

女紅從少學阿母合儂藏嬌似新蓮子生來只在房

寒食思親墓作

作客值清明一杯誰省墓無如春草生得上墳頭路

詠紫薇

歲序驚將半花開映短垣省中多少樹獨此伴黄昏

送臥雲羽士

世上畏離別惟君別更閒不知歸住處畢竟在何山

秋夜有懷

三五秋期近湘簾不忍開那堪攜手地徹夜月明

來

茉莉曲

茉莉采盈筐佳人試晩妝烏雲與輕璺總是一般

香

又題畫蘭

淡葉生紙上幽花托毫底懷之不能忘一夕秋風

起

霜鷄曲

春夜纔一聲月沈高樹杪霜天百遍啼不得東方

曉

結交行

一文不在手分散誰莫逆萬貫仍復來還過舊時客

過大竿嶺分界處

誰道分閩越雲山斷兩鄉兩鄉安得斷只是斷人腸

長清道中

門巷經離亂蕭蕭自落暉可憐青柳眼曾見虜塵飛

朝天宫對雪

東風連夜起吹雪滿仙家錯認壇前樹齊開頃刻花

題萬國全圖扇面

紈扇雖細微中圖萬國境絕勝月一輪照遍山河影

囦溪觀漲同林子實

囦溪新漲生東下奔流疾曉起驗沙痕相傳過昨日

湖上

堤上納涼時暮蟬啼欲倦日移樹影斜半落湖波

而

看李花

登城望李花樹樹盡成雪二月東風多吹殘不堪

折

送陳白生

一尊宜夜談歸路寒霜冽月黑寂無人風吹松炬

滅

過綠玉齋憶徐惟和

憶昔共論詩相過竹齋裏此夜獨悲吟凉風動窓

紙

雪竹圖

滿紙玉參差湘筠弄晴雪懸將北窓中臥對消炎熱

香榕浩爲魏元方

溪水遶門前荷風遞虛閣綠盤蕩露珠瀉下琛珠落

題陳磐生萊根圖

萊根勝粱肉此味知者稀憶種春園裏遶籬蝴蝶飛

浮影堂

臺跨水中央空明浮鏡影夜來此吹簫四面風露冷

贈易玄和尚

學佛兼論命精微乃入神自知予罪大不敢問前因

放生謠

但知入飽飫不念物哀呼識得刀頭語何因有介盧

可憐山鷓鴣前網後張弋疾走尚愁遲還啼行不得

昨日嗟枯肆今朝喜急流不知江海上何處少香鈎
有生誰不惜愼勿潛機械此意當自知豈曰空王戒
美味謝舌根濃香刼鼻觀主人多好生久已庖厨斷
久旱
妓樓秋月夜喧飲到天明望雨農家婦田乾腸不成
月夜東陳泰獲

月好誰攜酒醒如屈左徒寥寥山館裏可得一杯無

更漏

三更更漏轉月上紙窓明從此都無寐愁聽到五更

雨夜宿綠玉齋

亂離尤未寧相對掩深户四壁風吹燈愁人夜來雨

六言絶句

送客

匹馬送君獨去雲山重疊天涯爲問春來草綠王孫何處思家

懷張四彦示

永夜西風入戶相思秋鴈行疎月明池上𠭤釣葉落窗間讀書

十月菊

香分西舍深夜葉傲東林曉霜落處正當十月開時不爲重陽

題何玉長扇面

扁舟一水落日短屋數家遠烟好似東村晩步與

君共聽寒泉

過綠玉齋偶作

詩今數卷白氏酒醉幾盃青州竟日不知坐久斜
陽正在山頭

過徐存永齋居

柴門相接不遠一月經過數廻好似東風燕子覔
巢飛去飛來

感作

風吹颯颯虚館葉落紛紛小樓離亂不堪度月凄
凉寧獨悲秋

此生

乾坤多難暫息歲月此生空留莫謂巢由洗耳𨙻成季布髡頭

秋室編卷之八

閩中陳　鴻叔度著

廣陵羅霆章鏡庵較

七言絶句

寄霍上人

紫雲堆裏看雲生，絓月庵前步月明。别後松門不須閉，世人誰解此中行。

烏巒灘夜泊

灘水潺潺響到明，半蓬殘月夢難成。聽時記得家園後，庭樹秋來似此聲。

至邕州訪孫繩鄉明府

稻滿山田犢滿村邕州鄉語漸聞喧榜人忽報江城近投刺先愁到縣門

示雲鄉歌者

一曲新詞百恨生惟君知我此時情預愁他日難爲别不敢燈前教渭城

三界廟

三界江頭浪接天廟門行客每維船朝朝祭賽鳴鐘鼓時見神蛇壁上懸

鬱林道中

茫茫新水拍沙堤，四月應無杜宇啼。記得驛程來日路，五千餘里鬱林西。

春夜聽雨懷與公

春雨誰同醉裏聽，空齋幽竹夜冥冥。知君思我難成寐，我比思君更倍醒。

田家閏二月作

東鄰蚕忌户常關，西舍嬉遊暮不還。縱是春光添百二，采桑爭比看花閒。

木綿菴

館客飄零國已亡，至今遺恨説平章。秋風蟋蟀蛾

眉盡誰管殘魂落瘴鄉

漳浦道中

杲日初生照枳烟縣門回首浦雲邊馬頭何處最奇絶九十九峰青插天

困溪雨夜柬林子實

溪畔尋君繫小舠溪聲夜雨共嘈嘈明朝試問浮橋上新漲曾添幾尺高

爛柯山即事

何事多情苦憶鄉不尋仙跡路茫茫千年一局原容易人世離愁更是長

淮陰五日

沽得淮陰市酒香客中時節入端陽新蒲細𣏌田
田綠江北江南似故鄉

春夜

春雨連宵夢不成看花還待幾時晴孤燈卧向西
窓下聽盡芭蕉點點聲

秋夜旅懷

露濕堦除苦竹枝虛窓月白紙先知啼殘蛤蚧秋
宵永正是初回旅夢時

寄林子實

小樓溪上獨吟開白晝都因苦思催別後殘年風雪冷求君誰載酒船來

石林試茶

雨後新茶乍試時殘甌留客客歸遲定愁今夜眠難穩多置春窗燭一枝

秋夜雨中坐與公山齋

每值秋來夜雨時幽窗人靜竹先知與君莫戀今宵睡對榻閒聽好賦詩

石倉池上見木芙蓉同諸姬戲作

朝如白雪暮如霞灼灼新妝照水斜畫槳蕩將秋

色裏美人誰勝柜霜花

過梅嶺

梅嶺連天四望微山光如畫映人衣征夫力盡停車坐時見烟中翡翠飛

九日登越秀山

黃花紅葉萬山秋歲歲西風賦遠遊莫謂臨高腸易斷思鄉平地亦多愁

登曲江風度樓

落日經過故相居曲江山色入樓虛唐皇只解思風度不道當年有諫書

白頭江舟中

白頭江上水瀠洄一片風帆拂曉開我亦思鄉憔悴甚秋霜漸入鏡中來

高沙曉望

溪烟漠漠帶晴沙朧氣朝來凍尚賒滿目風光似三月小樓臨水見疏花

客中七夕

明河如練月如鈎熠燿飛飛客舍秋此夕停針閨裏婦相思應上曝衣樓

九日石倉君泛舟

九月芙蓉開尚遲石倉山影滿秋池登高終是尋常會更喚蘭舟醉裏移
輕舟同泛值重陽兩岸風吹木葉黄坐久衣裳驚漸薄秋寒早已到江鄉

題錦步障圖

東市誰憐血汚衣樓前香散美人非窮奢終少藏身處錦障空施五十圍

石倉雨中觀火樹

水邊夜宴坐傳觴片片飛來紫霧光頃刻翻成二三月櫻將垂柳復垂楊

烟光不散石倉池照水成叢復滿枝底事易開還
易落妒花猶有雨來時
豈必春宵羯鼓催千枝萬葉火中開筊宅羌管緣
何事只向寒庭奏落梅
火樹爭開徹九微良宵參會雨中稀分明一段陽
臺上别有行雲拂妓衣
夾池焰散千枝火雨蝂光分百種花絶似秦淮堤
上望烟籠寒水月籠沙
雨中燈事已闌珊剩有銀花隔水看十丈紅光通
院落遊人不信此中寒

掛劍臺

寸心相許死難離寶劍千金掛樹枝應識當年公子意豈緣泉路有人知

戲馬臺

荒臺春草遍城隅行客經過問霸圖忘却當年騅已逝金鞭還欲試平鋪

過孟嘗君墓

風柳蕭蕭露草晞一丘今日孰相依感恩欲代雞鳴客化作青蠅塚上飛

滄州道上

五壘城頭日色暄遊人三月最銷魂長堤風剪垂楊綠馬上隆隆啄木喧

途次雜作寄懷莊美人

莊姬既遠陳子無聊結思蕭晨遣歡永夕悵千里之離魂徒銷鵾舸續七言之餘韻

重托魚箋

霜氣微侵玉笋纖梅花何處寄香奩相思定在初長日繡線金床幾許添右至日

寒霜催上木蘭船正值妖氛破萼天安得故園攜手好人歸不過落花前右太末舟中

颯颯霜飈送晩寒娟娟新月照微瀾風流京兆終亡賴認作蛾眉隔水看右江上見新月

春草將生春尚遥殘年氷雪未能消無因楚女尊前見臘鼓空傳是細腰右臘日

春滿欄干想娉婷碧桃千樹恐凋零東風一自歸期誤花下鶯啼怕去聽右長安春暮

東阿

一路春楊弱更柔州人誰復善齊謳青山如黛東阿近髣髴閶天在馬頭

過沛中

大風吹罷白雲飛舊日功臣葬骨稀俎上杯羹家
不顧故鄉誰遣漢王歸

霜月

霜月曾思少壯年起行吟到五更天于今懶去無
佳興紙帳低垂只愛眠

風雪藍關圖

匹馬南行雪滿山八千餘路渡藍關賈生空恨長
沙謫不遇神仙在世間

題陳伯孺畫研山圖

屈指元豐幾百春研山圖裏見嶙峋襄陽莫謂風

流盡猶有臨摹好事人

題朱買臣畫

難收覆水竟如何故里傳呼五馬過太守漫教嗔去婦洛陽妻嫂世間多

亞父冢

高塚歸來葬者誰怒生疽背更何爲有人血化烏江水猶恨秋風不逝騅

美人吹笛圖

偷將紫玉挼櫻唇一曲梅花十指春除却石家金谷妓不知誰是善吹人

題荆樹圖

荆樹何心動慾嗟弟兄重聚始開花誰憐煮豆燃萁者千古同根笑魏家

蘇李泣别圖

不盡河梁執手情朔風歸馬獨悲鳴胡天莫恠難爲别只有相知李少卿

十月苦雨

籬畔餘花最久開小春微暖忽相催天時恠似黄梅候濕地連朝細雨來

答與公問病作

病起春深也不知熱巢營就已多時今年二月匆
匆過東寺西園總欠詩

史溪舟中

水碧沙明樹映堤人烟都近縣城西輕橈無恙從
高枕十里平流太史溪

畱衣亭

青山流水自禪機惜别曾乘五馬歸試問南來諸
太守幾人亭上更畱衣

温陵道中

南天氣候本無憑十月新寒向曉增馬上梨花開

似雪行人不信是温陵

題趙子含山水

空齋筆硯久生塵留得溪山墨尚新此日披圖轉淒愴依稀如見倚樓人

春睡

東風二月乍晴天出郭閒遊減去年一枕日高床嬾下任他啼鳥喚春眠

題如衡上人墨蘭

數筆蘭生紙上幽傷心憶對舊緇流硯池乾盡西風冷不到松房十度秋

空江秋笛圖

空江寂寂臥偏遲月上蘆花竟不知一段秋情何處寫夜深閒把笛中吹

舟中戲呈林四

不用盈盈楫一雙西風吹浪入船窻無端認作秦淮上桃葉迎郎正渡江

渡錢塘江

一片孤舟抵越祊錢塘江上恨何如北風朔雪蕭蕭響迸入哀濤咽伍胥

長安曲

長安大道俠邪邊馬上妖姬擁錦韉不用相逢障嬌面風吹裙底見金蓮

勾欄門巷樹栖鴉綠樹朱欄處處花百囀鶯聲聽底事儂來多是奏琵琶

題二嬰美人圖

暫輟金針刺繡襦繞床嬌弄兩明珠宜男莫更胸前佩已得徐卿大小雛

楊妃春睡圖

百花盤帳煖生香醉後春宵未是長爲問伊誰嬌睡倦不知曾夢到三郎

過鄭氏别業

春雨霏霏碧草齊寒潮日日上平堤斷橋古栁人難渡但聽鶯聲隔水西

題溪亭對雪圖

虚亭獨坐凍難消人在扁舟隔水遥雪裏正添詩思劇更堪風打竹蕭蕭

昭州旅次

颯颯芭蕉桄上聲残燈荒館未天明應知旅况宜風月一雨凄凉百感生

憶梅花

梅花何處似鄉園客裏開時只閉門細憶臺江千
萬樹幾回騎馬到南村
東郊南塢與西陂消息殘年總不知負𨚫連朝好
風日客窓空讀看梅詩
見碧桃
東風剪剪不停吹嗔殺江梅作葉時幸報朝來花
信到碧桃剛放兩三枝
寄淨師
東風相訪破蒼苔忽忽新秋七月來門外平湖香
觸鼻不知還有白蓮開

詠紙鳶

全憑一線上遥空羽翼俄乘頃刻風莫謂去天無咫尺只愁容易墜泥中

題旅舘張燈圖

天涯飄泊總凄然同醉聊尋酒肆邊想得秋來爲客夜惟應此夜不思眠

三月晦日

鶯啼亦解惜花飛我欲留春醉典衣水舘山亭各深閉更於何處送將歸

青樓曲

留得銀缸照繡房露零鴛瓦已成霜如何夜半郎
才到剛聽鷄鳴又下床
題硃竹墨蘭圖
疎篁閒寫間蘭叢顏色分明兩不同一種相思啼
楚雨半殫紅淚落西風
曉窓卽景
花霧濛濛月影低夢回欹枕小窓西細聽無數春
來鳥畢竟難勝百舌啼
三月晦前一日過懋禮齋頭送春
九十韶光漸欲過一尊相送悵如何東風縱是明

朝盡百種春愁減幾多

春盡日平山園作同盞卿

明日東風去未遥殘紅小遥不停飄憑君多置厨頭酒肯使春歸便寂寥

題淵明圖

歸隱南山老一丘蕭然籬落俗情休不知宋代何年月柳自春風菊自秋

雲容將歸延津詩以紀别

欲别何心把酒卮花前惆悵立多時他宵畏見如弦月空詠刀頭破鏡詩

歸舟梅雨濕羅襟潭水當門百丈深願覓延津波下鐵鑄成雙劍割愁心

寄淨師

憶納新涼出郭遊山前山後稻初收蟬聲聽罷松門晚又向湖中看月流

題琵琶亭圖

聽罷琵琶爲改容青衫濕盡淚痕濃不知司馬緣何事却作窮途阮嗣宗

秋室

一室峰西地轉偏悄無車馬日喧闐緋苑翠竹皆

親種忽忽成陰二十年

贈李申

東風門巷閉枇杷鉛粉何必鬪落花我負詩名應自笑不曾傳到薛濤家

興公直社無菊作畫代賞有咏

悄無黄蝶到山家不見新開一朶斜畫裏肯容佳節去竹窗承露寫秋花

景倩齋頭社集覓菊不至

半畝荒園露氣濃却因開社偶相從主人一病淹年月幸少黄花較瘦容

秋日奉柬石倉先生

插架牙籤累萬餘西峰也似石倉居滿庭秋露涼如水古桂香中坐著書

新雨初添水滿塘西風時透竹窓涼菊花秋老開方盛每引尋詩過草堂

題怪石供圖

石浸氷盆作供奇雲霞相聚浴漣漪生成五色天堪補此品媧皇恐不知

贈徐存永

而翁久矣附同聲君復能詩四座驚何事世家唐

李杜不聞兒子有詩名

粤中紀輿

高門大宅夏初時单袂新裁買葛絲豈及田家機上婦蕉衫自織更相宜

吉了千錢價尚低金籠翡翠敢同栖粤人何事來爭買只爲能言不在啼

虛窓黠鼠夜難堪書卷燈油食似蚕不用貍奴防案上一雙蒙貴得安南

關穆壯閱春秋圖

戰餘猶擁讀書幃一卷春秋燭熖微不似鄴中詞

賦客月明空咏夜烏飛

馮湘姬蘭竹圖

托意湘鈎與楚芳墨痕檀口並生香美人原自輕脂粉不把春花寫艷陽

過鷺鷥橋

數里山程涉已疲斜風低壓古楊枝十年彈鋏無魚客空立橋邊羨鷺鷥

鐵柱宫

崔巍鐵柱敞瑶宫白日靈蛟鎖此中一自大江波浪靜滿船商客説神功

吳中竹枝詞

南風初息北風吹相喚船開月落時枕上忽行三十里唱歌都是懊儂詞

西湖竹枝詞

湖堤十里路相連南北兩峰高插天堤如儂意連不斷峰似郎心分兩邊

處處荷花相並開與郎湖上暫徘徊驚起鴛鴦外湖去幾時還入裏湖來

劍溪竹枝詞

朝朝暮暮經此灘黯淡何如灩澦間大船下灘急

如箭小船上水重如山

建水灘高雪浪傾五朝程作十朝行如何千里江陵客一日來從白帝城

弔王百谷徵君

一代風流已喪亡相知千古在詞章吳中機杼矜工巧爭似先生錦繡腸

弔高太史墓

太史冤歸𡗗此隅翩翩詞賦起東吳才高自古皆身累莫恠君王有屬鏤

詠榆柳

徹曉鶯聲喚夢回榆園深處椰塘隈客心亦似春
生火日日思家不得灰

葉君馨署中看緋梅

南北枝頭別試妝不隨晴雪點春光飛英忽落題
詩案添得桃花紙共香

長安看雪

看雪尋詩有好懷半從驢背半芒鞋朝來不管春
泥滑走遍長安十二街

寄呂道士

曾訪仙宮過蘂珠憶開春釀勸醍醐醉來共向瑶

壇上笑摘松花飼鶴雛

七夕詠月

空閨見月未團圞一片須臾影已殘安得穿針三五夜照人如鏡捲簾看

寄冲虛宮曹羽士訊梅花消息

梅開憶覆碧牕斜寄語仙壇道士家鐵笛月中須抝斷莫教吹落滿庭花

忘機道人留飲

遲日瑶宮幾度過遊仙一曲醉時歌道人不厭頻留客美酒松花釀得多

題興公除夕元旦遺卷詩

迎送山齋憶往年梅花香裏燭光前于今細把遺
詩讀對酒風光尚宛然

過自性上人華嚴寺看梅

梅花影裏月黄昏一帶溪流數畝園留客僧家無
別物香燒沉水餅雲門

送林祖盇下第歸金陵

兩廻秋試入闈鄉歷盡愁人道路長君返金陵春
已暮東風吹着柳花香

偶簡陳伯孺送予入淮遺詩有感

故人亡後見無期遺稿猶存憶昔時二十年來如一夢空吟相贈入淮詩

約異卿貞吉看杏花

新火朝來乍試茶入簾雙燕影飛斜東風吹散清明雨恰好尋君看杏花

過林懋禮園中看杏花時值已落

杏花開盡客來過輕暖春衣試薄羅二十四番風未半滿庭微雨綠陰多

風雨夜同孫彥回坐陳磬生齋頭

尊酒齋頭爲客開孤燈屢撥焰將灰北窗風色西

窓雨都入梧桐樹裏來

寄林子野

南風憶共布帆歸咫尺經時見面遥聞説讀書河上路滿庭黄葉不開扉

秋夜吟

片月斜穿屋角明宵長起坐百憂生年年寒到無衣着畏聽堦前促織聲

過葉子翼東望亭

亭畔春時植衆芳相過天氣變秋凉書牕坐對園扉近半是吹來橘柚香

魏元方催妝

妝成畫道太夭邪臨水芙蓉詎足誇夫婿輕將比儂面自然儂面勝于花

高君鼎見訪

病裏難逢片雨涼經旬火宅坐中央君來清話如甘露一滴令人便下床

菊花嘆

往歲來看壓徑斜今年虛却到山家朱門處處供官府買盡秋畦不見花

競渡曲

爲看龍舟盡出城往來年少逐歌聲只愁湖日偏
當午傍岸先尋柳影行

題陳伯孺二馬圖

紫騮驕立間斑騅春草平原綠盡時漫買金鞍與
珠勒不同凡馬受人羈

羅灘 溪上有羅隱廟

雪浪千層一葉舟昔賢曾過此灘頭夜來因憶詩
中句水帶離聲入夢流

過江郎山

絕頂仙蹤不可探相傳江氏弟兄三想應當日飛

昇去遺下芙蓉碧玉簪

懷林若撫

故人相憶隔吳城半夜秋風一雁聲莫謂無書頻
寄遠近來疎懶似嵇生

道上見躑躅盛開有詠

躑躅花開夾路紅枝枝葉葉颭東風四圍照眼明
如錦勝入齊奴錦幛中

湖上寓樓久雨同子山存永

檻外空餘水與天滿欄風雨望茫然更無南北高
峰影只剩平湖一片烟

楊柳陰中盡繫舟經旬梅雨冷如秋六橋水漲茫茫綠臥看湖山不下樓

雨中過釣臺

七里灘深水自流滿天風雨過磯頭簑衣我欲憑君借聞說先生只着裘

題鶺鴒圖爲興公賦

白露逢秋瀨瀨零蓼花紅間荻蘆青雖然我獨無兄弟展卷因君痛鶺鴒

貧家

貧家淡泊佐饔飧團聚兒孫歲欲闌莫道貽謀無

長物白雲爲業可遺安

硃竹

色如霜葉本難凋百尺霞綃拂絳霄倘植水邊楊柳畔不知枝壓赤欄橋

分金墩

經過遺址但荒苔近日交情更可哀鮑管已亡知已盡分金墩上有誰來

端硯貽米彥伯

臂來山骨凍生雲千里持將遠寄君想得白門呵筆日滿窓晴雪落紛紛

建溪同存示飲慧珠美人樓上

平康巷裏是儂家不肯尋常出碧紗多少少年難識面聞名惟說貌如花

結是同心被合歡相逢細剪燭花殘却因名占青樓俠容易千金一笑難

鶯喉初囀柳垂條艷曲輕將錦瑟調記得懊儂聽不盡一聲聲裏一魂銷

五陵公子罔温存寧許停車轍草痕惟有郎來明月夜桐花影裏一開門

綠玉齋與郭懋荆夜話

避寇相逢未有期何緣此地對君時寥寥孤館寒燈下總是通宵説亂離

九日

兵戈處處幾時休佳節黄花負却秋不敢登高頻遠望千家凋敝萬家愁

荔支曲

摘處應須帶露痕會知眞味細評論連朝市子爭先買未到天明出郭門

閩産原稱十八娘更無佳品可相當秦珠縱是光明物不及氷丸顆顆香

半覆松窗半石臺鳳崗千頃錦雲堆大家相約園
頭守不許山禽引隊來
爵輸香氣蚕輸甜貯向冰盤信手拈三百餘枚都
噉盡只消些子水晶鹽
佳名第一冠山中最愛今年却少蟲閨裏女兒年
十五郎家先送荔支紅
千頃交陰不漏天尋僧山寺憶西禪日斜漸漸凉
風起飽食還從樹下眠
鵲卵將殘勝畫來秋風七月遍相催兒童摘盡渾
亡賴上樹依然日幾回

佳品當年幾百株居人猶說蔡君謨于今按譜山
窓下只是聞名種已無
春山偶成
東風長日不開軒落盡桃花滿逕繁好鳥撩人緣
底事啼晴啼雨到黄昏
春寒柬曹子章
前山釀雪北山高蓑殺君家滴酒槽二月春寒長
閉户自燒松火擁方袍
仲春朔日寄徐存永
寒窓獨坐轉無聊細雨斜風盡日飄可惜一分春

色去等閒虛度又花朝

雨晴訪孫彦回

地濕泥融綠蘚繁新晴處處鳥聲喧尋詩看竹君家近偶逐東風一出門

半春曲

燕語鶯啼幾處聲桃花灼灼柳絲輕東風氣候渾無定半日春陰半日晴

春江花月夜

朱樓處處柳籠烟花月今宵最可憐腸斷满江春水綠銀箏紅袖木蘭船

山窗

讀罷殘書清案堆紙窗深掩篆烟灰堦前長日無人到只有隣家笋過來

石庵上人過訪

師來城市偶隨緣風景于今已變遷却說山中栖遯處不知離亂自何年

寄陳次帝

誇君每欲過郊坰啼鳥東風處處聽最愛六灣春霽後數家樫影水邊青

竹窗

廣宅何須百畝寬蕭然一室此身安眼中俗物都
除却只剩堦前竹數竿

贈李阿靈

亂後丹青絶畫師濡毫誰復更臨池獨君剩水殘
山在家法能傳李伯時

送春

三月花殘欲盡時幾番曾作送春詩于今風景都
非昔春到春歸總不知

陳昌箕齋頭賞落陽錦

半是深紅半淺紅弁刀十指剪東風分明織出天

機巧勾引春閨黹女工

答茂生校書

轉瞬光陰過却春好抛琵琶奉金身淤泥不染蓮

花相憶着湘蘭馬守眞

宿花雨師禪房

萬感無端集老年通宵起坐曉鐘前夢魂只道僧

房穩亂世何人易得眠

徐存永初度　予十四月存永十七日也

老大憐予鬢已絲輸君猶是少年時中秋前後俱

初度只記蓴開月早遲

九日感懷

冷落黄花又一秋無錢沽酒醉籬頭近來平地身難着不待登高始是愁

哭女

喪家夫壻去纍纍獨守空閨到死時阿母女紅親教就傷心猶見舊機絲

女蘿

百尺何曾到地垂予心一片女蘿知平生不作趨炎勢祗附寒松過歲時

題徐惟和先生遺像

空梁落月思依依五十年餘見面遠顏色忽然逢
紙上對君如夢是耶非

薛烈婦

夫壻朝聞喪陣前蛾眉隨後赴黄泉惟他燕子樓
中婦霜月凄凉二十年

羅雲漢夜吟有贈

鄰畫東西曲榭前鐘聲悄悄隔花傳知君吟似春
蚕苦只愛牽絲不愛眠

冬夜

自補寒衣覆卧床却無閒事漏空長題詩欲起鈎

簾坐竹在中庭月在霜

迎春曲

老去因春每自憐風光極目尚依然不堪轉瞬頭皆白空羨芒神只少年

呈雲漢使君

雖然異姓若連枝日日相從夜夜期敢並風流元與白逢花得酒便題詩

看梅

皎皎精神淡淡妝水邊籬槿暗聞香落時縱逐高樓笛莫認楊花上下狂

竹窗

空齋相對碧琅玕連日厨烟絶曉飡亂後容顔都
損盡不如窗竹獨平安

青山書院和能始

連日西風不脱簑舟行其柰逆流何眼前詩景皆
漆苦晴色無多雨色多

暮春感懷

鶯自爭啼蝶自忙風吹原野草初芳踏青三月人
來少負却春天好艷陽
愁人啼鳥唤提壺冷落春風一醉無那似去年寒

食候杏花村酒雨中沽
西山祖冢北親墳燒紙兒孫之一文亂後清明人
不到白楊吹盡雪紛紛
戒嚴城郭有誰過三月春光欲去何男女踏青都
不得惟餘白骨出郊多
床積黄金篋積珠朝朝美酒醉醍醐誰憐苦讀窮
簷士除却殘書一物無

羅使君池上看花

艷陽天氣漸相催蛺蝶紛紛滿院來細雨乍晴風
乍暖杜鵑纔謝海棠開

廿番風信不停吹半醉闌干倚片時最愛年年一
三月連朝添得看花詩
朝朝花下一開尊賓客尋詩每叩門却憶去年春
雨後張家池館葉家園
春風駘蕩日遲遲熠眼花開已滿枝不是使君邀
客賞斷然零落負芳時
哭友十五人
倪明嘉
再赴春闈事已睽有才無命倍堪嗟東風誰分慈
恩寺不見滿園紅杏花

張陽生

到處青樓盡識名許多紅袖愛才情白楊作柱人何在空吊孤魂向月明

茅止生

煉得丹成月滿臺舊時書屋鎖塵埃欲詢仙子飛昇事不見茅山道士來

林正則

埋名却托皷刀人書畫多爲世所珍獨有慳心君不悟當年那念故交貧

龔克廣

杯酒文心憶共論書名原並趙王孫西齋冷落人
何在屈指交遊半不存
陶穉行
文章散落有誰收衡岳魂棲土一丘夢裏不知人
已逝相尋還向桂江頭
趙特生
文機巧奪七襄靈兄弟聯翩溝謝庭可惜凌雲空
有賦春風玉樹忽先零
周元修
一别應無再見期亂離何處覔交知天涯飄泊終

難迈誰念窮途到死時

程子靜

翩翩蕣苑早登壇竟夭天年一第難滿案殘書風

雨夜空餘藜火照窗寒

倪柯古

青雲無路竟如何羸得詩名晚歲多古杏霜侵賓

客散滿庭黄葉更誰過

趙枝斯

孤兎何期守故園亂離應有幾人存知君泉路終

遺恨早不携家向鹿門

王芝生

東風依舊棣棠開兄弟愁腸日九迴一片曲瀾堂

外月夜深還到讀書臺

陳抑夫

生計寥寥只硯田誰知一別隔黄泉兒啼長日厨

烟冷若箇敲門送畫錢

鄭孝宣

種竹栽花一徑偏空齋長閉鳥啼烟滿床殘墨皆

狼籍三絶誰人繼鄭虔

郭聖胎

白髮參軍似壯夫兵戈滿眼喪蒼梧浮生已悟身
如夢得似莊周化蝶無
曹能始大宗伯輓詞
南朝盡節原無兩當代孤忠更有誰只道蓋棺人
事定是非還到蓋棺時
關頭收拾在臨終天界冥途有路通想得先生歸
去日蓮花一朶坐當中
曹先生湖上開吊
春風祠下薦生芻水色山光映四隅好似岳公祟
祀日烟波十里在西湖

男扶靈柩女帷中賓從紛紛會送同薤露哀歌聽

不盡蒲郊愁殺白楊風

圖書在版編目（CIP）數據

福建文獻集成續編. 集部. 第三輯：8册 / 吴格主編. -- 福州：福建人民出版社，2024.12. --（八閩文庫）. -- ISBN 978-7-211-09690-9

Ⅰ. K295.7

中國國家版本館CIP數據核字第20256GX870號

福建文獻集成續編・集部（第三輯）

主　　編：吴　格
責任編輯：宋一明
裝幀設計：張志偉
美術編輯：陳培亮
出版發行：福建人民出版社
電　　話：0591-87533169（發行部）
網　　址：http://www.fjpph.com
電子郵箱：fjpph7221@126.com
地　　址：福建省福州市東水路76號
郵政編碼：350001
經　　銷：福建新華發行（集團）有限責任公司
印刷裝訂：雅昌文化（集團）有限公司
地　　址：深圳市南山區深雲路19號
開　　本：787毫米×1092毫米　1/16
印　　張：267.75
版　　次：2024年12月第1版第1次印刷
書　　號：ISBN 978-7-211-09690-9
定　　價：4000.00元（全8册）